UNION

DES

ASSOCIATIONS INTERNATIONALES

PUBLI-
CATION
N° 104

CODE DES VŒUX INTERNATIONAUX

CODIFICATION GÉNÉRALE DES VŒUX ET RÉSOLUTIONS
DES ORGANISMES INTERNATIONAUX, ASSOCIATIONS, INSTITUTS, CONGRÈS,
CONFÉRENCES, COMMISSIONS, COMITÉS, BUREAUX, ETC.

ÉLABORÉ ET PUBLIÉ PAR

L'UNION DES ASSOCIATIONS INTERNATIONALES

SOUS L'ÉGIDE DE LA

SOCIÉTÉ DES NATIONS

—

TOME PREMIER

[1923.06.30]

1923 | PALAIS MONDIAL
BRUXELLES | 06 (∞) (083.8)

AVIS AUX SOUSCRIPTEURS

1. MODE DE PUBLICATION. — Le *Code des Vœux internationaux* est publié en volumes, distribués aux souscripteurs au fur et à mesure de leur apparition. Chaque volume comprend un certain nombre de cahiers ou feuillets concernant chacun les vœux d'une même organisation internationale. Les cahiers sont consacrés aux vœux des diverses sessions d'un même congrès ou association. Des feuillets successifs seront affectés aux vœux des sessions qui auront lieu ultérieurement.

2. SOUSCRIPTION. — On peut souscrire à la publication par abonnement annuel. Le prix de l'abonnement est fixé à 1 fr. (valeur belge) la feuille de 16 pages, port en plus. Le montant de l'abonnement sera encaissé en une fois à la fin de chaque année. Les abonnés versent toutefois une somme provisionnelle de 50 francs au moment de leur souscription. Les abonnés verseront ultérieurement le montant de la valeur des volumes en des fascicules parus.

3. MODE DE CONSERVATION ET D'UTILISATION. — Le collectionnement et l'utilisation des cahiers ou feuilles peut se faire de quatre manières :

a) Reliure des fascicules dans l'ordre même de publication de manière à constituer des volumes de 50 cahiers environ munis de tables spéciales.

b) Emboîtage permettant de conserver et de consulter les cahiers et les feuillets dans un ordre systématique constant grâce à la classification universelle adoptée.

c) Fichier formé par découpage et collage sur fiches distinctes de chacun des vœux particuliers, de manière à constituer l'ensemble en un seul ordre de classement par matières.

d) Insertion directe par l'abonné de chaque cahier ou feuillet, dans les dossiers correspondants de sa documentation personnelle.

CODE DES VŒUX

INTERNATIONAUX

UNION

DES

ASSOCIATIONS INTERNATIONALES

PUBLI-
CATION
No **104**

CODE DES VŒUX INTERNATIONAUX

CODIFICATION GÉNÉRALE DES VŒUX ET RÉSOLUTIONS
DES ORGANISMES INTERNATIONAUX, ASSOCIATIONS, INSTITUTS, CONGRÈS,
CONFÉRENCES, COMMISSIONS, COMITÉS, BUREAUX, ETC.

ÉLABORÉ ET PUBLIÉ PAR

L'UNION DES ASSOCIATIONS INTERNATIONALES

SOUS L'ÉGIDE DE LA

SOCIÉTÉ DES NATIONS

—

TOME PREMIER

[1923.06.30]

1923

PALAIS MONDIAL

BRUXELLES

06 (∞) (083.8)

Introduction

Depuis longtemps ceux qui ont vu s'accumuler dans d'innombrables volumes les décisions de congrès internationaux (il s'en est tenu plus de 3500 de 1840 à ce jour) ont senti la nécessité d'une publication dans laquelle les résolutions adoptées seraient reproduites et classées de manière à les rendre rapidement accessibles.

Le caractère de plus en plus international des relations entre les peuples, dont l'institution de la Société des Nations est l'affirmation la plus haute, justifie la décision prise par celle-ci d'assurer son concours à la publication du *CODE DES VŒUX* entreprise par l'UNION DES ASSOCIATIONS INTERNATIONALES.

Le premier volume reproduit 1216 résolutions adoptées par 151 réunions internationales et comprend, avec les tables, 940 pages. Ces tables, par le nombre de leurs rubriques, indiquent la multiplicité des sujets abordés, et l'on s'est demandé s'il n'y avait pas lieu de faire une distinction entre les décisions d'une nature plutôt technique ou scientifique et celles

visant directement l'adoption de mesures internationales. Mais on a pensé qu'une telle distinction serait
périlleuse et risquait d'écarter des résolutions qui sont
précisément l'affirmation d'une opinion commune à des
spécialistes de toutes nationalités sur des problèmes
d'un intérêt universel. Les seules décisions qui ont été
éliminées sont celles qui ont eu pour objet le fonctionnement administratif des organismes intéressés. On a
toutefois, lorsque des résolutions successives ont statué
sur des sujets identiques, reproduit uniquement celle
qui examinait la question envisagée de la manière la
plus approfondie.

Quant à la forme donnée à la publication du *CODE
DES VŒUX*, il a fallu tenir compte du fait que des
réunions nouvelles vont se produire et se multiplier.
On a donc estimé que les résolutions adoptées par des
organismes similaires devaient former autant de cahiers
séparés, qu'il sera possible de compléter au fur et à
mesure que ces organismes adopteront de nouvelles
résolutions. Chacun de ces cahiers porte le nombre de
classement afférent à la matière spéciale à laquelle il
est consacré. Ces nombres sont empruntés au système
de la classification décimale. Les fascicules successifs
seront donc aisément intercalés au fur et à mesure de
leur publication. Pour faciliter les recherches nous
donnons ici le tableau des organismes, dont les résolutions forment le présent volume, dans l'ordre où se
suivent les fascicules qui les concernent. Nous avons

complété ce tableau par l'indication du nombre des réunions propres à chaque organisme et des décisions prises.

NOM DES ORGANISMES	Réunions	Décisions
Conférence Internationale de Bibliographie [01]	5	37
International Catalogue of Scientific Literature [016:5]	5	7
Congrès International des Bibliothécaires [02]	4	32
Congrès International pour la Reproduction de Manuscrits, des Monnaies, des Sceaux [091.07]	1	13
Congrès Universel de la Paix [172.4]	34	252
Institut International de Statistique [31]	14	88
Institut Colonial International [325]	16	29
Congrès Mondial des Associations Internationales [327.3]	3	27
Institut de Droit International [341]	28	66
Congrès International des Patronages [343.86]	5	37
Congrès International des Chemins de fer [385]	8	222
Association Permanente des Congrès de Navigation [386]	12	78
Congrès International du Froid [621.55]	3	40
Congrès International de la Route [625.7]	3	27
Congrès International d'Agriculture [63]	10	261
	151	1216

Henri La Fontaine.

Table alphabétique des matières [1]

A

---

(1) Les nombres en chiffres gras renvoient aux divers fascicules dont l'ensemble forme le présent volume ; les autres chiffres indiquent les pages dans chacun de ces fascicules.

C

D

E

F

H

I

M

N

O

Q

R

S

T

U

W

Z

Conférence Internationale de Bibliographie
(C. I. B.)

[01]

RÉFÉRENCES. — *Annuaire*, 1908-1909, p. 581 ; 1910-1911, p. 705.

LISTE DES SESSIONS. — Les sessions de la Conférence International de Bibliographie ont eu lieu sous les dates et dans les localités suivantes :

1895.09.02 /04	Bruxelles.	1908.07.10 /12	Bruxelles.
1897.08.02 /04	Bruxelles.	1910.08.25 /27	Bruxelles.
1900.08.16 /18	Paris.		

Organisation Bibliographique et Documentaire. 002 (06)

Il y a lieu de donner à la Bibliographie et à la Documentation une organisation à la fois internationale et interscientifique et, à cette fin, de grouper dans une action commune les pouvoirs publics, les associations, les établissements et les personnes de tous pays et de toutes spécialités.

A. *Quant aux espèces diverses de documents* : l'organisation doit s'étendre à toutes les espèces de documents : 1º textes imprimés (livres, revues, journaux) ; 2º images (estampes, photographies, schémas) ; 3º manuscrits ; 4º archives anciennes ; 5º documents des administrations.

B. *Quant aux travaux et collections* : l'organisation doit avoir pour objet : 1º la préparation intellectuelle des documents (Rédaction) ; 2º le catalogage des documents (Bibliographie) ; 3º la formation de collections de documents (Bibliothèque) ; 4º la formation de dossiers relatifs à des questions d'actualité, texte et image (Encyclopédie).

C. *Quant aux méthodes* : les méthodes à mettre en œuvre sont les fiches, la classification par matière et les règles pour la préparation des travaux et collections, en particulier les règles catalographiques.

D. *Quant aux services* : ils doivent être relatifs à la communication sur place des documents, à la vente des duplicatas, à la copie, aux échanges, aux prêts.

E. *Quant aux organismes*, tous ceux qui ont pour objet la Bibliographie et la Documentation doivent être mis en relation et coopérer entre eux de manière à constituer, pour la science et pour l'étude, un vaste réseau de communications intellectuelles à l'intermédiaire du Livre et du Document.

A cet effet, il y a lieu de distinguer les organismes fragmentaires, limités à quelques parties de la Documentation (Bibliothèques, Associations scientifiques, Publications périodiques), — les organismes nationaux qui embrassent toute la documentation nationale (Section ou Offices nationaux de Bibliographie et de Documentation), — les organismes internationaux spéciaux (Associations et Congrès internationaux de chaque spécialité), — l'organisme central à la fois international et interscientifique. [002 (06)]

(*Conférence Internationale de Bibliographie*, Bruxelles, 1910.)

Union Internationale pour la Documentation.

002 (061) (∞)

Considérant qu'il y a lieu d'organiser la Bibliographie et la Documentation sur une base de plus en plus internationale ; considérant qu'il y a lieu à cet effet de voir créer ou développer des bureaux nationaux ou régionaux et d'établir entre ces bureaux des relations permanentes et internationales ; considérant qu'il y a lieu aussi de développer les services des échanges et celui des prêts des publications et documents,

La C. I. B. signale au Gouvernement belge l'avant-projet qui lui a été présenté par l'Institut International de Bibliographie pour la création d'une « Union Internationale de Bibliographie et de Documentation ». Elle exprime le vœu de voir le Gouvernement belge prendre l'initiative d'en saisir les divers gouvernements. [002 (061) (∞)]

(*Conférence Internationale de Bibliographie*, Paris, 1900.)

Code Bibliographique et Documentaire.   002 (083.8)

Le projet présenté au Congrès par l'Institut international de Bibliographie est adopté comme Code d'idées destiné à concentrer et à coordonner les principes et les méthodes selon lesquels il y a lieu d'organiser la Bibliographie et la Documentation.

Il est désirable de donner à ce Code des développements théoriques et pratiques continus, de le faire servir aux travaux des sessions successives du Congrès et d'y incorporer ses résolutions et ses vœux. [002 (083.8)]

(*Conférence Internationale de Bibliographie*, Bruxelles, 1910.)

Bibliographie en général.   01

a) Il y a lieu de réunir et de coordonner toutes les connaissances relatives à la Bibliographie et à la Documentation et d'en constituer une branche distincte d'études ;

b) Il y a lieu d'arrêter et de publier une terminologie de la Bibliographie, des diverses espèces de documents et des opérations bibliographiques. Cette terminologie doit comprendre les termes, leurs définitions en fonction les unes des autres, leurs synonymes, leur traduction dans les principales langues ;

c) Il y a lieu d'établir et de publier une statistique internationale des imprimés classés d'après le pays de publication, le sujet dont ils traitent et l'époque où ils ont paru ;

d) Il y a lieu de créer une École internationale du Livre au sein de l'Institut International de Bibliographie.

e) Il est désirable de publier un *Annuaire international* concentrant les informations aujourd'hui éparses sur l'état actuel des grands travaux, des collections et des organismes qui existent dans le domaine de la Bibliographie et de la Documentation. [01]

(*Conférence Internationale de Bibliographie*, Bruxelles, 1910.)

*** La C. I. B. émet le vœu de voir les Gouvernements seconder également les efforts tentés en vue d'organiser la bibliographie sur une base coopérative et internationale. Elle charge le Bureau de faire les démarches nécessaires dans ce but et de donner à ses travaux la plus large publicité possible.   [01 : 354]

(*Conférence Internationale de Bibliographie*, Bruxelles, 1897.)

Office International de Bibliographie.   01 (061) (∞)

La C. I. B. émet le vœu de voir les Gouvernements former une Union bibliographique universelle en vue de la création d'un Office International de Bibliographie. Elle charge son bureau de transmettre ce vœu au Gouvernement belge et de le prier respectueusement de prendre à cet effet toutes les initiavites qu'il jugerait utiles.

La Conférence prend acte de la déclaration faite en leur nom personnel et au nom de leurs collaborateurs par MM. La Fontaine et Otlet, concernant l'apport gratuit qu'ils se proposent de faire à l'Office International de Bibliographie à créer par les Etats, du répertoire de 400.000 fiches qu'ils ont collectionné.

En attendant la constitution définitive de cet Office, la Conférence invite l'Office, fonctionnant actuellement à Bruxelles, à poursuivre ses travaux sur la base d'une large collaboration scientifique internationale.   [01 (061) (∞)]

(*Conférence Internationale de Bibliographie*, Bruxelles, 1895.)

*** La C. I. B. reconnaît la nécessité de donner aux travaux bibliographiques une organisation internationale ; après avoir pris connaissance des travaux exécutés conformément à la méthode décimale par l'Office International de Bibliographie et par ses collaborateurs, elle les invite à poursuivre leur œuvre, sur la base de la plus large coopération internationale et scientifique, en tenant compte de toutes les améliorations qui seront successivement suggérées. [01 (061) (∞)]

(Conférence Internationale de Bibliographie, Bruxelles, 1897.)

Institut International de Bibliographie.   01 (062) (∞)

Il y a lieu de donner à l'Institut International de Bibliographie une organisation élargie qui comprenne la représentation des Etats, celle des intérêts nationaux ou régionaux et celle des diverses spécialités scientifiques. Il doit devenir de plus en plus une fédération internationale et interscientifique pour l'organisation du Livre et de la Documentation, veillant à l'unité des méthodes et constituant des collections centrales. L'Institut doit aussi constituer l'organe exécutif du Congrès. Celui-ci, sur les bases du règlement actuel et avec le même programme général, doit tenir des sessions périodiques.

La Commission organisatrice du Congrès restera en fonction, complétée par les chefs des délégations étrangères, avec droit de représentation pour les pays et les spécialités non représentées actuellement, et droit de remplacement des démissionnaires. Elle aura à formuler le projet de revision des statuts de l'Institut, à provoquer la constitution de groupes agissant comme commissions nationales et à développer l'affiliation des institutions internationales.

Le Congrès émet le vœu de voir réalisé le projet d'affecter l'un des palais de l'exposition de Bruxelles aux Œuvres internationales, de manière à grouper en une grande institution mondiale le service des Congrès internationaux, les Secrétariats des Associations internationales, un Musée international, les Services et Collections de la Documentation universelle. [01 (062) (∞)]

(Conférence Internationale de Bibliographie, Bruxelles, 1910.)

*** La C. I. B. reconnaît l'utilité de la formation de groupes nationaux au sein de l'Institut International de Bibliographie.
[01 (062) (∞)]

(Conférence Internationale de Bibliographie, Bruxelles, 1897.)

*** La C. I. B. décide la création d'un Institut international de Bibliographie. [01 (062) (∞)]

(Conférence Internationale de Bibliographie, Bruxelles, 1895.)

Enseignement bibliographique.   01 (07)

La C. I. B. exprime le vœu que, dans l'enseignement supérieur, une part plus importante soit accordée à la bibliographie.

[01 (07)]
(*Conférence Internationale de Bibliographie*, Bruxelles, 1897.

La C. I. B. émet le vœu qu'une entente intervienne, dans les différents pays, entre les associations d'éditeurs, de libraires, de bibliothécaires et l'Institut International de Bibliographie ou ses sections nationales, pour la création d'Ecoles du Livre.

[01 (07)]
(*Conférence Internationale de Bibliographie*, Bruxelles, 1897.)

Types bibliographiques.   011-016

Considérant les différents types de bibliographie qui lui sont présentés, la C. I. B. constate qu'ils ont pour but de répondre à l'un des besoins suivants :

1° Enregistrer, aussi complètement que possible, tous les ouvrages imprimés dans un pays et former ainsi les sources premières et originales des travaux bibliographiques subséquents (bibliographies nationales) ;

2° Etablir pour chaque branche des sciences, et pour chaque question particulière, le relevé complet et classé méthodiquement de tous les travaux faisant partie de leur littérature (bibliographie spéciale) ;

3° Faciliter l'étude des questions et abréger le temps des recherches à travers les livres, en guidant les lecteurs au moyen de listes présentant, ou bien un choix d'ouvrages recommandables sur une matière donnée (bibliographie choisie), ou bien un court résumé du contenu des travaux (bibliographie analytique), ou bien une appréciation sur leur valeur et leur portée (bibliographie critique) ;

4° Etablir nationalement ou internationalement, pour les ouvrages de toutes matières, en toutes langues et de toutes les époques, un inventaire méthodiquement classé, et aussi complet que possible, de tous les travaux imprimés (bibliographie universelle).

La C. I. B. constate aussi que les travaux bibliographiques peuvent prendre la forme de publications en volume (bibliographie proprement dite) ou celle de collections de fiches (répertoires bibliographiques).

La C. I. B. estime que ces divers types de bibliographie répondent à des besoins bien caractérisés et se complètent mutuellement.   [011-016]

(*Conférence Internationale de Bibliographie*, Paris, 1900.)

Répertoire Bibliographique Universel. 011.1

Il y a lieu d'établir sur fiches un Répertoire Bibliographique
Universel classé par matières et par auteur ; de former ce répertoire par concentration et coordination des travaux bibliographiques existants ou qui seront publiés à l'avenir ; de délivrer
des copies de ce répertoire ; d'établir dans tous les centres
d'études et de travail, des répertoires bibliographiques formés
d'après les mêmes principes, mis en relation avec lui, mais
limités aux ouvrages tantôt d'une certaine spécialité, tantôt
d'une certaine langue ou à un choix de publications ; de publier,
autant que possible, une édition sur fiches des bibliographies
existantes concurremment avec l'édition en volume ou de préférence à celle-ci, de dresser une liste périodique de tous les
catalogues et bibliographies utilisables pour l'établissement
des répertoires sur fiches. [011.1]
(*Conférence Internationale de Bibliographie*, Bruxelles, 1910.)

*** La C. I. B. invite les sociétés savantes et les comités de rédaction des recueils périodiques à envoyer mensuellement, sur
feuilles volantes ou sur fiches, aux secrétaires nationaux de
l'Institut International de Bibliographie, ou directement au
siège de celui-ci à Bruxelles, le sommaire des périodiques publiés
sous leur direction en vue de l'élaboration rapide du Répertoire
Bibliographique Universel.

La C. I. B. charge le Bureau de l'Institut International de
Bibliographie de communiquer ce vœu à toutes les sociétés
savantes et à tous les comités de rédaction des recueils périodiques et de leur notifier en même temps les noms et adresses
des secrétaires nationaux de l'Institut International de Bibliographie. [011.1 : 05]
(*Conférence Internationale de Bibliographie*, Bruxelles, 1897.)

Enregistrement bibliographique. 013

Chaque pays ou région doit être responsable vis-à-vis de
toutes les autres, de l'enregistrement de toutes les publications
qui paraissent dans toute l'étendue de son territoire.

Il est désirable que partout des mesures soient prises pour
assurer un enregistrement complet des publications nouvelles
(Etat civil des imprimés). Ces mesures, dont le but est bibliographique, doivent être indépendantes de toutes celles qui sont
prises dans le but juridique de protéger le droit des auteurs
(Copyright), ou dans le but économique d'enrichir les collections publiques (Dépôt légal). Partout où existe le Dépôt légal
ou le Copyright, il est désirable que les administrations chargées

de ces services procèdent à un enregistrement conforme aux desiderata bibliographiques. [013]
(Conférence Internationale de Bibliographie, Bruxelles, 1910.)

Coopération des Bibliothèques. 017.1

Il est désirable que les méthodes suivies pour l'établissement des Catalogues des Bibliothèques soient, autant que possible, les mêmes que celles des Répertoires Bibliographiques. Par là, les catalogues peuvent être utilisés pour les répertoires bibliographiques et réciproquement. [017.1]
(Conférence Internationale de Bibliographie, Bruxelles, 1910.)

Catalogues collectifs. 017.11

Il y a lieu d'organiser des catalogues collectifs des ouvrages possédés par les bibliothèques d'un même pays ou d'une même région, et d'établir des relations entre ces différents catalogues, de manière à pouvoir renseigner rapidement les travailleurs sur le lieu de dépôt des publications. [017.11]
(Conférence Internationale de Bibliographie, Bruxelles, 1910.)

Coopération des Editeurs. 017.4

Il est désirable de voir les éditeurs coopérer à la bibliographie universelle par la publication d'annonces éditoriales sur fiches et celle de catalogues de fonds établis conformément aux desiderata bibliographiques.

Il est désirable de pouvoir se procurer en librairie des articles séparés de périodiques. [017.4]
(Conférence Internationale de Bibliographie, Bruxelles, 1910.)

Bibliographies critiques. 019.41

La C. I. B. adopte le principe des bibliographies spéciales et critiques, comme complément au Répertoire Bibliographique Universel. [019.41]
(Conférence Internationale de Bibliographie, Bruxelles, 1897.)

Règles Bibliographiques Internationales. 025.31

Il y a lieu d'établir un Code international des règles bibliographiques. Ces règles doivent comprendre les règles catalographiques relatives à chaque espèce de documents et à chaque type de catalogue (auteur, systématique, alphabétique des matières), et aussi toutes les autres indications nécessaires pour l'établissement des répertoires bibliographiques sur fiches et la publication des bibliographies en volume.

L'établissement de ces règles est confié à une Commission internationale, d'accord avec l'Institut international de Bibliographie. Elle aura à procéder à une enquête préalable.

Il est désirable que les règles applicables aux travaux bibliographiques et aux catalogues des bibliothèques soient les mêmes autant que possible. Il y a lieu à cette fin qu'il soit fait appel à la coopération du Congrès International des Bibliothécaires.

[025.31]

(Conférence Internationale de Bibliographie, Bruxelles, 1910.)

*** La C. I. B. charge le Bureau de l'Institut International de Bibliographie de nommer une commission de spécialistes de divers pays dans le but d'établir un Code International des règles à suivre dans la rédaction des notices bibliographiques.

[025.321]

(Conférence Internationale de Bibliographie, Bruxelles, 1897.)

*** La C. I. B. émet le vœu que les propositions adoptées par l'Association française pour l'avancement des sciences, réunie à Bordeaux en août 1895, et relatives aux indications à fournir par les auteurs pour les titres des travaux scientifiques, soient acceptées d'une manière générale. [025.321]

(Conférence Internationale de Bibliographie, Bruxelles, 1895.)

Répertoires sur fiches. 025.354

Considérant l'utilité et la nécessité des renseignements bibliographiques pour l'étude méthodique et rapide des questions se rattachant aux sciences et à leurs applications ;

Considérant que les répertoires établis sur fiches assurent aux travaux bibliographiques la parfaite tenue à jour et la coordination en un seul ordre de classement des notices bibliographiques ;

Considérant que la forme de l'agencement de ces répertoires ont pour effet de rendre les travaux bibliographiques facilement accessibles au plus grand nombre de travailleurs de tout ordre ;

Considérant que ces répertoires, à raison de leur étendue, trouvent principalement leur place dans les centres de recherches et d'études,

La C. I. B. émet le vœu :

1° De voir déposer les répertoires bibliographiques particuliers, consacrés à la littérature d'une ou plusieurs branches des sciences, dans les divers établissements scientifiques (bibliothèques, laboratoires, établissements d'enseignement scientifiques ou techniques, grandes administrations) ;

2º De voir les autorités dont dépendent ces établissements contribuer, par des souscriptions ou des abonnements, à l'établissement de semblables répertoires ;

3º De voir faciliter, dans les différents pays, la création d'associations libres ayant pour objet le développement et la propagation des répertoires bibliographiques.   [025.354)

(Conférence Internationale de Bibliographie, Paris, 1900.]

*** Il est désirable de généraliser l'emploi des fiches et d'adopter le format international 75×125 mm. pour les répertoires bibliographiques ou les catalogues, et 215×275 mm. pour les dossiers documentaires.   [025.354]

(Conférence Internationale de Bibliographie, Bruxelles, 1910.)

*** La C. I. B. charge le Bureau de l'Institut International de Bibliographie de former une commission dans le but d'étudier les procédés les plus pratiques et les plus économiques pour l'impression des fiches bibliographiques.   [025.354]

(Conférence Internationale de Bibliographie, Bruxelles, 1897.)

Classification décimale.   025.4

Il y a lieu d'adopter la Classification Décimale comme classification bibliographique auxiliaire internationale. L'emploi de cette classification ne doit pas mettre obstacle à celui de tous autres systèmes de classification destinés à des fins personnelles ou particulières. Des tables de concordance et d'équivalence doivent être établies entre la Classification internationale et les autres classifications.

Il y a lieu d'obtenir que toute classification faisant usage de la notation décimale et autre que la classification bibliographique décimale, inscrive ses nombres dans un signe spécial (rond, carré ou losange), de manière à éviter toute confusion avec la Classification Décimale.

La conservation, la traduction et le développement de la Classification Décimale doivent être confiés, d'accord avec l'Institut International de Bibliographie, à une Commission internationale dans laquelle soient représentés les divers pays et les diverses sciences.

La C. I. B. exprime son admiration et sa reconnaissance à M. Melvil Dewey, inventeur de la Classification Décimale.

                                                          [025.4]

(Conférence Internationale de Bibliographie, Bruxelles, 1910.)

*** La C. I. B. considère la Classification Décimale comme donnant des résultats pleinement satisfaisants au point de vue pratique et international. [025.4]
(*Conférence Internationale de Bibliographie*, Bruxelles, 1895.)

*** La C. I. B. constate les applications considérables déjà faites de la Classification Décimale de Dewey et recommande son adoption intégrale en vue de faciliter à bref délai une entente
Elle émet spécialement le vœu de voir traduire immédiatement en allemand, en français et en italien les tables de la Classification Décimale de Dewey. [025.4]
(*Conférence Internationale de Bibliographie*, Bruxelles, 1895.)

*** La C. I. B. émet le vœu que, lorsque les Gouvernements interviennent officiellement pour soutenir les bibliographies nationales, ils insistent sur l'adoption de la Classification Décimale. [025.4 : 013]
(*Conférence Internationale de Bibliographie*, Bruxelles, 1895.)

*** La C. I. B. émet le vœu que les publications dues à l'initiative privée et plus particulièrement les catalogues collectifs, édités par des cercles de librairie, adoptent également la Classification Décimale. [025.4 : 017.4]
(*Conférence Internationale de Bibliographie*, Bruxelles, 1895.)

Prêts internationaux. 025.6 (∞)

Il est désirable qu'une extension soit donnée au service du prêt international d'établissement à établissement, sous les réserves nécessaires pour la conservation des documents uniques ou rares. [025.6 (∞)]
(*Conférence Internationale de Bibliographie*, Bruxelles, 1910.)

Copie et reproduction photographique des documents.
025.6 (0 : 77)

Il est désirable que les bibliothèques organisent elles-mêmes des services de copies ou de photographies des documents qu'elles possèdent, sur demande du public.
Il est désirable de ne plus prêter au dehors, et notamment à des expositions temporaires exposées au feu, des documents uniques ou rares dont au préalable copie n'aurait été prise. L'appareil présenté au C. I. B. et qui réalise le *Livre microphotographique* peut être éventuellement un moyen économique de réaliser ces desiderata. [025.6 (0 : 77)]
(*Conférence Internationale de Bibliographie*, Bruxelles, 1910.)

Statistique des imprimés. 31 : 655

Considérant l'insuffisance et l'incertitude des données statistiques actuellement recueillies, la C. I. B. estime qu'il y a lieu d'établir une statistique générale des imprimés faisant connaître la répartition par pays, par matières et par catégories d'ouvrages, des travaux publiés depuis l'invention de l'imprimerie jusqu'à ce jour. A cet effet elle émet le vœu :

1° De voir compléter les recueils de bibliographies nationales, publiés dans les différents pays, par une statistique succincte dénombrant, aux divers points de vue indiqués plus haut, les travaux relevés annuellement dans chacun de ces recueils ;

2° De voir compléter les bibliographies particulières par une statistique distincte dénombrant, aux mêmes points de vue, les travaux qui y sont indiqués ;

3° De voir établir ces statistiques, suivant des bases aussi uniformes que possible, afin de permettre les comparaisons et les déductions statistiques. [31 : 655]
(Conférence Internationale de Bibliographie, Paris, 1900.)

Échanges internationaux. 341.28.54

Il est désirable de voir apporter de nouveaux développements au service international des échanges, notamment en rendant les envois plus fréquents, en augmentant le nombre des pays faisant partie de la Convention internationale et en rendant possible l'envoi gratuit de toute la correspondance relative à la demande des échanges, aux accusés de réception de publication et à leur réclamation. Il y a lieu d'admettre partout les associations et les établissements libres au bénéfice des échanges.

Il est désirable que la Smithsonian Institution, première initiatrice du service des échanges internationaux, provoque elle-même la revision de la Convention internationale de 1885, en vue de voir réaliser ces améliorations. [341.28.54]
(Conférence Internationale de Bibliographie, Bruxelles, 1910.)

Dépôt légal. 347.788.2

La C. I. B., considérant que tout classement systématique suppose l'existence de bibliographies nationales complètes et exactes, signale aux gouvernements l'importance d'une législation uniforme concernant le Dépôt légal. [347.788.2]
(Conférence Internationale de Bibliographie, Bruxelles, 1895.)

*** Considérant l'importance du Dépôt légal au point de vue de la bonne organisation des bibliographies nationales, la C. I. B.

émet le vœu que les divers Gouvernements, s'inspirant des mesures récemment prises en quelques pays, prennent des dispositions qui permettent d'utiliser les bibliographies nationales, alimentées le plus souvent par le Dépôt légal, pour l'établissement des répertoires bibliographiques. [347.788.2]

(*Conférence Internationale de Bibliographie*, Paris, 1900.)

International Catalogue
of Scientific Literature (I. C. S. L.)

[016 : 5]

RÉFÉRENCES. — *Annuaire*, 1908-1909, p. 589; 1910-1911, p. 175.

LISTE DES RÉUNIONS. — Les réunions sous forme de conférences d'abord (1896, 1898, 1900) et de conventions ensuite ont toutes eu lieu à Londres, sous les dates suivantes :

1896.07.14/17	1905.07.25/26
1898.10.11/13	1910.07.12/13
1900.06.12/13	

Scope and Issue of the Catalogue.   016 : 5

That it is desirable to compile and publish by means of some international organisation a complete Catalogue of Scientific Literature, arranged according both to subject-matter and to authors' names.

That in preparing such a Catalogue regard shall, in the first instance, be had to the requirements of scientific investigators, to the end that these may, by means of the Catalogue, find out most easily what has been published concerning any particular subject of enquiry.

That the administration of such a catalogue be entrusted to a representative body, hereinafter called the International Council, the members of which shall be chosen as hereinafter provided.

That the final editing and the publication of the Catalogue be entrusted to an organisation, hereinafter called the Central International Bureau, under the direction of the International Council.

That any country which shall declare its willingness to undertake the task shall be entrusted with the duty of collecting, provisionally classifying, and transmitting to the Central Bureau, in accordance with rules laid down by the International Council, all the entries belonging to the scientific literature of that country.

That in indexing according to subject-matter regard shall be had, not only to the title (of a paper or book), but also to the nature of the contents.

That the Catalogue shall comprise all published original contributions to the branches of science hereinafter mentioned, whether appearing in periodicals or in the publications of Societies, or as independent pamphlets, memoirs, or books.

That a contribution to science for the purposes of the Catalogue be considered to mean a contribution to any of the mathematical, physical, or natural sciences, the limits of the several sciences to be determined hereafter.

That in each country the system of collecting and preparing material for the Catalogue shall be subject to the approval of the International Council.

That in judging whether a publication is to be considered as a contribution to science suitable for entry in the Catalogue, regard shall be had to its contents, irrespective of the channel through which it is published.

That the Central Bureau shall issue the Catalogue in the form of « slips » or « cards, » the details of the cards to be hereafter determined, and the issue to take place as promptly as possible. Cards corresponding to any one or more branches of science, or to sections of such sciences, shall be supplied separately and under the direction of the Central Bureau.

That the Central Bureau shall also issue the Catalogue in book form from time to time, the entries being classified according to the rules to be hereafter determined.

That the issue in the book form shall be in parts corresponding to the several branches of science, the several parts being supplied separately, at the discretion and under the direction of the Central Bureau.

That a contribution to science for the purposes of the Catalogue be considered to mean a contribution to the mathematical, physical, or natural sciences, such as, for example, mathematics, astronomy, physics, chemistry, mineralogy, geology, botany, mathematical and physical geography, zoology, anatomy, physiology, general and experimental pathology, experimental psychology and anthropology, to the exclusion of what are sometimes called the applied sciences—the limits of the several sciences to be determined hereafter.

That the Royal Society be requested to form a Committee to study all questions relating to the Catalogue referred to it by the Conference, or remaining undecided at the close of the present sittings of the Conference, and to report there on to the Goverments concerned.

Since it is probable that, if organisations be established in each country, the Guarantee Fund required for the Central Bureau can be provided by voluntary subscriptions in various countries, this Conference does not think it necessary at present to appeal to any of the Governments represented at the Conference for financial aid to the Central Bureau.

The Conference being unable to accept any of the systems of classification recently proposed, remits the study of classifications to the Committee of organisation.

That English be the language of the two catalogues, authors' names and titles being given only in the original languages except when these belong to a category to be determined by the International Council.

That it be left to the Committee (of the Royal Society) to suggest such details as will render the Catalogue of the greatest possible use to those unfamiliar with English.

That it is desirable that the Royal Society should be informed, at a date not later than January 1st, 1898, what steps (if any) are being taken, or are likely to be taken, in the countries whose governments are represented at the Conference, towards establishing organisations for the purpose of securing the end had in view.

That January 1, 1900, be fixed as the date of the beginning of the Catalogue. [016 : 5]

(*International Catalogue Conference*, London, 1896.)

*** That, in view of the success already achieved by the International Catalogue of Scientific Literature and of its great importance to scientific workers, it is imperative to continue the publication of the Catalogue at least for a further period of five years.

That the Convention authorises the annual expenditure of a sum not exceeding £ 2,000 (in addition to the Director's salary), for carrying on the work of the Central Bureau.

That in view of the resolution arrived at to continue the Catalogue for a further period of five years, the Royal Society of London be requested :—

(*a*) Again to act as the publishing body.

(*b*) To conclude a contract with Messrs. Harrison and Sons to print the Catalogue on the terms indicated in the Report of the Executive Committee (paragraph 22, p. 10).

(*c*) To make such provision of working capital as may be desirable in the opinion of the Executive Committee.

That as it is undesirable to increase the borrowed capital of the International Catalogue, Contracting Bodies be informed that in cases where payment in advance is impracticable it is necessary that payment should be made for each volume as soon as possible after delivery.

That the Director be instructed, in making such special requests for payment as the Executive Committee may determine, to send a copy of this resolution with his request.

That the Convention approves of the proposal for an amalgamation of the Zoological Record published by the Zoological Society of London with Volume N of the International Catalogue in accordance with paragraph 24 of the Report, p. 10, and authorises the Executive Committee to carry the proposal into effect.

That it is the desire of this Convention that the Executive Committee, as soon as practicable, take into consideration the question of issuing cards.   [016 : 5]

(*International Catalogue Conference*, London, 1900.)

*** That in view of the success already achieved by the International Catalogue of Scientific Literature, and of the great importance of the objects which it promotes, it is imperative to continue the publication of the Catalogue during the period 1911-1915 and, on the recommendation of the International Council, during the subsequent five years 1916-1920.

That in view of the resolution arrived at to continue the Catalogue for a further period of 5 years, the Royal Society of London be requested to act as in the past as the publishing body and to make the necessary contracts.

That it is most desirable that a capital fund should be obtained for the Catalogue.

That each regional bureau be requested to prepare a list of journals in each science which the Catalogue will completely index in the annual issue following the year of publication, and that the Central Bureau be authorised to publish the list thus prepared.

That the resolution of the year 1900 authorising the Central Bureau to close the volumes of the Catalogue at a stated date, each volume to correspond to the scientific literature of a period of twelve months, be confirmed.

That it be referred to the Executive Committee after consultation with the regional bureaus to consider and decide what steps, if any, can be taken for co-operation with the proposed international commission for the preparation of annual physical-chemical tables.

That a committee be appointed to revise the schedules and to make such other alterations as may be necessary in the form of issue of the Catalogue.

That it be an instruction to the committee that in general the subject-index be confined to the abbreviated titles with authors' names and numbers to serve as references to the author index.

That it be an instruction to the regional bureaus to have in view constantly the need of maintaining the Catalogue of minimum bulk.

That in view of the resolution adopted unanimously by the representatives of the various countries constituting the Convention, desiring the Royal Society to continue its responsibility for the publication of the International Catalogue for a further period, the committee appointed be instructed —

    (i) To take all possible steps to prevent reduplication by the publication of several annual and similar catalogues and index on the same subject, by making arrangements such as those now in force with the Zoological Society of London.

    (ii) To obtain further assistance and co-operation in the preparation of the material of the Catalogue from the principal scientific societies and academies and the organisations which collect materials for indexing scientific literature.   [016 : 5]

(*International Catalogue Convention*, London, 1910.)

Form of the Catalogue.   016 : 5 (0)

That the Conference confirms the principle that the Catalogue be published in the double form of cards and book.

That Schedules of Classification shall be authorised for the several branches of science which it is decided to include in the Catalogue.

That geography be defined as limited to mathematical and physical geography, and that political and general geography be excluded.

That anatomy be entered on the list as a separate subject.

That a separate schedule be provided for each of the following branches of science :—

    Mathematics.
    Astronomy.
    Meteorology.
    Physics.
    Crystallography.
    Chemistry.

Mineralogy.

Geology (including Petrology).

Geography—Mathematical and Physical.

Palæontology.

Anatomy.

Zoology.

Botany.

Physiology (including Pharmacology and Experimental Pathology).

Bacteriology.

Psychology.

Anthropology.

That each of the sciences for which a separate schedule is provided shall be indicated by a symbol.

That Italian should be added to the list of languages not requiring translation.

That for each communication to be indexed at least one slip, to be called a *Primary Slip*, shall be prepared, on which shall be either printed or type-written or legibly hand-written in Roman script—

(i.) *Title-entries.* — The author's name and the full title of the communication, in the original language alone if the language be either English, French, German, Italian, or Latin.

In the case of other languages, the title shall be trans-lated into English or such other of the above five languages as may be determined by the Collecting Bureau concerned; but in such case the original title shall be added, either in the original script, or transliterared into Roman script.

The title shall be followed by every necessary reference, including the year of publication, and such other symbols as may be determined. In the case of a separately published book, the place and year of publication, and the number of pages, &c., shall be given.

(ii.) *Subject-entries*, indicating as briefly as possible the principal subjects to which the communication refers. Every effort shall be made to restrict the number of these subject-entries.

Such subject-entries shall be given only in the original language of the communication if this be one of the five previously referred to, but in other cases in English or in such other language as has been used in translating the title.

That the registration symbols used in the Catalogue be based on a convenient combined system of letters, numbers, or other symbols, adapted in the case of each branch of science to its individual needs, and in accordance, as far as possible, with a general system of registration.

That the authoritative decision as to the Schedules be entrusted to an International Committee, to be hereafter nominated by this Conference.

That in all countries in which, or wherever, a Regional Bureau is established, the Regional Bureau shall be responsible for the preparation, of the slips requisite for indexing all the scientific literature of the region, whatever be the language in which that literature may appear.

That each Regional Bureau shall transmit such slips to the Central Bureau as rapidly and as frequently as may be found convenient.

That in the case of countries in which no Regional Bureau is established, the Central Bureau, failing other arrangements, shall, upon special mandate, endeavour to undertake the work of a Regional Bureau.   [016 : 5 (o)

(*International Catalogue Conference*, London, 1896)

*** At determined regular intervals, not necessarily the same for all sciences, the Central Bureau shall compile from the slips and issue in a book form both an authors' and a subject index of the literature published within that period.

This Book Catalogue shall be obtainable in parts corresponding to the several sciences for which slips are provided, and in such divisions of parts as may be hereafter determined.

In compiling the authors' index, in each of the sciences, the authors' names shall be arranged in alphabetical order, and each name shall be followed by the title of the paper and the necessary reference, and any other such symbols as may be determined.

The Book Subject Catalogue shall be compiled from the slips, as follows :—

(i.) The subject entries shall be grouped in sections corresponding to the registration letters on the slips, *i. e.*, to the several sciences.

(ii.) In each science the several subject entries shall be arranged under headings corresponding to the registration numbers on the slips, the which headings and numbers shall be those contained in the authorised schedules of classification.

(iii.) The divisions indicated by registration numbers may be further subdivided by means of significant words or symbols.

(iv.) The nature of the subject entry may vary. Thus, as suggested in the cases of Mathematics and Physiology, it may be the title only ; whilst in other sciences a special entry, more or less different from the title, may be provided on each slip. In all cases, the number of subject entries to be copied from a slip shall be determined by the number of registration numbers on the slip.

(v.) The mode of arranging subject entries under a registration number, or under the subdivisions of a number afforded by significant words or symbols, may vary. They may either be arranged in the order of authors' names placed alphabetically, in which case the author's name shall precede the subject entry in the Book Catalogue, or they may be arranged. either in an arbitrary order, or in some order suited to the particular series of entries.

When in preparing an issue of the Book Catalogue, it is found that a registration number has no entries collected under it, the number and corresponding heading may be omitted from that issue.

To each part of the Book Catalogue corresponding to an authorised schedule, there shall be appended an alphabitical index of the headings, and if expedient, also of the significant words appearing in that part, showing on which page of the part each may be found.

After the publication of the first issue of the Book Catalogue, the Director of the Central Bureau shall consult the Committees of Referees as to the desirability of making changes in the classification, and shall report thereon to the International Council, who shall have power to authorise such changes to be made as they may think expedient.   [016 : 5 (o)]

(International Catalogue Conference, London, 1900)

Rules of the Conference.   016 : 5 (061)

That each delegate shall have a vote in deciding all questions brought before the Conference.

That English, French, and German be the official languages of the Conference, but that it shall be open for any delegate to address

the Conference in any other language, provided that he supplies for
the *procès verbal* of the Conference a written translation of his remarks
into one or other of the official languages.   [016 : 5 (061)]
(*International Catalague Conference*, London, 1896.)

International Convention, International Council, Regional Bureau.   016 : 5]007

Each region in which a Regional Bureau is established, charged
with the duty of preparing and transmitting slips to the Central
Bureau for the compilation of the Catalogue, shall be called a « constituent region ».

In 1905, in 1910, and every tenth year afterwards, an International
Convention shall be held in London (in July) to reconsider and, if
necessary, revise the regulations for carrying out the work of the
Catalogue authorised by the International Convention of 1898.

Such an International Convention shall consist of delegates
appointed by the respective Governments to represent the constituent regions, but no region shall be represented by more than three
delegates.

The rules of procedure of each International Convention shall
be the same as those of the International Convention of 1898.

The decisions of an International Convention shall remain in
force until the next Convention meets.

Each Regional Bureau shall appoint one person to serve as a
member of a body to be called *The International Council*.

The International Council shall, within the regulations laid down
by the International Convention, be the Governing Body of the
Catalogue.

The International Council shall appoint its own Chairman and
Secretary.

It shall meet in London once in three years at least, and at such
other times as the Chairman, with the concurrence of five other
membres, may specially appoint.

It shall, subject to the regulations laid down by the Convention,
be the supreme authority for the consideration of and decision concerning all matters belonging to the Central Bureau.

It shall make a report of its doings, and submit a balance sheet,
copies of which shall be distributed to the several Regional Bureaux,
and published in some recognised periodical or periodicals, in each
of the constituent regions.

That the following recommendations of the Royal Society relating to International Committees of Referees be referred for consideration to the International Council when constituted :

The International Council shall appoint for each science included in the Catalogue five persons skilled in that science, to form an International Committee of Referees, provided always that the Committees shall be as far as possible representative of the constituent regions. The members shall be appointed in such a way that one retires every year. Occasional vacancies shall be filled up by the Committee itself, subject to the approval of the Chairman of the International Council, and a member thus appointed shall hold office as long as the member whose place he fills would have held office.

It shall be the duty of the Director of the Central Bureau to consult the appropriate Committee or Committees, by correspondence or otherwise, on all questions of classification not provided for by the Catalogue Regulations; or, in cases of doubt, as to the meaning of those Regulations.

In any action touching classification the Director shall be guided by the written decision of a majority of the appropriate Committee, or by a minute if the Committee meets.

Provided always that when any addition to or change of the schedule of classification in any one branch may seem likely to affect the schedule of classification of some other branch or branches, the Committees concerned shall have been consulted; and provided also that in all cases of want of agreement within or between the Committees, or of other difficulty, the matter shall have been referred for decision to the International Council.

All business transacted by the Committees shall be reported by the Director to the International Council at their next ensuing meeting.

That the publication of a Card Catalogue be postponed for the present.

That the Book Catalogue be at first issued only in the form of annual volumes.

That the Catalogue include both an Authors' and a Subject Index, according to the scheme of the Provisional International Committee.

Pending the appointment of the International Council, a Provisional International Committee be appointed which shall be entrusted with the duty of approaching, through the Royal Society, such countries as may be necessary, with the view of obtaining their adhesion to the scheme for the publication of the Catalogue, or promises of financial support.

The said Provisional Committee is further authorized to malke other preparations for the publication of the Catalogue, but without incurring financial responsibility.

Inasmuch as it will be necessary for some one corporation to make the necessary contracts and undertake the final financial responsibilities, the Provisional Committee is authorized to include among such preparations, negotiations either with the Royal Society, or with another corporation, or with a government, or with a publisher, but the confirmation of all such preparations, and the carrying out of any final agreement or contract, shall rest with the International Council.   [016 : 5]007]

(*International Catalogue Conference*, London, 1900.)

Congrès Internationaux des Bibliothécaires (C. I. B.)

[02]

RÉFÉRENCES. — *Annuaire*, 1908-1909; p. 602, 1910-1911, p. 725.

SESSIONS. — Les *Congrès Internationaux des Bibliothécaires* ont eu lieu dans les villes et sous les dates suivantes :

1877.10.	Londres.	1900.08.20/23	Paris.
1897.07.13/16	Londres.	1910.08.28/31	Bruxelles (1).

Catalogage des thèses universitaires.   013 : 378

1. Que les échanges de thèses soient étendus aux universités des différents pays.

2. Que, soit par initiative gouvernementale, soit par entente entre les universités, on puisse obtenir l'entrée des thèses américaines dans les universités d'Europe.

3. Qu'un catalogue imprimé soit établi pour la bibliographie des thèses dans les pays qui n'en possèdent pas encore.

4. Que dans toutes les bibliothèques on fasse le plus tôt possible le classement des thèses.   [013 : 378]
   (*Congrès International des Bibliothécaires et Archivistes*, Bruxelles, 1910).

Publications des sociétés savantes.   014.3 : 06

Que les sociétés savantes publient sur la couverture du dernier fascicule annuel une liste complète des publications de la société.   [014.3 : 06]
   (*Congrès International des Bibliothécaires et Archivistes*, Bruxelles, 1910.)

---

(1) Il n'a été adopté de résolutions que lors de ce dernier congrès; les travaux des trois congrès antérieurs n'ont consisté qu'en communications diverses suivies d'échanges d'observations.

Publications officielles.   014.3 : 083

Que les Gouvernements publient chaque année, la liste de leurs publications officielles, liste sinon complète, du moins contenant les publications qui peuvent être communiquées au public.   [014.3 : 083]
> (*Congrès International des Bibliothécaires et Archivistes,*
> Bruxelles, 1910.)

Préparation professionnelle des bibliothécaires.   02 (07)

Considérant que la fonction de bibliothécaire exige des connaissances scientifiques et spéciales, le C. I. A. B. émet le vœu qu'une sérieuse préparation professionnelle des bibliothécaires soit assurée, soit par des écoles spéciales, soit par des examens conformes à des programmes approuvés par les associations nationales de bibliothécaires.   [02 (07)]
> (*Congrès International des Bibliothécaires et Archivistes,*
> Bruxelles, 1910.)

Grandes bibliothèques.   021.1

Il n'est pas désirable de démembrer une grande bibliothèque générale en en enlevant une partie ; une grande bibliothèque générale ressemble à une université et s'oppose aux petites bibliothèques spéciales comme une université diffère des écoles techniques ; son caractère utile serait perdu si on la démembrait.   [021.1]
> (*Congrès International des Bibliothécaires et Archivistes,*
> Bruxelles, 1910.)

Livres pour les enfants.   021.3

Que les particuliers et les pouvoirs publics fassent le nécessaire pour aider à l'éclosion d'une littérature pour les enfants basée sur les légendes et l'histoire nationale. Les particuliers peuvent y coopérer en créant des prix pour les meilleurs ouvrages de ce genre ; les pouvoirs (Etats et villes) en achetant ces livres et en les répandant dans la plus large mesure possible parmi les bibliothèques où l'on s'occupe de l'enfance.   [021.3]
> (*Congrès International des Bibliothécaires et Archivistes,*
> Bruxelles, 1910.)

Plans des bibliothèques.   022.3

Que les plans établis par les architectes soient toujours soumis à l'approbation entière des bibliothécaires qui auront le droit absolu d'amender les plans en question.   [022.3]
> (*Congrès International des Bibliothécaires et Archivistes,*
> Bruxelles, 1910.)

Situation des bibliothécaires.   023.4.08741

Que la situation de bibliothécaire ne soit pas considérée comme purement honorifique et qu'elle soit assimilée, pour le traitement pécuniaire, l'avancement et le droit à la retraite, à la situation des chefs de service dans les administrations d'Etat ou des communes.   [023.4.08741]
> (*Congrès International des Bibliothécaires et Archivistes,*
> Bruxelles, 1910.)

Doubles dans les bibliothèques.   025.23

Que dans chaque Etat soit créée, le plus tôt possible, officiellement, une section nationale pour la vente et l'échange des doubles, ainsi qu'un organisme central ou bureau international pour cet échange, dont le siège sera choisi par décision ultérieure des parties contractantes.   [025.23]
> (*Congrès International des Bibliothécaires et Archivistes,*
> Bruxelles, 1910.)

Code international pour la rédaction du catalogue alphabétique.   025.343.1

1. Qu'il soit établi un code international de règles pour la rédaction des fiches du catalogue alphabétique.

2. Que ces règles soient fixées par langue.

3. Que le soin d'élaborer ces règles soit confié aux associations professionnelles de bibliothécaires de même langue.

4. Que le code soit constitué à la suite d'une entente entre les dites associations.

5. Que l'Association des Archivistes et Bibliothécaires Belges serve de lien entre les associations.   [025.343.1]
> (*Congrès International des Bibliothécaires et Archivistes,*
> Bruxelles, 1910.)

Prêt international.   025.6 (∞)

Que le prêt des manuscrits et livres par la voie diplomatique soit supprimé.   [025.6 (∞)]
> (*Congrès International des Bibliothécaires et Archivistes,*
> Bruxelles, 1910.)

Prêts entre bibliothèques.   025.6 : 027.7

Que dans chaque pays toutes les bibliothèques d'établissements d'enseignement supérieur soient admises au prêt entre bibliothèques.   [025.6 : 027.7]
> (*Congrès International des Bibliothécaires et Archivistes,*
> Bruxelles, 1910.)

Timbrage des livres. 025.8

Qu'un timbre (de préférence à l'encre grasse) soit appliqué au verso du feuillet du titre, à la place correspondant à celle que le titre occupe au recto, afin qu'il soit impossible de faire disparaître ce timbre, soit par lavage, soit par amputation du papier, sans entamer une partie essentielle du livre et conséquemment sans faire perdre à celui-ci sa valeur, autant pour les bibliothèques que pour les marchands. [025.8]
(Congrès International des Bibliothécaires et Archivistes, Bruxelles, 1910.)

Bibliothèques populaires. 027.45

1. Que les bibliothèques populaires reçoivent le plus grand développement possible dans les pays.

2. Que l'œuvre des bibliothèques pour enfants s'organise concurremment avec les bibliothèques populaires, en tenant compte des nécessités locales et du rôle éducatif de la lecture.

3. Qu'il y ait une entente très étroite entre les écoles et les bibliothèques. [027.45]
(Congrès International des Bibliothécaires et Archivistes, Bruxelles, 1910.)

.*** Que les grandes villes construisent des bâtiments spéciaux et particuliers pour les bibliothèques populaires et que dans les petites communes le local soit annexé à l'école. [027.45]
(Congrès International des Bibliothécaires et Archivistes, Bruxelles, 1910.)

*** 1. Que les bibliothèques populaires d'un même centre soient, autant que possible, groupées et placées sous une direction générale, de façon à réaliser plus d'économie, une action plus uniforme dans le travail et surtout une utilisation plus complète des collections qu'elles possèdent déjà.

2. Que le personnel des succursales, aussi bien que celui de la bibliothèque centrale, ait une éducation professionnelle.

3. Que le prêt soit facilité dans la plus large mesure possible.
[027.45]
(Congrès International des Bibliothécaires et Archivistes, Bruxelles, 1910.)

Expositions de manuscrits. 091 (064)

Que les bibliothèques qui ont instauré des expositions de manuscrits les gardent et les développent ; que celles qui n'en

ont pas en dressent, et que celles qui en eurent jadis les réta-
blissent au plus tôt. [091 (064)]
(*Congrès International des Bibliothécaires et Archivistes,*
Bruxelles, 1910.)

Echanges internationaux. 341.28.54

Que les institutions et sociétés scientifiques et littéraires,
ainsi que les autorités gouvernementales dans tous les pays,
unissent leurs efforts pour obtenir une intervention officielle
pour les échanges internationaux. [341.28.54]
(*Congrès International des Bibliothécaires et Archivistes,*
Bruxelles, 1910.)

**** Que les services d'échanges internationaux soient agencés
de façon bien complète dans les pays participants, et que des
organismes de même nature soient créés dans les autres Etats.
[341.28.54]
(*Congrès International des Bibliothécaires et Archivistes,*
Bruxelles, 1910.)

**** Que les échanges internationaux soient accordés, très largement et dans l'intérêt de tous les travailleurs, aux établissements
d'initiative privée (bibliothèques des institutions libres et des
sociétés savantes) qui se conformeront à un règlement général
et procureront la réciprocité. [341.28.54]
(*Congrès International des Bibliothécaires, et Archivistes*
Bruxelles, 1910.)

Dépôt légal. 347.788.2

Que des mesures soient prises dans chaque pays afin de réaliser un enregistrement complet des publications nouvelles. Cet
enregistrement doit être organisé aux fins bibliographiques
(et quelles que soient les mesures déjà prises pour le dépôt
légal), aux fins juridiques du droit d'auteur, aux fins économiques
d'enrichissement des bibliothèques. Là où est organisé le dépôt
légal, il est désirable que les enregistrements soient conformes
aux désiderata bibliographiques. [347.788.2]
(*Congrès International des Bibliothéraires et Archivistes,*
Bruxelles, 1910.)

Livres pour aveugles. 655.38

Qu'il soit établi un système international pour l'impression
des livres destinés aux aveugles. [655.38]
(*Congrès International des Bibliothécaires et Archivistes,*
Bruxelles, 1910.)

Collections de sceaux.   736.3 (074)

1. Que soient créées dans tous les dépôts d'archives des collections de moulages de sceaux ; 2. Qu'ils soient rendus accessibles au public ; 3. Qu'on en dresse des catalogues ; 4. Que soient autorisés des échanges.   [736.3 (074)]
(*Congrès International des Bibliothécaires et Archivistes,*
Bruxelles, 1910.)

Exposition d'archives.   9.025 (064)

Que des expositions soient organisées dans les dépôts d'archives pour montrer d'abord l'évolution de l'histoire nationale et ensuite les richesses propres au dépôt.   [9.025 (064)]
(*Congrès International des Bibliothécaires et Archivistes.*
Bruxelles, 1910.)

Préparation scientifique des archivistes.   9.025 (07)

Que des connaissances historiques soient mises à la base des études préparatoires à la carrière archivistique. Il est indispensable de compléter les connaissances historiques par des connaissances juridiques, notamment par l'adjonction au programme des matières historiques d'un cours d'histoire du droit, d'un cours de droit administratif et d'un cours d'archivéconomie, lorsque ces cours n'existent pas.   [9.025 (07)]
(*Congrès International des Bibliothécaires et Archivistes,*
Bruxelles, 1910.)

Archives économiques contemporaines.   9.025 : 33

Que les archivistes, tant de l'Etat que communaux, collectionnent tous les documents contemporains d'ordre économique : prospectus industriels, placards de la rue, échantillons d'étoffes, etc.   [9.025 . 33]
(*Congrès International des Bibliothécaires et Archivistes,*
Bruxelles, 1910.)

Registres paroissiaux.   9.025 : 351.755.2

1. Que les registres paroissiaux détenus encore dans les cures soient réintégrés dans les archives communales.

2. Que partout où il y a un service d'archives communales organisé avec un archiviste compétent, les registres paroissiaux soient retirés des bureaux des hôtels-de-ville et déposés aux archives pour y être classés et communiqués comme les documents d'ordre historique ; toutefois, tant que ces registres resteront dans les bureaux de l'état civil, leur accessibilité doit être absolue, dans des conditions sauvegardant la bonne

conservation des registres, à l'abri de toute tentative de fraude, mais sans gêner le service administratif ordinaire.

3. Pour les communes sans archives organisées, ni archiviste en titre, il y a lieu de transférer dans les archives de l'Etat des doubles originaux de 1778 à 1796 conservés actuellement dans les greffes des tribunaux. Pour les registres antérieurs à 1778, que les dépôts des archives de l'Etat en reçoivent une copie résumée négligeant tout ce qui est formule banale ; cette copie devrait être collationnée et authentiquée (par exemple par les archivistes de l'Etat) pour avoir une valeur légale.

4. Que l'on publie des tableaux numériques des anciens registres paroissiaux par province ou même par pays.

5. Que les tables alphabétiques des registres paroissiaux, quelquefois incomplètes et inexactes, soient révisées.

[9.025 : 351.755.2]
(*Congrès International des Bibliothécaires et Archivistes,*
Bruxelles, 1910.)

Matières des documents d'archives.   9.025 : 655.53

Que les administrations des divers pays prennent les mesures nécessaires pour que les services qui font des versements dans les dépôts d'archives emploient exclusivement du papier, de l'encre et des moyens de reproduction de l'écriture donnant toutes les garanties au point de vue de la conservation des documents.   [9.025 : 655.53]
(*Congrès International des Bibliothécaires et Archivistes,*
Bruxelles, 1910.)

Archives : accès.   9.025.31

Que les difficultés diplomatiques soient supprimées partout pour l'accès des archives de l'Etat aux étrangers. [9.025.31]
(*Congrès International des Bibliothécaires et Archivistes,*
Bruxelles, 1910.)

Archives : principe de la provenance.   9.025.32

Que soit adopté le système du principe de la provenance pour organiser et inventorier les archives, non seulement dans ses rapports avec le classement logique des pièces, mais aussi dans l'intérêt bien compris des études historiques.   [9.025.32]
(*Congrès International des Bibliothécaires, et Archivistes,*
Bruxelles, 1910.)

Archives administratives courantes. 9.025.32 : 352

Que les administrations communales : 1º adoptent le système de la centralisation de leurs archives courantes ; 2º fassent rédiger par des personnes compétentes un inventaire unique sur fiches de ce dépôt centralisé. [9.025.32 : 352]

> (*Congrès International des Bibliothécaires et Archivistes.*
> Bruxelles, 1910.)

Bibliographies et inventaires d'archives. 9.025.5

1. Que l'on édite une bibliographie générale de toutes les publications des dépôts d'archives.

2. Que dans chaque pays on publie, en une série uniforme de volumes, l'état numérique des collections d'archives de l'Etat, des communes, des établissements religieux et hospitaliers.

3. Il est urgent de posséder l'état numérique des archives de grands dépôts d'archives comme ceux de Londres, Berlin, Vienne, Rome, etc.

4. Il conviendrait d'organiser, de pays à pays, un service d'échange des inventaires d'archives publiés, ce qui comporterait une augmentation du tirage actuel. [9.025.5]

> (*Congrès International des Bibliothécaires et Archivistes,*
> Bruxelles, 1910.)

Congrès International pour la Reproduction des Manuscrits, des Monnaies et des Sceaux

[091.07]

RÉFÉRENCES. — *Annuaire*, 1908-1909, p. 629.

CONGRÈS. — Il ne s'est réuni qu'un seul Congrès International pour la Reproduction des Manuscrits, des Monnaies et des Sceaux, à Liège, du 21 au 23 août 1905.

Reproduction des manuscrits en général. 091.07

Le Congrès émet le vœu que les reproductions de manuscrits conservent un format égal à celui des originaux, qu'elles soient publiées sous forme de volumes reliés, et, autant que faire se peut, tirées sur les deux faces des feuillets. [091.07]
(*Congrès International pour la Reproduction des Manuscrits, des Monnaies et des Sceaux*, Liége, 1905.)

*** Le Congrès tout en reconnaissant qu'il n'est pas nécessaire de joindre des commentaires scientifiques aux reproductions de manuscrits, désire qu'elles soient régulièrement accompagnées d'une description minutieuse des volumes reproduits. [091.07]
(*Congrès International pour la Reproduction des Manuscrits, des Monnaies et des Sceaux*, Liége, 1905.)

*** Le Congrès émet le vœu de voir adopter pour les papiers destinés à supporter les reproductions de manuscrits, de monnaies et de sceaux, une règlementation semblable à celle qui est en vigueur en Allemagne pour les papiers destinés à un emploi administratif de l'Etat. [091.07]
(*Congrès International pour la Reproduction des Manuscrits, des Monnaies et des Sceaux*, Liége, 1905.)

*** Le Congrès émet le vœu de voir les gouvernements élaborer des règlements les plus libéraux possible, pour permettre aux érudits d'obtenir la reproduction des manuscrits qui les intéressent. [091.07]
(*Congrès International pour la Reproduction des Manuscrits, des Monnaies et des Sceaux*, Liége, 1905.)

Reproduction photographique des manuscrits.
091.07 (0 : 77)

1º Le Congrès proclame l'impérieuse nécessité et l'urgence extrême de posséder dans les grands dépôts scientifiques un atelier photographique servant aux travaux de reproduction des documents.

2º Il est absolument nécessaire qu'on y installe un outillage photographique complet, comportant notamment un appareil spécial permettant d'obtenir des phototypes sur bobine de papier négatif.

3º Il est éminemment désirable que les administrations des dépôts scientifiques fassent initier un de leurs employés au moins au maniement des appareils photographiques.

4º Dans le cas où ce dernier desideratum ne pourrait être réalisé, il est recommandé aux administrations d'instaurer un tarif aussi modéré que possible et auquel les photographes de l'extérieur devront se conformer. [091.07 (0 : 77)]

(Congrès International pour la Reproduction des Manuscrits, des Monnaies et des Sceaux, Liége, 1905.)

*** Le Congrès émet le vœu de voir les Gouvernements faire exécuter dans leurs collections nationales :

1. — Un phototype en grandeur naturelle des manuscrits, monnaies et sceaux que les Commissions chargées de dresser la liste des documents à reproduire désigneront.

2. — D'après ce phototype, des photocopies, par un procédé donnant des épreuves inaltérables (charbon ou platine) en nombre suffisant pour que chacune de leurs bibliothèques nationales en puisse posséder une, en vue des risques de destruction de l'original par une cause quelconque.

3. — D'après ce phototype, des photocopies, par un procédé à déterminer dans chaque cas et de prix minime, pour les besoins des particuliers et des bibliothèques étrangères.

4. — Le Congrès émet aussi le vœu de voir tous les possesseurs de collections de documents historiques, littéraires et artistiques, en entreprendre la reproduction de la manière qui vient d'être préconisée par les collections nationales.
[091.07 (0 : 77)]

(Congrès International pour la Reproduction des Manuscrits, des Monnaies et des Seaux, Liége, 1905.)

*** Le Congrès émet le vœu de voir joindre désormais à toute reproduction de manuscrit la mention du procédé par lequel

,elle a été obtenue et adopte, à cet effet, la terminologie établie
par les Congrès internationaux de photographie. [091.07 (o : 77)]
(*Congrès International pour la Reproduction des Manuscrits,
des Monnaies et des Sceaux*, Liége, 1905.)

*** Le Congrès émet le vœu de voir se fonder dans chaque
pays une commission composée de spécialistes et chargée de
désigner les manuscrits qu'il serait le plus utile de voir reproduire par la photographie.   [091.07 (o : 77)]
(*Congrès International pour la Reproduction des Manuscrits,
des Monnaies et des Sceaux*, Liége, 1905.)

Reproduction en relief des médailles.   737.026

Le Congrès émet le vœu que dans chaque Etat, en annexe
au Cabinet national des Médailles, il soit créé un établissement
central chargé de reproduire en plâtre et en galvanoplastie
toutes les pièces des collections publiques et privées dont la
conservation s'impose et que les reproductions en plâtre et
en métal soient mises à la disposition du public à des prix
aussi peu élevés que possible.   [737.026]
(*Congrès International pour la Reproduction des Manuscrits,
des Monnaies et des Sceaux*, Liége, 1905.)

Moulage des sceaux.   736.3.026

1º Dans chaque pays, il sera établi au dépôt principal des
archives de l'Etat, un atelier et un musée sigillographique
ayant pour mission de reproduire les sceaux par le moulage,
de conserver les moules et de confectionner les empreintes.

2º En raison du danger qu'il présente, notamment par l'emploi du soufre et de l'huile de litharge, l'atelier de sigillographie
sera établi dans un bâtiment isolé.

3º Les sceaux qui ne pourraient être reproduits par les moulages, seront photographiés. En vue de parer aux dangers que
pourraient courir les sceaux pendant l'opération du moulage,
il est recommandé de photographier tous les sceaux avant
de les remettre au mouleur.

4º Les dépôts provinciaux des archives de l'Etat recevront
les empreintes de tous les sceaux intéressant leur province
respective, de manière à créer, à côté du musée sigillographique
principal, une série complète de musées provinciaux.

5º Des échanges d'empreintes pourront être faits avec des
particuliers, avec des administrations publiques ou entre les
musées sigillographiques des divers Etats.

6° Les gouvernements entreprendront ou encourageront la publication d'atlas ou d'albums reproduisant, à l'aide des procédés industriels, les sceaux les plus remarquables des musées sigillographiques.

7° Il est désirable de voir se fonder dans chaque pays des commissions chargées de dresser la liste de tous les sceaux à reproduire, tant ceux appartenant à des particuliers que ceux qui reposent dans les collections publiques. [736.3.026]

(Congrès International pour la Reproduction des Manuscrits, des Monnaies et des Sceaux, Liége, 1905.

Reproduction d'archives.   9.025

Le Congrès, considérant l'état actuel des études de diplomatique, engage les pouvoirs publics à favoriser les travaux de reproduction de chartes privées.

Il invite particulièrement le gouvernement belge, qui a pris l'initiative de la réunion, à faire entreprendre ou à soutenir la publication d'un recueil de fac-simile pour servir à l'étude et à l'enseignement de la diplomatique des principautés belges. [9.025]

(Congrès International pour la Reproduction des Manuscrits, des Monnaies et des Sceaux, Liége, 1905.)

*** Le Congrès estime qu'il y a lieu de remplacer les copies par des photographies dans l'expédition des documents d'archives demandés par des érudits. [9.025]

(Congrès International pour la Reproduction des Manuscrits, des Monnaies et des Sceaux, Liége, 1905.)

*** Le Congrès émet le vœu de voir publier des fac-simile de chartes en format réduit, à condition que l'on y joigne la reproduction, à la grandeur de l'original, de quelques lignes du document, judicieusement choisies. [9.025]

(Congrès International pour la Reproduction des Manuscrits, des Monnaies et des Sceaux, Liége, 1905.)

Congrès Universels de la Paix (C.U.P.)

[172.4]

RÉFÉRENCES. — *Annuaire*, 1908-1909, p. 647 ; 1910-1911, p. 839. — *Vie Internationale*, t. I, p. 257 ; t. II, p. 272 ; t. III, p. 167 ; t. IV, p. 81, 396 ; t. V, p. 468.

LISTE DES CONGRÈS. — Les Congrès Universels de la Paix se sont réunis aux dates et dans les localités énumérées ci-dessous. Il a été tenu en outre des Assemblées publiques du Bureau International de la Paix, lorsque la convocation des Congrès a été rendue impossible ; elles sont énumérées à la suite de ces derniers.

1843.06.22/24	Londres.	1901.09.10/13	Glasgow.
1843.09.20/22	Bruxelles.	1902.04.02/06	Monaco.
1849.08.22/24	Paris.	1903.09.22/27	Rouen.
1850.06.22/24	Francfort s/M.	1904.10.03/08	Boston.
1851.07.22/24	Londres.	1905.09.19/23	Lucerne.
1853.10.12/13	Edimbourg.	1906.09.15/22	Milan.
1867.09.09/12	Genève.	1907.09.09/14	Munich.
1878.09.26/10.01	Paris.	1908.07.27/08.01	Londres.
1882.10.17/20	Bruxelles.	1910.08.01/05	Stockholm.
1889.06.23/27	Paris.	1912.09.22/28	Genève.
1890.07.14/19	Londres.	1913.08.18/23	La Haye.
1891.11.11/16	Rome.		
1892.08.22/27	Berne.		
1893.08.14/20	Chicago.	1898.09.26/28	Turin.
1894.08.29/09.01	Anvers.	1899.09.22/23	Berne.
1896.09.17/22	Budapest.	1909.10.07/08	Bruxelles.
1897.08.12/16	Hambourg.	1911.09.26/27	Berne.
1900.09.30/10.05	Paris.	1920.05.23/25	Bâle.

Solidarité internationale.   171.8 (∞)

Le C. U. P. prend acte de ce que les gouvernements ont affirmé et reconnu la solidarité qui unit les membres de la Société des Nations civilisées. Il demande instamment aux gouvernements et aux peuples de ne négliger aucune occasion d'appliquer à la vie internationale la formule éminemment bienfaisante et féconde qui ressort de cette affirmation ; l'autonomie dans la solidarité.

[171.8 (∞)]

(*Congrès Universel de la Paix*, Paris, 1900.)

Patriotisme.   172.1

Le C. U. P. appelle l'attention des pacifistes sur la nécessité de préciser la vraie notion du patriotisme national, puis de la propager, afin qu'il ne subsiste dans les esprits aucun sentiment contraire au patriotisme international et à la justice due aux autres patries. [172.1]

(*Congrès Universel de la Paix*, Milan, 1906.)

*** Le C. U. P. engage les éducateurs de la jeunesse à accentuer la thèse que le patriotisme le plus éclairé est celui qui s'applique à former un lien fraternel entre les nations. [172.1]

(*Congrès Universel de la Paix*, Munich, 1907.)

Budget de la Paix.   172.4 (0 : 336)

Le C. U. P. recommande à l'attention des Gouvernements qui seront représentés à La Haye, que, à compter du 1er janvier 1908, il soit prélevé sur les sommes prévues pour les dépenses militaires et navales de chaque Etat un minimum de un pour mille et un maximum de un pour cent, de la totalité de ces sommes suivant les décisions à prendre par le Conseil administratif de la Cour permanente de La Haye. Le montant de ces prélèvements serait mis à la disposition de ce Conseil pour être affecté aux œuvres ayant pour but l'établissement de la paix entre les nations, et à la recherche internationale des moyens les plus propres à assurer le maintien de la paix et la réduction des armements. [172.4 (o : 336)]

(*Congrès Universel de la Paix*, Milan, 1906.)

*** Considérant que le vieil adage « Si vis pacem para bellum » est loin de n'être plus incontesté ; qu'au contraire son exactitude est combattue, non seulement par des penseurs ou des publicistes, mais par un puissant monarque, l'Empereur de Russie, Nicolas II, qui a cru devoir exposer lui-même au monde les résultats ruineux de son application ; que ces résultats, consignés par la circulaire Muraview, n'ont été contestés par personne ; que la Conférence internationale de La Haye a reconnu la nécessité d'organiser la paix par de tous autres moyens que la guerre et sa continuelle préparation ; qu'il importe d'assurer la prompte recherche internationale des meilleurs parmi ces moyens ; en conséquence le C. U. P. réclame des parlements et des gouvernements la création d'un budget spécial affecté aux œuvres ayant pour but l'établissement de la paix entre les nations et à la recherche internationale des moyens les plus propres à assurer le maintien de la paix et la réduction des armements. [172.4 (o : 336)]

(*Congrès Universel de la Paix*, Paris, 1900.)

Déclarations de principes. 172.4 (01)

Un appel aux armes dans le but de régler des différends internationaux est une coutume condamnée également par la religion, la raison, la justice, l'humanité et l'intérêt des peuples.

Il est du devoir du monde civilisé d'adopter les mesures propres à acheminer l'abolition complète de la guerre.

[172.4 (01)]
(*Congès Universel de la Paix*, Bruxelles, 1848.)

*** Attendu que le recours aux armes produit d'innombrables calamités et que de plus il est absolument inefficace à vider les différends internationaux d'une manière satisfaisante et permanente, il est du devoir des gouvernements et des peuples de rechercher d'autres moyens de résoudre les difficultés plus en harmonie avec la raison, la justice et la religion ;

La guerre offensive est un brigandage international, et elle aggrave la condition des populations, aussi bien dans le peuple vainqueur que dans le peuple vaincu.   [172.4 (01)]
(*Congrès Universel de la Paix*, Paris, 1878.)

*** La fraternité entre les hommes implique comme conséquence nécessaire une fraternité entre les nations, dans laquelle les vrais intérêts de chacune sont reconnus identiques.

La vraie base d'une paix durable consiste dans l'application de ce grand principe par les peuples dans toutes leurs relations mutuelles.   [172.4 (01)]
(*Congrès Universel de la Paix*, Londres, 1890.)

*** Le pacifisme est le groupement d'hommes et de femmes de toutes nationalités qui recherchent les moyens de supprimer la guerre, d'établir l'ère sans violence et de résoudre par le droit les différends internationaux.

Le pacifisme est complètement étranger à l'agitation dite antipatriote ou antimilitariste, qui se fait actuellement dans divers pays où existe le service militaire général et obligatoire. Le pacifisme, organisateur de la paix, est adversaire de la guerre civile comme de la guerre entre nations. Toute imputation contraire ne pourrait émaner que de personnes qui méconnaissent le pacifisme par ignorance ou par mauvaise foi. [172.4 (01)]
(*Congrès Universel de la Paix*, Munich, 1907.)

Bureau International de la |Paix. 172.4 (062)

Il sera établi à Berne un Bureau international permanent de la Paix, pour servir de trait d'union entre les Sociétés de la Paix et entre les amis de la paix en général.

Ce Bureau devra, en particulier, aider les Comités locaux dans l'organisation des Congrès.

Une Commission de cinq membres, élue par le Congrès et qui peut se compléter par le choix de suppléants, sera chargée de l'organisation provisoire du Bureau international, ainsi que de la direction à donner à ses travaux. Elle fera rapport dans le prochain Congrès sur les résultats obtenus par le Bureau et présentera des propositions touchant l'organisation définitive de ce dernier. [172.4 (062)]
(*Congrès Universel de la Paix*, Rome, 1891,)

*** Le Congrès donne au Bureau international des pleins pouvoirs pour faire, entre deux Congrès et dans des cas d'urgence qui ne permettraient pas de consulter préalablement les Sociétés de la Paix, des démarches auprès des gouvernements et des appels à l'opinion publique, en vue de provoquer une solution pacifique de conflits imminents, pourvu que ces démarches et appels soient restreints à la réaffirmation et à l'application des principes déjà adoptés par les Congrès universels de la Paix. [172.4 (062)]
(*Congrès Universel de la Paix*, Budapest, 1896.)

*** Le Bureau international de la Paix est invité à se mettre en relations avec les principaux Congrès internationaux (scientifiques, littéraires, artistiques, économiques, philanthropiques, etc.) [172.4 (062)]
(*Congrès Universel de la Paix*, Turin, 1898.)

Clubs internationaux. |172.4 (062)

Le C. U. P. recommande d'une façon très spéciale l'établissement de clubs internationaux dans tout le centre du mouvement pacifique. Ces clubs seront consacrés :

1° A provoquer des sentiments cordiaux et à établir de bonnes relations entre nations, à étudier et à propager les méthodes servant à régler pacifiquement les différends internationaux.

2° A être des points de ralliement pour les adhérents du mouvement pacifique dans chaque centre.

3° A former des bibliothèques composées principalement d'écrits et de publications consacrés aux questions internationales.

4° A organiser un système de mutualité entre les membres des différents clubs.. [172.4 (062)]
(*Congrès Universel de la Paix*, Lucerne, 1905.)

Unions de Sociétés de la Paix. |172.4 (062)

Il est désirable que les diverses sociétés des Amis de la |Paix, qui existent actuellement ou qui pourraient se former à l'avenir, se réunissent en une *Fédération universelle de la Paix*, qui serait représentée par un Comité permanent. [172.4 (062)]
(*Congrès Universel de la Paix*, Paris, 1878.)

*** Plusieurs Sociétés pour la Paix ayant exprimé depuis quelque temps le désir de voir s'organiser entre elles une union ou fédération, et cette union étant à souhaiter pour favoriser un échange fréquent d'informations et de propositions et pour aider à une action en commun en cas de besoin, le C. U. P. se prononce en faveur de cette proposition et émet le vœu que les sociétés d'Europe et d'Amérique entrent en correspondance à ce sujet dans le but d'adopter des moyens pratiques d'actions en commun.   [172.4 (062)]

(*Congrès Universel de la Paix*, Londres, 1890.)

Congrès nationaux de la Paix.   172.4 (063)

Le C. U. P. émet le vœu que :

I. Le Congrès annuel de la Paix se tienne immédiatement avant ou immédiatement après la Conférence interparlementaire annuelle et dans la même ville.

II. Les résolutions et les diverses transactions adoptées respectivement par le Congrès et par la Conférence, qui sont de nature à être prises en considération par les deux assemblées, soient officiellement portées à la connaissance de chacune d'elles.

[172.4 (063)]

(*Congrès Universel de la Paix*, Londres, 1890.)

*** Le C. U. P. émet le vœu que, les Congrès internationaux devant continuer à se réunir annuellement, un Congrès national puisse se réunir dans chaque pays au moins six mois à l'avance pour organiser et préparer le fonctionnement des Congrès internationaux.

Les Congrès nationaux se composeraient :
  a) des délégués des Sociétés nationales de la Paix ;
  b) des délégués des institutions publiques ;
  c) des délégués des sociétés qui n'ont pas la Paix pour but essentiel tels que les Bourses du Travail, les Syndicats, les Coopératives, etc., des délégués du corps enseignant, etc.

Le rôle des congrès nationaux serait :
  a) d'assurer à l'activité pacifique de chaque pays la plus grande unité possible de doctrine et d'action ;
  b) d'exercer sur les pouvoirs publics, la presse et l'opinion de chaque pays une action précise, adaptée aux circonstances et au milieu ;
  c) d'assurer l'exécution dans chaque pays des décisions des Congrès internationaux antérieurs ;
  d) de préparer le programme et d'assurer le succès des Congrès internationaux à venir.   [172.4 (063)]

(*Congrès Universel de la Paix*, Rouen, 1903.)

Propagande générale. 172.4 (073)

Le C. U. P. recommande aux Sociétés de la Paix de diriger l'attention de leurs agents sur la nécessité, non seulement de donner des conférences publiques, mais aussi de faire leur possible pour organiser dans tout le pays des sections locales, soit par comités, soit de toute autre manière. [172.4 (073)]
(*Congrès Universel de la Paix*, Londres 1843.)

*** L'assemblée estimant que le moment est venu de multiplier les efforts, en vue de propager parmi toutes les nations les principes sacrés de la paix, recommande chaudement aux amis de la paix du monde entier et en particulier à ceux de France, d'Amérique et d'Angleterre, de prendre en considération et d'adopter les mesures pratiques qu'ils jugeront les mieux adaptées aux conditions locales, pour opérer une diffusion générale des principes de la Paix parmi toutes les classes de la société, particulièrement parmi le peuple, cette manière de faire étant la seule pratique pour disposer favorablement l'opinion publique et partant, pour empêcher à jamais que la guerre éclate dans les pays civilisés. [172.4 (073)]
(*Congrès Universel de la Paix*, Londres 1843.)

*** Le C. U. P. reconnaît que le secours aux armes étant condamné également par la religion, la morale, la raison et les sentiments d'humanité, il est du devoir de tous les hommes d'adopter des mesures en vue de l'abolition de la guerre. Il recommande à tous ses membres de travailler dans leurs pays, par une meilleure éducation de la jeunesse, par la chaire, la plateforme politique, et la presse, ainsi que par d'autres méthodes pratiques, à déraciner les haines héréditaires et les préjugés politiques et commerciaux, qui ont été si souvent la cause de guerres désastreuses. [172.4 (073)]
(*Congrès Universel de la Paix*, Francfort, 1850.)

*** Les ministres de la religion, les éducateurs de la jeunesse et la presse ont le devoir spécial et solennel d'employer leur grande influence en vue de la diffusion des principes et des sentiments pacifiques, ainsi que de l'affranchissement des esprits des haines héréditaires, des jalousies politiques et commerciales, qui ont si souvent été la cause de guerres désastreuses. [172.4 (073)]
(*Congrès Universel de la Paix*, Londres, 1851.)

*** Le premier besoin de la propagande pacifiste étant de posséder les fonds nécessaires pour entreprendre une grande campagne, afin de démontrer la futilité de la paix armée et les maux qu'elle cause, le C. U. P. recommande qu'on fasse de plus grand efforts qu'on n'en a fait jusqu'à présent, afin que le fardeau de la propagande ne repose plus exclusivement sur les épaules fatiguées de ceux qui n'ont que leurs loisirs à consacrer à cette cause.

Il recommande qu'une somme égale au prix d'un vaisseau de de guerre de première classe, soit 7,000,000 de dollars, soit demandée au monde civilisé pour être employée suivant le programme ci-dessous :

La création d'un centre de propagande dans quatorze ou quinze des grandes capitales du monde, — Washington, Londres, Paris, Berlin, Tokio, Le Caire, Buenos-Ayres, etc. — disposant de 500,000 dollars environ.

Ces centres seront affiliés aux Sociétés de la Paix et travailleront avec le Bureau de Berne. Il y aura à leur tête des hommes habiles et expérimentés, qui selon les besoins de chaque localité, se serviront des moyens suivants :

a) Des brochures et des livres attrayants, publiés en plusieurs langues, seront vendus à prix coûtant. Ils traiteront des sujets historiques, économiques, religieux, sociologiques et scientifiques, pour les mettre à la portée de toutes les classes de citoyens en vue de la propagande pacifique.

b) Un syndicat préparera des articles pour la presse, spécialement dans le cas de désaccord entre nations, et un bureau de la presse fournira des informations exactes et impartiales indiquant l'attitude réelle de chaque nation à l'égard des autres.

c) On se servira de conférences avec projections lumineuses sur les questions relatives à la paix et à la guerre, principalement pour les classes ouvrières.

d) On révisera et éditera des livres d'histoire et de lecture, où seront réduits à un minimum les récits de campagnes militaires, tandis qu'on relèvera les progrès de la science, les découvertes et le progrès social.

e) On augmentera le nombre des membres des groupes parlementaires de l'arbitrage, en s'adressant à cet effet à leurs commettants.

f) On s'assurera la coopération intelligente des organisations qui travaillent pour la religion et le vrai patriotisme et de celles qui s'efforcent de supprimer les barrières commerciales artificielles aux frontières.

g) On présentera d'une manière précise et concrète les maux de la guerre au point de vue économique au moyen de graphiques qui attirent la vue et l'on offrira des prix pour les meilleurs essais, livres et poèmes pouvant être utilisés pour la propagande.

[172.4 (073)]
(*Congrès Universel de la Paix*, Boston, 1904.)

.*. Le Congrès exprime le désir que, dans chaque pays, on organise un comité national, composé d'hommes et de femmes représentant les diverses spécialités de l'activité humaine, et destiné à entreprendre une propagande pacifiste parmi les journalistes, les membres du clergé, les professeurs, les négociants, en agissant indépendamment des organisations pacifistes existantes, mais en parfait accord avec elles. [172.4 (073)]

(*Congrès Universel de la Paix*, Munich, 1907.)

.*. Le C. U. P. engage toutes les Sociétés de la Paix à se mettre en rapport, au nom du Congrès, avec les Associations, les Assemblées qu'elles jugeront qualifiées à cet effet, et principalement avec les divers Congrès internationaux qui auraient lieu dans leurs pays, en leur communiquant ses résolutions et, de plus, en les invitant à traiter entre eux ces mêmes sujets, à donner leur assentiment à l'idée de la paix, de l'humanité, et à la propager le mieux possible.

En conséquence, le Congrès invite tous les congressistes députés à porter ses résolutions aux Parlements respectifs, en cherchant à les faire adopter par eux. [172.4 (073)]

(*Congrès Universel de la Paix*, Rome 1891.)

Rapports avec la Presse.   172.4 : 07

Cette assemblée recommande aux amis de la paix de publier des articles sur les principes de la paix dans les périodiques de leurs pays, des brochures à bon marché, des circulaires, des feuilles volantes, etc., de façon qu'elles soient répandues aussi largement que possible dans le public en général et particulièrement parmi les classes pauvres, en outre d'encourager libéralement la presse qui fera de telles publications.

Ayant appris que quelques chauds partisans de la paix en France proposent de créer, à Paris, un journal dans le but essentiel de propager le principe que la guerre est incompatible avec l'esprit du christianisme et avec les véritables intérêts de l'humanité, cette assemblée exprime l'avis que si un tel journal peut obtenir l'appui nécessaire, il sera un puissant agent de propagation. [172.4 : 073]

(*Congrès Universel de la Paix*, Londres 1843.)

.*. Le C. U. P. recommande aux Sociétés de la Paix nationales de suggérer aux sections auxiliaires l'importance de propager les principes de la paix par l'intermédiaire de la presse locale, en introduisant la connaissance de ces principes autant que cela sera permis dans toutes les écoles publiques, institutions techniques, etc., et en particulier en encourageant la formation de sociétés ou

associations parmi la classe ouvrière, où se recrute la grande masse de l'armée et de la marine.   [172.4 : 07]
(*Congrès Universel de la Paix*, Londres, 1843.)

*** Le Congrès est convaincu que les préjugés militaires et les traditions qui sont encore enracinées profondément dans certaines nations ainsi que les déclarations exagérées que font dans les assemblées législatives et dans les organes de la presse, certains meneurs de l'opinion publique, sont très fréquemment la cause indirecte de guerres. Le Congrès émet donc le vœu qu'on coupe court à ces erreurs en publiant des faits exacts et des informations de nature à dissiper les malentendus qui se glissent entre les nations. Le Congrès recommande aussi à la Conférence interparlementaire d'examiner attentivement s'il ne conviendrait pas de créer un journal international destiné à répondre au besoin ci-dessus exprimé.   [172.4 : 07]
(*Congrès Universel de la Paix*, Londres, 1890.)

*** Le C. U. P. invite les Sociétés de la Paix, les associations ouvrières ayant des fonds et surtout les personnes riches, hommes et femmes, qui en partagent les idées, à fonder des journaux populaires qui fassent la contre-partie de la presse chauvine et qui popularisent l'idée des Etats-Unis d'Europe, appelés à marquer la fin de l'anarchie actuelle des nations.

Là où les circonstances ne permettent pas la fondation de ces journaux, les Sociétés de la Paix devront suivre constamment les publications de toute sorte qui pourraient entraver leur œuvre pour en détruire la mauvaise influence sur l'esprit public et surtout par des discussions périodiques, dans lesquelles seront signalés les agissements des promoteurs de la discorde internationale.

Le C. U. P. invite les journaux actuels à bien vouloir oublier, en faveur de la propagande de la paix, tout esprit de parti, et à se consacrer, indépendamment des opinions de partis, à la croisade pour la Paix universelle.   [172.4 : 07]
(*Congrès Universel de la Paix*, Rome, 1881.)

*** Les Sociétés de la Paix sont invitées à saisir toutes les occasions qui se présentent à renseigner la presse de leur pays sur le mouvement pacifique et d'entretenir de bonnes relations avec elle.

Le Bureau international de la Paix priera les éditeurs de journaux de la paix de bien vouloir répartir entre les bibliothèques publiques des grandes villes les exemplaires de leurs journaux dont ils pourront disposer.   [172.4 : 07]
(*Congrès Universel de la Paix*, Anvers, 1894.)

⁎ Le C. U. P. invite le Bureau de Berne à se mettre en rapport avec le Comité central de l'Union des Associations de la Presse en vue de l'action qui pourra être exercée, par son intermédiaire, sur la presse de tous les pays. [172.4 : 07]
(*Congrès Universel de la Paix*, Hambourg, 1897.)

⁎ L'Assemblée reconnaît la nécessité de donner une plus grande extension à la publicité dont dispose le Bureau international de la Paix ; elle le prie, en conséquence, de s'assurer dans chaque pays le concours de la presse, afin de répandre les idées des Congrès de la Paix ; et les solutions préconisées par eux, et de réfuter sans retard les arguments, objections ou critiques qui seront formulés contre leur œuvre ou contre leurs idées et solutions.
[172.4 : 07]
(*Assemblée du Bureau Intern. de la Paix*, Turin, 1898.)

⁎ Le C. U. P. rappelle aux Sociétés pour la Paix le désir, jadis formulé, qu'elles aient à leur disposition un journal, si possible quotidien, pour lutter contre la pernicieuse influence de la presse chauvine, ou jingoïste, fomentatrice de haine chez les peuples, cause principale de la recrudescence du militarisme et de l'esprit de conquête. [172.4 : 07]
(*Congrès Universel de la Paix*, Monaco, 1902.)

⁎ Le Congrès émet le vœu que les membres de la Commission du Bureau international de la Paix de Berne se mettent en rapport, chacun dans son pays, avec les directeurs et propriétaires des grands journaux et des grandes revues, en vue d'obtenir d'eux un concours actif et persévérant en faveur de l'œuvre de la Paix. [172.4 : 07]
(*Congrès Universel de la Paix*, Lucerne, 1905.)

⁎ 1º Le C. U. P. invite les Sociétés de la Paix, et principalement leurs organes représentatifs et centraux (dont la création doit être encouragée) à se communiquer mutuellement et directement les informations destinées à la grande presse, ainsi qu'à mettre en mesure d'assurer l'insertion de ces communications dans les correspondances des agences ou dans les grands journaux de leurs pays respectifs.

2º Le Congrès invite les Sociétés de la Paix à adresser au B. I. P. et celui-ci à centraliser, coordonner, puis redistribuer aux Sociétés, sous forme d'un tableau d'ensemble, des rapports : d'une part sur les correspondances des agences et journaux de l'étranger en résidence dans la ville ou le pays où existe la société, et sur leur disposition d'esprit personnelle relativement au pacifisme ; d'autre part sur les agences télégraphiques et les grands journaux qui existent dans leurs pays respectifs, ainsi que sur

les opinions et les tendances de leurs directeurs ou rédacteurs principaux. [172.4 : 07]
(Congrès Universel de la Paix, La Haye, 1913.)

.*. Afin d'utiliser la presse pour la propagation des idées pacifistes, le C. U. P. exprime le vœu :

1º Que le B. I. P. et les Sociétés de Paix suivent avec attention les nouvelles et communications qui intéressent la cause de la paix des principales agences télégraphiques et des journaux constituant ce qu'on nomme la grande presse ;

2º Que, en vue d'utiliser la presse au développement du mouvement pacifiste, le C. U. P. demande au B. I. P. de choisir dans chaque pays un ou plusieurs correspondants réguliers chargés de le renseigner exactement et sans retard sur toutes les manifestations qui intéressent le mouvement pacifiste et de communiquer ces renseignements aux organes pacifistes nationaux afin que ceux-ci les fassent publier dans la presse locale ;

3º Que les pacifistes soient invités à se servir, en vue de la propagande pacifiste, aussi souvent que possible de la presse, et à publier eux-mêmes des nouvelles, des articles, etc., dans les organes qui leur sont accessibles. [172.4 : 07]
(Congrès Universel de la Paix, La Haye, 1913)

Morale.   172.4 : 17

Considérant que l'esprit qui anime une nation dépend non seulement de l'éducation des classes dites supérieures, mais surtout de l'instruction primaire du peuple entier ; et, vu le lien intime qui existe entre l'enseignement du pacifisme et l'enseignement de la morale ;

Le C. U. P. recommande aux gouvernements nationaux, spécialement aux ministères de l'instruction publique, d'introduire dans toutes les écoles primaires et secondaires une instruction morale et civique fondée sur les principes communs du devoir, de la justice et de la solidarité humaine. [172.4 : 17]
(Congrès Universel de la Paix, Milan, 1906.)

Collectivités religieuses.   172.4 : 2

Les écoles et collèges militaires, ainsi que les institutions similaires destinées à inculquer à la jeunesse la connaissance et le maniement des armes sont contraires à l'esprit du christianisme, et au développement des facultés les plus nobles dont Dieu ait doué ses créatures afin d'instruire celles-ci dans l'art de la guerre et des aptitudes militaires est en opposition avec la raison pour laquelle Notre Seigneur Jésus-Christ est venu au monde et avec

sa mission tout entière sur la terre. Dans cet esprit de charité qui souhaite et désire faire avancer le bien de chaque homme, le C. U. P. se demande si les parents chrétiens ne commettent pas une infraction à la logique en envoyant leurs enfants dans ces établissements pour y apprendre l'art et la science de la guerre et en les plaçant en bas âge à bord de vaisseaux de guerre, pour qu'ils y apprennent la discipline et les artifices par lesquels ces grands engins destructeurs de la vie humaine sont rendus le plus aptes à l'accomplissement de leur néfaste destination. [172.4 : 2]
(*Congrès Universel de la Paix*, Londres, 1843.)

*** Cette conférence réunie dans le but de délibérer avec le secours divin sur les meilleurs moyens de montrer au monde la malfaisance et l'inconséquence de l'esprit et de la pratique de la guerre, et de faire avancer la paix universelle et permanente, est encouragée dans son noble projet par la croyance que Celui qui est venu, non pour détruire la vie des hommes, mais pour la sauver, hâtera par la main de ses serviteurs l'avénement du jour où « les épées seront transformées en charrues et les javelots en bêches ». En conséquence, elle désire soumettre respectueusement à ses frères chrétiens de toutes nations, la question de savoir si la fabrication et la vente d'armes et de munitions pour des buts de guerre n'est pas incompatible avec leur haute profession de foi, l'avènement du jour où « les guerres cesseront jusqu'au bout du monde » et si cela ne les rendra pas virtuellement incapables, à contribuer en hommes fidèles à l'établissement du Royaume de Notre Seigneur Jésus-Christ, le Prince de la Paix. [172.4 : 2]
(*Congrès Universel de la Paix*, Londres, 1843.)

*** Le C. U. P. adresse l'invitation de déraciner de tous les esprits les préjugés politiques et les haines héréditaires qui ont été si souvent la cause des guerres, à tous les ministres de la religion dont la mission sacrée est d'encourager les sentiments de bienveillance parmi les hommes. [172.4 : 2]
(*Congrès Universel de la Paix*, Paris, 1849.)

*** Le C. U. P. reconnaît l'influence importante que le Chistianisme exerce sur le progrès moral et politique de l'humanité, et rappelle avec instance aux ministres de l'Evangile et aux autres personnes s'occupant d'éducation religieuse la nécessité de répandre ces principes de paix et de bonne volonté qui sont la base des enseignements de Jésus-Christ, des philosophes et des moralistes. Il recommande que chaque année on fasse choix du troisième dimanche du mois de décembre pour une déclaration spéciale de ces principes. [172.4 : 2]
(*Congrès Universel de la Paix*, Londres, 1890.)

*** Le C. U. P. approuvant de grand cœur les travaux de la Conférence ecclésiastique de la Paix, ayant pour but de provoquer des adresses de toutes les organisations chrétiennes aux gouvernements des nations civilisées en vue de l'arbitrage, fait un sérieux appel aux Eglises chrétiennes. de tous les pays pour qu'elles appuient fortement et unanimement cette œuvre spéciale et qu'elles usent de la grande influence, que Dieu leur a donné, en faveur de la paix permanente sur la terre. [172.4 : 2]

(*Congrès Universel de la Paix*, Chicago, 1893.)

*** Le Congrès émet l'avis que l'institution d'un Dimanche de la Paix dans tous les Etats du continent d'Europe comme il existe en Angleterre et aux Etats-Unis serait une chose désirable.
[172.4 : 2]

(*Congrès Universel de la Paix*, Anvers, 1894.)

*** Des adresses spéciales seront envoyées à S. S. le Pape, ainsi qu'aux chefs des autres collectivités religieuses et aux autorités franc-maçonniques, pour les prier instamment d'user officiellement de leur haute influence en faveur des idées de paix et de concorde entre les peuples. [172.4 : 2]

(*Congrès Universel de la Paix*, Budapest, 1896.)

*** Considérant que la morale chrétienne défend toute haine, violence et injustice entre les hommes et qu'elle enjoint la fraternité, la sympathie et l'amour, le C. U. P. émet l'opinion qu'il faut faire des efforts persistants pour convaincre de ces vérités les Gouvernements et les citoyens qui font profession de la religion chrétienne, afin qu'ils soient convaincus que la guerre et le militarisme sont absolument contraires à l'essence de l'enseignement de Christ. Le C. U. P. fait appel pour cette tâche à l'appui de tous les ministres et éducateurs chrétiens. [172.4 : 2]

(*Congrès Universel de la Paix*, Glascow, 1901.)

*** Le C. U. P. exhorte les ministres de toutes les réligions à ne jamais associer un culte quelconque à une entreprise meurtrière, sous forme de prières, de prédications et surtout d'hymnes de réjouissance après une victoire sanglante. [172.4 : 2]

(*Congrès Universel de la Paix*, Rouen, 1903.)

*** Le C. U. P. recommande aux autorités religieuses de tous les pays que chacune d'elles adopte dans ses services religieux réguliers le texte d'une prière demandant à Dieu que les nations de la terre règlent à l'amiable tous leurs différends. [172.4 : 2]

(*Congrès Universel de la Paix*, Boston, 1904.)

_**_* Considérant que toute nation a le devoir de protéger les citoyens des autres pays résidant sur son propre territoire, ainsi que ses propres citoyens résidant en pays étranger, aussi longtemps que ceux-ci respectent les lois des États où ils se sont établis ; considérant aussi qu'on doit une profonde admiration aux individus qui sacrifient leur bien-être et parfois leur vie pour la propagation de leur foi, et que tout homme a le devoir de faire partager ses convictions à ses semblables ;

Le C. U. P. est d'avis qu'il faut fortement recommander aux missionnaires de s'abstenir rigoureusement de toute action pouvant conduire, même indirectement, leur pays à la guerre ; qu'il faut encore les détourner de tout appel à leurs gouvernements pour venger les torts qui leur sont faits, et qu'il faut leur faire comprendre qu'ils doivent s'appuyer sur la seule puissance de l'effort désintéressé et non sur la force des armes, force qui est toujours un obstacle à leurs progrès. [172.4 : 2]

(*Congrès Universel de la Paix*, Glasgow, 1901.)

Propagande électorale. 172.4 : 324

Le C. U. P. recommande aux membres des Sociétés de la Paix de tous les pays constitutionnels d'élire dans leur parlements des représentants amis de la paix, prêts à voter la réduction des effectifs de l'armée et des dépenses militaires. [172.4 : 324]

(*Congrès Universel de la Paix*, Londres, 1851.)

_**_* Le C. U. P. est d'avis, que les électeurs, dans les pays qui possèdent, sous une forme quelconque, le gouvernement représentatif, ne devront, de préférence, accorder leurs suffrages qu'à des partisans de l'arbitrage international ; que dans chaque pays les amis de la paix, interviennent dans les luttes électorales en vue d'obtenir l'adhésion des candidats aux principes du mouvement pacifique ; qu'ils interpellent les candidats pour savoir si, dans le cas où ils seraient élus, ils ont l'intention d'entrer dans le groupe interparlementaire de leur parlement. [172.4 : 324]

(*Congrès Universel de Paix*, Paris, 1900.)

Classes ouvrières. 172.4 : 331

Le Congrès considérant que les charges de la guerre et de la lutte armée pèsent le plus lourdement sur les classes ouvrières, qui ont à supporter la plus large part des impôts et qui souffrent le plus du service militaire obligatoire, et tenant compte, d'autre part, de l'énorme et grandissante influence exercée par ces organisations, insiste auprès des Sociétés de la Paix sur l'importance qu'il y a d'assurer l'active participation de ces associations au mouvement en faveur de la paix ; et charge le B. I. P. de former

un Comité spécial qui indiquera les moyens de faciliter aux associations ouvrières leur participation à l'œuvre pacifique des Sociétés de la Paix. [172.4 : 331]
(*Congrès Universel de la Paix*, Anvers, 1894.)

*** 1. Le C. U. P. estime qu'il est très désirable que les démarches soient faites pour assurer la coopération active des populations ouvrières au mouvement pacifique ; parce que 1º ces classes sont très intéressées au succès de l'œuvre de la paix ; 2º une alliance entre les organisations ouvrières et les groupes pour la propagande pacifique renforcerait considérablement ces dernières.

2. Il recommande, en conséquence, aux Sociétés de la Paix dans tous les pays, d'entrer en communication avec les sociétés ouvrières, industrielles, politiques, coopératives et socialistes, pour s'assurer jusqu'à quel point et de quelle manière des relations officielles pourraient être créées avec elles.

3. Dans le même courant d'idées, le C. U. P. désire que le Bureau international de la Paix se mette en communication avec des associations ouvrières dans les différents pays, telles que l'Union coopérative et la Fédération générale des Trades-Unions de la Grande-Bretagne, afin d'assurer jusqu'à quel point il serait possible d'entretenir des relations officielles entre elles et le Bureau.

4. Le C. U. P. estime en outre que toutes les fois qu'un Congrès des Sociétés de la Paix est convoqué dans une ville, le Comité local d'organisation doit examiner s'il ne conviendrait pas d'inviter chacune des principales Unions ouvrières ou Fédérations de Sociétés instituées dans cette ville à se faire représenter à ce Congrès pour y prendre part aux délibérations.

5. Le C. U. P. exprime aussi le désir que les exemplaires des présentes résolutions soient envoyés par le B. I. P. à toutes les Sociétés de la Paix, en les priant de lui faire connaître leur manière de voir à ce sujet, afin que la Commission du Bureau puisse en prendre connaissance et préparer l'action commune qu'il jugera à propos de recommander.

Le C. U. P. invite instamment les députés et les sénateurs des divers partis ouvriers à se faire inscrire comme membres de l'Union interparlementaire. [172.4 : 331]
(*Congrès Universel de la Paix*, Monaco, 1902.)

*** Le C. U. P. tout en désirant exprimer son appréciation du rôle joué par plusieurs orateurs populaires et par les syndicats professionnels en faveur de la paix, désire insister auprès des diverses Sociétés de la Paix sur l'importance qu'il y a d'associer les ouvriers et les organisations ouvrières à la lutte pour la paix.

On devrait faire prévaloir des arguments non seulement à propos de l'intérêt matériel qu'ils auraient à voir diminuer les impôts de guerre, mais insister sur une plus haute conception humanitaire du droit et de la justice. L'influence du peuple est nécessaire, ainsi que celle de toutes les autres classes de la société. [172.4 : 331]

(Congrès Universel de la Paix, Munich, 1907.)

*** Le C. U. P. constatant qu'il est du plus grand intérêt pour la paix du monde de voir les masses ouvrières appuyer le programme pacifiste, donne mandat aux organisateurs des prochains congrès d'inviter à leurs assises, au moins trois mois à l'avance, les grandes organisations ouvrières, Fédérations de métiers et Unions de Syndicats de métiers.

Il considère que c'est un devoir urgent pour les Sociétés de la Paix de chaque pays, de constituer des comités de propagande spécialement chargés de faire connaître le programme pacifiste aux masses ouvrières de leur pays. [172.4 : 331]

(Congrès Universel de la Paix, Stockholm, 1910.)

Propagande par l'Education.   172.4 : 37

Cette assemblée estimant qu'il est d'une très grande importance que l'esprit de la jeune génération soit fortement pénétré des principes de la paix et, étant d'avis que les écoles du dimanche et les autres écoles offrent une excellente occasion pour arriver à cette fin, recommande à toutes les Sociétés de la Paix de rédiger et publier un appel à la jeunesse concernant ce sujet si actuel et si important et de faire circuler parmi cette partie si intéressante de la société des opuscules et des livres, qui éveillent l'intérêt et forment l'intellect juvénile. [172.4 : 37]

(Congrès Universel de la Paix, Londres, 1843.)

*** Le C. U. P. recommande à tous ses membres de s'efforcer dans leurs pays respectifs de déraciner de tous les esprits, par meilleure éducation de la jeunesse et par d'autres méthodes pratiques, les préjugés politiques et les haines héréditaires qui ont été si souvent la cause de guerres. [172.4 : 37]

(Congrès Universel de la paix, Paris, 1849.)

*** Convaincu qu'un des moyens les plus efficaces de répandre les idées d'humanité, de fraternité et de paix, est d'inculquer ces idées aux nouvelles générations par l'enseignement dans les écoles, le C. U. P. décide : de faire appel aux maîtres des écoles élémentaires, ainsi qu'aux maîtres des écoles secondaires, en les invitant à enseigner à leurs élèves les principes de la solidarité humaine, de l'arbitrage et de la paix, et à se faire ainsi les vrais interprètes de la pédagogie moderne ;

D'inviter les Sociétés de la Paix à répandre ces principes parmi les maîtres et les élèves, en usant de tous les moyens dont elles peuvent disposer ;

D'adresser des requêtes aux ministres de l'instruction publique des divers pays, pour leur demander d'ajouter aux programmes pédagogiques des écoles normales et à ceux des examens d'admission à l'enseignement élémentaire, après la notion de l'amour de la patrie, celle de la fraternité humaine, et de répandre l'instruction dans le peuple au moyen de conférences publiques qui auront principalement pour but le relèvement moral des individus;

De prier, en outre, les ministres de l'instruction publique de bien vouloir, dans les instructions spéciales à donner aux maîtres d'école, insister sur ces réformes pédagogiques et leur recommander d'apprendre à leurs élèves les applications pratiques du principe de l'arbitrage;

De recommander aussi à ces ministres que dans les programmes de l'enseignement de la morale pour les écoles secondaires les devoirs d'humanité et de fraternité soient développés le plus possible ; que dans celui de la géographie, la partie ethnographique soit des plus soignées ; que dans les leçons d'histoire on relève les événements qui ont le plus contribué au progrès civil et politique, en engageant les maîtres à ne pas trop insister sur ce qui peut faire naître ou perpétuer la haine entre les peuples ;

De prier les mêmes ministres de faire adopter, comme texte, des livres portant ces réformes dans l'enseignement, et d'en encourager la publication au moyen de prix à délivrer aux auteurs;

Enfin, de les prier de créer, où cela peut se faire, des chaires de sociologie, afin de donner aux étudiants une idée plus exacte de la société dans laquelle nous vivons, et de leur faire mieux comprendre leurs devoirs de citoyens et de membres de la grande famille humaine. [172.4 :37]

(*Congrès Universel de la Paix*, Rome, 1891.)

*** Le C. U. P. croit que la guerre est souvent représentée aux yeux de la jeunesse sous un faux jour, et désire appeler l'attention des maîtres sur leur pouvoir, et par conséquent sur leur responsabilité, en cette matière. Il les engage à apprendre à leurs élèves à honorer les actions pacifiques et ceux qui les ont accomplies, s'étendant avec chagrin sur les pertes et les malheurs causés par les guerres, heureuses ou malheureuses.

Il recommande aussi aux parents de songer quelle est l'éducation vraie à donner à leurs enfants à ce sujet, et étant persuadé que

les contes et les jeux des plus jeunes années font une impression profonde sur l'esprit de l'enfance, il abjure les parents de donner tous leurs soins à cet objet. [172.4 : 37]
(*Congrès Universel de la Paix*, Londres, 1890.)

*** La propagande pacifiste doit porter principalement sur l'enseignement primaire ; dans les écoles primaires, on doit enseigner à l'enfant le respect de la vie humaine ; des livres, des tableaux, des graphiques, doivent être répandus dans les écoles pour faire comprendre l'absurdité économique et l'insanité morale de la guerre ; l'apologie des conquérants et des guerres de conquête doit être remplacée par l'apologie des grands bienfaiteurs et l'histoire des progrès de l'esprit humain. [172.4 : 37]
(*Congrès Universel de la Paix*, Monaco, 1902.)

*** Le C. U. P. prie les Sociétés de la Paix de provoquer l'élaboration de bons livres de lecture et d'histoire à substituer aux manuels chauvins et partiaux qui façonnent à l'injustice, aux préventions, aux haines internationales les cerveaux des élèves dès les premières années de l'école; de disposer, par des démarches personnelles, les fonctionnaires de l'instruction publique en faveur de cette substitution, et cela avec l'esprit de suite de la persévérance qui triomphent de tous les obstacles quand le but est louable.

Le B. I. P. rédigera, à l'usage des Sociétés de la Paix de tous les pays, un appel aux instituteurs chargés de l'enseignement de l'histoire, afin de leur faire comprendre d'une manière succincte, mais instante, quelle peut être l'influence de cet enseignement sur l'éducation de la jeunesse au point de vue des idées de tolérance et d'humanité, et de les engager à agir dans cet esprit bienfaisant et humanitaire sur les jeunes gens qui leur sont confiés, à propos de l'enseignement de l'histoire. [172.4 : 37]
(*Congrès Universel de la Paix*, Budapest, 1896.)

*** Le C. U. P. recommande que des prix soient offerts aux enfants et aux jeunes gens dans les écoles, les collèges publics et les écoles privées, pour les travaux ayant trait à la question de la paix ou à tout autre sujet dont le but direct ou indirect est la création de relations équitables et amicales entre les diverses races et les diverses nations. Cette recommandation est faite particulièrement à ceux des instituteurs qui sont libres d'arranger leur plan d'études; si tel n'est pas le cas, les prix peuvent être offerts pour les travaux faits pendant les heures libres.

L'histoire extraite de manuels choisis avec beaucoup de soin, des descriptions comparatives des mœurs et coutumes des différents peuples rédigées dans un esprit large et libéral, des comptes-rendus de voyages faits dans ce même esprit, des nouvelles qui mettent en relief les maux de la guerre, tous ces écrits peuvent être utilisés pour les jeunes garçons et les jeunes filles à même de les comprendre, tandis que pour les enfants en plus bas âge on se servira d'explications orales et de narrations avec projections lumineuses.   [172.4 : 37]

(*Congrès Universel de la Paix*, Glasgow, 1901.)

*** LeC.U.P. engage ses membres et tous ses adhérents à l'œuvre de la paix à faire une propagande active pour le développement de l'étude des langues et des littératures modernes, comme une nécessité de la vie sociale, mais aussi comme un moyen moral de dissiper les malentendus et les différences entre les diverses nations.

D'une manière générale, il émet le vœu que les Sociétés de la Paix s'efforcent de créer et de répandre une série d'œuvres littéraires destinées à la jeunesse, qui donnent au développement politique, social, artistique et scientifique des divers peuples une importance plus grande qu'à leur activité guerrière, et que les sociétés se cotisent pour mettre ces œuvres au concours en leur accordant des prix.

Il émet le vœu que chacune des diverses associations représentées se charge, sur le territoire où s'exerce son action, d'inviter les instituteurs, les professeurs, les ecclésiastiques de toutes les religions, à éviter autant que possible, dans le choix des textes, des récits et des expressions, tout ce qui serait de nature à éveiller ou exciter les tendances militaristes.   [172.4 : 37]

(*Congrès Universel de la Paix*, Anvers, 1894.)

*** Les Sociétés de la Paix devront encourager la publication de livres et de brochures pacifiques et leur introduction dans toutes les écoles, afin d'entreprendre de détruire les préjugés, les erreurs et les sophismes de ceux qui présentent la guerre comme nécessaire, utile et moralisatrice.   [172.4 : 37]

(*Congrès Universel de la Paix*, Paris, 1889.)

*** Le C. U. P. désire que les Sociétés pacifistes de chaque pays exercent toute leur influence et leur autorité pour que les notions élémentaires et fondamentales de la justice internationale et de l'arbitrage obligatoire, comme l'histoire résumée du mouvement pacifiste et des Conférences de La Haye, soient inscrites formellement au programme des examens probatoires de l'enseignement secondaire, et si possible, de l'enseignement primaire.

[172.4 : 37]

(*Congrès Universel de la Paix*, Stockholm, 1910.)

*** Le C. U. P. engage les Sociétés de la Paix des différents pays à faire les demandes nécessaires auprès des autorités scolaires ou des membres de l'enseignement, afin que la célébration du Jour de la Paix soit introduite par une leçon spéciale dans les écoles de tous les degrés, comme on l'a fait dans plusieurs pays, notamment en Italie et aux Etats-Unis. [172.4 : 37]
(Congrès Universel de la Paix, Milan, 1906.)

Discipline scolaire. 172.4 : 371.5

Le C. U. P. reconnaît qu'une réforme de la discipline scolaire est indispensable pour rendre efficace dans l'enseignement les idées de pacifisme et de conciliation. Sans méconnaître la valeur de l'obéissance et d'une stricte discipline, il demande que, au moment où, dans les armées elles-mêmes, l'emploi de la violence, des coups et des injures a été condamné et tend de plus en plus à disparaître, l'obéissance fondée sur la crainte soit remplacée dans les écoles par l'obéissance fondée sur la confiance, l'estime et l'affection. Il convient donc de remplacer l'esprit d'autorité oppressive et l'emploi de la force par l'esprit d'indépendance et de libre direction de soi-même. C'est ainsi que l'on parviendra à réaliser l'évolution de l'éducation, qui tend à aller de l'accoutumance inconsciente à la subordination volontaire, de l'individu à la collectivité, et vers la discipline consciente découlant de la conviction. [172.4 : 371.5]
(Congrès Universel de la Paix, Munich, 1907.)

*** Le C. U. P. émet le vœu :

1. Que des mesures soient prises dans les Universités d'Europe et d'Amérique, pour entretenir parmi les étudiants l'esprit de respect et d'amitié envers les nations étrangères ;

2. Que, dans ce but, les professeurs d'histoire de chaque Université fassent l'étude de l'histoire complète du progrès de la civilisation et des institutions politiques, sociales ou religieuses dans toutes les nations et surtout appellent l'attention sur les services spéciaux rendus par chaque nation au progrès de l'humanité ;

3. Que les modifications nécessaires soient apportées dans les statuts de chaque Université, afin qu'il n'existe aucun obstacle à ce qu'un étudiant d'une Université puisse prendre une partie de ses inscriptions dans une autre Université, sans que cela nuise à l'obtention de ses grades, et pour que les étudiants des différentes nationalités puissent se rencontrer et ainsi se dégager de tout sentiment de haine et de tout préjugé vis-à-vis des nations qui leur sont étrangères ;

4. Qu'on adresse un appel aux étudiants des Universités en leur recommandant de travailler pour le triomphe des principes

de la paix ; qu'en conséquence, une réunion et une fête de fraternité universitaires soient tenues annuellement et successivement aux divers sièges des grandes Universités, l'œuvre de ces réunions devant être l'étude des moyens par lesquels les buts ci-dessus peuvent être atteints et les fêtes devant emporter à la fois des concours d'éducation physique et des concours de prose et de poésie sur le grand thème de la concorde et de la coopération internationales.

En outre, le C. U. P. s'adresse directement à la forte et intelligente jeunesse universitaire, pour qu'elle tâche de fonder et de multiplier dans son sein des associations nouvelles pour la paix.

[172.4 : 378]
(*Congrès Universel de la Paix*, Rome, 1891.)

*** Le C. U. P. exprime le désir qu'il soit créé dans les Universités des chaires pour l'enseignement des principes de l'unité et de la concorde internationales. [172.4 : 378]
(*Congrès Universel de la Paix*, Chicago, 1893.)

*** Afin de mieux généraliser et répandre les principes de l'arbitrage, surtout dans la jeunesse universitaire, le C. U. P. reconnaît qu'il serait utile d'instituer dans les Universités des divers pays des cours libres d'étude et d'application pratique de l'arbitrage considéré comme institution et règle permanente de droit public dans les rapports entre les Etats civilisés.

[172.4 : 378]
(*Congrès Universel de la Paix*, Anvers, 1894.)

*** Le C. U. P. invite les professeurs de l'enseignement supérieur à insister toujours, dans les cours d'histoire, de droit public, de droit des gens, d'économie politique, de philosophie du droit, etc., sur le mouvement pacifiste, sur la responsabilité de la jeunesse universitaire dans la formation de l'opinion, et sur l'énergie morale qui est nécessaire aux jeunes gens pour entrer dans les Sociétés de la Paix.

De plus il recommande vivement aux conférenciers pacifistes de visiter méthodiquement les milieux universitaires.

[172.4 : 378]
(*Congrès Universel de la Paix*, Rouen, 1903.)

Propagande par la femme. 172.4 : 396

Le C. U. P., eu égard à l'énorme influence morale et sociale de la femme, engage chaque femme en sa qualité d'épouse, de mère, de sœur, de citoyenne, à encourager tout ce qui tend à assurer la paix. Sinon, elle encourt une grande responsabilité dans la continuation de l'état de guerre et de militarisme qui non seulement

désole, mais aussi corrompt la vie des nations. Afin de concentrer et d'appliquer cette influence d'une manière pratique, le C. U. P. engage les femmes à se joindre aux sociétés pour la propagation de la paix internationale. [172.4 : 396]
(*Congrès Universel de la Paix*, Londres, 1890.)

*** Le C. U. P. invite la Présidence à faire appel aux Comités des Dames de la Croix-Rouge et des sociétés similaires, par l'entremise des présidences des sociétés de tous les Etats où ils existent, afin qu'elle tâchent de créer des Comités de Dames en vue de la paix universelle sur la base de ceux déjà établis. [172.4 : 396]
(*Congrès Universel de la Paix*, Rouen, 1903.)

*** Considérant que l'éducation pacifiste contribue essentiellement à inculquer dans l'esprit des générations nouvelles les principes du respect de la vie humaine et de la fraternelle entente entre les races et les nations, le Congrès émet le vœu que les femmes pacifistes, aidées de groupes d'éducation populaire, organisent des Foyers pacifiques, destinés à donner aux enfants et à leurs familles des idées précises sur la conciliation entre les races, sur le droit des gens et sur la nécessité d'une entente universelle. [172.4 : 396]
(*Congrès Universel de la Paix*, Londres, 1908.)

*** Le Congrès émet le vœu que des femmes d'élite exercent activement auprès de toutes les femmes la propagande des idées pacifistes et leur précisent les moyens de les inculquer à la jeunesse et, considérant que la femme est la première éducatrice des jeunes générations, il exprime le désir que les mères et les institutrices inculquent aux enfants cette vérité, que non seulement le pacifisme n'est pas incompatible avec le patriotisme et la morale, mais que seules les institutions qu'il préconise donneront à la patrie une complète sécurité à la fois morale et effective. [172.4 : 396]
(*Congrès Universel de la Paix*, Londres, 1908.)

Industries de guerre.   172.4 : 623.4

Le C. U. P. attire l'attention générale sur le fait, connu de tous, que ceux qui sont intéressés aux industries de la guerre se servent, sans aucun scrupule, des moyens les plus condamnables pour amener les peuples à augmenter sans cesse leurs armements. Leur influence sur les gouvernements et sur l'opinion publique constitue un des plus grands dangers pour les relations internationales et la paix entre les nations. Les patriotes qui

croient collaborer à telle œuvre nationale ne sont souvent que les jouets de ceux qui ont intérêt au développement des industries de la guerre. [172. 4 : 623.4]
(*Congrès Universel de la Paix*, La Haye, 1913.)

Traitement des animaux. 179.3

Considérant que les sentiments de cruauté sont incompatibles avec les sentiments humanitaires que l'on doit inspirer aux enfants, le C. U. P. émet le vœu que les éducateurs habituent les enfants à traiter les animaux avec douceur, et qu'ils s'efforcent aussi de leur inculquer non seulement le respect de la vie humaine mais encore l'horreur de toute brutalité. [179.3]
(*Congrès Universel de la Paix*, Stockholm, 1910.)

Statistique militaire. 31 : 35.548

*** Le Congrès émet le vœu qu'une liste exacte indiquant ce que la guerre et la paix armée ont coûté dans tous les Etats du monde soit rapidement dressée. [31 : 35.548]
(*Congrès Universel de la Paix*, Paris, 1889.)

*** Considérant que les renseignements de statistique fournis jusqu'à présent sur l'importance des armées permanentes, ainsi que sur les dépenses de tout genre qu'occasionnent la guerre et ses préparatifs, sont incomplets et souvent contradictoires, le C. U. P. invite les Sociétés de la Paix à fournir au B. I. P. à Berne des statistiques aussi exactes que possible, qu'elles auront pu obtenir dans leur pays, afin de faciliter l'étude des pertes en hommes et des désastres économiques qui sont les conséquences de la guerre. [31 : 35.548]
(*Congrès Universel de la Paix*, Chicago, 1893.)

*** Le C. U. P. recommande respectueusement au Congrès des Etats-Unis une résolution de la teneur suivante :
Le Sénat et la Chambre des représentants décident que le secrétaire du commerce et du travail est dès maintenant autorisé et invité à recueillir et à compiler, puisant aux sources les plus authentiques et les plus sûres, des notes de statistique sur les objets suivants, et à les faire imprimer et relier avant le 1er janvier 1906 :

1º Les frais de guerre dans toutes les contrées à dater de l'année 1800, y compris les dépenses de la nation et des Etats, des municipalités et d'autres ;

2º Les sommes payées pour pensions et autres gratifications à des soldats et des marins engagés dans les guerres ;

3º Les sommes payées comme frais d'hôpitaux et d'asiles pour des soldats et des marins invalides ;

4º La valeur des propriétés détruites dans les guerres sur terre et sur mer ;

5º Les dépenses additionnelles pour maintenir les armées et les vaisseaux en temps de paix dans toutes les nations pendant la période dont il s'agit ;

6º Estimation approximative des dépenses indirectes et des dommages causés par ces guerres au point de vue de la santé et de la propriété ;

7º Le nombre des hommes tués, blessés ou devenus invalides de part et d'autre dans ces guerres.

Cette statistique devra être classée par nations et il sera fait un résumé aussi clair et concis que possible. Le dit volume sera distribué comme le Congrès le jugera à propos en Amérique et dans d'autres pays, à titre de préliminaire d'un Congrès international de paix et de désarmement qui se tiendra à Washington ou à La Haye le 4 juillet 1906 ou plus tôt si possible.

[31 : 35.548]

(*Congrès Universel de la Paix*, Boston, 1904.)

Travail servile. 326.2

Le C. U. P. apprenant avec un profond regret que 40.000 indigènes du continent africain, amenés aux plantations de San-Thomé et de l'Ile du Prince, à titre — nominalement — « d'engagés par contrat », mais, en réalité — recrutés contre leur volonté, sont encore retenus dans ces îles, fait appel au Gouvernement portugais pour qu'il assure, sans plus long délai, leur libération et leur rapatriement effectifs, et prenne les mesures nécessaires pour prévenir dans les plantations l'admission de travailleurs indigènes pour lesquels il ne pourrait pas être produit un document établissant qu'ils ont librement consenti à leur engagement. [326.2]

(*Congrès Universel de la Paix*, Genève, 1912.)

*** Le C. U. P. après avoir exprimé son indignation au sujet des abus exercés dans une colonie portugaise à l'égard des indigènes occupés à la culture du cacao et des atrocités commises au Pérou à l'égard de ceux qui sont employés à la récolte du caoutchouc :

Appelle de nouveau l'attention de l'opinion publique de tous les pays et des gouvernements de toutes les puissances sur le danger énorme et perpétuel que provoquent ces excès, danger qui existe partout où la propriété et le travail des indigènes sont exploités par des entreprises commerciales.

Demande instamment à tous les gouvernements qui sont responsables de l'administration de colonies ou de la surveillance de telles entreprises qu'ils organisent un contrôle sévère et incessant et soumettent les mesures déjà existantes à une revision pour en garantir l'efficacité.

Rappelle le principe proclamé par le C. U. P. de 1902 pour le droit civil des indigènes, à savoir que : « le contrat de travail doit faire l'objet d'une réglementation spéciale et détaillée garantissant la liberté des travailleurs indigènes et leur assurant un traitement équitable ».

Emet le vœu que, dans les régions africaines où leur autorité est reconnue, les puissances européennes s'attachent exclusivement à une œuvre de civilisation pacifique et de coopération fraternelle, poursuivie avec la collaboration des indigènes, dans le respect absolu de leur religion, de leurs institutions et de leur langue. [326.2]

(*Congrès Universel de la Paix*, Genève, 1912)

Enquêtes internationales. 327 (079.5)

Le Congrès émet le vœu que les membres de la Conférence interparlementaire se concertent pour organiser des réunions de représentants de divers pays afin d'étudier toutes les questions internationales qui pourraient menacer la paix.

[327 (079.5)]
(*Congrès Universel de la Paix*, Paris, 1889.)

**** Le Congrès émet le vœu qu'un comité composé d'un grand nombre de membres de Sociétés de la Paix se forme, dont le devoir serait de s'informer des faits graves qui pourraient occasionner une guerre, de proposer et de prendre les mesures nécessaires pour empêcher les causes des différends de s'accentuer au point d'avoir pour résultat probable une guerre immédiate. Des membres de ce comité pourraient aussi apaiser les conflits entre patrons et ouvriers et entre ouvr ers et ouvriers.

Ce Conseil international serait nommé au *prorata* de la population des divers pays. [327 (079.5)
(*Congrès Universel de la Paix*, Paris, 1889.)

**** Il est du devoir du B.I.P. et des Sociétés de la Paix d'étudier sans délai les causes des complications qui surgissent entre nations et peuvent conduire à la guerre, et d'user de leur légitime influence pour amener les Gouvernements intéressés à s'entendre mieux, en vue d'arriver à une solution pacifique et équitable des différends. [327 (079.5)
(*Congrès Universel de la Paix*, Chicago, 1893.)

**** Le C. U. P. exprime le désir qu'une organisation sérieuse soit créée en Europe pour constater et publier les faits réels toutes les fois que des accusations fausses et dangereuses sont répandues contre une nation sur le territoire d'une autre nation.

Il recommande, en conséquence, à l'attention des Sociétés de la Paix et de tous les amis de la Paix la constitution de Conseils de conciliation et de concorde internationale. [327 (079.5)]
(*Congrès Universel de la Paix,* Hambourg, 1897.)

*** Considérant que la nécessité de faire des enquêtes impartiales et complètes sur les faits relatifs aux différends internationaux par des personnes qualifiées par leur expérience, leur caractère et leur indépendance d'esprit, a été pleinement démontrée,

Le C. U. P. est heureux de constater que la Conférence de La Haye a reconnu dans les articles 9 à 14 de la Convention pour le règlement pacifique des conflits internationaux, l'utilité des Commissions internationales d'enquête, dont elle a indiqué le fonctionnement et les conséquences.

Il juge cependant qu'il serait utile de créer en dehors de ces commissions officielles d'enquête une organisation internationale officieuse, qui ferait des enquêtes analogues, surtout dans le cas où les gouvernements n'auraient pas encore recours à ce moyen.
[327 (079.5)]
(*Congrès Universel de la Paix,* Paris, 1900.)

Relations anglo-allemandes. 327 (42 : 43)

Le C. U. P., félicite de tout cœur le comité qui s'est formé l'année dernière à Lucerne des succès remarquables obtenus par ses efforts en faveur d'une entente cordiale entre l'Angleterre et l'Allemagne.

Il exprime sa satisfaction de ce que ce mouvement est dû à l'initiative des pacifistes réunis en cette occasion à Lucerne, et qu'il a pu atteindre des personnes jusqu'ici étrangères au pacifisme.

Il est heureux de constater qu'à cette occasion le bon sens des gens raisonnables — soit en Angleterre, soit en Allemagne — a pu triompher des machinations systémat ques et malveillantes qui avaient pour but de créer de nouveaux malentendus entre les deux nations.

Il considère que le rapprochement entre les deux pays, loin de nuire aux intérêts d'aucune autre nation, est au contraire de la plus grande importance pour le maintien de la paix universelle.
[327 (42 : 43)]
(*Congrès Universel de la Paix,* Milan, 1906.)

Incident de Hull. 327 (42 : 47)

Le C. U. P. constatant qu'on a réussi à empêcher la guerre imminente entre la Russie et l'Angleterre à la suite de l'affaire de Hull par la constitution d'une Commission internationale d'enquête, attire l'attention générale sur le fait que l'une des clauses des conventions de La Haye a montré dans ce cas sa signification pratique, et émet le vœu que les clauses concernant les commissions internationales d'enquête donnent naissance à une institution plus complète, qui non seulement constate les faits, mais formule des avis et des jugements sur des questions de ce genre qui ne sont pas actuellement susceptibles de décision juridique.

[327 (42 : 47)]

(*Congrès Universel de la Paix*, Lucerne, 1905.)

Guerre sud-africaine. 327 (42 : 68)

L'Assemblée des délégués des Sociétés de la Paix décide l'envoi de télégrammes au Gouvernement britannique et à celui du Transvaal pour les supplier d'éviter les hostilités, en réclamant une enquête, une médiation ou un arbitrage conformément aux décisions de la Conférence de La Haye.

Elle adopte en outre la rédaction d'une adresse à envoyer à ce propos au Conseil des Ministres de la Grande-Bretagne.

[327 (42 : 68)]

(*Assemblée générale du Bureau de la Paix*, Berne, 1899.)

*** Le C.U.P. sans prétendre s'arroger le droit de s'immiscer dans les affaires d'une nation amie, autrement que pour affirmer à haute voix les principes immuables de la justice internationale, déclare :

1º La responsabilité de la guerre qui dévaste actuellement l'Afrique du Sud incombe à celle des deux parties qui, à diverses reprises, a refusé l'arbitrage, c'est-à-dire au Gouvernement britannique.

2º Le Gouvernement britannique, en méconnaissant les principes du droit et de la justice qui ont fait la gloire de la grande nation britannique, c'est-à-dire en refusant tout arbitrage et en se livrant à des menaces qui devraient fatalement amener la guerre dans un différend qui pouvait être tranché par des moyens juridiques, a commis un attentat aux droits des peuples, de nature à retarder l'évolution pacifique de l'humanité.

3º Le C. U. P. ne regrette pas moins que la plupart des gouvernements représentés à la Conférence de La Haye n'aient tenté aucune démarche pour amener des résolutions qui constituaient pour elles un engagement d'honneur.

4º Il croit utile d'adresser un appel à l'opinion publique au sujet du Transvaal.

5º Il exprime à ses membres anglais sa profonde sympathie et son admiration pour la déclaration courageuse qu'ils viennent

de faire, et exprime le vœu que les autres nations agissent de même dans des cas analogues. [327 (42 : 68)]
(*Congrès Universel de la Paix*, Paris, 1900.)

*** Le C. U. P. estime être l'interprète d'un sentiment universel en déclarant que, loin d'affaiblir sa situation par les concessions sérieuses à faire aux Républiques du Transvaal et de l'Orange, la nation Anglaise reprendrait, par cette preuve de modération, de justice et d'humanité, la place qu'elle a si longtemps occupée dans l'affection de l'estime des peuples.

Il appelle à ce propos l'attention de l'opinion publique sur l'impuissance de la force pour trancher les difficultés internationales, impuissance que la durée de la guerre rend de jour en jour plus éclatante. [327 (42 : 68)]
(*Congrès Universel de la Paix*, Monaco, 1902.)

*** L'Assemblée des délégués des Sociétés de la Paix du monde entier, constate avec un profond soulagement que le sang à cessé de couler dans l'Afrique du Sud.

Elle exprime l'ardent espoir que l'application des conditions dans lesquelles l'accord est intervenu sera inspirée de sentiments largement humanitaires, propres à atténuer les vifs regrets qu'éveille la perte de l'indépendance des deux Républiques sombrant à la suite d'une guerre opiniâtre devant laquelle les gouvernements civilisés sont restés passifs malgré les appels de la conscience publique toujours douloureusement affectée par le triomphe de la force sur le droit.

Elle a la conviction que seule cette action modératrice et bienveillante peut, d'une part, assurer la paix pour l'avenir en détruisant les germes de défiance et de haine semés dans les populations de l'Afrique du Sud, et, d'autre part, faire rentrer la nation anglaise dans la voie de libéralisme séculaire qui lui attirait tant de sincères sympathies. [327 (42 : 68)]
(*Assemblée générale du Bureau de la Paix*, Lucerne, 1902.)

*** En ce qui concerne l'annexion des Républiques Sud-Atricaines par la Grande-Bretagne, le C. U. P. estime que c'est pour lui un devoir impératif de rappeler que toute annexion violente est contraire aux principes fondamentaux de la justice internationale. [327 (42 : 68)]
(*Congrès Universel de la Paix* Rouen, 1903.)

Relations franco-allemandes. 327 (43 : 44)

Considérant qu'un rapprochement entre la France et l'Allemagne est hautement désirable ;

Considérant que ce rapprochement est nécessaire à une orgasation solide et au maintien d'une paix durable ;

Considérant que ce rapprochement nécessite la solution pacifique de tout litige existant ou pouvant surgir entre les deux pays ;

Le XIIe C. U. P. met à l'ordre du jour du prochain congrès, qui se tiendra en dehors des pays intéressés, la recherche des meilleurs moyens d'assurer cette solution et ce rapprochement et charge le B. I. P. d'en préparer les éléments.   [327 (43 : 44)]
(*Congrès Universel de la Paix*, Rouen, 1903.)

*** Le XIIIe C. U. P. après avoir pris connaissance du rapport qui lui a été adressé par le B. I. P. le 27 juillet 1904 ;

Considérant que le XIIe C. U. P. avait chargé le B. I. P. d'examiner les bases fondamentales sur lesquelles on pourrait assurer un rapprochement entre la France et l'Allemagne, et jugeant qu'il convient de définir plus clairement et de compléter les instructions données.

Charge le dit Bureau de choisir dans son sein une commission qui aura pour mandat de faire avec soin une enquête sur la question, puis de coordonner les résultats obtenus et d'adresser au XIVe C. U. P. un rapport détaillé, dans lequel il exposera la situation des deux peuples au point de vue de la loi internationale moderne, et indiquera les meilleurs moyens d'amener un rapprochement entre eux dans une voie de paix et de justice, de manière que le dit Congrès puisse prendre, en cette matière, les mesures qui seront de sa compétence.   [327 (43 : 44)]
(*Congrès Universel de la Paix*, Boston, 1904.)

*** Considérant que tout antagonisme permanent ou accidentel entre la France et l'Allemagne est éminemment préjudiciable, tant à la cause de la Paix et du Progrès qu'aux intérêts matériels et moraux, non seulement de ces deux Puissances elles-mêmes, mais aussi de l'ensemble du monde civilisé ; qu'il est, par conséquent, d'un intérêt universel d'en faire cesser ou d'en éviter les causes ;

Le C. U. P. exprime ses sympathies les plus chaudes pour tous les efforts qui ont pour but le rapprochement franco-allemand et une entente cordiale des deux nations ;

Demande la reconnaissance générale d'un système de droit international basé sur les principes de justice et de liberté et assurant le règlement juridique de tous les différends internationaux ;

Reconnaît comme un des éléments essentiels de ce système, le principe qu'il est défendu de disposer politiquement de territoires sans le libre consentement de leurs populations;

Exprime la conviction que, lorsque ce système sera solidement établi, les questions de nationalités, maintenant si brûlantes, perdront beaucoup de leur acuité, et qu'alors il sera possible d'appliquer les principes du droit, ainsi reconnu, aux résultats des anciennes conquêtes,

Et émet le vœu que les Gouvernements français et allemand entrent en négociations et s'efforcent, par des concessions réciproques et au besoin des compensations équitables, à établir entre les pays un régime de paix et de droit conforme tant à leur intérêt, qu'à celui du monde civilisé.

Il considère que le meilleur moyen d'arriver à la création de ce système de droit international consiste à propager, surtout dans les pays où ils sont moins généralement acceptés, les principes qui ont été unanimement proclamés par les C. U. P. de Rome, de Budapest et de Hambourg :

Le Congrès, en conséquence, fait appel à tous les esprits éclairés, qu'ils appartiennent au monde du Droit, des Lettres, des Sciences et des Arts ou au monde de l'Agriculture, du Commerce ou de l'Industrie, pour qu'ils consacrent dès à présent tous leur efforts à propager des principes de droit et de morale de nature à favoriser l'organisation de la paix générale, la solution juridique de tout litige international et la création d'une Fédération internationale. [327 (43 : 44)]

(Congrès Universel de la Paix, Lucerne, 1905.)

*** Le C. U. P. félicitant les sauveteurs allemands qui sont venus spontanément au secours de leurs camarades français lors de la catastrophe de Courrières, espère qu'en un temps prochain les sentiments naturels d'humanité, plus forts chez les peuples que les préventions nationales et les rancunes historiques, exerceront une influence bienfaisante sur les gouvernements, et faciliteront ainsi entre les deux pays l'établissement souhaité d'un régime de paix et de droit, conforme tant à leur intérêt qu'à celui du monde civilisé.

Le C. U. P. propose aux pacifistes allemands et francais d'organiser en commun une manifestation pacifiste. [327 (43 : 44)]

(Congrès Universel de la Paix, Milan, 1906.)

*** En réponse aux excitations belliqueuses ouvertement ou sournoisement provoquées à l'heure actuelle, aussi bien en France qu'en Allemagne, les soussignés, délégués allemands et français au C. U. P. à Genève, demandent à l'opinion européenne de combattre ces menées en s'engageant à combattre énergiquement dans leurs pays respectifs, ceux qui, gouvernants, hommes politiques ou publicistes, s'en font les artisans et les complices. Rappelant les résolutions de C. U. P. de Lucerne (1905) sur le

droit des populations de disposer librement d'elles-mêmes, ils expriment leur conviction qu'un pas décisif dans la voie du rapprochement de l'Allemagne et de la France consisterait à accorder à l'Alsace-Lorraine sa pleine autonomie parmi les Etats de l'Allemagne, conformément aux conditions désirées par la population de l'Alsace-Lorraine. [327 (43 : 44)]
(*Congrès Universel de la Paix*, Genève, 1912.)

*** Considérant que le rapprochement de la France et de l'Allemagne est l'une des conditions les plus essentielles de l'établissement d'une paix durable en Europe et de la réduction des armements,

Le C. U. P. proteste contre les excès de la presse chauvine des deux pays qui entretiennent une animosité artificielle et multiplient des incidents dangereux ; salue comme un événement d'une importance exeptionnelle la Conférence du 11 mai, qui a réuni à Berne de nombreux représentants des Parlements allemands et français, et félicite chaleureusement les organisateurs de cette Conférence ; en particulier le C. U. P. émet l'espoir que cette conférence inaugurera une ère nouvelle dans les relations des deux pays. [327 (43 : 44)]
(*Congrès Universel de la Paix*, La Haye, 1913.)

Relations austro-italiennes. 327 (436 : 45)

Par analogie avec les efforts faits pour un rapprochement franco-allemand et un rapprochement anglo-allemand, ainsi qu'avec ceux qui ont pour but de combattre les excitations d'une presse sans conscience,

Le C. U. P. exprime le vœu qu'une campagne soit entreprise par la presse, pour instruire les peuples d'Italie et d'Autriche sur les grands avantages qu'auraient pour eux des relations pacifiques entre les deux pays par le respect des nationalités de part et d'autre. [327 (436 : 45)]
(*Congrès Universel de la Paix*, Lucerne, 1905.)

*** Les C. U. P. ont, à plusieurs reprises, approuvé la fondation de comités d'entente et de conciliation, dans lesquels ils voient un moyen très efficace de rapprocher les peuples et de prévenir rapidement les malentendus et les provocations. C'est pourquoi le XVIIIe C. U. P. salue avec une vive sympathie le renouvellement récent des Comités d'entente italo-austro-hongrois et voit dans l'action de ces deux comités une sûre garantie de l'amitié durable et des relations pacifiques des deux pays en toute circonstance. Il est convaincu que les questions pendantes entre les deux pays pourront être résolues par l'arbitrage.

[327 (436 : 45)]
(*Congrès Universel de la Paix*, Stockholm, 1910.)

Conflit franco-turc. 327 (44 : 496)

Tout en reconnaissant que le gouvernement français n'a pas, tout au moins quant au règlement des affaires Tubini Lorando, violé les règles du droit international positif actuel, mais considérant que le principe fondamental du droit des peuples comme du droit des individus est qu'on ne peut se faire justice à soi-même et qu'il n'y a de droit que devant un juge ;

Considérant qu'une nation ne doit pouvoir mettre la force au service de son droit qu'après qu'un tribunal international lui a reconnu ce droit ;

Considérant que les décisions rendues par un tribunal d'un Etat au sujet d'affaires privées ne peuvent autoriser un autre Etat à se constituer l'exécuteur de ces décisions et à transformer une question de droit privé en une question de droit public sans l'intervention d'un tribunal international ;

Considérant que la Turquie a été partie contractante à la Conférence de La Haye et signataire notamment de la Convention pour le règlement pacifique des conflits internationaux ;

Considérant que l'accumulation des griefs — si graves soient-ils — contre un Etat, ne peut servir de prétexte à légitimer la transgression des principes du droit par un autre Etat :

Considérant que le recouvrement des créances Tubini Lorando, qui a servi de prétexte à l'intervention à main armée de la République française, était, d'une manière incontestée, une affaire d'ordre juridique et que les autres griefs avaient précisément pour base l'inexécution d'obligations internationales ;

Le C. U. P. regrette l'acte coërcitif posé par le Gouvernement français dans l'incident franco-turc; déplore profondément qu'il n'ait pas été fait appel à la Cour d'arbitrage de La Haye; affirme que la solution du conflit devait être cherchée dans l'intervention de cette Cour, sauf à donner à celle-ci le pouvoir et les moyens de sanctionner sa sentence ; estime que l'envoi d'une escadre dans le but d'établir un blocus pacifique n'aurait été justifiée que si le Sultan avait refusé d'accepter cet arbitrage ou d'en exécuter la sentence, et à la condition que la sentence arbitrale aurait autorisé ce mode d'exécution. [327 (44 : 496)]

(*Congrès Universel de la Paix*, Monaco, 1902.)

Guerre russo-japonaise. 327 (47 : 52)

1. Le C. U. P. adresse un fervent appel aux empereurs de Russie et du Japon, les suppliant de mettre fin à l'horrible massacre de leurs sujets, soit en nouant directement des négociations entre leurs gouvernements, soit en recourant aux bons offices d'une ou de plusieurs puissances, et de considérer que, puisque des conditions de paix devront être discutées tôt ou tard, mieux vaut

le faire promptement que de laisser s'accomplir d'autres sacrifices de propriétés et des hécatombes de vies humaines.

2. Le Congrès décide qu'une adresse sera envoyée à chacune des Puissances signataires de la Convention de La Haye de 1899, sauf la Russie et le Japon, pour leur rappeler la stipulation de l'article 27 de la dite Convention et les prier, en conformité de cet article, d'insister auprès de la Russie et du Japon sur la nécessité de mettre fin sans délai à une guerre qui afflige l'humanité, entrave le commerce et arrête le progrès du monde dans la voie de la civilisation et de la paix. [327 (47 : 52)]

(*Congrès Universel de la Paix*, Boston, 1904.)

*** I. Le C. U. P. constate que la solution du différend russo-japonais est due, non à la guerre, qui malgré ses hécatombes humaines est et fût restée impuissante, mais à la Conférence diplomatique de Portsmouth, due à la pacifique interposition et tenue sous le patronage médiateur du Président des Etats-Unis d'Amérique, Roosevelt.

Il fait remarquer qu'une telle Conférence, réunie avant la guerre, eût pu aussi aisément résoudre ce différend. Il espère que l'opinion publique saura tirer de cette nouvelle constatation de l'inutilité de la guerre et de son impuissance à résoudre aucun différend, les conséquences qu'elle comporte, et imposera, avant tout acte de guerre, la solution pacifique des différends.

Le C. U. P. envoie ses condoléances émues aux familles du nombre considérable de victimes de la guerre de Mandchourie, du siège de Port-Arthur et des batailles navales, victimes vainement immolées au fétichisme du prestige et de la gloire militaire.

II. Le C. U. P. exprime son profond regret de ce que les deux puissances belligérantes, le Japon et la Russie (contrairement à l'esprit de la Convention de La Haye, aux conclusions desquelles toutes deux s'étaient associées, la Russie en ayant pris l'initiative et le Japon les ayant acceptées), n'aient pas, avant le commencement de la guerre ou du moins immédiatement après le commencement des hostilités, demandé la médiation des puissances, mais l'aient repoussée expressément et à plusieurs reprises, bien qu'on eût des propositions fermes de la part des Amis de la Paix.

Il regrette vivement l'attitude de la plus grande partie de la presse de tous les pays, qui a toujours trouvé la médiation prématurée ou trop tardive.

III. A l'occasion de la Paix de Portsmouth, le C. U. P. émet le vœu que les habitants de la Corée et de la Mandchourie ne soient pas privés du droit imprescriptible et inaliénable de disposer librement de leurs destinées. [327 (47 : 52)]

(*Congrès Universel de la Paix*, Lucerne, 1905.)

Finlande.   327 (47.11)

Rappelant qu'aucun traité ne peut être modifié par la volonté
unilatérale de l'une des parties ;

Considérant, avec les jurisconsultes les plus autorisés, que
depuis l'acte de Borga et le traité de Frédrikshamn, les relations
de la Russie et de la Finlande sont fondées sur des textes juridiques reconnaissant à celle-ci le titre de nation,

Le C. U. P. émet le regret que la Douma et le Gouvernement
impérial de Russie aient modifié ce statut juridique sans avoir
obtenu l'assentiment de la nation finlandaise, et exprime l'espoir
que le peuple russe, mieux informé de ses véritables intérêts et des
vœux du monde civilisé tout entier, ne tardera pas à rétablir,
entre l'Empire et le Grand-Duché de Finlande, un accord juridique conforme aux droits et aux intérêts communs des deux
parties.   [327 (47.11)]

(*Congrès Universel de la Paix*, Stockholm, 1910, Genève, 1912.)

Norvège et Suède.   327 (481 : 485)

Le C. U. P. félicite le peuple norvégien de ce qu'il a obtenu
l'indépendance complète sans verser une goutte de sang ; il
félicite également le roi et le peuple suédois de la noble abnégation dont ils ont fait preuve en reconnaissant le désir unanime
de la Norvège pour une séparation amicale ; il se rejouit particulièrement de ce que les conditions de l'accord survenu entre
les deux peuples comprend la démolition de forteresses, qui
pourraient paraître comme une menace de guerre, et un traité
d'arbitrage qui sera, il l'espère, semblable à ceux qui ont été
conclus précédemment entre le Danemark et les Pays-Bas et
entre le Chili et la République Argentine.   [327 (481 : 485)]

(*Congrès Universel de la Paix*, Lucerne, 1905.)

Macédoine.   327 (496.2)

Considérant que les puissances européennes, par l'article 23
du traité de Berlin, se sont engagées solidairement à obtenir du
gouvernement turc, dans ses provinces européennes de population mixte, les réformes nécessaires; considérant qu'il est de
leur devoir impérieux d'arrêter l'effusion du sang ;

Le C. U. P. adresse un pressant appel aux nations civilisées,
et spécialement aux puissances signataires du traité de Berlin,
pour qu'elles mettent sans retard un terme à l'extermination
par une action commune.

Il rappelle, au surplus, aux puissances européennes que le
régime du traité de San Stefano adoptait pour base le droit des
populations macédoniennes de disposer librement d'elles-mêmes.

[327 (496.2)]

(*Congrès Universel de la Paix*, Rouen, 1903.)

Turquie.   327 (497)

Les hommes d'Etat, les publicistes et les chefs de partis seront invités à se réunir pour rechercher et trouver un moyen de résoudre la question d'Orient à l'amiable par un arbitrage, s'ils ne veulent pas être témoins et, dans une certaine mesure, complices d'un des plus horribles massacres dont l'histoire fasse mention.   [327 (497)]
(*Congrès Universel de la Paix*, Budapest, 1896.)

*** Le C. U. P. approuve les efforts faits par les gouvernements de Turquie, Bulgarie, Serbie et Monténégro pour maintenir la paix dans la crise actuelle que traverse l'Empire ottoman ; et émet le vœu que la Turquie établisse en Albanie, en Macédoine et dans les îles grecques de l'Archipel un régime de décentralisation et d'autonomie, seul moyen d'assurer d'une façon définitive le maintien de la paix et les progrès de la civilisation.   [327 (497)]
(*Congrès Universel de la Paix*, Genève, 1912.)

*** Profondément ému par les événements qui se sont déroulés depuis un an dans les Balkans ; convaincu qu'il est l'interprète de l'opinion de l'immense majorité des hommes civilisés, le C. U. P. considère comme son devoir d'exposer son opinion sur les divers aspects de la double guerre des Balkans.

I. *Revendications des peuples Balkaniques.* — Le C. U. P. reconnaît que les peuples des Balkans ne jouissaient pas dans l'Empire Ottoman d'une situation juridique équitable et que leurs revendications, depuis longtemps formulées, méritaient de recevoir satisfaction.

Mais il estime que ces revendications pouvaient être satisfaites par des moyens moins violents, moins arbitraires et moins ruineux que la guerre, et émet le regret que les grandes puissances, qui ont su obtenir de l'Empire Ottoman des privilèges économiques considérables pour elles-mêmes, n'aient pas su tirer parti, au profit des peuples de l'Empire Ottoman, des armes que le traité de Berlin mettait entre leurs mains.

II. *Les responsabilités.* — Dans un sentiment d'équité, le C. U. P. doit constater que les grandes puissances ont eu antérieurement leurs responsabilités, puisque, après avoir garanti l'intégrité de l'Empire Ottoman, elles ont spontanément porté atteinte à cette intégrité ; l'Autriche-Hongrie en Bosnie-Herzégovine, l'Italie en Tripolitaine, et les quatre autres qui ont toléré ou sanctionné ces violations : Allemagne, France, Grande-Bretagne, Russie.

III. *Déclaration de guerre.* — Le Congrès est obligé de constater que la première et la seconde guerre des Balkans ont été engagées sans déclaration et sans ultimatum susceptible de recevoir satisfaction ; qu'aucun des belligérants n'a proposé le recours à l'arbitrage et que les neutres n'ont pas usé du devoir moral que leur assignent les conventions de La Haye d'offrir leurs bons offices ou leur médiation. En ce qui concerne particulièrement la clause du traité qui, en cas de conflit entre eux dans le règlement des affaires Balkaniques, prévoyait le recours à l'arbitrage de la Russie, est demeurée inobservée et que cette violation a entraîné une nouvelle guerre.

IV. *Opérations de guerre.* — Le C. U. P. constate avec douleur que les opérations des deux guerres ont été conduites avec un caractère inoui de brutalité, que les lois et les coutumes de la guerre n'ont pas même toujours été observées, et que notamment, des blessés et des non belligérants : vieillards, femmes et enfants, ont été souvent dépouillés, violentés, et même torturés et mis à mort.

V. *Négociations de Paix.* — Le C. U. P. constate avec regret l'impuissance dans laquelle s'est trouvée la diplomatie européenne de prévenir et d'abréger le conflit ; il signale le résultat déplorable des négociations de Londres et attribue cette impuissance des grands États à leurs rivalités constantes et notamment à l'ambition de certaines puissances, qui ont poursuivi, à travers ces négociations, des fins égoïstes, au lieu de s'attacher d'une façon désintéressée au rétablissement de l'équilibre, de la justice et de la paix.

VI. *Traité de Bucarest.* — Le C. U. P. fermement attaché au principe que les peuples doivent disposer librement d'eux-mêmes, exprime le regret que les plénipotentiaires réunis à Bucarest n'aient pas décidé d'organiser une libre consultation des peuples mis en partage, et notamment des Macédoniens, et exprime la crainte que ce traité, imposé par la force, n'engendre des protestations et des violences nouvelles.

Il exprime également le regret qu'une clause introduisant le recours à la cour d'arbitrage de La Haye en cas de conflit nouveau n'ait pas été ajoutée au traité.

VII. *Question d'Andrinople.* — Considérant que le sort d'Andrinople et de la Trace est encore incertain, le C. U. P. émet le vœu que les populations de cette région soient consultées, sous un contrôle international, sur le choix du régime définitif qui leur sera attribué.

VIII. *Question d'Albanie.* — Considérant que la question d'Albanie est trop obscure pour être l'objet de résolutions précises, mais se référant au principe que les peuples ont le droit de disposer librement d'eux-mêmes, le C. U. P. remet au Bureau de Berne le soin de suivre attentivement cette question et de

prendre éventuellement des dispositions qui relèvent de sa
compétence. [327 (497)]
(*Congrès Universel de la Paix*, La Haye, 1913.)

Crète. 327 (499.8)

Tout en rendant hommage à la sagesse des peuples directement mêlés aux affaires de Crète, ainsi qu'aux utiles interventions des puissances protectrices qui ont assuré le maintien de
la paix,

Le C. U. P. rappelle que la solution vraiment satisfaisante et
durable des difficultés internationales ne peut être obtenue que
par l'application des principes du droit, c'est-à-dire par la reconnaissance du droit des peuples de disposer librement d'eux-
mêmes et par l'intervention de la justice internationale dans les
contestations de nationalité,

Compte que l'esprit de justice, la bonne volonté et le désir
d'entente chez les peuples directement mêlés aux affaires de
Crète — ainsi que le sentiment qu'ils ne peuvent manquer
d'avoir de leurs véritables intérêts — les amènera à régler leur
différend d'une façon honorable et satisfaisante pour tous, soit
par la voie d'un accord spontané, soit par l'intermédiaire de la
Cour permanente de La Haye investie par eux d'un mandat à
cet effet, sur la base du droit. [327 (499.8)]
(*Congrès Universel de la Paix*, Stockholm, 1910.)

Chine. 327 (51)

Le C. U. P. pense que les regrettables événements qui ont
motivé l'expédition internationale de Chine doivent être attribués aux causes suivantes :

1º Les entreprises des missionnaires de toutes confessions, dont
la propagande intolérante, agressive et maladroite, appuyée par
l'action diplomatique et militaire des puissances, est une source
perpétuelle de conflits et une génératrice de haines ;

2º Les agissements des occidentaux établis en Chine, qui
reconnaissent généralement l'hospitalité dont ils jouissent sur le
sol chinois par les insultes, les provocations, les injustices, les
mauvais traitements de tout genre envers les indigènes ;

3º Les rivalités et les intrigues réciproques des puissances ;
l'inconsistance et les contradictions de leurs diplomaties respectives, qui, surtout depuis une dizaine d'années, ont flotté continuellement, et suivant l'intérêt du moment, entre l'extrême
faiblesse et la sauvage brutalité, traitant la Chine tantôt comme
un pouvoir tout-à-fait formidable, tantôt comme une puissance
nègre de septième ordre ;

4º Les annexions territoriales effectuées au cours de ces dernières années par plusieurs puissances occidentales et par le Japon ;

5º Les desseins cyniquement étalés de la ploutocratie européenne et américaine visant à l'accaparement des ressources industrielles et de tous les éléments de richesse du pays.

La seule politique commandée par les circonstances présentes doit consister à préparer l'abandon formel du protectorat religieux et à favoriser la constitution en Chine d'un gouvernement indigène fort, indépendant, honnête et sagement progressiste, capable d'accomplir les réformes intérieures indispensables et d'assurer, sous le régime de la « porte ouverte », l'efficace protection du commerce étranger honnête, pour le plus grand bien de la civilisation véritable.

Le C. U. P. estime que la solution du conflit entre la Chine et les Nations alliées doit être juste, équitable, pacifique et conforme au droit imprescriptible et inaliénable des populations de disposer librement d'elles-mêmes. [327 (51)]

(*Congrès Universel de la Paix*, Paris, 1900)

*** Le Congrès, tout en réprouvant les atrocités commises par les alliés dans la guerre de Chine, voit dans le fait d'une action commune des puissances, semblable à celle qui a eu lieu en Crète dans des conditions moins déplorables, une preuve de la possibilité d'une entente pacifique entre les Etats civilisés en vue d'une organisation internationale. [327 (51)]

(*Congrès Universel de la Paix*, Monaco, 1902.)

*** Le C. U. P. adresse son salut cordial et ses vœux chaleureux à la République chinoise, et considère l'avènement de la plus grande République comme un facteur important de la paix du monde. [327 (51)]

(*Congrès Universel de la Paix*, Genève, 1912.)

Corée. 327 (519 : 52)

Le C. U. P. exprime le vœu que l'Europe tout entière, au nom de l'humanité et de la civilisation, fasse tout son effort pour mettre un terme à la guerre entre la Chine et le Japon, en décidant les belligérants à soumettre à l'arbitrage la question de la Corée. [327 (519 : 52)]

(*Congrès Universel de la Paix*, Anvers, 1894.)

Perse. 327 (55)

Le C. U. P. déplore les méthodes violentes par lesquelles le mouvement constitutionnel a été entravé en Perse et adresse un appel pressant aux Gouvernements de Grande-Bretagne et de Russie de s'en tenir strictement aux termes de la Convention anglo-russe de 1907, et, conformément à cette convention, de s'abstenir de toute intervention aux dépens de l'indépendance et de l'intégrité de la Perse.   [327 (55)]

(Congrès Universel de la Paix, Genève, 1912.)

Arménie.   **327 (566)**

Le C. U. P. estime que les massacres des Arméniens constituent un des actes les plus odieux commis dans ces derniers temps; il exprime sa sympathie pour cette malheureuse nation, et il émet le vœu que le gouvernement ottoman soit tenu de respecter les droits imprescriptibles des Arméniens, garantis par le traité de Berlin.

Le C. U. P. regrette que la division, les jalousies et une conception étroite des intérêts particuliers de chaque Etat aient empêché jusqu'ici les puissances signataires des traités de San Stefano et de Berlin de remplir leurs obligations les plus strictes envers un peuple que des engagements formels, ayant une valeur juridique incontestable, leur faisaient un devoir de protéger. Il espère toutefois que le soulèvement de la conscience universelle et d'indignation du monde civilisé finiront par imposer aux gouvernements européens une solution rationnelle et radicale de la question arménienne.   [327 (566)]

(Congrès Universel de la Paix, Paris, 1900.)

*** Considérant que la triste situation de la population arménienne ne s'est point améliorée, que les massacres et les atrocités continuent en Arménie, que les Gouvernements signataires du traité de Berlin, n'ont tenté aucun effort collectif pour mettre un terme aux cruautés systématiquement commises envers cette malheureuse population chrétienne; le C. U. P. invite les Etats, signataires du traité de Berlin, à réunir une Conférence officielle pour la solution de la question arménienne par l'application du projet de réformes élaboré, en mai 1895, par les gouvernements anglais, français et russe, et ratifié même par le Sultan.

[327 (566)]

(Congrès Universel de la Paix, Glasgow, 1901, Monaco, 1902.)

*** Prenant acte avec satisfaction de la mesure adoptée par l'Angleterre, la France et la Russie, pour multiplier les agents consulaires en Arménie ; mais considérant que, si cette mesure peut empêcher à ajourner jusqu'à un certain point les massacres en grand, elle ne saurait suffire à sauver de l'extermination lente tout un peuple progressivement anéanti ;

Convaincu que les réformes et garanties élémentaires réclamées par les Arméniens peuvent être réalisées sans qu'aucune atteinte soit portée à l'intégrité territoriale de la Turquie, et qu'il est de l'intérêt même des populations turques de s'associer à cette œuvre de réformes ;

Se référant à l'article 61 du traité de Berlin, par lequel l'Europe s'est constitué le droit et a pris l'engagement d'assurer aux populations arméniennes la vie, la sécurité, la liberté de circulation, la possession paisible de leurs biens et la liberté de conscience ;

Le C. U. P. déclare qu'il est temps, pour l'honneur de l'Europe et le bien-être de l'humanité, que cet article reçoive une pleine et loyale application ; et invite les gouvernements et les peuples civilisés à agir au plus tôt dans le sens du memorandum de 1895, par une intervention concertée pour mettre fin à un état de choses intolérable et dangereux pour la paix générale.   [327 (566)]

(*Congrès Universel de la Paix*, Rouen, 1903, Boston, 1904, Lucerne, 1905, Milan, 1906.)

*** Le C. U. P. rappelant les résolutions des congrès de Paris 1900, Glasgow 1901, Monaco 1902, Rouen 1903, Boston 1904, Lucerne 1905 et Milan 1906, concernant les persécutions dont les Arméniens de l'Empire ottoman ont été l'objet à différentes reprises ; considérant que si l'on ne peut plus accuser depuis l'introduction du régime constitutionnel en Turquie les autorités de ce pays d'ordonner des massacres, comme ce fut le cas sous le régime précédent, les Arméniens sont encore aujourd'hui l'objet de cruelles attaques et que récemment encore les Kurdes ont fait dans ce pays des incursions sanglantes ; considérant en outre que l'insuffisance de la protection accordée aux Arméniens par le Gouvernement ottoman peut exposer celui-ci à la suspicion de complicité, prie instamment le gouvernement de l'Empire ottoman de prendre toutes les mesures de protection et de répression nécessaires pour procurer aux Arméniens la sécurité à laquelle ils ont droit aussi bien que les populations musulmanes.

[327 (566)]

(*Congrès Universel de la Paix*, Genève, 1912.)

Colonies africaines.   327 (6-5)

Considérant qu'il s'est commis, dans les colonies africaines, des meurtres, des violences, des viols, des injustices et des atrocités sans nom, contraires à l'esprit et aux termes mêmes des résolutions du C. U. P. de Paris ;

Considérant que ces horreurs, dont on a longtemps nié l'authenticité, sont maintenant constatées pour l'Etat indépendant du

Congo français par l'enquête officielle faite par le grand colonisateur pacifique qui en fut fondateur, feu M. Savorgnan de
Brazza ;

Le C. U. P. espère que les Gouvernements, conformément à
leurs engagements, prendront les mesures nécessaires pour faire
cesser cet état de choses ;

Et demande la réunion d'une nouvelle Conférence des puissances intéressées à la colonisation de l'Afrique pour reviser et
compléter l'œuvre entreprise par la Conférence de Berlin en
1884 à 1885, en adoptant des mesures rigoureuses propres à
supprimer les intolérables abus commis dans les colonies africaines et en particulier dans le bassin du Congo.

Le C. U. P. considérant que des excès semblables sont
inévitablement liés à toute politique coloniale de conquête ou
d'exploitation des indigènes, engage les pacifistes de tous les
pays à s'opposer inlassablement et énergiquement à une telle
politique dans leur pays propre.   [327 (6-5)]
(*Congrès Universel de la Paix*, Milan, 1906.)

**** Profondément ému par la continuité des violences qui se poursuivent depuis quelques années en Afrique, le C. U. P. dénonce
une fois de plus l'immoralité et le danger des accords diplomatiques par lequel les puissances se partagent des zones d'influence
et des territoires policés dont les populations n'ont pas été
consultées;

Emet le vœu que, dans les régions africaines où leur autorité
est reconnue, les puissances européennes s'attachent exclusivement à une œuvre de civilisation pacifique et de coopération
fraternelle, poursuivie avec la collaboration des indigènes, dans
le respect absolu de leur religion, de leurs institutions et de
leur langue.   [327 (6-5)]
(*Congrès Universel de la Paix*, Genève, 1912.)

Tripoli.   327 (612)

Profondément émue par les risques de guerre qui viennent de
surgir, à l'occasion de la Tripolitaine, entre l'Italie et la Turquie ;

Considérant que la Tripolitaine n'est ni un territoire vacant ni
un pays mineur, mais qu'elle appartient à un Etat constitutionnel admis dans la Société des Nations ;

L'Assemblée exprime son indignation contre les menées
nationalistes qui risquent d'entraîner le Gouvernement italien
à des actes d'hostilité caractérisée ;

Elle adjure le peuple et le Gouvernement d'Italie de résister
aux excitations belliqueuses et de maintenir strictement le
développement de leur politique nationale et la revendication de

leur intérêts spéciaux en Afrique dans les limites du droit, et exprime le ferme espoir qu'en cas de conflit, ils se feront honneur de recourir aux solutions pacifiques, médiation, arbitrage ou conférence internationale.

Elle constate que la question tripolitaine qui vient de surgir est la conséquence naturelle de la politique égoïste généralement suivie par les puissances civilisées à l'égard des peuples faibles ou mineurs, et, en particulier, par la France et l'Allemagne à l'égard du Maroc.

Elle réprouve une fois de plus la politique d'accaparement, en vertu de laquelle les puissances cherchent à rétablir, aux dépens des neutres et des faibles, l'équilibre politique rompu par les acquisitions territoriales des autres.

Elle exprime le regret que la France et l'Allemagne se soient laissées entraîner par les événements à abandonner, d'un commun accord, le terrain solide de l'entente pacifique internationale constituée par l'Acte d'Algésiras. [327 (612)]
(*Assemblée générale du Bureau de la Paix*, Berne, 1911.)

Le C. U. P. proteste avec la dernière énergie contre la guerre engagée contre l'Empire ottoman, par une puissance qui en a cependant, à plusieurs reprises, garanti l'intégrité, sans que cette puissance ait au préalable recouru à l'arbitrage pour faire reconnaître la légitimité des griefs allégués par elle à l'appui de son ultimatum ;

Il émet le vœu que les hostilités cessent au plus tôt et qu'une paix honorable pour les deux pays, maintenant le principe de la porte ouverte, soit aussitot signée. [327 (612)]
(*Congrès Universel de la Paix*, Genève, 1912.)

Egypte. 327 (62)

Le C. U. P. saisi depuis plusieurs années des protestations de nombreux délégués égyptiens au sujet de la situation politique actuellement faite à leur pays par l'occupation britannique ;

Considérant que le Gouvernement britanique lui-même a toujours regardé l'occupation militaire de l'Egypte comme une mesure provisoire ;

Considérant qu'à maintes reprises ce Gouvernement, notamment en 1882 et 1884, par la bouche de ses ministres Gladstone et Lord Granville, a solennellement pris l'engagement de ne pas prolonger indéfiniment l'occupation de l'Egypte ;

Considérant d'autre part que les délégués égyptiens déclarent se placer exclusivement sur le terrain du droit réprouvant tous les moyens violents de faire triompher leurs revendications ;

Adresse un appel pressant à la loyauté de la nation anglaise et

lui rappelle les promesses de son Gouvernement ; émet le vœu que l'évacuation militaire de l'Egypte ait lieu dans le plus bref délai possible, et qu'un gouvernement autonome, assurant des garanties efficaces à tous les intérêts nationaux et internationaux légitimes, soit rétabli en Egypte. [327 (62)]
(*Congrès Universel de la Paix*, Genève, 1912.)

Maroc. 327 (64)

1º Le C. U. P. exprime sa vive satisfaction de la solution pacifique de la question du Maroc et regrette seulement que, pour trancher des différends qui pourraient survenir dans l'interprétation de l'Acte d'Algésiras, un jugement arbitral ne soit pas déclaré obligatoire.

2º Il constate avec joie qu'en cette occasion, comme aussi à l'occasion de la catastrophe de Courrières et, dans ces derniers jours, à l'occasion des fêtes du Havre, des symptômes d'un rapprochement cordial entre la France et l'Allemagne se sont manifestés.

3º Il espère de nouveaux progrès dans ce sens, provenant moins de discussions théoriques sur le problème du rapprochement que des actes accomplis chaque fois que l'occasion s'en présente.

4e Il invite les pacifistes des deux pays à saisir chacune des occasions semblables pour faire manifester les vrais sentiments de leurs compatriotes. [327 (64)]
(*Congrès Universel de la Paix*, Milan, 1906.)

*** Considérant que la tâche entreprise par un ou plusieurs Etats civilisés d'établir la police dans un pays de moindre culture, risque toujours de dégénérer en guerre de conquête contre ce pays, ou même en conflits armés entre les Etats civilisés intéressés au maintien de l'ordre dans ce pays,

Le C. U. P. émet le vœu que les opérations entreprises au Maroc par la France et l'Espagne se bornent strictement à assurer la sécurité des étrangers ; et que l'établissement de la police au Maroc, même si elle reste confiée exclusivement à un nombre limité de puissances, conserve, comme en Macédoine et en Crète, un caractère nettement international, en vertu d'un accord précis établi à cet effet entre les puissances intéressées, en complément de l'Acte d'Algésiras. [327 (64)]
(*Congrès Universel de la Paix*, Munich, 1907.)

*** Par rapport aux opérations entreprises au Maroc, le C. U. P. rappelle les résolutions votées à maintes reprises par les congrès antérieurs sur les droits imprescriptibles des populations mineures.

Il exprime en particulier le regret qu'une question qui n'engage ni les intérêts vitaux, ni l'honneur des nations européennes soit traitée dans certains milieux avec un parti-pris de violence et d'animosité susceptible d'entraîner des conflits plus graves et plus généraux.

Il demande qu'au cas où surgiraient de pareils conflits, les litiges soient renvoyés sans exception ni retard devant la Cour de La Haye et qu'un traité spécial d'arbitrage permanent soumette à cette Cour toutes les difficultés sans exception. [327 (64)]
(*Congrès Universel de la Paix*, Londres, 1908.)

*** Le C. U. P. rappelle que la Conférence d'Algésiras s'est bornée à décider l'organisation de forces de police à effectifs réduits, et espère que le développement de relations pacifiques et normales entre les Européens et les populations marocaines permettra le retrait progressif et rapide des forces militaires. [327 (64)
(*Congrès Universel de la Paix*, Stockholm 1910.)

*** I. Rappelant que dans l'Acte général du Traité de Berlin, du 16 février 1885, quatorze Etats, parmi lesquels la France et l'Allemagne, ont voulu non seulement régler dans « un esprit de bonne entente mutuelle tout ce qui touchait au développement du commerce et de la civilisation dans certaines régions de l'Afrique, mais « prévenir les malentendus et les contestations que pourraient soulever à l'avenir les prises de possessions nouvelles sur les côtes de l'Afrique ; que le troisième article du programme de ce Congrès, présenté précisément par l'Allemagne et par la France, était ainsi conçu : « Définition des formalités à observer pour que des occupations nouvelles sur les côtes de l'Afrique soient considérées comme effectives; que la première règle résultant des articles 34 et 35 de l'Acte final porte que toute prise de possession ou acquisition de territoire sur les côtes du continent africain, faite par une des puissances signataires en dehors de ses possessions actuelles, devra, comme tout protectorat, être accompagnée d'une notification adressée aux autres signataires, afin de les mettre à même de faire valoir, s'il y a lieu, leurs réclamations »; que l'article 12 de cet Acte est ainsi conçu : « Dans le cas où un dissentiment sérieux, ayant pris naissance au sujet ou dans les limites des territoires mentionnés à l'article premier et placés sous le régime de la liberté commerciale, viendrait à s'élever entre les puissances signataires du présent Acte ou des puissances qui y adhèreraient par la suite, ces puissances s'engagent, avant d'en appeler aux armes, à recourir à la médiation d'une ou de plusieurs puissances amies; pour le même cas, les mêmes puissances se réservent le recours facultatif à la procédure de l'arbitrage »; qu'enfin les dispositions de l'Acte de Berlin ont été expressément reconnues par les puissances signataires comme faisant désormais partie du droit public international.

Considérant que dans l'Acte final de la deuxième Conférence internationale de la Paix, signé à La Haye le 18 octobre 1907, les puissances représentées, dont l'Allemagne et la France, ont été unanimes :

1º « A reconnaître le principe de l'Arbitrage obligatoire ;

2º « A déclarer que certains différends, et notamment ceux relatifs à l'interprétation et à l'application des stipulations conventionnelles internationales, sont susceptibles d'être soumis à l'arbitrage obligatoire sans aucune restriction »,

Qu'il résulte sinon formellement de la lettre, tout au moins de l'esprit de ces textes, que l'Allemagne et la France étaient dès longtemps engagées à résoudre finalement leurs difficultés relatives au Maroc et à l'Afrique par la médiation ou l'arbitrage ; que, conformément à l'esprit de haute civilisation de ces deux nations, leurs Gouvernements n'ont plus le droit de recourir à la guerre pour faire prévaloir leurs prétentions respectives,

Rappelant d'ailleurs que l'Acte d'Algérisas avait mis le Maroc sous la protection et le contrôle commun des puissances,

Les délégués des Sociétés de la Paix, exprimant le regret que, contrairement aux demandes qui leur ont été adressées par les pacifistes des deux pays, les Gouvernements d'Allemagne et de France n'aient pas, dès la première heure, reconnu publiquement et formellement que leur différend relatif au Maroc ne pouvait pas provoquer une guerre, mais qu'il devrait être soumis, en cas d'échec des négociations diplomatiques, à la médiation ou à l'arbitrage ou à une conférence internationale. Les Gouvernements eussent ainsi rempli un de leurs devoirs essentiels en évitant à leurs peuples d'importantes dépenses, un malaise considérable et de véritables ruines pour leurs nationaux.

II. Les délégués des Sociétés de la Paix réclament des Gouvernements intéressés l'insertion, dans toutes les conventions à intervenir, d'une stipulation aux termes de laquelle toutes les difficultés relatives au Maroc, à l'Afrique et, en général, aux colonies et protectorats, qui ne seraient pas résolues par la voie diplomatique, seraient soumises à la Cour permanente d'arbitrage de La Haye.

III. Les délégués protestent contre les mystères dont la diplomatie entoure ses pourparlers et contre ses communications incomplètes ou tendancieuses. Ils expriment l'avis que des communications officielles aussi fréquentes que possibles doivent être faites des négociations diplomatiques de manière à tenir exactement les peuples au courant des faits qui les intéressent essentiellement et à éviter ainsi les fausses nouvelles, qui ne font que servir d'inavouables spéculations de toute nature.

IV. Les délégués expriment énergiquement leur réprobation à l'égard des hommes qui ont excité à la guerre soit dans leur intérêt personnel, soit en se réclamant d'un patriotisme faux ou mal entendu, et qui n'ont pas craint d'employer l'injure ou l'outrage contre les autorités qui ne servaient pas leurs desseins. Ils protestent contre l'abus fait, en de telles circonstances, de l'honneur national, celui-ci ayant dû, au contraire, exiger d'abord le respect de la signature nationale apposée sur les traités antérieurs.

V. Les délégués font appel à toutes les bonnes volontés pour que les manifestations pacifistes de l'opinion publique soient toujours et partout prêtes à se dérouler à l'occasion d'un conflit international menaçant.

La preuve qui vient d'être faite de la puissance de l'opinion publique lui permet dès à présent d'exiger l'organisation d'un état international de paix et de complète sécurité.

VI. Les délégués signalent avec insistance aux peuples la nécessité d'obtenir la suppression, dans les lois constitutionnelles, du droit pour les souverains ou chefs d'Etat de décider la guerre.   [327 (64)]

(Assemblée générale du Bureau de la Paix, Berne, 1911.)

Etat libre du Congo.   327 (675)

Considérant que l'Association internationale du Congo a été assurée par le gouvernement Américain, en 1884, que son drapeau serait reconnu comme étant celui d'un Etat pacifique (reconnaissance qui a été confirmée plus tard par les puissances européennes à Berlin), par la raison qu'elle constituait une organisation formée dans le but de protéger les intérêts et le bien-être des indigènes, de développer le commerce légitime et de préserver la neutralité de la vallée du Congo, sur laquelle elle songeait à exercer son autorité ;

Considérant qu'on allègue que le gouvernement de l'Etat libre du Congo a pris ce pays aux indigènes, ainsi que les valeurs commerciales qu'ils avaient produites et qu'il en est résulté de graves actes de violence commis sur les races indigènes et la violation des droits assurés au commerce international par l'Acte de la Conférence de Berlin ;

Considérant que c'est là une question qui peut provoquer de sérieuses complications internationales ;

Le Congrès recommande, dans l'intérêt de la paix, que les questions suivantes soient soumises à une nouvelles conférence des puissances intéressées qui ont contribué à la création de l'Etat libre du Congo, ou à la commission d'enquête prévue par la Convention de La Haye :

1⁰ Le gouvernement de l'Etat libre du Congo doit-il être encore considéré comme fondé de pouvoirs des puissances qui ont reconnu le drapeau de l'Association internationale ?

2⁰ Si tel n'est pas le cas, quelle est la position de l'Etat libre du Congo vis-à-vis de la loi internationale et comment les graves questions relatives aux faits qui lui sont reprochés pourraient-elles être réglées d'une manière satisfaisante et en pleine compétence ? [327 (675)]

(Congrès Universel de la Paix, Boston, 1904.)

*** L'Assemblée générale du B. I. P., vu l'annexion des territoires de l'Etat Indépendant du Congo par la Belgique, fait appel au peuple Belge, sous l'égide duquel les indigènes du Congo sont désormais placés, de faire adopter et exécuter sans plus de retard les réformes radicales nécessaires pour mettre fin aux abus constatés par la Commission d'enquête, surtout en abolissant le travail forcé et en rendant aux indigènes leurs terres et la possession des produits de ses terres ; et renouvelle la demande d'une Conférence Internationale ayant pour but d'assurer l'exécution intégrale des Conventions de Berlin et de Bruxelles en faveur des indigènes du bassin conventionnel du Congo. [327 (675)]

(Assemblée générale du Bureau de la Paix, Bruxelles, 1909.)

Chili et République Argentine. 327 (82 : 83)

L'Assemblée générale des délégués des Sociétés de la Paix du monde entier envoie aux Gouvernements de Chili et de la République Argentine la prière instante d'épargner à leurs pays les horreurs d'une guerre fratricide et de soumettre leur différend à un arbitrage. [327 (82 : 83)]

(Assemblée générale du Bureau de la Paix, Turin, 1898.)

Venezuela. (327 87)

Sans entrer dans l'examen des revendications des puissances européennes, ni apprécier les moyens dilatoires employés par le Venezuela ; rappelant le principe supérieur de toute justice, que nul ne peut être juge et partie ;

Le C. U. P. regrette les actes d'hostilité commis par les forces navales allemandes et anglaises au Venezuela ; estime que la destruction de propriétés privées ou publiques devrait donner lieu, de la part des puissances, à une indemnité venant en déduction de leurs créances.

D'autre part le C. U. P. est heureux de constater que les affaires vénézuéliennes, engagées dans la voie militaire, ont bientôt pris la voie diplomatique et arbitrale et se félicite particulièrement qu'une partie du litige ait été portée devant la Cour de La Haye.

[327 (87)]

(*Congrès Universel de la Paix*, Rouen, 1903.)

Organisation internationale. 327.3

Le C. U. P. constate avec satisfaction le mouvement qui entraîne les hommes, dans tous les domaines de l'activité et de la pensée, à se grouper internationalement,

Il appelle sur ce fait l'attention spéciale des gouvernements et les invite à donner leur appui moral et matériel aux œuvres qui poursuivent un but international ; il les invite spécialement à envoyer les délégués officiels aux divers Congrès internationaux et à constituer le plus grand nombre possible d'unions d'Etats.

Il impose comme un devoir à tous ses membres et aux membres des sociétés pacifistes de promouvoir l'évolution vers l'internationalisme et notamment vers la fédération internationale de tous les intérêts intellectuels et économiques de l'humanité.

Il invite toutes les associations et institutions internationales existantes à se grouper d'elles-mêmes en fédération autour de l'Office central des institutions internationales de Bruxelles.

[327.3]

(*Congrès Universel de la Paix*, Londres, 1908.)

Intérêts économiques. 33

Le Congrès exprime le vœu que les Parlements et les Gouvernements fassent tout ce qui est en leur pouvoir pour ;

1º Etablir une plus équitable répartition des produits du travail :

2º Abolir les barrières douanières entre les nations ;

3º Résoudre par le moyen de l'arbitrage tous les conflits sociaux soit entre ouvriers de différentes nations ou de la même nationalité, soit entre patrons et ouvriers ;

4º Il y a lieu d'encourager les Sociétés coopératives comme un des meilleurs moyens d'arriver à la paix universelle. [33]

(*Congrès Universel de la Paix*, Berne, 1892.)

*** Le C. U. P., sans discuter la question du libre-échange et du protectionnisme, émet le vœu de voir faciliter les moyens de communication entre les peuples (télégraphe, téléphone, poste, chemins de fer, système métrique, etc.) [33]

(*Congrès Universel de la Paix*, Budapest, 1896.)

Coopération. 334

Le C. U. P. invite les amis de la Paix à favoriser, dans leurs pays respectifs, la coopération par tous les moyens en leur pouvoir.
[334]
(*Congrès Universel de la Paix*, Glasgow, 1901.)

Emprunts de guerre. 336.3 : 35.548

Le C. U. P. condamne tous les emprunts et tous les impôts ayant pour but la poursuite de guerres d'ambition et de conquête.
[336.3 : 35.548]
(*Congrès Universel de la Paix*, Paris, 1849.)

*** Le C. U. P. exprime à nouveau sa forte désapprobation de tous les emprunts conclus à l'étranger dans le but de procurer à un peuple les moyens d'en massacrer un autre.
[336.3:35.548]
(*Congrès Universel de la Paix*, Francfort, 1850.)

*** En présence de l'état de guerre qui existe actuellement entre la Chine et le Japon, et aux opérations financières qu'il nécessite, le C. U. P. proteste contre l'emploi de capitaux européens et américains dans l'intérêt de l'une ou de l'autre des nations belligérantes, pour leur opérations guerrières.
[336.3 : 35.548]
(*Congrès Universel de la Paix*, Anvers, 1894.)

*** Considérant que plus que jamais l'argent est le nerf de la guerre ; que la durée des hostilités engagées entre deux Etats serait considérablement réduite s'ils étaient livrés à leurs seules ressources; que les principes de la neutralité prohibant l'envoi d'armes et de munitions doivent être étendus à l'envoi de fonds aux Etats belligérants,

Le C. U. P. émet le vœu que les gouvernements s'interdisent l'émission publique, sur leur territoire, d'emprunts de guerre fait par un Etat belligérant.
[336.3 : 35.548]
(*Congrès Universel de la Paix*, Lucerne, 1905.)

*** Considérant qu'il est contraire aux principes de la neutralité qu'un belligérant puisse émettre un emprunt de guerre, ou même un emprunt quelconque, en temps de guerre, sur le territoire d'un non belligérant,

Le C. U. P. émet le vœu que les résolutions présentées à la seconde Conférence de La Haye au nom de la seconde Commission soient complétées par une résolution spécifiant qu'un belligérant n'a pas le droit d'émettre un emprunt chez les neutres, et que les Etats neutres sont tenus, dans la mesure du

possible, de s'opposer à l'émission de ces emprunts sur leur
territoire. [336.3 : 35.548]
(*Congrès Universel de la Paix*, Munich, 1907.)

Liberté des échanges. 337.1

La liberté des échanges, la liberté des mers et le développement des voies de communication doivent être de plus en plus le but de la politique commerciale des Etats civilisés. [337.1]
(*Congrès Universel de la Paix*, Paris, 1878.)

*** Une union doit nécessairement s'établir et croître par l'adoption successive d'une législation commune pour chacun des intérêts économiques.

Elle doit s'établir graduellement et non point d'après un plan préconçu, ou complet, ou préalable, car alors des objections seraient faites immédiatement.

L'union des nombreux Etats de l'Allemagne en un empire peut jusqu'à un certain point servir d'exemple. Bien avant de pouvoir même espérer la confédération actuelle, ces Etats avaient adopté le Zollverein ou Union douanière.

Aujourd'hui, les autres Etats européens sont invités par la Suisse à marcher dans la même voie et à se fédérer par un accord international unifiant les lois sur le travail, le système postal, les tarifs, les télégraphes, etc.

Une plus grande uniformité dans les lois relatives aux crimes et aux mariages devrait aussi être établie.

Les défenseurs du libre-échange devraient s'unir partout pour l'abolition des tarifs inégalitaires. [337.1]
(*Congrès Universel de la Paix*, Paris, 1889.)

*** La dépendance des nations les unes à l'égard des autres, résultant de l'échange illimité de leurs productions nationales, est l'une des meilleures garanties de la paix. [337.1]
(*Congrès Univrrsel de la Paix*, Londres, 1843.)

*** Le C. U. P. exprime l'espoir que l'Association pour la réforme financière et d'autres sociétés du même genre en Europe et en Amérique s'unissent pour convoquer à une date prochaine une Conférence, qui étudierait les meilleurs moyens d'établir des relations commerciales équitables entre les Etats par la réduction des droits d'importation comme un premier pas vers le libre-échange. [337.1]
(*Congrès Universel de la Paix*, Londres, 1890.)

∗∗∗ Le Congrès, estimant que le protectionnisme est une des principales causes de dissentiments internationaux, affirme de nouveau sa sympathie pour tous les efforts qui seront faits en faveur du libre-échange et émet le vœu que le régime du libre-échange soit également adopté à l'égard des colonies.   [337.1]
(*Congrès Universel de la Paix*, Monaco, 1902.)

∗∗∗ Les individus, après avoir payé les impôts pour les services publics, doivent être tenus quittes de leurs obligations envers la communauté politique à laquelle ils appartiennent ; cette obligation accomplie, le droit d'échanger librement leurs services avec d'autres membres quelconques dela Société des Nations civilisées, et en dehors de toute intervention de leur communauté politique, découle du principe de l'inviolabilité de la personne humaine, proclamé par les divers Congrès de la Paix, et qui comporte la libre disposition des fruits du travail humain.

La disparition des barrières douanières intérieures a été l'un des plus grands facteurs de solidarité et de pacification nationales, et il devra en être fatalement de même pour la solidarité et la pacification internationales ; si chercher à résoudre les conflits internationaux est bien, il est encore mieux de favoriser un état international qui les empêchera de naître;   [337.1]
(*Congrès Universel de la Paix*, Rouen, 1903.)

Droits des étrangers.   340.148.6

Le C. U. P. affirme la nécessité de combler la lacune qui existe dans la législation de divers Etats en matière de protection des droits garantis aux étrangers par les traités ;

Exprime sa plus vive satisfation au sujet des déclarations faites à ce sujet par le président Harrison dans le message du 9 décembre 1891 au Congrès des Etats-Unis d'Amérique ;

Déclare qu'ayant pris connaissance du projet de loi du sénateur Dolph, il en souhaite l'adoption par le Congrès des Etats-Unis, pour que cette loi fasse partie, le plus tôt possible, de son droit public, dans l'intérêt suprême de la justice et de l'harmonie internationale ;

Charge son Bureau de porter cette résolution à la connaissance de tous les Hauts Pouvoirs intéressés et de la communiquer officiellement aux membres de la Conférence interparlementaire, qui va se réunir.   [340.148.6]
(*Congrès Universel de la Paix*, Berne, 1982.)

∗∗∗ Le C. U. P. désire que la protection des étrangers soit réglée par des traités internationaux.   [340.148.6]
(*Congrès Universel de la Paix*, Anvers, 1894.)

Principes de Droit International.   **341**

Art. 1. — Les rapports entre les nations sont régis par les mêmes principes de droit et de morale que ceux qui règlent les rapports entre les individus.

Art. 2. — Nul n'a le droit de se faire justice.

Art. 3. — Aucune nation ne peut déclarer la guerre à une autre.

Art. 4. — Tout différend entre les nations sera réglé par la voie juridique.

Art. 5. — L'autonomie de toute nation est inviolable.

Art. 6. — Il n'existe pas de droit de conquête.

Art. 7. — Les nations ont le droit de légitime défense.

Art. 8. — Les nations ont le droit inaliénable et imprescriptible de disposer librement d'elle-mêmes.

Art. 9. — Les nations sont solidaires les unes des autres.

Art. 10. — Les nations sont les seules personnes internationales.

Art. 11. — Une nation est un ensemble d'individus occupant d'une manière permanente un territoire déterminé et participant à la formation d'un gouvernement commun, chargé de l'administration de la justice et du maintien de l'ordre.

Art. 12. — L'existence de toute nouvelle nation sera portée à la connaissance des autres nations par la notification qu'elle leur fera de sa constitution, des limites du territoire sur lequel elle s'est constituée et de la composition de son gouvernement.

Art. 13. — Toute annexion d'une nation à une autre sera notifiée aux autres nations par chacune des deux nations intéressées.

Art. 14. — Les nations sont souveraines et égales.

Art. 15. — Une nation ne peut adopter un nom, un drapeau, un sceau ou tout autre signe susceptible de créer une confusion entre elle et une autre nation, si elle n'a obtenu, au préalable, le consentement de celle-ci.

Art. 16. — Les nations peuvent protester contre les actes contraires à la morale ou au droit, accomplis par l'une d'entre elles, et refuser éventuellement de continuer avec elle des relations régulières.

Art. 17. — Les nations ont le droit d'accréditer auprès d'un Etat qui cause préjudice à autrui par le gaspillage de ses ressources ou qui organise ou permet le massacre d'une partie de ses sujets, un conseil de gérance, dont les pouvoirs et les immunités seront déterminés par un traité international.

Art. 18. — La population d'une colonie, formée d'individus appartenant à une nation policée, a le droit de réclamer son autonomie et de se constituer en nation indépendante.

Art. 19. — Les colonies, établies sur des territoires occupés par des races non policées ou barbares, sont présumées avoir été constituées avec l'assentiment des nations. Il sera loisible aux nations de présenter leurs observations sur la manière dont ces colonies sont administrées et de se constituer en conférence pour statuer d'un commun accord sur les mesures à prendre, dans le cas où la nation intéressée ne tiendrait pas compte de ces observations. [341]

(*Congrès Universels de la Paix*, Rome, 1891, Budapest, 1896, Hambourg, 1897.)

*** Attendu que les conventions font la loi des parties ;

Attendu que, à défaut de législateur, la loi internationale résulte de la convention ;

Considérant que l'article 48 de la Convention inter-gouvernementale de La Haye sur le règlement pacifique des conflits internationaux prévoit l'invocation, par les arbitres, des principes du droit des gens ;

Considérant que le préambule de la Convention inter-gouvernementale de La Haye sur les lois et coutumes de la guerre sur terre impose aux nations le respect « des principes du droit des gens, tels qu'ils résultent des usages établis entre nations civilisées, des lois de l'humanité et des exigences de la conscience publique » ;

Le C. U. P. constate, avec la plus vive satisfaction, que ces conventions, votées à l'unanimité par les plénipotentiaires de vingt-six États, signées et ratifiées, devenues par conséquent la loi de leurs signataires, ont fait entrer, d'une manière formelle, le droit international dans le domaine du droit positif ; que tous les principes résultant à la fois des usages établis entre nations civilisées, des lois de l'humanité et des exigences de la conscience publique, sont devenus conventionnels entre la majorité des États civilisés, et par conséquent de droit positif, et que les usages contraires aux lois de l'humanité et aux exigences de la conscience publique sont écartés ;

Il déclare qu'il importe d'enseigner et de codifier le plus tôt possible les principes dont il s'agit, c'est-à-dire les lois qui régissent, dès à présent, la Société internationale ;

A cet effet, le C. U. P. fait appel : 1º à tous les professeurs de droit international, les priant d'enseigner le droit de la paix, et selon les considérations qui précèdent, de démontrer dans leur enseignement l'existence indiscutable du droit international public et son caractère positif ; 2º aux groupes parlementaires de la paix, les invitant à déposer, dans leurs parlements respectifs, une motion tendant à la nomination d'une Commission internationale chargée de l'élaboration d'un projet codifiant les principes et les règles du droit des gens, conformes aux besoins et aux aspirations de la Société des Nations, civilisées, conscientes et solidaires.

En outre il exprime le vœu que dans chacun des parlements on invite en même temps, par exemple à la date du 18 mai, le gouvernement à nommer une commission chargée de préparer un avant-projet de codification des principes du droit international public et à entrer en négociations avec les Gouvernements étrangers en vue de l'approbation de ce code. [341]

(*Congrès Universel de la Paix*, Rouen, 1903.)

*** Considérant que les principes, formulés par les 26 puissances représentées à la conférence de la Paix de 1899 et confirmés par les 44 puissances signataires des Conventions et Déclarations de 1907, sont définitivement acquis.

Le C. U. P. prend acte, en particulier, des décisions unanimes suivantes, dont l'ensemble constitue une solide « plate-forme » sur laquelle doivent être édifiés les progrès à réaliser ultérieurement :

« Toutes les puissances ont le devoir de concourir avec la plus ferme volonté au maintien de la paix générale et de favoriser de tous leurs efforts le règlement pacifique des conflits internationaux ;

« Les nations civilisées constituent une société. Les membres de cette société sont solidaires, soumis à l'empire du droit et à une justice internationale ;

« L'arbitrage doit devenir obligatoire ;

« Les lois de l'humanité et les exigences de la conscience publique ont, pour la sauvegarde des peuples que ne protègerait pas suffisamment le droit des gens, un caractère impératif ;

« L'appel aux armes n'est plus qu'une hypothèse extrême, conséquence d'événements que la sollicitude de toutes les nations n'aurait pu détourner ; ses effets désastreux doivent être limités ; sa survivance ne doit point empêcher « la limitation des charges militaires excessives qui pèsent sur le monde ».

Le C. U. P. émet le vœu que les puissances qui se sont déclarées favorables à l'application, dans des cas déterminés, du principe de l'arbitrage obligatoire unanimement adopté, concluent le plus tôt possible entre elles une Convention générale d'arbitrage obligatoire permanent.

Le C. U. P. exprime une fois de plus le vœu que les Gouvernements instituent au plus tôt des Commissions nationales et une Commission internationale ayant pour mission de préparer un projet complet de Code de droit international public. [341]

(*Congrès Universel de la Paix*, Londres, 1908.)

Question des nationalités. 341.012

*** Le Congrès est d'avis que dans les Etats composés de différentes nationalités et aussi longtemps que ces nationalités ne disposent pas autrement d'elles-mêmes, les Gouvernements aideraient à assurer la paix extérieure et intérieure s'ils respectaient le caractère ethnographique et le développement de ces nationalités selon les lois de liberté et de justice. [341.012]
(*Congrès Universel de la Paix*, Rome, 1891.)

*** Attendu que souvent des animosités surgissent entre peuples à cause des différences de nationalités et que des guerres en sont la conséquence ; attendu aussi que la nationalité ne dépend pas seulement du lieu, de la langue, de la race ou de la tradition, et que dans sa véritable nature elle ne constitue pas un principe susceptible d'une détermination précise ; considérant enfin que, malgré toutes les différences accidentelles et artificielles, les hommes sont unis par les liens communs de l'humanité sur la base indéniable de la solidarité et de la fraternité.

Le C. U. P. estime que le sentiment de la nationalité ou du patriotisme ne saurait aller à l'encontre de ces sympathies, qui sont profondément enracinées dans la constitution naturelle de la race humaine, ni être cultivé à leurs dépens.

Convaincu que c'est la violation de ce principe qui rend fréquemment les guerres possibles, il insiste sur le devoir de s'opposer à la propagation de tous les sentiments qui divisent les hommes par des considérations d'intérêts locaux ou personnels et de chercher à établir l'unité naturelle et la fraternité des hommes comme base de la société et principe des relations internationales. A cet effet, il attire directement leur attention sur l'élucidation de ces causes subtiles d'hostilité et de guerre qui résident dans le tempérament des nations et dans leurs dispositions les unes à l'égard des autres, ainsi que sur les moyens de développer l'esprit de fraternité et de charité, non seulement entre les individus, mais encore entre les nations et entre tous les éléments qui les composent. [341.012]
(*Congrès Universel de la Paix*, Chicago, 1893.)

*** Le respect de chaque nationalité est un des principes fondamentaux du pacifisme et de toute entente internationale ; ce principe doit être respecté dans la législation intérieure des Etats, et en particulier la faculté d'user de telle ou telle langue est un des droits imprescriptibles de chaque nationalité.

Le C. U. P. insiste pour que, dans les Etats comportant des nationalités différentes, on accorde autant que possible aux langages des minorités nationales ou des nations sujettes l'égalité de droit en ce qui concerne l'administration, la justice, l'instruction, la vie publique et privée, et que les privilèges accordés à la langue officielle se bornent aux emplois que nécessite la raison d'État, au lieu de n'avoir pour mesure que la volonté ou le prétendu intérêt de la nationalité dominante.

Le C. U. P. s'en référant à ses résolutions antérieures relatives à la situation des nationalités et des peuples asservis et inorganisés, insiste à nouveau auprès des divers gouvernements pour qu'ils appliquent à ces populations les principes de liberté et de justice visés dans les dites résolutions. [341.012]
(*Congrès Universel de la Paix*, Londres, 1908.)

*** Le C.U.P. saisi des plaintes formulées au nom des Polonais et des Juifs de Russie et d'autres collectivités, au sujet des mauvais traitements auxquels ces minorités sont exposées dans les États dont elles font partie, proteste inlassablement contre la violation des principes énoncés en ce qui concerne le respect dû à la liberté des croyances et des droits individuels des minorités nationales.

Il recommande que l'on donne l'instruction primaire dans la langue maternelle de l'enfant dans tous les pays dont la population est composée de différentes nations ayant chacune leur langue, leur littérature et leur histoire [341.012]
(*Congrès Universel de la Paix*, Stockholm, 1910.)

*** Le C.U.P. émet le vœu que les langues et les civilisations des minorités ethniques soient respectées et regrette qu'en ce XXe siècle, des enfants et des jeunes gens, élèves des écoles, des lycées et des universités, apprentis et jeunes ouvriers, qui luttent avec calme et en toute sincérité pour la défense de leur langue maternelle, soient l'objet de sévices corporels, de persécutions d'ordre moral encore plus pénibles et même mis en prison. Il estime que le respect des langues et des civilisations des minorités ethniques représente un élément de paix, de paix intérieure et de paix extérieure, et de plus serait un moyen d'améliorer considérablement le sort moral et intellectuel des minorités ethniques, et ceci sans modification des formes gouvernementales existantes, ni bouleversement des frontières actuelles. [341.012]
(*Congrès Universel de la Paix*, Genève, 1912.)

Fédération internationale. 341.014

Considérant que la guerre et la conquête étant des crimes, il n'existe pour personne de droit de guerre ni de droit de conquête;

La liberté et le droit de souveraineté d'une nation sont limités par la liberté et le droit de souveraineté des autres nations ;

Non seulement la guerre et la conquête ne sont pas des attributs du droit de souveraineté, mais elles en sont des atteintes, et par conséquent, le respect que les nations doivent à leur souveraineté réciproque les oblige à doter la Société internationale qu'elles composent, des institutions nécessaires pour qu'elles soient garanties contre la guerre et la conquête ;

Ces institutions, génératrices de la paix, doivent être basées sur l'inviolabilité de la personne humaine, étendue de l'individu aux peuples, et assurer aux nations l'autonomie dans la solidarité ;

Et l'ensemble de ces institutions est synthétisé par l'idée d'une Fédération qui, loin d'abolir les patries, les prend pour unités et qui, loin de les affaiblir, leur donne, par la sauvegarde et la liberté qu'elle leur assure dans la paix, toute leur force et tout leur relief. [341.014]

(*Congrès Universel de la Paix*, Lucerne. 1905.)

*** Le C. U. P. a reçu avec une grande satisfaction la nouvelle que les ministres dirigeant de la Chine et du Japon ont exprimé le désir d'entrer dans une Fédération, à titre d'expérience pendant vingt ans, avec quelques-unes des principales nations de l'Europe et de l'Amérique.

Il souhaite que les Gouvernements de la Chine et du Japon communiquent officiellement leur intention aux gouvernements avec lesquels ils seraient disposés à se fédérer. Il prie ces derniers de réserver à ces communications le meilleur accueil et de leur faire une réponse favorable.

Il espère que la seconde Conférence de La Haye, dont le président des Etats-Unis et l'empereur de Russie ont pris l'initiative, adoptera des mesures pour l'établissement de cette Fédération. [341.014]

(*Congrès Universel de la Paix*, Lucerne, 1905.)

Alliance Pacigérante. 341.014

1. — Les Etats contractants reconnaissent réciproquement leur pleine autonomie et indépendance.

2. — Les Etats contractants s'engagent respectivement à coopérer au maintien de la paix générale.

3. — Les Etats contractants s'engagent à soumettre, à la Cour permanente d'arbitrage instituée par la *Convention pour le règlement pacifique des conflits internationaux* signée à La Haye le 29 juillet 1899, chacun des conflits ou différends qui pourraient naître entre eux et qui ne pourraient être réglés par les voies diplomatiques ou par toute autre voie choisie d'un commun accord, quels que puissent être la cause, la nature et l'objet de ces difficultés ; ils s'engagent, en conséquence, à ne se livrer,

l'un vis-à-vis de l'autre, directement ou indirectement, à aucun acte de guerre.

4. — Les arbitres devront statuer conformément aux principes généraux du droit international : ils devront appliquer toutes stipulations et toutes règles contenues dans des traités particuliers aux nations litigantes. En l'absence de toute convention modificative particulière aux nations litigantes, les arbitres devront se conformer aux règles tracées par la Convention de La Haye sus-énoncée.

5. — L'une des parties peut réclamer, avant la signature du compromis, le droit à une juridiction d'appel. Cette demande faite, la sentence n'est rendue qu'en premier ressort.

L'appel doit être signifié dans le mois de la notification de la sentence, à défaut de quoi celle-ci devient définitive.

A défaut de stipulations du compromis, la cour d'appel devra comprendre un nombre de membres double du nombre d'arbitres ayant statué en premier ressort, le sur-arbitre excepté.

Toutes les règles applicables au premier degré de juridiction sont applicables à l'appel.

6. — Les parties donneront aux arbitres, par une clause spéciale du compromis, le pouvoir et les moyens de sanctionner leur sentence. Chacune des parties devra observer et exécuter loyalement la sentence, de manière à ne pas laisser, autant que possible, intervenir la sanction juridique.

7. — Chacun des Etats contractants aura, à tour de rôle, la présidence de l'Alliance Pacigérante, et à ce titre sera chargé : 1° d'assurer l'action commune définie à l'article 9 ci-après, et ayant pour but l'accomplissement du devoir imposé par l'article 27 de la Convention de La Haye sus-énoncée ; 2° d'assurer l'application de l'article 10 de la présente convention.

8. — Le 1er janvier de chaque année, la présidence est dévolue à celui des Etats alliés dont le nom suit, dans l'ordre alphabétique, le nom de l'Etat dont la présidence s'achève. Quand la série des Etats alliés est épuisée, on revient, pour la transmission de la présidence, à l'Etat de l'Alliance dont le nom occupe le premier rang alphabétique. La première année la présidence appartiendra à ....

Si un Etat dont le retour de présidence se présente se trouve en état de guerre, le tour passe à l'Etat suivant, dans l'ordre alphabétique.

9. — Dans le cas où un conflit aigu menacerait d'éclater entre deux ou plusieurs puissances, les Etats alliés leur rappelleraient aussitôt, par un acte collectif, que la Cour permanente d'arbitrage leur est ouverte.

L'Etat chargé de la présidence aura, à cet effet, tous pouvoirs nécessaires ; son adhésion à l'Alliance constituera pour lui une obligation stricte de remplir cette mission, obligation dont aucune circonstance ne sera de nature à le décharger.

En outre, l'Etat-Président aura pour mission d'offrir aux Etats en conflit, qu'il avisera, soit les bons offices, soit la médiation de l'Alliance Pacigérante.

Cette mission ne préjudiciera en rien aux droits de chacun des Etats alliés d'offrir aux Etats en conflit ses bons offices ou sa médiation. De plus, l'action de l'Alliance ne dispensera pas chacun des Etats alliés du devoir d'employer les moyens en son pouvoir pour assurer la solution pacifique ou juridique du conflit.

10. — Dans le cas où l'un des Etats contractants, requis par un autre Etat signataire de recourir à l'arbitrage pour la solution d'un conflit, refuserait de discuter ou de signer le compromis, ou refuserait ensuite de désigner les Arbitres, l'Etat-Président agirait en ses lieu et place deux mois après une mise en demeure qui serait notifiée par l'Etat-Président à l'Etat mis en cause, et qui serait restée sans effets.

Si ce refus émanait de l'Etat-Président lui-même ou si celui-ci ne remplissait pas la mission à lui confiée par les présentes, il serait déchu de plein droit de la Présidence deux mois après qu'il aurait reçu notification de la demande, et l'Etat appelé à la Présidence agirait en ses lieu et place.

Si dans le cas prévu au présent article, l'Etat défaillant succombait et refusait l'exécution de la sentence devenue définitive, tous les Etats contractants auraient le devoir d'aider l'Etat-Président à fournir aux arbitres les moyens de sanctionner leur sentence.

L'Etat défaillant aura le droit de former opposition à la sentence dans les deux mois de la notification qui lui sera faite de celle-ci. Il devra, dans l'acte même d'opposition et sous peine de nullité, signifier ses dires modificatifs du compromis primitif et faire connaître le nom des arbitres choisis par lui. Dès lors, l'affaire sera jugée contradictoirement en la forme ordinaire.

11. — S'il arrivait qu'une des hautes parties contractantes dénonçât le présent traité, cette dénonciation ne produirait ses effets qu'un an après la notification à l'Etat-Président, et seulement au regard de la puissance qui l'aurait notifiée. L'Etat-Président transmet la notification aux autres Etats contractants.   [341.014]

(Congrès Universel de la Paix, Monaco, 1902.)

Société des Nations.   341.014

Considérant que le désarmement général constitue une mesure simple et qui sera d'une application facile, mais seulement à l'époque où une organisation internationale perfectionnée assurera à chaque Etat des garanties de sécurité et de justice supérieures à celles que lui procurent actuellement ses armées de terre et de mer;

A. Le parti pacifiste doit consacrer tous ses soins à conserver et à perfectionner l'arbitrage international, mais il doit entrer dans la voie tracée par la Conférence de La Haye de 1907 en demandant qu'à côté de l'arbitrage soit instituée une justice obligatoire ordinaire analogue à celles qui fonctionnent dans les pays policés.

B. Une organisation internationale très complète sera indispensable pour assurer le fonctionnement normal de cette justice.

C. Le seul moyen de conformer l'organisation projetée aux besoins des peuples et à l'état actuel de leur évolution est de lui donner la forme d'une Société qui, tout en laissant aux divers Etats leur individualité et leur autonomie absolues, leur permettrait de mettre en commun leurs intérêts communs, c'est-à-dire la sécurité, la justice et certains intérêts intellectuels et économiques.

D. L'institution d'une autorité internationale sera nécessaire pour assurer le fonctionnement de cette Société.

Cette autorité serait composée de délégués élus par les Etats associés et comprendrait un conseil législatif chargé de préparer la loi internationale, une autorité judiciaire chargée de l'appliquer et une autorité exécutive munie des sanctions nécessaires et chargée d'administrer les intérêts communs aux différents peuples, de veiller à l'observation de la loi, ainsi qu'à l'exécution des arrêts de justice.

E. Quand cette organisation fonctionnera, les Etats devront, en échange de garanties de sécurité et de justice qu'elle leur aura procurées, licencier leurs armées de terre et de mer et détruire leur matériel de combat.

Ils pourront seulement entretenir les forces de police nécessaires au maintien de l'ordre intérieur dans la métropole et dans les colonies. [341.014]

(*Congrès Universel de la Paix*, Londres, 1908.)

Fédération européenne. 341.014 (4)

Considérant que les dommages causés par la paix armée et le danger toujours suspendu sur l'Europe d'une grande guerre dépendent de l'état d'anarchie dans lequel se trouvent les différentes nations européennes vis-à-vis l'une de l'autre ;

Considérant que l'Union fédérale de l'Europe — qui est aussi réclamée par les intérêts commerciaux de tous les pays —

mettrait un terme à cet état d'anarchie, en constituant un Etat juridique européen ;

Considérant que l'Union fédérale pour les intérêts communs ne léserait en rien l'indépendance de chaque nation dans ses affaires intérieures, ni par conséquent dans sa forme de gouvernement,

Le C. U. P. invite les Sociétés européennes de la Paix et leurs adhérents à faire d'une Union des Etats européens, basée sur la solidarité de leurs intérêts, le but suprême de leur propagande, et invite toutes les sociétés du monde à insister, surtout dans les périodes d'élections politiques, sur la nécessité d'établir un Congrès permanent des nations, auquel on devrait soumettre la solution de toute question internationale, afin que tout conflit soit résolu par la loi et non par la violence. [341.014(4)]

(*Congrès Universel de la Paix*, Berne, 1892.)

Code de droit international. 314.018

Il est nécessaire, afin de constituer l'état juridique entre les nations, d'établir un système complet de législation internationale, déterminant les droits et les devoirs des nations entre elles et établissant les principes et les règlements de procédure conformément auxquels les différends internationaux auront été réglés.

La préparation d'un code de ce genre étant très désirable, on prie les différentes institutions et associations qui s'occupent de cet objet de continuer l'œuvre qu'elles ont entreprise et de poser aussi vite que possible les bases de la rédaction d'un code qui serait applicable aux litiges internationaux.

Parmi les réformes à introduire dans la loi internationale, les plus importantes sont celles qui aideraient à rendre les guerres moins fréquentes et plus difficiles à éclater. [341.018]

(*Congrès Universel de la Paix*, Paris, 1889.)

*** Le C.U.P. prend en considération le projet de Code de Droit public international présenté par M. Emile Arnaud, rapporteur.

Il charge une Commission spéciale d'en examiner les articles et d'arrêter le texte qui sera soumis aux gouvernements, comme l'une des bases des travaux des Commissions d'études préparatoires à la troisième Conférence de La Haye.

La Commission sera désignée par le B. I. P. avec pouvoir pour elle de se compléter par cooptation. [341.018]

(*Congrès Universel de la Paix*, Stockholm, 1910.)

Conférences intergouvernementales. 341.1

La convocation d'un Congrès des Nations, composé de représentants dûment accrédités, est de la plus haute importance, en

ce qu'elle assurerait l'élaboration d'un Code facilement applicable de Droit public international pour le règlement des rapports internationaux et en outre la constitution d'une Cour suprême des nations qui serait la garantie d'une Paix permanente et universelle.   [341.1]
(*Congrès Universels de la Paix*, Bruxelles, 1848, Paris, 1849, Francfort, 1850.)

*** Le C. U. P. appuie les efforts des citoyens des Etats-Unis d'Amérique pour constituer, en 1893, une Conférence des Gouvernements dans le but : 1° d'élaborer et de formuler des dispositions afin d'introduire le principe de l'arbitrage dans les traités ; 2° de mettre en harmonie les points contradictoires des lois internationales ; 3° d'établir un tribunal international ayant juridiction dans et sur les questions que les gouvernements ne réussiraient pas à résoudre à l'amiable.

Dans le cas où la proposition de la Conférence des Gouvernements serait faite par les Etats-Unis, ou une nation quelconque, il serait du devoir de tous les amis de la paix de chercher à exercer toute leur influence sur leur nations respectives pour faire accepter cette proposition.   [341.1]
(*Congrès Universel de la Paix*, Rome, 1891.)

*** Le C. U. P. appuie cordialement la recommandation faite par les deux chambres législatives du Massachusett en faveur d'un Congrès international qui se réunirait à des époques fixes pour délibérer sur des questions d'intérêt commun entre les nations et pour faire des recommandations à ce sujet aux gouvernements, et il constate avec une grande satisfaction que cette proposition a été récemment adoptée par la Conférence interparlementaire réunie à St-Louis ; il considère que la recommandation de cette conférence est une des questions à porter à l'ordre du jour de la nouvelle Conférence internationale dont le Président des Etats-Unis s'est déclaré prêt à provoquer la réunion dès que cela se pourra.   [341.1]
(*Congrès Universel de la Paix*, Boston, 1904.)

*** Le C. U. P. reconnaît et proclame la grande importance des décisions prises à la Conférence internationale de La Haye et des conventions qui en ont été la conséquence. Il engage vivement les Sociétés de la Paix et la presse à répandre la connaissance de ces décisions et à en expliquer la portée.

Il constate que les conventions de La Haye constituent des éléments réels et essentiels du droit international positif, éléments qu'il y a lieu de perfectionner, compléter et parfaire dans le plus bref délai possible.

Il exprime le vif regret que la Conférence de La Haye ne soit point parvenue à instituer le régime de l'arbitrage international obligatoire. Il rappelle toutefois avec satisfaction que les délégués des puissances hostiles à l'organisation de l'arbitrage par voie de convention générale ont déclaré que ces puissances n'étaient pas opposées à la conclusion de conventions particulières d'arbitrage obligatoire. Il espère qu'à l'heure prochaine où la Cour permanente d'arbitrage de La Haye sera constituée, les puissances auront conclu entre elles le plus grand nombre possible de traités d'arbitrage permanent, et que, par la généralisation de tels traités, l'arbitrage deviendra le mode juridique normal et obligatoire de solution des conflits internationaux.

[341.1 « 1899 »]
(*Congrès Universel de la Paix*, Paris, 1900.)

*** Le C. U. P. exprime le vœu que les conventions de La Haye soient déclarées ouvertes, afin que toute puissance puisse y adhérer sans condition. Il engage les gouvernements de tous les pays à y adhérer ensuite sans réserve. [341.1 « 1899 »]
(*Congrès Universels de la Paix*, Glasgow, 1901, Rouen, 1903.)

*** Le C. U. P. exprime son vif désir de voir figurer au programme de la seconde Conférence pour la Paix, les questions suivantes :

La réduction des charges militaires qui pèsent actuellement sur le monde, par la limitation des forces armées de terre et de mer et des budgets de guerre ;

L'institution d'une Assemblée internationale qui se réunirait à des époques régulières pour délibérer sur les questions qui sont d'un intérêt général pour les nations ;

L'organisation d'un bureau administratif chargé : 1° de l'application des décisions de l'Assemblée internationale, 2° de la préparation des travaux de cette assemblée, et spécialement de l'étude des moyens propres à établir la gestion des intérêts communs des États, ainsi que le développement et le perfectionnement de la vie internationale ;

L'adoption des mesures nécessaires pour codifier le droit international ;

L'obligation, des puissances en conflit, de recourir aux procédures de conciliation prévues dans la Convention du 29 juillet 1899 pour le règlement pacifique des conflits internationaux.

La conclusion, entre toutes les nations représentées à la Conférence, d'un traité aussi général que possible d'arbitrage permanent et obligatoire, stipulant le recours suprême à la Cour permanente d'arbitrage de La Haye. [341.1 « 1907 »]
(*Congrès Universel de la Paix*, Lucerne, 1905.)

*** Estimant que la guerre et sa préparation ne sont pas une affaire uniquement technique, qu'elle est au plus haut degré un phénomène économique et social, le C. U. P. exprime le vœu, qu'au cas où la limitation des armements formerait un point du programme de la prochaine Conférence de La Haye, cette question ne soit plus discutée comme en 1899 exclusivement par des militaires professionnels, mais le soit avant tout par des sociologues et des économistes.

Le C. U. P. exprime le vœu que les plénipotentiaires à la deuxième Conférence pour la Paix aient la mission de conclure un traité aux termes duquel :

Tous les peuples civilisés formeraient une Union ayant pour but de garantir leur indépendance réciproque ;

Un Code de Droit international public serait établi, les Hautes Parties contractantes s'engageant solennellement à l'observer et à en réclamer la rigoureuse observation générale ;

Une autorité internationale, exclusivement limitée aux rapports externes des Etats et comprenant les pouvoirs législatif, exécutif et judiciaire, serait constituée au moyen des délégués nommés par les nations composant l'Union.　　[341.1 « 1907 »]

(*Congrès Universel de la Paix*, Milan, 1906.)

*** Le C. U. P. regrettant que les conventions signées à La Haye le 18 octobre 1907, lors de la Conférence de la Paix, n'aient pas encore été ratifiées par les Etats suivants : Argentine, Brésil, Bulgarie, Chili, Colombie, République Dominicaine, Equateur, Espagne, Grèce, Italie, Monténégro, Paraguay, Pérou, Perse, Serbie, Turquie, Uruguay, Vénézuela,

Invite le B. I. P. à faire auprès des gouvernements des pays susdits une démarche pressante à l'effet de les engager à ratifier les dites conventions dans le plus bref délai possible.

[341.1 « 1907 »]

Congrès Universel de la Paix, Genève, 1912.)

*** Prenant acte de ce que la Conférence de la Paix a mis à l'ordre du jour de sa prochaine session l'examen « d'un mode d'organisation et de procédure de la Conférence elle-même » ; rappelant ses vœux antérieurs en faveur de la permanence de la Conférence de la Paix, de sa périodicité et de sa convocation automatique ; le C. U. P. invite les gouvernements à inscrire, parmi les dispositions à introduire dans le statut de la Conférence de la Paix, la règle suivante :

« Le principe de l'unanimité ne met pas obstacle à ce que les gouvernements, constituant la majorité ou la minorité, concluent, au cours d'une session, des traités relatifs à des questions qui n'ont pas obtenu l'assentiment de tous les Etats représentés. »

Considérant que, depuis la seconde Conférence de la Paix et en s'appuyant sur les organes juridiques établis par elle, les nations ont déjà, dans la pratique, dépassé les principes auxquels s'étaient arrêtés les deux Conférences de La Haye ;

Considérant, en particulier, que la sentence arbitrale rendue le 22 mai 1909, à la suite des incidents de Casablanca, a fait entrer les « questions réservées » dans la pratique de l'arbitrage ;

Considérant que la Conférence de Londres sur les prises maritimes (21 mars 1909) a abouti, sur un certain nombre de points spéciaux, à la création d'un Tribunal international permanent, statuant au nom d'une autorité supérieure à la souveraineté nationale ;

Considérant, enfin, que certaines nations se sont engagées à soumettre à l'arbitrage toutes les contestations pouvant surgir entre elles ;

Le C. U. P. émet le vœu :

1º que le principe de l'arbitrage obligatoire, reconnu par les premières Conférences de la Paix, soit effectivement formulé et réglé par la troisième ;

2º que cette question de l'arbitrage obligatoire soit inscrite d'avance au programme de la troisième Conférence, afin que les nations participantes puissent dès lors prévoir les conséquences du vote à intervenir. [341.1 « 1915 »]
(*Congrès Universel de la Paix*, Stockholm, 1910.)

*** Félicitant les gouvernements qui ont déjà créé un organisme dans ce but, le C. U. P. les prie avec instance de faire une démarche collective auprès des autres gouvernements à l'effet d'arriver sans retard à la constitution de la Commission préparatoire de la troisième Conférence de la Paix ; il invite les membres des divers parlements, et notamment ceux affiliés à l'Union interparlementaire, d'agir énergiquement dans ce but sur leurs gouvernements respectifs. [341.1 « 1915 »]
(*Congrès Universel de la Paix*, Genève, 1912.)

*** Le C.U.P. insiste à nouveau pour que les Etats donnent suite au vœu adopté par eux à l'unanimité en 1907 au sujet de la réunion d'une troisième Conférence de la Paix, à l'expiration d'une période égale à celle qui s'est écoulée entre la première et la seconde conférence, donc en 1915 ;

Rappelle la nécessité indiquée par les représentants des Etats de préparer les travaux de cette nouvelle Conférence de la Paix assez longtemps à l'avance pour que ses délibérations se poursuivent avec l'autorité et la rapidité indispensables ;

Invite, en conséquence, tous les gouvernements du monde à se mettre d'accord sur la date de la convocation de la troisième

Conférence de la Paix et sur la nomination immédiate d'une Commission préparatoire ;

Invite les divers gouvernements, à l'imitation des gouvernements d'Autriche-Hongrie, du Danemark, de France, de Norvège, des Pays-Bas, de Suède et des Etats-Unis d'Amérique, à instituer sans retard des Commissions nationales préparatoires ;

S'adresse au gouvernement hollandais pour que celui-ci, maintenant qu'une invitation formelle de la part d'un gouvernement déterminé n'est plus indispensable, fasse, à ces divers points de vue, les démarches nécessaires auprès des autres gouvernements représentés à la deuxième Conférence de la Paix ;

Sollicite du gouvernement des Etats-Unis, à raison de l'attitude prise par lui au sujet de la convocation de la deuxième Conférence de la Paix, son appui énergique en faveur des démarches qui seront faites par le gouvernement des Pays-Bas ;

Charge les sociétés pacifistes des divers pays d'insister auprès de leurs gouvernements respectifs pour que ceux-ci prennent en très sérieuse considération la présente résolution qui leur sera transmise par le B. I. P. et les invite à faire en outre, auprès des légations des Pays-Bas et des Etats-Unis d'Amérique accrédités auprès de leurs gouvernements, des démarches pressantes.

Donne mission au B. I. P. d'entreprendre des démarches personnelles auprès des principaux Etats intéressés. [341.1 «1915»)

(Congrès Universel de la Paix, La Haye, 1913)

*** Le C. U. P. émet le vœu que les questions ci-après soient inscrites au programme de la troisième Conférence de la Paix de La Haye et préalablement étudiées par les Commissions préparatoires, de manière à recevoir la meilleure solution possible :

1. Organisation de la Conférence périodique.

2. Procédure des délibérations de la Conférence.

3. Principe de l'égalité des nations. Reconnaissance de leur droit inaliénable et imprescriptible de disposer librement d'elles-mêmes.

4. Questions relatives aux votes à l'unanimité.

5. Codification du droit international public.

6. Représentation des nations. Agents diplomatiques. Immunités. Consuls.

7. Mers territoriales.

8. Routes et collisions en mer.

9. Navigation aérienne.

10. Convention générale d'arbitrage obligatoire et sans réserves. Perpétuité ou tout au moins tacite reconduction. Amiable composition.

11. Organisation de mesures pacifiques concertées en vue d'amener une nation soit à accepter le règlement juridique d'un

différend, soit à exécuter une sentence arbitrale ou une décision de justice.

12. Tribunal international permanent. Sa compétence en matière de conflits de droit international privé.

13. Question de l'honneur national.

14. Différends entre particuliers et Etats. ⸻[341.1 « 1915 »]

(*Congrès Universel de la Paix*, La Haye, 1913.)

Neutralité. 341.214

Aucun acte hostile ne doit se commetre sur les territoires neutralisés, ni sur les côtes, ni dans les eaux des détroits neutralisés.

Aucune armée ne doit passer pour se livrer à des faits de guerre, dans les limites continentales, ni aucune flotte dans les limites de juridiction maritime ou fluviale des Etats neutralisés.

Si, pour quelque cause que ce soit, des soldats ou des vaisseaux de guerre se réfugient sur le territoire ou dans les eaux d'un Etat neutralisé, le devoir de cet Etat sera de les bien accueillir, à la condition qu'ils renoncent à toute tentative hostile et se laissent interner tant que durera l'état de guerre.

Les belligérants devront toujours respecter les édifices qui, dans les villes assiégées, seraient pavoisés du drapeau de Genève.

Le C. U. P. approuve le principe de la neutralisation des trois Etats scandinaves — Danemark, Norvège et Suède, — acceptée par les Congrès de Genève 16 septembre (1883), de Berne (6 août 1884) et de Gothembourg (19 août 1885).

Le C. U. P. reconnaissant les bienfaits et la nécessité de la neutralité de la Suisse, considère comme inviolables les traités qui consacrent cette neutralité.

Il est entendu que la même réserve s'applique à tous les pays déjà neutralisés. [341.214]

(*Congrès Universel de la Paix*, Paris, 1889.)

*** Considérant : 1º que le but poursuivi par toutes les Sociétés de la paix, est l'établissement de l'ordre juridique entre les nations ; 2º que la neutralisation, garantie par des traités internationaux, constitue un acheminement vers cet état juridique et diminue le nombre des lieux où la guerre pourra être faite ;

Le C. U. P. recommande une extension de plus en plus grande du régime de la neutralisation, et émet le vœu :

1º Que tous les traités qui assurent présentement à certains Etats le bienfait de la neutralité restent en vigueur, ou, le cas échéant, soient amendés de manière à rendre la neutralité plus effective, soit en étendant la neutralisation à la totalité de l'Etat dont une partie seulement serait neutralisée, soit en ordonnant la démolition de forteresses qui constituent plutôt un péril qu'une garantie pour la neutralité.

2⁰ Que de nouveaux traités — pourvu qu'ils soient conformes à la volonté des populations qu'ils concernent, — soient conclus pour établir la neutralité d'autres Etats. [341.214]
(*Congrès Universel de la Paix*, Londres, 1890.)

*** En attendant que soient reconnues dans une loi internationale positive la liberté des mers et la neutralisation de la propriété privée sur mer, les isthmes, les détroits et les câbles sous-marins utilisés ou parcourus par le commerce doivent être libres et leur neutralisation doit être garantie par toutes les puissances maritimes. [341.214 (26)]
(*Congrès Universel de la Paix*, Berne, 1892.)

*** Considérant que le Sund qui sépare les côtes les plus rapprochées du Danemark et de la Suède, est un passage de la plus grande importance pour le commerce universel ;
Considérant que le Sund ne peut être mis à l'abri de tout péril de guerre que par une déclaration de la Suède et du Danemark qui interdise l'accès de ce passage à tout bâtiment de guerre appartenant à des Puissances belligérantes, de telle sorte qu'aucun de ces navires ne puisse même apparaître en temps de guerre dans ces eaux, qui resteraient, au contraire, ouvertes en tout temps aux navires de guerre appartenant aux neutres ;
Considérant que cette interdiction n'est possible qu'à la condition que le Grand Belt, qui sépare les deux plus grandes iles danoises, reste ouvert en tout temps, même aux navires de guerre appartenant aux belligérants ;
Considérant que la neutralité de ces canaux interocéaniques entre la Baltique et la mer du Nord, établie sur les bases sus-indiquées, ne saurait être maintenue d'une manière effective sans la neutralité perpétuelle des trois Etats scandinaves qui possèdent les côtes de ces eaux ;
Le C. U. P. émet le vœu que ces trois Etats — la Norvège, la Suède et le Danemark — se déclarent neutres en principe et d'une façon permanente, et que cette neutralité consiste, relativement au territoire continental et insulaire des trois Etats scandinaves, en ce que toutes les parties de ce territoire soient en tout temps absolument neutres ; et, relativement aux eaux principales qui divisent ce territoire, en ce que leur neutralité soit établie sur les bases sus-indiquées, et du reste d'après les règles généralement reconnues du droit international. [341.214 (38)]
(*Congrès Universel de la Paix*, Lucerne, 1905.)

*** Considérant qu'il est prouvé que la neutralisation constitue une étape vers la paix ; que ce principe a été appliqué avec succès aux Grands Lacs et à la rivière Saint-Laurent séparant les Etats-Unis du Dominion du Canada, ainsi qu'au canal de Suez, et sera appliqué au canal de Panama entre les Océans Atlantique et Pacifique ;

Le C. U. P. a pris connaissance avec satisfaction de la proposition de l'Union des Chambres de commerce du Massachusetts, adoptée par la Conférence du Lake Mohonk dans sa session de juin 1906, de neutraliser les routes commerciales au travers de l'Océan Atlantique entre l'Amérique et l'Europe, et souhaite que la proposition de neutraliser toutes les grandes routes commerciales maritimes fasse l'objet des études des gouvernements du monde et des délibérations de la prochaine Conférence de La Haye.   [341.214 (26)]
(Congrès Universel de la Paix, Milan, 1906.)

*** S'en référant à ses résolutions antérieures relatives à la neutralisation des voies maritimes et faisant application de ces résolutions au canal interocéanique de Panama,

Le C. U. P. invite instamment le gouvernement américain à ne pas donner suite à son intention de le fortifier.   [341.214]
(Congrès Universel de la Paix, Genève, 1912.)

Egalité des Etats.   341.216

Chaque Etat souverain, qu'il soit petit ou grand, faible ou fort, doit être considéré comme l'égal de tous les autres, avec le droit à la même considération juridique et naturelle que celle que réclame la plus grande et la plus forte des autres nations, quant à son individualité et à ses privilèges de communauté libre et organisée.   [341.216]
(Congrès Universel de la Paix, Anvers, 1894.)

Droit aérien.   341.22

Le principe de la liberté des airs est reconnu nécessaire, à l'égal du principe de la liberté des mers.

Le C. U. P. invite la commission de législation à étudier et à fixer les restrictions à apporter à l'application de ce principe.

Il signale tout spécialement cette question à la commission de codification qui sera éventuellement désignée par les gouvernements pour codifier le droit de la paix.   [341.226]
(Congrès Universel de la Paix, Rouen, 1903.)

Intervention.   341.233

Le C. U. P. étant d'avis que l'immixtion d'un pays dans la politique intérieure d'un autre, par des menaces ou des actes de violence, est fréquemment une cause de guerres cruelles, soutient

que le droit de chaque Etat de régler ses propres affaires est inviolable et doit être respecté. [341.233]
    (*Congrès Universel de la Paix*, Londres, 1851.)

*** En application du principe de non intervention, chaque Etat a seul le droit de régler ses propres affaires. [341.233]
    (*Congrès Universel de la Paix*, Francfort, 1850.)

*** L'intervention armée dans les affaires intérieures d'un Etat civilisé n'est pas moins criminelle que la guerre de conquête. [341.233]
    (*Congrès Universel de la Paix*, Paris, 1878.)

Populations arriérées.   341.233.5

Le C. U. P. exprime hautement son horreur des agressions et des violences exercées par des nations fortes vis-à-vis de faibles peuplades d'indigènes, ces procédés inqualifiables ayant pour conséquence des guerres incessantes d'extermination éminemment préjudiciables au progrès de la religion, de la civilisation et du commerce. [341.233.5]
    (*Congrès Universel de la Paix*, Londres, 1851.)

*** Les obligations de la conscience et les exigences fondamentales de la justice et du droit international qui règlent les rapports entre les nations civilisées doivent également régler leurs rapports avec les peuples non civilisés. Il est tout à fait désirable que le règlement et le caractère de ces obligations et de ces exigences soient définis avec plus de précision. [341.233.5]
    (*Congrès Universel de la Paix*, Paris, 1889.)

*** Le C. U. P. est d'avis que la doctrine des droits imprescriptibles de l'homme exige que les races indigènes et faibles soient défendues dans leur territoire, leur liberté et leurs propriétés contre toute injustice ou abus lorsqu'elles se trouvent en contact avec les peuples civilisés, et qu'elles soient garanties contre les vices si prévalents chez les nations soi-disant avancées. Il affirme, en outre, sa conviction que les nations devraient agir de concert pour atteindre ce but. [341.233.5]
    (*Congrès Universel de la Paix*, Londres, 1890.)

*** Le C. U. P. émet le vœu qu'une entente diplomatique intervienne le plus promptement possible entre les divers Etats policés, aux termes de laquelle il serait entendu qu'à l'avenir nul Etat ne peut s'approprier directement par la conquête, ou même indirectement par un protectorat exclusif, des territoires voisins ou non voisins du sien, mais que sous l'autorité d'un conseil protecteur recruté dans toutes les nations qui voudraient y prendre part, le pays à coloniser serait ouvert à la libre activité de tous les autres ;   [341.233.5]

(*Congrès Universel de la Paix*, Anvers, 1894.)

*** L'assemblée des délégués des Sociétés de la Paix, convaincue que l'extension des bienfaits de la civilisation peut et doit se faire exclusivement par des moyens pacifiques ;

Profondément émue par le spectacle des massacres commis par les troupes européennes dans des conflits inégaux et souvent injustes avec les hordes mal armées des races considérées comme inférieures ;

1. Proteste contre ces iniquités infligées aux peuples faibles par les peuples forts ;

2. Fait appel à tous les amis de la paix pour qu'ils secondent cette protestation dans leurs pays respectifs.   [341.233.5]

(*Assemblée générale du Bureau de la Paix*, Turin, 1898.)

*** Convaincu que les terres suffisantes pour les besoins légitimes des colons peuvent être acquises à prix d'achat ou par traité ;

Persuadé que le massacre des races indigènes est une folie au point de vue économique, aussi bien qu'un crime ;

Le C. U. P. fait appel aux gouvernements et les invite :

1. A renoncer aux acquisitions de territoires au moyen des armes ;

2. A recourir aux voies juridiques en cas de conflit, même avec des peuples non civilisés ;

3. A s'assurer que les traités conclus avec ces peuples sont équitables et qu'ils ont été exactement compris par les contractants ;

4. A adopter un régime de colonisation qui apparaisse aux peuples non civilisés assez bienfaisant pour que ceux-ci en réclament d'eux-mêmes le bénéfice.   [341.233.5]

(*Congrès Universel de la Paix*, Paris, 1900.)

*** Le C. U. P. adopte les principes et règles qui suivent pour les relations à établir avec les races inférieures :

CHAPITRE I. — CONDITION POLITIQUE ET JURIDIQUE
DES INDIGÈNES.

1re *section. Condition politique des indigènes.*

1. Considérant que le bien-être des indigènes, leur développement physique, intellectuel et moral, doit être le but suprême de toute politique coloniale ;

Considérant que cette évolution des sociétés indigènes ne peut se faire que graduellement, n'étant elle-même que la conséquence naturelle des transformations économiques qui décident du degré de civilisation d'un peuple ;

Convaincu que la méthode rationnelle est celle qui consiste à adapter autant que possible le régime colonial aux institutions existantes, aux lois et coutumes des indigènes, tout en les améliorant pour faire disparaître les injustices et en les appropriant aux besoins nouveaux qui se feraient sentir ;

Le C. U. P. émet le vœu que la politique coloniale tende en principe au maintien des organismes administratifs indigènes.

2. Considérant qu'il n'y a pas de bon gouvernement des indigènes possible si ceux-ci n'ont pas les moyens de faire connaître leurs besoins aux autorités locales ;

Considérant d'autre part, qu'il importe à la sécurité des colonies, et par suite à leur prospérité, que les indigènes trouvent dans le jeu pacifique d'institutions régulières le moyen de faire entendre leurs doléances à propos soit des mesures administratives locales, soit des mesures législatives dont ils peuvent être l'objet ;

Le C. U. P. est d'avis que les puissances colonisatrices doivent se préoccuper de donner à leurs sujets indigènes les moyens de défendre leurs droits et de faire valoir leurs doléances auprès des autorités locales.

Parmi ces moyens, qui doivent être appropriés au degré de civilisation de la population indigène, est recommandé la concession du libre exercice du droit de pétition. Ce droit ne doit être assujetti qu'au minimum de formalités et de frais, afin que les plus pauvres et les plus ignorants puissent en profiter sans difficulté.

En aucun cas les indigènes ne pourront être punis disciplinairement par l'Administration pour réclamation mal fondée.

Il est à désirer, en outre, que les puissances colonisatrices leur accordent la liberté de la presse.

3. La concession d'institutions représentatives constitue le moyen le plus sûr de mettre les populations indigènes à même de défendre leurs droits et de faire valoir leurs doléances auprès des autorités locales.

Dans le cas où, à raison des circonstances, les puissances colonisatrices ne croiraient pas pouvoir accorder le bénéfice de ces institutions à leurs sujets indigènes, il serait en tous cas indispensable de mettre à même de défendre leurs droits, soit au moyen de l'adjonction de notables indigènes aux Conseils placés auprès des gouvernements locaux (Conseils exécutifs, Conseils d'administration), soit de préférence au moyen de la création d'assemblées indigènes investies d'attributions consultatives. Il est à désirer que ces assemblées — si les circonstances locales s'y prêtent — soient nommées en totalité à l'élection, le suffrage pouvant être un suffrage restreint et à plusieurs degrés.

Ces assemblées devraient être obligatoirement consultées sur toutes les mesures réglementaires ou législatives à prendre à l'égard des indigènes, et les décisions du gouvernement local devraient constater l'observation de cette formalité.

Les indigènes pourraient toujours adresser leurs plaintes à ces assemblées, qui auraient l'obligation de les soumettre à une première instruction sommaire et de les transmettre avec leur avis à l'autorité compétente.

Ces assemblées pourraient, en cas de besoin, correspondre directement avec le gouvernement métropolitain.

Dans les colonies où les conditions locales ne se prêtent pas à l'établissement de pareilles assemblées, il serait à désirer qu'un délégué de la puissance colonisatrice fût constitué tuteur des indigènes et eût compétence pour recevoir leur plaintes.

2ᵉ section. Condition des indigènes au point de vue de la législation civile et criminelle et de la distribution de la justice.

A. Droit civil ou privé.

1. La connaissance des institutions juridiques des indigènes, tant au point de vue politique qu'au point de vue scientifique, présente un intérêt considérable ; il est à désirer que les gouvernements provoquent et encouragent l'étude de ces institutions par des hommes compétents.

2. En ce qui concerne l'organisation de la famille et de la propriété, il est désirable de laisser aux indigènes le bénéfice de leurs coutumes toutes les fois que ces coutumes ne sont pas incompatibles avec le respect dû à la vie et à la liberté humaines.

3. Il est désirable de maintenir les juridictions indigènes pour statuer sur les affaires civiles entre indigènes, sauf à exercer sur ces juridictions une surveillance plus au moins étroite, suivant les circonstances et sous réserve d'appel devant une juridiction d'origine métropolitaine, où il est essentiel de faire une place à l'élément indigène.

Au cas où l'on est réduit à organiser des juridictions nouvelles, il est essentiel de faire dans ces tribunaux une place à l'élément indigène.

4. Il est désirable que la législation de chaque colonie laisse aux indigènes la faculté de renoncer à leur statut personnel dans des conditions propres à garantir la liberté du renonçant. Cette renonciation doit être irrévocable et doit leur assurer le bénéfice intégral de la législation métropolitaine, réserve faite des droits poli-

tiques si la puissance colonisatrice ne juge pas à propos de les conférer de plein droit aux renonçants.

5. Il est désirable que la législation de chaque colonie permette la naturalisation complète des indigènes, avec concession des droits politiques. On peut admettre toutefois que le gouvernement de la colonie reste maître de refuser cette naturalisation à ceux qui la sollicitent.

6. Il est désirable de codifier les instructions civiles des indigènes, mais à la condition de n'attribuer, au moins provisoirement, à ces codes qu'une valeur purement doctrinale. Ces codes doivent traduire les coutumes indigènes sans les altérer.

7. Par exception, en ce qui concerne le droit des obligations et le droit commercial, il est au contraire désirable d'édicter pour les indigènes un code se rapprochant autant que possible des législations européennes sous certaines réserves, dont voici les principales :

a) le contrat de travail doit faire l'objet d'une réglementation spéciale et détaillée garantissant la liberté des travailleurs indigènes et leur assurant un traitement équitable ;

b) le système des preuves doit être mis en harmonie avec l'état social et le degré d'instruction de la population indigène. Aucun privilège légal ne doit être attaché à un témoignage à raison de la race de celui dont il émane.

8. Dans les procès entre indigènes et européens, on ne doit pas admettre que l'Européen puisse exercer contre l'indigène la contrainte par corps lorsque ce dernier n'a pas le droit de l'exercer lui-même contre la partie adverse.

9. Les procès entre Européens et indigènes doivent être jugés non par des tribunaux européens, mais par des tribunaux mixtes, dans lesquels on peut admettre que l'élément européen conserve la majorité.

10. L'autorité des Européens une fois établie, il est désirable de commencer à constituer l'état civil des indigènes en les astreignant à déclarer tout au moins les naissances et les décès qui se produisent parmi eux.

B. Droit pénal.

11. Dans le cas où, à raison des circonstances, il pourrait paraître nécessaire de promulguer un code pénal spécial à l'usage des indigènes, on ne devrait sous aucun prétexte faire varier la gravité d'une infraction suivant la race de la victime.

12. Les lois pénales doivent être aussi strictement appliquées aux Européens qui commettent des crimes ou des délits au préjudice des indigènes qu'elles le sont aux indigènes qui se rendent coupables de semblables infractions au préjudice d'Européens.

On appelle en particulier l'attention des gouvernements sur

la femme indigène, afin que celle-ci, aussi bien que l'Européenne, bénéficie effectivement des dispositions des lois protégeant la femme contre la violence.

13. La justice doit être rendue aux indigènes en matière pénale comme en matière civile par une autorité judiciaire distincte de l'autorité administrative.

14. Les indigènes accusés d'un crime doivent être traduits non devant un jury, mais devant un tribunal criminel dans lequel une place doit être faite à l'élément indigène, les représentants de l'autorité européenne pouvant d'ailleurs y conserver la majorité.

15. Une place doit également être faite à l'élément indigène dans les tribunaux chargés de réprimer les infractions de moindre gravité, communément appelés délits.

On peut admettre qu'en ce qui concerne ces infractions, les puissances colonisatrices délèguent le droit de juridiction à des magistrats indigènes lorsqu'elles sont commises par des indigènes au préjudice d'autres indigènes, sous réserve d'appel devant une juridiction d'origine métropolitaine, dans laquelle une place devra être faite à l'élément indigène.

16. On peut conférer à un administrateur seul le soin de réprimer par voie disciplinaire certaines infractions peu graves, communément appelées contraventions, à la condition que la loi énumère limitativement les infractions ainsi punissables. Qu'en aucun cas la pénalité ne puisse excéder 24 h. de prison ni 15 fr. d'amende, et que l'exercice de ces pouvoirs soit l'objet d'un contrôle sévèrement organisé et exercé avec vigilance par l'autorité supérieure.

17. Dans le cas où, à raison des circonstances, les puissances colonisatrices jugeraient utile d'édicter un code de procédure criminelle spécial à l'usage des indigènes, ce code devrait proscrire d'une façon absolue l'usage de la question et des épreuves, qui constituent des abus monstrueux qu'aucune nation civilisée ne saurait tolérer. Il devrait respecter scrupuleusement les principes fondamentaux de la liberté de la défense, et notamment garantir au prévenu le droit de se faire assister d'un défenseur européen de son choix.

C. Respect de la propriété indigène.

18. Les indigènes ne peuvent jamais être privés, contre leur gré, de leur propriété individuelle ou collective, si ce n'est pour cause d'utilité publique, au moyen d'une expropriation régulièrement prononcée et moyennant une juste et préalable indemnité, dont le montant doit être fixé judiciairement, non par un jury européen, mais par un tribunal dans lequel une place doit être faite à l'élément indigène.

19. Les indigènes ne doivent pouvoir aliéner leur propriété

individuelle ou collective qu'en des formes et sous des conditions propres à garantir leur liberté et la loyauté de l'acte d'aliénation et notamment, s'il s'agit de propriété collective, avec l'autorisation du gouverneur de la colonie, donnée après avoir pris l'avis de l'assemblée consultative indigène et du conseil d'administration de la colonie.

CHAPITRE II. — CONDITION MATÉRIELLE DES INDIGÈNES.

20. Etant donné que la prospérité des colonies est liée au maintien et au développement de la population indigène, il est de la plus haute importance que les mesures prises dans les actes de Bruxelles en 1890 et 1899 pour restreindre le trafic des spiritueux dans une zone du continent africain soient généralisées et qu'un accord diplomatique vienne tout au moins les étendre à toutes les colonies tropicales où il existe une population indigène.

Pour les colonies à pouvoirs locaux représentatifs, il faut que les gouvernements fassent comprendre aux pouvoirs locaux les dangers de la consommation de l'alcool et exercent sur eux une pression morale pour prendre toutes mesures ayant pour objet de prohiber ou tout au moins de restreindre la consommation locale de l'alcool.

21. Il est très important que des mesures soient prises pour empêcher la consommation de l'opium autrement que pour les usages médicinaux.

22. Il est très important que les puissances colonisatrices, chacune en ce qui la concerne, et dans la sphère respective de leurs intéiêts, prennent des mesures pour réglementer le travail indigène, de manière à ce qu'il n'excède pas les forces physiques des travailleurs indigènes et ne compromette pas leur santé, qu'il s'agisse soit de travaux publics, soit d'entreprises particulières.

23. Il est désirable que les puissances colonisatrices prennent des mesures en vue de prévenir les dangers qui résultent des disettes ou de la rareté des vivres pour les populations indigènes, et qui sont pour elles, périodiquement, une cause de maladies épidémiques et de mortalité anormale.

24. Il est désirable que les puissances, chacune dans sa sphère et dans la mesure jugée possible, organisent l'assistance de l'enfance abandonnée.

Il est à souhaiter que dans l'accomplissement de cette œuvre, les puissances colonisatrices accueillent ou même provoquent les concours privés.

25. Considérant que l'organisation de l'hygiène publique est un des moyens les plus efficaces pour maintenir et préserver de la dégénérescence des populations indigènes ; d'autre part que des Européens ont la charge effective, mcrale et matérielle des peu-

ples indigènes qu'ils ont soumis à leur autorité politique, et qu'il y a, pour les puissances colonisatrices, obligation de leur donner toutes les sécurités qu'il est en leur pouvoir de leur procurer : il importe que les mesures d'hygiène publique ne soient pas limitées au seul personnel européen.

26. Considérant que l'emploi de la corvée ne présente que des inconvénients, qu'elle est une cause de diminution de la population indigène en même temps qu'un danger pour la tranquillité publique par les mécontentements qu'elle provoque ;

Considérant, d'autre part, qu'il est démontré par l'expérience que des mesures prises pour prévenir les abus que l'emploi de la corvée fait naître sont toujours inefficaces et illusoires ;

Considérant enfin qu'il n'y a que le travail libre et rémunérique qui donne des résultats sérieux et qu'il n'est pas de colonie où l'on ne puisse arriver à se procurer, moyennant des conditions suffisantes de rémunération, la main-d'œuvre nécessaire,

Il est à désirer que les puissances colonisatrices suppriment la corvée ou travail forcé sous toutes ses formes et que, soit dans l'intérêt public, soit à plus forte raison dans l'intérêt des particuliers, on ne puisse en aucun cas exiger des indigènes un travail qui ne soit pas dû en vertu d'un contrat volontairement consenti et loyalement conclu.

Disposition additionnelle.

27. Il faudrait que les diverses colonies de chaque puissance colonisatrice soient périodiquement inspectées par des inspecteurs généraux d'un rang au moins égal à celui des gouverneurs, et que ces inspecteurs aient pour mission non seulement de vérifier les détails de tous les services, mais de recevoir et d'instruire toutes les plaintes des fonctionnaires ou particuliers, et d'en faire rapport au gouvernement métropolitain.

Les nations européennes représentées à la Conférence internationale de Berlin en 1884 et 1885 se sont engagées « à veiller à la conservation des populations indigènes des pays sauvages et à l'amélioration de leurs conditions morales et matérielles ». Puis à la Conférence de Bruxelles, en 1889, les nations se sont engagées encore « à assurer les bienfaits de la paix au continent africain ». Par malheur, depuis cette époque, des violations constantes de ces engagements se sont produites, Les natifs ont été attaqués directement par les Européens, ou ils ont été attaqués par d'autres natifs que les Européens ont munis des armes les plus meurtrières et qu'ils ont instruits à s'en servir.

Considérant ces circonstances, il faudrait qu'une nouvelle Conférence se réunisse à l'effet de délibérer sur ces faits ou que les gouvernements prennent les mesures nécessaires pour y mettre un terme. [341.233.5]

(Congrès Universel de la Paix, Monaco, 1902.)

Bureau paneuropéen. 321.25 (4)

L'Assemblée générale du Bureau international de la Paix exprime le désir que les gouvernements des Etats de l'Europe, ou quelques-uns d'entre eux, établissent un Bureau paneuropéen, à l'instar de celui que les Républiques américaines ont créé à Washington. [341.25 (4)]

(*Assemblée générale du Bureau de la Paix*, Bruxelles, 1909.)

Lois de la guerre 341.3

Le Congrès exprime son profond regret de ce qu'il n'a pas été donné suite jusqu'à présent à la tentative faite par la Conférence de Bruxelles en 1874 pour codifier les dispositions du droit international relatives à la conduite des belligérants et pour adopter des règles limitant les horreurs de la guerre, et il espère vivement que cette question pourra être bientôt reprise. [341.3]

(*Congrès Universel de la Paix*, Anvers, 1894.)

*** Le C. U. P., tout en confirmant ses résolutions antérieures concernant son incompétence en matière de règlementation de la guerre,

Invite, dans un sentiment de justice et d'humanité, et dans l'intérêt de la paix du monde, les Gouvernements des pays civilisés à appliquer aux populations mineures, soit sujettes, soit indépendantes, les dispositions relatives aux lois et coutumes de la guerre inscrites dans la Convention du 29 juillet 1899 et protectrices des personnes et des propriétés. [341.3]

(*Congrès Universel de la Paix*, Munich, 1907.)

Déclaration de guerre. 341.31

Le droit de décider la guerre ne doit pas appartenir au pouvoir exécutif. [341.31)]

(*Congrès Universel de la Paix*, Paris, 1879.)

*** Tout en confirmant les résolutions des congrès précédents qui nient le droit de guerre, le C. U. P. considère que dans l'état actuel des choses, si les pouvoirs exécutifs étaient obligés de recevoir mission des représentants de leur nation avant de déclarer la guerre, les chances de guerre seraient considérablement réduites et que, autant que possible, leur droit de déclarer la guerre devrait être supprimé dans les lois constitutionnelles. [341.31)]

(*Congrès Universel de la Paix*, Berne, 1892.)

Bombardement aérien. 341.323

Le C. U. P. proteste de la façon la plus énergique contre la tendance qui consiste à envisager la grande invention des ballons dirigeables exclusivement comme un instrument de guerre.

Il aperçoit dans la conquête de l'air un événement qui contribuera au développement de la civilisation et considère comme une fâcheuse aberration l'application qui est faite de ce grand progrès technique à un point de vue purement militaire.

Il invite les 22 Etats qui ont refusé, en 1907, de renouveler la convention de 1899 concernant les projectiles explosibles lancés des ballons, à adhérer à cette convention. [341.323]
(*Congrès Universel de la Paix*, Londres, 1908.)

Droit de prise. 341.36

Le C. U. P. félicite la seconde Conférence de La Haye d'avoir, dans une certaine mesure, limité le droit de saisie sur mer en exemptant de la saisie les bâtiments affectés à la pêche côtière et à la navigation locale. Le Congrès exprime l'espoir que dans un prochain avenir la propriété privée sera déclarée absolument inviolable sur mer comme sur terre, comme contre-partie de la proposition faite en faveur de la limitation des armements.

[341.36]
(*Congrès Universel de la Paix*, Londres, 1908.)

*** Le C. U. P. renouvelle le vœu de voir les gouvernements proclamer la liberté de la propriété privée sur mer.

Invite les Etats-Unis d'Amérique à prendre l'initiative de la convocation d'une Conférence diplomatique qui aurait pour objet :

1° de faire proclamer la dite liberté ;

2° de limiter, comme conséquence de cette proclamation, les flottes militaires des diverses puissances navales. [341.36]
(*Congrès Universel de la Paix*, Stockholm, 1910.)

Droit de conquête. 341.38

Tout pacifiste doit considérer comme son devoir le plus sacré de s'opposer à toute guerre de conquête entreprise par le gouvernement de son pays et doit, si besoin est au péril de sa vie, s'efforcer par tous les moyens en son pouvoir, devant l'opinion publique et dans la presse, de démontrer l'injustice d'une telle guerre et la possibilité du recours à l'un des moyens pacifiques de solutionner les difficultés internationales ; ni les nécessités historiques ou économiques, ni le prétendu honneur national, ni le prestige militaire ne peuvent être considérés comme des motifs suffisants pour justifier l'acquiescement à une guerre de conquête.

[341.38]
(Congrès Universel de la Paix, Genève, 1912.)

Judicature internationale. 341.6

Nous estimons, comme les Sociétés de la Paix l'ont fait depuis leur fondation, et d'accord avec feu W. Ladd en particulier, que l'idée d'un Congrès des Nations chargé d'élaborer et de développer le code de droit public international et une Cour suprême des Nations, appelée à interpréter et à appliquer cette loi pour le règlement de tous les litiges internationaux, ne devrait pas être perdue de vue par les amis de la paix et cette entreprise devrait être instamment recommandée aux gouvernements comme l'un des moyens les plus pratiques pour régler d'une manière pacifique et satisfaisante les litiges internationaux.

[341.6]
(Congrès Universel de la Paix, Londres, 1843.)

*** La plupart des guerres pourraient être évitées si un délai pouvait être obtenu pendant lequel la voix de la colère pourrait être apaisée et la voix de la raison entendue. Le C. U. P. recommande donc l'établissement de tribunaux juridiques, indépendants du pouvoir exécutif, ayant pour mission d'examiner toutes les disputes qui pourraient amener une guerre et ayant le pouvoir de réclamer toutes les informations dont leurs gouvernements respectifs seraient en possession. Le jugement du tribunal juridique, avec ses considérants, ainsi que la décision par laquelle la réparation de torts serait requise, telle qu'elle serait établie dans le dit jugement, serait notifié par voie diplomatique à la partie et à la nation adverses et communiqué à la nation en cause, aussi bien qu'aux autres puissances.   [341.6]
(Congrès Universel de la Paix, Londres, 1890.)

Commissions permanentes d'enquêtes. 341.62

Le président des Etats-Unis d'Amérique, par l'intermédiaire du Secrétaire d'Etat, a soumis aux Gouvernements des autres Etats la proposition suivante, laquelle a déjà été acceptée en principe par 24 Gouvernements et incorporée dans une Convention entre les Etats-Unis et le Salvador ;

« Les parties contractantes conviennent que toutes les questions de quelque nature que ce soit qui s'élèveraient entre elles soient soumises, quand les moyens diplomatiques auront échoué, à une enquête faite par une commission internationale dont la composition sera fixée par accord entre les parties, celles-ci s'engageant à ne pas déclarer la guerre ou commencer les hostilités jusqu'à ce que l'enquête soit terminée et un rapport présenté.

« Cette enquête sera conduite par l'initiative de la commission sans qu'il y ait de requête formelle de l'une ou de l'autre des parties. Celles-ci se réservent cependant le droit d'agir indépendamment au sujet de la question en litige après la présentation du rapport. »

Le C. U. P. charge le B. I. P. de communiquer aux Gouvernements son désir que des traités basés sur ce principe soient conclus entre eux, et engage les organisations nationales de la paix à faire les démarches nécessaires auprès de leurs Gouvernements respectifs en vue de la conclusion de pareils traités

[341.62]
(Congrès Universel de la Paix, La Haye, 1913.)

Arbitrage. 341.63

Cette assemblée recommande chaudement aux gouvernements, aux membres des corps législatifs et aux fonctionnaires publics l'adoption du principe de l'arbitrage pour le règlement de tous les différends internationaux et, en outre, que des clauses stipulant ce mode de règlement soient introduites dans tous les traités internationaux, afin que le recours à la guerre puisse être entièrement évité entre les nations qui adopteront ce procédé.

[341.63]
(Congrès Universels de la Paix, Londres, 1843, Bruxelles, 1848, Glasgow, 1901, Boston, 1904.)

*** Il y aurait utilité à déclarer qu'une clause d'arbitrage doit être insérée dans tout traité à intervenir entre deux Etats, et que, cette clause ayant été admise, l'acceptation de l'arbitrage est obligatoire et non pas facultative. [341.63]
(Congrès Universels de la Paix, Londres, 1843, Bruxelles, 1848, Glasgow, 1901, Boston, 1904.)

*** L'un des meilleurs moyens de préserver la paix, serait pour les gouvernements de soumettre à l'arbitrage tous les différends surgissant entre eux qui ne peuvent être réglés à l'amiable d'une autre manière. [341.63]
(Congrès Universels de la Paix, Paris, 1849. Francfort, 1850, Paris, 1878, Rome, 1891.)

*** Le C. U. P. est d'avis qu'une cour arbitrale, composée de deux délégués nommés par le pouvoir exécutif de chaque pays, soit annuellement élue pour faire fonction d'arbitre international ;

dans les pays représentatifs, ces deux délégués seraient nommés par le parlement. [341.63]
(*Congrès Universel de la Paix*, Paris, 1878.)

*** La négociation et la conclusion de traités d'arbitrage permanents, à intervenir entre deux ou plusieurs peuples, paraît l'un des moyens les plus efficaces d'introduire la pratique de l'arbitrage international. [341.63]
(*Congrès Universel de la Paix*, Paris, 1889.)

*** Le principe de l'arbitrage international devrait être l'une des bases fondamentales de la constitution de chaque Etat ; les nations s'engageraient, moyennant la reconnaissance réciproque de la pleine autonomie, souveraineté et constitution particulière de chacune, à s'en rapporter à la décision d'arbitres au lieu de recourir aux armes.

En prévision de l'établissement d'un tribunal international permanent, le premier pas à faire en vue de la réalisation de ce vœu consiste à conseiller à chaque gouvernement ayant un traité à signer avec celui d'un autre Etat de désigner d'avance les juriconsultes qui devront, de leur côté, faire partie du tribunal arbitral, en invitant le gouvernement co-traitant à faire de même. [341.63]
(*Congrès Universel de la Paix*, Paris, 1889.)

*** Le Congrès constate avec une vive satisfaction la constitution définitive de la Cour permanente d'arbitrage de La Haye, qui marque une étape importante dans le mouvement pacifique.

Le C. U. P. a le ferme espoir qu'à l'avenir tout différend international — qui ne serait pas réglé soit par voie diplomatique, soit par les autres moyens pacifiques préconisés par la Convention de La Haye — sera soumis à l'arbitrage de la Cour de La Haye.

La Conférence de La Haye ayant recommandé quatre méthodes pour mettre fin à la guerre, le C. U. P. déclare que tout Etat qui refuse d'adopter une de celles-ci, lorsqu'elle lui sera offerte par son adversaire, forfait à l'une des règles les plus élémentaires que doit observer une nation civilisée, et que tout citoyen qui approuve, dans ce cas, l'attitude de son gouvernement, partage la responsabilité de la guerre qui peut s'ensuivre. [341.63)
(*Congrès Universel de la Paix*, Glasgow, 1901.)

*** Le C. U. P. rappelle le texte de l'article 27 de la Convention de La Haye, à la teneur duquel les Puissances signataires considèrent comme un devoir, dans les cas où un conflit aigu menacerait d'éclater entre deux ou plusieurs d'entre elles, de rappeler à celles-ci que la Cour permanente leur est ouverte.

Il se déclare d'accord avec la Conférence interparlementaire en exprimant le désir que les Etats, signataires de la Convention de La Haye, s'engagent, autant que possible, à travailler en commun et de la manière la plus pratique à remplir l'engagement que l'article 27 du protocole leur impose.

Il recommande comme digne de l'attention des puissances le Traité modèle, résultat de l'étude des Comités nommés en 1900 par le B. I. P. et par le C. U. P. en 1901, ayant pour objet de fonder une Union des Etats pour l'arbitrage, et d'assurer la mise en pratique de l'initiative bienfaisante résultant de l'article 27 ci-dessus.   [341.63]

(*Congrès Universel de la Paix*, Boston, 1904.)

*** Modifications aux articles 20 à 29 de la Convention du 29 juillet 1899 pour le règlement pacifique des conflits internationaux.

CHAPITRE II. — DE LA COUR PERMANENTE.

Art. 20. La Cour se compose :

D'une personne ayant une compétence reconnue dans les questions de droit international et jouissant de la plus haute considération morale, désignée par chaque puissance signataire ou adhérente à la présente convention ;

Des représentants diplomatiques de ces Etats résidant à La Haye, accrédités près du Gouvernement des Pays-Bas,

Et du Ministre des affaires étrangères de ce gouvernement.

Art. 21. La Cour, ainsi composée, se réunit dans une première assemblée générale pour procéder à l'élection de son président, de deux vice-présidents, d'un secrétaire général et d'un secrétaire. Elle se déclare constituée.

Art. 22. La Cour est compétente pour statuer comme tribunal arbitral sur certains litiges exceptionnels où sont en jeu les intérêts vitaux, l'indépendance ou l'honneur d'une des parties, ou encore les intérêts d'une troisième puissance.

Art. 23. La Cour elle-même appréciera le caractère de ces litiges, et décidera souverainement s'ils doivent être soumis à son arbitrage ou renvoyés à l'arbitrage ordinaire.

Art. 22. En dehors de cette compétence spéciale, tous les litiges seront soumis à des arbitres, désignés comme on le dira plus loin, et la Cour aidera de tout son pouvoir à la conclusion des traités particuliers d'arbitrage, à leur exécution pacifique et à leur développement.

Art. 25. Les membres de la Cour sont inamovibles. En cas de démission, décès ou déplacement d'un ou de plusieurs membres, leurs successeurs sont provisoirement désignés par le Conseil administratif, sans avoir à soumettre cette désignation à la ratification de la première assemblée générale.

Art. 26. La présence de deux tiers des membres de la Cour est nécessaire pour la validité de ses délibérations. Le vote a lieu à la majorité des voix des membres présents.

Art. 27. Un Comité administratif, composé des représentants diplomatiques des puissances signataires accrédités à la Haye, et du Ministre des Affaires étrangères des Pays-Bas, qui les présidera, sera chargé de tout ce qui touche à l'administration et au fonctionnement de la Cour.

Il organisera un Bureau international, devant servir de greffe à la Cour, et qui sera placé sous sa direction et son contrôle. Il aura tout pouvoir pour la nomination, la suspension ou la révocation des fonctionnaires et employés du bureau ; il fixera leurs traitements et salaires.

Le Comité délibérera valablement avec la présence de cinq de ses membres ; les décisions sont prises à la majorité des voix.

Il adresse, chaque année, à l'assemblée générale de la Cour un rapport sur les travaux de la la Cour, sur le fonctionnement des pouvoirs administratifs et sur les dépenses.

Ces dépenses sont exclusivement supportées par les Etats qui font partie de la Cour, dans la proportion établie pour le Bureau international de l'Union postale universelle.

Art. 28. Pour le cas où les parties en litige, par indifférence ou mauvais vouloir, s'abstiendraient de recourir à la juridiction arbitrale, un pouvoir d'initiative est concédé à cinq membres de la Cour s'unissant pour la saisir du conflit. La Cour nommerait alors parmi ses membres une commission chargée de réunir les éléments au débat, de provoquer des explications de la part des parties en litige, en offrant de les entendre contradictoirement ou séparément. Si celles-ci persistaient dans leur inaction ou leur refus, la Cour passerait outre et émettrait un avis motivé qui leur serait notifié et rendu public.

Art. 29. Chaque puissance signataire ou adhérente désignera trois personnes, d'une compétence reconnue dans les questions de droit international jouissant de la plus haute considération morale et disposées à accepter les fonctions d'arbitre. Ces personnes seront inscrites sur une liste qui sera notifiée à tous les membres de la Cour.

C'est sur cette liste générale que doit être fait le choix des arbitres devant former le tribunal compétent pour statuer sur les différends. [341.63]

(*Congrès Universel de la Paix*, Milan, 1906.)

✱✱✱ Le C. U. P. estimant que la solution juridique des conflits internationaux, si minimes soient-ils, est un grand progrès moral, constatant l'importance fondamentale de la Cour permanente d'arbitrage, qui a été constituée à La Haye, espère que son action sera fortifiée par l'institution d'un tribunal siégeant en permanence et que les conflits internationaux, quelle que soit d'ailleurs leur importance, trouveront rapidement leur juridiction.　　[341.63]
(*Congrès Universel de la Paix*, Munich, 1907.)

✱✱✱ Le C. U. P. exprime ses plus vifs regrets de ce que le Sénat américain ait amendé, de manière à en rendre la ratification impossible, les traités d'arbitrage entre les Etats-Unis d'Amérique d'une part, et la Grande-Bretagne et la France d'autre part.

Il émet l'espoir que, lors de l'expiration des traités permanents d'arbitrage actuellement en vigueur entre ces Etats, des pourparlers seront engagés à l'effet de conclure de nouveaux traités d'arbitrage sur la base de l'obligation et sans les réserves contenues dans les traités actuels.　　[341.63]
(*Congrès Universel de la Paix*, Genève, 1912.)

✱✱✱ Le C. U. P. émet le vœu que les parties donnent, quand il y a lieu, aux autres arbitres, par une clause spéciale du compromis, le pouvoir de statuer comme amiables compositeurs. L'arbitrage ainsi complété permet de donner une solution à tous les litiges internationaux sans aucune exception.　　[341.63]
(*Congrès Universel de la Paix*, La Haye, 1913.)

✱✱✱ Les professeurs de droit international dans les universités et établissements analogues doivent donner à l'arbitrage une importante place dans leurs cours et leçons.

Il faut s'efforcer de faire introduire un chapitre sur l'arbitrage dans tous les traités de droit international.

Il faut de même s'efforcer de persuader aux directeurs des écoles et aux professeurs d'inculquer à leurs élèves les principes et la pratique de l'arbitrage.　　[341.63]
(*Congrès Universel de la Paix*, Paris, 1889.)

Sanctions pacifiques.　　341.65

Tout en reconnaissant que les sentences arbitrales ont été et peuvent être exécutées sans qu'une sanction ait été prévue, le C. U. P. est d'avis que les sentences arbitrales ne soient jamais sanctionnées par des mesures d'exécution qui, de quelque manière que ce soit, aient le caractère d'actes de guerre ou puissent conduire à la guerre ou à la destruction des vies humaines ou de propriétés publiques ou privées.

Il déclare en principe que, sans déroger à leur autonomie, les signataires d'un traité d'arbitrage peuvent juridiquement, par une disposition spéciale et mutuelle du compromis, donner aux arbitres le pouvoir de sanctionner leur sentence et leur en indiquer les moyens. [341.65]
(*Congrès Universel de la Paix*, Munich, 1907.)

*** Considérant que la Conférence de La Haye s'est bornée à fixer les règles de la procédure arbitrale sans déterminer les voies d'exécution des décisions à intervenir ; que ces décisions sont certainement dans tous les cas susceptibles d'une sanction possible, autre qu'une déclaration de guerre ;

Considérant qu'il est sans doute à prévoir et à espérer que ces décisions continueront à être — comme elles ont été jusqu'ici — volontairement exécutées par les hautes parties en litige ;

Mais que, aussi bien pour préciser les droits respectifs des Etats qui recourent à l'arbitrage et les droits des arbitres qu'ils ont choisis, que pour faciliter la conclusion de traités d'arbitrage permanents, il importe de définir les garanties qui peuvent être requises et la forme dans laquelle elles devront être demandées ;

Constate qu'il existe dès à présent, un système de sanctions propres à assurer dans la plupart des cas l'exécution des décisions arbitrales. [341.65]
(*Congrès Universel de la Paix*, Paris, 1900.)

*** Tout en reconnaissant que l'exécution volontaire des sentences arbitrales a été jusqu'à ce jour la règle observée par toutes les nations et témoigne, de leur part, d'un profond sentiment de leur devoir et de leur respect de la justice ;

Sans entrer dans l'examen du principe de non-intervention, le C. U. P. estime que l'Union des Puissances peut et doit agir pour l'exécution des sentences arbitrales, à condition que : 1º cette action soit générale et ne soit jamais le fait particulier d'une puissance ; 2º que l'action n'ait pas d'autre but que d'assurer l'exécution de la sentence : 3º que cette action ne s'exerce que par des moyens pacifiques.

Parmi ces moyens, il recommande à l'attention de la Conférence de La Haye l'isolement économique de la nation récalcitrante, la prohibition des emprunts contractés à l'étranger, le cautionnement des puissances tierces, le dépôt volontaire de sommes d'argent, la mise sous séquestre de sommes d'argent ou de territoires appartenant aux nations en litige, l'exclusion temporaire ou définitive de l'Union des délégués de la nation ayant résisté à une sentence. [341.65]
(*Congrès Universel de la Paix*, Milan, 1906.)

*** Tout en reconnaissant avec satisfaction que l'exécution volontaire des sentences arbitrales a continué d'être jusqu'ici la règle observée par toutes les nations ;

Le C. U. P. considère qu'il importe que la Justice internationale ait à sa disposition un ensemble de mesures coercitives capables d'obliger un Etat à se soumettre à la sentence rendue ;

Constatant d'autre part que des sanctions pacifiques de natures diverses ont déjà été proposées telles que : la rupture des relations diplomatiques avec la nation récalcitrante, la suppression des droits accordés à ses ressortissants, l'exclusion temporaire de l'une des Unions internationales existantes (Union postale universelle, etc.), l'isolement économique ou diverses mesures économiques (surélévation des tarifs douaniers, etc.) ;

Qu'il importe dès lors d'étudier la possibilité et l'efficacité des diverses sanctions pacifiques ainsi que leurs avantages respectifs,

Le C. U. P. émet les vœux suivants : 1. que le B. I. P. organise dans tous les pays une enquête sur les conséquences possibles de l'application de mesures sanctionnaires pacifiques en cas de violation du droit international ; 2. que les résultats de cette enquête soient soumis au prochain C. U. P. ; 3. que le B. I. P. provoque l'élaboration d'un code de voies d'exécution en matière d'arbitrage qui devra également être soumis au prochain congrès et éventuellement aux gouvernements et au comité préparatoire de la troisième Conférence de la Paix.   [341.65]

(*Congrès Universel de la Paix*, La Haye, 1913.)

Limitation des armements.   341.67

Considérant que les armements permanents au moyen desquels les gouvernements d'Europe se provoquent les uns les autres, tout en faisant sans cesse profession d'amitié et de confiance mutuelles, sont une source d'immoralité sociale, de gêne financière et de maux nationaux, et maintiennent en outre en permanence l'inquiétude et l'irritation parmi les nations, le C. U. P. insiste sérieusement auprès des gouvernements sur l'urgente nécessité d'appliquer un système de désarmement international, sans porter préjudice aux mesures considérées comme nécessaires pour le maintien de la sécurité des citoyens et la tranquillité intérieure de chaque Etat.   [341.67]

(*Congrès Universels de la Paix*, Paris, 1849, Francfort, 1850, Londres, 1851.)

*** I. Le C. U. P. croit pouvoir affirmer que le monde civilisé désire la paix et attend impatiemment le moment de voir cesser les armements, qui, faits à titre de défense, deviennent à leur tour un danger en maintenant la défiance réciproque, et sont en même temps la cause de ce malaise économique général qui empêche d'aborder dans des conditions satisfaisantes les questions qui devraient primer toutes les autres : celles du travail et de la misère.

II. Le C. U. P. reconnaissant qu'un désarmement général serait la meilleure garantie de la paix et conduirait à résoudre au point de vue des intérêts généraux les questions qui à présent divisent les Etats, émet le vœu qu'un congrès de représentants de tous les Etats de l'Europe soit le plus tôt possible réuni, afin d'aviser aux moyens de réaliser un désarmement graduel général, que l'on entrevoit déjà comme possible.

III. Le C. U. P., attendu que la timidité d'un seul gouvernement pourrait suffire à retarder indéfiniment la convocation du congrès ci-dessus indiqué, est d'avis que le gouvernement qui le premier se résoudra à renvoyer dans leurs foyers un nombre notable de soldats aura rendu un des plus grands services à l'Europe et à l'humanité, parce qu'il obligera les autres gouvernements, poussés par l'opinion publique, à suivre son exemple, et par la force morale de ce fait acquis il aura augmenté au lieu de diminuer les conditions de sa défense nationale.

IV. Le C. U. P. considérant que la question de désarmement, aussi bien que celle de la paix en général, dépend de l'opinion publique, recommande aux sociétés pour la paix représentées ici, et aussi à tous les amis de la paix, de se livrer à une propagande active dans le public, spécialement pendant les périodes d'élections parlementaires, afin que les électeurs donnent leurs voix aux candidats qui auront fait entrer dans leur programme la paix et le désarmement.   [341.67]
(*Congrès Universel de la Paix*, Londres, 1890, Berne, 1892.)

*** Le C. U. P. est d'avis que le traité de 1817 entre les Etats-Unis et la Grande-Bretagne, qui interdit de tenir des navires de guerre dans les Grands Lacs et proclame la paix permanente sur ces eaux, doit être fidèlement conservé et il exprime sincèrement l'espoir que ni l'une ni l'autre des deux nations n'y porteront atteinte. Il fait appel, en outre, à la presse des deux pays pour qu'elle use de son influence en vue de l'observation de cet important traité.   [341.67]
(*Congrès Universel de la Paix*, Chicago, 1893.)

*** Le C. U. P. exprime la conviction que la conclusion du traité d'arbitrage permanent préconisé par lui permettra aux puissances européennes d'opérer dans leurs armements la réduction indispensable à l'équilibre de leurs budgets, à l'allègement des charges considérables qui pèsent sur les citoyens et au développement des services publics pacifiques.

Mais considérant dès aujourd'hui que les diverses puissances européennes par leur course aux armements sans limites font d'inutiles sacrifices, en raison du perpétuel recommencement qu'elle s'impose respectivement, il exprime l'espoir qu'une réponse favorable serait faite par toutes les puissances européennes à l'initiative qui pourrait être prise par l'une d'entr'elles de la réunion d'une Conférence internationale relative à une trève d'armements.

Il prie, en attendant, les gouvernements de ne réclamer aucun nouvel accroissement de leurs budgets de la guerre ou de la marine et invite les parlements, dans l'intérêt bien entendu des peuples qu'ils représentent, à repousser nettement toute demande qui aurait pour résultat direct ou indirect l'augmentation des charges militaires qui pèsent sur leurs commettants. [341.67]

(*Congrès Universel de la Paix*, Anvers, 1894.)

*** Le Congrès proteste contre l'accroissement continuel des dépenses d'armement, et il conjure les membres des différents corps législatifs dans le monde entier de voter contre toute augmentation future de ses dépenses. Il invite aussi les électeurs à ne donner leurs suffrages qu'à des candidats décidés à suivre cette ligne de conduite. [341.67]

(*Congrès Universel de la Paix*, Budapest, 1896.)

*** Le C. U. P. proteste avec énergie contre l'accusation d'antipatriotisme qui est fréquemment adressée aux membres des Sociétés de la Paix. En s'efforçant d'éviter la guerre à leur propre pays, les pacifistes travaillent mieux que quiconque à sa sécurité. Il considère le désarmement comme un résultat de l'organisation de la paix, plutôt que comme un moyen d'arriver à la paix. Il est convaincu que l'application aux nations d'un système de justice de nature à résoudre pacifiquement les conflits internationaux conduira nécessairement et normalement à une réduction progressive et simultanée des armements qui pèsent sur toutes les nations.

Il estime que l'existence et surtout l'usage de la Cour de La Haye, ainsi que la signature de traités d'arbitrage permanent destinés à rendre encore plus efficace la Convention pour le règlement pacifique des conflits internationaux, sont de nature à amener ce résultat. [341.67]

(*Congrès Universels de la Paix*, Glasgow, 1901, Monaco, 1902)

*** Le C. U. P. constatant combien il est difficile d'en venir à un accord de toutes les nations concernant le désarmement simultané et général, parce que la situation politique est différente d'un Etat à l'autre, espère qu'une des nations ayant le moins à

craindre d'une atteinte à son indépendance et à son intégrité
nationale, donnera la première l'exemple d'une réduction de ses
armements. Cet exemple, en suite du grand bénéfice économique
qui résulterait pour les populations de cet Etat, serait bientôt
suivi de quelque autre nation, puis successivement de toutes.

[341.67]

(*Congrès Universel de la Paix*, Munich, 1907.)

*** Considérant que les dépenses annuelles d'armements des
puissances d'Europe, des Etats-Unis et du Japon, ont passé entre
la première et la seconde Conférence de La Haye, de fr. 6275
millions à fr. 8000 millions, soit une augmentation de fr. 1725
millions en huit ans, et que, s'il n'y est pas porté remède il y aura
un nouvel accroissement de ce déplorable gaspillage avant la
troisième Conférence de La Haye en 1914 ;

Considérant les dangers que créerait une faillite politique
internationale de cette importance et de la nécessité d'entreprendre résolument, avant la prochaine Conférence, l'étude de
la question ;

Considérant l'offre du Gouvernement anglais de négocier avec
d'autres Gouvernements en vue de réaliser un arrêt dans les
armements ;

Le C. U. P. exprime ardemment le vœu que telles négociations
soient ouvertes immédiatement, et qu'on convoque sans délai
une Conférence spéciale des grandes puissances navales, de façon
qu'un plan pratique d'arrêt des armements soit élaboré et mis à
exécution avant la réunion de la troisième Conférence de La Haye,
essai qui, en cas de réussite, mènerait à un accord plus complet
dans le même sens.

Il décide, en outre, de prier instamment le Gouvernement de
la Grande-Bretagne de convoquer cette Conférence aussitôt que
les circonstances le permettront.   [341.67]

(*Congrès Universel de la Paix*, Londres, 1908.)

*** Le Congrès exprime l'avis que, pour le moment, un moyen
pratique de mettre un terme à la progression des armements
consisterait à conclure pour un nombre d'années limité un accord
par lequel chaque Etat contractant s'engagerait à ne pas dépasser
pour le budget de la guerre et de la marine (réunis ou séparés)
la moyenne des dépenses effectuées, pour ces mêmes budgets,
pendant la période précédente d'égale durée.   [341.67]

(*Congrès Universel de la Paix*, Londres, 1908.)

*** L'assemblée de représentants des Sociétés de la Paix du
monde entier, considérant l'agitation de certains organes de la
presse anglaise et allemande dans le but d'exciter les sentiments

d'animosité entre les habitants des deux pays et de causer ainsi une concurrence des armements toujours croissants pour les forces navales, fait un appel chaleureux aux peuples de la Grande-Bretagne et de l'Allemagne afin qu'ils s'adressent d'urgence à leurs gouvernements pour que ceux-ci entrent sans délai en négociations à l'effet de limiter les dépenses relatives à ces armements.

L'assemblée se permet de suggérer que la meilleure base pour ces négociations pourrait être la renonciation par la Grande-Bretagne à son opinion sur le droit de capture des propriétés privées sur mer, et pour l'Allemagne à sa réserve du droit d'utiliser ses mines sous-marines. L'assemblée est d'avis que, aussitôt la conclusion d'un tel accord, les autres puissances soient prêtes à suivre cet exemple, et que ce serait un progrès énorme vers l'allègement pour les populations du monde entier du fardeau écrasant des armements. [341.67]

(*Assemblée générale du Bureau de la Paix*, Bruxelles, 1909.)

*** Il est grand temps, pour les gouvernements, d'entreprendre sans délai une sérieuse étude du problème de la limitation des armements, en vue de rechercher les moyens d'enrayer leur rivalité actuelle dans la préparation à la guerre.

Le fardeau imposé aux peuples par cette préparation s'est accru au point de devenir intolérable, et le mécontentement et l'inquiétude qui en résultent deviennent chaque jour plus aigus.

Non seulement le danger d'un conflit entre les puissances armées n'a point décru avec l'accroissement des armements, mais il n'en est devenu que plus grand.

C'est le devoir des gouvernements de débarrasser leurs peuples, sans délai, du fardeau énorme que leur imposent les armements sans cesse croissants, et de se garantir eux-mêmes contre le danger d'explosion et de conflit qui devient constamment plus menaçant.

L'idée pacifiste a fait, aux Etats-Unis, des progrès suffisants pour amener ce pays à restreindre son plan de constructions navales et à décider de ne mettre en chantier, cette année, qu'un cuirassé au lieu de deux ou même davantage.

Il y a lieu de recommander à l'attention de tous les pacifistes ce premier essai de réduction spontanée des armements afin que chacun s'efforce d'obtenir, dans son pays, des résultats analogues.

Le C. U. P. prie respectueusement les gouvernements de mettre la question de la limitation des armements à l'ordre du jour de la troisième Conférence de La Haye, et de veiller à ce que ce sujet soit soumis à une étude préliminaire attentive, au moyen de Commissions spéciales ou autrement.

Il y aurait lieu pour elles, afin d'aboutir à des résultats pratiques, d'obtenir des gouvernements l'indication des réductions d'armements qu'elles pouraient consentir, si certaines conditions à remplir pour d'autres Etats étaient réalisées.

Le B. I. P. est chargé d'inviter les petites puissances européennes (en commençant par la Belgique, le Danemark, la Norvège, les Pays-Bas, le Portugal, la Suède et la Suisse) à agir collectivement auprès des grandes puissances, en vue de les déterminer à cesser d'accroître leurs armements et, ultérieurement, à les réduire. [341.67]

(*Congrès Universel de la Paix*, Genève, 1912.)

Le C. U. P., sous l'impression pénible des armements qui ont eu lieu récemment et qui dépassent tout ce qui a été fait jusqu'ici, proteste, moins contre les gouvernements et les parlements qui les ont jugés nécessaires que contre l'état d'anarchie internationale, cause première de ces déplorables excès.

Il rappelle à ceux qui considèrent ces armements comme indispensables au maintien de la paix que les augmentations consenties à cette fin par leur propre pays sont annihilées immédiatement, et parfois même avant d'être complètement achevées, par un effort égal du pays contre lequel on prétendait devoir prendre des mesures de sauvegarde.

Il en appelle au sentiment qu'ont fait naître dans les masses les récentes augmentations. On sent partout, et de plus en plus, qu'il est impossible que se poursuive encore longtemps cette folle surenchère, et il demande à chacun de manifester sa ferme volonté de voir une organisation internationale mettre un terme à la frénésie des armements.

Il invite les Gouvernements qui, lors de la première Conférence de La Haye, ont solennellement déclaré, par une résolution adoptée à l'unanimité, qu'ils considéraient une limitation des armements comme désirable dans l'intérêt moral et matériel des peuples, et qui ont promis à différentes reprises d'étudier cette question, à donner à leur engagement la suite qu'il comporte non seulement en inscrivant la dite question parmi les principaux objets à traiter dans la troisième Conférence de La Haye, mais en la faisant préparer, afin de conférer à leur délibération un caractère particulièrement sérieux, par des commissions nationales. [341.67]

(*Congrès Universel de la Paix*, La Haye, 1913.)

Liberté de conscience. 342.731

La liberté de conscience, aussi bien que la liberté des cultes, doit être garantie par toutes les puissances et formellement consacrée par une convention internationale. [342.731)]

(*Congrès Universel de la Paix*, Paris, 1878.)

Peine de mort. 343.25

Le C. U. P. proclame l'inviolabilité de la vie humaine ; il invite tous les éducateurs du peuple à enseigner partout cette vérité et toutes les Associations de la Paix à faire de ce principe l'une des bases fondamentales de leur propagande.

Considérant que le droit qu'a la Société de punir ne saurait faire échec à ce principe ; que le droit de punir est limité au droit de défense ; que la défense sociale ne nécessite d'ailleurs jamais la mort ;

Le C. U. P. exprime l'espoir que la Société saura donner l'exemple du respect de la vie humaine en abolissant la peine de mort sous toutes ses formes. [343.25]

(*Congrès Universel de la Paix*, Anvers, 1894.)

Prohibition du port d'armes. 343.344

Le C. U. P. estimant que la première de toutes les pacifications à obtenir est celle entre les citoyens d'une même patrie, soit civils, soit militaires, émet le vœu que les soldats — en tous les pays où cela n'existe pas déjà et à l'exception des pays où existent des milices — soient assimilés aux marins et ne soient pas armés, hors du service, en temps de paix. [343.344]

(*Congrès Universel de la Paix*, Rouen, 1903.)

Duel. 343.613

Le C. U. P. condamne absolument le duel et prie tous les membres des Sociétés de la Paix, de même que ceux de la Conférence interparlementaire, de réagir avec énergie contre cet abus et de faire tous leurs efforts pour en faire cesser la pratique et pour assurer l'exécution des lois y relatives. [343.613]

(*Congrès Universels de la Paix*, Francfort, 1850, Anvers, 1894, Budapest, 1896.)

*** Considérant d'une part que, malgré la propagande qui a été faite officieusement dans la plupart des pays du monde et qui même a été soutenue officieusement dans certains d'entre eux, le nombre des duels n'a pas très sensiblement diminué ;

Considérant d'autre part que la coutume du duel, en se perpétuant, va directement à l'encontre de l'éducation pacifiste que nous souhaitons, qu'elle est pour les jeunes générations un enseignement néfaste, et d'un exemple déplorable ;

Le C. U. P. invite les éducatrices et les éducateurs officieux ou officiels de tous pays à profiter des occasions multiples que leur offrent soit l'enseignement de la morale ou de l'histoire, soit le commentaire moral approprié de faits de l'actualité courante pour démontrer que le fer et le feu ne doivent être en aucune manière un moyen de solution des conflits, lesquels ne peuvent trouver leur issue morale et pratique que dans la raison, la justice et le droit. [343.613]

(Congrès Universel de la Paix, Genève, 1912.)

Conditions des guerres futures.   35.548 « : 13 »

Reconnaissant la nécessité de considérer la question de paix ou de guerre comme étant un problème technique et social, en même temps que juridique,

Le C. U. P. émet le vœu qu'une propagande soit faite par la Société des Amis de la Paix pour faire procéder à des enquêtes sur les problèmes de la guerre ; et prend la résolution de travailler à répandre des notions justes sur ce que serait une guerre entre grandes puissances, en faisant une propagande pour obtenir que les gouvernements fassent faire des enquêtes sur les questions suivantes :

Quelles sont les transformations qui se sont produites dans les conditions techniques, ainsi que matérielles, de la conduite d'une guerre, et quelle sera leur influence ?

Quelle est la situation qui résulte de la dépendance mutuelle croissante des peuples ?

Les perturbations économiques et financières qu'entraînera la guerre n'en rendront-elles pas la continuation impossible avant qu'on soit arrivé à un résultat décisif de part ou d'autre, et les gouvernements ne seront-ils pas forcés de recourir, après tout, à l'arbitrage pour faire cesser la guerre ?

En même temps, le C. U. P. engage tous les amis de la paix, de l'humanité et de la vérité, à entreprendre des enquêtes partielles sur certains points seulement, certaines questions délimitées, de nature à montrer l'influence de la guerre et de la paix armée sur la vie politique, économique et sociale des nations.

[35.548 « : 13 »]
(Congrès Universel de la Paix, Munich, 1907.)

*** Considérant que le développement de la guerre sud-africaine confirme les prédictions de nombreux et éminents officiers, qui annonçaient que les récents perfectionnements des armes à feu transformeraient profondément l'art de la guerre ;

Considérant en particulier que, entre autres prédictions ainsi réalisées, les fusils de petit calibre, la poudre sans fumée, et les perfectionnements de la fortification passagère ont tellement agi en faveur de la défensive, qu'une guerre entre nations ou entre alliances sensiblement équivalentes, telles qu'il en existe actuellement en Europe, ne pourrait avoir aucun résultat décisif et ne se terminerait que par l'épuisement des combattants ;

Considérant que par suite de cette révolution une guerre future serait de fort longue durée et que la famine générale ne manquerait pas de s'en suivre, en raison de la dépendance réciproque des nations européennes au point de vue des approvisionnements qu'elles reçoivent d'outre-mer, comme en raison de la rareté du numéraire, de la réduction des salaires, de la perte des réserves du capital que les gouvernements auront dissipés en armements ;

Considérant que ni le gouvernement ni la caste militaire ne sont disposés à aider spontanément à l'étude de ces problèmes, mais que l'expérience montre au contraire que l'on doit s'attendre à une grande opposition de la part des militaires et des classes dirigeantes ;

Considérant qu'il existe peu de moyens aussi efficaces de répandre la croyance dans la nécessité de la paix que de faire comprendre aux masses populaires que la guerre, dans les conditions modernes, est à la fois impossible et sans profit ;

Considérant que cette croyance résultera vraisemblablement d'une enquête impartiale à laquelle prendraient part non seulement des militaires, mais encore des hommes d'État, des économistes, des négociants et des statisticiens ;

Le C. U. P. estime qu'il est de la plus haute importance d'instituer en tous pays, à ce sujet, une propagande au moyen de conférences, d'articles de journaux, etc.   [35.548 « : 13 »]
(*Congrès Universel de la Paix*, Glasgow, 1901.)

Caisse internationale de secours.   361.8 (∞)

Les gouvernements sont invités à se concerter pour la création d'une Caisse permanente internationale de secours.   [361.8 (∞)]
(*Assemblée générale du Bureau de la Paix*, Bruxelles, 1909.)

Secours aux étrangers.   362.92

Vu les résolutions du IVe Congrès international d'Assistance, posant les principes généraux de l'assistance aux étrangers, et priant le Gouvernement danois de « provoquer la réunion d'une Conférence internationale chargée d'examiner et de poursuivre les meilleures solutions à apporter au problème de l'assistance aux étrangers sur les bases formulées dans les résolutions du Congrès » ; constatant que ces résolutions ont été votées à Copenhague par les délégués officiels de dix-sept gouvernements; vu l'approbation qui leur a été donnée par le VIIe Congrès des Sociétés françaises de la Paix, 1911,

Le C. U. P. s'associe aux dites résolutions ; émet le vœu qu'une Conférence internationale d'Assistance soit convoquée à bref délai, et qu'elle aboutisse, en application de ces principes, à un accord général garantissant à tout homme, en pays étranger, l'assistance dans les conditions mêmes où ce pays l'a organisée pour ses nationaux   [362.92]

(*Congrès Universel de la Paix*, Genève, 1912.)

Internationalisation de l'enseignement.   37 (∞)

Considérant qu'un système d'enseignement qui permettrait à un grand nombre de jeunes gens de diverses nationalités de poursuivre leur études primaires, secondaires ou supérieures et de perfectionner leur éducation dans différents pays, sans préjudice pour leur carrière, présenterait des avantages considérables ; qu'il en résulterait notamment une amélioration de la personne humaine, un sensible progrès dans les rapports entre hommes de nationalités différentes, et par suite, entre nations; que le niveau scientifique et intellectuel général en serait élevé,

Le C. U. P. prie les ministres chargés de l'instruction publique dans les différents Etats de préparer et de conclure, par voie de négociations directes ou de Conférence intergouvernementale, les conventions nécessaires, pour :

1. Etablir un programme commun d'enseignement qui serait donné dans un certain nombre d'établissements de chaque Etat, de manière à ce que les élèves ou les étudiants puissent aisément passer d'un pays à l'autre chaque période scolaire et subir, dans des conditions à déterminer, des examens conférant des diplômes valables dans les divers pays ;

2. Assurer des échanges officiels d'étudiants et d'écoliers déjà pourvus d'une culture et d'un développement suffisants ;

3. Instituer une Université Internationale, dotée par les divers Etats, et dans laquelle les personnages les plus éminents de chacun d'eux seraient appelés à enseigner tout ce qui peut aider au progrès humain, et notamment : l'histoire comparée de différentes cultures littéraires, scientifiques et artistiques, l'histoire comparée du droit, de la philosophie et de la pédagogie, les sciences politiques, économiques, sociales, juridiques et humaines.

Le C. U. P. estime en outre qu'un enseignement méthodique du pacifisme soit introduit dans l'enseignement public à tous les degrés, primaire, secondaire et supérieur, et que l'anniversaire du 18 mai soit célébré dans les écoles.   [37 (∞)]

(*Congrès Universels de la Paix*, Lucerne, 1905, Milan, 1906.)

*** Mesures préconisées pour internationaliser l'enseignement :

1. Organisation régulière et périodique de Congrès internationaux de l'Enseignement.

2. Publication d'une collection internationale des lois scolaires.

3. Fondation dans le Ministère de l'Instruction publique de chaque pays de sections étudiant l'enseignement à l'étranger.

4. Organisation comparée de l'enseignement.
5. Statistique scolaire internationale.
6. Règlement des conséquences juridiques des examens.
7. Facilités par la reconnaissance des diplômes étrangers ; création de diplômes équivalents aux points de vue civil et militaire.
8. Nomination de délégués spéciaux et de correspondants internationaux pour l'enseignement.
9. Création d'établissements hospitaliers pour professeurs et écoliers.
10. Concours et subventions pour les voyages internationaux d'études pour élèves et professeurs.
11. Introduction et réglementation de l'échange international des professeurs et des élèves.
12. Facilités d'échange de livres et de revues pédagogiques.
13. Les langues classiques et modernes dans l'enseignement futur.
14. Publication de grammaires comparées.
15. Réglementation de l'éducation aux points de vue physique, intellectuel et moral.
16. Fondation d'un Institut International Pédagogique.
17. Publication d'un Bulletin International et Officiel de l'Enseignement.   [37 (∞)]

(Congrès Universel de la Paix, Londres, 1908.)

*** Le C. U. P. estime que la propagation des idées de paix serait notablement facilitée si les peuples arrivaient à se connaître mieux, et que rien ne serait plus avantageux dans ce sens que le séjour des jeunes gens en pays étranger, particulièrement par des échanges de famille à famille pour les personnes auxquelles leurs conditions de fortune ne permettent pas un autre genre de déplacement.

De même, il serait à désirer qu'on profitât de toutes les occasions favorables, par exemple des déplacements occasionnés par les C. U. P., pour s'arrêter, isolément ou par groupes, dans les villes étrangères où l'on peut rencontrer des Amis de la Paix.

Le C. U. P. décide en outre qu'il sera créé au B. I. P. un organe spécial chargé de servir d'intermédiaire pour l'échange de jeunes gens à placer dans des familles en pays étrangers.   [37 (∞)]

(Congrès Universel de la Paix, Budapest, 1896.)

*** 1. Le C. U. P. émet le vœu que les divers Gouvernements étudient la fondation à l'étranger d'établissements d'enseignement secondaire ou primaire supérieur dans lesquels l'enseignement serait donné suivant les programmes et les méthodes nationaux, mais dans la langue du pays où serait situé l'établissement ;

2. Il prie les municipalités et les autorités scolaires de chaque pays de s'entendre en vue de l'ouverture de bureaux officiels de renseignements sur les échanges d'enfants, d'écoliers, d'étudiants ou de professeurs de nationalités différentes appartenant à tous les degrés d'enseignement. Il adresse un appel spécial aux associations nationales et internationales de professeurs de langues vivantes et d'autres professeurs, pour aider à l'exécution aussi complète que possible de ce programme.

3. Il exprime le vœu que toutes restrictions légales à la capacité d'enseigner, basées uniquement sur la nationalité du maître, soient supprimées.

4. Il exprime le vœu que les sociétés se forment en aussi grand nombre que possible et se mettent en relation pour interéchanger les jeunes garçons et les jeunes filles, et qu'elles se groupent en fédérations pour faciliter l'accomplissement de leur œuvre commune. [37 (∞)]

(*Congrès Universel de la Paix*, Milan, 1906.)

*** Le C. U. P. prie les Ministères de l'instruction publique de France et de Hongrie qui se sont déclarés favorables à la convocation d'une conférence d'enseignement international, de provoquer la réunion d'une telle assemblée. [37 (∞)]

(*Congrès Universel de la Paix*, Genève, 1912.)

Enseignement militaire.   371.43

Le C. U. P. proteste contre l'emploi des exercices militaires donnés comme exercices physiques dans les écoles et propose la formation de brigades de sauvetage plutôt que celles ayant un caractère quasi-militaire; et il insiste sur l'utilité de faire sentir aux corps d'examinateurs qui sont chargés de formuler les questions pour les examens, la nécessité de diriger l'esprit des enfants vers les principes de paix. [371.43]

(*Congrès Universel de la Paix*, Londres, 1890.)

*** On doit s'efforcer de substituer aux exercices militaires dans les écoles les exercices d'excursions, qui donnent le plus grand coefficient au développement physique de la jeunesse et favorisent puissamment la propagande de la paix en facilitant, par le contact immédiat des habitants, la connaissance des pays et des nations. [371.43]

(*Congrès Universel de la Paix*, Anvers, 1894.)

Cours de vacances.   374.64

Le C. U. P. signale l'importance des diverses associations pour l'étude des langues, ainsi que des cours de vacances ouverts aux

étrangers dans un certain nombre d'universités, en France, en Grande-Bretagne, en Autriche et en Allemagne notamment comme moyens de favoriser l'entente cordiale entre les nations et engage chacun de ses membres à contribuer à la création ou au développement de pareilles institutions.   [374.64]
(Congrès Universel de la Paix, Munich, 1907.)

_**_* Considérant qu'il existe notamment dans les villes universitaires d'Allemagne, des cours de vacances spécialement réservés aux instituteurs, seulement sur les matières scientifiques, littéraires et artistiques,

Le C. U. P. souhaite la création de cours de vacances d'enseignement pacifiste faits sur un plan commun.   [374.64]
(Congrès Universel de la Paix, Stockholm, 1910.)

Universités populaires.   374.7

Vu le grand développement pris dans toutes les nations civilisées par les Universités populaires, les University extensions, les Écoles supérieures pour le peuple et autres institutions semblables ;

Attendu que le but des Universités populaires est d'unir à l'instruction le sentiment de la fraternité, de l'harmonie entre les hommes et de la paix entre les nations ;

Vu les bons résultats obtenus par la Fédération des Universités populaires de France, par les Freie volkstümliche Kurse von Hochschullehrern des deutschen Reiches et par la Fédération nationale des universités populaires d'Italie, résultats constatés dans le Congrès international des œuvres d'éducation populaire qui se tient en ce moment à Milan.

Le C. U. P. émet le vœu qu'on puisse constituer dans toutes les nations des Fédérations d'Universités populaires et d'autres institutions similaires, et qu'on puisse grouper ces Fédérations nationales en une Fédération internationale.   [374.7]
(Congrès Universel de la Paix, Milan, 1906.)

_**_* Le C. U. P. constatant que les œuvres d'éducation sociale (Universités populaires, Volkshochschulvereine, University extensions, etc.), si favorables à la diffusion des idées pacifiques dans les milieux populaires, prennent un essor de plus en plus considérable, émet le vœu que tous les pacifistes coopèrent activement par des conférences, des causeries ou des cours faits dans ces diverses institutions à former une opinion publique plus éclairée sur les devoirs de justice entre toutes les nations et recommande pour ces conférences l'emploi des projections lumineuses. Il

rappelle qu'une collection de 300 clichés a été créée par différentes associations et se trouve déposée au Bureau de Berne.

[374.7]
(*Congrès Universel de la Paix*, Munich, 1907.)

Unification postale. 383.21

Le C. U. P. appuie l'idée de la création d'un timbre international.
[383.21]
(*Congrès Universel de la Paix*, Rouen, 1903.)

*** Eu égard aux demandes toujours plus instantes dans toutes les classes de la population pour une réduction des taxes postales, le C. U. P. recommande à tous les gouvernements de la terre l'adoption d'un timbre postal international de 10 centimes.
[383.21]
(*Congrès Universel de la Paix*, Boston, 1904.)

*** Considérant que l'abaissement des tarifs postaux internationaux contribuerait d'une manière sensible au développement utile des relations interpopulaires ;

Considérant que toute proposition de réduction de tarifs qui ne provoquerait pas une brusque diminution de recettes, mais au contraire, préparerait un excédent par une augmentation de trafic, aurait de grandes chances d'être accueillie par les Gouvernements ;

Considérant que cette solution peut être obtenue d'une part en élevant le poids des lettres, qui resteraient taxées au prix actuel, d'autre part en créant la carte-lettre internationale ;

Considérant qu'il n'est aucune raison pour accorder à la carte postale, correspondance lisible et indiscrète, un tarif de faveur sur la carte-lettre gommée, correspondance discrète et fermée dont le poids est sensiblement le même ;

Le C. U. P. émet le vœu :

Qu'il soit créé des cartes-lettres internationales à 10 centimes ;

Que le poids des lettres affranchies à 25 centimes soit porté à 50 grammes ;

Que la taxe minima des papiers d'affaires soit abaissé à 10 centimes (10 centimes par 100 grammes) ;

Que les épreuves d'imprimerie corrigées soient assimilées aux imprimés ;

Et qu'il soit conclu entre nations voisines le plus grand nombre possible de conventions réduisant plus encore entre les contractants la taxe des lettres et des papiers d'affaires. [383. 21]
(*Congrès Universel de la Paix*, Milan, 1906.)

Poids et mesures. 389

Le C. U. P. propose à la Conférence interparlementaire de recommander à ses membres la défense, devant leurs parlements respectifs, des projets d'unification des poids et mesures, des monnaies, des différents tarifs de règlements postaux et télégraphiques, des voies de transport, etc., cette unification devant constituer une véritable union commerciale, industrielle et scientifique des peuples. [389)

(*Congrès Universel de la Paix*, Rome, 1891.)

*** Le Congrès espère sérieusement que les moyens de communication internationale se perfectionneront, que les réformes postales s'imposeront toujours davantage, en vue de l'adoption d'un tarif universel pour les poids, les mesures et les monnaies. [389]

(*Congrès Universel de la Paix*, Paris, 1849.)

Langue conventionnelle. 4.089

Le C. U. P. reconnaît que l'adoption d'une langue conventionnelle ou d'un moyen de correspondance entre les hommes qui ne parlent pas la même langue pourrait être utile à la diffusion des idées de la paix. [4.089]

(*Congrès Universel de la Paix*, Paris, 1889.)

*** Le C. U. P. exprime le désir que l'esperanto soit enseigné dans les écoles à titre de langue internationale, et donne mission au B. I. P. de transmettre ce désir aux Gouvernements.

En vue de réduire les grandes difficultés et pertes de temps occasionnées dans les Congrès internationaux par la diversité des langues, et qui, malgré toutes les modifications apportées aux règlements, pèsent si lourdement sur les Congrès de la Paix, le C. U. P. décide qu'à partir de la prochaine session l'esperanto pourra être employé en séance. [4.089]

(*Congrès Universel de la Paix*, Munich, 1907.)

Unification du méridien. 52.977

Le C. U. P. émet le vœu que les sociétés savantes étudient les moyens d'unifier le méridien. [52.977]

(*Congrès Universel de la Paix*, Paris, 1889.)

Institut International de Statistique (I. I. S.)

[31 (062) (∞)]

RÉFÉRENCES. — *Annuaire*, 1908-1909, p. 721; 1910-1911, p. 725; — *Vie Internationale*, t. III, p. 433; t. IV, p. 505.

LISTE DES SESSIONS. — Elles ont eu lieu sous les dates et dans les villes suivantes :

1887.04.12/16	Rome.	1901.09.29/10.04	Budapest.
1889.09.02/06	Paris.	1903.09.21/25	Berlin.
1891.09.28/10.03	Vienne.	1905.07.31/08.04	Londres.
1893.09.11/15	Chicago.	1907.08.29/09.02	Copenhague.
1895.08.26/31	Berne.	1909.07.04/10	Paris.
1897.08.30/09.04	Pétrograd.	1911.09.04/08	La Haye.
1899.09.04/09	Christiania.	1913.09.09/13	Vienne.

Bibliographie. **016 : 31**

L'I. I. S. adopte les conclusions du rapport sur la classification d'une bibliographie statistique dont les subdivisions sont reproduites ci-dessous (*Bulletin*, t. IV, 2, pp. 117 et 266).

[016 : 31]

NATURE DES DOCUMENTS

1. Publications officielles :
   a. De l'État, de quelque administration générale qu'elles émanent ;
   b. Des municipalités ;
   c. Des établissements publics et associations constituées.
   Ces publications peuvent être annuelles, périodiques ou accidentelles ; elles peuvent porter sur une période déterminée, cinq ou dix ans, ou sur toute la période d'existence du service dont elles émanent.
2. Publications périodiques, telles qu'almanachs, circulaires commerciales et publications du même genre jouissant d'une autorité incontestée.
3. Publications individuelles :
   a. Reconnues comme modèles ;
   b. Autres contenant des renseignements statistiques de valeur et dignes de confiance.

L'admission de ces derniers documents exigera beaucoup de discernement et présentera des difficultés qu'il sera cependant possible de réduire en adoptant quelques règles simples qui serviront de guide dans le choix à faire.

Notes pour faciliter la classification

A. *a.* Théorie et histoire de la statistique.
  b. Organisation des services officiels de statistique.
  c. Associations et publications internationales de statistique.
B. *a.* Tableaux annuels ou périodiques : nationaux, municipaux ou locaux.
  b. Progrès économique du pays ; statistique générale.
  c. Archives et documents officiels, autres que ceux indiqués ci-dessus.

1. TERRITOIRE.
  1. Description physique :
  Topographie : limites, positions, altitudes, montagnes, plaines, eaux intérieures.
  Approvisionnement d'eau (voir aussi le n° 79).
  Forêts.
  Géologie : distribution des sols, minéraux, etc.
  Climatologie : vents, pluies, températures, etc.
  2. Divisions :
  Politiques, générales, municipales.
  Autres : électorales, ecclésiastiques, judiciaires, police, armée, hygiène, assistance publique, instruction.
  3. Superficie :
  Triangulation, cadastre, avec toutes ses subdivisions.
  Hydrographie : littoral, baies, ports, etc.
2. POPULATION.
  4. Dénombrement général :
  Composition : sexe, âge, état civil, races, lieu de naissance, droit de cité, naturalisation, étrangers, etc.
  Répartition : urbaine et rurale.
  Occupations, professions et emplois.
  5. Mouvement :
  Mariages, divorces et séparations.
  Naissances ; illégitimités ; enfants trouvés ; morts-nés.
  Décès ; causes, accidents, suicides.
  Tables de survie et de mortalité.
  Migration ; émigration et immigration ; balance.

6. Conditions physiques :
Anthropométrie.
Infirmités et maladies.
Statistique médicale et chirurgicale.

7. Habitations et hygiène :
Habitations, arrangements intérieurs, drainage, ventilation, mœurs.
Dispositions médicales, hôpitaux, asiles.
Administration médicale, personnel médical.
Épidémies.
Mesures sanitaires; inoculation, vaccination, quarantaines, etc.

3. CONSOMMATION.

8. Alimentation :
Produits indigènes et étrangers.
Ventes de boissons.
Ventes de comestibles, clubs, hôtels, restaurants, etc.
Monopoles gouvernementaux pour la production ou la vente de certaines denrées alimentaires.

9. Vêtements.

10. Autres articles : comestibles, ameublement, etc.

11. Divertissements, courses, chasse, etc.

12. Prix des subsistances pour les différentes classes de la société.

13. Sinistres : incendies, grêle, gelées, inondations, orages, éboulements, etc.
Naufrages.
Explosions : mines, chaudières.
Épizooties.

4. PRODUCTIONS.

14. Agriculture : divisions, étendues, propriété, exploitation :
Culture : produits, quantité et prix.
Travail : occupations et salaires.
Bétail : élevage et dressage.
Arboriculture : forêts, arbres fruitiers, etc.

15. Mines et minéraux : houillères, salines, fonderies, métallurgie.

16. Pêches : produits de la mer : éponges, coraux, etc.

17. Industrie générale, fabriques classées d'après les matériaux, établissements, personnel, produits, etc. : industrie du bâtiment, constructions navales, machines, etc.

18. Métiers.

5. ÉCHANGE (TRANSPORT ET TRAFIC).
    19. Transport par terre : routes et ponts :
        Tramways.
        Chemins de fer.
        Voitures publiques et autres.
    20. Transport par eau : navigation maritime, navires, nombre et tonnage, entrées et sorties, cabotage.
        Transports maritimes.
        Navigation intérieure par fleuves et canaux : nombre et tonnage.
    21. Naufrages et sauvetage (voir les n°s 13 et 31).
    22. Voies de communications :
        Postes.
        Télégraphes.
        Téléphones.
        Signaux.

6. DISTRIBUTION DE LA RICHESSE.
    23. Salaires.
    24. Fermages et loyers.
    25. Intérêts et bénéfices.
    26. Hypothèques.

7. INSTITUTIONS DE PRÉVOYANCE.
    27. Sociétés de secours mutuels.
    28. Caisses d'épargne, y compris les caisses postales.
    29. Assurances.
    30. Pensions de retraite.
    31. Société de sauvetage (voir aussi le n° 21).

8. ASSISTANCE PUBLIQUE ET INSTITUTIONS DE BIENFAISANCE.
    32. Paupérisme.
    33. Assistance publique ; enfants assistés par l'État.
    34. Institutions de bienfaisance.
    35. Monts-de-piété.

9. MARCHÉS ET PRIX.
    36. Foires, droits.
    37. Poids et mesures.
    38. Prix : Produits étrangers, produits indigènes.
    39. Index Numbers.

10. COALITIONS ET CONCURRENCE.
    40. Coalitions.
    41. Associations ouvrières et autres.

42. Grèves.
43. Monopoles, brevets d'invention, propriété littéraire, marque de fabrique.
44. Coopération industrielle, etc.
45. Concurrence.

II. Monnaie et crédit.
46. Numéraire.
Métaux précieux ; approvisionnement, mouvement.
Monnaies et monnayage, seigneuriage, frai.
Circulation.
47. Crédit.
Banques.
Billets de banque ; circulation, limitation.
Changes, escomptes.
Chambres de compensation.
Sociétés de prêt et de crédit.
Emprunts coloniaux et étrangers.
Fonds publics et emprunts municipaux (voir aussi le n⁰ 100).

12. Commerce.
48. Général.
49. Intérieur : gros et détail.
50. Extérieur : importations et exportations.
Tarifs, primes de sortie, primes, frets (voir aussi le n⁰ 96).
51. Transit, réexportation.
52. Entrepôts « stocks ».
53. Relations internationales : traités, passeports.
54. Règlements locaux : péages, pilotage, etc.
55. Sociétés commerciales.
56. Chambres de commerce.

13. Accumulation de la richesse.

57. Capital
- National
- Municipal
- Des corporations, par exemple, ecclésiastique
- Sociétés commerciales, etc.
- Individuel

Nature et montant.

58. Revenus, mêmes catégories.

14. Gouvernement.
59. Constitution.
60. Législation, parlement.

61. Statistique électorale.
62. Administration intérieure générale.
63. Administration intérieure municipale et locale.
64. Administration, affaires étrangères, ambassades, consulats, etc.

15. DÉFENSE NATIONALE.
   65. Armée, milice, volontaires, gardes civiques, etc.
   66. Flotte.
   67. Autres moyens de défense, fortifications, etc. (voir aussi le nº 104).
   68. Conscription et recrutement.

16. JUSTICE ET POLICE.
   69. Organisation et juridiction ; par exemple, tribunaux, etc. Tutelle. Curatelle.
   70. Procès civils et commerciaux, ventes judiciaires, faillites, etc.
   71. Procès criminels, accusés. Police correctionnelle. Grâces, commutations de peines.
   72. Police, extradition, destruction d'animaux sauvages.
   73. Prisons, transportation, peines.
   74. Maisons pénitentiaires et de correction.
   75. Prostitution.

17. TRAVAUX PUBLICS.
   76. Édifices et monuments.
   77. Parcs (voir aussi le nº 99).
   78. Dessèchements, amélioration des terres.
   79. Bassins, canaux, travaux d'irrigation.
   80. Travaux sanitaires, économiques et autres améliorations.

18. INSTRUCTION, ARTS ET SCIENCES.
   81. Écoles, collèges, universités, écoles techniques, etc.
   82. Institutions scientifiques et techniques, etc.
   83. Musées, expositions, etc.
   84. Littérature, bibliothèques, livres.
   85. Presse, journaux, revues, annonces.
   86. Théâtre.
   87. Beaux-arts : musique, peinture, etc.

19. CULTES.
   88. Confessions religieuses.

89. Églises, édifices religieux.
90. Clergé.
91. Autres congrégations religieuses.

20. FINANCES.
92. Budgets, annuels, de l'État ; recettes et dépenses.
93. Budgets départementaux, municipaux et locaux.
94. Revenus de l'État.
95. Revenus départementaux, municipaux.
96. Taxes générales et locales ; contribuables.
97. Dépenses, crédits.
98. Loteries et autres détails exceptionnels.

21. PROPRIÉTÉ PUBLIQUE (ÉVALUATION DE L'ACTIF).
    a. A l'intérieur et à l'étranger.
    b. Productive ou improductive.
    c. Nationale, municipale, ou autre.
99. Biens-fonds ; rentes foncières et parcs.
100. Fonds publics, etc.
101. Industrielle, y compris les distributions d'eau et gaz, voies de communications, etc.
102. Édifices, monuments, bureaux, etc.
103. Musées, galeries, etc.
104. Défense : armements, fortifications, arsenaux, et magasins maritimes, matériel, approvisionnements.

22. DETTE PUBLIQUE.
105. Consolidée . . . ⎧ Nationale.
                ⎨ Garantie par le Gouvernement.
106. Flottante. . . . ⎩ Municipale.

(Institut International de Statistique, Paris, 1889.)

Nomenclature statistique.   31 (014)

L'I. I. S. s'associe au vœu exprimé par M. le docteur Bertillon, tendant à ce que la signification de certains mots techniques dans les ouvrages de statistique soit donnée dans les préfaces de ces ouvrages, et que, lorsque ces publications ont lieu dans une langue peu répandue, les rubriques soient traduites dans une langue plus connue. (*Bulletin*, t. IV, 2, p. 266.   [31 (014)]

(Institut International de Statistique, Paris, 1889.)

Bibliothéconomie.   31 : 024

L'I. I. S. exprime le vœu que dans les bibliothèques publiques, il soit fait un relevé statistique annuel de la nature des ouvrages

qui sont consultés et du nombre des lecteurs par catégories
d'ouvrages.   [31 : 024]
(Institut International de Statistique, Christiania, 1899.)

Alcoolisme.   31 : 178

Il est désirable, pour préciser l'étude de l'alcoolisme, que les
médecins des hôpitaux veuillent bien, au moins pendant quelques mois, prendre note de la quantité quotidienne d'alcool bue
sous forme de boissons distillées par chacun de leurs malades
d'hôpital, quelle que soit leur maladie. Il en faudrait faire la
statistique par âge, par sexe et par maladie. (Bulletin, t. XVIII,
I, p. 128 et 35.)   [31 : 178]
(Institut International de Statistique, Paris, 1909.)

Migration.   31 : 325

1º En principe, il est désirable que toutes les migrations
effectuant un changement de domicile soient constatées administrativement ;

2º En outre, la statistique de l'émigration et de l'immigration d'outre-mer sera à établir à l'aide de registres spéciaux
confectionnés dans les ports ;

3º Il est désirable d'introduire partout dans les questionnaires
du recensement le « lieu de naissance ». L'Institut s'occupera
dans une session ultérieure de la question du dépouillement des
données sur les lieux de naissance ;

4º L'Institut exprime le vœu que pour la section prochaine
il soit compilé un compte rendu des systèmes et procédés d'enregistrement des migrations pratiqués dans les différents États.
(Bulletin, t. XIII, I, p. 88.)   [31 : 325]
(Institut International de Statistique, Budapest, 1901.)

*** Pour la constatation des effets des migrations extérieures, il
est désirable que les renseignements fournis par le recensement
sur le lieu de naissance des individus nés à l'étranger soient
complétés par la désignation obligatoire du petit district d'administration (Kleinerer Verwaltungsbezirk) dans lequel est situé
le lieu de naissance, afin de faire connaître la répartition, par
provinces et districts, de provenance et de résidence, des étrangers immigrés. Dans le même but, on recommande encore de
distinguer les immigrés suivant que le séjour est durable ou
temporaire. Comme complément des données intéressant le
recensement national, il est désirable d'effectuer l'échange le
plus complet possible d'extraits du dénombrement pour les individus nés à l'étranger, afin que chaque pays puisse dresser le
tableau le plus complet possible de ceux qui sont nés dans le
pays même, mais de fait se trouvent à l'étranger.

Les trois autres propositions du rapporteur (M. v. Mayr) qui visaient spécialement la constatation : 1º de l'immigration totale avec l'intention de s'établir définitivement ; 2º de certaines immigrations temporaires de l'étranger se faisant en masse ; 3º des migrations analogues à l'intérieur, sont recommandées ainsi que les rapports mêmes de MM. von Mayr et Thirring, à l'étude des administrations statistiques. (*Bulletin*, t. XIV, 1, p. 119 et 66 à 81.) [31 : 325]

(Institut International de Statistique, Berlin, 1903.)

.*. Les divers Gouvernements seraient invités à vouloir donner aux autorités préposées à la surveillance de tous les ports de quelque importance pour l'émigration transocéanique et l'immigration au-delà des mers, les instructions nécessaires à l'effet de faire parvenir aux États intéressés, à des époques déterminées et par intervalles réguliers, les listes individuelles de leurs émigrants respectifs, avec désignation du sexe, de l'âge, de la nationalité et de la province d'origine, enfin de la profession, le tout sur la base d'un formulaire commun à adopter par tous les dits États. (*Bulletin*, t. VI, 1, p. 29 et 307.) [31 : 325 (26)]

(Institut International de Statistique, Vienne, 1891.)

Travail.   31 : 331

a) Que dans les études statistiques relatives à la condition des travailleurs, on tienne compte, par un classement distinct, des personnels d'ouvriers et d'employés occupés dans les services publics nationaux, provinciaux, municipaux, qu'ils soient exploités directement par les administrations publiques ou qu'ils soient exploités par des concessionnaires auxquels les concédants ont imposé, pour le personnel, des conditions de travail et des salaires déterminés ;

b) Que les bureaux officiels de statistique dressent périodiquement des relevés permettant de comparer les salaires et les conditions du travail des ouvriers occupés directement par l'État, les provinces, districts ou départements, les villes de plus de 50,000 habitants, aux salaires et aux conditions du travail des ouvriers occupés par les entreprises privées. [31 : 331]

(Institut International de Statistique, La Haye, 1911.)

.*. 1º Des recherches statistiques (dénombrements) du total des ouvriers sans travail sont d'une considérable importance scientifique et administrative. Pour obtenir des résultats satisfaisants, il faut avoir égard surtout à la correcte définition de l'objet du dénombrement. Pour le marché de travail ne peut compter que celui qui demande du travail salarié ;

2º En raison de ce fait qu'il s'agit dans le marché de travail d'autre chose que d'une simple marchandise, on devrait lui attribuer un sens plus étendu comprenant les circonstances particulières de l'entrée ou de la sortie du travail. Surtout on devrait avoir égard aux changements individuels de travail, de profession, de salaires. [31 : 331]

(Institut International de Statistique, Berlin, 1903.)

Salaires. 31 : 331.2

I. — *a*) Pour l'établissement de la statistique des salaires, il ne suffit pas de relever les salaires moyens, mais il faut arriver aux salaires effectivement payés à chaque ouvrier ;

b) L on ne peut pas non plus se contenter de connaître les salaires journaliers ou hebdomadaires, mais on doit aussi relever le montant des salaires touchés pendant l'année (ou pendant une campagne pour les professions ou les industries à travail intermittent), avec le nombre des heures de travail par jour et des jours de travail par an ;

c) Il convient, en outre, de tenir compte des divers modes de paiement des salaires et de leurs compléments.

II. — L'I. I. S. recommande de continuer ou d'entreprendre de telles statistiques pour des établissements déterminés, pris comme types, et de les compléter par des monographies de famille, avec budgets de recettes et de dépenses, d'après la méthode et le cadre déjà consacrés par des publications estimées, de manière à rendre les relevés comparables.

III. — Pour le choix de ces établissements, l'I. I. S. recommande de s'adresser en même temps à ceux qui sont administrés ou surveillés par l'État, les provinces ou les communes et à ceux des ateliers privés dont les patrons voudront bien se prêter à une telle enquête et mériteront d'inspirer confiance.

IV. — L'I. I. S. recommande, partout où ce sera possible, d'intéresser les ouvriers mêmes à cette statistique et de chercher à les y associer dans une certaine mesure.

V. — Pour les pays où fonctionnent des assurances ouvrières obligatoires, l'I. I. S. recommande d'utiliser, en vue de la statistique générale des salaires, les données recueillies à l'occasion du fonctionnement de ces assurances.

VI. — L'I. I. S. émet enfin le vœu :

a) Que les sociétés savantes, qui se proposent la rédaction méthodique de telles statistiques et monographies, se développent ou se fondent dans les divers pays ;

b) Que les Gouvernements veuillent bien instituer des offices du travail, à l'instar de ceux des États-Unis, là où ces offices n'existent pas encore, soit en les créant de toutes pièces à l'état d'organe distinct, soit en utilisant l'organisation des bureaux actuels de statistique. [31 : 331.2]

(Institut International de Statistique, Vienne, 1891.)

*** Pour compléter les enquêtes monographiques et spéciales sur les salaires, il est désirable qu'il soit dressé, autant que le permettent les ressources et les organes dont on dispose et à mesure que le développement successif de la législation sociale le permet, des enquêtes générales sur les salaires pour des industries, des localités, des districts, des provinces et des pays entiers.

[31 : 331.2]
(*Institut International de Statistique*, Berne, 1895.)

*** L'I. I. S. exprime le vœu que des recherches sur les salaires, la position économique, etc., des ouvriers des diverses classes analogues à celles qui furent faites en Autriche, sous le titre de la morphologie du travail agricole, soient entreprises dans d'autres pays.

[31 : 331.2]
(*Institut International de Statistique*, Berne, 1895.)

Chômage. 31 : 331.6

I. — Une connaissance exacte du chômage ne peut être tirée d'un document statistique unique.

Les documents qui paraissent par leur coordination les plus aptes à fournir actuellement une vue satisfaisante sur la matière du chômage sont les suivants :

1º Les recensements généraux, à préparer et à éclairer par des recensements locaux, complémentaires ou spéciaux;

2º Les statistiques syndicales des sans-travail;

3º Les relevés patronaux ou officiels du personnel employé dans les établissements industriels.

II. — En ce qui concerne l'industrie et le commerce, on doit trouver le point de départ de toute statistique exacte et complète dans le recensement général obligatoire de la population de préférence même dans le recensement professionnel ou industriel et pour quelques États, dans les documents établis en vue du recouvrement des impôts personnels.

III. — Au lieu de demander à l'ouvrier ou à l'employé s'il est sans travail ou sans patron, la feuille de recensement pourrait formuler la question : « Aviez-vous un emploi le ...? chez qui...?

IV. — A tous les ouvriers qui ont répondu négativement à la première question on remettra un bulletin complémentaire, les interrogeant sur les points suivants : Causes de l'absence de travail (détailler les causes sur le bulletin). Depuis quand le travail manque-t-il? (Préciser les subdivisions de temps requises.) Quelles sont les occupations secondaires? Le chômeur est-il inscrit à un bureau de placement? Lequel? Le chômeur a-t-il reçu des secours du syndicat? De la société des secours mutuels? Ou d'une autre source? (A préciser.) Depuis quand le chômeur est-il dans la commune?

V. — Les questionnaires se rapportant aux chômeurs doivent être dépouillés conjointement avec ceux des autres ouvriers, et renfermer les mêmes éléments (âge, sexe, état-civil, industrie et métier, origine, domicile, etc.). Le nombre de chômeurs doit être contrôlé par les réponses globales des chefs des établissements.

VI. — Avant d'arrêter le texte définitif des questions à poser aux sans-travail, il y aurait lieu de procéder dans les villes industrielles à des expériences de recensements des sans-travail qui devraient se faire dans des conditions aussi rapprochées que possible de celles du recensement général. Ces expériences devront être examinées et contrôlées par une Commission internationale d'experts.

VI*bis*. — Il est utile également dans les villes industrielles de procéder soit régulièrement, soit en cas de crise, à des recensements locaux de même nature.

VII. — Il est bon de compléter les recensements généraux par des enquêtes locales ou régionales complémentaires.

VII*bis*. — L'assurance obligatoire contre le chômage, là où elle existe, donne des renseignements particulièrement précieux pour l'évaluation du chômage.

VIII. — Les fluctuations du chômage et la proportion des ouvriers et employés en chômage complet peuvent être utilement étudiées à l'aide des statistiques syndicales du chômage recueillies par la plupart des gouvernements.

IX. — Il ne paraît pas y avoir lieu pour le moment de substituer la statistique des journées de chômage indemnisées aux statistiques du pourcentage des chômeurs syndiqués. Ces statistiques des journées ont cependant des qualités incontestables et il y a lieu d'en encourager la publication.

X. — Des questionnaires identiques, suffisamment détaillés pour permettre les répartitions professionnelles et locales des diverses catégories de chômeurs devraient être employés dans les divers pays en état de réaliser des statistiques de ce genre.

XI. — Il y aurait lieu de ne pas s'en tenir uniquement à la publication des pourcentages bruts actuellement fournis, mais dans les documents internationaux de comparer surtout les chiffres des industries similaires et de séparer les résultats des diverses catégories de localités.

XII. — Il y aurait surtout lieu de procéder à des relevés périodiques des effectifs employés dans les établissements industriels. Pour les métiers recourant à la pratique du *short time* ou aux embauchages de courte durée, cette méthode est même la seule qui puisse donner des résultats certains.

XIII. — Toutes les autres sources d'information statistique sur le chômage même les indices se rapportant à des phénomènes connexes, doivent continuer à être étudiées, et leur technique doit être perfectionnée de manière à ce qu'elles puissent devenir des matériaux de première valeur. Les statistiques du placement (qui devraient comprendre la statistique de la durée de chômage subie par le chômeur au moment où il se présente pour demander un emploi) et celles des assurances obligatoires contre la maladie ou l'invalidité pourraient présenter dans l'avenir un grand intérêt. Il serait important notamment de compléter les statistiques du chômage par des relevés statistiques des migrations intérieures, de l'émigration et de l'immigration.   [31 : 331.6]

(*Institut International de Statistique*, Vienne, 1913.)

Accidents de travail.   31 : 331.823

L'I. I. S. a adopté les cadres de la statistique des accidents, tels qu'ils ont été tracés par l'Allemagne. Cette statistique donne sur chacun des groupes professionnels considérés les renseignements suivants :

1° Du nombre et de l'importance des établissements dans lesquels ont eu lieu les accidents. (Nombre des accidents. — Nombre des victimes.)

2° De la gravité et des conséquences des blessures. (Blessures mortelles. — Blessures entraînant une incapacité de travail de plus de 6 mois. — Blessures entraînant une incapacité de travail moins longue. — Nombre des veuves, enfants, ascendants ayant droit à indemnité.)

3° De la nature des blessures et des parties du corps atteintes. (Brûlures. — Plaie, contusion, entorse, fracture, etc., du membre supérieur — du membre inférieur — de la tête et du cou — des yeux — du tronc [les hernies doivent recevoir ici une mention spéciale] — asphyxié, noyé — gelé et divers.)

La statistique de la nature des blessures indique ensuite quel a été pour chaque nature de blessure, le mécanisme qui a causé la blessure. Par exemple, elle dit combien de blessures du membre supérieur ont été causées par les engins suivants : moteurs, transmissions, machines-outils, ascenseurs et appareils de levage, chaudières et réservoirs, explosifs, matières combustibles, chaudes et corrosives, éboulements, chutes, manutention de fardeaux, conduite des voitures, chemin de fer, navigation, animaux, outils, divers, et donne les mêmes renseignements pour toutes les parties du corps énumérées ci-dessus.

Enfin elle indique pour quelles causes physiques et morales chacun des engins énumérés plus haut a causé les accidents, si les installations étaient défectueuses, les précautions insuffisantes ou nulles, s'il y a eu inattention des ouvriers, faute des tiers, etc.   [31 : 331.823]

CADRE DU TRAVAIL A REMPLIR PAR CHAQUE NATION
EN VUE DE L'ÉTABLISSEMENT D'UN RELEVÉ INTERNATIONAL
DES ACCIDENTS DU TRAVAIL.

A. — Professions.

Personnel sinistrable et sinistré. Sinistres et conséquences.

INDUSTRIES (groupes principaux)	PERSONNES soumises au risque	SINISTRES (Accidents)		CONSÉQUENCES des accidents indemnisés						
	Vallarbeiter	Déclarés	Indemnités	Incapacité temporaires	permanente partielle	totale	Mort Nombre	ayants droit Veufs ou veuves	Orphelins	Ascendants
1	2	3	4	5	6	7	8	9	10	11
I. Agriculture et forêts..										
II. Alimentation (moulins, boissons, produits alimentaires, tabacs)....										
III. Mines..............										
IV. Grande et petite métallurgie............										
V. Pierres et terres (carrières, terres au feu)..										
VI. Bâtiment et travaux publics, théâtre......										
VII. Bois et bimbeloterie..										
VIII. Industrie chimique, services d'eau, de gaz et d'électricité......										
IX. Industrie textile, nettoyage, cuirs et peaux										
X. Papier et industrie polygraphique........										
XI. Transports : chemin de fer et tramways, autres *transports* par terre et entrepôts, postes et télégraphes, navigation intérieure, navigation maritime..........										
XII. Commerce de gros et de détail, banques ...										
XIII. Armée de terre et de mer.............										

B. — Lésions.

RAPPEL de la colonne 1 (Industries)	LÉSIONS PRODUITES PAR LES ACCIDENTS INDEMNISÉS (Colonne 4)									
	Tête et visage moins les yeux	Yeux	Bras et mains	Doigts	Jambes et pieds	Autres parties du corps ou plusieurs à la fois	Lésions internes	As-phyxie	Sub-mersion	Divers
	12	13	14	15	16	17	18	19	20	21

C. — Causes des accidents.

RAPPEL de la colonne 1 (Industries)	CAUSES MATÉRIELLES des accidents indemnisés (Colonne 4)														
	Moteurs, transmissions machines-outils														
	Moteurs	Transmissions	Machines-outils	Ensemble	Appareils de levage, grues	Chaudières, canalisation de vapeur (explosions)	Matières explosibles	Matières brûlantes, toxiques, électricité	Ruptures, renversement, éboulement d'objets	Chutes du haut d'endroits élevés	Chargement et déchargement à la main	Charrois et animaux	Voies ferrées	Navigation	Outils à main (éclats et fragments y compris)	Divers
	22	23	24	25	26	27	28	29	30	31	32	33	34	87	36	35

*** L'I. I. S., considérant que la statistique des accidents est indispensable pour guider les industries dans les mesures de préventions et de sécurité du travail ; les établissements d'assurance dans la fixation de leurs primes ; le législateur dans la rédaction des lois sociales, et l'administrateur dans l'application de ces lois ;

Vu les résolutions des Congrès internationaux des accidents et des assurances ouvrières de Paris, de Berne, de Milan, et notamment de Dusseldorf en 1902 ;

Vu l'utilité d'arriver à l'unification des statistiques nationales d'accidents dans la mesure que comportent pour chaque pays les exigences de sa législation et de son organisation d'assurance ;

Recommande aux divers pays de conformer leur statistique nationale des accidents aux principes généraux ci-après :

1º On s'efforcera d'obtenir, pour chaque industrie, son « Coefficient de Risques », c'est-à-dire le rapport d'u nombre des victimes d'accidents ou des sinistrés au nombre des ouvriers soumis au risque ou des sinistrables.

2º Le nombre des sinistrés sera fourni par les déclarations d'accidents, les fiches de sinistres, et les décisions de justice.

3º Le nombre des sinistrables sera calculé, en ramenant le nombre des ouvriers effectifs au nombre d'ouvriers-types, d'unités ouvrières, ou de Voll-Arbeiter, c'est-à-dire d'ouvriers, ayant travaillé 300 journées pleines, de chacune 10 heures.

4º Les éléments de ce nombre proviendront des établissements d'assurance.

Là où l'assurance, n'étant pas obligatoire, n'embrasse pas la totalité des assujettis, chaque pays s'arrangera pour trouver dans son organisation particulière les moyens de combler les lacunes relatives aux non-assurés.

5º Les différents pays sont invités à arrêter une classification industrielle qui ne soit ni trop large ni trop étroite, en s'astreignant, autant que possible, à l'identité des grandes divisions, sauf à chaque pays à les subdiviser, d'après les convenances de ses industries nationales, les cadres des on recensement professionnel, et les catégories en usage dans la pratique de ses assurances.

6º Des tableaux spéciaux classeront les causes et la nature des lésions par industrie et les rapprocheront de leurs conséquences, conformément aux classifications adoptées par la loi de chaque pays pour la réparation des accidents d'après leur gravité.

7º La statistique enregistrera, par industrie, le nombre des veuves et des orphelins, correspondant aux ouvriers tués.

8º Elle classera de même par industrie, les victimes, d'après l'âge, le sexe et l'état civil, en utilisant les déclarations d'accidents et les statistiques judiciaires. [31 : 331.823]

(*Institut International de Statistique,* Londres, 1905.)

Caisses d'épargne.   31 : 332.2

Les Caisses d'épargne sont invitées à bien vouloir donner, pour chaque année, le chiffre des nouveaux déposants admis dans le courant de l'exercice, ainsi que pour le mois où a lieu le premier dépôt, avec indication de la profession du déposant, du montant du premier dépôt.   [31 : 332.2]

(*Institut International de Statistique*, Berne, 1895.)

Métaux précieux.   31 : 332.41

Vu le développement de la production des métaux précieux ; vu l'importance croissante des questions monétaires et leur caractère essentiellement international ;

Considérant que, quelle que soit la valeur des publications déjà existantes, il y a intérêt à centraliser en Europe et à y développer, dans un esprit scientifique, la statistique de l'or, de l'argent et des monnaies ;

L'I. I. S. exprime le vœu que le Gouvernement français veuille bien mettre l'administration compétente à même de publier périodiquement un document statistique ayant pour objet la production des métaux précieux, leur mouvement international et la consommation de l'or et de l'argent dans les divers États, consommation résultant soit de l'emploi industriel, soit des frappes des monnaies, soit du frai des monnaies, etc.   [31 : 332.4]

(*Institut International de Statistique*, Berne, 1895.)

Valeurs mobilières.   31 : 332.63

Pour obtenir, autant que possible, l'uniformité dans les statistiques internationales de valeurs mobilières, il serait à désirer que :

1º Un relevé officiel, tenu à jour fût établi, dans chaque pays, de toutes les émissions publiques et amortissements de rentes, actions et obligations ; .

2º La même statistique devrait être faite pour les conversions ; on indiquerait le nombre des titres à convertir, le total qu'ils représentent, le résultat de la conversion la diminution de revenu ou de capital que cette opération présente ;

3º Il devrait être tenu une statistique du nombre et de la catégorie des valeurs se négociant aux bourses des divers pays, le capital que ces valeurs représentent ; l'intérêt annuel qu'elles donnent ; le prix auquel elles sont remboursables.

[31 : 332.63]

(*Institut International de Statistique*, Petrograd, 1897 ; Budapest, 1901 ; Berlin, 1903 ; Londres, 1905 ; Copenhague, 1907 ; Paris, 1909.)

.*. L'I. I. S. exprime le vœu que les gouvernements veuillent bien s'efforcer de dégager aussi distinctement que possible les éléments de la statistique fiscale des valeurs mobilières, notamment en faisant connaître :

1º Le produit des impôts qui atteignent ces valeurs ;

2º Le chiffre du capital que représentent les valeurs taxées.

[31 : 332.63]

(*Institut International de Statistique*, Christiania, 1899.)

Propriété foncière.   31 : 333

L'I. I. S. recommande aux statisticiens l'étude séparée des trois questions suivantes, que l'on n'a jamais confondues impunément :

1º Recensement et classification des *propriétés* et des *propriétaires*. Dans les travaux qui auront ainsi pour objet la division de la propriété dans le sens juridique du mot, on devra s'attacher à donner la mesure du plus ou moins de cohésion ou de dispersion des domaines considérés individuellement et il devra aussi être tenu compte, autant que faire se peut, des propriétaires dont chacun possède plusieurs domaines distincts ;

2º Emploi du sol ou répartition du territoire agricole par natures principales de culture : terre arable, prairies, bois, vignes, etc. ;

3º Recensement et classification des exploitations rurales et des exploitations avec distinction des modes de tenue : exploitation directe, fermage, métayage, etc. (*Bulletin*, t. II, 1, p. 324 et 351.)

[31 : 333]

(*Institut International de Statistique*, Rome, 1887.)

Prêts hypothécaires.   31 : 333.33

1. Il serait utile qu'une statistique internationale des prêts hypothécaires fût entreprise sous les auspices de l'I. I. S.

2. Cette statistique devrait indiquer le taux et la durée des prêts, leur importance et l'époque de leur amortissement. (*Bulletin*, t. XI, 1, p. 230 et 206.)

[31 : 333.33]

(*Institut International de Statistique*, Petrograd, 1897.)

Finances.   31 : 336

L'I. I. S. exprime le vœu :

1º Que les divers pays s'efforcent de dresser et de publier des statistiques financières plus nombreuses et plus abondantes encore que celles que nous possédons aujourd'hui ; que, sans aggraver la fiscalité existante, on en tire, au moins, tout le

parti possible, pour répandre une lumière toujours plus grande
sur les phénomènes économiques qu'elle atteint ;

2º Qu'il soit établi, dans tous les pays, un recensement général
des biens, analogue à celui qui est fait pour les personnes.

[31 : 336]
(*Institut International de Statistique*, Berlin, 1903.)

Impôts. 31 : 336.2

L'I. I. S. émet le vœu que l'enquête relative aux charges
fiscales qui pèsent en divers pays sur les commerçants et industriels soit strictement limitée :

a) Aux impôts spéciaux, qui pèsent sur le commerce et sur
l'industrie ;

b) Aux impôts spéciaux établis au profit de l'État.

On essaiera de déterminer distinctement et de comparer les
impôts qui pèsent sur le commerce, etc., au profit des États
et au profit des Départements et Communes, etc. [31 : 336.2]
(*Institut International de Statistique*, Berlin, 1903.)

Droits d'enregistrement. 31 : 336.274

L'I. I. S. émet le vœu qu'il serait désirable d'étudier au point
de vue économique et financier les procédés de publication et
de dépouillement des matériaux concernant les droits d'enregistrement, de timbre et d'autres recettes qui s'y rattachent

[31 : 336.274]
(*Institut International de Statistique*, Petrograd, 1897.)

Prix. 31 : 338.5

L'I. I. S. appelle l'attention des différents gouvernements sur
les avantages qu'il y aurait à assurer l'uniformité de tableaux
contenant une statistique complète des prix des denrées.

[31 : 338.5]
(*Institut International de Statistique*, Chicago, 1893.)

*** Les statisticiens devront, dans les recherches des prix, prendre
en considération spéciale la question monétaire, en vue de préciser laquelle des monnaies d'or ou d'argent a, à une époque
donnée, exercé l'influence prédominante sur la configuration des
prix. [31 : 338.5]
(*Institut International de Statistique*, Vienne, 1891.)

Prix des grains. 31 : 338.5 : 633

L'Institut International de Statistique :

1º Invite le Comité des prix à s'occuper d'une étude systématique quant à la statistique internationale des prix des grains.

2º Donne au comité des prix le droit de coopter des savants compétents pour remplir sa tâche.

3º Énonce qu'il s'adressera aux gouvernements et aux associations économiques ainsi qu'aux chambres de commerce pour assurer l'exécution de cette branche de la statistique internationale. [31 : 338.5 : 633]

(*Institut International de Statistique*, Copenhague, 1907.)

Primes. 31 : 338.983

L'Institut, au nom de la Commission des Primes à l'Agriculture, à l'Industrie, au Commerce, à la Navigation, décide de laisser ouverte l'enquête *sur les primes directes et même indirectes accordées à l'agriculture, à l'industrie, etc.*, et exprime le vœu que les différents Gouvernements publient l'histoire statistique des primes qu'ils ont accordées et qu'ils accordent. (*Bulletin*, t. XVIII, 1, p. 83 et 42.) [31 : 338.983]

(*Institut International de Statistique*, Paris, 1909.)

Justice criminelle. 31 : 343

1º Renouvelle le vœu qu'il soit dressé une nomenclature comparée des crimes et délits prévus par les différentes législations, et de confier ce mandat à un Comité spécial, qui pourrait se composer des mêmes membres du Comité actuel et des chefs de service compétents qui voudront bien prêter leur concours ;

2º Recommande que les statistiques criminelles donnent une classification détaillée des infractions portées au jugement pour chaque espèce de délit prévu par la loi pénale en vigueur ;

3º Recommande la méthode du bulletin individuel pour chaque inculpé et du dépouillement des notices contenues dans les bulletins par les soins du bureau central ;

4º L'espèce du délit, ainsi que les qualités personnelles des inculpés devraient être fixées au moment où est prononcé le jugement définitif et irrévocable, soit pour la condamnation, soit pour l'acquittement ;

5º En outre des notices des infractions imputées aux individus portés au jugement, il est désirable qu'on fasse connaître le nombre et la nature de toutes les infractions dénoncées à la justice, ainsi que la cause de l'abandon des poursuites, afin que l'on puisse en dégager le chiffre des faits dont les auteurs n'ont pu être découverts ;

6º Les notices personnelles à donner sur les inculpés devraient être *au minimum* celles que l'I. I. S. a déjà indiquées dans la session de 1889 ;

7º Les données relatives à la récidive et à la procédure pénale devraient être présentées de manière à faire ressortir l'application des lois concernant la détention préventive, la durée de l'instruction, etc., malgré la diversité des législations ;

8º Chaque statistique nationale devrait être précédée d'un rapport expliquant les différences produites par les changements de législation dans les chiffres de la statistique d'une année à l'autre ; et chaque partie de la publication serait également précédée d'une notice relative à la compétence de chaque juridiction.
[31 : 343]
(*Institut International de Statistique*, Vienne, 1891.)

*** Au point de vue méthodologique, il est préférable d'employer dans la statistique criminelle l'unité « homme » plutôt que l'unité « condamnation individuelle », c'est-à-dire qu'au lieu de compter un même individu autant de fois qu'il a encouru de condamnations différentes pendant l'année, il vaut mieux ne le noter qu'une seule fois, quel que soit le nombre des jugements prononcés contre lui durant l'année. Cette amélioration, utile dans toutes les parties de la statistique criminelle, est indispensable si l'on veut opérer d'une façon scientifique des recherches sur la répartition des récidivistes par degrés.

En substituant l'unité « homme » à l'unité « condamnation individuelle », on obtiendra à côté de la statistique des affaires et de la statistique des infractions une statistique criminelle plus exactement comparable aux statistiques démographiques et autres qui emploient la même unité.

Dans les pays où le matériel employé ne permet pas de réaliser la réforme ci-dessus indiquée, on pourra procéder à des recherches pour établir, au moins approximativement, de combien la statistique basée sur l'unité « condamnation individuelle » s'écarte dans ces résultats de celle qui prend pour base de ses dénombrements l'unité « homme ».
[31 : 343]
(*Institut International de Statistique*, Budapest, 1901.)

*** L'I.I.S. estime que la statistique criminelle doit continuer à utiliser en ordre principal, l'*unité-condamné*, mais est d'avis qu'il est utile de dresser, à côté de la statistique des condamnés, une statistique des affaires dénoncées et laissées sans suite.
[31 : 343]
(*Institut International de Statistique*, La Haye, 1911.)

*** Les qualités personnelles des inculpés qu'il importe de demander au point de vue statistique, sont les suivantes :

1º *Age*, divisé comme suit : jusqu'à 21 ans, avec subdivision, suivant l'époque fixée par la loi de chaque pays, pour la majorité pénale ; de 21 à 25 ans, de 25 à 30 ans et au-dessus de 30 ans, par groupe de dizaines ;

2° *Etat civil;*

3° *Degré d'instruction*, d'après ces quatre rubriques : complètement illettrés ; sachant imparfaitement lire et écrire ; sachant bien lire et écrire, c'est-à-dire pouvant tirer profit de leurs connaissances ; ayant reçu une instruction supérieure ;

4° *Nationalité*, savoir distinction des inculpés entre indigènes et étrangers ;

5° *Professions*, au moins dans les groupes suivants : 1° agriculture ; 2° ouvriers d'industrie ; 3° commerçants, négociants, fabricants ; 4° domestiques attachés à la personne ; 5° propriétaires, rentiers et professions libérales ; 6° gens sans aveu ;

6° *Domicile*, ou division des inculpés en urbains et ruraux, suivant qu'ils habitent des communes ayant plus ou moins de 2,000 habitants. [31 : 343]

(*Institut International de Statistique*, Paris, 1909.)

Récidive. 31:343.235.1

Pour ce qui concerne la statistique de la récidive, l'I. I. S., ayant pris connaissance que l'Union Internationale de Droit pénal s'occupe de cette matière et que des rapports ont été présentés par MM. Kôbner et Bodio, s'associe aux vœux exprimés par ladite association dans l'espoir que les statistiques judiciaires et pénitentiaires des différents pays soient modifiées en conformité (1). [31 : 343.235.1]

(*Institut International de Statistique*, Chicago, 1893.)

Sociologie criminelle. 31 : 343.97

L'I. I. S. émet le vœu qu'une plus grande extension soit donnée dans les statistiques judiciaires officielles à l'étude des éléments sociologiques du crime, en vue de faciliter la recherche des causes de la criminalité. [31 : 343.97]

(*Institut International de Statistique*, La Haye, 1911.)

Justice civile. 31 : 347

1° Séparation de la partie administrative et de procédure, de la partie économique, sociale et morale dans la statistique judiciaire civile, ainsi qu'il a été fait pour la statistique criminelle ;

2° Substitution, au fur et à mesure que ce sera possible et en tenant compte des conditions de la procédure dans les différents pays, de la méthode d'observation individuelle descriptive à la méthode d'observation collective. [31 : 347]

(*Institut International de Statistique*, Budapest, 1901.)

---

(1) Un vœu similaire avait été émis lors de la session de 1891, à Vienne.

Exploitations par les pouvoirs publics. 31:351.711.9

L'I. I. S. proroge les pouvoirs de la Commission nommée en 1909, la charge de poursuivre ses recherches, et, constatant que les documents de comptabilité publiés par les États et les municipalités ne comprennent pas toujours les données nécessaires pour se rendre compte de l'importance des exploitations industrielles et de leurs résultats financiers, émet le vœu que les administrations publiques publient régulièrement, à côté des documents de comptabilité, des statistiques annuelles ou des annuaires statistiques de ces exploitations dressés autant que possible sur un plan commun, en comprenant aussi dans ces statistiques les associations intercommunales ou interprovinciales et les sociétés d'intérêt public qui ont pu être constituées dans certains pays. Mention y sera faite des conditions faites par les exploitations aux consommateurs.   [31 : 351.711.9]

(*Institut International de Statistique*, La Haye, 1911.)

Alimentation militaire. 31 : 35.565

Il est désirable de connaître les rations militaires et navales des diverses nations et de les comparer avec l'alimentation de la population civile.   [31 : 35.565]

(*Institut International de Statistique*, Londres, 1905.)

Bienfaisance. 31 : 362

L'I. I. S. exprime le vœu que, dans toutes les grandes communes, il soit établi un cadastre ou un registre personnel et individuel des pauvres, avec tous les détails qui sont nécessaires pour un régime d'assistance individuelle (comme, par exemple, le système d'Elberfeld).

Ce cadastre doit contenir toutes les sociétés privées et doit être établi par les soins de l'administration communale. La statistique communale devra périodiquement faire un dépouillement de ce registre en distinguant les pauvres secourus par les, administrations publiques.   [31 : 362]

(*Institut International de Statistique*, Christiania, 1899.)

*** L'I.I.S. est d'avis que pour l'établissement d'une statistique des pauvres dans les divers pays :

1º Il faudrait réunir les données éparses recueillies actuellement sur les différentes classes d'assistés, mais, pour donner aux relevés qui seront faits un caractère d'uniformité et rendre ainsi cette statistique rationnelle, il faudrait appliquer la méthode individuelle ;

2º Chaque établissement devrait être appelé à relever individuellement sur un cadastre ou grand-livre les conditions personnelles de chaque assisté. Des extraits seraient ensuite transmis par ces établissements de bienfaisance aux administrations centralisatrices, dont les cadastres ou grand-livres généraux contiendraient aussi la récapitulation des données extraites des cadastres parcellaires. [31 : 362]

(*Institut International de Statistique*, Berlin, 1903.)

Instruction publique. 31 : 372

L'I. I. S. émet le vœu que tous les États publient périodiquement et au moins une fois tous les cinq ans, une statistique de l'enseignement primaire. Les mots écoles, classes, maîtres, élèves ne répondant pas à la même définition dans tous les États, il est très utile pour les rapprochements internationaux de donner cette définition d'une manière précise dans les statistiques nationales. Les parties essentielles de cette publication, sans préjudice des autres développements que chaque État juge utile de leur donner, nous paraissent être :

1º Les dépenses faites pour l'enseignement public, particulièrement pour les écoles primaires ordinaires, avec distinction, s'il est possible, des diverses provenances de la rente (commune, province, État), et de la répartition des dépenses avec renseignements complémentaires, s'ils peuvent être obtenus, pour l'enseignement privé ;

2º Le nombre des écoles primaires ordinaires, telles qu'elles sont définies dans ce rapport, avec distinction des écoles publiques (ou subventionnées sur les fonds publics) et des écoles privées (pour les États qui sont en mesure de dresser cette dernière statistique), des écoles de garçons, de filles et des écoles mixtes.

En outre, s'il y a lieu, d'une part, le nombre des écoles complémentaires : écoles primaires supérieures (Vorbildungsschule), cours d'adultes, écoles du soir et des jours fériés, collèges et autres établissements donnant l'instruction primaire à des enfants de plus de 13 ans ; d'autre part, celui des écoles maternelles ou gardiennes et, en général, des établissements recevant des enfants de moins de 6 ans ;

3º Le nombre des maîtres de l'enseignement primaire, en distinguant : d'une part, ceux qui exercent dans les écoles primaires ordinaires et ceux qui exercent dans d'autres écoles ; d'autre part, les maîtres principaux et les maîtres adjoints ou auxiliaires sous quelque titre qu'ils soient dénommés, les instituteurs et les institutrices, les maîtres qui ont un diplôme et ceux qui n'en ont pas ; enfin, en ajoutant, s'il est possible, la statistique des écoles normales et le nombre des diplômes de divers degrés conférés chaque année ;

4° Le nombre des élèves des écoles primaires ordinaires, en distinguant les garçons et les filles, et, s'il est possible, le nombre total des inscrits dans le cours de l'année, ainsi que le nombre des inscrits ou des présents à une date déterminée, principalement pour le mois de décembre ; en ajoutant, s'il est possible, d'une part, la statistique des élèves des écoles ou cours complémentaires, d'autre part, celle des enfants des écoles maternelles, gardiennes, etc.;

5° Quand il est possible, le nombre des personnes ayant reçu de l'instruction, conscrits sachant lire, époux et épouses ayant signé leur acte de mariage, et, à propos du recensement de la population, le nombre des personnes sachant lire et écrire.

[31 : 372[

(*Institut International de Statistique*, Vienne, 1891 : Chicago, 1893.)

Commerce extérieur. 31 : 382

1. La classification des marchandises proposée est importante pour l'étude spéciale de la quantité de main-d'œuvre employée dans les grandes branches de l'industrie des différents pays. Mais la question de la comparaison internationale des exportations et des importations n'étant pas tranchée par cette étude spéciale, il est d'avis de continuer ses travaux relatifs à ce but.

CLASSIFICATION PROPOSÉE.

I. Animaux vivants, substances alimentaires, boissons, y compris les narcotiques.

II. Matières nécessaires à l'industrie :
    a) Textiles ;
    b) Métaux ;
    c) Autres.

III. Fabrications :
    a) Textiles ;
    b) Métaux ;
    c) Autres.

IV. Numéraire.

2. Il serait désirable de généraliser le système d'évaluations basées sur des déclarations spéciales, en laissant, toutefois, subsister comme contrôle les évaluations officielles là où elles sont en usage ; et qu'il serait aussi utile de régler le mode d'exécution du système, et surtout le mode de contrôle des évaluations par des conventions internationales.

3. Il faut chercher à constater, autant que possible, les pays de provenance originaire des marchandises importées et de des-

tination définitive des marchandises exportées. (*Bulletin*, t. VI,
I, p. 90 et 214.)   [31 : 382]
(*Institut International de Statistique*, Vienne, 1891.)

*** Le Comité du Commerce extérieur ayant constaté avec satisfaction les progrès réalisés au point de vue de la comparabilité
de la statistique de l'exportation et de l'importation dans les
différents pays, mais ayant considéré qu'il reste beaucoup à
faire pour avancer l'objet désiré, est d'avis :

1º Que le Comité soit maintenu en fonctions avec les mêmes
membres, avec la faculté de s'adjoindre tous les chefs de bureaux
chargés de la préparation de la statistique commerciale dans les
différents pays, qui sont membres de l'I. I. S.;

2º Que les points suivants doivent être surtout gardés en vue :

a) En ce qui concerne l'évaluation des importations et des
exportations, que les importations doivent être évaluées au
port d'arrivée, avec le coût du fret, et les exportations au port
d'embarquement ;

b) En ce qui concerne la classification, que la classification
résumée qu'on a dernièrement proposée pour l'Empire britanique serait avantageuse pour les usages industriels, au moins
comme supplément aux classifications résumées existantes, et
qu'on en recommande l'adoption ;

3º Qu'une liste uniforme des principaux articles d'importation et d'exportation dans chaque pays, au nombre de 50 environ, soit rédigée de façon à admettre la comparaison internationale quant à la quantité et à la valeur, et que son adoption
soit recommandée.   [31 : 382]
(*Institut International de Statistique*, Chicago, 1893.)

*** L'I. I. S. considérant qu'il est désirable que les vœux énoncés
dans ses séances précédentes au sujet de la comparabilité des
chiffres des importations et des exportations des divers pays
commencent à être mis en pratique ;

Ne se dissimulant pas les difficultés qui s'opposent à la comparaison en question et qui résultent surtout des différences
entre les tarifs douaniers et entre les systèmes suivis dans les
divers pays pour la statistique commerciale, mais jugeant qu'il
convient d'essayer de surmonter ces difficultés autant que les
circonstances le permettent ;

Émet le vœu que les gouvernements soient invités à publier,
soit séparément, soit comme supplément des tableaux ordinaires
des importations et exportations, un tableau à part, comprenant, autant que possible, les articles les plus importants pour
le commerce en général, d'après une liste à dresser de commun
accord.

Dans ces tableaux, les quantités des marchandises importées et exportées seront exprimées, autant que possible, en poids brut, avec indication de *leur valeur* d'après la statistique nationale et en distinguant entre le commerce par mer et celui par les frontières de terre. Il est bien entendu qu'il sera loisible de subdiviser les articles contenus dans cette liste.

Les chefs des administrations que la chose concerne sont invités à communiquer ce vœu à leur gouvernement. M. le docteur Goering, chef du bureau fédéral de statistique commerciale, est invité à vouloir bien se charger de rédiger le projet d'une liste du genre indiqué ci-dessus et de le soumettre à l'approbation de ses collègues. [31 : 382]

(*Institut International de Statistique*, Berne, 1895.)

*** 1º Il faudrait que les efforts faits par Sir Alfred Bateman, pour unifier les classifications des importations et des exportations soient imités et continués par tous les statisticiens, administrateurs, publicistes et hommes d'État qui peuvent exercer une influence pour obtenir le résultat.

2º Il est demandé que les classifications entre commerce spécial, commerce général, la distinction entre numéraire et marchandises, les admissions temporaires soient établies où elles ont raison d'être. [31 : 382]

(*Institut International de Statistique*, Londres, 1905.)

Chemins de fer. 31 : 385

L'I. I. S., considérant que d'après les résultats obtenus, le bulletin de parcours, attaché à chaque wagon, constituerait la base sérieuse d'une statistique nationale et internationale des moyens de transport, appelle l'attention des administrations des chemins de fer d'État ou privées sur ce système.

Il proroge les pouvoirs de la Commission et charge le président de cette Commission de recueillir auprès des administrations et des gouvernements les renseignements qui permettraient d'aboutir par ce moyen à une statistique internationale. [31 : 385]

(*Institut International de Statistique*, Londres, 1905.)

Transports maritimes. 31 : 387.5

1º Afin de remédier aux graves inconvénients résultant pour la statistique internationale de la navigation maritime du fait des escales, il est désirable qu'il soit publié, dans chaque pays, des données détaillées sur les services maritimes réguliers desservant les ports de deux pays étrangers avec indication de leur itinéraire ;

2º Afin de fournir les éléments nécessaires pour un calcul

approximatif des distances parcourues dans les transports maritimes, on recommande à l'attention des bureaux de statistique respectifs l'utilité de subdiviser certains pays de provenance et de destination en zones ou régions, notamment en vue de la distinction entre les voyages de court trajet et les voyages plus longs ;

3° Dans le cas où les renseignements mentionnés ci-dessus ne pourraient pas être obtenus annuellement, on recommande d'en faire une enquête spéciale pour une seule année.　　[31 : 387.5]

(*Institut International de Statistique*, Chicago, 1893.)

Incendies.　　　　　　　　　　　　　31 : 614.84

1° Qu'il serait de la plus haute importance d'effectuer des investigations officielles sur tous les incendies ;

2° Qu'il serait utile qu'à l'occasion d'un incendie une enquête fût faite immédiatement, par un employé dûment autorisé, sur la cause de l'incendie et sur les circonstances qui le concernent et que les résultats de cette enquête fussent communiqués à un Office dépendant de l'administration publique, pour être enregistrés et publiés ;

3° Que les dépenses pour ces enquêtes devraient être, en tout ou en partie, à la charge du propriétaire du bâtiment dans lequel l'incendie s'est développé, autant qu'il peut être reconnu opportun, suivant les cas. (*Bulletin*, t. XIV, 1, p. 173, et 2, p. 399.)

[31 : 614.84]

(*Institut International de Statistique*, Berlin, 1903.)

Tuberculose.　　　　　　　　　　　　31 : 616.995

L'I. I. S. est d'avis :

1° Il faut distinguer deux sortes de statistiques de la tuberculose :

A. Celles qui ont pour but de déterminer la fréquence de la tuberculose, c'est-à-dire le nombre des tuberculeux pour 100,000 habitants. Il faut, pour calculer cette fréquence, le nombre des tuberculeux, d'une part et, d'autre part, le nombre d'individus parmi lesquels ils se sont recrutés ; autrement dit, il faut non seulement une statistique des causes de décès, mais aussi un recensement. L'un des deux documents est aussi indispensable que l'autre. Donc une statistique hospitalière quelconque ne peut guère servir à calculer la fréquence de la tuberculose.

B. Les statistiques qui ont pour but de déterminer ce que deviennent les tuberculeux : les complications qu'ils ont présentées, la durée de la maladie et sa terminaison. Ces sortes de statistiques peuvent se passer d'un recensement.

2° Une statistique générale de la tuberculose ne peut être

établie convenablement qu'au moyen d'une statistique générale des causes de décès établie selon une nomenclature comparable de pays à pays spécifiant les principales maladies qui peuvent être confondues avec la tuberculose (bronchite chronique, méningite, etc.). La nomenclature dite « internationale » est particulièrement recommandable. Nous avons exposé les précautions à prendre pour tenir compte de ces causes de mort faciles à confondre avec la tuberculose.

Une statistique de la tuberculose (et des autres causes de décès) doit être établie par âges, ou plus simplement par groupes d'âges. (Ces divisions d'âges doivent naturellement se retrouver dans le recensement.)

3º Les statistiques hospitalières devraient être entièrement transformées pour rendre les services d'ordre pratique et d'ordre théorique que l'on pourrait en tirer.

4º Les statistiques des sanatoriums doivent avoir pour but minimum de calculer : « sur 100 malades qui ont quitté le sanatorium (après y avoir résidé telle ou telle durée), combien sont sortis avec des lésions nulles ou atténuées ou stationnaires ou aggravées ».

Le modèle II ne contient que les éléments indispensables pour faire ce calcul.

Il faut en outre savoir : « sur 100 malades ayant quitté le sanatorium dans telles ou telles conditions (par exemple sur 100 malades entrés avec des lésions graves, ayant résidé six mois et sortis améliorés) combien se sont trouvés dans tel ou tel état un an ou deux ans après leur sortie ».

Pour obtenir ce renseignement bien simple, il ne faut pas moins que les six tableaux dont il est donné le modèle (modèle III).

En outre, il est bon de publier une liste (modèle I) des malades sortis chaque année, avec les détails indiqués. Elle permettra à chaque lecteur de vérifier la sincérité et l'exactitude des tableaux numériques et d'en varier la forme ainsi qu'il le jugera bon. (*Bulletin*, t. XVII, p. 160 et 56.)   [31 : 616.995]

(*Institut International de Statistique*, Copenhague, 1907.)

CADRES POUR LA STATISTIQUE DE LA TUBERCULOSE.

(Modèle I) — **Liste des malades sortis du Sanatorium en 1906.**

Désignation du malade : Initiales, prénoms, No. matricule, etc.	Caractéristique du malade		État du malade lors de *l'entrée*				État du malade lors de la *sortie*				État du malade *après la sortie*		
	Age	Profession, etc.	Date de l'entrée	État général	Description sommaire des lésions constatées	Résumé : Lésions « légères » « curables » « incurables »	Date de la sortie	État général	Description sommaire des lésions constatées	Résumé : Amélioration, État stationnaire, Aggravation	Date des nouvelles reçues	Description sommaire des lésions constatées	Résumé nouvelles « bonnes » « mauvaises »
1	2	3	4	5	6	7	8	9	10	11	12	13	14

(Modèle II) — **Statistique des malades sortis pendant l'année 1906. — État des malades au jour de leur sortie.**

ÉTAT DES MALADES	
Col. a. Lors de leur *entrée.*	*Col. b.* Lors de leur *sortie.*
A. — Malades atteints de légions légères.	lésions nulles. . . . . » atténuées . . . . » stationnaires . . . . » aggravées . . . . Décès . . . . Total . . . . .
B. — Malades atteints de lésions plus graves mais jugés *curables* au jour de l'entrée	lésions nulles. . . . . » atténuées . . . . » stationnaires. . . . . » aggravées . . . . Décès . . . . Total . . . . .
C. — Malades jugés *incurables* au jour de l'entrée	lésions nulles. . . . . » atténuées . . . . » stationnaires. . . . . » aggravées . . . . Décès . . . . Total . . . . . Total général. . . . .

Col. c. Durée du séjour au Sanatorium :							Col. d. Total des malades sortis
3 mois au plus	de 3 à 6 mois	de 6 à 9 mois	de 9 à 12 mois	de 12 à 15 mois	de 15 à 18 mois	de 18 mois à 2 ans	2 ans et plus

Statistique des malades sortis en 1906. — État des malades de 6 à 12 mois après la sortie du Sanatorium.

(Ce tableau ne peut être établi qu'après le 31 décembre 1907.)

Observation : Tous les malades qui ont survécu six mois après leur sortie du Sanatorium doivent figurer sur ce tableau et ne doivent y figurer qu'une fois. La dernière information reçue sur chaque malade est donc la seule dont il soit tenu compte.

ÉTAT DES MALADES		Nature des nouvelles reçues
lors de l'entrée	lors de la sortie	
	Lésions nulles	bonnes . . . . mauvaises . . . . Décès . . . . pas de nouvelles . . . . { a b c Total . . . .
	Lésions atténuées . .	bonnes . . . . mauvaises . . . . . . Décès . . . . pas de nouvelles . . . . { a b c Total . . . .
A. — Malades atteints de lésions légères	Lésions stationnaires .	bonnes . . . . . . mauvaises . . . . . . Décès . . . . pas de nouvelles . . . . { a b c Total . . . .
	Lésions aggravées . .	bonnes . . . . mauvaises . . . . . . Décès . . . . pas de nouvelles . . . . { a b c Total . . . .
B. — Malades atteints de lésions plus graves mais jugées curables à leur entrée	mêmes *rubriques* que ci-dessus	mêmes *rubriques* que ci-dessus
C. — Malades jugés incurables au jour de l'entrée.	mêmes *rubriques* que ci-dessus	mêmes *rubriques* que ci-dessus

a N'ont pas donné de leurs nouvelles pendant le semestre, mais en avaient donné,
b »   »   »   »   »   »   »   »   en dernier lieu, *de bonnes;*
c N'ont jamais donné de leurs nouvelles depuis leur sortie du Sanatorium.   »   *de mauvaises;*

	La durée du séjour au Sanatorium avait été de								Totaux.
moins de 3 mois	3 à 6 mois	6 à 9 mois	9 à 12 mois	12 à 15 mois	15 à 18 mois	18 à 21 mois	21 à 24 mois	2 ans et plus	

*** Conformément aux vœux exprimés à Copenhague par la Section de démographie, l'I. I. S. émet le vœu que dans toutes les villes importantes il soit constitué à chaque cas de décès par la tuberculose, si l'époux, les parents, les enfants, les frères et sœurs du décédé ont succombé à cette même maladie.

Quant aux diverses formes de la tuberculose, il faut au moins distinguer : la tuberculose des poumons et du larynx, la tuberculose des autres organes et la tuberculose miliaire.

Il est à désirer que dans toutes les villes importantes les décès causés par la tuberculose soient classifiés :

1º D'après les districts caractéristiques au point de vue de l'hygiène, en y ajoutant le nombre des habitants de ces districts ;

2º D'après la hauteur de l'étage où se trouvent les habitations des décédés, en y ajoutant le nombre total des habitants des étages respectifs selon le dernier dénombrement ;

3º D'après le nombre des pièces composant l'habitation du décédé et le nombre des personnes qui y sont logées, en y ajoutant, autant que possible, le nombre total des personnes qui se trouvent dans les mêmes conditions d'habitation.

Quant à la morbidité due à la tuberculose, il est désirable que, dans les villes importantes, les médecins soient engagés à communiquer au bureau communal de statistique, au moins une fois par an, le nombre des tuberculeux qu'ils ont en traitement à une date donnée, par exemple, le 1ᵉʳ avril.

Si les médecins y consentent, on pourrait aussi leur demander des renseignements spéciaux relatifs à chaque cas de maladie et de décès causés par la tuberculose, en adoptant le système qui est en usage en Suisse, d'après lequel les médecins remplissent pour chaque cas un bulletin individuel, dont une partie contient les données demandées par l'Office de l'état civil et dont l'autre partie, qui contient des renseignements confidentiels, peut être détachée et envoyée directement, par les médecins, au Bureau de statistique. Dans les cas de maladies tuberculeuses il s'agirait seulement de l'expédition de ce bulletin confidentiel.

En général, l'I. I. S. exprime l'avis que, vu les dangers exceptionnels produits par la tuberculose au point de vue hygiénique et social, il faut que la statistique de cette maladie en ce qui concerne la mortalité et la morbidité, soit plus développée et plus détaillée que celle des autres causes de décès. (*Bulletin*, t. XVIII, 1, p. 127 et 31.)   [31 : 616.995]

(*Institut International de Statistique*, Paris, 1909.)

Forces motrices.   31 : 621

Il est à désirer que dans les différents pays on dresse des statistiques de forces motrices aussi complètes que possible, faisant *au moins* connaître, pour chaque industrie :

a) Le nombre des personnes occupées dans cette industrie ;

b) Le nombre des personnes occupées dans les exploitations qui disposent d'un moteur mécanique ;

c) La puissance disponible des moteurs de chaque espèce : eau, vapeur, etc., en distinguant les moteurs secondaires des moteurs primaires. (*Bulletin*, t. XIX, I, p. 97 et 50.) [31 : 621]

(*Institut International de Statistique*, La Haye, 1911.)

Agriculture. 31 : 63

Pour apprécier l'état de l'exploitation agricole et les changements qui s'y produisent, il est de toute nécessité d'acquérir la connaissance aussi exacte que possible des surfaces affectées à la culture des différents produits agricoles. Le moyen le plus efficace pour arriver à cette connaissance serait un recensement individuel des exploitations agricoles sous ce rapport. Dans les contrées où l'on peut s'attendre que les cultivateurs fournissent eux-mêmes des données exactes sur leurs exploitations, ce recensement pourrait être annuel, tandis que dans celles où une partie considérable d'exploitations devraient être recensée par les autorités locales ou par des agents *ad hoc*, il serait préférable de faire un recensement exact tous les cinq ou même tous les dix ans, plutôt que de recueillir les données tous les ans au moyen d'estimations.

Dans le cas où il serait impossible de faire un recensement exact de toutes les surfaces occupées par les différents produits, il faudrait recueillir des données exactes sur toutes les exploitations dont on pourrait en obtenir et ne procéder à l'estimation que pour suppléer au reste des données qui feraient défaut. Cette estimation devrait être opérée pour des circonscriptions locales présentant une certaine égalité de conditions agricoles dans leur enceinte et devrait être faite à part pour les exploitations grandes, moyennes et petites.

Quant au mode d'estimation, il est préférable d'établir la répartition de la surface cultivée entre les divers produits, en proportion des surfaces affectées à ces produits dans un nombre d'exploitations exactement recensées.

Il est désirable que les recherches sur la distribution des surfaces cultivées entre les différents produits soient entreprises séparément de celle sur le rendement.

L'époque la plus propre à recueillir les données sur les surfaces cultivées serait le mois de juin. (*Bulletin*, t. IX, 2, p. LXXVIII et 127.) [31 : 63]

(*Institut International de Statistique*, Berne, 1895.)

Etat des cultures. 31 : 63.3

1° Que dans chaque pays, des observateurs suffisamment nombreux et munis d'instructions uniformes, opèrent sur des circonscriptions de dimensions restreintes, en rapport avec les moyens dont ils disposent ;

2° Que, dans la récapitulation des estimations locales, on tienne compte des superficies et des rendements correspondants à chaque culture ;

.3° Que la publication d'un indice unitaire des états des cultures soit accompagnée de chiffres de détails et des explications qui permettent d'en apprécier la valeur ;

4° Que le plus souvent possible et tous les dix ans au moins, il y ait un recensement des superficies cultivées et une estimation particulièrement précise des rendements pour servir de contrôle aux estimations annuelles. [31 : 63.3]

(*Institut International de Statistique*, Vienne, 1913.)

Céréales. [31 : 63.31

Il est désirable d'obtenir la superficie emblavée dans les principales sortes de céréales par pays et par an. [31 : 63.31]

(*Institut International de Statistique*, Londres, 1905.)

Animaux. 31 : 636

Il est désirable d'obtenir le nombre des animaux des races bovine et ovine par recensements aussi fréquents que possible et d'en indiquer les dates. (*Bulletin*, t. XV, 2, p. 53.) [31 : 636]

(*Institut International de Statistique*, Londres, 1905.)

Trafic international. 31 : 656.23 (∞)

L'I. I. S. exprime le vœu que les documents statistiques officiels contiennent des tableaux résumés du trafic d'échange des marchandises par les voies ferrées ou navigables entre les différents pays ou réseaux de chemins de fer constituant le trafic international direct. [31 : 656.23 (∞)]

(*Institut International de Statistique*, Paris, 1909.)

Industrie. 31 : 66/67

Dans les pays où il est possible de procéder à des recensements industriels généraux, l'I. I. S. recommande les dispositions suivantes, applicables au minimum des renseignements que doivent fournir ces recensements :

1° Comprendre dans la population active les personnes occupées à un travail rémunéré, y compris les personnes momentanément sans travail ; ne pas y comprendre les membres de la famille exclusivement occupés aux travaux du ménage, ceux-ci étant comptés à part.

2° Lorsque, pour les exploitations fonctionnant au domicile du chef de l'exploitation, on comprend dans la population active les membres de la famille prenant une certaine part aux travaux d'exploitation, avoir soin de former une catégorie spéciale de ces personnes.

Dans les comparaisons internationales, laisser en dehors des comparaisons les femmes et les enfants de moins de 15 ans, des chefs de ces exploitations.

3° On profitera du recensement industriel pour connaître toutes les personnes qui, ordinairement employées dans un établissement, se trouvent momentanément sans place, et pour classer ces personnes suivant l'état civil (sexe, âge, etc.), la profession, la durée du chômage écoulé.

Diviser la durée de manière à permettre de former les catégories suivantes :

1 semaine — 2 semaines — 3 à 4 semaines (1 mois) — 5 à 13 semaines (1 à 3 mois) — 14 à 26 semaines (3 à 6 mois) — 27 à 51 semaines (6 mois à 1 an) — 52 semaines et plus (1 an et plus).

Dans les comparaisons, ne pas comprendre les personnes sans emploi âgées de plus de 60 ans ou en chômage depuis un an et plus.

4ᶜ Le recensement général ne permettant ordinairement pas de recueillir des renseignements assez fréquents, ou assez circonstanciés, sur l'importante question du chômage, compléter les données du recensement par des enquêtes partielles (associations professionnelles, chefs d'entreprises, institutions de placement ou de secours, etc.).

5° Pour grouper correctement les personnes actives par catégories professionnelles, les classer en *premier lieu*, d'après l'industrie collective exercée dans chaque établissement de la localité de recensement, où le travail en commun s'effectue sous la direction d'un ou de plusieurs représentants d'une même firme. Lorsque plusieurs industries connexes sont exercées dans un même établissement, on pourra n'avoir égard, dans ce *premier classement*, qu'à l'industrie principale, celle qui occupe le plus grand nombre de personnes.

6° Suivant la situation dans l'industrie ou la profession, distinguer en *première ligne* les quatre groupes suivants :

a) Chefs d'établissements ;

b) Employés et ouvriers des établissements ;

c) Employés et ouvriers sans emploi ;

d) Travailleurs isolés et personnes à emploi irrégulier, catégories dont les limites résultent de la définition de l'établissement.

7º Pour la population active totale, classée tout au moins suivant le sexe et suivant la position, former autant de catégories industrielles qu'il y a dans le pays d'industries exercées par des établissements différents.

8º Pour le classement des établissements suivant l'importance, faire en sorte que l'on puisse former les catégories suivantes :

```
                    o employé.
     1 à        5 employés ou ouvriers.
     6 à   20      »         »
    21 à  100      »         »
   101 à  500      »         »
   501 à 2,000     »         »
   plus de 2,000   »         »
```

(détailler les établissements de plus de 2,000 ouviers).

(*Bulletin*, t. XV, 2, p. 40 et 87.)   [31 : 66/67]

(*Institut International de Statistique*, Londres, 1905.)

Méthodes statistiques.   **311.2**

L'I. I. S. recommande l'étude continue de la question de la méthode représentative au Comité et aux statisticiens en général. (*Bulletin*, t. XIII, 1, p. 78.)   [311.2]

(*Institut International de Statistique*, Budapest, 1901.)

*** L'I.I.S., considérant que l'application *correcte* de la méthode représentative peut, dans un certain nombre de cas, fournir des observations exactes et détaillées dont il est possible de généraliser, sous certaines réserves, les résultats, recommande cette application, pourvu que dans le compte rendu on spécifie nettement dans quelles conditions s'est fait le choix des unités observées ; il maintient la question à l'ordre du jour, afin qu'un rapport soit présenté à la prochaine session sur les applications nouvelles de la méthode et sur la valeur des résultats statistiques obtenus. (*Bulletin*, t. XIV, 1, p. 133.)   [311.2]

(*Institut International de Statistique*, Berlin, 1903.)

*** L'I.I.S. reconnaît comme très nécessaire d'avoir un recueil méthodique de statistique administrative. Pour préparer un tel ouvrage, il est désirable que tous les offices de statistique veuillent bien fournir à l'I. I. S. les lois et règlements statistiques, afin qu'ils soient publiés à l'usage de tous les offices de statistiques, ainsi que de tous les savants statisticiens. (*Bulletin*, t. XIV, 1, p. 164.)   [311.2]

(*Institut International de Statistique*, Berlin, 1903.)

Technique. 311.26

L'I. I. S. rappelle que déjà en 1901, il a examiné les règles générales à suivre pour la construction des diagrammes et cartogrammes statistiques. Il confirme les résolutions qu'il a votées à cette époque et y ajoute les recommandations suivantes :

Recommandations particulières.

a) Courbes chronologiques graduées en années. — Pour rendre le tracé des courbes chronologiques graduées en années, indépendant des unités de mesure des coordonnées, il convient de substituer aux courbes de nombres absolus, des courbes anamorphosées obtenues en substituant, par exemple, aux nombres absolus leurs logarithmes, leurs accroissements annuels relatifs ou leurs rapports à une grandeur de base liée à la valeur commune.

Ce dernier système étant fréquemment adopté, on recommande en vue de l'uniformité des tracés :

1° De représenter la grandeur de la base par une longueur égale — ou approximativement égale, — à celle qui représente trente années ;

2° De choisir, *autant que possible*, comme grandeur de base, la moyenne annuelle des nombres à représenter compris dans la période 1901-1910.

b) Courbes de fréquence où ne dominent pas les extrêmes, et à graduation régulière. — Après avoir isolé, à chacune des extrémités de la courbe à tracer, respectivement le quart de la somme des nombres à représenter, noter sur l'axe des abcisses, le nombre des degrés de l'intervalle qui comprend la moitié restante.

On recommande de représenter la somme totale des nombres à représenter par une longueur égale ou décuple de cet intervalle autant de fois répété qu'il renferme de degrés.

Recommandations générales.

Les recommandations précédentes peuvent être suivies dans un grand nombre de cas. On doit s'en inspirer dans les autres cas afin d'éviter des interprétations divergentes.

Quel que soit le mode d'étalonnage, tout tracé de courbes statistiques doit être accompagné d'une légende faisant connaître les dispositions prises en vue de l'uniformité des unités. Les graphiques qui ne renferment point d'indication suffisante à cet égard peuvent constituer néanmoins de bons instruments d'illustration ; ils ne peuvent servir comme instruments des comparaisons statistiques. (*Bulletin*, t. XIX, 1, p. 150 et 121.) [311.26]

(*Institut International de Statistique*, La Haye, 1911.)

Recensements de population. 312

Pour arriver à une comparabilité internationale des résultats des recensements de la population dans les différents pays, l'I. I. S. a adopté pour le dépouillement les règles suivantes :

1⁰. En ce qui concerne la statistique des *maisons* : dépouiller le nombre des ménages et des personnes dont ils se composent selon les catégories suivantes : au-dessous du sol — au rez-de-chaussée — au premier étage — au second étage — au troisième étage — aux étages supérieurs — ménages occupant plusieurs étages ;

2⁰ En ce qui concerne la statistique des *ménages* : ménages composés d'une seule personne — de plusieurs personnes — établissements spéciaux, en indiquant partout le nombre des ménages et de leurs habitants.

Distinction des *établissements spéciaux* d'après les subdivisions ci-après : hôtels — hôpitaux — maisons d'éducation et d'instruction — maisons religieuses (excepté les maisons d'éducation) — maisons de détention et de correction — maisons de refuge et de bienfaisance — établissements militaires — autres établissements. Indiquer à chaque rubrique le nombre des établissements et celui des habitants.

Renseignements individuels :

3⁰ *Effectif et état d'agglomération de la population* : Classification des communes ou autres unités administratives, d'après les classes suivantes : nombre des communes jusqu'à 500 habitants — de 501 à 1,000 habitants — de 1,001 à 2,000 — de 2,001 à 5,000 — de 5,001 à 10,000 — de 10,001 à 20,000 — de 20,001 à 50,000 — de 50,001 à 100,000 — de 100,001 à 200,000 — de 200,001 à 300,000 — de 300,001 à 400,000 — de 400,001 à 500,000 — au-dessus de 500,000 habitants. (Il est désirable que l'on donne l'énumération des centres de population agglomérée qui se composent de plusieurs communes.)

4⁰ La distinction des *sexes* doit entrer dans toutes les combinaisons du dépouillement en ce qui regarde la population ;

5⁰ L'*âge* doit être dépouillé par période annuelles d'âge. (Il est désirable que l'on donne dans le tableau qui comprend les périodes annuelles d'âge une récapitulation par groupes quinquennaux) ;

6⁰ L'*état civil* doit être dépouillé au moins d'après les catégories suivantes : célibataires — mariés (y compris les séparés) — veufs — divorcés ;

L'*état civil* doit être combiné avec l'âge d'après les divisions suivantes : 0 à 15 ans, 15 à 20 ans et ainsi de suite, — par groupes quinquennaux d'âge ;

7º et 8º *Religion et nationalités* :

a) Toutes les dénominations inscrites dans les bulletins devront être reproduites dans les modèles de dépouillement ;

b) Pour les religions et nationalités principales et plus précisément pour celles qui surpassent le nombre de 10,000 individus, on admettra les combinaisons suivantes :

A. Age par périodes décennales ;

B. Nombre total des personnes ne sachant ni lire ni écrire au-dessus de 15 ans ;

C. Religions principales par nationalités principales ;

9º *Lieu de naissance* : le dépouillement sera fait séparément pour chacun des États indiqués ;

10º *Nombre des personnes ne sachant ni lire ni écrire pour la population* totale au-dessus de 15 ans ;

11º La *statistique de la population par étage des maisons habitées* (voir résolution nº 1) et par *âge* (selon les groupes quinquennaux — voir la résolution nº 5) sera faite d'après les groupes suivants :

a) Campagne (centres jusqu'à 2,000 habitants) ;

b) Villes (de 2,001 à 100,000 habitants) ;

c) Grandes villes (au-dessus de 100,000 habitants) ;

12º *Infirmités*, c'est-à-dire statistique des aveugles, des sourds-muets, des aliénés et des idiots. On indiquera :

a) Le nombre de personnes vivant dans les familles ou dans les établissements ;

b) Les infirmités au moins pour les combinaisons suivantes : nombre des aveugles qui sont en même temps ou sourds, ou muets, ou aliénés, ou idiots ; nombre des sourds-muets qui sont en même temps ou idiots ou aliénés ;

c) L'état civil d'après les quatre catégories ;

d) Les religions principales ;

e) Les nationalités principales ;

f) L'âge par périodes annuelles.

On fait remarquer que les questions posées ne concernent pas la statistique des départements ou des communes. Il suffira qu'il soit répondu à chaque question par un seul chiffre, se rapportant au pays entier. (*Bulletin*, t. II, 1, p. 200 et 365.)   [312]

(*Institut International de Statistique*, Rome, 1887.)

CADRE INTERNATIONAL POUR LE DÉPOUILLEMENT UNIFORME DES RECENSEMENTS.

1. — Maisons.

Nombre des ménages par étage.

| | NOMBRE DES | | | | | | | |
| | ménages ordinaires | | | | personnes | | | |
	Campagne (a)	Villes (b)	Grandes villes (c)	Total	Campagne (a)	Villes (b)	Grandes villes (c)	Total
Au rez-de-chaussée								
Au premier étage								
Au second étage.								
Au troisième étage								
Étages supérieurs au troisième								
Ménages occupant plusieurs étages. . . .								
Au-dessous du sol								

(a) Jusqu'à 2,000 habitants. (b) De 2,001—100,000 habitants. (c) Au-dessus de 100,000 habitants.

2. — Ménages.

Nombre des ménages composés d'une seule personne.
» » » » de plusieurs personnes et nombre des membres.
» des établissements spéciaux et nombre de leurs habitants.

Spécification des établissements spéciaux.

| | Nombre des | |
	établissements	personnes
Hôtels.		
Hôpitaux		
Maisons d'éducation et d'instruction		
Maisons religieuses (excepté les maisons d'éducation) . .		
Maisons de détention et de correction.		
Maisons de refuge et de bienfaisance		
Établissements militaires.		
Autres établissements		

Communes ou autres unités administratives comptant	Nombre des	
	communes etc.	habitants
Jusqu'à 500 habitants.		
De 501 à 1,000 habitants		
De 1,001 à 2,000 »		
De 2,001 à 5,000 »		
De 5,001 à 10,000 »		
De 10,001 à 20,000 »		
De 20,001 à 50,000 »		
De 50,001 à 100,000 »		
De 100,001 à 200,000 »		
De 200,001 à 300,000 »		
De 300,001 à 400,000 »		
De 400,001 à 500,000 »		
Au-dessus de 500,000 habitants		

NOTE : Énumération des agglomérations composées de plusieurs communes.

Nom et population de l'agglomération	L'agglomération se compose des communes suivantes	Population de chaque commune

	Hommes	Femmes	Total
o— 1 an (1—365 jours)			
1— 2 ans.			
2— 3 »			
3— 4 »			
4— 5 »			
o— 5 ans.			
5— 6 ans.			
6— 7 »			
7— 8 »			
8— 9 »			
9—10 »			
5—10 ans.			
et ainsi jusqu'à 100 ans, puis :			
Au-dessus de 100 ans			
Age inconnu.			
Total. . . .			

5. — Ages à la campagne, dans les villes et les grandes villes.

	Campagne (jusqu'à 2,000 habitants)			Villes (2,001—100,000 habitants)			Grandes villes (Au-dessus de 100,000 hab.)		
	Hommes	Femmes	Total	Hommes	Femmes	Total	Hommes	Femmes	Total
o— 5 ans									
5—10 »									
10—15 »									
et ainsi jusqu'à 100 ans; puis :									
Au-dessus de 100 ans									
Age inconnu.									
Total.									

6. — Etat civil par âge.

	Non-mariés			Mariés (y compris les séparés)			Veufs			Divorcés			Total		
	Hom.	Fem.	Total	Hom.	Fem.	Total	Hom.	Fem.	Total	Hom.	Fem.	Total	Hom.	Fem.	Total
0—15 ans															
15—20 »															
20—25 »															
et ainsi jusqu'à 100 ans; puis :															
Au-dessus de 100 ans . . .															
Age inconnu.															
Total. . . .															

7. — Religion.

Énumération de toutes les dénominations inscrites, par sexe :

. . . .
. . . .
. . . .

8. — Age et instruction pour les religions principales.

(au-dessus de 10,000 âmes)

	RELIGIONS PRINCIPALES					
	Hommes	Femmes	Total	Hommes	Femmes	Total
A. — Age.						
0—10 ans						
10—20 »						
et ainsi jusqu'à 100 ans; puis :						
Au-dessus de 100 ans . .						
Age inconnu.						
Total. . . .						
B. — Instruction.						
Nombre des personnes au-dessus de 15 ans, qui ne savent ni lire ni écrire.						

9. — Nationalité.

Énumération de toutes les dénominations inscrites, par sexe :

....

....

....

10. — Age, instruction pour les nationalités principales.

(au-dessus de 10,000 âmes)

	NATIONALITÉS PRINCIPALES					
	Hommes	Femmes	Total	Hommes	Femmes	Total
A. — Age.						
0—10 ans						
10—20 »						
et ainsi jusqu'à 100 ans; puis :						
Au-dessus de 100 ans . .						
Age inconnu						
Total. . . .						
B. — Instruction.						
Nombre des personnes au-dessus de 15 ans qui ne savent ni lire ni écrire.						
C. — Religions principales.						
. . . .						
. . . .						

11. — Lieu de naissance.

PAYS DE NAISSANCE	Hommes	Femmes	Total
Indication de tous les pays jusqu'au dernier . .			
. . . .			
. . . .			
. . . .			
. . . .			
. . . .			
. . . .			

12. — Instruction.

Nombre des personnes au-dessus de 15 ans qui ne savent ni lire ni écrire.

Hommes : .... Femmes : .... Total : ....

13. — Infirmités.

	Aveugles			Sourds-muets			Aliénés			Idiots			Total		
	Hom.	Fem.	Total	Hom.	Fem.	Total	Hom.	Fem.	Total	Hom.	Fem.	Total	Hom.	Fem.	Total
a) **Placement.**															
Dans les familles															
Dans les établissements . .															
.Total.															
b) **Etat civil.**															
Non-mariés															
Mariés (y compris les séparés)															
Veufs.															
Divorcés															
c) **Religions principales.**															
. . . .															
. . . .															
d) **Nationalités principales.**															
. . . .															
. . . .															

Réunion des infirmités.

Nombre des aveugles qui sont en même temps :
  a) sourds-muets : hommes : .... femmes : .... total : ....
  b) aliénés hommes : .... femmes : .... total : ....
  c) idiots hommes : .... femmes : .... total : ....
Nombre des sourds-muets qui sont en même temps :
  a) idiots hommes : .... femmes : .... total : ....
  b) aliénés hommes : .... femmes : .... total : ....

14. — Age des infirmes.

	Aveugles			Sourds-muets			Aliénés			Idiots			Total		
	Hom.	Fem.	Total	Hom.	Fem.	Total	Hom.	Fem.	Total	Hom.	Fem.	Total	Hom.	Fem.	Total
0— 1 an (365 jours) . .															
1— 2 ans.															
2— 3 »															
3— 4 »															
4— 5 »															
0— 5 ans.															
5— 6 ans.															
6— 7 »															
7— 8 »															
8— 9 »															
9—10 »															
5—10 ans.															
Ainsi jusqu'à 100 ans; puis :															
Au-dessus de 100 ans . . .															
Age inconnu.															

***Sont recommandées, en principe, à l'attention des Gouvernements, les conclusions suivantes :

1º Les recensements doivent se rapporter à la population de fait.

2º Les questions à poser à chaque individu sont :

a) Les noms et prénoms ;

b) Le sexe ;

c) L'âge (si possible en indiquant l'année et le mois de la naissance) ; en cas contraire, en années révolues et, pour les enfants au-dessous d'un an, en mois révolus) ;

d) Le rapport au chef de la famille ou du ménage (degré de parenté ou condition dans le ménage) ;

e) L'état civil (non-marié, marié, divorcé, veuf) ;

f) La profession ou condition (profession principale, en indiquant les professions secondaires). Indiquer si l'individu est patron, aide ou ouvrier ; pour les personnes qui vivent dans une famille, sans avoir elles-mêmes une profession distincte, faire mention de la profession qu'exerce le chef de famille ;

g) Le culte ;

h) La langue parlée ou maternelle ;

i) La connaissance de la lecture et de l'écriture ;

j) Le lieu de naissance ou la nationalité politique. On indique, si c'est possible la commune, ou tout au moins la plus grande division territoriale dans laquelle se trouve le lieu de naissance de la personne recensée (comté, canton, gouvernement, département, Regierungsbezirk, etc.). Pour les étrangers on indique en outre l'État dont ils sont les ressortissants ;

k) La résidence ordinaire et le caractère, soit la durée du séjour au lieu de recensement ;

l) La cécité, la surdi-mutité, l'idiotisme et le crétinisme, et l'aliénation mentale.

3º En ce qui concerne le dépouillement, il est à remarquer qu'outre le dépouillement des résultats, laissé à l'appréciation scientifique des bureaux de statistique, il est nécessaire qu'un petit nombre de données soient dépouillées dans tous les pays d'une manière uniforme. Le mode du dépouillement est établi dans le « Cadre international ».

Il va sans dire que les tableaux dont ce cadre recommande le dépouillement uniforme ne sont désirés par l'I. I. S. que si les relevés ont été effectués à l'occasion du recensement. (*Bulletin*, t. XI, 1, p. 220 à 250.) [312]

(*Institut International de Statistique*, Petrograd, 1897.)

CADRE INTERNATIONAL POUR LE RECENSEMENT DU MONDE.

Population totale depuis le commencement du siècle, à l'époque de chaque recensement.

Tableau I.

DATE EXACTE des recensements.	Superficie en kilomèt. carrés à l'époque de chaque recensement.	Population recensée (Popul. de fait autant que possible)			Observations. Consigner notamment : les modifications territoriales survenues entre deux recensements avec indication de la surperficie et de la population des territoires perdus ou annexés
		masc.	fém.	Total.	

Population par âge et par Etat Civil (Recensement le plus voisin de . . . . . .) (a).

Tableau **II.**   *Date exacte du recensement : le* .... 18......

GROUPES d'âge.	Célibataires		Mariés		Veufs		Divorcés		Total		Total général	Observations
	m.	f.	m.	f.	m.	f.	m.	f.	m.	f.		
0— 1 an .												
1— 2 ans.												
2— 3 »												
3— 4 »												
4— 5 »												
5— 9 »												
10—14 »												
15—29 »												
20—24 »												
25—29 »												
30—34 »												
35—39 »												
40—44 »												
45—49 »												
50—54 »												
55—59 »												
60—64, etc.												
91—94 ans.												
95—99 »												
100 ans et au-dessus .												
Inconnu . .												
Total .												

(a) Il y aura 5 tableaux semblables pour chaque pays, 1850, 1860, 1870, 1880 et 1890.

Nombre des individus de chaque culte.

Tableau **III.**

CULTES	RECENSEMENTS VOISINS DE				
	1850	1860	1870	1880	1890
Total égal de la population . .					

Nombre d'individus atteints d'infirmités apparentes.

Tableau **IV.**

INFIRMITÉS apparentes	RECENSEMENTS VOISINS DE										Observations
	1850		1860		1860		1870		1890		
	m.	f.	m.	f.	m.	f.	m.	f.	m.	f.	
Idiotie) congénitale .											
acquise . .											
Crétinisme											
Aliénation mentale . .											
Cécité) congénitale complète) acquise . .											
Surdi-mutité											
Total des infirmes .											

Nombre des étrangers recensés dans le pays.

Tableau **V.**

NATIONALITÉS ÉTRANGÈRES	RECENSEMENTS VOISINS DE				
	1850	1860	1870	1880	1890
Total des étrangers recensés . .					

CADRE INTERNATIONAL POUR LE RECENSEMENT
SÉCULAIRE DE 1900.

I. Ménages, Maisons, Agglomération.
II. Renseignements individuels (à l'exception de la profession).
III. Profession.

I. — Ménages, Maisons, Agglomération.

(Selon les résolutions de la session de Rome.)

1. — Ménages.

Nombre des ménages composés d'une seule personne.
»   »   »   »   de plusieurs personnes et nombre des membres.
»   des établissements spéciaux et nombre de leurs habitants.

Spécification des établissements spéciaux.

	NOMBRE DES	
	établisse-ments	personnes
Hôtels.		
Hôpitaux		
Maisons d'éducation et d'instruction.		
Maisons religieuses (excepté les maisons d'éducation). .		
Maisons de détention et de correction		
Maisons de refuge et de bienfaisance.		
Établissements militaires.		
Autres établissements		

2. — Nombre et étages des Maisons (*).

A rez-de-chaussée . . . . ., à 1 étage . . . . ., à 2 étages . . . . ., à 3 étages . . . . .,

à 4 étages . . . . ., à 5 et plus étages . . . . ., autres . . . . . . Total . . . . .

____

(*) Pour les villes seulement.

3. — Agglomération de la population.

Communes ou autres unités administratives comptant	NOMBRE DES	
	communes, etc.	habitants
Jusqu'à 500 habitants.		
De 501 à 1,000 habitants		
De 1,001 à 2,000 »		
De 2,001 à 5,000 »		
De 5,001 à 10,000 »		
De 10,001 à 20,000 »		
De 20,001 à 50,000 »		
De 50,001 à 100,000 »		
De 100,001 à 200,000 »		
De 200,001 à 300,000 »		
De 300,001 à 400,000 »		
De 440,001 à 500,000 »		
Au-dessus de 500,000 »		

Ménages et personnes par étage.

ÉTAGE	NOMBRE DES			
	ménages ordinaires.		personnes	
	Villes (1).	Grandes villes (2).	Villes (1).	Grandes villes (2).
Au-dessous du sol				
Au rez-de-chaussée.				
Au premier étage				
Au second étage				
Au troisième étage				
Étages supérieurs au troisième. . .				
Ménages occupant plusieurs étages .				

(1) De 2,001—100,000 habitants. — (2) Au-dessus de 100,000 habitants.

II. — Renseignements individuels, à l'exception de la profession.

(Age, Etat civil, Confession, Analphabétisme, Pays de naissance, Pays de sujétion, Infirmités).

(Selon les résolutions de la session de Rome.)

4. — Age.

AGE.	Hommes.	Femmes.	Total.
0—1 an (1—365 jours)			
1—2 ans.			
2—3 »			
3—4 »			
4—5 »			
0—5 ans			
et ainsi jusqu'à 100 ans, puis :			
Au-dessus de 100 ans			
Age inconnu.			
Total.			

5. — Ages à la campagne, dans les villes et les grandes villes.

	Campagne (jusqu'à 20,000 habitants)			Villes (2,001—100,000 habitants)			Grandes villes (au-dessus de 100,000 habitants)		
	Hommes.	Femmes.	Total	Hommes.	Femmes.	Total	Hommes.	Femmes.	Total
0— 4 ans . .									
5— 9 » . .									
10—14 » . .									
et ainsi jusqu'à 100 ans; puis :									
Age inconnu. .									
Total. . .									

6. — Etat civil par Age.

	Non-mariés.			Mariés.			Veufs.			Divorcés.			Total.		
	Hom.	Fem.	Total	Hom.	Fem.	Total	Hom.	Fem.	Total.	Hom.	Fem.	Total	Hom.	Fem.	Total
0—14 ans															
15—19 »															
20—24 »															
et ainsi jusqu'à 100 ans; puis :															
Au-dessus de 100 ans . . .															
Age inconnu.															
Total. . . .															

7. — Analphabétisme.

Nombre des personnes au-dessus de 15 ans ne sachant ni écrire ni lire.
Hommes . . . . Femmes . . . . Total . . . .

8. — Religion.

Énumération de toutes les dénominations inscrites, par sexe (1) :

. . . .
. . . .

9. — Age et instruction pour les religions principales.

(Au-dessus de 10,000 âmes).

	Hommes.	Femmes.	Total.
a) **Age.**			
0—10 ans			
10—20 »			
et ainsi jusqu'à 100 ans; puis :			
Au-dessus de 100 ans			
Age inconnu.			
Total			
b) **Instruction.**			
Nombre des personnes au-dessus de 15 ans qui ne savent ni lire ni écrire.			

(A remplir pour chacune des confessions principales.)

---

(1) Au moins de ceux qui comptent plus de 1,000 âmes.

10. — Nationalité.

Énumération de toutes les dénominations inscrites, par sexe (1) :

. . . .
. . . .

11. — Age, instruction et religion pour les nationalités principales.
(Au-dessus de 10,000 âmes.)

	Hommes.	Femmes.	Total.
a) **Age.**			
0—10 ans			
10—20 »			
et ainsi jusqu'à 100 ans; puis :			
Au-dessus de 100 ans			
Age inconnu			
Total			
b) **Instruction.**			
Nombre des personnes au-dessus de 15 ans qui ne savent ni lire ni écrire			
c) **Religions principales.**			
. . . .			
. . . .			

(A remplir pour chacune des nationalités principales.)

12. — Pays de naissance et de sujétion.

Pays de naissance	Pays de naissance.			État auquel on appartient		
	Hommes	Femmes	Total	Hommes	Femmes	Total
Indication de tous les pays jusqu'au dernier .						
. . . .						

---

(1) Au moins de ceux qui comptent plus de 1,000 âmes.

13. — Infirmités.

	Aveugles			Sourds-muets			Aliénés			Idiots			Total		
	Hom.	Fem.	Total	Hom.	Fem.	Total	Hom.	Fem.	Total	Hom.	Fem.	Total	Hom.	Fem.	Total
a) **Placement.**															
Dans les familles															
Dans les établissements . .															
Total.															
b) **Etat civil.**															
Non-mariés															
Mariés															
Veufs.															
Divorcés															
c) **Religions principales.**															
. . . .															
. . . .															
d) **Nationalités principales.**															
. . . .															
. . . .															

Réunion des infirmités.

Nombre des aveugles qui sont en même temps :
a) sourds-muets : hommes : . . . . femmes : . . . . total : . . . .
b) aliénés   hommes : . . . . femmes : . . . . total : . . . .
c) idiots   hommes : . . . . femmes : . . . . total : . . . .
Nombre des sourds-muets qui sont en même temps :
a) idiots   hommes : . . . . femmes : . . . . total : . . . .
b) aliénés   hommes : . . . . femmes : . . . . total : . . . .

14. — Age des infirmes.

	Aveugles			Sourds-muets			Aliénés			Idiots			Total		
	Hom.	Fem.	Total	Hom.	Fem.	Total	Hom.	Fem.	Total	Hom.	Fem.	Total	Hom.	Fem.	Total
0— 1 an (365 jours). . .															
1— 2 ans.															
2— 3 »															
3— 4 »															
4— 5 »															
0— 5 ans.															
Ainsi jusqu'à 100 ans; puis :															
Au-dessus de 100 ans . . .															
Age inconnu.															

III.

Professions.

(Selon les résolutions des Sessions de Chicago et de Berne :
propositions de M. le Dr. Bertillon.)

15. — Nombre des personnes appartenant aux différentes professions.

A indiquer d'après 12 classes, à savoir :

A. *Production de la Matière Première* : I. Exploitation de la superficie du sol (y compris la pêche et la chasse). — II. Extraction des matières minérales. — B. *Transformation et Emploi de la Matière Première* : III. Industrie. — IV. Transports. — V. Commerce. — C. *Administrations publiques et Professions libérales* : VI. Force publique (y compris la police). — VII. Administrations publiques. — VIII. Professions libérales. — IX. Personnes vivant principalement de leurs revenus. — D. *Divers* : X. Travail domestique. — XI. Désignations générales, sans indication d'une profession, déterminée. — XII. Improductifs et Profession inconnue.

Liberté est laissée de spécifier lesdites classes d'après les nomenclatures systématiques embrassant 61, 206 ou 499 professions.

Quelle que soit la nomenclature adoptée, on recommande de publier au moins le nombre dés personnes recensées dans les professions choisies qui suivent dans la liste ci-après.

Liste des professions choisies les plus importantes, dont le dépouillement uniforme pour tous les pays est recommandé.

a) *Professions particulièrement importantes.*

Travaux agricoles (y compris : les propriétaires, cultivateurs, etc., les horticulteurs, maraîchers, pépiniéristes, forestiers, éleveurs; non compris : l'ostréiculture, la pisciculture, la pêche, la chasse, les propriétaires non cultivateurs, les vétérinaires, les maréchaux-ferrants et autres industries rurales).

Mines de combustibles : tourbières et industries annexes (y compris l'extraction du pétrole, du schiste bitumineux, laverie de houille, briquettes, etc.).

Mines et préparation des minerais métalliques.

Carrières (y compris : pierres, plâtre, soufre, pyrite, sable, glaise, kaolin, phosphate de chaux, etc.; non compris : sel gemme).

Textiles : filature, tissage, teinture, apprêt, impression, etc. (y compris : la passementerie, corderie, industrie de la paille, plumes, poils et crins).

Fabrication et laminage des métaux.

Fabrication de machines-outils et menus objets principalement ou exclusivement en fer.

Terre cuite (y compris : potiers, briquetiers, tuiliers, etc.).

Meuniers.

Boulangers (y compris : pâtisserie, biscuits, pâtes alimentaires).

Bouchers (y compris : charcutiers, tripiers).

Tailleurs de pierres, maçons et fumistes (y compris : les marbriers, ornementistes, ramoneurs, carreleurs, etc.; non compris : casseurs de pierres, cantonniers).

Serruriers (y compris : charpente en fer).

Usines à gaz.

Imprimeurs-typographes.

Cochers et charretiers (y compris : omnibus, palefreniers, agents de toutes sortes de transports sur route).

Hôtels, cafés, restaurants, débits.

Domestiques (y compris : cuisiniers-domestiques, cochers-domestiques, etc.; non compris : domestiques de ferme).

b) *Professions dont le dépouillement n'est regardé important qu'en seconde ligne.*

Sel gemme et marais salants.

Tanneurs et préparation de cuirs et peaux (y compris : corroyeurs, cuirs factices, chamoiseurs, parcheminiers, teinturiers en peaux).

Chaudronniers, étameurs.

Ferblantiers (y compris : lampistes, boîtes de conserves, boissellerie métallique).

Étireurs de métaux, tréfileurs, fils métalliques.

Verres, cristaux, glaces et miroirs.

Porcelaine et faïence.

Fabriques de papier et de carton (y compris : cellulose, celluloïde, etc.).

Fabricants et raffineurs de sucre.

Brasseries (y compris : fabriques de malt).

Distilleries et fabriques de liqueurs.

Chapeliers (fabricants).

    » (marchands).

Chaussures (fabricants, y compris : chaussons, pantoufles, sabots).

    » (marchands).

Barbiers (y compris : ouvrages en cheveux).

Fabricants de meubles (y compris : ébénistes, ciseleurs et inscrusteur sur bois, vernisseurs en ébénisterie et en voitures, rempailleurs et canneleurs de chaises, etc., tapissiers, fabricants de matelas, lit en fer, etc.).

Marchands de meubles.

Peintres en bâtiments (y compris : vitriers, peintres en lettres, etc.)

Charrons et carrossiers.

Horlogers (fabricants), y compris : fournitures d'horlogerie.

Bijoutiers (fabricants), non compris : les batteurs d'or, étireurs de métaux précieux, doreurs.

Bijoutiers (marchands).

Marins non militaires (y compris : les pêcheurs en eau de mer).

Postes et télégraphes, téléphones.

Banquiers, changeurs (y compris : agents de change, établissements de crédit et leurs employés).

Autres commerces de l'alimentation (y compris : marchands épiciers, fruits et légumes, volaille, grains, farines et fourrages, bestiaux, tabac, etc.).

Libraires et éditeurs, papetiers (y compris : marchands de livres, musique, journaux, bouquinistes).

Médecins et chirurgiens (non compris : les dentistes non médecins, sages-femmes, vétérinaires, pharmaciens, masseurs, ventouseurs, etc.).

16. — Conditions de travail et âge dans les professions.

(D'après les résolutions de Chicago (Bulletin VIII, livr. I, p. CII.) les renseignements mentionnés dans le tableau suivant peuvent se borner aux professions ou aux groupes de professions les plus importantes.)

PROFESSIONS	TOTAL			PATRONS												EMPLOYÉS												OUVRIERS												
				Exerçant eux-mêmes la profession								Membres de famille vivant à leur charge.				Exerçant eux-mêmes la profession								Membres de famille vivant à leur charge.				Exerçant eux-mêmes la profession								Membres de famille vivant à leur charge.			
				0-19 ans		20-39 ans		40-59 ans		60ans —w		0-19 ans		20ans —w		0-19 ans		20-39 ans		40-59 ans		60ans —w		0-19 ans		20ans —w		0-19 ans		20-39 ans		40-59 ans		60ans —w		0-19 ans		20ans —w	
	hommes.	femmes.	total.	h.	f.	h.	f.	h.	f.	h.	f.	h.	f.	h.	f.	h.	f.	h.	f.	h.	f.	h.	f.	h.	f.	h.	f.	h.	f.	h.	f.	h.	f.	h.	f.	h.	f.	h.	f.

*** 1º L'I. I. S. reconnaît qu'il serait très important que des explorations démographiques soient exécutées dans les pays où il n'existe pas encore de recensement. L'Institut crée un Comité qu'il charge de rédiger les instructions et questionnaires qui pourront être utiles dans ce but.

2º Le Comité remettra son travail au Président de l'I. I. S. avant la fin de l'année 1900.

3º Le Bureau central recherchera quelles sont les administrations, les sociétés de géographie et de statistique et autres sociétés savantes que cette question peut intéresser et leur fera parvenir les instructions et questionnaires rédigés par ce Comité. (*Bulletin*, t. XII, 1, p. 58.) - [312]

(*Institut International de Statistique*, Christiania, 1899.)

*** 1º L'I. I. S. recommande en principe et dans une manière générale les opinions exprimées dans le rapport de M. Baïnos et les thèses de M. Kiaer relatives au recensement des populations non énumérées.

2º L'I. I. S. trouve désirable que, sur la base des idées exposées dans le rapport de M. Baines, il soit élaboré, en plusieurs langues, des instructions et questionnaires qui pourront être utiles aux explorations démographiques à exécuter dans les pays où il n'existe pas encore de recensement.

·3º Après qu'ils auront été approuvés par le Bureau de l'Institut, ces instructions et questionnaires doivent être distribués à toutes les sociétés savantes existant dans les différents pays et qui pourront être supposées vouloir s'intéresser auxdites explorations.

4º L'I. I. S. prie M. Rubin de bien vouloir se charger des travaux préparatoires concernant lesdites instructions et questionnaires, lesquels, après avoir été examinés par le Comité international, seront soumis à l'approbation du bureau de l'Institut.

5º L'I. I. S. prie en outre M. Rubin d'élaborer, avec le concours des membres autres dudit Comité, un plan pour l'organisation future d'un travail international régulier concernant lesdites explorations et de la statistique internationale du mouvement de la population. Il est entendu que ce plan sera soumis à l'examen de l'Institut dans sa prochaine session. (*Bulletin*, t. XIII, 1, p. 79.) [312]

(*Institut International de Statistique*, Budapest, 1901.)

*** L'I. I. S. prie son Bureau :

1º De bien vouloir s'arranger avec le Bureau de statistique du Danemark, ou avec un des Bureaux d'État actuels de statistique, en vue de faire avancer, autant que possible, les travaux concernant les explorations démograph ques à exécuter dans les pays où il n'existe pas encore de recensement, et les travaux concernant une statistique internationale régulière du mouvement de la population.

2° De chercher à établir une collaboration à cet égard avec le Congrès international de géographie. (*Bulletin*, t. XIV, I, p. 92.)

[312]
(*Institut International de Statistique*, Berlin, 1903.)

**** 1° Il est désirable que des rapports annuels internationaux sur le mouvement de la population soient publiés.

2° Ce but pourrait être atteint de la façon la plus complète et la plus satisfaisante, à l'avenir, par des conventions formelles entre les différents États sur le contenu à donner à ces rapports et par la fondation d'un bureau spécial international de la statistique de la population.

3° L'I. I. S. prie le Conseil fédéral de la Suisse de vouloir bien étudier s'il y a lieu d'engager dans ce sens un échange d'idées préparatoires parmi les gouvernements des pays dans lesquels le mouvement de la population est soumis à un contrôle statistique.

4° Pour atteindre dès à présent le but désiré, l'I. I. S. prie son *secrétaire général* de vouloir bien se charger de recueillir et de publier les renseignements annuels sur les différents pays, renseignements qui seront fournis par ces derniers d'après formulaires uniformes, s'il est possible, la première fois pour l'année 1894.

5° Comme modèles des formulaires à employer, sont recommandés les suivants :

Tableau I*a*. — *Naissance en général*. Nombre total des nés ; morts-nés ; nés vivants ; nés illégitimes ; en tout cas avec distinction du sexe.

Tableau I*b*. — *Naissance par mois*. Ce tableau est restreint aux nés vivants, et en donnera le nombre sans distinction du sexe pour janvier, février, etc.

Tableau II*a*. — *Décès en général* (non compris les morts-nés). Nombre total, et 13 groupes d'âges (1re année de vie ; 2e à 5e année de vie ; 6e à 10e ; puis groupes décennaux jusqu'à la 100e année de vie et dernier groupe 101e année de vie et au delà) ; en tout cas, distinction du sexe.

Tableau II*b*. — *Décès par mois et par âge*. Quatre groupes d'âges avec distinction du sexe : 1re année de vie ; 2e à 20e année de vie ; 21e à 60e année de vie ; 61e année de vie et au delà, en distinguant partout les mois.

Tableau III. — *Mariages en général*. Nombre total, puis les neuf combinaisons selon l'état civil: célibataires, mariés, divorcés.

Tableau IV. — *Immigration et émigrations.A*. Immigrations en général ; *B*. Émigrations en général ; *C*. Immigrations d'outre-mer ; *D*. Émigration d'outre-mer. Partout distinction du sexe.

Observations générales. — Pour les grands États, on donnera autant que possible non seulement les totaux pour l'État, mais aussi le détail pour les grandes régions administratives ou géographiques.

En outre : l'I. I. S. émet le vœu qu'il soit ajouté une statistique des principales causes de décès ; autant que possible, il est désirable que des chiffres soient donnés sur ces maladies : fièvre typhoïde, variole, rougeole, scarlatine, diphtérie, choléra, fièvre jaune, phtisie pulmonaire, autres maladies des poumons, diarrhée, cancer ; suicide, autres morts violentes. (*Bulletin*, t. IX, 2, p. LXXXVIII et 223.)   [312]

(*Institut International de Statistique*, Berne, 1895.)

Natalité.   312.1

L'I. I. S. exprime le vœu que les administrations statistiques des différents pays publient chaque année :

1º Le nombre des naissances vivantes et des morts-nés par sexe et par mois ;

2º Le nombre des naissances vivantes et des morts-nés par sexe, en distinguant dans chaque catégorie les légitimes des illégitimes. (*Bulletin*, t. XII, 1, p. 51 et 111.)   [312.1]

(*Institut International de Statistique*, Christiania, 1899.)

*** Il est à désirer que des recherches destinées à fixer l'expression de la fécondité par âge chez l'homme et chez la femme, analogues à celles entreprises par M. Turquan pour la France, soient suivies dans le plus grand nombre de pays possible. (*Bulletin*, t. XII, 1, p. 71, 86 et 88.)   [312.1]

(*Institut International de Statistique*, Christiania, 1899.)

*** En vue de recueillir des données sur la fécondité des mariages et sur le nombre des enfants par famille, l'I. I. S. recommande :

A. En ordre principal ou de préférence et en l'absence de difficultés de principe ou de raisons administratives s'opposant à une enquête générale sur cet objet, d'introduire dans les recensements généraux de la population, des questions sur les points suivants :

1º Pour les personnes en état de mariage, lorsque la femme est âgée de plus de 50 ans :

a) Année de la conclusion du mariage ;

b) Age au moment du mariage de l'époux et de l'épouse ;

c) Numéro d'ordre du mariage de l'homme et de la femme ;

d) Nombre des enfants nés-vivants et issus du mariage, avec l'indication du sexe ;

e) Nombre des enfants survivants à l'époque du recensement avec l'indication du sexe ;

2° Pour les personnes veuves ou divorcées : les mêmes renseignements et, en outre, la date de la dissolution de leur mariage.

B. En ordre subsidiaire, l'I. I. S. recommande de relever à l'occasion des déclarations de décès, lorsque le décès produit une dissolution de mariage, et à l'occasion des actes de divorce :

Les renseignements indiqués ci-dessus sous littera *a*, *b*, *c*, *d* et, comme sous littera *e*, le nombre des enfants survivants à l'époque de la dissolution du mariage.

C. L'I. I. S. recommande enfin de recueillir, à l'aide d'investigations représentatives comprenant un nombre suffisant de mariages, pour lesquels des renseignements mentionnés ci-dessus sont indiqués, des données sur la date de chaque naissance et de chaque décès des enfants et, en se bornant aux grands groupes, sur la classe sociale de la famille. Chaque pays appréciera si la meilleure base à prendre pour effectuer le classement par groupes sociaux est le montant des impositions ou tout autre élément.

D. La Section propose encore de maintenir le mandat du comité, spécialement en vue d'élaborer un projet de tableaux destinés à la statistique internationale sur la fécondité des mariages et le nombre des enfants par famille.

Dans tous les pays où le service d'anagraphe, c'est-à-dire, les registres municipaux de la population sont suffisamment bien organisés, dans toutes les communes, ou du moins dans les villes principales, on donne la préférence à ce moyen d'investigation pour approfondir nos connaissances sur la fécondité du mariage.

(*Bulletin*, t. XVII, 1, p. 206 et 165.) [312.1]

(*Institut International de Statistique*, Copenhague, 1907.)

*** L'I. I. S. confirmant le désir qu'il a formulé en assemblée générale du 31 août 1907, dans sa onzième session tenue à Copenhague, de voir opérer dans les divers pays des enquêtes sur la fécondité des mariages et le nombre des enfants par famille, d'après la méthode qu'il a indiquée, émet le vœu que ces enquêtes soient faites à l'aide de questionnaires conformes au modèle arrêté par le Comité, et recommande pour la publication des résultats l'emploi des tableaux annexés au rapport de M. Nicolaï.

(*Bulletin*, t. XVIII, 1, p. 82 et 61.) [312.1]

(*Institut International de Statistique*, Paris, 1909.)

LA FÉCONDITÉ DES MARIAGES ET LE NOMBRE
DES ENFANTS PAR FAMILLE.

Questionnaires pour les enquêtes sur la fécondité des mariages et le nombre des enfants par famille.

Divisions) Commune .... N⁰ du Bulletin ....
administratives (Etc. .... N⁰ du Bulletin du recensement général ...

QUESTIONNAIRE (N⁰ 1).

1' Pour les personnes en état de mariage, *lorsque la femme est âgée de plus de 50 ans?*

2' Pour les personnes veuves et divorcées (quel que soit leur âge).

RÉPONSES :

a) Nom et prénoms .... { de l'époux ....
{ de l'épouse ....

b) Date de la conclusion du mariage ... .

c) Date de naissance .... { de l'époux ....
{ de l'épouse ....

d) Numéro d'ordre du mariage. ..... { de l'homme ....
{ de la femme ....

e) Nombre des enfants nés vivants et issus du mariage .... { sexe masculin ....
{ sexe féminin ....
(Total ....

f) Nombre des enfants survivants à l'époque du recensement .... { sexe masculin ....
{ sexe féminin ....
(Total ....

g) S'il s'agit d'une personne veuve : Date du décès .... { de l'époux ....
ou
(de l'épouse ....

h) S'il s'agit d'une personne divorcée : Date du divorce (1) ....

Déclarations certifiées sincères par le soussigné.

A ...., le .... 19..

(SIGNATURE.)

____

(1) Il faudra veiller à supprimer les doubles emplois dans les questionnaires, si chacun des époux divorcés y répond.

LA FÉCONDITÉ DES MARIAGES ET LE NOMBRE
DES ENFANTS PAR FAMILLE.

**Questionnaires pour les enquêtes sur la fécondité des mariages
et le nombre des enfants par famille.**

Divisions } ....   N° ....
administratives } ....

BULLETIN (N° 2).

à remplir lorsqu'un décès produit une dissolution de mariage et à l'occasion
des actes de divorce.

RÉPONSES :

a) Nom et prénoms . . . . } de l'époux ....
                                  } de l'épouse ....

b) Date de la conclusion du mariage . . .   .

c) Date de naissance . . . . } de l'époux ....
                                  } de l'épouse ....

d) Numéro d'ordre du mariage . . . . . } de l'homme ....
                                  } de la femme ....

e) Nombre des enfants nés vivants et issus. } sexe masculin ....
   du mariage . . . . } sexe féminin ....
                                  } Total ....

f) Nombre des enfants survivants à l'épo- } sexe masculin ....
   que de la dissolution du mariage . . . } sexe féminin ....
                                  } Total ....

g) S'il s'agit d'une personne veuve : Date } de l'époux ....
   du décès . . . . } ou
                                  } de l'épouse ....

h) S'il s'agit d'une personne divorcée : Date du divorce (1) ....

Déclarations certifiées sincères par le soussigné.

A ...., le .... 19..

(SIGNATURE.)

---

(1) Il faudra veiller à supprimer les doubles emplois dans les questionnaires, si
chacun des époux divorcés y répond.

LA FÉCONDITÉ DES MARIAGES ET LE NOMBRE
DES ENFANTS PAR FAMILLE.

Questionnaire pour les enquêtes sur la fécondité des mariages et le nombre des enfants par famille.

Divisions administratives } ....

Nom et prénoms { de l'époux ....

de l'épouse. ....

Profession de l'époux (à l'âge de 40 ans ou à l'époque du recensement s'il n'a pas atteint cet âge)....................................

Nº du questionnaire ....

Nº du bulletin principal ....

Nº du bulletin de recensement général ....

QUESTIONNAIRE COMPLÉMENTAIRE

relatif aux enfants nés vivants et issus du mariage.

ÉNUMÉRATION	SEXE	DATE DE NAISSANCE	DATE DE DÉCÈS (Pour tout enfant encore en vie, écrire dans cette colonne le mot *survivant* en regard de son nom.)
1.			
2.			
3.			
. . . .			
15.			

Déclarations certifiées sincères par le soussigné.

A ...., *le* .... 19..

(SIGNATURE.)

Mortalité. 312.2

1º Le taux de mortalité dans les grandes villes doit être calculé de deux manières : *a*) par comparaison des décès actuels avec la population de fait ; *b*) avec exclusion des personnes arrivées du dehors en état de maladie dans les hôpitaux ou hospices ou dans les prisons et avec inclusion des habitants qui avaient leur résidence habituelle dans la ville, mais qui sont morts au dehors, en indiquant à part le nombre de ces derniers.

2º Le dépouillement doit être fait par tous les individus décédés dans la ville (mortalité du fait), mais dans la spécification des causes de décès le nombre des décédés qui n'avaient pas leur résidence habituelle dans la ville doit être indiqué à part. (*Bulletin*, t. VI, 1, p. 81 et 201.) [312.2]

(*Institut International de Statistique*, Vienne, 1891.)

*** L'I. I. S. propose d'adopter comme « Standard population », pour être appliquée dans le calcul du taux ou de l'index de la mortalité, la population de la Suède, avec une répartition fixe en pourcent de cinq classes d'âge : 0 à 11 mois ; 1 à 19 ans ; 20 à 39 ans ; 40 à 59 ans ; 60 ans et au delà. (*Bulletin*, t. IX, 2, p. LXIX.) [312.2]

(*Institut International de Statistique*, Berne, 1895.)

*** L'I. I. S. est d'avis que, pour faire des études spéciales sur la question de la mortalité dans les villes et dans les campagnes dans leurs relations réciproques, il serait nécessaire, entre autres conditions, d'exécuter des travaux monographiques. (*Bulletin*, t. XV, 2, p. 23 et 61.) [312.2]

(*Institut International de Statistique*, Londres, 1905.)

Divorce et séparation. 312.31

L'I. I. S. émet le vœu que les statistiques de chaque pays indiquent, pour les divorces et les séparations de corps:

1º Le nombre des demandes formées et leur résultat (admises, rejetées ou abandonnées et, dans ce dernier cas, s'il y a eu réconciliation des époux) ;

2º La qualité de la partie demanderesse (mari, femme ou les deux époux) ;

3º La situation de famille des époux (s'ils ont ou non des enfants) ;

4º La profession des époux d'après celle du mari, et en adoptant la classification votée par l'I. I. S. dans sa session de Berne, à l'égard de la statistique internationale des Caisses d'épargne ;

5º La durée du mariage au moment de la demande, avec les

subdivisions suivantes : *a*) moins de 1 an ; *b*) de 1 à 4 ans ; *c*) de 5 à 9 ans ; *d*) de 10 à 19 ans ; *e*) de 20 à 29 ans et ainsi de suite ;

6º Les motifs sur lesquels les demandes étaient fondées.

Il estime, en outre, que dans les pays où la séparation de corps peut être convertie en divorce, il est de toute importance de faire connaître le nombre des cas dans lesquels cette conversion a eu lieu. (*Bulletin*, t. XI, 1, p. 133 et 207.)　　　　[312.31]
(*Institut International de Statistique*, Petrograd, 1897.)

Etat physique. 312.6

Le Comité de l'Anthropométrie est d'avis qu'il serait désirable de faire dans les différents pays une enquête statistique de la taille et du poids des enfants des écoles Il propose qu'il soit élaboré un projet pour la poursuite pratique d'une telle enquête (*Bulletin*, t. VIII, 1, p. CIII.)　　　　[312.6]
(*Institut International de Statistique*, Chicago, 1893.)

Statistique sanitaire. 312.6

1º L'I. I. S. attache une grande importance à ce que les statistiques des infirmes se fassent dans tous les pays suivant des nomenclatures comparables ;

2º Il propose à l'adoption des différentes administrations statistiques trois nomenclatures, dont la première est spécialement recommandée ;

3º On fait remarquer que chaque individu doit être classé selon son infirmité la plus apparente, ou, lorsque plusieurs infirmités sont également apparentes, selon l'infirmité la plus grave au point de vue fonctionnel ;

4º Il est important de distinguer l'âge des infirmes, et s'il y a lieu, leur sexe. (*Bulletin*, t. IX, 2, p. CXII et 87.)　　　　[312.6]
(*Institut International de Statistique*, Berne, 1895.)

PREMIÈRE NOMENCLATURE.	DEUXIÈME NOMENCLATURE	TROISIÈME NOMENCLATURE.
I. — Infirmités affectant l'organisme tout entier.		
1. Faiblesse de constitution, cachexie, etc.	1. Faiblesse de constitution.	1. Faiblesse de constitution.
	2. Cachexie.	2. Cachexie, leucémie, etc.
		3. Cachexie palustre.
		4. Cachexie sénile.
2. Tuberculose.	3. Tuberculose.	5. Tuberculose des poumons.
		6. — affectant un autre siège.
	4. Scrofule.	7. Scrofule.
	5. Tumeur.	8. Tumeur.
		9. Rhumatisme et goutte.
		10. Diabète.
		11. Saturnisme.
	6. Intoxications professionnelles.	12. Autres intoxications professionnelles.
		13. — — chroniques.
	7. Autres infirmités affectant l'organisme tout entier.	14. Autres infirmités et maladies affectant l'organisme tout entier.
II. — Infirmités affectant le système nerveux et les organes des sens.		
3. Idiotie ou crétinisme.	8. Idiotie et crétinisme.	15. Idiotie.
		16. Crétinisme.
		17. Ramollissement cérébral.
4. Aliénation mentale.	9. Aliénation mentale.	18. Aliénation mentale.
5. Paralysie.	10. Paralysie.	19. Paralysie.
6. Épilepsie.	11. Épilepsie.	20. Épilepsie.
		21. Chorée.
		22. Bégaiement.
		23. Névralgie (sciatique, etc.).
		24. Autres affections chroniques du système nerveux (ataxie, etc.).
7. Cécité complète.	12. Cécité complète.	25. Cécité complète, congénitale ou survenue peu après la naissance.
		26. Cécité complète acquise.

PREMIÈRE NOMENCLATURE.	DEUXIÈME NOMENCLATURE	TROISIÈME NOMENCLATURE.
8. Myopie. 9. Vision incomplète par toute autre cause (perte d'un œil, albugo, conjonctivite, etc.).	13. Perte complète d'un œil ou de son usage. Perte partielle de la vision par : 14. Myopie. 15. Autre vice de réfraction. 16. Albugo. 17. Conjonctivite et blépharite. 18. Autres affections des yeux.	27. Perte complète d'un œil ou de son usage. Perte partielle de la vision par : 28. Myopie. 29. Hypermétropie. 30. Astigmatisme. 31. Albugo. 32. Strabisme. 33. Autres affections de l'œil. 34. Conjonctivite et blépharite chroniques. 35. Autres affections des yeux.
10. Surdi-mutité. 11. Surdité acquise.	19. Surdi-mutité. 20. Surdité acquise. 21. Autres affections chroniques du système nerveux et de l'oreille.	36. Surdi-mutité. 37. Surdité acquise. 38. Autres affections permanentes de l'appareil auditif.

III. — Infirmités affectant l'appareil circulatoire.

PREMIÈRE NOMENCLATURE.	DEUXIÈME NOMENCLATURE	TROISIÈME NOMENCLATURE.
12. Affections organiques du cœur et des gros vaisseaux. 13. Varices (excepté varicocèle et hémorroïde) et ulcère variqueux.	22. Affections organiques du cœur et des gros vaisseaux. 23. Varices (excepté varicocèle et hémorroïde) et ulcère variqueux. 24. Autres affections chroniques du système circulatoire.	39. Affections organiques du cœur et des gros vaisseaux. 40. Varices (excepté varicocèle et hémorroïdes) et ulcères variqueux. 41. Autres affections chroniques de l'appareil circulatoire.

IV. — Infirmités affectant l'appareil respiratoire.

PREMIÈRE NOMENCLATURE.	DEUXIÈME NOMENCLATURE	TROISIÈME NOMENCLATURE.
	25. Ozène.	42. Ozène. 43. Autres affections chroniques des fosses nasales et des sinus.
14. Goître. 15. Thorax insuffisant. 16. Bronchite chronique. 17. Asthme et emphysème.	26. Aphonie et laryngite chronique. 27. Goître. 28. Thorax insuffisant. 29. Bronchite chronique. 30. Asthme et emphysème. 31. Autres affections chroniques de l'appareil respiratoire.	44. Aphonie et laryngite chronique. 45. Goître. 46. Thorax insuffisant. 47. Bronchite chronique. 48. Emphysème pulmonaire. 49. Asthme. 50. Autres affections chroniques de l'appareil respiratoire.

V. — Infirmités affectant l'appareil digestif.

PREMIÈRE NOMENCLATURE.	DEUXIÈME NOMENCLATURE	TROISIÈME NOMENCLATURE.
	32. Division ou perforation congénitale ou acquise de la lèvre supérieure du palais ou du voile du palais. 33. Infirmités ou affections chroniques de la bouche.	51. Division congénitale de la lèvre supérieure du palais ou du voile du palais (bec de lièvre, gueule de loup, etc.) 52. Perforation acquise de la voûte palatine ou du voile du palais. 53. Perte ou mauvais état des dents. 54. Perte ou affection permanente des maxillaires. 55. Perte ou affection permanente de la langue. 56. Autres affections chroniques de la bouche et de ses annexes.
18. Maladies chroniques de l'estomac (cancer excepté). 19. Hernies. 20. Hémorroïdes et autres affections du rectum et de l'anus.	34. Maladies chroniques de l'estomac (cancer excepté). 35. Hernies. 36. Hémorroïdes et autres affections du rectum et de l'anus. 37. Autres affections chroniques de l'appareil digestif.	57. Maladies chroniques de l'estomac (cancer excepté). 58. Hernies. 59. Hémorroïdes. 60. Autres affections du rectum et de l'anus. 61. Autres affections chroniques de l'appareil digestif.

VI. — Infirmités affectant l'appareil génito-urinaire.

PREMIÈRE NOMENCLATURE.	DEUXIÈME NOMENCLATURE	TROISIÈME NOMENCLATURE.
21. Affections chroniques des reins, de la vessie ou de la prostate.	38. Affections chroniques des reins, de la vessie, ou de la prostate.	62. Calculs rénaux ou vésicaux. 63. Cystite chronique. 64. Fistules urinaires. 65. Hypertrophie de la prostate. 66. Incontinence d'urine.
22. Varicocèle ou hydrocèle.	39. Hydrocèle. 40. Varicocèle. 41. Perte ou arrêt de développement des organes génitaux.	67. Hydrocèle. 68. Varicocèle. 69. Perte ou arrêt de développement des organes génitaux. 70. Métrite chronique.
23. Maladies utérines chroniques.	42. Maladies utérines chroniques. 43. Autres affections de l'appareil génito-urinaire.	71. Déplacements utérins. 72. Autres affections de l'appareil génito-urinaire.

PREMIÈRE NOMENCLATURE.	DEUXIÈME NOMENCLATURE	TROISIÈME NOMENCLATURE.

VII. — Infirmités affectant la peau et ses annexes.

PREMIÈRE NOMENCLATURE.	DEUXIÈME NOMENCLATURE	TROISIÈME NOMENCLATURE.
24. Cicatrice déformante.	44. Cicatrice déformante.	73. Cicatrice déformante.
		74. Dermatose chronique.
		75. Nævus vasculaire.
		76. Calvitie, alopécie.
	45. Sueur fétide.	77. Sueur fétide.
		78. Obésité.
		79. Eléphantiasis et scléroderme.
		80. Lèpre.
	46. Teigne, pelade, etc.	81. Teigne, pelade, etc.
25. Autres infirmités affectant la peau et ses annexes.	47. Autres infirmités affectant la peau et ses annexes.	82. Autres infirmités affectant la peau et ses annexes.

VIII. — Infirmités affectant les os, les articulations et les muscles.

PREMIÈRE NOMENCLATURE.	DEUXIÈME NOMENCLATURE	TROISIÈME NOMENCLATURE.
		83. Rachitisme, ostéomalacie.
		84. Abcès froid ou par congestion (non compris le mal de Pott).
		85. Mal de Pott.
26. Gibbosité, affections de la colonne vertébrale.	48. Gibbosité, affections de la colonne vertébrale.	86. Gibbosité, déviation de la colonne vertébrale.
27. Perte totale ou partielle du membre supérieur ou de son usage.	49. Perte du membre supérieur ou de son usage.	87. Perte du bras, de l'avant bras ou de la main.
	50. Perte de un ou plusieurs doigts.	88. Perte de un ou plusieurs doigts.
		89. Perte de l'usage du membre supérieur par tumeur blanche, résection, ankylose, luxation irréductible.
		90. Perte de l'usage du membre supérieur par arthrite déformante.
		91. — — autre cause.
28. Perte totale ou partielle du membre inférieur ou de son usage.	51. Perte du membre inférieur ou de son usage.	92. Perte de la cuisse, de la jambe ou du pied.
		93. Perte d'une partie du pied.
	52. Claudication et cagnosité.	94. Cagnosité.
		95. Claudication.
	53. Pied bot.	96. Pied bot.
	54. Pieds plats.	97. Pieds plats.

*** L'I. I. S., convaincu de la nécessité d'employer dans les différents pays des nomenclatures comparables : .

Apprend avec plaisir l'adoption par toutes les Administrations statistiques de l'Amérique du Nord, par une partie de celles de l'Amérique du Sud, et par une partie de celles de l'Europe, du système de nomenclature des causes de mort qui lui a été présenté en 1893 ;

Insiste vivement, pour que ce système de nomenclature soit adopté en principe et sauf revision, par les institutions statistiques de toute l'Europe ;

Approuve, au moins dans ses grandes lignes, le système de revision décennale, proposé par l'American Public Health Association dans sa session d'Ottawa (1898) ; et engage les administrations statistiques qui n'y ont pas encore adhéré, à le faire sans retard et à contribuer à l'unification des nomenclatures des causes de mort. (*Bulletin*, t. VIII, 1, p. 304 à 328 ; t. XII, 1, p. 76 à 78.)   312.6]

(*Institut International de Statistique*, Christiania, 1899.)

NOMENCLATURE INTERNATIONALE DES MALADIES.

(Causes de décès. — Causes d'incapacité de travail.)

PREMIÈRE NOMENCLATURE (TRÈS ABRÉGÉE)	DEUXIÈME NOMENCLATURE.	TROISIÈME NOMENCLATURE.
	I. — Maladies générales.	**I. — Maladies générales.**
1. Fièvre typhoïde.	1. Fièvre typhoïde.	1. Fièvre typhoïde.
		2. Typhus exanthématique.
		3. Scorbut.
2. Variole.	2. Variole.	4. Variole.
3. Rougeole.	3. Rougeole.	5. Rougeole.
4. Scarlatine.	4. Scarlatine.	6. Scarlatine.
5. Coqueluche.	5. Coqueluche.	7. Coqueluche.
6. Diphtérie et croup.	6. Diphtérie et croup.	8. Diphtérie et croup.
	7. Grippe.	9. Grippe.
	8. Suette militaire.	10. Suette militaire.
7. Choléra asiatique.		11. Choléra asiatique.
	9. Choléra nostras.	12. Choléra nostras.
8. Autres maladies épidémiques.	11. Autres maladies épidémiques.	13. Autres maladies épidémiques. { A. Fièvre jaune. B. Peste. C. Oreillons. D. Autres. }
	12. Infection purulente et septicémie.	14. Infection purulente et scepticémie.
		15. Morve et farcin.
		16. Pustule maligne et charbon.
		17. Rage.
		18. Fièvre récurrente.
	13. Fièvre intermitente et cachexie palustre.	19. Fièvre intermittente.
	14. Pellagre.	20. Cachexie palustre.
		21. Pellagre.
9. Tuberculose des poumons.	15. Tuberculose. { A. des poumons. B. des méninges. C. du péritoine. D. de la peau. E. d'autres organes ou généralisée. }	22. Tuberculose. { A. des poumons. B. des méninges. C. du péritoine. D. de la peau. E. d'autres organes. F. généralisée. }
10. — des méninges.		
11. Autres tuberculoses.	16. Scrofule.	23. Scrofule.
	17. Syphilis.	24. Syphilis.
12. Cancer.	18. Cancer. { A. de la bouche. B. de l'estomac, du foie. C. des intestins, du rectum. D. des organes génitaux de la femme. E. du sein. F. autres. }	25. Cancer { A. de la bouche. B. de l'estomac, du foie. C. des intestins, du rectum. D. des organes génitaux de la femme. E. du sein. F. de la peau. G. autres. }
	19. Rhumatisme et goutte.	26. Rhumatisme.
		27. Goutte.
	20. Diabète.	28. Diabète.
		29. Goître exophtalmique.
		30. Maladie bronzée d'Addison.
		31. Leucémie.
13. *Anémie, chlorose.*	21. Anémie, chlorose.	32. Anémie, chlorose.
	22. Autres maladies générales.	33. Autres maladies générales.
	23. Alcoolisme (aigu ou chronique).	34. Alcoolisme (aigu ou chronique).
	24. Saturnisme et autres intoxications professionnelles chroniques.	35. Saturnisme.
		36. Autres intoxications professionnelles chroniques.
	25. Autres empoisonnements chroniques.	37. Autres empoisonnements chroniques.
	II. — Maladie du système nerveux et des organes des sens.	**II. — Maladies du système nerveux et des organes du sens.**
14. Méningite simple.	26. Méningite simple et encéphalite.	38. Encéphalite.
		39. Méningite simple.
	27. Ataxie locomotrice progressive.	40. Ataxie locomotrice progressive.
		41. Atrophie musculaire progressive.
		42. Congestion et hémorragie cérébrales.
15. Apoplexie et ramollissement du cerveau.	28. Apoplexie et ramollissement du cerveau.	43. Ramollissement cérébral.
		44. Paralysie sans cause indiquée.
	29. Paralysie générale.	45. Paralysie générale.
	30. Autres formes de l'aliénation pentale.	46. Autres formes de l'aliénation mentale.
	31. Epilepsie.	47. Epilepsie.
16. Convulsions et éclampsie non puerpérale.	32. Convulsions et éclampsie non puerpérale.	48. Eclampsie (non puerpérale).
		49. Convulsion des enfants.
		50. Tétanos.
		51. Chorée.

PREMIÈRE NOMENCLATURE (TRÈS ABRÉGÉE)	DEUXIÈME NOMENCLATURE.	TROISIÈME NOMENCLATURE.
17. *Névralgie-hystéro.*	33. Autres maladies du système nerveux { A. *Hystérie.* B. *Névralgie.* C. Autres. }	52. Autres maladies du système nerveux. { A. *Hystérie.* B. *Névralgie.* C. Autres. }
18. *Maladies des yeux et des oreilles.*	34. Maladies des yeux et des oreilles.	53. Maladies des yeux. 54. — des oreilles.
	III. — Maladies de l'appareil circulatoire.	**III. — Maladies de l'appareil circulatoire.**
	35. Péricardite et endocardite aigues.	55. Péricardite. 56. Endocardite.
19. Maladies organiques du cœur.	36. Maladies organiques du cœur. 36. Angine de poitrine. 38. Affections des artères, athérome, anévrisme, etc.	57. Maladies organiques du cœur. 58. Angine de poitrine. 59. Affections des artères, athérome, anévrisme, etc.
	39. Embolie.	60. Embolie.
20. *Varices, ulcères variqueux, hémorroïdes.*	40. *Varices, ulcères variqueux, hémorroïdes.*	61. Varices, ulcères, variqueux, hémorroïdes.
	41. Phlébite et autres affections des veines.	62. Phlébite et autres affections des veines.
		63. Lymphangite.
	42. Affections du système lymphatique.	64. Autres affections du système lymphatique.
		65. Hémorragies.
	43. Autres affections de l'appareil circulatoire.	66. Autres affections de l'appareil circulatoire.
	IV. — Maladies de l'appareil respiratoire.	**IV. — Maladies de l'appareil respiratoire.**
	44. Maladies des fosses nasales, du larynx et du corps thyroïde.	67. Maladies des fosses nasales. 68. Affections du larynx et du corps thyroïde.
21. Bronchite aigue.	45. Bronchite aigue.	69. Bronchite aigue.
22. — chronique.	46. — chronique.	71. — chronique.
23. Pneumonie, broncho-pneumonie.	47. Pneumonie et broncho-pneumonie.	71. Broncho-pneumonie. 72. Pneumonie.
	48. Pleurésie.	73. Pleurésie.
	49. Congestion et apoplexie pulmonaires.	74. Congestion et apoplexie pulmonaires. 75. Gangrène du poumon.
	50. Asthme et emphysème pulmonaire.	76. Asthme et emphysème pulmonaire.
24. Autres maladies de l'appareil respiratoire (phtisie exceptée).	51. Autres maladies de l'appareil respiratoire (phtisie exceptée).	77. Autres maladies de l'appareil respiratoire (phtisie exceptée).
	V. — Maladies de l'appareil digestif.	**V. — Maladies de l'appareil digestif.**
	52. Affections de la bouche, du pharynx et de l'œsophage.	78. Affections de la bouche et de ses annexes.
	53. *Angine.*	79. Affections. { A. du pharynx. B. de l'œsophage. }
24. Maladies de l'estomac (cancer excepté).	54. Ulcère de l'estomac. 55. Autres affections de l'estomac (cancer excepté).	80. Ulcère de l'estomac. 81. Autres affections de l'estomac (cancer excepté).
26. Diarrhée, gastro-entérite.	56. Diarrhée infantile, athrepsie.	82. Diarrhée et gastro-entérite infantile, athrepsie.
	57. Diarrhée, entérite et dyssenterie.	83. Diarrhée et entérite. 84. Dyssenterie. 85. Parasites intestinaux.
27. Hernies, obstructions intestinales.	58. Hernies, obstructions intestinales. 59. Autres affections de l'intestin { A. Autres affections de l'intestin. B. *Affections de l'anus; fistules stercorales.* }	86. Hernies, obstructions intestinales. 87. Autres affections de l'intestin. { A. Autres affections des intestins. B. *Affections de l'anus; fistules stercorales.* }
		88. Ictère grave.
28. Cirrhose du foie.	60. Cirrhose du foie.	89. Tumeur hydatique du foie. 90. Cirrhose du foie. 91. Calculs biliaires.
29. Autres maladies du foie.	61. Autres affections du foie. 62. Péritonite inflammatoire (puerpérale exceptée).	92. Autres affections du foie. 93. Péritonite inflammatoire (puerpérale excepté).
	63. Autres affections de l'appareil digestif (cancer et tuberculoses exceptés).	94. Autres affections de l'appareil digestif (cancer et tuberculosés exceptés). 95. Phlegmon de la fosse iliaque.
	VI. — Maladies de l'appareil génito-urinaire et de ses annexes.	**VI. — Maladies de l'appareil génito-urinaire et de ses annexes.**
30. Néphrite et maladie de Bright.	64. Néphrite et maladie de Bright.	96. Néphrite aiguë. 97. Maladie de Bright. 98. Périnéphrite et abcès périnéphrique. 99. Calculs rénaux.

PREMIÈRE NOMENCLATURE (TRÈS ABRÉGÉE)	DEUXIÈME NOMENCLATURE.	TROISIÈME NOMENCLATURE.
31. Autres maladies de reins, de la vessie et de leurs annexes.	65. Autres maladies des reins, de la vessie et de leurs annexes.	100. Autres maladies des reins et annexes.
		101. Calculs vésicaux.
		102. Maladies de la vessie.
		103. Maladies de l'urètre. { A. *Blennorragie chez l'homme*. B. Autres (rétrécissement, abcès, etc.).
		104. Maladies de la prostate.
		105. Maladies du testicule et de ses enveloppes. — Orchite.
		106. Autres maladies des organes génitaux de l'homme.
		107. Abcès du bassin.
		108. Hématocèle périutérine.
	66. *Métrite et leucorrhée*.	109. Métrite.
		110. Hémorragies (non puerpérales de l'utérus.
		111. Tumeurs non cancéreuses de l'utérus.
		112. Autres maladies de l'utérus.
		113. Kystes et autres tumeurs de l'ovaire.
32. *Blennorragie*.	67. *Blennorragie*.	114. Autres maladies des organes génitaux de la femme. { A. *Blennorragie chez la femme*. B. *Leucorrhée*. C. Autres.
33. Tumeurs non cancéreuses et autres maladies des organes génitaux de la femme.	68. Autres maladies des organes génitaux { de l'homme. de la femme.	
		115. Maladies non puerpérales de la mamelle (cancer excepté).
	VII. — État puerpéral.	**VII. — Etat puerpéral.**
34. *Accouchement normal*.	69. Accidents de la grossesse.	116. Accidents de la grossesse.
	70. *Accouchement normal*.	116*bis. Accouchement normal*.
		117. Hémorragie puerpérale.
		118. Autres accidents de l'accouchement.
35. Septicémie puerpérale (fièvre, péritonite, phlébite puerpérales).	71. Septicémie puerpérale (fièvre, péritonite, phlébite puerpérales).	119. Septicémie puerpérale. { A. Septicémie puerpérale. C. Phlébite puerpérale.
		120. Métropéritonite puerpérale.
		121. Albuminerie et éclampsie puerpérales.
26. Autres accidents puerpéraux.	72. Autres accidents puerpéraux.	122. Phlegmatia alba dolens puerpérale.
		123. Autres accidents puerpéraux. — Mort subite.
		124. Maladies puerpérales de la mamelle.
	VIII. — Maladies de la peau et du tissu cellulaire.	**VIII. — Maladies de la peau et du tissu cellulaire.**
	73. Erysipèle.	125. Erysipèle.
	74. Gangrène.	126. Gangrène.
	75. *Anthrax; Furoncle*.	127. Anthrax; furoncle.
	76. Phlegmon, abcès chaud.	128. Phlegmon, abcès chaud.
37. *Maladies de la peau*.	77. Autres maladies de la peau et de ses annexes (cancer excepté). { A. *Chancres mous*. B. *Teigne et pelades*. C. *Gale*. D. Autres maladies de la peau et de ses annexes.	129. Autres maladies de la peau et de ses annexes (cancer excepté). { A. *Chancres mous*. B. *Teigne faveuse*. C. — *tondante; tricophytie*. D. *Pelades*. E. *Gale*. F. Autres maladies de la peau et de ses annexes.
	IX. — Maladies des organes de la locomotion.	**IX. — Maladies des organes de la locomotion.**
	78. Mal de Pott.	130. Mal de Pott.
		131. Abcès froid et par congestion.
	79. Affections des os.	132. Autres affections des os.
		133. Tumeurs blanches.
	80. Maladies des articulations { A. *Arthrite*. B. Autres.	134. Autres maladies des articulations { A. *Arthrite*. B. Autres.
	81. Amputation.	135. Amputation.
	82. Autres affections des organes de la locomotion.	136. Autres affections des organes de la locomotion.
	X. — Vices de conformation.	**X. — Vices de conformation.**
38. Débilité congénitale et vices de conformation.	83. Vices de conformation.	137. Vices de conformation.

PREMIÈRE NOMENCLATURE.	DEUXIÈME NOMENCLATURE	TROISIÈME NOMENCLATURE.
	XI. — Premier âge.	**XI. — Premier âge.**
	84. *Nouveau-nés ; nourrissons sortis de l'hôpital sans avoir été malades.*	137bis. *Nouveaux-nés ; nourrissons sortis de l'hôpital sans avoir été malades.*
	85. Débilité congénitale, ictère et sclérème.	138. Débilité congénitale, ictère et sclérème.
	86. Défaut de soins.	139. Défaut de soins.
	87. Autres maladies spéciales au premier âge.	140. Autres maladies spéciales au premier âge.
	XII. — Vieillesse.	**XII. — Vieillesse.**
39. Débilité sénile.	88. Débilité sénile.	141. Débilité sénile.
	XIII. — Affections produites par des causes extérieures.	**XIII. — Affections produites par des causes extérieures.**
40. Suicide.	89. Suicide ou tentative de suicide.	142. Suicide ou tentative de suicide. { A. par le poison. B. par asphyxie. C. par strangulation. D. par submersion. E. par armes à feu. F. par instruments tranchants. G. par précipitation d'un lieu élevé. H. par écrasement. I. Autres.
	90. *Fractures, luxations et autres traumatismes.*	143. Fractures.
		144. Entorses et luxations { A. *Entorses.* B. Luxations.
		145. Autres traumatismes accidentels.
	91. *Brûlures.*	146. Brûlures { A. par le feu. B. par substances corrosives.
41. Autres morts violentes.	92. Submersion accidentelle.	147. Insolation et congélation.
		148. Submersion accidentelle.
		149. Surmenage et inanition { A. *Surmenage.* B. Inanition.
		150. Absorption de gaz délétères (suicide excepté).
	93. Autres violences extérieures. Empoisonnements aigus.	151. Autres empoisonnements accidentels.
		152. Autres violences extérieures.
	XIV. — Maladies mal définies.	**XIV. — Maladies mal définies.**
		153. Épuisement ; cachexie.
42. *Embarras gastrique.*	94. *Embarras gastrique.*	154. Fièvre { A. *Embarras gastrique.* B. Fièvre inflammatoire.
	95. Hydropisie.	155. Hydropisie.
		156. Asphyxie ; cyanose.
	96. Mort subite.	157. Mort subite.
	97. Tumeur abdominale.	158. Tumeur abdominale.
	98. Autres tumeurs.	159. Autres tumeurs.
43. Autres maladies.		160. Plaie.
44. Maladies inconnues ou nulles.	99. Maladies inconnues ou non spécifiées.	161. Maladies inconnues ou non spécifiées.

Aveugles. **312.6 : 362.4**

L'I. I. S. exprime le vœu que lors des recensements de population, il soit fait des relevés concernant les aveugles. Les relevés généraux faits lors des recensements de population doivent être suivis de relevés spéciaux concernant les aveugles, qui se feront autant que possible par un médecin et indiqueront les autres infirmités dont ceux-ci pourraient être atteints, telles que la surdi-mutité, la faiblesse d'esprit, etc.; ils indiqueront en outre si les aveugles ont été vaccinés et tous les autres détails pouvant servir pour l'assistance aux aveugles ; ces détails sont énumérés dans le questionnaire joint au rapport pour servir de modèle.

[312.6 : 362.4]

TEXTE DU QUESTIONNAIRE DESTINÉ A L'ENQUÊTE PARTICULIÈRE SUPPLÉMENTAIRE CONCERNANT LES AVEUGLES (1).

à remplir, si possible, par un médecin.

L'entête du questionnaire, ainsi que les indications concernant le nom, l'âge, la commune d'origine, la confession, la langue parlée (la langue maternelle) et la nationalité sont à reporter du formulaire du recensement général.

Les rubriques 10, 11, 12 et 13 doivent être, là où la chose est possible, remplies par un médecin.

Les réponses doivent être aussi concises que possible. Biffer ce qui ne convient pas, souligner ce qui convient ; partout ailleurs, caractériser le cas en quelques mots précis.

1. Nom, profession et domicile des parents.
2. Le père et la mère avaient-ils un lien de parenté avant leur mariage?
    a) Comme cousine et cousin germains?
    b) Comme oncle et nièce?
    c) Comme neveu et tante?
3. Le père et la mère souffrent-ils de troubles visuels? Si oui, desquels? Sont-ils affligés de maladies constitutionnelles, de troubles cérébraux ou nerveux? Si oui, desquels? (Réponse non obligatoire.)
4. Les frères et sœurs souffrent-ils de troubles visuels? Des frères et sœurs décédés en ont-ils souffert? Desquels? (Réponse non obligatoire.)

5. Avant de perdre la vue, l'aveugle a-t-il été vacciné? revacciné? Si oui, en quelle année?

6. Marié? Depuis quand?

7. La personne qu'il a épousée souffre-t-elle de troubles visuels, et si oui, desquels? Depuis quand?

8. L'aveugle a-t-il ou a-t-il eu des enfants? Combien d'entre eux souffrent de troubles visuels? Combien en ont souffert?

9. La cécité est-elle congénitale, ou bien s'est-elle déclarée dans la première année de la vie? Si elle s'est produite plus tard, à quelle époque s'est perdu l'œil droit? L'œil gauche?

10. *a*) L'aveugle peut-il distinguer la lumière de l'obscurité? Avec l'œil droit? Avec l'œil gauche?

    b) Peut-il encore compter les doigts présentés sur un fond sombre jusqu'à 1 mètre de distance, ou sinon jusqu'à quelle distance moindre? Avec l'œil droit? Avec l'œil gauche?

    c) Peut-il lire l'écriture imprimée ordinaire à l'aide de verres correcteurs?

11. État anatomique de l'œil droit (1) ;
    État anatomique de l'œil gauche (1) :

12. Cause de la cécité de l'œil droit (2) :
    Cause de la cécité de l'œil gauche (2) :

13. Guérisable par une opération :

14. La cécité s'est-elle produite à la suite d'une affection générale? Si oui, laquelle?

15. L'aveugle est-il atteint d'autres infirmités, et desquelles?

16. Y a-t-il, pour juger les cas, d'autres circonstances dignes d'être signalées ; notamment, quant à l'occupation de l'aveugle, ou quant à la cause de la cécité en cas de blessures, dire si elles ont été produites dans l'exercice d'un métier, si elles ont été involontaires ou intentionnelles?

17. L'aveugle est-il développable? Peut-il profiter d'un enseignement?

---

(1) Par exemple : Opacité de la cornée, obstruction de la pupille, atrophie du nerf optique, décollement de la rétine, opacités du cristallin ou du corps vitré.

(2) Diagnostic étiologique, par exemple : Cécité congénitale, anomalies de développement, blennorrhée des nouveau-nés, diphtérie, trachome, granulose, myopie, glaucome, tumeur, traumatisme (incl. opérations pas réussies), ophtalmie sympathique, alcool, tabac, petite vérole, rougeole, scarlatine, typhus, fièvre puerpérale, tuberculose, syphilis, méningite cérébro-spinale, albinisme, déformation du crâne.

18. *Temps qui a précédé la cécité* :
  a) Fréquentation d'écoles (primaires, secondaires) :
  b) Profession? En quelle qualité?
19. *Temps qui a suivi la perte de la vue* :
  a) L'aveugle a-t-il reçu un enseignement dans un asile ou ailleurs? Où? Combien de temps? Peut-il lire l'écriture des aveugles?
  b) Quelle profession a-t-il embrassée après avoir perdu la vue? S'y est-il préparé dans un institut d'aveugles ou ailleurs? Désire-t-on qu'il soit admis dans un institut pour l'éducation des aveugles?
  c) L'aveugle est-il sans travail? Pour quelles raisons?
  d) Accomplit-il des travaux de maison? Lesquels?
  e) Pourvoit-il à son entretien? Totalement ou en partie?
  f) Mendie-t-il?
20. L'aveugle reçoit-il des secours :
  a) De ses proches parents?
  b) De fonds publics (commune, canton, province, État)?
  c) Des fondations charitables, d'associations ou autres institutions de bienfaisance?
  d) Est-il entretenu complètement? Par qui?
  e) Est-il présentement dans une institution de bienfaisance ou dans un asile, et si oui dans lequel? Depuis quand? Ou bien désire-t-il y être admis?

Nom et adresse de la personne qui a rempli le bulletin.

Recensement des étrangers. 312.91

1º Pour nous procurer une connaissance plus approfondie du chiffre de la population qui appartient politiquement à chaque État, ainsi que des proportions et du caractère des émigrations internationales, il serait à souhaiter que les Gouvernements intéressés, continuassent l'échange déjà convenu des bulletins individuels des étrangers établis dans chaque pays, tels qu'ils résultent des divers recensements généraux de la population ; bulletins à transmettre, aussi complets que possible, aux divers États dont lesdits étrangers ressortissent politiquement.

2º A cet effet, il serait nécessaire, à l'occasion de chaque recensement, de faire demander la nationalité politique de chaque individu recensé, sur la base des dispositions en vigueur, à cet égard, dans la législation des divers pays où le recensement a lieu. Pour les États qui, dans leurs recensements, se bornent à faire indiquer le lieu de la naissance sans relater la nationalité politique, de telles indications, consignées dans les bulletins individuels à transmettre à l'État auquel les étrangers appartiennent, devraient suffire pour assurer l'échange de ees bulletins avec les autres États.

3° Il est essentiel de faire consigner dans les bulletins individuels des étrangers la circonscription territoriale (district, cercle, département, province) où ils résident au moment du recensement, ainsi que le lieu, commune, district, arrondissement, département, province) de leur domicile de droit et de leur naissance, et d'y ajouter les renseignements importants pour connaître les corrélations sociales, surtout la profession et la position sociale du chef de famille des personnes sans profession,

4° Les renseignements individuels obtenus par l'échange international des bulletins ne devant être fournis que dans l'intérêt de la statistique, il sera superflu que ces bulletins portent les noms des étrangers ainsi relevés dans le recensement Ils ne sauraient en aucun cas, et quelle que soit leur teneur lors du recensement, préjudicier aux droits établis.

5° Les bulletins individuels destinés à l'échange doivent être écrits dans la langue de l'État où le recensement a eu lieu ; il est désirable que ces bulletins soient réunis en paquets pour chaque grande division territoriale du pays où les étrangers auront été recensés, et qu'à l'extérieur de chaque paquet soient indiqués le nom de la circonscription à laquelle il se réfère et le nombre des bulletins qu'il contient.

6° L'échange international des bulletins individuels des étrangers doit se faire dans le plus bref délai possible, aussitôt après le recensement, et, réciproquement, sans frais.

7° Pour arriver à perfectionner, autant que possible, les résultats de ces échanges, on émet encore le vœu que l'on fixe, si faire se peut, comme époque uniforme pour ces échanges, les années terminées par un zéro, époque qui a déjà été recommandée par le Congrès international de statistique de Saint-Pétersbourg ; et que l'on arrête des formulaires uniformes pour les bulletins destinés à l'échange réciproque. (*Bulletin*, t. VI, 1, p. 28 et 307.)

[312.91]

(*Institut International de Statistique*, Vienne, 1891.)

En se référant à la résolution adoptée à Vienne en 1891, en ce qui concerne l'échange international des bulletins individuels de recensement relatifs aux nationaux, l'I. I. S. émet le vœu que cet échange ne soit pas seulement limité aux nationaux, mais aussi étendu à l'appartenance déterminée par l'origine, c'est-à-dire par le lieu de naissance. (*Bulletin*, t. IX, 2, p. XLIX et 45.)

[312.91]

(*Institut International de Statistique*, Berne, 1895.)

Superficie des territoires. 312.92

I. — L'I. I. S. reconnaît deux manières de calculer la superficie de l'Europe et les recommande toutes les deux comme pouvant être utilement employées suivant les cas :

a) La superficie d'après la géographie physique, c'est-à-dire d'après les limites naturelles de l'Europe que les géographes ont à déterminer du côté sud-est et est ;

b) La superficie d'après la géographie politique, c'est-à-dire comprenant tous les territoires situés dans l'Europe physique ou hors de l'Europe physique qui sont administrés comme des provinces européennes.

II. — On devrait donner toujours la superficie des États, y compris les routes et chemins, les fleuves, les lacs et autres eaux continentales, les eaux du littoral, les dunes et enfin la portion des côtes qui est couverte à la haute mer et découverte aux plus basses mers ; et il est désirable :

a) Que dans toutes les publications statistiques officielles qui se rapportent au territoire de l'État, on communique des données spéciales sur la question, que les eaux limitrophes soient comprises ou non dans les chiffres de la superficie, soit à l'intérieur des terres, soit aux bords de la mer ;

b) Que ces données soient spécifiées non seulement pour les différents districts administratifs en question, mais aussi pour chaque bassin ou zone côtière ;

c) Que dans le cas où il n'y en a que des données incomplètes, les Bureaux de statistique prennent l'initiative pour en faire remplir les lacunes par les autorités ou les instituts compétents ou fassent eux-mêmes des calculs planimétriques provisoires.

III. — On devrait se servir pour toutes les démonstrations statistiques des données de surperficie fournies par les mesurages les plus récents, si même on avait en vue un temps antérieur, mais bien entendu au cas seulement où le terrain n'aurait pas été autrement délimité depuis lors.

Pour se faire une idée plus nette du développement du territoire de chaque État, les Bureaux de statistique des États de l'Europe devraient en outre constater aussi exactement que possible pour les années fixées (par exemple 1876, 1812, 1815, 1850) le territoire des États étrangers ou les parties des États étrangers qui peuvent s'être trouvées alors sur le territoire de leur patrie d'aujourd'hui, qui ont été incorporées dès lors, d'après les données cadastrales les plus récentes.

Ces chiffres de superficie doivent être transmis à l'I. I. S. Celui-ci fixera alors la superficie de chaque État selon son extension pour les années acceptées. La somme des superficies de tous les États correspondrait alors à la superficie acceptée pour l'Europe.

IV. — On devrait dresser un tableau synoptique et une carte de la densité de la population de toute l'Europe. Le tableau synoptique devrait contenir la superficie, le nombre des habitants et la densité par districts administratifs plus ou moins grands de chaque État en les énumérant autant nominalement que sommairement. Le tableau cartographique devrait être dressé non pas en courbes, mais plutôt se rapporter à de petits districts d'administration, à l'échelle de 1:4,000,000ᵉ.

Pour le tableau cartographique on devrait se borner à des districts d'administration dont la superficie ne serait pas au-dessous de 500 kilomètres carrés sauf dans des cas absolument exceptionnels ; par contre, la démonstration en tableau synoptique contiendrait, autant que le grand nombre des districts à énumérer le permettrait, des districts d'une étendue plus petite. (En Autriche, par exemple, les districts de juridiction.)

A cette fin, les Bureaux de statistique de chaque État devraient dresser des nomenclatures des divers districts d'administration de leur État respectif en énumérant la superficie, le nombre des habitants et la densité de la population et les envoyer, ainsi qu'une carte pour les districts administratifs, dressée à l'échelle susdite ou a une autre facile à réduire, à l'Institut ou à un fonctionnaire que l'Institut nommerait. La rédaction de la carte incomberait à l'Institut. (*Bulletin*, t. XIV, 1, p. 63, 60, 48 et 19.)

[312.92]
(*Institut International de Statistique*, Berlin, 1903.)

Population urbaine.   312.921

L'I. I. S. renouvelle les recommandations qui ont pour objet d'étendre les informations relatives aux agglomérations urbaines en particulier :

1º A la densité de la population dans les localités qui entourent la ville principale dans un certain rayon ;

2º Au mouvement des personnes qui travaillent dans la ville principale et habitant au dehors. (*Bulletin*, t. XIX, 1, p. 65 et 96.)

[312.921]
(*Institut International de Statistique*, La Haye, 1911.)

Professions.   312.93

L'I. I. S. :

1º Attache une grande importance à ce que le recensement des professions se fasse dans tous les pays suivant des nomenclatures comparables ;

2° Approuve les modifications faites au projet de nomenclatures qui lui avait été présenté à Paris (1889) et à Vienne (1891), modifications faites conformément aux observations communiquées par différents directeurs d'administrations statistiques.

3° Recommande spécialement à l'attention des administrations statistiques l'importance des 12 divisions générales des nomenclatures des professions ;

4° Invite le Comité à désigner environ 50 professions qu'il serait le plus désirable de dénombrer, quelle que soit d'ailleurs la nomenclature adoptée ;

5° Regarde comme utile que les administrations statistiques fassent pour chaque profession les distinctions indiquées par le tableau annexé aux nomenclatures ou du moins pour les professions ou groupes de professions les plus importantes. On pourra sans inconvénient ajouter d'autres distinctions encore à celles qui sont indiquées sur ce tableau.

6° Ces nomenclatures seront traduites en plusieurs langues. Un index systématique des professions précisera le sens de chaque rubrique. (*Bulletin*, t. VIII, 1, p. CII.) [312.93]

(*Institut International de Statistique*, Chicago, 1893.)

PROJET DE NOMENCLATURE INTERNATIONALE DES PROFESSIONS.

AVIS.

Le but de la présente nomenclature est de rendre les statistiques des divers pays comparables.

Les administrations statistiques qui voudront contribuer à cet important résultat, resteront libres de réduire ou d'augmenter, à volonté, le nombre des rubriques. Mais il est indispensable qu'elles veuillent bien s'astreindre à grouper les rubriques comme l'indique la présente nomenclature : c'est-à-dire à réunir les mêmes « groupes » professionnels dans les mêmes « chapitres » et les mêmes chapitres dans les mêmes « classes ».

RÉSUMÉ GÉNÉRAL.

DIVISIONS GÉNÉRALES.	1re NOMENCLATURE.	NOMBRE des rubriques inscrites.		
		Dans la 1re nomenclature — Classes	Dans la 2e nomenclature — Chapitre	Dans la 3e nomenclature — Groupes
A. Production DE LA matière première — I. Exploitation de la superficie du sol.	1. Travaux agricoles	I	5	21
	2. Pêche et chasse	I	I	6
	3. Populations nomades	I	I	1
	Nombre total des rubriques consacrées à l'agriculture	3	7	28
II. Extraction de matières minérales.	4. Mines	I	2	19
	5. Carrières	I	2	16
	6. Salines, etc.	I	2	2
	Nombre total des rubriques consacrées à l'extraction de matières minérales.	3	6	37
B. Transformation ET emploi DE LA matière première — III. Industrie. — α *Industries classées d'après la nature de la matière utilisée.*	7. Textiles	I	14	61
	8. Cuirs, peaux et matières dures tirés du règne animal.	I	5	27
	9. Bois	I	7	12
	10. Métallurgie	I	16	53
	11. Céramique	I	4	13
	12. Produits chimiques proprement dits et produits analogues	I	7	30
β *Industries classées d'après le genre des besoins auxquels elles s'appliquent.*	13. Industries de l'alimentation	I	12	24
	14. — de l'habillement et de la toilette	I	11	19
	15. — de l'ameublement.	I	3	6
	16. — du bâtiment	I	8	17
	17. Construction d'appareils de transport	I	5	8
	18. Production et transmission de forces physiques (chaleur, lumière, électricité, force motrice, etc.)	I	4	8
	19. Industries relatives aux lettres, arts et sciences, Industries de luxe.	I	9	22
	20. Industries de matières de rebut.	I	I	3
	21. Autres industries.	I	I	1
γ *Non classées*	*Nombre total des rubriques consacrées à l'industrie*	15	107	304

DIVISIONS GÉNÉRALES.		Iʳᵉ NOMENCLATURE.	NOMBRE des rubriques inscrites.		
			Dans la 1ʳᵉ nomenclature (Classes)	Dans la 2ᵉ nomenclature (Chapitre)	Dans la 3ᵉ nomenclature (Groupes)
	IV. Transports	22. Transports maritimes	1	3	3
		23. — par fleuves, rivières et canaux	1	2	2
		24. — par rues, routes et ponts . .	1	3	6
		25. — par chemins de fer	1	1	1
		26. Postes, télégraphes et téléphones	1	1	3
B. Transformation ET emploi DE LA matière première (Suite.)		*Nombre total des rubriques consacrées aux transports*	5	10	15
	V. Commerce.	27. Banques, établissements de crédit, change et assurance	1	2	3
		28. Courtage, commission, exportation . . .	1	3	3
		29. Commerce des textiles	1	1	1
		30. — des cuirs, peaux et fourrures .	1	1	1
		31. — des bois	1	1	1
		32. — des métaux	1	1	1
		33. — de la céramique.	1	1	1
		34. — de produits chimiques, droguerie, marchands de couleurs	1	1	1
		35. Hôtels, cafés, restaurants, débits de boisson.	1	1	4
		36. Autres commerces de l'alimentation. . .	1	1	6
		37. Commerce de l'habillement et de la toilette	1	4	6
		38. — de l'ameublement.	1	2	3
		39. — du bâtiment	1	2	2
		40. — des moyens de transport. . .	1	1	1
		41. — des combustibles	1	1	1
		42. — d'objets de luxe, ou d'objets relatifs aux sciences, lettres et arts. . .	1	5	6
		43. Commerce de matières de rebut.	1	1	2
		44. Autres commerces	1	4	4
		Nombre total des rubriques consacrées au commerce	18	33	47
	VI. Force publique.	45. Armée de terre.	1	1	1
		46. Armée de mer	1	1	1
		47. Gendarmerie et police.	1	1	2
C. Administrations publiques		*Nombre total des rubriques consacrées à la force publique*	3	3	4
	VII. Administration publique.	48. Administrations publiques	1	3	5

DIVISIONS GÉNÉRALES.		Ire NOMENCLATURE.	NOMBRE des rubriques inscrites.		
			Dans la 1re nomenclature. Classes	Dans la 2e nomenclature. Chapitres	Dans la 3e nomenclature. Groupes
ET professions libérales	VIII. Professions libérales.	49. Cultes	I	4	5
		50. Professions judiciaires	I	2	4
		51. — médicales	I	7	9
		52. — de l'enseignement.	I	2	4
		53. Sciences, lettres et arts	I	6	11
		Nombre total des rubriques consacrées aux professions libérales	5	21	33
	IX. — Personnes vivant principalement de leurs revenus.	54. Personnes vivant principalement de leurs revenus	I	2	4
D. Divers	X. Travail domestique.	55. Domestiques	I	5	
	XI. Désignations générales sans indication d'une profession déterminée.	56. Négociants, employés, journaliers, etc., sans autre désignation.	I	4	7
	XII. Improductifs. Profession inconnue.	57. Individus momentanément sans emploi .	I	I	I
		58. — sans profession	I	I	I
		59. — non classés.	I	2	6
		60. Mendiants, vagabonds, filles publiques .	I	I	I
		61. Profession inconnue	I	I	I
		Nombre total des rubriques consacrées aux « improductifs et profession inconnue » .	5	6	10
		NOMBRE TOTAL DES RUBRIQUES DE CHAQUE NOMENCLATURE	61	207	500

1re NOMENCLATURE CLASSES	2e NOMENCLATURE CHAPITRES	3e NOMENCLATURE GROUPES

1re NOMENCLATURE CLASSES	2e NOMENCLATURE CHAPITRES	3e NOMENCLATURE GROUPES
	I. — Exploitation de la superficie du sol.	
1. **Travaux agricoles** . .	1. Agriculture en général	1. Propriétaires cultivant eux-mêmes leurs terres. 2. Fermiers. 3. Métayers. 4. Laboureurs, domestiques de ferme et autres à gages annuels. 5. Ouvriers agricoles et autres payés à la journée.
	2. Jardinage et culture maraîchère . .	6. Horticulteurs, maraîchers. 7. Pépiniéristes. 8. Champignonnistes de couche.
	3. Silviculture	9. Forestiers. 10. Bûcherons, fagotiers, charbonniers.
	4. Élevage des animaux de ferme . .	11. Élevage de l'espèce chevaline, asin et mulassière. 12. Élevage de l'espèce bovine. 13. — — ovine. 14. — — caprine. 15. — — porcine. 16. — — canine. 17. — des animaux de basse cour. 18. — d'autres animaux.
	5. Élevage de petits animaux . . .	19. Élevage d'oiseaux d'ornement. 20. Apiculture. 21. Sériciculture.
2. **Pêche et chasse** . . .	6. Pêche et chasse	22. Pêche en eau de mer. 23. Ostréiculture. 24. Pêche en eau douce. 25. Pisciculture. 26. Chasse. 27. Destructeurs d'animaux nuisibles.
3. **Populations nomades** .	7. Populations nomades	28. Populations nomades.
	II. — Extraction de matières minérales.	
4. **Mines**	8. Mines de combustibles et industries annexes.	29. Mines de houille (et anthracite). 30. Laverie de houille. 31. Fours à coke et briquettes fabriquées sur le carreau de la mine. 32. Lignite. 33. Tourbe. 34. Pétrole. 35. Schiste bitumineux.
	9. Mines et préparation des minerais métalliques.	36. Mines de fer. 37. — plomb. 38. — zinc. 39. — cuivre. 40. — nickel. 41. — étain. 42. — antimoine. 43. — mercure. 44. — autres métaux usuels. 45. — or. 46. — argent. 47. — platine.
5. **Carrières**	10. Carrières de roches dures (pierre, plâtre, ciment, etc.).	48. Carrières de granit (1), porphyre, etc. 49. — diamants et pierres précieuses. 50. — pierre (2). 51. — marbre (3). 52. — grès (4). 53. — ardoise (5). 54. — plâtre (6). 55. — pierre à chaux (7). 56. — ciment (8). 57. — soufre, pyrites, etc. 58. — autres roches dures (à énumérer).

Ne pas y comprendre : (1) Fabricants de dalles, 313. — (2) Tailleurs de pierre, 313. — (3) Marbriers, 315. — (4) Piqueurs de grès, 313. — (5) Tailleurs d'ardoises, 313. — (6) Four à plâtre, 311. — (7) Four à chaux, 311. — (8) Four à ciment, 311.

1re NOMENCLATURE CLASSES	2e NOMENCLATURE CHAPITRES	3e NOMENCLATURE GROUPES
	EXTRACTION DE MATIÈRES MINÉRALES (*Suite*).	
5. CARRIÈRES (*Suite*) . . .	11. Carrières de roches tendres (sable, glaise, etc.).	59. Carrières de sable, gravier, ballast. 60. — glaise (1). 61. — kaolin. 62. — phosphate de chaux. 63. — autres roches tendres (à énumérer).
6. **Salines**, etc..	12. Sel gemme et marais salants. . . .	64. Sel gemme et marais salants.
	13. Extraction d'autres substances en dissolution dans l'eau.	65. Extraction d'autres substances en dissolution dans l'eau.

III. — Industrie.

1re NOMENCLATURE	2e NOMENCLATURE	3e NOMENCLATURE
7. **Textiles**.	14. Coton.	66. Filature de coton. 67. Tissage du coton. . 68. Tricot de coton. 69. Ouate. 70. Autres industries du coton.
	15. Lin et chanvre	71. Rouissage du lin et du chanvre; fabrique de filasse. 72. Filature du lin et du chanvre. 73. Tissage du lin et du chanvre; toiles diverses. 74. Autres industries du lin et du chanvre.
	16. Paille (*)	75. Paille commune (paniers, paillassons, etc.). 76. Paille fine (chapeaux, agréments, etc.).
	17. Autres textiles d'origine végétale.	77. Ramie. 78. Jute. 79. Coco. 80. Aloès. 81. Chiendent. 82. Alfa. 83. Autres et mélanges (sparterie, etc.).
	18. Corderie.	84. Ficelles. 85. Filets. 86. Cordes, cordages.
	19. Laine.	87. Préparation de la laine. 88. Filature — 89. Tissage — 90. Tricot — 91. Fabriques de tapis. 92. Autres industries de la laine.
	20. Soie	93. Desséchement et vidage de cocons. 94. Filature de la soie. 95. Tissage de la soie. 96. Peluche et velours de soie. 97. Autres industries de la soie.
	21. Dentelles, tulles, blondes, crêpes, etc.	98. Dentelles. 99. Tulles. 100. Blondes. 101. Crêpes. 102. Autres.
	22. Passementerie	103. Rubans. 104. Franges, tresses, etc. 105. Broderie en or, uniformes, chasubles, etc. 106. Autres broderies (2).
	23. Tissus élastiques (**)	107. Tissus élastiques.
	24. Poils et crins.	108. Éjarreurs, coupeurs de poil. 109. Nettoyeurs, dégraisseurs, apprêteurs de poils et crins. 110. Brosses, balais et pinceaux. 111. Tissus de crin. 112. Feutre (3).

Ne pas y comprendre : (*) Rempailleurs pour ébénisterie, 90. — (**) Tissus élastiques (bretelles, jarretières, bas élastiques, etc.), 83.

Ne pas y comprendre : (1) Briquetiers, etc., 227. — (2) Brodeuses en lingerie, 288. — (3) Chapeliers, 286.

1re NOMENCLATURE	2e NOMENCLATURE	3o NOMENCLATURE
CLASSES	CHAPITRES	GROUPES

III. Industrie (Suite)

7. **Textiles** (*Suite*)	25. Plumes	113. Plumassiers, plumes de lit. 114. Préparateurs de plumes d'ornement. 115. Plumes à écrire. 116. Autres industries de la plume.
	26. Teinture, blanchiment, impression, apprêt et décatissage des fils et tissus (*).	117. Coton. 118. Lin et chanvre. 119. Paille. 120. Laine. 121. Soie. 122. Plumes. 123. Autres.
	27. Autres industries textiles et industries textiles insuffisamment déterminées.	124. Liseurs de dessin; perceurs de métier Jacquart. 125. Autres industries textiles. 126. Industries textiles insuffisamment déterminées (tisserands sans autre désignation, etc.).
8. **Cuirs, peaux et matières dures tirées du règne animal**	28. Cuirs et peaux	127. Tanneurs (1). 128. Corroyeurs. 129. Cuirs vernis. 130. Cuirs factices. 131. Maroquiniers. 132. Hongroyeurs. 133. Mégissiers. 134. Chamoiseurs. 135. Parcheminiers. 136. Teinturiers en peau. 137. Autres.
	29. Fabrication d'objets en cuir (**).	138. Courroies pour machines. 139. Layetiers et malletiers en cuir. 140. Estampeurs, mouleurs sur cuir. 141. Doreurs et argenteurs sur cuir. 142. Gainiers, portefeuillistes, etc. 143. Autres.
	30. Boyauderie	144. Fabricants de peau à saucisse. 145. — de baudruche. 146. — de corde à boyau.
	31. Fourrures	147. Fourreurs et pelletiers.
	32. Matières dures tirées du règne animal (***).	148. Os. 149. Ivoire. 150. Corne. 151. Écaille. 152. Baleine. 153. Nacre.
9. **Bois**	33. Scieries	154. Scieurs de bois; scieries mécaniques; scieurs de long.
	34. Tonneliers.	155. Tonneliers.
	35. Tourneurs sur bois	156. Tourneurs sur bois (2).
	36. Autres industries du bois (****).	157. Débiteurs-façonneurs de bois, etc. 158. Boisseliers; tamisiers. 159. Tabletiers; coffretiers, etc. 160. Emballeurs. 161. Autres industries du bois.
	37. Vanniers	162. Vanniers (osiers, balais en bouleau, etc.).
	38. Liège.	163. Liège.

Ne pas y comprendre : (*) Teinturiers-dégraisseurs, 85. — (**) Cordonniers et bottiers, 82. Gantiers, 83. Culottiers guêtriers, 83. Fabricants de ceinturons et basanes, 83. Selliers, bourreliers, 102. — (***) Poils et crins, 24. — (****) Sabotiers et galochiers, 82. Ébénistes, etc., 90. Menuisiers, etc., charpentiers, etc., 98. Charrons et carrossiers, 101. Constructeurs de bateaux, 103. Cannes et parapluies, 84.

Ne pas y comprendre : (1) Éjarreurs, coupeurs de poil, 108.

(2) Il est d'autant plus utile de consacrer une rubrique spéciale aux *tourneurs sur bois* qu'une confusion est possible avec les *tourneurs sur métal*.

1re NOMENCLATURE CLASSES	2e NOMENCLATURE CHAPITRES	3e NOMENCLATURE GROUPES
	III. Industrie (*Suite*).	
9. Bois (*Suite*)......	39. Autres industries de matières ligneuses (*)	164. Objets en bambou, rotin, joncs, etc. (1). 165. Autres industries de matières ligneuses.
10. **Métallurgie** .... *Fabrication des métaux.*	40. Fabrication de la fonte de fer; hauts fourneaux; fabrication du fer, de l'acier; fours à puddler, convertisseurs, etc.; laminage.	166. Fabrication de la fonte de fer; hauts fourneaux; fabrication du fer, de l'acier; fours à puddler : convertisseurs, etc., laminage.
	41. Fabrication et laminage d'autres métaux usuels.	167. Fabrication et laminage du plomb. 168. — — du cuivre. 169. — — du zinc. 170. — — de l'étain. 171. — — du nickel. 172. — — de l'antimoine. 173. — — de l'aluminium. 174. Fabrication et laminage d'autres métaux usuels.
	42. Refonte de métaux usuels ayant déjà servi.	175. Refonte des métaux usuels ayant déjà servi.
	43. Affineurs de métaux précieux.	176. Affineurs de métaux précieux.
Fabrication d'objets en métal. Industries classées selon la nature du métal.	44. Machines, outils et autres objets analogues principalement ou exclusivement en fer (**).	177. Fer forgé et ouvré pour construction; pièces d'architecture en fonte, fer, etc., rails, coussinets, essieux, ressorts pour voitures et autres pièces servant à la construction des machines. 178. Machines de toute espèce; moteurs fixes et mobiles. Appareils de chauffage et de ventilation, etc. Instruments aratoires; crics; vélocipèdes, machines à coudre. Ajusteurs-mécaniciens. 179. Fondeurs en fonte. 180. Taillandiers; fabricants d'outils; forgerons, tôliers, etc. 181. Maréchaux-ferrants. 182. Armuriers; fabricants d'armes à feu (fusils; canons, etc.)
	45. Menus objets principalement ou exclusivement en fer (couteaux, limes, scies, clous, aiguilles et épingles), etc. (***).	183. Coutellerie, armes blanches, fourbisseurs, affileurs, aiguiseurs de couteaux. 184. Fabricants de limes. 185. — de scies. 186. — de clous, de vis, etc. 187. — d'aiguilles. 188. Fabricants d'épingles et toute espèce de métal. 189. Fabricants de plumes métalliques. 190. Fabricants de buscs et autres menus objets en acier et en fer.
	46. Objets principalement en cuivre.	191. Fondeurs en cuivre, en bronze. 192. Repousseurs en cuivre; ciseleurs. 193. Monteurs en cuivre, en bronze. 194. Autres objets principalement en cuivre (2).
	47. Objets principalement en plomb (****).	195. Fondeurs en plomb; tuyaux en plomb. 196. Fondeurs en caractères. 197. Autres objets principalement en plomb.
	48. Objets principalement en étain..	198. Potiers d'étain. 199. Batteurs d'étain, papiers d'étain. 200. Autres industries de l'étain (comptoirs en étain, etc.).
	49. Objets en autres métaux (*****)..	201. Objets en zinc (3). 202. — en nickel; nickeleurs. 203. — en aluminium. 204. — en autre métal. 205. — en alliage (métal blanc, maillechort, etc.).

III. INDUSTRIE (*Suite*)

1ʳᵉ NOMENCLATURE — CLASSES	2ᵉ NOMENCLATURE — CHAPITRES	3ᵉ NOMENCLATURE — GROUPES
10. MÉTALLURGIE (*Suite*). Industries classées selon l'instrument employé pour travailler le métal.	50. Chaudronniers, étameurs, ferblantiers.	206. Chaudronniers, étameurs. 207. Ferblantiers, lampistes, boîtes de conserves, boissellerie métallique.
	51. Tourneurs sur métaux; décolteurs.	208. Tourneurs sur métaux : décolteurs.
	52. Étireurs de métaux; tréfileurs; fils métalliques (*).	209. Étireurs de métaux, tréfileurs; fils métalliques. 210. Fils télégraphiques, téléphoniques. 211. Cordes et câbles métalliques. 212. Grillageurs; toiles métalliques. 213. Chaînes en fer et en cuivre.
	53. Estampeurs sur métal; emboutisseurs; monnaies et médailles.	214. Estampeurs sur métal; emboutisseurs. 215. Monnaies et médailles.
	54. Galvanoplastie.	216. Galvanoplastie (1).
	55. *Autres* industries métallurgiques (**).	217. Autres industries métallurgiques. 218. Industries métallurgiques mal déterminées.
11. **Céramique** (*a*)	56. Verres, cristaux, glaces et miroirs.	219. Verres et cristaux : glaces sans tain. 220. Useurs de verres. 221. Fabrique de glaces et miroirs; polisseurs, étameurs de glace.
	57. Porcelaine et faïence	222. Porcelaine. 223. Terre de pipe. 224. Faïence.
	58. Terre cuite	225. Potiers. 226. Fontaines de cuisine, filtres. 227. Briquetiers, tuiliers. 228. Tuyaux en terre, grès, etc.
	59. Autres	229. Objets en ciment, béton, pierre factice, etc. 230. Mosaïque. 231. Autres.
12. **Produits chimiques proprement dits et produits analogues.**	60. Produits chimiques proprement dits.	232. Fabriques de produits chimiques servant dans les arts et pour la médecine (acides divers, soude, potasse, alun, etc.). 233. Raffinerie de sel marin. 234. Raffinerie de soufre. 235. Fabrique d'allumettes. 236. — de matières explosibles (poudre, dynamite, etc.). 237. Fabrique d'eaux minérales artificielles.
	61. Couleurs et encres	238. Fabrique de couleurs à base de plomb (céruse, minium, etc.). 239. Fabrique de blanc de zinc et autres couleurs à base métallique. 240. Fabrique d'autres couleurs (aniline, teintures végétales, cochenille, etc.). 241. Fabrique de crayons de toutes couleurs; de pastels. 242. Fabrique d'encres à écrire. 243. — d'encres grasses.
	62. Corps gras et analogues (suif, huiles de toute provenance, colle, *albumine*, noir animal, etc.).	244. Fabrique de suif, colles, graisses et huiles animales, de noir animal, d'albumine, engrais artificiels de provenance animale, etc. 245. Fabrique d'huiles végétales et leur épuration. 246. Épuration du pétrole, de la vaseline, etc.
	63. Corps dérivés des corps gras (bougie, savon, etc.).	247. Fabrique de chandelles. 248. — de bougies. 249. — de savon.

(*a*) *Ne pas y comprendre* les dessinateurs décorateurs pour verres, porcelaines et faïences (53).	*Ne pas y comprendre* : (*) Les tréfileurs en métaux précieux, 116. — (**) Les industries des métaux précieux (bijouterie, batteurs d'or, doreurs, etc.), 116	*Ne pas y comprendre* : (1) Doreurs sur métaux, 357; nickeleurs, 202.

1re NOMENCLATURE CLASSES	2e NOMENCLATURE CHAPITRES	3e NOMENCLATURE GROUPES
	III. INDUSTRIE (*Suite*).	
12. PRODUITS CHIMIQUES PROPREMENT DITS ET PRODUITS ANALOGUES (*Suite*).	64. Revêtements et matières imperméables (vernis, caoutchouc, bitume, etc.).	250. Vernis, cires et cirages. 251. Toiles cirées, linoleum, objets en gomme. 252. Catoutchouc et gutta-percha. 253. Bitume, asphalte. 254. Goudron, résine, produits résineux, allume-feux, briquettes et agglomérés.
	65. Industries du papier (*)	255. Fabriques de pâtes de bois; de cellulose. 256. — de papier. 257. — de carton; objets en carton pâte. 258. — de celluloïd.
	66. Autres (**)	259. Féculerie et amidonnerie; glucose; dextrine. 260. Fabrique de parfumerie. 261. Autres.
13. Industries de l'alimentation (*a*).	67. Meuniers et minotiers	262. Meuniers et minotiers.
	68. Boulangers	263. Fabrique de levure. 264. Boulangers.
	69. Autres industries relatives à la préparation des céréales.	265. Pâtissiers. 266. Biscuits de table. 267. Pâtes alimentaires; biscuits de mer; pains azymes; chapelures, etc.
	70. Bouchers, charcutiers, tripiers.	268. Bouchers. 269. Charcutiers, tripiers.
	71. Conserves de viandes, fromage, crème, etc.	270. Conserves de viandes. 271. — de poissons. 272. Fabrique de lait conservé, crème, beurre, fromage, etc.
	72. Vinaigre, moutarde et autres condiments.	273. Vinaigre, moutarde et autres condiments.
	73. Raffineurs de sucre.	274. Raffineurs de sucre.
	74. Autres industries relatives aux aliments solides.	275. Conserves de légumes. 276. Chocolatiers. 277. Brûleurs de café. 278. Confiseurs, glaciers. 279. Autres.
	75. Brasseries et fabriques de malt.	280. Fabriques de malt. 281. Brasseries.
	76. Distilleries et fabriques de liqueurs.	282. Distilleries. 283. Fabriques de liqueurs.
	77. Autres industries relatives aux boissons.	284. Autres industries relatives aux boissons.
	78. Manufactures de tabac	285. Manufactures de tabac.
14. Industries de l'habillement et de la toilette.	79. Chapeliers, chapeaux, casquettes, calottes, bonnets grecs, etc.	286. Chapeliers; chapeaux, casquettes, calottes, bonnets grecs, etc.
	80. Tailleurs, confectionneurs, costumiers.	287. Tailleurs, confectionneurs, costumiers.
	81. Couturières, modistes et fleuristes.	288. Couturières, lingères, chemisiers, mécaniciennes en couture, corsetières, brodeuses en lingerie, etc. 289. Modistes. 290. Fleurs et feuillages artificiels; couronnières.
	82. Fabricants de chaussures	291. Cordonniers et bottiers. 292. Chaussons, pantoufles, etc. 293. Sabotiers, galochiers, etc.

(*a*) *Ne pas y comprendre* : Fabrique d'huiles végétales et leur épuration (12).

Ne pas y comprendre : (*) Les relieurs, brocheurs, etc. (111). — (**) Les raffineurs de sucre (73), les distillateurs (76).

1re NOMENCLATURE CLASSES	2e NOMENCLATURE CHAPITRES	3e NOMENCLATURE GROUPES
	III. Industrie (*Suite*).	
14. Industries de l'habillement et de la toilette (*Suite*).	83. Autres industries du vêtement (*).	294. Gantiers. 295. Culottiers, guêtriers. 296. Fabriques de ceinturons, basanes, etc. 297. Boutons en métal et étoffe. 298. Autres.
	84. Cannes, parapluies et ombrelles . .	299. Cannes, parapluies et ombrelles.
	85. Teinturiers-dégraisseurs (**) . . .	300. Teinturiers-dégraisseurs.
	86. Blanchisseurs, lavoirs et buanderies, laveuses et repasseuses.	301. Blanchisseurs, lavoirs et buanderies, laveuses et repasseuses.
	87. Établissements de bains	302. Établissements de bains.
	88. Barbiers, coiffeurs et perruquiers; ouvrages en cheveux.	303. Barbiers, coiffeurs, perruquiers; ouvrages en cheveux.
	89. Autres industries de la toilette. . .	304. Autres industries de la toilette.
15. Industries de l'ameublement.	90. Ébénistes, fabricants de meubles (***).	305. Ébénistes, fabricants de meubles; canneleurs et rempailleurs pour ébénisterie. 306. Ciseleurs sur bois; marqueteurs, incrusteurs sur bois; incrusteurs de cuivre pour ébénisterie, etc. 307. Vernisseurs en piano et ébénisterie; peintres en voitures.
	91. Tapissiers : objets de literie.	308. Tapissiers; fabricants de matelas et autres objets de literie, matelassiers; fabricants de bourrelets, fabricants de stores, etc. 309. Fabriques de lits en fer ou en cuivre.
	92. Autres	310. Autres.
16. Industries du bâtiment.	93. Fours à chaux, à plâtre, fabriques de ciment.	311. Fours à chaux, à plâtre; fabriques de ciment.
	94. Terrassiers, puisatiers.	312. Terrassiers, puisatiers.
	95. Tailleurs de pierre, maçons et fumistes (****).	313. Scieurs de pierre; fabriques de dalles, piqueurs de grès; tailleurs d'ardoises, etc. 314. Tailleurs de pierre, ravaleurs. 315. Marbriers, praticiens sculpteurs. 316. Entrepreneurs de maçonnerie, maçons, plafonneurs, etc. 317. Ornemanistes, mouleurs, mouleurs. 318. Fumistes, ramoneurs et poêliers; carreleurs.
	96. Couvreurs, zingueurs en bâtiment, plombiers, poseurs d'appareils à gaz.	319. Couvreurs, zingueurs en bâtiment, plombiers, poseurs d'appareils à gaz.
	97. Serruriers (*****)	320. Serruriers, poseurs, bardeurs de charpentes en fer.
	98. Charpentiers et menuisiers (******).	321. Charpentiers (1). 322. Menuisiers, rampistes. 323. Parqueteurs, raboteurs.
	99. Peintres en bâtiment, papiers peints, etc.	324. Fabriques de papiers peints. 325. Colleurs de papier (2). 326. Peintres, vitriers, enduiseurs, badigeonneurs, fileurs-décorateurs en bâtiment, peintres en lettres, fabriques d'enseignes.
	100. Autres industries du bâtiment.	327. Autres industries du bâtiment.

(*) *Ne pas y comprendre* les fourreurs, 31. — (**) Ne pas confondre avec les teinturiers énumérés, 26. — (***) *Ne pas y comprendre* les menuisiers, 98. — (****) Casseurs de pierres, cantonniers, 126. — (*****) *Y comprendre* : serruriers en voiture. — (******) Voir les industries du bois.

(1) *Non compris* : charpentiers en bateaux, charpentiers marins, 331. — (2) *Y compris* : colleurs d'affiches.

1re NOMENCLATURE CLASSES	2e NOMENCLATURE CHAPITRES	3e NOMENCLATURE GROUPES

III. INDUSTRIE (Suite).

1re NOMENCLATURE — CLASSES	2e NOMENCLATURE — CHAPITRES	3e NOMENCLATURE — GROUPES
17. **Construction d'appareils de transport.**	101. Charrons et carrossiers (*)	328. Charrons. 329. Carrossiers.
	102. Selliers, bourreliers, fouets et cravaches.	330. Selliers, bourreliers, fouets et cravaches (bâts, arçons, attelles pour sellerie, etc.).
	103. Construction de bateaux	331. Construction de bateaux en bois. 331*bis*. — — fer. 332. Déchireurs de bateaux.
	104. Construction de wagons	333. Construction de wagons.
	105. Autres appareils de transport (**).	334. Autres appareils de transport.
18. **Production et transmission de forces physiques (chaleur, lumière, électricité, force motrice, etc.)**	106. Usines à gaz	335. Usines à gaz.
	107. Chauffeurs (sans autre indication).	336. Chauffeurs.
	108. Mécaniciens-conducteurs de machines (sans autre indication).	337. Mécaniciens-conducteurs de machines.
	109. Autres	338. Production et transmission de l'électricité (lumière, force motrice, etc.). 339. Production et transmission de la chaleur (eau, air, etc.). 340. Production et transmission du froid, de la glace artificielle, etc. 341. Production et transmission de l'air comprimé (heure pneumatique, force motrice, etc.). 342. Autres.
19. **Industries relatives aux lettres, arts et sciences. Industries de luxe.**	110. Imprimeurs, etc., journaux	343. Imprimeurs, typographes, clicheurs. 344. Héliogravure, photogravure. 345. Lithographie, gravure en taille-douce. 346. Estampeurs sur papier, coloristes et enlumineurs. 347. Entreprises de journaux et revues (administrations).
	111. Relieurs, brocheurs, etc.	348. Relieurs, brocheurs, assembleurs, satineurs, plieurs, marbreurs en reliure; fabricants d'enveloppes.
	112. Fabriques d'instruments de musique, pianos, luthiers.	349. Fabriques d'instruments de musique; pianos; luthiers.
	113. Fabricants d'instruments de précision, d'optique, de photographie, de télégraphie, de téléphonie et de mathématiques.	350. Fabricants d'instruments de précision, d'optique, de photographie, de télégraphie, de téléphonie et de mathématiques.
	114. Fabricants d'instruments de chirurgie et bandagistes.	351. Fabricants d'instruments de chirurgie. 252. Bandagistes.
	115. Horlogers	353. Fournitures d'horlogerie. 354. Horlogers.
	116. Industries des métaux précieux (bijoutiers, batteurs d'or, doreurs).	355. Bijouterie fine et imitation : orfèvres, lapidaires; joailliers, émaux d'art, etc. 356. Batteurs d'or; brunisseurs; étireurs de métaux précieux. 357. Doreurs sur bois et sur métaux; encadreurs.
	117. Bimbeloterie, etc.	358. Éventails, porte-monnaie, blagues à tabac, etc.; ouvrages en albâtre, en coquillages, etc. 359. Jouets d'enfants; jeux de toute nature. 360. Cartes à jouer. 361. Menus objets en diverses substances; articles de chasse et de pêche, etc.

(*) *Ne pas y comprendre* : Fabricants d'essieux, ressorts pour voitures, 44. Serruriers en voiture, 97. Peintres en voiture, 90. — (**) *Ne pas y comprendre* vélocipèdes, 44.

1re NOMENCLATURE CLASSES	2e NOMENCLATURE CHAPITRES	3e NOMENCLAUTRE GROUPES

1re NOMENCLATURE — CLASSES	2e NOMENCLATURE — CHAPITRES	3e NOMENCLAUTRE — GROUPES
	III. Industrie (*suite*).	
19. Industries relatives aux lettres, arts et sciences. Industries de luxe (*Suite*).	118. Autres	362. Préparateurs d'objets d'histoire naturelle; empailleurs d'animaux, naturalistes. 363. Entreprises de théâtres et concerts (administrations). 364. Autres.
20. **Industries des matières de rebut.**	119. Industries des matières de rebut.	365. Chiffonniers, laveurs, trieurs, effilocheurs, déchireurs de chiffons. 366. Vidangeurs. 367. Autres industries des matières de rebut.
21. **Autres industries.** . .	120. Autres industries	68. Autres industries.

	IV. — Transports.	
22. **Transports maritimes**	121. Agents spéciaux chargés de l'entretien et de la police des ports de mer (commandants de port et leurs agents, éclusiers, service des phares, etc.).	369. Agents spéciaux chargés de l'entretien et de la police des ports de mer (commandants de port et leurs agents, éclusiers, service des phares, etc.).
	122. Armateurs et leurs employés; courtiers maritimes, etc.	370. Armateurs et leurs employés; courtiers maritimes, etc.
	123. Marins non militaires.	371. Marins du commerce.
23. **Transports par fleuves, rivières et canaux.**	124. Agents spéciaux chargés de l'entretien et de la police des fleuves, rivières et canaux (inspecteurs de la navigation, éclusiers, etc.).	372. Agents spéciaux chargés de l'entretien et de la police des fleuves, rivières et canaux (inspecteurs de la navigation, éclusiers, etc.).
	125. Mariniers, bateliers, remorqueurs, toueurs et haleurs.	373. Mariniers, bateliers, remorqueurs, toueurs et haleurs.
24. **Transports par rues, routes et ponts.**	126. Agents spéciaux chargés de l'entretien des rues, égouts, routes et ponts (balayeurs, paveurs égoutiers, cantonniers, etc.).	374. Agents spéciaux chargés de l'entretien des rues, égouts, routes et ponts (balayeurs, paveurs, égoutiers, cantonniers, etc.).
	127. Cochers et charretiers	375. Cochers, nettoyeurs de voitures, palefreniers des voitures de louage, fiacres, omnibus, tramways, diligences (entrepreneurs et agents de toute sorte). 376. Charretiers.
	128. Portefaix et livreurs	377. Portefaix, déchargeurs de bateaux ou de voitures, déménageurs, etc. 378. Livreurs, garçons de recette. 379. Guides de montagne, cicerone, etc.
25. **Transports par chemins de fer.**	129. Chemins de fer : administrateurs, employés, ouvriers, agents de toute sorte.	380. Chemins de fer : administrateurs, employés, ouvriers, agents de toute sorte.
26. **Postes, télégraphes, et téléphones.**	130. Postes, télégraphes, téléphones .	381. Postes. 382. Télégraphes. 383. Téléphones.

	V. — Commerce.	
27. **Banques, établissements de crédit, change et assurance.**	131. Banquiers et changeurs et leurs employés.	384. Banquiers, directeurs, employés; agents gagistes des établissements de crédit. 385. Agents de change, changeurs, remisiers, et leurs employés.
	132. Compagnies diverses d'assurance.	386. Compagnies diverses d'assurance.
28. **Courtage, commission, exportation.**	133. Commissionnaires en marchandises diverses, exportateurs.	387. Commissionnaires en marchandises diverses, exportateurs.
	134. Courtiers sans autre désignation, placiers, représentants de commerce, voyageurs de commerce, etc.	388. Courtiers sans autre désignation, placiers, représentants de commerce, voyageurs de commerce, etc.
	135. Bureaux de placement	389. Bureaux de placement.

1re NOMENCLATURE CLASSES	2e NOMENCLATURE CHAPITRES	3e NOMENCLATURE GROUPES

V. COMMERCE (suite).

1re NOMENCLATURE — CLASSES	2e NOMENCLATURE — CHAPITRES	3e NOMENCLATURE — GROUPES
29. Commerce des textiles.	136. Commerce des laines, cotons, soies, crins, etc. : de draps, toiles et autres textiles.	390. Commerce des laines, cotons, soies, crins, etc.; de draps, toiles et autres textiles.
30. Commerce des cuirs, peaux et fourrures.	137. Commerce des cuirs, peaux, fourrures, corne, etc.	391. Commerce des cuirs, peaux, fourrures, corne, etc.
31. Commerce des bois.	138. Commerce des bois de charpente, bois pour ébénisterie, lièges, écorces, etc.	392. Commerce des bois de charpente, bois pour ébénisterie, lièges, écorces, etc.
32. Commerce des métaux.	139. Commerce des métaux	393. Commerce des métaux.
33. Commerce de la céramique.	140. Commerce des matières premières nécessaires à la céramique, et des produits céramiques.	394. Commerce des matières premières nécessaires à la céramique, et des produits céramiques.
34. Commerce de produits chimiques, droguerie, marchands de couleurs.	141. Commerce de produits chimiques, droguerie, marchands de couleurs.	395. Commerce de produits chimiques; droguerie; marchands de couleurs.
35. Hôtels, cafés, restaurants, débits de boissons.	142. Hôtels, cafés, restaurants, débits de boissons.	396. Marchands de vins et liqueurs. 397. Cafétiers. 398. Restaurants, rôtisseurs. 399. Hôtels garnis.
36. Autres commerces de l'alimentation.	143. Autres commerces de l'alimentation (épiciers, fruitiers, grainetiers, marchands de bestiaux, etc.).	400. Épiciers. 401. Beurres, œufs, fromages, poissons, volaille, fruits et légumes. 402. Grainetiers, blé, farine et fourrage. 403. Marchands et conducteurs de bestiaux. 404. Marchands de tabac. 405. Autres.
37. Commerce de l'habillement et de la toilette.	144. Commerce des étoffes et des vêtements tout faits.	406. Nouveautés, étoffes, bonneterie, mercerie, ganterie, lingerie, parfumerie. 407. Vêtements tout faits d'hommes et de femmes. 408. Vieux habits, marchandes à la toilette, fripiers.
	145. Marchands chapeliers (*)	409. Marchands chapeliers (1).
	146. Marchands de chaussures (*) . .	410. Marchands de chaussures (1).
	147. Autres commerces de l'habillement et de la toilette.	411. Autres commerces de l'habillement et de la toilette.
38. Commerce de l'ameublement.	148. Meubles, tapis, rideaux, objets de literie.	412. Meubles, tapis, rideaux, objets de literie.
	149. Quincaillerie, ustensiles de ménage, porcelaine, faïence, cristaux, bouteilles, bazars, articles de jardin, de cave, etc.	413. Quincaillerie, ustensiles de ménage, porcelaine, faïence, cristaux, bouteilles, bazars. 414. Brocanteurs.
39. Commerce du bâtiment.	150. Commerce des matériaux de construction (pierres, briques, plâtre, ciment, sable, etc.).	415. Commerce des matériaux de construction (pierres, briques, plâtre, ciment, sable, etc.).
	151. Agences de vente et de location.	416. Agences de location.
40. Commerce des moyens de transport (a).	152. Marchands et loueurs de chevaux, ânes, mulets, etc.	417. Marchands et loueurs de chevaux, ânes, mulets, etc.
41. Commerce des combustibles.	153. Marchands de bois de chauffage, charbons, houille, coke, etc.	418. Marchands de bois de chauffage, charbons, houille, coke, etc.

(a) *Ne pas y comprendre* les loueurs de voitures, etc., 24.

(*) *N'y comprendre* que les marchands qui ne fabriquent pas (classer les chapeliers fabricants au n° 79 et les cordonniers fabricants n° 82).

Il est d'autant plus nécessaire de constituer des rubriques spéciales pour ces deux classes de commerçants qu'on les confond facilement avec les fabricants.

(1) *N'y comprendre* que les marchands qui ne fabriquent pas (classer les chapeliers fabricants au n° 286 et les cordonniers fabricants au n° 291).

1re NOMENCLATURE CLASSES	2e NOMENCLATURE CHAPITRES	3e NOMENCLATURE GROUPES
	V. Commerce (*Suite*).	
42. Commerce d'objets de luxe, ou d'objets relatifs aux sciences, lettres et arts.	154. Marchands bijoutiers; marchands horlogers, marchands opticiens, etc.	419. Marchands bijoutiers; marchands horlogers, marchands opticiens, etc.
	155. Marchands de bimbeloterie, jouets d'enfants, éventails, menus objets, articles de fumeur, de chasse et de pêche, fleurs naturelles, etc.	420. Marchands de bimbeloterie, jouets d'enfants, éventails, menus objets, articles de fumeur, de chasse et de pêche, fleurs naturelles, etc.
	156. Libraires et éditeurs, papetiers, marchands de livres, musique, journaux, bouquinistes.	421. Libraires et éditeurs, papetiers, marchands de livres, musique, journaux, bouquinistes.
	157. Marchands de gravures, tableaux, objets d'art.	422. Marchands de gravures, tableaux, objets d'art.
	158. Marchands et loueurs de pianos et autres instruments de musique.	423. Marchands et loueurs de pianos et autres instruments de musique.
	Autres commerces d'objets de luxe.	424. Autres commerces d'objets de luxe.
43. Commerce des matières de rebut.	159. Commerce des matières de rebut (chiffons, fumier, engrais naturels).	425. Marchands de chiffons. 426. Marchands ambulants d'engrais naturels (boues, gadoues, fumier, poudrette, etc.).
44. Autres commerces.	160. Boutiquiers détaillants, sans spécialité définie.	427. Boutiquiers détaillants, sans spécialité définie.
	161. Marchands sur la voie publique, marchands forains, colporteurs, camelots, etc.	428. Marchands sur la voie publique, marchands forains, colporteurs, camelots, etc.
	162. Saltimbanques, acrobates, montreurs de curiosités, d'animaux féroces, etc.	429. Saltimbanques, acrobates, montreurs de curiosités, d'animaux féroces, etc.
	163. Autres animaux (*)	430. Autres commerces.

VI. — Force publique.

45. Armée de terre . . .	164. Armée de terre	431. Armée de terre.
46. — de mer	165. — de mer	432. — de mer.
47. Gendarmerie et police.	166. Gendarmerie et police	433. Gendarmerie. 434. Police.

VII. — Administrations publiques.

48. Administrations publiques (*a*).	167. Personnes attachées à la Cour et à la maison du Souverain.	435. Personnes attachées à la Cour et à la Maison du Souverain.
	167bis. Administrations publiques.	436. Services de l'État.
		437. Services des Administrations locales. (Villes, provinces, etc.).
	168. Administrations annexes . . .	438. Pompes funèbres, fossoyeurs.
		439. Distribution d'eaux, etc.

Ne pas y comprendre :
(*a*) Les fonctionnaires déjà désignés par d'autres rubriques.

(*) *Y compris notamment :* Marchands de petits animaux (chiens, oiseaux, etc.), marchands de graines de jardin.

1re NOMENCLATURE CLASSES	2e NOMENCLATURE CHAPITRES	3e NOMENCLATURE GROUPES
	VIII. — Professions libérales.	
49. **Cultes** (a).	169. Clergé catholique (ou orthodoxe).	440. Clergé séculier (archevêques, évêques, chanoines, curés, vicaires, desservants, prêtres, etc.). 441. Clergé régulier (religieux ou religieuses appartenant à des congrégations ou ordres religieux).
	170. Cultes protestants.	442. Cultes protestants.
	171. Culte israélite.	443. Culte israélite.
	172. Bedeaux, suisses, sacristains et autres gagistes (*).	444. Bedeaux, suisses, sacristains et autres gagistes.
50. **Professions judiciaires**	173. Magistrats et membres des tribunaux à tous les degrés.	445. Magistrats et membres des tribunaux à tous les degrés.
	174. Autres hommes de loi et leurs clercs.	446. Avocats. 447. Officiers ministériels (notaires, avoués, huissiers, etc.). 448. Agents d'affaires, etc.
51. **Professions médicales.**	175. Médecins et chirurgiens.	449. Clercs d'étude. 450. Médecins et chirurgiens.
	176. Dentistes (non médecins)	451. Dentistes (non médecins).
	177. Sages-femmes, accoucheuses . .	452. Sages-femmes, accoucheuses.
	178. Vétérinaires	453. Vétérinaires.
	179. Pharmaciens et herboristes (**).	454. Pharmaciens. 455. Herboristes.
	180. Gardes-malades, masseurs, ventouseurs, etc.	456. Gardes-malades, masseurs, ventouseurs, etc.
	181. Directeurs (non médecins) et employés de tout ordre des maisons de santé, hôpitaux et hospices (surveillants, infirmiers, hommes de peine, etc.).	457. Directeurs (non médecins) et employés de tout ordre des maisons de santé, hôpitaux et hospices (surveillants, infirmiers, hommes de peine, etc.).
52. **Professions de l'enseignement.**	182. Professeurs à un titre quelconque dans les établissements d'enseignement entretenus par l'État, les provinces, les communes (écoles primaires, lycées, collèges, universités, etc.).	458. Professeurs à un titre quelconque dans les établissements d'enseignement entretenus par l'État, les provinces, les communes (écoles primaires, lycées, collèges, universités, etc.).
	183. Autres professeurs.	459. Professeurs des établissements d'enseignement privé. 460. Instituteurs allant dans les familles. 461. Professeurs spéciaux d'arts d'agrément : danse, escrime, etc. (1), non attachés à des établissements d'enseignement public.
53. **Sciences, lettres et arts.**	184. Hommes de lettres.	462. Hommes de lettres.
	185. Copistes, sténographes, traducteurs.	463. Écrivains, publics, copistes. 464. Sténographes. 465. Traducteurs, interprètes.
	186. Architectes, ingénieurs	466. Architectes. 467. Géomètres, ingénieurs.
	187. Arts plastiques	468. Photographes. 469. Peintres, statuaires, graveurs, professeurs de dessin. 470. Dessinateurs pour arts décoratifs.
	188. Musiciens	471. Artistes musiciens (compositeurs, professeurs de musique, artistes lyriques, instrumentistes, chanteurs, choristes, etc.).
	189. Art dramatique	472. Artistes dramatiques, danseuses, etc.

(a) L'ordre dans lequel les différents cultes sont inscrits, et leur nomenclature varieront naturellement selon le pays.

Ne pas y comprendre : (*) Les chantres, organistes, etc. — (**) Les fabricants de produits chimiques (60); les droguistes (141).

(1) *Ne pas y comprendre* : Professeur de musique (471); professeur de dessin (469).

1re NOMENCLATURE	2e NOMENCLATURE	3e NOMENCLATURE
CLASSES	CHAPITRES	GROUPES

IX. — Personnes vivant principalement de leurs revenus.

54. **Personnes vivant principalement de leurs revenus.**	190. Propriétaires, rentiers et retraités.	473. Propriétaires vivant principalement du produit de la location de leurs immeubles. 474. Rentiers. 475. Retraités, pensionnés par l'État et autres Administrations publiques ou privées.
	191. Individus de situation mal déterminée.	476. Individus de situation mal déterminée (se déclarant *burger* ou *privat*, ou se rattachant à une profession anciennement exercée, ou donnant comme profession une distinction honorifique quelconque, etc.).

X. — Travail domestique (A).

55. **Travail domestique.**	192. Membres de la famille (femmes mariées, etc.) adonnés aux travaux domestiques.	477. Membres de la famille (femmes mariées, etc.) adonnés aux travaux domestiques.
	193. Concierges, gardiens de magasin, de chantier, etc.	478. Concierges, gardiens de magasin, de chantier, etc.
	194. Cuisiniers et cuisinières	479. Cuisiniers et cuisinières.
	195. Cochers et palefreniers	480. Cochers et palefreniers.
	196. Autres domestiques	481. Autres domestiques. 482. Femmes de ménage.

XI. — Désignations générales sans indication d'une profession déterminée.

56. **Désignations générales sans indication d'une profession déterminée.**	197. Négociants, manufacturiers . . .	483. Manufacturiers, industriels, fabricants. 484. Négociants, commerçants, marchands.
	198. Employés	485. Caissiers, comptables, teneurs de livres. 486. Employés et commis de bureaux, de magasin, de commerce.
	199. Mécaniciens (sans autre désignation).	487. Mécaniciens (sans autre désignation).
	200. Journaliers, hommes de peine, garçons et filles de salle, etc.	488. Garçons de magasin, garçons de salle, filles de salle. 489. Journaliers, tâcherons, manœuvres, hommes de peine.

XII. — Improductifs. — Profession inconnue.

57. **Individus momentanément sans emploi.**	201. Individus momentanément sans emploi.	490. Individus momentanément sans emploi.
58. **Individus sans profession.**	202. Individus sans profession	491. Individus sans profession.
59. **Individus non classés.**	203. Enfants sans profession, élèves et étudiants.	492. Enfants sans profession en raison de leur âge. 493. Élèves des écoles. 494. Étudiants.
	204. Malades, aliénés, prisonniers . .	495. Malades et infirmes des hospices. 496. Aliénés. 497. Prisonniers.
60. **Mendiants, vagabonds, filles publiques.**	205. Mendiants, vagabonds, filles publiques.	498. Mendiants, vagabonds, filles publiques.
61. **Profession inconnue.**	206. Profession inconnue	499. Profession inconnue.

(A) Ces rubriques ne contiendront la totalité des personnes adonnées aux travaux domestiques que dans le cas où l'on ne distinguerait pas, par une colonne spéciale, les domestiques attachés à chaque profession. Dans le cas où cette distinction serait faite, on ne comptera dans ce chapitre que les « domestiques » pour lesquels la profession du maître sera inconnue. De même que les « membres de famille (femmes mariées, etc.) adonnés aux travaux domestiques » ne seront comptés à cette rubrique que lorsque la colonne intitulée « famille » n'existera pas, ou lorsque la profession du chef de ménage sera inconnue.

Tableau indiquant les distinctions qu'il est le plus désirable d'établir
concernant chaque profession.

| PROFESSIONS | PATRONS | | | | | | | | EMPLOYÉS | | | | | | | | OUVRIERS | | | | | | | |
	Exerçant eux-mêmes la profession								Membres de famille vivant à leur charge.								Exerçant eux-mêmes la profession								Membres de famille vivant à leur charge.				
	0-19 ans		20-39 ans		40-59 ans		60 ans —w		0-19 ans		20 ans —w		0-19 ans		20-39 ans		40-59 ans		60 ans —w		0-19 ans		20 ans —w		0-19 ans		20-39 ans		40-59 ans		60 ans —w		0-19 ans		20 ans —w	
	h.	f.	h.	f.	h.	f.	h.	f.	h.	f.	h.	f.	h.	f.	h.	f.	h.	f.	h.	f.	h.	f.	h.	f.	h.	f.	h.	f.	h.	f.	h.	f.	h.	f.	h.	f.

** L'I. I. S. adopte la liste des professions qu'il est particulièrement désirable de voir figurer sur les nomenclatures professionnelles des différents pays. (*Bulletin*, t. IX, 2, p. LXII.) [312.93]
(*Institut International de Statistique*, Berne, 1895.)

LISTE DES PROFESSIONS QU'IL EST PARTICULIÈREMENT DÉSIRABLE DE VOIR FIGURER SUR LES NOMENCLATURES PROFESSIONNELLES DES DIFFÉRENTS PAYS.

	Indication de la rubrique correspondante des nomenclatures adoptées par l'Institut international.	Observations.
*Travaux agricoles (1)	Ire — 1	*Y compris* : les propriétaires cultivateurs, etc., les horticulteurs, maraîchers, pépiniéristes, forestiers, éleveurs (pisciculture et ostréiculture non compris).
		Non compris : la pisciculture, la pêche, la chasse, les propriétaires non cultivateurs, les vétérinaires, les maréchaux-ferrants et autres industries rurales.
*Mines de combustibles. . . . . . (Tourbières et industries annexes.)	2e — 8	*Y compris* : l'extraction du pétrole, du schiste bitumineux, laverie de houille, briquettes, etc.
*Mines et préparation des minerais métalliques	2e — 9	
*Carrières	Ire — 5	*Y compris* : pierres, plâtre, soufre, pyrite, sable, glaise, kaolin, phosphate de chaux, etc.
Sel gemme et marais salants	2e — 12	*Non compris* : sel gemme.

(1) Les professions parciculièrement importantes au point de vue des comparaisons internationales ont été marquées d'un astérisque.

	Indication de la rubrique correspondante des nomenclatures adoptées par l'Institut international.	*Observations.*
*Textiles . . . . (Filature, tissage, teinture, apprêt, impression, etc.)	1re — 7	*Y compris* : la passementerie, corderie, industrie de la paille, plumes, poils et crins.
Tanneurs et préparation des cuirs et peaux . .	2e — 28	*Y compris* : corroyeurs, cuirs factices, chamoiseurs, parcheminiers, teinturiers en peaux. *Non compris* : les fabricants d'objets en cuir, la boyauderie, les fourrures. .
*Fabrication et laminage des métaux	2e — 40 et 41	
*Fabrication de machines-outils et menus objets principalement ou exclusivement en fer	2e — 44 et 45	
Chaudronniers, étameurs	3e — 206	
Ferblantiers	3e — 207	*Y compris* : lampistes, boîtes de conserves, boissellerie métallique.
Étireurs de métaux, tréfileurs, fils métalliques	2e — 52	
Verres, cristaux, glaces et miroirs	2e — 56	
Porcelaine et faïence	2e — 57	
*Terre cuite	2e — 58	*Y compris* : potiers, briquetiers, tuiliers, etc.
Fabrique de papier et de carton	2e — 65	*Y compris* : cellulose, celluloïd, etc.
*Meuniers	3e — 262	
*Boulangers	2e — 68 et 69	*Y compris* : pâtisserie, biscuits, pâtes alimentaires.
*Bouchers	2^e — 70	*Y compris* : charcutiers, tripiers.
Fabricants et raffineurs de sucre	2^e — 73	
Brasseries	2^e — 75	*Y compris* : fabriques de malt.
Distilleries et fabriques de liqueurs	2e — 76	
Chapeliers (fabricants)	2e — 79	
Id. (marchands)	2e — 145	
Chaussures (fabricants)	2e — 82	*Y compris* : chaussons, pantoufles, sabots.
Id. (marchands)	2e — 146	
Barbiers	2e — 88	*Y compris* : ouvrages en cheveux.
Fabricants de meubles	2e — 90 et 91	*Y compris* : ébénistes, ciseleurs et incrusteurs sur bois, vernisseurs en ébénisterie et en voitures; rempailleurs et canneleurs de chaises, etc., tapissiers, fabricants de matelas, lits en fer, etc.
Marchands de meubles	2e — 148	
*Tailleurs de pierre, maçons et fumistes . . .	2e — 95	*Y compris* : les marbriers, ornemanistes, ramoneurs, carreleurs, etc. *Non compris* : casseurs de pierre, cantonniers.
*Serruriers	2e — 97	*Y compris* : charpente en fer.
Peintres en bâtiment	3e — 326	*Y compris* : vitriers, peintres en lettres, etc.
Charrons et carrossiers	2e — 101	
*Usines à gaz	2e — 106	
*Imprimeurs-typographes	3e — 343	
Horlogers (fabricants)	2e — 115	*Y compris* : fournitures d'horlogerie.
Bijoutiers (fabricants)	3e — 355	*Non compris* : les batteurs d'or, étireurs de métaux précieux, doreurs.

	Indication de la rubrique correspondante des nomenclatures adoptées par l'Institut international.	*Observations.*
Bijoutiers (marchands)	2° — 154	
Marins non militaires	3° — 871 et 22	*Y compris* : les pêcheurs en eau de mer.
*Cochers et charretiers	2° — 127	*Y compris* : omnibus : palefreniers, agents de toutes sortes de transports sur route.
		Non compris : la traction mécanique.
Postes et télégraphes, téléphones	2° — 130	
Banquiers, changeurs	2° — 131	*Y compris* : agents de change, établissements de crédit et leurs employés.
Assurances	2° — 132	
*Hôtels, cafés, restaurants, débits	2° — 142	
Autres commerces de l'alimentation. . . .	2° — 143	*Y compris* : marchands épiciers, fruits et légumes, volaille, grains, farines et fourrages, bestiaux, tabac, etc.
		Non compris : bouchers, boulangers, pâtissiers.
Libraires et éditeurs, papetiers	2° — 156	*Y compris* : marchands de livres, musique, journaux, bouquinistes.
Médecins et chirurgiens	2° — 175	*Non compris* : les dentistes non médecins, sages-femmes, vétérinaires, pharmaciens, masseurs, ventouseurs, etc.
*Domestiques.	2° - 194 - 195 - 196	*Y compris* : cuisiniers-domestiques, cochers-domestiques,
		Non compris : domestiques de ferme.

_**_* Attendu que la classification adoptée dans la session de Chicago ne suffit pas à elle seule pour assurer la comparabilité des statistiques professionnelles, l'I. I. S., se référant aux conclusions qu'il a adoptées en 1893, émet les vœux suivants :

1° La statistique des professions doit embrasser la population toute entière, c'est-à-dire non seulement la population active, mais aussi les membres de ménages sans profession distincte qui doivent être rattachés, mais sous des rubriques spéciales, à la profession et à la position sociale du chef de ménage qui les fait vivre.

2° Il convient de distinguer, tant pour la profession elle-même que pour la position sociale, l'occupation principale et les occupations accessoires. Dans le dépouillement, il est désirable que les professions accessoires les plus importantes soient représentées en combinaison avec les grandes catégories de professions principales.

3° La classification des personnes salariées doit se faire en première ligne d'après leur occupation personnelle.

4° On recommande de relever pour les personnes salariées le caractère de l'entreprise de leur patron.

5° Pour préciser plus exactement la position sociale des patrons, on recommande de faire des recensements d'entreprises agricoles, industrielles et commerciales, qu'il est désirable d'exécuter en même temps que les recensements de la population,
(*Bulletin*, t. XII, 1, p. 54 et 57.)   [312.93]
(*Institut International de Statistique*, Christiania, 1899.)

Conditions sociales.   312.98

L'I. I. S. invite les statisticiens des grandes villes à vouloir bien établir numériquement le degré d'aisance relatif des différents quartiers de leur ville au moyen des éléments statistiques qui leur paraîtront les mieux appropriés à une telle recherche.

Par exemple peuvent être employés dans ce but :

1° La proportion des « patrons », « employés », « ouvriers » déclarés au jour de recensement ;

2° La proportion des domestiques par rapport au nombre des ménages et plus spécialement des ménages de deux personnes au moins ;

3° Le nombre moyen d'habitants par pièce, ou encore la proportion de personnes vivant dans des logements surpeuplés, etc.;

4° La proportion des différentes classes d'impôts sur le revenu;

5° La proportion des enterrements ou des mariages des différentes classes, etc. [312.98]

(Institut International de Statistique, Berne, 1895.)

Offices du travail. 331 (061)

Il est désirable que les Offices du travail des différents pays entretiennent entre eux des relations fréquentes, et qu'ils échangent leurs vues dans le but d'unifier leurs méthodes et le cadre de leurs publications. [331 (061)]

(Institut International de Statistique, Berne, 1895.)

Droits de douane. 336.26

Il est désirable que des recherches soient faites dans les divers pays, à l'aide des documents statistiques existants, pour établir la répercussion des droits de douanes :

a) Sur l'alimentation ;

b) Sur les industries les unes sur les autres. [336.26]

(Institut International de Statistique, Londres, 1905.)

Droit financier. 34 : 332

a) Pour la régularité des relations financières internationales, non seulement celles de pays à pays, mais aussi celles des particuliers entre eux, en présence du prodigieux développement des valeurs mobilières, l'institution d'un droit public financier international est une nécessité qui s'impose ;

b) Il est urgent d'arriver à une entente internationale pour unifier les législations des divers pays en matière de prescription de coupons et de titres, en ce qui concerne les titres perdus ou volés. Les détenteurs de titres internationaux sont dépouillés quand des voleurs s'emparent de leurs titres et peuvent impunément les négocier sur des marchés étrangers ;

c) Il est nécessaire d'arriver à une entente pour l'établissement d'une statistique internationale, régulièrement tenue à jour, des émissions et conversions publiques, création et mise en vente de titres négociables. [34 : 332]

(Institut International de Statistique, Paris, 1909.)

Registres de population.   **351.755.2**

L'I. I. S. émet le vœu que l'usage des registres de population se généralise. (*Bulletin*, t. XV, 2, p. 42.)   [351.755.2]
(*Institut International de Statistique*, Londres, 1905.)

Jaugeage.   **626.16**

L'I. I. S. engage son bureau à faire des démarches afin d'appeler l'attention des Gouvernements intéressés sur les inconvénients résultant de l'état actuel du jaugeage en leur recommandant de soumettre les règles en question à l'étude d'une Commission internationale d'experts en matière technique du jaugeage.   [626.16]
(*Institut International de Statistique*, Vienne, 1891.)

Institut Colonial International (I. C. I.)

[325]

RÉFÉRENCES. — *Annuaire*, 1908-1909, p. 739; 1910-1911, p. 1079. — *Vie Internationale*, t. I, p. 260; t. III, p. 266.

SESSIONS. — Les sessions de l'Institut Colonial International ont eu lieu sous les dates et dans les villes suivantes :

1894.05.28/29	Bruxelles.	1905.04.24/29	Rome.
1895.09.09/12	La Haye.	1907.06.17/19	Bruxelles.
1897.09.06/07	Berlin.	1908.06.03/05	Paris.
1899.04.05/07	Bruxelles.	1909.06.01/03	La Haye.
1900.08.01/04	Paris.	1911.04.20/22	Brunswick.
1901.05.28/30	La Haye.	1912.07.29/31	Bruxelles.
1903.05.26/29	Londres.	1913.05.06/08	Londres.
1904.05.17/19	Wiesbaden.	1920.05.24/26	Bruxelles.

Enseignement colonial.   325 (07)

1. Un enseignement colonial général doit exister dans chaque métropole, parce qu'un enseignement de ce genre est d'une réelle utilité.

2. Cet enseignement doit être considéré comme un exercice de haute culture intellectuelle et orienté dans un sens rigoureusement scientifique et dans un but absolument désintéressé. Il doit laisser à d'autres institutions d'un caractère différent la préparation absolument spéciale, et immédiatement directe et pratique aux entreprises coloniales.

Mais il ne doit s'interdire en aucune façon de montrer les applications pratiques qui en découlent, et il ne doit même négliger aucune occasion de mettre ces applications en pleine lumière.

Note. — L'Institut Colonial International ne vote pas sur les conclusions qui lui sont soumises par les rapporteurs. Toutefois il a semblé intéressant de reproduire celles qui ne semblent pas avoir rencontré lors des débats de contradictions formelles. Elles donnent les indications fort utiles quant aux solutions éventuelles à donner à certains problèmes.

3. L'enseignement colonial général doit avoir des cadres très larges et très souples ; la géographie, l'ethnologie, l'histoire, les sciences physiques et naturelles constitueront les cadres.

Quant à l'étude des langues indigènes, à celle du droit et des différentes sciences en vue des applications que ces sciences peuvent immédiatement trouver dans les pays neufs, etc., elle sera réservée pour un autre enseignement pratique, préparatoire et spécial aux différentes carrières coloniales.

4. L'enseignement colonial général doit être donné dans les universités existant dans chaque métropole.

5. Il devra varier d'importance, non seulement suivant les pays, mais même à l'intérieur de chaque pays, suivant les régions, et pourra, suivant les intérêts locaux et les relations de différentes régions avec les colonies et avec l'étranger s'attacher particulièrement à l'étude d'une partie déterminée de la terre, sans perdre pour cela son caractère scientifique et désintéressé.

6. Dans certaines métropoles européennes, l'enseignement colonial général, tel qu'il a été défini plus haut, n'existe encore en aucune manière : dans d'autres, l'initiative gouvernementale et l'initiative privée travaillent avec persévérance à l'organiser.

Mais le plan d'ensemble a commencé par faire défaut, de telle sorte que, jusqu'à présent, un tel enseignement n'existe encore nulle part d'une manière complète.

7. Impossible à être constitué entièrement du jour au lendemain, il peut, dès maintenant, l'être systématiquement en partie. Les lacunes se combleront peu à peu, par suite de la formation d'hommes aptes à remplir chaque chaire.   [325 (07)]

(*Institut Colonial International*, Wiesbaden, 1904.)

Attitude des Gouvernements vis-à-vis des missions.
325 : 266

1. Gouvernements et missions sont deux facteurs indépendants dans le développement des colonies qui, tout ayant quelques objets en commun, poursuivent des buts différents.

2. Pour cette raison aucun de ces facteurs ne devrait tenter d'engager l'autre dans la poursuite des intérêts qui lui sont propres.

3. L'Etat moderne doit accorder la tolérance et la liberté d'action aux différents cultes tant dans la mère-patrie que dans les colonies.

4. Cette tolérance ne saurait cependant s'appliquer aux travaux des communautés religieuses qui seraient en contradiction avec les lois de l'Etat et le bien public.

5. A la tolérance et à la protection de l'Etat doit correspondre la bonne volonté et la soumission pleine et entière du missionnaire aux lois du pays dans lequel il travaille. Il doit s'abstenir de toute activité politique et doit se montrer un loyal sujet du Gouvernement colonial. Il doit donner aux indigènes dont il prend charge, une éducation capable d'en faire des sujets obéissants aux autorités constituées, soit qu'elles dépendent du Gouvernement du pays d'où le missionnaire est originaire ou d'un Gouvernement étranger.

6. Le missionnaire et ses catéchumènes doivent témoigner vis-à-vis des autres sectes religieuses non seulement une grande tolérance, mais encore de l'estime.

7. Là où, par suite de la non observation de ce principe, un danger politique pourrait naître, et principalement dans les pays à population islamique fanatique, le Gouvernement doit avoir le droit de défendre l'établissement des missions. Le Gouvernement doit s'efforcer de supprimer autant que possible les différends surgissant entre les confessions chrétiennes, ces divisions pouvant entraver la paix des populations et nuire à l'autorité des Européens. Là où des différends menacent de troubler la paix des populations, le Gouvernement doit faire son possible pour les supprimer. Bien qu'en fait des divergences existent presque toujours entre les diverses confessions, le Gouvernement ne peut admettre qu'elles prennent un caractère pouvant nuire au bien public et à la tranquillité du pays.

8. Pour couper court à des différends de cette nature les champs d'action des diverses confessions ont été séparés dans quelques colonies. Ainsi telles dispositions ont été prises par exemple dans le Soudan anglo-égyptien, dans l'Uganda, dans le Togo-Nord, et par une entente entre les missions mêmes et sans intervention du Gouvernement, dans l'Est Africain Allemand. De tels arrangements ne pourront rester en vigueur que pour un temps limité parce qu'il se trouvera toujours que des adhérents indigènes des deux confessions habiteront au même moment les mêmes centres du trafic. Chaque confession tiendra alors à suppléer aux exigences réligieuses de ses adhérents par l'établissement des institutions de leur culte.

9. Aussi longtemps que les missions contribuent au développement d'un pays, en se chargeant par exemple de l'éducation professionnelle, de l'école, de l'hygiène et de toute autre espèce de travaux de bienfaisance, l'Etat peut leur accorder son aide sous forme de subventions pécuniaires ou d'autres facilités. Ces avantages seront naturellement toujours accordés sous condition que tous les travaux des missions, y comprise la propagande religieuse, se fassent dans le sens du bien-être général

et ne contrarient en aucune façon le but que poursuit le Gouvernement. Pour cette raison il ne sera pas toujours dans l'intérêt de l'Etat d'accorder une assistance à des écoles islamiques. Cependant le Gouvernement ne devra jamais se laisser influencer dans ses résolutions par des considérations confessionnelles ou nationales. Il ne doit favoriser aucune mission d'une confession ou nationalité spéciale. [325 : 266]

(Institution Coloniale Internationale, Londres, 1913.)

Utilisation de la main-d'œuvre exotique dans les colonies (1). 325 : 331

CHAPITRE PREMIER. — *De l'intervention initiale des Gouvernements.*

Art. 1. — L'enrôlement, pour des entreprises coloniales, de travailleurs de couleur ressortissants à des Gouvernements étrangers au pays engagiste est soumis à l'autorisation préalable de ces Gouvernements.

L'acte d'autorisation spécifie les territoires ouverts au recrutement, les points d'embarquement et les lieux de destination des engagés.

Il fixe, s'il y a lieu, la durée de la période d'enrôlement, le chiffre maximum des travailleurs qui peuvent être recrutés, ainsi que les conditions particulières auxquelles l'octroi est accordé.

L'autorisation peut être retirée ou suspendue pour cause d'abus ou pour raison d'intérêt public.

Art. 2. — L'introduction de main-d'œuvre coloniale exotique peut être subordonnée par le Gouvernement du pays engagiste à telles mesures qu'exigent l'ordre public et l'intérêt général de la colonie. Elle demeure sous le contrôle permanent de ce Gouvernement.

CHAPITRE II. — *Des enrôlements.*

Art. 3. — Les agents chargés des opérations de recrutement doivent être agréés par le Gouvernement du pays d'enrôlement.

Art. 4. — Ces agents jouissent des facilités et avantages accordés, pour les mêmes opérations, aux recruteurs de main-d'œuvre entre colonies relevant d'une souveraineté commune. Ils sont soumis aux mêmes responsabilités.

---

(1) L'Institut, en rédigeant un projet de règlement, n'a pas entendu faire œuvre définitive et complète ; il s'est abstenu d'entrer dans les détails et s'est contenté d'en tracer un cadre général.

CHAPITRE III. — *Du contrat de travail.*

Art. 5. — Les contrats de travail, rédigés par écrit et passés devant telles autorités que peut désigner le Gouvernement du pays d'enrôlement, renferment notamment les stipulations suivantes :

1º La durée de l'engagement. Cette durée ne peut dépasser cinq ans.

2º La limitation des jours et heures de travail.

3º L'assistance médicale gratuite dans les meilleures conditions possibles.

4º Les salaires et leur mode de paiement, ainsi que les rations, suppléments de rémunération et avantages particuliers qui peuvent être offerts aux engagés au cours de leur engagement.

5º Les conditions dans lesquelles la femme et les enfants peuvent accompagner l'engagé. Ces conditions doivent sauvegarder l'intégrité de la famille.

6º Les avantages faits aux engagés à l'expiration de leur engagement, conformément aux dispositions ci-après.

Art. 6. — Le travailleur jouit du droit de rapatriement gratuit même dans le cas où le Gouvernement du pays engagiste déciderait d'office son rapatriement ou dans le cas de résiliation de son contrat, pour quelque cause que ce soit. Ce droit s'étend aux membres de sa famille.

Il est loisible au travailleur de contracter un nouvel engagement. Le contrat de réengagement est rédigé par écrit et passé devant une autorité à désigner par le contrat primitif, sans préjudice des dispositions protectrices que peut édicter, pour ce cas, le gouvernement du pays engagiste. L'engagé conserve en tout cas son droit de rapatriement gratuit à l'expiration de ce nouvel engagement.

Le travailleur peut aussi être autorisé à se fixer dans le pays sans contracter de nouvel engagement, sauf à être déchu, dans ce cas, de son droit de rapatriement gratuit.

Il demeure libre de se rendre à ses frais dans une autre colonie ou dans un autre pays.

CHAPITRE IV. — *De la protection des engagés pendant la période d'enrôlement.*

Art. 7. — Le Gouvernement du pays d'enrôlement prend toutes les mesures jugées nécessaires pour protéger les engagés pendant la période d'enrôlement et pour sauvegarder la liberté des engagements.

Art. 8. — Un agent nommé par le Gouvernement du pays d'enrôlement est chargé notamment de recevoir communication du rôle de recrutement et de tous les contrats.

Cet agent s'assure que l'engagé a une notion suffisante, de la nature du contrat, qu'il s'est engagé librement, qu'il connaît le lieu de sa destination, la durée probable du voyage, les obligations et avantages résultant de son engagement.

Il a accès, à des heures convenables, aux endroits où sont rassemblés et logés les engagés et peut toujours communiquer avec eux.

CHAPITRE V. — *De le protection des engagés au départ, durant le transport et au retour.*

Art. 9. — Le Gouvernement du pays d'enrôlement prend les dispositions efficaces pour que l'embarquement et le transport des engagés soient entourés de toutes les garanties nécessaires de sécurité et d'humanité.

Art. 10. — Un agent nommé par le Gouvernement du pays d'enrôlement est chargé notamment de procéder à la vérification de l'état de navigation des bâtiments destinés au transport et exerce une surveillance spéciale sur l'installation des logements et sur la nourriture à dispenser aux engagés.

Il doit constater la présence à bord d'un médecin et d'un interprète.

Ne peuvent être transportés comme travailleurs que des individus sains, d'un développement physique suffisant et non invalides par suite de leur grand âge.

L'autorisation de partir n'est accordée qu'après une inspection contradictoire des engagés en présence de deux médecins, dont l'un est désigné par le Gouvernement du pays d'enrôlement et dont l'autre est le médecin du bâtiment affecté au transport des travailleurs.

Art. 11. — Lorsque le contingent de travailleurs engagés est suffisant pour justifier pareille mesure, le Gouvernement du pays d'enrôlement nomme un commissaire, avec mission d'accompagner ce contingent jusqu'au pays de destination.

Art. 12. — Au retour, le Gouvernement du pays d'enrôlement inspecte, dès l'arrivée, les bâtiments chargés du rapatriement des engagés et s'enquiert du traitement auquel ceux-ci ont été soumis.

CHAPITRE VI. — *De l'arrivée au pays de destination.*

Art. 13. — Lors de l'arrivée à destination du bâtiment emportant des engagés, après l'accomplissement des formalités prescrites par les règlements sanitaires et avant le débarquement, il est procédé par les soins de l'autorité territoriale à la vérification du nombre des engagés et de leur identité, d'après le rôle qui a été dressé. Un état des naissances et des décès survenus en cours de traversée est joint à ce rôle.

L'autorité territoriale reçoit un rapport du médecin de bord sur le service médical des passagers.

Elle reçoit en même temps les déclarations des engagés et, s'il y a lieu, leurs plaintes sur la manière dont ils ont été traités à bord du bâtiment.

Tous ces renseignements sont communiqués sans retard au consul du pays d'enrôlement.

Art. 14. — Dès leur débarquement, les engagés sont visités dans un dépôt du service local par un médecin délégué par l'autorité territoriale.

Celui-ci peut décider que les malades seront hospitalisés aux frais de l'introducteur.

S'il est constaté que l'état de santé d'un engagé exige impérieusement son rapatriement immédiat, ce rapatriement a lieu aux frais de l'introducteur.

Art. 15. — Le lieu de destination des engagés valides est notifié au Gouvernement du pays engagiste et au consul du pays d'enrôlement.

Chapitre VII. — *De l'exécution du contrat et de la protection des travailleurs au pays engagiste.*

Art. 16. — Le Gouvernement du pays engagiste veille à l'exécution des obligations contractées entre engagistes et engagés. Tous les contrats doivent être présentés à son visa dans le mois de l'arrivée des engagés sur le territoire de l'Etat.

Il prend toutes les mesures légales propres à garantir le respect des droits réciproques.

Il assure le paiement des salaires en monnaie ou en marchandises en usage dans le pays. En cas de contestation à ce sujet, la preuve incombe au patron.

Art. 17. — Le Gouvernement du pays engagiste exerce par des fonctionnaires délégués à cette fin une protection spéciale sur les engagés.

Il peut agir au civil par voie d'action principale au nom et dans l'intérêt des engagés qui auraient été lésés.

Les engagés jouissent du bénéfice de l'assistance judiciaire gratuite, soit en demandant, soit en défendant.

Art. 18. — En cas de décès d'un engagé, le Gouvernement du pays engagiste assure, dans les limites de la loi, la liquidation de la succession du défunt conformément à sa coutume nationale et aux mesures d'équité que les circonstances peuvent réclamer.

Art. 19. — Le Gouvernement du pays engagiste tient la main à l'observation de la clause de rapatriement.

Il prend dans cet ordre des mesures de sécurité et d'humanité analogues aux règles adoptées pour l'embarquement des travailleurs au pays d'enrôlement.

Art. 20. — Les ressortissants du Gouvernement du pays d'enrôlement peuvent, conformément aux règles ordinaires du droit des gens, demander aide et protection aux représentants de leur Gouvernement. Il ne peut être apporté aucun obstacle à ce que l'engagé s'adresse à ces représentants et communique avec eux, sans préjudice de l'accomplissement des obligations résultant de son engagement et des droits appartenant à la souveraineté territoriale.

Art. 21. — Le Gouvernement du pays engagiste exerce éventuellement, en ce qui concerne les engagés qui ne seraient les ressortissants d'aucun pouvoir civilisé, une mission générale de protection et de tutelle. [325 : 331]

(*Institut Colonial International*, Bruxelles, 1899.)

Du régime monétaire dans les colonies. 325 : 332.4

1. La monnaie coloniale doit être, comme toute monnaie, considérée au point de vue du triple rôle qu'elle doit jouer comme moyen de paiement, instrument d'échange et mesure des valeurs.

Egalement comme monnaie réelle et monnaie de compte pour les paiements à terme.

2. La monnaie coloniale doit être considérée au point de vue de son rôle à l'intérieur de la colonie, et de son rôle à l'extérieur pour les relations entre la colonie et la métropole et les autres pays.

3. Le meilleur système monétaire sera celui qui instaurera la monnaie coloniale donnant le plus de satisfaction dans les relations à l'intérieur et à l'extérieur.

Si un système monétaire ou une monnaie offrent des inconvénients à l'un ou à l'autre de ces points de vue, le choix devra être fait en tenant compte des avantages et des inconvénients.

4. Le problème se posera de savoir s'il vaut mieux faire choix de la monnaie qui convient parfaitement dans la circulation intérieure en présentant des inconvénients dans les relations extérieures, ou s'il est préférable de fixer son choix sur un système monétaire mieux approprié aux relations extérieures, mais moins adéquat aux besoins de la colonie à l'intérieur.

A l'intérieur de la Colonie.

5. A l'intérieur, et *comme moyen de paiement*, la monnaie coloniale doit assurer les relations dérivant des trois facteurs, principaux de la production : le sol, le travail et le capital, ainsi que d'un quatrième élément : l'Etat.

6. Elle doit, en conséquence, servir : *a*) à solder au résidant ou à l'indigène la valeur de ce que la terre produit pour être vendu ; *b*) à payer les salaires ; *c*) à payer les intérêts et, éventuellement, à effectuer le remboursement de sommes prêtées ; *d*) à acquitter les impôts dus à l'Etat.

7. Comme *instrument d'échange* la monnaie sert aux opérations commerciales au comptant, opérations par lesquelles A, qui n'a pas de marchandises, en achète à B qui en possède.

8. Comme mesureur de valeurs la monnaie remplace, par une double opération simultanée, le troc primitif, lorsque C, qui possède un objet, le cède à D contre un autre objet.

9. Dans cette triple fonction, la monnaie reste dans la colonie et assure la circulation intérieure.

Une monnaie réussira pourvu :

1) Qu'elle soit suffisamment abondante, mais sans excès.

2) Qu'elle soit généralement admise par les indigènes comme remplaçant les marchandises ou objets qui servent au troc primitif.

3) Qu'elle ait une valeur certaine, c'est-à-dire que celui qui l'accepte puisse s'en servir à son tour pour payer un salaire, solder un achat, rembourser une dette ou acquitter un impôt, c'est-à-dire pourvu qu'elle ait pouvoir libératoire à l'intérieur de la colonie.

C'est tout ce qu'on demande d'une monnaie coloniale, et c'est aussi tout ce qu'on peut demander à une monnaie coloniale.

10. Créer une monnaie coloniale avec le dessin ou l'espoir que la colonie en absorbera des quantités toujours plus considérables et que, outre ce qui est nécessaire à la circulation effective intérieure, de nouvelles quantités de monnaie s'infiltreront dans la région pour y être thésaurisées, cachées et finir par disparaître sans esprit de retour, ce n'est plus établir dans la colonie un régime monétaire satisfaisant à ses besoins.

En le faisant on obéira à un autre mobile : ou bien la métropole aura ou croira avoir un intérêt spécial à cette infiltration de la monnaie, ou bien elle y cherchera une occasion de bénéfice au delà de celui que comporte l'organisation d'un système monétaire ; ou bien le colonisateur estimera qu'en provoquant l'indigène à posséder plus de monnaie qu'il est nécessaire, il lui inculquera le goût de la richesse et le souci de l'épargne. Mais la monnaie sortira du rôle qui lui est assigné.

11. Il suffit donc que le type de monnaie choisi soit adopté par les indigènes, que cette monnaie soit émise en qualité suffisante et qu'elle ait, à l'intérieur, cours légal et pouvoir libératoire.

Il est indifférent que la monnaie soit d'or ,d'argent, de cuivre, de nickel ou d'un autre métal. Il est indifférent que la monnaie étalon soit différente de la monnaie métropolitaine, ou qu'elle soit d'un titre moins élevé que celui de la monnaie métropolitaine. Il est indifférent que les pièces divisionnaires soient à un titre moindre encore, pourvu que la monnaie circule à l'intérieur et y remplisse son office.

Il suffit qu'elle soit adoptée par l'indigène.

12. Mais il faut essentiellement que le type de monnaie choisi comme étalon et surtout que les pièces divisionnaires mises en circulation soient en rapport avec le stade de civilisation de la colonie.

La monnaie doit être faite pour le règlement des transactions journalières ; une monnaie coloniale sert exceptionnellement à des paiements importants.

13. Pour les grosses sommes il suffit que la monnaie ait cours légal et pouvoir libératoire et, en outre, que la loi n'interdise pas de stipuler dans les contrats privés que le règlement doit être fait en une monnaie déterminée autre que la monnaie coloniale.

14. Il est bon également que la monnaie coloniale reste dans la colonie pour y circuler et ne soit pas attirée au dehors, dût-on trouver bénéfice à en frapper de nouvelles en remplacement.

15. Pour ces motifs, l'or sera proscrit comme monnaie coloniale effective.

La monnaie d'argent sera, dans la plupart des cas, mieux appropriée aux besoins de la circulation intérieure.

Le titre de la monnaie étalon pourra être abaissé.

Les monnaies d'argent divisionnaires seront d'un alliage moins riche encore.

Outre les monnaies divisionnaires d'argent, il faudra servir à la colonie de petites pièces de bronze, de cuivre, de nickel, et descendre pour cette monnaie subsidiaire jusqu'aux plus infimes fractions de la monnaie étalon. Ces petites pièces de monnaie auront un pouvoir libératoire limité.

16. Dans ces conditions, la monnaie métallique infusée dans la circulation s'y maintiendra comme instrument d'échange et moyen de paiement, elle ne sera ni détournée de sa destination, ni attirée au delà des frontières.

17. Comme auxiliaire, et au point de vue éducatif, la création de bons de monnaie en métal ou en papier est recommandable, ces bons étant échangeables contre des espèces dans la colonie et ayant également pouvoir libératoire.

18. La monnaie réelle servira également de monnaie de compte ; toute dette à terme payable dans la colonie pourra être libellée et fixée en monnaie coloniale.

En ce qui concerne les relations avec l'extérieur, la monnaie coloniale ci-dessus décrite présenterait un inconvénient, parce qu'elle n'est pas exportable. Mais il y a le correctif déjà indiqué ci-dessus (13), à l'occasion des gros paiements comptant à effectuer à l'intérieur.

A l'extérieur de la Colonie :

19. Théoriquement, une bonne et saine monnaie doit pouvoir s'exporter et valoir au delà de la frontière ce qu'elle vaut à l'intérieur du pays.

Elle doit être préservée d'une *perte d'agio* si elle est sujette aux petites *variations du change*.

Il en est ainsi parce que la monnaie doit servir, le cas échéant, à acquitter à l'étranger le solde dont le pays serait débiteur et qu'il serait dans l'impossibilité de payer autrement qu'en espèces métalliques.

C'est l'unique motif pour lequel il est désirable qu'une monnaie conserve sa pleine valeur au delà de la frontière.

20. Un pays est créditeur à l'étranger ou débiteur vis-à-vis de l'étranger selon que se comportent trois éléments de compte.

a) *Compte de commerce* ou balance commerciale proprement dite :

Suivant les circonstances, il existe un solde débiteur ou créditeur du pays avec l'étranger lorsque le montant des denrées, objets ou autres marchandises vendus au dehors, y compris le bénéfice commercial réalisé, est inférieur ou supérieur à la valeur des denrées, objets ou marchandises importés pour être consommés, dénaturés ou manufacturés, ceux-ci étant comptés au prix auquel le pays les prend en charge à la frontière, y compris le bénéfice de l'importateur étranger.

b) *Compte des intérêts* :

Un pays sera débiteur ou créditeur vis-à-vis de l'étranger selon que les intérêts des emprunts contractés à l'étranger par l'Etat et les particuliers seront inférieurs ou supérieurs à l'intérêt des capitaux indigènes placés à l'étranger.

(Par intérêts, il faut entendre la rente des emprunts et les dividendes des placements bancaires ou industriels.)

c) *Compte des capitaux* :

Enfin, un pays est débiteur ou créditeur à l'étranger du fait d'opérations faites en capital. Il sera débiteur du chef de placements de fonds que les indigènes feront au dehors et dont ils toucheront dorénavant les intérêts, ou bien par suite du remboursement à l'étranger de sommes précédemment empruntées. Il sera créditeur si l'étranger achète des titres ou valeurs non compris dans la balance commerciale ou encore si l'étranger effectue le remboursement de dettes précédemment contractées.

La balance générale est la différence entre les trois débits et les trois crédits ci-dessus séparément additionnés.

Si le solde est débiteur, le pays devra exporter de sa monnaie, prélevée sur son stock. Si le solde est créditeur, l'étranger versera de la monnaie qui viendra s'ajouter au stock antérieur.

21. Lorsqu'il s'agit de colonies, réserve faite des colonies anciennes qui n'existent plus comme colonies que de nom ou politiquement, la balance générale des comptes perd toute importance et cesse d'être une préoccupation.

22. En effet, la balance commerciale proprement dite doit solder par un crédit de la colonie du fait de ses exportations, à moins que la métropole n'introduise dans le pays un excédent en denrées alimentaires ou objets de consommation qui fasse pencher la balance de l'autre côté.

Dans ce dernier cas, il s'agit d'un rapport en capitaux fait sous cette forme par la métropole (Etat ou particulier) en vue de l'avenir et, s'il en est ainsi, le solde débiteur de la colonie, comme balance commerciale, n'est pas dû par elle et ne doit, en tous cas, pas être réglé en espèces.

32. Les comptes d'intérêts pour emprunts et placements ne sont pas plus intéressants — toujours, bien entendu, pour une colonie jeune et même mûrie. Les colons n'ont pas fait de placements à l'étranger et, s'ils ont emprunté, ils doivent pouvoir servir la rente due à l'aide de produits coloniaux.

24. Il en est de même des comptes de capitaux ; on n'imagine pas des colons faisant des placements de fonds au dehors, et ils n'emprunteront pas davantage pour recevoir des espèces.

25. Au surplus — et cette raison suffirait déjà — très rares sont les colonies qui possèdent un stock monétaire dans lequel on pourrait puiser pour solder en espèces une balance de compte débitrice de l'étranger.

26. Pour tous ces motifs de raisonnement et de fait, la balance commerciale d'une colonie n'a aucune importance monétaire et ne comporte pas, comme pour un pays formé, la nécessité de mouvements d'espèces à importer ou à exporter.

Partant, la monnaie coloniale ne doit pas être nécessairement exportable en conservant sa pleine valeur au delà des frontières. La monnaie coloniale n'est pas une marchandise à exporter à défaut d'autres.

Le rôle à l'extérieur de la monnaie coloniale est donc nul ou, en tous cas, simple et différent.

Relations commerciales entre les Colonies et l'étranger.

27. Une marchandise importée arrivée au port d'attache de la colonie a une valeur calculée dans la monnaie du pays

d'origine. Tous les éléments, prix de revient, fret, commission, ont été acquittés dans cette monnaie.

C'est à ce prix ainsi calculé que la colonie prend la marchandise en charge. Les dépenses complémentaires jusqu'au lieu de consommation se règlent en monnaie coloniale.

Réciproquement, un produit colonial amené au port d'expédition a une valeur calculée dans la monnaie coloniale, tous les éléments de prix de revient et de transport ont été acquittés en monnaie coloniale.

C'est à ce prix ainsi calculé que la colonie livre le produit, et toute dépense subséquente de fret, de commission, etc., jusqu'au lieu de destination se règlera en monnaie étrangère.

C'est donc au port d'attache qu'il doit y avoir corrélation de valeur entre les deux monnaies : la monnaie coloniale (*Standard coin* pour l'intérieur) et la ou les monnaies étrangères.

28. Si la monnaie étrangère est la livre sterling — la plus stable de toutes comme valeur — la question du change perdra toute importance et l'on pourra calculer à une minime fraction près, les prix à l'importation ou à l'exportation. On serait donc tenté de dire que le système idéal pour la monnaie coloniale est d'avoir l'or (la livre sterling par exemple), pour l'extérieur et, pour l'intérieur, une monnaie spéciale de moindre valeur, fiduciaire même mais répondant aux nécessités de la circulation intérieure telles qu'elles ont été définies *sub numeris* 5 à 17.

29. Mais il est logique aussi, plus logique même, que la monnaie usitée pour l'extérieur soit la monnaie du pays avec lequel la colonie fait le plus de commerce et a le plus de relations, c'est-à-dire la monnaie de la métropole.

On arrivera ainsi à cette conclusion :

A. — La monnaie de compte (monnaie extérieure) sera la monnaie de la métropole, avec l'étalon monétaire de la métropole.

B. — La monnaie coloniale uniquement employée pour la circulation intérieure, sera différente de la monnaie métropolitaine, mais aura cours légal et force libératoire illimitée dans la colonie. L'étalon sera d'argent à un titre abaissé. Il en sera frappé et introduit des qualités suffisant aux besoins.

C. — Il sera frappé abondamment des monnaies divisionnaires d'argent à un titre inférieur à celui de la pièce étalon et des monnaies d'appoint en bronze, nickel ou autre métal, Les monnaies secondaires auront cours légal et force libératoire limitée.

D. — Une loi fixera la relation de valeur entre la monnaie métropolitaine et les diverses monnaies coloniales et les conditions auxquelles celles-ci peuvent être échangées contre celles-là.

E. — Dans la mesure du possible, il sera émis des bons de monnaie ayant force libératoire et toujours échangeables contre de la monnaie coloniale.

F. — Tous paiements aux colonies et toutes offres réelles seront valablement faits en monnaie coloniale.

Mais la loi n'interdira pas de stipuler dans les contrats privés que les règlements sont prévus en une monnaie autre que la monnaie coloniale, soit en monnaie métropolitaine ou même en une monnaie étrangère. [325 : 332.4]

(*Institut Colonial International*, Bruxelles, 1912.)

Crédit aux indigènes. 325 : 332.7

1. On a à distinguer entre :

a) le crédit personnel accordé aux indigènes par des maisons de commerce en argent ou en marchandises ; *b*) le crédit agricole.

2. Le crédit personnel constitue généralement un grand danger pour les indigènes comme pour les colonies.

3. Pour les empêcher de se ruiner à la légère en achat d'articles de luxe et les protéger contre des procédés frauduleux, il est à propos de déclarer nulles les opérations de crédit faites avec des indigènes sans l'autorisation des autorités compétentes.

4. Les Etats ont intérêt à faciliter le crédit réel agricole pour protéger les indigènes contre l'usure et leur procurer les moyens d'améliorer leurs exploitations.

5. On distingue plusieurs variétés de crédit agricoles, caractérisées par les garanties offertes aux prêteurs.

6. Le crédit à long terme nécessité par des constructions de bâtiments, des travaux d'irrigation, d'épuisement de terrains, de plantation, etc..., ne reposant que sur des hypothèques, il est de l'intérêt d'une colonie de mettre les propriétaires indigènes à même de contracter des dettes hypothécaires.

7. Le meilleur moyen d'atteindre ce but est l'introduction dans la législation des colonies des principes de l'Acte Torrens.

8. Pour les travaux agricoles dont les résultats peuvent être obtenus en quelques mois, les indigènes ont besoin, comme les agriculteurs blancs, d'institutions qui accordent des prêts à court terme garantis par les récoltes futures.

9. Des sociétés indigènes de prévoyance, de secours et prêts mutuels, doivent être considérées comme le meilleur expédient pour protéger les agriculteurs indigènes en besoin de crédit à court terme contre l'usure et les conséquences de leur imprévoyance. [325 : 332.7]

(*Institut Colonial International*, Bruxelles, 1907.)

*** I. — Dans les colonies, où l'agriculture ne suffit pas aux besoins des indigènes, les principaux moyens pour les faire entrer dans la voie industrielle et commerciale sont l'enseignement professionnel et le crédit.

II. — Les indigènes doivent être amenés, par l'organisation pratique de l'enseignement professionnel, à prendre un vif intérêt à leur propre progrès économique et à sentir la responsabilité de leurs actes.

Cependant on ne saurait leur imposer ce devoir immédiatement dans toute sa rigueur, alors qu'ils n'ont pas encore eu l'occasion de s'instruire ni d'acquérir l'expérience nécessaire.

III. — Il faut qu'au début le crédit soit accordé par l'Etat lui-même en spécifiant nettement qu'il s'agit de la prospérité de la société indigène.

IV. — Afin que l'enseignement professionnel et le crédit aient des résultats efficaces, ils doivent être précédés ou accompagnés de certains mesures.

V. — Il faut notamment :

1º que les indigènes puissent progresser paisiblement et sûrement sans avoir trop à se préoccuper des moyens nécessaires pour leurs installations agricoles, industrielles et commerciales ;

2º qu'ils ne soient pas la proie d'usuriers et d'exploiteurs plus habiles qu'eux et disposant de capitaux ;

3º qu'ils apprennent les moyens de créer et d'administrer les capitaux ;

4º qu'ils sachent s'organiser et s'unir dans un but agricole, industriel et commercial, afin d'obtenir par la coopération ce qu'ils n'auraient pu atteindre individuellement ;

5º qu'ils aient soin avant de commencer leurs entreprises de faire par écrit des contrats qu'ils sont à même de comprendre exactement ;

6º qu'ils soient en état de connaître l'organisme social et la manière de conduire leurs affaires ;

7º qu'ils aient des conseillers désintéressés sachant apprécier leurs bonnes qualités, exciter leur émulation et corriger leurs défauts ;

VI. — En outre il faut :

1º écarter de leur chemin tous les facteurs de nature à compromettre le succès de leurs entreprises économiques ;

2º dégrever autant que possible les impôts qui oppriment l'agriculture, l'industrie et le commerce ;

3º faciliter le transport des personnes et des marchandises par chemin de fer et par bateau, aussi bien dans les limites de la colonie qu'en dehors ;

4º donner aux indigènes des renseignements nécessaires au

moment où ils s'installent et durant les premières années de l'installation ;

5° organiser d'une manière pratique des expositions annuelles et même permanentes dans les colonies et dans la mère-patrie, non seulement des productions des indigènes mais aussi de tout ce qui peut servir à leur progrès ;

VII. — Il faut aussi protéger l'installation du travail manuel à domicile et ensuite centraliser autant que possible la fabrication ultérieure par laquelle on a besoin de machines, en organisant des coopératives indigènes.

VIII. — En ouvrant aux indigènes des crédits, il faudra que l'Etat :

1° leur prête les sommes nécessaires à l'organisation des entreprises industrielles et commerciales jusqu'à ce que l'industrie et le commerce aient des assises solides dans la société indigène ;

2° leur procure dans ce même but les matériaux, les outils, et les machines dont ils ont besoin.

IX. — Partout où l'on peut se servir de l'eau comme force motrice, celle-ci doit être mise à la disposition des coopératives.

X. — Il faut que les coopératives se composent de personnes d'un même village, à moins qu'il soit utile que quelques villages situés dans le voisinage l'un de l'autre se solidarisent.

XI. — Les coopératives doivent être placées au début sous le contrôle d'un fonctionnaire indigène de grade supérieur disposé à exercer cette surveillance.

XII. — Les sommes prêtées et la valeur des objets procurés doivent être remboursées par versements.

XIII. — Pour faciliter ces versements et pour aider les indigènes à trouver des débouchés, il faut :

1° les charger des fournitures pour les différents services du Gouvernement dans la colonie, et aussi pour ceux de la métropole, quand il s'agit de productions qu'on ne peut pas se procurer dans le pays même ;

2° créer des marchés facilement accessibles sans trop de frais ;

3° faire publier un journal d'annonces dans la langue de la métropole, et dans une ou plusieurs langues indigènes, contenant tout ce qui peut être utile à la production indigène ;

4° indiquer des débouchés avantageux pour les productions indigènes et montrer la façon dont elles doivent être présentées pour obtenir le meilleur prix.

XIV. — Au début, il peut être nécessaire que l'Etat se charge de la vente des productions indigènes, en payant d'avance un prix moyen après déduction des frais d'expédition et d'emballage.

XV. — Cette nécessité se présente surtout pour les productions qui n'obtiennent un prix avantageux qu'à condition d'être exportées, telles que les fibres, les huiles, les farines, etc.

XVI. — Les prêts pour la pêche doivent avoir pour but :

1° l'achat et la préparation des bateaux et des engins de pêche ;

2° la création d'entrepôts, où le poisson peut être salé ;

3° l'organisation de marchés de poissons et de moyens de transport rapide aussitôt après l'entrée des bateaux de pêche.

XVII. — Il faut en outre que le Gouvernement prenne des mesures pour empêcher le dépeuplement des eaux, et qu'il fasse donner des renseignements sur les procédés de conservation du poisson.

XVIII. — Il faut que l'Etat organise un service spécial de renseignements industriels et commerciaux, afin que les indigènes sachent quels objets ils peuvent fabriquer au moyen des produits agricoles ; qu'ils apprennent les méthodes à suivre dans ce but et les conditions auxquelles ces objets doivent répondre pour pouvoir s'écouler.

XIX. — Le service de renseignements industriels et commerciaux doit se charger en même temps de l'organisation du crédit à accorder par l'Etat, soit en argent, soit en matériaux, outils et machines.

XX. — Pour le choix des matériaux, des outils et des machines, il faut suivre l'avis d'un ingénieur-mécanicien qui, à certains intervalles, ira en Europe se mettre personnellement au courant des progrès techniques.

XXI. — Ce service étant nécessairement centralisé, il faudra des commissions locales composées de fonctionnaires européens et indigènes et de personnes étrangères au service qui s'intéressent aux indigènes.

XXII. — Des inspecteurs européens et indigènes doivent servir de lien entre le service et les commissions.

XXIII. — Il faut que les institutions de crédit créées par les indigènes eux-mêmes et dont le capital est formé soit de produits agricoles, par exemple le riz dans les dessa-loumboungs à Java, soit d'argent, constituent un service spécial de contrôle qui reste en relation directe avec le service du crédit placé sous les auspices du Gouvernement, pour que tous deux puissent s'aider pour atteindre le plus efficacement leur but.

[325 : 332.7]

(*Institut Colonial International*, La Haye, 1909.)

*** 1. Le crédit accordé par les grandes banques n'étant pas accessible à la petite industrie et au petit commerce, il est urgent de leur créer une organisation spéciale de crédit.

2. Cette organisation doit reposer sur les principes de la mutualité, de la coopérative et du *self-help* avec l'appui financier et moral de l'Etat.

3. L'organisation exige une banque centrale, instituée par l'Etat, où pourront puiser les banques régionales.

Celles-ci seront les organes intermédiaires pour les associations coopératives de crédit, formées en faveur du crédit individuel à ceux qui ne peuvent offrir d'autres garanties que leur zèle et leur volonté de réussir.

4. A côté des associations de crédit, il faut créer des coopératives pour l'achat des matières premières et de l'outillage, pour la production et pour la vente en commun.

Il faut établir, par les soins de l'Etat, un rapport direct entre les institutions en faveur de l'industrie et du commerce, et les établissements de crédit.

6. L'Etat doit favoriser les industries et le commerce par l'enseignement professionnel (industriel et commercial).

7. Il incombe également à l'Etat de faire connaître les machines et l'outillage moderne, pour augmenter le rendement de la main-d'œuvre, et les rendre accessibles aux petits industriels.

8. Il faut que l'Etat accorde son appui pour chercher les meilleurs débouchés.

9. Les moyens pour atteindre le but dépendent des situations économiques, des degrés de civilisation et du développement des industries déjà existantes.   [325 : 332.7]

(*Institut Colonial International*, Brunswick, 1911.)

Les impôts directs dans les colonies.   325 : 336.21

1. Dans l'état actuel de la bibliographie, il est difficile de connaître suffisamment le système des impositions directes dans les colonies. Tout en pouvant se procurer sans trop de peine la législation sur la matière dans la plupart des colonies, il convient de remarquer qu'on n'en connaît pas les effets et les résultats, et, dès lors, il est impossible d'en faire l'objet d'un examen critique.

2. Tout d'abord, la question de l'Institut Colonial International ne peut avoir pour objet de faire réunir la masse de détails infiniment variés de cette législation qui, même dans les colonies voisines d'un même Etat, diffèrent beaucoup entre eux. Mais il importe de rechercher s'il n'est pas possible de déduire certains principes et surtout certaines tendances civilisatrices de tous ces détails. Ces recherches, encore à faire pour la plupart, pourraient se poursuivre en prenant pour base les règles suivantes :

3. En général on rencontrera, les mêmes principes du développement historique comme ailleurs dans l'histoire de l'impôt ; on remarque le progrès vers une différentiation et un raffinement plus grands de système d'imposition et d'un impôt à caractères extérieurs simples vers des méthodes plus compliquées mais plus justes. Cela résulte assez nettement de la comparaison entre les nouvelles et les anciennes colonies.

4. Tout d'abord, il convient d'examiner ce qui constitue le caractère *colonial* propre de ces impositions.

5. Le caractère colonial de l'impôt ne se relève pas beaucoup dans le sens de la dépendance de la métropole. Le transfert et l'application de l'organisation de l'impôt de la mère-patrie se présentent plus rarement qu'on pourrait s'y attendre. Les bases économiques de l'impôt sont trop différentes dans les colonies pour que cela puisse se produire souvent. L'influence métropolitaine se manifeste davantage dans l'esprit qui préside à l'administration.

6. Il importe à la nature de la colonie que son organisation économique soit influencée du dehors et que ses relations extérieures soient particulièrement importantes.

Il s'ensuit que c'est surtout le commerce qui supporte l'impôt au début. Pour autant qu'il ne s'agisse pas de colonies d'ancienne culture très peuplées, les *droits de douane* sur les importations et exportations sont tout d'abord la forme prédominante de l'impôt.

7. Ce n'est que progressivement, et à côté de douane, que l'impôt intérieur sous la forme de *contributions directes* acquiert une plus grande importance. Son application se heurte à la difficulté d'atteindre les contribuables dans les pays peu peuplés, comme au danger politique résultant de l'imposition de charges par les dominateurs étrangers.

8. La question de l'impôt consiste en premier lieu, dans les colonies comme ailleurs, à produire les ressources nécessaires, pour faire face aux frais d'administration ; c'est donc une question absolument financière.

Cependant l'établissement des impôts permet de poursuivre des buts plus élevés de politique économique. Il est plus facile de faire des expériences dans ce sens dans les pays neufs que dans la mère-patrie. Il est surtout utile de tirer parti des effets de l'impôt au moment de la nouvelle organisation sociale qui se présente dans chaque colonie.

9. Une politique financière semblable peut dépasser, par l'imposition de professions qu'on voudrait voir disparaître et de certaines personnes *indésirables*, les buts à atteindre dans la métropole par des mesures de police (taxes sur les chiens,

sur les divertissements publics, sur les permis de chasse, sur les permis de port d'armes).

10. Elle peut avoir en vue d'attribuer à l'Etat une partie des valeurs économiques créées par la politique coloniale, notamment par un impôt sur les mutations de la propriété foncière pouvant se transformer en impôt sur la plus-value acquise en cas de vente ou par un impôt sur l'exploitation forestière ou minière.

11. La partie la plus importante et la plus réelle de la nouvelle richesse dans les colonies se trouve dans la possession foncière. L'impôt peut contribuer à la formation en rendant plus difficile la création de grands domaines *Latifundia*, en venant en aide aux mesures prises pour contraindre à l'obligation d'habiter à demeure et de cultiver, en facilitant des *settlements*.

12. Cette politique financière doit naturellement rencontrer l'opposition des colons à l'impôt auquel on pourrait reprocher d'être une entrave à l'emploi des capitaux et au développement économique. Cette opposition est surtout forte dans les colonies où se trouve une population indigène plus nombreuse. Elle se justifie en partie dans ce sens que les droits de douane sur l'importation des articles de consommation et sur l'importation de produits de leurs entreprises à payer par les colons sont hors de proportion et beaucoup plus élevés que la part des droits acquittée par les indigènes.

13. A cause de la grande différence de l'état de civilisation économique, il est nécessaire que dans les colonies indigènes il y ait des contributions directes distinctes pour noirs et blancs.

Même lorsque les deux races sont absolument sujettes aux mêmes impôts, il faudrait toujours examiner d'abord dans quelle mesure elles sont réellement frappées.

14. En imposant les indigènes, il est bon, comme dans toutes les affaires de politique indigène, de se référer autant que possible, aux organisations existantes. La solution de cette question est relativement facile dans les pays d'ancienne culture et de civilisation islamique où l'on est déjà habitué à l'impôt (p. ex. L'Inde, la Nigérie). Si le gouvernement blanc développe dans ces pays ce qui existe, beaucoup d'oppressions disparaissent en même temps que l'arbitraire, mais les populations trouvent que la perception des impôts se fait mécaniquement et de là elles arrivent facilement à dire que ces impôts sont écrasants.

15. La question est plus compliquée chez les peuplades primitives qui ne connaissent pas l'impôt. Leur assujettissement à l'impôt est inévitable et il est justifié par le travail civilisateur de l'administrateur, d'autant plus qu'une peuplade primitive est à peine frappée de l'impôt indirect, notamment les droits de douane.

16. Aussi, là où l'impôt direct en lui-même est nouveau pour la population indigène, sa perception se base sur l'organisation sociale existante, la tribu, le village, la famille.

17. Là où, comme dans l'Afrique tropicale et méridionale, l'impôt des indigènes est introduit nouvellement sous forme de taxe sur les huttes ou de taxe de capitation, il doit contribuer en même temps à l'éducation économique des noirs.

Lorsque l'impôt revêt la forme de prestations de travail, il agit comme contrainte directe au travail. Une contrainte de cette nature peut être très productive au point de vue financier (ancien système néerlandais et du Congo) ; elle entrave cependant le développement économique des indigènes. Cet impôt présente surtout des inconvénients lorsque la main-d'œuvre est abandonnée par l'Etat à des entrepreneurs privés. Il en présente moins lorsqu'il n'en est fait usage qu'indirectement en réduisant le montant de l'impôt pour le contribuable qui travaille moyennant salaire chez l'Européen.

18. Pour que l'impôt contribue à l'éducation économique de l'indigène, il faut que, dans tous les cas l'indigène ait le choix de fournir, au lieu de son travail, des produits de celui-ci. Ces mesures n'atteignant cependant leur plein effet que lorsqu'elles sont combinées avec l'introduction de la circulation monétaire.

Si l'indigène se trouve dans la possibilité de vendre ses produits contre argent, l'impôt peut l'inciter à produire pour le marché.

D'autres buts à atteindre se rattachent à l'imposition des indigènes (surtaxe sur les polygames, sur les indigènes qui s'établissent sans titre légal sur des terres de la Couronne).

Les effets de l'imposition des indigènes n'étant pas encore suffisamment examinés sous tous les rapports, il est hautement désirable et urgent de réunir et d'étudier les expériences faites.

[325 : 336.21]
(*Institut Colonial International*, Londres, 1913.)

Les emprunts coloniaux. 325 : 336.3

1. Il faut que la colonie ait une personnalité distincte de celle de la métropole.

2. En général, une disposition expresse de la loi attribuant à la colonie la personnalité civile n'est pas nécessaire.

3. Pour les Indes néerlandaises une déclaration légale expresse attribuant à cette colonie la personnalité civile était nécessaire, en tout cas désirable.

4. Il faut que les emprunts nécessaires aux besoins de la colonie, soient conclus au nom et à la charge de la colonie.

5. En général, il n'est pas désirable que la métropole garantisse les emprunts conclus par les colonies.

6. Il n'est pas recommandable de donner en gage des recettes spéciales de la colonie pour assurer le paiement des intérêts et de l'amortissement d'un emprunt conclu par la colonie.

7. Il est pour la colonie de la plus haute importance que la métropole fasse le possible pour que la colonie puisse obtenir à des conditions relativement modérées un large crédit sur le marché financier de la métropole.

8. Il faut que la liberté de l'administration coloniale, en ce qui regarde la conclusion d'emprunts, soit limitée et qu'il y ait un contrôle effectif de la métropole.

9. Il faut que la conclusion d'emprunts coloniaux ne soit possible sans une autorisation de la métropole.

10. On ne peut formuler une règle générale sur la question s'il faut exiger une autorisation du pouvoir législatif ou du pouvoir exécutif dans la métropole ; celà dépend de la législation métropolitaine, de l'organisation de l'administration coloniale et surtout de la situation de la colonie.

11. Lorsque dans une colonie il y a des communes ou des districts qui se développent, il faut que ces communes et ces districts puissent contracter des emprunts en leur propre nom et à leur propre charge sans garantie de la colonie ou de la métropole.   [325 : 336.3]

(*Institut Colonial International*, Londres, 1913.)

Législation coloniale.   325 : 34

1. Dans aucune partie de la politique et de l'administration coloniales, il n'y a lieu, plus qu'en matière de législation, de distinguer entre les colonies et les possessions.

La législation — sauf en matière pénale et encore sous bien des réserves — qui peut convenir aux colonies, ne saurait presque jamais convenir aux possessions.

2. En admettant que, dans les possessions, il convienne de faire une part, probablement large, à la législation déjà existante parmi les populations indigènes, n'y a-t-il pas de limites à assigner à l'empire de cette législation, et quelles pourraient être ces limites?

3. En principe, les lois destinées aux possessions devraient être faites sans les possessions mêmes.

Mais n'y a-t-il pas certaines parties de cette législation dont la confection, ou tout au moins l'inspiration, devrait être laissée à la métropole?

4. En admettant le principe que la législation destinée aux possessions doive être faite dans la possession même, l'applica-

tion de ce principe ne doit-elle pas être subordonnée à ce fait que la possession aura déjà des institutions présentant des garanties que la législation, émanent d'elle, aura un caractère d'impartialité et de science.

5. Les lois qui seraient faites dans la possession pour la possession, pourraient-elles être mises en vigueur *de plano* par l'autorité compétente de cette possession, ou devraient-elles, au contraire, être réservées jusqu'après l'autorisation préalable de la métropole?

6. Si une partie des lois destinées aux possessions devait être faite par la métropole, faudrait-il créer dans cette métropole un organisme législatif spécial ou se contenter des organismes actuellement existants?

7. Peut-on espérer, un jour, appliquer dans les possessions des lois de la métropole ou des lois largement imitées de celles de la métropole, et à quels signes pourrait-on reconnaître que ce jour est venu?

8. Y a-t-il lieu, dans les possessions, de faire soit aux Européens, soit aux indigènes, devant la loi et devant la justice, une place séparée et différente?   [325 : 34]
(*Institut Colonial International*, Wiesbaden, 1904.)

Exécution dans la métropole des jugements rendus dans les colonies.   325 : 347.952

1. Le système de l'exécution réciproque de plein droit des jugements métropolitains et des jugements coloniaux qui, en théorie, paraît le plus logique, ne mérite pas d'être adopté d'une manière absolue.

2. La mesure dans laquelle ce principe doit être admis constitue une question de fait, dont la solution dépend avant tout de garanties que présente l'organisation judiciaire coloniale.   [325 : 347.952]
(*Institut Colonial International*, Brunswick, 1911, Londres, 1913.)

Organismes politiques indigènes.   325 : 35

1. L'utilisation des organismes politiques indigènes est plus particulièrement utile et nécessaire dans l'administration des colonies intertropicales.

2. Le maintien des organismes existants se recommande en principe aux débuts des colonisations intertropicales.

3. L'organisation politique indigène et le cercle d'attributions des autorités indigènes établies ne peuvent être modifiés que graduellement.

4. Dans beaucoup de cas l'Etat colonial aura intérêt à fortifier les organismes politiques existants, à en faire les intermédiaires entre lui et la population et à élargir leurs attributions.

5. La mesure de l'utilisation des organismes politiques indigènes ne peut être déduite par des considérations théoriques. L'expérience des nations coloniales fournit les éléments les plus précieux pour la détermination de cette mesure.   [325 : 35]

(Institut Colonial International, Brunswick, 1911.)

*** 1. L'association des intérêts des différentes races, se trouvant réunies dans une colonie ou dans un protectorat, est le plus sûr moyen pour que ces races restent réunies et travaillent en commun à la prospérité de la colonie ou du protectorat.

2. Pour réaliser cette association, il est nécessaire d'accorder le plus largement aux indigènes une place dans l'administration, y compris celle de la justice, et même en certains cas dans le gouvernement, c'est-à-dire dans le pouvoir exécutif.

3. Il dépendra surtout du degré de développement intellectuel et moral de la population indigène d'établir dans quelle mesure et par quelles voies cette idée pourra se réaliser.

4. Il faudra donc tout d'abord avoir soin de procurer aux indigènes une éducation ayant comme résultat une culture intellectuelle et morale.

5. Ensuite on aura besoin d'un enseignement professionnel, suivi d'un stage dans le service, où les jeunes fonctionnaires pourront profiter des bons conseils et du contrôle des fonctionnaires ayant déjà acquis de l'expérience.

6. En accordant aux indigènes de l'influence dans les affaires d'intérêt général, il faut commencer par avoir recours aux chefs les plus puissants et les plus éclairés, pour descendre peu à peu aux chefs inférieurs et aux corporations de la population.

7. Quand le temps sera venu d'avoir des représentants de la population, il sera désirable d'accorder le droit de vote dès que les circonstances le permettent en tenant compte des différentes catégories de la population, et surtout des différentes religions professées par elle.   [325 : 35]

(Institut Colonial International. Londres. 1913.)

Recrutement des fonctionnaires coloniaux.   325 : 35.082

A. — *De la spécialisation des fonctionnaires coloniaux.*

1. La connaissance des langues indigènes et des institutions indigènes doit être une condition absolue imposée aux fonctionnaires de l'ordre administratif général ou de l'ordre judi-

ciaire appelés à servir dans les colonies où la grande majorité de la population est constituée par les indigènes.

2. En conséquence, il convient que ces fonctionnaires aient la certitude de faire toute leur carrière coloniale dans le pays dont ils connaissent la langue et les institutions.

3. Il importe par suite, de spécialiser ces fonctionnaires par colonie ou par groupe de colonies similaires. Cette spécialisation doit s'opérer dès le début et la séparation doit être aussi tranchée que possible.

B. — *Des garanties concernant les magistrats dans les colonies.*

1. Il convient d'imposer aux magistrats coloniaux les mêmes conditions d'âge et de capacité qu'aux magistrats de la métropole et de leur accorder, autant que possible, les mêmes garanties d'indépendance et de sécurité dans leur carrière.

2. Les garanties ne peuvent aller jusqu'à les soustraire, soit à l'autorité du ministre des colonies, soit à l'autorité du gouvernement.   [35.082 (-5)]

(*Institut Colonial International*, Brunswick, 1911.)

Organisation économique aux colonies.   325 : 351.72

1. La métropole doit mettre à la disposition des colonies le capital nécessaire pour leur développement économique.

Les excédents éventuels des budgets coloniaux doivent être appliqués uniquement à des dépenses faites dans la colonie et au profit de la colonie.

2. Le Gouvernement de la métropole doit fournir les capitaux nécessaires à la colonie pour combler ses déficits budgétaires jusqu'au moment où, sans pressurer les populations et sans enrayer l'action commerciale, les budgets arriveront à s'équilibrer.

Il est également désirable que les gouvernements métropolitains ou coloniaux assurent l'exécution des grands travaux publics indispensables au développement et à l'exploitation des colonies, soit en fournissant les capitaux directement, soit en accordant des garanties d'intérêts ou autres avantages, pour obtenir que ces capitaux soient fournis par des entrepreneurs.

Les autres capitaux nécessaires à l'exploitation devront être fournis par l'initiative privée.

3. Il est désirable que le plus grand nombre de citoyens possible de la métropole soient intéressés dans les entreprises coloniales. Celles-ci devront, dans la limite de leurs intérêts, recourir à une large publicité.

4. Il est désirable que les lois de la colonie soient établies avec la préoccupation constante de permettre au commerce libre de se créer et de se développer. Il doit en être généralement ainsi des lois concernant les terres vacantes qui seront conçues dans un sens très libéral, de manière à permettre aux indigènes le libre trafic de la plus grande partie des produits du sol. Il doit en être de même des lois d'impôts qui devront prescrire le payement en numéraire des impôts dus par les indigènes.

5. L'octroi de grandes concessions territoriales doit être autant que possible évité. Si, dans des cas spéciaux, il devait en être accordé, il importe :

1º de limiter d'une façon rationnelle le bénéfice des premiers concessionnaires ;

2º de prendre des mesures pour que la souscription publique des parts des sociétés constituées pour l'exploitation des concessions ait lieu dans un délai convenable. Il faut prescrire en outre, qu'il sera donné suite aux petites souscriptions jusqu'à une certaine limite, avant de prendre en considération des grandes souscriptions.

6. Il est désirable que les gouvernements métropolitains établissent des musées coloniaux complets, permettant de se renseigner sur les débouchés que présentent les colonies au point de vue de l'importation et de l'exportation.

7. L'enseignement colonial devra appeler tout particulièrement l'attention des gouvernements métropolitains et son organisation s'inspirera des mêmes vues que celles qui ont fait décider l'établissement des musées coloniaux.   [325 : 351.72]
(*Institut Colonial International*, Wiesbaden, 1904, Bruxelles, 1907.)

Lutte contre l'opium et l'alcool.   325 : 351.761

1. L'obligation, pour les gouvernements coloniaux d'organiser la lutte contre l'opium est en partie d'ordre moral, en partie d'ordre économique.

2. Excepté les cas où il est possible d'interdire d'une façon absolue l'usage de l'opium, la lutte ne pourra être poursuivie avec succès que si le gouvernement se réserve le monopole de l'opium.

3. Il faut que le gouvernement exploite ce monopole directement, comme régie ; le système du fermage étant absolument rejetable.

4. Il faut que la régie ait pour but de diminuer l'usage licite de l'opium, tout en combattant énergiquement l'usage illicite et la contrebande.

5. Parmi les mesures capables d'atteindre ce but, les suivantes méritent surtout l'attention :

a) la défense de l'usage à tous ceux qui appartiennent à un service public ;

b) la diminution graduelle du nombre des locaux de vente et des fumeries ;

c) l'extension méthodique des régions où l'usage de l'opium est interdite (zones prohibées) ;

d) dans les régions où l'usage est peu répandu, la défense de l'usage à toute personne non munie d'une permission exceptionnelle (licence) et révocable en certains cas spécifiés ;

e) l'enseignement populaire bien organisé et aussi général que possible. [325 : 351.761]

(*Institut Colonial International*, La Haye, 1909.)

*** 1. En organisant la lutte contre l'alcool dans les colonies, on devra distinguer: *a*) les contrées où l'usage de boissons fortes n'est pas ou n'est que peu connu dans la société indigène et *b*) les contrées où cet usage est déjà répandu.

2. Dans les contrées (*a*) il doit être défendu de fournir des boissons fortes aux indigènes, sauf à ceux qui ont obtenu de l'administration une permission spéciale de se procurer des boissons fortes pour leur usage personnel.

3. Dans les contrées (*b*) le Gouvernement doit se rendre exactement compte de l'étendue de la consommation des boissons fortes par les indigènes et prendre des mesures dans le but de réduire cette consommation.

4. Ni la fabrication, ni l'importation, ni la vente des boissons fortes ne peuvent être libres. Ce sont les circonstances particulières à chaque colonie qui décideront s'il convient au Gouvernement d'appliquer le système des *licences* ou le monopole *régie*. L'affermage de la vente des boissons fortes ne pourra jamais être admis.

5. Il faut que les gouvernements coloniaux s'opposent à la fabrication, l'importation et la vente des boissons fortes dont la consommation, même modérée, est nuisible à la santé.

6. Tout effort en vue de combattre l'alcoolisme parmi les indigènes restera infructueux si les colons blancs ne donnent pas l'exemple de la tempérance en évitant tout abus des boissons fortes. [325 : 351.761]

(*Institut Colonial International*, Brunswick, 1911.)

Organisation du service d'hygiène et de médecine.
325 : 351.77

1. L'organisation du service médical dans les colonies tropicales est basée sur l'autonomie administrative et budgétaire.

2. La direction générale responsable du service médical réside dans la colonie ; elle règle les devoirs et les droits du corps médical. La métropole n'intervient dans le fonctionnement local des services médicaux de la colonie qu'en ce qui concerne les conventions sanitaires internationales.

3. Le corps médical colonial est recruté parmi une élite médicale assurée de trouver dans la colonie une carrière honorable et une retraite assurée et généreuse.

4. Le service médical et l'assistance médicale aux indigènes ne sont réalisables dans leur plein effet qu'avec le concours de médecins de race indigène, d'un corps suffisant d'auxiliaires indigènes des deux sexes ayant reçu une éducation médico-hygiénique satisfaisante, et par l'utilisation des auxiliaires privés : médecins particuliers, missionnaires, œuvres d'assistance, etc.

5. L'éducation de l'indigène est à la base de l'assistance.

6. Il y a utilité à confier, en certaines circonstances, des fonctions administratives à des médecins. [325 : 351.77]

(*Institut Colonial International*, Londres, 1913.)

Irrigations aux colonies. 325 : 351.792.1

1. La législation sur les irrigations et même sur l'usage de l'eau en général, doit être essentiellement différente dans les pays humides et dans les pays arides.

2. Dans les pays nouveaux, dits arides, la doctrine commune des droits riverains (common-law of riparian rights) qui est la base des lois sur l'usage de l'eau dans beaucoup de pays humides, est incompatible avec le développement bien compris des irrigations.

3. Dans les nouveaux pays arides, où la terre ne devient capital que par l'emploi de l'eau, les droits sur l'eau (water-rights, wasserrechte) doivent être inséparables de ceux sur les parcelles de terre irriguées ou irrigables.

4. Dans les nouveaux pays arides, ni la priorité, ni l'appropriation ne sauraient fixer la limite des titres sur l'usage de l'eau. Cette limite se trouve dans l'usage productif.

5. Si dans une colonie ou un pays neuf, on peut prévoir que l'agriculture sera ultérieurement pratiquée au moyen d'irrigations, il est nécessaire de ne pas attendre ce développement pour légiférer sur la matière des irrigations.

6. Dans les colonies et les pays neufs, le gouvernement central doit rester propriétaire de l'eau pour les irrigations et doit contrôler l'usage de l'eau et la faire distribuer par des organes créés ou reconnus par lui. [325 : 351.792.1]

(*Institut Colonial International*, Bruxelles, 1907.)

Régime minier colonial.   325 : 351.823.3

1. L'exploitation des mines dans les colonies est utile au développement de la colonisation.

2. Il est de toute nécessité que les colonies possèdent une législation minière distincte de celle de la métropole. Cette législation doit tenir compte de la nature des gisements miniers, parfois même de leur allure, de la vocation coloniale du pays (colonies de peuplement et colonies d'exploitation), du régime juridique du sol (terres du domaine et terres appropriées).

3. Le bénéfice de cette législation doit être, en principe, refusé aux indigènes, mais on doit les laisser exploiter librement certains gisements superficiels suivant leurs procédés primitifs. L'exploitation des mines ne doit pas être réservée aux seuls nationaux dans les colonies. Elle doit être interdite aux fonctionnaires.

4. L'Etat ne doit pas se réserver la recherche et l'exploitation des mines dans les colonies.

5. La propriété minière doit être distincte de celle de la surface. Les concessions territoriales aux colonies ne doivent pas comprendre les mines contenues dans les terrains concédés, à moins qu'il ne s'agisse d'alluvions pauvres.

Les gisements alluvionnaires ou superficiels, non susceptibles d'une exploitation spéciale, pourront être laissés à la disposition du propriétaire ou de l'occupant superficiaire.

6. Toute colonie possédant un territoire étendu où l'influence administrative de l'Etat colonisant et la colonisation européenne ont encore peu d'action, doit être divisée au point de vue minier en régions ouvertes à l'exploitation publique et en régions non ouvertes. Dans les régions non ouvertes à l'exploitation publique il pourra y avoir seulement des exploitations minières sur autorisation spéciale du Gouvernement colonial. Dans les régions ouvertes tout pouvoir doit être laissé à l'autorité locale pour former certaines régions à l'exploitation suivant des décisions motivées par l'ordre public.

7. La période de recherches minières pour un périmètre donné doit être administrativement et juridiquement distincte de celle de l'exploitation du même périmètre. Il n'en peut être que très exceptionnellement autrement dans les colonies de peuplement pour des gisements de métaux précieux de très grande richesse et dont l'exploitation aura lieu par faibles étendues.

8. L'acquisition du droit exclusif de recherches dans un périmètre (périmètre réservé) doit découler de la prise de possession matérialisée par l'abornement ou le signalement du périmètre et constatée par l'administration au moyen de la délivrance d'un permis de recherches.

Toute prise de possession d'un périmètre de recherches ne peut être effectuée que par une personne munie d'une autorisation personnelle de miner.

9. Le prospecteur ne peut conserver le droit exclusif de miner en périmètre réservé de recherches que par le maintien des abornements de ce périmètre.

La continuité des travaux de recherches et la justification d'un certain développement de travaux doivent être exigés aux colonies pour la conservation du droit de recherches en périmètre réservé.

La durée du permis de recherches ou de la licence de prospecteur doit être au moins de deux ans aux colonies : ce permis doit être cessible et renouvelable.

10. L'interdiction de détenir des périmètres de recherches contigus est inutile contre l'accaparement et nuisible aux prospections sérieuses.

11. L'étendue maxima des périmètres miniers diffère suivant qu'il s'agit de mines de métaux précieux ou d'autres mines. Le système d'attribution du droit d'exploiter sera différent suivant les mêmes distinctions.

En ce qui concerne les mines de métaux précieux (pierres précieuses) dans les colonies de peuplement les périmètres miniers doivent être de faible étendue. Le droit d'exploitation doit être acquis à l'inventeur ou du moins au prospecteur régulier ; les gisements alluvionnaires en propriété privée seront laissés à la disposition du propriétaire de la surface ou ne seront exploités par des tiers que moyennant redevance due à ce dernier. C'est surtout à ces colonies que convient le système des claims. Dans les colonies de peuplement les périmètres miniers d'exploitation doivent être plus ou moins étendus suivant qu'il s'agit de filons ou d'alluvions.

Dans les colonies d'exploitation les périmètres miniers de recherches et d'exploitation de mines de métaux précieux doivent avoir une assez grande étendue. Le droit d'exploitation doit être acquis à l'inventeur ou au prospecteur régulier. Sa durée peut être limitée.

En ce qui concerne les autres mines, l'Etat doit conserver le droit de concéder librement le doit d'exploiter suivant le système de la domanialité, sauf récompense à l'inventeur et aux prospecteurs. Il peut recourir au système des adjudications pour les gisements connus au moment de l'occupation. Le droit d'exploiter doit consister dans la concession perpétuelle conférant la propriété du gisement ou dans des baux emphytéotiques. Il portera toujours sur de vastes étendues.

12. Distinction des terres appropriées et des terres du domaine.

Sur les terres appropriées la recherche et l'exploitation des mines de métaux précieux ne peuvent avoir lieu qu'avec le consentement du propriétaire de la surface dans les colonies d'exploitation. Les recherches des autres mines doivent avoir lieu librement.

Sur les terres concédées, l'occupant devra toujours supporter les recherches minières ainsi que l'exploitation qui constitueront une sorte de servitude dont sera grevée chaque concession.

Aucune recherche, ni exploitation ne sera tolérée sur les terres en culture.

13. Le régime fiscal doit être conforme à la nature des exploitations minières et à la vocation coloniale du pays.

Les recherches doivent être soumises à une redevance fixe par hectare. Cette redevance devra être très minime en ce qui concerne les mines autres que celles de métaux précieux.

Sur l'exploitation il doit être perçu une redevance fixe par hectare et une taxe *ad valorem*. L'effort fiscal doit porter sur cette dernière ; toutefois, celle-ci, dans l'intérêt même de la régularité de sa perception, ne doit pas être trop élevée.

En ce qui concerne les mines autres que les mines de métaux précieux, le taux de la redevance fixe doit être minime au commencement pour augmenter avec le temps de l'exploitation jusqu'à un certain maximum.

14. La cession des droits de recherches et d'exploitation doit être soumise à un droit fixe.

15. La détermination des impôts miniers ne doit pas être laissée aux assemblées locales des colonies.

16. Les ouvriers employés sur les exploitations de mines de métaux précieux ne peuvent posséder de droits miniers.

[325 : 351.823.3]
(Institut Colonial International, Wiesbaden, 1904)

Règlementation du travail des indigènes.   325 : 351.83

I. *Recrutement des travailleurs.* — a) Le recrutement des travailleurs indigènes doit être favorisé, sous réserve d'un contrôle par les autorités de la colonie.

b) Un permis de recrutement est délivré par l'administration ; il est sujet à une taxe à titre de droit de patente, à moins que l'employeur n'opère personnellement le recrutement pour son propre compte.

c) Tout refus ou retrait d'un permis doit être motivé et appel peut être interjeté auprès d'une autorité supérieure.

d) Il est défendu de recruter des femmes ou des enfants non adultes, à moins qu'ils n'accompagnent le travailleur sous la dépendance duquel ils se trouvent placés.

e) Les gouvernements coloniaux ne peuvent se faire agents recruteurs pour les particuliers.

II. *Contrats.* — *a*) Le contrat de louage de services pour un terme dépassant trois mois doit être fait par écrit et en double exemplaire.

b) Un de ces exemplaires est remis au travailleur, à moins que ce dernier ne soit muni d'un livret, le double du contrat restant, dans ce cas, déposé dans les archives de l'administration.

c) Le contrat doit, entr'autres clauses, contenir les indications suivantes :

1º les noms de l'employeur et du travailleur ;

2º la durée du contrat qui ne peut dépasser trois années, mais l'engagement peut être renouvelé à l'expiration du premier terme ;

3º la nature du travail demandé et l'indication du lieu où il doit être fourni ;

4º le taux du salaire, la date du paiement ainsi que, éventuellement, la quotité des rations à fournir par le patron ;

5º le nombre d'heures du travail journalier et la désignation des jours de chômage.

6º l'obligation pour le maître de fournir aux travailleurs les soins médicaux en cas de maladie, conformément aux usages de la région ;

7º l'obligation pour l'employeur de rapatrier le travailleur en toutes circonstances à l'expiration du contrat.

III. *Salaires.* — *a*) Les salaires doivent toujours être payés en argent.

b) Dans les régions éloignées où le commerce n'a pas encore pénétré, l'employeur pourra être autorisé à payer une partie du salaire en marchandises, mais au prix coûtant fixé par l'autorité.

c) En règle générale, une partie du salaire doit être réservée et n'être payée au travailleur qu'à l'expiration de son contrat.

d) Les retenues et amendes ne peuvent dépasser, au total, le quart de la valeur du salaire mensuel.

e) Les salaires doivent être payés directement par l'employeur ou son représentant européen, à l'exclusion d'intermédiaires indigènes ou assimilés.

IV. *Liberté du travail.* — Les indigènes ne peuvent, sous aucun prétexte, être contraints au travail et le travail forcé doit être rigoureusement interdit ; ils doivent toutefois à la communauté le service des corvées pour l'entretien des routes, pistes, rivières et travaux publics entrepris dans l'intérêt commun aux environs de leurs villages.

V. *Infractions.* — *a*) Les infractions aux clauses d'un contrat de travail sont punissables d'amendes et d'emprisonnement, à l'exclusion des peines corporelles.

b) Les pénalités sont prononcées par un magistrat, un fonctionnaire investi de fonctions judiciaires ou un conseil d'arbitrage.

VI. *Inspection du travail.* — Des inspecteurs du travail spécialement commissionnés et, autant que possible, accompagnés d'un médecin, inspectent le plus souvent possible les exploitations et les chantiers et font rapport écrit aux administrateurs coloniaux dont ils dépendent ; ils ne peuvent avoir aucun intérêt dans les exploitations agricoles ou les industries établies dans la colonie.   [325 : 351.83]

(Institut Colonial International, Bruxelles, 1912.)

Enseignement des indigènes.   325 : 37

A. — Observations générales.

1. Un des premiers devoirs des Etats colonisateurs est d'avoir soin que la population indigène puisse atteindre un degré de développement intellectuel et moral assez élevé pour se placer le plus tôt possible au même niveau que les nations européennes afin que cette population puisse s'intéresser elle-même de toutes ses forces aux mesures prises en faveur de ses progrès économiques.

2. Partout où l'Etat ne subvient pas entièrement aux frais de l'enseignement, il est désirable qu'il accorde des subsides suffisants pour mettre les particuliers à même d'instruire les indigènes.

3. En s'acquittant de ces devoirs l'Etat doit suivre une voie pratique, c'est-à-dire qu'il faut par l'instruction avoir en vue d'initier les indigènes aux avantages agricoles, industriels et commerciaux.

4. On ne saurait négliger les principes de moralité qu'on doit, dès le début de l'éducation, inculquer aux élèves.

5. Les enfants doivent en outre se persuader d'abord que l'instruction ne doit pas seulement leur procurer un gagne-pain, mais servir principalement à leur développement personnel, afin qu'ils soient aptes d'en tirer profit dans n'importe quelle situation sociale ; et ensuite que le travail manuel et agricole est aussi digne que tout autre.

6. Il faut tâcher d'initier les élèves aux progrès de l'agriculture et d'introduire le travail manuel, d'abord en l'enseignant, ensuite en soutenant en cas de besoin ceux qui veulent entrer dans la carrière industrielle.

3

7. Il faut surtout faire comprendre le rapport intime qui existe entre l'agriculture et l'industrie.

8. Pour que toutes les deux puissent prospérer, il faut d'autre part enseigner aussi les éléments du commerce.

9. En un mot, l'école doit servir d'introduction à la vie sociale et morale.

10. Les élèves qui se destinent à un métier doivent aborder les cours professionnels immédiatement après être sortis de l'école primaire.

11. Les bâtiments scolaires doivent être très simples.

12. L'inspection des écoles doit être exercée autant que possible par des fonctionnaires indigènes.

B. — *Enseignement primaire.*

13. L'enseignement primaire doit être accessible à tous les enfants, garçons et filles, et comporter l'écriture, la lecture, l'arithmétique, le dessin, et des notions de géographie et d'hygiène.

14. Il faut les y préparer par l'enseignement élémentaire (Kindergarten) en développant le don d'observation par les leçons de choses (Aanschouwelijk onderwijs, Anschauungsunterricht) et en exerçant à la reproduction de petits objets en papier, en bois et en terre glaise.

15. L'enseignement primaire doit être complété par des classes supplémentaires, permettant aux élèves qui continuent leurs études de suivre plus tard les cours de l'enseignement secondaire.

16. Dans les classes supplémentaires, on doit, outre la langue indigène, enseigner aussi la langue de la mère-patrie, de façon que les élèves apprennent à s'en servir couramment.

17. Dans les écoles primaires proprement dites la langue indigène doit être la seule langue enseignée, à moins qu'il soit utile pour les élèves d'apprendre une seconde langue indigène plus répandue que la leur.

18. Les élèves doivent apprendre la géographie, non seulement de la province qu'ils habitent, mais de toute la colonie, et en outre avoir des notions de géographie générale.

19. L'enseignement des filles doit se séparer de celui des garçons dès l'âge de 10 à 12 ans, c'est-à-dire avant le commencement de la puberté. Il faut que les filles aient alors des écoles spéciales où l'enseignement sera donné autant que possible par des institutrices.

20. Dans les écoles spéciales de filles, il faut enseigner, outre les matières mentionnées au numéro 13, les ouvrages de main, la couture, le tricotage, la broderie, le tissage, la dentelle, et l'un ou l'autre art du pays.

21. Partout où les circonstances l'exigent, il faut qu'il y ait des cours ambulants.

22. L'enseignement primaire des grandes villes doit forcément présenter un autre caractère que l'enseignement rural. Le premier aura en vue de préparer à l'industrie et au commerce, le second de préparer à l'agriculture et à toutes les connaissances qui s'y rapportent.

C. — *Enseignement secondaire.*

23. Les écoles secondaires doivent être ouvertes aussi bien aux indigènes qu'aux enfants européens.

24. Si la nécessité s'en fait sentir, on doit créer des écoles spéciales pour les indigènes. Ces écoles spéciales sont nécessaires pour les indigènes qui veulent se préparer pour le service administratif, pour l'enseignement et pour les études de médecine, de droit, d'agriculture, d'industrie et de commerce.

25. Il est désirable que le Gouvernement facilite aux indigènes les études pour devenir professeurs dans l'enseignement secondaire. Ces études doivent se faire dans la mère-patrie pour que les futurs professeurs acquièrent une grande facilité de langage.

D. — *Enseignement professionnel.*

26. Les cours professionnels doivent être organisés et groupés selon les besoins des élèves et des professeurs et très facilement accessibles à tous.

27. Ces cours doivent avoir des internats sous la direction d'un couple marié. La femme doit se considérer elle-même comme la mère des élèves.

28. Outre l'enseignement de travail industriel dans les écoles primaires, il faut qu'il y ait des cours spéciaux pour les différents métiers avec des ateliers et des laboratoires où la pratique peut aller de pair avec la théorie.

29. De la même façon, on doit avoir des cours spéciaux pour l'agriculture avec des laboratoires, des jardins et des champs, où les différentes cultures peuvent être enseignées pratiquement.

30. Il faut des cours spéciaux pour l'enseignement commercial qui doit comporter la tenue des livres, la géographie générale surtout au point de vue commercial, la connaissance des règlements régissant les importations et les exportations, la correspondance et les méthodes commerciales.

31. L'enseignement professionnel doit avoir en vue aussi le travail minier, l'extraction de la houille et des métaux et l'exploitation du pétrole.

31. Il faut des cours spéciaux destinés à ceux qui veulent entrer dans les différents services du Gouvernement. Ces cours

doivent correspondre aux divers besoins de ces services et s'adapter au degré de développement des candidats.

33. En matière médicale, il faut avoir des cours pour les femmes-médecins et pour les infirmières, mais aussi bien que pour les médecins et les infirmiers.

34. Il faut qu'il y ait des écoles normales autant pour les instituteurs que pour les institutrices indigènes. Au commencement les écoles des institutrices devraient être placées sous la direction d'une dame européenne assistée d'une dame indigène de la classe supérieure.

35. Il est utile d'organiser des cours pour l'étude des langues indigènes dans un but en même temps scientifique et pratique ; c'est-à-dire pour la publication des inscriptions anciennes et des manuscrits, accompagnées de la traduction et de l'application grammaticale.

36. Le Gouvernement fera cette publication à ses frais, après avoir entendu l'avis d'une commission compétente.

37. Il faut qu'il y ait des écoles spéciales de différents degrés pour les fils et les filles des princes indigènes, où l'on n'enseigne pas seulement les matières de l'instruction primaire et secondaire, mais surtout la langue de la métropole, l'économie politique, l'histoire et la géographie générale.

E. — *Enseignement supérieur.*

38. Dans les colonies où il n'y a pas d'enseignement universitaire, il est nécessaire de rendre les universités de la mère-patrie accessibles aux indigènes qui veulent continuer leur études et qui ont fait preuve de grandes capacités intellectuelles, en facilitant leur admission au moyen de bourses et en leur accordant le libre passage.

F. — *Enseignement religieux.*

39. Partout où dans les colonies la religion ou les religions des indigènes diffèrent de celles de la métropole, il faut se garder de donner à l'enseignement un caractère religieux.

40. Exception peut être faite pour les écoles des missionnaires, s'ils pensent utile de n'admettre que des élèves convertis.

41. Il faut, dans les écoles, éviter tout acte ou toute parole qui pourraient blesser les sentiments des élèves.

42. L'enseignement religieux, organisé par les indigènes eux-mêmes, peut être subsidié par le Gouvernement s'ils en font la demande.

43. Le Gouvernement doit en tous cas veiller qu'on ne répande dans les écoles religieuses aucun principe contraire à l'ordre social.

44. Le contrôle doit être exercé par des fonctionnaires indigènes de grade supérieur et de même religion, [37 (-5)]
(*Institut Colonial International*, La Haye, 1909.)

Acclimatement de la race blanche dans les colonies tropicales. 325 : 573.4

1. La pigmentation de la peau s'est développée chez l'homme comme défense contre les dangers imminents des rayons courts (rayons actiniques) de la lumière sombre, qui détruisent le protoplasme vivant.

2. Ces dangers sont beaucoup plus menaçants dans les tropiques : l'acclimatement de l'homme blond y est, par cela même, impossible.

3. Une colonisation durable, effectuée par les blonds dans les régions tropicales, pour être permanente, devrait être accompagnée de mutations successives, mieux adaptées à l'effet des rayons actiniques. Ces mutations ne peuvent, jusqu'à préqu'à présent, être évoquées *artificiellement* par l'homme ; eussent-elles lieu *naturellement*, l'homme blond ne serait plus lui-même.

4. On peut être convaincu que dans le passé de semblables mutations ont présidé à l'évolution des diverses soi-disant « races humaines ».

5. Nos connaissances concernant tant la « mutation » que l'« hybridization » et la « variabilité » comme phénomènes biologiques *sont encore trop incomplètes* pour pouvoir dès maintenant prédire si l'espèce humaine réussira dans des siècles futurs à pouvoir s'établir à volonté dans une région quelconque du globe terrestre.

6. Dans une certaine mesure l'homme a déjà réussi — grâce à une hygiène raisonnée et rigoureusement appliquée — à pouvoir séjourner dans les pays tropicaux plus impunément que ne le faisaient nos ancêtres.

7. La continuation dans cette même voie n'est aucunement exclue ; cette facilitation du séjour aux tropiques est pourtant une question radicalement différente de celle traitée dans les propositions 3 et 5.

8. La grande question est de savoir si l'évolution de l'espèce humaine dans les différentes régions de notre planète *s'est effectuée d'après le principe Darwinien de la sélection comme l'interprète Hugo de Vries* (Mutationslehre) *ou comme l'interprète Wallace* (sélection des variétés individuelles).

9. Certaines régions offrent déjà maintenant des exemples de colonisation par des races blanches, par exemple, l'Australie septentrionale (Queensland), etc. Cette colonisation est encore de date trop récente pour pouvoir en tirer des conclusions

générales et définitives. La colonisation du Mexique, du Brésil et d'autres Etats de l'Amérique du Sud est due à des races beaucoup moins blondes, d'elles-mêmes déjà plus adaptées à un soleil plus ardent.

10. On peut s'attendre à des résultats d'une très haute importance pour la biologie générale si les diverses nations colonisantes veulent bien se réunir dans une étude approfondie *et naturellement de longue durée* de tous les phénomènes qui se rapportent à la reproduction des différentes races qui habitent leurs colonies, ainsi qu'aux résultats comparatifs de l'hybridization dans ses différentes phases ; de la fertilité et de la mortalité relatives des hybrides et des individus pur-sang ; de l'effet direct des conditions tropicales sur les pur-sang et sur leurs descendants (les créoles), etc.

11. L'Institut Colonial International est l'instrument par excellence pour ouvrir cette voie et pour rassembler ces données, dont les générations futures pourront faire usage et en tirer les conclusions qui se présenteront alors et qui seront d'une valeur autrement grande que nos spéculations d'aujourd'hui, nécessairement provisoires à cause de l'insuffisance des documents. [325 : 573.4]

(*Institut Colonial International*, La Haye, 1909.)

*** 1. Par colonisation blanche nous entendons exclusivement l'acclimatement de race, c'est-à-dire, l'adaptation au climat de toute une population non seulement pour la durée de la vie des premiers arrivants, mais aussi de leur progéniture, conservant de génération en génération les qualités distinctives de leurs ascendants, sans aucun mélange de sang indigène.

L'acclimatation individuelle, c'est-à-dire la possibilité pour un individu déterminé de s'adapter physiologiquement aux conditions du nouveau milieu, pour un terme déterminé qui peut même être la durée de son existence, ne peut apporter aucune lumière au sujet de la question traitée.

2. Jusqu'aujourd'hui aucune colonisation blanche n'a réussi dans une région à climat équatorial proprement dit, sauf en pays d'altitude élevée, c'est-à-dire n'ayant plus un climat équatorial quoique situé dans la zone équatoriale. Nous connaissons aujourd'hui toutes les régions de cette zone qui furent l'objet de tentatives de colonisation, ainsi que les résultats négatifs de ces tentatives. Les quelques exceptions qu'une enquête minutieuse arriverait peut-être à déceler viendraient, en tous cas, confirmer la règle par leur extrême rareté et leur caractère exceptionnel.

3. Toutes ces tentatives de colonisation ont été faites dans des conditions hygiéniques et autres tellement déplorables qu'aucune enquête sur le passé ne peut fournir de bases sérieuses pour asseoir la discussion.

4. Il ne paraît pas douteux, d'autre part, que le séjour dans les conditions actuelles, du blanc de race pure, en pays équatorial, détermine dans son organisme des modifications.

5. Ces modifications sont-elles dues à des causes réusltant de la constitution physique et chimique de l'atmosphère de ces pays : humidité, chaleur, tension de la vapeur d'eau, électricité, etc...?

Ou bien à l'action essentiellement variée dans ses effets exercée par les rayons si nombreux, si divers et si compliqués émanant du soleil?

Ou bien aux endémo-épidémies spéciales aux pays chauds?

En tout état de cause, il est permis de dire que l'état actuel de la science ne nous a pas révélé encore les vraies causes de ces modifications et des échecs de tentatives de colonisation blanche en ces pays. [325 : 573.4]

(*Institut Colonial International*, Brunswick, 1911.)

*** Les modifications provoquées chez le blanc par le séjour, dans les conditions actuelles, en pays équatorial sont-elles physiologiques ou fonctionnelles, c'est-à-dire passagères, ou sont-elles morphologiques et, par conséquent, définitives?

Pour éclaircir cette question, il importerait d'obtenir des réponses précises aux différentes points énumérés ci-après:

a) Chez les enfants de parents de race blanche pure, nés sous l'Equateur, ces modifications disparaissent-elles lorsque ces enfants rentrent en pays tempéré et y restent séjourner, c'est-à-dire, leur naissance en pays chaud leur laisse-t-elle son empreinte?

b) S'accentuent-elles et persistent-elles, si les enfants restent séjourner en pays équatorial et s'y reproduisent sans aucun mélange avec la race indigène et sans intervention d'éléments nouveaux venus des régions tempérées? Constituent-elles alors un ensemble de phénomènes qu'on aurait le droit de qualifier de dégénérescence de la race et notamment?

c) Doivent-elles aboutir inévitablement à la stérilité?

d) Si ces mêmes phénomènes se constatent chez des enfants nés en pays tempérés de parents ayant fait tous deux un séjour plus ou moins prolongé sous l'Equateur, ou bien l'un des deux seulement et dans ce cas y a-t-il pour la descendance une différence suivant que le parent équatorial est le père ou la mère?

e) Quelle est l'influence de l'altitude sur les modifications apportées par le séjour en pays chauds et ces modifications cessent-elles si l'installation des colons est faite en pays d'altitude quoique situés dans la zone équatoriale, et à quelle altitude, dans le pays sur lequel porte votre expérience, les modifications fonctionnelles ou organiques cessent-elles de se produire ; en d'autres termes à quelle altitude faut-il s'élever, dans la région étudiée, pour que la climatologie cesse d'avoir le caractère équatorial?

f) Quel est, en climat d'altitude, le degré actinique des rayons solaires, et avez-vous constaté, ou est-il à votre connaissance, que l'activité des rayons actiniques soit modifiée et atténuée dans ces régions, notamment la différence constatée expliquerait-elle le succès de la colonisation blanche si ce succès peut être affirmé dans le pays étudié?

g) Quelle peut-être, d'après vous, la part à attribuer aux influences sociales sur les femmes et enfants de race blanche en pays chauds (exécution de toutes les grosses besognes par les indigènes, emploi exclusif des domestiques indigènes, etc.) et surtout sur la deuxième génération née et élevée sous les tropiques? [325 : 573.4]

(*Institut Colonial International*, Brunswick, 1911.)

*** 1. L'établissement et la prospérité de colonies européennes, aussi bien de colonies d'exploitation que de colonies agricoles, tant dans les contrées tropicales basses que dans les contrées tropicales hautes, sont parfaitement possibles.

2. Dans la question de la colonisation, les températures tropicales et la race des colonisateurs n'entrent en jeu que d'une manière très secondaire.

3. La colonisation sur une grande échelle, la colonisation des masses, doit être rejetée. [325 : 573.4]

(*Institut Colonial International*, La Haye, 1895.)

Education professionnelle des indigènes. 325 : 6 (07)

1. Le meilleur moyen d'assurer l'éducation professionnelle des indigènes dans les colonies de formation récente et de civilisation rudimentaire, paraît être, pour les administrations locales et les entreprises de colonisation, de faire appel au concours des sociétés missionnaires.

2. Les missionnaires ne demandent aucune faveur officielle et spéciale pour leur action religieuse proprement dite. Mais ils ont droit, ce semble, à un concours effectif de l'administration pour la part qu'ils peuvent être appelés à prendre dans la formation d'ouvriers indigènes, destinés à favoriser directement la prospérité de la colonie et à rendre à tous les colons

des services nécessaires. Tous les Européens qui participent de leurs deniers aux revenus d'un pays doivent s'attendre à ce qu'une part de ces ressources soit consacrée à mettre à leur disposition la main-d'œuvre spéciale dont ils ont besoin, c'est-à-dire des ouvriers représentant les corps de métiers les plus usuels.

3. Ce concours de l'administration appelle actuellement, de sa part, un contrôle légitime sur les établissements subventionnés ; mais ce contrôle ne doit jamais aller jusqu'à paralyser la libre initiative et l'autonomie indispensable de la direction.

4. L'éducation professionnelle peut et doit comporter plusieurs modes suivant les pays, suivant les races indigènes, suivant les peuples colonisateurs. Mais il n'y a pas de résultat sérieux à espérer si l'éducation religieuse et morale n'est pas intimement unie à l'instruction professionnelle.

5. En tout cas, si les administrations coloniales estiment n'être pas en mesure de fonder ou d'entretenir des écoles d'enseignement professionnel, elles doivent du moins s'attacher à les favoriser pratiquement. A cet effet, attirer spécialement leur attention bienveillante sur les mesures suivantes, auxquelles rien ne paraît s'opposer :

Reconnaître d'utilité publique tout établissement scolaire, agricole ou professionnel, et à ce titre l'exempter d'impôt foncier ou autre.

A toute école subventionnée, demander — excepté dans les villes où la chose ne serait pas toujours possible — l'enseignement agricole ou professionnel, cet enseignement ne fût-il qu'élémentaire.

Favoriser l'établissement des jeunes gens sortant des écoles, en abolissant toute difficulté résultant soit de la stricte application des écoles et des formalités multiples qui entravent souvent leur mariage, soit des coutumes locales qui en compromettent la fixité.　　　　　　　　　　　　　[325 : 6 (07)

(*Institut Colonial International*, Paris, 1900.)

Rapports politiques entre métropole et colonies.　325.3

1. *Principes généraux.* — L'objectif de la politique coloniale doit être non préparer une séparation jugée d'avance inévitable, mais de maintenir et de fortifier les liens qui unissent les différentes parties de l'Empire. En conséquence, la politique coloniale de la métropole doit être telle que les colonies n'aient aucun intérêt à la séparation.

2. *Action de la métropole sur les colonies.* — La politique

coloniale doit être basée sur un principe de décentralisation. En conséquence :

a) Les affaires administratives doivent être réglées sur place ;

b) La direction gouvernementale doit être de préférence donnée dans la colonie ;

c) Il est désirable que le pouvoir législatif impérial ou métropolitain vote pour chaque colonie une loi organique fixant les principes qui devront régir ses rapports avec la mère-patrie ; mais la législation intérieure du pays doit être, autant que possible, faite dans la colonie ;

d) L'organisation de la justice doit être décentralisée ;

e) L'armée coloniale doit avoir une organisation autonome ;

f) La législation douanière et le budget de la colonie doivent être faits par les autorités locales.

Dans les colonies de peuplement, il convient de décentraliser en étendant les attributions des assemblées représentatives. Dans les colonies d'exploitation et dans les colonies mixtes, il convient de décentraliser en déconcentrant.

En principe, et sauf dans les vieilles colonies de peuplement, l'autorité doit être concentrée aux colonies entre les mains d'un seul (principe d'unité d'autorité).

3. *Action des colonies sur la métropole.* — Il est juste de reconnaître aux colonies le droit d'exercer une certaine influence sur la politique métropolitaine. Elles doivent avoir tout au moins voix au chapitre toutes les fois que leurs intérêts particuliers ou que les intérêts généraux de l'empire sont en jeu.

A défaut de la constitution d'un parlement impérial, il est désirable que les colonies soient représentées au parlement métropolitain ; mais les règles relatives à la composition du corps électoral ne doivent pas être les mêmes dans les colonies nouvelles que dans la métropole et peuvent varier suivant les colonies.

Les habitants des colonies et ceux de la métropole doivent être placés, en fait comme en droit, sur un pied d'égalité absolue, au point de vue de l'admissibilité aux honneurs et aux fonctions publiques.   [325.3]

(*Institut Colonial International,* Londres, 1903.)

L'islamisme et la colonisation européenne. 325.3 (4) : 297

1. Les populations musulmanes sont, plus que d'autres, difficiles à soumettre.

2. Les populations musulmanes, une fois soumises, sont plus faciles à gouverner et à administrer.

3. Le régime foncier musulman, non plus que la loi successorale musulmane, ne constituent, en pays musulman, des

obstacles sérieux à la réalisation de placements immobiliers par des Européens.

4. Les colonies peuplées de Musulmans ne fournissent que de médiocres débouchés à l'industrie et au commerce métropolitains.

5. L'évolution des peuples musulmans est extrêmement lente, et il ne semble pas qu'il soit possible de la mener de sitôt à apprécier les bienfaits de la civilisation européenne, et à s'associer aux peuples européens dès leur marche dans la voie du progrès. [325.3 (4) : 297]

(*Institut Colonial International*, Brunswick, 1911.)

Condition des métis. 325.354

1. Chaque colonie dont la population se compose d'Européens et d'indigènes compte un groupe de métis.

2. Les relations réciproques des races constituant le problème fondamental de toute politique coloniale, il sera en général impossible de traiter les métis complètement comme Européens ou comme indigènes ; on devra les considérer comme un groupe social distinct ayant des qualités et des intérêts particuliers.

3. La position des métis doit être différemment réglée suivant les circonstances particulières de chaque colonie ; probablement on pourra établir quelques principes généraux s'appliquant aux colonies asiatiques, d'autres s'appliquant aux colonies africaines.

4. Il est désirable de réunir des données aussi complètes que possible sur la condition des métis aux points de vue biologique, juridique, économique et social. [325.354]

(*Institut Colonial International*, Brunswick, 1911.)

Congrès Mondial des Associations Internationales (C. M. A. I.)

[327.3]

RÉFÉRENCES. — *Annuaire*, 1910-1911, p. 30 à 152.

SESSIONS. — Les sessions du Congrès Mondial, organisées par l'*Union des Associations Internationales*, ont eu lieu du 9 au 11 mai 1910, du 15 au 18 juin 1913 et du 13 au 15 septembre 1920.

Documentation. 002

a) Il y a lieu d'établir un Code international des règles en matière de publication, de bibliographie et de documentation, dans le but de faciliter la diffusion et le collectionnement systématique des imprimés, ainsi que leur mise à la disposition des travailleurs. Il est désirable que ce code prenne pour base les principes d'organisation et de coordination exposés dans les conclusions du rapport général soumis à la section, ainsi que les règles catalographiques déjà codifiées par les organismes compétents d'Angleterre et des Etats-Unis.

b) Considérant que l'unification des systèmes de classification bibliographique est d'un intérêt considérable pour la science ;

Considérant que la classification décimale, tant par ses avantages propres que par l'extension qu'elle a prise en ces derniers temps, remplit toutes les conditions désirables pour réaliser cette unification ;

Le C. M. A. I. émet le vœu que les Associations Internationales en général, et plus spécialement les congrès internationaux des mathématiciens, adoptent pour leur classification la méthode décimale et s'occupent d'établir la concordance entre la classification décimale et leur classification propre.

c) Le C. M. A. I. invite les Associations Internationales qui possèdent des collections documentaires (bibliothèques, bibliographies, services d'information) de bien vouloir se mettre en rapport avec l'Institut International de Bibliographie et de Documentation, et de fédérer par son intermédiaire les sources de renseignements ainsi constituées par elles.

d) Le C. M. A. I. émet le vœu de voir aboutir prochainement la constitution d'une Union Internationale pour la Documentation sur la base du projet élaboré par la Conférence internationale de Bibliographie et de Documentation de 1908, et qui fait l'objet de négociations diplomatiques en cours. [002]
(*Congrès Mondial des Associations Internationales,* Bruxelles, 1910.)

*** Il y a lieu de créer une Union Internationale pour la Documentation, ayant pour but de réunir, en une organisation générale, les multiples organisations actuellement existantes et qui sont sans lien les unes avec les autres. Cette organisation doit être établie sur les bases suivantes :

1º *Objet* :
   1. La Bibliographie Universelle (livres, publications officielles).
   2. Catalogues collectifs des principales bibliothèques du monde.
   3. Echanges internationaux.
   4. Prêts entre Bibliothèques.
   5. Bibliothèque internationale centrale.

2º *Organisation* :
   a) Organisation mixte unissant les Etats (administration et institutions nationales notamment les bibliothèques nationales) et les Associations Internationales ;
   b) Bureau central en relation permanente avec les services nationaux désignés par les Etats et avec les services internationaux des Associations ;
   c) Utilisation et amalgamation des travaux, institutions et services existants s'engageant désormais à réaliser chacun une partie du programme arrêté par l'Union.

3º *Bibliographie* :
   a) Chaque Etat s'engage à établir ou à faire établir la *Bibliographie nationale* ou liste complète des œuvres publiées dans les limites de son territoire et à mettre à la disposition des autres Etats, des exemplaires ou copies de cette bibliographie ;
   b) Chaque grande Association Internationale s'engage à établir ou à faire établir sous son contrôle la bibliographie internationale classée de sa matière, incorporant les éléments des bibliographies nationales fournies par les Etats et y ajoutant le dépouillement des périodiques ;

c) Les travaux bibliographiques sont établis en observant un minimum de règles communes de manière à permettre leur intégration dans la Bibliographie universelle formée par la réunion des bibliographies particulières nationales et spéciales.

4° *Echanges internationaux* :
    a) Les organismes officiels (parlements, administrations, établissements publics), et les organismes privés (sociétés savantes et sociétés poursuivant un but d'utilité publique), doivent être mis en relation les uns avec les autres, de pays à pays, à l'intermédiaire d'un service international des échanges ;
    b) Chaque pays doit posséder, par voie d'échange, la totalité des publications des administrations publiques et des corps savants des autres pays et la centraliser dans une bibliothèque accessible au public ;
    c) Les expéditions doivent se faire rapidement, fréquemment et sans charge pour les organismes échangistes ;
    d) Un Répertoire international des organismes publicateurs officiels et privés de chaque pays, doit être publié avec la liste de leurs publications, établie en connexion avec la Bibliographie.

5° *Prêts internationaux* :
    Extension aux Bibliothèques officielles des Etats adhérents à l'Union du prêt d'ouvrages et de documents dans les mêmes conditions que ces prêts sont faits aux bibliothèques et institutions de leur propre territoire, mais avec charge de réciprocité effective.

6° *Reproduction concertée de documents rares* :
    Entente à établir entre les divers gouvernements pour la reproduction concertée, par des procédés divers et notamment par la photographie et la microphotographie, de manuscrits, de livres et autres documents rares et échange de reproductions faites par chacun d'eux.   [002]
(*Congrès Mondial des Associations Internationales*, Bruxelles, 1913.)

Documentation juridique.   002 : 34

Le C. M. A. I. émet le vœu :

1. Qu'en collaboration avec les Associations Internationales intéressées, la section juridique de la Société des Nations procède à une enquête sur les besoins généraux de la documentation en matière de droit comparé et se préoccupe des moyens d'y donner satisfaction.

2. Qu'elle fasse un inventaire des divers organismes, de caractère public ou privé, existant dans tous les pays, qui actuellement pourvoient à ces besoins ou pourraient être appelés à y pourvoir.

3. Qu'elle provoque la meilleure utilisation et le plus efficace rendement de ces organismes existants en répartissant entre eux, selon les règles de la division du travail et de la spécialisation, les tâches à remplir ; qu'elle pourvoie, s'il y a lieu, à la création des organismes complémentaires nouveaux qui pourraient être reconnus nécessaires pour couvrir tout le champ de la documentation.

4. Que, par une entente, les divers organismes existants ou à créer, tout en restant indépendants et autonomes, soient mis en mesure d'exécuter un travail commun, à la fois collectif et particularisé, qui, s'inspirant de méthodes communes, réunisse le double avantage de la compétence spécialisée et de l'unité concertée.

5. Qu'au surplus un accord intervienne entre les divers gouvernements pour l'échange réciproque, immédiat et régulier des lois nouvelles et des projets de lois d'intérêt général avec les documents parlementaires y relatifs, — étant désirable que chaque envoi soit accompagné de fiches bibliographiques du format international, rédigées selon un plan uniforme et, si possible, indexées décimalement, dans le but de faciliter la confection de répertoires documentaires toujours tenus au courant de l'état le plus récent de la législation dans tous les pays.

6. Que les dépôts des législations étrangères ainsi constitués dans chaque pays pour suffire aux besoins courants des nationaux, et dont il appartiendra à chaque gouvernement de régler et de développer plus ou moins les modes d'utilisation, soient reliés, pour y trouver des informations plus abondantes et plus précises, aux services techniques de documentation organisés par spécialités, ainsi qu'il a été dit aux n°s 3 et 4.

7. Qu'enfin le plan d'ensemble de l'organisation de la documentation en matière de droit comparé, l'existence des divers organismes et services qui collaboreront à en assurer les besoins et la répartition de leurs tâches respectives soient largement portés à la connaissance du public dans tous les pays.   [002 : 34]

(Congrès Mondial des Associations Internationales,
Bruxelles, 1920.)

Presse périodique.   05

1. Que les associations nationales de presse périodique étudient les moyens nécessaires pour grouper les périodiques ayant des affinités, et traitant des objets identiques.

Afin de surmonter les difficultés de la crise actuelle, les associations sont invitées à communiquer les résultats obtenus au Bureau de la Fédération internationale de la Presse périodique.

2. Que l'attention des périodiques soit attirée sur les méthodes d'organisation documentaire et sur la coopération qu'ils sont appelés à apporter à cette organisation dont ils seront les premiers à tirer le plus grand profit pour la préparation de leurs travaux et la diffusion de leurs publications.

3. Que la Fédération internationale de la Presse périodique soit réorganisée dans le délai le plus bref et qu'un Congrès international de la Presse périodique soit convoqué à cet effet.

[05]
(*Congrès Mondial des Associations Internationales*, Bruxelles, 1920.)

Eléments constitutifs des Associations Internationales.
062 (∞)

1. *Définition des Associations Internationales.* — On entend par Association Internationale celle qui réunit les trois caractères constitutifs suivants : 1° avoir des membres individuels ou collectifs appartenant à des nations différentes et être accessible aux éléments semblables des diverses nations ; 2° avoir un but intéressant toutes les nations ou plusieurs d'entre elles et ne visant pas le lucre au sens juridique du mot ; 3° posséder un organisme permanent de représentation de ses intérêts.

2. *Caractère dominant des Associations Internationales.* — L'organisation interne des Associations Internationales doit chercher à constituer la représentation universelle de la classe d'intérêts qu'elles fédèrent ; d'où nécessité d'associer effectivement à leur œuvre les groupes de tous les pays.

3. *Formes diverses d'activité.* — A. L'étude comparée des Associations Internationales révèle que leur activité s'exerce sous les formes suivantes :

1. Travaux scientifiques en collaboration ; organisation de recherches spéciales ; coordination des efforts faits dans les différents pays ; enquêtes internationales.

2. Réglementation de la matière ; préparation des conventions et traités ; codification des usages ; contrats-types.

3. Unification et systèmes d'unités.

4. Terminologie (nomenclature), définitions, notation (symboles) et classification.

5. Publications : revue, annuaire, encyclopédie, recueils généraux.

6. Statistique.

7. Collections et musées ; Expositions (temporaires, circulantes, permanentes). Rapports avec les expositions générales. Jurys internationaux.

8. Laboratoires de recherches et d'analyses.

9. Encouragements : subventions, prix, concours.

10. Enseignement. Propagande. Conférences.

11. Documentation, bibliothèque, bibliographie, archives centrales. Centralisation, classement et mise à la disposition des intéressés des documents, informations et renseignements relatifs aux matières du programme de l'Association dans les divers pays ; réponse à des consultations.

12. Répertoire et liste des institutions, associations, services et personnes de leur spécialité.

13. Défense et développement des intérêts professionnels : Règles générales à préconiser quant à l'exercice des professions (déontologie professionnelle) : définition de leur titre, détermination des droits et obligations, développement des relations, de la confraternité et de la solidarité, arbitrage et solution amiable des différends.

14. Etude des moyens de développer l'importance des groupements qui existent et d'en établir de nouveaux dans les pays qui en sont dépourvus (associations, sociétés, syndicats). Relations entre les groupements (autonomie, fédération, centralisation) et entre les membres de ces groupements.

15. Démarches auprès des institutions privées et des pouvoirs publics de chaque pays en vue d'obtenir des travaux comparables ou parallèles, des unifications de législation ou des ententes et traités internationaux.

B. Les Associations Internationales dont le but est général doivent tendre à exercer leur activité sous ces diverses formes. Toutefois, dans un même domaine, ces formes d'activité peuvent être réparties entre plusieurs associations distinctes ; mais, en ce cas, il importe que des ententes interviennent entre elles et qu'ensemble elles veillent à ce que les champs d'activité demeurés vacants soient couverts par des Associations nouvelles.

4. *Organisation.* — L'organisation des Associations Internationales exposée ci-après est recommandée comme organisation-type :

a) Assemblée générale (Congrès, Convention), se réunissant périodiquement et ayant les pouvoirs nécessaires pour modifier et compléter les statuts organiques ;

b) Commission permanente (Comité, Conseil) se réunissant à intervalles plus rapprochés et dans lesquels sont représentés tous les pays adhérents à l'Association, par des délégués désignés de préférence par les sections nationales ;

c) Bureau permanent (Conseil d'administration) chargé de l'expédition des affaires courantes ;

d) Office central (institut, secrétariat), organe administratif et scientifique chargé de l'exécution des travaux, de l'administration des services créés par l'Association, de la préparation des assemblées et congrès, de la suite à donner à leurs décisions. Il doit disposer du personnel salarié nécessaire à l'exécution continue des travaux ;

e) Sections nationales ou régionales, constituées dans le plus de pays ou de régions possible. Elles donnent aux Associations Internationales les solides assises nationales qui leur sont nécessaires ; elles permettent au travail et à la propagande de s'effectuer d'après les meilleurs modes dans chaque pays, elles assurent à l'œuvre d'internationalisation l'apport de chaque pays et, réciproquement, elles rendent possible son adaptation aux besoins nationaux ;

f) Commissions scientifiques et techniques chargées de travaux déterminés et travaillant en collaboration avec l'Office central ;

g) Experts auxquels s'adresser selon les circonstances pour des questions spéciales ;

h) Correspondants pour les pays où l'Association n'a pas de sections nationales et chargés notamment de la propagande dans ces pays.

5. *Participation des Etats.* — *a*) Lorsque des circonstances le rendent désirable, des efforts constants doivent être faits afin d'amener la participation aux associations internationales d'un nombre d'Etats de plus en plus considérable.

Il y a lieu d'obtenir séparément la participation des Etats et celles de leurs grandes colonies.

La participation des Etats peut être obtenue par pétition directe de l'organisation centrale auprès des Gouvernements, par pétition des sections nationales auprès des Gouvernements des pays où siègent ces sections, ou par l'intermédiaire du Ministère des Affaires Etrangères du pays où siège l'organisation centrale ;

b) La représentation des Etats doit pouvoir se faire à leur choix avec voix consultative ou délibérative ;

c) L'Etat où l'Association a son siège et qui est, par suite, le mieux à même de connaître la situation réelle de celle-ci est prié d'instruire ses représentants à l'étranger du caractère de l'association et, par une intervention et un patronage plus directs, de lui faciliter ainsi les démarches auprès des autres Etats.

6. *Représentation et vote.* — Les Associations et les Congrès Internationaux doivent prendre des dispositions organiques

pour la représentation et le vote. A cet effet, tous les principes divers de la représentation peuvent être utilement combinés suivant les circonstances.

7. *Congrès*. — *a*) Il y a lieu de recommander comme règlement-type des Congrès le projet suivant :

Art. 1. — Les sessions du Congrès international de..............
......................ont une durée de..........................
Cette durée ne comprend pas les voyages ou excursions qui peuvent avoir lieu à la suite de la session.

Art. 2. A. — Le montant de la cotisation est de..............
— B. — Le montant de la cotisation est fixé pour chaque session par le Comité d'organisation.

Art. 3. A. — Le montant de la cotisation doit être versé lors de l'inscription.

Art. 3. B. — Le montant de la cotisation doit être versé lors de l'ouverture de la session.

Art. 4. A. — La langue officielle du Congrès est..............
— B. — Les langues officielles du Congrès sont............
— C. — Les langues officielles du Congrès sont.........et la langue du pays où se tient la session.

Art. 5. — Il peut être fait des communications dans une langue autre que la langue officielle (*ou* les langues officielles), si les auteurs peuvent en donner ou en faire donner un résumé dans la langue officielle (*ou* les langues officielles).

Art. 6. — Il peut être mis à l'avance certaines questions à l'ordre du jour du Congrès, pour lesquelles des rapporteurs seront désignés.

Le choix des questions et celui des rapporteurs sont fixés par...

Art. 7. — Les manuscrits de ces rapports devront être remis au secrétariat du Comité d'organisation.........mois avant l'ouverture de la session.

Ces rapports sont imprimés (en une ou en plusieurs langues), et distribués aux membres du Congrès...........mois avant l'ouverture de la session.

Ils devront se terminer par un résumé qui, seul, sera lu en séance.

Art. 8. — Les rapports dont les manuscrits n'auront pas été remis à la date fixée ne seront pas imprimés et ils ne pourront être lus en séance.

Art. 9. — Ne peuvent être acceptés les travaux imprimés ou ceux ayant été déjà présentés à d'autres Congrès ayant le même objet.

Art. 10. — Le résumé ou au moins le titre des communications présentées au Congrès doivent être indiqués à l'avance au Secrétaire du Comité d'organisation.

Exceptionnellement, les Présidents des sections pourront recevoir des communications pour lesquelles cette condition n'aurait pas été remplie.

Art. 11 — Les membres en arrivant au Congrès doivent faire connaître au Secrétariat leurs nom, titres et qualités, adresse ordinaire, adresse pendant le Congrès.

Art. 12. — Le Bureau de l'Association Internationale (*ou* du Comité permanent) (*ou* du Comité local d'organisation), fait de droit partie du Bureau de la séance d'inauguration dont il fixe la composition.

Art. 13. — Le Bureau du Congrès est constitué par le Bureau de l'Association Internationale (*ou* du Comité permanent) (*ou* du Comité local d'organisation), qui s'adjoint un certain nombre de membres choisis parmi les savants étrangers prenant part au Congrès.

Art. 14. — Le Bureau du Congrès est le Bureau des séances générales, dont il fixe l'ordre du jour.

Il statue souverainement sur toutes les difficultés qui peuvent se présenter.

Art. 15. — Pour l'étude de la discussion des rapports et des communications, le Congrès se divise en......... sections, savoir :

....

Toutefois, le Comité qui organise une session peut modifier cette division. Les modifications devront être annoncées un an au moins avant l'ouverture de la session.

Art. 16. A. — Le Bureau d'une section est constitué par le Bureau provisoire auquel la section adjoint des présidents d'honneur et des secrétaires.

Art. 16. B. — Dans sa première séance, chaque section constitue son Bureau.

Art. 17. — Autant que possible, les Secrétaires devront être choisis parmi les personnes ayant la connaissance de plusieurs langues.

Art. 18. — Les Sections sont maîtresses de leur ordre du jour ; elles fixent le nombre, les jours et heures des séances ainsi que l'ordre dans lequel seront faites les lectures ou communications.

Les décisions prises doivent être portées le plus rapidement possible à la connaissance des membres du Congrès.

Art. 19. A. — A l'issue de la séance d'ouverture, les Sections se réunissent dans leurs salles respectives pour élire (ou compléter) leurs bureaux et pour fixer l'ordre du jour de la première séance de travail.

Art. 19. B. — L'ordre du jour de la première séance de travail est fixé à l'avance par son Bureau provisoire.

Art. 20. — Le temps accordé à un auteur pour la lecture

ou l'exposé d'un travail ne peut excéder vingt (ou quinze) (ou dix) minutes à moins que la Section consultée n'en décide autrement.

Art. 21. — Une même personne ne peut prendre plus de deux fois la parole dans une discussion sur une même question. Ces interventions ne peuvent avoir des durées respectivement supérieures à dix et à cinq minutes ; pour l'auteur du travail en discussion, ces durées peuvent être de quinze et de dix minutes.

Art. 22. — Sur la demande de l'Assemblée, il sera donné de chaque communication, un résumé dans les langues officielles autres que celle dans laquelle a été faite la communication.

Art. 23. — Les manuscrits des communications doivent être remis au Secrétaire de la Section à la fin de la séance où la communication a été faite (au plus tard à la fin de la session).

Art. 24. — Les personnes qui prennent la parole dans une discussion doivent remettre au Secrétaire de la Section un résumé de ce qu'elles ont dit avant la fin de la séance (au plus tard dans les vingt-quatre heures).

Art. 25. — Deux ou plusieurs Sections peuvent se réunir pour entendre des communications qui les intéressent également.

b) Pour l'organisation des Congrès, est recommandé le système des doubles organismes, ayant chacun des attributions bien distinctes : 1º La *Commission Internationale Permanente* qui a la haute gestion de l'association tout entière, qui régit ses actes et en porte la responsabilité, qui intervient souverainement dans sa conduite et ses décisions, qui veille à accroître sa puissance financière, scientifique et technique et a la charge de toute l'organisation intellectuelle ; 2º Les *Commissions locales d'organisation* instituées dans le pays où se tient le Congrès, dont la durée et les attributions sont limitées à une seule session et dont leur domaine spécial s'étend principalement aux mesures d'ordre local, combinées et préparées en vue de la meilleure installation et du bon fonctionnement de la session actuelle ;

c) Il y a lieu de modérer les dépenses somptuaires faites à l'occasion des Congrès, Conférences et Assemblées générales. Les sommes dépensées avec largesse en réceptions et fêtes contrastent péniblement avec la modicité des ressources mises à la disposition des associations pour des travaux, des services et des publications utiles. Elle est aussi un obstacle sérieux à ce que les réunions aient lieu dans les pays d'importance secondaire qui ne disposent pas des ressources des grands pays. Il importe cependant qu'à leur tour ces pays reçoivent l'impulsion des grands congrès et que ceux-ci aient l'occasion d'être influencés par chacun des milieux nationaux, fêtes et réceptions.

Le but de maintenir groupés les membres du Congrès en dehors
du temps des séances officielles peut être atteint par des moyens
plus simples.

8. *Budget.* — *a*) Les ressources du budget des associations
sont : les cotisations des membres ou les contributions des sections (contributions fédérales) ; les subventions des Gouvernements, des corporations, des villes, des universités ; le produit
de la vente des publications, le produit des taxes des services
organisés, les libéralités (dons et legs) ;

b) Une commission des finances devrait fonctionner au sein
de chaque association pour lui assurer les moyens de se développer ;

c) Il est désirable qu'à côté de leur budget réel les associations
établissent leur budget idéal, basé sur ce qu'elles pourraient
faire si elles disposaient de ressources financières adéquates ;

d) Par suite du manque de ressources suffisantes, le plus
grand nombre des Associations Internationales ne peut réaliser
les travaux ni assurer les services, déclarés nécessaires ou utiles
par les Congrès ou les assemblées générales. Il est désirable
qu'une action commune soit engagée pour attirer sur cette situation l'attention des organismes nationaux, des Gouvernements
et du mécénat. Cette action doit mettre en lumière l'utilité
générale des associations et le caractère désintéressé des buts
qu'elles poursuivent ;

e) L'intervention du mécénat est utile surtout pour la formation du patrimoine assurant aux associations un revenu
fixe qui les rend indépendantes des circonstances du moment
et leur permette de couvrir les frais de premier établissement.
Le mécénat peut intervenir aussi en souscrivant aux publications des associations aux fins de les distribuer aux bibliothèques
centrales du monde, en fondant des prix pour des concours
organisés par elles et des bourses de voyage pour la propagande
et les enquêtes, en facilitant la constitution de collections
centrales. L'Office Central est invité à dresser une liste des
mécènes.

9. *Nom des Associations.* — Les Associations Internationales
doivent déterminer leur nom d'une manière précise et aussi
fixe que possible ; elles ont intérêt à en donner elles-mêmes
la traduction officielle dans les diverses langues d'usage international.

10. *Siège.* — Les Associations Internationales qui n'ont pas
encore fixé leur siège devraient prendre des mesures en vue de
cette fixation. Elle est nécessaire pour assurer la continuité
dans les travaux, éviter la dispersion des archives, organiser

un Secrétariat ou Office Central de l'association. La question du siège de l'Association est indépendante de celle du siège des assemblées et congrès.

II. *Questions diverses.* — *a*) Les congrès internationaux qui se réunissent sans lien permanent devraient assurer la continuité de leurs travaux ;

b) Les organismes qui ne fonctionnent plus et ceux qui fonctionnent mal doivent être réorganisés ou bien dissous et remplacés par des organismes nouveaux, plus actifs et mieux appropriés aux progrès considérables qu'a réalisés la technique des associations.

c) Il y a lieu de mettre à l'étude les questions suivantes :

1. Etude comparative du budget international, par associations d'une part et par pays subsidiant d'autre part.

2. Statuts-types d'une Association Internationale et règlements-types concernant les principales branches d'activité communes à un grand nombre d'associations (statuts et règlements de caractère purement exemplatif).

3. Etablissement d'un Manuel pour la constitution et l'administration des Associations Internationales, s'inspirant des présentes conclusions et généralisant les expériences des associations reconnues utiles.

4. Organisation d'un service central de traductions. [062 (∞)]

(*Congrès Mondial des Associations Internationales,*
Bruxelles, 1913.)

Coopération des Associations Internationales. 062 (∞)

a) Considérant qu'il convient de respecter l'indépendance et l'autonomie de chacune des Associations Internationales adhérentes ;

Considérant qu'il est hautement désirable que les Associations Internationales s'entr'aident, chacune dans la sphère de sa compétence spéciale, et que leur coopération se réalise progressivement, suivant les circonstances de temps et de lieu ;

Le C. M. A. I. émet les vœux suivants :

1. Que chaque Association Internationale délègue un membre qui sera chargé, d'une manière permanente, de la gestion des relations de cette association avec chacune des autres et avec les groupements d'Associations Internationales d'ordre spécial et d'ordre général.

2. Que les Associations Internationales qui ont un objet connexe se groupent en organisations spéciales (comme viennent de le faire à ce congrès les associations internationales d'ordre social et les associations internationales d'ordre éducatif).

3. Que les Associations Internationales isolées et les groupements d'Associations Internationales restent en relations constantes avec l'Office central des Associations Internationales, qui leur servira d'intermédiaire pour toutes relations et informations utiles.

4. Que cet Office soit reconnu comme l'organe permanent des Associations Internationales pour leurs relations réciproques et qu'il reçoive les subventions nécessaires afin de poursuivre son activité si utile et si importante.

b) Il est désirable d'organiser une coopération entre les associations qui poursuivent l'étude de l'organisation juridique de la Société des Nations (notamment le Bureau international permanent de la Paix et les congrès organisés par lui, l'Institut de droit international et l'Union interparlementaire) ;

c) Il est désirable de faire créer un organe permanent des Conférences diplomatiques de La Haye, avec lequel puissent coopérer les associations ci-dessus citées ;

d) Considérant que, s'il convient de laisser aux Associations Internationales leur entière indépendance, il est cependant très souhaitable que des relations régulières s'établissent entre elles en vue de coordonner leurs efforts ;

Le C. M. A. I. prend acte de la communication ci-après, qui lui est faite par un groupe d'Associations Internationales :

« Les représentants des Associations Internationales dont le but est la protection de la vie ouvrière ou l'assurance contre ses risques, font connaître au congrès qu'ils ont déjà coopéré et s'entendent notamment :

a) Sur les dates et les lieux de leurs assemblées et congrès ;

b) Sur des initiatives communes (pétitions aux gouvernements, enquêtes, publications, etc.) ;

c) Sur des réformes financières (rabais des cotisations en faveur des membres appartenant aux diverses associations, diminution des frais de publicité, institution de services communs).

Ces représentants ont ainsi conclu une entente à laquelle (sauf approbation par leurs associations respectives) ils se réservent de laisser participer les représentants d'associations analogues.

> Signé par les représentants de l'Association pour la protection légale des Travailleurs, le Comité permanent des Assurances sociales, l'Association contre la tuberculose, la Conférence contre le chômage, les Ligues sociales d'acheteurs. »

Le C. M. A. I. en conséquence, émet le vœu que des groupements du même genre se forment entre associations ayant des objets connexes.

e) Le C. M. A. I. estime qu'il pourrait être établi entre les Associations Internationales un service central de correspondance qui, sans jamais s'immiscer dans les affairees intérieurs des associations ou de leurs groupements, aurait pour objet :

1. De faire connaître aux associations qui le demanderaient les noms des représentants chargés par les autres associations des rapports internationaux ;

2. De communiquer aussi vite que possible aux diverses associations adhérentes les décisions prises par les unes ou les autres au sujet de la date, du lieu et de l'ordre du jour de leurs assemblées ou congrès, ainsi que les résolutions ou vœux adoptés.

[062 (∞)]

(Congrès Mondial des Associations Internationales, Bruxelles, 1910.)

*** 1. *Principes.* — Il est désirable de voir étendre la coopération entre les Associations Internationales et apporter plus de coordination et d'entente dans leurs efforts et dans leurs travaux.

La *Coopération* a pour base, d'une part, la division du travail et la répartition des tâches ; d'autre part, la concentration des résultats du travail ainsi organisé. La *Coordination* a pour base des programmes d'ensemble, des buts collectifs arrêtés de commun accord, et des ententes sur les meilleurs moyens pour les réaliser.

La coopération doit intensifier le rendement du travail ; la coordination doit apporter l'économie de temps et de dépenses. L'organisation n'étant pas réalisable spontanément, elle doit être le résultat de l'entente et d'une systématisation consciente.

2. *Modes pratiques de réalisation.* — La coopération et la coordination entre Associations Internationales peuvent porter soit sur l'objet de leur action (objet commun à plusieurs), soit sur les méthodes (unification des instruments, des systèmes d'unités, des éléments unitaires des travaux), soit sur les conditions d'exécution du travail (coopération de travail avec répartition des tâches à accomplir, ou coopération d'argent pour assurer les moyens de faire faire, en une fois et au profit de tous, ce qui dépasserait les forces isolées ou coûterait plus cher).

Parmi les modes pratiques de coopération et de coordination, il y a lieu de signaler les suivants :

1º Entente entre Associations et Congrès relative aux domaines mixtes, communs ou limitrophes ; revision éventuelle

des attributions des divers organismes internationaux similaires ; division ou fusion éventuelle d'organismes ; création
de services communs ;

2° Etude concertée d'une même question par plusieurs
Associations en se plaçant à des points de vue différents mais
convergents ;

3° Discussions directes et contradictoires entre Associations
et Congrès poursuivant des buts opposés.

4° Transmission directe des vœux et desiderata d'Associations internationales à Associations. Démarches et négociations
en vue d'obtenir la réalisation de ces vœux directement d'organismes internationaux ;

5° Mouvement général et concerté entre les Associations en
faveur des idées et de l'organisation internationale en général,
de manière à attirer l'attention de l'opinion publique et des
gouvernements sur le rôle et l'importance des Associations, et
hâter ainsi les réformes proposées ; démarches concertées auprès
des pouvoirs publics ;

6° Entente pour la fixation des dates des Congrès des Associations intéressées, de manière à éviter les inconvénients des conflits de dates ;

7° Entente pour l'institution périodique de semaines sociales
pendant lesquelles plusieurs associations tiendraient en même
temps leur Congrès dans la même ville et organiseraient en commun certains voyages et visites, dans le but d'accroître l'utilité
des réunions et d'économiser les frais imposés aux adhérents et
aux institutions ;

8° Entente entre les associations adhérentes en vue de poursuivre, d'accord avec l'Union des Associations Internationales,
l'étude et la réalisation des mesures qui ont un intérêt pour
toutes les Associations Internationales : 1° système universel
d'unités, scientifique, technique, industriel et commercial ;
2° système universel de langage scientifique et technique (terminologie, notation, symbole, classification, figuration et schémas) ; 3° méthodes universelles de publication et de documentation ; 4° système général d'associations d'organismes, de
laboratoires et d'instituts ;

9° Entente pour la formation en commun, et en connexion
avec le Centre International, de grandes collections internationales : Bibliothèque, Bibliographie, Archives, Musée.

Il est entendu que les modes de coopération et de coordination
ne sont proposés aux associations que comme des suggestions
utiles.

3. *Formes organiques des ententes pour la coopération.* —
Pour réaliser la coopération entre Associations Internationales

et établir à cet effet des relations permanentes entr'elles, trois voies sont signalées :

1° Les conventions ;

2° Les commissions mixtes ou cartels ;

3° L'admission dans les comités de direction des Associations, à titre personnel ou *ex officio*, de personnalités remplissant des fonctions dans d'autres Associations.

4. *Concurrence des Associations entr'elles. Dédoublement des Associations.* — Tout en respectant les différences de méthodes et d'opinion des Associations Internationales qui poursuivent un même but, il y a lieu d'encourager chaque effort de concentration par lequel la dépense d'énergie individuelle et matérielle est réduite au minimum.

5. *Codification.* — Il y a lieu de faire une publication des résolutions et des vœux des congrès. Les Associations Internationales sont priées d'envoyer, dans ce but, à l'Office Central des Associations Internationales, le texte de toutes les résolutions adoptées dans leurs assemblées ou par les congrès convoqués par elles. [062 (∞)]

(*Congrès Mondial des Associations Internationales,*
Bruxelles, 1913.)

Fonctionnement des Congrès Internationaux.   063 (∞)

a) Considérant que les décisions prises par les congrès internationaux dont l'organisation est libre ne reçoivent pas une exécution suffisante, faute de relations directes entre ces congrès et les établissements officiels des divers pays qui peuvent seuls réaliser ces desiderata, le C. M. A. I. émet le vœu qu'il soit constitué, chaque fois que l'utilité en est démontrée, des organes internationaux groupant les représentants officiels des services administrés par les Etats en vue de coordonner pratiquement le travail mondial en s'inspirant autant que possible des décisions prises par les congrès internationaux libres.

b) Considérant la nécessité de simplifier l'organisation des congrès internationaux et d'unifier la procédure de leurs travaux ; considérant l'impossibilité de s'en référer pour cette procédure à celle des assemblées parlementaires qui présentent de grandes différences de pays à pays, le C. M. A. I. prend acte du vœu de voir établir un règlement-type facultatif pour l'organisation des congrès ainsi que pour la conduite de leurs travaux et discussions. [063 (∞)]

(*Congrès Mondial des Associations Internationales,*
Bruxelles, 1910.)

Organisation de la Vie Internationale. 327.3

1. *Rôle des Associations Internationales.* — Parmi les organismes internationaux, il en est dont l'action a une portée plus générale que celle des autres et dont les travaux ou l'orientation sont de nature à contribuer largement au développement de toutes les Associations et à l'accroissement de la vie internationale.

Il est demandé aux plus importantes parmi elles de prendre acte des suggestions suivantes :

1º *Conférence de la Paix.* — Faire décider par la Conférence des mesures complémentaires à celles déjà arrêtées par elle, en vue de combattre plus directement les causes des guerres qui sont destructrices de toute l'œuvre de coopération, d'entente et de rapprochement créée par les Associations Internationales ; considérer que la conférence a réalisé une véritable Union permanente de droit entre tous les Etats concernant les bases mêmes de la Société universelle des nations ; diriger l'activité des conférences futures vers les mesures d'organisation générale réclamées par les Associations Internationales et susceptibles, comme l'a déclaré la Conférence de 1907, de développer le « bien commun de l'humanité » ; organiser, tout en laissant aux Conférences diplomatiques particulières l'élaboration des traités concernant des matières spéciales, le pétitionnement des Associations Internationales auprès de la Conférence, ainsi que les moyens de lui faire parvenir utilement leurs desiderata et de les associer à son travail.

2º *Union interparlementaire.* — Faire connaître à ses membres, répartis dans tous les Parlements du monde, ceux des desiderata de l'organisation internationale arrivés à maturité et qui nécessitent l'intervention des Etats ; faire prendre par ses membres des mesures concertées sous forme de propositions présentées et défendues simultanément dans tous les Parlements.

3º *Bureau international des républiques américaines.* — En tant que représentant permanent des intérêts collectifs de toutes les Républiques du Nord et du Sud de l'Amérique, accepter de servir d'intermédiaire pour toute communication pouvant intéresser également tous les Etats américains ; suivre avec attention bienveillante l'action des Associations Internationales dans tous les domaines ; prendre des initiatives en vue de faire réaliser par les Etats telles mesures qu'elles leur demanderont de prendre ; se faire représenter auprès d'elles ; assurer, pour autant qu'elles ne soient pas représentées directement, la représentation collective des Etats américains auprès de certains congrès et associations, ayant leur siège ou leur session en Europe, et qu'il est difficile ou trop coûteux à rejoindre par chaque république américaine en particulier.

4° *Institut de droit international.* — Poursuivre l'étude du régime juridique de toutes les relations de la vie internationale et procéder à la codification scientifique du droit international public et privé, comme stade préparatoire de la codification officielle.

A cette fin, mettre immédiatement à l'étude les projets de réglementation internationale élaborés par divers congrès et associations ; procéder à leur revision dans le sens d'une coordination des projets entre eux et de leur coordination avec les traités internationaux existants ; et à la demande des congrès et associations accepter d'élaborer les formules juridiques des projets de convention dont les Associations Internationales n'ont déterminé que les principes scientifiques.

5° *Bureau international de la Paix.* — Faire connaître par les nombreuses sociétés de la paix réparties dans le monde entier, que le développement des relations internationales, ainsi que celui des organismes internationaux, est de nature à hâter la réalisation des desiderata du pacifisme. En conséquence, amener les Sociétés de la Paix et leurs membres à faire connaître, apprécier et appuyer de leur influence l'action des Associations Internationales. Agir constamment en vue de former et d'élargir la conscience internationale nécessaire à tous les pays internationaux.

2. *Rôle des Etats dans l'organisation internationale.* — Il est fait un appel pressant à tous les Etats pour qu'ils favorisent le développement de l'organisation internationale et les moyens suivants sont soumis à leur bienveillante attention :

1° Adhérer aux Unions internationales existantes ;

2° Conclure de nouvelles conventions et améliorer celles qui existent ;

3° Se faire représenter au sein des Congrès internationaux et des Associations libres ;

4° Faire une part plus grande dans leur budget aux services d'ordre international pacifique ;

5° Mettre leur législation et leur administration intérieure en harmonie avec les desiderata de l'organisation internationale, formulés par les Congrès, notamment en faisant coopérer les institutions et services nationaux officiels aux travaux et services internationaux ;

6° Créer au sein de leur administration un service ayant

dans ses attributions tout ce qui concerne les Associations Internationales, officielles ou libres (1).

(1) En exécution de ce vœu une Conférence fut convoquée à Bruxelles qui aboutit à l'adoption d'un projet de convention dans les termes suivants :

La Conférence pour le développement des Institutions internationales du Palais Mondial, réunie à Bruxelles les 20, 21 et 22 août 1922 à l'invitation du Gouvernement belge et de l'Union des Associations Internationales,

Constatant le haut intérêt qui s'attache à ces diverses institutions qui sont actuellement l'Institut International de Bibliographie, la Bibliothèque Internationale, le Musée International, l'Université Internationale;

Désireux d'en maintenir l'Unité essentielle et d'aider à leur développement par une aide collective;

A arrêté les termes d'une convention qui sera soumise à la ratification des Gouvernements intéressés et tendant à l'érection du Centre Intellectuel (Palais Mondial) en Fondation placée sous la Haute Protection des Etats.

I. *Le Centre International.* — L'Union des Associations Internationales, tant en son nom qu'au nom des organismes qui lui ont apporté leur concours, déclare que l'intention commune, telle qu'elle s'est exprimée au cours des travaux de ses congrès, a été d'établir, sous le nom de Centre Intellectuel International, Palais Mondial, une Fondation ayant pour but, d'une part, de faciliter de toutes manières la coopération intellectuelle, et, d'autre part, de constituer, détenir et conserver de grandes collections et installations scientifiques de toute nature érigées en patrimoine commun à toutes les nations.

II. *Participation des Gouvernements.* — Les Gouvernements signataires de la présente convention et tous ceux qui y adhéreront ultérieurement déclarent vouloir s'associer à l'œuvre ainsi créée. En conséquence : 1) ils lui accordent leur haut patronage ; 2) ils lui reconnaîtront, dans leurs territoires respectifs, les droits de la personnification civile aux mêmes titres et conditions qu'à leurs associations et fondations nationales sans but lucratif ; 3) ils lui apporteront leur coopération en nature et ils participeront à la formation d'un budget commun ainsi qu'à la constitution des organes de gestion de la manière définie ci-après.

III. *Accords séparés.* — La coopération en nature de chaque gouvernement adhérent, eu égard à ses propres intérêts, sera déterminée pour chacun d'eux par des conventions spéciales. Ces conventions seront faites dans le cadre général des bases ci-annexées.

IV. *Direction et Gestion.* — L'œuvre toute entière sera développée dans l'esprit des programmes arrêtés par les congrès de l'Union des Associations Internationales, qui ont été publiés par elle et qui ont reçu exécution jusqu'à ce jour dans une large mesure.

La direction et la gestion de l'œuvre sont confiées à l'Union. Elle les exercera en coopération avec les Associations Internationales qui la composent et qui pourront librement s'adjoindre à elle à l'avenir, sous le contrôle du Commissariat général prévu en l'article V et suivant. L'Union, d'accord avec ses collaborateurs, établira elle-même le règlement de cette gestion.

V. *Commissariats nationaux, Commissariat international.* — Les

3. *Rôle de la presse*. — La presse de tous pays, en particulier la presse internationale, les journaux et les grandes revues

---

Gouvernements adhérents constitueront auprès du Centre Mondial des Commissariats nationaux chargés de les représenter d'une manière permanente. Ces Commissariats seront formés d'une ou de plusieurs personnes, d'un corps ou d'association, désignés par leurs gouvernements et nantis des pouvoirs nécessaires. Les Commissariats nationaux constitueront tous ensemble par leurs délégués le Commissariat général. Celui-ci, qui établira son propre règlement, exercera le patronage collectif des gouvernements, et veillera à ce que l'œuvre continue à être gérée conformément à ses statuts et règlements ainsi qu'à la présente convention.

VI. *Institutions adhérentes*. — Les institutions composant actuellement le Centre Mondial, et celles qui viendront se joindre à elles à l'avenir, conserveront chacune leur indépendance et leur autonomie de gestion, sous réserve toutefois qu'elles continueront à demeurer unies, que leurs activités seront coordonnées et concertées et que leurs collections et installations scientifiques serviront irrévocablement à accroître celles de la Fondation elle-même. La Fondation leur viendra en aide par tous moyens en son pouvoir, notamment en leur assurant les bâtiments, locaux et installations nécessaires et en contribuant à la formation de leur budget. Ces mesures constitueront, pour elle, le moyen d'assurer effectivement le concert et la coopération désirables.

VII. *Budget*. — Il sera dressé annuellement, par les soins de l'Union des Associations Internationales, un budget général en francs-or du Centre International. Outre les recettes éventuelles provenant de souscriptions, dons, legs, revenus propres, produits d'emprunts, ce budget fixera le montant de la dotation à contribuer par les Etats. Le montant de cette dotation sera calculé suivant les besoins de la Fondation et devra être approuvée par le Commissariat général. Il sera réparti entre tous les Gouvernements adhérents sur la base du système afférent au prorata du système des classes prévu par la Convention Postale Universelle, à moins que, de commun accord, il ne soit adopté un autre système. Pour les cotisations des pays dont les gouvernements ne seront pas participants, l'Union s'efforcera d'obtenir le payement de leur quote-part à l'aide de concours nationaux privés. Tant qu'existeront les différences actuelles du change, qui font peser si lourdement tous payements en francs-or sur les pays à monnaie dépréciée, les autres gouvernements, dans un esprit d'entr'aide mutuelle et de considération pour le but d'intérêt universel poursuivi, seront invités à assurer volontairement le payement de cotisations proportionnellement plus élevées.

VIII. *Assemblée et Conférence*. — Il y aura au moins une fois par an une Assemblée générale de tous les intéressés. Elle sera organisée et convoquée par l'Union des Associations Internationales. Les membres du Commissariat général en feront partie. Au moins une fois tous les trois ans l'Assemblée siègera en Conférence pour développer et reviser l'œuvre de la précédente Conférence. Cette Conférence sera organisée de commun accord par le Commissariat général et l'Union des Associations Internationales.

IX. *Société des Nations*. — La reconnaissance et le Haut patronage du Centre Mondial seront demandés à la Société des Nations conformément à l'art. 24 du Pacte. Le Centre offre son concours et sa collaboration à tous organismes institués par la Société des Nations à l'avan-

internationales ont un rôle important à remplir en initiant le public aux conceptions de l'internationalisme et en étudiant

---

tage du Travail intellectuel. La Société sera invitée à se faire représenter au sein du Commissariat général, des Assemblées générales et de la Conférence.

X. *Cité Internationale.* — Les parties prennent en sérieuse considération le projet qui leur est présenté de Cité Internationale à édifier à l'occasion d'une prochaine Exposition Universelle. Cette Cité serait formée éventuellement de pavillons élevés par chaque pays participant et des édifices utiles aux institutions internationales groupées autour du Palais Mondial. Ce projet fera l'objet d'une étude approfondie de la part des gouvernements adhérents et il sera statué ultérieurement à son sujet.

XI. *Dispositions transitoires.* — 1. Les ratifications seront notifiées directement à l'Union des Associations Internationales qui en fera part à tous les intéressés. — Les membres de la Conférence s'efforceront d'obtenir les dites ratifications dans le plus bref délai possible et de provoquer de la part de leurs Gouvernements respectifs la conclusion des accords séparés visés à l'article III.

2. La convention entrera en vigueur aussitôt que trois gouvernements auront donné leur ratification. Elle sera soumise de plein droit à revision trois années après son entrée en vigueur.

3. La part des Etats dans le budget annuel pour la première période est fixée à la somme de francs-or 500.000 qui seront répartis de la manière dite à l'art. VI.

4. L'Union des Associations Internationales dressera immédiatement l'inventaire des collections, meubles, valeurs et conventions qui, aux termes de l'art. I, constitueront le patrimoine initial de la Fondation ; celle-ci aura ses comptes et son patrimoine distinct du patrimoine de l'Union elle-même. Ce patrimoine accru de toutes les subventions, dons, legs, contributions et travail volontaire est déclaré inaliénable et indivisible.

5. Le siège du Centre International, fixé actuellement à Bruxelles, pourra en tout temps et selon les circonstances être transféré, de commun accord, en tout autre lieu. Il sera de toute manière établi au siège qui serait donné à la Cité Internationale.

BASES TYPES DES ACCORDS SÉPARÉS

Désireux de coopérer au développement du Centre Intellectuel, Palais Mondial, organisé par l'Union des Associations Internationales, le Gouvernement N... déclare vouloir créer une Section Nationale destinée à assurer la représentation du Pays dans les diverses institutions et services de ce Centre. Les accords suivants sont intervenus à ce sujet :

Art. 1. *Organe de la Représentation.* — La représentation du pays aura lieu soit par les soins du Gouvernement, soit par ceux d'une organisation qu'il créera ou qu'il agréera. Cette organisation aura pour objet de relier les divers organismes nationaux officiels et privés qui coopéreront à la section. Elle aura une représentation à Bruxelles où elle sera rattachée à la Légation ou au Consulat général. Une représentation est réservée au pays au sein du Commissariat général, ainsi que

les questions spéciales qui s'y rattachent. Il y a lieu d'inciter la presse à remplir un tel rôle. [327.3]
(*Congrès Mondial des Associations Internationales,*
Bruxelles, 1913.)

---

dans les Conseils, Commissions ou Comités des diverses institutions du Centre International.

Art. 2. *Etendue de la Coopération.* — Le Gouvernement N... marque dès à présent son accord sur les modalités suivantes de coopération : (Ne conserver dans le texte que les dispositions acceptées).

A. *Musée International.* — Une section du pays sera organisée dans le Musée International ; elle aura pour objet une figuration synthétique du pays par des cartes, reliefs, diagrammes, photographies, modèles, échantillonnage-type, etc... Cette figuration envisagera les aspects géographiques, économiques, intellectuels, politiques, historiques, conformément au plan général arrêté pour les sections nationales du Musée. Elle fera connaître les apports du pays à la Civilisation universelle et les emprunts qu'il a faits à celle-ci.

B. *Université Internationale.* — a) Le Gouvernement N... créera au sein de l'Université Internationale une chaire pour les Etudes nationales conformément aux statuts de cette Université. Il pourvoira directement ou fera pourvoir par ses Universités Nationales à tout ce qui concerne une telle chaire : désignation des titulaires, programme des cours, etc... Les frais relatifs à cette chaire seront à sa charge.

b) Le Gouvernement N... recommandera à ses Universités nationales la participation à l'Université Internationale.

c) Le Gouvernement N..., directement ou à l'intermédiaire d'organismes créés à cet effet, facilitera chaque année la fréquentation des sessions de l'Université Internationale à un certain nombre d'Etudiants. Il veillera aussi à ce que ces étudiants participent aux Tours Universitaires qui seront organisés à l'avenir par cette Université.

d) Une place au sein du Conseil de l'Université Internationale sera réservée à un membre de la nationalité N..., à désigner de commun accord par celles des Universités du pays qui auront adhéré à l'Université Internationale.

C. *Bibliothèque Internationale.* — Tous les efforts seront faits en vue de constituer un Fonds National dans la Bibliothèque Internationale. A cet effet :

a) Le Gouvernement procurera une collection aussi complète que possible et tenue à jour de toutes les publications officielles émanant de lui-même, de ses administrations, du parlement national, ainsi que des provinces, des villes et des grandes institutions.

b) Le Gouvernement prêtera ses bons offices afin que par voie de dons, d'acquisitions, de dépôt légal, les Sociétés scientifiques, les auteurs, les éditeurs, les directeurs de journaux et de revues, les organismes économiques de son pays, envoient régulièrement à la Bibliothèque Internationale, leurs livres, périodiques, journaux, catalogues commerciaux.

D. *Institut International de Bibliographie.* — a) Le Gouvernement N... prendra les mesures nécessaires pour que toute la production bibliographique nationale, cataloguée conformément aux règles arrêtées, puisse figurer au jour le jour dans le Répertoire Bibliographique Universel. Il confiera ce travail, soit à la Bibliothèque Nationale, soit à un organisme bibliographique national, existant ou à créer. Ces établisse-

Union des Associations Internationales et le Centre international.   327.3 (062) (∞)

I. — MESURES GÉNÉRALES POUR ASSURER LE DÉVELOPPEMENT DE L'UNION ET DU CENTRE INTERNATIONAL

1. *Membres de l'Union.* — Pour permettre à l'Union, tout en n'altérant pas son caractère confédératif, d'entrer en relation directe avec les gouvernements, les grands organismes nationaux de tous les pays et les personnalités du mouvement international, il y a lieu de donner à ses statuts les précisions et développements suivants :

a) Les Associations Internationales officielles qui, à raison de dispositions inscrites dans leurs statuts ou des décisions de leurs assemblées, ne peuvent adhérer à aucune autre association, sont invitées à se faire simplement représenter auprès de l'Union. Leurs délégués assistent aux séances *ad audiendum* et sont entendus pour renseignements et informations ;

b) Peuvent seuls être *membres effectifs* de l'Union, les Associations Internationales qui répondent aux conditions déterminées par les statuts de l'Union. A elles sont réservés le droit de vote

---

ments pourront combiner ce travail avec leurs propres travaux catalographiques.

b) Les catalogues imprimés de la Bibliothèque nationale, ceux des grandes bibliothèques générales ou spéciales du pays, ainsi que les collections des Recueils de Bibliographies nationales, seront immédiatement envoyés en trois exemplaires à l'Institut pour y servir aux recherches, en attendant l'achèvement du travail des fiches.

E. *Archives Encyclopédiques Documentaires.* — Le Gouvernement N... recommandera aux organismes nationaux de coopérer à la formation de ces archives et des dossiers internationaux qui les constituent. Il s'efforcera notamment de procurer les collections des encyclopédies nationales, ainsi que des collections iconographiques, aussi complètes que possible, relatives au pays et à sa vie nationale. Les publications officielles seront publiées en tenant compte des desiderata bibliographiques qui faciliteront leur utilisation par les archives encyclopédiques.

F. *Congrès Mondiaux.* — Le Gouvernement N... se fera représenter *ad audiendum* auprès des Congrès Mondiaux organisés par l'Union des Associations Internationales. Il fera étudier avec soin par ses administrations leurs vœux et recommandations relatifs à la collaboration internationale.

Art. 3. *Coopération et Propriété des Objets.* — *a*) L'aménagement de la section nationale se fera de commun accord afin de l'harmoniser avec l'ensemble. Elle sera établie dans un esprit scientifique et didactique tout en visant des buts utilitaires et pratiques.

b) En principe les objets réunis seront la propriété du Centre International, représenté par l'Union. Ils pourront toutefois être remis à titre de simple dépôt ou être donnés avec la condition de pouvoir en disposer temporairement pour d'autres expositions.

et la représentation au sein de la Commission Internationale centrale de l'Union ainsi que dans les commissions spéciales ;

c) Pouvant être nommés *membres correspondants* les associations et organismes nationaux, ainsi que les personnes qui s'intéressent au développement des relations internationales et qui font partie d'Associations Internationales ou d'associations affiliées à celles-ci. Ces membres n'ont que voix consultative.

2. *Relations de l'Union avec les Associations constituantes.* — L'Union respecte l'autonomie de toutes les Associations. Elle se défend d'entrer dans le détail des questions ni d'entreprendre quelque travail que ce soit en concurrence avec ceux dont s'occupent activement et efficacement les Associations existantes. Se plaçant à un point de vue général et d'ensemble, elle cherche, par ses études, ses déclarations et ses négociations à relier et à compléter ce qui existe et à donner naissance ainsi à une organisation des organisations.

Sous le bénéfice de cette déclaration, l'Union s'efforce de :

a) Etudier les faits de la vie internationale, en dégager la conception d'une organisation mondiale qui soit fondée sur l'existence d'une communauté humaine, solidaire en toutes ses parties, où les grandes fonctions économiques, intellectuelles, sociales soient ordonnées conformément aux desiderata de la science et librement gérées par les intéressés dans un esprit de progrès ;

b) Travailler à réaliser cette organisation en unissant et en harmonisant l'activité des groupes qui la poursuivent déjà isolément et séparément dans les divers domaines et sous diverses formes ; s'efforcer de faire des Associations Internationales qui existent actuellement à divers degrés de développement, et de celles qui seront créées à l'avenir, les organes mêmes de la structure mondiale en formation ; reconnaître en elles les représentants autorisés de la classe d'intérêts généraux que chacune a déjà fédérée internationalement ; les confédérer toutes librement dans le but de poursuivre ensemble une organisation intégrale ;

c) Etablir à cette fin des relations permanentes entre les associations et les institutions internationales existantes ; chercher à provoquer leur développement en les amenant à étendre leur action et à perfectionner leur organisation, en particulier en établissant un siège fixe, des services réguliers, des organes permanents d'exécution pouvant disposer de secrétariats et de bureaux ; à délibérer entr'elles leur sphère d'action de manière à éviter les doubles emplois et à les intégrer à des ensembles plus vastes ; seconder l'activité et les travaux des associations ;

développer la coopération entr'elles en vue du perfectionnement commun ; susciter la création d'organismes nouveaux ou auxiliaires et la reconnaissance officielle des organismes privés ; de manière que tous les intérêts universels, tous les ordres d'études, tous les grands mouvements d'opinion contemporaine soient représentés par une Association Internationale.

3. *Centre International.* — Il y a lieu de développer sur la base de la coopération, de la neutralité et de l'utilité pratique, le Centre International, ses services, réunions, travaux, publications et collections, selon les lignes du plan arrêté par l'Office Central et qui a déjà reçu un large commencement d'exécution : bureaux des associations, bibliothèque, bibliographie, archives, musée, études et enseignements, services communs de librairie et de traduction et de secrétariat.

4. *Palais Mondial.* — Le Centre International est divisé en sections nationales, en sections spéciales ou comparées. Il y a lieu d'installer les services et collections du Centre International dans un Palais digne de l'importance des associations qui l'ont créé par leurs efforts et pouvant devenir le point de départ du groupement d'autres édifices internationaux (Cité internationale). Il doit être fait appel à cet effet, à l'aide des Gouvernements et du Mécénat en même temps qu'à celui des associations.

II. — Mesures de coopération proposées par l'Union aux Associations et Congrès internationaux

1. *Adhésion à l'Union. Représentation. Participation aux travaux.* — *a*) Adhérer à l'Union des Associations Internationales et s'y faire représenter par le président, le secrétaire ou un membre délégué ;

b) Participer aux travaux de la Commission Internationale centrale et du Congrès mondial ;

c) Désigner des délégués au sein des sections internationales spéciales, dont l'objet intéresse l'Association et prendre part active à leurs travaux, à savoir :

1. — Coopération et entreprises communes.
2. — Réglementation et législation.
3. — Unités et unification.
4. — Organisation interne des Associations et Congrès.
4. — Publication et Documentation.
6. — Langage scientifique et technique.

2. *Coopération à l'Organisation Internationale proposée par l'Union.* — S'efforcer de réaliser les vœux et résolutions de

l'Union. En particulier, s'il y a lieu, constituer au sein de l'Association ou du Congrès des Commissions spéciales chargées d'étudier, au point de vue propre à l'organisme, les questions faisant l'objet des sections internationales visées ci-dessus, et apporter leurs conclusions à ces Commissions. .

3. *Collaboration aux travaux.* — *a)* Notifier périodiquement le texte officiel des vœux, résolutions et décisions destinées au *Code des vœux et résolutions des Congrès internationaux* ;

b) Procurer périodiquement les éléments de la notice monographique consacrée à l'Association dans l'*Annuaire de la Vie Internationale* ;

c) Envoyer périodiquement pour la revue *La Vie Internationale* toutes les informations utiles relatives au mouvement international dans les domaines propres à l'Association (faits principaux et de portée générale). Procurer aussi, à la revue, des articles ou études d'ensemble sur les mêmes faits.

4. *Collections centrales.* — Coopérer, pour la partie correspondante au domaine propre à l'Association, à la formation des collections internationales centrales, telles qu'elles ont été définies et décrites par l'Union.

A) *Musée International.*
Envoyer les éléments d'exposition concernant l'Association elle-même, ou la spécialité à laquelle se rattache l'Association, conformément au programme du Musée International;

B) *Bibliothèque Collective Internationale.*
a) Envoyer régulièrement toutes les publications, documents, prospectus et circulaires émanant de l'Association, de manière à constituer sa documentation complète dans la documentation générale de l'Union.

b) Déposer à la Bibliothèque Internationale, soit à la Bibliothèque de l'Association elle-même, soit une partie de celle-ci, soit un fonds d'ouvrages relatifs à la spécialité ;

c) Envoyer le catalogue de la Bibliothèque de l'Association en triple exemplaire (auteur, matière, inventaire), pour incorporation dans le catalogue central des Bibliothèques.

C. *Répertoire Bibliographique Universel.*
a) Dresser, classée selon la Classification universelle décimale, ou en concordance avec elle, la liste des publications de l'Association et celle des articles contenus dans ses recueils et mémoires ;

b) Publier, dans le Bulletin de l'Association, ou séparément, la Bibliographie des questions entrant dans le domaine de l'Association ;

c) Communiquer simplement le manuscrit de semblables bibliographies en deux exemplaires (auteur, matière), pour être incorporé dans le *Répertoire Bibliographique Universel*, avec faculté d'obtenir en échange un nombre de notices bibliographiques d'importance équivalente.

D. *Répertoire Encyclopédique de Documentation.*

Déposer au siège de l'Union les archives documentaires et le répertoire de l'Association, soit comme fonds distinct, soit comme contribution aux fonds généraux de l'Union.

[237.3 (062) (∞)]
(*Congrès Mondial des Associations Internationales*,
Bruxelles, 1913.)

*** *A.* Le C. M. A. I., placé dans une Quinzaine Internationale au cours de laquelle ont eu lieu diverses réunions d'organismes internationaux et la première session de l'Université Internationale, constate qu'il a été une manifestation tendant à réformer la vie internationale libre, manifestation dont l'importance doit se mesurer en tenant compte qu'il s'agit d'une action de forces libres ne disposant pas de puissants moyens officiels et se réalisant dans un temps de difficulté et de cherté.

Le C. M. A. I. a été caractérisé par quatre grands faits : la vitalité réelle des Associations Internationales malgré l'interruption de cinq années dans leur fonctionnement régulier ; leur désir unanime de voir se continuer le mouvement coordonateur initié par elles en conciliant les nécessités de la centralisation avec ceux de la décentralisation (fédéralisme) ; la place revendiquée par elles pour l'intellectualité dans la reconstruction mondiale aux côtés de l'économique et de la politique ; l'utilité et la nécessité de voir les groupements librement organisés coopérer avec la Société des Nations sur la base de programmes intégraux et élargis.

Le C. M. A. I. prend acte des rapports et conclusions de l'Office Central qui présentent sous une forme récapitulative et coordonnée des recommandations aux Associations Internationales en vue de réaliser dans toutes ses parties et suivant un plan d'ensemble une organisation de la vie internationale.

B. Le C. M. A. I. se félicite de l'œuvre réalisée par l'Union des Associations Internationales que les congrès antérieurs avaient chargée de l'accomplissement des tâches communes : l'enquête permanente et publiée des faits concernant l'organisation internationale ; l'élaboration d'une doctrine, de méthodes et d'un programme général d'action. Il salue avec joie les progrès qui ont pu être réalisés en une période encore si proche de la grande guerre, en réunissant en un Centre International (le Palais Mondial) les établissements, les collections et les services établis en coopération. Il prend acte de la fondation de l'Université Internationale qui vient si heureusement compléter l'ensemble de ces institutions. Il est d'avis que l'œuvre de l'Institut International de Bibliographie, qui vient de célébrer le XXVe anniversaire de sa création, soit développée dans le sens d'une Union Internationale pour la Documentation selon les projets qui lui ont été soumis et que cette documentation s'étende à toutes les sciences, à tous les pays et à tous les ordres de documents. Il fait appel à tous pour le développement rapide du Musée International qui vient de prendre une si large extension.

Le C. M. A. I. estime que l'œuvre du Centre International doit se développer sur une base largement coopérative et fédéralisée, chaque institution conservant son autonomie propre, mais concertant son activité avec celle des autres et bénéficiant de la collaboration des Associations Internationales, des organisations nationales similaires et des gouvernements.

C. L'œuvre accomplie, le mouvement commencé et auquel une nouvelle impulsion vient d'être donnée ne sauraient recevoir l'ampleur commandée par les circonstances que s'ils sont aidés en premier lieu par la Société des Nations qui est aujourd'hui la représentation officielle de l'Humanité poursuivant des buts de coopération et de paix. L'organisation libre et l'organisation officielle des forces internationales ont à s'unir et à s'associer. Il est demandé en conséquence :

1. Que la Société des Nations prenne sous son patronage effectif l'Université Internationale qu'elle a déjà assuré de ses sympathies et qui a reçu son statut autonome ; qu'elle soit représentée auprès du Conseil de cette Université et qu'elle lui assure une subvention.

2. Que la Société des Nations prenne intérêt à l'organisation internationale de la documentation en procurant à l'Institut International de Bibliographie les moyens de poursuivre l'œuvre du Répertoire Bibliographique Universel. À cet effet que la Société des Nations veuille négocier avec les divers gouvernements une entente pour la transformation de cet Institut en un Bureau International conformément aux termes de l'article 24 du Pacte. Une conférence devrait être convoquée immédiatement pour un tel objet.

3. Que la Société des Nations continue à coopérer avec l'Union des Associations Internationales dans son œuvre d'informations et de renseignements relatifs à la Vie Internationale, à cette fin que des aides nouvelles permettent d'ajouter au Code des résolutions des Associations Internationales, en voie d'élaboration grâce à ses subventions, la reprise de la publication de

l'*Annuaire de la Vie Internationale* (recueil de monographies consacrées aux divers organismes internationaux) et de la revue *La Vie Internationale* (périodique relevant et étudiant mois par mois tous les faits de la Vie Internationale).

[327.3 (062) (∞)]
(*Congrès Mondial des Associations Internationales,*
Bruxelles, 1920.)

Unification du droit. 340.145

a) Il y a lieu de créer un Office central de documentation juridique chargé de collectionner les contrats types en usage dans les divers pays.

b) Le C. M. A. I. charge son Bureau de l'organisation d'un tel office. Le Bureau communiquera le projet qu'il élaborera aux Associations internationales intéressées, afin d'aboutir à une entente avec elles pour l'exécution. [340.145]
(*Congrès Mondial des Associations Internationales,*
Bruxelles, 1910.)

Législation et Réglementation internationales. 341

Il est désirable que les Associations Internationales officielles et libres prennent une part de plus en plus active à la règlementation des législations internationales de la matière qui leur est propre, en vue de développer les institutions juridiques communes de toutes les nations et assurer ainsi, chacune pour sa part, l'évolution progressive du droit des gens. Trois voies principales leur sont ouvertes : arrêter des règlements collectifs, proposer des contrats internationaux types, provoquer la formation de conventions internationales entre les Etats. [341]
(*Congrès Mondial des Associations Internationales,*
Bruxelles, 1913.)

Organisation intellectuelle. 341.28.5

Considérant que le bien-être des peuples, le règne de la paix et le progrès de la civilisation ne sauraient se concevoir sans développement constant de forces intellectuelles et morales capables de faire équilibre aux forces économiques et politiques, de les compléter et de les éclairer dans leur action utile ; que les efforts de l'initiative privée dans ce domaine doivent agir en grand, pouvoir s'appuyer sur une coopération officielle qui seule dispose de ressources adéquates et de pouvoirs réglementaires ; que la puissance politique internationale est représentée aujourd'hui par la Société des Nations,

Le C. M. A. I. demande que la Société des Nations crée dans

son sein une organisation internationale pour le Travail intellectuel, analogue à celles qu'elle a déjà créées pour le Travail manuel, pour l'Hygiène et pour les Intérêts Economiques.

Cette organisation, inspirée des nécessités propres au travail intellectuel, devrait jouir d'une très large autonomie, à la manière dont celle-ci est assurée au Bureau International du Travail. Son but serait d'aider au développement rapide des Sciences et de l'Education en coordonnant l'activité des trois groupes d'organisation : les grandes institutions intellectuelles nationales des divers pays ; les grandes associations interna.ionales poursuivant des buts d'études et de recherches, existantes ou à créer ; les grands établissements intellectuels internationaux existants ou à créer (Bureaux scientifiques, Université Internationale, Institut International de Bibliographie, Bibliothèque Internationale, Musée International, Laboratoires Internationaux, Office International des Inventions et Brevets, Institut des Standards, Institut de Recherches sociales, etc., etc.).

A cette fin, il serait désirable que la Société des Nations convoque à bref délai une Conférence Intellectuelle Internationale, chargée d'élaborer les statuts d'une telle organisation, chargée aussi de formuler, sur les problèmes de la reconstruction internationale, des conclusions et des recommandations d'ordre scientifique, à la manière dont la Conférence Financière Internationale vient de formuler les siennes dans l'ordre économique.

[341.28.5]
(Congrès Mondial des Associations Internationales,
Bruxelles, 1920.)

Droits de l'Homme.   342.7 (062) (∞)

Le C. M. A. I. exprime sa sympathie pour le projet tendant à grouper en Fédération Internationale toutes les Sociétés pour la Défense des Droits de l'Homme.   [342.7 (062) (∞)]
(Congrès Mondial des Associations Internationales,
Bruxelles, 1920.)

Régime juridique des Associations Internationales.
347.191 (∞)

a) Il y a lieu d'instituer, par voie de convention diplomatique, un statut supernational à l'usage des Associations internationales sans but lucratif qui, à raison de leur nature ou de leur objet, ne peuvent ni ne veulent se placer sous une législation associationnelle déterminée.

b) Pour assurer la mise en pratique de cette résolution, le Congrès constitue son Bureau à l'état de Comité permanent. Il

lui donne mandat de préparer l'avant-projet de convention
et de règlement d'application qui sera communiqué aux Associations internationales adhérentes pour recueillir leurs observations.

Le Congrès invite son Bureau à prier le Gouvernement belge
de soumettre son travail, quand il sera terminé, à l'approbation
des autres Etats.   [347.191 (∞)]

(*Congrès Mondial des Associations Internationales,*
Bruxelles, 1910.)

Projet de convention internationale

Entre les Puissances signataires de la présente convention
et celles qui ultérieurement y adhéreront, il est convenu ce qui
suit :

I. — Les Puissances contractantes accordent aux Associations Internationales sans but lucratif, qui rempliront les conditions dites ci-après, la reconnaissance légale avec personnification civile.

II. Définition. — Sont tenues pour Associations Internationales bénéficiaires de la présente convention les Associations :

a) qui poursuivent un but d'intérêt public international ;

b) qui sont accessibles aux nationaux ou collectivités de
tous les pays ou de plusieurs d'entr'eux ;

c) qui dans leur organisation ou leur fonctionnement n'ont
rien de contraire à l'ordre public ;

d) dont l'organisme représentatif comprend dans son sein
au moins un national de chacun des pays où l'association sera
reconnue et que dans chacun de ces pays une personne soit
désignée pour la représenter.

III. Statuts. — Les statuts régleront : 1º la dénomination ;
2º le siège ; 3º l'objet ; 4º les diverses catégories de membres et
leurs conditions d'entrée et de sortie ; 5º les obligations et les
responsabilités des membres ; 6º l'organisation de la direction
de l'Association Internationale et de la gestion des biens, les
modes de nomination et les pouvoirs des personnes chargées de
cette direction et de cette gestion, notamment la désignation
du membre aux poursuites et diligences duquel s'exerce le droit
d'ester en justice ; 7º les conditions et les formes de la modification aux statuts ainsi que celles de la dissolution et, notamment
dans le cas, la destination du patrimoine.

IV. Droits et avantages accordés aux associations
reconnues. — Les Associations Internationales réunissant les
conditions dites à l'article 2 et dont les statuts règlent les divers
points énumérés à l'article 3, jouissent de la personnification

civile ; elles ont notamment la capacité de faire des contrats, de posséder un patrimoine mobilier et immobilier, de recevoir des libéralités et des subventions, d'ester en justice. Elles ne pourront posséder que des immeubles nécessaires à la réalisation de leur but et de leur administration. Elles jouiront des faveurs fiscales accordées aux associations nationales qui poursuivent des buts identiques ou similaires.

V. ENREGISTREMENT ET PUBLICATION DES ACTES SOCIAUX. — Il est créé un Bureau International chargé de l'enseignement et de la publication des actes des Associations Internationales.

Devront être présentés à ce Bureau, pour y être entérinés : 1º les statuts ; 2º la liste des membres composant l'organe de l'Association assumant sa direction et la gestion de ses biens ; 3º le compte annuel des recettes et des dépenses.

Un règlement spécial fixera les conditions de fonctionnement du Bureau International et la manière dont il sera pourvu à son entretien. Des taxes pourront être perçues pour l'enregistrement des actes. Le Bureau transmettra officiellement son bulletin à toutes les Puissances signataires.

Si quatre mois après avoir été saisis par le Bureau International des statuts de l'Association Internationale qui demande le bénéfice de la Convention, les Etats signataires de la Convention ou l'un d'eux n'ont pas communiqué officiellement au dit Bureau leur refus de reconnaître la personnalité civile de la prédite Association Internationale, celle-ci, par le fait de cette constatation officielle enregistrée par le Bureau dans son bulletin officiel, jouit de la personnification civile dix jours après cette publication, dans tous les pays qui n'ont pas fait d'opposition.

VI. DÉCHÉANCE DES DROITS. — La déchéance des droits des Associations Internationales, reconnues dans les limites de la juridiction d'un pays, peut être prononcée dans ce pays, par autorité de justice, à la demande du représentant de l'Etat ou de tout intéressé, si les ressources de l'Association sont affectées à des objets ne rentrant pas dans ses statuts, si elle s'abstient des publications requises à l'article 5, si elle est insolvable, si elle poursuit un but contraire à l'ordre public ou aux bonnes mœurs.

Les Puissances signataires communiquent au Bureau International, les décisions de justice intervenues. Celui-ci les notifie aux Puissances qui ont reconnu la personnification civile à l'association dont il s'agit. Les Puissances ainsi avisées estiment s'il leur convient de saisir l'autorité de justice de leurs pays respectifs, afin de provoquer une décision sur la déchéance de l'association.

VII. Nom. — Le nom des Associations Internationales sera protégé dans tous les Etats contractants, qui s'engagent à leur appliquer les règles de leur droit national ou, à défaut de dispositions légales sur la matière, à leur faire application, par analogie, des dispositions légales réglant la protection du nom commercial, notamment en ce qui concerne les sanctions civiles.

VIII. Emblème. — L'emblème régulièrement enregistré sera protégé dans tous les pays contractants qui appliqueront leur droit national ou, à défaut de dispositions légales sur la matière, appliqueront, par analogie, les règles et les sanctions civiles prévues pour les marques de fabrique et de commerce.

Le droit à l'emblème s'acquiert par l'enregistrement au Bureau International, conformément aux prescriptions de la cinquième base.   [347.191 (∞)]

(*Congrès Mondial des Associations Internationales*, Bruxelles, 1913.)

Enseignement.   37

I. Il y a lieu d'établir des corrélations entre les diverses Associations Internationales existant dans le domaine des enseignements supérieur, secondaire et primaire et de rechercher à leur intervention les lacunes à combler et les réorganisations qui s'imposent. Il est désirable de constituer les organismes éducatifs en une vaste fédération afin d'assurer plus de continuité dans les efforts, de codifier les vœux des Congrès Internationaux d'Enseignement, d'arrêter un programme international des questions à étudier, des œuvres ou services à créer, des réformes à accomplir.

II. Il est désirable que la Société des Nations s'efforce de dégager le minimum essentiel d'instruction et d'éducation, indispensables à tout être humain pour remplir valablement la fonction de citoyen dans une démocratie ; qu'elle demande en conséquence, à chaque nation de rendre ce minimum obligatoire par une législation appropriée ; qu'en particulier, elle propose, dans l'intérêt de l'enfant et en vue d'un meilleur rendement social, d'abord, de prolonger la fréquentation scolaire obligatoire jusqu'à l'âge de quatorze ans, adoptée aujourd'hui par la presque totalité des pays d'Europe et d'Amérique, ensuite, d'assurer un minimum d'instruction complémentaire et professionnelle pendant l'adolescence, à prendre sur la journée d'apprentissage ; qu'ainsi, elle fasse un appel constant aux forces morales sans lesquelles il serait impossible de transformer les conditions profondes de la vie sociale de toutes les nations.

La Société des Nations est d'avis de constituer le plus tôt possible les divers organes propres à assurer ce résultat, notamment un service de propagande, des services d'échanges, soit d'étudiants, soit d'instituteurs, soit d'ouvriers pouvant contribuer à hâter l'entente mutuelle des nations.

III. En vue de réaliser pratiquement le programme d'instruction et d'éducation minimum dans les conditions internationales où sont actuellement placées les sociétés humaines et les individus qui les composent, il faudrait tenir compte des suggestions suivantes :

1. Etablissement, dans chaque Université, d'une chaire des Relations, de la Coopération et de l'Education internationales.

2. Action régulière sur la Presse mondiale par l'envoi de notes, articles, etc.

3. Instruction dans les écoles des divers degrés, d'un livre en langue nationale (ou en esperanto) destiné à faire connaître sommairement les nations et les races au point de vue de leurs qualités morales, esthétiques, intellectuelles et pratiques.

4. Coopération internationale des écoles par les échanges de correspondances, d'élèves, de vues et photographies des divers pays, des produits locaux, les voyages de vacances en pays étrangers et les visites d'écoles par les étrangers de passage dans un pays, les services d'entr'aide entre écoles, au profit des élèves peu fortunés.   [37]
(Congrès Mondial des Associations Internationoles,
Bruxelles, 1920.)

Enseignement supérieur international.   378 (∞)

1. *Coopération internationale entre les Universités et Instituts d'enseignement supérieur.* — Il est désirable de développer l'entente et la coopération internationale entre les Universités, et les Instituts d'enseignement supérieur des différents pays.

L'entente doit porter notamment sur les points suivants : échange de professeurs, cours de littérature, d'économie, d'histoire et d'institutions étrangères ; cours de vacances pour les étrangers, unification des dates qui servent de point de départ aux semestres des études, équivalence internationale des études, grades et diplômes, spécialement ceux préparatoires à l'enseignement supérieur, sous le réserve des intérêts professionnels et scientifiques ; bourses d'études et de voyages à l'étranger ; service d'information et de documentation en matière universitaire.

Il est désirable que la coopération et l'entente pour ces objets soit confiée à un service international central.

2. *Participation des Associations Internationales à l'Enseignement International.* — Il est désirable que se développe l'enseignement comparé international des diverses branches des connaissances : (cours, conférences, instituts). Les Associations Internationales devraient intervenir à cet effet, chacune dans les matières propres à leur spécialité, sous l'une des formes suivantes : *a*) organisation de services spéciaux ajoutés à leurs propres services ; *b*) constitution d'organismes indépendants à but spécial ; *c*) entente avec des organismes existants en vue d'étendre leur activité et d'exercer sur eux une action et un contrôle ; *d*) coopération des Associations entr'elles et avec l'Université internationale.

3. *Université Internationale.* — Il est d'une utilité incontestable de créer une Université Internationale destinée à permettre à tous les étudiants de toutes les nationalités de venir entendre, groupés en un même centre, les maîtres les plus autorisés dans tous les ordres de connaissances, à resserrer les rapports intellectuels, à en créer de nouveaux et de plus directs. Cette Université Internationale serait organisée d'après les idées directrices générales suivantes :

Subdivision en sections spéciales, mais non en facultés, ayant chacune à leur tête un directeur des études chargé de l'organisation de l'enseignement semestriel ou annuel de chaque section, et placé sous la direction générale d'un recteur.

Double personnel enseignant, l'un fixe, formé des directions d'études, l'autre variable, formé des professeurs appelés de l'étranger pour un temps déterminé et un enseignement spécial.

Admission aux cours et conférences des seuls étudiants en cours d'études universitaires supérieures ou munis de diplômes d'enseignement supérieur.

Ni de cours d'universités, ni de programmes fixes en vue d'examens ou de diplômes, mais des cours et conférences sur tous les sujets les plus intéressants de l'époque en vue de l'enseignement le plus élevé, le plus personnel et le plus actuel possible, en même temps que le plus simple et le plus vivant.

Ni de durée des études pour les étudiants, ni de diplômes, ni d'examens, simples certificats de présence aux cours et conférences des diverses sections.

L'enseignement sera donné en français, en anglais, en allemand, suivant d'ailleurs la proposition des auditeurs au point de vue linguistique, et en visant, par-dessus tout, à la grande

.diffusion et à la meilleure utilisation des cours et conférences professés.

Le C. M. A. I. prend acte que l'Université Nouvelle de Bruxelles, avec son Institut des Hautes Etudes, s'est déjà efforcée d'entrer dans cette voie. [378 (∞)]

(Congrès Mondial des Associations Internationales,
Bruxelles, 1913.)

Améliorations des organismes de transport.　　383/5

Postes. — *a*) La lettre de 10 centimes et la carte de 5 centimes, la carte imprimée sous enveloppe à 2 centimes, la carte imprimée à 1 centime ;

b) Amélioration du régime international des imprimés, adoption notamment du système suivant : le transport des périodiques en destination des pays de l'Union Postale Universelle devrait pouvoir se faire dorénavant en les expédiant en ballot par voie de chemin de fer ou par colis postaux à l'adresse de l'Administration des Postes des villes voisines de la frontière, de plus de 25,000 habitants, aux fins d'être distribués postalement par ces administrations, à condition que chaque exemplaire contenu dans les ballots soit affranchi au tarif national du pays réceptionnaire au moyen de timbres de ce pays, et que les frais de transport par chemins de fer ou bateaux jusqu'au lieu de l'expédition, l'administration postale soient payés par les expéditeurs ;

c) Vu la difficulté d'atteindre sûrement les personnes engagées dans l'action et les études internationales, des mesures doivent être prises pour faciliter la connaissance des adresses exactes. Il y a lieu de recommander l'institution de services postaux nationaux d'adresses se chargeant, moyennant taxe payée au moyen d'un timbre supplémentaire, de distribuer dans les grands centres la correspondance aux personnes dont le nom, la qualité et la ville sont seuls connus.

Télégraphe. — Simplification et réduction des tarifs pour les télégrammes internationaux, notamment : *a*) adoption d'un tarif international unique majoré d'une taxe par zone correspondante aux fuseaux horaires ; *b*) adoption pour les télégrammes différés de taxes uniformes, exprimées en pour cent du prix total ; *c*) possibilité d'adresser ces télégrammes au numéro téléphonique du correspondant suivi du nom de la ville (Ex : B2687-Bruxelles. — soit Union des Associations Internationales-Bruxelles) ; *d*) tarification fixe de l'adresse quel que soit le nombre de mots.

Téléphone. — *a*) Simplification et réduction des tarifs internationaux en adoptant par exemple la forme du tarif international unique avec majoration par zone correspondant aux fuseaux horaires avec détaxe uniforme en pourcentage pour les communications de nuit (9 heures du soir à 8 heures du matin) ;

b) Établissement de communications téléphoniques simultanées entre plusieurs correspondants de manière à rendre possible les délibérations à distance par le téléphone.

Chemins de fer. — Amélioration du régime des transports pour les membres des collectivités internationales et des congrès. Unification et généralisation d'un régime de faveur. [383/5]

(*Congrès Mondial des Associations Internationales*,
Bruxelles, 1913.)

Systèmes internationaux d'unités. 389

a) Considérant que la simplicité de structure et la parfaite cohésion du système métrique assurent la plus grande économie à tous les domaines de la science, de l'industrie et du commerce faisant usage de la mesure ;

Considérant qu'en raison de ces qualités ce système a été adopté par la grande majorité des nations pour les transactions commerciales, ainsi que par lés savants et les techniciens pour les travaux dans leurs domaines respectifs ;

Considérant que les systèmes de mesures nécessitent une élaboration préalable pour s'adapter à chaque cas particulier ; que cette élaboration a été réalisée dans divers domaines techniques ou scientifiques et a été acceptée par les intéressés ;

Considérant qu'en certains domaines cette élaboration n'a pas encore été accomplie ;

Le Congrès, ayant en vue l'économie de l'effort pour le plus grand bien de tous,

1º Emet le vœu que les associations internationales, dans le domaine d'action desquelles l'unification des mesures n'a pas encore été réalisée, se préoccupent d'assurer cette unification en l'appuyant sur le système métrique ;

2º Décide qu'une commission sera instituée en vue de transmettre ce vœu du Congrès à toutes les Associations internationales intéressées, en leur faisant connaître, autant que faire se peut, les unifications déjà réalisées et en les renseignant sur les voies et moyens propres à assurer les unifications futures.

b) Le Congrès décide que les diverses communications faites à la section et les discussions qui s'en sont suivies feront l'objet d'un rapport général qui les résumera sous une forme méthodique et de manière à montrer comment il a été reconnu possible de rattacher les divers systèmes particuliers d'unités en usage à un système universel.

c) Considérant l'importance de l'œuvre entreprise par la Commission électrotechnique internationale au point de vue de l'unification des symboles, le Congrès lui adresse des félicitations pour le travail déjà accompli et exprime des vœux pour le rapide achèvement de cette œuvre.   [389]

(Congrès Mondial des Associations Internationales,
Bruxelles, 1910.)

*** *A.* — *Systèmes internationaux d'unités légales.* — Le Bureau du Congrès Mondial est chargé de transmettre à toutes les Associations Internationales intéressées, avec mission de les présenter à leur Gouvernement, les vœux ci-après relatifs à l'unification des unités dans les diverses nations.

1. — Utilité d'une classification des Unités en :
        Unités fondamentales ;
           — dérivées primaires ;
           — — secondaires.

2. — Utilité d'une classification scientifique en :
        Unités mécaniques ;
           — de température ;
           — électrique ;
           — photométriques.

3. — Utilité d'une entente internationale pour l'adoption soit d'un seul nombre, soit d'un nombre par « zone » pour l'accélération de la pesanteur.

4. — Opportunité de définir « l'unité d'intervalle de température » pour les besoins des transactions commerciales et industrielles de — 240° à + 1000°, par l'échelle centésimale du thermomètre à hydrogène, dite « échelle normale ».

5. — En vue de tenir compte de la durée de fixité des lois des divers pays, il est recommandé d'adopter pour les Unités électriques :

    A. — Par un texte de loi, au même titre que les unités fondamentales mécaniques :
        Unité fondamentale de résistance électrique : l'*ohm* adopté en 1908, par la Conférence internationale des Unités électriques de Londres.

    B. — Par un texte annexe à la loi (Règlement d'Administration publique, Décret, etc.) :
        1° Unités dérivées primaires, l'*ampère*, déduit de la loi de Joule ; le *volt*, déduit de la loi d'Ohm.

En outre, une indication complémentaire spécifiant que « dans les transactions industrielles » et commerciales, chacune de ces Unités » est représentée en fonction d'un étalon » matériel déterminé ».

2º Unités dérivées secondaires : le *coulomb*; l'*ohm-centimètre*.

6. — Utilité d'une unification légale des mesures photométriques en se basant sur les résultats obtenus dans ces dernières années par les grands laboratoires des diverses nations.

B. — *Unification de la fabrication industrielle (Standardisation. — a)* La standardisation internationale au point de vue technique et industriel est une nécessité qui s'impose et un progrès à réaliser à raison des procédés modernes de fabrication en série et du caractère mondial des marchés économiques. Cette standardisation doit être limitée aux éléments pour lesquels elle présente un évident intérêt économique, en évitant d'apporter des entraves au développement de l'industrie ;

b) La standardisation technique et industrielle doit avoir pour base les unités de mesures internationales : système métrique, unités électriques, etc. ;

c) Les systèmes de règles en vigueur dans les diverses branches de la technique doivent être reliés les uns aux autres de manière à constituer des séries homogènes et uniques.

C. — *Unification dans le domaine commercial.* — Il est désirable que l'unification se poursuive dans tous les départements du domaine commercial internationalisé. Les mesures d'unification doivent comprendre notamment la qualification, le conditionnement, les méthodes d'examen et d'analyse, le classement type des marchandises, l'adoption d'un contrat normal, l'uniformisation des usages.

D. — *Unification dans le domaine moral et social.* — Dans la mesure où elle est utile, l'unification doit être poursuivie dans le domaine moral et social aussi bien que dans le domaine technique, notamment l'unification du droit des coutumes et des règles de conduite. [389]

(*Congrès Mondial des Associations Internationales,*
Bruxelles, 1913.)

Langue internationale. 4.0892

Constatant la nécessité de plus en plus grande de l'adoption d'une langue internationale auxiliaire, le C. M. A. I. émet le vœu que tous ceux qui reconnaissent cette nécessité se rallient à l'important mouvement dont l'esperanto est l'objet pour la réalisation de ce grand progrès, en ajournant toutes améliorations qui seraient jugées nécessaires jusqu'au moment où la langue internationale sera officiellement adoptée par les gouvernements. [4.0892]

(*Congrès Mondial des Associations Internationales,*
Bruxelles, 1920.)

Langage scientifique et technique.   5 (014)

Dans le langage scientifique et technique, il importe que chaque concept soit représenté par une expression orale ou visuelle unique et toujours la même et, réciproquement, que chaque expression représente invariablement le même concept.

[5 (014)]

(*Congrès Mondial des Associations Internationales,*
Bruxelles, 1910.)

Réforme du Calendrier.   52.93

Considérant que les besoins scientifiques et économiques exigent de plus en plus l'adoption d'un système de mesure du temps annuel plus rationnel que le Calendrier ;

Que le « Chronos » ou « Calendrier Economique Auxiliaire » paraît résoudre pleinement le problème de la Division du Temps sans abandonner les divisions usuelles et, par conséquent, sans troubler les habitudes séculaires ;

Le C. M. A. I. émet le vœu qu'un Congrès spécial soit réuni, à bref délai, en vue de l'étude des conditions auxquelles doit satisfaire la réforme du calendrier et soit mis en mesure de proposer une solution susceptible d'adoption internationale.

[52.93]

(*Congrès Mondial des Associations Internationales,*
Bruxelles, 1920.)

Expositions internationales.   6.064

Il y a lieu de prendre des mesures en vue de mieux utiliser les expositions universelles, qui mettent en œuvre une vaste coopération d'hommes, de capitaux et d'idées, pour développer le mouvement d'organisation internationale, notamment :

a) En donnant une organisation plus systématique aux congrès réunis à leur occasion : installation et propagande communes, commissaires spéciaux des congrès, sériation des congrès ;

b) En créant des sections internationales placées sous la direction d'un commissaire international à côté des sections nationales pour permettre l'exposition des œuvres qui n'ont pas à se réclamer d'un pays unique ;

c) En améliorant les conditions d'établissement des catalogues dans le sens de la comparaison internationale par matière ;

d) En limitant le nombre des expositions de manière à concentrer les efforts sur les expositions vraiment utiles ;

e) En accentuant le caractère méthodique et didactique des stands exposés et en leur assurant une permanence après l'exposition par leur transfert dans les musées, notamment en se servant des participations officielles des Etats pour constituer des musées nationaux contemporains à côté des musées nationaux historiques et pour former le noyau des collections nationales du Musée International ;

f) En créant à l'occation d'une exposition universelle des installations permanentes, pouvant s'accroître progressivement suivant les grandes lignes d'un plan général.   [6.064]

(Congrès Mondial des Associations Internationales,
Bruxelles, 1913.)

Agriculture.   63

I. — Il y a lieu de voir organiser une Fédération des Associations agricoles internationales.

II. — Considérant les grands services rendus à l'Agriculture mondiale par l'Institut International d'Agriculture de Rome, considérant l'organisation de cet Institut et les moyens dont il dispose pour centraliser les desiderata de l'Agriculture et poursuivre leur réalisation dans le domaine international, considérant le vaste développement des Associations agricoles de toute nature dans tous les pays civilisés, considérant qu'il est désirable d'établir des rapports encore plus suivis entre ces associations et l'Institut International d'Agriculture,

Il y a lieu de voir les Associations internationales d'Agriculture examiner s'il ne serait pas opportun de constituer dans tout pays affilié à l'Institut International d'Agriculture un comité formé de représentants des services agricoles officiels et des associations agricoles non officielles et spécialement chargé de documenter le délégué national de l'Institut International d'Agriculture de Rome au sujet des progrès et des desiderata de l'agriculture de son pays.

III. — 1. Il est désirable que l'Institut International d'Agriculture s'inspire dans ses décisions des désirs formulés par les Congrès.

2. Que les travaux de l'institut soient orientés de façon à assurer et à améliorer le ravitaillement mondial des populations civiles par la diffusion des meilleures méthodes de culture, par la propagation rapide des renseignements agricoles, par tous les procédés pouvant constituer un progrès technique, économique ou social.

3. Que les rapports de l'Institut avec les grands organismes internationaux deviennent plus étroits, de façon à mieux connaître les besoins de l'agriculture et des populations.

IV. Considérant l'étendue occupée dans les zônes équatoriales et tropicales par des terres encore improductives, mais susceptibles d'être utilisées par la culture et l'élevage, et de contribuer au ravitaillement international,

Considérant l'importance au point de vue industriel des matières premières, végétales et animales, croissant spontanément ou par l'action de l'homme dans les pays chauds,

Considérant que les conditions du millieu naturel, de la main-d'œuvre, des transports et de l'hygiène se présentent dans les régions chaudes sous des aspects qui diffèrent sensiblement des conditions correspondantes des pays tempérés,

Considérant l'absence d'une documentation suffisante sur l'agriculture des pays chauds envisagée au point de vue, non seulement de la biologie et de la technique agricole, mais aussi des facteurs et des résultats économiques et sociaux,

Le C. M. A. I. émet le vœu que l'Institut International d'Agriculture de Rome se documente spécialement sur les conditions et les progrès de l'agriculture dans les régions équatoriales et tropicales.   [63]

(Congrès Mondial des Associations Internationales,
Bruxelles, 1920.)

Institut International des Arts.   7 (062) (∞)

Le C. M. A. I., approuvant les considérations émises par la Section des Beaux-Arts sur la nécessité d'un recrutement à base internationale du professorat de l'enseignement des arts, émet le vœu de voir se créer un Institut International des Arts. Cet institut aurait pour but de grouper les professeurs, esthètes, étudiants de toutes nations et d'organiser des cours permanents ou périodiques d'architecture, de sculpture, de peinture, de musique où tous les problèmes d'art seraient étudiés à la lumière des connaissances artistiques internationales.   [7 (062) (∞)]

(Congrès Mondial des Associations Internationales,
Bruxelles, 1920.)

Institut de Droit International (I. D. I.)

[341]

RÉFÉRENCES. — *Annuaire*, 1908-1909, p. 803 ; 1910-1911, p. 1389. — *Vie Internationale*, t. I, p. 265 ; t. II, p. 336.

LISTE DES SESSIONS. — Les sessions de l'Institut de Droit International ont eu lieu sous les dates et dans les localités suivantes :

1873.09.10/11	Gand.	1894.03.26/31	Paris.
1874.08.31/09.05	Genève.	1895.08.08/14	Cambridge.
1875.08.25/31	La Haye.	1896.09.24/30	Venise.
1877.09.10/13	Zurich.	1897.08.26/09.01	Copenhague.
1878.09.02/05	Paris.	1898.08.18/24	La Haye.
1879.09.01/06	Bruxelles.	1900.09.04/10	Neufchâtel.
1880.09.06/10	Oxford.	1902.09.18/23	Bruxelles.
1882.09.11/16	Turin.	1904.09.22/28	Edimbourg.
1883.09.04/08	Munich.	1906.09.19/28	Gand.
1885.09.07/12	Bruxelles.	1908.09.28/10.03	Florence.
1887.09.05/10	Heidelberg.	1910.03.28/04.02	Paris.
1888.09.03/08	Lausanne.	1911.04.15/22	Madrid.
1891.08.14/24	Hambourg.	1912.08.26/30	Christiania.
1892.09.05/10	Genève.	1912.08.04/09	Oxford.

Procès contre les Etats, souverains ou chefs d'Etat étrangers. 341.21 : 347.9

Art. 1. — Sont insaisissables les meubles, y compris les chevaux, voitures, wagons et navires, appartenant à un souverain ou chef d'Etat étranger et affectés, directement ou indirectement, à l'usage actuel de ce souverain ou chef d'Etat ou des personnes qui l'accompagnent pour son service.

Art. 2. — Sont de même exempts de toute saisie les meubles et immeubles appartenant à un Etat étranger et affectés, avec l'approbation expresse ou tacite de l'Etat sur le territoire duquel ils se trouvent, au service de l'Etat étranger.

Art. 3. — Néanmoins le créancier au profit duquel une chose appartenant à un Etat, à un souverain ou à un chef d'Etat étranger, est *expressément* mise en gage ou donnée en hypothèque par cet Etat, ce souverain ou ce chef d'Etat, peut, le cas échéant, la retenir ou la faire saisir.

Art. 4. — Les seules actions recevables contre un Etat étranger sont :

1º Les actions réelles, y compris les actions possessoires, se rapportant à une chose, immeuble ou meuble, qui se trouve sur le territoire ;

2º Les actions fondées sur la qualité de l'Etat étranger comme héritier ou légataire d'un ressortissant du territoire ou comme ayant droit à une succession ouverte sur le territoire ;

3º Les actions qui se rapportent à un établissement commercial ou industriel ou à un chemin de fer, exploités par l'Etat étranger sur le territoire ;

4º Les actions pour lesquelles l'Etat étranger a expressément reconnu la compétence du tribunal. — L'Etat étranger qui lui-même forme une demande devant un tribunal, est réputé avoir reconnu la compétence de ce tribunal quant à la condamnation aux frais du procès et quant à une demande reconventionnelle résultant de la même affaire ; de même, l'Etat étranger qui, en répondant à une action portée contre lui, n'excipe pas de l'incompétence du tribunal, est réputé l'avoir reconnu comme compétent ;

5º Les actions découlant de contrats conclus par l'Etat étranger sur le territoire, si l'exécution complète sur ce même territoire en peut être demandée d'après une clause expresse ou d'après la nature même de l'action ;

6º Les actions en dommages-intérêts nées d'un délit ou quasi-délit, commis sur le territoire.

Art. 5. — Ne sont point recevables les actions intentées pour des actes de souveraineté, ou découlant d'un contrat du demandeur comme fonctionnaire de l'Etat, ni les actions concernant les dettes de l'Etat étranger contractées par souscription publique.

Art. 6. — Les actions intentées contre des souverains ou chefs d'Etat étrangers sont soumises aux règles posées aux articles 4 et 5.

Art. 7. — Toutefois, les actions qui résultent d'obligations contractées avant l'avènement du souverain ou la nomination du chef d'Etat sont régies par les règles ordinaires de compétence.

Art. 8. — Les ajournements, tant pour les souverains ou chefs d'Etat que pour les Etats eux-mêmes, se font par la voie diplomatique.

Art. 9. — Il est désirable que, dans chaque Etat, les lois de procédure accordent des délais suffisants pour que, dans les cas d'action portée ou de saisie demandée ou pratiquée contre un souverain ou chef d'Etat ou contre un Etat étranger, il puisse en être fait rapport au gouvernement du pays dans lequel l'action a été portée, ou la saisie demandée ou pratiquée.

[341.21 : 347.9]
(*Institut de Droit International,* Hambourg, 1891.)

Mer territoriale, définition et régime. 341.221.2

Art. 1 — L'Etat a un droit de souveraineté sur une zone de la mer qui baigne la côte, sauf le droit de passage inoffensif réservé à l'art. 5. Cette zone porte le nom de mer territoriale.

Art. 2. — La mer territoriale s'étend à six milles marins (60 au degré de latitude) de la laisse de basse marée sur toute l'étendue des côtes.

Art. 3. — Pour les baies, la mer territoriale suit les sinuosités de la côte, sauf qu'elle est mesurée à partir d'une ligne droite tirée en travers de la baie dans la partie la plus rapprochée de l'ouverture vers la mer, où l'écart entre les deux côtes de la baie est de douze milles marins de largeur, à moins qu'un usage continu et séculaire n'ait consacré une largeur plus grande.

Art. 4. — En cas de guerre, l'Etat riverain neutre a le droit de fixer, par la déclaration de neutralité ou par notification spéciale, sa zone neutre au delà de six milles, jusqu'à portée du canon des côtes.

Art. 5. — Tous les navires sans distinction ont le droit de passage inoffensif par la mer territoriale, sauf le droit des belligérants de réglementer et, dans un but de défense, de barrer le passage dans ladite mer pour tout navire, et sauf le droit des neutres de réglementer le passage dans ladite mer pour les navires de guerre de toutes nationalités.

Art. 6. — Les crimes et délits commis à bord de navires étrangers de passage dans la mer territoriale par des personnes qui se trouvent à bord de ces navires, sur des personnes ou des choses à bord de ces mêmes navires, sont, comme tels, en dehors de la juridiction de l'Etat riverain, à moins qu'ils n'impliquent une violation des droits ou des intérêts de l'Etat riverain, ou de ses ressortissants ne faisant partie ni de l'équipage ni des passagers.

Art. 7. — Les navires qui traversent les eaux territoriales se conformeront aux règlements spéciaux édictés par l'Etat riverain dans l'intérêt et pour la sécurité de la navigation et pour la police maritime.

Art. 8. — Les navires de toutes nationalités, par le fait seul qu'ils se trouvent dans les eaux territoriales, à moins qu'ils n'y soient seulement de passage, sont soumis à la juridiction de l'Etat riverain.

L'Etat riverain a le droit de continuer sur la haute mer la poursuite commencée dans la mer territoriale, d'arrêter et de juger le navire qui aurait commis une infraction dans les limites de ses eaux. En cas de capture sur la haute mer, le fait sera, toutefois, notifié sans délai à l'Etat dont le navire porte le pavillon. La poursuite est interrompue dès que le navire entre dans la mer territoriale de son pays ou d'une tierce puissance. Le droit de poursuite cesse dès que le navire sera entré dans un port de son pays ou d'une tierce puissance.

Art. 9. — Est réservée la situation particulière des navires de guerre et de ceux qui leur sont assimilés.

Art. 10. — Les dispositions des articles précédents s'appliquent aux détroits dont l'écart n'excède pas douze milles, sauf les modifications et distinctions suivantes :

1º Les détroits dont les côtes appartiennent à des Etats différents font partie de la mer territoriale des Etats riverains, qui y exerceront leur souveraineté jusqu'à la ligne médiane.

2º Les détroits dont les côtes appartiennent au même Etat et qui sont indispensables aux communications maritimes entre deux ou plusieurs Etats autres que l'Etat riverain font toujours partie de la mer territoriale du riverain, quel que soit le rapprochement des côtes.

3º Les détroits qui servent de passage d'une mer libre à une autre mer libre ne peuvent jamais être fermés.

Art. 11. — Le régime des détroits actuellement soumis à des conventions ou usages spéciaux demeure réservé.

[341.221.2]
(Institut de Droit International, Paris, 1894.)

Occupation de territoires. 341.223.1

Art. 1. — L'occupation d'un territoire à titre de souveraineté ne pourra être reconnue comme effective que si elle réunit les conditions suivantes :

1º La prise de possession d'un territoire enfermé dans certaines limites, faite au nom du gouvernement ;

2º La notification officielle de la prise de possession.

La prise de possession s'accomplit par l'établissement d'un pouvoir local responsable, pourvu de moyens suffisants pour maintenir l'ordre et pour assurer l'exercice régulier de son autorité dans les limites du territoire occupé. Ces moyens pourront être empruntés à des institutions existantes dans le pays occupé.

La notification de la prise de possession se fait, soit par la publication dans la forme qui, dans chaque Etat, est en usage pour la notification des actes officiels, soit par la voie diplomatique. Elle contiendra la détermination approximative des limites du territoire occupé.

Art. 2. — Les règles énoncées dans l'article ci-dessus sont applicables au cas où une puissance, sans assumer l'entière souveraineté d'un territoire et tout en maintenant, avec ou sans restrictions, l'autonomie administrative indigène, placerait ce territoire sous son *protectorat*.

Art. 3. — Si la prise de possession donnait lieu à des réclamations fondées sur des titres antérieurs, et si la procédure diplomatique ordinaire n'amenait pas une entente entre les parties intéressées, celles-ci feraient appel, soit aux bons offices, soit à la médiation, soit à l'arbitrage d'une ou plusieurs tierces puissances.

Art. 4. — Sont proscrites toute guerre d'extermination des tribus indigènes, toutes rigueurs inutiles, toutes tortures, même à titre de représailles.

Art. 5. — Dans les territoires visés par la présente déclaration, l'autorité respectera ou fera respecter tous les droits, notamment la propriété privée, tant indigène que collective, tant individuelle que collective.

Art. 6. — Ladite autorité a le devoir de veiller à la conservation des populations indigènes, à leur éducation et à l'amélioration de leurs conditions morales et matérielles.

Elle favorisera et protégera, sans distinction de nationalité, toutes les institutions et entreprises particulières créées et organisées à ces fins, sous la réserve que les intérêts politiques de l'Etat occupant ou protecteur ne seront point compromis ou menacés par l'action ou par les tendances de ces institutions et entreprises.

Art. 7. — La liberté de conscience est garantie aux indigènes comme aux nationaux et aux étrangers.

L'exercice de tous les cultes ne sera soumis à aucune restriction ni entrave.

On proscrira, toutefois, les pratiques contraires aux lois de la morale et de l'humanité.

Art. 8. — L'autorité préparera l'abolition de l'esclavage.

L'achat ou l'emploi des esclaves pour le service domestique, par d'autres que par des indigènes, seront immédiatement interdits.

Art. 9. — La traite sera interdite dans toute l'étendue des territoires visés par la présente déclaration.

Ces territoires ne pourront servir ni de marchés, ni de voie de transit pour la vente des esclaves, et les mesures les plus rigoureuses seront prises contre ceux qui se livreraient ou qui seraient intéressés à ce trafic.

On empêchera l'introduction et le commerce intérieur des cangues et autres instruments de supplice à l'usage des propriétaires d'esclaves.

Art. 10. — Le débit des boissons fortes sera réglementé et contrôlé de façon à préserver les populations indigènes des maux résultant de leur abus.   [341.223.1]

(Institut de Droit International, Lausanne, 1888.)

Protection internationale du canal de Suez.   341.224

1. — Il est de l'intérêt général de toutes les nations que le maintien et l'usage du canal de Suez pour les communications de toute espèce soient autant que possible protégés par le droit des gens conventionnel.

2. — Dans ce but, il est à désirer que les Etats se concertent, à l'effet d'éviter autant que possible toute mesure par laquelle le canal et ses dépendances pourraient être endommagés ou mis en danger, même en cas de guerre.

3. — Si une puissance vient à endommager les travaux de la Compagnie universelle du canal de Suez, elle sera obligée de plein droit à réparer, aussi promptement que possible, le dommage causé et à rétablir la pleine liberté de la navigation du canal.   [341.224]

(Institut de Droit International, Bruxelles, 1879.)

Navigation des fleuves internationaux.   341.224

Art. 1. — Les Etats riverains d'un fleuve navigable sont obligés, dans l'intérêt général, de régler d'un commun accord tout ce qui a rapport à la navigation de ce fleuve.

Art 2. — Les affluents navigables des fleuves internationaux sont, à tous égards, soumis au même régime que les fleuves dont ils sont tributaires, conformément à l'accord établi entre les Etats riverains et au présent règlement.

Art. 3. — La navigation dans tout le parcours des fleuves internationaux, du point où chacun d'eux devient navigable jusqu'à la mer, est entièrement libre et ne peut, sous le rapport du commerce, être interdite à aucun pavillon.

La frontière des Etats séparés par le fleuve est marquée par le thalweg, c'est-à-dire par la ligne médiane du chenal.

Art 4. — Les sujets et les pavillons de toutes les nations sont traités, sous tous les rapports, sur le pied d'une parfaite égalité. Il ne sera fait aucune distinction entre les sujets des Etats riverains et ceux des Etats non riverains.

Art. 5. — Les droits de navigation prélevés sur les fleuves internationaux auront pour but exclusif de couvrir les frais des travaux d'amélioration de ces fleuves et ceux de l'entretien de la navigabilité en général.

Art. 6. — En temps de guerre, la navigation sur les fleuves internationaux est libre pour les pavillons des nations neutres, sauf l'observation des restrictions imposées par la force des choses.

Art. 7. — Tous les ouvrages et établissements créés dans l'intérêt de la navigation, notamment les bureaux de perception et leurs caisses, de même que le personnel attaché d'une manière permanente au service de ces établissements, sont placés sous la garantie de la neutralité permanente et, en conséquence, seront protégés et respectés par les Etats belligérants.

Art. 8. — Tous les bâtiments à voiles ou à vapeur, sans distinction aucune de nationalité, sont autorisés à transporter des passagers et des marchandises, ou à pratiquer le remorquage entre tous les ports situés le long des fleuves internationaux.

Les bâtiments étrangers, soit maritimes, soit fluviaux, ne seront admis à l'exercice régulier du petit cabotage, c'est-à-dire au trafic exclusif et continu entre ports d'un même Etat riverain, qu'en vertu d'une concession spéciale de cet Etat.

Art. 9. — Les navires et les marchandises transitant sur les fleuves internationaux, ne sont soumis à aucun droit de transit, quelle que soit leur provenance ou leur destination.

Art. 10. — La navigation des fleuves internationaux est libre des droits d'étape, d'échelle, de dépôt, de rompre-charge ou de relâche forcée ; aucun péage maritime ou fluvial ne peut être prélevé.

Art. 11. — Il peut être prélevé des taxes ou droits ayant le caractère de rétribution pour l'usage effectif des établissements des ports, tels que grues, balances, quais et magasins.

Art 12. — Les droits de douane, d'octroi ou de consommation établis par les Etats riverains ne pourront en aucune manière entraver la libre navigation.

Art. 13. — Les taxes de port pour l'usage effectif des grues, balances, etc., ainsi que les droits de pilotage et ceux de phare, de fanal et de balisage, destinés à couvrir les dépenses techniques et administratives faites dans l'intérêt de la navigation seront fixés par des tarifs publiés officiellement dans tous les ports des fleuves internationaux.

Art. 14. — Les tarifs susmentionnés seront élaborés par les commissions mixtes des Etats riverains.

Art. 15. — Les tarifs ne comporteront aucun traitement différentiel.

Art. 16. — Les tarifs des taxes mentionnées à l'article 13 seront calculés sur les dépenses de construction et d'entretien des établissements locaux et d'après le tonnage des navires indiqué dans les papiers de bord.

Art. 17. — Les Etats riverains n'ont la faculté de prélever des droits de douane sur les marchandises transportées par les fleuves internationaux que si elles doivent être introduites dans le territoire de ces Etats.

Art. 18. — Les navires ne peuvent décharger leur cargaison en tout ou en partie que dans les ports et autres lieux riverains pourvus d'un bureau de douane, sauf les cas de force majeure.

Art. 19. — Les navires en cours de voyage et munis de papiers règlementaires ne peuvent être arrêtés sous aucun prétexte par les autorités des douanes des Etats riverains, si les deux rives appartiennent à des Etats différents.

Art. 20. — Les navires qui entrent dans la partie d'un fleuve international dont les deux rives appartiennent à un seul Etat sont obligés d'acquitter les droits de douane imposés par le tarif local aux marchandises importées dans le territoire de cet Etat.

Les marchandises de transit ne sont soumises qu'au plombage et à la surveillance spéciale des autorités douanières.

Art. 21. — Les Etats riverains arrêteront entre eux un ensemble de dispositions de police destinées à régler l'usage du fleuve dans l'intérêt spécial de la sécurité et de l'ordre publics.

Art. 22. — Des tribunaux spéciaux de navigation ou ceux de droit commun existant dans les Etats riverains connaîtront, en appel, des pénalités pour les infractions aux règlements de police établis sur la base d'une parfaite égalité pour tous les navires, sans distinction aucune de nationalité.

Art. 23. — Des établissements quarantenaires sont fondés, par l'initiative des Etats riverains, aux embouchures des fleuves internationaux ; le contrôle sur les bâtiments est exercé tant à l'entrée qu'à la sortie.

Le contrôle sanitaire sur les navires, dans le cours de la navigation fluviale, est exercé sur la base des dispositions spéciales établies par les commissions riveraines.

Art. 24. — Les travaux nécessaires pour garantir la navigabilité des fleuves internationaux sont entrepris, soit directement par les Etats, soit par l'initiative des commissions riveraines.

Art. 25. — Chaque Etat riverain est libre de prendre les mesures qu'il juge utiles pour entretenir et améliorer, à ses propres frais, la navigabilité des parties des fleuves internationaux soumises à sa souveraineté.

Art 26. — Dans tous les cas, il est interdit d'entreprendre des ouvrages qui peuvent modifier l'économie des eaux communes ou gêner la navigation, et contre lesquels ont protesté les autres Etats riverains.

Art. 27. — Les autorités préposées à la navigation sur les fleuves internationaux sont :

1º Les autorités des Etats riverains ;

2º La commission riveraine, composée des délégués des Etats riverains.

Art. 28. — Chaque Etat riverain conserve ses droits souverains sur les parties des fleuves internationaux soumises à sa souveraineté, dans les limites établies par les stipulations de ce règlement et les traités ou conventions.

Art. 29. — La commission riveraine prend ses décisions à la majorité des voix. En cas de partage, le président a voix prépondérante.

Toutefois, un vote ne lie pas les Etats représentés dans la minorité, si d'avance les délégués de ces Etats se sont formellement opposés à l'exécution de la mesure proposée.

Art. 30. — La commission riveraine est une autorité permanente sur les fleuves internationaux ; elle a les attributions suivantes :

1º Elle désigne et fait exécuter les travaux indispensables pour améliorer et développer la navigabilité des fleuves ;

2º Elle arrête et met en application les tarifs des droits de navigation et autres mentionnés dans les articles 13 à 18 ;

3º Elle élabore les règlements de police fluviale ;

4º Elle veille à l'entretien en bon état des ouvrages et à la stricte observation des dispositions de ce règlement international ;

5º Elle nomme l'inspecteur en chef de la navigation sur le fleuve international.

Art. 31. — L'inspecteur en chef fonctionne comme organe de la commission riveraine et sous la direction de celle-ci. Son autorité s'exerce indistinctement à l'égard de tous les pavillons.

Art. 32. — L'inspecteur en chef veille à l'application de ce règlement international ainsi que du règlement spécial fluvial, et à la police de la navigation.

Art. 33. — Ce fonctionnaire a le droit de requérir directement, dans l'exercice de ses fonctions, l'assistance des postes militaires ou celle des autorités locales riveraines.

Art. 34. — Les inspecteurs locaux et les employés des

bureaux de perception et de la quarantaine sont nommés par chaque Etat riverain ; mais ils exercent leurs attributions sous les ordres de l'inspecteur en chef et ont, comme lui, un caractère international.

Art. 35. — Deux ou plusieurs Etats riverains peuvent se concerter pour la nomination d'un même délégué à la commission riveraine et d'un même inspecteur local, ou des employés des bureaux de perception, de la quarantaine, des juges des tribunaux, etc.

Art. 36. — L'inspecteur en chef prononce en première instance l'application des amendes encourues à raison des contraventions aux règlements de navigation et de police.

Art. 37. — Le recours contre ses jugements peut être porté soit devant un tribunal de navigation établi à cet effet, ou une cour locale spécialement désignée par chaque Etat riverain, soit devant la commission riveraine.

Art. 38. — Chaque Etat riverain nomme les ingénieurs qui sont chargés de veiller à l'entretien et à l'amélioration de la section du fleuve soumise à sa souveraineté.

Art. 39. — Les puissances fixeront d'un commun accord le système de mesurage et de jaugeage pour l'évaluation de la capacité des bâtiments fluviaux et maritimes, avec force obligatoire pour toutes les nations.

Art. 40. — En cas de guerre entre les Etats riverains, la propriété flottante sur un fleuve international, sans distinction entre la propriété neutre et la propriété ennemie, sera traitée suivant l'analogie de la protection de la propriété ennemie en cas de guerre sur terre. [341.224]

(*Institut de Droit International*, Heidelberg, 1887.)

Usage des cours d'eaux internationaux. 341.224

I. — Lorsqu'un cours d'eau forme la frontière de deux Etats, aucun de ces Etats ne peut, sans l'assentiment de l'autre, et en l'absence d'un titre juridique spécial et valable, y apporter ou y laisser apporter par des particuliers, des sociétés, etc., des changements préjudiciables à la rive de l'autre Etat. D'autre part, aucun des deux Etats ne peut, sur son territoire, exploiter ou laisser exploiter l'eau d'une manière qui porte une atteinte grave à son exploitation par l'autre Etat ou par les particuliers, sociétés, etc., de l'autre.

Les dispositions qui précèdent sont également applicables lorsqu'un lac s'étend entre les territoires de plus de deux Etats.

II. — Lorsqu'un cours d'eau traverse succesivement les territoires de deux ou de plusieurs Etats :

1. Le point où ce cours d'eau traverse les frontières des deux

Etats, soit naturellement, soit depuis un temps immémorial, ne peut pas être changé par les établissements de l'un des Etats sans l'assentiment de l'autre.

2. Toute altération nuisible de l'eau, tout déversement de matières nuisibles (provenant de fabriques, etc.), est interdit.

3. Il ne peut être prélevé par les établissements (spécialement les usines pour l'exploitation des forces hydrauliques) une quantité d'eau telle que la constitution, autrement dit le caractère utilisable ou le caractère essentiel du cours d'eau à son arrivée sur le territoire d'aval, s'en trouve gravement modifié.

4. Le droit de navigation en vertu d'un titre reconnu en droit international ne peut pas être violé par un usage quelconque.

5. Un Etat en aval ne peut pas faire ou laisser faire dans son territoire de constructions ou établissements qui, pour l'autre Etat, produisent le danger d'inondation.

6. Les règles précédentes sont applicables de même, au cas où, d'un lac situé dans un territoire, des cours d'eau s'écoulent dans le territoire d'un autre Etat ou les territoires d'autres Etats.

7. Il est recommandé d'instituer des Commissions communes et permanentes des Etats intéressés qui prendront des décisions, ou tout au moins donneront leur avis, lorsqu'il se fera de nouveaux établissements ou des modifications aux établissements existants et qu'il pourrait en résulter quelque conséquence importante pour la partie du cours d'eau située sur le territoire de l'autre Etat. [341.224]
(*Institut de Droit International*, Madrid, 1911.)

Régime juridique des aérostats. 341.226

I. — *Temps de paix.*

1. Les aéronefs se distinguent en aéronefs publics et en aéronefs privés.

2. Tout aéronef doit avoir une nationalité, et une seule. Cette nationalité sera celle du pays où l'aéronef aura été inmatriculé. Chaque aéronef doit porter des marques spéciales de reconnaissance.

L'Etat auquel l'immatriculation est demandée, détermine à quelles personnes et sous quelles conditions il peut l'accorder, la suspendre ou la retirer.

L'Etat qui immatricule l'aéronef d'un propriétaire étranger ne saurait toutefois prétendre à la protection de cet aéronef, sur le territoire de l'Etat dont relève ce propriétaire, contre l'application des lois par lesquelles cet Etat aurait interdit à ses nationaux de faire immatriculer leurs aéronefs à l'étranger.

3. La circulation aérienne internationale est libre, sauf le droit pour les Etats sous-jacents de prendre certaines mesures, à déterminer, en vue de leur propre sécurité et de celle des personnes et des biens de leurs habitants.

II. — *Temps de guerre.*

1. La guerre aérienne est permise, mais à la condition de ne pas présenter pour les personnes ou les propriétés de la population pacifique de plus grands dangers que la guerre terrestre ou maritime. [341.226]

(*Institut de Droit International*, Madrid, 1911.)

Devoirs et droits des puissances tierces au regard d'une insurrection. 341.23

Art. 1. — Le droit international impose aux puissances tierces, au cas de mouvement insurrectionnel ou de guerre civile, certaines obligations envers les gouvernements établis et reconnus, qui sont aux prises avec l'insurrection.

CHAPITRE 1er. — *Devoirs des puissances étrangères envers le gouvernement qui combat une insurrection.*

Art. 2. — § 1. Toute tierce puissance, en paix avec une nation indépendante, est tenue de ne pas entraver les mesures que cette nation prend pour le rétablissement de sa tranquillité intérieure.

§ 2. Elle est astreinte à ne fournir aux insurgés ni armes, ni munitions, ni effets militaires, ni subsides.

§ 3. Il est spécialement interdit à toute tierce puissance de laisser s'organiser dans ses domaines des expéditions militaires hostiles aux gouvernements établis et reconnus.

Art. 3. — On ne peut, en principe, faire un grief à l'Etat sur le territoire duquel l'insurrection a éclaté, de ce que, dans sa défense à main armée contre cette insurrection, il applique les mêmes mesures répressives à tous ceux qui participent activement à la guerre civile, quelle que soit leur nationalité. Réserve est faite pour les peines exceptionnellement cruelles et qui dépassent évidemment les nécessités de la répression.

CHAPITRE II. — *De l'attribution du caractère de belligérants aux insurgés.*

Art. 4. — § 1. Le gouvernement d'un pays où la guerre civile a éclaté peut reconnaître les insurgés comme belligérants soit explicitement par une déclaration catégorique, soit implicitement par une série d'actes qui ne laissent pas subsister de doute sur ses intentions.

§ 2. Le seul fait d'appliquer aux insurgés, par un sentiment d'humanité, certaines lois de la guerre, ne constitue pas par lui-même une reconnaissance de l'état de belligérance.

§ 3. Le gouvernement qui a reconnu soit explicitement, soit implicitement ses nationaux révoltés comme belligérants, devient non recevable à critiquer la reconnaissance qui serait opérée par une tierce puissance.

Art. 5. — § 1. Une tierce puissance n'est pas tenue de reconnaître aux insurgés la qualité de belligérants, par cela seul qu'elle leur est attribuée par le gouvernement du pays où la guerre civile a éclaté.

§ 2. Tant qu'elle n'aura pas reconnu elle-même la belligérance, elle n'est pas tenue de respecter les blocus établis par les insurgés sur les portions du littoral occupées par le gouvernement régulier.

Art. 6. — Le gouvernement qui a reconnu comme belligérants ses nationaux révoltés ne peut pas faire grief à une tierce puissance de ce qu'elle accueille avec humanité les insurgés armés réfugiés sur son territoire, en les désarmant et en les internant jusqu'à la fin des hostilités.

Par suite, il est non recevable à se plaindre si ses propres soldats réfugiés sur le même territoire, sont désarmés et internés. Il n'est, d'ailleurs, redevable d'une indemnité que pour l'entretien de ses propres troupes.

Art. 7. — Si la belligérance est reconnue par les puissances tierces, cette reconnaissance produit tous les effets ordinaires de la neutralité.

Art. 8. — Les tierces puissances ne peuvent reconnaître au parti révolté la qualité de belligérant :

1. S'il n'a pas conquis une existence territoriale distincte par la possession d'une partie déterminée du territoire national ;

2. S'il n'a pas réuni les éléments d'un gouvernement régulier exerçant en fait sur cette partie du territoire les droits apparents de la souveraineté ;

3. Si la lutte n'est pas conduite en son nom par des troupes organisées, soumises à la discipline militaire et se conformant aux lois et coutumes de la guerre.

Art. 9. — Une tierce puissance peut, après avoir reconnu la qualité de belligérants aux insurgés, rétracter cette reconnaissance alors même que la situation des partis en lutte ne serait pas modifiée. Toutefois cette rétractation n'a pas d'effet rétroactif. [341.23]

(*Institut de Droit International*, Neufchâtel, 1900.)

Effets de la guerre sur les traités.   341.24 : 341.3

CHAPITRE Ier. — *Des traités entre les Etats belligérants.*

Art. I. — L'ouverture et la poursuite des hostilités ne portent pas atteinte à l'existence des traités, conventions et accords, quels qu'en soient le titre et l'objet, conclus entre eux par les Etats belligérants. Il en est de même des obligations spéciales nées des dits traités, conventions et accords.

Art. 2. — Toutefois la guerre met de plein droit fin :

1° aux pactes d'associations internationales, aux traités de protectorat, de contrôle, d'alliance, de garantie, de subsides, aux traités établissant un droit de gage ou une sphère d'influence, et, généralement, aux traités de nature politique ;

2° à tout traité dont l'application ou l'interprétation aura été la cause directe de la guerre, suivant les actes officiels émanés de l'un des gouvernements avant l'ouverture des hostilités.

Art. 3. — Pour l'application de la règle établie dans l'article 2, il doit être tenu compte du contenu du traité. Si, dans le même acte, il se rencontre des clauses de nature diverse, on ne considérera comme annulées que celles qui rentrent dans les catégories énumérées en l'art. 2. Toutefois le traité tombe pour le tout quand il présente le caractère d'un acte indivisible.

Art. 4. — Les traités restés en vigueur et dont l'exécution demeure, malgré les hostilités, pratiquement possible, doivent être observés comme par le passé. Les Etats belligérants ne peuvent s'en dispenser que dans la mesure et pour le temps commandés par les nécessités de la guerre.

Art. 5. — Les traités qui ont été conclus en vue de la guerre ne sont pas visés par les articles 2, 3 et 4.

Art. 6. — En dehors de la responsabilité qu'entraînerait la violation de ces règles, celles-ci doivent servir à interpréter le silence et à combler les lacunes du traité de paix. A défaut de clause formelle contraire dans le traité de paix, on devra décider :

1° Que les traités atteints par la guerre sont définitivement annulés ;

2° Que les traités non atteints par la guerre, qu'ils aient été ou non suspendus pendant le cours des hostilités, sont tacitement confirmés ;

3° Que néanmoins les traités dont les clauses se trouvent en contradiction avec le contenu du traité de paix sont implicitement abrogés ;

4° Que l'abrogation expresse ou tacite d'un traité n'atteint pas rétroactivement les effets produits dans le passé par le traité abrogé.

CHAPITRE II. — *Les traités entre les Etats belligérants et des Etats tiers.*

Art. 7. — Les dispositions des art. 1 à 6 s'appliquent, dans les rapports des Etats belligérants, aux traités conclus entre ceux-ci et des Etats tiers, sous les réserves suivantes.

Art. 8. — Lorsque les obligations qui lient les Etats belligérants entre eux ont le même objet que leurs engagements envers les Etats tiers, elles doivent être exécutées dans l'intérêt de ces derniers. Ainsi les traités collectifs de garantie demeurent en vigueur malgré la guerre survenue entre deux des Etats contractants.

Art. 9. — Les accords collectifs restent en vigueur dans les rapports de chacun des Etats belligérants avec les Etats tiers contractants.

Ils ne peuvent pas être altérés par le traité de paix au préjudice des Etats tiers contractants, sans la participation ou l'assentiment de ces derniers.

Art. 10. — Les traités conclus entre les Etats belligérants et des Etats tiers ne sont pas atteints par la guerre.

Art. 11. — A défaut de clause formelle contraire ou de disposition ne laissant aucun doute sur l'intention des parties, les traités collectifs relatifs au droit de la guerre ne s'appliquent que si les belligérants sont tous parties contractantes.

[341.24 : 341.3]
(*Institut de Droit International*, Christiania, 1912.)

Publication des traités internationaux (1). 341.242

L'I. D. I. exprime le vœu que les hauts gouvernements des divers Etats veuillent bien prendre soin de faire recueillir et publier dans des collections particulières, soit officiellement, soit en encourageant et favorisant les entreprises d'hommes compétents, les traités et actes internationaux conclus et faits par eux, dont la publication ne serait pas interdite par des raisons d'Etat ou par des convenances politiques.

Il désire que ces publications soient faites aussi générales et complètes que possible, pour qu'elles puissent offrir à la science du droit international la connaissance parfaite et exacte des relations de droit actuellement en vigueur entre les différents Etats.

---

(1) L'article 18 du Pacte de la Société des Nations a donné satisfaction aux vœux ici reproduits.

L'Institut charge son Bureau de transmettre ce vœu aux hauts gouvernements, en y joignant, à titre d'information, le mémoire qui lui a été présenté par un de ses membres.

[341.242]
(*Institut de Droit International*, Bruxelles, 1885.)

*** L'I. D. I. émet le vœu qu'une Union internationale soit formée, au moyen d'un traité auquel seraient invités à adhérer tous les Etats civilisés, en vue d'une publication aussi universelle, aussi prompte et aussi uniforme que possible, des traités et conventions entre les Etats faisant partie de l'Union.

[341.242]
(*Institut de Droit International*, Hambourg, 1891.)

*** *Projet d'une convention concernant la création d'une Union internationale pour la publication des traités conclus par les puissances qui y accéderont.*

Art. 1. — Il est établi, par un accord de tous les gouvernements de . . . . et de tous le gouvernements qui, à l'avenir, accéderont à la présente convention, une association sous le titre de : *Union internationale pour la publication des traités entre Etats.*

Art. 2. — Cette Union a pour but de publier, à frais communs, et de faire connaître promptement et exactement les engagements internationaux, de quelque nature, forme ou portée qu'ils puissent être, conclus par les différents Etats contractants.

Art. 3. — A cette fin, il sera créé à Berne un Bureau international chargé de la publication des traités et conventions entre Etats.

Un Règlement spécial, fixant le fonctionnement de ce Bureau, est annexé à la présente convention et aura la même force obligatoire.

Art. 4. — Le Bureau international publiera un recueil : *Recueil international des traités.* Cette publication sera reconnue comme l'organe officiel de l'Union internationale pour la publication des traités entre Etats, et elle fera preuve devant tous les tribunaux des Puissances contractantes.

Art. 5. — Les Parties contractantes s'engagent à communiquer, aussi promptement que possible, au Bureau international, pour être publiés dans le *Recueil international des traités et conventions*, les documents suivants :

1º Tous les traités, conventions, déclarations ou autres actes internationaux ayant force obligatoire pour les Etats signataires de la présente convention et qui seront publiés dans ces différents pays ; ne sont pas exclus de cette communication les actes internationaux conclus par les Puissances contractantes avec les Etats qui n'ont point adhéré à la présente Union internationale ;

2º Toutes les lois, ordonnances ou règlements intérieurs publiés par les gouvernements contractants dans leurs pays respectifs en exécution des traités ou conventions signés en leur nom et ratifiés ;

3º Les procès-verbaux des congrès internationaux ou conférences, qui seront transmis au Bureau international par les soins de la Puissance sur le territoire de laquelle auront lieu ces congrès ou conférences ;

4º Les circulaires ou instructions que lesdits gouvernements adresseront à leurs agents diplomatiques ou consulaires en vue d'assurer l'exécution uniforme des engagements internationaux pris par eux, étant stipulé qu'il dépend de l'appréciation de chaque gouvernement de communiquer au Bureau international telle circulaire ou instruction qu'il jugera convenable.

Art. 6. — Tous les documents mentionnés dans l'article précédent seront communiqués au Bureau international dans leur texte original et accompagnés éventuellement d'une traduction française.

Art. 7. — Tous les documents communiqués officiellement, en vertu de l'article V, au Bureau international, seront publiés dans le *Recueil international des traités* d'après le texte authentique et dans la langue originale, sans la moindre modification de l'acte communiqué.

Les actes internationaux non conclus en français seront publiés avec une traduction française reconnue expressément par les parties contractantes comme conforme au texte authentique du traité ou convention et comme ayant force obligatoire pour elles.

Toute exception à cette règle générale doit être constatée formellement et mentionnée en tête de l'acte publié.

Art. 8. — Tous les actes internationaux seront publiés par le Bureau international sans commentaire.

Art. 9. — Les Etats contractants ou adhérents s'engagent à communiquer au Bureau international tous les actes internationaux (article V, 1º) dans le délai de deux mois après leur mise en vigueur ; tous les autres actes énumérés à l'article V (2º, 3º et 4º) dans le délai d'un mois après leur publication ou mise à exécution.

Art. 10. — La présente convention restera en vigueur pendant cinq ans à partir de l'échange des ratifications.

Art. 11. — Sur la demande d'un gouvernement contractant ou adhérent, une nouvelle conférence internationale pourrait être convoquée après l'expiration du terme de cinq ans, afin d'introduire des améliorations ou des modifications qui seraient jugées utiles ou nécessaires.

Art. 12. — Si, douze mois avant l'expiration des cinq premières années, aucune demande prévue par l'article précédent n'a été faite, la présente convention restera en vigueur pendant les cinq années suivantes et, ainsi de suite, de cinq en cinq ans (1).   [341.242]

(Institut de Droit International, Genève, 1892.)

Responsabilité des Etats envers les étrangers, en cas d'émeute.   341.27.543.5

1. Indépendamment des cas où des indemnités peuvent être dues aux étrangers en vertu des lois générales du pays, les étrangers ont droit à un dédommagement, lorsqu'ils sont lésés dans leur personne ou dans leurs biens au cours d'une émeute, d'une insurrection ou d'une guerre civile :

a) lorsque l'acte dont ils ont souffert est dirigé contre les étrangers comme tels en général, ou contre ceux-ci comme ressortissants d'un Etat déterminé, ou

b) lorsque l'acte dont ils ont souffert consiste à fermer un port sans notification préalable en temps utile ou à retenir des navires étrangers dans un port, ou

c) lorsque le dommage résulte d'un acte contraire aux lois commis par un agent de l'autorité, ou

d) lorsque l'obligation du dédommagement est fondée, en vertu des principes généraux du droit de la guerre.

2. L'obligation est fondée également lorsque le dommage a été commis (n° 1, *a* et *d*) sur le territoire d'un gouvernement insurrectionnel, soit par celui-ci lui-même, soit par un de ses fonctionnaires.

Cependant, certaines demandes d'indemnité peuvent être écartées, quand elles se rapportent à des faits qui se sont produits après que le gouvernement de l'Etat auquel appartient la personne lésée a reconnu le gouvernement insurrectionnel comme puissance belligérante, et quand la personne lésée a continué de garder son domicile ou son habitation sur le territoire du gouvernement insurrectionnel.

---

(1) Le projet était complété par un Règlement d'exécution calqué sur le règlement de l'Union Postale Universelle,

Tant que ce dernier est considéré par le gouvernement de la personne soi-disant lésée comme puissance belligérante, les demandes ne pourront être adressées, dans le cas de l'alinéa 1 de l'art. 2, qu'au gouvernement insurrectionnel et non au gouvernement légitime.

3. L'obligation du dédommagement disparaît, lorsque les personnes lésées sont elles-mêmes cause de l'événement qui a entraîné le dommage (1). Il n'existe pas, notamment, d'obligation d'indemniser ceux qui sont rentrés dans le pays en contrevenant à un arrêté d'expulsion, ni ceux qui se rendent dans un pays ou veulent s'y livrer au commerce ou à l'industrie, alors qu'ils savent ou ont dû savoir que des troubles y ont éclaté, non plus que ceux qui s'établissent ou séjournent dans une contrée ne présentant aucune sécurité par suite de la présence de tribus sauvages, à moins que le gouvernement du pays n'ait donné aux immigrants des assurances particulières.

4. Le gouvernement d'un Etat fédéral composé d'un certain nombre de petits Etats, qu'il représente au point de vue international, ne peut invoquer, pour se soustraire à la responsabilité qui lui incombe, le fait que la constitution de l'Etat fédéral ne lui donne sur les Etats particuliers ni le droit de contrôle, ni le droit d'exiger d'eux qu'ils satisfassent à leurs obligations.

5. Les stipulations exemptant mutuellement les Etats du devoir de prêter leur protection diplomatique ne doivent pas comprendre les cas de déni de justice ou de violation évidente de la justice ou du droit des gens.

Vœux : 1. L'I. D. I. exprime le vœu que les Etats évitent d'insérer dans les traités des clauses d'irresponsabilité réciproque. Il estime que ces clauses ont le tort de dispenser les Etats de l'accomplissement de leur devoir de protection sur leurs nationaux à l'étranger et de leur devoir de protection des étrangers sur leur territoire. Il estime que les Etats qui, par suite de circonstances extraordinaires, ne se sentent point en mesure d'assurer de manière suffisamment efficace la protection des étrangers sur leur territoire, ne peuvent se soustraire aux conséquences de cet état de choses qu'en interdisant temporairement aux étrangers l'accès de ce territoire.

2. Le recours aux commissions internationales d'enquête et aux tribunaux internationaux est, en général, recommandé pour tous les différends qui peuvent surgir à cause de dommages

---

(1) Par exemple en cas de conduite particulièrement provocatrice à l'égard de la foule.

soufferts par des étrangers au cours d'une émeute, d'une insurrection ou d'une guerre civile. [341.27.543.5]
(*Institut de Droit International*, Neufchâtel, 1900.)

Admission et expulsion des étrangers.   341.27.56

Considérant que, pour chaque Etat, le droit d'admettre ou
de ne pas admettre des étrangers sur son territoire, ou de ne
les y admettre que conditionnellement, ou de les en expulser,
est une conséquence logique et nécessaire de sa souveraineté
et de son indépendance ;

Considérant, toutefois, que l'humanité et la justice obligent
les Etats à n'exercer ce droit qu'en respectant, dans la mesure
compatible avec leur propre sécurité, le droit et la liberté
des étrangers qui veulent pénétrer sur ledit territoire ou qui
s'y trouvent déjà ;

Considérant que, à ce point de vue international, il peut
être utile de formuler, d'une manière générale et pour l'avenir,
quelques principes constants, dont l'acceptation ne saurait
d'ailleurs impliquer aucune appréciation d'actes accomplis
dans le passé ;

L'I. D. I. propose, pour l'admission et l'expulsion des étrangers, l'observation internationale des règles suivantes :

CHAPITRE PREMIER.

Dispositions préliminaires.

Art. 1. — Sont étrangers, dans le sens du présent Règlement, tous ceux qui n'ont pas un droit actuel de nationalité
dans l'Etat, sans distinguer ni s'ils sont simplement de passage
ou s'ils sont résidents ou domiciliés, ni s'ils sont des réfugiés
ou s'ils sont entrés dans le pays de leur plein gré.

Art. 2. — En principe, un Etat ne doit pas interdire l'accès
ou le séjour sur son territoire soit à ses sujets, soit à ceux qui,
après avoir perdu leur nationalité dans ledit Etat, n'en ont
point acquis une autre.

Art. 3. — Il est désirable que l'admission et l'expulsion
des étrangers soient réglées par des lois.

CHAPITRE II.

*Des conditions auxquelles est subordonnée l'admission
des étrangers.*

Art. 4. — Les cas de représailles et de rétorsion ne sont
pas soumis aux règles suivantes. Toutefois, les étrangers domi-

ciliés dans le pays avec l'autorisatoin expresse du gouvernement, ne peuvent être expulsés à titre de représailles ou de
rétorsion.

Art. 5. — Sont également exceptées des règles suivantes
les colonies où la civilisation européenne n'est pas encore
dominante.

Art. 6. — L'entrée libre des étrangers sur le territoire d'un
Etat civilisé ne peut être prohibée, d'une manière générale et
permanente, qu'à raison de l'intérêt public et de motifs extrêmement graves, par exemple, à raison d'une différence fondamentale de mœurs ou de civilisation, ou à raison d'une organisation
ou accumulation dangereuse d'étrangers qui se présenteraient
en masse.

Art. 7. — La protection du travail national n'est pas, à elle
seule, un motif suffisant de non-admission.

Art. 8. — L'Etat conserve le droit de restreindre ou de
prohiber temporairement l'entrée des étrangers, en temps de
guerre, de troubles intérieurs ou d'épidémie.

Art. 9. — Chaque Etat doit fixer par des lois ou par des
règlements, publiés dans un délai suffisant avant leur mise en
vigueur, les règles de l'admission ou de la circulation des
étrangers.

Art. 10. — L'entrée ou le séjour des étrangers ne peut être
subordonné à la perception de taxes excessives.

Art. 11. — Tous changements essentiels dans les conditions
d'admission et de séjour des étrangers, y compris les modifications aux taxes qui les concernent, doivent être communiqués dans le plus bref délai aux gouvernements des Etats
dont les ressortissants y sont intéressés.

Art. 12. — L'entrée du territoire peut être interdite à tout
individu étranger en état de vagabondage ou de mendicité,
ou atteint d'une maladie de nature à compromettre la santé
publique, ou fortement suspect d'infractions graves commises
à l'étranger contre la vie ou la santé des personnes ou contre
la propriété ou la foi publique, ainsi qu'aux étrangers condamnés à raison des dites infractions.

Art. 13. — Un Etat peut, à titre exceptionnel, n'admettre
des étrangers que temporairement et sous défense pour eux de
se domicilier dans le territoire, pourvu que, autant que faire
se pourra, la défense soit notifiée individuellement et par
écrit.

L'interdiction cesse d'avoir effet si elle n'est pas répétée
périodiquement dans les délais n'excédant pas deux ans.

CHAPITRE III.

*Des conditions auxquelles est subordonnée l'expulsion des
étrangers.*

I. RÈGLES GÉNÉRALES.

Art. 14. — L'expulsion ne doit jamais être prononcée dans
un intérêt privé, pour empêcher une concurrence légitime
ni pour arrêter de justes revendications ou les actions et
recours régulièrement portés devant les tribunaux ou autorités
compétentes.

Art. 15. — Les mesures d'expulsion et d'extradition sont
indépendantes l'une de l'autre ; le refus d'extradition n'implique pas la renonciation au droit d'expulsion.

Art. 16. — L'expulsé réfugié sur un territoire pour se soustraire à des poursuites au pénal, ne peut être livré, par voie
détournée, à l'Etat poursuivant, sans que les conditions
posées en matière d'extradition aient été dûment observées.

Art. 17. — L'expulsion, n'étant pas une peine, doit être
exécutée avec tous les ménagements possibles, en tenant
compte de la situation particulière de la personne.

Art. 18. — Il peut être enjoint à un étranger d'habiter un
certain lieu ou de ne pas sortir d'un certain lieu, sous peine
d'expulsion s'il contrevient à cet ordre.

Art. 19. — Les expulsions, soit individuelles, soit extraordinaires, doivent être portées, aussitôt que possible, à la connaissance des gouvernements dont elles concernent les ressortissants.

Art. 20. — Il est rendu compte périodiquement, soit à la
représentation nationale, soit par le moyen d'une publication
officielle, de toutes les expulsions, y compris celles qui ont
été infirmées où révoquées.

Art. 21. — Tout individu expulsé a le droit, s'il se prétend
indigène ou soutient que son expulsion est contraire soit à
une loi, soit à un traité international qui l'interdit ou l'exclut
expressément, de recourir à une haute cour judiciaire ou
administrative, jugeant en pleine indépendance du gouvernement.

Mais l'expulsion peut être exécutée provisoirement, nonobstant le recours.

Art. 22. — L'Etat peut assurer l'effet des arrêtés d'expulsion en soumettant les expulsés qui y contreviennent, à des
poursuites devant les tribunaux et à des peines à l'expiration
desquelles le condamné est conduit à la frontière par la force
publique.

II. DES DIVERSES ESPÈCES D'EXPULSION.

Art. 23. — L'expulsion *extraordinaire* ou (*en masse*) *définitive*, s'applique à des catégories d'individus ; quand elle a été prononcée, les expulsés ne sont pas libres de revenir dans le pays après un délai déterminé d'avance.

Art. 24. — L'expulsion *extraordinaire* (*en masse*) ou *temporaire*, s'applique à des catégories d'individus, à raison d'une guerre ou de troubles graves survenus sur le territoire ; elle ne produit son effet que pour la durée de la guerre ou pour un délai déterminé.

Art. 25. — L'expulsion *ordinaire* est purement individuelle.

Art. 26. — L'expulsion extraordinaire définitive exige une loi spéciale, ou du moins une ordonnance spéciale du pouvoir souverain. La loi ou l'ordonnance, avant d'être mise à exécution, sera publiée d'avance dans un délai convenable.

Art. 27. — L'expulsion extraordinaire temporaire peut, à l'expiration de la guerre ou du délai fixé, être convertie en expulsion ordinaire ou en expulsion extraordinaire définitive.

Le délai fixé primitivement peut être prolongé une fois.

III. DES PERSONNES QUI PEUVENT ÊTRE EXPULSÉES.

Art. 28. — Peuvent être expulsés :

1º Les étrangers qui sont entrés sur le territoire frauduleusement, en violation des règlements sur l'admission des étrangers ; mais, s'il n'y a pas d'autre motif d'expulsion, ils ne peuvent plus être expulsés après avoir séjourné six mois dans le pays ;

2º Les étrangers qui ont établi leur domicile ou leur résidence dans les limites du territoire, en violation d'une défense formelle ;

3º Les étrangers qui, au moment où ils ont franchi la frontière, étaient atteints de maladies de nature à compromettre la santé publique ;

4º Les étrangers en état de mendicité et de vagabondage, ou à la charge de l'assistance publique ;

5º Les étrangers condamnés par les tribunaux du pays pour des infractions d'une certaine gravité ;

6º Les étrangers condamnés à l'étranger ou s'y trouvant sous le coup de poursuites pour des infractions graves qui, selon la législation du pays ou d'après les traités d'extradition conclus par l'Etat avec d'autres Etats, pourraient donner lieu à leur extradition ;

7º Les étrangers qui se rendent coupables d'excitations à la perpétration d'infractions graves contre la sécurité publique, bien que ces excitations, comme telles, ne soient pas punissables selon la loi territoriale et que les infractions ne doivent se consommer qu'à l'étranger ;

8° Les étrangers qui, sur le territoire de l'Etat, se rendent coupables ou fortement suspects d'attaques, soit par la presse, soit autrement, contre un Etat ou un souverain étranger, ou contre les institutions d'un Etat étranger, pourvu que ces faits soient punissables d'après la loi de l'Etat expulsant, si, commis à l'étranger par des indigènes, ils étaient dirigés contre cet Etat lui-même ;

9° Les étrangers qui, pendant leur séjour sur le territoire de l'Etat, se rendent coupables d'attaques ou d'outrages publiés par la presse étrangère contre l'Etat, la nation ou le souverain ;

10° Les étrangers qui, en temps de guerre ou au moment où une guerre est imminente, compromettent, par leur conduite, la sécurité de l'Etat.

Art. 29. — Il peut être interdit aux réfractaires et déserteurs étrangers de séjourner ou de circuler dans une zone limitrophe du pays d'où ils viennent ; sans préjudice des dispositions plus sévères des traités internationaux.

IV. DE LA FORME DE L'EXPULSION.

Art. 30. — L'acte ordonnant l'expulsion est notifié à l'expulsé. Il doit être motivé en fait et en droit.

Art. 31. — Si l'expulsé a la faculté de recourir à une haute cour judiciaire ou administrative, il doit être informé, par l'acte même, et de cette circonstance et du délai à observer.

Art. 32. — L'acte mentionne de même le délai dans lequel l'étranger devra quitter le pays. Ce délai ne peut être de moins d'un jour franc. Si l'expulsé est en liberté, on ne doit pas user de contrainte envers lui pendant ce délai.

Art. 33. — L'étranger auquel il a été enjoint de sortir du territoire est tenu de désigner la frontière par laquelle il entend sortir ; il reçoit une feuille de route, réglant son itinéraire et la durée de son séjour dans chaque localité. En cas de contravention, il est conduit à la frontière par la force publique.

V. DES RECOURS.

Art. 34. — Il est désirable que, pour les expulsions ordinaires, même en dehors des cas où, de par la loi, la personne est déclarée exempte d'expulsion, on ouvre à l'expulsé un recours à une haute cour judiciaire ou administrative, indépendante du gouvernement.

Art. 35. — La cour ne se prononce que sur la légalité de l'expulsion ; elle n'apprécie ni la conduite de la personne, ni les circonstances qui ont paru au gouvernement rendre l'expulsion nécessaire.

Art. 36. — Dans le cas du n° 10 de l'article 28, il n'y a pas de recours.

Art. 37. — L'expulsion peut être exécutée provisoirement nonobstant le recours.

Art. 38. — En tant qu'une expulsion est conforme aux principes du droit des gens formulés dans le présent Règlement, le gouvernement qui l'a exécutée est à l'abri de toute réclamation diplomatique.

Art. 39. — Le gouvernement pourra toujours révoquer l'expulsion ou en suspendre temporairement les effets.

VI. DE L'EXPULSION DES ÉTRANGERS DOMICILIÉS, EN PARTICULIER.

Art. 40. — Les étrangers domiciliés sur le territoire ne peuvent être expulsés qu'en vertu des dispositions n°s 7-10 de l'article 28 et, en vertu du n° 6 dudit article, que si les peines auxquelles ils sont condamnés à l'étranger ne sont pas encore accomplies complètement ou remises, ou si la condamnation prononcée par un tribunal étranger est postérieure à leur établissement dans le pays.

Art. 41. — L'expulsion d'étrangers domiciliés, résidents ou ayant un établissement de commerce, ne doit être prononcée que de manière à ne pas trahir la confiance qu'ils ont eue dans les lois de l'Etat. Elle doit leur laisser la liberté d'user, soit directement, si c'est possible, soit par l'entremise de tiers par eux choisis, de toutes les voies légales pour liquider leur situation et leurs intérêts, tant actifs que passifs, sur le territoire.
                                                    [341.27.56]
(*Institut de Droit International*, Lausanne, 1888, Genève, 1892.)

Câbles sous-marins.   341.28.17

1. Le câble sous-marin reliant deux territoires neutres est inviolable.

2. Le câble reliant les territoires de deux belligérants ou deux parties du territoire d'un des belligérants peut être coupé partout, excepté dans la mer territoriale et dans les eaux neutralisées dépendant d'un territoire neutre (« neutralisées » par traité ou par déclaration conformément à l'article 4 des résolutions de Paris de 1894).

3. Le câble reliant un territoire neutre au territoire d'un

des belligérants ne peut en aucun cas être coupé dans la mer territoriale ou dans les eaux neutralisées dépendant d'un territoire neutre.

En haute mer, ce câble ne peut être coupé que s'il y a blocus effectif et dans les limites de la ligne du blocus sauf rétablissement du câble dans le plus bref délai possible. Ce câble peut toujours être coupé sur le territoire et dans la mer territoriale dépendant d'un territoire ennemi jusqu'à une distance de trois milles marins de la laisse de basse-marée.

4. Il est entendu que la liberté de l'Etat neutre de transmettre des dépêches n'implique pas la faculté d'en user ou d'en permettre l'usage manifestement pour prêter assistance à l'un des belligérants.

5. En ce qui concerne l'application des règles précédentes, il n'y a de différence à établir ni entre les câbles d'Etat et les câbles appartenant à des particuliers, ni entre les câbles de propriété ennemie et ceux qui sont de propriété neutre.   [341.28.17]
(*Institut de Droit International*, Bruxelles, 1879, Neufchâtel, 1900.)

Emigration.   341.28.88

Art. 1. — Les Etats contractants reconnaissent la liberté d'émigrer et d'immigrer aux individus isolés ou en masse, sans distinction de nationalité.

Cette liberté ne pourra être restreinte que par décision dûment publiée des gouvernements et dans les limites rigoureuses des nécessités d'ordre social et politique.

Ladite décision sera notifiée sans retard par voie diplomatique aux Etats intéressés.

Art. 2. — L'émigration sera interdite aux personnes auxquelles les lois de l'Etat d'immigration défendent d'immigrer.

Art. 3. — Les Etats contractants dans lesquels il y a une émigration considérable et régulière organisent un bureau central d'émigration, duquel dépendront toutes les mesures de réglementation et de contrôle de l'émigration, et l'on y attachera un service d'informations chargé des publications relatives aux intérêts des émigrants et accessible gratuitement aux demandes de tous ceux qui auraient l'intention d'émigrer, sans distinction de nationalité.

Art. 4. — Les gouvernements s'engagent à publier régulièrement tous les renseignements intéressant les émigrants au triple point de vue moral, hygiénique et économique, en ayant soin qu'ils soient pleinement au courant de la situation avant de conclure le contrat d'émigration.

Ils s'engagent aussi à punir sévèrement toute propagation de fausses nouvelles concernant l'émigration.

Art. 5. — Chaque Etat devra interdire aux personnes ou sociétés autorisées à accomplir les opérations d'émigration de conclure des contrats par lesquels elles s'engageraient à livrer un nombre déterminé de personnes soit à une entreprise quelconque, soit à un gouvernement étranger, à moins qu'une autorisation spéciale ne soit accordée pour chaque cas.

Art. 6. — Toutes les personnes autorisées à accomplir les opérations d'émigration seront solidairement responsables à l'égard des autorités et à l'égard des émigrants, leurs successeurs et ayants-cause, de tous les actes concernant leur gestion et celle de leurs préposés ou représentants, tant à l'intérieur du pays qu'à l'étranger.

Art. 7. — Les bureaux d'émigration ou les autorités maritimes du port de départ devront informer en temps utile les consuls du pays d'émigration, établis dans les ports étrangers de destination des navires, du fait du voyage entrepris par les émigrants et leur fournir en même temps tous les renseignements opportuns selon les circonstances.

Art. 8. — Les Etats contractants s'obligent à pourvoir à la protection des immigrants et à leur placement par le moyen de bureaux d'immigration.

Art. 9. — Les gouvernements pourront autoriser lesdits bureaux, aussi bien que ceux énoncés à l'art. 4 établis dans les divers Etats, à communiquer librement et directement entre eux pour tout ce qui concerne leurs affaires respectives.

Art. 10. — Tous les Etats contractants chercheront à s'entendre pour introduire dans leurs législations pénales les dispositions indispensables en vue d'assurer la punition des infractions aux règles en vigueur en matière d'émigration.

[341.28.88]

(*Institut de Droit International*, Copenhague, 1897.)

Les lois de la guerre sur terre. 341.3

PREMIÈRE PARTIE. — PRINCIPES GÉNÉRAUX.

Art. 1. — L'état de guerre ne comporte des actes de violence qu'entre les forces armées des Etats belligérants.

Les personnes qui ne font pas partie d'une force armée belligérante doivent s'abstenir de tels actes.

Art. 2. — La force armée d'un Etat comprend :

1° L'armée proprement dite, y compris les milices ;

2° Les gardes nationales, landsturm, corps francs et autres corps qui réunissent les trois conditions suivantes :

a. Etre sous la direction d'un chef responsable ;

b. Avoir un uniforme ou un signe distinctif, fixe et reconnaissable à distance, porté par les personnes qui font partie du corps ;

c. Porter les armes ouvertement ;

3º Les équipages des navires et autres embarcations de guerre ;

4º Les habitants du territoire non occupé qui, à l'approche de l'ennemi, prennent les armes spontanément et ouvertement pour combattre les troupes d'invasion, même s'ils n'ont pas eu le temps de s'organiser.

Art. 3. — Toute force armée belligérante est tenue de se conformer aux lois de la guerre.

Art. 4. — Les lois de la guerre ne reconnaissent pas aux belligérants une liberté illimitée quant aux moyens de nuire à l'ennemi.

Ils doivent s'abstenir notamment de toute rigueur inutile, ainsi que de toute action déloyale, injuste ou tyrannique.

Art. 5. — Les conventions militaires faites par les belligérants entre eux pendant la durée de la guerre, telles que les armistices et les capitulations, doivent être scrupuleusement observées et respectées.

Art. 6. — Aucun territoire envahi n'est considéré comme conquis avant la fin de la guerre : jusqu'à ce moment, l'occupant n'y exerce qu'un pouvoir de fait, essentiellement provisoire.

DEUXIÈME PARTIE. — APPLICATION DES PRINCIPES GÉNÉRAUX.

I. — DES HOSTILITÉS.

A. *Règles de conduite a l'égard des personnes.*

a) Des populations inoffensives.

Art. 7. — Il est interdit de maltraiter les populations inoffensives.

b) Des moyens de nuire à l'ennemi.

Art. 8. — Il interdit :

a. De faire usage du poison, sous quelque forme que ce soit ;

b. D'attenter traîtreusement à la vie d'un ennemi, par exemple en soudoyant des assassins ou en feignant de se rendre ;

c. D'attaquer l'ennemi en dissimulant les signes distinctifs de la force armée ;

d. D'user indûment du pavillon national, des insignes militaires ou de l'uniforme de l'ennemi, du pavillon parlementaire, ainsi que des signes tutélaires prescrits par la *Convention de Genève* (articles 17 et 40 ci-après).

Art. 9. — Il est interdit :

a. D'employer des armes, des projectiles ou des matières propres à causer des souffrances superflues ou à aggraver les blessures, — notamment des projectiles d'un poids inférieur à quatre cents grammes, explosibles ou chargés de matières fulminantes ou inflammables (*Déclaration de Saint-Pétersbourg*) ;

b. De mutiler ou de tuer un ennemi qui s'est rendu à discrétion ou qui est hors de combat, et de déclarer d'avance qu'on ne fera pas de quartier, même si l'on n'en réclame pas pour soi-même.

c) Des blessés, des malades et du personnel sanitaire.

Art. 10. — Les militaires blessés ou malades doivent être recueillis et soignés à quelque nation qu'ils appartiennent.

Art. 11. — Les commandants en chef ont la faculté de remettre immédiatement aux avant-postes ennemis les militaires ennemis blessés pendant le combat, lorsque les circonstances le permettent et du consentement des deux partis.

Art. 12. — Les évacuations, avec le personnel qui les dirige, sont couvertes par la neutralité.

Art. 13. — Le personnel des hôpitaux et des ambulances, — comprenant l'intendance, les services de santé, d'administration et de transport des blessés, ainsi que les aumôniers, et les membres et agents des sociétés de secours dûment autorisées à seconder le personnel sanitaire officiel, — est considéré comme neutre lorsqu'il fonctionne, et tant qu'il reste des blessés à relever ou à secourir.

Art. 14. — Le personnel désigné dans l'article précédent doit continuer, après l'occupation par l'ennemi, à donner, dans la mesure des besoins, des soins aux malades et aux blessés de l'ambulance ou de l'hôpital qu'il dessert.

Art. 15. — Lorsque ce personnel demande à se retirer, le commandant des troupes occupantes fixe le moment de son départ, qu'il ne peut toutefois différer que pour une courte durée, en cas de nécessités militaires.

Art. 16. — Des dispositions doivent être prises pour assurer, s'il se peut, au personnel neutralisé, tombé entre les mains de l'ennemi, la jouissance d'un traitement convenable.

Art 17. — Le personnel sanitaire neutralisé doit porter un brassard blanc à croix rouge, dont la délivrance appartient exclusivement à l'autorité militaire.

Art. 18. — Les généraux des puissances belligérantes doivent faire appel à l'humanité des habitants et les engager à secourir les blessés, en leur signalant les avantages qui en résulteront pour eux-mêmes (art. 36 et 39). Ils doivent considérer comme inviolables ceux qui répondent à cet appel.

d) Des morts.

Art. 19. — Il est interdit de dépouiller et de mutiler les morts gisant sur les champs de bataille.

Art. 20. — Les morts ne doivent jamais être inhumés avant que l'on ait recueilli, sur leur personne, tous les indices, tels que livrets, numéros, etc., propres à établir leur identité.

Les indications ainsi recueillies sur des morts ennemis sont communiquées à leur armée ou à leur gouvernement.

e) Qui peut être fait prisonnier de guerre.

Art 21. — Les individus qui font partie des forces armées belligérantes, s'ils tombent au pouvoir de l'ennemi, doivent être traités comme prisonniers de guerre, conformément aux articles 61 et suivants.

Il en est de même des messagers porteurs de dépêches officielles, accomplissant ouvertement leur mission, et des aéronautes civils chargés d'observer l'ennemi, ou d'entretenir les communications entre les diverses parties de l'armée ou du territoire.

Art. 22. — Les personnes qui suivent une armée sans en faire partie, telles que les correspondants de journaux, les vivandiers, les fournisseurs, etc., et qui tombent au pouvoir de l'ennemi, ne peuvent être détenues qu'aussi longtemps que les nécessités militaires l'exigent.

f) Des espions.

Art. 23. — Les individus capturés comme espions ne peuvent exiger d'être traités comme des prisonniers de guerre.

Art. 24. — On ne doit pas considérer comme espions les individus, appartenant à l'une des forces armées belligérantes et non déguisés, qui ont pénétré dans la zone d'opérations de l'ennemi, — non plus que les messagers porteurs de dépêches officielles, accomplissant ouvertement leur mission, et les aéronautes (art. 21).

Art. 25. — Aucun individu accusé d'espionnage ne doit être puni avant que l'autorité judiciaire ait prononcé sur son sort.

Art. 26. — L'espion qui réussit à sortir du territoire occupé par l'ennemi n'encourt, s'il tombe plus tard au pouvoir de cet ennemi, aucune responsabilité pour ses actes antérieurs.

g) Des parlementaires.

Art. 27. — Est considéré comme parlementaire et a droit à l'inviolabilité, l'individu autorisé par l'un des belligérants à entrer en pourparlers avec l'autre, et se présentant avec un drapeau blanc.

Art. 28. — Il peut être accompagné d'un clairon ou d'un tambour, d'un porte-drapeau, et même, s'il y a lieu, d'un guide et d'un interprète, qui ont droit aussi à l'inviolabilité.

Art. 29. — Le chef auquel un parlementaire est expédié, n'est pas obligé de le recevoir en toutes circonstances.

Art. 30. — Le chef qui reçoit un parlementaire a le droit de prendre toutes les mesures nécessaires, pour que la présence de cet ennemi dans ses lignes ne lui cause pas de préjudice.

Art. 31. — Si un parlementaire abuse de la confiance qu'on lui accorde, on peut le retenir temporairement, et, s'il est prouvé qu'il a profité de sa position privilégiée pour provoquer une trahison, il perd son droit à l'inviolabilité.

B. *Règles de conduite à l'égard des choses.*

a) Des moyens de nuire. Du bombardement.

Art. 32. — Il est interdit :

a. De piller, même les villes prises d'assaut ;

b. De détruire des propriétés publiques ou privées, si cette destruction n'est pas commandée par une impérieuse nécessité de guerre ;

c. D'attaquer et de bombarder des localités qui ne sont pas défendues.

Art. 33. — Le commandant de troupes assaillantes doit, sauf le cas d'attaque de vive force, faire, avant d'entreprendre un bombardement, tout ce qui dépend de lui pour avertir les autorités locales.

Art. 34. — En cas de bombardement, toutes les mesures nécessaires doivent être prises pour épargner, si faire se peut, les édifices consacrés aux cultes, aux arts, aux sciences et à la bienfaisance, les hôpitaux et les lieux de rassemblement de malades et de blessés, à la condition qu'ils ne soient pas utilisés en même temps, directement ou indirectement, pour la défense.

Le devoir de l'assiégé est de désigner ces édifices par des signes visibles, indiqués d'avance à l'assiégeant.

b. Du matériel sanitaire.

Art. 35. — Les ambulances et les hôpitaux à l'usage des armées sont reconnus neutres et doivent, comme tels, être protégés et respectés par les belligérants, aussi longtemps qu'il s'y trouve des malades ou des blessés.

Art. 36. — Il en est de même des bâtiments ou parties de bâtiments particuliers dans lesquels des malades ou des blessés sont recueillis et soignés.

Art. 37. — La neutralité des ambulances et des hôpitaux cesse s'ils sont gardés par une force militaire, — ce qui n'exclut pas la présence d'un poste de police.

Art. 38. — Le matériel des hôpitaux militaires demeurant soumis aux lois de la guerre, les personnes attachées à ces hôpitaux ne peuvent, en se retirant, emporter que les objets qui sont leur propriété particulière. — Les ambulances, au contraire, conservent tout leur matériel.

Art. 39. — Dans les circonstances prévues par les alinéas ci-dessus, la dénomination d'« ambulance » s'applique aux hôpitaux de campagne et autres établissements temporaires, qui suivent les troupes sur les champs de bataille pour y recevoir des malades et des blessés.

Art. 40. — Un drapeau distinctif et uniforme est adopté pour les hôpitaux, les ambulances et les évacuations. — Il porte croix rouge sur fond blanc. — Il doit toujours être accompagné du drapeau national.

II. — DES TERRITOIRES OCCUPÉS.

A. *Définition.*

Art. 41. — Un territoire est considéré comme occupé lorsque à la suite de son invasion par des forces ennemies, l'Etat dont il relève a cessé, en fait, d'y exercer une autorité régulière, et que l'Etat envahisseur se trouve être seul à même d'y maintenir l'ordre. Les limites dans lesquelles ce fait se produit déterminent l'étendue et la durée de l'occupation.

B. *Règles de conduite à l'égard des personnes.*

Art. 42. — Il est du devoir de l'autorité militaire occupante, d'informer le plus tôt possible les habitants des pouvoirs qu'elle exerce, ainsi que l'étendue territoriale de l'occupation.

Art. 43. — L'occupant doit prendre toutes les mesures qui dépendent de lui, pour rétablir et assurer l'ordre et la vie publique.

Art. 44. — L'occupant doit maintenir les lois qui étaient en vigueur dans le pays en temps de paix, et ne les modifier, ne les suspendre ou ne les remplacer que s'il y a nécessité.

Art. 45. — Les fonctionnaires et employés civils de tout ordre, qui consentent à continuer leur fonctions, jouissent de la protection de l'occupant.

Ils sont toujours révocables et ont toujours le droit de se démettre de leur charge.

Ils ne doivent être punis disciplinairement que s'ils manquent aux obligations librement acceptées par eux, et livrés à la justice que s'ils les trahissent.

Art. 46. — En cas d'urgence, l'occupant peut exiger le concours des habitants, afin de pourvoir aux nécessités de l'administration locale.

Art. 47. — La population ne peut être contrainte de prêter serment à la puissance ennemie, mais les habitants qui commettent des actes hostiles contre l'occupant sont punissables (art. 1).

Art. 48. — Les habitants d'un territoire occupé, qui ne se soumettent pas aux ordres de l'occupant, peuvent y être contraints.

L'occupant ne peut toutefois contraindre les habitants à l'aider dans ses travaux d'attaque et de défense, ni à prendre part aux opérations militaires contre leur propre pays (art. 4).

Art. 49. — L'honneur et les droits de la famille, la vie des individus, ainsi que leurs convictions religieuses et l'exercice de leur culte, doivent être respectés (art. 4).

C. *Règles de conduite à l'égard des choses.*

a) Propriétés publiques.

Art. 50. — L'occupant ne peut saisir que le numéraire, les fonds et les valeurs exigibles ou négociables appartenant en propre à l'Etat, les dépôts d'armes, approvisionnements, et, en général, les propriétés mobilières de l'Etat de nature à servir aux opérations de la guerre.

Art. 51. — Le matériel de transport (chemins de fer, bateaux, etc.), ainsi que les télégraphes de terre et les cables d'atterrissage, peuvent seulement être séquestrés pour l'usage de l'occupant. La destruction en est interdite, à moins qu'elle ne soit commandée par une nécessité de guerre. Ils sont restitués à la paix, dans l'état où ils se trouvent.

Art. 52. — L'occupant ne peut faire que des actes d'administrateur provisoire quant aux immeubles, tels qu'édifices, forêts et exploitations agricoles, appartenant à l'Etat ennemi (art. 6).

Il doit sauvegarder le fonds de ces propriétés et veiller à leur entretien.

Art. 53. — Les biens des communes et ceux des établissements consacrés aux cultes, à la charité, à l'instruction, aux arts ou aux sciences, sont insaisissables.

Toute destruction ou dégradation intentionnelle de semblables établissements, de monuments historiques, d'archives, d'œuvres d'art ou de science, est formellement interdite, si elle n'est pas impérieusement commandée par les nécessités de la guerre.

b) Propriétés privées.

Art. 54. — La propriété privée, individuelle ou collective, doit être respectée et ne peut être confisquée, sous réserve des dispositions contenues dans les articles suivants.

Art. 55. — Les moyens de transport (chemins de fer, bateaux, etc.), les télégraphes, les dépôts d'armes et de munitions de guerre, quoique appartenant à des sociétés ou à des particuliers, peuvent être saisis par l'occupant, mais ils doivent être restitués, si possible, et les indemnités réglées à la paix.

Art. 56. — Les prestations en nature (réquisitions), réclamées des communes ou des habitants, doivent être en rapport avec les nécessités de guerre généralement reconnues, et en proportion avec les ressources du pays.

Les réquisitions ne peuvent être faites qu'avec l'autorisation du commandant dans la localité occupée.

Art. 57. — L'occupant ne peut prélever, en fait de redevances et d'impôts, que ceux déjà établis au profit de l'Etat. Il les emploie à pourvoir aux frais de l'administration du pays, dans la mesure où le gouvernement légal y était obligé.

Art. 58. — L'occupant ne peut prélever des contributions extraordinaires en argent, que comme équivalent d'amendes ou d'impôts non payés ou de prestations non livrées en nature.

Les contributions en argent ne peuvent être imposées que sur l'ordre et sous la responsabilité du général en chef ou de l'autorité civile supérieure établie dans le territoire occupé, autant que possible d'après les règles de la répartition et de l'assiette des impôts en vigueur.

Art. 59. — Dans la répartition des charges relatives au logement des troupes et aux contributions de guerre, il est tenu compte aux habitants du zèle charitable déployé par eux envers les blessés.

Art. 60. — Les prestations en nature, quand elles ne sont pas payées comptant, et les contributions de guerre sont constatées par des quittances. — Des mesures doivent être prises pour assurer le caractère sérieux et la régularité de ces quittances.

III. — DE LA CONDITION DES PRISONNIERS DE GUERRE.

A. *Régime de la captivité.*

Art. 61. — Les prisonniers de guerre sont au pouvoir du gouvernement ennemi, mais non des individus ou des corps qui les ont capturés.

Art. 62. — Ils sont soumis aux lois et règlements en vigueur dans l'armée ennemie.

Art. 63. — Ils doivent être traités avec humanité.

Art. 64. — Tout ce qui leur appartient personnellement, les armes exceptées, reste leur propriété.

Art. 65. — Chaque prisonnier est tenu de déclarer, s'il est interrogé à ce sujet, ses véritables noms et grade. Dans le cas où il ne le ferait pas, il pourrait être privé de tout ou partie des avantages accordés aux prisonniers de sa catégorie.

Art. 66. — Les prisonniers peuvent être assujettis à l'internement dans une ville, une forteresse, un camp ou une localité quelconque, avec obligation de ne pas s'éloigner au-delà de certaines limites déterminées ; mais ils ne peuvent être enfermés que par mesure de sûreté indispensable.

Art. 67. — Tout acte d'insubordination autorise à leur égard les mesures de rigueur nécessaires.

Art. 68. — Contre un prisonnier fugitif on peut, après sommation, faire usage des armes.

S'il est repris avant d'avoir pu rejoindre son armée ou quitter le territoire soumis au capteur, il est passible seulement de peines disciplinaires ou soumis à une surveillance plus sévère.

Mais si, après avoir réussi à s'échapper, il est capturé de nouveau, il n'est passible d'aucune peine pour sa fuite antérieure.

Toutefois, si le fugitif ressaisi ou capturé de nouveau avait donné sa parole de ne pas s'évader, il peut être privé des droits de prisonnier de guerre.

Art. 69. — Le gouvernement au pouvoir duquel se trouvent des prisonniers est chargé de leur entretien.

A défaut d'une entente sur ce point entre les parties belligérantes, les prisonniers sont traités, pour la nourriture et l'habillement, sur le même pied de paix que les troupes du gouvernement qui les a capturés.

Art. 70. — Les prisonniers ne peuvent être astreints d'aucune manière à prendre une part quelconque aux opérations de guerre, ni contraints à des révélations sur leur pays ou sur leur armée.

Art. 71. — Ils peuvent être employés à des travaux publics qui n'aient pas un rapport direct avec les opérations sur le théâtre de la guerre, qui ne soient pas exténuants, et ne soient humiliants ni pour leur grade militaire, s'ils appartiennent à l'armée, ni pour leur position officielle ou sociale, s'ils n'en font pas partie.

Art. 72. — Dans le cas où ils sont autorisés à prendre part aux travaux de l'industrie privée, leur salaire peut être perçu par l'autorité qui les détient, laquelle doit alors l'employer à améliorer leur position, ou le leur remettre au moment de leur libération, sous déduction, s'il y a lieu, des frais de leur entretien.

B. *Cessation de la captivité.*

Art. 73. — La captivité des prisonniers de guerre cesse de droit par la conclusion de la paix, mais leur libération est alors réglée d'un commun accord entre les belligérants.

Art. 74. — Elle cesse aussi de droit pour les prisonniers blessés ou malades qui, après guérison, sont reconnus incapables de servir de nouveau.

Le capteur doit alors les renvoyer dans leur pays.

Art. 75. — Les prisonniers peuvent encore être relâchés, en vertu d'un cartel d'échange convenu entre les parties belligérantes.

Art. 76. — Les prisonniers peuvent être mis en liberté sur parole, si les lois de leur pays ne l'interdisent pas.

Dans ce cas, ils sont obligés, sous la garantie de leur honneur personnel, de remplir scrupuleusement les engagements qu'ils ont librement contractés et qui doivent être clairement spécifiés. — De son côté, leur propre gouvernement ne doit exiger ni accepter d'eux aucun service contraire à la parole donnée.

Art. 77. — Un prisonnier ne peut pas être contraint d'accepter sa liberté sur parole. — De même, le gouvernement ennemi n'est pas obligé d'accéder à la demande d'un prisonnier réclamant sa mise en liberté sur parole.

Art. 78. — Tout prisonnier libéré sur parole et repris portant les armes contre le gouvernement auquel il l'avait donnée, peut être privé des droits de prisonnier de guerre, à moins que, postérieurement à sa libération, il n'ait été compris dans un cartel d'échange sans conditions.

IV. — DES INTERNÉS EN PAYS NEUTRE.

Art. 79. — L'Etat neutre sur le territoire duquel se réfugient des troupes ou des individus appartenant aux forces armées des belligérants doit les interner, autant que possible loin du théâtre de la guerre.

Il doit agir de même envers ceux qui empruntent son territoire pour des opérations ou des services militaires.

Art. 80. — Les internés peuvent être gardés dans des camps ou même enfermés dans des forteresses ou autres lieux.

L'Etat neutre décide si les officiers peuvent être laissés libres sur parole, en prenant l'engagement de ne pas quitter le territoire neutre sans autorisation.

Art. 81. — A défaut de convention spéciale pour ce qui concerne l'entretien des internés, l'Etat neutre leur fournit les vivres, les vêtements et les secours commandés par l'humanité.

Il veille aussi à la conservation du matériel amené ou apporté par les internés.

A la paix ou plus tôt si faire se peut, les frais occasionnés par l'internement sont remboursés à l'Etat neutre, par celui des belligérants auquel ressortissaient les internés.

Art. 82. — Les dispositions de la *Convention de Genève* du 22 août 1864 (articles 10 à 18, 35 à 40, 59 et 74 ci-dessus) sont applicables au personnel sanitaire, ainsi qu'aux malades et aux blessés, réfugiés ou transportés en pays neutre.

Art. 83. — Les évacuations de blessés et de malades non prisonniers peuvent transiter par un territoire neutre, pourvu que leur personnel et leur matériel soient exclusivement sanitaires. — L'Etat neutre, chez lequel passent ces évacuations, est tenu de prendre à leur égard les mesures de sûreté et de contrôle nécessaires, pour que les conditions qu'elles doivent remplir soient rigoureusement observées.

TROISIÈME PARTIE. — SANCTION PÉNALE.

Art. 84. — Les violateurs des lois de la guerre sont passibles des châtiments spécifiés dans la loi pénale.

Art. 85. — Les représailles sont formellement interdites, dans le cas où le dommage dont on a lieu de se plaindre a été réparé.

Art 86. — Dans les cas graves où des représailles apparaissent comme une nécessité impérieuse, leur mode d'exercice et leur étendue ne doivent jamais dépasser le degré de l'infraction commise par l'ennemi.

Elles ne peuvent s'exercer qu'avec l'autorisation du commandant en chef.

Elles doivent respecter, dans tous les cas, les lois de l'humanité et de la morale.　　　　　　　　　　　　[341.3]

(*Institut de Droit International*, Oxford, 1880.)

Déclaration de guerre. 341.31

1. Il est conforme aux exigences du droit international, à la loyauté que les nations se doivent dans leurs rapports mutuels, ainsi qu'à l'intérêt commun de tous les Etats, que les hostilités ne puissent commencer sans un avertissement préalable et non équivoque.

2. Cet avertissement peut avoir lieu soit sous la forme d'une déclaration de guerre pure et simple, soit sous la forme d'un ultimatum — dûment notifiés à l'adversaire par l'Etat qui veut commencer la guerre.

3. Les hostilités ne pourront commencer qu'après l'expiration d'un délai suffisant pour que la règle de l'avertissement préalable. et non équivoque ne puisse être considérée comme éludée. [341.31]

(Institut de Droit International, Gand, 1906.)

Bombardement des villes ouvertes. 341.323

Art. 1. — Il n'y a pas de différence entre les règles du droit de la guerre quant au bombardement par les forces militaires de terre et celui par les forces navales.

Art. 2. — En conséquence, s'appliquent à ce dernier les principes généraux énoncés dans l'art. 32 du *Manuel de l'Institut*; c'est-à-dire, qu'il est interdit : *a*) de détruire des propriétés publiques ou privées, si cette destruction n'est pas commandée par une impérieuse nécessité de guerre ; *b*) d'attaquer et de bombarder des localités qui ne sont pas défendues.

Art. 3. — Les règles énoncées dans l'art. 33, 34 du *Manuel* sont également applicables aux bombardements navals.

Art. 4. — En vertu des principes généraux susrappelés, le bombardement par une force navale d'une ville ouverte, c'est-à-dire qui n'est pas défendue par des fortifications ou d'autres moyens d'attaque ou de résistance pour la défense immédiate, ou par des forts détachés situés à sa proximité, par exemple à la distance maxima de 4 à 10 kil., est inadmissible, excepté dans les cas suivants :

1° Aux fins d'obtenir par voie de réquisitions ou de contributions ce qui est nécessaire pour la flotte ;

Toutefois ces réquisitions ou contributions doivent rester dans les bornes prescrites aux art. 56 et 58 du *Manuel de l'Institut*.

2° Aux fins de détruire les chantiers, des établissements militaires, des dépôts de munitions de guerre ou des vaisseaux de guerre se trouvant dans un port.

En outre une ville ouverte qui se défend contre l'entrée de troupes ou de marins débarqués, peut être bombardée, aux fins de protéger le débarquement des soldats et des marins si la ville ouverte tente de l'empêcher, et comme mesure auxiliaire de guerre, pour faciliter l'assaut donné par les troupes et les marins débarqués, si la ville se défend.

Sont interdits spécialement les bombardements dont l'objet est seulement d'exiger une rançon (*Brandschatz*), et, à plus forte raison, ceux qui sont destinés seulement à amener la soumission du pays par la destruction, non autrement motivée, des habitants paisibles ou de leurs propriétés.

Art. 5. — Une ville ouverte ne peut pas être exposée à un bombardement par le seul fait :

1º Qu'elle est la capitale d'un Etat, ou le siège du gouvernement (mais naturellement, ces circonstances ne la garantissent nullement contre un bombardement) ;

2º Qu'elle est actuellement occupée par les troupes, ou qu'elle est ordinairement la garnison des troupes de diverses armes, destinées à rejoindre l'armée en temps de guerre.   [341.323]

(*Institut de Droit International*, Venise, 1896.)

Convention de la Croix-Rouge. Sanction pénale. 341.33

PROJET DE CONVENTION.

Art. 1. — Chacune des parties contractantes s'engage à élaborer une loi pénale visant toutes les infractions possibles à la Convention de Genève.

Art. 2. — Dans le délai de trois années, ces lois devront être promulguées et notifiées au Conseil fédéral suisse, qui les communiquera par la voie diplomatique aux puissances signataires de la Convention de Genève.

Les changements que l'un ou l'autre des Etats contractants ferait subir ultérieurement à sa loi pénale seraient aussi notifiés au Conseil fédéral suisse.

Art. 3. — L'Etat belligérant qui se plaindrait d'une violation de la Convention de Genève par des ressortissants de l'autre Etat belligérant a le droit de demander, par l'entremise d'un Etat neutre, qu'une enquête ait lieu. L'Etat mis en cause est obligé de faire cette enquête par ses autorités, d'en communiquer le résultat à l'Etat neutre qui a servi d'intermédiaire et de provoquer, s'il y a lieu, la punition des coupables conformément aux lois pénales.

Art. 4. — Les Etats signataires de la Convention de Genève qui n'auront pas souscrit d'emblée au présent acte pourront le faire en tout temps, par une notification adressée à tous les signataires antérieurs dans la forme reçue pour les accessions à la Convention elle-même.   [341.33]

(*Institut de Droit International*, Cambridge, 1895.)

Devoirs des Etats neutres. 341.351

1. — L'Etat neutre, désireux de demeurer en paix et amitié avec les belligérants et de jouir des droits de la neutralité, a le devoir de s'abstenir de prendre à la guerre une part quelconque, par la prestation de secours militaires à l'un des belligérants ou à tous les deux, et de veiller à ce que son territoire ne serve pas de centre d'organisation ou de point de départ à des expéditions hostiles contre l'un d'eux ou contre tous les deux.

2. — En conséquence, l'Etat neutre ne peut mettre, d'une manière quelconque, à la disposition d'aucun des Etats belligérants, ni leur vendre, les vaisseaux de guerre ou vaisseaux de transport militaire, non plus que le matériel de ses arsenaux ou de ses magasins militaires, en vue de l'aider à poursuivre la guerre. En outre, l'Etat neutre est tenu de veiller à ce que d'autres personnes ne mettent des vaisseaux de guerre à la disposition d'aucun des Etats belligérants dans ses ports ou dans les parties de mer qui dépendent de sa juridiction.

3. — Lorsque l'Etat neutre a connaissance d'entreprises ou d'actes de ce genre, incompatibles avec la neutralité, il est tenu de prendre les mesures nécessaires pour les empêcher, et de poursuivre comme responsables les individus qui violent les devoirs de la neutralité.

4. — De même, l'Etat neutre ne doit ni permettre ni souffrir que l'un des belligérants fasse de ses ports ou de ses eaux la base d'opérations navales contre l'autre, ou que les vaisseaux de transport militaire se servent de ses ports ou de ses eaux, pour renouveler ou augmenter leurs approvisionnements militaires ou leurs armes, ou pour recruter des hommes.

5. — Le seul fait matériel d'un acte hostile commis sur le territoire neutre ne suffit pas pour rendre responsable l'Etat neutre. Pour qu'on puisse admettre qu'il a violé son devoir, il faut la preuve soit d'une intention hostile (*dolus*), soit d'une négligence manifeste (*culpa*).

6. — La puissance lésée par une violation des devoirs de neutralité n'a le droit de considérer la neutralité comme éteinte et de recourir aux armes pour se défendre contre l'Etat qui l'a violée, que dans les cas graves et urgents, et seulement pendant la durée de la guerre.

7. — Le tribunal arbitral prononce *ex bono et æquo* sur les dommages et intérêts que l'État neutre doit, par suite de sa responsabilité, payer à l'Etat lésé, soit pour lui-même, soit pour ses ressortissants. [341.351]

(*Institut de Droit International*, La Haye, 1897.)

Lois de la guerre maritime (1). 341.36

SECTION Ire.

DES LIEUX OÙ DES HOSTILITÉS PEUVENT ÊTRE COMMISES.

Art. 1. — Les règles spéciales à la guerre maritime ne sont applicables qu'à la pleine mer et aux eaux territoriales des belligérants à l'exclusion des eaux qui, sous le rapport de la navigation, ne doivent pas être considérées comme maritimes.

SECTION II.

DE LA FORCE ARMÉE DES ETATS BELLIGÉRANTS.

Art. 2. — *Bâtiments de guerre*. — Font partie de la force armée d'un Etat belligérant et sont, dès lors, soumis comme tels aux lois de la guerre maritime :

1º tous bâtiments appartenant à l'Etat qui, sous la direction d'un commandant militaire et montés par un équipage militaire, portent, avec autorisation, le pavillon et la flamme de la marine militaire ;

2º les navires transformés par l'Etat en bâtiments de guerre conformément aux articles 3 à 6.

Art. 3. — *Transformation des navires publics et privés en bâtiments de guerre*. — Aucun navire transformé en bâtiment de guerre ne peut avoir les droits et les obligations attachés à cette qualité, s'il n'est placé sous l'autorité directe, le contrôle immédiat et la responsabilité de la puissance dont il porte le pavillon.

Art. 4. — Les navires transformés en bâtiments de guerre doivent porter les signes extérieurs distinctifs des bâtiments de guerre de leur nationalité.

Art. 5. — Le commandant doit être au service de l'Etat et dûment commissionné par les autorités compétentes ; son nom doit figurer sur la liste des officiers de la flotte militaire.

Art. 6. — L'équipage doit être soumis aux règles de la discipline militaire.

Art 7. — Tout navire transformé en bâtiment de guerre est tenu d'observer dans ses opérations les lois et coutumes de la guerre.

---

(1) Les résolutions votées lors de la session de Heidelberg, 1887, au sujet des *Prises Maritimes*, ont été incorporées dans les *Lois de la Guerre Maritime*. Il en est de même de celles concernant la *Contrebande de guerre* et les *Mines sous-marines*.

Art. 8. — Le belligérant qui transforme un navire en bâtiment de guerre doit, le plus tôt possible, mentionner cette transformation sur la liste des bâtiments de sa flotte militaire.

Art. 9. — La transformation d'un navire en bâtiment de guerre ne peut être faite par un belligérant que dans ses propres eaux, dans celles d'un Etat allié également belligérant, dans celles de l'adversaire, ou enfin dans celles d'un territoire occupé par les troupes de l'un de ces Etats.

Art. 10. — *Transformation des bâtiments de guerre en navires publics ou privés.* — Un bâtiment de guerre ne peut, tant que durent les hostilités, être transformé en navire public ou en navire privé.

Art. 11. — *Personnel belligérant.* — Font partie de la force armée d'un Etat belligérant et sont, dès lors, soumis comme tels aux lois de la guerre maritime, en tant qu'ils accomplissent des opérations sur mer :

1º le personnel des bâtiments indiqués à l'article 2 ;

2º les troupes de l'armée de mer, active ou de réserve ;

3º le personnel militarisé existant sur les côtes ;

4º les troupes régulières ou régulièrement organisées conformément à l'article 1er du Règlement de La Haye du 18 octobre 1907 concernant les lois et coutumes de la guerre sur terre, autres que celles de l'armée de mer.

Art. 12. — *Course, Navires privés, Navires publics ne constituant pas des bâtiments de guerre.* — La course est interdite.

En dehors des conditions déterminées aux articles 3 et suivants, les navires publics et les navires privés, ainsi que leur personnel, ne peuvent pas se livrer à des actes d'hostilité contre l'ennemi.

Il est toutefois permis aux uns et aux autres d'employer la force pour se défendre contre l'attaque d'un navire ennemi.

Art. 13. — *Population du territoire non occupé.* — La population d'un territoire non occupé qui, à l'approche de l'ennemi, arme spontanément des navires pour le combattre, sans avoir eu le temps de les faire transformer en bâtiments de guerre conformément aux articles 3 et suivants, sera considérée comme belligérante, si elle agit ouvertement et si elle respecte les lois et usages de la guerre.

SECTION III.

DES MOYENS DE NUIRE A L'ENNEMI.

Art. 14. — *Principe.* — Les belligérants n'ont pas un droit illimité quant au choix des moyens de nuire à l'ennemi.

Art. 15. — *Moyens perfides et barbares.* — Les ruses de guerre sont considérées comme licites. Toutefois, les moyens qui impliquent la perfidie sont défendus.

Ainsi il est interdit :

1º de tuer ou de blesser par trahison des individus appartenant à la partie adverse ;

2º d'user indûment du pavillon parlementaire, de faire usage de faux pavillons, uniformes ou insignes, quels qu'ils soient, notamment de ceux de l'ennemi, ainsi que des signes distinctifs de l'assistance hospitalière indiqués aux articles 41 et 42.

Art. 16. — Outre les prohibitions qui seraient établies par des conventions spéciales, il est interdit :

1º d'employer du poison ou des armes empoisonnées, ainsi que des projectiles qui ont pour but unique de répandre des gaz asphyxiants ou délétères ;

2º d'employer des armes, des projectiles ou des matières propres à causer des maux superflus. Rentrent spécialement dans cette catégorie les projectiles explosibles ou chargés de matières fulminantes ou inflammables, d'un poids inférieur à 400 grammes, et les balles qui s'épanouissent ou s'aplatissent facilement dans le corps humain, telles que les balles à enveloppe dure dont l'enveloppe ne couvrirait pas complètement le noyau ou serait pourvue d'incisions.

Art. 17. — Il est également interdit :

1º de tuer ou de blesser un ennemi qui, ayant mis bas les armes ou n'ayant plus les moyens de se défendre, s'est rendu à discrétion ;

2º de couler un navire qui s'est rendu, avant d'avoir recueilli l'équipage ;

3º de déclarer qu'il ne sera pas fait de quartier.

Art. 18. — Le pillage et la dévastation sont interdits.

Il est interdit de détruire des propriétés ennemies, hors les cas où ces destructions seraient impérieusement commandées par les nécessités de la guerre ou autorisées par les dispositions du présent règlement.

Art. 19. — *Torpilles.* — Il est interdit de faire usage de torpilles qui ne deviennent pas inoffensives lorsqu'elles auront manqué leur but.

Art. 20. — *Mines sous-marines.* — Il est interdit de placer en pleine mer des mines automatiques de contact, amarrées ou non.

Art. 21. — Les belligérants peuvent placer des mines dans leurs eaux territoriales et dans celles de l'ennemi.

Mais il leur est interdit, même dans ces eaux territoriales :

1º de placer des mines automatiques de contact non amarrées, à moins qu'elles ne soient construites de manière à devenir inoffensives une heure au maximum après que celui qui les a placées en aura perdu le contrôle ;

2° de placer des mines automatiques de contact amarrées qui ne deviennent pas inoffensives dès qu'elles auront rompu leurs amarres.

Art. 22. — Un belligérant ne peut placer des mines devant les côtes et les ports de son adversaire que pour des buts navals et militaires. Il lui est interdit de les y placer pour établir ou maintenir un blocus de commerce.

Art. 23. — Lorsque des mines automatiques de contact, amarrées ou non amarrées, sont employées, toutes les précautions doivent être prises pour la sécurité de la navigation pacifique.

Les belligérants pourvoiront notamment, dans la mesure du possible, à ce que les mines deviennent inoffensives après un laps de temps limité.

Dans le cas où les mines cesseraient d'être surveillées par eux, les belligérants signaleront les régions dangereuses, aussitôt que les exigences militaires le permettront, par un avis à la navigation, qui devra être aussi communiqué aux gouvernements par la voie diplomatique.

Art 24. — A la fin de la guerre, les Etats belligérants feront tout ce qui dépend d'eux pour enlever, chacun de son côté, les mines qu'ils auront placées.

Quant aux mines automatiques de contact amarrées que l'un des belligérants aurait laissées sur les côtes de l'autre, l'emplacement en sera notifié à l'autre partie par l'Etat qui les aura posées, et chaque Etat devra procéder, dans le plus bref délai, à l'enlèvement des mines qui se trouvent dans ses eaux.

Les Etats belligérants auxquels incombe l'obligation d'enlever les mines après la fin de la lutte devront, dans le plus bref délai possible, faire connaître que l'enlèvement de ces mines a été terminé dans la mesure du possible.

Art. 25. — *Bombardement.* — Il est interdit de bombarder des ports, villes, villages, habitations ou bâtiments qui ne se défendent pas.

Une localité ne peut pas être bombardée à raison du seul fait que, devant ses côtes, se trouvent mouillées des mines sous-marines automatiques de contact.

Art. 26. — Toutefois, ne sont pas compris dans cette interdiction les ouvrages militaires, établissements militaires ou navals, dépôts d'armes ou de matériel de guerre, ateliers et installations propres à être utilisés pour les besoins de la flotte ou de l'armée ennemie et les bâtiments de guerre se trouvant dans le port. Le commandant d'une force navale pourra, après sommation avec délai raisonnable, les détruire par le canon, si tout autre moyen est impossible et lorsque les autorités locales n'auront pas procédé à cette destruction dans le délai fixé.

Il n'encourt aucune responsabilité dans ce cas pour les dommages involontaires qui pourraient être occasionnés par le bombardement.

Si des nécessités militaires, exigeant une action immédiate, ne permettaient pas d'accorder de délai, il reste entendu que l'interdiction de bombarder une ville qui ne se défend pas subsiste comme dans le cas énoncé dans l'alinéa 1er et que le commandant prendra toutes les dispositions voulues pour qu'il en résulte pour cette ville le moins d'inconvénients possibles.

Art. 27. — Est interdit le bombardement, pour le non paiement des contributions en argent ou pour le refus d'obtempérer à des réquisitions de vivres ou d'approvisionnements, des ports, villes, villages, habitations ou bâtiments qui ne se défendent pas.

Art. 28. — Dans le bombardement, toute dévastation inutile reste interdite et, notamment, toutes les mesures doivent être prises par le commandant de la force assaillante pour épargner, autant que possible, les édifices consacrés aux cultes, aux arts, aux sciences et à la bienfaisance, les monuments historiques, les hôpitaux et les lieux de rassemblement de malades ou de blessés, à condition qu'ils ne soient pas employés en même temps à un but militaire.

Le devoir des habitants est de désigner ces monuments, ces édifices ou lieux de rassemblement, par des signes visibles, qui consisteront en grands panneaux rectangulaires rigides, partagés, suivant une des diagonales, en deux triangles de couleur, noire en haut et blanche en bas.

Art. 29. — Sauf le cas où les exigences militaires ne le permettraient pas, le commandant de la force navale assaillante doit, avant d'entreprendre le bombardement, faire tout ce qui dépend de lui pour avertir les autorités.

Art. 30. — *Blocus*. — Les ports et côtes de l'ennemi ou occupés par lui peuvent être soumis à un blocus conformément aux règles du droit international.

Section IV.

Des droits et des devoirs du belligérant en ce qui concerne les choses de l'ennemi.

Art. 31. — A. *Navires et cargaisons*. — *Bâtiments de guerre*. — La force armée d'un Etat peut attaquer, pour s'en emparer ou les détruire, avec leur armement et leurs approvisionnements, les bâtiments de guerre de l'ennemi, même s'ils se trouvent, au début de la lutte, dans un port de l'Etat, ou sont rencontrés en mer dans l'ignorance des hostilités, ou si la force majeure les a contraints d'entrer dans un port ou les a jetés sur les côtes du dit Etat.

Art. 32. — *Navires publics et navires privés. — Arrêt, visite et recherches.* — Tous navires autres que ceux de la marine de guerre, qu'ils appartiennent à l'Etat ou à des particuliers, peuvent être sommés par un bâtiment de guerre belligérant de s'arrêter pour qu'il soit procédé, à leur bord, à une visite et à des recherches.

Le bâtiment de guerre du belligérant, pour inviter le navire à s'arrêter, tirera un coup de canon de semonce à poudre et, si cet avis n'est pas suffisant, il tirera un projectile dans l'avant du navire. Auparavant ou en même temps, le bâtiment de guerre hissera son pavillon au dessus duquel, en temps de nuit, un fanal sera placé. Le navire répond au signal en hissant son propre pavillon et en s'arrêtant aussitôt; dans ce cas, le bâtiment de guerre enverra au navire arrêté une chaloupe montée par un officier accompagné d'un nombre d'hommes suffisant, dont deux ou trois seulement se rendront avec l'officier à bord du navire arrêté.

La visite consiste en premier lieu dans l'examen des papiers de bord.

Si les papiers de bord sont insuffisants ou ne sont pas de nature à exclure les soupçons, l'officier qui opère la visite est en droit de procéder à des recherches sur le navire, et il doit requérir à cet effet le concours du capitaine.

La visite des paquebots-poste doit, comme il est dit à l'article 53, être effectuée avec tous les ménagements et toute la célérité possibles.

Les navires convoyés par un bâtiment de guerre neutre ne sont soumis à la visite que dans la mesure des règles relatives aux convois.

Art. 33. — *Principe de la capture.* — Les navires publics et les navires privés, de nationalité ennemie, sont sujets à capture, et les marchandises ennemies, publiques ou privées, qui existent à leur bord, sont passibles de saisie.

Art. 34. — La capture et la saisie sont admises alors même que les navires ou les marchandises sont tombés au pouvoir du belligérant à la suite d'une force majeure, par naufrage ou relâche forcée.

Art. 35. — Sont passibles de saisie les navires qui ne possèdent aucuns papiers de bord, ont caché ou détruit intentionnellement ceux qu'ils possédaient ou en présentent de faux.

Art. 36. — *Atténuations au principe de la capture.* — Lorsqu'un navire public ou privé relevant d'une des puissances belligérantes se trouve, au début des hostilités, dans un port ennemi, il lui est permis de sortir librement, immédiatement ou après un délai suffisant, et de gagner directement, après après avoir été muni d'un laisser-passer, son port de destination ou tel autre port qui lui sera désigné.

Il en est de même du navire ayant quitté son dernier port de départ avant le commencement de la guerre et entrant dans un port ennemi sans connaître les hostilités.

Art. 37. — Le navire public ou privé qui, par suite de circonstances de force majeure, n'aurait pu quitter le port ennemi pendant le délai visé à l'article précédent, ne peut être capturé.

Le belligérant peut seulement le saisir moyennant l'obligation de le restituer après la guerre sans indemnité, ou le réquisitionner moyennant indemnité.

Art. 38. — Les navires ennemis, publics ou privés, qui ont quitté leur dernier port de départ avant le commencement de la guerre et qui sont rencontrés en mer ignorants des hostilités, ne peuvent être capturés. Ils sont seulement sujets à être saisis, moyennant l'obligation de les restituer après la guerre sans indemnité, ou à être réquisitionnés, ou même à être détruits, à charge d'indemnité et sous obligation de pourvoir à la sécurité des personnes ainsi qu'à la conservation des papiers de bord.

Néanmoins, au cas où ces navires seraient rencontrés en mer avant l'expiration d'un délai suffisant à accorder par le belligérant, la saisie ne peut être opérée. Les navires ainsi rencontrés sont libres de gagner leur port de destination ou tel autre port qui leur serait désigné.

Après avoir touché à un port de leur pays ou à un port neutre, ces navires sont soumis au droit de capture.

Art. 39. — Les marchandises ennemies se trouvant à bord des navires saisis par application des articles 37 et 38 peuvent également être retenues. Elles seront restituées après la guerre sans indemnité, sauf à être réquisitionnées moyennant indemnité.

Il en est de même des marchandises ayant le caractère de contrebande de guerre qui se trouvent à bord des navires visés aux articles 36, 37 et 38, alors même que ces navires ne sont pas soumis à la saisie.

Art. 40. — Dans tous les cas visés aux articles 36, 37 et 38, les navires publics ou privés dont la construction indique qu'ils sont destinés à être transformés en bâtiments de guerre, peuvent être saisis ou réquisitionnés moyennant indemnité. Ces navires seront restitués après la guerre.

Les marchandises qui se trouvent à bord de ces navires seront traitées d'après les règles de l'article 39.

Art. 41. — *Exceptions aux principes des articles* 31 *et* 33. — *Bâtiments hospitaliers.* — Sont respectés et ne peuvent être saisis pendant la durée des hostilités les bâtiments-hôpitaux militaires, c'est-à-dire les bâtiments construits ou aménagés par les Etats spécialement et uniquement en vue de porter secours aux blessés, malades et naufragés, et dont les noms auront été communiqués, à l'ouverture ou au cours des hostilités, en tout cas avant toute mise en usage, aux puissances belligérantes.

Les bâtiments-hôpitaux militaires seront distingués par une peinture extérieure blanche avec une bande horizontale verte d'un mètre et demi de largeur environ.

Les embarcations des bâtiments qui viennent d'être mentionnés, comme les petits bâtiments qui pourront être affectés au service hospitalier, se distingueront par une peinture analogue.

Tous les bâtiments hospitaliers se feront reconnaître en hissant, avec leur pavillon national, le pavillon blanc à croix rouge prévu par la Convention de Genève.

Les bâtiments et embarcations ci-dessus mentionnés, qui veulent s'assurer, la nuit, le respect auquel ils ont droit, ont, avec l'assentiment du belligérant qu'ils accompagnent, à prendre les mesures nécessaires pour que la peinture qui les caractérise soit suffisamment apparente.

Les signes distinctifs prévus au présent article ne pourront être employés que pour protéger ou désigner les bâtiments mentionnés.

Ces bâtiments ne peuvent être utilisés pour aucun but militaire.

Ils ne devront gêner en aucune manière les mouvements des combattants.

Pendant et après le combat, ils agiront à leurs risques et périls.

Les belligérants auront sur eux le droit de contrôle et de visite ; ils pourront refuser leur concours, leur enjoindre de s'éloigner, leur imposer une direction déterminée et mettre à bord un commissaire, même les détenir, si la gravité des circonstances l'exigeait.

Autant que possible, les belligérants inscriront sur le journal de bord des bâtiments hospitaliers les ordres qu'ils leur donneront.

Les bâtiments hospitaliers qui, dans les termes du présent article, sont détenus par l'ennemi auront à rentrer le pavillon national du belligérant dont ils relèvent.

Art. 42. — Les bâtiments hospitaliers, équipés en totalité ou en partie aux frais des particuliers ou des sociétés de secours officiellement reconnues, sont également respectés et exempts de saisie, si la puissance belligérante dont ils dépendent leur a donné une commission officielle et en a notifié les noms à la puissance adverse à l'ouverture ou au cours des hostilités, en tout cas avant toute mise en usage.

Ces navires doivent être porteurs d'un document de l'autorité compétente déclarant qu'ils ont été soumis à son contrôle pendant leur armement et à leur départ final.

Les bâtiments dont il s'agit seront distingués par une peinture extérieure blanche avec une bande horizontale rouge d'un mètre et demi de largeur environ.

Ils sont soumis aux règles établies pour les bâtiments-hôpitaux militaires par l'article 41.

Art. 43. — Dans le cas d'un combat à bord d'un vaisseau de guerre, les infirmeries et leur matériel seront respectés et ménagés autant que faire se pourra. Tout en demeurant soumis aux lois de la guerre, ils ne pourront être détournés de leur emploi, tant qu'ils seront nécessaires aux blessés et malades. Le commandant qui les a en son pouvoir a cependant la faculté d'en disposer, en cas de nécessité militaire importante, en assurant le sort des blessés et malades qui s'y trouvent.

Art. 44. — La protection due aux bâtiments hospitaliers et aux infirmeries des vaisseaux cesse si l'on en use pour commettre des actes nuisibles à l'ennemi. N'est pas considéré comme étant de nature à justifier le retrait de la protection le fait que le personnel de ces bâtiments et de ces infirmeries est armé pour le maintien de l'ordre et pour la défense des blessés ou malades, ainsi que le fait de la présence à bord d'une installation radio-télégraphique.

Art. 45. — *Navires de cartel.* — Ne peuvent être saisis, pendant qu'ils remplissent leur mission, les navires, dits de cartel, qui font office de parlementaires, même s'ils appartiennent à la marine militaire.

Est considéré comme navire de cartel, le navire autorisé par l'un des belligérants à entrer en pourparlers avec l'autre et se présentant avec un pavillon blanc.

Le chef auquel un navire de cartel est expédié n'est pas obligé de le recevoir en toutes circonstances. Il peut prendre toutes les mesures nécessaires afin d'empêcher le navire de cartel de profiter de sa mission pour se renseigner. Il a le droit, en cas d'abus, de retenir temporairement le navire de cartel.

Le navire de cartel perd ses droits d'inviolabilité, s'il est prouvé, d'une manière positive et irrécusable, que le commandant a profité de la position privilégiée de ce navire pour provoquer ou commettre un acte de trahison.

Art. 46. — *Navires chargés de missions.* — Sont exempts de saisie les navires chargés de missions religieuses, scientifiques ou philanthropiques.

Art. 47. — *Bateaux affectés à la pêche côtière et à la petite navigation locale.* — Les bateaux exclusivement affectés à la pêche côtière, ou à des services de petite navigation locale, y compris ceux exclusivement affectés au pilotage ou au service des phares, comme aussi les navires destinés à naviguer principalement sur les fleuves, canaux et lacs, sont exempts de saisie, ainsi que leurs engins, agrès, apparaux et chargements.

Il est interdit de profiter du caractère inoffensif des dits bateaux pour les employer dans un but militaire en leur conservant leur apparence pacifique.

Art. 48. — *Navires munis d'un sauf-conduit ou d'une licence.* — Sont exempts de saisie les navires ennemis pourvus d'un sauf-conduit ou d'une licence.

Art. 49. — *Cessation des immunités.* — Les exceptions visées dans les articles 41, 42, 45, 46, 47 et 48 cessent d'être applicables si les navires qui en font l'objet participent d'une façon quelconque aux hostilités ou commettent d'autres actes qui sont interdits aux neutres comme assistance hostile.

Il en est de même si, sommés de s'arrêter pour être soumis à la visite, ils essayent de s'y soustraire par la force ou par la fuite.

Art. 50. — *Droits du belligérant dans la zone de ses opérations.* — Alors qu'il n'aurait pas le droit de les saisir ou de les capturer, un belligérant peut, même en haute mer, défendre aux navires de l'ennemi d'entrer dans la zone correspondant à la sphère d'action actuelle de ses opérations.

Il peut aussi leur interdire dans cette zone certains actes susceptibles de nuire à son action, notamment certains actes de communication, comme par exemple la télégraphie sans fil.

La simple infraction à ces interdictions entraînera le refoulement, même par la force, du navire hors de la zone interdite et le séquestre des appareils. Le navire, s'il est établi qu'il a communiqué avec l'ennemi pour lui fournir des renseignements sur la conduite des hostilités, pourra être considéré comme s'étant mis à son service et sera par suite passible de capture ainsi que ses appareils.

Art. 51. — *Du caractère ennemi.* — Le caractère ennemi ou neutre d'un navire est déterminé par le pavillon qu'il a le droit de porter.

Le caractère ennemi ou neutre des marchandises trouvées

à bord d'un navire ennemi est déterminé par le caractère ennemi ou neutre de leur propriétaire.

Chaque Etat doit déclarer, au plus tard dès le début des hostilités, si le caractère ennemi ou neutre du propriétaire des marchandises est déterminé par le domicile ou par la nationalité de ce propriétaire.

Le caractère ennemi de la marchandise trouvée à bord d'un navire ennemi subsiste jusqu'à l'arrivée à destination, nonobstant un transfert intervenu pendant le cours de l'expédition après l'ouverture des hostilités.

Toutefois, si, antérieurement à la capture, un précédent propriétaire neutre exerce, en cas de faillite du propriétaire ennemi actuel, un droit de revendication légale sur la marchandise, celle-ci reprend le caractère neutre.

Art. 52. — *Du transfert de pavillon.* — Le transfert sous pavillon neutre d'un navire ennemi, effectué avant l'ouverture des hostilités, est valable, à moins qu'il soit établi que ce transfert a été effectué en vue d'éluder les conséquences qu'entraîne le caractère de navire ennemi. Il y a néanmoins présomption de nullité si l'acte de transfert ne se trouve pas à bord, alors que le navire a perdu la nationalité belligérante moins de soixante jours avant l'ouverture des hostilités ; la preuve contraire est admise.

Il y a présomption absolue de validité d'un transfert effectué plus de trente jours avant l'ouverture des hostilités, s'il est absolu, complet, conforme à la législation des pays intéressés, et s'il a cet effet que le contrôle du navire et le bénéfice de son emploi ne restent pas entre les mêmes mains qu'avant le transfert. Toutefois, si le navire a perdu la nationalité belligérante moins de soixante jours avant l'ouverture des hostilités, et si l'acte de transfert ne se trouve pas à bord, la saisie du navire ne pourra donner lieu à des dommages et intérêts.

Le transfert sous pavillon neutre d'un navire ennemi, effectué après l'ouverture des hostilités, est nul, à moins qu'il soit établi que ce transfert n'a pas été effectué en vue d'éluder les conséquences qu'entraîne le caractère de navire ennemi.

Toutefois, il y a présomption absolue de nullité : 1° si le transfert a été effectué pendant que le navire est en voyage ou dans un port bloqué ; 2° s'il y a faculté de réméré ou de retour ; 3° si les conditions, auxquelles est soumis le droit de pavillon d'après la législation du pavillon arboré, n'ont pas été observées.

Art. 53. — B. *Correspondance postale.* — La correspondance postale, quel que soit son caractère officiel ou privé, trouvée en mer sur un bâtiment ennemi, est inviolable, à moins qu'elle ne soit à destination ou en provenance d'un port bloqué.

L'inviolabilité de la correspondance postale ne soustrait pas les paquebots-poste aux lois et coutumes de la guerre sur mer concernant les navires en général. Toutefois la visite n'en doit être effectuée qu'en cas de nécessité avec tous les ménagements et toute la célérité possibles.

S'il y a saisie du navire sur lequel la poste est embarquée, la correspondance est expédiée avec le moins de retard possible par le capteur.

Art. 54. — C. *Câbles sous-marins.* — Les Etats belligérants ne sont autorisés à saisir ou à détruire, dans les conditions déterminées ci-dessous, que les câbles sous-marins reliant leurs territoires ou deux points de ces territoires, et les câbles reliant le territoire d'un des pays en guerre à un territoire neutre.

Le câble reliant les territoires des deux belligérants ou deux parties du territoire d'un des belligérants peut être saisi ou détruit partout, excepté dans les eaux d'un Etat neutre.

Le câble reliant un territoire neutre au territoire d'un des belligérants ne peut, en aucun cas, être saisi ou détruit dans les eaux dépendant d'un territoire neutre. En haute mer, ce câble ne peut être saisi ou détruit que s'il y a blocus effectif et dans les limites de la ligne de blocus, sauf rétablissement du câble dans le plus bref délai possible. Ce câble peut toujours être saisi ou détruit sur le territoire et dans la mer territotiale dépendant d'un territoire ennemi jusqu'à une distance de trois milles marins de la laisse de basse marée. La saisie ou la destruction ne peut jamais avoir lieu que dans le cas de nécessité absolue.

En ce qui concerne l'application des règles précédentes, il n'y a pas de différence à établir entre les câbles, selon qu'ils sont des câbles d'Etat ou qu'ils appartiennent à des particuliers ; il n'y a pas non plus à tenir compte de la nationalité de leurs propriétaires.

Les câbles sous-marins reliant un territoire belligérant à un territoire neutre, qui auront été saisis ou détruits, devront être restitués et les indemnités seront réglées à la paix.

SECTION V.

DES DROITS ET DES DEVOIRS DU BELLIGÉRANT
EN CE QUI CONCERNE LES PERSONNES.

Art. 55. — A. *Personnel des navires.* — *Bâtiments de guerre.* — En cas de prise par l'ennemi d'un bâtiment de guerre, les combattants et les non-combattants faisant partie de la force armée des belligérants ont droit au traitement des prisonniers de guerre.

Art. 56. — *Navires publics ou privés*. — Lorsqu'un navire ennemi public ou privé est saisi par un belligérant, les hommes de son équipage, nationaux d'un Etat neutre, ne sont pas faits prisonniers de guerre. Il en est de même du capitaine et des officiers, également nationaux d'un Etat neutre, s'ils promettent formellement par écrit de ne prendre, pendant la durée des hostilités, aucun service ayant rapport avec les opérations de la guerre. Le capitaine, les officiers et les membres de l'équipage nationaux, de l'Etat ennemi, ne sont pas faits prisonniers de guerre, à condition qu'ils s'engagent, sous la foi d'une promesse formelle écrite, à ne prendre, pendant la durée des hostilités, aucun service ayant rapport avec les opérations de la guerre.

Art. 57. — Les noms des individus laissés libres sous la condition de la promesse prévue par l'article précédent sont notifiés par le belligérant capteur à l'autre belligérant. Il est interdit à ce dernier d'employer sciemment les dits individus.

Art. 58. — Toute personne faisant partie de l'équipage d'un navire public ou privé ennemi est, sauf preuve contraire, présumée de nationalité ennemie.

Art. 59. — Ne peuvent être retenus comme tels les membres du personnel d'un navire ennemi qui, à raison de son caractère particulier, est lui-même exempt de saisie.

Art. 60. — Lorsqu'un navire public ou privé a directement ou indirectement pris part aux hostilités, l'ennemi peut retenir comme prisonniers de guerre tous les membres du personnel du navire, sans préjudice des pénalités qui peuvent être encourues d'autre part.

Art. 61. — Les membres du personnel d'un navire public ou d'un navire privé, qui se rendent personnellement coupables d'un acte hostile envers l'ennemi, peuvent être retenus par lui comme prisonniers de guerre, sans préjudice des pénalités qui peuvent être encourues d'autre part.

Art. 62. — B. *Passagers*. — Les individus qui suivent une force navale sans en faire partie, tels que les fournisseurs, correspondants de journaux, etc., lorsqu'ils tombent au pouvoir de l'ennemi, et lorsque celui-ci juge utile de les retenir, ne peuvent être détenus qu'aussi longtemps que les nécessités militaires l'exigent. Ils ont droit au traitement des prisonniers de guerre.

Art. 63. — Les passagers qui, sans faire partie de l'équipage, se trouvent à bord d'un navire ennemi, ne peuvent être retenus comme prisonniers de guerre par l'ennemi, à moins qu'ils ne se soient rendus coupables d'un acte hostile.

Tout passager incorporé dans la force armée de l'ennemi peut être fait prisonnier de guerre, même si le navire n'est pas susceptible de saisie.

Art. 64. — C. *Personnel religieux, médical et hospitalier*. —
Le personnel religieux, médical et hospitalier de tout bâtiment
pris ou saisi est inviolable et ne peut être fait prisonnier de
guerre. Il emporte, en quittant le navire, les objets et les instruments de chirurgie qui sont sa propriété particulière.

Ce personnel continuera à remplir ses fonctions tant que
cela sera nécessaire et il pourra ensuite se retirer, lorsque le
commandant en chef le jugera possible.

Les belligérants doivent assurer à ce personnel tombé entre
leurs mains les mêmes allocations et la même solde qu'au personnel des mêmes grades de leur propre marine.

Jouit de la protection dont bénéficie le personnel sanitaire
le commissaire mis par le belligérant à bord du bâtiment hospitalier de son adversaire, conformément à l'alinéa 10 de l'article 41.

Le personnel religieux, médical et hospitalier, perd ses droits
à l'inviolabilité, s'il s'immisce dans les hostilités, si, par exemple,
il fait usage de ses armes autrement que comme moyen de
défense.

Art. 65. — D. *Parlementaires*. — Le personnel des navires
de cartel est inviolable.

Il perd ses droits d'inviolabilité s'il est prouvé d'une manière
positive et irrécusable qu'il a profité de sa position privilégiée
pour provoquer ou commettre un acte de trahison.

Art. 66. — E. *Espions*. — L'espion, même pris sur le fait,
ne peut être puni sans jugement préalable.

Art. 67. — On ne doit considérer comme espion que l'individu
qui, agissant clandestinement ou sous de faux prétextes,
et dissimulant ainsi ses opérations, recueille ou cherche à
recueillir des informations dans la zone d'opérations d'un belligérant avec l'intention de les communiquer à la partie adverse.

Ne peuvent dès lors, être réputés espions et sont soumis
au traitement des prisonniers de guerre, s'ils sont capturés,
les militaires non déguisés qui ont pénétré dans la zone d'opérations de la flotte ennemie à l'effet de recueillir des informations. De même, ne sont pas regardés comme espions les militaires et les non militaires accomplissant ouvertement leur
mission, qui sont chargés de transmettre des dépêches, ou
qui se livrent à la transmission et à la réception de dépêches
par télégraphie sans fil. A cette catégorie appartiennent également les individus envoyés en aéronefs ou en hydroaéroplanes
pour faire un service d'exploration dans la zone d'opérations
de la flotte ennemie ou pour entretenir des communications.

Art. 68. — L'espion qui réussit à sortir de la zone correspondant à la sphère d'action actuelle des opérations de l'ennemi,
ou qui a rejoint la force armée à laquelle il appartient, n'encourt,

s'il tombe plus tard au pouvoir de l'ennemi, aucune responsabilité pour ses actes antérieurs.

Art. 69. — F. *Réquisition des nationaux de l'Etat ennemi. Guides, pilotes et otages*. — Le belligérant n'a pas le droit de forcer les individus qui tombent en son pouvoir, et d'une manière générale les nationaux de la partie adverse, à prendre part aux opérations de guerre dirigées contre leur pays, même dans le cas où ils auraient été à son service avant le commencement de la guerre, ainsi que de les contraindre à donner des renseignements sur leur propre Etat, ses forces, sa position militaire ou ses moyens de défense.

Il ne pourra les obliger à lui servir de guides ou de pilotes.

Il pourra toutefois punir ceux qui sciemment et volontairement se seront offerts pour l'induire en erreur.

Il n'est pas permis de forcer les nationaux d'un belligérant à prêter serment à la puissance ennemie.

Il est interdit de prendre des otages.

Art. 70. — G. *Prisonniers de guerre*. — Les prisonniers de guerre sont au pouvoir du gouvernement ennemi, mais non des individus ou des corps qui les ont capturés.

Ils doivent être traités avec humanité.

Tout ce qui leur appartient personnellement reste leur propriété, excepté les armes, les chevaux, les papiers militaires et en général tous objets spécialement adaptés à un but militaire.

Art 71. — Les prisonniers de guerre ne peuvent être assujettis à l'internement sur un navire qu'en cas de nécessité et temporairement.

Art. 72. — Le gouvernement au pouvoir duquel se trouvent les prisonniers de guerre est chargé de leur entretien.

Art 73. — Tous les prisonniers de guerre seront, aussi longtemps qu'ils se trouvent à bord d'un navire, soumis aux lois, règlements et ordres en vigueur dans la flotte de l'Etat au pouvoir duquel ils se trouvent.

Art. 74. — Les prisonniers évadés qui seraient repris avant d'avoir pu réussir à sortir de la sphère d'action actuelle de l'ennemi, ou avant d'avoir pu rejoindre la force armée à laquelle ils appartiennent, sont passibles de peines disciplinaires.

Les prisonniers qui, après avoir réussi à s'évader, sont de nouveau faits prisonniers, ne sont passibles d'aucune peine pour la fuite antérieure.

Art. 75. — Chaque prisonnier de guerre est tenu de déclarer, s'il est interrogé à ce sujet, ses véritables nom et grade, et, dans le cas où il enfreindrait cette règle, il s'exposerait à une restriction des avantages accordés aux prisonniers de guerre de sa catégorie.

Art. 76. — Les prisonniers de guerre peuvent être mis en liberté sur parole, si les lois de leur pays les y autorisent, et, en pareil cas, ils sont obligés, sous la garantie de leur honneur personnel, de remplir scrupuleusement, tant vis-à-vis de leur propre gouvernement que vis-à-vis de celui qui les a faits prisonniers, les engagements qu'ils auraient contractés.

Dans le même cas, leur propre gouvernement est tenu de n'exiger ni accepter d'eux aucun service contraire à la parole donnée.

Art. 77. — Un prisonnier de guerre ne peut être contraint d'accepter sa liberté sur parole ; de même le gouvernement ennemi n'est pas obligé d'accéder à la demande du prisonnier réclamant sa mise en liberté sur parole.

Art. 78. — Tout prisonnier de guerre, libéré sur parole et repris portant les armes contre le gouvernement envers lequel il s'était engagé d'honneur, ou contre les alliés de celui-ci, perd le droit au traitement des prisonniers de guerre et peut être traduit devant les tribunaux, à moins que, postérieurement à sa libération, il n'ait été compris dans un cartel d'échange sans conditions.

Art. 79. — Les prisonniers de la guerre maritime débarqués sur le territoire continental sont soumis aux règles établies pour les prisonniers de la guerre terrestre.

Les mêmes règles doivent être appliquées, dans la mesure du possible, aux prisonniers de guerre internés sur un navire.

Les règles qui précèdent, dans la mesure où il est possible de les appliquer, doivent être suivies vis-à-vis des prisonniers de guerre dès le moment de leur capture, alors qu'ils sont sur le navire qui les conduit au lieu de leur internement.

Art. 80. — Après la conclusion de la paix, le rapatriement des prisonniers de guerre s'effectuera dans le plus bref délai possible.

Art. 81. — H. *Blessés, Malades, Naufragés et Morts.* — Les bâtiments employés au service hospitalier porteront secours et assistance aux blessés, malades et naufragés des belligérants sans distinction de nationalité.

Art. 82. — Dans le cas de prise ou de saisie d'un navire ennemi ou d'un bâtiment hospitalier qui a manqué à ses obligations, les marins et les militaires embarqués et les autres personnes officiellement attachées aux marines ou aux armées, blessés, malades ou naufragés, à quelque nation qu'ils appartiennent, seront respectés et soignés par les capteurs.

Art 83. — Tout bâtiment de guerre d'une partie belligérante peut réclamer la remise des blessés, malades ou naufragés, qui sont à bord de bâtiments-hopitaux militaires, de bâtiments hospitaliers de sociétés de secours ou de particuliers, de navires de commerce, yachts et embarcations, quelle que soit la nationalité de ces bâtiments.

Art. 84. — Sont prisonniers de guerre les naufragés, blessés ou malades d'un belligérant qui tombent au pouvoir de l'autre. Il appartient à celui-ci de décider, suivant les circonstances, s'il convient de les garder, de les diriger sur un port de sa nation, sur un port neutre ou même sur un port de son adversaire. Dans ce dernier cas, les prisonniers ainsi rendus à leur pays ne pourront servir pendant la durée de la guerre.

Art. 85. — Après chaque combat, les deux parties belligérantes, en tant que les intérêts militaires le comportent, prendront des mesures pour rechercher les naufragés, les blessés et les malades, et pour les faire protéger, ainsi que les morts, contre le pillage et les mauvais traitements.

Elles veilleront à ce que l'inhumation, l'immersion ou l'incinération des morts soit précédée d'un examen attentif de leurs cadavres.

Art 86. — Chaque belligérant enverra, dès qu'il sera possible, aux autorités de leur pays, de leur marine ou de leur armée, les marques ou pièces militaires d'identité trouvées sur les morts et l'état nominatif des blessés ou malades recueillis par lui.

Les belligérants se tiendront réciproquement au courant des internements et des mutations, ainsi que des entrées dans les hôpitaux et des décès survenus parmi les blessés et malades en leur pouvoir. Ils recueilleront, pour les faire transmettre aux intéressés par les autorités de leur pays, tous les objets d'un usage personnel, valeurs, lettres, etc., qui seront trouvés dans les navires pris ou saisis, ou qui seront délaissés par les blessés ou malades décédés dans les hôpitaux.

Art. 87. — En cas d'opérations de guerre entre les forces de terre et de mer des belligérants, les dispositions du présent règlement sur l'assistance hospitalière ne seront applicables qu'aux forces embarquées.

SECTION VI.

DES DROITS ET DES DEVOIRS DES BELLIGÉRANTS EN TERRITOIRE OCCUPÉ.

Art. 88. — *Occupation : étendue et effets.* — L'occupation d'un territoire maritime, c'est à dire des golfes, baies, rades, ports et eaux territoriales, n'existe que dans les cas où il y a en même temps occupation du territoire continental, soit par une force navale, soit par une force militaire. L'occupation est, en ce cas, soumise aux lois et usages de la guerre terrestre.

SECTION VII.

DES CONVENTIONS ENTRE BELLIGÉRANTS.

Art. 89. — *Règles générales.* — Le commandant de toute force navale belligérante peut conclure des conventions de nature purement militaire concernant les forces sous ses ordres.

Il ne peut sans autorisation de son gouvernement, conclure aucune convention ayant un caractère politique, telle qu'un armistice général.

Art. 90. — Toutes conventions entre belligérants doivent tenir compte des règles de l'honneur militaire et, une fois fixées, doivent être scrupuleusement observées par les deux parties.

Art. 91. — *Capitulation.* — Après avoir conclu une capitulation, le commandant ne peut endommager ni détruire les navires, objets ou approvisionnements en sa possession qu'il doit livrer, à moins que le droit d'agir ainsi ne lui ait été expressément réservé dans la capitulation.

Art. 92. — *Armistice.* — L'armistice suspend les opérations de guerre.

Les blocus établis au moment de l'armistice ne sont pas levés, à moins d'une stipulation spéciale dans la convention.

Le droit de visite continue à pouvoir être exercé. Le droit de capture cesse hormis les cas où ce droit existerait à l'égard des navires neutres.

Art. 93. — L'armistice peut être général ou partiel. Le premier suspend partout les opérations de guerre des Etats belligérants ; le second seulement entre certaines fractions des forces belligérantes et dans un rayon déterminé.

Art. 94. — La convention qui stipule un armistice doit indiquer avec précision le moment où il commence et celui où il doit finir.

L'armistice doit être notifié officiellement et en temps utile par chaque belligérant aux autorités compétentes ainsi qu'aux forces intéressées.

Art. 95. — Les hostilités sont suspendues au terme fixé par la convention, ou, si un terme n'a pas été établi, immédiatement après la notification de l'armistice.

Si la durée de l'armistice n'a pas été déterminée, les parties belligérantes peuvent reprendre en tout temps les opérations, pourvu toutefois que l'ennemi soit averti en temps utile.

Art. 96. — Les clauses de l'armistice naval fixeront, au cas où elles admettraient l'accès des bâtiments de guerre des belligérants à certains points du littoral ennemi, les conditions de cet accès et les rapports de ces bâtiments soit avec les autorités locales, soit avec les populations.

Art. 97. — Toute violation grave de l'armistice par l'une des parties donne à l'autre le droit de le dénoncer et même, en cas d'urgence, de reprendre immédiatement les hostilités.

Art. 98. — La violation des clauses de l'armistice par des particuliers isolés, agissant de leur propre initiative, donne droit seulement à réclamer la punition des coupables et, s'il y a lieu, une indemnité pour les pertes éprouvées.

Art. 99. — *Suspension d'armes.* — La suspension d'armes doit, comme l'armistice, fixer avec précision le point de départ de l'arrêt des hostilités et le moment où doit cesser son effet.

S'il n'y a pas de délai fixé pour la reprise des hostilités, le belligérant qui se propose de continuer la lutte doit en prévenir l'ennemi en temps utile.

La rupture d'une suspension d'armes par l'un des belligérants ou par des particuliers isolés entraîne les conséquences visées aux articles 97 et 98.

Section VIII.

Des formalités de la saisie et du jugement des prises.

Art. 100. — *Formalités de la saisie.* — Lorsque, après la visite qui en aura été faite, un navire est reconnu susceptible de capture, l'officier qui en opère la saisie doit :

1° mettre sous scellés, après les avoir inventoriés, tous les papiers de bord du navire ;

2° dresser un procès-verbal de la saisie, ainsi qu'un inventaire sommaire du bâtiment constatant son état ;

3° constater l'état de la cargaison dont il sera dressé un inventaire, puis faire fermer les écoutilles de la cale, les coffres et les soutes et y apposer les scellés, autant que le permettent les circonstances ;

4° dresser la liste des personnes trouvées à bord ;

5° mettre à bord du navire saisi un équipage suffisant pour s'assurer du navire et y maintenir l'ordre et le conduire dans tel port qu'il appartiendra.

S'il le juge à propos, le capitaine peut, au lieu de détacher un équipage à bord du navire, se borner à l'escorter.

Art. 101. — En dehors des personnes susceptibles d'être considérées comme prisonniers de guerre ou d'être punies, le belligérant ne peut retenir, sur le navire saisi, que pendant un délai raisonnable, celles qu'il est nécessaire d'entendre comme témoins pour la constatation des faits ; à moins d'empêchement absolu il doit les remettre en liberté après que procès-verbal de leurs dépositions a été dressé.

Si des circonstances spéciales le commandent, le capitaine, les officiers et une partie de l'équipage du navire saisi peuvent être pris à bord du capteur.

Le capteur pourvoira à l'entretien des personnes retenues et leur donnera, en tout cas, ainsi qu'aux personnes de l'équipage, lors de leur mise en liberté, les moyens provisoirement nécessaires pour leur entretien ultérieur.

Art. 102. — Le navire saisi doit être conduit dans un port de l'Etat capteur ou dans celui d'une puissance belligérante alliée, aussi proche que possible, susceptible d'offrir un abri sûr et ayant des communications faciles avec le tribunal des prises chargé de statuer sur la capture.

Pendant le voyage, la prise naviguera avec le pavillon et la flamme, insigne des navires militaires de l'Etat.

Art. 103. — Le navire saisi et la cargaison seront, autant que possible, maintenus intacts durant leur voyage au port.

Si la cargaison comprend des choses susceptibles de se détériorer facilement, le capteur, autant que possible d'accord avec le capitaine du navire saisi et en sa présence, prendra les mesures les plus convenables pour la conservation de ces choses.

Art. 104. — *Destruction des navires et des marchandises confiscables.* — Il n'est permis aux belligérants de détruire les navires ennemis saisis qu'en tant qu'ils sont sujets à confiscation et en présence d'une nécessité exceptionnelle, c'est-à-dire lorsque l'exigent la sécurité du navire capteur ou le succès des opérations de guerre dans lesquelles celui-ci est actuellement engagé.

Avant la destruction, les personnes qui se trouvent à bord devront être mises en sûreté, et tous les papiers de bord et autres pièces que les intéressés estimeront utiles pour le jugement sur la validité de la capture devront être transbordés sur le navire capteur. Il en sera de même, dans la mesure du possible, pour les marchandises.

Il sera dressé procès-verbal de la destruction du navire capturé et des motifs qui l'ont amenée.

Art. 105. — Le capteur a la faculté d'exiger la remise ou de procéder à la destruction des marchandises confiscables trouvées à bord d'un navire qui lui-même n'est pas sujet à confiscation, lorsque les circonstances sont telles que, d'après l'article précédent, elles justifieraient la destruction d'un navire passible de confiscation. Il mentionne les objets livrés ou détruits sur le livre de bord du navire arrêté et se fait remettre par le capitaine copie certifiée conforme de tous papiers utiles.

Lorsque la remise ou la destruction a été effectuée et que les formalités ont été remplies, le capitaine doit être autorisé à continuer sa route.

Art. 106. — *Emploi des navires saisis.* — Si le navire saisi ou sa cargaison est nécessaire au capteur pour un usage public immédiat, il peut les employer à cet usage. Dans ce cas, il sera fait du navire et de la cargaison, par des personnes impartiales, une estimation et un inventaire soigneux qui, joints au dossier de la saisie, seront transmis au tribunal des prises.

Art. 107. — *Perte des prises par fortune de mer.* — Si une prise est perdue par fortune de mer, on doit constater le fait avec soin. Aucune indemnité n'est due, dans ce cas, ni pour le navire, ni pour le chargement, pourvu que, si la prise est annulée ultérieurement, le capteur puisse prouver que la perte aurait eu lieu en l'absence de capture.

Art. 108. — *Rescousse.* — Lorsqu'un navire pris, puis repris, vient à être enlevé au recapteur, le dernier capteur a seul des droits sur lui.

Art. 109. — *Jugement des prises.* — Le navire saisi et son chargement, une fois entrés dans un port de l'Etat capteur ou dans celui d'une puissance alliée, sont remis à l'autorité compétente, avec tous les documents nécessaires.

Art. 110. — La légalité et la régularité de la capture des navires ennemis et de la saisie des marchandises doivent être établies devant la juridiction des prises.

Art. 111. — Toute reprise doit également être jugée par la juridiction des prises.

Art. 112. — Un Etat belligérant n'acquerra la propriété du navire ou des marchandises qu'il a saisis durant la guerre qu'au moment où, par une décision devenue définitive, la juridiction des prises aura prononcé à son profit la confiscation de ce navire ou de ces marchandises.

Art. 113. — Si la saisie du navire ou des marchandises n'est pas validée par la juridiction des prises, ou si, sans qu'il y ait eu de mise en jugement, la saisie n'est pas maintenue, les intéressés ont droit à des dommages et intérêts, à moins qu'il y ait eu des motifs suffisants de saisir le navire ou les marchandises.

Art. 114. — Dans le cas de destruction d'un navire, le capteur srea tenu d'indemniser les intéressés, s'il n'est pas justifié par lui de la nécessité exceptionnelle de la destruction ou si, la destruction ayant été justifiée, la capture est ensuite déclarée nulle.

La même règle est applicable dans l'hypothèse prévue à l'article 105.

Si des marchandises qui n'étaient pas susceptibles de confiscation ont été détruites, le propriétaire de ces marchandises a droit à une indemnité.

Au cas où le capteur a fait emploi du navire ou de la cargaison après la saisie, il devra, si celle-ci est reconnue illégitime, payer aux intéressés une équitable indemnité, d'après les documents dressés au moment de l'emploi.

Art. 115. — A la différence des navires publics non militaires et des navires privés ennemis, les bâtiments de la marine militaire d'un belligérant pris par son adversaire deviennent, ainsi que leur matériel, la propriété de celui-ci, dès qu'ils sont tombés en sa possession, sans que doive intervenir une décision de la juridiction des prises.

Section IX.

De la fin des hostilités.

Art. 116. — *Paix.* — Les actes d'hostilité doivent cesser par la signature de la paix.

L'avis de la fin de la guerre doit être notifié dans le plus bref délai par chaque gouvernement au commandant de ses forces navales.

Lorsque des actes hostiles ont été accomplis après la signature de la paix, on doit, autant que possible, remettre les choses en l'état.

Lorsqu'ils ont été accomplis après connaissance de l'avis officiel du traité de paix, ils donneront lieu à une indemnité et à la punition des coupables.

Article additionnel.

Conformément à l'article 3 de la Convention de La Haye du 18 octobre 1907, concernant les lois et coutumes de la guerre sur terre, la partie belligérante qui violerait les dispositions du présent règlement sera tenue à une indemnité, s'il y a lieu ; elle sera responsable de tous actes commis par les personnes faisant partie de sa force armée navale. [341.36]

(*Institut de Droit International*, Oxford, 1913.)

Propriété privée sur mer. 341.36

1. — Le principe de l'inviolabilité de la propriété privée ennemie naviguant sous pavillon neutre doit être considéré dès à présent comme entré dans le domaine du droit des gens positif.

2. — Il est à désirer que le principe de l'inviolabilité de la propriété privée ennemie naviguant sous pavillon ennemi soit universellement accepté dans les termes suivants, empruntés aux déclarations de la Prusse, de l'Autriche et de l'Italie en 1866, et sous la réserve ci-après, *sub* III :

« Les navires marchands et leurs cargaisons ne pourront « être capturés que s'ils portent de la contrebande de guerre « ou s'ils essayent de violer un blocus effectif et déclaré. »

3. — Il est entendu que, conformément aux principes généraux qui doivent régler la guerre sur mer aussi bien que sur terre, la disposition précédente n'est pas applicable aux navires marchands qui, directement ou indirectement, prennent part ou sont destinés à prendre part aux hostilités. [341.36]

(*Institut de Droit International*, La Haye, 1875.)

*** 1. — La propriété privée neutre ou ennemie naviguant sous pavillon ennemi ou sous pavillon neutre est inviolable.

2. — Sont toutefois sujets à saisie : les objets destinés à la guerre ou susceptibles d'y être employés immédiatement. Les gouvernements belligérants auront, à l'occasion de chaque guerre, à déterminer d'avance les objets qu'ils tiendront pour tels. Sont également sujets à saisie les navires marchands qui ont pris part ou sont en état de prendre immédiatement part aux hostilités, ou qui ont rompu un blocus effectif et déclaré.

3. — Un blocus est effectif lorsqu'il a pour résultat d'empêcher l'accès du port bloqué au moyen d'un nombre suffisant de vaisseaux de guerre, stationnés ou ne s'écartant que momentanément de leur station. Il y a rupture de blocus lorsqu'un navire marchand, informé de l'existence du blocus, a tenté par force ou par ruse de pénétrer à travers la ligne du blocus

4. — La course est interdite.

5. — Le droit de visite peut être exercé par les vaisseaux de guerre de puissances belligérantes sur les vaisseaux marchands, en vue de vérifier leur nationalité, de rechercher les objets susceptibles de saisie et de constater une rupture de blocus. Le droit de visite peut être exercé depuis le moment où la déclaration de guerre a été notifiée jusqu'à la conclusion de la paix. Il est suspendu pendant une trève ou un armistice. Il peut s'exercer dans les eaux des belligérants comme dans la haute mer, mais non sur les vaisseaux de guerre neutres, ni sur ceux qui appartiennent ostensiblement à un Etat neutre. Le commandant du vaisseau qui opère la visite doit se borner à l'inspection des papiers de bord. Il n'est autorisé à se livrer à une recherche du navire que si les papiers de bord donnent

lieu de soupçonner la fraude ou fournissent la preuve de celle-ci, ou s'il y a des motifs sérieux de présumer la présence à bord d'objets destinés à la guerre.   [341.36]
(Institut de Droit International, Zurich, 1877.)

Tribunal international des prises.   341.364.5

L'I. D. I. déclare que le système actuel des tribunaux et de l'administration de la justice en matière de prises est défectueux, et considère comme urgent de porter remède à cet état de choses par une nouvelle institution internationale. Il est d'avis qu'il y a lieu :

1) De formuler par traité les principes généraux en matière de prises ;

2) De remplacer les tribunaux jusqu'ici exclusivement composés de juges appartenant à l'Etat belligérant par des tribunaux internationaux qui donnent aux particuliers intéressés de l'Etat neutre ou ennemi de plus amples garanties d'un jugement impartial ;

3) De s'entendre sur une procédure commune à adopter en matière de prises.   [341.364.5]
(Institut de Droit International, Zurich, 1877.)

Compétence pénale.   341.4

Art. 1. — La compétence territoriale de la loi pénale est celle du pays où se trouve le coupable lors de son activité criminelle.

Art. 2. — La justice pénale d'un pays dans le territoire duquel se réalisent ou devaient se réaliser, selon l'intention du coupable, les effets de son activité, n'est pas compétente à raison de ces effets seuls.

Art. 3. — Par contre, si la réalisation des dits effets devait, selon l'intention de l'agent, avoir lieu seulement dans un pays dont la législation pénale ne regarde comme criminels ni l'action destinée à produire ces effets, ni ces effets mêmes, l'Etat dans le territoire duquel l'*action* est commise ne pourra déclarer punissable cette action comme tentative ou acte préparatoire.

Il pourra déclarer punissable cette action expressément comme délit spécial, en faisant abstraction des effets que l'agent voulait atteindre.

Art. 4. — Par le mot « coupable », on comprend toutes sortes de « coupables » — principaux, secondaires ou accessoires — participant d'une façon quelconque à l'infraction (auteurs, provocateurs, aides et complices en général, continuateurs, recéleurs et tous ceux qui favorisent l'impunité).

Art. 5. — Toutefois, des Etats limitrophes ou voisins pourraient, en vertu d'un traité et après consentement préalable du gouvernement, s'accorder réciproquement une prorogation de leur compétence territoriale en vue de réunir, dans le même procès, le jugement du coupable accessoire ou secondaire avec celui du coupable principal, ou d'un autre coupable accessoire ou secondaire, pourvu qu'il ne s'agisse pas d'infractions ou attentats à la sûreté politique d'un Etat, et que le tribunal décrète la peine encourue selon la loi de l'activité criminelle (articles 1-3).

Art. 6. — Lorsque la loi pénale d'un pays, compétente d'après le principe de la territorialité (articles 1-3), considère comme infraction une et indivisible, dans le sens juridique, des actes commis en partie au dedans des frontières et en partie au dehors, la justice pénale de ce pays pourrait juger et punir même les actes commis à l'étranger.

Il y aurait donc une compétence pénale double ou même multiple, dont l'une, dûment exercée par prévention, exclurait l'autre et serait respectée partout, sauf les cas des délits contre la sûreté de l'Etat et des infractions mentionnées à l'article 8.

Art. 7. — Chaque Etat conserve le droit d'étendre sa loi pénale nationale à des faits commis par ses nationaux à l'étranger.

Art. 8. — Tout Etat a le droit de punir les faits commis même hors de son territoire et par des étrangers en violation de ses lois pénales alors que ces faits constituent une atteinte à l'existence sociale de l'Etat en cause et compromettent sa sécurité, et qu'ils ne sont point prévus par la loi pénale du pays sur le territoire duquel ils ont eu lieu.

Art. 9. — Les nationaux restent responsables, selon la législation de leur patrie, pour toute infraction dont ils se rendent coupables dans des pays qui ne sont soumis à aucune souveraineté quelconque ou qui sont régis par une justice pénale fondée sur des principes tout à fait différents de ceux qui sont adoptés par les législations des pays chrétiens ou reconnaissant les principes du droit des pays chrétiens.

Dans cette hypothèse, cependant, le juge est tout particulièrement tenu d'avoir égard aux circonstances de fait qui peuvent amoindrir ou exclure la culpabilité.

La législation nationale peut établir des règles spéciales pour ces cas.

Art. 10. — Chaque Etat chrétien (ou reconnaissant les principes du droit des pays chrétiens), ayant sous sa main le coupable, pourra juger et punir ce dernier, lorsque, nonobstant des preuves certaines de prime abord d'un crime grave et de la culpabilité, le lieu de l'activité ne peut pas être constaté ou que l'extradition du coupable, même à sa justice nationale, n'est pas admise ou est réputée dangereuse.

Dans ces cas, le tribunal jugera d'après la loi la plus favorable à l'accusé, eu égard à la probabilité du lieu du crime, à la nationalité du coupable et à la loi pénale du tribunal même.

Art. 11. — Le tribunal qui, d'après les règles mentionnées ci-dessus, doit appliquer la loi la plus favorable à l'accusé en cas de divergence des peines sanctionnées dans les législations différentes, apprécie souverainement la gravité des peines. La peine de mort est toujours regardée comme étant la plus sévère.

Art. 12. — Les peines prononcées par jugement régulier des tribunaux d'un Etat quelconque, même non compétent, mais dûment subies, doivent empêcher toute poursuite dirigée à raison du même fait contre le coupable.

Seraient exceptés, toutefois, les délits contre la sûreté des Etats et les délits mentionnés, ci-dessus, à l'article 8.

Une peine subie seulement en partie, s'il n'y a pas eu remise du reste, n'entraverait pas la poursuite devant les tribunaux d'un autre pays.

Cependant, dans ce cas, on offrira l'extradition même d'un national, lorsqu'il y a extradition entre les pays respectifs et que le coupable préfère l'extradition ; excepté seulement les cas des crimes et délits contre la sûreté de l'Etat et ceux mentionnés, ci-dessus, à l'article 8.

Toutes les fois qu'il y a lieu d'exercer de nouvelles poursuites après un jugement prononcé à l'étranger, on tiendra compte de la peine que le coupable a déjà subie du chef du même fait. L'appréciation du tribunal quant à la mitigation de la peine, dans ces cas, sera souveraine.

Art. 13. — Les acquittements prononcés du chef d'insuffisance des preuves produites contre l'accusé seraient valables partout. De même, les grâces accordées par le souverain d'un pays ayant sous sa main le coupable.

Les acquittements motivés par la non-criminalité du fait auraient même force que la loi du pays déclarant non punissable ce même fait.

S'il y avait doute quant à la portée du jugement, la présomption serait en faveur du prévenu.

La prescription est traitée de la même manière que l'acquittement motivé par la non-criminalité.

Ces règles ne s'appliquent pas aux délits contre la sûreté de l'Etat, ni aux cas exceptionnels mentionnés à l'article 8.

Art. 14. — L'exécution de la peine ne peut jamais avoir lieu hors du pays où le jugement est prononcé, sauf le cas d'une convention internationale ou conclue entre les membres d'un Etat formant un système fédératif.

Art. 15. — L'aggravation de la peine à raison de récidive, quand la condamnation antérieure est émanée d'un tribunal étranger, ne peut être appliquée qu'après examen préalable de l'infraction antérieure. Cependant, selon l'avis du tribunal, *le dossier* de l'instruction étrangère pourra suffire. Le tribunal, vu les circonstances et les doutes soulevés, pourra écarter souverainement la question d'aggravation à raison de récidive.

[341.4]
(*Institut de Droit International*, Munich, 1883.)

Extradition. 341.44

1. — L'extradition est un acte international conforme à la justice et à l'intérêt des Etats, puisqu'il tend à prévenir et à réprimer efficacement les infractions à la loi pénale.

2. — L'extradition n'est pratiquée d'une manière sûre et régulière que s'il y a des traités, et il est à désirer que ceux-ci deviennent de plus en plus nombreux.

3. — Toutefois, ce ne sont pas les traités seuls qui font de l'extradition un acte conforme au droit, et elle peut s'opérer même en l'absence de tout lien contractuel.

4. — Il est à désirer que, dans chaque pays, une loi règle la procédure de la matière ainsi que les conditions auxquelles les individus réclamés comme malfaiteurs seront livrés aux gouvernements avec lesquels il n'existe pas de traité.

5. — La condition de réciprocité, en cette matière, peut être commandée par la politique ; elle n'est pas exigée par la justice.

6. — Entre pays dont les législations criminelles reposeraient sur des bases analogues, et qui auraient une mutuelle confiance dans leurs institutions judiciaires, l'extradition des nationaux serait un moyen d'assurer la bonne administration de la justice pénale, parce qu'on doit considérer comme désirable que la juridiction du *forum delicti commissi* soit, autant que possible, appelée à juger.

7. — En admettant même la pratique actuelle qui soustrait les nationaux à l'extradition, on ne devrait pas tenir compte d'une nationalité acquise seulement depuis la perpétration du fait pour lequel l'extradition est réclamée.

8. — La compétence de l'Etat requérant doit être justifiée

par sa propre loi ; elle doit n'être pas en contradiction avec la loi du pays de refuge.

9. — S'il y a plusieurs demandes d'extradition pour le même fait, la préférence devrait être donnée à l'Etat sur le territoire duquel l'infraction a été commise.

10. — Si le même individu est réclamé par plusieurs Etats à raison d'infractions différentes, l'Etat requis aura égard, en général, à la gravité relative de ces infractions.

En cas de doute sur la gravité relative des infractions, l'Etat requis tiendra compte de la priorité de la demande.

11. — En règle, on doit exiger que les faits auxquels s'applique l'extradition soient punis par la législation des deux pays, excepté dans les cas où, à cause des institutions particulières ou de la situation géographique du pays de refuge, les circonstances de fait qui constituent le délit ne peuvent se produire.

12. — L'extradition, étant toujours une mesure grave, ne doit s'appliquer qu'aux infractions de quelque importance. Les traités doivent les énumérer avec précision ; leurs dispositions à ce sujet varient naturellement suivant la situation respective des pays contractants.

13. — L'extradition ne peut être admise pour crimes ou délits purement politiques.

Elle ne sera pas admise non plus pour infractions mixtes ou connexes à des crimes ou délits politiques, aussi appelées délits politiques relatifs, à moins, toutefois, qu'il ne s'agisse des crimes les plus graves au point de vue de la morale et du droit commun, tels que l'assassinat, le meurtre, l'empoisonnement, les mutilations et les blessures graves volontaires et préméditées, les tentatives des crimes de ce genre et les attentats aux propriétés, par incendie, explosion, inondation, ainsi que les vols graves, notamment ceux qui sont commis à main armée et avec violences.

En ce qui concerne les actes commis dans le cours d'une insurrection ou d'une guerre civile, par l'un ou l'autre des partis engagés dans la lutte et dans l'intérêt de sa cause, ils ne pourront donner lieu à extradition que s'ils constituent des actes de barbarie odieux et de vandalisme défendus suivant les lois de la guerre, et seulement lorsque la guerre civile a pris fin.

14. — Ne sont point réputés délits politiques au point de vue de l'application des règles qui précèdent, les faits délictueux qui sont dirigés contre les bases de toute organisation sociale, et non pas seulement contre tel Etat déterminé ou contre telle forme de gouvernement.

15. — En tout cas, l'extradition pour crimes ayant tout à la fois le caractère de crime politique et de crime de droit commun ne devra être accordé que si l'Etat requérant donne l'assurance que l'extradé ne sera pas jugé par des tribunaux d'exception.

16. — L'extradition ne doit pas s'appliquer à la désertion des militaires appartenant à l'armée de terre ou de mer, ni aux délits purement militaires.

L'adoption de cette règle ne fait pas obstacle à la livraison des matelots appartenant à la marine d'Etat ou à la marine marchande.

17. — Une loi ou un traité d'extradition peut s'appliquer à des faits commis antérieurement à sa mise en vigueur.

18. — L'extradition doit avoir lieu par la voie diplomatique.

19. — Il est à désirer que, dans le pays de refuge, l'autorité judiciaire soit appelée à apprécier la demande d'extradition après un débat contradictoire.

20. — L'Etat requis ne doit pas faire l'extradition, si, d'après son droit public, l'autorité judiciaire a décidé que la demande ne doit pas être accueillie.

21. — L'examen devrait avoir pour objet les conditions générales de l'extradition et la vraisemblance de l'accusation.

22. — Le gouvernement qui a obtenu une extradition pour un fait déterminé est, de plein droit et sauf convention contraire, obligé de ne laisser juger ou punir l'extradé que pour ce fait.

23. — Le gouvernement qui a accordé une extradition peut ensuite consentir à ce que l'extradé soit jugé pour des faits autres que celui qui avait motivé sa remise, pourvu que ces faits puissent donner lieu à l'extradition.

24. — Le gouvernement qui a un individu en son pouvoir par suite d'une extradition, ne peut le livrer à un autre gouvernement sans le consentement de celui qui le lui a livré.

25. — L'acte émané de l'autorité judiciaire qui déclare l'extradition admissible, devra constater les circonstances dans lesquelles l'extradition aura lieu, et les faits pour lesquels elle aura été accordée.

26. — L'extradé devrait être admis à opposer comme exception préalable, devant le tribunal appelé à le juger définitivement, l'irrégularité des conditions dans lesquelles l'extradition aurait été accordée. [341.44]

(*Institut de Droit International*, Oxford, 1880, Genève, 1892.)

Conflits de droit privé. 341.5

Quand la loi d'un Etat règle un conflit de lois en matière de droit privé, il est désirable qu'elle désigne la disposition

même qui doit être appliquée à chaque espèce et non la disposition étrangère sur le conflit dont il s'agit. [341.5]
(*Institut de Droit International*, Neufchâtel, 1900.)

Conflit des lois civiles en général (1). 341.5

1. — L'I. D. I. reconnaît l'évidente utilité et même, pour certaines matières, la nécessité de traités, par lesquels les États civilisés adoptent d'un commun accord des règles obligatoires et uniformes de droit international privé, d'après lesquelles les autorités publiques, et spécialement les tribunaux des États contractants, devraient décider les questions concernant les personnes, les biens, les actes, les successions, les procédures et les jugements étrangers.

2. — L'I. D. I. est d'avis que le meilleur moyen d'atteindre ce but serait que l'Institut lui-même préparât des projets textuels de ces traités, soit généraux, soit concernant des matières spéciales et, particulièrement, les conflits par rapport aux mariages, aux successions, ainsi qu'à l'exécution des jugements étrangers. Ces projets de traités pourraient servir de base aux négociations officielles et à la rédaction définitive, qui seraient confiées à une conférence de jurisconsultes et d'hommes spéciaux délégués par les différents États ou du moins par quelques-uns d'entre eux, en accordant dans ce dernier cas aux autres États, pour ce qui concerne les matières à l'égard desquelles ce système peut être adopté sans inconvénient, la faculté d'y accéder successivement.

3. — Ces traités ne devraient pas imposer aux États contractants l'uniformité complète de leurs codes et de leurs lois ; ils ne le pourraient même pas sans mettre obstacle aux progrès de la civilisation. Mais, sans toucher à l'indépendance législative, ces traités devraient déterminer d'avance laquelle d'entre les législations, qui pourraient se trouver en conflit, sera applicable aux différents rapports de droit. On soustrairait ainsi cette détermination aux contradictions entre législations parfois inconciliables de divers peuples, à l'influence dangereuse des intérêts et des préjugés nationaux, et aux incertitudes de la jurisprudence et de la science elle-même.

4. — Dans l'état actuel de la science du droit international, ce serait pousser jusqu'à l'exagération le principe de l'indépendance et de la souveraineté territoriale des nations, que de leur attribuer un droit rigoureux de refuser absolument

---

(1) Les conventions de La Haye (1893, 1894, 1900 et 1904) ont donné suite en partie aux vœux ici exprimés.

aux étrangers la reconnaissance de leurs droits civils, et de méconnaître leur capacité juridique naturelle de les exercer partout. Cette capacité existe indépendamment de toute stipulation des traités et de toute condition de réciprocité. L'admission des étrangers à la jouissance de ces droits, et l'application des lois étrangères aux rapports de droit qui en dépendent, ne pourraient être la conséquence d'une simple courtoisie et bienséance (*comitas gentium*), mais la reconnaissance et le respect de ces droits de la part de tous les Etats doivent être considérés comme un devoir de justice internationale. Ce devoir ne cesse d'exister que si les droits de l'étranger et l'application des lois étrangères sont incompatibles avec les institutions politiques du territoire régi par l'autre souveraineté, ou avec l'ordre public tel qu'il y est reconnu.   [341.5]
(*Institut de Droit International*, Genève, 1874.)

Ordre public en droit international privé.
341.5 : 340.132

L'I. D. I. exprime le vœu que, pour éviter l'incertitude qui prête à l'arbitraire du juge, et compromet, par cela même, l'intérêt des particuliers, chaque législation détermine avec toute la précision possible, celles de ses dispositions qui ne seront jamais écartées par une loi étrangère, quand même celle-ci semblerait compétente pour régler le rapport de droit envisagé.

Il est spécialement désirable que chaque convention de droit international privé précise les points sur lesquels, dans chaque pays contractant, une disposition regardée comme d'ordre public pourra tenir en échec les principes mêmes de la convention.   [341.5 : 340.132]
(*Institut de Droit International*, Paris, 1910.)

Force obligatoire des lois.   341.5 : 340.132

En aucun cas les lois d'un Etat ne pourront obtenir reconnaissance et effet dans le territoire d'un autre Etat, si elles y sont en opposition avec le droit public ou avec l'ordre public.
                                        [341.5 : 340.132]
(*Institut de Droit International*, Oxford, 1880.)

Capacité des personnes morales publiques étrangères.
341.5 : 347.19

Art. 1. — Les personnes morales publiques reconnues dans l'Etat où elles ont pris naissance, sont reconnues de plein droit dans tous les autres Etats.

Art 2. — En conséquence, dans tous les cas, les personnes morales publiques étrangères ont le droit d'ester en justice, comme demanderesses ou comme défenderesses, devant les tribunaux de tous les Etats, par l'entremise de leurs représentants ordinaires.

Elles sont représentées, dans les actes de la vie civile, conformément à leur loi nationale.

Art. 3. — Elles sont capables d'acquérir, soit à titre onéreux, soit à titre gratuit, des meubles ou des immeubles situés hors de leur pays d'origine, sauf les restrictions suivantes.

Art. 4. — Pour les acquisitions à titre gratuit, peuvent être exigées tout à la fois les autorisations et conditions prescrites par les lois du pays du donateur ou du testateur, du pays dont relève cette personne morale, et, s'il s'agit d'immeubles, l'autorisation du pays de la situation de ces immeubles.

Art. 5. — Les acquisitions à titre onéreux faites dans un pays par une personne morale publique étrangère peuvent être soumises à l'autorisation exigée par la loi du pays dont elles relèvent et, s'il s'agit d'immeubles, aux mêmes conditions et autorisations que les acquisitions à titre onéreux faites par les personnes morales similaires dans le pays où sont situés les biens acquis.

Art. 6. — Toutefois un Etat est toujours libre de soumettre à des conditions spéciales, non exigées pour les personnes morales publiques de cet Etat, les acquisitions à titre gratuit ou à titre onéreux de biens meubles ou immeubles situés sur son territoire, faites par des personnes morales publiques étrangères, même de limiter par une loi la capacité d'aquérir de celle-ci.

Art. 7. — Les personnes morales publiques d'un pays ne peuvent pas créer, en dehors de ce pays, des établissements rentrant dans la sphère de leur activité, sans s'être munies des autorisations exigées par la loi territoriale pour la création d'établissements similaires.

Art. 8. — Les règles précédentes s'appliquent aux Etats étrangers comme aux autres personnes morales publiques.

Il est toutefois recommandé par l'Institut, comme règle de courtoisie internationale utile aux bonnes relations des Etats, qu'un Etat qui veut posséder d'une manière définitive un immeuble situé sur le territoire d'un autre Etat, en prévienne celui-ci. [341.5 : 347.19]

(*Institut de Droit International*, Copenhague, 1897.)

Conflits en matière de droits réels. 341.5 : 347.22

Art. 1. — La capacité nécessaire pour faire des actes juridiques qui concernent des droits réels, aussi bien sur les choses meubles que sur les immeubles, doit être régie par les règles générales en matière de capacité juridique.

Art. 2. — Les conditions de forme des actes juridiques ayant pour but ou pour conséquence la constitution d'un droit réel doivent être déterminées conformément aux règles générales sur la forme des actes.

Un droit réel ne peut, cependant, s'établir et subsister, de façon à être opposable aux tiers, qu'en remplissant les conditions de forme exigées par la *lex rei sitae* pour la sauvegarde des intérêts généraux et de l'ordre public.

Cette loi doit déterminer, même dans les rapports entre les parties, les conditions auxquelles on peut considérer une personne comme saisie d'un certain droit réel, en fixant notamment comment et quand a lieu la transmission de la propriété.

Art 3. — Il appartient à la *lex rei sitae* de déterminer quelles sont les choses susceptibles d'être l'objet d'un droit réel donné, de limiter ou d'exclure la revendication, la prescription et même les effets de privilèges établis par la loi qui régit le rapport juridique auquel le privilège est attaché.

Art. 4. — Pour déterminer si une personne a titre à un certain droit réel, spécialement en matière d'hypothèques légales ou conventionnelles, on doit consulter la loi à laquelle est soumis le rapport juridique auquel peut être rattaché le titre même.

Art. 5. — En cas de déplacement d'un meuble d'un territoire à un autre, les droits réels valablement acquis sur la chose, conformément aux règles ci-dessus énoncées tandis que celle-ci se trouvait sur un territoire déterminé, doivent être respectés, lors même que la chose se trouverait subséquemment sur un territoire différent.

La loi de la nouvelle situation peut toutefois exiger, pour des motifs de tutelle sociale et d'ordre public, que l'on remplisse les conditions ou certaines des conditions prescrites pour que le droit réel puisse produire effet vis-à-vis des tiers.

Art. 6. — Les questions concernant la loi qui régit les droits réels dans la faillite sont réservées. [341.5 : 347.22]
(*Institut de Droit International*, Madrid, 1911.)

Conflits en matière de droits réels en cas de faillite.
341.5 : 347.22

Art. 1. — Pour déterminer si une personne a titre à un certain droit réel et pour décider si un droit de cette nature a été établi de façon à être opposable aux tiers, il faut, même en cas de faillite, faire application des règles générales du droit international privé en matière de droits réels, sauf à tenir compte des règles suivantes.

Art. 2. — Pour décider si, et à quelles conditions on peut exercer une action en nullité pour les actes ayant pour but la constitution d'un droit réel (notamment d'un droit de gage ou d'hypothèque) sur les biens du débiteur, passés par celui-ci depuis la date du commencement des effets de la faillite, qui a été déclarée à son égard par l'autorité exclusivement compétente aux fins de prononcer cette déclaration, il faut prendre en considération la loi du pays où siège cette autorité même.

Art. 3. — La loi de la situation doit être appliquée pour décider si les limitations, et lesquelles, doivent être apportées dans l'intérêt des tiers à l'étendue des droits de préférence sur les biens du débiteur tombé en état de faillite, et cela spécialement pour ce qui a trait au droit d'hypothèque légale de la femme sur les biens de son mari.

Art. 4. — La loi de la situation est compétente pour déterminer, même en cas de faillite, le rang dans lequel s'exercent les droits réels sur les immeubles aussi bien que sur les meubles.

Art. 5. — Le déplacement d'un meuble grevé d'un droit de privilège, avenu après la publication de la déclaration de faillite, ne peut avoir aucune influence sur la loi compétente pour régir le privilège.

Si le meuble qui est l'objet d'un droit de cette nature est déplacé avant la publication de la déclaration de faillite, le maintien du privilège et ses effets doivent en principe être appréciés conformément aux règles générales du droit international privé concernant les droits réels, en cas de déplacement d'un meuble d'un pays dans un autre.

Si cependant il est allégué que le meuble étant ou pouvant être l'objet d'un privilège a été déplacé d'un pays dans un autre, dans le but d'accomplir un acte frauduleux, susceptible de nuire à la masse ou à quelques-uns des créanciers, l'appréciation du caractère d'un tel acte et des conséquences qui en découlent doit être faite conformément à la loi du pays où siège l'autorité exclusivement compétente pour déclarer la faillite.

Art. 6. — Pour décider si, en cas de faillite, on peut exercer un droit qui, tout en étant qualifié de droit de revendication, a en réalité un caractère juridique différent, consistant notamment dans la faculté d'obtenir la résolution d'un contrat ou le payement du prix d'une marchandise aliénée par le débiteur, il faut prendre en considération la loi régissant généralement la faillite.

S'il s'agit au contraire d'un droit de revendication proprement dit, la loi applicable, même en cas de faillite, est celle indiquée par les principes généraux de droit international privé en matière de droits réels.

Il en est de même pour ce qui a trait au droit de rétention.

Art. 7. — Lorsque, d'après les règles adoptées dans ce projet, il faut s'en rapporter à la loi régissant généralement la faillite, cette loi est applicable, même pour ce qui, en matière de droits réels, a trait au droit maritime.

Lorsque les règles ci-dessus renvoient à l'application de la *lex rei sitae*, il faut substituer à celle-ci la loi du pavillon, pour ce qui concerne les droits réels sur les navires   [341.5 : 347.22]

(*Institut de Droit International*, Christiania, 1912.)

Conflits de lois en matière d'obligations. 341.5 : 347.41

Art. 1. — Les effets de l'obligation contractuelle sont régis par la loi à laquelle les parties ont manifesté l'intention de se soumettre, dans la mesure où la validité de l'obligation et ses effets ne se heurtent pas contre les lois qui régissent obligatoirement la convention, notamment quant à la capacité des parties, quant à la forme, quant à la validité intrinsèque du contrat, ou quant à l'ordre public.

Art. 2. — Si les parties n'ont pas manifesté la volonté effective d'accepter telle ou telle loi comme loi supplétive, c'est-à-dire comme loi destinée à suppléer aux lacunes de leurs conventions, dans la mesure où elles peuvent déterminer librement les effets de celles-ci, la détermination de la loi à appliquer comme droit supplétif sera déduite de la nature du contrat, de la condition relative des parties ou de la situation de la chose.

C'est ainsi qu'on appliquera :

a) Dans les contrats faits en Bourse, en foire ou dans les marchés publics, la loi du lieu du contrat.

b) Dans les contrats ayant pour objet des immeubles, la loi de la situation des immeubles.

c) Dans les contrats de bienfaisance, la loi du domicile de celui qui confère le bienfait ou rend le service gratuit (donation, prêt sans intérêt, mandat non salarié, dépôt gratuit, cautionnement, etc...)

d) Dans les ventes commerciales faites par un commerçant à un non-commerçant, ou même à un commerçant, à la condition qu'il ne s'agisse pas d'un acte commercial pour l'acheteur, et sauf le cas prévu sous la lettre *a*, la loi du lieu de l'établissement commercial du vendeur ;

e) Dans les contrats de louage de services, de louage d'ouvrage, entreprise de travaux publics, de constructions de fournitures pour un Etat, une province, une commune, ou une administration publique, la loi en vigueur dans cet Etat ou dans le ressort territorial de cette province, de cette commune ou de cette administration publique ;

f) Dans les contrats d'assurances mutuelles ou à primes, ou autres contrats (rentes viagères par exemple) faits avec une compagnie d'assurances contre l'incendie, sur la vie, contre le vol ou contre les accidents, etc... la loi en vigueur au siège de cette compagnie ;

g) Dans les contrats faits avec une personne exerçant une profession réglementée (médecin, avocat, avoué, notaire, huissier, etc...) et comportant de la part de cette dernière l'exercice de sa profession, la loi du lieu où elle exerce celle-ci ;

h) Dans les contrats de louage de services faits par des ouvriers ou employés avec une société commerciale industrielle ou civile, ou avec un commerçant, la loi du siège de l'établissement commercial, industriel ou civil.

i) En matière de lettre de change ou de billet à ordre, la loi du lieu de chaque-engagement ou, si ce lieu n'est pas mentionné dans le titre, celle du domicile de l'obligé ;

j) En marière de contrat de transport de personnes ou de choses par chemin de fer, voiture ou bateau, avec une société ou un particulier en faisant sa profession, comme aussi avec un commissionnaire de transport ou commissionnaire expéditeur, la loi du principal établissement de cette société, du transporteur, voiturier, commissionnaire, etc.

Art. 3. — Si la détermination de la loi applicable, dans le silence des parties, ne ressort ni de la nature du contrat, ni de leur condition relative, ni de la situation des biens, le juge aura égard à la loi de leur domicile commun, à défaut de domicile commun, à leur loi nationale commune, et si elles n'ont ni domicile dans le même pays, ni nationalité commune, à la loi du lieu de contrat.

Art 4. — Si le contrat a été fait par correspondance, le lieu du contrat ne sera pas non plus pris en considération, et l'on appliquera la loi du domicile ou de l'établissement commercial de celui de qui émane l'offre ou la proposition.

Il en sera de même dans le cas d'un contrat fait par téléphone et l'on appliquera la loi du domicile ou de l'établissement commercial de celui de qui émane l'offre de la proposition, à moins que cette question ne puisse être résolue en fait. Dans ce dernier cas, on appliquera la loi du domicile commun ou de la nationalité commune, ou subsidiairement celle du domicile du débiteur.

Art. 5. — En ce qui concerne les modalités de l'exécution, manière de compter, de peser, de mesurer, mise en demeure, jours fériés, validité du paiement, validité des offres et de la consignation, il convient d'appliquer la loi et les usages du lieu d'exécution.

Art. 6. — Lorsque les effets du contrat dépendent du sens de certains termes employés pour désigner le prix, le poids, la mesure, les délais et époques de paiement, on doit s'en référer en général à la terminologie du lieu ou l'exécution doit se faire, à moins qu'il ne résulte des circonstances, et surtout de l'objet du contrat que les parties les ont réellement employés dans un sens différent.

Art. 7. — Nonobstant les présomptions ci-dessus, la manifestation même tacite de la volonté effective des parties contractantes prévaudra toujours contre elles et devra être respectée.

[341.5 : 347.41]
(*Institut de Droit International*, Florence, 1908.)

Exception de jeu.   341.5 : 347.465.5

Dans les marchés à terme, l'exception de jeu doit être appréciée d'après la loi du lieu du contrat. Toutefois, si le contrat a été conclu dans un pays dont la loi n'admet pas l'exception de jeu, cette exception peut être opposée, si elle est admise par la loi du tribunal saisi, *lex fori*.   [341.5 : 347.465.5]
(*Institut de Droit International*, Paris, 1910.)

Conflits de lois en matière de mariage et de divorce.
341.5 : 347.62

I. — *De la loi qui régit la forme de la célébration*
du mariage.

Art. 1. — La loi qui régit la forme de la célébration du mariage est celle du pays où le mariage est célébré.

Art. 2. — Seront toutefois reconnus partout comme valables quant à la forme :

1º Les mariages célébrés en pays non chrétiens conformément aux capitulations en vigueur ;

2º Les mariages diplomatiques ou consulaires célébrés dans les formes prescrites par la loi du pays de qui relève la légation ou le consulat, si les deux parties contractantes appartiennent à ce pays.

Art. 3. — Si, dans un pays, la forme de la célébration est purement religieuse, les étrangers (1) doivent être autorisés à

---

(1) Les mots « appartenant à un autre culte » étaient ici intercalés dans le *projet de la commission*. Ils ont été supprimés.

célébrer leur mariage selon les formes légales de leur pays d'origine, ou devant les autorités diplomatiques ou consulaires. du mari, même si, dans le pays où ils sont accrédités, leur qualité d'officier d'état civil n'est pas reconnue.

Art. 4. — Chaque mariage contracté à l'étranger doit être constaté par un document officiel et communiqué aux autorités du pays d'origine du mari.

II. — *De la loi qui régit les conditions nécessaires pour que le mariage puisse être célébré.*

Art. 5. — Pour que le mariage puisse être célébré dans un pays autre que celui des époux ou de l'un d'eux, il faut que le futur et la future se trouvent dans les conditions prévues par leur loi nationale respective en ce qui concerne :

1º L'âge ;

2º Les degrés prohibés de parenté ;

3º La publication des bans.

Il faut, en outre, que le futur et la future se trouvent dans les conditions prévues par la loi du lieu de la célébration en ce qui concerne :

1º Les degrés prohibés de parenté ;

2º La publication des bans.

Art. 6. — Les autorités du pays où le mariage est célébré pourront accorder dispense des empêchements résultant de la parenté ou de l'alliance entre les futurs époux, ou du défaut de consentement de leurs parents ou tuteurs, dans les cas et dans la mesure où cette faculté appartiendrait, en vertu de la loi nationale des futurs époux, aux autorités de leurs patries respectives.

Art. 7. — Les autorités diplomatiques ou consulaires seront admises à délivrer des certificats constatant que leurs nationaux qui se proposent de contracter mariage se trouvent dans les conditions voulues par leur loi nationale.

III. — *De la loi qui régit les conditions de validité à défaut desquelles le mariage célébré pourra être annulé.*

Art. 8. — Pourra être annulé, le mariage contracté en dehors des conditions exigées par la loi nationale de l'un des époux, en ce qui concerne :

1º L'âge ;

2º Les degrés prohibés de parenté ou d'alliance ;

3º La publication des bans.

Art. 9. — Pourra également être annulé le mariage contracté en dehors des conditions prescrites par la loi nationale du futur, en ce qui concerne le consentement des parents ou tuteurs.

IV. — *De la loi qui régit les effets du mariage et les contrats matrimoniaux.*

Art. 10. — Les effets du mariage, sur l'état de la femme et sur l'état des enfants nés avant le mariage, se règlent d'après la loi de la nationalité à laquelle appartenait le mari lorsque le mariage a été contracté.

Art. 11. — Les droits et devoirs du mari envers la femme et de la femme envers le mari sont reconnus et protégés selon la loi nationale du mari, sauf les restrictions du droit public du lieu de la résidence des époux.

Art. 12. — Le régime des biens des époux embrasse tous les biens des époux, tant mobiliers qu'immobiliers, sauf les immeubles qui sont régis par une loi spéciale.

Art. 13. — Les contrats matrimoniaux relatifs aux biens des époux sont régis, quant à la forme, par la loi du lieu où ces contrats ont été conclus. Doivent toutefois être également considérés comme valables partout, les contrats matrimoniaux faits dans les formes exigées par la loi nationale des deux parties.

Art. 14. — A défaut d'un contrat de mariage, la loi du domicile matrimonial — c'est-à-dire du premier établissement des époux — régit les droits matrimoniaux des époux, s'il n'appert pas des circonstances ou des faits l'intention contraire des parties.

Art. 15. — Un changement du domicile ou de la nationalité des époux ou du mari n'a aucune influence sur le régime une fois établi entre les époux, sauf les droits des tiers.

V. — *De la loi qui régit les effets de la nullité du mariage prononcée dans le pays de l'un des conjoints.*

Art. 16. — Lorsqu'un mariage valable d'après la loi du pays de l'un des contractants aura été déclaré nul dans le pays de l'autre, le mariage devra être considéré comme nul partout, sauf les effets civils d'un mariage putatif.

VI. — *De la loi qui régit le divorce.*

Art. 17. — La question de savoir si un divorce est légalement admissible ou non dépend de la législation nationale des époux.

Art. 18. — Si le divorce est admis en principe par la loi nationale, les causes qui le motivent doivent être celles de la loi du lieu où l'action est intentée.

Le divorce ainsi prononcé par le tribunal compétent sera reconnu valable partout.   [341.5 : 347.62]

(*Institut de Droit International*, Heidelberg, 1887, Lausanne, 1888.)

Tutelle des mineurs étrangers.   341.5 : 347.642

I. *Principes.* — 1. La tutelle des mineurs est régie par leur loi nationale.

Cette loi détermine l'ouverture et la fin de la tutelle, son mode de délation, d'organisation et de contrôle, les attributions et la compétence du tuteur.

2. — Lorsque, le mineur n'ayant conservé dans son pays d'origine aucun domicile et n'étant plus rattaché à lui par aucun lien de droit attributif de compétence, il est impossible de constituer la tutelle dans ledit pays, l'agent diplomatique ou consulaire de sa nation dans la circonscription duquel la tutelle s'est ouverte de fait exerce les attributions conférées par la loi nationale aux autorités tutélaires de la métropole et pourvoit à l'organisation de la tutelle conformément à ladite loi.

Toutefois, si le mineur qui n'a plus personnellement aucun domicile attributif de compétence dans son pays, y possède des parents ou alliés jusqu'au quatrième degré inclusivement, la tutelle est réputée s'ouvrir au domicile du parent ou de l'allié le plus proche, le parent ayant le pas sur l'allié à égalité de degré.

Le deuxième alinéa du présent article ne s'applique pas aux pays dans lesquels la famille demeure étrangère à la constitution de la tutelle, et où la juridiction des tribunaux est formellement subordonnée au fait que le mineur se trouve personnellement domicilié dans leur ressort.

3. — A défaut d'agent diplomatique ou consulaire du pays auquel ressortit le mineur ou si, vu les circonstances, cet agent est hors d'état d'organiser la tutelle conformément à la loi de son pays, la tutelle est organisée conformément à la loi du domicile par les soins des autorités tutélaires du lieu.

Elle s'ouvre alors d'après les dispositions de la dite loi, nonobstant celles de la loi nationale.

Mais elle prend fin à l'époque et pour les causes prévues par la loi naturelle.

Dans les pays où il existe une tutelle légale, les personnes à qui la loi nationale confère la tutelle légale sont admises à l'exercer, encore que la *lex loci* ne reconnaisse pas ce droit aux indigènes. Dans les pays où la tutelle est conférée par l'autorité, les personnes à qui la loi nationale confère la tutelle légale seront investies de la tutelle, dans la mesure où le juge le trouvera possible.

4. — La tutelle organisée conformément aux dispositions qui précèdent est réputée, dans les deux pays, régulièrement organisée, à l'exclusion de toute autre.

Toutefois, si les raisons de droit ou de fait qui ont empêché de constituer la tutelle dans le pays du mineur viennent à disparaître par la suite, et qu'il devienne possible de l'y constituer, les autorités nationales auront en tout temps le droit de le faire ou de le permettre, à condition d'en avertir préalablement les autorités étrangères qui y avaient pourvu conformément au présent règlement. Les tuteurs qui avaient été nommés par celles-ci seront relevés de leurs fonctions conformément à la *lex loci* ; la validité des actes desdits tuteurs sera appréciée d'après la même loi.

5. — En attendant l'organisation régulière de la tutelle et pour les actes d'administration urgents, les pouvoirs de tuteur sont dévolus à l'agent diplomatique ou consulaire et, à son défaut, aux autorités tutélaires locales.

II. *Règles d'exécution.* — 1. Lorsqu'un étranger ayant sa résidence habituelle dans un pays décède, laissant des enfants qui, d'après leur loi nationale, sont encore mineurs, la personne chargée de la tenue du registre des décès doit informer de cette circonstance, dans un délai de . . . . . . jours, les autorités de ladite résidence.

2. — Ces autorités inscrivent, à sa date, l'avis transmis par le préposé sur le registre tenu à cet effet, et dans le délai de . . . . . jours, en adressant un extrait au ministère des Affaires étrangères de leur pays, pour être transmis, par ses soins, à la mission diplomatique ou au poste consulaire de l'Etat dont relevait le défunt et, à défaut de mission diplomatique et de consulat, au gouvernement dudit Etat.

3. — Si la localité où résidait habituellement le défunt est comprise dans une circonscription consulaire de l'Etat auquel il ressortissait ou auquel ressortissait ses enfants, l'avis émané

des autorités locales doit toujours, en dernière analyse, être adressé au consul soit par lesdites autorités, soit par son propre gouvernement ou la légation, saisis en vertu de l'article 2.

4. — Le consul inscrit, à son tour, cet avis sur un registre spécial et met la famille des mineurs en demeure de lui faire connaître dans un délai de . . . . jours, si elle a gardé avec son pays d'origine des liens suffisants pour y faire constituer la tutelle des mineurs, ou s'il y a lieu de la faire constituer soit sous les auspices du consulat, soit par les autorités locales, à titre de tutelle unique ou de protutelle. La réponse de la famille est inscrite dans une colonne spéciale du même registre.

5. — Si, de la réponse de la famille, il appert que la tutelle peut être constituée dans le pays d'origine, le consul met la famille en demeure de se pourvoir, dans un délai de . . . . . jours, devant les autorités compétentes dudit pays et prévient immédiatement celles-ci par une lettre directe, contenant les renseignements qu'il a été à même de recueillir. Mention sommaire est faite de cette lettre sur le registre spécial indiqué à l'article précédent. Aussitôt que la tutelle est constituée, le consul en est informé, à son tour, par lesdites autorités ; il inscrit le fait sur le registre, en mentionnant les nom, prénoms, profession et domicile du tuteur nommé, et prévient les autorités locales. Sa propre inscription le décharge de tout devoir ultérieur quant à la tutelle des mineurs dont il s'agit, et son avis aux autorités locales produit le même effet, en de qui les concerne, aussitôt qu'il a été transcrit sur le registre mentionné à l'article 2.

En cas de changement ultérieur dans la personne du tuteur, le consul et les autorités locales doivent en être informés en la même forme que de la nomination primitive.

6. — Lors, au contraire, qu'il appert de la réponse de la famille que la tutelle ne peut pas être constituée dans le pays d'origine, le consul procède au lieu et place des autorités tutélaires de son pays, et surveille ou dirige l'organisation de la tutelle, en se conformant, autant que les circonstances le permettent, aux diverses dispositions et recommandations de sa loi nationale et en s'inspirant, avant tout, de l'intérêt bien entendu des mineurs à assister. Aussitôt que la tutelle a été constituée, le consul inscrit sur son registre spécial tous les actes relatifs à l'organisation et avise les autorités locales, ainsi qu'il est dit à la fin de l'article précédent.

7. — Si le consul n'est pas en mesure de constituer la tutelle, faute de nationaux, de parents ou d'alliés des mineurs, aptes à en assumer la charge et disposés à l'accepter, dans la mesure

où ils seraient libres de la décliner, il en donne immédiatement avis aux autorités tutélaires locales, en mentionnant le fait comme pour leur nationaux, sous les réserves indiquées à l'article 3 des *Principes*, et font connaître au consul, pour être inscrit sur un registre, le nom du tuteur désigné par elles et éventuellement celui du remplaçant de ce tuteur.

8. — Si, dans les quatre mois à compter du décès, le consul ou les autorités tutélaires locales n'ont pas reçu notification de la constitution de la tutelle, un rappel est adressé par leurs soins aux autorités nationales qui, en vertu de l'article 5 ci-dessus, avaient été saisies de l'affaire en première ligne.

9. — Au bout de six mois, sauf prolongation motivée du délai, les autorités locales, prévenues conformément à l'article 1er, adressent une dernière mise en demeure aux autorités nationales. Si elle reste sans effet pendant trente jours à partir de sa date, celles-ci sont définitivement dessaisies, et la tutelle est organisée par les soins des premières, conformément à l'article 3 des *Principes*.

10. — Dans les cas prévus aux articles 6, 7 et 9, communication de la constitution de la tutelle est donnée au gouvernement de l'Etat auquel ressortissent les mineurs ; et ce gouvernement en informe son propre consul dans le cas de l'article 9.

11. — Lorsque en vertu de l'article 5 des *Principes*, un consul ou les autorités tutélaires locales sont appelées, vu l'urgence, à faire un acte de tutelle, elles l'inscrivent sur leur registre spécial, en indiquant les motifs de leur intervention. [341.5 : 347.642]

(*Institut de Droit International*, Hambourg, 1891.)

Interdiction. 341.5 : 347.6461

Art. 1. — L'interdiction des majeurs est régie par leur loi nationale.

Art. 2. — En principe, l'interdiction ne peut être prononcée que par les autorités compétentes du pays auquel la personne à interdire appartient par sa nationalité.

Les autorités du pays où elle réside doivent toutefois ordonner toutes mesures conservatoires, soit quant à la personne, soit quant aux biens.

Art. 3. — L'interdiction prononcée par les autorités compétentes du pays d'origine produit son effet dans tout autre pays sans qu'il soit besoin d'*exequatur*.

Toutefois les autorités étrangères ont le droit d'en subordonner, sur leur territoire, l'effet vis-à-vis des tiers à des mesures de publicité analogues à celles que prescrit la loi locale pour l'interdiction des nationaux.

Art. 4. — Par dérogation au principe de l'article 2, toutes les fois que les autorités du pays d'origine d'un étranger ne peuvent pas, pour une cause quelconque, statuer sur la demande d'interdiction, celles du pays où cet étranger réside deviennent compétentes pour prononcer l'interdiction.

En dehors de ce cas, ces dernières autorités sont tenues de se déclarer incompétentes, même d'office.

Art. 5. — Toutes les fois que, d'après l'article 4, les autorités de la résidence sont saisies d'une demande en interdiction d'un étranger, elles doivent, avant de statuer, la porter à la connaissance de l'agent diplomatique ou consulaire de l'Etat intéressé, en lui indiquant un délai pour présenter contre la demande les observations ou exceptions qu'il jugerait opportunes.

Art. 6. — L'agent diplomatique ou consulaire, avant de répondre, prend l'avis des autorités compétentes (notamment du ministère public) du dernier domicile du défendeur dans son pays d'origine.

Art. 7. — Lorsque des autorités étrangères sont compétentes pour statuer sur une demande d'interdiction, elles suivent pour l'instruction de l'affaire la même procédure que s'il s'agissait d'une personne du pays.

La demande en interdiction peut être formulée par les personnes ou les autorités qui ont le droit de l'introduire, soit d'après la loi nationale, soit d'après la loi de la résidence.

Elles ne peuvent prononcer l'interdiction que pour les causes admises par la loi nationale de la partie, et l'interdiction produit les effets que lui attribue cette loi.

L'administration de la personne et des biens de l'interdit est organisée par les autorités étrangères conformément à la loi du lieu.

La surveillance de l'incapable est confiée, autant que possible, aux personnes qu'y appelle la loi dudit incapable, encore qu'elles n'y aient pas un droit absolu d'après la loi locale.

Art. 8. — Les dispositions qui précèdent recevront leur application sans qu'il y ait à distinguer entre les meubles et les immeubles de l'incapable.   [341.5 : 347.646.1]

(*Institut de Droit International*, Genève, 1892, Cambridge, 1895.)

Successions.   341.5 : 347.65

Les successions à l'universalité d'un patrimoine sont, quant à la détermination des personnes successibles, à l'étendue de leurs droits, à la mesure ou quotité de la portion disponible ou de la réserve, et à la validité intrinsèque des dispositions de dernière volonté, régis par les lois de l'Etat auquel appartenait le défunt, ou subsidiairement, dans les cas prévus ci-dessus à l'alinéa 6 par les lois de son domicile, quels que soient la nature des biens et le lieu de leur situation.

[341.5 : 347.65]
(*Institut de Droit International*, Oxford, 1880.)

Conflits en matière commerciale. 341.5 : 347.7

1. — Plusieurs parties du droit commercial devraient être réglées par une législation uniforme, le moyen le plus radical et le plus efficace de faire disparaître les conflits de droit.

2. — Les matières à l'égard desquelles l'uniformité est surtout désirable sont : les lettres de change et autres papiers négociables, le contrat de transport et les principales parties du droit maritime.

3. — Pour toutes les autres parties du droit commercial l'intérêt des relations commerciales exige que les principaux conflits soient décidés au moyen de traités, à défaut de dispositions uniformes dans les législations nationales.

[341.5 : 347.7]
(*Institut de Droit International*, Turin, 1882.)

Capacité commerciale. 341.5 : 347.712

1. — Conformément aux principes adoptés à Oxford, la capacité d'une personne, en matière commerciale comme en matière civile, se détermine d'après sa loi nationale.

2. — Toutefois, en matière commerciale, la demande en nullité fondée sur l'incapacité de l'une des parties peut être repoussée et l'acte reconnu valable par application de la loi du lieu où il a été passé, si l'autre partie établit qu'elle a été induite en erreur par le fait de l'incapable ou par un concours de circonstances graves abandonnées à l'appréciation des magistrats.

[341.5 : 347.712]
(*Institut de Droit International*, Lausanne, 1888.)

Sociétés par actions. 341.5 : 347.72

Art. 1. — Les sociétés par actions constituées conformément aux lois de leur pays d'origine, ont, sans qu'une autorisation générale ou spéciale leur soit nécessaire, le droit d'ester en justice dans les autres pays.

Elles ont le droit d'y faire des opérations en observant les lois et règlements d'ordre public, d'y établir des agences ou sièges quelconques d'opérations.

Art. 2. — Le fonctionnement des sociétés par actions, les pouvoirs, les obligations et la responsabilité de leurs représentants sont régis, même dans les autres Etats, par les lois du pays d'origine de ces sociétés.

Art. 3 — Les sociétés par actions qui établissent des succursales ou sièges d'opérations dans un pays étranger doivent y remplir les formalités de publicité prescrites par les lois de ces pays.

Le défaut d'accomplissement de ces formalités ne rend pas nulles les opérations faites par les succursales. Mais les administrateurs et représentants des sociétés peuvent être déclarés responsables, d'après la loi du pays où la contravention a été commise, de toutes les opérations faites dans ce pays.

Art. 4. — Les conditions légales, soit des émissions, soit des négociations d'actions ou obligations des sociétés étrangères sont celles, qu'exige la loi du pays dans lequel ces émissions ou négociations ont lieu.

Art. 5. — On doit considérer comme pays d'origine d'une société par actions le pays dans lequel a été établi sans fraude son siège social légal.   [341.5 : 347.72]

(*Institut de Droit International*, Hambourg, 1891.)

Règles internationales concernant la faillite.
341.5 : 347.736

Art. 1. — La déclaration de faillite, intervenue dans un des Etats contractants, produit ses effets, sous les conditions ci-après déterminées, sur le territoire des autres Etats contractants.

Art. 2. — L'autorité compétente pour déclarer la faillite est celle du lieu où le débiteur a le siège principal de ses affaires, où, à défaut d'un tel siège, celle du lieu de son domicile.

En ce qui concerne les sociétés commerciales, on considérera comme leur domicile le lieu où la société a établi sans fraude son siège social légal.

Toutefois la faillite pourra être déclarée par le tribunal dans le ressort duquel est située une simple succursale ou résidence ; mais elle ne produira d'effets que dans le pays où elle a été prononcée.

En cas de déclaration de faillite prononcée dans un ou plusieurs pays et dans le pays du siège principal des affaires du débiteur, les tribunaux du pays des succursales ou résidences seront dessaisis au profit du tribunal du pays du siège principal.

Art. 3. — Les conditions exigées pour la déclaration de la faillite, les effets de la faillite postérieurs au jugement déclaratif, les pouvoirs des administrateurs de la faillite, les formes à suivre dans la procédure de faillite, la vérification et l'admission des créances, la distribution de l'actif entre les créanciers, et, en général, tout ce qui concerne l'administration, la liquidation et les solutions de la faillite, y compris le concordat entre le failli et ses créanciers et la réhabilitation du failli, seront réglés par la loi de l'Etat où la faillite a été déclarée.

La question de savoir quelle est la loi qui régit les droits de préférence et l'ordre dans lequel ils s'exercent et la question de la loi à observer quant aux formes de la réalisation des biens sont réservées.

Art. 4. — La déclaration de faillite ne peut donner lieu à des actes d'exécution proprement dits sur le territoire d'un Etat autre que celui où elle a été prononcée, sans y avoir été revêtue de l'exequatur, donné par l'autorité que la loi locale désignera et qui ne pourra se livrer à aucun examen du fond.

La même règle s'applique, en général, à tous les jugements provoqués par la faillite.

Art. 5. — La déclaration de faillite, ainsi que les actes qui la concernent et dont la publication est prescrite par les lois de l'Etat où la faillite a été déclarée, seront rendus publics dans les autres Etats contractants.

Art. 6. — Les règles concernant la faillite sont également applicables aux liquidations judiciaires, concordats préventifs, sursis de paiement et autres institutions analogues, prévues par les lois des Etats contractants dans le but d'éviter les déclarations de faillite. [341.5 : 347.736]

(*Institut de Droit International*, Paris, 1894.)

Lettres de change et billets à ordre.   341.5 : 347.745

TITRE I. — RÈGLES GÉNÉRALES.

Art. 1. — Est capable de s'obliger par lettre de change ou par billet à ordre quiconque est capable de s'obliger par contrat.

Art. 2. — L'étranger incapable de s'obliger par lettre de change ou par billet à ordre, en vertu de la loi de son pays, mais capable d'après la loi du pays où il appose sa signature sur la lettre de change ou sur le billet à ordre, ne peut pas invoquer son incapacité pour se soustraire à ses obligations.

Art. 3. — Les obligations résultant de la lettre de change ou du billet à ordre sont indépendantes les unes des autres. En conséquence, un débiteur par lettre de change ou par billet à ordre ne peut invoquer les vices des obligations d'autres signataires du titre pour se soustraire à ses propres obligations.

TITRE II. — DES LETTRES DE CHANGE.

SECTION I. — *De la forme de la lettre de change.*

Art. 4. — La lettre de change doit nécessairement contenir les énonciations suivantes :

1º La dénomination de lettre de change (*Wechsel — cambiale, lettera di cambio — Bill of exchange*), ou une expression équivalente dans la langue dans laquelle elle est écrite ;

2º La somme à payer ;

3º Le lieu, les jours, mois et an où la lettre est émise ;

4º Le nom de la personne à laquelle le payement doit être fait ;

5º L'époque du payement ;

6º La signature du tireur ;

7º Le nom de celui qui doit faire le payement ;

8º Le lieu du payement.

Art. 5. — Si la somme à payer est écrite en toutes lettres et en chiffres, en cas de différence, on doit s'en tenir à la somme écrite en toutes lettres.

Si la somme est écrite plusieurs fois en toutes lettres, ou plusieurs fois en chiffres, en cas de différence, on doit s'en tenir à la somme la plus faible.

Art. 6. — La stipulation d'intérêts insérée dans une lettre de change est réputée non écrite.

Art. 7. — La lettre de change peut être à l'ordre ou en faveur du tireur lui-même.

Elle peut être émise aussi par ordre d'un tiers.

Art. 8. — La clause *à ordre* n'est pas essentielle à la lettre de change.

L'insertion de la clause *non à ordre* a pour effet d'interdire l'endossement.

Art. 9. — La lettre de change ne peut pas être payable par fractions et à plusieurs époques successives.

Elle ne peut être payable que :

A un jour déterminé ;

A vue, où à un certain délai de vue ;

A un certain délai de date à partir de la création ;

En foire ou dans un marché.

Art. 10. — Une croix ou toute marque autre que la signature apposée par le tireur ou par un endosseur sur la lettre de change n'est valable en droit de change (*wechselmässig*) qu'autant que l'engagement en résultant est certifié par un juge ou par un notaire.

Art. 11. — La lettre de change peut être tirée sur une personne et être payable chez une autre. En l'absence de désignation spéciale relative au lieu du payement, le lieu indiqué avec le nom du tiré est considéré comme lieu de payement et en même temps comme domicile du tiré.

Art. 12. — L'écrit dans lequel manque une des énonciations prescrites pour la lettre de change ne produit pas d'effet en vertu du droit de change, sauf les effets attachés aux obligations d'après le droit commun, s'il y a lieu.

De même les déclarations ajoutées à un tel titre (endossement, acceptation, aval) ne peuvent valoir comme obligations de change.

Art. 13. — Le défaut ou l'insuffisance des timbres n'a pas pour effet d'enlever au titre la valeur d'une lettre de change.

Section II. — *Des obligations du tireur.*

Art. 14. — Le tireur d'une lettre de change est garant, par droit de change, de l'acceptation et du payement.

Section III. — *De l'endossement.*

Art. 15. — Le preneur peut transmettre la lettre de change à un tiers par endossement. L'endossement porte la date, l'énonciation du nom de celui à qui il est passé et la signature de l'endosseur.

Art. 16. — L'endossement transmet à celui au profit de qui il est fait, tous les droits résultant de la lettre de change, notamment la faculté de la transmettre par endossement.

Avec la propriété de la lettre de change sont transmises par l'endossement les garanties qui sont attachées à la lettre, c'est-à-dire les gages, privilèges et hypothèques, sauf, pour l'acquisition de ces droits, l'observation des conditions prescrites par la loi de la situation des biens.

Art. 17. — L'endosseur est garant envers tout porteur ultérieur de l'acceptation et du payement de la lettre.

Mais, si l'endosseur a ajouté à son endossement la mention « *sans garantie* », ou toute autre restriction équivalente, il n'est pas tenu en vertu du droit de change.

Art. 18. — L'endosseur peut interdire la transmission ultérieure de la lettre de change par les mots *non à ordre*, ou par une autre expression équivalente.

Dans ce cas, l'endossement de la lettre ne peut pas valoir comme tel ; il n'est qu'une cession valable en vertu du droit civil, s'il y a lieu, ou sinon ses effets sont seulement ceux d'une simple procuration.

. Art. 19. — L'endossement peut avoir lieu valablement même au profit du tireur, du tiré, de l'accepteur ou d'un endosseur antérieur.

Art. 20. — L'endossement doit être écrit soit sur la lettre, soit sur une copie, soit sur une *allonge* attachée à la lettre ou à la copie.

Art. 21. — L'endossement est valable alors même que l'endosseur s'est borné à écrire son nom sur le dos de la lettre ou de la copie, où sur l'allonge (endossement en blanc).

Art. 22. — Tout porteur de la lettre de change a le droit de remplir les endossements en blanc qui s'y trouvent. Il peut aussi, sans les remplir, endosser lui-même la lettre.

Art. 23. — Quant à l'endossement est ajoutée la mention *pour procuration*, ou *pour encaissement*, ou *pour garantie*, ou toute formule exprimant le mandat, l'endossement ne transfère pas la propriété de la lettre de change ; mais il autorise celui au profit de qui il est fait, à toucher le montant de la lettre, à faire dresser un protêt et à signifier le refus de payement au prédécesseur de son endosseur, à exercer les poursuites judiciaires pour le recouvrement de la dette, et à en toucher le montant. Le porteur est également autorisé à transmettre son droit à un tiers par un nouvel endossement de procuration, mais il ne peut consentir d'endossement translatif de propriété.

Art. 24. — Quand une lettre de change est endossée après l'expiration du délai fixé pour le protêt faute de payement, celui au profit de qui elle est endossée acquiert contre le tiré les droits résultant de l'acceptation, et le droit de recours contre ceux qui ont endossé la lettre après l'expiration du délai.

Mais si, avant l'endossement, la lettre a déjà été protestée faute de payement, le bénéficiaire de l'endossement n'a que les droits de son endosseur contre l'accepteur, contre le tireur et contre les endosseurs antérieurs au protêt. L'endossement a, dans ce cas, à l'égard de l'endosseur, les effets d'une cession.

SECTION IV. — *De l'aval.*

Art. 25. — Le payement d'une lettre de change peut être garanti par un aval.

Art. 26. — L'aval est donné par un tiers, et doit être écrit sur la lettre de change.

L'aval est signé par le donneur d'aval avec son nom ou sa raison de commerce.

Cependant la simple signature apposée sur le recto de la lettre de change est suffisante pour produire l'engagement du donneur d'aval.

Art. 27. — L'obligation du donneur d'aval s'étend à tout ce

que le porteur peut réclamer contre la personne pour laquelle la garantie est fournie.

Le donneur d'aval est obligé même en cas de nullité de l'engagement de celui pour lequel l'aval est donné.

Si la personne pour laquelle l'aval est donné n'est pas déclarée, il est censé donné pour l'accepteur, ou pour le tireur si la lettre de change n'est pas encore acceptée.

Le porteur de la lettre de change doit accomplir, à l'égard du donneur d'aval, tous les actes nécessaires à la conservation de son recours par droit de change contre la personne pour laquelle l'aval est donné.

Art. 28. — Le donneur d'aval qui paye la lettre de change échue, est subrogé dans les droits du porteur envers la personne pour laquelle l'aval a été donné, et envers les obligés antérieurs.

SECTION V. — *De la présentation à l'acceptation, et de l'acceptation.*

Art. 29. — Le porteur d'une lettre de change a le droit de la présenter immédiatement à l'acceptation du tiré, et, faute d'acceptation, de la faire protester. Toute clause contraire à ce droit est nulle. Les lettres de change payables *en foire* ou *dans un marché* ne peuvent être présentées à l'acceptation et protestées faute d'acceptation qu'aux époques fixées par les lois ou par les usages qui sont en vigueur au lieu de la foire ou du marché.

La simple détention de la lettre de change confère le droit de la présenter à l'acceptation et de la faire protester à défaut d'acceptation.

Art. 30. — La présentation de l'acceptation n'est pas obligatoire pour le porteur.

Néanmoins, si la lettre est payable à un certain délai de vue ou si elle désigne un lieu de payement autre que le domicile du tiré, le porteur doit, à peine de perdre son recours fondé sur le droit de change contre les endosseurs et le tireur, présenter la lettre à l'acceptation dans le délai fixé par celle-ci, ou, à défaut de fixation, dans le délai d'un an à partir de l'émission.

L'endosseur qui, sur une lettre de ce genre, a indiqué dans son endossement un délai pour la présentation, cesse d'être obligé par droit de change, si la présentation n'a pas eu lieu dans le délai fixé.

Art. 31. — Si la lettre payable à un certain délai de vue n'est point acceptée, ou si le tiré refuse de dater son acceptation, le porteur doit, sous peine de perdre son recours contre les endosseurs et contre le tireur, faire constater sa présentation en temps opportun, au moyen d'un protêt fait dans le délai de la présentation.

Le jour du protêt est alors considéré comme jour de la présentation.

Art. 32. — Le porteur est tenu de laisser au tiré un délai de 24 heures pour délibérer sur l'acceptation de la lettre de change.

Art. 33. — L'acceptation doit être écrite sur la lettre de change ; elle ne peut pas être faite par acte séparé.

Art. 34. — Toute déclaration écrite sur la lettre de change et signée par le tiré vaut acceptation pure et simple, à moins qu'il ne soit dit expressément que le tiré n'accepte pas, ou qu'il n'accepte que sous certaines restrictions.

La simple signature du tiré apposée sur le recto de la lettre de change vaut acceptation pure et simple.

Art. 35. — L'acceptation une fois donnée ne peut plus être retirée.

Art. 36. — Le tiré peut restreindre son acceptation à une partie du montant de la lettre de change. Il peut aussi, en acceptant, indiquer un autre domicile que le sien dans le lieu du payement. Toute autre restriction équivaut à un refus d'acceptation ; mais l'accepteur est tenu par droit de change dans les termes de son acceptation.

Art. 37. — Si la lettre de change désigne un lieu de payement autre que le domicile du tiré, l'accepteur doit indiquer sur la lettre par qui le payement sera fait au lieu désigné, à moins que la lettre ne l'indique déjà elle-même. A défaut de cette mention, le tiré est censé seul s'engager à payer lui-même au lieu désigné.

Section VI. — *Du recours.*

I. — A défaut d'acceptation.

Art. 38. — Si la lettre de change est protestée faute d'acceptation, le porteur a le droit d'exercer immédiatement son recours contre le tireur et contre les endosseurs, conformément aux articles 71 et suivant, et de réclamer le payement du montant de la lettre sous la déduction d'un escompte.

II. — A raison de la solvabilité insuffisante de l'accepteur.

Art. 39. — Quand une lettre de change a été acceptée pour le tout ou pour partie, le porteur ne peut exercer son recours contre le tireur et contre les endosseurs que dans les cas suivants :

1º Lorsque l'accepteur a été déclaré en faillite ;

2º Lorsque postérieurement à la création de la lettre, l'accepteur a été inutilement exécuté sur ses biens.

SECTION VII. — *Des reproductions d'une lettre de change.*

I. — Des duplicatas.

Art. 40. — Le tireur d'une lettre de change est tenu de délivrer au preneur, sur sa demande, plusieurs exemplaires conformes de la lettre. Ces exemplaires doivent être désignés dans leur texte comme : première, seconde, troisième, etc., faute de quoi, chaque exemplaire est considéré comme une lettre *indépendante*.

Tout porteur peut aussi demander un duplicata de la lettre. Il doit, à cet effet, s'adresser à son prédécesseur immédiat, lequel, à son tour, s'adresse à son prédécesseur, jusqu'à ce que la demande arrive au tireur. Chaque endosseur peut demander à son prédécesseur que les endossements antérieurs soient reproduits sur le duplicata.

Art. 41. — Si l'un des exemplaires est payé, les autres perdent leur valeur. Toutefois :

1º L'endosseur qui a transmis à des personnes différentes plusieurs exemplaires de la même lettre, reste tenu de ses endossements inscrits sur les exemplaires non restitués au moment du payement. Restent également tenus tous les endosseurs subséquents, dont les endossements se trouvent sur ces mêmes exemplaires ;

2º L'accepteur qui a accepté plusieurs exemplaires de la même lettre reste tenu des acceptations qui se trouvent sur les exemplaires non restitués lors du payement.

Art. 42. — Celui qui a envoyé à l'acceptation un des exemplaires d'une lettre de change doit indiquer, sur les autres exemplaires, la personne entre les mains de laquelle se trouve l'exemplaire envoyé. Néanmoins, l'omission de cette mention n'annule pas la lettre de change. Le dépositaire de l'exemplaire envoyé à l'acceptation est tenu de le remettre à la personne qui prouve son droit à le recevoir.

Art. 43. — Le porteur d'un duplicata indiquant la personne entre les mains de laquelle se trouve l'exemplaire envoyé à l'acceptation, ne peut exercer le recours pour défaut d'acceptation, ni le recours pour défaut de payement, qu'après avoir fait constater par protêt :

1º Que l'exemplaire envoyé à l'acceptation ne lui a pas été rendu par le dépositaire ;

2º Que l'acceptation ou le payement n'ont pu être obtenus sur le duplicata.

II. — Des copies.

Art. 44. — Les copies de lettres de change doivent être conformes à l'original, et reproduire les endossements et les énonciations qu'ils contiennent, avec les mots : *jusqu'ici copie*, ou autre indication analogue.

La copie doit indiquer aussi chez qui se trouve l'original envoyé à l'acceptation. Néanmoins, l'omission de cette mention n'annule pas la copie endossée.

Art. 45. — Tout endossement original fait sur une copie oblige l'endosseur comme s'il était fait sur la lettre de change elle-même.

Art. 46. — Le dépositaire de l'exemplaire original est tenu de le remettre au porteur de la copie revêtue d'un ou de plusieurs endossements originaux, dès que celui-ci justifie de son droit à recevoir l'original, soit en vertu d'un endossement, soit à tout autre titre. Si le dépositaire ne restitue pas l'original, le porteur ne peut exercer soit le recours en garantie pour défaut d'acceptation, soit, après l'échéance indiquée sur la copie, le recours faute de payement contre les endosseurs dont les endossements originaux se trouvent sur la copie, qu'après avoir fait dresser acte de protêt.

Section VIII. — *De l'échéance.*

Art. 47. — Si la lettre de change indique comme époque de payement un jour déterminé, l'échéance a lieu au jour ainsi fixé.

Si l'époque indiquée est le commencement ou la fin d'un mois, l'échéance a lieu le premier ou le dernier jour du mois.

Si l'époque indiquée est le milieu d'un mois, l'échéance a lieu le 15 de ce mois.

Art. 48. — L'échéance d'une lettre à vue a lieu lors de la présentation. Le porteur d'une lettre à vue doit, sous peine de perdre son recours par droit de change contre les endosseurs et le tireur, la présenter au payement suivant les conditions spéciales indiquées par la lettre, et, à défaut de cette indication dans le délai d'un an à compter de la création de la lettre.

L'endosseur d'une lettre à vue, qui a indiqué dans son endossement un délai spécial pour la présentation, cesse d'être obligé par droit de change, si la présentation n'a pas eu lieu dans ce délai.

Art. 49. — Pour les lettres qui sont payables à un certain délai de vue, ou à un certain délai de date, l'échéance a lieu ainsi qu'il suit :

1º Si le délai est indiqué en jours, l'échéance est au dernier jour du délai : dans le calcul de ce délai, on ne compte ni le jour de la création pour les lettres payables à un certain délai de date, ni le jour de la présentation pour les lettres payables à un certain délai de vue ;

2° Si le délai est indiqué en semaines, en mois ou en périodes comprenant plusieurs mois (année, semestre, trimestre), l'échéance est au jour de la semaine ou du mois qui, par sa dénomination ou par son quantième, correspond au jour de la création ou de la présentation : si ce jour manque dans le mois du payement, l'échéance est au dernier jour de ce mois.

L'expression « *un demi-mois* » est réputée équivalente à un délai de quinze jours.

Si la lettre est payable à un ou plusieurs mois entiers plus un demi-mois, les quinze jours se comptent en dernier lieu.

Art. 50. — Si la lettre de change à un certain délai de vue a été acceptée, mais si l'accepteur a omis de dater son acceptation, à défaut de protêt, le délai de l'échéance se calcule à compter du dernier jour du délai de la présentation.

Art. 51. — Il n'est point admis de jours de grâce.

Il n'y a pas lieu aux délais de faveur, d'usage ou d'habitude locale, pour le payement des lettres de change.

Art. 52. — Pour les lettres payables en foire ou dans un marché, l'échéance a lieu au jour fixé pour les payements par les lois ou par les usages du lieu où se tient la foire ou le marché et, à défaut d'une pareille fixation, au jour qui précède la clôture légale de la foire ou du marché.

Si la foire ou le marché ne dure qu'un jour, l'échéance a lieu ce jour-là.

SECTION IX. — *Du payement.*

Art. 53. — Si une lettre de change échoit un dimanche ou un autre jour férié légal, le paiement doit être fait le premier jour ouvrable qui suit.

Art. 54. — Le porteur d'une lettre de change justifie de la propriété par une série continue d'endossements descendant jusqu'à lui.

Ainsi le premier endossement doit être signé par le preneur, et chaque endossement suivant par la personne indiquée dans l'endossement immédiatement antérieur.

S'il y a un endossement en blanc, suivi d'un autre endossement, le signataire de l'endossement qui suit est présumé avoir acquis la lettre par endossement en blanc.

Les endossements biffés sont réputés non écrits quant à la preuve de la propriété. Le payeur n'est pas tenu à rechercher l'authenticité des endossements.

Art. 55. — Le porteur de la lettre de change ne peut pas

refuser un paiement partiel, quoique la lettre de change ait été acceptée pour la somme entière ; mais, pour conserver l'action en recours pour la somme non payée, il doit constater le défaut partiel de paiement.

Art. 56. — Lorsqu'une lettre de change est stipulée payable en une monnaie qui n'a pas cours au lieu du payement (monnaie étrangère), le payement ne peut pas être fait en la monnaie du pays, d'après la valeur lors de l'échéance, si le tireur a formellement exprimé par le mot *effectif*, ou par toute autre adjonction équivalente, que le payement doit se faire en la monnaie même indiquée par la lettre.

Art. 57. — Le débiteur, payant tout le montant de la lettre de change, a droit d'exiger que le porteur lui remette la lettre acquittée.

Si le débiteur fait un payement partiel, il peut seulement exiger que ce payement soit mentionné sur la lettre de change, et qu'on lui en donne quittance sur une copie de la lettre.

Art. 58. — Le porteur d'une lettre de change ne peut pas être contraint d'en recevoir le payement avant l'échéance. Celui qui paye une lettre de change avant son échéance, paye à ses risques et périls.

Art. 59. — Si le payement de la lettre n'est pas demandé à l'échéance, l'accepteur peut, après l'expiration du délai pour le protêt faute de payement, déposer la somme aux risques et frais du porteur, soit au tribunal, soit auprès de tout autre établissement ou autorité ayant qualité pour recevoir des dépôts. Une sommation adressée au porteur n'est pas nécessaire.

SECTION X. — De l'intervention.

I. — De l'acceptation par intervention.

Art. 60. — Si la lettre de change indique plusieurs personnes pour la payer *au besoin*, la préférence entre elles appartient à celle dont le paiement libérera le plus grand nombre d'obligés : si cette règle n'est pas observée, le porteur perd l'action en recours contre ceux qui auraient été libérés.

Art. 61. — L'accepteur par intervention doit se faire remettre le protêt faute d'acceptation contre remboursement des frais, et faire constater l'acceptation par intervention dans le protêt ou dans une annexe audit protêt.

Il doit aviser celui pour le compte de qui il est intervenu, par l'envoi du protêt, de l'intervention qui a eu lieu : cet avis et le protêt doivent être mis à la poste dans le délai de deux jours après le jour du protêt. En cas d'omission, il est responsable de tous dommages résultant de sa négligence.

Art. 62. — Si l'accepteur par intervention a omis, dans son acceptation, d'indiquer pour le compte de qui il accepte, il est réputé être intervenu pour le tireur.

Art. 63. — L'acceptation par intervention emporte obligation par droit de change envers tous les successeurs de celui pour qui l'intervention a eu lieu. Cette obligation s'éteint si la lettre n'est pas présentée pour le payement à l'accepteur par intervention au plus tard le second jour ouvrable après le jour de l'échéance.

Art. 64. — Le recours en garantie peut être exercé par celui pour qui l'intervention a eu lieu et par ses prédécesseurs.

Art. 65. — Le tiré qui a refusé d'accepter en cette qualité peut accepter par intervention.

II. — Du payement par intervention.

Art. 66. — Si, sur une lettre de change non payée par le tiré, le tireur a indiqué, comme devant la payer *au besoin* ou comme accepteurs par intervention, des personnes domiciliées dans le lieu où la lettre est payable, le porteur doit, au plus tard le second jour ouvrable après l'échéance, présenter la lettre pour le payement à toutes ces personnes et faire constater le résultat de la présentation dans le protêt faute de payement ou dans une annexe dudit protêt. En cas d'omission, il perd son recours contre le tireur, contre celui pour lequel une intervention a eu lieu, et contre ses successeurs.

Art. 67. — Le payeur par intervention peut se faire remettre la lettre et le protêt faute de payement contre remboursement des frais.

Il est subrogé aux droits du porteur contre celui pour qui le paiement a été fait, contre les garants de celui-ci et contre l'accepteur.

Art. 68. — Le porteur d'une lettre de change ne peut pas refuser le payement par intervention, offert par un tiers intervenant, lors même que la lettre n'est payée ni par le tiré, ni par les accepteurs par intervention, ni par les recommandataires.

Le payement par intervention doit être déclaré dans l'acte de protêt.

Si le porteur refuse le payement offert par un tiers intervenant, il perd son recours contre les endosseurs qui suivent celui pour le compte duquel le payement était offert.

Art. 69. — Entre plusieurs personnes qui se présentent pour payer par intervention, la préférence appartient à celle dont le payement libérera le plus grand nombre d'obligés.

Un intervenant qui paye, quoiqu'il résulte de la lettre ou du protêt que le payement était offert par un autre intervenant préférable aux termes de la disposition qui précède, n'a aucun recours contre les endosseurs qu'aurait libérés le payement effectué par cet autre intervenant.

Art. 70. — Le tiré qui, en cette qualité, se présente pour payer une lettre de change protestée, quoiqu'il ne l'ait pas acceptée, doit être préféré à tout autre.

L'accepteur par intervention, qui ne paye pas la lettre parce qu'elle a été payée par le tiré ou par un autre intervenant, a le droit d'exiger du payeur une commission selon l'usage du lieu.

SECTION XI. — *Du recours pour défaut de payement.*

Art. 71. — Pour que le recours faute de payement puisse être exercé contre le tireur et les endosseurs, il faut :

1º Que la lettre ait été présentée pour le payement ;

2º Que cette présentation et le défaut de payement soient constatés par un protêt fait dans le délai légal.

Il n'est besoin ni de présentation de la lettre à l'échéance, ni de protêt, pour la conservation des droits contre l'accepteur, sauf dans le cas où la lettre a été domiciliée par le tireur.

Art. 72. — La clause *sans protêt* ou *sans frais* implique interdiction de faire dresser le protêt, et décharge en conséquence le tireur et les endosseurs de l'obligation de rembourser les frais du protêt, s'il a été dressé.

Ladite clause a effet seulement à l'égard de celui qui l'a apposée.

Art. 73. — Si la lettre est payable ailleurs qu'au domicile du tiré, c'est au domiciliataire ou, s'il n'est pas désigné, au tiré lui-même au domicile indiqué dans la lettre, que doit être faite la présentation, et c'est au même lieu que doit être fait le protêt faute de payement. A défaut de protêt fait dans le délai légal chez le domiciliataire, le porteur perd son recours par droit de change contre tous les obligés, sauf contre l'accepteur.

Art. 74. — Le porteur d'une lettre de change protestée à défaut de payement, est tenu d'en avertir par écrit, dans les deux jours qui suivent celui du protêt, son prédécesseur immédiat. Il suffit que, dans ce délai, la lettre d'avis ait été mise à la poste.

Tout endosseur ainsi averti doit, dans le même délai, à compter du jour où il a reçu l'avis, aviser de la même manière son prédécesseur immédiat.

Art. 75. — Lorsqu'un endosseur a transmis la lettre de change sans indiquer son domicile, l'avertissement du défaut de payement doit être donné à l'endosseur qui le précède.

Art. 76. — Le porteur ou l'endosseur qui ne donne pas l'avertissement ou qui, le donnant, ne l'adresse pas à son prédécesseur immédiat, est tenu, envers tous les signataires non avertis, de réparer le dommage résultant du défaut d'avertissement.

Art. 77. — Pour prouver que l'avis a été donné dans le délai légal, il suffit de produire une copie de la lettre d'avis et un certificat de la poste constatant que l'intéressé a expédié une lettre au domicile du prédécesseur au jour indiqué, à moins toutefois qu'il ne soit établi que la lettre reçue avait un autre objet.

Il suffit aussi d'un certificat de la poste pour prouver la date de la réception de l'avertissement écrit.

Art. 78. — Toute personne obligée par lettre de change a le droit d'exiger du porteur, moyennant le payement du capital, des intérêts et des frais, la remise de la lettre acquittée et du protêt faute de payement.

Art. 79. — Le porteur d'une lettre de change protestée faute de payement peut intenter son recours contre toutes les personnes obligées par la lettre, ou contre quelques-unes, ou contre l'une d'entre elles seulement, sans perdre son action contre celles qu'il n'aurait pas actionnées. Il n'est pas tenu de suivre l'ordre des endossements.

Art. 80. — Si plusieurs des obligés sont en faillite, le créancier peut produire dans chaque faillite pour la totalité de sa créance, et toucher dans chacune la totalité du dividende, jusqu'à concurrence de son payement intégral.

Art. 81. — Le porteur qui a fait protester faute de payement ne peut réclamer à ses garants que :

1° Le montant impayé de la lettre, avec intérêts selon l'usage du lieu, à compter du jour de l'échéance ;

2° Les frais du protêt et autres déboursés ;

3° Une commission selon l'usage de la place.

Si celui contre lequel s'exerce le recours est domicilié dans un autre lieu que celui où la lettre était payable, les sommes ci-dessus seront calculées d'après le cours de change d'une lettre à vue tirée du lieu où la lettre était payable sur le lieu de son domicile.

S'il n'y a pas de cours de change du premier de ces endroits sur le second, on prend le cours sur la place la plus voisine du domicile de celui sur lequel s'exerce le recours.

Le cours est constaté à la requête de celui sur qui s'exerce le recours, par un bulletin de cours publié sous la direction de l'autorité, ou par le certificat d'un courtier assermenté, ou, à défaut de ces modes de preuve, par une attestation signée de deux banquiers.

Art. 82. — Pour l'exercice de l'action en recours du porteur de la lettre de change contre les obligés domiciliés dans l'Etat où elle était payable, on doit observer les délais déterminés par les lois nationales de l'Etat même où le payement était fixé.

Art. 83. — Si le porteur intente l'action en recours collectivement contre les endosseurs et le tireur, les délais déterminés ci-dessus s'appliquent à chacun d'eux.

Les mêmes délais s'appliquent pour l'exercice de l'action en recours qui compète aux endosseurs.

Si l'endosseur a payé la lettre de change, les délais courent du jour où il l'a payée ; s'il a été poursuivi en justice, les délais courent de la date de la citation.

Art. 84. — L'endosseur qui a remboursé une lettre de change ou qui l'a reçue à titre de remise, peut exiger de tout endosseur précédent ou du tireur :

1° La somme par lui payée, ou dont il a été débité en retour avec les intérêts selon l'usage du lieu, à compter du jour du payement ;

2° Les frais par lui déboursés ;

3° Une commission selon l'usage de la place.

Si celui contre lequel s'exerce le recours est domicilié dans un autre lieu que celui qui exerce le recours, les sommes ci-dessus seront calculées d'après le cours de change d'une lettre à vue, tirée du domicile de ce dernier sur le domicile de celui contre lequel s'exerce le recours. S'il n'y a pas de cours de change sur cette place, on prend le cours sur la place la plus voisine.

Pour la preuve du cours, on applique la disposition de l'article 80.

Section XII. — *Du protêt.*

Art. 85. — L'acte de protêt est nécessaire pour la conservation des droits contre tous les signataires de la lettre, à l'exception des droits contre l'accepteur, sous la réserve du cas mentionné dans l'article 71.

Art. 86. — Le protêt doit être fait le premier jour ou au plus tard le second jour ouvrable après celui de l'échéance.

Art. 87. — Le délai pour dresser le protêt peut être prolongé en cas de force majeure, pourvu que cette force majeure résulte de causes générales, telles que : interruption des communications, inondations, etc. La constatation des cas de force majeure faite par la loi d'un des pays dans lesquels la présente loi est en vigueur, aura ses effets même dans les autres Etats.

Art. 88. — La loi de chaque pays détermine les formalités à remplir pour l'acte de protêt.

Section XIII. — *De la retraite.*

Art. 89. — Le porteur d'une lettre de change non payée peut se rembourser de son montant au moyen d'une retraite tirée sur l'un des signataires du titre.

Art. 90. — Celui contre lequel la retraite est tirée n'est tenu de payer que contre remise de la lettre, du protêt et d'un compte de retour acquitté.

Le compte de retour doit comprendre :

1º Le montant de la lettre de change, avec l'intérêt à partir du jour de l'échéance ;

2º Les frais de protêt et autres frais légitimes, tels que commission de banque, courtage, timbres et ports de lettre ;

3º L'indication de la personne sur qui la retraite est faite ;

4º Le rechange.

Tout endosseur qui a payé la lettre de change peut biffer son endossement et ceux de ses successeurs.

Section XIV. — *De l'action du créancier par lettre de change.*

Art. 91. — Tous les signataires de la lettre de change, le tireur, l'accepteur et les endosseurs, ainsi que le donneur d'aval, sont solidairement obligés envers le porteur au payement de la lettre de change.

Leur obligation s'étend à tout ce que le porteur peut réclamer par suite du défaut de payement.

Art. 92. — Le porteur d'une lettre de change protestée faute de payement peut intenter son recours contre toutes les personnes obligées par la lettre, ou contre quelques-unes, ou contre l'une d'entre elles seulement, sans perdre son action contre celles qu'il n'aurait pas actionnées. Il peut agir contre chacun des obligés pour la totalité de la créance ; il peut choisir celui des obligés qu'il veut poursuivre en premier lieu et il n'est pas tenu de suivre l'ordre des endossements.

Art. 93. — Le débiteur par lettre de change ne peut opposer que les exceptions fondées soit sur le droit de change, soit sur ses rapports personnels avec le porteur qui le poursuit.

En tout cas, le litige ne suspend pas l'action du porteur de la lettre de change, qui a le droit d'obtenir le dépôt judiciaire de la valeur de la lettre et de tous les frais.

Art. 94. — Quand le tireur ou l'accepteur a cessé d'être obligé en vertu du droit de change, soit par prescription, soit par suite de l'omission des formalités exigées par la loi pour la conservation de la créance, le porteur peut agir contre le tireur ou l'accepteur dans la mesure où ils s'enrichiraient à ses dépens.

Ladite action n'est pas donnée contre les endosseurs qui ont cessé d'être tenus en vertu de la lettre de change.

SECTION XV. — *Du lieu et du temps*
où doivent se faire la présentation et les autres actes
relatifs à la lettre de change.

Art. 95. — La présentation de la lettre de change, le protêt, la demande d'un duplicata et tous autres actes à faire chez une personne déterminée doivent se faire au bureau de cette personne, et à défaut, à son domicile. Le bureau ou le domicile ne sont considérés comme inconnus que si les recherches faites par le notaire ou par l'officier de justice auprès de la police locale sont demeurées sans résultat ; cette circonstance doit être mentionnée dans l'acte de protêt.

Art. 96. — La demande d'un duplicata, la présentation à l'acceptation et tous les autres actes ne peuvent être faits qu'aux jours ouvrables.

Si le dernier jour du délai fixé pour l'accomplissement de ces actes se trouve être un dimanche ou un jour férié légal, l'acte doit être fait le premier jour ouvrable qui suit.

Art. 97. — Les formes des actes à faire pour l'exercice ou la conservation des droits découlant d'une lettre de change, doivent se déterminer d'après la législation en vigueur dans le lieu où les formalités doivent être remplies.

SECTION XVI. — *Des lettres de change perdues.*

Art. 98. — Le propriétaire d'une lettre de change perdue peut demander, par devant le tribunal du lieu où la lettre est payable, l'annulation de la lettre, exiger le payement en fournissant caution, ou bien demander le dépôt judiciaire du montant de la lettre de change.

Les formes et voies d'action sont déterminées par la loi du lieu du payement de la lettre de change.

Section XVII. — *De la prescription en matière de lettres de change.*

Art. 99. — L'action résultant de la lettre de change se prescrit contre l'accepteur par trois ans, et contre le tireur et les endosseurs par un an.

Art. 100. — La prescription doit courir contre le porteur à compter du jour du protêt, et, dans les cas où le protêt n'est pas nécessaire à l'égard de l'accepteur (art. 84), à compter du jour de l'échéance.

Le recours d'un endosseur contre le tireur et les autres endosseurs doit courir du jour où il a payé, où, en cas de poursuite judiciaire, du jour de la signification qui lui a été faite de la citation en justice.

Art. 101. — La prescription n'est interrompue que par une citation en justice, et seulement à l'encontre de la partie citée.

Néanmoins, il y a lieu d'assimiler à la citation la dénonciation faite par le défendeur des poursuites intentées contre lui.

TITRE III. — DES BILLETS A ORDRE.

Art. 102. — Le billet à ordre doit contenir les énonciations suivantes :

1º La dénonciation de : *Billet à ordre (eigener Wechsel — promissory note — biglietto all'ordine — vaglia cambiario)*, ou une expression équivalente dans la langue dans laquelle il est écrit ;

2º La somme à payer ;

3º Le nom de la personne à qui ou à l'ordre de qui le souscripteur doit payer ;

4º L'époque du payement ;

5º La signature du souscripteur ;

6º Les lieu, jour, mois et an où le billet est souscrit.

A défaut d'indication de l'époque, le billet doit être considéré comme payable à vue.

Art. 103. — Le billet à ordre doit, en outre, contenir l'énonciation du lieu du payement.

Si le lieu du payement n'est pas spécialement indiqué, le lieu où le billet est souscrit est considéré comme lieu du payement, et en même temps comme domicile du souscripteur.

Art. 104. — Les dispositions suivantes de la présente loi sur les lettres de change s'appliquent aussi aux billets à ordre :

1º Les articles 5, 6, 9, 10, 12 et 13, sur les conditions de la lettre de change ;

2º Les articles 14 et 37, sur l'obligation du tireur ;

3° Les articles 15 à 24, sur l'endossement ;

4° Les articles 25 à 28, sur l'aval ;

5° Les articles 30 et 31, sur la présentation des lettres de change à délai de vue, avec la différence que cette présentation doit être faite au souscripteur ;

6° L'article 30, sur le recours en garantie, avec cette différence que ce recours aura lieu en cas de solvabilité insuffisante du souscripteur ;

7° Les articles 40 à 46, sur les reproductions des lettres de change ;

8° Les articles 47 à 59, sur l'échéance, sur le payement et le droit de déposer le montant de la lettré échue, avec la différence que ce droit appartient ici au souscripteur ;

9° Les articles 66 à 70, sur le payement par intervention ;

10° Les articles 71 à 84, sur le recours par défaut de payement ;

11° Les articles 85 à 90, sur le protêt et la retraite ;

12° Les articles 91 à 94, sur l'action du créancier par lettre de change ;

13° L'article 98, sur les lettres de change perdues ;

14° Les articles 95 à 97 et 99 à 101, sur le lieu et le temps où se doivent faire la présentation et les autres actes relatifs à la lettre de change, et sur la prescription.

Art. 105. — Si le billet à ordre est payable ailleurs qu'au domicile du souscripteur, il doit être présenté pour le payement au domiciliataire, ou, si aucun domiciliataire n'est désigné, au souscripteur lui-même au domicile indiqué par le billet ; à défaut de payement, c'est là que le protêt doit être fait ; et, à défaut de protêt fait dans le délai légal chez le domiciliataire, le porteur est déchu de son action de change contre le souscripteur et les endosseurs.

Nonobstant la déchéance de l'action de change, le souscripteur reste obligé envers le porteur du billet pour la somme dont il tirerait autrement un profit indu au préjudice du porteur même.

Si le billet à ordre n'est pas payable ailleurs qu'au domicile du souscripteur, le porteur n'a pas besoin, pour conserver ses droits contre le souscripteur, de présenter la lettre à l'échéance ni de faire dresser le protêt.

Art. 106. — L'action par droit de change contre le souscripteur d'un billet à ordre se prescrit par trois ans à compter de l'échéance du billet, ou à compter du jour du protêt dans le cas où le protêt est nécessaire en vertu de l'article précédent.

[341.5 : 347.745]
(*Institut de Droit International*, Bruxelles, 1885.)

*** 1. — La forme de la lettre de change et du billet à ordre est déterminée par la loi du lieu de son émission.

La forme des endossements, de l'acceptation et de l'aval est fixée par la loi de chacun des pays où ces actes sont faits.

2. — Les effets et la validité de la lettre de change et du billet à ordre, des endossements, de l'acceptation, de l'aval, se jugent d'après les lois de chacun des pays où ces différents actes sont faits, sans préjudice des règles relatives à la capacité des signataires des titres. Toutefois, les effets des actes postérieurs à la création du titre ne peuvent jamais être plus étendus que ceux qui dérivent de l'émission du titre lui-même.

3. — Le délai accordé pour la présentation des lettres de change et des billets à ordre à vue ou à un certain délai de vue, se détermine d'après la loi du pays dans lequel le titre a été créé.

4. — Les obligations du porteur au point de vue de la présentation pour l'acceptation et pour le payement sont fixées par la loi du pays où a été émis la lettre de change ou le billet à ordre.

5. — La loi du lieu où le payement doit se faire détermine le mode de constatation du défaut d'acceptation ou de payement et les formes du protêt, ainsi que les détails fixés pour le dresser.

Les avis à donner aux garants pour la conservation des droits de recours dans les cas de défaut d'acceptation ou de payement, et les délais pour notifier, sont régis par la loi du pays d'où ces avis doivent être envoyés.

6. — L'excuse tirée des cas fortuits ou de force majeure n'est admise que si elle est reconnue par la loi du lieu d'émission du titre.

7. — Les délais pour l'exercice du droit de recours contre les endosseurs ou les autres garants et contre le tireur, ou pour l'action directe contre l'accepteur, sont fixés par la loi du pays où a été fait l'acte d'où résulte l'action exercée.

Toutefois à l'égard des endosseurs et des autres garants, ces délais ne peuvent jamais dépasser celui qui est établi pour l'exercice de l'action en recours contre le tireur.

8. — Le juge du lieu fixé pour le payement de la lettre de change est compétent pour connaître de l'action collective du porteur contre tous les signataires.

Les juges des lieux où a été émis le titre, où ont été faits les endossements, où ont été donnés l'acceptation ou l'aval, ne sont compétents que pour connaître des actions exercées individuellement contre chacun des obligés.

. 9. — La faculté pour le porteur de pratiquer des saisies et les formes de ces voies d'exécution sont réglées par la loi du pays dans lequel il y est procédé.

10. — Dans le cas où plusieurs signataires du titre feraient faillite, le porteur pourrait participer aux distributions dans toutes les masses et y figurer pour le montant nominal de son titre, y compris les intérêts et frais, jusqu'à payement.

[341.5 : 347.745]

(*Institut de Droit International*, Bruxelles, 1885.)

Assurances maritimes. 341.5 : 347.764.4

Art. 1. — Tout intérêt évaluable en argent qu'a une personne à ce qu'un navire ou une cargaison surmonte les dangers de la navigation maritime, peut être l'objet d'une assurance maritime. En particulier, l'assurance peut avoir pour objet le fret des marchandises et des passagers, le profit maritime dans le prêt à la grosse, le profit espéré des marchandises et le droit de commission à gagner. Sont réservées les prohibitions qu'édicteraient éventuellement les lois particulières de chaque Etat pour les loyers des gens de mer.

Art. 2. — L'assurance ne comprend pas de plein droit les risques de guerre. Elle s'applique, à moins de clause contraire, aux prévarications et fautes du capitaine et de l'équipage. Elle ne s'applique pas cependant aux prévarications du capitaine qui est au service de l'assuré, à moins qu'une clause expresse de la police ne l'étende également à ce cas.

Art. 3. — L'assurance ne comprend pas de plein droit les risques provenant du recours des tiers.

Art. 4. — Si la valeur assurée a été préalablement estimée par experts convenus entre les parties, l'assureur ne peut contester cette estimation, hors le cas de fraude.

Art. 5. — Le délaissement des objets assurés peut être fait seulement en cas de naufrage, de prise, d'arrêt par ordre d'une puissance, d'innavigabilité par fortune de mer, lorsque la perte ou la détérioration des choses assurées absorbe les trois quarts de leur valeur, et lorsqu'il y a manque de nouvelles dans les délais fixés par l'article 866 du Code de commerce allemand. Il est réservé aux lois particulières de chaque Etat de restreindre encore plus les cas de délaissement.

Art. 6. — En cas de vente de la chose assurée, l'assurance profite, sauf clause contraire de la police, au nouveau propriétaire, lorsqu'il a été subrogé aux droits et obligations du précédent propriétaire envers les assureurs. [341.5 : 347.764.4]

(*Institut de Droit International*, Bruxelles, 1885.)

Formes de la procédure.   341.5 : 347.9

Art. 1. — L'étranger sera admis à ester en justice aux mêmes conditions que le régnicole.

Art. 2. — Les formes ordinatoires de l'instruction et de la procédure seront régies par la loi du lieu où le procès est instruit. Seront considérées comme telles, les prescriptions relatives aux formes de l'assignation (sauf ce qui est proposé ci-dessous, 2e al.), aux délais de comparution, à la nature et à la forme de la procuration *ad litem*, au mode de recueillir les preuves, à la rédaction et au prononcé du jugement, à la passation en force de chose jugée, aux délais et aux formalités de l'appel et autres voies de recours, à la péremption de l'instance.

Toutefois, et par exception à la règle qui précède, on pourra statuer dans les traités que les assignations et autres exploits seront signifiés aux personnes établies à l'étranger, dans les formes prescrites par les lois du lieu de destination de l'exploit. Si, d'après les lois de ce pays, la signification doit être faite par l'intermédiaire du juge, le tribunal appelé à connaître du procès requerra l'intervention du tribunal étranger par la voie d'une commission rogatoire.

Art. 3. — L'admissibilité des moyens de preuve (preuve littérale, testimoniale, serment, livre de commerce, etc.) et leur force probante seront déterminées par la loi du lieu où s'est passé le fait ou l'acte qu'il s'agit de prouver.

La même règle sera appliquée à la capacité des témoins, sauf les exceptions que les États contractants jugeraient convenable de sanctionner dans les traités.

Art. 4. — Le juge saisi d'un procès pourra s'adresser par commission rogatoire à un juge étranger, pour le prier de faire dans son ressort soit un acte d'instruction, soit d'autres actes judiciaires pour lesquels l'intervention du juge étranger serait indispensable ou utile.

Art. 5. — Le juge à qui l'on demande de délivrer une commission rogatoire décide : *a*) de sa propre compétence ; *b*) de la légalité de la requête ; *c*) de son opportunité lorsqu'il s'agit d'un acte qui légalement peut aussi se faire devant le juge du procès, par exemple, d'entendre des témoins, de faire prêter serment à l'une des parties, etc.

Art. 6. — La commission rogatoire sera adressée directement au tribunal étranger, sauf intervention ultérieure des gouvernements intéressés, s'il y a lieu.

Art. 7. — Le tribunal à qui la commission est adressée sera obligé d'y satisfaire après s'être assuré : 1º de l'authenticité du document, 2º de sa propre compétence *ratione materiæ* d'après les lois du pays où il siège.

. Art. 8. — En cas d'incompétence matérielle, le tribunal requis transmettra la commission rogatoire au tribunal compétent, après en avoir informé le requérant.

Art. 9. — Le tribunal qui procède à un acte judiciaire en vertu d'une commission rogatoire applique les lois de son pays en ce qui concerne les formes du procès, y compris les formes des preuves et du serment. [341.5 : 347.9]

(*Institut de Droit International*, Zurich, 1877.)

Litispendance. 341.5 : 347.927.4

Art. 1. — Sauf les réserves qu'on pourra faire à l'art. 2, il y a lieu d'admettre, dans les rapports avec les juridictions étrangères, les mêmes règles sur la litispendance que celles qui existent dans les rapports entre les juridictions nationales de chaque Etat.

Art. 2. — Il est nécessaire, pour l'admission de l'exception de litispendance étrangère, que, en règle, les jugements prononcés dans le pays du juge saisi en premier lieu soient susceptibles d'être rendus exécutoires, sans revision du fonds, selon la loi du pays où l'on produit l'exception.

[341.5 : 347.927.4]

(*Institut de Droit International*, Copenhague, 1897, La Haye, 1898.)

Exécution des jugements. 341.5 : 347.952

Art. 1 — Une réforme complète à l'égard de l'exécution des jugements étrangers ne saurait être réalisée par le seul moyen de lois générales, uniformément applicables à tous les jugements étrangers. Il faut en attendre le complément d'un système de conventions diplomatiques à conclure avec les Etats dont les tribunaux et l'organisation judiciaire paraîtront présenter des garanties suffisantes.

Art. 2. — Ces lois et conventions doivent poser des règles uniformes sur la compétence relative des tribunaux (compétence *ratione personæ* ou *territorii*, par opposition à la compétence *ratione materiæ*, qui résulte de l'organisation judiciaire de chaque pays), et stipuler un minimum de garanties quant aux formalités de procédure (spécialement en ce qui concerne les formes de l'assignation et les délais de comparution).

Art. 3. — Parmi les conditions sous lesquelles l'*exequatur* sera accordé aux jugements étrangers par les tribunaux du pays où l'exécution doit avoir lieu, sans revision du fond, — on doit stipuler que le demandeur aura à prouver que le jugement étranger est exécutoire dans l'Etat où il a été rendu, ce qui implique la preuve qu'il est passé en force de chose jugée, dans tous les cas où la législation du pays dans lequel le jugement a été rendu ne considère comme exécutoires que les jugements contre lesquels il n'y a plus de recours.

Si le jugement a été rendu par le tribunal d'un Etat dont la loi nationale n'a pas adopté les règles de compétence mentionnées à l'article 2, d'une manière *générale* et applicable à *tous* les procès, le demandeur aura toujours à prouver que le jugement étranger a été rendu par un juge compétent d'après la convention entre les deux Etats.

Art. 4. — Même quand les preuves mentionnées à l'article 3 ont été fournies, l'*exequatur* ne serait pas accordé, si l'exécution des jugements impliquait l'accomplissement d'un acte contraire à l'ordre public ou défendu par une loi quelconque de l'Etat où l'*exequatur* est requis.

Art. 5. — Les voies ou modes d'exécution doivent être déterminés par la loi du pays où l'exécution a lieu. Toutefois la contrainte par corps ne doit être applicable nulle part, si elle n'a pas été prononcée par le tribunal qui a rendu le jugement étranger.

L'hypothèque judiciaire n'aura lieu que quand elle est accordée par les lois des deux pays.

Art. 6. — L'adoption de règles uniformes, pour servir de base à la solution des conflits de législation civile et commerciale, désirable sous plusieurs rapports, servirait aussi à faciliter l'introduction du système de l'exécution internationale des jugements.   [341.5 : 347.952]

(*Institut de Droit International*, Paris, 1878.)

Valeur des actes notariés.   341.5 : 347.961.413

Art. 1. — Au point de vue de la forme, la validité de toute déclaration, de tout acte d'un notaire étranger ou de tout autre fonctionnaire ayant, de par les lois de son pays, les mêmes attributions qu'un notaire, doit être appréciée d'après la *lex loci*, savoir la loi du pays où l'acte a été passé, encore que ses effets juridiques doivent se produire dans un autre pays, où l'on voudrait s'en prévaloir.

Art. 2. — Au point de vue de leur force probante, la valeur des actes notariés étrangers doit être appréciée d'après la *lex fori* ou les conventions internationales.

Art. 3. — Les actes notariés étrangers n'ont de force exécutoire qu'en vertu de la loi de chaque pays ou de conventions internationales.   [341.5 : 347.961.413]

(*Institut de Droit International*, Copenhague, 1897, La Haye, 1898.)

Compétence des tribunaux.   341.5 : 347.98

Art. I — Le *domicile* (et subsidiairement la *résidence*) *du défendeur*, dans les actions personnelles ou qui concernent des biens meubles, et la *situation des biens*, dans les actions réelles concernant des immeubles, doivent, dans la règle, déterminer la compétence du juge, sauf l'adoption de *fora exceptionnels*, à l'égard d'une certaine catégorie de litiges.

Art. 2. — La règle posée à l'article précédent aura pour effet que le juge compétent pour décider un procès n'appartiendra pas toujours au pays dont les lois régissent le rapport de droit qui fait l'objet de ce procès. Cependant, l'adoption des *fora exceptionnels*, mentionnés à l'article Ier, devra surtout avoir pour but de faire décider, autant que possible, par les juges du pays dont les lois régissent un rapport de droit, les procès qui concernent ce rapport ; par exemple, les procès qui ont pour objet principal de faire statuer sur des questions d'état ou de capacité personnelle, par les tribunaux du pays dont les lois régissent le *status* personnel, etc.

Art. 3. — Dans les procès civils et commerciaux, la *nationalité* des parties doit rester sans influence sur la compétence du juge, — sauf dans les cas où la *nature* même du litige doit faire admettre la compétence exclusive des juges nationaux de l'une des parties.

Art. 4. — Les tribunaux, saisis d'une contestation, doivent, à l'égard de la compétence adoptée par les traités, statuer d'après les mêmes règles qui ont été établies, à l'égard de la compétence, par les lois du pays. Ainsi, dans les pays où ce système est adopté pour l'application des lois nationales concernant la compétence des tribunaux, ils ne se déclareront pas incompétents d'*office*, quand il s'agit de l'incompétence *ratione personæ*.

Art. 5. — Les règles de droit international privé qui entreront dans les lois d'un pays par suite d'un traité international, seront appliquées par les tribunaux, sans qu'il y ait une obligation internationale de la part du gouvernement de veiller à cette application par voie administrative.   [341.5 : 347.98]

(*Institut de Droit International*, La Haye, 1875.)

Connaissance des lois étrangères.   341.518

L'I. D. I. émet les vœux suivants :

1° Que les gouvernements s'engagent à se communiquer les lois qui sont en vigueur et qui seront promulguées ultérieurement dans leurs Etats respectifs, conformément à ce qui suit.

2º Que, parmi les lois à communiquer, on comprenne :

a) Les codes, les lois et les règlements qui concernent le droit civil et commercial, le droit pénal, les procédures civile et pénale, y compris celles qui regardent la faillite ou le concours des créanciers, et l'organisation judiciaire ;

b) Les lois et les règlements qui se rapportent au droit administratif et public intérieur, quand ils auront un intérêt général pour les États et pour les citoyens des diverses nations ;

c) Les traités, les conventions et les accords internationaux, ou les dispositions y contenues, concernant les rapports de droit civil ou d'intérêt économique, abstraction faite des rapports purement politiques ;

d) Les lois et les règlements édictés par suite desdits accords internationaux, de quelque forme qu'ils soient, ou traités d'union avec divers Etats, ou conventions internationales spéciales avec l'un d'eux.

3º Qu'un comité international permanent, composé de délégués nommés par les gouvernements, soit institué dans le but de recevoir les lois, etc., qui seront communiquées, de les conserver et d'en faire une classification dans un ordre systématique.

4º Que chaque année, par les soins du comité permanent, il soit rédigé, en français, un tableau général de toutes les lois, etc., communiquées par les divers Etats, en suivant la classification indiquée ci-dessus.

Les alinéas 3º et 4º furent remplacés lors de la session de Heidelberg, par :

3º Que dans chaque Etat, ces divers documents soient réunis dans un dépôt central, rendu accessible au public.   [341.518]

(*Institut de Droit International*, Munich, 1883, Bruxelles, 1885, Heidelberg, 1887.)

Preuve des lois étrangères.   341.518

1. Dans l'état actuel de la science du droit et des rapports internationaux, et en présence du plus grand nombre de lois élaborées dans les pays civilisés, la preuve des lois étrangères ne peut être une question de fait abandonnée à l'initiative des parties. Il est nécessaire de fixer des règles générales et uniformes à substituer aux différents usages qui sont en vigueur.

2. Par des accords internationaux, les Etats s'obligeraient à l'application des règles suivantes :

a) Quand, dans un procès civil, il y a nécessité d'appliquer une loi étrangère sur l'existence et la teneur de laquelle les parties ne sont pas d'accord, le juge, le tribunal ou la cour, sur la demande des parties ou d'office, déclarera, dans une décision préparatoire, quels sont les lois ou les points de droit nécessaires pour vider l'affaire.

b) Le juge ou le président délivrera, dans le plus court délai possible, des lettres rogatoires, qui, par l'intermédiaire du ministère de la Justice et du ministère des Affaires étrangères, seront remises au ministère de la Justice de l'Etat dont on veut connaître les lois ou certains points de droit.

c) Le ministère de la Justice de ce dernier Etat répondra à la demande faite, en s'abstenant de tout conseil ou avis sur toute question de fait, et en se bornant à attester l'existence et la teneur des lois.

d) Dès que les textes des lois et les certificats auront été remis au tribunal, ils seront déposés au greffe, et, sur requête de la partie la plus diligente, la procédure reprendra son cours. [341.518]

(Institut de Droit International, Hambourg, 1891.)

Clause compromissoire. 341.632.1

L'I. D. I. recommande avec instance d'insérer dans les futurs traités internationaux une clause compromissoire, stipulant le recours à la voie de l'arbitrage en cas de contestation sur l'interprétation et l'application de ces traités.

Il propose en même temps, en considération de la difficulté que les parties pourront avoir à s'entendre préalablement sur la procédure à suivre, l'addition, à la clause compromissoire, de la disposition qui suit :

Si les Etats contractants ne sont pas tombés d'accord préalablement sur d'autres dispositions touchant la procédure à suivre devant le tribunal arbitral, il y a lieu d'appliquer le règlement consacré par l'Institut dans sa session de La Haye, le 28 août 1875.

[341.632.1]

(Institut de Droit International, Zurich, 1877.)

Procédure arbitrale internationale. 341.633

L'I. D. I., désirant que le recours à l'arbitrage pour la solution des conflits internationaux soit de plus en plus pratiqué par les peuples civilisés, espère concourir utilement à la réalisation de ce progrès en proposant pour les tribunaux arbitraux le règlement éventuel suivant. Il le recommande à l'adoption entière ou partielle des Etats qui concluraient des compromis.

Art. 1. — Le compromis est conclu par traité international valable.

Il peut l'être :

a) *D'avance*, soit pour toutes contestations, soit pour les contestations d'une certaine espèce à déterminer, qui pourraient s'élever entre les Etats contractants.

b) Pour une contestation ou plusieurs contestations *déjà nées* entre les Etats contractants.

Art. 2. — Le compromis donne à chacune des parties contractantes le droit de s'adresser au tribunal arbitral qu'il désigne pour la décision de la contestation. A défaut de désignation du nombre et des noms des arbitres dans le compromis, le tribunal se règlera selon les dispositions prescrites par le compromis ou par une autre convention.

A défaut de disposition, chacune des parties contractantes choisit de son côté un arbitre, et les deux arbitres ainsi nommés choisissent un tiers-arbitre ou désignent une personne tierce qui l'indiquera.

Si les deux arbitres nommés par les parties ne peuvent s'accorder sur le choix d'un tiers-arbitre, ou si l'une des parties refuse la coopération qu'elle doit prêter selon le compromis à la formation du tribunal arbitral, ou si la personne désignée refuse de choisir, le compromis est éteint.

Art. 3. — Si, dès le principe, ou parce qu'elles n'ont pu tomber d'accord sur le choix des arbitres, les parties contractantes sont convenues que le tribunal arbitral serait formé par une personne tierce par elles désignée, et si la personne désignée se charge de la formation du tribunal arbitral, la marche à suivre à cet effet se règlera en première ligne d'après les prescriptions du compromis. A défaut de prescriptions, le tiers désigné peut ou nommer lui-même les arbitres, ou proposer un certain nombre de personnes parmi lesquelles chacune des parties choisira.

Art. 4. — Seront capables d'être nommés arbitres internationaux les souverains et chefs de gouvernements sans aucune restriction et toutes les personnes qui ont la capacité d'exercer les fonctions d'arbitre d'après la loi commune de leur pays.

Art. 5. — Si les parties ont valablement compromis sur des arbitres individuellement déterminés, l'incapacité ou la récusation valable, fût-ce d'un seul de ces arbitres, infirme le compromis entier, pour autant que les parties ne peuvent se mettre d'accord sur un autre arbitre capable.

Si le compromis ne porte pas détermination individuelle de l'arbitre en question, il faut, en cas d'incapacité ou de récusation valable, suivre la marche prescrite pour le choix originaire (art. 2, 3).

8

Art. 6. — La déclaration d'acceptation de l'office d'arbitre a lieu par écrit.

Art. 7. — Si un arbitre refuse l'office arbitral, ou s'il se départit après l'avoir accepté, où s'il meurt, ou s'il tombe en état de démence, ou s'il est valablement récusé pour cause d'incapacité aux termes de l'article 4, il y a lieu à l'application des dispositions de l'article 5.

Art. 8. — Si le siège du tribunal arbitral n'est désigné ni par le compromis ni par une convention subséquente des parties, la désignation a lieu par l'arbitre ou la majorité des arbitres.

Le tribunal arbitral n'est autorisé à changer de siège qu'au cas où l'accomplissement de ses fonctions au lieu convenu est impossible ou manifestement périlleux.

Art. 9. — Le tribunal arbitral, s'il est composé de plusieurs membres, nomme un président, pris dans son sein, et s'adjoint un ou plusieurs secrétaires.

Le tribunal arbitral décide en quelle langue ou quelles langues devront avoir lieu ses délibérations et les débats des parties, et devront être présentés les actes et les autres moyens de preuve. Il tient procès-verbal de ses délibérations.

Art. 10. — Le tribunal arbitral délibère tous membres présents. Il lui est loisible toutefois de déléguer un ou plusieurs membres ou même de commettre des tierces personnes pour certains actes d'instruction.

Si l'arbitre est un Etat ou son chef, une commune ou autre corporation, une autorité, une faculté de droit, une société savante, ou le président actuel de la commune, corporation, autorité, faculté, compagnie, tous les débats peuvent avoir lieu du consentement des parties devant le commissaire nommé *ad hoc* par l'arbitre. Il en est dressé protocole.

Art. 11. — Aucun arbitre n'est autorisé sans le consentement des parties à se nommer un substitut.

Art. 12. — Si le compromis ou une convention subséquente des compromettants prescrit au tribunal arbitral le mode de procédure à suivre, ou l'observation d'une loi de procédure déterminée et positive, le tribunal arbitral doit se conformer à cette prescription. A défaut d'une prescription pareille, la procédure à suivre sera choisie librement par le tribunal arbitral, lequel est seulement tenu de se conformer aux principes qu'il a déclaré aux parties vouloir suivre.

La direction des débats appartient au président du tribunal arbitral.

Art. 13. — Chacune des parties pourra constituer un ou plusieurs représentants auprès du tribunal arbitral.

Art. 14. — Les exceptions, tirées de l'incapacité des arbitres, doivent être opposées avant toute autre. Dans le silence des parties, toute contestation ultérieure est exclue, sauf les cas d'incapacité postérieurement survenue.

Les arbitres doivent prononcer sur les exceptions tirées de l'incompétence du tribunal arbitral, sauf le recours dont il est question à l'article 24, 2ᵐᵉ alinéa, et conformément aux dispositions du compromis.

Aucune voie de recours ne sera ouverte contre des jugements préliminaires sur la compétence, si ce n'est cumulativement avec le recours contre le jugement arbitral définitif.

Dans le cas ou le doute sur la compétence dépend de l'interprétation d'une clause du compromis, les parties sont censées avoir donné aux arbitres la faculté de trancher la question, sauf clause contraire.

Art. 15. — Sauf dispositions contraires du compromis, le tribunal arbitral a le droit :

1° De déterminer les formes et délais dans lesquels chaque partie devra, par ses représentants dûment légitimés, présenter ses conclusions, les fonder en fait et en droit, proposer ses moyens de preuve au tribunal, les communiquer à la partie adverse, produire les documents dont la partie adverse requiert le production ;

2° De tenir pour accordées les prétentions de chaque partie qui ne sont pas nettement contestées par la partie adverse, ainsi que le contenu prétendu des documents dont la partie adverse omet la production sans motifs suffisants ;

3° D'ordonner de nouvelles auditions des parties, d'exiger de chaque partie l'éclaircissement de points douteux ;

4° De rendre des ordonnances de procédure (sur la direction du procès), faire administrer des preuves, et requérir, s'il le faut, du tribunal compétent les actes judiciaires pour lesquels le tribunal arbitral n'est pas qualifié, notamment l'assermentation d'experts et de témoins ;

5° De statuer, selon sa libre appréciation, sur l'interprétation des documents produits et généralement sur le mérite des moyens de preuves présentés par les parties.

Les formes et délais mentionnés sous les numéros 1 et 2 du présent article seront déterminés par les arbitres dans une ordonnance préliminaire.

Art. 16. — Ni les parties, ni les arbitres ne peuvent d'office mettre en cause d'autres Etats ou des tierces personnes quelconques, sauf autorisation spéciale exprimée dans le compromis et consentement préalable du tiers.

L'intervention spontanée d'un tiers n'est admissible qu'avec le consentement des parties qui ont conclu le compromis.

Art. 17. — Les demandes reconventionnelles ne peuvent être portées devant le tribunal arbitral qu'en tant qu'elles lui sont déférées par le compromis, ou que les deux parties et le tribunal sont d'accord pour les admettre.

Art. 18. — Le tribunal arbitral juge selon les principes du droit international, à moins que le compromis ne lui impose des règles différentes ou ne remette la décision à la libre appréciation des arbitres.

Art. 19. — Le tribunal arbitral ne peut refuser de prononcer sous le prétexte qu'il n'est pas suffisamment éclairé soit sur les faits, soit sur les principes juridiques qu'il doit appliquer.

Il doit décider définitivement chacun des points en litige. Toutefois, si le compromis ne prescrit pas la décision définitive simultanée de *tous* les points, le tribunal peut, en décidant définitivement certains points, réserver les autres pour une procédure ultérieure.

Le tribunal arbitral peut rendre des jugements interlocutoires ou préparatoires.

Art. 20. — Le prononcé de la décision définitive doit avoir lieu dans le délai fixé par le compromis ou par une convention subséquente. A défaut d'autre détermination, on tient pour convenu un délai de deux ans à partir du jour de la conclusion du compromis. Le jour de la conclusion n'y est pas compris ; on n'y comprend pas non plus le temps durant lequel un ou plusieurs arbitres auront été empêchés, par force majeure, de remplir leurs fonctions.

Dans le cas où les arbitres, par des jugements interlocutoires, ordonnent des moyens d'instruction, le délai est augmenté d'une année.

Art. 21. — Toute décision définitive ou provisoire sera prise à la majorité de tous les arbitres nommés, même dans le cas où l'un ou quelques-uns des arbitres refuseraient d'y prendre part.

Art. 22. — Si le tribunal arbitral ne trouve fondées les prétentions d'aucune des parties, il doit le déclarer, et, s'il n'est limité sous ce rapport par le compromis, établir l'état réel du droit relatif aux parties en litige.

Art. 23. — La sentence arbitrale doit être rédigée par écrit, et contenir un exposé des motifs, sauf dispense stipulée par le compromis. Elle doit être signée par chacun des membres du tribunal arbitral. Si une minorité refuse de signer, la signature de la majorité suffit, avec déclaration écrite que la minorité a refusé de signer.

Art. 24. — La sentence, avec les motifs s'ils sont exposés, est notifiée à chaque partie. La notification a lieu par signification d'une expédition au représentant de chaque partie ou à un fondé de pouvoirs de chaque partie constitué *ad hoc*.

Même si elle n'a été signifiée qu'au représentant ou au fondé de pouvoirs d'une seule partie, la sentence ne peut plus être changée par le tribunal arbitral.

Il a néanmoins le droit, tant que les délais du compromis ne sont pas expirés, de corriger de simples fautes d'écriture ou de calcul, lors même qu'aucune des parties n'en ferait la proposition, et de compléter la sentence sur les points litigieux non décidés, sur la proposition d'une partie et après audition de la partie adverse. Une interprétation de la sentence notifiée n'est admissible que si les deux parties la requièrent.

Art. 25. — La sentence dûment prononcée décide, dans les limites de sa portée, la contestation entre les parties.

Art. 26. — Chaque partie supportera ses propres frais et la moitié des frais du tribunal arbitral, sans préjudice de la décision du tribunal arbitral touchant l'indemnité que l'une ou l'autre des parties pourra être condamnée à payer.

Art. 27. — La sentence arbitrale est nulle en cas de compromis nul, ou d'excès de pouvoir, ou de corruption prouvée d'un des arbitres ou d'erreur essentielle.   [341.633]

(*Institut de Droit International*, La Haye, 1875.)

Cour de Justice arbitrale.   341.64

Tout en reconnaissant les grands mérites de la Cour d'arbitrage instituée par la Conférence de La Haye de 1899 pour la justice internationale et le maintien de la paix ;

L'Institut de Droit International :

Dans le but de faciliter et de hâter l'accès à l'arbitrage ; d'assurer le règlement des différents d'une nature juridique par des arbitres représentant les différents systèmes de législation et de procédure ;

Dans le but de renforcer l'autorité des tribunaux vis-à-vis des représentants des parties en litige, par le fait que les membres des tribunaux leur soient connus d'avance, et d'accroître de même la force morale de la sentence rendue par le nombre plus grand et par l'autorité des Etats ;

Dans le but de faire trancher, dans le cas d'un traité d'arbitrage obligatoire contenant une clause à cet effet, les doutes pouvant s'élever sur le point de savoir si un différend déterminé rentre dans la catégorie de ceux qui sont soumis par ce traité à l'arbitrage obligatoire ;

Dans le but de créer un tribunal de revision des sentences des tribunaux institués en dehors des dispositions de la convention de La Haye, pour le cas ou le compromis spécial viendrait à prévoir la possibilité de cette revision ;

Estime hautement désirable que satisfaction soit donnée au vœu émis par la deuxième Conférence de la Paix en faveur de l'établissement d'une Cour de Justice arbitrale.   [341.64]

(*Institut de Droit International*, Christiania, 1912.)

Blocus pacifique.   341.65

L'établissement d'un blocus en dehors de l'état de guerre ne doit être considéré comme permis par le droit des gens que sous les conditions suivantes :

1º Les navires de pavillon étranger peuvent entrèr librement malgré le blocus.

2º Le blocus pacifique doit être déclaré et notifié officiellement, et maintenu par une force suffisante.

3º Les navires de la puissance bloquée qui ne respectent pas un pareil blocus peuvent être séquestrés. Le blocus ayant cessé, ils doivent être restitués avec leurs cargaisons à leurs propriétaires, mais sans dédommagement à aucun titre.

[341.65]

(*Institut de Droit International*, Heidelberg, 1887.)

Immunités diplomatiques.   341.73

Art. 1. — Les ministres publics sont inviolables. Ils jouissent, en outre, de « l'exterritorialité », dans le sens et la mesure qui seront indiqués ci-après, et d'un certain nombre d'immunités.

§ 1. — *Inviolabilité.*

Art. 2. — Le privilège de l'inviolabilité s'étend :

1º A toutes les classes de ministres publics qui représentent régulièrement leur souverain ou leur pays ;

2º A toutes les personnes faisant partie du personnel officiel d'une mission diplomatique ;

3º A toutes les personnes faisant partie de son personnel non officiel, sous cette réserve que, si elles appartiennent au pays où réside la mission, elles ne jouissent du privilège que dans l'hôtel de la mission.

Art. 3. — Il oblige le gouvernement auprès duquel le ministre est accrédité à s'abstenir, envers les personnes qui en jouissent, de toute offense, injure ou violence, à donner l'exemple du respect qui leur est dû et à les protéger, par des pénalités spécialement rigoureuses, contre toute offense, injure ou violence de la part des habitants du pays, de telle sorte qu'elles puissent vaquer à leurs fonctions en toute liberté.

Art. 4. — Il s'applique à tout ce qui est nécessaire à l'accomplissement desdites fonctions ; notamment aux effets personnels, aux papiers, aux archives et à la correspondance.

Art. 5. — Il dure pendant tout le temps que le ministre ou fonctionnaire diplomatique passe, en sa qualité officielle, dans le pays où il a été envoyé.

Il subsiste même en temps de guerre entre les deux puissances, pendant le temps nécessaire au ministre pour quitter le pays avec son personnel et ses effets.

Art. 6. — L'inviolabilité ne peut être invoquée :

1º En cas de légitime défense de la part de particuliers contre des actes commis par les personnes mêmes qui jouissent du privilège ;

2º En cas de risques courus par l'une desdites personnes, volontairement ou sans nécessité ;

3º En cas d'actes répréhensibles commis par elles, et provoquant de la part de l'Etat auprès duquel le ministre est accrédité des mesures de défense ou de précaution ; mais, hormis les cas d'urgence extrême, cet Etat doit se borner à signaler les faits au gouvernement dudit ministre, à demander la punition ou le rappel de l'agent coupable, et à faire, s'il y a lieu, cerner son hôtel pour empêcher des communications ou manifestations illicites.

§ 2. — *Exterritorialité.*

Art. 7. — Le ministre public à l'étranger, les fonctionnaires officiellement attachés à sa mission, et les membres de leur famille demeurant avec eux conservent leur domicile d'origine et demeurent régis par les lois de ce domicile, en tant que c'est le domicile qui régit les lois et les juridictions.

Leur succession s'ouvre audit domicile, et les autorités locales n'ont pas le droit de s'y immiscer, à moins d'en être requises par le chef de la mission.

Art. 8. — Les actes qu'un ministre public ou son représentant fait personnellement, ou auxquels il intervient, en sa qualité officielle et conformément à sa loi nationale, relativement à ses nationaux, sont valables pourvu que ladite loi ait été observée, nonobstant la *lex loci*, comme le seraient des actes de même nature faits ou passés dans le pays même du ministre.

Les actes auxquels intervient le ministre ou son représentant, même en sa qualité officielle, doivent être conformes à la *lex loci* : 1º s'ils intéressent une personne qui n'appartient pas au pays représenté par le ministre ou qui relève, pour une raison quelconque, de la juridiction territoriale ; 2º si, devant sortir effet dans le pays où réside la mission, ils sont de ceux qui ne peuvent être valablement faits au dehors et en une autre forme. Sont régis par la même loi les actes conclus dans l'hôtel de la mission, mais auxquels le ministre ou ses agents n'avaient pas qualité pour intervenir à titre officiel.

Art. 9. — L'hôtel du ministre est exempt du logement militaire et des taxes qui le remplacent.

Nul agent de l'autorité publique, administrative ou judiciaire ne peut y pénétrer pour un acte de ses fonctions que du consentement exprès du ministre.

Art. 10. — Le ministre peut avoir dans son hôtel une chapelle de son culte, mais à condition de s'abstenir de toute manifestation extérieure dans les pays où l'exercice public de ce culte n'est pas autorisé.

§ 3. — *Immunités.*

A. — IMMUNITÉS EN MATIÈRE D'IMPOTS.

Art. 11. — Le ministre public à l'étranger, les fonctionnaires officiellement attachés à sa mission, et les membres de leur famille demeurant avec eux sont dispensés de payer :

1º Les impôts personnels directs et les taxes somptuaires ;

2º Les impôts généraux sur la fortune, soit sur le capital, soit sur le revenu ;

3º Les décimes de guerre ;

4º Les droits de douane quant aux objets à leur usage personnel.

Il appartient à chaque gouvernement d'indiquer les justifications auxquelles il entend subordonner ces exemptions d'impôt.

B. — IMMUNITÉ DE JURIDICTION.

Art. 12. — Le ministre public à l'étranger, les fonctionnaires officiellement attachés à sa mission, et les membres de leur famille demeurant avec eux sont exempts de toute juridiction, civile ou criminelle, de l'Etat auprès duquel ils sont accrédités ;

en principe, ils ne sont justiciables, soit au civil, soit au criminel, que des tribunaux de leur propre pays. Le demandeur pourra s'adresser au tribunal de la capitale du pays du ministre, sauf le droit du ministre de faire la preuve qu'il a un autre domicile dans son pays.

Art. 13. — En ce qui concerne les crimes, les personnes dénommées en l'article précédent restent soumises à leur loi pénale nationale, comme si elles les avaient commis dans leur propre pays.

Art. 14. — L'immunité survit aux fonctions quant aux actions se rattachant à l'exercice desdites fonctions. En ce qui concerne les actions ne s'y rattachant pas, l'immunité ne peut être invoquée que pendant la durée même des fonctions.

Art. 15. — Ne peuvent se prévaloir du bénéfice de l'immunité les personnes appartenant par leur nationalité au pays auprès du gouvernement duquel elles sont accréditées.

Art. 16. — L'immunité de juridiction ne peut être invoquée :

1º En cas de poursuites exercées à raison d'engagements contractés par la personne exempte, non en sa qualité officielle ou privée, mais dans l'exercice d'une profession exercée par elle dans le pays concurremment avec ses fonctions diplomatiques ;

2º En matière d'actions réelles, y compris les actions possessoires, se rapportant à une chose, meuble ou immeuble, qui se trouve sur le territoire.

Elle subsiste, même en cas de contravention dangereuse pour l'ordre ou la sécurité publique ou de crime attentatoire à la sûreté de l'Etat ; sans préjudice du droit pour le gouvernement territorial de prendre telles mesures conservatoires qu'il appartiendra (art. 6, 3º).

Art. 17. — Les personnes jouissant de l'immunité de juridiction peuvent refuser de comparaître comme témoins devant une juridiction territoriale, à condition, si elles en sont requises par la voie diplomatique, de donner leur témoignage même, dans l'hôtel de la mission, à un magistrat du pays délégué auprès d'elles à cet effet. [341.73]

(*Institut de Droit International*, Cambridge, 1895.)

Immunités consulaires. 341.83

TITRE PRÉLIMINAIRE.

Art. 1. — Le titre de consul n'appartient qu'aux agents du service extérieur, qui, ressortissants de l'Etat qu'ils représentent, n'exercent pas d'autres fonctions que celles de consul (*consules missi*).

Porteront désormais le titre d'agents consulaires :

a) les consuls nationaux, c'est-à-dire, ressortissants de l'Etat mandant, qui exercent quelque autre fonction ou profession.

b) les consuls qui relèvent par leur nationalité, soit de l'Etat dans lequel ils sont commissionnés, soit d'un autre Etat que de l'Etat mandant, sans qu'il soit fait de distinction entre ceux qui exercent et ceux qui n'exercent pas d'autres fonctions ou professions.

Art. 2. — Les consuls et les agents consulaires sont soumis aux lois et juridictions territoriales, sauf les exceptions spécifiées aux titres I et II ci-après.

Art. 3. — Pour que les consuls ou agents consulaires soient admis et reconnus comme tels, ils devront présenter leurs provisions, sur la production desquelles l'*exequatur* leur sera délivré.

Sur la présentation de l'*exequatur*, l'autorité supérieure de la circonscription dans laquelle lesdits agents sont appelés à résider donnera les ordres nécessaires aux autres autorités locales, pour qu'ils soient protégés dans l'exercice de leurs fonctions et pour que les immunités, exemptions et privilèges conférés par le présent règlement leur soient garantis.

Dans le cas où le gouvernement territorial jugerait devoir retirer l'*exequatur* à un consul, il devra en donner avis préalable au gouvernement dont ce consul relève.

TITRE I. — *Des consuls.*

Art. 4. — Les consuls jouissent de l'immunité personnelle aux conditions et dans les limites spécifiées dans les articles 5, 6, 7 et 8 ci-après.

Art. 5. — Ils ne sont pas justiciables des tribunaux locaux pour les actes qu'ils accomplissent en leur qualité officielle et dans les limites de leur compétence. Les exceptions qui sont faites à cette règle doivent être prévues et définies par traité.

Si un particulier se croit lésé du fait d'un consul agissant dans la sphère de ses attributions, il adressera sa plainte au gouvernement territorial, qui y donnera suite, s'il y a lieu, par la voie diplomatique.

Art. 6. — Sauf le cas spécifié en l'article 5 ci-dessus, les consuls sont justiciables, tant au civil qu'au criminel, des tribunaux du pays où ils exercent leurs fonctions.

Néanmoins, toute action intentée à un consul est suspendue jusqu'à ce que son gouvernement, dûment prévenu par la voie diplomatique, ait pu se concerter avec le gouvernement territorial sur la solution que l'incident comporte.

Cet avis préalable n'est pas nécessaire :

1° en cas de délit flagrant ou de crime ;

2° en matière d'actions réelles, y compris les actions possessoires, se rapportant à une chose meuble ou immeuble qui se trouve sur le territoire ;

3° lorsque le consul a provoqué lui-même ou accepté le litige devant la juridiction locale.

Art. 7. — En aucun cas, les consuls ne peuvent être arrêtés ni détenus, si ce n'est à raison d'infractions graves.

Art. 8. — Ils ne sont pas tenus de comparaître comme témoins devant les tribunaux locaux. Leur témoignage doit être recueilli à leur domicile par un magistrat délégué *ad hoc*.

Dans les cas exceptionnels où la comparution personnelle du consul devant la juridiction civile ou criminelle serait jugée indispensable, le gouvernement territorial, si le consul refusait de déférer à l'invitation qui lui serait adressée de se présenter devant le juge compétent, aurait recours à la voie diplomatique.

Art. 9. — La demeure officielle des consuls et les locaux occupés par leur chancellerie et par leurs archives sont inviolables.

Aucun officier de l'ordre administratif ou judiciaire ne pourra y pénétrer sous quelque prétexte que ce soit.

Si un individu poursuivi par la justice locale s'est réfugié au consulat, le consul devra le livrer sur la simple réquisition de l'autorité territoriale.

Art. 10. — Pour assurer spécialement l'inviolabilité des archives consulaires, un état descriptif des divers locaux composant la chancellerie du consulat sera, par l'entremise de la mission diplomatique, remis aux autorités du pays par l'agent étranger, lors de son entrée en fonctions, et toutes les fois qu'il y aura transport de la chancellerie d'un immeuble dans un autre ou changement important dans les dispositions matérielles de cette chancellerie.

Ledit état sera chaque fois l'objet d'une vérification contradictoire.

Art. 11. — Les consuls doivent s'abstenir de placer dans les archives et dans les locaux de leur chancellerie des documents et objets étrangers à leur service.

Les chancelleries consulaires, tout en restant distinctes des pièces servant à l'habitation du consul, peuvent être installées dans cette habitation.

Art 12. — Si le consul, requis par l'autorité judiciaire d'avoir à se dessaisir de documents qu'il détient, se refuse à les livrer, l'autorité administrative recourra au gouvernement territorial, qui y donnera suite, s'il y a lieu, par la voie diplomatique.

Art. 13. — Les consuls sont dispensés de payer : 1º les impôts personnels directs et les taxes somptuaires ; 2º les impôts généraux sur la fortune, tant sur le capital que sur le revenu ; 3º les décimes de guerre.

Art. 14. — Les consuls peuvent placer au-dessus de la porte extérieure du consulat l'écusson des armes de leur nation, avec cette inscription : « Consulat de... »

Ils peuvent arborer le drapeau de leur pays sur la maison consulaire aux jours de solennités publiques, à moins qu'ils ne résident dans la ville où leur gouvernement est représenté par une mission diplomatique.

Ils sont également autorisés à hisser ce drapeau sur l'embarcation qu'ils emploient dans l'exercice de leurs fonctions.

Art. 15. — Il est permis aux consuls de correspondre avec leur gouvernement et avec la mission politique de leur pays par dépêches télégraphiques chiffrées ou au moyen de courriers munis d'un passeport *ad hoc*.

Il leur est également loisible de confier leur correspondance officielle aux capitaines des navires nationaux ancrés dans le port de leur résidence.

En cas d'épidémie, la purification des lettres destinées aux consuls a lieu en présence d'un délégué consulaire.

Art. 16. — En cas de décès ou d'empêchement imprévu du consul, l'officier consulaire le plus élevé en grade après lui sera admis de plein droit à gérer le consulat, sauf à produire en temps et lieu à l'autorité locale l'acte officiel qui le confirme dans sa gestion provisoire.

A cet effet, le consul devra présenter à l'autorité locale l'officier appelé éventuellement à le remplacer à titre intérimaire.

Cet officier, pendant sa gérance, jouira des immunités et privilèges attribués aux consuls par le présent règlement.

Art. 17. — Il n'est fait aucune différence, sous le rapport des immunités, entre les consuls généraux, les consuls et les vice-consuls.

Il s'entend que les agents de cette dernière catégorie, en tant que préposés à des vice-consulats, doivent remplir les conditions de nationalité et autres prévues par le premier paragraphe de l'article 1er du présent règlement.

Dans les cérémonies officielles où ils sont convoqués, les consuls généraux, consuls et vice-consuls prennent rang d'après leur grade, et dans chaque grade, d'après la date de leur entrée en fonctions.

TITRE II. — *Des Agents consulaires.*

Art. 18. — Lorsque des actions en matière civile ou criminelle seront dirigées contre des agents consulaires, les tribunaux locaux seront compétents pour en connaître directement, sauf le cas où il serait établi par lesdits agents qu'ils ont agi en leur qualité officielle.

Art. 19. — Les agents consulaires sont exempts des impôts afférents spécialement à l'immeuble ou à la partie de l'immeuble affecté à leur office consulaire.

Sauf cette exception, ils acquittent les autres impositions, tant nationales que municipales.

Art. 20. — Les articles 10, 11 alinéa 1er, 12 et 14 sont applicables aux agents consulaires, avec cette différence, en ce qui concerne l'art. 14, que l'écusson, placé sur la porte extérieure de leur office, portera l'inscription : « Agence consulaire de... »

L'office des agents consulaires, y compris le local de leurs archives, devra toujours être séparé de leur comptoir ou bureau d'affaires personnel..

Art. 21. — Les agents consulaires peuvent correspondre directement, à titre officiel, avec les autorités administratives et judiciaires de leurs circonscriptions respectives.   [341.83]

(*Institut de Droit International*, Venise, 1896.)

Procédure dans les procès mixtes en Orient.   341.841

Les gouvernements des Etats qui ont le droit de juridiction consulaire dans les pays d'Orient reconnaissent la nécessité d'organiser d'un commun accord la procédure dans les procès mixtes entre leurs ressortissants ou protégés respectifs.

Pour les procès mixtes où sont engagés les sujets des pays orientaux, les stipulations des traités conclus avec la Porte ottomane, les pays de l'extrême Orient et le Maroc demeurent en vigueur.

Le présent accord ne s'applique pas aux procès où ne sont engagés que les ressortissants ou protégés d'une seule des puissances contractantes.

I. — DISPOSITIONS GÉNÉRALES.

Art. 1. — Il y a lieu de prendre en considération, dans l'organisation des tribunaux, d'un côté, les traités internationaux, de l'autre, les usages établis et les nécessités locales.

Art. 2. — Ces tribunaux ne seront, d'ailleurs, compétents que pour les ressortissants des Etats qui auront adhéré formellement au présent accord.

II. — DISPOSITIONS SPÉCIALES.

1. — *De l'organisation des tribunaux.*

Art. 3. — Le tribunal de première instance compétent est le tribunal consulaire du défendeur. S'il y a deux ou plusieurs défendeurs, le tribunal compétent est le tribunal consulaire de l'un d'eux, au choix du demandeur ; dans ce cas, sur l'invitation du tribunal compétent, le consul des autres défendeurs enjoint à ceux-ci de comparaître et a le droit d'assister aux débats.

Le principe ci-dessus souffre exception toutes les fois que les lois de procédure fixent la compétence d'un autre tribunal à raison de la matière.

Art. 4. — Il est établi un tribunal d'appel dans chacun des pays d'Orient où la juridiction consulaire est reconnue. Il porte le nom de cour d'appel.

La cour d'appel est organisée de la manière suivante :

Le gouvernement de chacune des puissances contractantes nomme un membre ayant fait des études juridiques suffisantes ou ayant fonctionné en qualité de consul-juge.

Les consuls généraux fonctionnant dans le pays où la cour d'appel est instituée peuvent également être nommés membres de celle-ci.

Plusieurs gouvernements peuvent s'entendre pour nommer en commun un seul membre de la cour d'appel.

2. — *De la procédure devant les tribunaux de première instance.*

Art. 5. — La procédure devant le tribunal de première instance est déterminée par la législation de l'Etat dont ce tribunal dépend.

Art. 6. — Le consul du demandeur a le droit d'assister aux débats.

3. — *De la procédure devant les cours d'appel.*

Art. 7. — Toute décision d'un tribunal de première instance est sujette à appel.

Le délai d'appel est de quarante-cinq jours francs à partir de la signification du jugement, outre les délais de distance.

Art. 8. — L'acte d'appel doit être motivé.

Il est transmis à la partie contre qui l'appel est formé, par les soins du consul de cette partie.

Art. 9. — La procédure devant la cour d'appel est déterminée par un accord spécial entre les puissances contractantes.

4. — *De l'exécution des jugements.*

Art. 10. — L'exécution du jugement prononcé par le tribunal de première instance est confiée aux autorités consulaires ou autres de l'Etat auquel appartient, en qualité de ressortissant ou de protégé, la partie contre qui le jugement a été prononcé.

Art. 11. — L'exécution de l'arrêt prononcé par la cour d'appel est confiée aux autorités consulaires ou autres de l'Etat auquel appartient, en qualité de ressortissant ou de protégé, la partie contre qui l'arrêt a été rendu. [341.841]

(*Institut de Droit International.* Munich, 1883.)

Nationalité. 342.71

1. — L'étranger, quelle que soit sa nationalité ou sa religion, jouit des mêmes droits civils que le régnicole, sauf les exceptions formellement établies par la législation actuelle.

2. — L'enfant légitime suit la nationalité de son père.

3. — L'enfant illégitime suit la nationalité de son père lorsque la paternité est légalement constatée ; sinon, il suit la nationalité de sa mère lorsque la maternité est légalement constatée.

4. — L'enfant né de parents inconnus, ou de parents dont la nationalité est inconnue, est citoyen de l'Etat sur le territoire duquel il est né ou trouvé, lorsque le lieu de sa naissance est inconnu.

5. — La femme acquiert par le mariage la nationalité de son mari.

6. — L'état et la capacité d'une personne sont régis par les lois de l'Etat auquel elle appartient par sa nationalité.

Lorsqu'une personne n'a pas de nationalité connue, son état et sa capacité sont régis par les lois de son domicile.

Dans le cas où différentes lois civiles coexistent dans un même Etat, les questions relatives à l'état et à la capacité de l'étranger seront décidées selon le droit intérieur de l'Etat auquel il appartient. [342.71]

(*Institut de Droit International*, Oxford, 1880.)

Nationalité, naturalisation et expatriation.   342.71

Art. 1. — L'enfant légitime suit la nationalité dont son père était revêtu au jour de la naissance ou au jour où le père est mort.

Art. 2. — L'enfant illégitime qui, pendant sa minorité, est reconnu par son père seul, ou simultanément par son père et par sa mère, ou dont la filiation est constatée par le même jugement au regard de tous deux, suit la nationalité de son père, au jour de la naissance ; s'il n'a été reconnu que par sa mère, il prend la nationalité de cette dernière, et il la conserve alors même que son père viendrait à le reconnaître par la suite.

Art. 3. — L'enfant né sur le territoire d'un Etat, d'un père étranger qui lui-même y est né, est revêtu de la nationalité de cet Etat, pourvu que, dans l'intervalle des deux naissances, la famille à laquelle il appartient y ait eu son principal établissement, et à moins que, dans l'année de sa majorité, telle quelle est fixée par la loi nationale de son père et par la loi du territoire où il est né, il n'ait opté pour la nationalité de son père.

Pour les cas de naissances illégitimes, non suivies de reconnaissance de la part des pères respectifs, la règle précédente s'applique également par analogie.

Elle ne s'applique pas aux enfants d'agents diplomatiques ou de consuls envoyés, régulièrement accrédités dans le pays où ils sont nés ; ces enfants sont réputés nés dans la patrie de leur père.

Art. 4. — A moins que le contraire n'ait été expressément réservé au moment de la naturalisation, le changement de nationalité de père de famille entraine celui de sa femme, non séparée de corps, et de ses enfants mineurs, sauf le droit de la femme de recouvrer sa nationalité primitive par une simple déclaration, et sauf aussi l'exercice du droit d'option des enfants pour leur nationalité antérieure, soit dans l'année qui suivra leur majorité, soit à partir de leur émancipation, avec le consentement de leur assistant légal.

Art. 5. — Nul ne peut être admis à obtenir une naturalisation en pays étranger qu'à la charge de prouver que son pays d'origine le tient quitte de son allégeance, ou tout au moins qu'il a fait connaître sa volonté au gouvernement de son pays d'origine et qu'il a satisfait à la loi militaire pendant la période du service actif conformément aux lois de ce pays.

Art. 6. — Nul ne peut perdre sa nationalité ou y renoncer que s'il justifie qu'il est dans les conditions requises pour obtenir son admission dans un autre Etat. La dénationalisation ne peut jamais être imposée à titre de peine.   [342.71]

(Institut de Droit International, Venise, 1896.)

Nationalité des navires négriers.   347.791.3

Art. 1. — Si la présomption de nationalité résultant du pavillon qui aura été arboré par un navire de commerce peut être sérieusement mise en doute, soit par suite de renseignements positifs, soit par suite d'indices matériels de nature à faire croire que ce navire n'appartient pas à la nation dont il a pris les couleurs, le bâtiment de guerre étranger qui le rencontre peut recourir à la vérification de cette prétendue nationalité.

Art. 2. — Cette vérification consistera dans l'examen des titres autorisant le port du pavillon, titres qui seront conformes à un type unique strictement obligatoire.

On pourra exiger des bâtiments indigènes (boutres, dows), indépendamment des titres établissant la nationalité, le rôle d'équipage et le manifeste des passagers.

Art. 3. — Toute recherche sur un autre fait que celui de la nationalité est interdite, sans préjudice des dispositions de l'art. 2, alinéa 2.

Art. 4. — Lorsque par suite de la vérification spécifiée à l'article 2 ci-dessus, le navire sera soupçonné de fraude, il sera conduit devant l'autorité la plus prochaine de la nation dont il a arboré les couleurs.

Cette autorité procèdera à une enquête préalable en présence de l'officier capteur.   [347.791.3]

(*Institut de Droit International*, Paris, 1894.)

Usage du pavillon national par les navires de commerce. 347.791.3

Section I. — *Acquisition du droit au pavillon d'un Etat.*

Art. 1. — Le navire doit être inscrit sur le registre tenu à cet effet par les fonctionnaires compétents, conformément aux lois de l'Etat ;

Art. 2. — Pour être inscrit sur ce registre, le navire doit être, pour plus de moitié, la propriété :

1º de nationaux, ou

2º d'une société en nom collectif ou en commandite simple, dont plus de la moitié des associés personnellement responsables sont nationaux, ou

3º d'une société par actions (anonyme ou en commandite), nationale, dont deux tiers au moins des membres de la direction sont nationaux ; la même règle s'applique aux associations et autres personnes juridiques possédant des navires.

Art. 3. — L'entreprise (qu'il s'agisse d'armateurs individuels, de sociétés ou de corporations) doit avoir son siège dans l'Etat dont le navire doit porter le pavillon et où il doit être enregistré.

Art. 4. — Chaque Etat déterminera les conditions à remplir pour qu'on puisse être nommé capitaine ou premier officier d'un navire de commerce : mais la nationalité du capitaine ou celle des membres de l'équipage ne formera pas une condition pour l'acquisition ou la perte du droit au pavillon national.

Section II. — *Perte du droit au pavillon d'un Etat.*

Art. 5. — La perte d'une des conditions dans lesquelles ce droit peut être obtenu ne le fera perdre qu'après que le navire aura été rayé sur le registre. Cette radiation se fera à la requête des propriétaires ou de la direction du navire, ou bien d'office par l'autorité chargée de tenir le registre, sauf les dispositions des articles 7 et 8 ci-après.

Art. 6. — Le propriétaire ou la direction qui aura négligé de faire à cette autorité la communication nécessaire sera passible d'une amende.

Art. 7. — Si la mutation de la propriété d'une part dans un navire avait pour effet la perte du droit au pavillon, il serait accordé aux propriétaires un délai convenable, pour prendre les mesures nécessaires à l'effet soit de faire conserver au navire sa nationalité ancienne soit de lui en faire obtenir une autre.

Art. 8. — Si après l'expiration de ce délai, les intéressés n'ont pas pris les mesures nécessaires pour atteindre un de ces deux buts, le navire est rayé sur le registre, et celui qui est la cause de la perte de la nationalité ou ses héritiers, si la nationalité a été perdue par sa mort, sont passibles d'une amende.

Section III. — *Acquisition provisoire du droit au pavillon.*

Art. 9. — L'acquisition provisoire du droit au pavillon a lieu dans deux cas :

1° quand un navire, construit à l'étranger, ne peut acquérir définitivement le droit au pavillon qu'après son arrivée dans un des ports de l'Etat du propriétaire ;
2° quand un navire change de propriétaire pendant qu'il se trouve dans un port étranger.

Art. 10. — Dans chacun de ces deux cas, les consuls et agents consulaires établis dans le pays où se trouve le navire, seront chargés de délivrer un certificat provisoire, si les conditions matérielles que la loi impose pour acquérir la natio-

nalité du navire sont remplies ; ce certificat ne sera valable que pendant une période à déterminer par la loi.   [347.791.3]
(*Institut de Droit International*, Venise, 1896.)

Loi du pavillon.   347.791.3

La *loi du pavillon* du navire doit servir à déterminer :

1º Quelles sont les formalités de publicité à remplir pour la transmission de la propriété :

2º Quels sont les créanciers du propriétaire du bâtiment qui ont ou n'ont pas le droit de suite, dans le cas où il est aliéné :

3º Si le navire est susceptible ou non d'être hypothéqué ;

4º Quelles sont les formalités à remplir pour la publicité des hypothèques maritimes ;

5º Quelles sont les créances garanties par un privilège maritime ;

6º Quels sont les rangs des privilèges sur le navire ;

7º Quelles sont les formalités à remplir par le capitaine qui emprunte à la grosse en cours de voyage ;

8º Quelle est l'étendue de la responsabilité du propriétaire du navire, à raison des faits du capitaine et des gens de l'équipage, spécialement s'il peut se libérer par l'abandon du navire et du fret ;

9º Quels caractères doit réunir une avarie pour constituer une avarie commune donnant lieu à la contribution entre les intéressés ;

10º Comment doit être composée la masse contribuable, en cas d'avarie commune, particulièrement au point de vue de la contribution du propriétaire du navire.   [347.791.3]
(*Institut de Droit International*, Bruxelles, 1885.)

Abordages maritimes.   347.796.3

PROJET DE LOI UNIFORME.

Art. 1. — Si l'abordage a été causé par une faute, tous les dommages sont supportés par le navire à bord duquel la faute a été commise.

Art. 2. — S'il y a eu faute commise à bord des deux navires, aucune indemnité ne peut être réclamée pour le dommage causé à l'un des deux navires ou à tous les deux, à moins qu'il ne soit justifié par les intéressés que la cause principale du sinistre doit être attribuée plus spécialement à l'un des navires ; et, dans ce cas, il appartient aux tribunaux d'apprécier dans quelle mesure une indemnité pourra être mise à la charge de l'un en faveur de l'autre.

Dans tous les cas de faute commune, les deux navires répondent solidairement du dommage éprouvé par le chargement et par les personnes. Le navire qui aura le montant intégral du dommage aura droit de recourir contre l'autre pour le remboursement de la moitié de la somme avancée. Lorsque les tribunaux, d'après les justifications faites, auront fixé d'autres bases pour la contribution à l'indemnité, le recours s'exercera en se conformant aux règles par eux posées.

Art. 3. — Lorsque le navire a été sous la conduite obligatoire d'un pilote lamaneur et que les gens composant l'équipage ont rempli les obligations qui leur incombent, le navire ne supporte pas le dommage qui résulte d'un abordage causé par la faute du pilote.

Art. 4. — Si l'abordage a entraîné mort d'hommes ou blessures, les indemnités allouées de ce chef sont prélevées de préférence sur le produit du recours.

Art. 5. — Sont non recevables toutes actions en indemnité pour faits d'abordage, si la demande n'est pas faite en justice dans l'année du jour où l'abordage a eu lieu et dans le mois de la connaissance acquise de l'événement par les intéressés.

Art. 6. — La demande en justice peut être faite par le capitaine pour le compte de tous les intéressés.

Art. 7. — Le navire abordeur peut être saisi dans tout port, même de relâche, pendant toute la durée de l'instance et jusqu'à ce que le jugement rendu contre lui soit susceptible d'exécution, à moins qu'il n'ait fourni caution suffisante fixée par le juge.

Art. 8. — Sont compétents pour statuer sur la demande en indemnité : le juge du domicile du défendeur, le juge du port le plus voisin du lieu du sinistre, le juge du port de destination du navire abordeur, le juge du port où le navire abordeur sera entré premièrement en relâche, le juge du lieu où le navire aura été saisi.

PROJET DE RÈGLEMENT INTERNATIONAL.

Art. 1. — En cas d'abordage dans les eaux intérieures d'un pays entre navires soit de la même nationalité, soit de nationalités différentes, la loi de ce pays doit être appliquée pour déterminer qui supporte le dommage causé aux navires, aux personnes et aux cargaisons, dans quels délais les réclamations doivent être formées, quelles formalités doivent remplir les intéressés pour la conservation de leurs droits et quels sont les tribunaux compétents pour en connaître.

Il en est de même si l'abordage a eu lieu dans les eaux territoriales.

Art. 2. — En cas d'abordage en *pleine mer entre navires de la même nationalité*, la loi du pavillon des navires doit être appliquée à toutes les questions nées de l'abordage.

Si l'abordage a lieu en *pleine mer entre navires de nationalités différentes*, la loi du pavillon de chaque navire sert à déterminer qui doit supporter le dommage. Toutefois, le demandeur ne peut faire une réclamation qui ne serait pas justifiée d'après la loi de son pavillon.

Les réclamations doivent être formées dans les délais prescrits par la loi du pavillon du demandeur et après accomplissement des formalités qu'elle exige. Elles peuvent être portées indifféremment devant un tribunal compétent d'après cette loi ou d'après celle du pavillon du défendeur.   [347.796.3]
(*Institut de Droit International*, Lausanne, 1888.)

Navires et équipages dans les ports étrangers.

347.799.15

DISPOSITIONS PRÉLIMINAIRES (I).

Art. 1. — Les dispositions du présent Règlement sont applicables non seulement aux ports, mais encore aux anses et rades fermées ou foraines, aux baies et havres qui peuvent être assimilés à ces anses et rades.

Art. 2. — Lesdits ports, havres, anses, rades et baies, non seulement sont placés sous un droit de souveraineté des Etats dont ils bordent le territoire, mais encore font partie du territoire de ces Etats.

Art. 3. — En règle générale, l'accès des ports et des autres portions de la mer spécifiés dans l'article 1er, est présumé ouvert aux navires étrangers.

Exceptionnellement, pour des raisons dont il est seul juge, un Etat peut déclarer ses ports ou quelques-uns d'entre eux fermés, — alors même que des traités en garantiraient, d'une manière générale, le libre accès, — lorsque la sûreté de l'Etat ou un intérêt public sanitaire justifié le commande.

(I) Les *Dispositions préliminaires* et la *Première partie* avaient été adoptées à Copenhague le 31 août 1897, mais sous réserve d'une revision éventuelle. Le texte imprimé ici a été modifié et complété en suite des nouvelles délibérations auxquelles il a été procédé sur certains points dans la session de 1898, à La Haye.

L'entrée des ports peut encore être refusée à une nation en particulier, par mesure de justes représailles.

Atr. 4. — Doivent être considérés comme régulièrement fermés et dont l'accès est à bon droit interdit aux navires sans distinction de pavillon, les ports exclusivement militaires ou sièges d'arsenaux destinés à la construction et à l'armement des forces navales d'un pays.

Art. 5. — L'Etat comme souverain a le droit :

De régler les conditions d'entrée et de séjour auxquelles devront se conformer ceux qui fréquentent la partie du territoire maritime énoncée en l'art. 1er ;

De réserver pour ses nationaux certaines branches de commerce, d'industrie ou de navigation ;

D'établir, sous des sanctions pénales, des règlements concernant la navigation, l'ordre, la sûreté, la santé publique et la police dans ses diverses attributions ;

D'imposer des charges fiscales de diverses natures, et notamment, des droits de douane, avec la soumission aux mesures nécessaires pour assurer la perception de ces contributions.

Art. 6. — En cas de relâche forcée, l'entrée d'un port ne peut être refusée au navire en détresse, alors même que ce port serait fermé conformément à l'art. 3 ou à l'art. 4.

Le navire en relâche devra se conformer rigoureusement aux conditions qui lui seront imposées par l'autorité locale ; néanmoins ces conditions ne pourront pas être de nature à paralyser par leur rigueur excessive l'exercice du droit de relâche forcée.

Les autorités territoriales doivent aide et assistance aux navires étrangers naufragés sur leurs côtes ; elles doivent garantir le respect de la propriété privée, aviser le consulat des naufragés, assister les agents de ce consulat dans leur action dès qu'ils interviennent.

Il est à désirer que les Etats n'exigent que le remboursement des frais utilement exposés.

Art. 7. — Le régime que constituent les principes admis par le droit public international diffère essentiellement suivant qu'il s'agit d'en faire application aux vaisseaux de guerre ou aux navires marchands, dans l'état de paix ou dans l'état de guerre.

PREMIÈRE PARTIE. — ÉTAT DE PAIX.

SECTION I. — *Marine militaire.*

Art. 8. — Sont considérés comme navires de guerre, et soumis à ce titre au présent règlement, tous bâtiments sous le commandement d'un officier du service actif de la marine de l'Etat, montés par un équipage de la marine militaire, et autorisés à porter le pavillon et la flamme de la marine militaire.

La forme du navire, sa destination antérieure, le nombre des individus qui en composent l'équipage ne peuvent altérer ce caractère.

Sont assimilés aux navires de guerre les navires étrangers qui sont mis expressément à la disposition des chefs d'Etat ou de leurs envoyés officiels. Les embarcations qui dépendent de ces navires en suivent le régime.

Art. 9. — Dans le cas où les armements en course seraient légalement pratiqués, seront également assimilés aux navires de guerre les navires armés en course, qui, pendant la guerre, seraient porteurs de commissions régulièrement délivrées par l'Etat belligérant à la nationalité duquel ils appartiennent.

Art. 10. — A moins de traités, de lois, de règlements ou de prohibitions spéciales contraires, les ports sont ouverts aux navires de guerre étrangers, à charge par ceux-ci d'observer strictement, pour leur entrée et leur séjour, les conditions sous lesquelles ils sont admis.

Art. 11. — Le commandement d'un navire de guerre étranger qui se propose de mouiller dans une rade ou dans un port, en demande préalablement l'autorisation aux autorités locales, en indiquant ses motifs, et n'entre qu'après avoir reçu une réponse affirmative.

De justes causes, dont l'autorité territoriale est juge souverain, pourraient motiver un refus d'admission ou une invitation au départ.

Art. 12. — Le navire de guerre étranger qui entre dans un port, doit se conformer au cérémonial consacré par les usages à défaut de traité.

Art. 13. — Les navires de guerre étrangers admis dans les ports doivent respecter les lois et les règlements locaux, notamment ceux qui concernent la navigation, le stationnement et la police sanitaire.

En cas de contravention grave et persistante, le commandant, après avis officieux et courtois resté sans effet, pourrait être invité et, au besoin, contraint à reprendre la mer.

Il en serait de même si les autorités locales jugeaient que la présence de son navire est une cause de désordre ou de danger pour la sûreté de l'Etat.

Mais, à moins d'extrême urgence, ces mesures rigoureuses ne doivent être employées que sur l'ordre du gouvernement central du pays.

Art. 14. — En ce qui concerne les douanes, en règle générale, tout bâtiment de guerre étranger doit être exempt de la visite des douaniers à bord ; on doit se borner, à cet égard, à une surveillance tout extérieure.

Art. 15. — Les navires de guerre dans un port étranger restent soumis à l'action de la Puissance dont ils relèvent, sans que les pouvoirs locaux puissent exercer une autorité ou juridiction sur les personnes qui se trouvent à leur bord, ni s'immiscer dans ce qui se passe sur ce bord, sauf le cas prévu à l'art. 16.

Les relations officielles nécessaires entre les commandants et officiers de ces navires et les autorités territoriales ont lieu en suivant la voie administrative, et au besoin la voie diplomatique.

Art. 16. — Les crimes et délits commis à bord de ces navires ou sur les embarcations qui en dépendent, soit par les gens de l'équipage, soit par toutes autres personnes se trouvant à bord, tombent sous la compétence des tribunaux de la nation à laquelle appartient le navire et sont jugés selon les lois de cette nation, quelle que soit la nationalité des auteurs ou des victimes.

Toutefois, si le commandant livre un délinquant aux autorités locales, celles-ci recouvrent la compétence qui leur appartiendrait d'après les principes ordinaires.

Art. 17. — Lorsque des désordres se produisent sur le navire et que le commandant, impuissant à les réprimer, demande le concours de l'autorité locale pour l'y aider, si celle-ci le lui prête, elle doit aviser immédiatement l'autorité centrale, qui communique cet avis au représentant sur le territoire du gouvernement auquel appartient ce navire et avec lequel sont combinées les mesures à prendre.

Si l'ordre peut être compromis en dehors du bord, l'autorité locale doit prendre dans ses eaux les mesures nécessaires pour remédier à cette situation, à charge d'en donner avis comme il vient d'être dit, et dans les conditions qui viennent d'être indiquées.

En cas d'urgence, l'autorité locale y pourvoit d'office.

Art. 18. — Si des gens du bord se trouvant à terre commettent des infractions aux lois du pays, ils peuvent être arrêtés par les agents de l'autorité territoriale et déférés à la justice locale.

Avis de l'arrestation doit être donné au commandant du navire, qui ne peut exiger qu'ils lui soient remis.

Si les délinquants n'étant point arrêtés ont rejoint le bord, l'autorité locale ne peut les y saisir, mais seulement exiger qu'ils soient déférés à leurs tribunaux nationaux et qu'avis lui soit donné du résultat des poursuites.

Si les personnes inculpées du délit ou du crime commis à terre s'y trouvaient en service commandé, soit individuellement, soit collectivement, en vertu d'une concession expresse ou tacite de l'autorité locale, elles doivent, après leur arrestation, sur la demande du commandant, lui être livrées avec les procès-verbaux constatant les faits, et avec demande, s'il y a lieu, qu'elles soient poursuivies devant leur autorité nationale compétente, avec avis du résultat de ces poursuites.

Art. 19. — Le commandant ne doit pas donner asile à des personnes poursuivies ou condamnées pour délits ou crimes de droit commun, ni aux déserteurs appartenant à l'armée de terre ou de mer du territoire ou d'un autre navire.

S'il reçoit à son bord des réfugiés politiques, il faut que cette situation soit nettement établie, et qu'il les y admette dans des conditions telles que cet acte ne constitue pas de sa part un secours donné à l'une des parties en lutte, au préjudice de l'autre.

Il ne peut débarquer ces réfugiés sur une autre partie du territoire où il les a reçus à son bord, ni si près de ce territoire qu'ils y puissent retourner sans difficulté.

Art. 20. — Les personnes qui se seraient réfugiées à bord, à l'insu du commandant, peuvent être livrées ou expulsées.

Art. 21. — Quelle que soit la situation des personnes qui se trouvent à bord d'un navire de guerre, et alors même qu'elles y ont été reçues à tort, on ne peut, en cas de refus de commandant de les livrer, recourir à la force pour assurer leur remise, ou pour pratiquer dans ce but des visites ou perquisitions.

Il en serait de même pour la livraison d'effets se trouvant à bord et qui feraient l'objet de réclamations.

Dans les cas prévus par cet article, l'autorité locale qui désire obtenir l'extradition de personnes ou la remise d'effets, est tenue de s'adresser au pouvoir central de l'Etat, afin qu'il soit fait à cet effet les démarches diplomatiques nécessaires.

Art. 22. — Les déserteurs du navire arrêtés à terre doivent être remis à l'autorité du bord.

Si le navire est parti, ils doivent être mis à la disposition des représentants de cette autorité et retenus aux frais de l'Etat dans le service duquel il se trouve, pendant un délai de deux mois au plus, à l'expiration duquel l'homme sera remis en liberté et ne pourra pas être arrêté de nouveau pour la même cause.

Le refus de l'autorité locale de mettre en état d'arrestation des marins déserteurs, sur la demande des officiers du bord, peut donner lieu à de justes réclamations diplomatiques, mais n'autorise point ces officiers à y faire procéder directement par des hommes de leur équipage ou, à leur requête directe, par des agents de la localité.

Art. 23. — Les obligations contractées personnellement à titre privé par des hommes du bord envers des personnes étrangères à l'équipage les engagent au même titre que tous autres étrangers ; les différends qui peuvent surgir à cette occasion sont du ressort des juridictions compétentes, et soumis aux lois applicables d'après les règles du droit commun, sans qu'on puisse atteindre les gens régulièrement portés sur le rôle d'équipage par des exécutions personnelles, telle que la contrainte par corps, et les distraire ainsi du service du bord.

Art. 24. — Les navires exclusivement affectés par l'Etat au service postal, ne peuvent revendiquer que les privilèges qui leur sont reconnus par les conventions et par les usages.

Section II. — Marine marchande.

Art. 25. — Les navires de commerce étrangers dans un port y sont placés sous la protection de l'autorité territoriale. Ils sont soumis, en règle générale et sauf les dérogations formelles consacrées par les articles suivants, aux lois de police et de surveillance et à toutes les dispositions réglementaires en vigueur dans le port où ils sont reçus.

Art. 26. — Ils doivent acquitter les droits, taxes, redevances et contributions légalement réclamés, en se soumettant aux règles établies par la loi territoriale pour en assurer le recouvrement ; sans que, pour l'accomplissement régulier et normal de ces formalités, les agents locaux aient à recourir à l'intervention des consuls ou autres agents de la nation à laquelle appartient le navire.

Le capitaine, dans l'accomplissement des formalités qu'il est tenu de remplir, doit se faire assister par les agents commissionnés dans les pays où la loi en a institué à cet effet avec un droit exclusif.

Art. 27. — Les consuls, vice-consuls et agents consulaires peuvent aller personnellement ou envoyer des délégués à bord des navires de leur nation, après qu'ils ont été admis en libre pratique, interroger le capitaine et l'équipage, examiner les papiers de bord, recevoir des déclarations sur leur voyage, leur destination et les incidents de la traversée, dresser les manifestes et faciliter les expéditions du navire ; enfin, accompagner les hommes du bord devant les tribunaux et dans les bureaux de l'administration du pays, pour leur servir d'interprètes et d'agents dans les affaires qu'ils ont à suivre, ou les demandes qu'il ont à former ; sauf dans les cas prévus par

les lois commerciales du pays de stationnement, aux dispositions desquelles ils sont tenus de se soumettre rigoureusement
sans que la présente disposition puisse être considérée comme
y portant la moindre dérogation.

Art. 28. — Le régime auquel sont soumis les navires étrangers
dans un port ouvert doit être le même en principe, et sauf les
exceptions pouvant résulter des traités, pour tous les navires
sans distinction de nationalité.

Art. 29. — Les navires de toutes nationalités, par le fait
seul qu'ils se trouvent dans un port ou une portion de la mer
dépendant du même régime, sont soumis à la juridiction territoriale, sans distinction à raison des faits qui se sont produits
à bord ou à terre.

Les faits délictueux commis sur un navire de commerce en
pleine mer ne rentrent pas dans la compétence de l'autorité
du port étranger où il aborde ; mais, en cas de fuite du navire
pour soustraire des gens du bord aux actions dirigées contre
eux à raison de faits commis dans un port, la poursuite dans
la haute mer est autorisée dans les conditions indiquées dans
l'article 8, § 2, des règles adoptées par l'Institut sur le régime
de la mer territoriale.

Art. 30. — Par exception, les faits commis à bord des navires
dans un port, qui ne constituent que des infractions à la discipline et aux devoirs professionnels du marin, ne relèvent que
de la justice nationale du bord. L'autorité locale doit s'abstenir
d'intervenir, à moins que son concours ne soit régulièrement
réclamé, ou que le fait ne soit de nature à troubler la tranquillité
du port. Même dans ce dernier cas, la juridiction locale ne
peut devenir compétente que si le fait constitue, en même
temps qu'une infraction disciplinaire, un délit de droit commun.

Art. 31. — Lorsque des poursuites sont dirigées contre un
homme du bord par l'autorité territoriale, avis doit en être
immédiatement donné à l'autorité consulaire du pays étranger
dans l'arrondissement de laquelle se trouve le navire.

Dès que l'autorité locale est compétente, elle peut procéder
sur le navire à toute investigation, constatation, instruction
et arrestation, en se conformant aux prescriptions de sa loi.

S'il y a à proximité un agent de la nation à laquelle appartient
le navire, il doit être averti à l'avance des descentes qui doivent
avoir lieu à bord, avec indication de l'heure où elles se feront
et invitation d'y assister, s'il le juge convenable, personnellement ou par un délégué mis à même de justifier de cette délégation ; sans que son absence puisse apporter un empêchement
quelconque aux opérations judiciaires.

Art. 32. — Toutes les contestations entre les gens de l'équipage, ou entre eux et leur capitaine, ou entre les capitaines des divers bâtiments, d'une même nation dans le même port, à raison de l'engagement des matelots ou de différends analogues doivent être terminées en dehors de l'ingérence des autorités locales.

Sont assimilées, pour l'application de cette règle, aux personnes appartenant à la nationalité du navire, les personnes engagées dans l'armement et portées sur le rôle d'équipage, quelle que soit leur véritable nationalité.

Art. 33. — Les difficultés d'intérêt civil entre des étrangers au navire et des capitaines ou gens de l'équipage, sont jugées d'après les règles de compétence de droit commun, sans être réservées exclusivement aux autorités du pavillon.

Les contestations qui peuvent naître à l'occasion du règlement des frais et dépenses dans un port à la charge d'un navire étranger qui y est entré, soit volontairement, soit en relâche forcée, sont de la compétence du juge territorial et doivent être vidées par application des dispositions de sa loi.

La compétence en matière de procès nés à la suite de l'abordage de deux navires étrangers est réglée conformément aux résolutions votées par l'Institut sur les conflits en matière d'abordage maritime.

Art. 34. — Les capitaines de navires marchands stationnés dans un port étranger ne doivent embarquer aucun individu, fût-il un de leurs nationaux, qui, pour se soustraire aux conséquences de la violation des lois auxquelles il était soumis à raison de sa résidence, chercherait un refuge sur ces navires.

Si une personne, se trouvant à bord dans cette situation, est réclamée par l'autorité territoriale, elle doit lui être remise ; à défaut, cette autorité est en droit, après avis préalablement donné au consul, de faire procéder par ses agents à l'arrestation de cette personne sur le navire.

Art. 35. — En ce qui concerne les déserteurs des navires marchands, on doit se conformer aux dispositions de l'art. 22.

Toutefois des déserteurs appartenant à la nationalité du pays où se trouve le navire ne doivent point être livrés aux autorités du bord par les autorités locales.

Art 36. — Les navires étrangers ancrés dans un port sont soumis à arrêt et saisie par décision de justice pour fait de commerce et pour dettes, en exécution des lois territoriales.

Toutefois il est à désirer que les lois prohibent la saisie d'un navire étranger ancré dans un port, lorsqu'il est prêt à faire voile, si ce n'est à raison de dettes contractées pour le voyage qu'il va faire ; et même, dans ce cas, le cautionnement de ces dettes doit permettre de lever la saisie.

Les officiers ministériels et agents d'exécution sont autorisés à signifier toutes notifications et à faire tous actes d'exécution sur les navires étrangers, en se conformant aux lois de procédure applicables aux navires nationaux, et sans qu'il soit indispensable de recourir à l'intervention des consuls ou agents commerciaux, même présents, de la nation à laquelle appartient le navire.

Art. 37. — Les officiers publics, officiers de l'état civil, notaires et autres, requis pour procéder à des actes de leurs fonctions ou de leur ministère sur des navires étrangers ancrés dans un port, doivent s'y rendre ; et leurs actes, reçus en la forme et dans les conditions réglementaires d'après la loi locale, ont le même effet et la même valeur que s'ils avaient été faits par ces officiers publics à terre dans l'étendue de leurs circonscriptions territoriales.

SECONDE PARTIE. — MESURES DE CONTRAINTE ET ÉTAT DE GUERRE.

Art. 38. — L'embargo mis sur des navires étrangers ancrés dans un port ne peut être justifié qu'à titre de rétorsion ou de représailles.

Il ne peut être exercé que directement au nom de l'Etat et par ses préposés.

On doit, autant que possible, faire connaître à ceux qui sont l'objet de cette mesure les motifs qui l'ont imposée et sa durée probable.

L'embargo doit être levé dès que la satisfaction demandée a été accordée. A défaut de satisfaction reçue, il peut être procédé à la vente du navire sur lequel il porte, avec attribution du prix à l'Etat qui l'a mis.

Art. 39. — Le droit d'angarie est supprimé, soit en temps de paix, soit en temps de guerre, quant aux navires neutres.

Art. 40. — Les navires de commerce qui, au début des hostilités ou lors de la déclaration de guerre, se trouvent dans un port ennemi, ne sont pas sujets à saisie, dans le délai déterminé par les autorités. Pendant ce délai, ils peuvent y décharger leur cargaison et en prendre une autre.

Art. 41. — Les navires de commerce contraints par un accident de force majeure de se réfugier dans un port ennemi, ne peuvent y être capturés. Ils sont tenus, pendant leur séjour, de se conformer exactement aux prescriptions de l'autorité locale, et de reprendre la mer dans le délai qui leur aura été indiqué.

Si c'est un navire de guerre qui a été ainsi contraint de chercher un refuge dans un port ennemi, il peut être généreux de l'accueillir en lui donnant les moyens de reprendre la mer ; sinon, il sera régulièrement capturé.

Art. 42. — La concession d'asile aux belligérants dans les ports neutres, tout en dépendant de la décision de l'Etat souverain du port et ne pouvant être exigée, est présumée, à moins de notification contraire préalablement communiquée.

Toutefois, quant aux navires de guerre, elle doit être limitée aux cas de véritable détresse, par suite de : 1º défaite, maladie ou équipage insuffisant, 2º péril de mer, 3º manque des moyens d'existence ou de locomotion (eau, charbon, vivres), 4º besoin de réparation.

Un navire belligérant se réfugiant dans un port neutre devant la poursuite de l'ennemi, ou après avoir été défait par lui, ou faute d'équipage pour tenir la mer, doit y rester jusqu'à la fin de la guerre. Il en est de même s'il y transporte des malades ou des blessés, et qu'après les avoir débarqués, il soit en état de combattre. Les malades et les blessés, tout en étant reçus et secourus, sont, après guérison, internés également, à moins d'être reconnus impropres au service militaire.

Un refuge contre un péril de mer n'est donné aux navires de guerre des belligérants que pour la durée du danger. On ne leur fournit de l'eau, du charbon, des vivres et autres approvisionnements analogues qu'en la quantité nécessaire pour atteindre le port national le plus proche. Les réparations ne sont permises que dans la mesure nécessaire pour que le bâtiment puisse tenir la mer. Immédiatement après, le navire doit quitter le port et les eaux neutres.

Si deux navires ennemis sont prêts à sortir d'un port neutre simultanément, l'autorité locale établit, entre leurs appareillages, un intervalle suffisant, de 24 heures au moins. Le droit de sortir le premier appartient au navire le premier entré, ou, s'il ne veut pas en user, à l'autre, à la charge d'en réclamer l'exercice à l'autorité locale, qui lui délivre l'autorisation si l'adversaire, dûment avisé, persiste à rester. Si, à la sortie du navire d'un belligérant, un ou plusieurs navires ennemis sont signalés, le navire sortant doit être averti et peut être réadmis dans le port pour y attendre l'entrée ou la disparition des autres. Il est défendu d'aller à la rencontre d'un navire ennemi dans le port ou les eaux neutres.

Les navires des belligérants doivent, en port neutre, se conduire pacifiquement, obéir aux ordres des autorités, s'abstenir de toutes hostilités, de toute prise de renfort et de tout recrutement militaire, de tout espionnage et de tout emploi du port comme base d'opération.

Les autorités neutres font respecter, au besoin par la force, les prescriptions de cet article.

L'Etat neutre peut exiger une indemnité de l'Etat belligérant dont il a entretenu soit des forces légalement internées, soit des malades et blessés, ou dont des navires ont, par mégarde ou par infraction à l'ordre du port, occasionné des frais ou dommages.

Art. 43. — Une attaque, commencée dans la haute mer, ne peut être poursuivie dans un port ou une rade neutres où s'est réfugié un navire, sans une violation du territoire neutre, qui doit être réprimée par la puissance territoriale, au besoin par la force, et peut donner droit à une indemnité.

Art. 44. — En ce qui concerne la conduite par les belligérants de prises dans un port neutre, l'Institut se réfère aux règles posées dans son Règlement des prises maritimes.

Art. 45. — La liberté de commerce est assurée aux neutres. Les belligérants ne peuvent, comme tels, leur interdire ou les empêcher d'entrer dans les ports, ni des nations neutres, ni des belligérants, à l'exception des ports régulièrement bloqués.

Par suite, les neutres peuvent quitter un port ennemi pour se rendre dans un port neutre ou dans un autre port ennemi. Ils sont libres de transporter dans les ports des belligérants toute marchandise non comprise dans la catégorie des objets réputés contrebande de guerre.

Art. 46. — Les navires des neutres admis dans les ports des belligérants doivent se soumettre à toutes les visites nécessaires pour constater l'état du personnel et la nature des marchandises se trouvant à leur bord, et à toutes les mesures prises dans l'intérêt de la sûreté de l'Etat auquel appartient le port. En cas de résistance, l'exécution de ces mesures peut, au besoin, être assurée par la force.   [341.83]

(*Institut de Droit International*, Copenhague, 1897, La Haye, 1898.)

Congrès International des Patronages (C.I.P.)

[343.86 (o63) (∞)]

RÉFÉRENCES. — *Annuaire*, 1908-1909, p. 835; 1910-1911, p. 1437.

LISTE DES SESSIONS. — Les sessions des divers congrès ont eu lieu aux dates et dans les villes suivantes :

1890.10.09/14	Anvers.	1905.08.08/12	Liége.
1894.07.27	Anvers.	1911.07.16/20	Anvers.
1898.06.01	Anvers.		

Bureaux de placement. 331.6

Le patronage des vagabonds doit être surtout préventif, en s'efforçant en premier lieu de placer les ouvriers honnêtes momentanément sans travail.

Le patronage peut retirer les plus grands avantages d'une organisation méthodique, généralisée et centralisée, des bureaux de placement.

Il est à désirer que des bureaux de ce genre soient annexés à tous les refuges libres ou officiels où l'on procure aux vagabonds l'assistance par le travail.

Il y aurait lieu d'instituer des bureaux de placement pour femmes, placés sous le contrôle de l'autorité locale, et de leur donner une organisation méthodique, généralisée et centralisée, en veillant spécialement à ce qu'il y ait des rapports immédiats et constants entre ces bureaux et les œuvres privées de patronage ou d'assistance par le travail.

Il conviendrait également de prendre des mesures efficaces de publicité pour faire connaître aux intéressés ces bureaux de placement, leur organisation et leurs avantages.   [331.6]

(*Congrès International des Patronages*, Anvers, 1898.)

Epargne par les enfants arriérés. 332.23

Le C. I. P. émet le vœu :

I. Que les administrateurs des établissements de bienfaisance et des sociétés de patronage fassent tous leurs efforts pour développer l'esprit d'épargne et de prévoyance chez les enfants confiés à leurs soins ou placés sous leur surveillance, de manière à rendre cette épargne consciente et volontaire.

II. Que les pouvoirs compétents frappent les dépôts d'argent, effectués à la Caisse d'épargne au profit des enfants placés sous la tutelle de l'autorité publique, de cette réserve qu'aucun prélèvement ne pourra, à moins d'autorisation spéciale, être fait sur les sommes versées durant la minorité de l'enfant, avant que le titulaire du dépôt ait atteint l'âge de vingt-cinq ans. Le mineur, toutefois, pourra toujours effectuer, dans les conditions du droit commun, le retrait des sommes qu'il aura directement placées à la Caisse d'Epargne, sans l'intervention du directeur de l'établissement où il a été élevé ou du patronage.

III. Que les enfants soient affiliés à des caisses de retraite, dès leur placement sous la tutelle de l'autorité publique et, aussitôt que possible, à une société de secours mutuels, grâce à des versements opérés au moyen de prélèvements effectués sur les sommes qui leur sont attribuées.   [332.23]

(*Congrès International des Patronages*, Liège, 1905.)

Enfants poursuivis en justice.   343.121.5

Les règles à suivre, en matière de procédure pénale, dans les poursuites dirigées contre les enfants, doivent avoir pour but, non de les punir, mais de les protéger et de les amender.

Le choix des mesures à prononcer vis-à-vis des enfants coupables d'infractions autres que les contraventions de police, réclame un examen psychologique approfondi, effectué à l'aide d'une instruction préparatoire.

Cette instruction doit être dirigée par le ministère public et le juge d'instruction ; un défenseur choisi par les parents ou nommé d'office, ainsi qu'un représentant du Comité de patronage de l'arrondissement, doivent y être convoqués et y apporter leur collaboration.

La chambre du conseil, ou le juge d'instruction dans le pays où elle n'existe pas, renvoie le jeune délinquant devant la juridiction compétente, lorsqu'il est présumé coupable d'une des infractions pour lesquelles la loi le déclare exceptionnellement passible d'une peine proprement dite.

En dehors de ces cas, la chambre du conseil ou le juge d'instruction résoud la question de savoir s'il y a lieu ou non de laisser l'enfant sous la surveillance de ses parents ou de son tuteur.

Dans l'affirmative la juridiction susdite aura le droit d'adresser une admonition à l'enfant et aux parents, d'ordonner la restitution des choses provenant du délit et d'exiger le remboursement des frais de justice.

Dans la négative, elle opte entre le placement en famille et l'internement dans une école de bienfaisance et peut statuer sur la question des dommages et intérêts.

La procédure devant le juge d'instruction et la chambre du conseil est contradictoire, sans être publique. La procédure devant le tribunal correctionnel est publique et contradictoire.

La mise à la disposition du gouvernement doit pouvoir être prononcée d'une manière conditionnelle.

L'enlèvement de l'enfant aux parents, quand il est ordonné, doit être exécuté sans retard et les comités de patronage peuvent, en cas de nécessité, être chargés provisoirement de la garde de l'enfant.

Il y a lieu de préconiser la création de comités de défense dont le but sera, par une entente entre la magistrature et les œuvres de patronage, d'assurer d'une façon efficace le principe de la présente procédure : protection et amendement.

Les enfants qui doivent être privés de leur liberté, préalablement aux mesures définitives à prendre à leur égard, seront recueillis, par voie de protection préventive, ailleurs que dans une prison.   [343.121.5]

(*Congrès International des Patronages*, Anvers, 1894.)

*** Le C. I. P. émet le vœu que les comités de défense des enfants traduits en justice, soient organisés dans toutes les villes importantes. Il est utile qu'ils comprennent les magistrats et les avocats chargés des affaires d'enfants, les représentants des administrations générales et locales de police et d'assistance, des représentants de l'administration pénitentiaire, de sociétés de patronage et des principales colonies publiques ou privées dans lesquelles les enfants peuvent être envoyés.

Ces comités, organisés suivant les mœurs judiciaires et locales de chaque pays, doivent avoir pour objet : a) d'étudier les questions législatives, administratives et judiciaires relatives à l'enfant traduit en justice ; b) proposer aux pouvoirs publics les améliorations pratiques que commande l'intérêt de l'enfant ; c) conseiller, par des observations personnelles, l'application des mesures qui auront été adoptées ; d) favoriser, par une entente suivie avec l'administration pénitentiaire et les établissements charitables publics et privés, le placement, le redressement et le reclassement de ces enfants.

Il est à désirer que les comités de défense, dans l'intérêt de leur œuvre commune, entretiennent entre eux des relations suivies et pratiquent l'échange de leurs travaux.

Il est désirable que, autant que possible, on ne détienne pas préventivement les enfants et qu'on les confie, pendant l'instruction, soit à l'assistance publique, soit aux institutions et comités de patronage.   [343.121.5]

(*Congrès International des Patronages*, Anvers, 1898.)

*** Le Congrès émet le vœu de voir reporter à 18 ans l'âge jusqu'auquel le juge aura la faculté, sous réserve, s'il y a lieu, de toute pénalité conformément au droit commun, de mettre le mineur délinquant à la disposition du gouvernement.

L'intérêt du patronage exige que la mise à la disposition du gouvernement ne puisse être prononcée pour une durée inférieure à celle de la minorité civile. [343.121.5]

(*Congrès International des Patronages*, Anvers, 1898.)

*** 1º La juridiction appelée à prendre des mesures à l'égard des enfants doit avoir un caractère tutélaire ; son organisation variera nécessairement suivant les pays, mais elle devra toujours, par une collaboration constante de l'autorité judiciaire, présenter les mêmes garanties que les autres juridictions ;

2º Le juge doit être assisté d'auxiliaires, inspecteurs ou officiers de probation, ayant pour mission ; *a*) de faire une enquête sur l'enfant et son milieu, afin de compléter l'enquête faite par la police, et *b*) de surveiller les enfants laissés par le juge dans leur famille ou placés par lui en dehors de celle-ci.

Ils pourront être rétribués ; mais leurs attributions n'auront pas un caractère policier ou administratif.

Il est désirable que les femmes occupent parmi eux une place importante ;

3º Il est nécessaire de prévenir, dans la mesure du possible, l'internement des enfants par le régime de la liberté surveillée.

Le juge doit rester en contact avec ces enfants, par lui-même et par les surveillants d'épreuve ou officiers de probation ;

4º Il est utile que les cours juvéniles s'occupent à la fois des enfants moralement abandonnés ou victimes d'abus commis à leur égard par leurs parents et des insuffisants moraux ou mentaux. [343.121.5]

(*Congrès International des Patronages*, Anvers, 1911.)

Libération provisoire. 343.265

Le Congrès constate que, dans les pays où la libération provisoire a été pratiquée sous l'égide des Comités de patronage, elle a produit de bons résultats, au point de vue du reclassement des délinquants, et exprime le vœu que cette mesure soit largement appliquée.

La réparation du tort causé doit être l'un des éléments les plus sérieux pour apprécier le degré d'amendement qui doit servir de base à la libération. [343.265]

(*Congrès International des Patronages*, Anvers, 1911.)

Surveillance de la police. 343.266

La mise sous la surveillance de la police est un grave obstacle à l'œuvre du patronage.

En l'état de la législation pénale, il serait désirable que l'individu placé sous la surveillance spéciale de la police fût relevé de cette surveillance pendant qu'il est soumis à l'action du patronage, soit par la grâce, soit par la libération conditionnelle.

[343.266]
(*Congrès International des Patronages*, Anvers, 1890.)

*** Il est désirable que l'individu placé sous la surveillance spéciale de la police puisse être relevé de cette surveillance par la libération conditionnelle, particulièrement lorsqu'il accepte de se soumettre à l'action des comités de patronage.

Les comités s'engageraient à adresser au Ministre de la Justice des rapports périodiques sur le libéré et, quand leur action ne leur paraîtrait plus pouvoir être utilement exercée, à le signaler au Gouvernement.

[343.266]
(*Congrès International des Patronages*, Anvers, 1894, 1898.)

Mendicité en général. 343.345

Jamais la mendicité ne doit être autorisée. En général, la mendicité doit être interdite ; mais elle ne doit pas être frappée d'une peine. Les mesures à prendre seront surtout des mesures de préservation sociale.

Parfois, la mendicité doit être tolérée à titre exceptionnel ; elle est, dans ce cas, la révélation d'un mal social auquel il doit être porté remède.

[343.345]
(*Congrès International des Patronages*, Anvers, 1898.)

Ecoles de bienfaisance. 343.815

Il y a lieu de donner dans les écoles de bienfaisance l'enseignement professionnel. Cet enseignement aura pour but de faire acquérir les notions générales et les connaissances théoriques relatives aux professions enseignées dans l'école ; cet enseignement se donnera dans des cours et trouvera sa démonstration dans les ateliers qui auront le caractère d'ateliers d'application et non celui d'ateliers de fabrication.

Le C. I. P. émet le vœu : 1° que ceux qui ont à guider l'enfant dans le choix d'une profession, tiennent compte de ses aptitudes intellectuelles et de ses aptitudes physiques ; 2° que les différents pays fassent une enquête sur la formation professionnelle (industrielle ou agricole) dans les écoles de bienfaisance, et résument les résultats de cette enquête dans une statistique aussi complète

que possible ; 3° que le personnel enseignant des écoles de bienfaisance soit lui-même formé par des cours normaux au double point de vue pédagogique et professionnel. [343.815]
(*Congrès International des Patronages*, Anvers, 1898.)

*** Les enfants délinquants, mendiants ou vagabonds destinés à être dans les écoles de bienfaisance, doivent faire d'abord un séjour dans un établissement spécial d'observation, sous une direction médico-pédagogique.

Pour décider dans quel établissement les enfants seront placés ensuite, il y a lieu de les classer, en tenant largement compte de l'âge, des caractères physiologiques et psychologiques et les dispositions morales des enfants.

Dans chaque établissement, les élèves doivent être divisés en groupes réduits, d'après les mêmes principes, et en tenant compte aussi du métier enseigné à chaque élève.

Chaque groupe formera une section séparée, de manière à réaliser autant que possible le système de l'éducation familiale.

L'enseignement doit avoir un caractère nettement professionnel et, sauf circonstances spéciales, les enfants ne doivent être libérés ou placés en apprentissage qu'après une formation professionnelle suffisante.

Tous les établissements doivent avoir une population peu nombreuse. Le service médical et pédagogique doit être sérieusement organisé.

Tous les établissements doivent être situés à la campagne. Dans le programme des occupations des élèves, une part sérieuse doit être faite aux travaux en plein air.

L'éducation des jeunes enfants doit être faite avec la collaboration des femmes.

Les enfants anormaux ne peuvent être internés dans les mêmes établissements que les autres enfants délinquants, mendiants ou vagabonds.

Le Congrès émet le vœu que le Congrès International pour l'étude des questions relatives au patronage s'associe avec les comités permanents (en chaque pays) des congrès internationaux pour l'assistance des aliénés. [343.815]
(*Congrès International des Patronages*, Anvers, 1911.)

Asiles pour libérés.   343.816

Les refuges ou asiles qui ont pour but de recueillir, à titre essentiellement provisoire, les libérés sans ressources ou de leur donner du travail, à défaut de placement à l'extérieur, sont un moyen d'action nécessaire pour les sociétés qui ont à assister un grand nombre de patronnés.

La division des libérés par petits groupes est recommandée partout où elle peut être établie sans trop de frais.

Les principes essentiels pour l'organisation des asiles consistent dans la libre entrée, la libre sortie, un règlement précis sur la durée du séjour et les motifs de prolongation, un régime simple, une discipline appropriée au but moral à atteindre et l'installation de moyens pour procurer du travail aux refugiés.   [343.816]

(Congrès International des Patronages, Anvers, 1890.)

*** Laissant à chaque nation le soin d'une organisation en rapport avec les nécessités locales, le C. I. P. estime qu'il y a lieu de créer des asiles permanents pour certains condamnés libérés dont les intentions sont bonnes, mais la force de résistance est insuffisante.   [343.816]

(Congrès International des Patronages, Anvers, 1898.)

Pécule des libérés.   343.823

I. Le Congrès rappelle les décisions unanimes des Congrès antérieurs de Paris et de Namur et affirme le principe que le prisonnier n'a pas le droit sur son pécule, tant que celui-ci n'a pas été remis entre ses mains.

II. Il est nécessaire que le pécule, ainsi que tout autre gain réalisé par le libéré, soit, pour autant que le droit en vigueur le permette, administré par l'initiative privée et spécialement par le patronage.

III. Il est désirable, pour sauvegarder l'autorité morale des patronages, que ceux-ci se bornent à la surveillance de l'emploi du pécule sans avoir en mains les fonds appartenant au libéré.

IV. Ces mesures d'administration sont applicables à tous les libérés indistinctement.

V. Les comités de patronage doivent prendre les précautions les plus sévères pour empêcher la dissipation des secours en argent fournis par eux, ainsi que la vente des objets qu'ils ont donnés, particulièrement des bons de travail, des outils et des habillements.   [343.823]

(Congrès International des Patronages, Liège, 1905.)

Famille des détenus.   343.86

Les œuvres de patronage ont le devoir de s'occuper des familles des détenus. Leurs secours ne doivent pas avoir pour effet de décharger l'assistance publique de ses obligations. Ils ont en vue le maintien de la famille dans l'intérêt du relèvement moral et du reclassement du détenu.

Il est désirable que les Comités de patronage s'occupent spécialement d'assurer la réconciliation du détenu et de sa famille.

[343.86]
(*Congrès International des Patronages*, Liège, 1905.)

Condamnés libérés. 343.87

Le patronage des libérés est le complément indispensable de tout système pénitentiaire normal. Il doit revêtir la forme la mieux appropriée aux traditions, aux mœurs et à la législation de chaque pays.

Sans en proscrire aucune, le C. I. P. considère que pour produire tous ses effets, le patronage doit surtout être l'œuvre de l'initiative privée, encouragée et soutenue par l'appui moral, et s'il est besoin, par les secours financiers des gouvernements.

Le C. I. P. émet le vœu qu'il se crée des sociétés de patronage dans tous les lieux où il existe un établissement de répression avec une organisation qui permette de suivre les libérés aux lieux où ils se rendent.

Le C. I. P. émet le vœu de voir les Comités de patronage se recruter parmi toutes les classes et professions et s'assurer la collaboration non seulement des chefs d'industrie, mais encore des contre-maîtres et ouvriers ou des corporations représentant les corps d'état.

Il recommande de rattacher entre elles les institutions de chaque pays par une organisation centrale qui, tout en conservant à chaque société son caractère propre et son autonomie, multiplie ses moyens d'action par l'échange des idées et des informations, et l'association des efforts.

Il est en outre désirable que des relations s'établissent entre les institutions des divers pays, pour favoriser l'action commune, dans les termes du vœu émis par le récent Congrès de Saint-Pétersbourg.

Le patronage doit être préparé avant la libération. A cet effet, des visites sont faites dans les prisons par des membres des sociétés agréées par le gouvernement, en respectant les règlements de la prison et sans empiéter sur les attributions du service pénitentiaire.

Le patronage consiste avant tout dans la recherche et, s'il est possible, dans l'organisation du travail.

La réconciliation avec les familles ou les anciens patrons, le rapatriement, l'expatriation, et pour les jeunes gens, la mise en apprentissage et l'engagement militaire, suivant les usages des divers pays et les circonstances, sont également recommandés.

Le secours en argent ne doit être admis qu'exceptionnellement, pour un besoin déterminé et, le plus souvent, à titre de prêt.

Le patronage doit, autant que possible, comprendre l'assistance des membres de la famille à la charge du détenu ou du libéré.

Il conviendrait que le pécule du libéré pût être confié aux sociétés de patronage pour lui être remis par fractions et suivant ses besoins.

Le C. I. P. considère, suivant le vœu émis par le Congrès de Saint-Pétersbourg, comme une entrave réelle pour le patronage, comme un obstacle à toute entreprise du travail et par conséquent comme une cause fatale de rechute pour les condamnés libérés, la divulgation qui serait trop facilement faite aux particuliers des renseignements contenus aux casiers judiciaires ou se trouvant entre les mains de la police. [343.87]

(*Congrès International des Patronages*, Anvers, 1890.)

*** Le Congrès estime que le meilleur moyen de venir en aide provisoirement aux libérés dépourvus d'abri et de ressources à leur sortie de prison, en attendant qu'ils trouvent du travail, consiste d'abord, dans le placement individuel chez des particuliers ou des membres hospitaliers, sous la protection d'un membre de la Société de patronage ; et qu'à défaut de ce premier mode de patronage, chaque fois qu'il n'est pas possible, les petits asiles temporaires sont le mode de patronage qui doit être recommandé plus spécialement. [343.87]

(*Congrès International des Patronages*, Anvers, 1894.)

*** Il est désirable qu'en chaque pays il soit créé un organisme central pour faciliter le rapatriement des étrangers condamnés par les tribunaux locaux et pour recevoir et patronner les nationaux.

Les institutions centrales des divers pays devront entrer en relations entre elles pour régler les conditions dans lesquelles s'opérera l'échange des patronnés et favoriser les développements ultérieurs dont l'œuvre du patronage international paraîtra susceptible. [343.87]

(*Congrès International des Patronages*, Anvers, 1894.)

*** Les causes de la récidive étant personnelles à l'agent, les modes de prévention sont essentiellement variables et relèvent, selon le cas, de la science pénale, de l'administration pénitentiaire, de l'anthropologie criminelle ou du patronage.

Tenant compte du caractère spécial du C. I. P., celui-ci croit devoir se borner à l'examen de ces derniers et, tout en constatant l'importance capitale, écarter de ses débats les mesures spéciales destinées aux incorrigibles, aux dégénérés et autres individus qui appartiennent à la psychiâtrie.

Il importe avant tout de reclasser le libéré, aussitôt après sa sortie de prison, dans un milieu normal et honnête. Chaque fois qu'elle est possible, la réconciliation avec la famille sera le plus puissant facteur de relèvement. Cette réconciliation doit être préparée pendant la détention par les conseils des visiteurs, par l'envoi spontané d'une partie du pécule à la famille, par l'intervenvention directe du patronage auprès de celle-ci.

Lorsque l'intérêt de la société ou celui du libéré lui-même exige que celui-ci soit soustrait aux influences du milieu où il a commis son délit, le C. I. P. estime qu'une interdiction de séjour, prononcée par le juge comme peine accessoire, ou imposée comme condition de libération peut être nécessaire. Cette mesure doit toujours être d'application facultative et appropriée à la situation spéciale de l'intéressé.

Les comités de patronage doivent s'efforcer de procurer du travail aux patronnés pour la date de leur libération. S'ils n'y sont point parvenus, ils doivent faciliter les recherches personnelles des libérés.

Le C. I. P. préconise la création de petits asiles temporaires ou de maisons de travail qui ne soient pas réservés aux seuls condamnés libérés, ainsi qu'une organisation rationnelle et généralisée des bureaux de placement et des bourses du travail.

Sans vouloir empiéter sur les attributions du Congrès pénitentiaire, le C. I. P. signale que le choix des travaux exécutés durant l'internement et l'organisation de l'apprentissage pourraient réduire le nombre des libérés inaptes à tout travail utile et dont aujourd'hui le reclassement est quasi impossible.

Le libéré devant évidemment être placé dans une situation qui lui permette la recherche d'un placement doit être muni des pièces d'idendité, des vêtements et des outils indispensables. Il serait utile d'organiser des vestiaires dans les différents comités.

Les secours accordés aux valides par le patronage doivent être limités par les nécessités de la recherche du travail.

La disposition du pécule étant une cause fréquente de récidive immédiate, la limitation de la libre disposition des masses de sortie se justifie dans l'intérêt de la société et du libéré lui-même.

Pour empêcher la mauvaise influence d'anciens compagnons de captivité et leurs tentatives d'exploitation et de chantage, il faut interdire toute communication entre les détenus et éviter la régularité des jours et heures de transport à la libération.

Le C. I. P. estime qu'une large propagande doit être faite en vue de faire comprendre au public la portée sociale et charitable du patronage des condamnés libérés.

Il recommande notamment la propagande par la presse et l'appel à faire au concours des contre-maîtres et même des ouvriers.   [343.87]

(*Congrès International des Patronages*, Anvers, 1898.)

*** Il n'y a pas lieu de préconiser une publication périodique spéciale pour les prisonniers, mais il serait utile de voir donner des conférences dans les prisons par des personnes étrangères à l'administration pénitentiaire, et de former méthodiquement des bibliothèques de prisons avec le concours des institutions de patronage. [343.87]

(*Congrès International des Patronages*, Anvers, 1898,)

*** 1º Le patronage doit, pendant la détention, préparer le prisonnier à son reclassement en établissant des rapports entre les membres visiteurs et le détenu. Des renseignements seront donnés à celui-ci sur les différents moyens mis à sa disposition pour trouver du travail ;

2º Il est à souhaiter que les libérés dont les œuvres de patronage ont préparé le reclassement, soient recueillis au moment de leur libération ;

Il y a lieu de chercher à occuper de préférence les libérés manuels et les libérés intellectuels, selon leurs aptitudes (pour les derniers, on aura recours par exemple, à des travaux d'écritures) ; il y a notamment lieu d'éviter que, en se livrant à d'autres occupations, ils ne perdent les aptitudes spéciales nécessaires à l'exercice normal de leur profession ;

4º Il est désirable que les œuvres de patronage s'occupent de la création d'offices de placement pour condamnés libérés dirigés par elles, et que les condamnés libérés soient adressés de préférence à ces institutions ;

5º Il est désirable qu'il existe des œuvres de patronage s'occupant de la création, pour condamnés libérés, d'asiles provisoires dirigés par elles ; il est désirable que les condamnés libérés soient adressés de préférence à ces institutions ;

6º Lorsque les comités de patronage des condamnés libérés organisent des offices de placement ou des asiles provisoires pour les condamnés libérés, il y a lieu de ne pas écarter de ces institutions les non-condamnés qui s'y présentent.

Ne pourront rester à l'asile que les pensionnaires qui s'efforceront de couvrir les frais de leur séjour par leur travail. [343.87]

(*Congrès International des Patronages*, Anvers, 1911.)

Protection de l'enfance. 343.88

En principe, le placement dans les familles et particulièrement à la campagne, si la situation de l'enfant le comporte, est le meilleur système à appliquer aux enfants trouvés, abandonnés ou orphelins.

On entend par enfants moralement abandonnés ceux qui, par

suite des infirmités, de la négligence, des vices de leurs parents ou d'autres causes, se trouvent livrés à eux-mêmes et privés d'éducation.

Le placement des enfants moralement abandonnés sera, en règle générale, précédé d'une enquête sur la conduite et le caractère de l'enfant, la situation et la moralité de ses parents, et, s'il y a lieu, d'un temps d'observation et d'études spéciales sur l'enfant lui-même.

Les modes d'éducation qu'il y a lieu d'appliquer aux enfants moralement abandonnés sont, suivant l'âge au moment de l'admission et suivant les circonstances : le placement dans les familles et particulièrement à la campagne ; l'école par internat ou demi-internat ; le placement isolé ; le placement par groupes ; le placement dans les familles qui est, en principe, reconnu le meilleur.

La constatation du discernement, visée par les législations positives, en cas de poursuite exercée à charge d'enfants de moins de seize ans ayant commis des infractions, ne peut servir de base légale à la classification des enfants. Cette classification doit être laissée à l'administration. [343.88]

(*Congrès International des Patronages*, Anvers, 1890.)

Mendicité et vagabondage.   343.89

Tout individu reconnu absolument incapable de gagner sa vie a droit à l'assistance publique et ne peut être considéré comme mendiant ou vagabond et être passible à ce titre de la loi pénale.

L'assistance publique a le devoir de garder ou d'aider efficacement les convalescents jusqu'à ce qu'ils aient acquis la force nécessaire pour exercer leur métier ou leur profession.

Les établissements et sociétés d'assistance publique et privée doivent compléter leur œuvre en s'occupant de rechercher du travail pour les indigents qu'ils assistent et de les employer, en attendant, à un travail momentané qui couvrira une partie des frais de l'assistance donnée.

Les administrations des villes sont invitées à employer, le plus possible, les assistés dans les services publics.

Les établissements et sociétés d'assistance doivent favoriser le rapatriement, dans les campagnes dont ils sont originaires, des indigents des grandes villes.

Les communes, dont le vagabond est originaire, devront concourir à la dépense de ce rapatriement. Il y a lieu d'obtenir des administrations de chemins de fer, en vue de ce rapatriement, des coupons, des réductions de tarif ou même des parcours gratuits.

Comme remède au vagabondage et à la mendicité il y a lieu

de développer les institutions de prévoyance et d'assistance, non seulement d'ordre privé, mais encore celles ayant un caractère public, telles que les caisses d'assurances, les caisses ou établissements pour les invalides du travail, etc.

Dès qu'un individu est reconnu, conformément aux lois de chaque nation, comme vagabond récidiviste qualifié, il doit rester aussi longtemps que possible sous la tutelle de l'Etat et être soumis à un régime plus sévère avec faculté, pour l'autorité, d'appliquer la libération conditionnelle.

Il y a lieu, pour enrayer les progrès du vagabondage et de la mendicité, d'encourager la création des institutions et de provoquer des mesures législatives destinées à combattre l'alcoolisme.
[343.89]
(*Congrès International des Patronages*, Anvers, 1890.)

*** Le Congrès, constatant les résultats de la loi belge du 27 novembre 1891, et s'appuyant sur les conclusions scientifiques des Congrès de l'Union internationale de droit pénal de 1893 et du patronage de Lyon de 1894, ainsi que sur les études et les fondations d'Allemagne, de Suisse et de Hollande, maintient les principes adoptés par le Congrès d'Anvers de 1890.

En conséquence, il déclare que toute législation rationnelle sur le vagabondage et la mendicité doit avoir pour base la division des mendiants et vagabonds en trois catégories : 1º Les invalides et infirmes ; 2º Les mendiants et vagabonds accidentels ; 3º Les mendiants et vagabonds professionnels. [343.89]
(*Congrès International des Patronages*, Anvers, 1894.)

*** Le C. I. P. recommande comme moyens préventifs de patronage : l'hospitalisation pour les invalides ou infirmes jusqu'à ce qu'ils aient acquis la force nécessaire pour retrouver des moyens d'existence ; pour les valides, l'assistance par le travail, la réconciliation avec les familles ou avec les personnes capables de procurer des moyens d'existence aux patronnés, le rapatriement, dans certaines conditions l'expatriation ou l'engagement militaire.

Pour les vagabonds qui ont dû, le patronage préventif étant resté impuissant, être mis à la disposition des autorités et sont internés dans des refuges ou des maisons de répression, le seul mode efficace de patronage est de constituer auprès de ces établissements des comités qui préparent par les visites de leurs membres le relèvement moral des reclus, recueillent les renseignements indispensables en vue de leur reclassement et cherchent par la protection personnelle à dissiper les préjugés du public et à assurer des moyens d'existence aux libérés. [343.89]
(*Congrès International des Patronages*, Anvers, 1894.)

*** I. Le C. I. P. attire l'attention des administrateurs sur l'opportunité de l'organisation d'un service médical permettant, le cas échéant, l'examen sommaire du vagabond ou mendiant poursuivi au point de vue physique et mental.

II. Il émet le vœu qu'en vue de faciliter l'amendement et le relèvement des reclus, la répartition de ceux-ci soit faite, en classes multiples, dans des établissements à population pas trop considérable et d'après l'état moral des individus, plutôt que d'après les exigences du travail.

III. Il estime que le placement des reclus à leur sortie doit être confié à des œuvres d'initiative privée.

IV. Il émet le vœu déjà si souvent formulé que le transfert des recluses soit entouré de précautions spéciales et exclusivement confié à des gardiennes.　　　　　　　　　　　　　[343.89]

(Congrès International des Patronages, Liège, 1905.)

*** Le Congrès constatant l'insuffisance habituelle des mesures répressives dans la lutte contre la mendicité et le vagabondage des adultes, exprime le vœu de leur voir adjoindre le plus largement possible l'action préventive.

Comme mesure préventive, il signale spécialement : l'antialcoolisme ; l'encouragement de toutes les œuvres de prévoyance sociale ; l'organisation d'écoles professionnelles, notamment pour estropiés et infirmes ; la multiplication des comités d'apprentissage ; la préférence, pour les métiers de la rue et les emplois faciles, réservée aux invalides ; la répression sévère de la mendicité infantile et de l'exploitation de la charité publique ; la coordination parfaite de toutes les œuvres philanthropiques ; la réorganisation rationnelle de la bienfaisance publique ; enfin, et surtout, l'assistance par le travail.

Une section d'observation doit être créée dans les établissements réservés aux vagabonds et aux mendiants, avant leur classement définitif. L'administration pourra procéder aux déclassements opportuns.

Un organisme officiel, privé ou mixte, s'occupera, avant la mise à la disposition de l'officier du ministère public, de toutes les mesures propres à éviter au mendiant ou au vagabond des poursuites judiciaires et à procurer son reclassement. Cet organisme, en cas de poursuites, communiquera au juge le résultat de ses efforts.

Indépendamment de l'examen sommaire qui précédera la décision, les vagabonds et les mendiants devront au moment de leur admission, être soumis à une observation médicale psychopathologique, afin de déterminer le placement qui leur convient le mieux.　　　　　　　　　　　　　[343.89]

(Congrès International des Patronages, Anvers, 1911.)

Correction paternelle. 347.635.2

L'emprisonnement par voie de correction paternelle doit être supprimé.

L'internement de l'enfant par voie de correction paternelle ne peut être ordonné que par le juge, qui doit toujours avoir le droit de le faire cesser.

Les enfants internés seront placés sous la tutelle de l'autorité publique, à moins que la justice n'en décide autrement.

[347.635.2]
(*Congrès International des Patronages*, Anvers, 1890.)

Déchéance de l'autorité paternelle. 347.637

La déchéance de la puissance paternelle doit être prononcée contre les parents ou ascendants frappés de condamnation pour crimes ou délits pouvant compromettre la moralité, la sûreté ou la santé de l'enfant.

La déchéance sera obligatoire ou facultative selon la nature et la gravité des crimes et des délits.

La même déchéance pourra être prononcée contre les parents ou ascendants dont l'inconduite notoire, l'ivrognerie habituelle, les mauvais traitement ou les abus d'autorité compromettraient la moralité, la sûreté ou la santé de l'enfant.

Les enfants des parents déchus seront placés sous la garde de l'autorité publique, à moins que la justice n'en décide autrement.

Il est désirable que la déchéance de l'autorité paternelle ne soit jamais prononcée d'une façon absolument définitive et irrévocable, mais que dans tous les cas, celui qui l'a encourue puisse en être relevé judiciairement et reprendre l'exercice des droits qui lui sont nécessaires pour remplir, à l'égard de ses enfants, le devoir d'éducation qui lui est imposé par la nature et par la loi.

[347.637]
(*Congrès International des Patronages*, Anvers, 1890.)

Prostitution. 351.764

Le C. I. P. fait sien le vœu exprimé par les conférences internationales tenues à Bruxelles en 1899 et 1902, « de voir les gouvernements user de tous leurs pouvoirs en vue de la suppression absolue de toute prostitution des filles en état de minorité civile ».

2. La loi civile doit permettre la substitution de l'autorité tutélaire partielle ou totale à l'autorité parentale dans tous les cas ou celle-ci laisse un mineur de l'un ou l'autre sexe exposé à tomber dans la prostitution. L'éducation tutélaire peut être confiée à la philanthropie privée, avec l'appui et sous le contrôle de l'Etat.

3. Considérant que les souteneurs, en favorisant la prostitution des femmes dont ils vivent et qu'ils terrorisent, sont un des principaux obstacles au relèvement de ces malheureuses et à leur reclassement dans la société ; considérant, en outre, que, surtout dans les grandes villes, ils constituent un véritable danger public et social ; le C. I. P. émet le vœu que, dans chaque nation, la loi atteigne et punisse rigoureusement cette catégorie de malfaiteurs.

4. La réglementation de la prostitution doit être totalement abolie. La loi pénale doit viser le proxénétisme plus directement qu'elle ne le fait en général et punir l'embauchage et le détournement, en vue de la débauche, de toute personne même majeure et même consentante. '

5. Le C. I. P. engage vivement les sociétés de patronage et de protection de l'enfance à s'intéresser aux questions de la prostitution et de la traite des blanches, et à apporter leur appui moral et matériel aux associations qui ont spécialement pour but de combattre ces maux sociaux. [351.764]

(*Congrès International des Patronages*, Liège, 1905.)

Assistance aux aliénés. 362.2

Le C. I. P. émet le vœu que chaque établissement d'aliénés soit affilié à une œuvre de patronage spéciale aux aliénés. A cet effet, un comité institué auprès de chaque asile s'assurera, dans les diverses localités d'où viennent les aliénés, d'un nombre suffisant de correspondants. Les divers comités seront fédérés sous l'impulsion d'une commission centrale des patronages.

Le C. I. P. émet le vœu que les aliénés soignés dans leur famille soient soumis au patronage et qu'ils soient efficacement secourus par les pouvoirs publics. Pour couvrir les frais du patronage, il conviendrait que le prix de la journée d'entretien, pendant les premiers temps de la sortie provisoire, fût perçu au profit de la caisse du patronage, ou bien que le prix de la journée d'entretien comprit une certaine quotité réservée à cet usage. [362.2]

(*Congrès International des Patronages*, Anvers, 1892.)

*** Le Congrès émet le vœu que le patronage des aliénés soit partout organisé, en tenant compte des besoins locaux et des circonstances spéciales à chaque pays.

Les bases sur lesquelles ce patronage sera établi reposent sur les principes suivants ;

a) La société de patronage doit rester une institution privée, se développant librement en dehors des asiles, mais travaillant et coopérant, en plein accord avec la direction de ceux-ci, au sauvetage des malades et de leurs familles ;

b) Les ressources financières de la Société seront :

1º Les cotisations annuelles de ses membres ;

2º Les dons et legs qu'elle recevra des particuliers ;

3º Les subventions éventuelles de l'Etat, des communes, corporations et autres sociétés et associations.

Pour couvrir les frais du patronage, il conviendrait que le prix de la journée d'entretien pendant les premiers temps de la sortie provisoire fût perçu au profit de la caisse du patronage, ou bien que le prix d'entretien de la journée comprit une certaine quotité réservée à cet usage.

4ᵉ Les intérêts du capital de son fonds de réserve. Ce fonds sera alimenté par les dons et legs destinés spécialement à y être versés; par la moitié des dons sans destination spéciale et par la moitié des versements des membres à vie.

c) Le but poursuivi par la Société de patronage, la constitution de son Comité (Dames et Messieurs), les attributions de ses membres ainsi que la nomination des membres correspondants (Dames et Messieurs) seront fixés par les statuts et règlements spéciaux.

[362.2]

(*Congrès International des Patronages*, Anvers, 1911.)

Assistance aux épileptiques. 362.3

Il est nécessaire d'organiser l'assistance des épileptiques : l'épilepsie ayant des relations étroites avec l'aliénation mentale, les sociétés de patronage pour aliénés pourraient étendre leur action aux épileptiques. [362.3]

(*Congrès International des Patronages*, Anvers, 1894.)

Assistance aux aveugles et sourds-muets. 362.4

Il est nécessaire d'organiser le patronage des aveugles et des sourds-muets dans le but d'améliorer le sort moral et matériel de ces malheureux, pour assurer leur éducation et leur placement dans des établissements spéciaux et leur procurer, pendant leur séjour et à leur sortie, dans les conditions et à toutes les époques de la vie, une protection personnelle, permanente et efficace.

[362.4]

(*Congrès International des Patronages*, Anvers, 1894.)

Assistance aux vagabonds. 362.5

Le C. I. P. estime qu'il y a lieu d'encourager et de subventionner les œuvres d'assistance par le travail, maisons de secours ou asiles de nuit, fondées par l'initiative privée et de les relier par des organes centraux et nationaux d'information et de propagande.

[362.5]

(*Congrès International des Patronages*, Anvers, 1894.)

Enfants pervertis ou anormaux. 362.74

Jusqu'à l'âge de la majorité pénale et sauf en cas d'infractions dont le caractère et la gravité dénotent une précocité exceptionnelle, la peine ne doit jamais être prononcée à l'égard des enfants. On ne doit employer, vis-à-vis d'eux, que le système de l'éducation.

Si l'éducation, pour une raison quelconque, ne peut être donnée d'une façon morale par les parents, elle doit être confiée à une famille étrangère ou à l'Etat. [362.74]

(*Congrès International des Patronages*, Anvers, 1894.)

*** I. Ont droit à la protection de l'Etat et à la sollicitude des œuvres de patronage non seulement les enfants moralement abandonnés, mais aussi les enfants anormaux auxquels le régime scolaire normal ne peut être appliqué avec fruit.

II. Il faut que les œuvres de préservation soient l'objet d'un classement tel qu'elles assurent à chaque enfant le régime qui convient à son état physique, intellectuel et moral.

III. A cet effet, le C. I. P. préconise, comme devant être admis par la loi : *a*) le placement familial ; *b*) les colonies familiales à effectifs restreints ; *c*) l'enseignement spécial pour les indisciplinés et les arriérés ; *d*) les écoles de préservation (internat et externat) ; *e*) les écoles de bienfaisance à allure familiale et à organisation médico-pédagogique.

IV. Il y a lieu de souhaiter l'application du principe de l'examen médical (psycho-physiologique) au plus grand nombre possible d'enfants moralement abandonnés. [362.74]

(*Congrès International des Patronages*, Liège, 1905.)

Congrès International des Chemins de fer
(C. I. C.)
[385]

RÉFÉRENCES. — *Annuaire*, 1908-1909, p. 959; 1910-1911, p. 1747. — *Vie Internationale*, t. II, p. 170.

LISTE DES SESSIONS. — Les sessions du Congrès International des Chemins de fer ont eu lieu dans les villes et sous les dates suivantes :

1885.08.08/15	Bruxelles.	1895.06.26/07.06	Londres.
1887.09.17/24	Milan.	1900.09.20/29	Paris.
1889.09.14/23	Paris.	1905.05.04/13	Washington.
1892.08.08/15	St-Pétersbourg.	1910.07.03/16	Berne.

Les décisions du Congrès qui s'est réuni à Rome du 18 au 20 avril 1922 n'ont pas encore été publiées.

Chemins de fer de pénétration.   385 (01)

1º L'établissement des chemins de fer de pénétration et d'accès dans les pays neufs est le moyen le plus efficace de hâter le développement de la civilisation dans ces pays. Ces chemins de fer peuvent donner des bénéfices immédiats quand ils desservent des courants commerciaux déjà importants ; toutefois, même dans les cas trop fréquents où le capital de premier établissement est destiné à demeurer un certain nombre d'années sans rénumération directe, ils n'en doivent pas moins être établis en raison des services qu'ils rendent aux pays traversés et à la civilisation en général ;

2º Il est le plus souvent nécessaire que les Etats concourent à la construction des chemins de fer dans les pays neufs, surtout s'ils ne doivent pas donner immédiatement de bénéfices directs. Tantôt l'Etat construit lui-même le chemin de fer, tantôt il vient en aide aux concessionnaires par des subventions qui peuvent affecter des formes très variées, surtout dans les pays où il n'existe encore aucune civilisation (concession de terrains, de richesses naturelles, de travaux publics, exonération de taxes, emploi éventuel de la main-d'œuvre militaire, etc., etc.) ;

3° Les conditions de construction des chemins de fer dans les pays neufs varient beaucoup suivant les difficultés spéciales à chacun de ces pays et suivant l'importance probable du trafic à espérer. Le caractère général de ces chemins de fer est de se prêter le mieux possible à l'utilisation la plus complète des voies de communication naturelles qui peuvent exister, en particulier des voies navigables. Ils sont d'ailleurs affranchis des sujétions qu'impose trop souvent dans les régions civilisées la nécessité de desservir des centres de population recommandés par leur rôle administratif ou historique plus que par leur importance commerciale.

4° Quand le trafic ne paraît pas devoir être considérable, il convient d'adopter tous les procédés de construction qui peuvent aboutir à des économies ; en particulier l'emploi de la voie étroite, entre autres avantages, a celui de réduire le poids du matériel à transporter ;

5° A moins que, dans certains cas, il ne soit particulièrement facile de multiplier les points d'attaque, il y a généralement avantage à construire ces lignes d'après le système télescopique, c'est-à-dire à commencer par une extrémité de la ligne et à pousser graduellement les travaux en avant, à mesure que la la ligne est devenue praticable derrière eux.　　　[385 (01)]
(*Congrès International des Chemins de fer*, St-Pétersbourg, 1892.)

Conférences internationales.　　　385 (061) (∞)

Le C. I. C., reconnaissant l'utilité des délibérations de la Conférence de 1882 à Berne, exprime le vœu :

1° De voir participer aux travaux ultérieurs les Etats intéressés à l'échange du matériel roulant ;

2° De voir les décisions de la Conférence prises dans le sens le plus libéral possible et en laissant à chaque administration toutes les libertés compatibles avec la sécurité de la circulation internationale.　　　[385 (061) (∞)]
(*Congrès International des Chemins de fer*, Bruxelles, 1885.)

Organisation permanente.　　　385 (063) (∞)

La Commission organisatrice du Congrès, assistée du Bureau du Congrès, est chargée de préparer un nouveau Congrès et de lui soumettre les bases d'une association scientifique internationale ayant pour but de favoriser les progrès techniques des chemins de fer par la réunion de congrès et de conférences, par des publications et par tous autres moyens, notamment en facilitant les relations entre administrations de chemins de fer.

Provisoirement, elle est en plus chargée de remplir les fonctions du bureau de la statistique technique des chemins de fer.

[385 (063) (∞)]

(*Congrès International des Chemins de fer*, Bruxelles, 1885.)

Statistique des Chemins de fer.   385 : 31

Sous réserve des conditions spéciales qui affectent la comptabilité de certains chemins de fer, par suite du contrôle de l'Etat ou de ses intérêts dans les résultats financiers,

1. Les statistiques, pour être utiles aux services d'exploitation, doivent être mises à leur disposition le plus tôt possible après l'expiration de la période à laquelle elles s'appliquent.

2. Pour avoir l'utilité maximum au point de vue de la réduction des dépenses, les statistiques préparées pour chaque service doivent contenir uniquement les dépenses dont le chef de ce service est responsable, séparées de toutes celles qui s'y rattachent indirectement.

3. Aucune statistique spéciale ne doit être envisagée isolément et des statistiques d'ensemble, résumant tous les éléments essentiels de l'exploitation de chaque réseau comme recettes et comme dépenses, doivent être tenues et étudiées avec soin.

4. Les statistiques respectives des diverses administrations de chemins de fer sont basées sur des principes répondant à la diversité de leurs situations, mais les circonstances et les conditions de l'exploitation diffèrent nécessairement dans les différents pays, et il est pratiquement impossible d'arriver à un système tout à fait uniforme de statistique de l'exploitation applicable également à tous les pays.

5. Il y a cependant lieu d'encourager toutes les tentatives d'unification des statistiques des chemins de fer, tout au moins quant aux éléments principaux de l'exploitation des voies ferrées, dans la mesure où cela est possible en ayant égard aux nécessités de chaque pays.

]385 : 31]

(*Congrès International des Chemins de fer*, Berne, 1910.)

Impôts sur les transports.   385.13

Il y a lieu, dans l'intérêt du développement et de l'existence des chemins de fer, de dégrever autant que possible les impôts sur les transports notamment en ce qui concerne les transports à petite distance.

[385.13]

(*Congrès International des Chemins de fer*, Milan, 1887.)

Concurrence avec les voies navigables.   385.21

Le C. I. C. reconnaît le rôle important que doivent nécessairement jouer les voies navigables dans les transports. Il admet que, dans certains cas, leur développement peut constituer pour les chemins de fer un avantage en même temps ou plutôt qu'une concurrence, et que, dans d'autres cas, il peut agir utilement par l'effet même de cette concurrence, sur l'établissement des prix de transport, lorsqu'il existe un trafic suffisant pour alimenter à la fois la voie de fer et la voie d'eau.

Mais en même temps, il constate que, dans l'Europe continentale, la navigation reçoit la jouissance gratuite ou presque gratuite de la voie d'eau établie et améliorée, surveillée et entretenue au moyen de ressources budgétaires, et n'est grevée que de péages ou d'impôts insignifiants.

Les transports par chemins de fer, au contraire, ont non seulement à payer les frais d'exploitation et d'entretien des voies, mais encore à rémunérer la totalité ou la presque totalité du capital consacré à leur établissement ; ils sont grevés, en sus des prix de transport et des péages, de lourds impôts et d'obligations très onéreuses dans l'intérêt des services publics (notamment des services postaux et télégraphiques et des services militaires), en sorte que souvent les chemins de fer donnent au budget autant et même plus qu'ils n'en reçoivent, lors même que l'Etat paraît leur accorder dans une large mesure des subventions ou des garanties.

L'assemblée appelle l'attention sur l'inégalité de traitement ainsi établie, d'une part, entre les chemins de fer et les entreprises concurrentes, d'autre part, entre les diverses parties d'un même territoire dont quelques-unes sont desservies par des voies de transport créées et entretenues aux frais de l'Etat, tandis que la plupart ne jouissent pas de cet avantage. Elle signale également les erreurs que cette différence de traitement peut entraîner dans l'appréciation de l'utilité de certains travaux qui paraissent abaisser les prix généraux de transport, alors qu'en réalité ils n'ont d'autre conséquence que d'exonérer d'une fraction de ce prix ceux qui profitent du transport, en faisant supporter cette fraction par la masse des contribuables.

En résumé, le sentiment du C. I. C. est :

1. Que ces inégalités, notamment en ce qui concerne les impôts proprement dits (récépissés timbrés, etc.), devraient être supprimées ou tout au moins atténuées dans la mesure du possible par telles mesures qu'il appartiendrait aux divers gouvernements de prendre à cet effet et qui seraient compatibles avec les intérêts du commerce et de l'industrie.

2. Et surtout qu'il conviendrait à l'avenir d'éviter, à moins de raisons spéciales, l'ouverture de voies navigables nouvelles dans les régions où la voie ferrée suffit pour desservir le trafic.

[385.21]
(*Congrès International des Chemins de fer*, Paris, 1889.)

*** Les voies navigables jouent en général un rôle beaucoup plus important comme concurrents du chemin de fer que comme affluents ; toutefois, en Amérique, l'expérience prouve que la concurrence des canaux ne peut être sérieuse. Les éléments qui influent sur le partage du trafic entre les deux voies sont les suivants :

1. *Le prix du transport*, qui est généralement plus bas par eau que par fer, par suite surtout du fait que les tarifs de chemins de fer sont établis en vue de rémunérer autant que possible le capital d'établissement, tandis que, pour les voies navigables, les États tantôt fournissent le capital et assurent l'entretien sans exiger aucune rémunération, tantôt se contentent de péages ne couvrant qu'exceptionnellement les frais d'entretien ; il n'en est autrement qu'en Angleterre, où les transports par navigation intérieure à grande distance sont devenus très rares. Malgré les faveurs faites partout ailleurs aux voies rivales, les chemins de fer, quand ils sont libres de modifier leurs tarifs pour les transports concurrencés sans étendre à d'autres transports des réductions incompatibles avec les charges qui leur incombent, peuvent aisément descendre, sans abandonner tout bénéfice, à des prix plus bas que ceux qui sont réalisables sur les voies navigables de petites dimensions, ayant de nombreuses écluses ou un tracé très sinueux. Ils abaissent difficilement leurs taxes jusqu'aux frets pratiqués sur les grands fleuves à faible pente, régularisés et bien outillés comme le Rhin ou le Volga ; enfin leurs prix restent toujours très supérieurs au fret des grands lacs analogues à des mers intérieures.

2. *Les charges terminales*, qui ont une influence notable sur le choix entre les deux voies, lorsqu'une seule d'entre elles dessert directement les établissements expéditeurs ou destinataires, soit parce qu'ils sont riverains de la voie d'eau, soit parce qu'un embranchement particulier les relie au chemin de fer. Cette influence est absolument prépondérante pour les petits parcours ; la concurrence naît pour les parcours moyens et le chemin de fer gagne ou perd du terrain, à mesure que le trajet s'allonge, selon que sa tarification est établie d'après des bases kilométriques rapidement décroissantes, ou qu'elle reste, au contraire, sensiblement proportionnelle à la distance.

3. *La durée des trajets*, qui est bien moindre par chemin de fer, sauf sur les parcours où la situation économique et géographique de la voie navigable y permet l'emploi régulier de puissants moteurs à vapeur ; la navigation reste d'ailleurs presque partout sujette à des causes d'interruption auxquelles échappe le chemin de fer.

4. *La nature des marchandises*, qui supportent plus ou moins bien les sujétions du transport par eau. Il n'est nullement

exact que le partage se fasse, comme on le dit souvent, d'après leur valeur : la navigation prend des marchandises d'un prix même assez élevé par tonne, quand les conditions techniques et commerciales lui permettent de faire un service régulier, ses inconvénients étant alors contre-balancés par le péage relativement important que comportent pour ces produits les tarifs normaux des chemins de fer ; ceux-ci peuvent, d'autre part, transporter les produits pondéreux expédiés par grandes masses à aussi bas prix que la navigation, sur les lignes à bon profil desservant les mêmes relations. Les inconvénients de la durée du trajet et de l'humidité peuvent d'ailleurs être aussi grands pour les produits à bas prix (houille) que pour les denrées de plus de valeur.

5. *Le sens du mouvement dans les ports maritimes.* La voie navigable prend au chemin de fer une part du trafic plus grande à l'entrée qu'à la sortie, d'abord et surtout parce que les règlements et l'opinion mettent obstacle à ce que les chemins de fer réalisent à l'importation les mêmes abaissements qu'à l'exportation — et aussi parce que le transbordement direct entre le bateau de mer et le chaland est plus facile pour les marchandises exotiques, amenées en masse par mer, que pour les produits indigènes qui arrivent généralement par fractions de points divers du territoire pour être embarqués quand le navire sera disponible.

6. *Les variations d'activité du trafic* résultant des saisons ou des crises économiques. Le chemin de fer offre beaucoup plus d'élasticité pour faire face aux à-coups. Les oscillations dans l'intensité du mouvement des affaires se traduisent pour lui par des différences considérables dans l'abondance des transports, n'entraînant que très exceptionnellement des variations dans les prix, tandis que la batellerie retient, dans le trafic concurrencé, un tonnage moins variable, en élevant ou en abaissant ses prix suivant la situation du marché.

Si maintenant l'on envisage le rôle des voies navigables comme affluents des chemins de fer, on reconnaît que ceux-ci pourraient presque toujours, s'ils étaient maîtres de leur tarification, effectuer les transports de bout en bout en assurant au public des conditions aussi avantageuses que la voie mixte, tout en réalisant, pour rémunérer le capital, des bénéfices plus élevés.

Une administration de chemin de fer n'a guère intérêt à collaborer avec des services de navigation intérieure (en dehors du cas où celle-ci a un caractère quasi-maritime) que dans trois cas :

a) Quand il lui est interdit de réaliser les abaissements de prix nécessaires pour retenir le trafic sur tout le parcours, comme cela a généralement lieu à l'importation ;

b) Quand ses lignes peuvent recevoir de la voie d'eau ou lui conduire un trafic dont le transport de bout en bout serait assuré par des voies ferrées dépendant d'une administration rivale ;

c) Quand dans un pays où le réseau ferré ne dessert pas encore tous les courants importants, comme la Russie, le gouvernement a eu la sagesse de relier d'abord par des chemins de fer les centres entre lesquels il n'y a pas de voie navigable, de telle sorte que la voie mixte est la seule possible pour beaucoup de transports.

Lorsqu'il est nécessaire de créer une voie nouvelle pour desservir un courant de trafic considérable auquel les voies existantes ne suffisent pas et que la situation topographique et économique permettrait d'y pourvoir par une voie d'eau créée de main d'homme, le même résultat peut être obtenu par l'établissement d'un chemin de fer, au prix d'une moindre dépense de construction et d'exploitation, réserve étant faite des circonstances particulières à chaque espèce.

Il est à désirer que, dans tous les pays où la navigation intérieure joue ou peut jouer un rôle important, l'étude de l'influence réciproque des transports par eau et par chemin de fer soit faite d'une manière continue et systématique. A ce point de vue, il peut y avoir utilité à ce qu'un programme soit établi par la Commission permanente du Congrès des chemins de fer de concert avec la Commission permanente du Congrès de navigation. [385.21]

(*Congrès International des Chemins de fer*, Berne, 1910.)

Direction générale. 385.4

Il résulte de la discussion que les institutions et l'organisation diffèrent selon les réseaux ; il paraît donc difficile d'appliquer une méthode uniforme.

Si une certaine décentralisation s'impose sur les réseaux de grande étendue, il est néanmoins nécessaire de soumettre tous les services à une autorité supérieure, tout en leur conférant cependant un droit d'initiative correspondant à leur situation. La condition la plus importante paraît donc résider surtout dans le choix et la valeur du personnel. [385.4]

(*Congrès International des Chemins de fer*, Londres, 1895.)

Habitations ouvrières. 385.5 : 333.32

Le C. I. C., reconnaissant l'intérêt qu'il y a pour les compagnies et administrations à ce que le logement des employés ou agents soit assuré dans de bonnes conditions d'hygiène et de prix, ne préconise point le système qui permet aux agents d'acheter, payables par annuités, des maisons que les compagnies auraient construites ou dont elles auraient facilité la construction.

Ce système, pour recommandable qu'il soit d'une manière générale, est malaisément applicable à l'industrie spéciale des chemins de fer, les administrations devant conserver toute liberté de déplacer le personnel selon les nécessités du service.

[385.5 : 333.32]
(*Congrès International des Chemins de fer*, Paris, 1889.)

Institutions de prévoyance. 385.517

Dans tous les pays d'Europe et d'Amérique, il existe en faveur des employés et de leur famille une très grande variété d'institutions philanthropiques et de prévoyance, que les administrations de chemins de fer ont considéré comme une obligation morale de créer ou de subventionner.

En ce qui concerne les institutions d'assurance ou de retraite, on constate que d'une manière générale des mesures sont prises pour organiser ou faciliter l'assurance des agents contre la maladie, les accidents, l'incapacité prématurée, la vieillesse et la mort.

Pour la maladie, la question est résolue soit par des combinaisons d'assurances légalement obligatoires dans certains pays, soit par des caisses intérieures créées spontanément par les administrations de chemins de fer, soit par l'affiliation des agents à des sociétés d'assurances mutuelles plus ou moins subventionnées par les administrations, soit par des secours directs émanés de celles-ci.

En ce qui concerne les accidents du travail, il y est pourvu généralement, soit par le libre fonctionnement de l'assurance facultative, soit par l'effet de dispositions légales et, dans certains pays, par l'assurance obligatoire.

Il résulte des rapports présentés qu'il est pourvu aux risques d'invalidité, de vieillesse ou de mort, soit par des combinaisons d'assurance dans lesquelles interviennent des sociétés étrangères aux chemins de fer, soit par le moyen des caisses intérieures, où s'accumulent des capitaux provenant des versements du personnel et de l'administration, capitaux destinés à l'accomplissement des engagements de la caisse, soit par d'autres moyens.

En ce qui concerne ces dernières caisses, et d'ailleurs toute institution qui, moyennant des versements effectués d'avance, garantit une pension déterminée aux agents ou à leurs familles.

Elles doivent, pour fonctionner régulièrement, être organisées suivant les principes scientifiques de l'assurance, mais s'il est possible théoriquement de concevoir une équivalence absolue entre les versements à faire et les risques à courir, il est constant en fait que ces risques sont d'une nature trop complexe et trop variée, pour que ce résultat puisse être atteint.

L'alimentation de ces institutions, là où elles existent, impose aux administrations des sacrifices considérables qui s'accroissent dans des proportions énormes dès qu'on abaisse la limite d'âge pour l'entrée en jouissance de la pension.

Malgré l'importance des sacrifices consentis, il est toujours à craindre que, par suite de circonstances qu'il est impossible de déterminer d'avance, telles que l'abaissement du taux d'intérêt, etc., les charges ne deviennent supérieures aux ressources ; d'où résulte la nécessité de reviser périodiquement soit le montant des versements, soit celui des retraites, soit l'âge d'admission à la pension de retraite.

Il est possible d'éviter ces inconvénients, et en même temps de laisser plus de place à l'initiative individuelle et à la liberté d'action des agents, en recourant soit à. des combinaisons basées sur des versements faits, soit à des institutions ou sociétés d'assurances mutuelles ou autres, dont le produit peut être affecté par chaque agent à garantir les risques qui correspondent le mieux à sa situation personnelle. [385.517]
(*Congrès International des Chemins de fer*, Washington, 1905.)

Caisses de retraite. 385.517.1

Il faut considérer comme une obligation morale pour les administrations de chemins de fer d'assurer, dans la mesure du possible, le sort des anciens agents et, après eux, de leurs familles.

On peut y arriver par divers moyens : soit, et c'est actuellement le plus généralement suivi, par le moyen de caisses de retraite ou de secours, dans lesquelles s'accumulent des capitaux destinés à l'accomplissement des engagements ; soit en ayant recours à des combinaisons d'assurances dans lesquelles interviennent des institutions étrangères aux chemins de fer, recevant les versements des agents et des administrations à des comptes individuels, le produit de cette assurance pouvant d'ailleurs être complété, en cas d'insuffisance, par une libéralité du chemin de fer sous différentes formes. [385.517.1]
(*Congrès International des Chemins de fer*, St-Pétersbourg, 1892.)

Economats. Coopératives. 385.517.4

Le C. I. C. reconnaît les services importants dus à l'institution, par certaines compagnies, de magasins gérés par elles, vendant à leurs agents des denrées et objets d'habillement, etc., et les faisant ainsi jouir du bénéfice des achats faits par elles au prix du gros.

Cependant ces institutions qui, par leur essence même, ne peuvent vendre qu'au prix de revient, ne se prêtent pas, comme peuvent le faire les associations coopératives, à la constitution, indiquée plus haut, de bénéfices à employer à des œuvres de prévoyance.

Ces coopératives, alors même qu'elles n'arriveraient pas à procurer à leurs participants, à un prix aussi réduit que les économats, les objets de consommation nécessaires à la vie, auraient toujours le résultat précieux d'apprendre aux agents à compter davantage sur eux-mêmes en excitant, au nom de leur propre intérêt, leur initiative individuelle. [385.517.4]

(*Congrès International des Chemins de fer*, Paris, 1889.)

*** Il y a intérêt pour les compagnies et administrations à faciliter la création de sociétés coopératives de consommation et à voir se développer ces utiles associations partout où elles peuvent se constituer. Afin de propager les idées d'épargne et de prévoyance, il y a intérêt moral à préconiser, auprès de ces sociétés coopératives, le système qui consiste à vendre aux affiliés, non pas au prix de revient, mais au prix de détail, — à faire ainsi un bénéfice qui appartient pour sa part à chacun des associés, — et à employer ce bénéfice à des œuvres de prévoyance véritable : caisse d'épargne, caisse de retraite, assurance sur la vie, etc. [385.517.4]

(*Congrès International des Chemins de fer*, Paris, 1889.)

*** 1. Les économats existant dans les chemins de fer n'ont jamais d'autre but que de procurer sous une forme indirecte un supplément de ressources aux employés et ouvriers des chemins de fer. Afin d'éviter toute équivoque à ce sujet, il est désirable que dans les livrets des économats il soit très clairement indiqué que l'inscription est facultative et volontaire et que si l'agent inscrit quitte le service du chemin de fer, son livret doit lui être remis avant le règlement de compte.

Toutes les administrations de chemins de fer, à part quelques rares exceptions (Etat belge et Etat de Finlande), encouragent sous différentes formes les sociétés coopératives émanées de l'initiative privée des agents eux-mêmes, parce qu'elles tendent comme les économats à améliorer la situation du personnel sans soulever aucune défiance injustifiée de sa part.

2. Les sociétés coopératives et les économats peuvent vendre soit au prix de revient, soit au prix courant du commerce avec reversement à la fin de l'année de la soulte aux intéressés. Le second système mérite une considération spéciale, parce qu'il a l'avantage de développer dans le personnel les idées de prévoyance et d'épargne.

3. Il est vivement à désirer que les sociétés coopératives de chemins de fer et, à leur défaut, les économats continuent à se multiplier et à se développer sur les réseaux ferrés de tous les pays, dans l'intérêt du personnel, si digne à tous les égards de la sollicitude et des encouragements de ses chefs. [385.517.4]

(*Congrès International des Chemins de fer*, Paris, 1900.)

Rétribution du personnel conducteur des locomotives.
385.52

Il paraît avantageux de composer la rétribution du personnel conducteur de locomotives, machinistes et chauffeurs, d'une partie fixe qui assure convenablement ses moyens d'existence et son avenir, et d'une partie variable, croissant avec le travail personnel et les efforts de chacun, en vue de faire un service satisfaisant pour le public, tout en étant économique pour les compagnies. [385.52]

(*Congrès International des Chemins de fer*, Milan, 1887.)

Primes au personnel.
385.524

Le C. I. C. est d'avis qu'en dehors des moyens d'ordre moral et matériel (institutions de prévoyance, etc.) qui peuvent maintenir les liens d'une solidarité nécessaire entre les compagnies et leurs employés, les primes d'économie mettant en jeu leur intérêt personnel sont un des meilleurs moyens de développer les efforts des employés dans le sens de l'amélioration des résultats d'exploitation.

A signaler tout d'abord la différence à établir entre les *gratifications* proprement dites, qui récompensent les efforts ou services exceptionnels, non susceptibles d'une mesure exacte, et les *primes* qui peuvent s'appliquer à des économies réalisées sur des dépenses qu'il est possible d'évaluer plus ou moins exactement. Dans cet ordre d'idées, le C. I. C. repousse complètement l'idée de primes basées sur le développement de la recette brute, en raison de la difficulté de déterminer exactement les agents qui peuvent influer sur ce développement et surtout de mesurer cette influence.

Des primes basées sur l'augmentation de la recette nette d'exploitation (et non sur l'augmentation du dividende), après prélèvement des charges de capital, sur lequel les services de l'exploitation n'ont aucune action, seraient moins difficiles à établir ; il lui paraît cependant préférable, en raison de l'influence du produit brut sur la recette d'exploitation, d'adopter ici la forme d'une gratification dont le montant total, déterminé par les conseils, serait réparti par les directeurs entre les différents services de l'exploitation et par les chefs de ces services entre les agents ayant pu contribuer à l'augmentation des recettes nettes.

En ce qui concerne les dépenses de l'exploitation, elles comprennent en très grand nombre des éléments susceptibles d'une détermination plus ou moins exacte, soit directement, soit par les résultats obtenus dans un ou plusieurs exercices précédents, et pour tous ces éléments il peut être très avantageux d'établir des primes basées sur l'économie réalisée sur une allocation sagement déterminée. Les bases de ces allocations doivent être revisées de temps en temps, pour tenir compte des résultats acquis, la part attribuée aux agents dans les économies réalisées devant s'élever à mesure que se réduit l'allocation.

Les primes attribuées à des collectivités trop nombreuses ne sont pas recommandables, la surveillance réciproque des agents les uns sur les autres devenant impossible. Les primes doivent être directes et s'adresser autant que possible à des individualités ou à des groupes très restreints. Il ne convient pas de les limiter à l'avance par un maximum ; si elles paraissent exagérées, il est préférable de reviser les bases des allocations. Pour produire tout leur effet, les primes doivent être réglées aux ayants droit aussitôt que possible après le règlement de l'opération à laquelle elles se rapportent.

Si, dans les services de l'exploitation, il est un très grand nombre d'éléments susceptibles d'évaluation préalable et de primes d'économie basées sur une allocation déterminée, il convient d'éviter les primes qui seraient susceptibles de compromettre la sécurité et notamment de ne les appliquer qu'avec une prudente réserve pour le service de l'entretien de la voie, les économies en cette matière pouvant se traduire par une négligence dans les mesures absolument indispensables à la sécurité et à la bonne conservation de la voie.   [385.524]

(*Congrès International des Chemins de fer*, Paris, 1889.)

Emploi des femmes.   385.54

L'expérience de nombreuses administrations de chemins de fer démontre que les femmes peuvent être admises avec avantage dans la plupart des services des chemins de fer, notamment pour le gardiennage des passages à niveau et la manœuvre

de certains signaux, dans le service de statistique, celui de la comptabilité et même dans la gestion des petites stations. [385.54]
(*Congrès International des Chemins de fer*, Milan, 1887.)

Recrutement et avancement du personnel. 385.57

Il y a lieu de recommander la création, auprès des administrations de chemins de fer, d'écoles spéciales pour la préparation des employés et des ouvriers de chemins de fer. Il faut constater avec satisfaction la tendance de quelques administrations à recruter leur personnel parmi les jeunes gens, autant que possible dans les familles des ouvriers et des employés et à admettre dans les écoles les fils de leurs agents.   [385.57]
(*Congrès International des Chemins de fer*, Milan, 1905.)

*** I. *Conditions de recrutement.* — Deux tendances opposées se manifestent dans les chemins de fer des divers pays. L'une que l'on rencontre surtout en Autriche, en Hongrie, en Suisse et, dans une certaine mesure, en Russie, consiste à exiger des candidats un diplôme de sortie : d'une école technique ou d'une université pour les emplois supérieurs, d'une école professionnelle spéciale pour les emplois moyens.

Dans l'autre système, pratiqué notamment en Angleterre, en Belgique, en France, en Espagne et en Italie, on ne demande aux candidats qu'une instruction générale en rapport avec la position initiale qui leur est offerte, et on les forme dans le service même en les faisant passer par les divers échelons des emplois inférieurs.

Enfin, il existe encore un système mixte qui consiste à pratiquer à la fois ces deux systèmes en apparence opposés, à faire appel aux élèves des écoles techniques sans leur accorder aucun privilège et à récompenser les agents qui font preuve de capacités en rapport avec les emplois à occuper, quelle que soit leur origine.

Dans presque tous les pays, les administrations de chemins de fer font les plus grands efforts pour élever le niveau de l'instruction générale et de l'instruction professionnelle de leurs agents, tant en favorisant l'établissement ou en assurant elles-mêmes la création d'écoles techniques, professionnelles et même primaires dans les endroits où ces écoles font défaut, qu'en mettant au service des nouveaux agents l'instruction et l'expérience des anciens et des chefs.

Cependant, sans perdre de vue ce but supérieur, les chemins de fer doivent continuer à recruter leurs agents parmi les candidats offrant le plus de garanties au point de vue de la santé, de l'activité et de la conduite, et n'admettre aux emplois qui intéressent la sécurité, et même autant que possible à ceux qui comportent un commandement, que des agents ayant fait un stage pratique. En un mot, il est désirable que tout en considérant les écoles comme d'utiles pépinières, les chemins de fer n'accordent pas aux porteurs des diplômes qu'elles délivrent une dispense d'acquérir par eux-mêmes l'expérience du service et qu'ils ne les mettent en possession d'aucun privilège exclusif.

2. *Conditions d'avancement.* — S'il convient assurément de faire une part à l'ancienneté dans les augmentations de salaires, il faut, en ce qui concerne les avancements comportant un changement d'attributions, faire une part tout à fait prépondérante au choix par une soigneuse sélection de ceux qui ont montré les capacités professionnelles et les qualités maîtresses de bon sens, d'activité, de coup d'œil et de commandement. [385.57]

(*Congrès International des Chemins de fer*, Paris, 1900.)

Durée du travail. 385.581

Considérant qu'il est impossible de fixer des règles uniformes s'appliquant aux différents cas d'espèce à cause des particularités si nombreuses du service des chemins de fer ;

Considérant que les règles à appliquer doivent varier non seulement d'après les diverses catégories d'agents, mais, pour chaque catégorie, d'après l'intensité plus ou moins grande du travail effectué, ce qui oblige à leur donner toute la souplesse nécessaire pour s'adapter à tous les cas possibles ;

Considérant que, dans ces conditions, la rigidité de la loi est impuissante à coordonner avec la souplesse nécessaire les diverses dispositions applicables aux besoins du public, du personnel et des administrations exploitantes.

Le C. I. C. est d'avis qu'il est désirable que celles-ci conservent la plus grande latitude pour fixer, sous le contrôle des autorités compétentes, les tableaux du travail : 1° en tenant largement compte de l'importance du travail demandé, de la continuité et de l'intensité du travail à imposer aux agents d'une même catégorie ; 2° en calculant le nombre d'heures d'après une moyenne établie sur une période suffisamment longue et divisée en périodes de travail séparées par des repos convenables ; 3° en proportionnant la durée moyenne du temps de service à la nature du travail et à la somme de responsabilité assumée. [385.581]

(*Congrès International des Chemins de fer*, Washington, 1905.)

Repos périodique. 385.581.1

Tant dans l'intérêt du personnel actif des chemins de fer que dans celui de la bonne marche des services, il y a lieu d'étendre le système du repos périodique, de faire coïncider le repos, dans la mesure du possible, avec le dimanche ou un jour de fête, et de provoquer, à cet effet, les ententes qui pourraient être nécessaires entre les administrations de chemins de fer. [385.581.1]
(*Congrès International des Chemins de fer*, Bruxelles, 1885.)

Apprentissage. 385.586

Il y a lieu de recommander la création d'écoles, quand les ressources locales font défaut, ainsi que celle d'ateliers d'apprentissage, à moins qu'il ne soit pourvu d'une autre manière à l'instruction professionnelle des jeunes ouvriers. [385.586]
(*Congrès International des Chemins de fer*, Paris, 1889.)

Travail hors cadre. 385.59

D'une façon générale, la participation des agents des gares, à titre privé et moyennant rétribution de la part des particuliers, à des opérations incombant à ces derniers, semble présenter de sérieux inconvénients: Toutefois, dans des cas exceptionnels et dans des stations peu importantes, ces inconvénients sont très atténués et cette coopération peut être avantageuse au public et à l'exploitant. [385.59]
(*Congrès International des Chemins de fer*, St-Pétersbourg, 1892.)

Règlement international des litiges. 385.6

Une convention générale pour le règlement des litiges est absolument nécessaire et le C. I. C. prie les chemins de fer de l'Etat belge de vouloir bien se charger de mener la question à bonne fin en convoquant une conférence à ce sujet. [385.6]
(*Congrès International des Chemins de fer*, Londres, 1895.)

Système métrique. 389.1

Le C. I. C. exprime le désir unanime de voir les pays qui jusqu'à présent ne font pas usage du système décimal, faire tous leurs efforts pour adopter le plus tôt possible le système métrique en ce qui concerne les poids et mesures. [389.1]
(*Congrès International des Chemins de fer*, Londres, 1895.)

Essai des matériaux de construction. 62.013

Le C. I. C. s'associe aux vœux, déjà formulés en 1889 à Paris par le Congrès des procédés de construction et de mécanique appliquée, tendant à une entente internationale pour l'uniformité des méthodes d'essai des matériaux de construction. [62.013] (*Congrès International des Chemins de fer*, St-Pétersbourg, 1892.)

Locomotives à grande puissance. 621.13

La puissance des locomotives est plus limitée en Europe qu'en Amérique, en raison du poids moins considérable admis par essieu.

Les ingénieurs européens sont en général d'accord pour estimer que le système compound permet de construire des machines donnant le maximum de puissance et d'économie. Ce système procure une très bonne utilisation de la vapeur et ne paraît pas augmenter sensiblement les dépenses d'entretien des locomotives ; seul l'entretien des chaudières est plus onéreux, mais cela tient à l'augmentation de leurs dimensions et à l'élévation du timbre, qui sont nécessaires dans tous les cas. Presque toutes les locomotives construites en France depuis quelques années sont à quatre cylindres équilibrés. Ces machines, ainsi que les compounds d'autres systèmes, sont également employées dans les autres pays d'Europe, notamment en Allemagne, en Autriche, en Espagne, etc. Plusieurs ingénieurs s'en déclarent de même satisfaits en Grande-Bretagne et en Irlande et insistent sur l'intérêt que présente la séparation des mécanismes à haute pression et à basse pression. Un certain nombre d'ingénieurs américains expriment aussi des opinions très favorables aux locomotives compound, par lesquelles on a constaté des résultats très précis, notamment sur l'Atchison, Topeka et Santa Fe Railway ; cependant, le sentiment est moins unanime à cet égard aux Etats-Unis qu'en Europe. Il est rendu compte des essais de locomotives compound à quatre cylindres effectués en Nouvelle-Zélande.

L'introduction de locomotives américaines en Europe et de locomotives européennes en Amérique a eu l'avantage de faire connaître, de part et d'autre, des détails de construction intéressants, notamment la légèreté des pièces des locomotives européennes et les graisseurs à pointeau et ceux à goutte visible des locomotives américaines.

Les applications de la vapeur surchauffée paraissent se répandre, notamment en Allemagne et en Amérique, et semblent donner de bons résultats.

On constate l'emploi de plus en plus fréquent des aciers moulés, qui seraient même essayés aux Etats-Unis pour les cylindres.

L'usage de la distribution Walschaerts se répand dans ce dernier pays.

D'une manière générale, tous les ingénieurs qui ont parlé des tiroirs cylindriques paraissent très satisfaits de leur emploi.

Un certain nombre d'essais de chargeurs mécaniques de grilles ont été faits aux Etats-Unis et sur le « Great Western Railway » d'Angleterre, sans avoir encore donné de résultats bien précis. On a d'ailleurs constaté, tant en Amérique qu'en Europe, que, sans le secours de ces appareils, on peut, avec des dispositions de grilles convenables, réaliser sans difficulté les combustions les plus intenses qui soient nécessaires actuellement.

Enfin, on relève l'emploi de locomotives articulées de très grande puissance pour les lignes sinueuses, en particulier les locomotives Mallet et celles étudiées par le Nord Français et le Nord de l'Espagne.   [621.13]

(*Congrès International des Chemins de fer*, Washington, 1905.)

Adhérence des roues.   621.131.1

En présence des inconvénients si connus de l'emploi du sable pour donner de l'adhérence aux roues des locomotives, et des résultats heureux d'expériences récentes (réseau méditerranéen, Gothard, etc.), il y a grand intérêt à continuer et à étendre les essais de l'emploi du jet d'eau.   [621.131.1]

(*Congrès International des Chemins de fer*, Milan, 1887.)

Types de locomotives à grande vitesse.   621.132.2

Les types de locomotives à grande vitesse peuvent être comparés à divers points de vue : les cylindres sont extérieurs ou intérieurs ; l'avant est porté par un bogie ou par un essieu unique ; les essieux moteurs sont indépendants ou accouplés ; la disposition compound est parfois adoptée ; le centre de gravité est plus ou moins élevé au-dessus du rail.

La position intérieure des cylindres exige un essieu coudé, dont la durée est généralement inférieure à celle de l'essieu droit. Toutefois certaines statistiques, donnant seulement le parcours des essieux coudés rompus *en service* et non de ceux qui font le plus de kilomètres, risquent de fausser les idées à cet égard.

L'emploi du bogie est très fréquent en Europe comme en Amérique. Cette disposition est approuvée par la plupart des ingénieurs. Toutefois on obtient un excellent service sur le London and North Western à l'aide de locomotives compound à trois cylindres munies d'un essieu radial à l'avant ; sur le chemin de fer de Paris-Lyon-Méditerranée, on a essayé avec succès une locomotive munie d'un essieu porteur au lieu d'un bogie ; cependant, le bogie a été adopté dans les dernières constructions de ce réseau. Parmi les administrations n'employant pas le bogie actuellement, on peut citer le Great Eastern Railway.

L'étude des divers modes de construction des bogies serait intéressante ; l'opinion est généralement favorable au déplacement transversal du bogie ; toutefois, d'après l'expérience du Pennsylvania Railroad, ce déplacement n'est pas indispensable et a pu être supprimé sans inconvénients.

Les locomotives à essieux indépendants sont employées, surtout en Angleterre, à la traction des trains très rapides avec rares arrêts ; toutefois, ces conditions spéciales s'opposeraient à une grande extension de ce type de machines. En général, deux essieux sont accouplés ; on cite même l'emploi dans divers pays, et notamment en Russie, dans la Nouvelle-Galles du Sud, en Italie et aux Etats-Unis, de l'accouplement de trois essieux pour locomotives à grande vitesse.

Dans la question de la vitesse, le point le plus important est la construction et le réglage de la distribution. Il n'est pas difficile de réaliser de grandes vitesses même avec des machines à trois essieux, mais on ne les obtient jamais qu'au détriment de la voie, du matériel roulant et de la consommation du combustible.

Les locomotives de Mr. Webb ont deux essieux moteurs sans accouplement. Dans les compound à quatre cylindres, construites sur le continent de l'Europe, on a souvent conservé l'accouplement des essieux moteurs pour obtenir un meilleur équilibre des pièces mobiles et un démarrage plus facile.

Les opinions sur l'utilité du système compound pour les locomotives à grande vitesse sont très partagées. D'après plusieurs ingénieurs, la complication qu'il entraîne quand il y a plus de deux cylindres est peu justifiée quand le prix du combustible n'est pas élevé. D'autres ingénieurs estiment, au contraire, que le mérite de cette disposition est surtout d'augmenter la puissance de la machine. On a l'opinion que les systèmes compound peuvent aussi permettre de donner aux machines à grande vitesse une stabilité plus grande, quand on fait usage de trois ou de quatre cylindres.

En ce qui concerne la hauteur du centre de gravité, les ingénieurs anglais et américains n'y voient que des avantages ; sur le continent de l'Europe, l'opinion paraît moins absolue, mais, en pratique, les ingénieurs de ce continent n'hésitent pas à relever les chaudières, lorsque cela est commode, et il ne paraît en résulter aucun inconvénient. Les voies du North Eastern

Railway supportent des charges de vingt tonnes par essieu quand le centre de gravité est élevé et la base de la machine assez longue.

Quant aux tiroirs équilibrés, en Europe du moins, ils ne sont guère employés qu'à titre expérimental, bien que des applications assez étendues en aient été faites. En général, les résultats paraissent favorables, mais il serait difficile de se prononcer aujourd'hui sur les dispositions les plus recommandables. Aux Etats-Unis, l'usage en est habituel.

D'une manière générale, l'action des locomotives sur la voie résulte d'une série de causes ; parmi les dispositions qui sont de nature à la réduire, on peut citer l'emploi du bogie, des cylindres intérieurs, de certaines dispositions compound à cylindres multiples. [621.132.2]
(*Congrès International des Chemins de fer*, Londres, 1895.)

*** La très grande vitesse exige l'emploi de locomotives extrêmement puissantes, permettant de ne pas trop ralentir sur les rampes. A constater l'emploi général des locomotives à deux essieux couplés pour les trains de très grande vitesse, et même, pour certains trains encore assez rapides, une tendance à l'emploi de locomotives à trois essieux couplés.

En outre, le système compound est de plus en plus employé pour les trains de grande vitesse. [621.132.2]
(*Congrès International des Chemins de fer*, Paris, 1900.)

*** 1. Des locomotives spéciales sont utilisées en grand nombre en Europe et en Amérique pour des vitesses de plus de 100 kilomètres (62 milles) par heure. On ne fait toutefois qu'un usage restreint de ces vitesses dans le service courant, parce qu'on préfère choisir des vitesses en dessous de la limite indiquée ci-dessus sur les lignes à trafic intense pour pouvoir remorquer des trains plus lourds.

2. Les locomotives de ce genre sont en majorité munies de bogies, parfois aussi d'essieux porteurs à l'avant, et sont, à part quelques rares exceptions, presque toutes munies de tenders séparés.

3. Le nombre d'essieux moteurs est en majorité de deux ou de trois. Les locomotives modernes possèdent souvent un essieu porteur à l'arrière, à cause des chaudières de grandes dimensions.

Modes de construction : 2 B 1 ou 4-4-2, type *Atlantic*, 2 C 1 ou 4-6-2, type *Pacific*, quelquefois aussi 1 C 1 ou 2-6-2, type *Prairie*.

4. Les bogies et essieux porteurs, parfois aussi les essieux moteurs, ont un jeu latéral modéré pour faciliter le passage dans les courbes.

5. La majorité des locomotives est à deux ou quatre cylindres, plus rarement à trois cylindres.

6. La distribution de la vapeur se fait au moyen de tiroirs plans équilibrés ou non, ou bien, surtout dans les nouvelles locomotives, par des tiroirs cylindriques.

7. On emploie des appareils graisseurs continus pour les cylindres et les tiroirs.

8. Parfois on voit des constructions servant à diminuer la résistance de l'air.

9. Il y a une tendance à adopter des coefficients de freinage, élevés par l'application du frein aux essieux porteurs.

10. Les tenders remorqués sont en partie à trois, en partie à quatre essieux. Dans ce dernier cas, on emploie des bogies, exceptionnellement aussi des essieux rigides à déplacement latéral.   [621.132.2]

(*Congrès International des Chemins de fer*, Berne, 1910.)

Voitures automotrices.   621.132.8

Les essais de voitures automobiles et automotrices se sont multipliés depuis quelques années d'une façon importante, soit pour l'exploitation des lignes à faible trafic, soit sur les lignes à circulation active, et on peut espérer, dès à présent, que ces voitures constitueront un nouvel engin d'exploitation très précieux, appelé sur certaines lignes à un grand avenir.

Il ne paraît pas douteux que, par suite de l'économie d'un agent pour le moteur, de la diminution importante des frais de traction, de la réduction probable des frais d'entretien ; que grâce à une meilleure utilisation du matériel, à une moindre usure des rails, les voitures automobiles et automotrices ne permettent d'améliorer sérieusement l'exploitation des lignes à faible trafic et n'apportent aux autres lignes une amélioration réelle dans l'exploitation de certains services. Leur emploi constituera certainement une transformation des méthodes d'exploitation d'un grand nombre de lignes et paraît appelé à un réel avenir.   [621.132.8]

(*Congrès International des Chemins de fer*, Washington, 1905.)

*** L'emploi des voitures soit automobiles, soit automotrices, a été jusqu'ici très limité ; mais il semble qu'il y aurait intérêt à en développer l'emploi, pour déterminer les services qu'elles peuvent rendre, non seulement sur les lignes à faible trafic, mais même sur les lignes à circulation active.

Il est à souhaiter que toutes les simplifications de nature à faciliter l'emploi économique des voitures automobiles et automotrices, soient apportées aux réglementations en vigueur.
[621.132.8]
(*Congrès International des Chemins de fer*, Paris, 1900.)

*** 1. Les voitures automotrices peuvent se prêter, dans certains cas, à des services économiques, dans le but de faciliter les communications locales en faisant une dépense modérée, pourvu que les conditions d'exploitation se prêtent à l'organisation de trains ayant une affluence constante ou du moins soumise à de rares et très faibles variations, que la ligne soit facile, et que le trafic des marchandises puisse être convenablement et complètement assuré par des trains distincts.

2. La puissance des moteurs des voitures automotrices devrait présenter une certaine marge sur le travail normal, de façon qu'on soit en mesure de faire face aux variations de trafic entre certaines limites prévues.

3. Il serait désirable que l'on pût utiliser la voiture indépendamment du moteur en employant soit des trucks moteurs séparés, soit quelque autre dispositif, permettant d'enlever et de remplacer facilement la partie mécanique.

4. Au point de vue de l'économie dans les frais du personnel, c'est-à-dire de la conduite par un seul agent, les voitures à accumulateurs ou à essence paraissent les mieux appropriées. Il serait désirable que les études fussent continuées dans le but d'assurer une construction simple et un entretien facile et peu coûteux.

5. En ce qui concerne les voitures à vapeur, il serait désirable de réduire au minimum les soins exigés par la conduite des chaudières et, en particulier, de perfectionner l'alimentation semi-automatique du foyer ou d'améliorer les procédés d'emploi des combustibles liquides.

6. Il serait désirable de recommander le développement des études concernant les petites locomotives pouvant remplacer les voitures automotrices avec l'avantage d'une plus grande indépendance. Les locomotives-fourgons, ou fourgons moteurs, représentent une solution intermédiaire, qui semble pouvoir être convenablement appliquée dans certains cas.   [621.132.8]
(*Congrès International des Chemins de fer*, Berne, 1910.)

Chaudières à tubes de fumée.   621.133.2

Les tendances actuelles dans l'établissement des chaudières avec tubes à fumée sont :

le maintien des foyers en cuivre en Europe, en acier doux en Amérique ;

l'armaturage des boîtes à feu avec tirants (les tirants radiaux donnent satisfaction) ;

l'adoption des tubes en acier, sauf lorsque les eaux sont mauvaises ;

l'application de moyens propres à diminuer les fuites aux tubes et les avaries de la plaque tubulaire du foyer.

L'emploi des tubes Serve se maintient en France et en Alsace-Lorraine.

Le martelage du cuivre de la plaque tubulaire a été reconnu avantageux.

La boîte à fumée prolongée est jugée utile.

Quelques administrations se servent avec avantage de foyers larges et relativement courts, débordant sur les longerons.

L'emploi de voûtes en-briques réfractaires ou d'autres fumivores est recommandé.   [621.133.2]

(*Congrès International des Chemins de fer*, Berne, 1910.)

Chaudières de locomotives.   621.133.3

1. L'emploi des tôles en acier doux pour les chaudières de locomotives est entré dans la pratique courante ; cet emploi se justifie principalement par la qualité de ces tôles, plus égales aujourd'hui que celles des tôles en fer. Surtout pour les parties embouties, l'acier se travaille plus facilement que le fer.

2. Les tôles d'acier pour chaudières sont très douces, homogènes, ne prennent pas la trempe et sont caractérisées par une charge de rupture ne dépassant pas 45 kilogrammes par millimètre carré, et, de préférence, comprise entre 40 et 35 kilogrammes. Ces tôles proviennent d'aciers fondus sur sole ; on n'emploie guère de fontes phosphoreuses à leur fabrication. Ces limites ne concernent pas, bien entendu, les alliages nouveaux qui commencent à être essayés.

3. La substitution de l'acier au fer permet quelquefois d'augmenter légèrement le timbre des chaudières sans modifier les épaisseurs.

4. Le travail des tôles en acier doux n'exige pas de précautions extraordinaires ; elles peuvent supporter des chauffes locales, notamment pour l'étirage des pinces. Une bonne précaution consiste à recuire les tôles, après les avoir travaillées, avant de les river ; toutefois, cette précaution n'est pas indispensable quand une longue expérience a prouvé la qualité constante des tôles employées et la régularité du travail de chaudronnerie.

5. Les foyers en acier continuent à être à peu près inusités en Europe ; les quelques applications qui en ont été faites ne

paraissent pas indiquer qu'ils soient beaucoup plus économiques
en service que le cuivre, du moins avec les qualités d'acier
disponibles en Europe. Cette opinion ne concerne pas les petites
locomotives de manœuvre peu fatiguées, pour lesquelles le
foyer d'acier peut être avantageusement employé.   [621.133.3]
(*Congrès International des Chemins de fer*, Londres, 1895.)

Tubes de locomotives.   621.133.3

1. Les tubes à fumée en fer ou en acier sont de plus en plus
employés ; ils peuvent se substituer au laiton, sans aucun inconvénient, avec des eaux de qualité appropriée, et cette substitution amène une grande économie.

2. Dans les foyers en cuivre, avec des qualités bien appropriées
de fer et d'acier pour les tubes, et quand la nature des eaux
le permet, on peut se dispenser de souder aux tubes en fer un
bout de cuivre.

3. Les tubes sont mandrinés au dudgeon dans des trous
légèrement coniques, ou même cylindriques.

4. La rivure de l'extrémité du tube sur la plaque tubulaire
n'est pas indispensable.

5. Dans bien des cas, on peut ne monter de viroles que du
côté du foyer, et encore lorsqu'elles deviennent nécessaires
pour étancher les fuites. Pour les foyers en acier, le montage avec
bague en cuivre extérieure paraît préférable.

6. D'une manière générale, c'est surtout par le soin apporté
à la conduite des machines qu'on peut éviter les fuites aux
tubes ; on peut dire que dans la locomotive, les tubulures,
convenablement montées par les procédés usuels, ne donnent
pas d'ennuis lorsque le feu est régulièrement chargé, sans ren-
trées d'air froid dans les foyers, lorsqu'on laisse convenablement
refroidir les chaudières avant de les vider et surtout avant de
les laver à l'eau froide. Il est mauvais de jeter les feux avant
la rentrée au dépôt, car l'échappement fait alors passer beaucoup
d'air dans le foyer et dans les tubes. Le lavage à l'eau chaude
paraît recommandable.

7. En général, la longueur des tubes de locomotives la plus
favorable pour la production de vapeur ne dépasse pas 4 mètres
à 4^{m}50.

8. La section de passage des gaz doit être aussi grande que
possible, ce qui justifie la suppression des viroles. Le diamètre
des tubes ne doit pas être trop petit, et il ne faut pas trop les
rapprocher. Autant que possible, il convient que leur diamètre
intérieur soit de 40 à 50 millimètres, et que la distance entre
les trous des plaques ne descende pas au-dessous de 15 à 18 millimètres.

9. Les tubes à ailettes conviennent pour les locomotives, avec le diamètre extérieur de 60 à 70 millimètres, lorsque la tubulure est courte. Il peut être avantageux de les substituer à des tubes ordinaires de 50 millimètres, mais en réduisant convenablement les ailettes.

10. Les effets comparatifs des dispositions des tubes, en quinconce ou en rangées verticales, sont peu apparents.

11. La nature du métal des tubes est pratiquement indifférente au point de vue de la production de vapeur.   [621.133.3]
(*Congrès International des Chemins de fer*, Londres, 1895.)

Surchauffe.   621.133.3

L'adoption d'appareils-sécheurs et surchauffeurs de la vapeur des locomotives est à recommander ; l'emploi de vapeur surchauffée ou tout au moins séchée offre de précieux avantages : il permet d'obtenir une plus grande puissance moyennant une légère augmentation de poids et de réduire, à puissance égale, la consommation d'eau et de combustible. Ces avantages paraissent s'accentuer à mesure que la température de la vapeur et la puissance développée s'élèvent.

La dépense supplémentaire d'établissement et d'entretien (l'augmentation des frais d'entretien n'est pas encore bien démontrée) et le surcroît des frais de graissage sont amplement rachetés par l'économie d'eau et de combustible.

La combinaison de la simple expansion avec la surchauffe permet, tout en réalisant une puissance suffisante et en faisant usage de chaudières de dimensions modérées, d'employer de faibles pressions, facilitant l'entretien de la chaudière.

Il paraît que la grande fluidité de la vapeur surchauffée exerce une influence favorable en ce qui concerne les grandes vitesses des trains. L'emploi combiné de la surchauffe avec le système compound tend à se répandre en ce qui concerne les types à quatre cylindres.

L'emploi de locomotives à quatre cylindres égaux et surchauffe est à l'essai et satisfait jusqu'à présent.

La conduite et l'entretien des locomotives à surchauffe ne présentent pas de difficultés.

Les réchauffeurs de l'eau d'alimentation sont à l'essai, mais en petit nombre.   [621.133.3]
(*Congrès International des Chemins de fer*, Berne, 1910.)

Boîte à fumée. Cheminée.   621.133.4

1. Les boîtes à fumée allongées, du type américain, essayées en Europe par beaucoup d'administrations, ne semblent pas

donner, en général, de moins bons résultats que les boîtes de capacité moyenne. Elle ont l'avantage de retenir beaucoup d'escarbilles.

2. On ne peut indiquer de supériorité bien marquée pour aucun type de cheminées. La forme légèrement conique, évasée vers le haut, semble préférée en général. Il est bon de prolonger la cheminée en forme de cône dans la boîte à fumée ; le sommet de la tuyère d'échappement ne doit alors guère dépasser le niveau de la rangée supérieure des tubes.

3. Aucune disposition de pare-étincelles ne peut être signalée comme nettement avantageuse. Toutes gênent plus ou moins le tirage, sans être d'une efficacité absolue. La simple grille à flammèches suffit à peu près dans bien des cas.   [621.133.4]

(*Congrès International des Chemins de fer*, Londres, 1895.)

Echappement.   621.133.5

1. Parmi les divers systèmes d'échappement, la disposition annulaire paraît un peu supérieure aux autres. Il est essentiel de régler avec le plus grand soin la position de la tuyère d'échappement par rapport à la cheminée.

2. Les opinions sont très partagées sur l'utilité de l'échappement variable, qui dépend d'éléments assez nombreux.

Le simple appareil à valves mobiles est souvent suffisant.

[621.133.5]

(*Congrès International des Chemins de fer*, Londres, 1895.)

*** 1. Le choix de l'échappement fixe ou de l'échappement variable est une question d'espèce, pour laquelle on ne peut pas formuler de règle générale. Ce choix doit tenir compte du service des locomotives (uniforme ou varié), du profil des lignes qu'elles parcourent, des charges qu'elles remorquent, de la longueur des étapes, de la nature des combustibles brûlés, des dépenses d'entretien des appareils, du soin et de l'adresse du personnel.

2. La simple tuyère fixe circulaire et la tuyère variable à deux valves mobiles paraissent pouvoir suffire à la plupart des besoins de la pratique.

3. Les dispositions plus compliquées, telles que l'échappement surmonté du *petticoat*, le déflecteur dans la boîte à fumée, l'échappement annulaire fixe ou variable, les échappements variables à lanterne, à dérivation de vapeur, etc., peuvent donner de bons résultats, mais ne paraissent pas présenter, en général, une supériorité très grande sur les deux appareils simples mentionnés ci-dessus, quand ces appareils sont convenablement disposés.

Les tuyères d'échappement sont exposées à un encrassement rapide, ce qui rend difficile l'entretien des mécanismes compliqués; cet encrassement est souvent inégal dans les tuyères annulaires.

4. Les dimensions de la tuyère d'échappement et de la cheminée, ainsi que la position de la tuyère peuvent être déterminées d'après certaines formules, mais il convient d'en vérifier les résultats par des expériences pratiques avec chaque type de locomotive. La pratique est, dans ce cas, le seul critérium sûr.

5. Pour les tuyères débouchant dans la partie supérieure de la boîte à fumée, telles qu'elles sont usitées presque partout en Europe, il semble qu'il est bon de ne pas en élever l'ouverture beaucoup au-dessus de la rangée supérieure des tubes à fumée.

Quand la tuyère s'ouvre dans la partie inférieure de la boîte à fumée, elle doit être surmontée d'un *petticoat*. Il ne semble pas que cette disposition, qui a d'ailleurs quelques inconvénients, offre d'avantages bien marqués.

Il importe beaucoup de ménager aux gaz une entrée large et facile dans la partie inférieure de la cheminée. On constate une tendance assez générale à évaser légèrement en cône la partie supérieure de la cheminée.

6. La longueur de la boîte à fumée peut atteindre et même dépasser 2 mètres sans qu'il en résulte une action défavorable sur le tirage. Les grandes boîtes peuvent servir à recueillir les escarbilles; la cheminée doit alors être placée suffisamment vers l'arrière; mais il convient (si l'on ne fait pas usage de déflecteur) qu'elle soit suffisamment éloignée de la plaque tubulaire pour que les gaz se répartissent bien entre les tubes. Si l'on ne veut pas recueillir les escarbilles dans la boîte à fumée, on peut en réduire la longueur à 1.50 mètre environ, suivant une tendance qu'on constate en Amérique.

7. Les appareils destinés à arrêter les flammèches sont rarement très efficaces sans gêner le tirage. Il y aurait donc intérêt à en réduire l'emploi et à les simplifier autant que le permettent la qualité du combustible et la nature des régions traversées.

8. De tous les appareils destinés à utiliser la chaleur perdue de la vapeur, il n'y a que l'injecteur à vapeur d'échappement dont les applications soient actuellement assez nombreuses : cet appareil paraît donner une petite économie de combustible et faciliter la conduite de la machine.   [621.133.5]

(*Congrès International des Chemins de fer*, Paris, 1900.)

Désincrustants. Epuration des eaux.   621.133.7

1. Les désincrustants peuvent être utiles pour éviter les dépôts adhérents ; mais leur nature et leur dosage doivent être appropriés aux diverses conditions locales.

2. L'épuration préalable des eaux riches en carbonate de chaux, et surtout des eaux séléniteuses, est fort utile. Ces épurations entraînent d'assez fortes dépenses d'installation, mais ces dépenses seront souvent récupérées par les économies sur la consommation de combustible et sur les frais de lavage et d'entretien. [621.133.7]
(*Congrès International des Chemins de fer*, Londres, 1895.)

*** Il est très utile d'épurer au préalable les eaux servant à l'alimentation des locomotives toutes les fois qu'elles ne sont pas suffisamment pures, afin d'améliorer le fonctionnement des chaudières et de réduire les dépenses de lavage et de réparation, ainsi que les chômages qui en résultent. [621.133.7]
(*Congrès International de Chemins de fer*, Paris, 1900.)

*** Pour remédier aux avaries des chaudières, on recommande l'emploi d'eaux d'alimentation aussi pures que possible. Il serait à désirer que les administrations possédant des épurateurs indiquent les dépenses et les économies réalisées.

Le lavage à l'eau chaude est reconnu utile et peut être recommandé.

Les appareils pour la séparation des tartres ne sont employés que rarement et seulement à titre d'essai. Pour les entretoises, on se sert parfois du bronze au manganèse au lieu du cuivre.
[621.133.7]
(*Congrès International des Chemins de fer*, Berne, 1910.)

Locomotives compound.   621.134.4

Le C. I. C. constate que l'emploi du principe compound offre, entre autres avantages, un moyen d'utilisation des hautes pressions et une économie réalisée dans la consommation du combustible et de l'eau. Il estime que ce système permet une augmentation de puissance sans exagération de la fatigue des pièces ; il admet, en revanche, qu'il en résulte une certaine augmentation des frais d'entretien et de graissage pour les machines possédant plus de deux cylindres et des chaudières à plus haute pression que celles des machines ordinaires.

Le nombre et la disposition des cylindres à employer ainsi que l'usage d'un appareil automatique sont des questions d'espèce.

Le Congrès est d'avis qu'il y a lieu de poursuivre la comparaison de la consommation d'eau dans les machines compound et les machines ordinaires en ayant soin de choisir des

locomotives dont les conditions de qualité, de service et de puissance soient aussi identiques que possible. [621.134.4]
(*Congrès International des Chemins de fer*, St-Pétersbourg, 1892.)

*** Il y a lieu de constater les grands efforts faits depuis nombre d'années pour appliquer le principe compound aux machines locomotives. Ce système permet une augmentation de puissance sans exagération de la fatigue des pièces, et aussi une économie de combustible ; en revanche, il en résulte une certaine augmentation des frais d'entretien et de graissage pour les machines possédant plus de deux cylindres et des chaudières à plus haute pression que celles des machines ordinaires. [621.134.4]
(*Congrès International des Chemins de fer*, Paris, 1889.)

Balanciers des locomotives. 621.135

L'application des balanciers paraissant très - intéressante au point de vue du roulement des machines sur les voies ferrées, il n'y a nullement lieu d'en déconseiller l'emploi, et en pratique elle semble avoir donné, dans beaucoup de cas, de bons résultats.
[621.135]
(*Congrès International des Chemins de fer*, Milan, 1887.)

*** Les balanciers sont utiles, surtout sur les lignes accidentées ou sinueuses, pour éviter de grandes variations de répartition aux entrées de courbe et aux changements de profil. Sur les lignes peu accidentées, avec des voies bien soignées, l'expérience prouve que les locomotives sans balanciers peuvent circuler dans de très bonnes conditions.

Les ressorts de grande flexibilité ne paraissent avoir que des applications restreintes pour les locomotives. [621.135]
(*Congrès International des Chemins de fer*, Paris, 1900.)

Locomotives dans les courbes. 621.135.4

Le C. I. C. a examiné les moyens très divers employés sur les machines locomotives pour faciliter le passage en courbe. Il a reconnu que, suivant les cas, on avait employé avec succès : les jeux longitudinaux ou transversaux des essieux, réglés ou non, l'amincissement ou même la suppression des boudins des essieux intermédiaires, l'articulation des bielles d'accouplement, les attelages spéciaux, les grandes conicités pour les roues d'avant, etc.

Il attire l'attention sur l'emploi des tampons obliques, principalement pour les machines dont l'essieu d'avant possède de grands jeux.

Il signale les divers dispositifs permettant la convergence des essieux, tels que boîtes radiales, trains Bissel et surtout, pour les grandes vitesses, les bogies d'avant avec empattement notablement supérieur à l'écartement de la voie.

Il regarde, d'ailleurs, comme utile l'emploi des balanciers pour assurer le maintien de la répartition de la charge sur les roues.

Enfin, il considère les machines à un ou deux trains moteurs comme des solutions pouvant convenir dans des cas exceptionnels.   [621.135.4]

(*Congrès International des Chemins de fer*, Paris, 1889.)

Parcours moyens des locomotives.   621.137

Tout en ayant soin que les locomotives ne soient pas laissées sans les réparations nécessaires, il serait désirable qu'on trouvât le moyen de leur faire faire un parcours annuel moyen plus considérable, même en essayant d'avoir recours à deux personnels par machine.   [621.137]

(*Congrès International des Chemins de fer*, Bruxelles, 1885.)

Double traction.   621.137.2

L'emploi de la double traction en général, c'est-à-dire de deux machines en tête des trains sur une ligne quelconque, même pour les trains les plus rapides, lorsque, pour un motif quelconque, la remorque de ces trains ne peut être faite convenablement avec une seule machine, est d'un usage courant sur un grand nombre de réseaux.

Cette pratique ne semble présenter aucun danger pour la sécurité, mais à la condition formelle que chacune des deux machines employées puisse atteindre isolément sur les lignes considérées, sans aucun inconvénient, la vitesse maximum qui peut être atteinte effectivement par ces trains.

La mise en marche de trains de voyageurs de forte composition, remorqués par deux machines, présente des inconvénients, au point de vue de la bonne utilisation des machines, de la rapidité des arrêts, des chances de rupture d'attelages, de l'alimentation des machines et du service dans les gares.

De semblables trains sont plus exposés que d'autres à prendre des retards. En principe, il est préférable de dédoubler les trains quand on peut assurer efficacement la protection du premier train contre celui qui le suit à faible distance et quand les conditions de l'exploitation permettent de faire facilement ce dédoublement.

Quand il n'en est pas ainsi, on peut avoir utilement recours à la double traction.

Il y a aussi intérêt à admettre la double traction, pour éviter la circulation des machines isolées.

L'emploi d'une seconde machine comme renfort dans une section de ligne où la traction est notablement plus difficile que sur le reste de la ligne est d'un usage fréquent sur presque tous les réseaux et même régulier sur certains ; c'est un mode de traction normal et rationnel.

Le renfort par la queue peut être donné dans des cas spéciaux.

[621.137.2]
(*Congrès International des Chemins de fer*, Paris, 1900.)

Réparation des locomotives. 621.138.5

Une règle fixe ne saurait être absolument indiquée, ni un chiffre précisé pour la limite des réparations à entreprendre dans les dépôts. Cependant, la pratique a démontré que, en principe, les grandes réparations (notamment toutes les réparations de chaudronnerie) ainsi que les modifications et améliorations apportées aux locomotives, doivent être faites entièrement dans les ateliers principaux. Les dépôts secondaires de divers ordres doivent en général, et sauf des cas exceptionnels justifiés, se borner aux réparations dites d'entretien courant. [621.138.5]
(*Congrès International des Chemins de fer*, Milan, 1887.)

Traction électrique. 621.335

La traction électrique semble devoir être envisagée actuellement comme auxiliaire utile de la traction à vapeur, capable d'assurer certaines portions du trafic des chemins de fer avec avantage et économie.

Il est impossible, dans un exposé général, d'indiquer les exploitations qui peuvent se prêter à l'emploi de l'électricité. C'est essentiellement une question d'espèce, chaque cas particulier nécessitant une étude spéciale. Il faut, bien entendu, faire entrer en compte dans cette étude la dépense de l'équipement électrique, dont les principaux facteurs sont d'abord les conditions d'exploitation (fréquence, et poids des trains), puis les conditions d'établissement de la ligne (longueur, profil, tracé), et rapprocher les charges d'intérêt et d'amortissement correspondantes, de l'économie que procurerait la traction électrique par rapport à la traction à vapeur.

Il faut ainsi faire état, le cas échéant, des augmentations de recettes auxquelles l'amélioration du service pourra donner lieu et des facilités du service dans les gares résultant de l'emploi de la traction électrique.

Des renseignements fournis, il résulte qu'avec le troisième

rail tel qu'il est actuellement employé, la sécurité peut être assurée dans de bonnes conditions sans qu'il paraisse, en général, nécessaire de le recouvrir sur toute sa longueur. [621.335]
(*Congrès International des Chemins de fer*, Washington, 1905.)

*** L'établissement d'un service de voitures automobiles, avec transmission par conducteurs, analogue jusqu'à un certain point au service des tramways, ne présente plus de grandes difficultés techniques. Il n'en est pas de même, dans l'état actuel, pour la construction de puissantes locomotives, actionnées par stations centrales pour remorquer les grands trains. Il est donc fort intéressant de continuer les divers essais à cet égard. Il en est de même des essais entrepris par la Compagnie des chemins de fer de l'Ouest français, sur les locomotives à transmission électrique portant leur propre moteur qui présentent certains avantages spéciaux.

En ce qui concerne l'emploi des accumulateurs, tels qu'on les construit aujourd'hui, quelques administrations les ont employés dans des expériences, mais seulement pour éviter provisoirement l'établissement de conducteurs.

La C. I. C. constate, enfin, que dans certains cas spéciaux de transport à petite vitesse, la traction électrique est appliquée pratiquement avec succès sur les railways. [621.335]
(*Congrès International des Chemins de fer*, Londres, 1895.)

*** Le C. I. C. constate que les progrès réalisés dans la traction électrique permettent de l'introduire sur certaines lignes de chemins de fer placées dans des conditions spéciales, soit techniques, soit économiques. On ne peut d'ailleurs considérer le problème de cette application comme résolu pour répondre à toutes les nécessités de l'exploitation, surtout quand il s'agit de remorquer des trains lourds à grande vitesse sur de longs parcours. [621.335]
(*Congrès International des Chemins de fer*, Paris, 1900.)

*** 1. Au point de vue technique, l'application de la traction électrique a fait de grands progrès pendant ces dernières années, au point qu'il est reconnu aujourd'hui qu'elle peut donner une solution satisfaisante pour les grandes lignes des chemins de fer, en employant soit les locomotives (charges et vitesses élevées), soit les automotrices.

2. Divers systèmes sont en présence et leur application respective est une question d'espèce.

3. Le C. I. C. invite les réseaux qui feront l'application de la traction électrique sur leurs lignes, à se mettre d'accord

autant que possible entre eux pour que toutes mesures soient prises en vue de faciliter les échanges de matériel dans les gares communes. [621.335]
(*Congrès International des Chemins de fer*, Berne, 1910.)

Ponts métalliques. 624.014

1. Il est incontestable que l'acier doux (*flusseisen*), convenablement choisi d'un type voisin de celui que l'on a mis en œuvre dans une série de grands ponts récemment construits ou encore en construction, constitue un métal notablement supérieur au fer, au point de vue de la résistance ;

2. Il est non moins incontestable que l'emploi de l'acier doux se recommande et s'impose même dans l'établissement des ponts pour lesquels il y a intérêt à recourir à des ouvertures exceptionnelles ;

3. Il est incontestable encore que la métallurgie est aujourd'hui capable de produire, à des prix différant peu de ceux du fer de première qualité, les aciers doux qui conviennent le mieux à la construction des ponts.

4. L'emploi de l'acier exige des précautions spéciales au point de vue de la fabrication de la matière et de la construction proprement dite.

Des précautions spéciales se recommandent aussi lorsqu'il s'agit de ponts établis dans des climats exceptionnellement froids. [624.014]
(*Congrès International des Chemins de fer*, Milan, 1887.)

*** L'assemblée a constaté l'utilité qu'il y aurait à uniformiser les dénominations concernant les ponts métalliques et à établir une nomenclature précise en plusieurs langues.

En ce qui concerne la nature et la résistance des différents matériaux employés pour les ponts métalliques, l'assemblée a admis les principes suivants :

Le fer fondu (*Flusseisen*), qui doit être employé de préférence pour les ponts métalliques, doit posséder une résistance à la rupture d'environ 4,500 kilogrammes par centimètre carré, en donnant un allongement de plus de 22 p. c. et une limite d'élasticité d'environ 2,400 kilogrammes ; il doit être presque insensible aux effets de la trempe.

Dans ces conditions avec les calculs de résistance plus exacts dont on dispose actuellement, et pourvu que l'homogénéité soit comparable à celle que l'on obtient dans les premières usines, on peut faire varier le travail admissible de 900 à 1,200 kilogrammes, selon la portée. Pour un métal ayant une résistance entre 4,000 et 4,500 kilogrammes, donnant un allongement de plus de 24 à 22 p. c. et une limite d'élasticité d'au moins 2,000 kilogrammes, il convient de réduire la limite supérieure à un nombre compris entre 1,000 et 1,200 kilogrammes, toujours inférieur à la moitié de la limite d'élasticité.

La limite extrême de 1,000 à 1,200 kilogrammes pour le travail maximum peut, lorsqu'on tient compte des effets du vent, atteindre 1,125 à 1,350 kilogrammes dans les contrées où les ouragans sont rares ; là où ceux-ci sont fréquents, il est prudent de s'en tenir aux limites citées ou de ne les majorer que fort peu.

Pour les rivets en fer fondu très doux, ayant une résistance minima de 3,600 et 3,800 kilogrammes et un minimum d'allongement de 30 à 28 p. c., on peut admettre une limite de travail de 700 kilogrammes, portée à 1,000 kilogrammes dans le calcul des efforts fait en tenant compte de l'action du vent.

Pour la résistance des tôles et barres au cisaillement longitudinal, on peut admettre les mêmes coefficients. L'assemblée déconseille l'emploi de tôles de moins de 8 millimètres que ces calculs justifieraient.   [624.014]

(*Congrès International des Chemins de fer*, Paris, 1889.)

*** 1. Les quantités de fer employées ou à employer pour la construction des ponts métalliques de chemins de fer sont extrêmement variables, abstraction faite des conditions de portée et de hauteur imposées à l'ingénieur par les circonstances locales.

Pour des ponts de même portée, la quantité de métal par mètre de voie varie souvent du simple au double, suivant *les surcharges prescrites*, suivant *les limites de travail intérieur* assignées aux diverses pièces, suivant le système de construction adopté et surtout suivant l'ingénieur qui dresse les projets.

Les formules générales souvent proposées sur la base de considérations très logiques, pour estimer d'avance le poids d'un pont, ne sont applicables que pour des ponts concernant un pays ou une compagnie de chemin de fer. Il est préférable de faire le relevé des poids d'un grand nombre de ponts construits et de procéder par voie de comparaison, par approximations successives.

2. Les surcharges prescrites, quant au matériel roulant, ont une importance majeure pour les ponts de faible portée, où elles priment absolument sur les poids morts et les effets du vent. C'est l'inverse pour les ponts de grande portée, et lorsque celle-ci atteint 100 mètres, sûrement lorsqu'elle dépasse 120 mètres, ce sont les deux derniers effets qui jouent le rôle

le plus important dans les calculs de résistance, lesquels, pour des portées exceptionnelles, affectent une forme souvent inattendue.

Ainsi pour les grandes travées du pont sur le Forth, avec 521 mètres de portée, les illustres ingénieurs sir John Fowler et Benjamin Baker, qui en ont dressé les projets, relatent que la surcharge fournie par deux trains lourds n'excède pas 5. p. c. du poids mort (1).

3. On doit recommander de faire, sinon pour chaque pays, du moins pour chaque grand réseau de chemins de fer, une étude sérieuse des effets de surcharge provoqués par le matériel roulant en circulation, pour en déduire les prescriptions de surcharge concernant les ponts métalliques à construire ou déjà construits.

On doit émettre ces prescriptions, soit sous la forme de trains-types de surcharge, soit sous la forme d'échelles de charges uniformément réparties par mètre de voie concernant les moments de flexion et les efforts tranchants.

Dans le premier système, il est recommandable de considérer toujours au moins deux trains-types représentant les deux extrêmes du trafic. On admettra naturellement les plus grands effets de surcharge résultant de l'un ou de l'autre de ces trains supposés placés dans les positions les plus défavorables.

Le deuxième système est actuellement celui auquel les ingénieurs auront souvent recours pour effectuer les calculs courants concernant les ponts à travées libres, même si les charges mobiles ont été prescrites sous forme de trains-type. Des progrès importants ont été réalisés dans ce genre de calculs, surtout en y introduisant le principe des longueurs surchargées servant d'entrées aux échelles de surcharge et en étendant l'usage de celles-ci aux calculs des poutres transversales et des longerons. Toutefois, l'emploi des échelles de surcharge peut être remplacé avec avantage dans beaucoup de cas par des procédés graphiques.

4. Le C. I. C. constate que depuis une dizaine d'années, le poids des locomotives, tenders et wagons, a notablement augmenté dans presque toute l'Europe et surtout aux Etats-Unis d'Amérique. La rapporteur a soumis au Congrès un projet complet de surcharges qui suffiraient pour tenir compte actuellement des trains les plus lourds circulant sur les grandes lignes les plus fatiguées, tant en Europe qu'aux Etats-Unis d'Amé-

---

(1) Les deux premiers paragraphes avaient été adoptés en 1895 à Londres.

rique. Il distingue trois groupes de lignes suivant qu'il s'agit
« des trains extra-lourds d'Amérique », « des trains extra-lourds
d'Europe », ou bien seulement « des trains lourds » en général,
et présente, pour les trois cas, les prescriptions de surcharge,
soit sous la forme de trains-types, soit sous celles d'échelles
de charges uniformes équivalentes. En comparant ces échelles
aux prescriptions publiées dernièrement dans divers pays, on
reconnaît qu'elles ne paraissent pas exagérées et que même pour
« les trains extra-lourds » elles ont déjà été dépassées dans des
cas spéciaux. Il paraît désirable que sur les grandes lignes
internationales la voie et les ponts aient une résistance suffisante
pour « les trains lourds », en y supposant des charges d'essieu
d'au moins 16 tonnes.

5. Le C. I. C. constate que l'emploi du fer fondu (acier doux)
pour les ponts métalliques se répand de plus en plus, tandis
que l'emploi du fer soudé (fer puddlé) devient plus rare. On
est généralement d'accord maintenant quant aux qualités de
dureté du fer fondu à préconiser pour les ponts métalliques ;
celui-ci doit avoir environ 25 p. c. d'allongement pour une
limite de rupture d'au moins 40 kilogrammes par millimètre
carré (ou ce qui revient au même, répondre au coefficient de
qualité 10). Toutefois, pour des ponts de portée exceptionnelle,
on recherchera un métal plus dur, quitte à surveiller de plus
près la fabrication, les fournitures et le montage.

Dans le premier cas, qui est celui des ouvrages courants,
on pourra, comme pour le fer soudé, admettre des limites de
travail de 6 à 9 kilogrammes par millimètre carré pour le métal,
déduction faite des trous de rivets, tandis que pour des maîtresses
poutres exceptionnellement grandes on pourra élever ces limites
de 8 à 12 kilogrammes par millimètre carré, avec 1/8 environ
en plus pour les effets du vent. Il est recommandable, dans tous
les cas, que le travail admis ne dépasse jamais la moitié de la
limite d'élasticité du métal qu'on emploie ; dans le cas d'efforts
alternés, il convient même de réduire encore quelque peu cette
limite.

6. Quant à l'action du vent sur les ponts, on est d'accord
presque partout pour se rallier aux coefficients fixés par les
ingénieurs en Angleterre vers 1881. Toutefois, les ingénieurs
du continent dans les deux mondes ont adouci quelque peu
ces règles en admettant que la pression de 170 kilogrammes par
mètre carré suffit en tant que les trains sont encore en circulation, tandis que par un vent de 270 kilogrammes par mètre
carré le service est forcément interrompu.

7. Pour des ponts convenablement construits, conformément
aux conditions citées plus haut, il semble résulter du travail

de recensement du rapporteur, concernant les poids de plus d'un millier de constructions citées par les administrations, que les quantités de métal à investir dans les ponts seraient environ les suivantes :

PORTÉES.	POIDS PAR MÈTRE DE VOIE		
	minimum.	moyen.	maximum.
	Tonnes.	Tonnes.	Tonnes.
10 mètres	0.6	1.0	1.4
50 —	1.7	2.6	3.5
100 —	3.0	4.3	5.6
200 —	5.6	7.3	9.0
300 —	8.2	10.3	12.4
400 —	10.8	13.3	15.8
500 —	13.4	16.3	19.2

Toutefois, les poids indiqués ne peuvent être considérés comme justifiés par la pratique actuelle que jusqu'à des portées de 200 mètres environ, faute d'un nombre suffisant d'exemples de ponts ayant des portées plus grandes.

8. Enfin, le C. I. C. estime qu'il serait utile d'étudier, dans chaque pays, si les charges croissantes imposées aux services de la voie et de l'infrastructure, par les véhicules de plus en plus lourds mis en circulation par le service de la traction sont bien justifiées par les bénéfices qui en résultent.

Cette étude concerne surtout la voie et les ponts métalliques de portée moyenne dont la reconstruction en cours d'exploitation occasionne des dérangements et des frais considérables. Pour les ponts métalliques de faible portée, les remplacements s'effectuent facilement par lancement latéral entre le passage de deux trains. Pour les travées métalliques de très grande portée, les reconstructions ou remplacements ne s'effectuent presque jamais (Conway, Britannia, Saltash), vu le rôle peu important qu'y jouent les charges mobiles. Mais pour tous les ouvrages compris entre ces extrêmes ainsi que pour la voie, l'étude dont il s'agit conserve une grande importance.

9. Les surcharges d'épreuves usitées dans presque tous les pays pour les ponts métalliques de chemins de fer sont indispensables pour les ouvrages d'au moins 10 mètres de portée ; elles constituent une garantie de sécurité que l'on doit au public des voyageurs et au personnel de service.

Toutefois, les résultats favorables fournis par ces épreuves ne constituent qu'une indication pour les ingénieurs ; ils ne dispensent en aucune façon du service détaillé de surveillance et d'entretien concernant toutes les parties composantes de chaque construction.

Il est recommandable dans tous les cas douteux d'examiner le travail du métal au moyen de mesures directes appliquées aux pièces elles-mêmes. [624.014]

(*Congrès International des Chemins de fer*, Paris, 1900.)

Ponts de chemins de fer.   624.022.2

1. Les travaux de renforcement ou de remplacement des ponts d'un réseau, en vue de l'augmentation des vitesses et des charges roulantes, occasionnent toujours des dépenses et des délais d'exécution considérables ; il convient donc de ne modifier que le moins souvent possible les prescriptions à observer.

2. Dans l'intervalle, il y a lieu de veiller à ce que le travail du métal ne dépasse pas des limites admissibles ; il faut donc maintenir les effets des charges roulantes dans les limites correspondantes. Sur ce point, un accord préalable des services intéressés est indispensable.

3. Chaque fois que l'on émet des prescriptions plus sévères pour les ponts à construire, il faut également songer aux renforcements ou remplacements sur les lignes déjà existantes ; autrement on arriverait à consacrer aux lignes nouvelles, généralement moins fatiguées, un excès de capital, tandis que sur le réseau ancien, qui est plus fatigué, on ne pourrait faire circuler les trains plus lourds et plus rapides que l'on veut admettre dans l'exploitation.

4. La question de savoir s'il y a lieu de procéder à un renforcement ou à un remplacement d'un pont, est une question d'espèce à décider dans chaque cas particulier.

Cette question est très importante, surtout pour les ouvrages de portée moyenne. En effet, dans le cas de très petites portées, les travaux peu coûteux s'exécutent avec grande facilité. Dans le cas de très grandes portées, la nécessité de renforcements ou de remplacements se fait plus rarement sentir. D'ailleurs, pour les ouvrages bien faits, on admet une certaine tolérance au delà des limites d'efforts qui étaient prévues lors de la construction.

Si les calculs de résistance usuels accusent en certaines pièces des efforts supérieurs aux limites réglementaires, il ne s'ensuit pas nécessairement que les efforts réels atteignent une limite dangereuse.

Avant de prendre une décision, il est d'ailleurs souvent avantageux de mesurer directement les efforts réels.

Il convient aussi de tenir compte des résultats de l'examen détaillé de l'ouvrage.

5. En général, dans des conditions moyennes, on peut admettre que la tonne de métal employée en renforcement coûte au moins le double de ce qu'elle coûterait en cas de remplacement, si on tient compte des frais accessoires.

Il y a lieu de prendre en considération ces frais, ainsi que la gêne causée à l'exploitation, pour choisir entre le remplacement et le renforcement.

Un renforcement exécuté dans de bonnes conditions techniques peut être considéré comme une solution satisfaisante au point de vue de la sécurité.

6. Il convient généralement de prendre, pour base des projets de renforcement, les prescriptions de surcharges en vigueur pour les ponts nouveaux.

7. Il n'y a pas d'inconvénient à employer l'acier doux pour les renforcements des ponts en fer. [624.022.2]

(*Congrès International des Chemins de fer*, Berne, 1910.)

Emploi de l'électricité. 625.1 : 621.33

Des progrès considérables ont été réalisés dans l'emploi de l'électricité appliquée aux chemins de fer ; il est probable que des progrès nouveaux se produiront qui augmenteront notablement la sécurité, et cela est en même temps désirable.

Quant à la question de savoir si l'on doit préférer les appareils électriques aux appareils mécaniques et réciproquement, c'est une question d'espèce, de distance, de climat, de nature d'appareil, etc., que l'on ne peut résoudre que par une étude comparative des deux solutions en présence. [625.1 : 621.33]

(*Congrès International des Chemins de fer*, Bruxelles, 1885.)

Béton armé. 625.1 : 666.982

1° Le béton armé a reçu, dans les chemins de fer, des applications multiples et importantes, au double point de vue technique et économique ; il peut parfaitement soutenir avec succès la concurrence avec la maçonnerie et les constructions en bois ou en fer ;

2° Les épreuves des constructions en béton armé, les recherches théoriques auxquelles la question a été soumise et les indications de la pratique permettent de conclure que les constructions de l'espèce ne doivent inspirer aucune appréhension et que leur application est recommandée aux administrations de chemins de fer ;

3º La pratique des chemins de fer démontre que les constructions en béton armé, soigneusement établies, font un excellent service et ne demandent presque pas d'entretien. Pour ces raisons, l'emploi du béton armé doit être recommandé, même lorsque, par exception, la dépense de premier établissement est plus élevée que pour un autre système de construction ;

4º Les constructions en béton armé sont surtout d'un grand secours dans les pays où les matériaux de grande dimension, pierre ou fer, sont difficiles à se procurer ;

5º Le béton armé permet d'exécuter des travaux rapidement, au moyen de matériaux de vente courante, en évitant ainsi la nécessité, onéreuse en pratique, de recourir à des commandes spéciales aux usines.　　　　　　　[625.1 : 666.982]

(*Congrès International des Chemins de fer*, Washington, 1905.)

Courbes ferroviaires. 625.113

Le C. I. C. constate l'intérêt qu'il y aurait à poursuivre des expériences sur les différents réseaux, pour déterminer les résistances opposées par les courbes de divers rayons au passage des machines et véhicules de toute nature, et pour expliquer les résultats donnés jusqu'à ce jour par la pratique des différentes exploitations. Il adopte en outre les résolutions ci-après :

1º A la condition de limiter convenablement la vitesse, on peut admettre sur des points particuliers, en raison de circonstances exceptionnelles, sur des lignes à voie normale placées en dehors des grandes circulations, des courbes de faible rayon pouvant descendre jusqu'à 150 mètres et même, à la rigueur, au-dessous, le matériel ordinaire actuel de la voie normale pouvant généralement passer dans de semblables courbes à vitesse réduite ;

2º D'après les expériences dont il a été rendu compte, le surcroît de résistance dû aux courbes pourrait être évalué en paliers à 4 kilogrammes par tonne pour les courbes de 200 m. de rayon, et à 6 kilogrammes par tonne pour les courbes de 150 m. de rayon, ces chiffres n'étant que des indications et, étant entendu que le surcroît de résistance peut varier dans des limites très étendues d'après les résultats mêmes des expériences ;

3º Les chiffres précédents sont intéressants à relater au point de vue de l'étude de projets de lignes ; mais on ne doit pas perdre de vue que les courbes de faible rayon imposent une augmentation des dépenses d'exploitation, non-seulement par suite du surcroît de résistance, mais en raison de l'usure du matériel et de la voie qui en résulte. Enfin, il convient de tenir compte des chances de déformation de la voie qu'entraîne le surcroît de résistance ;

4° Si, par diverses considérations, on est conduit à réduire les rayons de certaines courbes, il faut tenir compte des rectifications ultérieures qui pourraient s'imposer.

Il convient autant que possible de modifier les courbes de faible rayon des lignes principales, de manière à permettre d'y réaliser de grandes vitesses, plutôt que d'émettre des règles strictes pour réduire les vitesses au passage des courbes de faible rayon. [625.113]

(*Congrès International des Chemins de fer*, St-Pétersbourg, 1892.)

*** Le surhaussement, tout indispensable qu'il est, ne doit pas être exagéré, comme cela a été constaté quelquefois ; le surécartement, très variable suivant les lignes, peut être réduit et même supprimé sur les voies présentant, en alignement droit, un grand jeu entre le rail et le boudin ; il est de la plus haute importance de renforcer les voies dans les courbes, de cintrer les rails, surtout lorsqu'ils sont de très grande longueur, et d'établir des raccordements paraboliques, enfin de prendre toutes mesures pour éviter, aussi bien en profil qu'en plan, les changements brusques de direction et de courbure ; le tout ayant pour but d'assurer la stabilité du matériel en maintenant une répartition convenable de la charge sur les roues dans les courbes et surtout vers leurs extrémités. [625.113]

(*Congrès International des Chemins de fer*, Paris, 1889.)

Tunnels. 625.13

Il est très utile de se préoccuper, dans l'étude de l'établissement des grands tunnels, et même de certains tunnels placés sur des lignes très fréquentées, comme les lignes métropolitaines, de la question très importante de la ventilation naturelle et artificielle, et cela en raison de la grande difficulté de faire après coup les installations nécessaires à cette ventilation.

Dans l'étude du tracé des lignes, il sera toujours très important de s'appliquer à n'avoir que de très faibles rampes dans les tunnels ; il est nécessaire aussi de prendre tous les moyens pour éviter ou réduire le plus possible le dégagement nuisible de la fumée, des gaz de la combustion et de la vapeur dans les tunnels, même en ayant recours, dans certains cas spéciaux, à des procédés de traction autres que les locomotives ordinaires.

En même temps on ne peut, qu'encourager la recherche et le perfectionnement d'appareils permettant efficacement au personnel de franchir sans inconvénient le tunnel et d'y séjourner pour le service. [625.13]

(*Congrès International des Chemins de fer*, Paris, 1889.)

*** A. *Longs tunnels sous les montagnes.* — 1. Il est recommandable de construire à double voie les longs tunnels sous les montagnes, notamment à partir d'une longueur supérieure à 5 kilomètres.

L'attaque par galerie de base est préférable.

L'emploi de la taille au faîte, au lieu de la galerie de calotte indépendante, paraît recommandable ; cependant les essais devraient être continués.

Dans les parties à fortes pressions, le profil du tunnel devra se rapprocher le plus possible du cercle.

L'injection de ciment pour l'assèchement de la section du tunnel a été employée avec beaucoup de succès, mais il serait désirable de rechercher un procédé plus économique.

2. L'emploi de la perforation mécanique doit être conseillé pour tous les chantiers d'un tunnel, en tant que les circonstances s'y prêtent.

3. Dans la construction des tunnels, la traction mécanique doit être la règle ; cependant on excluera absolument les locomotives à vapeur des chantiers de l'avancement.

4. Le marinage mécanique à l'avancement n'a pas donné, jusqu'à présent, des résultats concluants ; il serait désirable que l'on fît de nouveaux essais.

5. Il faut assurer une bonne ventilation des chantiers. Dans les longs tunnels, l'introduction d'un volume d'air de 3 à 6 mètres cubes par seconde est désirable. Les conduites d'air auront le plus grand diamètre possible, ceci afin d'économiser la force motrice.

Dans les très longs tunnels pouvant présenter une température élevée de la roche, l'adjonction d'une galerie inférieure pour la ventilation paraît constituer un procédé de construction satisfaisant.

6. Il est désirable d'assurer une bonne ventilation artificielle dans les tunnels en exploitation où la ventilation ne s'effectue pas naturellement. La ventilation augmente la sécurité de l'exploitation et contribue, dans une large mesure, à une meilleure conservation de la superstructure du tunnel.

B. *Tunnels sous les agglomérations.* — 1. Il est désirable que l'étude de l'exécution, de l'entretien et de l'installation de tunnels sous les agglomérations urbaines fasse l'objet d'une question à la prochaine session du Congrès ; il serait notamment intéressant d'examiner l'opportunité de l'emploi du béton armé dans le revêtement et d'étudier les meilleurs moyens d'assurer l'aération, soit en multipliant les orifices, soit en installant des ventilateurs.

2. Le type avec tablier métallique ne doit être adopté que lors-

qu'il y a un intérêt majeur à diminuer la profondeur du rail ; partout ailleurs le souterrain voûté paraît préférable.

3. Dans toutes les rues à circulation intense, il faut éviter toute perturbation de la circulation en limitant au strict minimum l'emprise sur la voie publique et en effectuant, autant que possible souterrainement, l'évacuation des déblais et l'approvisionnement des matériaux.

C. *Tunnels sous-marins.* — La possibilité d'exécuter un tunnel sous la Manche paraît bien établie au point de vue géologique et technique, et les avantages économiques de ce tunnel sont incontestables. [625.13]

(*Congrès International des Chemins de fer*, Berne, 1910.)

Voies de chemins de fer. 625.14

1º Le C. I. C. constate une tendance générale à diminuer les dévers et même à les supprimer complètement dans des points où la vitesse est forcément très réduite, tels que les voies des gares terminus et des ports ;

2º *a*) Pour toutes les courbes de rayon égal ou supérieur à 500 mètres, le jeu de la voie en courbe peut rester le même qu'en alignement droit, et cela même pour les lignes dont le jeu de la voie en alignement n'est que du minimum pratiqué de 10 millimètres.

b) Pour les courbes de rayon inférieur à 500 mètres, une augmentation du jeu de la voie paraît être utile. Cette augmentation doit être d'autant plus faible que le jeu en alignement droit est plus grand ; elle dépend, en outre, de la forme du profil du boudin ;

3º Pour les courbes d'un rayon supérieur à 200 mètres, avec les longueurs de rails actuellement en usage, *le cintrage* préalable de rails ne paraît pas indispensable, mais il est à recommander pour les courbes d'un rayon inférieur à 200 mètres.

Au point de vue de l'établissement de la voie pour les courbes raides, il importe plus qu'ailleurs d'avoir du ballast de bonne qualité et une plate-forme bien assainie, pour s'opposer efficacement au déplacement transversal. Enfin, il est utile de prendre certaines précautions pour éviter le renversement des rails ;

4º Le *raccordement* parabolique avec les quelques modifications de détail proposées pour son application aux voies en exploitation est, au point de vue théorique, une solution élégante et très rigoureuse.

Il est en général recommandable d'éviter les changements brusques de courbure en faisant usage de raccordements paraboliques. Il est désirable que la solution adoptée soit d'un emploi simple et puisse uniformément s'appliquer à tous les chemins

de fer, quelles que soient la largeur de la voie et les conditions
du tracé.

L'échelle des six constantes en progression géométrique
proposées, à savoir : 24.000, 12.000, 6.000, 3.000, 1.500, 750,
satisfait à ces conditions et paraît répondre à tous les besoins
de la pratique ;

5° Le *surécartement* de la voie est obtenu en modifiant le
tracé de la file intérieure des rails. Il est racheté sur la courbe
de raccordement spécial. Quand cette dernière n'existe pas,
il ne paraît y avoir aucun inconvénient à placer le raccordement progressif sur la courbe même.   [625.14]
(*Congrès International des Chemins de fer*, St-Pétersbourg, 1892.)

Etablissement des voies.   625.14

1° Assainir le plus complètement possible la plate-forme du
chemin de fer, c'est-à-dire assurer l'écoulement facile des eaux
souterraines et des eaux de superficie ;

2° Employer un ballast de très bonne qualité, c'est-à-dire
à la fois perméable et non roulant ;

3° Constituer la voie d'une manière d'autant plus robuste
qu'elle est appelée à recevoir des trains plus rapides et plus
lourds ; réduire la pression par centimètre carré sur le ballast
et sur le sous-sol, en donnant aux traverses ou autres supports
une surface d'appui suffisante ;

4° Employer des traverses en bois de bonne qualité ; la majorité est d'avis que, pour les voies Vignole, il y a avantage à
intercaler entre le rail et la traverse des platines métalliques ;

5° Adopter des attaches solides et munies de dispositifs
empêchant le desserrage des boulons par suite des vibrations
qui se produisent au passage des trains.   [625.14]
(*Congrès International des Chemins de fer*, Milan, 1887.)

*** *Rails.* — Les administrations de chemins de fer ont une
tendance à augmenter le poids des rails et la longueur des
barres (1).

Attaches. — Le nombre des attaches du rail sur la traverse
est porté à trois ou quatre (1).

Eclisses. — Les éclisses sont renforcées et allongées ; on leur
donne la forme de cornières pour augmenter leur résistance.

Avec le rail à patin, l'éclisse allongée repose sur les traverses
voisines du joint (1).

---

(1) Ces conclusions ne s'appliquent qu'aux voies sur traverses.

Traverses. — Les Administrations de chemins de fer tendent à rapprocher les traverses dans la limite compatible avec les nécessités de l'entretien ; l'écartement des traverses de joint est notablement inférieur à celui des traverses intermédiaires (1).

Ballast. — La perméabilité des ballasts est recherchée plus que la qualité, et le remplacement du vieux ballast est poursuivi dans l'entretien de la voie avec le même soin que le remplacement des traverses.

Sous-sol. — Les plates-formes des tranchées sont assainies au moyen de fossés ou de drainages, et la couche de ballast augmentée sous la traverse.   [625.14]

(*Congrès International des Chemins de fer*, Paris, 1889.)

*** 1. La plate-forme des voies parcourues par des trains de grande vitesse devait être parfaitement établie, absolument assainie.

2. Il faut employer sur de telles lignes du ballast bien perméable. Après discussion, on a réduit de 40 à 20 centimètres, comptés au-dessous de la traverse, l'épaisseur minimum du ballast (on a pensé que pour le moment il suffisait de considérer des voies sur traverses en bois).

3. On a estimé que les traverses en bois à employer sur des voies parcourues par des trains de grande vitesse devaient avoir une longueur minimum de 2^{m}50 et une largeur minimum d'assise de 24 centimètres, se tenant ainsi un peu au-dessous des chiffres proposés par le rapporteur et qui étaient de 2^{m}70 et 26 centimètres ; de plus, le profil de la traverse doit permettre une bonne fixation des rails.

L'avis ayant été exprimé qu'il serait très désirable que l'on adoptât des traverses d'un type uniforme, des traverses équarries comme on le fait en Angleterre, la majorité des membres du C. I. C. a pensé qu'avec les bois employés sur le continent européen, cette disposition n'était pas admissible, qu'elle serait beaucoup trop onéreuse.

4. En ce qui concerne les rails, on a constaté que, sous réserve de la disposition des autres éléments de la voie et de la constitution du matériel roulant, il y a une tendance générale, soit pour améliorer dès à présent la stabilité des voies, soit pour parer au développement ultérieur de l'exploitation, à augmenter le poids des rails sur les lignes parcourues par des trains d'une vitesse de plus de 80 kilomètres et à porter ce poids aux environs de 40 kilogrammes.

---

(1) Ces conclusions ne s'appliquent qu'aux voies sur traverses.

On a désiré qu'on précisât davantage, considérant qu'on peut se contenter d'un rail de 35 kilogrammes par mètre courant si la vitesse ne dépasse pas 90 kilomètres par heure et si le poids d'un essieu ne dépasse pas 14 tonnes. D'autre part, on aurait constaté ce fait que, dans ces conditions, on pourrait marcher sans danger même avec des rails de 30 kilogrammes par mètre courant en avouant en même temps qu'une telle voie ne serait pas économique au point de vue de l'entretien.

On a pensé qu'on ne pouvait traiter incidemment une question aussi importante que celle de la composition de l'acier à employer pour la confection des rails, acier doux ou acier dur, cette question intéressant d'ailleurs également les services de la traction, car il s'agit, en fin de compte, de savoir s'il vaut mieux user les rails que les bandages ou inversement.

5. La question de l'écartement des traverses et spécialement des traverses de joints a fait l'objet d'une assez longue discussion. Ne voulant pas prendre parti entre la voie à double coussinet et la voie Vignoles qui, au point de vue de l'écartement à donner aux traverses, spécialement aux traverses de joints, présentent des conditions différentes, on a adopté la formule générale suivante : le rapprochement des traverses de joints est un des moyens ordinairement employés pour le renforcement de la voie.

On a fait observer d'ailleurs que, suivant les ressources locales, il pouvait être plus économique de chercher à renforcer la voie par l'augmentation du poids du rail que par le rapprochement des traverses ; il n'y a donc rien d'absolu.

6. Dans la fixation des rails sur les traverses, il faut considérer les deux systèmes absolument différents de la voie à double champignon et de la voie Vignoles.

Avec l'augmentation de la vitesse des trains, l'attaque au moyen de fixation augmente dans une forte proportion ; il faut donc attacher une attention spéciale à ces moyens de fixation sur les voies de grands express.

Le meilleur mode d'attache est la fixation des rails dans un coussinet robuste.

Il est logique de développer la fixation des rails Vignoles dans un sens qui la rapprocherait de la fixation par coussinet, soit par l'emploi de plaques de serrage, soit par l'augmentation du nombre des tire-fond.

7. On n'est pas encore arrivé à une construction du joint qui réponde aux exigences sous tous les rapports.

L'expérience a toutefois démontré qu'avec l'augmentation de la rigidité de la voie et avec l'amélioration des modes de

fixation, on combat en même temps les effets destructeurs qui se produisent aux joints. [625.14]
(*Congrès International des Chemins de fer*, Londres, 1895.)

*** On a exécuté, dans ces dernières années, sur les lignes principales, des travaux de renforcement de voies. Ceux ci ont été nécessités aussi bien par des considérations économiques provenant de l'augmentation du trafic et de la charge des essieux que par la vitesse des trains et des raisons de sécurité.

La voie courante sur traverses, actuellement en usage pour les lignes à trains rapides, pourra être rendue et maintenue suffisamment résistante pour des charges de roues et des vitesses plus élevées que celles généralement employées actuellement, grâce à l'emploi d'un ballast de bonne qualité, d'une épaisseur suffisante, reposant sur une plate-forme consolidée s'il y a lieu, et de rails assez lourds, en acier dur, tenace et homogène ; — ces rails étant fixés sur des traverses rigides, d'un espacement convenablement réduit, et munis de robustes éclisses. On veillera à ce que ces voies ne soient parcourues que par des locomotives et des voitures construites de' façon que les actions dynamiques qu'elles transmettent à la voie soient aussi réduites que possible.

Toutefois, il sera utile de s'assurer si ces voies se prêtent à des vitesses supérieures à celles qui sont atteintes jusqu'ici, en procédant à des essais sur les actions dynamiques des locomotives et véhicules et sur les efforts transversaux subis par la voie se produisant à ces vitesses.

De même il faudra examiner de plus près la question de savoir de quelle manière on devrait majorer, le cas échéant, dans les courbes, la résistance de la voie des alignements. [625.14]
(*Congrès International des Chemins de fer*, Berne, 1910.)

Résistance des voies.   625.14

Il semble désirable que la voie et les ponts sur les grandes lignes internationales soient assez résistants pour permettre le passage d'un couple de véhicules ayant chacun quatre essieux de 14 tonnes à 1 m. 20 d'écartement. [625.14]
(*Congrès International des Chemins de fer*, St-Pétersbourg, 1892.)

Ballast.   625.141

1. La voie proprement dite, dans les grandes lignes surtout, eu égard aux conditions actuelles de vitesse et d'intensité de la circulation, doit reposer sur un support d'une élasticité déterminée et sensiblement uniforme. Or, comme, sauf quelques

différences dans le nombre des traverses ou des attaches, le matériel reste le même en tous points, tandis que la consistance de la plate-forme présente une grande variabilité, c'est le ballast qui constitue le véritable *régulateur de l'élasticité* de la voie et qui l'amène et la maintient au taux convenable.

2. Il convient, en général, de ne mettre *sur les traverses* que *peu ou point de ballast* et de se contenter de garnir leurs extrémités. Mais, lorsque le tracé est défavorable, le renforcement du profil permet d'accroître la stabilité de la voie. Enfin, on peut réaliser un nouveau surcroît de stabilité par l'emploi de divers procédés accessoires.

3. La question du *désherbage* est controversée. Dans les pays où la végétation est active, comme il est très coûteux de tenir la voie complètement purgée d'herbes, il convient de faucher seulement les herbes une ou deux fois par an et de ne les arracher que lorsqu'on travaille la voie ; lorsque l'entretien a lieu par revisions périodiques, l'arrachage des herbes accompagne naturellement la revision.

4. La détermination du meilleur *profil en travers* doit être un des principaux résultats d'une étude sur le ballast. Il ne peut pas exister de profil-type unique ni même un nombre restreint de profils-types.

Quelques règles générales peuvent cependant être formulées utilement :

a) Ainsi, dans une ligne de tracé facile, sur plate-forme rocheuse, on mettra 25 à 30 centimètres de ballast sous les traverses.

b) La plate-forme sera toujours disposée pour bien assurer l'écoulement des eaux.

5. Le plus souvent on n'a pas le *choix entre divers ballasts*, surtout pour les lignes neuves ; mais il arrive aussi fréquemment que l'on peut choisir entre des matériaux de qualité inégale et de prix différent.

La pierre cassée dure et non gélive, le laitier concassé de haut-fourneau et le gravier anguleux sont les meilleurs ballasts pour les grandes lignes. Sur les lignes secondaires bien tracées, les matériaux fins seront, au contraire, avantageux, parce qu'ils sont d'un emploi plus commode. Les scories forment aussi un excellent ballast. Les escarbilles seront réservées, autant que possible, pour les voies de garage ou les embranchements industriels. Le gravier extrait à sec ou dans l'eau des carrières ou des rivières sera employé tout venant ou bien criblé partiellement ou intégralement, suivant les circonstances.

[625.141]

(*Congrès International des Chemins de fer*, Paris, 1900.)

Traverses. 625.142.1

Les voies sur traverses métalliques considérées au point de vue *technique* peuvent soutenir la concurrence des voies sur traverses en bois, aussi bien sur les lignes les plus fatiguées que sur celles qui le sont moins. Au point de vue financier, cette concurrence est encore possible, mais il y a lieu, dans chaque cas particulier, de faire une comparaison entre les deux types de voie, en tenant compte du prix des matériaux, du coût de la main-d'œuvre d'entretien et de la durée probable de ces matériaux. Le résultat de la comparaison montrera à quel type de voie il faut se rallier. [625.142.1]

(*Congrès International des Chemins de fer*, Bruxelles, 1885.)

Traverses en bois. 625.142.2

1° On ne peut que recommander d'une façon générale la mesure consistant à injecter les traverses pour en augmenter la durée. Le choix du produit antiseptique et la manière de conduire l'opération d'injection dépendent des circonstances et ne peuvent comporter que des solutions d'espèce ;

2° Il semble que la créosote est le meilleur préservatif pour traverses ; on l'a employée plus longtemps que n'importe quel autre produit antiseptique, et les résultats ont prouvé qu'en service, dans les voies principales, la durée d'une traverse créosotée est beaucoup plus longue que celle d'une traverse non injectée ;

3° Il est possible d'employer des bois durs et des bois tendres. Le choix dépend des conditions locales ;

4° Il y a lieu de multiplier toutes les sévérités raisonnables et d'être rigoureux dans la réception des bois. Les chantiers de préparation des traverses doivent être propres et affranchis des débris de pourriture ; les traverses, après leur débitage, doivent être disposées en grille, à 6 pouces (152 millimètres) au moins au-dessus du sol, pour favoriser la circulation de l'air et de la lumière ;

5° La fait de découvrir le plancher des traverses ne paraît pas diminuer la durée des bois, même tendres et non injectés. En procédant ainsi, on se réserve la possibilité d'apercevoir sans retard toutes les défectuosités, et d'y porter, s'il y a lieu, un remède immédiat. Dans certains cas particuliers, et spécialement dans les pays chauds, la couverture du plancher avec du ballast peut être utile ;

6° Il importe de combiner la sévérité dans le choix des bois avec la sévérité dans le choix du ballast, qui doit être perméable, favoriser le bourrage ainsi que son maintien et développer l'adhérence de la traverse sur son lit. A cet égard, les mesures qui assurent le mieux la conservation des bois, sauve-gardent aussi le plus complètement la stabilité des voies ;

7° Pour préserver le ballast de toute contamination, ce qui assure aussi la conservation des traverses, on ne saurait trop recommander de drainer les plates-formes d'infrastructure et d'assurer en toute circonstance le parfait écoulement des eaux ;

8° Pour éviter l'usure mécanique des traverses, il est de la plus haute importance d'attacher le rail à la traverse, de manière à éliminer autant que possible tous mouvements verticaux, latéraux et longitudinaux de l'un par rapport à l'autre. Le crampon, presque exclusivement en usage aux Etats-Unis, ne fournit pas la solidité d'attache voulue ; l'emploi de tire-fonds semble être nécessaire pour arriver à des résultats satisfaisants ;

9° Ce n'est qu'en suivant attentivement les situations indi-quant le nombre de traverses injectées. la manière dont elles ont été traitées, le lieu et la date de leur pose et la date de leur renouvellement, que l'on pourra déterminer si un traitement particulier quelconque donne satisfaction et si les résultats pécuniaires répondent aux prévisions. Il serait certainement utile que tout chemin de fer employant des traverses injectées, les munit d'une marque, de préférence à l'aide de clous à date, et organisât, le plus tôt possible, un système régulier de statis-tiques.   [625.142.2]

(*Congrès International des Chemins de fer*, Washington, 1905.)

Traverses métalliques.   625.142.3

1° Pour les lignes principales à grande circulation ou très fati-guées, ainsi que pour les lignes stratégiques, il y a lieu d'admettre une traverse métallique plus fortement constituée que celle à employer sur les voies secondaires ou peu fatiguées, — à moins, toutefois, que ces dernières ne soient destinées à devenir voies principales dans un avenir peu éloigné. Pour de pareilles lignes, qui ne sont secondaires que provisoirement, il conviendra, en attendant leur transformation en voies principales, de dimi-nuer convenablement la résistance de la voie en augmentant, dans une certaine mesure, l'écartement des traverses ;

2° Pour les lignes secondaires ou peu fatiguées ne devant jamais devenir lignes principales, il convient d'employer des traverses métalliques moins fortement constituées et moins coûteuses que celles à mettre en œuvre dans les voies principales à grande circulation ou très fatiguées, ou dans les lignes stratégiques.

En ce qui concerne la forme et les dimensions les plus favo-rables à adopter pour la traverse métallique, le C. I. C. émet l'avis que les résultats des expériences entreprises jusqu'à

ce jour ne sont pas suffisamment concluants pour préconiser un type, à l'exclusion de tous les autres.   [625.142.3]
(*Congrès International des Chemins de fer*, Bruxelles, 1885.)

Rails.   625.143

1º C'est la plate-forme de la voie qui doit supporter les effets des charges en mouvement tels qu'ils sont transmis aux rails, aux traverses et au ballast par les roues ; c'est elle qui est chargée et déchargée au passage de chaque train et, partiellement, au passage de chaque roue. Toute amélioration de la répartition des charges sur la fondation augmente la stabilité de la voie et est suivie d'un progrès dans les transports.

2º Un profil de rail bien éclissé et la fondation qui le supporte, subissent des efforts moindres, parce que le rail constitue ainsi en quelque sorte une poutre continue sur plusieurs appuis.

3º Le poids des rails tend à augmenter avec la vitesse. La voie en rails lourds demande moins d'entretien et de renouvellement, le rail s'use moins et se casse moins. Avec des voies entretenues avec soin, d'excellent matériel roulant et des locomotives bien équilibrées, la nécessité d'employer des rails lourds n'est pas impérieuse.

4º En élargissant le champignon, ce qui permet d'augmenter les portées d'éclissage, on diminue l'usure des surfaces de l'éclisse et du rail et, par suite, la déformation du joint. Dans ce même but, l'acier des éclisses devrait être presque aussi dur que celui des rails, à la condition d'éviter la fragilité. Des éclisses bien étudiées, par leur frottement contre les extrémités du rail, aident à transmettre d'un rail au suivant les moments fléchissants qui naissent sous les locomotives et les véhicules en mouvement.

5º Les épreuves usuelles de qualité (par traction, flexion ou choc) et les méthodes de réception ordinaires permettent d'obtenir une qualité d'acier convenable pour les rails des voies à trains rapides, mais elles sont insuffisantes pour les rails des voies américaines, où les charges d'essieu sont plus considérables. Il est désirable cependant de rechercher des méthodes d'investigation pour découvrir les soufflures.

Il y a tendance à surveiller davantage le traitement physique de ces rails en contrôlant la température pendant le laminage, afin d'obtenir une cristallisation à grain fin. La métallographie microscopique rend des services pour vérifier l'homogénéité de l'acier dans le rail fini. Quelques perfectionnements de fabrication tendent à réduire aussi le nombre et la grandeur des soufflures dans les rails finis.

6º Pour obtenir une bonne qualité d'acier, il serait désirable pour les rails Vignoles de laminer des profils à patin épais sur les bords (au moins 13 millimètres).

7° Le métal du rail doit être sain, de grain fin et doit avoir une limite d'élasticité de 40 à 42 kilogrammes par millimètre carré, avec un allongement de 10 à 15 p. c. mesuré sur une longueur de 50 millimètres. L'épouvrette doit être prise dans le champignon du rail.

6° L'acier au nickel n'est pas employé pour les rails en Europe. En Amérique, où les charges d'essieu sont plus grandes, on expérimente l'acier au nickel dans des voies particulièrement exposées à la fatigue.

9° Divers dispositifs de joints pour rails Vignole avec éclisses cornières, joints suspendus ou appuyés, sont employés ; les uns et les autres donnent de bons résultats. En Amérique, on a essayé avec succès de réduire les dimensions du joint de dilatation pour des rails lourds de grande longueur.

10° Les joints soudés ne sont pas recommandables. Il est désirable d'employer des rails de grande longueur : la longueur de 18 mètres est devenue usuelle en Europe ; en Amérique, la longueur type est de 33 pieds (10.06 mètres).

11° Le cheminement est combattu avec succès.   [625.143]
(*Congrès International des Chemins de fer*, Washington, 1905.)

*** 1° Pour les grandes vitesses et les grandes charges de roue, une augmentation des conditions de stabilité du rail s'impose. On peut l'obtenir soit par l'élargissement du patin, soit par l'adjonction de plaques ou de coussinets, soit par tout autre moyen analogue ;

2° Pour le reste, on peut recommander : une largeur aussi grande que possible du champignon avec bombement supérieur de grand rayon et surfaces latérales adaptées au profil des bandages de roue, ensuite un angle d'éclissage aussi faible qu'il est compatible avec le bon serrage des éclisses, enfin la plus grande surface possible pour les portées en contact avec les éclisses ;

3° La hauteur du champignon ainsi que l'épaisseur de l'âme et du patin doivent être déterminées en tenant compte des conditions exigées par un bon laminage ;

4° L'augmentation de longueur des rails constitue un excellent moyen d'améliorer la voie. Mais comme elle entraîne en même temps une augmentation dans l'intervalle laissé entre les extrémités, elle exige une augmentation de rigidité dans l'assemblage ;

5° Il paraît y avoir tendance à armer les traverses en bois de selles ou de coussinets ;

6° Il est recommandé d'une manière pressante que de nouvelles recherches théoriques et expérimentales soient faites relativement aux fatigues supportées par les éclissages et à la manière dont ils résistent, et qu'on poursuive en même temps les expériences avec de nouveaux systèmes de construction.   [625.143]
(*Congrès International des Chemins de fer*, St-Pétersbourg, 1892.)

*** Les voies à coussinets et les voies Vignoles fortement constituées offrent toute garantie au point de vue de la sécurité de l'exploitation. Toutefois, la voie lourde, à coussinets à large base, semble devoir être plus spécialement la voie des lignes parcourues par des trains nombreux et lourds, circulant à de très grandes vitesses. Elle serait avantageuse encore pour les lignes à sinuosités très accentuées.

La voie Vignoles, qui, débarrassée des compléments indispensables pour les lignes à grande vitesse, est plus économique de premier établissement que la voie à coussinets, peut être préférée pour les lignes à trafic moins lourd et surtout à trains moins rapides.

Toutefois, en cette matière, comme en beaucoup d'autres concernant l'exploitation des voies ferrées, il est difficile de poser des règles qui soient d'application générale, et, en dehors des considérations intrinsèques inhérentes à chaque système de voie, il faut tenir compte des circonstances spéciales propres au réseau envisagé.

La vitesse plus ou moins grande des trains, l'intensité du trafic, la régularité du tracé, le développement relatif des lignes à grand trafic et des lignes secondaires, la facilité du remploi dans celles-ci des matériaux provenant des premières, la valeur des éléments constitutifs, et notamment des billes en bois tendre ou en bois dur, les conditions climatériques même, sont autant de considérations qui peuvent influer sur la décision à prendre dans chaque cas particulier.   [625.143]
(*Congrès International des Chemins de fer*, Paris, 1889.)

Profil des rails.   625.143.1

1° Pour les lignes principales à grande circulation ou très fatiguées, ainsi que pour les lignes stratégiques, il faut adopter un profil de rail à champignon de grande hauteur, afin d'augmenter sa durée eu égard à l'usure ;

2° Pour les lignes provisoirement secondaires, c'est-à-dire pouvant devenir voies principales dans un avenir peu éloigné, il convient d'adopter le même profil de rail que celui des lignes principales, sauf à diminuer convenablement la résistance de la voie, jusqu'à l'époque de la transformation de la ligne, en augmentant, d'une façon rationnelle, l'écartement des traverses ;

3° Pour les lignes secondaires, ne pouvant jamais devenir lignes principales, les avis sont partagés sur la façon dont la voie doit être construite : certains ne veulent, dans aucun cas, admettre un profil de rail différent de celui adopté dans les voies principales ; d'autres préconisent un profil de rail réduit, étudié à nouveau en vue de la diminution de fatigue ; d'autres enfin préfèrent une solution intermédiaire et employer le profil du rail de la voie principale pris dans son ensemble, mais en réduisant la hauteur du champignon, quitte à augmenter l'écartement des traverses pour arriver à un degré de résistance de la voie en rapport avec la fatigue qu'elle doit supporter.

[625.143.1]

(*Congrès International des Chemins de fer*, Bruxelles, 1885.)

Qualité des rails. 625.143.2

On doit préférer pour la fabrication des rails l'acier le plus dur, à la condition qu'il soit de bonne qualité et à peu près entièrement exempt de phosphore. Le degré de dureté qu'il est possible d'obtenir, sans que la qualité en soit altérée, dépend du mode de fabrication et de la nature du minerai employé.

Pour les accessoires de la voie, l'emploi de l'acier tend à se répandre de plus en plus ; on préfère, d'une manière générale, l'avoir de dureté moyenne pour les éclisses et l'avoir doux ou en fer fondu pour les tire-fond et les boulons. [625.143.2]

(*Congrès International des Chemins de fer*, Paris, 1889.)

Usure des rails. 625.143.3

A. Le C. I. C. conclut à l'adoption d'un premier formulaire (1) dont le but est de simplifier les renseignements que les administrations auraient à fournir au sujet des observations faites par elles relativement à l'usure régulière des champignons de roulement.

Les renseignements doivent être accompagnés de croquis donnant le profil du champignon. L'usure doit être mesurée dans une section à égale distance de deux joints consécutifs, c'est-à-dire au milieu de la longueur, lorsque les joints des deux

---

(1) Voir ce formulaire pp. 54-55.

Formulaire relatif à l'usure normale des rails d'acier

(1)	(2)	Le poste est			RENSEIGNEMENTS RELATIFS AUX RAILS ET A LA SUPERSTRUCTURE.				Longueur des barres et nombre de traverses.				
Numéro d'ordre.	Emplacement du poste.	en rampe de	en pente de	en alignement ou en courbe de	Type de la voie (Vignoles ou double bourrelet)	Provenance des rails. Mode de fabrication des rails.	Poids par mètre courant.	Module d'inertie $\left(\frac{I}{h}\right)$	Traverses en bois.	Traverses métalliques.	Composition chimique.	Charge de rupture à l'extension. Allongement pour cent.	Nature du ballast.
1	2	3	4	5	6	7	8	9	10	11	12	13	14

RENSEIGNEMENTS RELATIFS A L'AGE ET AU SERVICE AUQUEL ILS ONT A MINISTRE.						
	Depuis leur pose, les rails du poste d'observation ont supporté le passage de					
Age des rails.	Millions de tonnes.	Trains.	Charge maxima des essieux des locomotives.	Vitesse maxima habituelle des trains.	Système de frein employé sur la section considérée.	Durée de la période d'observation.
15	16	17	18	19	20	21

USURES CONSTATÉES ENTRE MESURAGES. — NOMBRE DE TRAINS ET NOMBRE DE TONNES QUI ONT PASSÉ SUR LES POSTES ENTRE LES MESURAGES.						
Nombre millions de tonnes qui ont passé sur les rails du poste dans le sens				Nombre de trains qui ont passé sur les rails dans le sens		
[illegible]	de la rampe.	de la pente.	En tout.	de la rampe.	de la pente.	En tout.
22	23	24	25	26	27	28

Usure constatée en hauteur sur les rails de la file			Usure constatée en surface sur les rails de la file			Une usure de				OBSERVATIONS.
						un millim. en hauteur correspondant au passage de		un millim. carré de surface correspondant au passage de		
extérieure.	intérieure.	Moyenne.	extérieure.	intérieure.	Moyenne.	trains.	millions de tonnes.	trains.	millions de tonnes.	Dans cette colonne on renseignera éventuellement les circonstances climatériques et autres qui peuvent employer plus ou moins les usures dépassant notablement la moyenne.
29	30	31	32	33	34	35	36	37	38	39

files sont concordants ; au quart de la longueur, lorsque les joints sont croisés.

B. Le C. I. C. constate ensuite que les données recueillies sur l'usure des rails ne peuvent servir à déterminer leur durée ; l'expérience montre, en effet, que la plupart périssent, non par l'usure normale, mais par les usures anormales et les détériorations accidentelles. Il y a donc intérêt à connaître quelle est, dans des conditions données, la proportion de rails mis hors de service à la suite du passage d'un nombre déterminé de trains ou de tonnes, et à pouvoir comparer les divers résultats obtenus, en tenant compte de la qualité du métal et du profil des rails. Il convient, d'ailleurs, de remarquer que l'emploi des sections d'épreuves pourrait conduire pour les recherches de cette nature à des résultats inexacts ; il est de beaucoup préférable de recueillir les renseignements relatifs aux rails retirés des voies pour une cause quelconque sur l'ensemble de chaque réseau. Dans cet ordre d'idées, le C. I. C. adopte le second formulaire suivant :

Relevé des rails mis hors de service pour une cause quelconque ;

Désignation de la section considérée ;

Déclivité maxima et rayon minimum de la section ;

Provenance des rails ;

Mode de fabrication ;

Résistance par millimètre carré ;

Allongement (sur 200 millimètres) et contraction de la section de rupture ;

Profil du rail (Vignoles ou double champignon) ;

Poids par mètre courant ;

Module d'inertie (I/h) (1) ;

Importance du trafic de 0 à 50,000 tonnes, de 50,000 à 100,000 tonnes ; puis de 100,000 en 100,000 tonnes ;

Charge maxima des essieux ;

Age moyen des voies ;

Nombre des rails retirés par suite de rupture ;

     —   par suite de fentes longitudinales ;

     —   pour toute autre cause.

[625.143.3]

(*Congrès International des Chemins de fer*, Paris, 1889.)

---

(1) I, moment d'inertie ;

   h, hauteur de la fibre la plus fatiguée au-dessus de l'axe neutre.

Bris des rails. 625.143.3

Le C. I. C. adopte le formulaire suivant :

Données caractéristiques du métal employé :
Provenance. (Indication de l'usine et du pays où elle se trouve.)
Mode de fabrication (Bessemer acide, Thomas-Martin acide,
  Martin basique, acier fondu au creuset, acier sur sole, etc.).
Composition chimique.
Résistance par millimètre carré.
Allongement (sur 200 millimètres) ou contraction.

Données caractéristiques du rail :
Profil (Vignoles ou double champignon).
Poids par mètre courant.
Module d'inertie (I).
Mode de perçage des trous de boulons (au poinçon ou au foret).
Encoche dans le patin (indiquer s'il en existe).

Conditions d'établissement de la voie :
Espacement des traverses (2) maximum.
—   —   au droit des joints.
Nature des joints (appuyés ou en porte-à-faux).
Nature des traverses (bois ou métal).
Nature des coins employés avec les rails à double champignon
  (bois ou métal).
Proportion des ruptures sur lesquelles la qualité du ballast ou
  la consistance de la plate-forme ont pu influer.
Age moyen des voies (en années).

Données relatives aux trains et machines :
Importance du trafic (de 0 à 50,000 tonnes, de 50,000 à
  100,000, puis de 100,000 en 100,000).
Vitesse maxima des trains (indiquer la vitesse maxima effective).
Charge maxima des essieux.

Température :
Nombre de ruptures au-dessus de 0° centigrade.
—   —   au-dessous de 0° centigrade.
Proportion du nombre de ruptures par périodes bimensuelles,
  la première étant celle de décembre-janvier.

(I) On entend par module d'inertie le quotient du moment d'inertie
par la distance de l'axe neutre à la fibre qui en est le plus éloignée.

(2) Les voies sur longrines seront désignées en portant zéro pour l'espacement des traverses.

Nature des ruptures :

Nombre de ruptures par mille rails :
Pour une cause connue (déraillements, chute de blocs de
rochers, etc.).
Pour une cause inconnue, en pleine section.
— — au droit des trous des boulons d'éclisses.
[625.143.3]
(*Congrès International des Chemins de fer*, Paris, 1889.)

Joints et éclisses. 625.143.4

1° En ce qui concerne la position des joints dans les voies
sur traverses, les joints à porte-à-faux sont en général préférés
aux joints portés par une traverse ;
La largeur du porte-à-faux le plus convenable varie de 60
à 70 centimètres (1).
2° Les joints chevauchés ne sont pas supérieurs aux joints
concordants (1) ;
3° Le nombre des boulons destinés à fixer les éclisses aux
rails le plus généralement adopté est de quatre ;
4° Pour empêcher le desserrage des boulons, il est recommandable de tenir le pas du filet aussi serré que possible.
[625.143.4]
(*Congrès International des Chemins de fer*, Paris, 1889.)

*** La plupart des administrations ont obtenu, au cours des
dernières années une diminution du nombre des joints et par
conséquent une amélioration de la voie en augmentant la longueur des rails, qui est actuellement de 10 à 18 mètres et plus.
Ces longueurs de rails ne présentent aucun inconvénient en
ce qui concerne le jeu de dilatation.
L'emploi de rails lourds, à larges champignons, avec portée
d'éclissage large et à inclinaison faible, a permis l'usage d'éclisses
plus solides et se prêtant à un resserrage plus facile. Les traverses
des joints ont en même temps été rapprochées et le ballast
amélioré. Ces modifications ont entraîné une diminution sensible de l'effet nuisible du joint.
Les essais de soudure n'ont pas donné de résultats satisfaisants
jusqu'à présent. [625.143.4]
(*Congrès International des Chemins de fer*, Berne, 1910.)

---

(1) Ces conclusions ne s'appliquent qu'aux voies sur traverses.

Attaches des rails. 625.143.5

a) La proportion de 90 : 100 entre la largeur du patin du rail et la hauteur des rails Vignoles sur traverses en bois, est jugée favorable pour le mode d'attache ordinaire ;

b) Les plaques d'appui en acier d'une épaisseur suffisante, à trois trous au moins et à rebords, augmentent très réellement la stabilité de la superstructure ;

c) Le forage à l'avance des traverses est recommandé même pour les crampons en forme de coins ;

d) A l'intérieur des rails, les tire-fond présentent le plus de résistance ;

e) Contre le glissement latéral et longitudinal des rails, les crampons rendent de meilleurs services que les tire-fond.

[625.143.5]

(*Congrès International des Chemins de fer*, Paris, 1889.)

Cheminement des rails. 625.143.5

Le cheminement des rails est aujourd'hui combattu d'une manière efficace par le mode de construction et d'entretien de la voie, et n'entraîne pas d'inconvénients sérieux.

Il résulte de l'étude détaillée du cheminement que les réactions de la locomotive sur la voie ne sont pas parfaitement symétriques, et que l'avance qu'un rail prend sur l'autre peut s'expliquer, au moins en partie, par certaines actions perturbatrices qui se développent dans les machines. Ce phénomène, sans avoir de conséquences fâcheuses, présente un intérêt au moins théorique pour les ingénieurs qui s'occupent de la construction des locomotives. [625.143.5]

(*Congrès International des Chemins de fer*, Paris, 1900.)

Pose de la voie sur ponts métalliques. 625.144

1º Aucun des deux systèmes de pose avec interposition de bois, en usage, ne semble présenter des avantages ou des inconvénients de nature à recommander l'adoption exclusive de l'un des deux et, par conséquent, l'abandon absolu de l'autre, et cela d'autant plus que l'on peut toujours, au moyen de dispositifs rationnels et de systèmes d'attache suffisamment solides, assurer complètement la stabilité de l'invariabilité de la voie, aussi bien dans les alignements que dans les courbes ;

2º Quant à la pose sans interposition de bois, telle qu'elle est le plus communément usitée, c'est-à-dire soit la pose directe du rail sur les longerons ou sur d'autres membrures du pont, soit la pose avec l'interposition de selles, de plaques ou de coussinets métalliques, il ne semble pas convenable d'en étendre l'emploi hors des cas où ce système s'impose, soit par suite du peu de hauteur disponible, soit pour d'autres raisons impérieuses ;

3º Le système de pose sur traverses métalliques semble avoir donné de bons résultats jusqu'à présent. Toutefois, l'usage de ce système de pose est relativement trop récent et encore trop peu étendu pour qu'on puisse formuler une opinion précise à son égard. [625.144]

(*Congrès International des Chemins de fer*, Paris, 1889.)

Raccordements. 625.144.3

1. Sauf quelques cas exceptionnels, par exemple à l'entrée d'une gare importante, le raccordement des inclinaisons différentes du profil peut être établi sans difficultés sérieuses.

2. Sur les lignes à faibles déclivités, il suffit toujours de s'en remettre au simple coup d'œil des agents de l'entretien.

3. Lorsque les déclivités atteignent et dépassent 10 millimètres par mètre, il convient de régler à l'avance le mode de leur raccordement et d'en tenir compte dans l'établissement même de la plate-forme (terrassements et ouvrages d'art). La courbe de raccordement peut recevoir indifféremment la forme circulaire ou la forme parabolique qui se confondent sensiblement dans la pratique. Il suffit d'en déterminer exactement les extrémités et le sommet et de raccorder approximativement ces trois points par une courbe continue.

4. Il ne paraît pas utile, sur les lignes à fortes déclivités, de donner au raccordement un rayon supérieur à 5,000 mètres. Un rayon de 2,000 mètres est encore satisfaisant sur les points où la vitesse ne dépasse pas 50 kilomètres à l'heure.

5. Il est surtout très recommandable d'éviter la coïncidence d'un changement brusque de déclivité avec une origine de courbe. [625.144.3]

(*Congrès International des Chemins de fer*, Paris, 1900.)

Bifurcations. 625.151

Il est désirable qu'autant que possible les jonctions des lignes principales soient reportées dans les stations elles-mêmes.

Lorsqu'on se décide à les placer en pleine voie, il faut, autant que possible, éviter de les établir en tranchée, forte courbe ou pente, chercher à remplacer la traversée à niveau par le passage au-dessus ou en dessous, tracer les voies convergentes parallèlement l'une à l'autre sur une certaine longueur, etc.

Dans tous les cas, il convient de munir les bifurcations de

verrous, d'aiguilles et d'enclenchements qui permettent, au besoin, le passage en vitesse. [625.151]
(*Congrès International des Chemins de fer*, Bruxelles, 1885.)

*** Il existe des types d'appareils de voie qui permettent le passage en pleine vitesse sur la branche déviée des bifurcations aussi bien que sur la branche directe. [625.151]
(*Congrès International des Chemins de fer*, Berne, 1910.)

Croisements ferroviaires. 625.151

Sur toutes les voies principales à trafic intense, parcourues par des locomotives dont les essieux portent une charge de plus de 25.000 kilogrammes et par des véhicules dont la charge par essieu atteint 18.000 kilogrammes, le croisement à ressort (spring rail frog) ou le croisement à pivot (hinged spring frog) peuvent être employés en toute sécurité lorsque la circulation sur les voies accessoires est très faible par rapport au mouvement sur la voie principale.

Les croisements à patte-de-lièvre mobiles (movable point frogs) peuvent avantageusement être employés dans toutes les gares où l'espace dont on dispose pour faire passer les trains d'une voie sur une autre est restreint. Lorsque l'espace le permet, et qu'il faut que les trains franchissent les appareils en vitesse, une série de branchements, avec des aiguilles du meilleur type et de croisements fixes, est préférable. [625.151]
(*Congrès International des Chemins de fer*, Washington, 1905.)

Transmissions aux appareils. 625.151

Le choix entre les systèmes de transmission rigides ou funiculaires dépend le plus souvent des circonstances locales. Toutefois, on peut dire qu'en général, pour les distances de 50 mètres et au-dessous, les tringles rigides paraissent préférables ; qu'entre 50 et 200 mètres, le choix des deux systèmes est commandé par des considérations d'espèces, et qu'au delà de 200 mètres, les transmissions funiculaires reprennent l'avantage.

Quant aux transmissions hydrauliques, pneumatiques et électriques, leur emploi est encore trop restreint pour que des conclusions puissent être formulées à leur égard. [625.151]
(*Congrès International des Chemins de fer*, Paris, 1889.)

Ponts tournants. 625.154

Il est désirable de pourvoir les ponts tournants d'appareils d'enclenchement mettant en relation le calage des ponts tournants et les signaux qui en défendent l'accès, de telle façon qu'il soit impossible de décaler le pont sans que les signaux soient à l'arrêt.

Dans tous les cas où les signaux ne sont pas à l'arrêt dans la position normale, le mécanisme qui établit cette relation doit être tel que, par le fait de la manœuvre même, il s'écoule forcément un certain temps entre le moment de la mise à l'arrêt des signaux et celui du décalage. Ce temps est au minimum celui que peut mettre un train marchant à vitesse moyenne pour franchir la distance qui sépare le signal du pont tournant.

Il est désirable enfin que, lorsque le pont est fermé, les abouts des rails du tablier et de la voie soient reliés par un véritable éclissage ou une disposition équivalente, de façon à permettre, au besoin, le passage des trains en pleine vitesse. [625.154]
(*Congrès International des Chemins de fer*, Bruxelles, 1885.)

**** Il existe également des types de ponts tournants qui sont normalement franchis sans ralentissement.

De très grandes progrès ont été réalisés dans la signalisation pour le passage des trains sans ralentissement aux bifurcations et aux ponts tournants. [625.154]
(*Congrès International des Chemins de fer*, Berne, 1910.)

Clôture des voies. 625.162

Le C. I. C., se basant sur les résultats de l'expérience, est d'avis que la suppression des clôtures ne crée pas un danger dans la plupart des cas. [625.162]
(*Congrès International des Chemins de fer*, Milan, 1887.)

Passage à niveau. 625.162

Le régime des passages à niveau est très variable, même dans un seul pays, selon l'importance des lignes et des voies considérées. Tantôt un garde, homme ou femme, y reste en permanence, maintenant les barrières ouvertes et les fermant à l'approche des trains ; tantôt le garde, vaquant à d'autres soins, tient les barrières fermées et ne les ouvre que pour donner passage aux voitures qui se présentent ; ici, des barrières à bascule manœuvrées à distance sont appliquées à des passages d'importance secondaire ; là, enfin, les barrières sont absentes, et le public passe sous sa responsabilité.

On peut désirer voir ce dernier type se répandre, autant qu'il reste compatible avec les circonstances locales. [625.162]
(*Congrès International des Chemins de fer*, Milan, 1887.)

Entretien. Renouvellement. 625.17

En ce qui concerne l'*entretien courant*, le C. I. C. constate qu'un grand nombre d'administrations ont maintenant abandonné la méthode d'entretien en recherche pour adopter la méthode de revision et que les travaux s'exécutent dans les deux méthodes sans ralentissements pour les trains.

Pour réduire au minimum ces ralentissements, notamment pour les trains rapides, il y a lieu :

1. De soigner, surtout dans les parties humides de la ligne, l'assainissement de la plate-forme.

2. De veiller à la qualité du ballast et à l'épaisseur de la couche sur laquelle reposent les traverses.

3. D'appliquer les types de voie donnant une superstructure solide, durable et homogène.

En ce qui concerne le *renouvellement* de la voie, le C. I. C., en vue de réduire les ralentissements imposés aux trains :

1. Estime qu'il y a souvent avantage à effectuer, le cas échéant, simultanément plutôt que successivement, le renouvellement des divers éléments de la voie : rails, traverses et ballast.

2. Attire l'attention sur la méthode du renouvellement sur voie non exploitée qui permet de tripler la vitesse d'exécution, à condition toutefois qu'elle soit compatible avec les circonstances locales.

3. Préconise les chantiers à grand rendement dans le cas du renouvellement sur voie exploitée.

4. Recommande d'indiquer aux mécaniciens, par un signal optique, non seulement l'origine, mais encore la fin de la zone de ralentissement. [625.17]

(*Congrès International des Chemins de fer*, Paris, 1900.)

Surveillance des voies. 625.171

L'expérience faite sur un certain nombre de réseaux importants a montré que, sauf dans des cas exceptionnels, la surveillance de la voie peut être assurée par les équipes d'ouvriers chargées de l'entretien de la ligne, sans qu'il soit besoin de gardes spéciaux, et il est constaté qu'il y a une tendance générale à réduire le nombre des tournées. [625.171]

(*Congrès International des Chemins de fer*, Milan, 1887.)

*** Les règles dont s'inspire la majorité des administrations de chemins de fer pour l'organisation du service de surveillance de la voie proprement dite peuvent être libellées comme suit :

a) Tendance à la suppression des gardes spéciaux chargés de la visite, celle-ci étant confiée aux ouvriers des brigades d'entretien ordinaire de la voie ;

b) Réduction du nombre des tournées à deux, parfois même à une seule par jour, la première visite se faisant le matin, soit au moment de la reprise du travail des équipes d'entretien, soit, par quelques réseaux, avant le passage du premier train de la journée, la dernière visite ayant lieu, presque partout, au moment de la cessation du travail, et très exceptionnellement, après le passage du dernier train ;

c) Suppression presque générale de toute surveillance de nuit de la voie proprement dite ;

d) Inutilité de toute surveillance spéciale du serrage des coins dans les voies établies en rails à coussinets.　　　[625.171]
(*Congrès International des Chemins de fer*, St-Pétersbourg, 1892.)

Entretien de la voie.　　　625.172

Si, par affermage, on entend l'intervention d'un entrepreneur auquel on confie l'entretien total de la ligne, moyennant un prix annuel kilométrique total, le C. I. C. ne peut qu'émettre un avis défavorable à l'adoption de ce système. Mais il pense qu'il est désirable de substituer autant que possible le travail à la tâche au travail à la journée.　　　[625.172]
(*Congrès International des Chemins de fer*, Milan, 1887.)

*** Les deux systèmes d'entretien de la voie par « revision méthodique » et « en recherche » assurent l'un ou l'autre la sécurité de la circulation des trains. Le choix de la méthode peut varier, notamment d'après le profil de la ligne, la constitution de la voie, les conditions d'exploitation et le système suivi dans le renouvellement des traverses.　　　[625.172]
(*Congrès International des Chemins de fer*, St-Pétersbourg, 1892.)

*** La tendance générale des administrations de chemins de fer est d'adopter, pour la composition des brigades, un effectif moyen de 4 à 6 hommes. Il est en général calculé d'après la base d'un homme par kilomètre de ligne à double voie à trafic intense. Ce cœfficient décroît avec l'importance du trafic et le poids des machines et se réduit même sur certaines lignes à trafic faible à 0,33 homme par kilomètre.

Dans certains cas encore, la composition des brigades a pu être réduite à moins de 4 hommes, voire à un cantonnier travaillant isolément.

Le nombre des agents varie notamment avec le profil de la ligne, la composition des voies, la vitesse des trains, le poids des machines, la nature du ballast, le climat et l'état de la plateforme.　　　[625.172]
(*Congrès International des Chemins de fer*, St-Pétersbourg, 1892.)

*** Le C. I. C. adopte le formulaire suivant :

QUESTIONNAIRE.	Traverses en bois.	Traverses en métal.
1º *Nature des traverses* :		
a) Bois ; indiquer l'essence, injectée ou non, le poids et les dimensions		
b) Métalliques ; faire une description sommaire du système, nature du métal, poids et dimensions du corps de la traverse, poids des attaches, conditions de résistance du métal		
2º *Longueur de la section considérée et nombre de traverses en œuvre.*		
3º *Conditions dans lesquelles les traverses ont été placées* :		
a) Nature du sous-sol, degré d'humidité ou de siccité.		
b) Climat (pluvieux, sec, alternatives de grandes pluies et de grandes chaleurs, alternatives de gelée et de dégel, neiges abondantes)		
c) Profil de la ligne, remblais (grands ou petits), tranchées (faibles ou profondes), âge et nature des terrassements. Y a-t-il eu des travaux d'assainissements (drains ou pierrées)? Alignements droits ou courbes (rayon des courbes), déclivités. . .		
d) Poids et nature des rails, espacement des traverses.		
e) Nature du ballast (pierres cassées à l'anneau de..., gravier, sable pur, sable argileux ou terreux, terre).		
f) Nature du trafic sur la section, nombre, vitesse et charge des trains, poids et empatement des locomotives		
4º *Age de la voie au moment du commencement de l'expérience.*		
5º *Dépenses d'entretien pendant les années* 188		
— — 188		
— — 188		

(Rapporter les dépenses au kilomètre annuel. Les chiffres indiqués ne comprendront que les dépenses relatives à la voie proprement dite : bourrage, relevage, dressage, resserrage des attaches.)

QUESTIONNAIRE.	Traverses en bois	Traverses en métal.
6° *Indiquer les détériorations constatées dans les traverses et leurs causes : insuffisance de poids, d'épaisseur ou de profil, défectuosités dans la nature du métal, ou dans la fabrication, ou dans les attaches, etc.)*		
7° *Indiquer les résultats de l'expérience au point de vue de l'élasticité de la voie, de la commodité des voyageurs, de la conservation ou de l'usure du matériel roulant*		
8° *Observations générales.*		

[625.172]

(*Congrès International des Chemins de fer*, Paris, 1889.)

Mesures contre la neige. 625.174

1° *Protection contre les amoncellements.* — *a*) Toutes les administrations dont les réseaux sont menacés par les amoncellements de neige ont reconnu la nécessité de se prémunir contre ce danger par des installations et des aménagements de protection.

b) Les diverses installations de protection font partout l'objet d'études très sérieuses, basées sur les données pratiques, en vue d'arriver à des améliorations.

c) L'emploi de la haie vive, des plantations d'arbres et surtout le boisement de contrées nues ou déboisées sont principalement recommandés.

2° *Mesures pour le déblaiement.* — *a*) Il se manifeste une tendance à propager l'emploi de chasse-neige fixés à l'avant des locomotives et à en augmenter le poids et la puissance.

b) Dans les pays à très grands amoncellements de neige, l'emploi de machines de déblaiement mécanique du genre rotatif semble indiqué. [625.174]

(*Congrès International des Chemins de fer*, Paris, 1900).

Véhicules légers ferroviaires. 625.175

Draisines. — Les wagonnets de service mus au moyen de manivelles ou de pédales et construits d'une manière simple, robuste et légère, peuvent rendre de réels services pour faciliter l'inspection des voies et le service des hommes d'équipe au point de vue économique comme au point de vue de l'hygiène du personnel.

Il est donc désirable de tenter l'essai de ces véhicules et, le cas échéant, de reviser les règlements du service de la voie de manière à en faciliter l'usage.

Vélocipèdes. — Les véhicules légers à 3 ou à 4 roues, mus au moyen des pieds ou des mains et pouvant transporter 1 ou 2 hommes, peuvent être utiles pour l'inspection des équipes par les piqueurs ou chefs de districts, et pour se rendre rapidement sur certains points en cas d'accidents. Leur emploi se recommande spécialement pour les lignes secondaires exploitées économiquement et pour les sections des lignes principales ayant une certaine étendue et n'offrant pas de trop fortes déclivités.

Il est désirable de rechercher un type facilement transportable dans les fourgons des trains en utilisant autant que possible la force des pieds par des pédales actionnées dans le sens vertical, comme les byciclettes de routes, plutôt que la force des bras à la façon des rameurs.

Draisines à vapeur. — Il serait désirable de rechercher si des draisines mues par moteur mécanique ne pourraient être employées utilement afin d'arriver à réduire le nombre des trains spéciaux pour l'inspection des voies.

Service de la poste. — Dans certains cas, particulièrement sur les lignes à faible trafic, des draisines ou des vélocipèdes spécialement appropriés peuvent utilement être employés pour le transport des dépêches postales d'un assez faible poids, afin d'arriver, soit à la suppression de trains-postes onéreux, soit à l'établissement de nouvelles relations.

Lorsque le poids des dépêches est un peu plus considérable, une draisine mue par un moteur mécanique et ne pesant pas plus de 500 kilogrammes en ordre de marche pourrait rendre des services pour cette application.   [625.175]

(*Congrès International des Chemins de fer*, St-Pétersbourg, 1892.)

Emploi de l'acier.   625.2 : 669.18

L'acier est aujourd'hui exclusivement employé en Amérique pour la construction des chaudières et de leur foyer, au moins pour les locomotives devant fonctionner dans ce pays.

Dans les autres contrées, presque toutes les chaudières sont construites en acier, mais les foyers sont rarement en acier.

On n'est pas fixé exactement sur les corrosions et la durée relative des chaudières en fer et des chaudières en acier ; mais il semble acquis que la durée des tôles d'acier ne sera pas inférieure à celle des tôles de fer.

Les bandages des locomotives et ceux des voitures et wagons sont aujourd'hui tous en acier. Les essieux droits sont aussi presque exclusivement en acier. Les essieux coudés sont toujours en acier.

L'acier, et souvent l'acier au nickel, est employé pour la plupart des pièces du mécanisme.

L'acier moulé est employé d'une façon générale dans la construction des locomotives, des voitures et des wagons pour remplacer avantageusement les pièces en fonte, certaines pièces forgées, y compris les roues, des pièces d'assemblage et même des pièces en bronze.   [625.2 : 669.18]

(*Congrès International des Chemins de fer*, Paris, 1900.)

*** *A.* — 1. L'acier de plus de 44 kilogrammes par millimètre carré de résistance n'est substitué au fer forgé, généralement employé autrefois, que pour un petit nombre de pièces du matériel roulant et par quelques administrations seulement. Le fer est plus généralement remplacé par l'acier doux ou fer fondu de 33 à 44 kilogrammes par millimètre carré de résistance.

2. L'acier moulé sert dans beaucoup de cas à remplacer le fer forgé pour les pièces d'une forme compliquée. Il est généralement substitué à la fonte pour les pièces sujettes à de plus grands efforts et pour lesquelles l'emploi de cette matière est destiné à augmenter la sécurité.

3. Il semble toutefois certain que l'emploi de l'acier s'étendra à presque toutes les pièces des locomotives. On peut prévoir que les voitures en acier supplanteront les voitures en bois à raison de leur plus grande résistance, de leur incombustibilité et de leur entretien moins coûteux. Les wagons construits entièrement en acier permettent d'augmenter le tonnage tout en réduisant la tare au minimum compatible avec une grande résistance.

B. — 1. De nombreuses administrations de chemins de fer emploient les essieux coudés en acier spécial de haute résistance, et spécialement de l'acier au nickel à 5 p. c. de nickel, matière qui a fait ses preuves, pourvu que leur forme soit bien appropriée.

2. Pour les essieux droits on n'emploie l'acier spécial que dans certains cas particuliers.

3. Plusieurs compagnies de chemins de fer emploient de l'acier à 70 kilogrammes par millimètre carré de résistance minimum pour les bandages des locomotives et des tenders. Si l'on a

soin de prescrire des essais au choc, on n'a pas à craindre de
ruptures de leur part. [625. 2 : 669.13]
(*Congrès International des Chemins de fer*, Berne, 1910.)

Acier des bandages. 625.212

Les ingénieurs de chemins de fer doivent porter leurs études
sur le genre de relations qui devraient exister entre les qualités
des aciers des rails et des bandages. Il serait utile également de
rechercher l'influence de la température sur les différents aciers
employés, celle de la résistance statique due au profil et au
poids du rail par mètre courant ; enfin, il serait intéressant
de déterminer la relation qui peut exister entre la résistance
à la traction des aciers des bandages et le parcours kilométrique
de ces derniers. [625.212]
(*Congrès International des Chemins de fer*, Bruxelles, 1885.)

Roues. 625.212

Le principe de l'utilité de la suppression de l'excentration
de forme et de masse, c'est-à-dire du balourd des roues, aussi
bien que celui de l'importance de l'équilibrage des deux roues
montées sur un même essieu, pour obtenir le bon roulement
d'une voiture, sont incontestables. [625.212]
(*Congrès International des Chemins de fer*, Milan, 1887.)

Suspension des voitures. 625.213

Il est possible d'obtenir des voitures dans de bonnes conditions
de roulement, soit avec la suspension simple, soit avec la suspension double. En général, il convient d'employer les ressorts
d'acier pour suspendre tout l'ensemble du véhicule sur les roues ;
d'interposer de plus entre les roues et le voyageur des matières
élastiques, telles que : petits ressorts, lames ou blocs de caoutchouc, feutre, tapis, etc., dans le but d'absorber et d'amortir
les chocs de faible intensité et les vibrations de petite ampli-
tude provenant du roulement de la voiture, ce qui rend en même
temps tout l'ensemble moins sonore. [625.213.]
(*Congrès International des Chemins de fer*, Milan, 1887.)

Graissage des wagons. 625.214

Le graissage des wagons ne peut être l'objet de règles absolues et peut se faire d'une manière satisfaisante avec des huiles
animales, végétales, minérales pures ou mélangées dans des
proportions diverses ; au point de vue de l'économie de l'exploitation et de sa régularité, l'huile minérale, quoique inférieure

comme lubrifiant aux huiles végétales, joue un rôle de plus en plus prépondérant dans la composition des matières de graissage.

Pure ou mélangée, elle s'accommode particulièrement bien d'un alliage approprié dans la fabrication du coussinet (métal blanc), alliage qui semble donner lieu à moins de chauffages que le bronze ordinaire et avoir une influence marquée sur l'abaissement du cœfficient de frottement, qui est un des éléments importants de la résistance à la traction.

La pression sur les coussinets doit être sagement limitée, suivant la nature du lubrifiant employé et du métal choisi pour le coussinet.

Les soins à donner aux boîtes, tant avant la mise en service des véhicules que pendant leur marche, doivent être rendus faciles, mais les levages, le plus rares possible.   [625.214]

(*Congrès International des Chemins de fer*, Milan, 1887.)

Voitures à bogies.   625.215

Les voitures à bogies à grande capacité à un ou deux essieux sont recommandées, mais il convient de faire des réserves quant à leur supériorité sur les essieux fixes dans certains cas particuliers qui nécessitent l'emploi de voitures à capacité réduite.   [625.215]

(*Congrès International des Chemins de fer*, St-Pétersbourg, 1892.)

Passage dans les courbes.   625.215

Parmi les moyens très divers, employés sur le matériel roulant pour faciliter le passage en courbe, on a, suivant les cas, employé avec succès : les jeux longitudinaux ou transversaux des essieux, les attelages spéciaux, les divers systèmes d'essieux convergents, etc., etc. A signaler notamment :

1º Pour les voitures à deux essieux, l'emploi des boîtes libres (jeu dans tous les sens avec les plaques de garde et ressorts à menottes de formes diverses permettant un certain déplacement des boîtes) ;

2º Pour les voitures à trois essieux, l'emploi combiné de boîtes libres pour tous les essieux, avec un jeu longitudinal de l'essieu du milieu dans son coussinet ;

3º Pour les voitures de très grande longueur, l'usage de bogies plus ou moins complexes.

En outre, les résultats favorables obtenus sur les voitures longues par l'emploi des attelages articulés avec des tampons de largeurs plus grandes quand l'attelage ne permet pas le déplacement transversal des tiges et que les voitures sont de grande longueur.   [625.215]

(*Congrès International des Chemins de fer*, Paris, 1889.)

Attelages automatiques. 625.216

On constate l'application complètement réalisée des accouplements automatiques aux Etats-Unis, au Canada et au Mexique ; toutefois, des perfectionnements de détail ont dû être successivement apportés, jusqu'à ces derniers temps, aux premiers types de ces accouplements mis en services. On remarque, par contre, que l'accouplement automatique des tuyaux de freins commence seulement à être essayé.

Dans les autres pays, divers systèmes d'accouplements automatiques, soit du type américain, soit d'autres types, ont été l'objet d'essais. La nécessité de concilier l'accouplement nouveau avec les appareils existants entraîne de grandes difficultés. En faveur du type américain, plusieurs ingénieurs font valoir sa grande résistance, convenant notamment pour les wagons de grande capacité ; mais d'autres ingénieurs préféreraient les systèmes dont l'application au matériel existant serait plus facile et réduirait la durée de la période de transition.

Les représentants anglais estiment que le système actuellement employé en Grande-Bretagne et en Irlande donne satisfaction, tant en ce qui concerne la rapidité du service que la sécurité du personnel. [625.216]

(*Congrès International des Chemins de fer*, Washington, 1905.)

Gabarit transversal. 625.22

Le rapport de 3 à 1 n'est pas de nature à compromettre la sécurité, pour autant que le gabarit ne s'y oppose pas, en tenant compte, toutefois, des conditions de la hauteur du centre de gravité et de la vitesse et toute réserve faite relativement à la suspension. [625.22]

(*Congrès International des Chemins de fer*, St-Pétersbourg, 1892.)

Voitures à voyageurs. 625.23

Sans fixer par des chiffres les limites dans lesquelles il convient de se restreindre, il est important de diminuer, par des perfectionnements et des améliorations dans la construction, le poids mort du matériel à voyageurs par place offerte, en tenant compte de la facilité de l'entretien du matériel, de la sécurité et du confort qu'il est devenu nécessaire de donner au public.

[625.23]

(*Congrès International des Chemins de fer*, Milan, 1887)

*** Le choix d'un type de voiture, au point de vue de la distribution intérieure, est essentiellement une question d'espèce, dépendant de la nature des trains et des circonstances variées

de l'exploitation. Quel que soit le type auquel on s'arrête, il est du plus grand intérêt de diminuer, le plus possible, le poids mort ; mais dans certains cas il faut, pour donner aux voyageurs un supplément de confort, sans luxe inutile, se résigner à augmenter le poids mort, par place offerte, sauf, quand le poids mort dépasse une certaine limite, à faire payer par les voyageurs l'excès de dépense causé par cet excès de poids mort. [625.23]
(*Congrès International des Chemins de fer*, Paris, 1889.)

Eclairage et chauffage. 625.233/4

Il est recommandable que, dans l'éclairage et le chauffage des voitures de chemin de fer, les desiderata énoncés ci-après soient réalisés :
Lumière douce, fixe et blanche, en qualité suffisante pour qu'on puisse lire très aisément, quelle que soit la place occupée dans la voiture ;
Emploi de peinture et de teintures de couleurs claires ;
Quantité minimum de chaleur fournie, répondant à une température de 10 degrés centigrades.
Egalité, uniformité et constance de température en chaque point du compartiment ;
Renouvellement ou ravitaillement de la source de chaleur sans incommodité pour les voyageurs et à intervalles le plus longs possible (5 heures au moins) ;
Ventilation suffisante du compartiment assurée par le système de chauffage ;
Indépendance des voitures, dans la mesure du possible, pour le chauffage et l'éclairage, chaque véhicule portant les approvisionnements qui lui sont nécessaires. [625.233/4]
(*Congrès International des Chemins de fer*, Bruxelles, 1885.)

Eclairage des trains. 625.233

En résumé, les lampes à l'huile végétale, à bec plat, qui ne donnent qu'un éclairage insuffisant, ont été, en général, avantageusement remplacées par les lampes à l'huile végétale, à bec rond, tout à fait satisfaisantes, mais qui exigent des soins spéciaux, un personnel exercé et entraînent des dépenses assez considérables.
L'éclairage au moyen des lampes à l'huile minérale, plus ou moins perfectionnées, est également satisfaisant, sans présenter aucun danger, s'il est bien établi.
Ce système a l'avantage d'être relativement propre et de ne pas demander d'installations spéciales.
L'éclairage au gaz riche donne complètement satisfaction ; mais il a l'inconvénient d'augmenter le poids mort des trains,

de nécessiter des installations fixes spéciales assez coûteuses, et des roulements quelquefois gênants des véhicules qui doivent être ramenés à certains points d'attache, si l'on ne veut se résoudre à multiplier les grands réservoirs mobiles d'approvisionnement répartis sur le réseau.

Néanmoins, la simplicité incontestable du système, ses avantages de propreté l'ont fait adopter sur un assez grand nombre des réseaux.

Les essais qui tendraient à lui substituer le gaz ordinaire enrichi doivent être encouragés.

Quant à l'éclairage par l'électricité, les essais très intéressants qui ont été faits jusqu'à ce jour, de différents systèmes, permettent de désirer qu'on arrive à une solution pratique du problème de la production de la lumière électrique à bon marché. [625.233]
(*Congrès International des Chemins de fer*, Milan, 1887.)

*** En ce qui concerne l'éclairage, on constate le développement de l'emploi des manchons à incandescence, chauffés au gaz d'huile et parfois au gaz ordinaire, et des divers systèmes d'éclairage électrique. Les manchons cylindriques paraissent un peu plus solides que les manchons globulaires, qui distribuent un peu mieux la lumière. Des manchons de divers types sont employés en Europe par plusieurs administrations, notamment en France, en Allemagne et commencent à se répandre aux Etats-Unis.

Les systèmes d'éclairage électrique donnent satisfaction à diverses administrations. On signale l'avantage qu'ils présentent dans certains cas pour les éclairages intermittents, au passage de tunnels et pour la mise en marche de ventilateurs.

L'acétylène a été employé mélangé au gaz Pintsch, notamment en France et en Allemagne, mais on constate une tendance à renoncer à ce mélange par suite de l'emploi des manchons. Par contre, on signale en Amérique l'emploi d'acétylène pur comprimé moyennant quelques précautions spéciales. [625.233]
(*Congrès International des Chemins de fer*, Washington, 1905.)

*** Le procédé d'éclairage le plus commode paraît être jusqu'ici basé sur l'emploi du gaz riche comprimé.

L'éclairage à l'huile, et même dans des cas singuliers la bougie, donnent des résultats satisfaisants.   [625.233]
(*Congrès International des Chemins de fer*, Londres, 1895.)

*** Les compagnies de chemins de fer ont amélioré l'éclairage des voitures en apportant des perfectionnements aux appareils d'éclairage à l'huile ou au pétrole et en augmentant le nombre des lampes dans les compartiments.

L'éclairage au gaz s'est développé dans des proportions considérables dans tous les pays ; il offre, en effet, des facilités de service particulières en raison de la rapidité et de l'aisance avec lesquelles sont alimentés les réservoirs des voitures, quand les installations fixes qu'il exige ont pu recevoir un développement suffisant. L'addition de 25. p. c. d'acétylène augmente sensiblement le pouvoir éclairant du gaz.

L'éclairage électrique, assuré soit par les accumulateurs, soit par des dynamos fonctionnant par le mouvement des essieux, tend à prendre de l'extension. Il est à désirer que ce mouvement s'accentue en raison des avantages que présente ce mode d'éclairage au point de vue du confort et de la répartition de la lumière dans les compartiments.　　　　　　[625.233]
(*Congrès International des Chemins de fer*, Paris, 1900.)

Chauffage des trains.　　　　　　625.234

Le chauffage à la vapeur a une tendance à se développer dans les diverses contrées. Pour obtenir un chauffage suffisant dans les trains de grande longueur ou dans le cas de très basse température, on est amené à l'emploi, soit de conduites d'assez grand diamètre, soit d'air comprimé mélangé à la vapeur.

La fixation d'un accouplement uniforme pour toutes les voitures d'une même région est une question importante à résoudre.
[625.234]
(*Congrès International des Chemins de fer*, Washington, 1905.)

*** Le C. I. C. a pris connaissance avec intérêt de la description des différents systèmes de chauffage continu et a constaté que si le chauffage continu peut présenter dans certains cas des avantages pour les climats rigoureux, il n'est pas susceptible d'application dans d'autres circonstances.　　　　[625.234]
(*Congrès International des Chemins de fer*, St-Pétersbourg, 1892.)

Wagons à marchandises.　　　　　　625.24

En raison des conditions essentiellement différentes qui régissent le trafic des divers réseaux, il n'a pas paru possible d'indiquer une règle générale pour fixer le tonnage à donner aux véhicules à marchandises, en vue de réaliser les meilleures conditions économiques de l'exploitation. Il incombe aux services chargés de la construction du matériel, de rechercher tous les moyens ayant pour but de diminuer le poids mort dans des proportions compatibles avec la nature du trafic, avec la sécurité et avec un bon entretien. [625.24]

(*Congrès International des Chemins de fer*, Paris, 1889.)

Freins. 625.25

Certains progrès ont été apportés récemment aux freins continus, et ces freins ont été appliqués à certains trains de messagerie ; mais aucun système ne paraît encore applicable, d'une manière générale, en pratique courante, aux longs trains de marchandises.

Des sabots ont été ajoutés sans inconvénients aux essieux du milieu des véhicules à trois essieux par plusieurs administrations, afin d'augmenter autant que possible le poids freiné des trains.

Il semble que les ruptures d'attelage soient plus à craindre avec les barres de traction continues qu'avec les attelages non continus. [625.25]

(*Congrès International des Chemins de fer*, Paris, 1900.)

*** *A.* Le sabot-frein constitue, dans certaines circonstances, un bon moyen pour arrêter les wagons pendant le triage par la gravité.

L'emploi d'un dispositif rejetant le sabot-frein hors du rail à un point donné (*Geleisbremse*) semble avantageux ; il permet notamment de limiter le chemin parcouru par le sabot-frein.

B. Pour empêcher l'échappement des wagons, on emploie les barres d'enrayage, les sabots-freins, les taquets, les heurtoirs, les voies de sûreté, les voies ensablées et les aiguilles de déraillement.

Le choix du dispositif le plus avantageux à employer dans chaque cas, dépend des circonstances dans lesquelles on se trouve.

C. Outre le moyen consistant dans le chargement des rails à l'aide de terre, de ballast ou de sable, l'emploi des sabots-freins paraît avantageux pour arrêter les wagons échappés ou en dérive. Les voies ensablées et les buttoirs hydrauliques peuvent également rendre de bons services, chaque fois que les circonstances permettent de les utiliser. [625.25]

(*Congrès International des Chemins de fer*, Paris, 1900.)

Freins continus. 625.251

L'emploi partiel de freins continus pour les trains de marchandises, fait aux Etats-Unis, dans des conditions toutes différentes de celles qui se rencontrent dans les exploitations de

l'ancien continent, ne permet même pas de prévoir comment pourrait être réalisée l'application d'un frein continu pratique aux 700,000 ou 800,000 wagons à marchandises, de types et de contruction différents, appelés à circuler indistinctement sur l'ensemble de tous les réseaux européens. [625.251]
(*Congrès International des Chemins de fer*, Milan, 1887.)

**** Considérant que les freins continus ont rendu, dans ces dernières années, des services incontestés à l'exploitation des chemins de fer, le C. I. C. est d'avis d'en recommander l'application dans la plus large mesure, dans tous les cas où elle est compatible avec les conditions d'exploitation des diverses compagnies. [625.251]
(*Congrès International des Chemins de fer*, Bruxelles, 1885.)

Réparation du matériel. 625.26

L'entretien du matériel doit être fait par l'exploitant lui-même, dans ses propres ateliers. L'expérience a démontré, en effet, que l'industrie privée a toujours été impuissante à exécuter ces travaux dans des conditions satisfaisantes. [625.26]
(*Congrès International des Chemins de fer*, Bruxelles, 1885.)

Chemins de fer économiques. 625.6

Les chemins de fer secondaires ou vicinaux doivent être considérés uniquement comme affluents de transport et établis de manière à ne pas dévier de leur but.

Alliées des chemins de fer d'intérêt général avoisinants, les entreprises de lignes secondaires doivent trouver auprès de ces administrations d'Etat ou de sociétés privées un accueil bienveillant, un concours assuré et des facilités, notamment en ce qui concerne :

A. L'installation des gares communes, la répartition des charges et des dépenses de ces gares ;

B. L'échange des marchandises ;

C. La constitution du capital de premier établissement aux conditions les plus économiques ;

D. Le transport des matériaux nécessaires à la construction ;

E. La réparation du matériel roulant.

Etant donné qu'en principe, les chemins de fer vicinaux doivent être établis sur les routes déjà établies chaque fois que les circonstances le permettent, le Congrès émet le vœu que les Etats, les provinces et les communes accordent à ces entreprises, pour l'usage des routes, l'établissement de la voie et des gares, ainsi qu'en ce qui concerne le service de l'exploitation,

toutes les facilités compatibles avec la circulation sur les voies
ordinaires. [625.6]
(*Congrès International des Chemins de fer*, Bruxelles, 1885.)

*** 1. Il conviendrait d'abandonner la dénomination de *tramways à vapeur* appliquée jusqu'à ce jour aux chemins de fer établis sur route, le vocable *tramways* devant être réservé aux lignes qui ne font qu'un service urbain ou suburbain avec traction par chevaux ou autre moteur.

La dénomination de *chemins de fer économiques* devrait être substituée à celle de *tramways à vapeur* pour toutes les lignes ferrées établies sur route, en tout ou en partie, et destinées à relier plusieurs centres de population.

2. La construction des chemins de fer économiques tendant à prendre de plus en plus d'extension et à rendre aux populations les plus grands services, il y aurait à adopter une réglementation aussi libérale que possible en ce qui concerne les conditions et les charges des concessions.

3. La construction d'un chemin de fer économique devrait être partout considérée comme un travail d'utilité publique et, à ce titre, favorisée, quand ce sera nécessaire, par les lois qui règlementent l'expropriation forcée.

4. Il conviendrait d'adopter, pour l'établissement des voies des chemins de fer économiques, toutes les simplifications de construction compatibles avec la sécurité de l'exploitation et du roulage ordinaire. Il y a lieu de recommander la suppression du rail à gorge ou contre-rail chaque fois qu'on pourra le faire sans compromettre les bonnes conditions de viabilité des chaussées, et notamment lorsqu'il sera possible d'empierrer l'intérieur de la voie (macadam).

5. Si la largeur de la route le permet, il peut être utile que la voie du chemin de fer soit surhaussée ou séparée de la partie destinée au roulage ordinaire, les moyens employés pour atteindre ce but pouvant d'ailleurs varier suivant les cas, mais devant toujours conserver ce double caractère : économie dans l'établissement et facilité d'entretien.

6. La composition des trains et la vitesse doivent être déterminées en tenant compte des conditions du tracé et des moyens de traction dont dispose le concessionnaire.

7. A l'exception de cas tout à fait spéciaux, le gardiennage à poste fixe ne doit pas être imposé le long des lignes de chemins de fer économiques, ni le pilotage des trains dans les traversées des agglomérations. [625.6]
(*Congrès International des Chemins de fer*, Paris, 1889.)

*** Il est désirable que les gouvernements accordent aux chemins de fer économiques toutes les facilités possibles, soit pour leur construction, soit pour leur exploitation, en évitant toutefois de favoriser des concurrences abusives aux lignes existantes.

Il est bien entendu que les mêmes facilités doivent être accordées aux lignes à faible trafic qui sont comprises dans les grands réseaux.   [625.611]

(*Congrès International des Chemins de fer*, Londres, 1895.)

*** Les moyens préconisés pour développer les chemins de fer économiques se rattachent à deux ordres d'idées : a) réduction des dépenses ; b) apport d'un concours financier par l'Etat, les localités intéressées, provinces, départements, communes, etc., et les chemins de fer préexistants.

a) Sur le premier point, le C. I. C., rappelant les discussions qui ont eu lieu aux sessions antérieures et notamment à Milan, signale particulièrement l'utilité des mesures suivantes :

Simplification des formalités préalables à l'obtention de la concession et aux expropriations ; introduction dans les lois des pays où elles ne figurent pas de dispositions permettant : 1º de tenir compte de la plus-value spéciale procurée par le chemin de fer à une propriété dont une partie est expropriée ; 2º de répartir équitablement les frais de procédure causés par des prétentions reconnues excessives ;

Utilisation sans redevance de la plate-forme des routes et chemins existants, lorsque leurs conditions d'établissement le permettent ; traversée à niveau des voies carrossables rencontrées, dans la généralité des cas ; suppression des clôtures, des barrières, des passages à niveau et du gardiennage ; emploi judicieux des fortes rampes et des courbes de petit rayon ; extrême simplification des bâtiments des gares ;

Simplification des règlements en vue de donner aux compagnies toute la liberté d'action nécessaire à l'organisation économique de leur exploitation, en les autorisant notamment à supprimer les mesures de précaution dont les lignes à faible trafic peuvent être dispensées sans que la sécurité soit compromise, telles que signaux, machines de réserve, etc. ; à substituer au télégraphe le téléphone ; à organiser le service de gare de telle façon qu'il puisse être confié à un seul agent, à une femme ou même à un commerçant, dont l'établissement serait contigu au point d'arrêt.

b) Sur le deuxième point, le C. I. C. signale le concours efficace qui peut être fourni pour l'établissement des lignes secondaires, sans que les sacrifices réels qui en résultent atteignent des chiffres élevés : 1º par les communes intéressées, lorsqu'elles fournissent le terrain ou acceptent l'aléa des acquisitions de terrain au delà d'un chiffre déterminé, en se chargeant des négociations avec les propriétaires ou en les facilitant ; 2º par les administrations des lignes préexistantes, lorsqu'elles prennent à leur compte la majeure partie ou la totalité des dépenses causées par l'entrée dans leurs gares des lignes affluentes ou lorsqu'elles accordent des primes proportionnelles au trafic amené par ces lignes, pour établir une entente donnant des garanties contre toute éventualité de concurrence.

En ce qui concerne le concours financier direct des pouvoirs publics, le C. I. C., après avoir pris connaissance des premiers résultats de l'enquête, qui n'a porté cette fois que sur les Iles britanniques, demande qu'elle soit poursuivie dans les divers pays — notamment en Belgique, pays au sujet duquel des renseignements très intéressants ont déjà été fournis dans les sessions antérieures — et qu'il en soit rendu compte dans la prochaine session. [625.611]

(*Congrès International des Chemins de fer*, Paris, 1900.)

Influence des Chemins de fer économiques sur les artères principales. 625.611

On peut dire d'une façon générale que les lignes économiques, lorsqu'elles ont le caractère d'affluents aux grands réseaux, sont incontestablement d'utiles auxiliaires pour ceux-ci ; aussi le concours bienveillant des grandes lignes, et l'octroi par celles-ci de toutes les facilités désirables se justifient-ils pleinement, et il est à désirer que toutes les administrations de chemins de fer s'inspirent des idées libérales qui ont prévalu à ce sujet en Autriche-Hongrie, adoptent des conditions aussi larges et aussi simples que possibles pour faciliter le raccordement et la marche du service des échanges aux points de jonctions avec les lignes économiques. [625.611]

(*Congrès International des Chemins de fer*, Washington, 1905.)

Concours financier donné par l'Etat et les localités intéressées pour développer les Chemins de fer économiques. 625.611

Les chemins de fer économiques méritent au plus haut degré la sollicitude des pouvoirs publics. Leur création permet, en effet, de faire entrer dans la voie du développement et du progrès des contrées qui, jusqu'alors, en étaient restées à l'écart, ce qui est non seulement de l'intérêt, mais encore du devoir dés gouvernements. Il faut donc favoriser ce développement.

A cet effet, il convient de ne pas s'en tenir aux anciens types
et aux anciennes méthodes de construction, d'exploitation
et de règlementation, mais d'y introduire toutes les simplifications possibles, de façon à s'adapter aux exigences locales
et aux ressources disponibles. Il convient aussi que les gouvernements des Etats et les autorités locales accordent aux voies
ferrées dont il s'agit, sous forme de subventions, de grèvements
ou autres modes de concours, l'appui qui leur est nécessaire,
tant pour la construction que pour l'exploitation, pour que
toutes les parties d'un pays soient suffisamment desservies.

Lorsque les autorités d'un pays n'assurent pas elles-mêmes
la construction ou l'exploitation des chemins de fer économiques
et les concèdent à des compagnies privées, il est indispensable
que les conditions de la concession soient conçues de façon
à faire concorder l'intérêt de l'exploitant avec l'intérêt du pu-
blïc. [625.611]
(*Congrès International des Chemins de fer*, Washington, 1905.)

Largeur des voies économiques. 625.612

Il y a intérêt, pour favoriser le développement des chemins
de fer économiques, à laisser la plus grande liberté dans le
choix de la largeur de la voie. Tout écartement de voie peut
convenir suivant les circonstances locales ; c'est une question
à résoudre, dans chaque cas particulier, en tenant compte des
conditions spéciales des pays à traverser, de la nature et de
l'importance du trafic à desservir, justifiant un entretien plus
ou moins dispendieux.

Il y a également intérêt de s'en tenir à quelques types déterminés que la pratique à déjà sanctionnés. Les quatre types
industriels de 1,44 m., 1,00 m., 0,75 m., 0,60 m. sont les seuls qui
devraient être recommandés. [625.612]
(*Congrès International des Chemins de fer*, St-Pétersbourg, 1892.)

*** La C. I. C. s'en réfère, quant à l'écartement de la voie, aux
travaux du précédent congrès, qui a recommandé l'emploi de
la voie étroite, ce système amenant, dans la construction et
l'exploitation, des économies qui ne peuvent être obtenues
avec la voie normale. Celle-ci pourra cependant être préférée
dans certains cas particuliers. Les lignes secondaires doivent
être établies à simple voie. [625.612]
(*Congrès International des Chemins de fer*, Milan, 1887.)

*** Le C. I. C. recommande l'emploi de la voie étroite pour les
lignes d'intérêt secondaire, ce système amenant des économies

dans la construction et l'exploitation qui ne peuvent être obtenues avec la voie normale.

Il émet également le vœu que certains typés de voie étroite (75 centimètres ou 1 mètre, par exemple) soient unanimement adoptés, à l'exclusion des types intermédiaires, et que les compagnies d'intérêt local d'une même région, voisines et susceptibles d'avoir des relations de transport, adoptent un type uniforme d'écartement de voie et d'attelage. [625.614]

(*Congrès International des Chemins de fer*, Bruxelles. 1885.)

*** 1. Toutes les fois que l'écartement à choisir pour une ligne projetée n'est pas déterminé, soit par son raccordement avec un réseau à voie étroite existant, soit par d'autres considérations administratives, l'écartement de 1 mètre est à préférer. On ne peut recommander ni un écartement inférieur à 600 millimètres, ni un nouvel écartement non appliqué jusqu'ici.

2. Pour les lignes à simple adhérence, il paraît avantageux, en règle générale, de ne pas dépasser une déclivité de 40 millimètres par mètre.

3. Les tracés doivent être étudiés de manière à obtenir pour les courbes les plus grands rayons possibles ; on ne devra se résoudre à admettre des courbes de petit rayon que s'il y a nécessité absolue, et dans ce cas il conviendra que les véhicules soient spécialement aménagés pour y passer. Si les alignements droits entre les rampes de surhaussement de deux courbes en sens contraire ne sont pas munis de contre-rails, il sera utile que ces alignements aient une longueur au moins égale au plus grand écartement d'axe en axe des pivots des bogies d'un véhicule.

4. S'il s'agit de lignes à trafic intense, il sera avantageux d'établir l'infrastructure et la voie pour une charge de 10 tonnes par essieu (voie de 1 mètre d'écartement) ; ce chiffre de 10 tonnes devra toutefois être majoré dans le cas de lignes à fortes rampes et à courbes raides. [625.614]

(*Congrès International des Chemins de fer*, Berne, 1910.)

Passage à niveau. 625.614

On a unanimement reconnu qu'il n'y a pas lieu de prescrire le gardiennat des passages à niveau. C'est une de ces précautions excessives qui, en donnant une fausse sécurité, sont plus dangereuses qu'utiles. L'expérience paraît prouver, en effet, que les accidents sont aussi fréquents, sinon plus fréquents, aux passages à niveau gardés qu'à ceux qui ne le sont point. [625.614]

(*Congrès International des Chemins de fer*, Milan, 1887.)

Traversées par des voies économiques.   625.614

Il convient d'éviter, à moins d'impossibilité absolue sur les lignes à grand trafic, les traversées à niveau, à raison des dangers qu'elles présentent et des dépenses qu'elles entraînent en frais d'entretien, de renouvellement et de gardiennage. La conclusion est moins absolue pour les lignes à petit trafic.

Pour remédier aux inconvénients de ce genre de traversées, on peut recourir aux procédés techniques suivants :

A. *Construction.* — 1° Pour les traversées des grandes lignes par les lignes économiques, il convient d'employer des croisements complets, avec interruption des deux voies, et, du côté intérieur, des contre-rails dépassant l'arête supérieure du rail. Il convient aussi d'établir tous les éléments de la traversée sur le type de rails de la grande ligne ;

2° Les traversées comportant l'établissement, dans la voie continue de la grande ligne, d'une ornière pour le passage des boudins des véhicules de la ligne économique, ne peuvent être recommandées que s'il ne peut pas survenir de déformations ou de ruptures des rails par suite de courbes à faible rayon de la grande ligne parcourue par des trains rapides, ou si l'angle de croisement n'est pas assez aigu pour nécessiter l'allongement excessif de l'ornière ;

3° Les traversées sans interruption de la grande ligne, avec surhaussement de la voie de la ligne économique, sont jugées applicables, quel que soit l'angle de croisement, à la condition que les roues des véhicules de la ligne économique soient suffisamment guidées par des joues surélevées formant contre-rails.

B. *Appareils de sécurité.* — 1° Nécessité sur la grande ligne de signaux de protection solidaires avec l'appareil de manœuvre des barrières.

Placement à une certaine distance des barrières, sur la ligne économique, de signaux fixes devant lesquels tous les trains de cette ligne devront marquer l'arrêt ;

2° Pour les traversées par des lignes économiques à plate-forme indépendante, on recommande de munir les deux lignes, dans chaque direction, de signaux placés normalement à l'arrêt sur la ligne économique et ne laissant circuler librement que les trains de la grande ligne.

Lorsque les conditions locales l'exigent, on pourra recourir à l'emploi d'appareils de protection spéciaux, tels que : aiguilles de déraillement, taquets d'arrêt, etc., dont les appareils de manœuvre seront actionnés en même temps et du même point que les signaux, avec solidarité mutuelle ;

3° Si le trafic est faible sur l'une ou l'autre ou sur les deux lignes qui se coupent, on pourra supprimer ou réduire les instal-

lations prémentionnées, en se guidant, dans chaque cas particulier, d'après les conditions locales et le trafic des deux lignes ; toutefois, on restreindra le plus possible le nombre de ces exceptions. [625.614]
(*Congrès International des Chemins de fer*, Paris, 1900.)

Raccordements privés. 625.615

Sans entrer dans le détail des divers systèmes de conventions qui peuvent intervenir entre les exploitants et les industriels, — conventions qui varient beaucoup selon les cas, — le C. I. C. est unanime à penser qu'il y a lieu de chercher à développer les raccordements, qui sont de nature à augmenter le trafic et les recettes des lignes secondaires. Ainsi elles atteindront pleinement le but qu'elles ont à remplir : desservir le mieux possible et le plus complètement possible tous les intérêts locaux qui se rencontrent sur leur passage. [625.615]
(*Congrès International des Chemins de fer*, Milan, 1887.)

Gares d'échange. 625.615

Les gares d'échanges entre les lignes secondaires et les lignes principales peuvent être conçues d'après divers systèmes. Parfois, le service des voyageurs et le service local des marchandises de la petite ligne sont complètement séparés et distincts de ceux de la grande. Un seul contact existe au point où se font les transbordements ; des installations séparées de celles du grand réseau sont établies à cet effet, et une voie à grande section pénétre dans le chantier de transbordement.

Toutes les dépenses quelconques sont supportées par la ligne secondaire, qui est, dans ce cas, considérée et traitée comme un raccordement privé industriel.

Une variante de ce système consiste à partager les dépenses de premier établissement, la grande ligne construisant de ses deniers les voies larges nécessaires au transbordement et se chargeant de tous les frais de manutention et de manœuvre, moyennant remboursement par la petite ligne à un prix à convenir.

Dans d'autres cas, toutes les installations sont communes : services locaux des voyageurs et des marchandises et transbordements. Il n'y a d'exceptés que les dépôts-remises du matériel roulant et ateliers. Toutes les dépenses de premier établissement sont faites par la grande ligne, mais remboursées par la petite ligne, pour la partie afférente à son service, soit en capital, soit par annuités et proportionnellement à son trafic.

Les dépenses d'exploitation sont réparties entre les deux

compagnies suivant les règles ordinaires, un train de la voie large étant généralement assimilé à deux trains de la voie étroite pour le calcul de cette répartition.

Un autre système, qui semble le plus répandu, ne diffère pas du précédent quant aux installations des services, qui toutes sont communes et établies par la grande ligne. Seulement, ici, pas de remboursement en capital ou par annuités, mais simplement un loyer représentant une partie à calculer de l'intérêt et de l'amortissement des dépenses faites. La grande ligne se charge du service moyennant un prix à déterminer par tonne de marchandise.

Un cas particulier peut se présenter, c'est celui de l'arrivée de la voie secondaire dans la gare commune par une voie accolée à celle de la ligne principale, soit qu'elle emprunte la plate-forme de celle-ci, soit qu'elle utilise la voie elle-même de la ligne principale par l'adjonction d'un ou de deux rails.

La petite compagnie est ainsi exonérée d'une dépense de premier établissement. Pour le règlement du compte, on la débite du péage intégral pour passage, comme si elle se bifurquait réellement sur la grande ligne, mais on la crédite (et ceci est le correctif) d'une portion de ce péage, proportionnelle au rapport entre les dépenses faites par les deux administrations.

[625.615]
(*Congrès International des Chemins de fer*, Milan, 1887.)

Transbordement de marchandises.   625.615

Le transbordement des marchandises se fait généralement en détachant de la voie du réseau secondaire des voies en impasse ou épis qui se rapprochent de la voie principale, de façon que les wagons d'écartement différent soient aussi près que possible l'un de l'autre.

Selon que le transbordement devra se faire de la grande voie sur la petite, ou de la petite voie sur la grande, il pourra convenir — du moins pour les marchandises en vrac — que la grande voie soit plus élevée que la petite, ou inversement.

Ce résultat est obtenu au moyen de fosses avec petites estacades, et le dispositif peut être utilement complété par des glissières inclinées facilitant le transbordement de la marchandise du wagon le plus élevé sur l'autre.

Mais il y a des marchandises (celles en sac, par exemple) pour lesquelles ce système n'est pas nécessaire et serait même gênant. Alors, les deux voies peuvent être établies au même niveau, ou du moins à des niveaux très sensiblement les mêmes, une très légère dénivellation étant suffisante pour amener à la même côte de hauteur les planchers des deux espèces de wagons. C'est un troisième dispositif, que l'on peut compléter, dans le cas de charges incomplètes, en interposant entre les deux voies un quai, couvert ou non, suivant le cas, sur lequel pourrait être montée une grue de transbordement, si le besoin en est reconnu.

Pour avoir dans une gare de transbordement une installation complète, il faut donc y établir les trois dispositifs indiqués ci-dessus, si l'on veut être en mesure de recevoir avec facilité, rapidité et économie des marchandises en vrac, soit de la petite voie sur la grande, soit inversement, soit enfin des marchandises en sac ou des charges incomplètes.

Il est à observer que c'est toujours la petite voie qui présente les déclivités nécessaires pour obtenir la différence de niveau requise entre les wagons.

Le treuil roulant à quatre rails peut aussi être utilisé dans les gares de transbordement, ainsi que les plaques tournantes à trois ou quatre rails, de préférence à quatre rails.

Des objections ont été faites au système qui vient d'être exposé : il exige, a-t-on dit, des emplacements considérables ; les fosses des voies les plus basses sont encombrantes et assez dangereuses pour la circulation ; les déclivités neutralisent d'assez grandes longueurs de voies devenues ainsi inutiles ; dans le cas d'un trafic assez varié de marchandises, les manœuvres des divers wagons sont longues, puisque chacun d'eux doit aller prendre dans la gare une place bien déterminée, et pas une autre. Pour ces diverses raisons, peut-être vaut-il mieux établir simplement les voies d'écartement différent l'une près de l'autre et au même niveau, de façon à pouvoir faire indifféremment les trois genres de transbordement indiqués plus haut, moins commodément sans doute en ce qui concerne le transbordement des marchandises en vrac, qui doit alors se faire à la pelle, mais en évitant les inconvénients signalés des fosses.   [625.615]

(Congrès International des Chemins de fer, Milan, 1887.)

*** Le C. I. C. exprime l'opinion que les opérations du transbordement ne sauraient être considérées comme un obstacle au développement des chemins de fer à voie étroite.   [625.615]

(Congrès International des Chemins de fer, Bruxelles, 1885.)

*** 1. Certains cas spéciaux peuvent justifier, soit au point de vue de la réduction de la dépense, soit au point de vue de la diminution des avaries, l'établissement d'installations spéciales de transbordement, par exemple s'il s'agit de l'exploitation de mines, charbonnages, etc., raccordés par des lignes à petite section aux grandes voies ferrées, ou bien dans d'autres circonstances analogues.

2. Mais, en dehors de ces cas exceptionnels, il convient de recommander, en règle générale, les moyens les plus ordinaires et les plus simples de transbordement de wagon à wagon sur les voies placées au même niveau. Le prix très peu élevé, auquel on parvient à effectuer la manutention des marchandises dans ces conditions, ne justifiera que très rarement la dépense et les inconvénients d'installations spéciales ou l'emploi de dispositifs particuliers : fosses ou estacades, caisses mobiles, wagons-trucks.

3. Le seul système qui paraît pouvoir être employé utilement, parce qu'il est simple et qu'il n'occasionne pas une grande dépense, c'est celui qui consiste à relever la voie à petite section, de manière que le plancher des wagons se trouve au même niveau que celui des wagons de la grande ligne. Dans certains cas, on pourra améliorer ainsi à peu de frais les conditions du transbordement des marchandises de la petite sur la grande ligne. Si l'on a un intérêt sérieux à le faire, par suite de l'importance des marchandises amenées à la grande ligne, on pourra même élever davantage la petite ligne au moyen d'un quai. Toutefois, même pour ces installations spéciales assez modestes, il faut bien en peser les avantages et les inconvénients avant d'y recourir.

4. Le transbordement n'est nullement un obstacle au développement des lignes à petite section et aux grands services qu'elles peuvent rendre.   [625.615]

(*Congrès International des Chemins de fer*, Paris, 1889.)

Matériel de traction.   625.616

1. Les accumulateurs électriques peuvent être employés plus spécialement sur les lignes à faibles pentes desservies par des voitures automotrices ; ils ne sont pas, en l'état actuel, suffisants dans les cas où un effort de traction important est nécessaire.

2. La traction électrique par envoi de courant peut s'appliquer à toutes les exploitations où, comme dans les villes, dans les longs souterrains, d'autres moyens de traction présentent de sérieux inconvénients.

3. Les moteurs sans foyer (eau chaude ou air comprimé) se substituent à la locomotive dans les mêmes conditions que la traction électrique par envoi de courant, lorsque la longueur des trajets ou l'intensité des efforts n'y mettent pas obstacle.

4. Les voitures à vapeur avec foyer trouvent leur application dans l'exploitation des lignes secondaires à faible trafic ; la longueur de ces lignes ne présente aucun obstacle à l'emploi

de ce système. Plusieurs types en usage donnent de bons résultats.

5. Sur les lignes à très fortes rampes exigeant une adhérence artificielle, la crémaillère paraît, en général, l'emporter si l'on tient compte, non seulement des dépenses d'exploitation, mais encore des frais d'établissement.

6. Enfin, le système funiculaire à mouvement alternatif et le système funiculaire à mouvement continu ne paraissent applicables qu'aux lignes d'une longueur limitée et aux tramways urbains. [625.616]

(*Congrès International des Chemins de fer*, Paris, 1889.)

*** 1. Pour augmenter la puissance des locomotives, on peut avoir recours, soit à une pression plus élevée de la chaudière (jusqu'à 14 atmosphères), soit à la surchauffe de la vapeur, soit au système compound, ces trois moyens pouvant être utilisés séparément ou simultanément.

2. Pour les lignes à tracé sinueux et à écartement d'un mètre on recommande de ne pas dépasser pour les locomotives les empattements rigides indiqués au tableau ci-après :

RAYON MINIMUM DES COURBES.	LONGUEUR MAXIMUM CORESPONDANTE DE L'EMPATTEMENT RIGIDE.
25 mètres.	1.4 mètre.
40 —	1.8 —
50 —	2.0 mètres.
75 —	2.5 —
100 —	2.9 —
125 —	3.3 —
150 —	3.6 —
180 —	3.9 —

Si le poids adhérent nécessaire ne peut pas être atteint dans les limites qu'imposent ces empattements et les charges maximums par essieu, on peut recommander le jeu axial et la suppression des boudins sur certaines paires de roues couplées ; si ces expédients sont insuffisants, on les remplacera, soit par un dispositif permettant l'inscription radiale de certains essieux couplés, soit par l'emploi d'un ou de deux trucks moteurs mobiles par rapport au châssis principal, avec transmission mécanique du travail d'une machine à vapeur principale, ou avec machine à vapeur spéciale pour chaque truck.

3. Si les locomotives sont exposées à un dégagement particulièrement intense de poussière, on pourra, pour ménager le mécanisme, munir celui-ci d'enveloppes qu'il conviendra d'établir aussi complètes et aussi étanches que possible. Les volets devront être disposés de manière à assurer un accès facile aux organes du mouvement.

4. Pour les lignes traversant des localités à circulation intense, il convient que le mécanicien puisse facilement surveiller la voie devant la locomotive.

Si celle-ci ne peut pas toujours être virée aux abouts de son parcours de façon que l'abri du mécanicien se trouve en tête, il est recommandable, soit de munir chaque extrémité de la locomotive d'un abri (d'où le régulateur et le changement de marche puissent être manœuvrés, et d'où les signaux puissent être donnés), soit de munir la locomotive d'un abri unique surélevé, permettant d'apercevoir la voie de tous côtés.

5. Pour les lignes ou la conduite des locomotives peut être assurée par un seul agent, il est utile que la machine soit accessible des voitures pendant la marche, ce qui peut être obtenu, avec des machines-tenders, par l'adoption de deux plates-formes communiquant entre elles et de passerelles pour donner accès aux voitures. Avec un tel dispositif il suffit qu'une seule des plates-formes soit aménagée pour la conduite de la machine.

6. Dans le cas d'un service en navette effectué par un train de deux voitures sur siège spécial, la locomotive peut être intercalée entre les deux voitures (ce qui évite toute manœuvre aux abouts), pourvu que, des plates-formes, constituant dans chacune des deux voitures les extrémités du train, on puisse actionner au moins le régulateur et le frein.   [625.616]
(*Congrès International des Chemins de fer*, Berne, 1910.)

Wagons à marchandises.   625.617

Il y a lieu de recommander, pour les chemins de fer secondaires ou économiques, l'emploi de wagons à marchandises dont la charge utile se rapproche de celle des grandes lignes auxquelles ils se raccordent, en se maintenant, pour la charge par essieu, dans la limite de celle des essieux des locomotives.   [625.617]
(*Congrès International des Chemins de fer*, Paris, 1889.)

Matériel roulant.   625.617

A. *Quantité du matériel nécessaire à l'exploitation d'une ligne secondaire.* — Aucune formule générale ne peut résoudre ce problème, qui devra, dans chaque cas particulier, faire l'objet d'un examen spécial. Il faudra étudier les ressources de la ligne en marchandises et en voyageurs, son trafic probable ; dresser ensuite le programme d'un service fictif, du nombre de trains à mettre en mouvement dans chaque sens pour y satisfaire.

De ces données découlera naturellement le nombre de véhicules nécessaires, tant comme locomotives que comme wagons et voitures à voyageurs.

B. *Voitures à voyageurs*. — Le C. I. C. est unanime à recommander, pour la facilité du service sur les lignes secondaires, le type des voitures à intercommunication, qui ne semble plus guère discuté aujourd'hui.

Le système des voitures à voyageurs est naturellement lié au nombre de classes adopté.

Une seule classe peut suffire pour les tramways proprement dits, où les parcours sont généralement peu étendus. On a ainsi les avantages de la simplicité et des facilités plus grandes de contrôle.

Mais pour les lignes secondaires, faisant un trafic vicinal, deux classes semblent indispensables. Quant à la complication de trois classes, les lignes secondaires la subissent quand les cahiers des charges la prescrivent, mais on est unanime à la repousser, sauf les cas bien exceptionnels où la nature du trafic pourrait la justifier. [625.617]

(*Congrès International des Chemins de fer*, Milan, 1887.)

*** Le type de *matériel à voyageurs* qui peut être spécialement recommandé est le type à capacité moyenne avec portes d'accès aux deux extrémités de la caisse ou au milieu, donnant sur une plate-forme.

Dans les pays accidentés, où une grande flexibilité du matériel roulant est nécessaire, les voitures à bogies ou celles à essieux rayonnants paraissent être indiquées.

Quant au *matériel à marchandises*, l'adoption de wagons d'un tonnage utile de 10 tonnes peut être recommandée.

L'emploi de *wagons spéciaux*, d'un chargement supérieur et de formes spéciales, constitue des cas d'espèces, sur lesquels il n'y a pas lieu de se prononcer. [625.617]

(*Congrès International des Chemins de fer*, Paris, 1900.)

Attelage. 625.617

L'attelage connexe à un tampon central est à recommander dans la construction du matériel des chemins de fer économiques.

[625.617]

(*Congrès International des Chemins de fer*, St-Pétersbourg, 1892.)

Freins.   625.618

Considérant que l'exploitation des lignes secondaires empruntant les routes doit être essentiellement économique, tout en réunissant les conditions de sécurité requises par les circonstances spéciales à chacune d'elles, en règle générale l'usage des freins continus n'est pas nécessaire, les freins ordinaires à vis manœuvrés à la main pouvant donner toutes les garanties de sécurité désirables, même si l'on adopte une vitesse supérieure à celle admise jusqu'aujourd'hui, tout en répondant mieux aux conditions économiques de l'exploitation des lignes secondaires.

[625.618]

(Congrès International des Chemins de fer, Milan, 1887.)

Gares à voyageurs.   656.211

L'indépendance complète des lignes aboutissant parallèlement à une gare, la faculté de recevoir ou d'expédier les trains de toutes les directions sur toutes les voies à quai, la diminution de l'espace affecté aux salles d'attente fermées, enfin la disposition d'accès par bout des quais des gares terminus, ont donné, dans un certain nombre de cas, de bons résultats qu'il est intéressant de signaler.   [656.211]

(Congrès International des Chemins de fer, Paris, 1889.)

*** En ce qui concerne les grandes gares à voyageurs, pour donner à ces installations le maximum de capacité de service, et en même temps de sécurité d'exploitation, il importe d'en distraire tout d'abord tout ce qui concerne le service local des marchandises.

Il importe aussi de séparer autant que possible les locaux affectés au service des voyageurs de ceux affectés au service des messageries. Il y a intérêt également à concentrer le service de banlieue sur des voies qui lui soient affectées en principe, sauf cependant à utiliser à certaines heures ou à certains jours, où l'un des deux trafics, banlieue ou grandes lignes, prend une importance prépondérante, soit des voies de grandes lignes pour la banlieue, soit des voies de banlieue pour les grandes lignes. L'établissement de grandes bretelles de jonction en tête des gares, permettant de recevoir un train d'une direction quelconque sur une voie quelconque, tend à se généraliser et paraît être une excellente solution pour accroître le rendement. Les postes d'enclenchement dynamiques, dont la manœuvre est facile et rapide et dont l'emploi tend à se généraliser, permettent d'utiliser ces jonctions dans les meilleures conditions. Il importe enfin de disposer en tête des divers trottoirs, des voies permettant d'effectuer rapidement les changements de machines ou des modifications dans la composition des trains. Un faisceau de formation à proximité de la gare et relié à celle-ci par des voies indépendantes est également un complément d'installation très utile.

Lorsque la situation des lieux le permet, il y a souvent avantage à adopter soit le type des gares à étages, soit le type de gare mixte, c'est-à-dire comportant des voies à deux niveaux différents. Le terrain est ainsi mieux utilisé, la répartition des voyageurs entre les divers trottoirs se fait plus facilement et le service des bagages peut être effectué, en n'imposant qu'une gêne beaucoup moindre au public.

L'emploi des appareils mécaniques, pour la manutention des bagages, est très recommandable et, dans les gares à étages, celui des appareils élévateurs, évitant au public la montée des escaliers, paraît constituer une amélioration sérieuse, surtout lorsque ces appareils sont à débit continu.

Il y a lieu d'ajouter qu'il est plutôt exceptionnel qu'on ait actuellement à créer une grande gare à voyageurs de toutes pièces. Il est beaucoup plus fréquent qu'on ait à modifier ou à agrandir une gare existante ; on est alors tenu par des sujétions locales qui ne permettent d'appliquer les principes que nous venons d'exposer que dans une mesure restreinte.   [656.211]
(*Congrès International des Chemins de fer*, Berne, 1910,)

Graphique d'utilisation des gares.   656.211 (083.6)

L'emploi d'un graphique permettant l'étude de l'utilisation des voies à quai des grandes gares à voyageurs peut rendre de très bons services, surtout dans les cas de modification à l'aménagement.   [656.211 (083.6)]
(*Congrès International des Chemins de fer*, Berne, 1910.)

Gares à marchandises.   656.212

Le meilleur moyen d'accélérer les manœuvres de gare et la manutention des marchandises consiste à disposer d'installations étendues comprenant un nombre suffisant de voies de réception en dehors des voies principales, ainsi que de quais spacieux permettant la division et la spécialisation du travail des gares, en tenant compte de l'intensité du trafic.

Ces installations diverses devraient autant que les circonstances locales le permettent, être combinées de façon à éviter tout parcours et stationnement inutiles, afin d'assurer la continuité successive des opérations. Les installations suffisantes des gares sont un des moyens qui permettent d'accélérer les transports des marchandises, conduisent à une meilleure utilisation du matériel roulant et augmentent la capacité de transport des lignes.

Aucune gare ne peut d'ailleurs servir de modèle à une autre, les conditions géographiques et physiques, la nature du trafic et les besoins de la région devant toujours régler les facilités à offrir tant au point de vue des constructions que sous les autres rapports.

Toutes les grandes gares modernes sont caractérisées par la décomposition systématique en plusieurs parties distinctes, chacune affectée à des services bien déterminés, c'est-à-dire par la spécialisation et la localisation des opérations.

En ce qui concerne la disposition des voies des cours, il paraît avantageux de les établir de manière à pouvoir manœuvrer le plus possible à la machine.

Les moyens à employer pour la manœuvre des wagons isolés, qui ne pourra jamais être évitée, sont subordonnés au nombre de wagons à manœuvrer sur un chantier, à la disposition des voies, à la nature du trafic et au type du matériel.

Les administrations de chemins de fer auraient intérêt à établir des dépôts dans l'enceinte des gares ou à aider l'industrie privée à les créer, pour ne pas encombrer les chantiers de travail par les wagons et les marchandises en dépôt. Les halles aux marchandises avec étage supérieur ou inférieur tendent vers ce but.

On emploie pour les manœuvres dans les gares soit des locomotives du train, soit des locomotives spéciales ou autres moyens mécaniques, en évitant dans la mesure du possible de recourir au travail manuel et à la traction animale.

On admet généralement que, dans les gares de triage, la manœuvre par la gravité est le système à la fois le plus efficace et le plus économique lorsque les conditions topographiques et autres s'y prêtent. Lorsque les voies de garage sont en cul-de-sac, il paraît qu'il y a avantage à leur donner une pente vers les heurtoirs, variant de 2 millimètres en France à 6 millimètres en Angleterre.

Quant aux appareils proprement dits qui sont de nature à faciliter les manœuvres dans les gares, il en est peu qui aient subi des modifications marquantes dans ces dernières années. Ce sont surtout les progrès de l'électricité qui permettront dans l'avenir de disposer d'une source puissante et unique d'énergie, distribuant largement la lumière et pouvant être employée à la fois pour les cabestans, les plaques tournantes, les chariots transbordeurs, les grues, les monte-charges et les autres engins et, dans quelques cas spéciaux, les aiguilles et les signaux.

La combinaison de la gravité, avec l'emploi des locomotives et autres moyens mécaniques, donne fréquemment des résultats satisfaisants.

Un matériel roulant bien adapté à sa destination est un facteur important dans la manutention du trafic ; les freins, les chaînes d'accouplement et les bâtons de manœuvre ont pour effet de faciliter beaucoup les opérations dans quelques gares où les appareils ont pu être employés avec le matériel existant.

[656.212]

(*Congrès International des Chemins de fer*, Londres, 1895.)

Gares de triage.   656.212.5

Les gares de triage peuvent, en général, être installées en pleine campagne, et être construites conformément au but qu'elles ont à remplir. Leur établissement est en effet moins influencé que celui des gares à voyageurs par les circonstances locales et étrangères aux conditions d'exploitation des lignes à desservir.

Ces gares paraissent devoir comprendre, dans tous les cas, trois faisceaux de voies correspondant : au stationnement après l'entrée, au triage, par direction et par station, et enfin à la formation et au stationnement, avant le départ, des trains à recevoir. La longueur de ces voies dépend de la longueur des trains, et leur nombre, de l'intensité du trafic ainsi que du nombre des directions à desservir.

Dans les très grandes gares, où l'on doit faire face à un mouvement très intense, on ajoute d'autres faisceaux de moindre importance spécialisés au classement géographique.

On peut enfin les dédoubler et constituer deux systèmes de faisceaux distincts pour les deux directions principales à desservir, en les réunissant par des liaisons permettant de passer de l'un à l'autre. Il est désirable de le faire lorsqu'il s'agit d'une gare de très grande importance justifiant ces dispositions. Il est intéressant d'ailleurs de réserver l'avenir en vue du développement ultérieur du trafic.

Il y a grand intérêt à disposer ces divers faisceaux, ainsi que les voies de circulation, de façon à obtenir la continuité du mouvement de triage et à éviter toute interruption de ces opérations par le fait de l'arrivée et du départ des trains, et du mouvement des machines.

Les gares de triage peuvent être établies soit en pente continue, soit avec dos d'âne. Le choix entre ces deux systèmes est une question d'espèce à régler dans chaque cas, en tenant compte de la nature du trafic, des dépenses de construction, qui varient avec la situation des lieux, et des dépenses d'exploitation éventuelles dans chacun de ces deux systèmes.

Le sabot d'arrêt semble constituer le meilleur engin pour l'arrêt des wagons légers et moyennement lourds.   [656.212.5]
(*Congrès International des Chemins de fer*, Berne, 1910.)

*** On ne peut fixer les résultats économiques des différents systèmes de triage en usage : tous sont applicables suivant la disposition des lieux et l'importance des gares. Toutefois, lorsque l'emplacement le permet et qu'il s'agit de trier un grand nombre de wagons pour un grand nombre de directions, c'est le triage à la gravité qui paraît le plus convenable.

[656.212.5]
(*Congrès International des Chemins de fer*, Paris, 1889.)

Manutention des marchandises.   656.212.6

La manutention mécanique des marchandises ou des wagons dans les halles et à proximité des halles, à l'aide de grues à bras ou électriques, de cabestans électriques, de monte-charges, etc., tend à se développer et constitue une amélioration importante. Elle a pour conséquence l'emploi plus fréquent de halles à étages.   [656.212.6]
(*Congrès International des Chemins de fer*, Berne, 1910.)

Gares à faible trafic.   656.213

Il est possible d'affermer le service des petites stations. Les précautions à prendre pour garantir en pareil cas la sécurité paraissent être de disposer toutes les voies de service d'un même côté de la voie principale et de prendre les mesures nécessaires pour que la voie principale ne puisse être engagée par des manœuvres dans l'intervalle du passage des trains.

[656.213]
(*Congrès International des Chemins de fer*, Milan, 1887.)

Gares communes.   656.214

Il est désirable, dans l'intérêt du public et des administrations, que, tout au moins en ce qui concerne le service des voyageurs, la communauté des gares soit établie dans les localités desservies par plusieurs lignes de chemins de fer.

Il est désirable également que les gares distinctes d'une même localité soient reliées par rails.

Les gares communes doivent, au point de vue de la sécurité du service, être gérées par une seule administration.

La question de l'organisation des gares communes, ainsi que celle du partage des dépenses de loyer et d'exploitation, ne peut être résolue d'une manière générale. C'est une question d'espèce, dépendant des situations respectives des administrations en présence, de l'importance et de la nature du trafic, des conditions et de la durée du service de chaque ligne, des dépenses évitées à la ligne reçue ou faites par la ligne recevante pour l'établissement de la gare commune, etc., etc.

Lorsqu'il s'agit de la réception d'une ligne secondaire ayant le caractère d'affluent, il est équitable que l'administration recevante lui accorde certaines facilités tenant compte de ce rôle d'affluent.

La seule règle à observer, c'est que le régime soit équitable pour toutes les parties, les tribunaux ou les autorités compétentes ayant, en cas de désaccord, à trancher la question par les voies ordinaires.

Dans tous les cas, il est utile, lorsque l'expérience a prononcé, de substituer, au mode provisoirement admis pour la répartition des dépenses, une formule très simple, susceptible d'être périodiquement revisée et facilitant les opérations de décompte.

[656.214]

(*Congrès International des Chemins de fer*, Bruxelles, 1885.)

Eclairage des gares. 656.215

Modes d'éclairage. — L'éclairage des gares s'effectue au moyen de l'huile (colza ou pétrole), du gaz ou de l'électricité. Ces trois sources de lumière sont souvent employées simultanément. On peut encore, pour éclairer les espaces découverts, employer le lucigène, lumière obtenue au moyen d'un courant d'air comprimé passant au travers d'huiles lourdes, ce qui donne à peu de frais et avec une installation très simple un éclairage comparable à celui obtenu au moyen de l'électricité ; mais le bruit et la fumée produits par l'appareil ne permettent pas de l'utiliser sous des halles et encore moins dans les locaux affectés au service des voyageurs.

Eclairage intensif. — L'éclairage intensif obtenu au moyen du gaz ou de l'électricité est naturellement plus coûteux que l'éclairage ordinaire ; en outre de la dépense spéciale qui résulte des appareils adoptés, on se trouve généralement entraîné à augmenter l'éclairage ordinaire dans les locaux voisins de ceux où ces appareils fonctionnent, de manière à éviter de trop forts contrastes. L'éclairage intensif permet, par contre, d'obtenir des agents une plus grande quantité de travail et surtout un meilleur travail ; toutefois, il n'a pas encore été fait d'expériences suffisamment précises pour permettre d'affirmer que le béné-

fice ainsi obtenu compense les frais supplémentaires occasionnés par l'établissement de l'éclairage intensif.   [656.215]
(*Congrès International des Chemins de fer*, Milan, 1887.)

*** Le C. I. C., constatant les progrès sérieux et considérables réalisés depuis peu d'années dans l'éclairage électrique des trains, tant au point de vue technique qu'au point de vue économique, pense qu'il est désirable que les administrations de chemins de fer continuent les essais entrepris.

Le C. I. C. avait constaté, à Milan, que l'éclairage électrique pouvait, dans un certain nombre de cas, donner des résultats économiques, mais que, les installations étant trop récentes pour qu'on pût apprécier le prix de revient, il était utile de réserver la question à l'examen d'une prochaine session.

Bien que le temps écoulé depuis lors soit encore bien court, l'éclairage électrique a fait de si rapides progrès et s'est tellement développé que l'expérience, loin d'infirmer les prévisions favorables que permettait l'état de la question à ce moment, en a, au contraire, prouvé toute l'exactitude.

Le prix de l'installation, dont les charges d'intérêt et d'amortissement pèsent très lourdement sur le prix de revient, s'est notablement abaissé avec la diminution du prix d'acquisition des lampes à arc et des machines dynamos, dont le rendement a constamment augmenté.

Quant aux dépenses d'exploitation proprement dites, elles ont elles-mêmes subi d'importantes réductions, d'un côté, par l'abaissement du prix des crayons des lampes à arc et de celui des lampes à incandescence, coïncidant pour celles-ci avec l'augmentation de leur durée, et, d'autre côté, par une meilleure utilisation du personnel, résultant d'une plus grande expérience et de meilleures dispositions dans l'installation.

Aux économies qui viennent d'être indiquées, il y a lieu d'ajouter celles qui résultent de la diminution des frais d'achat et d'entretien des accumulateurs, devenus plus robustes et plus durables, et aussi de l'expérience que l'on a acquise depuis plusieurs années dans la construction des machines électriques, dont la simplicité et la solidité ont notablement réduit les frais d'entretien.

Il peut se présenter des cas où l'écart entre le prix de l'éclairage par l'électricité et celui de l'éclairage par d'autres systèmes soit encore trop grand pour que les avantages que procure le premier ne suffisent pas à en justifier l'emploi si, par exemple, la durée d'allumage des lampes est très faible ou si le prix des autres éclairages est exceptionnellement réduit.   [656.215]
(*Congrès International des Chemins de fer*, Paris, 1889.)

Transbordements. 656.216

1. *Trains de voyageurs.* — En l'état actuel, les difficultés de changement de roues ne seraient pas, en général, compensées par les avantages de la suppression du transbordement.

2. *Trains de marchandises.* — Pour la plupart des marchandises, le transbordement peut être opéré dans des conditions peu coûteuses ; pour les marchandises exceptionnelles, dont le transbordement est difficile, l'emploi de caisses transportables, au moyen des grues de chargement ou par tout autre procédé, est une solution convenable et, dès lors, il n'y a pas intérêt à recommander, sauf dans des cas tout à fait particuliers, des solutions (changement de roues, emploi de trucks spéciaux, etc.) qui paraissent, en général, devoir présenter de notables inconvénients. [656.216]

(*Congrès International des Chemins de fer*, Paris, 1898.)

Formalités douanières. 656.217

1. *En ce qui concerne le service des voyageurs* :

Le C. I. C. s'associe énergiquement aux vœux adoptés à ce sujet par le congrès international de la règlementation douanière, qui s'est tenu à Paris du 30 juillet au 4 août 1900, vœux qui sont ainsi conçus :

A. Diminuer autant que possible le temps passé aux frontières pour les visites douanières ;

B. Visiter les bagages à la main dans les voitures à intercirculation des trains internationaux et, dans ce cas, accepter les monnaies divisionnaires étrangères dans une certaine limite ;

C. Afficher les taxes des principaux objets sujets aux droits parmi ceux que le voyageur apporte ordinairement avec lui ;

D. Visiter autant que possible les bagages au départ, et, à cet effet, organiser au besoin des bureaux de douane extraterritoriaux au moins dans les principaux centres de voyage, sous la condition que des conventions internationales permettent aux agents douaniers opérant à l'étranger de réprimer le délit de fausse déclaration en même temps et au même titre que l'importation frauduleuse.

Il est incontestable que le système de la visite des bagages au départ, en organisant des bureaux de douane extra-territoriaux, constitue, quand cela est possible et que le trafic le justifie, la solution la plus complète. En attendant sa réalisation, il convient de recommander particulièrement la création de bureaux de douane intérieurs aux gares d'arrivée, de manière que les bagages enregistrés dans les fourgons, compartiments ou enveloppes plombés échappent à la visite lors de leur passage à la gare-frontière et réduisent ainsi le temps perdu à cette gare.

Pour que ces bureaux intérieurs donnent tous les bons résultats qu'on peut en attendre, il est d'ailleurs essentiel que les opérations de visite à l'arrivée soient conduites avec rapidité et de manière à éviter les pertes de temps.

Pour les bagages qui, pour des motifs divers, ne pourraient être expédiés sous le régime qui vient d'être indiqué, il est de plus en plus nécessaire, à mesure que les conditions de rapidité et de confortable du trajet sur rails augmentent, que toutes les mesures de détail soient prises, tant pour réduire au minimum la durée de la visite à la douane frontière que pour éviter aux voyageurs le désagrément — pénible surtout pour les femmes, les enfants et les malades — de la descente en gare, souvent en pleine nuit. A cet effet, le C. I. C. croit devoir insister non seulement pour que les opérations de douane soient conduites avec célérité, mais encore qu'on ne limite pas aux voitures à intercirculation la visite des bagages à la main dans la voiture même, et qu'on organise, toutes les fois que cela est possible, la visite en cours de route des trains internationaux qui ne sont pas remaniés aux gares-frontières.

2. *En ce qui concerne le service des marchandises :*

Il est également du plus haut intérêt de multiplier les bureaux de douane intérieurs permettant de supprimer la visite à la frontière toutes les fois que c'est possible.

D'autre part il est indispensable, dans l'intérêt du public comme dans celui de la bonne utilisation du matériel des chemins de fer, qu'au lieu d'avoir ses heures de service étroitement limitées comme aujourd'hui, l'organisation de la douane aux gares-frontières soit réglée, comme celle du chemin de fer, sur les besoins du trafic international, notamment au point de vue du service de nuit et de celui des dimanches et jours de fêtes. Il serait entendu que, de leur côté, les administrations de chemins de fer auraient à prendre les dispositions nécessaires, notamment au point de vue de l'éclairage, pour que les opérations de la douane puissent être conduites avec sécurité et rapidité.

A l'occasion de l'objet à l'ordre du jour, l'attention du C. I. C. a été appelée, en outre, sur les sanctions pénales dont sont frappés, dans certains pays, les agents de chemins de fer en cas de fausses déclarations, lors même que celles-ci sont dues à des renseignements insuffisants ou inexacts fournis par l'expéditeur. Il serait désirable que les agents eussent dans ce cas la faculté — qui leur est donnée dans d'autres pays, et notamment en Suisse, — de rectifier leurs déclarations au moment de la visite douanière.   [656.217]

(*Congrès International des Chemins de fer*, Paris, 1900.)

Choix d'itinéraire. 656.222

Il y a souvent avantage à faire passer les marchandises entre deux points d'un réseau par un itinéraire autre que celui qui donne le plus faible parcours.

La détermination de l'itinéraire le plus économique dépend d'un ensemble de conditions parmi lesquelles on peut citer en premier lieu le profil, qui a une influence prépondérante sur le coût du transport de la tonne kilométrique.

Il faut tenir compte ensuite des courbes, de l'organisation du service des marchandises, du délai de livraison, etc. [656.222] (*Congrès International des Chemins de fer*, St-Pétersbourg, 1892.)

Vitesse des trains. 656.222.2

Les pentes et les courbes exceptionnelles, quand elles sont franchies sans ralentissement, ne reçoivent pas, en général, de renforcement spécial. Toutefois, en Angleterre, on ajoute fréquemment un contre-rail à la file intérieure des courbes très raides.

La plupart des administrations, en Angleterre et en France principalement, acceptent le passage en vitesse des trains rapides aux appareils de voie, aux passages à niveau, aux embranchements particuliers et aux stations en double voie, sans recourir à d'autres procédés que ceux qu'on emploie avec les trains ordinaires.

La traversée sans ralentissement des stations en voie unique est admise sur un assez grand nombre de lignes : les solutions très variées qui sont adoptées dans ce but dépendent essentiellement des règlements d'exploitation propres à chaque administration et on trouve, pour les mettre en application, de nombreuses dispositions techniques également satisfaisantes.

Le passage en vitesse sur les ponts tournants est accepté par quelques administrations. [656.222.2] (*Congrès International des Chemins de fer*, Londres, 1895.)

**** Le C. I. C. constate qu'un grand nombre d'administrations admettent le passage en vitesse sur les bifurcations, surtout pour les trains parcourant les branches en lignes droites ou en courbes de grand rayon.

Une voie très résistante aux efforts verticaux et horizontaux, un tracé qui ne comporte pas de courbes ayant des rayons trop faibles (tracé auquel on peut arriver en adoptant une disposition symétrique pour les deux branches de la bifurcation ou en employant des croisements de changement et de traversée très aigus), l'emploi de supports de fort équarrissage convenablement espacés et d'un ballast de bonne qualité reposant sur une plate-forme solide et bien asséchée, peuvent être considérés, concurremment aux dispositifs conseillés dans les conclusions relatives à la question VII, littéra B, de la première session du C. I. C., parmi les conditions les plus favorables à l'établissement des bifurcations parcourues en tous sens à toute vitesse. [656.222.2]

(*Congrès International des Chemins de fer*, Londres, 1895.)

Classes de voitures. 656.222.3

1. Il y a intérêt, à tous les points de vue, à offrir aux voyageurs de troisième classe, dans la mesure du possible, les avantages d'une vitesse supérieure, d'abord parce que, pour eux comme pour les autres, *time is money*, ensuite parce que l'utilisation des voitures de troisième classe est toujours meilleure, et leur poids mort par voyageur beaucoup plus faible que pour les classes supérieures.

2. Cette mesure n'a d'intérêt que pour les voyageurs effectuant de longs parcours auxquels seuls correspondra une économie de temps notable.

3. Certaines administrations de chemins de fer se heurteraient à l'impossibilité d'admettre les troisièmes classes dans les trains rapides ou express actuellement existants. Cette mesure conduirait sûrement à une grande surcharge et par suite, à une réduction de vitesse. Le cas peut être pourtant différent pour d'autres administrations dont les express existants ne sont pas si lourds. La solution est dans la transformation de certains omnibus en trains express ou même, là où l'intensité du trafic la justifie, la création de nouveaux trains de vitesse intermédiaire entre les omnibus et les express. Ces mesures doivent avoir pour résultat de développer par le mouvement de la classe la plus nombreuse, celle qui voyage le moins, qui hésite à se déplacer même pour ses besoins.

4. Cette innovation produirait plus sûrement encore un développement du mouvement, suffisant pour la rendre avantageuse à tous, si elle était accompagnée d'une différence de prix à réaliser par la réduction de l'impôt ou autrement, correspondant à la différence de vitesse.

Cette différence existe dans tous les pays qui sont entrés plus ou moins largement dans cette voie (surtaxe de 10 p. c. en Italie, de 15 p. c. en Russie, de 20 p. c. en Autriche et en Hongrie).

Eminemment rationnelle pour toutes les classes, la surtaxe existe en fait pour la première, parce que les voyageurs de cette classe ne voyagent pour ainsi dire pas dans les trains omnibus ;

son absence pour la deuxième et surtout pour la troisième classe est sans doute le motif le plus puissant qui a empêché jusqu'ici ou qui empêchera encore les pays où elle n'existe pas de donner à cette innovation le développement qu'il serait à tous égards désirable de lui donner.　　　　　　　[656.222.3]

(*Congrès International des Chemins de fer*, Paris, 1889.)

Composition des trains.　　　　　　　656.222.3

Quelques délégués, notamment de la Russie et de l'Angleterre, semblent considérer qu'il est important de donner, même aux voyageurs de 3e classe, la possibilité de s'étendre la nuit, et de mettre à leur disposition des toilettes, etc. ; il pensent que cela peut se faire avec des dépenses additionnelles peu importantes ; à d'autres membres il paraît que cette disposition ne pourrait guère se généraliser sans donner aux trains un poids trop considérable, qu'elle entraînerait des dépenses d'exploitation excessives et devrait, par suite, se limiter à des cas tout à fait spéciaux. La question dépend, d'ailleurs, du profil des lignes, de la charge et de la vitesse des trains.

En ce qui concerne le type général des voitures, surtout comme dimensions, quelques délégués ont demandé si l'intercalation de voitures de grande longueur dans un train composé principalement de voitures de dimensions ordinaires n'entraînerait pas des dangers, surtout en cas d'arrêts brusques et d'accidents de route. Plusieurs délégués ont déclaré que sur le réseau qu'ils exploitent ce mélange ne présentait aucun inconvénient.

On ne peut, d'ailleurs, établir d'une manière absolue si la préférence doit être donnée à des voitures à bogies ou aux types à deux et à trois essieux plus usuels en Europe ; la question dépend surtout des conditions de tracé des lignes, du mouvement des voyageurs, des conditions d'installation des gares et des exigences du service qu'il s'agit de satisfaire.

L'assemblée ayant passé à la discussion des détails, des délégués ont fait observer que la roue à centre en bois, d'un usage général en Grande-Bretagne, n'a pas donné de bons résultats sur leurs réseaux ; cet insuccès paraît dû à la sécheresse du climat et à l'action prolongée des freins sur les pentes. Ce serait surtout les alternations de sécheresse et d'humidité qui seraient nuisibles à leur conservation.

Plusieurs délégués font remarquer que les goûts des voyageurs diffèrent beaucoup ; certaines personnes aiment les compartiments séparés, tandis que d'autres donnent la préférence aux voitures à communication. La comparaison, bien entendu, ne peut être faite que si les compartiments séparés offrent les mêmes avantages que les voitures à intercommunication en ce qui concerne les toilettes.

Un point important est de mettre à la disposition du public des toilettes et water-closets en nombre suffisant pour les longs parcours sans arrêts.

Sur certains réseaux très accidentés, ou avec une exploitation très chargée, l'augmentation de poids mort qui résulte de ces améliorations pourrait, d'ailleurs, entraîner de graves difficultés. [656.222.3]

(*Congrès International des Chemins de fer*, Londres, 1895.)

Horaires. 656.222.5

La numération continue des heures de 1 à 24 dans les horaires offrirait de grandes facilités dans l'organisation du service des chemins de fer.

Les administrations et les pays qui ont expérimenté ce système s'en déclarent très satisfaits, y trouvent beaucoup d'avantages, et le public s'y habitue sans difficulté. [656.222.5]

(*Congrès International des Chemins de fer*, Londres, 1895.)

Accélération du service des marchandises. 656.222.6

L'accélération du transport des marchandises est souvent désirable et l'augmentation de vitesse peut être obtenue, dans certains cas, sans accroissement des frais de traction, pourvu qu'on fasse usage de locomotives appropriées à ce genre de service, de manière à ne pas trop réduire la charge des trains.

Ces conclusions s'appliquent surtout aux lignes qui ont un trafic important rendant possible l'expédition de trains complets, tandis que pour les réseaux à faible trafic, l'organisation de tels trains n'est généralement pas possible. Sur les très fortes rampes, d'ailleurs, on ne peut guère songer à augmenter la vitesse des trains de marchandises.

Il est fort à désirer que la durée des stationnements, des garages, du chargement et du déchargement, et, en général, de toutes les opérations faites dans les gares soient réduites, autant que possible. [656.222.6]

(*Congrès International des Chemins de fer*, Londres, 1895.)

Emploi du matériel. 656.223

Tous les efforts devraient tendre à la réduction des services de réserve, services qui absorbent environ 6 p. c. du matériel, et correspondent, pour le matériel immobilisé, à une diminution de parcours de 20 à 25 p. c.

En somme, les applications étendues, en Amérique, de la double équipe, et les divers essais de ce système poursuivis depuis deux ans, semblent démontrer que, dans certains cas spéciaux, surtout quand le mouvement des trains s'y prête et qu'on a avantage à sacrifier la bonne utilisation du personnel à celle du matériel, il peut être appliqué sans donner lieu à un excès de dépense ou à un excès de frais d'entretien.

Le nombre de ces cas spéciaux paraît, d'ailleurs, assez restreint.

Le système banal, dont l'application n'entraîne point une augmentation de personnel, peut convenir à certains cas particuliers d'exploitation ; mais, dans chaque cas, l'application doit être soigneusement préparée, justifiée par une étude complète des conditions de cette application et scrupuleusement surveillée.   [656.223]

(*Congrès International des Chemins de fer*, Milan, 1887.)

*** Les meilleures règles pour la distribution du matériel participent à la fois, à des degrés divers, de la méthode de la répartition par des ordres spéciaux d'envoi et de la méthode de la remise d'office dans les courants réguliers établis. Elles doivent tenir compte de la configuration du réseau ainsi que de la consistance du matériel roulant, et elles doivent être assez souples pour s'adapter, pour ainsi dire, instantanément aux fluctuations du trafic.   [656.223]

(*Congrès International des Chemins de fer*, Paris, 1900.)

*** 1° Toutes les questions de roulement des machines et des mécaniciens sont des questions d'espèce ;

2° La banalité absolue qui ne laisserait aucune réserve de machines doit être complètement exclue ;

3° En principe, et sauf des cas spéciaux, la banalité n'est pas à recommander sur la plupart des chemins de fer dans les services normaux ;

4° La double équipe et les services similaires peuvent être avantageusement employés, mais dans des cas d'espèces.

                                                       [656.223]

(*Congrès International des Chemins de fer*, St-Pétersbourg, 1892.)

Equipe double et multiple.   656.223

En Europe et dans les pays autres que l'Amérique du Nord, le sentiment général est très favorable au système de l'équipe simple et défavorable à la banalité, qui n'est guère employée que lorsqu'on est forcé de le faire par une augmentation subite dū trafic. Toutefois, on a recours, pour certains services qui s'y prêtent plus particulièrement, à des combinaisons diverses d'équipes doubles ou multiples ou à l'emploi d'équipes auxiliaires intercalées.

Dans l'Amérique du Nord, l'emploi de la banalité est, au contraire, assez répandu, bien qu'elle soit peu employée pour le service des trains de voyageurs, et qu'une tendance favorable à l'emploi de l'équipe simple paraisse s'y manifester d'une manière assez générale.

Il y a lieu, d'ailleurs, de remarquer que l'organisation des services de traction dépend, dans une large mesure, des conditions locales. [656.223]

(*Congrès International des Chemins de fer*, Washington, 1905.)

Echange de voitures à voyageurs. 656.223.1

L'emploi des aiguilles, ainsi que des plaques et des chariots, peut donner, dans les différentes circonstances, des résultats satisfaisants.

Cependant, les compagnies employant exclusivement l'aiguillage ne songent pas à y substituer les plaques et les chariots. Par suite de l'allongement des voitures, il y a une tendance à substituer le chariot aux plaques et l'obstacle le plus sérieux à cette substitution est la difficulté d'avoir un chariot facilement manœuvrable. [656.223.1]

(*Congrès International des Chemins de fer*, Paris, 1889.)

Emploi du matériel à marchandises. 656.223.2

La situation toute particulière de l'Angleterre ne permet guère de comparer ses méthodes à celles du continent. On doit constater seulement, sur les chemins anglais, l'augmentation de la capacité des wagons et une certaine tendance à réduire l'usage excessif des wagons appartenant aux particuliers.

La répartition du matériel se fait en général dans les conditions justifiées par la forme géographique de chaque réseau et appropriées à la nature de ses courants commerciaux.

Il en est de même pour l'échange, avec une tendance vers la compensation en nature des parcours et des séjours. On semble disposé au maintien des redevances et des détails sur les réseaux qui ne sont pas dans les situations respectives qui caractérisent les chemins de fer russes. [656.223.2]

(*Congrès International des Chemins de fer*, St-Pétersbourg, 1892.)

*** Le C. I. C. ne croit pas pouvoir établir de règles fixes et générales pour l'organisation des trains de marchandises, attendu que

cette organisation dépend de la nature et de l'intensité du trafic et d'autres circonstances afférentes à chaque réseau ; cependant, il paraît avantageux, dans l'intérêt d'une meilleure utilisation du matériel roulant, d'accélérer, autant que possible, les transports de marchandises. [656.223.2]
(*Congrès International des Chemins de fer*, Paris, 1889.)

Trafic suburbain. 656.224

Pour atteindre le maximum de rendement, le service doit être assuré rapidement par des méthodes simples et économiques, en simplifiant l'organisation autant que les besoins du service le permettent ; — le type de voiture est le facteur essentiel ; les lignes nouvelles à construire doivent être adaptées aux meilleurs types de voitures, dans les anciennes lignes, afin d'utiliser autant que possible l'entrevoie ; les locomotives doivent être assez puissantes pour remorquer les plus grands trains aux vitesses prévues ; — les horaires doivent être établis de telle manière que tous les trains marchent à la même vitesse et s'arrêtent sur la même voie à chaque station ; — il convient d'affecter sur les lignes à grand trafic des voies spéciales aux trains marchant à grande vitesse et ne s'arrêtant pas à toutes les gares ; — il importe de prendre toutes mesures nécessaires pour activer l'embarquement et le débarquement des voyageurs et faire partir le train aussitôt. On restreint ainsi la dépense de force motrice nécessaire pour regagner le temps perdu et l'activité avec laquelle le service est mené se répercute sur le public qui se trouve ainsi rapidement entraîné lui-même à une grande activité ; — la fréquence des départs doit être proportionnelle à l'intensité du trafic afin d'éviter le stationnement prolongé du public dans les gares et l'encombrement des quais. [656.224]
(*Congrès International des Chemins de fer*, Washington, 1905.)

Groupage des colis. 656.225

Le meilleur moyen de faciliter le transport des charges incomplètes en évitant les remaniements en cours de route et la mauvaise utilisation du matériel de transport consiste dans le groupage rationnel des colis de détail, soit dans des wagons spécialisés, soit dans des emballages spéciaux. En général, les wagons conviennent mieux au groupage des colis petite vitesse et les emballages spéciaux au groupage des petits colis grande vitesse. Il y a intérêt à appliquer la même organisation au trafic échangé entre deux ou plusieurs réseaux aussi bien qu'au trafic intérieur de chaque réseau. Cette organisation doit avoir pour point de départ l'étude statistique détaillée des courants de trafic.

En ce qui concerne les emballages devant faciliter le transport des produits agricoles vers les grands centres et les marchés l'emploi d'un type déterminé qui serait fourni par les administrations ne semble pas, en général, répondre à un besoin impérieux ; il ne paraît pas susceptible, en tout cas, de provoquer un développement appréciable du trafic. [656.225]
(*Congrès International des Chemins de fer*, Paris, 1900.)

Service des bagages. 656.226

Le C. I. C. émet l'avis que les gouvernements devraient s'occuper de conclure une convention uniforme pour le service des voyageurs et des bagages, pour laquelle le projet présenté par le rapporteur pourrait servir de base de discussion ; elle exprime en même temps le désir que ces mêmes gouvernements facilitent autant que possible le passage des frontières sous le rapport de la visite des bagages, surtout des bagages à la main, se trouvant dans les compartiments des voitures à voyageurs. [656.226]
(*Congrès International des Chemins de fer*, Paris, 1889.)

Manutention des colis. 656.226

Les appareils spécialement appropriés à la manutention des colis relativement légers et très nombreux consistent à peu près exclusivement, jusqu'à ce jour, en chariots grillagés, paniers, nappes, sacs et sangles dont la manutention se fait à bras d'homme. La force mécanique et la gravité n'ont été utilisées que pour faire subir aux colis un déplacement vertical rendu obligatoire par la disposition particulière de quelques gares. [656.226]
(*Congrès International des Chemins de fer*, Paris, 1900.)

Trafic des denrées périssables. 656.227

1. Si les tarifs de transport peuvent éventuellement avoir une influence appréciable sur le trafic des denrées périssables à bas prix, destinées principalement à la consommation populaire, pour celles de catégories plus élevées et, en particulier, celles du commerce international, le développement du trafic dépend principalement des soins qui leur sont donnés, afin d'assurer la meilleure arrivée possible de ces denrées à leurs destinations. A ce dernier point de vue, il peut être opportun que les chemins de fer donnent des garanties dans des conditions et limites bien déterminées.

2. Une part très importante de ces soins incombe d'ailleurs aux producteurs qui doivent remettre leurs denrées aux chemins de fer dans le meilleur état possible au point de vue de leur choix, leur préparation, leur conditionnement, etc. ; il peut être utile à cet égard que les administrations de chemins de fer répandent parmi les producteurs leurs renseignements sur les espèces de fruits demandées sur les divers marchés, les meilleurs procédés de préparation, d'emballage, etc.

3. Au point de vue de l'accélération des transports, il est désirable que par des tarifs appropriés ou par des clauses spéciales insérées dans les conditions des Unions internationales, on donne aux expéditeurs la faculté de choisir des itinéraires leur procurant des transports plus rapides, les transports étant taxés aux prix applicables suivant les itinéraires ainsi demandés.

4. *a*) Si les transports avec réfrigération ou avec ventilation spéciale ou avec chauffage peuvent être entrepris avec succès par les administrations de chemins de fer dans les Etats de très grande superficie, comme les Etats-Unis de l'Amérique du Nord ou la Russie (avec la Sibérie), les conditions sont loin d'être les mêmes dans le plus grand nombre des Etats de superficies beaucoup plus réduites, comme ceux de l'Europe.

Pour les transports effectués à l'intérieur de ces Etats, à cause du peu d'étendue des parcours et de la brièveté des transports, l'emploi de ces moyens perfectionnés, s'il est toujours recommandable, n'a plus en effet, à beaucoup près, le même caractère de nécessité.

b) Pour les transports internationaux, il est désirable que les administrations des chemins de fer européens concertent une réglementation commune propre à donner à ces transports en wagons réfrigérants toutes les facilités compatibles avec les nécessités de leurs services.

D'ailleurs, en raison des soins de détail très variés que ces transports réclament sur tout leur parcours, et à cause de la participation d'administrations multiples, il semble probable que, dans le trafic international au moins, l'exploitation des wagons réfrigérants serait assurée dans de meilleures conditions par des entreprises particulières s'entendant à cet effet avec les diverses administrations intéressées.

5. A cause des difficultés occasionnées par les retours des emballages vides, il semble y avoir intérêt pour les chemins de fer et pour l'avenir du trafic, à aider au développement de l'usage des emballages sans retour, dits *emballages perdus*.

D'autre part, il paraît utile de préciser dans les textes des tarifs les conditions à exiger pour les emballages en général, afin qu'il garantissent aussi complètement que possible les marchandises contre les spoliations et les risques normaux du transport.

6. Afin de prévenir ou d'atténuer les difficultés avec les destinataires, résultant de déchets constatés à l'arrivée sur ces denrées spécialement exposées à la déperdition, il serait désirable de développer au point de vue de la proportion des déchets les dispositions des ententes internationales. [656.227]

(*Congrès International des Chemins de fer*, Berne, 1910.)

Tarifs des Chemins de fer.   656.23

En principe, et sauf pour certains cas particuliers, il est désirable que les tarifs de chemins de fer et leurs conditions d'application soient établis de manière à ne pas favoriser l'intervention de groupeurs intermédiaires.   [656.23]

(*Congrès International des Chemins de fer*, Paris, 1900.)

Concurrence entre Chemins de fer.   656.233

1º Il est désirable que la répartition du trafic de concurrence fasse l'objet d'arrangements entre les divers chemins de fer qui peuvent y participer.

Dans les arrangements de ce genre, pourvu que les chemins de fer contractants conservent le droit d'établir leurs tarifs à leur gré, les intérêts des chemins de fer peuvent être sauvegardés sans aucun inconvénient pour les intérêts du commerce et du pays ;

2º Il n'existe pas de règles générales pour la répartition du trafic entre divers réseaux concurrents ; et lors de la conclusion d'un arrangement, les bases d'après lesquelles le trafic sera réparti doivent être arrêtées par les chemins de fer intéressés, d'une façon spéciale et d'après les considérations d'équité ;

3º L'attribution d'une certaine proportion du trafic à l'un des concurrents n'implique pas nécessairement le transport effectif par cet itinéraire du trafic qui lui est assigné.

Il est rationnel et désirable qu'en fait, le transport se fasse par l'itinéraire le plus économique.

Les recettes forment le plus souvent une bourse commune, avec décompte à intervalles réguliers de la compensation en espèces stipulée dans l'arrangement.   [656.233]

(*Congrès International des Chemins de fer*, St-Pétersbourg, 1892.)

Trafic des voyageurs.   656.234

La distribution des voyageurs dans les voitures est variable en raison :

1º Des habitants du pays et, par conséquent, des exigences des différentes classes de voyageurs qu'on a à transporter ;

2º De la quantité et de l'espèce du trafic, ainsi que de la largeur qu'on peut donner aux véhicules. [656.234]
(*Congrès International des Chemins de fer*, St-Pétersbourg, 1892.)

Tarifs des voyageurs. 656.234

. Pour la réforme des tarifs des voyageurs, il est impossible de poser des règles absolues, s'appliquant à tous les pays.

Le système qui a été suivi jusqu'ici presque partout, et qui consiste, en outre des améliorations du service des trains et du matériel roulant, à accorder des réductions à mesure que les besoins s'en font sentir, a donné de bons résultats, et il n'y a pas de raison pour s'en écarter.

Ce sont plus spécialement les tarifs réduits sur les faibles distances, sous forme de billets d'aller et retour, et autres qui paraissent devoir développer le plus la circulation et répondre le mieux aux besoins du public et des chemins de fer. [656.234]
(*Congrès International des Chemins de fer*, St-Pétersbourg, 1892.)

Billets de chemins de fer. 656.234

1. Le billet du type Edmonson est actuellement le plus répandu. Récemment, on a construit des appareils avec lesquels ces billets peuvent être détachés d'un rouleau de carton. Cependant, pour des cas spéciaux, on ne peut se passer de billets en papier.

2. Les billets passe-partout se justifient par la nécessité de réduire le plus possible le nombre des billets aux casiers. Mais, pour atteindre leur but, il est nécessaire qu'ils puissent être confectionnés d'une manière simple et bien lisible, et qu'on ait des moyens de contrôle contre les abus.

3. Afin de décharger les imprimeries de billets et les employés des guichets, on fera bien d'étendre, autant que possible, l'emploi d'appareils mécaniques ; il faut surtout attirer l'attention sur l'emploi de presses à billets aux guichets des grandes gares.
[656.234]
(*Congrès International des Chemins de fer*, Berne, 1910.)

Trafic des marchandises. 656.235

S'il est très difficile d'arriver actuellement à un accord international pour le trafic des marchandises de petite vitesse, il est très désirable et il paraît possible d'établir un tarif commun international pour le transport direct des marchandises de grande vitesse.

L'administration des chemins de fer de l'Etat belge, qui possède des relations directes avec presque tous les chemins

de fer de l'Europe, devrait prendre l'initiative de préparer, pour les marchandises de grande vitesse, un projet de tarif commun international, ainsi que la répartition des prix, et convoquer en temps utile une conférence des diverses administrations de chemins de fer. [656.235.]
(*Congrès International des Chemins de fer*, St-Pétersbourg, 1892.)

Tarification des marchandises à petite vitesse. 656.235

Il est désirable que les tarifs soient établis sur des bases commerciales, en tenant compte des conditions particulières qui influent sur la valeur commerciale du service rendu. Sous la réserve que les tarifs seront appliqués sans préférence arbitraire à tous les expéditeurs placés dans les mêmes conditions, la tarification doit avoir, autant que possible, toute la souplesse nécessaire pour permettre le développement du trafic et faire produire aux chemins de fer le maximum d'effets utiles pour le public comme pour l'exploitant. [656.235]
(*Congrès International des Chemins de fer*, Washington, 1905.)

Classification et barème. 656.235.2

1º Au point de vue de la classification des marchandises, les administrations devraient concentrer leurs efforts dans le but d'établir l'uniformité de la forme des tarifs communs ;

2º Pour les tarifs internationaux proprement dits, le système des taxes unitaires égales, avec une augmentation éventuelle des distances effectives par des suppléments de kilomètres pour les faibles parcours, paraît mériter la préférence, vu que ce système, par sa simplicité et par son indépendance relativement plus grande des changements des tarifs locaux, semble plus apte aux exigences d'une tarification internationale ;

3º Les conditions de la répartition des taxes, étroitement liées aux principes de l'établissement des tarifs, devraient être fixées avant la mise en vigueur des tarifs, en supprimant, dans les limites du possible, les quotes-parts neutres. [656.235.2]
(*Congrès International des Chemins de fer*, St-Pétersbourg, 1892.)

Comptabilité des Chemins de fer. 656.237

1º L'organisation du service de la comptabilité dépend tellement des conditions et nécessités locales et spéciales de chaque chemin de fer qu'elle n'est pas susceptible de règles absolues, universellement applicables.

2º La centralisation du service de la comptabilité dans chaque administration de chemin de fer paraît avoir donné d'excellents résultats sur les chemins de fer où elle est adoptée.

3º Les budgets des chemins de fer ne devraient pas représenter pour tous leurs chiffres des normes fixes et rigides, mais pour la plupart des sommes, de simples cadres, le service des chemins de fer exigeant que les prévisions se plient, dans de larges limites, aux circonstances du moment.

4º La classification des titres du bilan et du budget des recettes et dépenses devrait être aussi simple que possible et, d'un pays à l'autre, aussi semblable que possible. En conséquence, il importe de conserver au programme d'une prochaine session, une étude comparative de la classification adoptée sur les différents réseaux.

5º Les pouvoirs d'autorisation et d'ordonnancement des dépenses doivent être rigoureusement définis et centralisés autant que possible, avec élimination aussi complète que possible des mouvements de numéraire, sans préjudice, bien entendu, des exceptions raisonnables.

6º Le but principal de la comptabilité des chemins de fer doit être l'établissement d'un bilan exact et complet de l'entreprise, embrassant en même temps l'exécution du budget. Les entrées des livres doivent être basées sur des pièces justificatives vérifiées d'une façon appropriée à leur nature et à leur importance économique. Afin d'atteindre ce but, la comptabilité devrait embrasser aussi bien les opérations économiques que leur liquidation ultérieure.

7º L'organisation de la comptabilité des gares, du contrôle de la répartition des recettes, doit être aussi simple et aussi claire que possible ; à cet effet, il convient d'éliminer les petites sommes des comptes et du contrôle à l'aide de moyens rationnels (compagnies d'express, timbres d'affranchissement, relevés sommaires, distributeurs automatiques, abonnements, appareils pour déterminer l'encaisse, etc.).

8º En conséquence, il importe de poursuivre avec ardeur l'étude et l'expérimentation des simplifications.

9º On devrait faire l'usage le plus étendu de tous les dispositifs modernes destinés à faciliter le service de comptabilité, d'écritures et de compensation (machines à écrire, à calculer, etc.). [656.237]

(*Congrès International des Chemins de fer*, Washington, 1905.)

Eclairage des signaux. 656.251

Les diverses administrations de chemins de fer ont une tendance à généraliser l'emploi du pétrole et même du pétrole marchand, ainsi que l'usage des lampes à bec rond, qui produisent une intensité photométrique plus grande que celle des lampes à huile végétale ou autre à bec plat et ne donnent lieu qu'à de très rares extinctions. Il est permis d'espérer des résultats très intéressants de l'emploi de l'électricité. Enfin, l'essai des verres colorés doit être fait non simplement à la lumière solaire, mais au moyen de la lumière artificielle, qui doit être employée pour le signal auquel ils sont destinés.

[656.251]
(*Congrès International des Chemins de fer*, St-Pétersbourg, 1892.)

Comptabilité des gares.   656.237

1. L'intérêt de permettre aux services de contrôle et de liquidation de s'occuper des choses les plus indispensables est un motif de plus pour rendre le système de comptabilité des gares aussi simple que possible.

2. Un procédé à recommander dans ce but paraît être celui qui est adopté en Angleterre et qui consiste à partager le compte général de liquidation en deux parties et à appliquer un mode de comptabilité sommaire et de répartition simplifié au menu trafic.

3. Il est utile de choisir autant que possible une base de compte unique afin d'éviter soit des décomptes multiples, soit des conversions compliquées.

4. Le système de la compensation des débits et des crédits réciproques des chemins de fer peut être utilement combiné avec le règlement des soldes définitifs par des banques d'Etat ou privées, lorsque les circonstances le permettent. De cette manière il est opéré une nouvelle compensation et les règlements en espèces sont complètement évités.

5. Enfin, il est désirable que le nombre des bureaux centraux de liquidation existant en service international soit réduit autant que possible.   [656.237]
(*Congrès International des Chemins de fer*, Paris, 1900.)

Doublement des signaux en temps de brouillard.   656.253

1. Le C. I. C. constate la difficulté de formuler des règles générales pour des réseaux dont les conditions climatériques, au point de vue des brouillards, sont très différentes, et dont les systèmes de signaux ne se ressemblent pas.

2. En ce qui concerne spécialement les *signaux amovibles*, protégeant les obstacles imprévus, il est avantageux, dans certains cas, de les appuyer par des pétards, aussi bien par temps clair qu'en cas de brouillard.

3. Il est à désirer que les *signaux fixes franchissables* soient doublés acoustiquement, en cas de brouillard, sur les lignes à trafic intense, lorsque la distance de ces signaux au point qu'ils protègent n'offre pas de garanties suffisantes par elle-même.

4. Quant aux *signaux d'arrêt absolu*, il est désirable de les doubler également par des pétards, en cas de brouillard, s'ils ne sont pas annoncés à distance par des signaux fixes franchissables.

5. On peut, d'ailleurs, atteindre le même but qu'avec des pétards, au moyen d'*appareils acoustiques placés soit sur la voie, soit sur les machines*, et mis automatiquement en action par les signaux fixes à l'arrêt ; mais les essais n'en sont pas assez généralisés, sur tous les réseaux, pour que l'on puisse actuellement indiquer une préférence en faveur de l'un ou de l'autre système.

6. Il faudrait que l'efficacité des pétards soit assurée par une sonorité suffisante et augmentée le plus possible, notamment par l'emploi de griffes convenables. [656.253]
(*Congrès International des Chemins de fer*, Paris, 1900.)

Signalisation à distance.   656.254

En dehors de certaines exceptions que justifie la situation de la ligne, il est désirable d'établir, sur les lignes à simple voie pour augmenter la sécurité de la circulation des trains, et sur toutes les lignes pour protéger la circulation ordinaire, à certains passages à niveau, placés dans des conditions défavorables, des appareils permettant d'annoncer des gares aux agents de la voie le départ des trains.

Il est souvent utile de ménager en certains points de la route, lorsque l'espacement des gares est assez grand, les moyens de transmettre des signaux aux gares voisines.

La transmission de ces signaux doit, autant que possible, être confiée aux agents des trains.

Le C. I. C. constate que les appareils actuellement en usage dans plusieurs pays réalisent ces communications de la façon la plus satisfaisante. Il émet toutefois le vœu que l'on étudie le moyen d'obtenir des appareils équivalents à un prix notablement moindre. [656.254]
(*Congrès International des Chemins de fer*, Bruxelles, 1885.)

Correspondances entre stations et trains.   656.254

Les appareils de correspondance entre les stations et les trains en marche n'ont donné lieu jusqu'ici qu'à des essais isolés. Avant de se prononcer sur l'application de ces appareils, il convient d'attendre les résultats de l'expérience. [656.254]
(*Congrès International des Chemins de fer*, St-Pétersbourg, 1892.)

Communications de sécurité. 656.254

1. Moyennant des précautions très simples dans la transmission et l'enregistrement des dépêches, le téléphone donne une sécurité comparable à celle du télégraphe Morse dans l'échange des communications spéciales à l'exploitation des chemins de fer, c'est-à-dire des communications intéressant la sécurité de la circulation des trains ;

2. Ses avantages ou ses infériorités sur le télégraphe, au point de vue de la commodité et de l'économie, dépendent des conditions spéciales non seulement à chaque administration, mais même à chaque ligne, car elles dépendent non seulement de l'activité du trafic, mais des communications télégraphiques, des transmissions de lumière et de force préexistantes, etc. ;

3. Au point de vue des précautions contre la foudre, les diverses administrations font usage de paratonnerres de modèles divers qui leur donnent toute satisfaction.   [656.254]

(*Congrès International des Chemins de fer*, Paris, 1900.)

Block-system. 656.256

Le *block-system permissif* (au sens anglais de ce mot) est celui dans lequel un train franchit les signaux de block à l'arrêt avec un simple ralentissement et sans remplir aucune formalité.

Le *block-system absolu conditionnel* est celui dans lequel un train franchit les signaux de block à l'arrêt après un stationnement d'une durée déterminée à l'avance et après avoir rempli certaines formalités.

Le *block-system absolu* est celui dans lequel un train ne franchit les signaux de block à l'arrêt qu'après un stationnement dont la durée ne peut prendre fin qu'après constatation du dérangement des appareils.

La plupart des administrations de chemins de fer ayant accepté le principe anglais du block-system, ont abandonné le block permissif tel qu'il était pratiqué autrefois en Angleterre.

Sauf certaines lignes placées dans des conditions spéciales, elles paraissent donner la préférence aux systèmes dits *absolus*, avec les différences d'interprétation que, d'une part, commande le choix entre le mode d'exploitation par la voie normalement ouverte ou par la voie normalement fermée et que, d'autre part, nécessitent les exigences du service.

Le caractère principal de ces systèmes est que le train doit toujours s'arrêter à l'entrée d'une section dont le signal est à l'arrêt.

Les appareils employés à cet effet pour garantir le mieux

possible la sécurité sans apporter d'entraves à l'exploitation elle-même, doivent satisfaire aux conditions ci-après :

1º Il est nécessaire que chaque train qui pénètre dans une section de block soit couvert ;

2º Il est nécessaire que le garde n'efface pas le signal couvrant un train qui circule dans une section avant que ce train soit arrivé à l'extrémité de la section ;

3º Il est nécessaire que le garde devant le poste duquel passe un train, ne rende pas libre la section que ce train vient de quitter, si ce train n'est pas couvert par le signal d'entrée de la section suivante ou s'il n'est pas garé en dehors de la voie principale.

Le C. I. C. suit d'ailleurs avec grand intérêt les essais des divers appareils ou moyens qui sont ou pourraient être imaginés, soit pour que les signaleurs puissent se rendre compte si les trains ont effectivement quitté les sections, soit pour contrôler leur manœuvre. [656.256]

(*Congrès International des Chemins de fer*, Bruxelles, 1885.)

*** La tendance est de faire de plus en plus usage de la position normale fermée.

Les ponts tournants, bifurcations, traversées à niveau sont déjà sous ce régime, ainsi que les stations importantes sur la plupart des réseaux.

Pour les haltes et stations peu importantes, la position ouverte semble préférée.

Les signaux de bloc, sur les lignes à simple voie, sont toujours *à l'arrêt* normalement. Au contraire, sur les lignes à double voie et à bloc, la position *ouverte* est généralement la règle, sauf sur certaines lignes à exploitation tendue et difficile.

[656.256]

(*Congrès International des Chemins de fer*, St-Pétersbourg, 1892.)

*** Il y a une tendance à solidariser les signaux télégraphiques échangés entre les stationnaires avec les signaux optiques s'adressant aux trains, de façon à assurer mécaniquement la position convenable de ces derniers signaux.

Quant à l'emploi de dispositifs destinés à faire agir les trains eux-mêmes sur les appareils de bloc, il y a lieu de réserver la question. [656.256]

(*Congrès International des Chemins de fer*, St-Pétersbourg, 1892.)

*** On suit avec le plus grand intérêt les essais tentés sur les différents réseaux et l'on constate qu'il existe aujourd'hui un grand nombre d'appareils mécaniques et électriques répondant à tous les cas particuliers qui peuvent se présenter dans l'exploitation, par le block-system, des lignes à double et simple voie.

L'électricité joue un rôle prépondérant dans la manœuvre de ces appareils.

La manœuvre des signaux et des aiguilles s'opère, dans certains cas, au moyen de l'air comprimé ou de l'eau sous pression.

[656.256]
(*Congrès International des Chemins de fer*, St-Pétersbourg, 1892.)

*** Deux block-systems ont été employés, le bloc automatique et le bloc non automatique ; ceux qui ont employé le block-system automatique affirment, et ils ont fourni des documents à l'appui, qu'il a donné un degré de sécurité suffisant. Sur les lignes à simple voie, le système automatique peut donner la sécurité dans les deux sens. Il y a des systèmes qui permettent aux trains directs de passer les stations intermédiaires sur des lignes à simple voie sans arrêter ou réduire leur vitesse.

[656.256]
(*Congrès International des Chemins de fer*, Londres, 1895.)

*** Deux dispositifs absolument distincts ont été mis en œuvre : l'un consistant dans l'emploi de contacts disséminés sur la voie et se prêtant à la réalisation graduelle, séparée ou cumulée, des opérations de bloc (annonce des trains, effacement et fermeture des signaux, déblocage des sections) ; l'autre consistant dans l'isolement de la voie pour la réalisation complète de toutes les opérations de bloc, avec ou sans intervention de gardes.

En ce qui concerne l'emploi de « contacts prohibitifs » le C. I. C., appréciant les avantages qui peuvent résulter de l'emploi de pareils contacts qui mettent seulement les gardes des postes de bloc dans l'impossibilité de débloquer une section avant que le train ait réellement quitté cette section, émet l'avis qu'il est essentiel d'obtenir :

1. Que le déblocage ne soit possible que quand le dernier véhicule du train a quitté la section.

2. Que le déblocage ne soit possible que quand le dernier des trains, successivement introduits dans une section, a bien réellement quitté la section, c'est-à-dire qu'on ne puisse, à la faveur du contact fixe, omettre la couverture d'aucun train.

3. Que dans les gares et aux bifurcations, l'emploi et surtout l'emplacement des contacts soient conciliés avec les besoins du service, de manière qu'il n'en résulte aucune gêne pour le

service, aucune perturbation dans l'économie du block-system, et cela sans recourir à une organisation très compliquée de clefs ou d'autres engins de désolidarisation.

4. Que sur les lignes à voie unique, l'action automatique des trains sur les mêmes contacts soit distincte pour chaque sens de circulation.

5. Que la circulation des hommes et des lorrys soit sans effet sur les opérations du block-system, et particulièrement sur le débloquage.

En ce qui concerne le bloc complètement automatique, réalisé pour remplacer l'intervention humaine, le C. I. C., constatant les avantages théoriques qui résultent de l'emploi de la voie isolée, pour répondre aux desiderata ci-dessus formulés, émet l'avis qu'il serait prématuré de porter un jugement définitif avant de connaître, d'une part, les résultats des applications courantes et prolongées qu'auraient faites, sur de grandes artères, des administrations européennes de chemins de fer sur ces dispositifs ; d'autre part l'influence que peut avoir l'isolement de la voie, relativement à la constitution robuste de la plate-forme du chemin de fer, aux sujétions de l'entretien, au remplacement rapide des rails, etc., etc. [656.256]

(*Congrès International des Chemins de fer,* Paris, 1900.)

*** Il est fait usage de dispositifs mécaniques et électriques pour immobiliser les aiguillages pendant qu'ils sont parcourus par les trains. Ces dispositifs, qui doivent correspondre au plus grand écartement des essieux, ne sont généralement appliqués qu'aux aiguillages pris par la pointe.

Sur le continent, les pédales électriques, dont la longueur peut être facilement augmentée, ont été substituées dans de nombreux cas aux pédales mécaniques.

Les pédales de calage électriques fonctionnent généralement de manière que l'aiguillage soit libéré par le passage du courant. Le circuit est normalement coupé par un interrupteur d'économie.

Les aiguillages peuvent être isolés sans difficulté notable.

Des dispositifs n'agissant qu'après le passage du dernier essieu permettent d'enclencher tous les aiguillages d'un itinéraire depuis le moment où le premier essieu l'a engagé jusqu'au moment où le dernier essieu l'a entièrement dégagé. Ces dispositifs peuvent souvent être substitués avec économie à une série de pédales de calage des aiguillages. [656.256]

(*Congrès International des Chemins de fer,* Berne, 1910.)

Concentration des manœuvres. 656.257

Bien que les appareils actionnés à bras d'homme soient de beaucoup les plus utilisés et donnent en général satisfaction, l'emploi d'appareils centraux à fluide moteur, principalement pour les très grandes gares, a fait de rapides progrès depuis une dizaine d'années. Ils procurent l'avantage de permettre une plus grande concentration et, par suite, une plus grande célérité dans la manœuvre et dans certains cas une plus grande sécurité, tout en facilitant la tâche du personnel. Ils permettent en même temps de réaliser très facilement un programme de sécurité très complet comprenant la libération des itinéraires par le train, contrôlant la position correcte des aiguillages, comportant la remise à l'arrêt des signaux après le passage du train et en cas de dérangement dans l'itinéraire déjà établi, etc.

Les fluides moteurs sont le courant électrique, l'air comprimé avec contrôle électrique et l'eau sous pression. Les installations purement électriques et électro-pneumatiques sont actuellement les plus répandues.

Pour des appareils isolés, on a utilisé avec succès l'acide carbonique.

Dans les très grandes gares, la concentration permet d'obtenir une certaine diminution des dépenses par suite de la réduction du nombre des signaleurs.

Depuis plusieurs années, des applications importantes ont été faites en France d'appareils à leviers d'itinéraires. Les résultats qu'on recherchait paraissent avoir été obtenus dans de bonnes conditions.

Actuellement, dans la plupart des autres pays, on ne manœuvre simultanément d'autres aiguillages que ceux d'une liaison ; jusqu'ici les appareils ainsi construits paraissent bien suffire aux besoins de l'exploitation.

Les deux systèmes sont bons ; mais il est utile d'attendre encore pour bien connaître les avantages et les inconvénients de chacun d'eux.

Les appareils centraux électriques fonctionnent par courant continu. On a aussi mis à l'essai le courant monophasé ou triphasé. On s'est jusqu'ici heurté à quelques difficultés, entre autres à l'impossibilité d'utiliser les accumulateurs pour la réserve. [656.257]

(*Congrès International des Chemins de fer*, Berne, 1910.)

Enclenchements. 656.258

1. Les conditions actuelles de l'exploitation des chemins de fer conduisent à étendre rapidement l'usage des enclenchements

à un grand nombre de petites gares, stations ou points d'embranchements secondaires qui en sont encore dépourvus, et à rechercher en conséquence un type d'enclenchements économiques approprié à cette application.

2. Il existe de nombreuses combinaisons mécaniques permettant, dans chaque cas particulier, à la suite d'une étude spéciale, de résoudre plus ou moins économiquement le problème.

3. Le genre « serrure » présente un système d'une application générale et simple, et qui semble, notamment par la modicité de son prix, répondre particulièrement aux conditions que doivent remplir les *enclenchements économiques* proprement dits. [656.258]

(*Congrès International des Chemins de fer*, Paris, 1900.)

Intercommunication dans les trains. 656.259

Il est désirable d'établir un système efficace d'intercommunication entre les voyageurs et les agents des trains faisant de longs trajets sans arrêt. [656.259]

(*Congrès International des Chemins de fer*, Bruxelles, 1885.)

*** L'emploi de l'intercommunication dans les trains de voyageurs proprement dits paraît prendre de l'extension. L'application de cette intercommunication est réalisée par divers genres d'appareils : corde-signal, liaison électrique, communication pneumatique à vide ou à l'air comprimé. Ces divers systèmes paraissent donner satisfaction aux administrations qui en font usage. Il semble, toutefois que, pour les trains longs de voyageurs, l'on préfère généralement recourir soit aux systèmes pneumatiques, qui ont l'avantage de n'exiger aucun attelage spécial, soit aux appareils électriques, qui sont indépendants du système de freins. [656.259]

(*Congrès International des Chemins de fer*, St-Pétersbourg, 1892.)

Factage. Camionnage. 656.261

Le C. I. C. reconnaît qu'en ce qui concerne les marchandises diverses, le meilleur système pour obtenir un service de factage et de camionnage bien fait dans les grandes villes consiste à l'exécuter en régie. Pour les villes secondaires, il faut chercher le système d'entreprise qui correspond le mieux aux circonstances locales. Il reste bien entendu que le libre accès des gares ne pourrait, en aucun cas, être interdit aux entreprises privées, mais le bon fonctionnement du service en régie et des bureaux de

ville auxiliaires aurait le grand avantage de satisfaire aux exigences du service, ainsi que de donner au public toutes les facilités nécessaires.   [656.261]
(*Congrès International des Chemins de fer*, Londres, 1895.)

Transport vers les gares.   656.261

Il y a intérêt à faciliter l'organisation d'un service de transport des produits de la ferme aux gares de chemins de fer par des procédés mécaniques offrant une capacité de transport, une économie et une rapidité plus grandes que ceux actuellement employés.

Il semble que, dans cet ordre d'idées, les transports par automobiles routières doivent être encouragés, surtout dans les régions où l'établissement d'une voie ferrée, quelque économique qu'il puisse être, ne peut être réalisé.   [656.261]
(*Congrès International des Chemins de fer*, Paris, 1900.)

Services économiques sur lignes à faible trafic et chemins de fer secondaires.   656.27

La simplification du service à faible trafic présente un intérêt général pour toutes les administrations exploitant ces lignes. Le C. I. C. exprime le désir de voir se généraliser la tendance actuelle d'un grand nombre de législations à rendre plus libérales les conditions concernant les lignes à faible trafic et les trains légers ainsi que les efforts des administrations pour doter leurs lignes à faible trafic d'une organisation plus économique, qui permettent de donner des résultats remarquables. Ce sont surtout les simplifications introduites dans le service de la voie, des stations et des trains, ainsi que l'introduction des voitures automotrices sur différentes lignes qui méritent d'être recommandées. Tout en reconnaissant que la solution technique des automotrices appliquée jusqu'à présent est susceptible de perfectionnements, les expériences faites jusqu'ici avec ce mode de traction méritent d'être continuées.
[656.27]
(*Congrès International des Chemins de fer*, Washington, 1905.)

Traversée des agglomérations.   656.29

Les inconvénients que l'on attribue au passage des locomotives dans les agglomérations en ce qui concerne l'échappement de la fumée, le bruit de la décharge des cylindres, le panache de la vapeur, l'écoulement d'eau et de matières grasses sur la voie, peuvent être atténués par les moyens dont on dispose, en tenant compte des exigences du public, qui sont de moins en moins vives.

Pour les dangers résultant du mécanisme, l'emploi d'enveloppes extérieures donne entière satisfaction.

Quant aux conséquences du passage des locomotives dans les agglomérations, qui avait donné lieu à des mesures spéciales de sécurité, telles que le pilotage, il est reconnu qu'il est superflu d'y recourir et que l'observation stricte des règlements par le mécanicien offre des garanties de sécurité suffisantes.

[656.29]

(*Congrès International des Chemins de fer*, St-Pétersbourg, 1892.)

Transbordement. 656.402.16

L'expérience a montré que le transbordement de wagon à wagon par le dispositif à niveau ne constitue pas, pour le trafic d'échange entre les lignes à voie étroite et le grand réseau, une charge trop onéreuse dans les cas ordinaires. Néanmoins, lorsque, dans des circonstances spéciales, ou pour certaines marchandises, il est reconnu indispensable de réduire cette charge, les trucks ou wagons transporteurs, les dispositifs en estacade ou en fosse, l'emploi de wagons culbuteurs, l'appareillage partiel de la voie étroite en voie à trois ou à quatre rails, constituent des solutions qui se sont montrées avantageuses et pratiques. Il est désirable que les grandes lignes facilitent les opérations de transbordement en augmentant dans la plus large mesure possible les délais ou temps de franchise accordés pour ces opérations. [656.402.16]

(*Congrès International des Chemins de fer*, Berne, 1910.)

Tarifs des Chemins de fer secondaires. 656.403

Le C. I. C. estime que les tarifs des chemins de fer vicinaux doivent offrir une plus grande élasticité, en raison de la situation spéciale de chacune de ces lignes. Il émet, en conséquence, le vœu que les Gouvernements accordent dans les cahiers des charges des maxima de tarifs notablement supérieurs à ceux des chemins de fer à grande section et laissant aux concessionnaires une plus grande liberté dans l'application des tarifs, ainsi que des facilités plus grandes dans les conditions de construction et d'exploitation. [656.403]

(*Congrès International des Chemins de fer*, Bruxelles, 1885.)

Signaux des Chemins de fer secondaires. 656.405

Les signaux exigent des frais considérables de premier établissement, d'entretien et de manœuvre peu compatibles avec le principe même et la condition essentielle des chemins de fer secondaires : l'économie la plus grande dans la construction et l'exploitation.

On peut, sans compromettre en rien la sécurité de l'exploitation des lignes secondaires ou à faible trafic, simplifier le système des signaux de façon à rendre leur installation et leur fonctionnement aussi économiques que possible, et même supprimer certains d'entre eux.

Parmi ces derniers il faut comprendre les signaux d'aiguillage et les signaux avancés des gares, auxquels certaines précautions très simples peuvent parfaitement suppléer. On a cité notamment :

1º L'interdiction d'engager la voie principale dans l'intervalle du passage des trains, en cadenassant les aiguilles d'une manière permanente ;

2º L'obligation de terminer les manœuvres au moins dix minutes avant l'heure de l'arrivée des trains ;

3º Dans certains cas exceptionnels, l'envoi d'un agent couvrant la voie principale par un signal à main, quand un obstacle se trouve sur celle-ci.

On a également indiqué l'emploi du bâton-pilote comme un moyen simple et économique pouvant, dans certains cas, remplacer les signaux avec une égale sécurité, alors même qu'il s'agit de lignes ayant une circulation très intense de trains ; l'expérience l'a démontré.

Enfin, le téléphone reliant les points d'arrêt ou les gares des lignes secondaires est appelé à rendre de grands services au point de vue de la sécurité de l'exploitation et contribue à permettre la suppression de signaux.

Les observations qui précèdent ne s'appliquent pas aux signaux des bifurcations, des traversées de voie, des ponts tournants, etc. ; mais pour ceux-là encore, on doit adopter les systèmes les plus simples et les moins onéreux, qui n'excluent nullement la sécurité. [656.405]

(*Congrès International des Chemins de fer*, Milan, 1887.)

Affermage des voies secondaires. 656.407

A. Sauf dans certains cas spéciaux, il convient généralement que l'exploitant fournisse le matériel roulant ; dans ce cas, la rémunération à allouer à l'exploitant doit comprendre l'intérêt et l'amortissement du capital affecté à l'achat du matériel ;

B. L'expérience ne permet pas, jusqu'à présent, de déterminer le meilleur système de contrat à passer entre le concessionnaire de la ligne et le fermier de l'exploitation. Le contrat

doit tendre à faire réellement du propriétaire et de l'exploitant de la ligne deux associés intéressés l'un et l'autre à l'augmentation continue des recettes. [656.407]
(*Congrès International des Chemins de fer*, Paris, 1889.)

*** Les conditions d'affermage ont beaucoup varié dans les divers pays, suivant les circonstances locales, la législation, la situation administrative, etc., de chacun d'eux. Il n'est pas possible de fixer à cet égard de règle absolue et uniforme.

Le contrat d'affermage doit tendre à faire réellement du propriétaire et de l'exploitant de la ligne deux associés, intéressés l'un et l'autre à l'augmentation continue du trafic et des recettes.

1. Il est désirable que le matériel roulant puisse être fourni par le fermier, sauf les exceptions justifiées par des considérations spéciales et sous réserve de régler les conditions de reprise à l'expiration du contrat.

2. Le système consistant à rémunérer l'exploitant en prenant uniquement comme base de partage le nombre de train-kilomètres semble pouvoir donner lieu à certains inconvénients. Il paraît utile, quand on adopte cette base, de fixer un maximum au delà duquel la rémunération n'est plus appliquée.

3. Il en est de même du système basé sur le remboursement des dépenses réelles d'exploitation, quand il s'agit de contrats d'affermage proprement dits, indépendamment de tout contrat de concession. On peut en atténuer les inconvénients en intéressant l'exploitant à la progression du bénéfice net, par exemple, en lui assurant une prime d'économie sur un maximum de frais d'exploitation.

4. Une formule qui semble devoir donner de bons résultats est celle attribuant à l'exploitant une fraction de la recette brute, avec ou sans constante, soit que l'on adopte le même coefficient pour les recettes voyageurs et les recettes marchandises, ou des coefficients différents, soit encore que l'on ajoute à la formule une rémunération spéciale pour le nombre de voyageur-kilomètres, de tonne-kilomètres ou de train-kilomètres. [656.407]
(*Congrès International des Chemins de fer*, Londres, 1895.)

Association Internationale Permanente des Congrès de Navigation

[386 (o62) (∞)]

RÉFÉRENCES. — *Annuaire*, 1908-1909, p. 967; 1910-1911, p. 1757; — *Vie Internationale*, t. I, pp. 420, 603; t. II, p. 450; t. IV, p. 364.

LISTE DES CONGRÈS. — Ils ont eu lieu sous les dates et dans les villes suivantes :

1885.05.24/30	Bruxelles.	1898.07.25/30	Bruxelles.
1886.06.15/19	Vienne.	1900.07.28/08.03	Paris.
1888.08.20/25	Francfort s/M.	1902.06.30/07.04	Dusseldorf.
1890.07.28/08.01	Manchester.	1905.09.25/29	Milan.
1892.07.21/30	Paris.	1908.05.31/06.07	Petrograd.
1894.07.23/28	La Haye.	1912.05.23/29	Philadelphie.

Statistique de la navigation. 31 : 386.3

En vue d'une bonne statistique de la navigation intérieure, il est désirable d'avoir :

a. Une description et une représentation graphique exactes des voies navigables, de leurs ouvrages d'art et de tout ce qui touche à l'exploitation de ces voies, avec indication des frais de construction et d'entretien ;

b. La description et le recensement des bateaux circulant sur les différentes voies navigables ;

c. Une statistique qui donne le trafic des voies navigables en tonnes kilométriques et permette une comparaison complète de ce trafic avec celui des chemins de fer. [31 : 386.3]

(*Association Internationale Permanente des Congrès de Navigation*, Francfort s/M., 1888.)

**** La statistique de la navigation intérieure doit contenir :

A. Une statistique des voies navigables.
B. Une statistique des bateaux.
C. Une statistique du trafic.
D. Une statistique des accidents.

A. — *Concernant la statistique des voies navigables* :

a) Des mémoires sur les différentes voies navigables, classées d'après leur type (les rivières régularisées ou canalisées, les canaux, les lacs intérieurs), contenant :

1. L'hydrographie (le bassin versant, le climat, la situation, les affluents, l'alimentation, la hauteur des eaux, le débit, la pente, la vitesse, les détritus, les débâcles, les échelles hydrométriques).

2. Les digues, la défense des berges, les chemins de halage.

3. La navigabilité et les communications par la voie navigable (le chenal, les profondeurs d'eau, les signaux, les stations, la division en sections.)

4. Les ports, les embarcadères, les quais, les appareils de chargement et de déchargement.

5. Les ponts et les bacs.

6. Les méthodes pour rendre la voie navigable (les ouvrages de régularisation, les barrages, les écluses, les souterrains).

7. Les frais de construction et d'entretien, les revenus du péage.

8. La navigation et le flottage. La méthode de l'exploitation.

9. Le trafic et les espèces de marchandises de transport. Le prix moyen du transport.

10. Les établissements de construction de bateaux.

11. Les câbles télégraphiques et téléphoniques.

12. Les règlements de douane et de police.

13. L'administration.

14. Les autorités.

b) La représentation des voies navigables par des dessins à l'échelle qui portent l'indication des ouvrages et des établissements de navigation.

c) Les profils en long à l'échelle avec quelques profils en travers.

d) Des tableaux donnant les indications suivantes, essentielles pour la navigabilité classées d'après les voies navigables. Toutes les mesures sont à donner dans le système métrique.

1. La dénomination et le type des voies navigables : rivière (régularisée ou canalisée), canal, lac intérieur.

2. La longueur de la partie navigable pour les bateaux à vapeur, les voiliers et les radeaux. Les distances des stations principales.

3. La largeur du chenal lors des crues ordinaires, des moyennes eaux et des eaux les plus basses.

4. La profondeur minima dans le chenal lors des crues ordinaires, des moyennes eaux et des eaux les plus basses.

5. La pente minima, moyenne et maxima.

6. L'emplacement, le type et la distance des ponts. La largeur libre des ponts et la hauteur libre sous les ponts, utilisables, au-dessus des eaux basses, moyennes et maximales navigables. Le temps nécessaire pour ouvrir et fermer.

7. L'emplacement, le type et la distance des écluses. La longueur et la largeur utilisables, la capacité, la profondeur du busc des écluses au-dessous du plan d'eau moyen (normal). Le temps normal de passage et le temps si le passage est interdit.

8. L'emplacement, le type et la hauteur des souterrains, la largeur libre et la hauteur libre, utilisable au-dessus du plan d'eau moyen (normal).

9. L'emplacement, le type et les dimensions des ports, des embarcadères et des quais.

B. — *Concernant la statistique des bateaux :*

a) Des états des navires, c'est-à-dire des relevés descriptifs, établis d'après les voies d'eau, des bateaux indigènes et étrangers, d'une capacité de plus de cinq tonnes et contenant des indications spéciales sur :

1. La provenance, la dénomination, la propriété, la conduite (le numéro, le nom, le propriétaire, le capitaine, l'équipage).

2. Le type, la catégorie (les bateaux à vapeur — à hélice ou à roues — pour voyageurs, marchandises ou charges mixtes, les remorqueurs, les toueurs sur chaîne ou câble en fil de fer ; les bateaux attachés par une corde au remorqueur, au toueur ; les bateaux à voiles, les bateaux à rames, les bateaux halés à la cordelle).

3. La construction (l'emplacement et l'époque de la construction et des réparations, les matériaux de construction, les dimensions, la capacité, le nombre de tonnes en charge pour chaque centimètre de profondeur, le moteur, les mécanismes de locomotion).

4. L'équipement (les mécanismes pour ancrer les bateaux, les appareils de chargement et de déchargement, les appareils de garde et de sauvetage).

b) Des tableaux, établis d'après les voies navigables, des indications suivantes, essentiellement pour la navigation :

1. La provenance.
2. Le numéro.
3. Le nom.
4. Le propriétaire et son domicile.
5. Le capitaine.
6. Le type, la catégorie.
7. L'emplacement de la construction et des réparations.
8. L'époque de la construction et des réparations.
9. Les matériaux de construction.

10. La longueur maxima.

11. La largeur maxima.

12. La hauteur maxima et la hauteur au-dessus du plan d'eau, vide et chargé.

13. Le tirant d'eau (l'enfoncement) du bateau, vide et chargé.

14. Le coefficient de déplacement à charge complète (le déplacement réel divisé par le déplacement irréel, ou le poids du volume d'eau, déplacé par le bateau, divisé par le poids du volume d'eau du cylindre qu'on obtient si l'on multiplie la section mouillée du maître-couple par la longueur la plus grande de la partie immergée de la coque).

15. La capacité en tonnes — la tonne à 1,000 kilos — ou en nombre de voyageurs en cas de charge complète.

16. La force motrice en chevaux-vapeur indiqués, le cheval-vapeur à 75 kilogrammes par seconde.

C. — *Concernant la statistique du trafic* :

a) Des tableaux établis d'après les voies navigables et les catégories ci-jointes du trafic :

1. Le trafic intérieur ;

2. L'expédition, c'est-à-dire le trafic qui est destiné à d'autres voies d'eau ;

3. L'arrivage, c'est-à-dire le trafic qui arrive par d'autres voies d'eau ;

4. Le transit, donnant les indications suivantes :

La longueur de la voie navigable.

Le nombre des bateaux qui font le trafic, à l'exception des bacs, des bateaux dragueurs et des bateaux servant aux travaux, des remorqueurs et des toueurs, et de tous les bateaux qui ont moins de 5 tonnes de capacité.

La quantité des marchandises, d'après leur poids absolu en tonnes, classées suivant les neuf groupes principaux que voici :

Les combustibles (la houille, l'anthracite, le coke, le lignite, les briquettes, le charbon de bois, la tourbe, le pétrole, le naphte, le bois de chauffage).

Les minerais, les métaux, les sels.

Les matériaux de construction, excepté le bois (les pierres naturelles et artificielles, le ciment, la chaux, le trass, l'asphalte, le carton, le goudron, la terre, le sable, les matières colorantes).

Le bois en flottage, le bois en grume, le bois de service, le bois travaillé (les marchandises transportées sur les radeaux et la quantité des radeaux, d'après leur poids, sont à montrer séparément du trafic des bateaux).

Les engrais.

Toutes sortes de produits de l'industrie des métaux, y compris les machines.

Les produits industriels (la poterie, la verrerie, les articles chimiques, les produits des moulins (hormis la farine des céréales), le papier, la cellulose, les graisses, les huiles, les peaux, le cuir).

Les produits agricoles (le froment, le seigle, l'orge, l'avoine, le riz, le maïs, la farine, les céréales, les légumes secs, les betteraves et le sirop, les pommes de terre, les légumes, les fruits, les plantes, les graines, les semences oléagineuses, les tourteaux, le foin, la paille, le tabac, le vin, la bière, l'alcool, l'esprit de vin, le houblon, le chanvre, le lin, le fil, le coton, la jute, l'amidon, la laine, l'écorce, le tan, l'épicerie, le bétail vivant et le bétail mort, les os, les poissons).

Les autres marchandises (les marchandises en ballot, les tonneaux, les sacs, les chiffons, etc.).

5. La quantité des marchandises en tonnes-kilométriques. (Le produit du poids transporté en tonnes *ad* 3 et de la distance parcourue sur la voie navigable.)

6. La quantité moyenne des marchandises en tonnes. (La somme *ad* 4 divisée par la longueur totale de la voie navigable.)

7. Le nombre des voyageurs expédiés.

8. Le nombre des jours de navigation par an et la cause des entraves dans la navigation.

b) Des tableaux des indications suivantes, établis d'après les voies navigables, pour le trafic dans les ports :

1. Le nombre des bateaux qui font le trafic ; séparément les bateaux à vapeur et les bateaux à voiles.

2. La quantité des marchandises, d'après leur poids absolu en tonnes, classées suivant 9 groupes, comme *ad. a* 3.

3. La quantité moyenne des marchandises en tonnes par bateau ;

4. La répartition du trafic entre l'arrivage, l'expédition et le transit.

c) Des tableaux du trafic des marchandises sur les voies navigables et les chemins de fer qui peuvent être comparés entre eux :

1. La longueur de la voie navigable et du chemin de fer.

2. La quantité des marchandises, d'après leur poids absolu, en tonnes, comme *ad. a* 3 classées suivant 9 groupes.

3. La quantité des marchandises en tonnes-kilométriques.

4. La quantité moyenne des marchandises en tonnes.

5. Remarques.

D. — *Concernant la statistique des accidents :*

a) Des tableaux établis suivant les voies navigables, des indications suivantes :

1. Le jour de l'accident.

2. Le lieu et le type de la voie navigable.

3. Le nombre des bateaux ou radeaux atteints par l'accident.

4. Le numéro des bateaux ou radeaux atteints par l'accident, les noms des propriétaires et des conducteurs, le type des bateaux et radeaux.

5. L'état de la voie navigable à la place de l'accident.

6. La nature de l'accident.

7. La cause probable.

8. Les suites de l'accident.

9. La valeur d'estimation du dommage.

10. La description détaillée de l'accident.   [31 : 386.3]

(*Association Internationale Permanente des Congrès de Naviga-tion*, Manchester, 1890.)

Hypothèque maritime.   - 347.798

Le Congrès adoptant l'ordre du jour de la Conférence d'Amsterdam, relatif à l'unification législative en matière d'hypothèque maritime, exprime le vœu que l'institution de l'hypothèque fluviale, c'est-à-dire de l'hypothèque sur les bâtiments de navigation intérieure, trouve place dans toutes les législations.

[347.798]

(*Association Internationale Permanente des Congrès de Naviga-tion*, Milan, 1905.)

Péages.   351.813

Sauf des situations particulières qu'il faut toujours réserver, la gratuité des péages ne doit pas être exigée en principe :

1º Parce qu'elle n'est pas nécessaire ;

2º Parce qu'elle peut être nuisible ;

3º Parce qu'elle n'a pas un caractère d'absolue justice.

[351.813]

(*Association Internationale Permanente des Congrès de Naviga-tion*, Bruxelles, 1885.)

*** Là où les péages sont maintenus, leur quantum, leur base ou leur mode de perception dépendent de causes très variables et très complexes, parmi lesquelles il faut considérer, pour chaque pays, son régime économique financier et industriel, l'étendue du réseau de ses voies de communication et leur mode d'exploitation et, pour un même pays, la nature de la voie navigable, rivière ou canal, sa longueur, son régime administratif et ses lignes concurrentes ; il est donc impossible de dégager des lois absolues, puisqu'il s'agit de questions d'espèce et d'un ensemble de cas particuliers. Toutefois, le Congrès a cru pouvoir émettre les vœux suivants :

1. Que les bases unitaires servant à la fixation des péages dans

les pays où les péages ont été maintenus, soient désormais la tonne de marchandises de 1,000 kilogrammes et le kilomètre de parcours.

2. Que les redevances pour la manœuvre des écluses, ponts et barrages, de jour et de nuit, soient supprimées graduellement et partout où la chose est possible.

3. Que la perception des droits soit faite d'une façon simple, facile et pratique, permettant un contrôle aisé, rapide et sans entraves pour la navigation.

4. Que les droits de navigation, sur les voies navigables, artificielles établies par l'Etat, si tant est que pareils droits soient nécessaires, ne s'élèvent pas à un taux qui fasse rentrer complètement le trésor public dans les dépenses qu'il a faites, intérêt et amortissement compris, car chaque voie navigable artificielle donne naissance à d'autres profits directs et indirects pour les finances de l'Etat et à de nombreux avantages pour la généralité.   [351.813]

(*Association Internationale Permanente des Congrès de Navigation*, La Haye, 1894.)

*** 1º Le droit de navigation sur les voies navigables artificielles ne doit pas dépasser une valeur telle qu'il fasse échouer le but qu'on se propose par la voie navigable, ou lui cause un préjudice sérieux, qu'il arrête la fonction économique de la navigation et rende impossible une division de travail proportionnée entre le chemin de fer et la navigation.

2º Dans les pays où il est reconnu par la loi ou par l'opinion publique que les droits de navigation sur les voies navigables artificielles devraient couvrir au plus les frais d'entretien et d'exploitation, ainsi que le produit usuel des intérêts et l'amortissement du capital, il semble tout naturel, en établissant le chiffre des droits, de tenir compte aussi du bénéfice indirect financier résultant, pour les finances de l'Etat, de l'élévation de force contributive opérée par la voie navigable. Il ne faudrait s'en abstenir que si des considérations politiques obligeaient à exiger de la voie navigable un plus fort rendement financier.

3º Le Congrès estime qu'il y a lieu de répondre ainsi qu'il suit aux questions posées par le programme :

a) La réponse à la question de savoir si l'on peut établir des droits de navigation sur les voies navigables artificielles de manière à couvrir les frais d'entretien et d'exploitation et à tirer du capital d'installation un intérêt raisonnable, dépend d'une série de circonstances diverses : principalement de la longueur et de la capacité de la voie navigable considérée, de l'importance du trafic de cette voie et de celle des tarifs de chemins de fer, du système de perception et de comptabilité sur lequel reposent les droits de navigation, des buts économiques et politiques, au point de vue du transport, qu'on poursuit avec la voie navigable.

Dans certaines circonstances, il est possible, en établissant des droits de navigation sur les voies navigables artificielles, d'arriver à couvrir les frais d'exploitation et d'entretien et de tirer du capital d'installation un intérêt raisonnable.

Ce but a été fréquemment poursuivi avant l'apparition des chemins de fer et il l'a encore été, à plusieurs reprises, depuis lors ; mais il n'a été que rarement atteint, dans la seconde moitié du XIXe siècle, pour autant qu'il s'agit de voies navigables.

b) Il y a lieu d'éliminer du capital de premier établissement des voies navigables, les éléments de dépenses qui se rapportent à des objets spéciaux, tels que la culture du pays, le drainage ou l'irrigation, et dont la navigation ne tire aucun profit direct ou indirect. [351.813]

(*Association Internationale Permanente des Congrès de Navigation*, Dusseldorf, 1902.)

Intervention de l'Etat. 351.814

La grande valeur des voies navigables pour le pays pris dans son ensemble et le fait qu'elles alimentent les chemins de fer dont elles sont un supplément indispensable, justifient l'intervention de l'Etat et des pouvoirs publics pour aider autant que possible à la construction et à l'entretien des voies navigables de dimensions uniformes, de manière à encourager les transports à longue distance et à prix réduits.

Le Congrès est aussi d'avis :

1° Que la circulation sur les voies navigables ne doit, autant que possible, être soumise à aucun impôt ;

2° Que des péages spéciaux peuvent être autorisés pour payer ou gager, à défaut de ressources publiques, toute dépense de nature à favoriser le développement des voies navigables et de la batellerie. [351.814]

(*Association Internationale Permanente des Congrès de Navigation*, Paris, 1892.)

Jaugeage. 351.814

Le Congrès affirme le haut intérêt que présente à tous égards la réforme élaborée par la Conférence internationale de Bruxelles de 1896, en ce qui concerne les voies navigables de l'Allemagne, de la Belgique, de la France et des Pays-Bas. Il émet le vœu que les règlements à intervenir pour l'application de cette réforme soient arrêtés et mis en vigueur dans le plus bref délai possible.

Le Congrès émet le vœu que les Etats du centre et de l'est de l'Europe se mettent d'accord sur les bases d'un système de jaugeage uniforme pour les bateaux d'intérieur.

Dans cet ordre d'idées, il est désirable que les conventions à intervenir se rapprochent autant que possible de la convention adoptée par les Etats de l'ouest. [351.814]

(*Association Internationale Permanente des Congrès de Navigation*, Bruxelles, 1898.)

Taxes de ports. 351.826.5

Lorsque l'institution de taxes dans un port maritime a été décidée, il convient d'établir ces taxes, tant au point de vue de leur assiette que de leur taux, sur des bases aussi variées que possible, de manière à leur assurer le maximum de souplesse et de flexibilité.

Il est utile notamment de faire entrer à la fois dans l'assiette des taxes : les dimensions du navire, la quotité de son chargement, la durée du séjour qu'il y fait, les emplacements qu'il y occupe. Le taux pourra être gradué suivant le genre de navigation et la nature des marchandises. L'autorité chargée de l'administration de la taxe pourra, dans ces conditions, en faire l'application la mieux appropriée aux différentes conditions commerciales du port. [351.826.5]

(*Association Internationale Permanente des Congrès de Navigation*, Bruxelles, 1898.)

Valeur économique des voies navigables. 386 (013)

Le Congrès est d'avis que l'importance économique des voies navigables artificielles, en ce qui concerne, avant tout, l'échange des marchandises, est si considérable, qu'il convient, là même où existent des lignes de chemin de fer, d'établir des voies navigables artificielles dans les régions convenables, en les munissant des moyens d'exploitation appropriés aux exigences du trafic moderne. Les avantages accessoires, particulièrement au point de vue du dessèchement et de l'irrigation des terres, pourront souvent amener un concours efficace à la construction de ces voies.

Pour pouvoir apprécier complètement la valeur économique des voies de navigation intérieure, il est bien désirable que la statistique en soit plus complète et conçue d'une manière plus pratique. [386 (013)]

(*Association Internationale Permanente des Congrès de Navigation*, Vienne, 1886.)

*** 1º Les voies navigables, en raison du faible coût de leur construction et de leur entretien, constituent un moyen avantageux pour le transport, à bon marché, de grandes masses de marchandises et doivent être l'objet de la plus sérieuse attention de tous les intéressés et de l'État ;

2º Un système de voies navigables uniforme est essentiel pour assurer des transports à bon marché sur de longues distances ;

3º L'existence et le développement simultanés des chemins de fer et des voies navigables sont désirables :

a) Parce que ces deux moyens de transport sont le complément l'un de l'autre et doivent concourir chacun suivant ses mérites spéciaux au bien-être général ;

b) Parce que, en voyant les choses dans leur ensemble, le développement industriel et commercial, qui est le résultat certain du perfectionnement des voies de communication, finit par profiter à la fois aux chemins de fer et aux voies navigables ;

4º La grande valeur des voies navigables pour le pays pris dans son ensemble et le fait qu'elles alimentent les chemins de fer dont elles sont un supplément indispensable, justifient l'intervention de l'Etat et des pouvoirs publics pour aider autant que possible à la construction et à l'entretien des voies navigables de dimensions uniformes, de manière à encourager les transports à longue distance et à prix réduits.　　　　[386]

(*Association Internationale Permanente des Congrès de Navigation*, Manchester, 1890.)

Création de ressources.　　　　386.003

1º De tous les moyens financiers pour la création et l'amélioration des voies de navigation intérieure, c'est le budget ordinaire de l'Etat qui est le plus régulier et le plus recommandable.

Les emprunts sont justifiés dans les pays où les voies de navigation sont dans un état primitif et où les ressources ordinaires du budget sont en même temps insuffisantes.

Ils peuvent être amortis par les taxes prélevées sur les bateaux et par les impôts spéciaux sur la plus-value des terres et des immeubles avoisinant la nouvelle voie. Les organisations et institutions intéressées peuvent procurer à l'Etat des subventions remboursables.

Les taxes ne doivent absorber qu'une partie du gain réalisé par l'abaissement du prix de transport dû à la création ou à l'amélioration d'une voie de navigation.

Les taxes doivent former un compte à part et leur prélèvement doit cesser dès que les dépenses respectives sont couvertes.

L'impôt sur la plus-value des terres et des immeubles ne doit pas dépasser en somme la moitié de la plus-value.

La construction, l'entretien et la direction des voies de navigation magistrales doivent rester entièrement aux soins de l'Etat, les divers intéressés pouvant participer en prêtant leur concours financier en qualité de membres des Comités de surveillance ;

2º Afin de faciliter la création et l'amélioration des voies de navigation et de raccordements locaux à cette voie et pour parer à la spéculation sur les prix des terrains, la loi doit accorder à l'Etat et aux organisations et institutions intéressées le droit de l'expropriation dans tous les cas où celle-ci sera reconnue indispensable pour l'utilité publique.

Les terrains doivent être expropriés dans une mesure assez large pour subvenir non seulement aux besoins de la construction, mais aussi à un agrandissement ultérieur des établissements et installations rattachées à la voie de navigation, ainsi que pour parer à la spéculation.

Les terrains expropriés peuvent être cédés par baux aux institutions et personnes intéressées, et seulement dans des cas tout à fait exceptionnels ces terrains peuvent être revendus, au prix d'acquisition ;

3º La création des ressources pour la construction, l'élargissement ou l'amélioration des ports fluviaux, débarcadères, docks et entrepôts et pour les diverses installations dans ces ports, ainsi que pour les voies locales d'approche et de raccordement des places habitées, des usines, des centres de production avec la voie de navigation peut être confiée à des organismes locaux (municipalités, communes, associations, sociétés industrielles, etc.).

Ces ressources peuvent être obtenues par voie d'emprunt couvert par des taxes spéciales prélevées sur le chargement et le déchargement des bateaux, ainsi que sur la plus-value des terres et des immeubles.

Il faudrait organiser pour cela sur les voies de navigation intérieure des syndicats ou des organismes spéciaux.

L'Etat peut participer dans la création de ces ressources par des subventions remboursables ;

4º Pour l'exploitation des voies de navigation intérieure, pour la création du matériel mobile de transport et pour les installations diverses dans les ports fluviaux, l'initiative privée est admissible sous forme de concessions subventionnées ou non par l'Etat ou par les organisations publiques ;

5º Pour amener l'initiative privée à s'intéresser à l'œuvre de l'amélioration des voies de navigation intérieure dans des proportions plus ou moins larges, il faudrait tout d'abord assurer à l'initiative privée, par voie législative et sans léser les intérêts publics, une stabilité aussi grande que possible ;

6º Le développement du réseau des voies de navigation et la création des ressources nécessaires doivent faire l'objet d'un programme systématique élaboré par l'Etat avec le concours des organismes et institutions intéressées.

L'application de ces projets est subordonnée à l'esprit, aux usages, à la législation de chaque Etat, et ne peut revêtir un caractère uniforme et absolu.   [386.003]

(*Association Internationale Permanente des Congrès de Navigation*, Petrograd, 1908.)

Voies navigables et chemins de fer.   386 : 385

L'existence et le développement simultané des chemins de fer et des voies navigables sont désirables :

a) Parce que ces deux moyens de transport sont le complément l'un de l'autre et doivent concourir, chacun suivant ses mérites spéciaux, au bien général ;

b) Parce qu'en voyant les choses dans leur ensemble, le développement industriel et commercial, qui est le résultat certain du perfectionnement des voies de communication, finit par profiter à la fois aux chemins de fer et aux voies navigables.

Le rôle respectif des voies navigables et des voies ferrées dans un pays déterminé dépend surtout des conditions naturelles existant pour la navigation, ainsi que du caractère de la politique économique qui préside au mouvement des marchandises.

[386 : 385]

(*Association Internationale Permanente des Congrès de Navigation*, Paris, 1892.)

*** Les contacts entre chemins de fer et voies navigables doivent être multipliés autant que possible, par les moyens techniques, administratifs et de tarifs, propres à développer de plus en plus les transports mixtes.   [386 : 385]

(*Association Internationale Permanente des Congrès de Navigation*, Milan, 1905.)

*** 1. Les dispositions à prendre pour combiner, faciliter et harmoniser les échanges des marchandises entre les voies d'eau et les voies ferrées sont partiellement d'ordre administratif ou gouvernemental, et partiellement d'ordre technique ou mécanique.

Il convient que la coordination des compagnies de chemins de fer et des voies navigables soit assurée par la réglementation effective des réseaux de chemins de fer par le gouvernement national et les administrations locales. Les ordonnances législatives et administratives des diverses autorités publiques devraient se compléter mutuellement, de manière à créer un système unifié des transports par voies ferrées et voies d'eau en chaque pays.

2. Il est essentiel que chaque port soit systématiquement organisé en vue de satisfaire aux nécessités du trafic et des industries à desservir. L'expérience a établi d'une manière concluante la nécessité de suppléer à la réglementation des terminus dépendant des corporations privées, par la création et l'exploitation, sur l'initiative des pouvoirs publics, de wharfs, docks, entrepôts et autres aménagements de port, affectés à l'usage du public. La propriété exclusivement privée des terminus de navigation n'est point défendable.

3. Les mesures législatives et administratives à prendre pour coordonner les voies ferrées et les voies d'eau, unifier et systématiser les installations des ports, et assurer leur bonne administration doivent varier suivant les divers pays.

4. L'aménagement des ports intermédiaires et terminus et les installations mécaniques les mieux appropriées aux échanges du trafic sont à déterminer pour chaque port en particulier et suivant ses exigences spéciales. Les ingénieurs de la municipalité et du gouvernement doivent s'appliquer à la solution des problèmes locaux, et adapter aux conditions locales les principes d'organisation et d'exploitation reconnus efficaces en d'autres ports et en d'autres pays.   [386 : 385]

> (*Association Internationale Permanente des Congrès de Navigation*, Philadelphie, 1912.)

Voies navigables et agriculture.   386 : 63

1º L'établissement d'un canal mixte, desservant à la fois les besoins de la navigation et ceux de l'agriculture, soulève de nombreuses questions locales et demande donc une étude spéciale dans chaque cas particulier ;

2º Dans les terres basses de bonne culture et à population dense, les canaux d'irrigation et d'assainissement peuvent, en certains cas, servir utilement au transport des produits agricoles, des engrais et marchandises pondéreuses ou de grand volume et de faible valeur intrinsèque.   [386 : 63]

> (*Association Internationale Permanente des Congrès de Navigation*, Petrograd, 1908.)

Dimensions des canaux.   626.12

Le Congrès propose pour les voies navigables artificielles de grand trafic les dimensions minima suivantes :

I. CANAUX PRINCIPAUX.

1. Rapport entre la section mouillée du bateau (plongé de 1^m75) et la section mouillée du canal . . . . 1 à 4

2. Profondeur d'eau normale :
a) En voie courante. 2ᵐ00
b) Sous les ponts, dans les ponts-canaux et souterrains à cunette maçonnée. 2.50
3. Largeur de la cunette (mesurée au plafond) :
a) En voie courante et droite. 16.00
b) Dans les courbes, cette largeur doit être augmentée du double de la flèche de l'arc dont la corde forme la
plus grande longueur du bateau.
c) Sous les ponts (à double voie). 16.00
d) Dans les ponts-canaux et souterrains (à simple voie)   7.50
4. Hauteur libre sous les ponts et dans les souterrains, mesurée au-dessus du plan d'eau. 4.50
5. Dimensions de l'écluse :
a) Profondeur d'eau au-dessus du busc. 2.50
b) Largeur libre entre les bajoyers. 7.00
c) Longueur utile de l'écluse, mesurée entre la corde
du mur de chute d'amont et l'origine de l'enclave des
portes d'aval. 57.50

2. RIVIÈRES CANALISÉES.

6. Les profils normaux et les dimensions des travaux d'art y
afférents doivent présenter au moins les dimensions *minima*
fixées pour les canaux principaux.   [626.12]

(*Association Internationale Permanente des Congrès de Navigation*, Vienne, 1886.)

Canaux de pénétration.   626.12

Le Congrès a été unanime pour reconnaître la grande importance économique des canaux maritimes de pénétration. Quant
à formuler ces avantages par des chiffres au moyen d'une formule générale ce n'est guère possible.   [626.12]

(*Association Internationale Permanente des Congrès de Navigation*, Francfort s/M., 1888.)

Dimensions des canaux.   626.12

Il est désirable que la section mouillée d'un canal maritime
soit cinq fois plus grande que la section immergée au maître-
couple du plus grand navire qui doit le traverser, et que le mouillage comporte un mètre d'eau sous la quille de ce navire ; mais
ces valeurs sont des fonctions de la vitesse de parcours sur le
canal et, par conséquent aussi, jusqu'à un certain degré, des
fonctions de l'importance du trafic, et elles doivent être déterminées en tenant compte des conditions locales.   [626.12]

(*Association Internationale Permanente des Congrès de Navigation*, Philadelphie, 1912.)

Creusement des canaux. 626.131

Les moyens d'exécution d'un canal sont essentiellement variables suivant la nature et l'importance des déblais à exécuter.

Dans les terrains composés de sable et de gros graviers, le Congrès conseille l'emploi des excavateurs, complétés par des transporteurs à toile sans fin ; il signale une amélioration récente, permettant de déblayer une tranche de quatre mètres d'épaisseur sans ripage de la voie. Dans les terrains de terre, de sable ou d'alluvions, contenant peu de graviers, la drague travaillant dans l'eau paraît devoir être préférée. Dans ce cas, le transport des déblais peut être fait économiquement en les diluant dans un grand volume d'eau, qu'on écoule au lieu de dépôt, soit avec un conduit à air libre, nommé « long couloir », soit par une conduite forcée, alimentée par une pompe rotative, dans laquelle on fait passer les déblais avec l'eau qui les porte.

Dans les vases et les terres très meubles, on peut faire aspirer directement les déblais par la pompe. Pour faciliter la désagrégation du terrain, on emploie soit un jet d'eau, agissant près de l'ouverture du tube, soit une sorte d'hélice mue par un axe parallèle au tube d'aspiration, soit une petite roue à grappins, mue par une chaîne sans fin.

Le Congrès signale aussi les dragues porteuses, les aspirateurs à pompe sur bateaux porteurs, les dragues à cuillères verticales (clam-shells), les porteurs à clapets, etc.   [626.131]

> (*Association Internationale Permanente des Congrès de Navigation*, Bruxelles, 1885.)

Etanchéité des canaux. 626.134

1º C'est surtout dans le projet d'établissement et dans l'exécution des travaux d'un canal qu'il importe de se préoccuper de la question de l'étanchéité de la cunette et des digues ;

2º Sur les canaux existants, le choix à faire entre les divers systèmes d'étanchement dépend essentiellement des circonstances locales, notamment du relief des digues, de la nature des terrains traversés, du niveau de navigation comparé à celui des eaux souterraines ou des crues ;

3º Quand on dispose d'une alimentation abondante et que rien ne presse pour rendre la cunette étanche, les colmatages peuvent donner de bons résultats si le terrain perméable ne présente que des fissures de peu de largeur ;

4º Les corrois constituent un mode d'étanchement très efficace pour des digues en remblai et lorsqu'on a affaire à des terrains compressibles. Ils sont généralement plus économiques que les bétonnages et se prêtent bien à l'étanchement des fuites locales, en particulier sous forme de clés pratiquées dans les digues, L'étanchement par compression peut également, dans les mêmes circonstances, donner de bons résultats ;

5° Les bétonnages donnent de très bons résultats lorsqu'ils sont établis sur des terrains incompressibles et qu'ils sont convenablement défendus s'il y a lieu ;

6° On peut indiquer le chiffre de 0m15 comme épaisseur minima à donner aux bétonnages ;

7° La chape peut être supprimée sans inconvénient, sauf à y avoir recours en des points spéciaux. Il suffit le plus souvent de lisser fortement le mortier refluant à la surface du béton ;

8° Le badigeonnage de la chemise en béton, au goudron minéral flambé, est très utile au point de vue de l'étanchéité ;

9° Dans les biefs soumis à des sous-pressions périodiques, et quel que soit le mode d'étanchement adopté, il peut être utile de conjurer les effets de ces sous-pressions par un procédé assurant l'écoulement des eaux souterraines. -[626.134]

(*Association Internationale Permanente des Congrès de Navigation*, Bruxelles, 1898.)

Mesures contre les glaces. 626.144

Il est désirable de maintenir la navigation libre pendant les gelées.

Mais les procédés à employer dans ce but sont variables suivant les régions et les voies navigables auxquelles ils s'appliquent.

L'opération comprend, en effet, deux phases distinctes, le *cassage de la glace et l'évacuation des glaçons.*

A ce point de vue, il y a lieu de distinguer : 1° *les estuaires et rivières à marée ;* 2° *les rivières en dehors de leur partie maritime ;* 3° *les canaux artificiels.*

Dans la partie soumise au jeu des marées, l'évacuation des glaces présente, en général, peu de difficultés.

D'autre part, les intérêts considérables qui s'attachent au maintien du libre accès des ports peuvent justifier des dépenses importantes. Dans ce cas, il convient, à moins d'impossibilité, d'ouvrir et de conserver un chenal, par le passage fréquent de brise-glaces ou de bateaux à vapeur.

En dehors de la partie maritime, l'évacuation des glaces dans les rivières à courant libre peut encore s'opérer, mais avec des difficultés, qui parfois sont très grandes. Les intérêts en jeu exigent aussi plus rarement le maintien d'un chenal permanent. Dans ce cas, on peut hâter le rétablissement de la navigation aux approches du dégel par l'usage de brise-glaces ou autres moyens mécaniques ou par l'emploi d'explosifs.

Toutefois, il faut prendre les précautions nécessaires pour prévenir les embâcles que les glaçons pourraient former dans la partie inférieure.

Lorsque les embâcles se produisent, on peut recourir à l'emploi de bateaux-béliers, tels que ceux dont on s'est servi avec succès sur l'Elbe et la Vistule ou à celui d'explosifs, comme on l'a fait dans divers pays sur un grand nombre de rivières.

Sur les canaux maritimes, l'évacuation des glaçons est impossible. Néanmoins, les intérêts commerciaux étant les mêmes que sur la partie maritime des rivières il y a lieu de s'attacher à maintenir, par les mêmes moyens, un chenal toujours praticable à la batellerie.

Sur les canaux de navigation intérieure et sur les rivières canalisées, qui leur sont assimilables, les mêmes procédés sont rarement applicables. Si l'on réussit à opérer le déglaçage, les bateaux affectés à la navigation en canal, moins solidement construits que ceux qui fréquentent les rivières ou les estuaires, ne sont pas capables de se frayer un chemin à travers les glaçons flottants. Mais il convient de réduire autant que possible la durée du chômage, en opérant, à l'aide de brise-glaces, soit avant la prise complète du canal, soit dès que le dégel se manifeste. Quant aux explosifs, ils ne sont pas à recommander dans les canaux.

En ce qui concerne les rivières canalisées au moyen de barrages mobiles, le cassage des glaces ne s'impose pas au point de vue des intérêts de la navigation, qui ne peut avoir lieu pendant que les barrages sont ouverts et tant que la débâcle finale ne s'est pas produite. [626.144]

(*Association Internationale Permanente des Congrès de Navigation*, La Haye, 1894.)

Exploitation. 626.16

1. Sur les canaux, il est à désirer qu'un service régulier de traction soit organisé, soit par l'Etat, soit par l'industrie privée.

On prendra les mesures nécessaires pour que l'exploitation de ce service régulier de traction ne soit pas gênée par le halage libre. Ce but sera atteint, tant par un règlement de police de la navigation, que par l'établissement de dispositions techniques appropriées (gares d'évitement, gares d'amarrage, service de signaux, etc.).

Il n'y a pas lieu de concéder un monopole avec suppression de la liberté de la navigation : il ne devra être apporté de restriction à la liberté de la navigation privée que dans la mesure nécessaire pour garantir la sécurité du service public de traction.

Les dimensions des canaux seront fixées d'après les considérations qui précèdent.

2. Sur les fleuves, il ne paraît ni nécessaire, ni même utile, d'apporter aucune restriction à la liberté du remorquage actuellement existante.

Il faut continuer à laisser circuler librement, dans les conditions actuelles, les remorqueurs et les convois, et laisser les tarifs de remorquage s'établir librement.

3. Sur les fleuves, rivières canalisées et canaux, il paraît désirable qu'il s'établisse, à côté du service public de traction et de la navigation privée, des associations de bateliers en vue du transport des marchandises, qui, par leur nature, ne s'expédient pas généralement à pleine charge, et s'envoient cependant à de grandes distances. Les expéditions se feraient par ordre de priorité, au fur et à mesure de l'arrivée des marchandises au port d'embarquement.

4. Un rapide développement des magasins et hangars est d'une haute importance pour l'extension et la prospérité de la navigation intérieure.

Dans la création de ces entrepôts, on devra se préoccuper de l'installation des meilleurs moyens de transbordement, afin d'assurer la manutention la plus directe possible des marchandises, notamment des céréales, par l'emploi des moyens mécaniques.

Il est également nécessaire que le transbordement des marchandises, entre les voies navigables et les chemins de fer, soit rendu aussi facile que possible.

5. Le commerce des céréales en Europe pourra favoriser singulièrement la navigation intérieure et la construction des entrepôts par l'introduction d'une classification uniforme des grains. Cette classification permettra à l'agriculture européenne de lutter plus avantageusement sur le marché universel.

6. L'établissement de ports de refuge publics pour l'hiver est une nécessité absolue pour la navigation intérieure. Dans les travaux de correction des fleuves, il convient, quand les exigences du climat le comportent, de tenir compte de la nécessité d'établir ces ports de refuge et de tout disposer pour pouvoir les agrandir facilement au fur et à mesure du développement successif de la navigation.

On doit également faire attention de maintenir toujours praticable l'entrée des ports de refuge naturels. Enfin, les ports de refuge, naturels ou artificiels, doivent, dans les localités où le besoin peut en être ultérieurement reconnu, être disposés de manière à être transformés plus tard en ports de commerce.

7. Les codes de commerce qui régissent actuellement la navigation intérieure sont insuffisants : il est indispensable de les compléter par une législation spéciale suffisamment développée.

[626.16]

(*Association Internationale Permanente des Congrès de Navigation*, Vienne, 1886.)

*** Les vitesses maxima à imposer, par mesure de police, aux steamers devraient être proportionnées aux rapports qui existent entre la section immergée de ces navires et le profil mouillé du canal, et il est nécessaire d'effectuer les travaux de consolidation des berges, de telle sorte qu'elles résistent à l'action des vagues soulevées au passage des steamers animés d'une vitesse indispensable à leur gouverne sûre. [626.16]

(*Association Internationale Permanente des Congrès de Navigation*, La Haye, 1894.)

Chômage. 626.16

1º Le Congrès émet le vœu que la question de l'atténuation des chômages imposés à la navigation par la formation et le charriage des glaces soit mise à l'étude et posée devant le prochain Congrès.

2º Le Congrès émet le vœu que des renseignements soient réunis pour le prochain Congrès sur les conditions techniques et pécuniaires de l'exécution des travaux pendant les chômages causés par les gelées, notamment en ce qui concerne les travaux de maçonnerie.

3º Le Congrès est d'avis que la durée des chômages peut être encore réduite et doit l'être, même au prix d'une augmentation dans les dépenses.

Sur les grandes rivières canalisées, la suppression totale des chômages doit être poursuivie.

Sur les canaux, la durée des chômages peut être dès maintenant, sauf des cas exceptionnels, réduite à dix jours par an sur des sections à l'état complet d'entretien, et à trente jours sur les sections en cours de transformation. [626.16]

(*Association Internationale Permanente des Congrès de Navigation*, Paris, 1892.)

Alimentation des canaux. 626.2

L'alimentation des canaux au moyen de machines à vapeur a été dans ces dernières années, notamment en France, l'objet d'applications intéressantes, dans lesquelles le prix de revient a été réduit autant que ce mode d'action le comportait,

Néanmoins, le Congrès estime qu'il est d'intérêt général, au moyen d'une dépense une fois faite, d'assurer les besoins de l'avenir et d'utiliser directement les ressources du sol au moyen de réservoirs et de rigoles d'alimentation.

Lorsque ce procédé sera impraticable, les grands progrès de l'électricité permettront de recourir au système des usines élévatoires, en demandant la force, non pas à du combustible qu'on devrait faire venir de loin et qui trouvera toujours son emploi à d'autres usages, mais aux chutes d'eau naturelles, même situées en des points éloignés.

On doit également recommander tous les moyens propres à diminuer la dépense d'eau, tels que *travaux d'étanchement*, etc., qui aboutiront au même résultat en dégrèvant l'avenir par un effort une fois fait. [626.2]

(*Association Internationale Permanente des Congrès de Navigation*, Paris, 1900.)

Elévation des eaux d'alimentation. 626.24

Le Congrès est d'avis que l'application de l'énergie électrique à l'alimentation des canaux par remontage mécanique de l'eau de bief en bief peut donner des résultats avantageux dans certains cas, notamment lorsqu'on dispose de moyens naturels de production de force motrice ou lorsque les installations réalisant l'énergie et la transportant à distance sont utilisables simultanément à l'alimentation du canal, à la traction mécanique des bateaux ainsi qu'à la manœuvre des écluses et de l'outillage des quais, et à l'éclairage de la voie navigable. [626.24]

(*Association Internationale Permanente des Congrès de Navigation*, Bruxelles, 1898.)

Ecluses. 626.4

En ce qui concerne la navigation intérieure, non maritime, le Congrès émet le vœu que, sur toutes les voies de navigation intérieure, le batelage soit assuré de rencontrer les écluses ayant au moins 38^{m}50 de longueur utile, 5^{m}20 de largeur, 2 mètres de profondeur d'eau sur les buscs, et des ponts présentant au minimum 3^{m}70 de hauteur libre au-dessus du plan d'eau. Ces dimensions minima sont celles adoptées en France pour le réseau général des voies navigables.

En ce qui concerne les canaux maritimes de pénétration, le Congrès estime que la capacité des navires à admettre et, par conséquent, les dimensions des écluses doivent surtout se déterminer par des considérations commerciales et locales.

Quant aux sections courantes des canaux de toute catégorie, elles doivent être en rapport, tant avec la section des écluses qu'avec la vitesse de marche.   [626.4]

(*Association Internationale Permanente des Congrès de Naviga- (tion*, Bruxelles, 1885.)

Hauteur de chute.   626.4

Le Congrès estime que la plus grande hauteur qu'on peut donner à la chute est déterminée, dans chaque cas particulier, par la nature du sol de fondation. Pour les terrains de fondation dans lesquels l'entraînement par les filtrations est à craindre, des chutes de 1m50 à 2m20 ont pu être adoptées sans inconvénient en Hollande. Pour les autres natures de terrains, les limites atteintes en France, et qui ont dépassé 5 mètres, n'ont présenté aucun inconvénient quand les ressources d'alimentation étaient suffisantes.   [626.4]

(*Association Internationale Permanente des Congrès de Naviga- tion*, Bruxelles, 1885.)

Ecluses à sas.   626.41

En ce qui est des écluses à sas, le Congrès estime que la simplicité de leur construction, la longue expérience qui en a consacré l'usage, leur entretien et leur manœuvre faciles avec un personnel qu'on trouve partout, enfin la possibilité de les utiliser même quand elles ont atteint un certain degré de vétusté, constituent, en leur faveur, des avantages incontestables.

[626.41]

(*Association Internationale Permanente des Congrès de Naviga- tion*, Bruxelles, 1885.)

Ecluses accolées.   626.41

Le Congrès est d'avis qu'il y a avantage à établir des écluses accolées dans le sens de la largeur :

1º Lorsqu'il faut desservir une circulation active de bateaux de types différents ;

2º Lorsqu'il y a intérêt à augmenter la capacité de trafic d'un canal, une écluse de chaque couple servant à la remonte et l'autre à la descente.

Dans ce dernier cas, l'existence des couples d'écluses permet de réduire la gêne causée à la navigation par des chômages.

[626.41]

(*Association Internationale Permanente des Congrès de Naviga- tion*, Bruxelles, 1885.)

Ecluses 626.41

1º Les écluses à sas restent les engins les plus simples et les plus robustes pour franchir les chutes des canaux. Les bassins d'épargne permettent de réduire très notablement leur consommation d'eau, sans augmentation exagérée de la durée des éclusages.

Il y a lieu d'encourager les études ayant pour but de diminuer encore cette consommation.

2º Dans le cas de différences de niveau exceptionnelles à racheter sur une faible longueur, on possède pour les canaux à grand trafic, dans les échelles d'écluses doubles, un procédé très pratique quand l'alimentation est suffisamment abondante.

Si les ressources alimentaires font défaut, les ascenseurs verticaux constituent une solution qui a la sanction de l'expérience.

3º Les plans inclinés, appliqués seulement jusqu'ici à des bateaux de faibles dimensions, ont fait, pour des bateaux de navigation intérieure de fort tonnage, l'objet de propositions ingénieuses. Le Congrès émet le vœu qu'un essai pratique comportant la construction et l'exploitation d'un de ces engins soit effectué le plus tôt possible.   [626.41]

(*Association Internationale Permanente des Congrès de Navigation*, Dusseldorf, 1902.)

Portes d'écluse. 626.422

1º Les portes d'écluse *à rabattement* présentent les avantages essentiels des portes à un seul vantail. Elles sont recommandables pour les portes d'amont et pour les portes de garde. Pour les portes d'aval, la trop grande hauteur et la difficulté de visiter les organes toujours noyés rendent les portes de cette espèce peu recommandables ;

2º Les portes *roulantes* réduisent la longueur du bajoyer ; elles exigent par contre la création d'une chambre spéciale de logement. Elles paraissent indiquées pour la fermeture des sas à très grande ouverture et dans le cas de chutes très fortes et très variables ;

3º Les portes *levantes* ont les avantages généraux du vantail unique et procurent la même économie de maçonnerie que les portes roulantes. En revanche, elles exigent des appareils de manœuvre encombrants et coûteux. Il convient de les réserver pour les élévateurs et pour les écluses de décharge ;

4º Les portes *pivotantes, à un seul vantail*, se recommandent à l'attention des ingénieurs. Malgré l'allongement de l'écluse qu'elles entraînent, elles ne sont pas plus coûteuses que les portes busquées ; elles subissent moins de fatigue, laissent perdre moins d'eau, sont plus faciles à ajuster, à réparer et à remplacer ;

la manœuvre en est plus simple et plus régulière. Cependant, la grande dépense d'eau et l'augmentation de la durée de l'éclusage, qui sont la conséquence de l'allongement du sas, sont des inconvénients qui, pour les portes d'aval, peuvent en certains cas contrebalancer et même dépasser les avantages précités ;

5° Le choix du système de portes à vantail unique n'implique pas nécessairement l'installation d'appareils mécaniques. Ces portes peuvent être manœuvrées à la main par un seul homme sans effort excessif et en un temps très admissible dans la pratique.

Les appareils mécaniques de manœuvre à eau comprimée, à électricité ou à turbine et à transmission par engrenages, sont justifiés sur les canaux à grand trafic et les services qu'ils y rendent sont loin d'être hors de proportion avec leur prix relativement élevé.   [626.422]

(*Association Internationale Permanente des Congrès de Navigation*, Bruxelles, 1898.)

*** Les portes à un vantail présentent, en général, des avantages sérieux pour les écluses maritimes.   [626.422]

(*Association Internationale Permanente des Congrès de Navigation*, Bruxelles, 1898.)

*** 1° Sur la question de savoir si l'on doit préférer le fer ou le bois pour la construction des portes d'écluse, le Congrès est d'avis qu'il ne peut être pris de conclusion absolue.

2° Le choix entre les solutions doit être fait dans chaque cas particulier, d'après les circonstances financières et techniques de l'espèce.

3° Pour les grandes ouvertures, les considérations suivantes militent en faveur des portes métalliques : Il est plus facile d'assurer leur résistance et leur stabilité. Leur manœuvre peut être exécutée plus facilement et plus rapidement. Enfin leur levage et leur mise en place sont plus rapides et moins coûteux que pour les portes en bois.   [626.422]

(*Association Internationale Permanente des Congrès de Navigation*, Dusseldorf, 1902.).

Ascenseurs.   626.5

En ce qui est des engins mécaniques, le Congrès est d'avis que la question de savoir s'il convient d'y recourir, n'est à envisager que s'il est nécessaire de racheter une chute brusque considérable. Dans ce cas, les moyens mécaniques peuvent fournir une solution satisfaisante, surtout si, à la hauteur de chute à racheter, s'ajoute la difficulté d'alimentation du canal.

Cependant, le Congrès pense qu'il y a lieu de ne recourir aux moyens mécaniques qu'avec beaucoup de réserve, et ce, pour les motifs suivants :

1º Les engins mécaniques n'ont pas encore fait leurs preuves d'application pour les bateaux de 250 à 300 tonnes.

2º Dans les ascenseurs, notamment, les difficultés de construction paraissent atteindre la limite des moyens dont dispose l'industrie actuellement. A ce titre, les plans inclinés paraissent préférables, et il serait intéressant d'en voir faire l'application pour les bateaux de 250 à 300 tonnes.

3º La durée de ces engins est encore inconnue.

4º Leur manœuvre nécessite un personnel spécial, difficile à surveiller et à recruter.

5º La moindre avarie peut occasionner un arrêt absolu de la navigation.

6º Au point de vue de l'augmentation de la capacité de trafic, l'avantage des moyens mécaniques comparés aux écluses échelonnées est atténué notablement si l'on a recours à deux séries d'écluses accolées dans le sens de la largeur. [626.5]

(Association Internationale Permanente des Congrès de Navigation, Bruxelles, 1885.)

Traction. 626.7

Le Congrès exprime le vœu que des essais pratiques et scientifiques soient faits sous la direction des Gouvernements intéressés à la navigation intérieure soit par le secours de l'Etat, soit par le moyen d'un concours international, et conformément à un programme à convenir, pour déterminer quelles sont les meilleures formes et proportions à donner aux bâtiments pour la navigation intérieure, et les moyens de traction, unis au bâtiment lui-même ou indépendants, qui répondent le mieux aux trois desiderata : vitesse, régularité, économie. [626.7]

(Association Internationale Permanente des Congrès de Navigation, Francfort s/M., 1888.)

*** 1º Il serait très désirable que l'on recherchât expérimentalement la répartition des efforts de traction dans les différents biefs des rivières canalisées en s'inspirant de la méthode appliquée dans les expériences actuellement poursuivies dans la Basse-Seine par MM. Caméré et Clerc, et dont il a été rendu compte par M. Caméré dans son rapport.

2º Considérant que le halage funiculaire constituerait une solution pratique de la traction sur les canaux à grand trafic, sans les effets du vrillage du câble qui subsistent encore quelquefois malgré les précautions prises pour le prévenir, le Congrès émet le vœu que les expériences de Saint-Maur, d'une part, et celles du canal de l'Oder à la Sprée, d'autre part, soient continuées dans le but spécial d'étudier les causes du vrillage et surtout de compléter le remède aux effets d'entraînement qu'il peut encore exercer sur les remorques des bateaux.

3° Le Congrès émet le vœu que, outre les expériences sur le halage funiculaire, il en soit fait également sur l'emploi du système de touage électrique inventé et exposé par M. de Bovet.

4° Il est à désirer que tout bateau soit le plus tôt possible pourvu d'un document officiel faisant connaître, pour les différentes vitesses relatives, sa résistance à la traction.

5° Le Congrès, appréciant la portée considérable des expériences entreprises par M. de Mas, émet le vœu que ces expériences soient poursuivies dans tous les détails qu'elles comportent, notamment en ce qui concerne l'influence de l'état des surfaces sur la résistance à la traction.   [626.7]

(*Association Internationale Permanente des Congrès de Navigation*, Paris, 1892.)

*** 1° La traction par convoi (remorqueurs et toueurs) doit être réservée pour les rivières et canaux à longs biefs, à grande section, et à écluses de dimensions suffisantes pour recevoir toute une rame de bateaux à la fois, et pour les passages spéciaux, tels que souterrains ou sections offrant des sujétions exceptionnelles ;

2° Sur les canaux à section plus restreinte, comme ceux de la France et de la Belgique (les canaux maritimes mis à part), la traction individuelle doit être adoptée, pour éviter toute perte de temps et tout encombrement tant pour la formation des rames que pour le passage des écluses ;

3° La vitesse normale de marche doit être déterminée en raison de la section du canal et de celle des bateaux à traîner, de manière à ne pas dépasser un effort de traction admissible ;

4° Dans la détermination de la vitesse maxima et du mode de traction à adopter, on doit tenir compte de la nature des berges au point de vue de la stabilité des talus ;

5° Dans les passages spéciaux, où la traction par chevaux est difficile, mais où la surveillance est facile, la traction mécanique est plus indiquée encore qu'ailleurs : le touage ordinaire ou électrique et le halage funiculaire ont donné de très bons résultats, et chacun de ces systèmes peut être adopté suivant les circonstances locales ;

6° En canal courant, il faut mettre à la disposition de tous les bateaux, sur une longueur indéfinie, une source de mouvement sûre et économique, qui soit toujours à la disposition du marinier sans être liée invariablement au bateau : les bateaux portant à bord leur force motrice peuvent cependant être utilisés pour des services réguliers à trafic assuré, avec chargement et déchargement rapides ;

7° Le câble marcheur a donné de bons résultats dans son application à deux passages spéciaux ; il est à désirer que son application en grand sur 30 kilomètres du canal de Dortmund à l'Ems, annoncée comme prochaine, permette de juger définitivement de la valeur pratique du système en canal courant ;

8° Le touage électrique individuel (système de Bovet) a donné lieu à une expérience intéressante ; il est à désirer qu'il soit expérimenté plus en grand, pour se rendre compte de sa valeur économique ;

9° Le halage électrique (système Galliot-Denèfle) est l'objet, en ce moment, après des expériences prolongées, qui ont démontré son bon fonctionnement au point de vue technique, d'une application en grand qui permettra de le juger au point de vue pratique et économique.　　　　　　　　　　　　　　[626.7]

　(*Association Internationale Permanente des Congrès de. Navigation*, Bruxelles, 1898.)

*** 1° Considérant qu'il est d'intérêt général de perfectionner les moyens d'exploitation des canaux, et tout particulièrement le développement des procédés mécaniques de traction ;

Considérant que les diverses applications de traction électrique réalisées en France, en Belgique et en Allemagne permettent d'espérer des résultats efficaces, et cela indépendamment des avantages d'ordre général qui pourront résulter du développement des distributions d'électricité,

Le Congrès exprime le vœu que des exploitations de traction électrique sur des sections de canaux assez longues pour fournir des résultats concluants aux points de vue technique et économique, soient largement encouragées et facilitées par les administrations publiques des divers pays.

2° Les résultats des recherches faites depuis le Congrès de Bruxelles, en vue de déterminer la résistance des bateaux à la traction, justifient pleinement la résolution adoptée par ce dernier Congrès, à savoir qu'il est nécessaire de poursuivre les recherches et de les amener parallèlement avec des bateaux en vraie grandeur et avec des modèles, les premières pouvant seules donner des valeurs *absolues* exactes, les secondes permettant d'effectuer rapidement et à peu de frais la *comparaison* entre les différents types d'embarcations ou les différents profils de canaux.　　[626.7]

　(*Association Internationale Permanente des Congrès de Navigation*, Paris, 1900.)

*** 1º Traction sur les canaux :

a) La question de savoir si le monopole de la traction doit être obligatoire sur les canaux ne comporte pas de solution générale. Il est toutefois prouvé que l'accroissement du trafic conduit nécessairement à une organisation du service technique qui garantisse au canal son rendement maximum. Ce résultat est atteint en première ligne par un service de traction uniformément réglé, à établir par le propriétaire du canal ou par son mandataire :

b) Les conditions économiques et financières des canaux étant sujettes à des variations assez fréquentes, l'influence du service uniformément réglé sur les dites conditions doit être étudiée dans chaque cas spécial. Mais le monopole de la traction, s'il est accordé, ne doit, en aucun cas, donner droit à l'établissement de taxes supérieures à celles qui sont nécessaires pour couvrir les frais d'exploitation et pour garantir l'intérêt et l'amortissement du capital engagé ;

2º Traction sur les rivières canalisées :

Sur les rivières canalisées, il est impossible, par suite de la diversité des conditions locales, de formuler un avis général au sujet de l'organisation de la traction. Mais dans ce cas encore, l'accroissement du trafic imposera un service de traction uniformément administré afin d'atteindre la capacité maxima de la voie navigable ;

3º Traction sur les rivières à courant libre :

En général, sur les rivières non canalisées, la traction peut rester libre. Mais une organisation de la traction, appropriée aux conditions locales de la voie navigable, peut améliorer le trafic ;

4º Vu les importants progrès réalisés dans ces derniers temps sur les canaux par la traction électrique uniformément réglée, le Congrès émet le vœu de voir figurer, à l'état de question, la traction électrique sur les canaux à l'ordre du jour du prochain Congrès.   [626.7]

(*Association Internationale Permanente des Congrès de Navigation*, Petrograd, 1908.)

Vitesse de traction.   626.71

Le Congrès émet le vœu que, soit par le secours de l'État, soit par le moyen d'un concours international, les expériences nécessaires soient entreprises, car elles seules pourront apporter une pleine lumière sur ce sujet si difficile.

Le Congrès estime qu'il y a lieu d'appuyer toute tentative sérieuse qui pourrait mener à la solution du problème si important d'obtenir, soit un modèle de navires, soit un mode de pro-

pulsion, qui délivrera dans l'avenir les canaux de leur principal défaut : « *l'extrême lenteur des transports* ».   [626.71]
(*Association Internationale Permanente des Congrès de Naviga-tion*, Bruxelles, 1885.)

Traction.   626.71

Il semble possible de construire, pour la navigation intérieure, des bateaux qui, tout en conservant un tonnage à peu près égal à celui des types actuellement en usage, présenteraient une résis-tance à la traction considérablement moindre, aussi bien sur les canaux que sur les rivières. La conséquence serait, selon le cas : une diminution correspondante de l'effort et, par suite, des frais de traction, ou une augmentation de la vitesse de marche et, par suite, une réduction de la durée des parcours.   [626.71]
(*Association Internationale Permanente des Congrès de Naviga-tion*, La Haye. 1894.)

Utilité des voies navigables.   626.9 (013)

Considérant que les conditions originaires et économiques pour la construction d'un canal ne doivent différer d'aucune manière de celles d'une voie de communication en général, les conditions nécessaires pour l'utilité d'une voie navigable seront :
Des quantités suffisantes de matières premières et pondé-reuses à transporter à de grandes distances ou bien entre des centres importants de production ou de consommation, et de certaines matières jusqu'ici exclues du transport par les moyens existants, à cause de leur valeur peu importante.
La construction d'un canal doit être d'une utilité éminente en première ligne, lorsqu'il s'agit de créer une communication entre deux voies navigables à grand trafic déjà existantes.
[626.9 (013)]
(*Association Internationale permanente des Congrès de Naviga-tion*, Bruxelles, 1885.)

Fleuves à marées, description.   627.13

Nom du fleuve. — Description géographique sommaire ; indi-cation des affluents importants débouchant dans la partie sujette à la marée ; définition de l'embouchure (1).

---

(1) Les caractères *italiques* indiquent les données considérées comme de première importance ; les autres, les renseignements utiles, mais moins essentiels.

PREMIÈRE PARTIE. — RÉGIME DE LA MER.

1º *Carte hydrographique.* — Courbes cotidales ;

2º *Courants maritimes ;*

3º *Courbes de marée, vives eaux d'équinoxe, vives eaux moyennes, mortes eaux moyennes.* — Indiquer comment les moyennes sont établies ;

4º *Vents régnants et tempêtes.* — *Leur influence sur les marées.* — Diagramme de la fréquence des vents. — Hauteur des vagues dans les tempêtes ;

5º *Nature des fonds à l'ouvert de l'embouchure et nature des côtes voisines.* — *Transports des matières ; barres ; leurs variations.*

2ᵉ PARTIE. — RÉGIME D'AMONT.

1º *Débit des eaux supérieures pour le fleuve et ses affluents, étiage, crues ordinaires, crues extraordinaires ; débit moyen.* — *Époques et fréquence des crues* (indiquer les stations de jaugeage et la manière dont le débit moyen a été obtenu). — Diagrammes mensuels des débits moyens, maxima et minima. — Courbe des débits en fonction des hauteurs d'eau ;

2º *Matières charriées ; leur importance ; leur nature.*

3ᵉ PARTIE. — RÉGIME DE LA PARTIE SOUMISE A LA MARÉE.

1º *Plans avec courbes de sondage* (échelles décimales ; définir le plan de comparaison) ;

2º *Profils en long ;*

Profil suivant une ligne figurée sur les plans, avec indication :

A. *Des lieux géométriques de hautes mers et de basses mers aux états de marée définis au 3º de la 1ʳᵉ partie et pour le débit moyen des eaux douces ;*

B. *Des courbes instantanées d'heure en heure ;*

C. *Des limites de la propagation du flot.*

Mêmes renseignements pour les temps d'étiage et de grandes crues ordinaires.

Indications sur les variations du fond, naturelles ou résultant de travaux.

Hauteur des berges. — Niveaux des plus hautes eaux ;

3º *Profil en travers repérés sur les plans.* — Variations ;

4º *Courbes de marée locales aux états de marée définis ci-dessus et pour le débit moyen des eaux douces* (distances entre axes en abscisses, égales, à l'échelle, aux distances entre stations ; les heures en correspondance). Courbes des vitesses de propagation de la basse mer et de la pleine mer, obtenues en joignant les pieds des ordonnées des basses mers et des pleines mers ;

5º Courbes des sections mouillées sous basse mer moyenne et entre basse mer et haute mer moyenne (Abscisses : distances des stations) et des volumes introduits en différents points du fleuve (indiquer l'état de marée et celui des eaux supérieures, correspondant à chaque courbe) ;

6º Diagrammes, pour les stations considérées au 5º, des débits et vitesses moyennes par seconde (déduits des calculs des éléments du dit 5º, abscisses : distances entre stations) et des sections mouillées correspondantes. Diagrammes des vitesses moyennes en fonction de la hauteur d'eau.

7º *Vitesses observées en diverses stations*, en divers points de la section, à différentes hauteurs, notamment dans la région inférieure du fleuve ;

8º *Notions sur la nature et les quantités de matières charriées ;*

9º *Indication sur les variations des bancs et des chenaux ;*

10º Salure ;

11º Travaux exécutés. Leurs résultats. [627.13]

(*Association Internationale Permanente des Congrès de Navigation*, Bruxelles, 1898.)

Destruction des forêts. 627.15 : 63.49

L'influence de l'assainissement des marais sur le régime des rivières est généralement presque négligeable. Le déboisement des forêts, envisagé au point de vue de la navigation, suggère les vœux ci-après :

1. Que les États règlent, par des lois claires et sévères, les dispositions relatives : au maintien des forêts existantes, à la consolidation des terrains en montagne et au déboisement des surfaces dénudées, afin d'éviter les dommages causés aux cours d'eau navigables par les matériaux de transport.

2. Que les études hydrologiques, nécessaires à la détermination de l'influence des bois sur le régime des cours d'eau navigables, soient développées d'une façon systématique et que les résultats de ces études soient vulgarisés par une grande publicité. [627.15 : 63.49]

(*Association Internationale Permanente des Congrès de Navigation*, Milan, 1905.)

Embouchures des fleuves. 627.16

Le système des môles est recommandable pour autant que la distance entre la barre et la rive ne cause pas d'excessives dépenses. En cas contraire et surtout pour des deltas bien consolidés depuis des années, le système des dragages, surtout celui par dragues suceuses, offre une excellente solution du problème, à la condition toutefois que l'importance du trafic justifie les dépenses exigées par ces dragages.

Dans certains cas, les dragages sont utiles pour accélérer ou compléter l'action des jetées.

Dans le cas où aucun de ces systèmes ne serait convenable, le système du canal latéral, ayant son entrée en dehors de l'action du delta, offrirait une solution simple et certaine.   [627.16]

(*Association Internationale Permanente des Congrès de Navigation*, Milan, 1905.)

Ports.   627.21

1º Le développement de l'industrie de la pêche et l'amélioration des conditions de la navigation côtière sont d'un haut intérêt général. Ils réclament la création de ports de refuge, de ports de pêche d'importance locale et de grands ports de pêche maritime ;

2º Les ports de refuge pour le cabotage doivent être peu coûteux, se trouver à proximité de la route des navires et offrir un mouillage sûr. Les accès de ces ports doivent être commodes et sûrs pour les voiliers, par tous les temps, le jour et la nuit. Ces ports n'exigent pas d'outillage spécial ;

3º Les ports de pêche maritime doivent permettre de décharger aussi rapidement que possible le poisson frais, de le vendre à la criée, de l'emballer, de le conserver et de l'expédier par chemin de fer à l'intérieur du pays ; dans ce but, les quais seront suffisamment larges pour y établir les installations nécessaires et y poser des voies ferrées ; des quais spéciaux seront affectés au chargement, sur les bateaux à vapeur, du charbon, des provisions et des ustensiles de pêche.

La surface d'eau doit être suffisante pour permettre le mouillage non seulement des bateaux de pêche, mais aussi des navires qui viennent chercher un refuge contre le mauvais temps.

Il va de soi que le choix de l'emplacement des ports de refuge et de pêche dépendra des conditions locales de la navigation pour chaque pays ou chaque région, et, en particulier, de la fixité et du développement possible de la population des pêcheurs. Pour ces divers motifs, les études détaillées des côtes maritimes sont indispensables.   [627.21]

(*Association Internationale Permanente des Congrès de Navigation*, Petrograd, 1908.)

*** 1º L'entrée d'un port situé sur une lagune débouchant dans une mer peut être réalisée au moyen de jetées parallèles construites sur le chenal principal d'accès de la lagune.

Le jeu de la marée suffit parfois à assurer le mouillage nécessaire sur la barre qui tend généralement à se former à l'extrémité des jetées ; mais souvent la drague doit être employée comme auxiliaire.

Il importe d'accroître la puissance des courants de marée dans la passe d'entrée du port, en augmentant la capacité du réservoir formé par la lagune et en fermant les bras secondaires de cette lagune ;

2º Sauf dans le cas visé au paragraphe précédent, le maintien des profondeurs ne peut être assuré qu'au moyen de dragages ;

3º Les jetées parallèles ne donnant pas de rades et ne présentant aucun avantage spécial au point de vue de l'entretien des profondeurs, leur emploi n'est à recommander que dans le cas prévu au premier paragraphe ci-dessus ;

4º Les jetées, qu'elles soient parallèles ou convergentes, doivent, pour être efficaces, se prolonger jusqu'aux fonds où l'action érosive de la mer ne se fait plus sentir ;

5º Les jetées convergentes doivent être fortement inclinées sur le rivage, de manière à ne pas faire obstacle au passage des alluvions entraînées par les courants littoraux ;

6º Dans le cas où le charriage littoral est très important, il, y a intérêt à recourir aux môles ou brise-lames parallèles à la côte, ou bien à établir le port au large, en le reliant à la terre au moyen de jetées à claire-voie. En ce cas, les môles ou autres ouvrages de l'entrée du port doivent être aussi éloignés de la côte que les circonstances locales le permettent.   [627.21]

(*Association Internationale Permanente des Congrès de Navigation*, Petrograd, 1908.)

Ports intérieurs.   627.215

1º Les ports maritimes intérieurs se prêtent en général mieux au service des grandes lignes de navigation, lorsque celles-ci y ont leur attache ; ils conviennent rarement aux escales ;

2º Pour conserver et développer le rôle commercial et économique des ports intérieurs, il est désirable d'assurer à leurs voies d'accès et à leurs ouvrages des profondeurs telles que l'avenir soit largement réservé, tout en tenant compte des possibilités financières.

Lorsque le port intérieur est situé sur un fleuve, les profondeurs devront, s'il est possible, atteindre le maximum compatible avec la puissance hydraulique de ce dernier.

Les voies d'accès des ports intérieurs devront, en principe, être affranchies d'entraves, telles que ponts ou écluses, dont le nombre devra être réduit au minimum ;

3º Lors de la création d'un port maritime intérieur, il convient de le placer aussi avant que possible dans les terres, de manière à le rapprocher des régions industrielles et agricoles, tout en tenant compte des conditions économiques et sociales du pays traversé.

Si le port doit rester éloigné du cœur de ce pays, il est désirable d'en faire la tête d'un réseau de voies navigables intérieures perfectionnées. [627.215]

(*Association Internationale Permanente des Congrès de Navigation*, Petrograd, 1908.)

Cubature des marées. 627.223.5

Le Congrès est d'avis qu'il n'y a pas lieu de se prononcer sur la valeur relative des méthodes employées pour la cubature des volumes de marée, leur appréciation dépendant essentiellement des conditions d'exactitude recherchées dans chaque cas par l'ingénieur.

Toutefois, étant donné qu'il s'agit d'un travail très long, qui ne doit pas absorber l'activité de l'ingénieur, le Congrès considère qu'il est avantageux que ces méthodes soient suffisamment simples pour pouvoir être comprises et appliquées par de simples employés.

Quelle que soit la méthode employée, il est désirable que les profils utilisés dans chaque opération soient toujours pris aux mêmes emplacements, afin de rendre mieux comparables les résultats obtenus à différentes époques. [627.223.5]

(*Association Internationale Permanente des Congrès de Navigation*, Bruxelles, 1898.)

Outillage des ports. 627.3

Un port de navigation intérieure doit satisfaire aux conditions suivantes :

1º Etre établi de manière à desservir au mieux les intérêts des usines et fabriques de la région considérée ;

2º Comporter :

a) Des gares d'échange commodes et faciles entre la voie d'eau et la voie ferrée ;

b) Des lieux pour le dépôt provisoire des marchandises destinées à la réexpédition ;

c) Des bassins spéciaux appropriés aux marchandises de natures diverses ;

d) Des quais et d'autres accostages en rapport avec la nature et l'importance du trafic et s'étendant aussi loin que possible vers le centre des localités à desservir. [627.3]

(*Association Internationale Permanente des Congrès de Navigation*, Petrograd, 1908.)

**** 1º Partout où s'effectuent des opérations de chargement ou de déchargement, soit en voie courante, soit dans des ports spéciaux, il y a lieu d'aménager les berges de façon à faciliter le plus possible la rapidité de ces opérations.

3

Lorsque la nature des voies navigables exige la création de bassins pour la protection de la batellerie contre le danger des crues et des glaces, il est utile d'aménager ces bassins d'hivernage comme des ports commerciaux.

2º Pour développer la navigation intérieure et assurer à celle-ci son plein rendement économique, on a besoin d'un outillage mécanique étendu et perfectionné, de terre-pleins assez vastes, ainsi que de magasins et hangars avec une installation conforme aux exigences modernes.

La navigation supportera des taxes calculées d'après les frais d'entretien et les intérêts du capital, pour l'utilisation des installations de ce genre, beaucoup plus facilement que les dommages résultant pour elle de l'insuffisance de l'outillage des ports.

3º L'usage des ports publics doit être subordonné à des règlements ne contenant que des prescriptions propres à sauvegarder la sécurité et l'ordre, sans restreindre la liberté de la circulation au profit de personnes isolées. Cette règle ne devrait comporter d'exception que dans le cas où des particuliers fourniraient la totalité ou une partie notable des ressources nécessaires à l'installation et à l'entretien de ces ports.

4º Il importe de faciliter l'échange des marchandises entre les voies ferrées et les voies navigables : les moyens de transbordement destinés à opérer cet échange doivent être considérés comme une partie essentielle de l'outillage des ports, y compris les ports d'hivernage.

Il appartient aux gouvernements d'user au besoin de leur autorité ou de leur légitime influence auprès des administrations et des compagnies de chemins de fer pour assurer la construction et l'exploitation de ces raccordements, sur les ports publics, sans autre augmentation de taxe que celle qui résulte du parcours kilométrique, et sur les ports privés dans les conditions de droit commun concernant les embranchements particuliers.   [627.3]

(Association Internationale Permanente des Congrès de Navigation, Parïs, 1892.)

Transport des charbons par eau. 627.3 : 662.66

Pour les charbons friables, qui ont une tendance à diminuer de valeur en cours de transport, les installations actuelles, à savoir : brouettes, quais à déversoir, culbuteurs, et les combinaisons de ces divers appareils, ne paraissent pas donner les résultats complètement satisfaisants quant à la vitesse du chargement et à la qualité ;

En conséquence, le Congrès émet le vœu que les différentes associations, par exemple en Allemagne le « Central Verein zur Hebung der Fluss- und Kanalschiffahrt », ouvrent des concours à l'effet de rechercher les améliorations à introduire en vue de réaliser soit un chargement plus satisfaisant des charbons.

Il y aurait lieu de considérer les qualités très diverses des charbons dans les différents bassins houillers.   [627.3 : 662.66]

(*Association Internationale Permanente des Congrès de Navigation*, Dusseldorf, 1902.)

Murs de quais et de bassins.   627.33

Quand on trouve le terrain solide à une profondeur n'excédant pas 10 mètres au-dessous du niveau de l'eau, le mode de fondation le plus général consiste à couler à la caisse un massif de béton dans une enceinte de pieux et de palplanches. Quand le fond solide est du rocher, on emploie soit des caissons sans fond, échoués sur le fond solide, soit une enceinte de palplanches soutenues par des rails en fer enfoncés dans des trous de mine, percés dans le rocher.

Quand le terrain est médiocrement solide et se trouve à des profondeurs n'excédant pas 15 mètres (quelquefois 20 mètres), on fonde sur pilotis, surmontés soit d'un grillage, soit d'un massif de béton enveloppant les têtes des pieux. Souvent les pieux sont surmontés d'un plancher, qui est établi à peu de distance sous l'eau et qui porte un mur de quai en maçonnerie et des remblais. L'espace compris entre les pieux reste vide entre la face inférieure de ce plancher et un talus d'enrochement ou de remblais aboutissant à l'aplomb du mur. Dans ce cas, le mur continu est souvent remplacé par des voûtes perpendiculaires à la rivière.

Dans les terrains vaseux, très fluides, on a employé avec succès des puits rectangulaires sur plate-forme, qu'on fait descendre en déblayant à l'air libre l'intérieur du puits.

Quand le terrain solide se trouve à 15 ou 25 mètres sous l'eau, le mode de fondation le plus sûr et le plus économique consiste à foncer des piles à l'air comprimé, en les disposant soit en ligne continue, soit en forme de piles isolées, reliées par des voûtes de 8 à 12 mètres d'ouverture.

Dans les mers sans marée ou à faible marée, on emploie des blocs artificiels, échoués sur des massifs en enrochements à blocs perdus ; ces blocs, qui étaient primitivement de 10 mètres cubes, atteignent maintenant jusqu'à 100 et 160 mètres cubes.

[627.33]

(*Association Internationale Permanente des Congrès de Navigation*, Bruxelles, 1885.)

Outillage des ports.   627.35

Pour développer la navigation intérieure et assurer à celle-ci son plein rendement économique, on a besoin d'un outillage mécanique étendu et perfectionné, de terre-pleins assez vastes, ainsi que de magasins et de hangars avec une installation conforme aux exigences modernes.

La navigation supportera des taxes calculées d'après les frais d'entretien et les intérêts du capital, pour l'utilisation des installations de ce genre, beaucoup plus facilement que les dommages résultant pour elle de l'insuffisance de l'outillage des ports.

Dans chaque port le développement à donner à l'outillage doit, bien entendu, demeurer subordonné à l'importance et aux besoins réels du port.

Pour les ports importants qui sont appelés à recevoir un outillage complet (voies ferrées, hangars, magasins, entrepôts, engins de manutention), cet outillage doit être établi conformément à un programme d'ensemble, qui assure une parfaite cohésion de divers éléments constitutifs de l'installation.

L'outillage de la voie navigable elle-même comporte, pour le chargement et le déchargement des marchandises et colis de dimensions ou de poids exceptionnels, l'installation d'engins spéciaux, partout où les dits engins peuvent rendre des services.

L'usage des ports publics doit être subordonné à des règlements ne contenant que des prescriptions propres à sauvegarder la sécurité et l'ordre, sans restreindre la liberté de la circulation au profit de personnes isolées. Cette règle ne devrait comporter d'exceptions que dans le cas où des particuliers fourniraient la totalité ou une partie notable des ressources nécessaires à l'installation et à l'entretien de ces ports.

Les outillages privés peuvent être autorisés sur les ports publics, pourvu que leur installation ne soit pas contraire à l'intérêt général.

Pour assurer le développement de l'outillage sur les ports publics, il convient de favoriser et d'encourager le plus possible l'initiative privée.

Dans les ports de faible importance, il importe d'éviter toutes installations et toutes dépenses incomplètement justifiées. L'initiative privée paraît particulièrement apte, dans ces conditions, à donner des résultats économiques satisfaisants. Il convient toutefois de lui venir en aide en simplifiant, notamment, dans la mesure du possible, les formalités nécessaires pour l'installation et l'exploitation des engins.

Pour l'outillage des ports importants, ainsi que pour l'installation des engins spéciaux destinés à la manutention des marchandises de poids exceptionnels, les pouvoirs publics peuvent utilement intervenir, à défaut de l'initiative privée, soit directement, soit par l'intermédiaire de personnes morales agissant par délégation. Les concessions relatives à ces outillages doivent émaner du pouvoir central.

Toute concession d'outillage public comporte fixation de tarif minima, moyennant lequel cet outillage sera mis à la disposition du public, sans préférence ni faveur.

Il importe d'ailleurs d'affirmer le caractère précaire et révocable des permissions en vertu desquelles les dits outillages peuvent être établis. [627.35]

(*Association Internationale Permanente des Congrès de Navigation*, La Haye, 1894.)

Réparation de navires. 627.36

1° Pour choisir le système à employer dans un chantier de réparation de navires à établir, la première question qui se pose est celle de savoir si ce chantier doit servir à l'outillage d'un port dans l'intérêt général de la navigation, ou s'il doit produire des bénéfices immédiats comme installation exploitée indépendamment. Dans le premier cas, les cales sèches sont presque toujours préférables à tous les autres systèmes, vu les qualités de simplicité, de durée et de sûreté qu'elles offrent ; dans le deuxième cas, des installations moins coûteuses peuvent être plus avantageuses.

2° Pour la réparation de très grands navires, il n'y a actuellement que les cales sèches et les docks flottants, qui entrent en ligne de compte. Aucun des deux systèmes ne présente sur l'autre des avantages tels qu'il soit avantageux de n'employer que l'un d'entre eux. Dans chaque cas, les avantages et les inconvénients des deux systèmes doivent être soigneusement pesés.

3° Ce qui décide surtout de ce choix, ce sont les considérations suivantes :

a) La puissance qu'on exige du dock en ce qui concerne la vitesse, la sécurité et la diversité des travaux à exécuter ;

b) Le temps accordé pour la construction ;

c) L'économie de l'installation. Celle-ci devra souvent céder le pas aux grands bénéfices que la navigation tout entière retire d'un dock. [627.36]

(*Association Internationale Permanente des Congrès de Navigation*, Dusseldorf, 1902.)

*** L'emploi de cales sèches constitue, en général, la solution la plus satisfaisante du problème de carénage des grands navires ; mais il y a des cas où les docks flottants peuvent seuls être employés et d'autres cas où ils offrent des avantages spéciaux de nature à leur faire accorder la préférence. [627.36]

(*Association Internationale Permanente des Congrès de Navigation*, Philadelphie, 1912.)

Amélioration des fleuves. 627.4

1° La régularisation et la canalisation dès fleuves navigables ont contribué essentiellement à développer la navigation intérieure et à augmenter en même temps l'importance économique des voies fluviales ;

2° Les intérêts économiques et les besoins du commerce, dont le progrès est constant, réclament l'amélioration de la navigabilité des fleuves et des installations pour la navigation, laquelle laisse encore beaucoup à désirer ;

3° Il est nécessaire :

a) De constater, par des recherches hydrotechniques, le degré de navigabilité qu'il est possible d'atteindre sur les fleuves dont le profil normal a été fixé autrefois d'une façon empirique ;

b) De contribuer, en instituant des observations dans les cours d'eau et dans les stations pour les expériences hydrauliques, au progrès de la science hydrotechnique, ainsi qu'au perfectionnement des constructions ayant rapport à la navigation.   [627.4]

(*Association Internationale Permanente des Congrès de Navigation*, Francfort s /M., 1888.)

*** FLEUVES SANS MARÉE. — 1. Si, après études, ou mieux, après essais préalables, il est reconnu que l'emploi des dragages doit être écarté, la seule méthode pour approfondir l'embouchure de fleuves charriant des dépôts et se jetant dans des mers sans marée, consiste à prolonger un des chenaux de leur delta, au moyen de jetées parallèles, jusqu'en dehors de la barre, de sorte que le courant prolongé concentré au travers de la barre, puisse creuser un chenal plus profond et transporter les dépôts plus avant dans l'eau profonde.

2. Il faut choisir l'un des petits bras, si son chenal dans le delta se prête ou peut facilement se prêter aux exigences de la navigation, et il faut se garder d'entraver le débit du fleuve dans les autres bras. L'avancement du delta à l'un des petits bras est plus lent et la distance jusqu'à la barre est moindre, d'où moins de frais pour la construction des jetées ; d'autre part, si on augmentait le débit en entravant la marche du courant par les autres bras, on augmenterait en même temps le volume des matières charriées, on accélérerait l'avancement du delta et on rendrait plus tôt nécessaire le prolongement des jetées.

3. Le succès du système de jetées dépend d'un rapide approfondissement de la mer en face de l'embouchure, de la ténuité et de la légèreté des matières charriées, ainsi que de l'existence d'un courant littoral, de sa vitesse et de la profondeur à laquelle s'étend son action. Toute action érosive des vents et vagues le long des bords du delta est favorable à ce système, de même

que toute réduction de la densité de l'eau salée, telle qu'on la rencontre dans une mer intérieure.

4. Si le sol sous-marin est plat, si une forte proportion des matières charriées présente une grande densité au point d'être roulées sur le fond du fleuve ou à une faible distance de ce fond, si l'embouchure fait face aux vents dominants dans la région, et, enfin, s'il n'existe aucun courant littoral, l'amélioration de l'embouchure peut être impraticable, et alors il faut avoir recours à un canal latéral qui doit se séparer du fleuve à quelque distance en amont de son embouchure et pénétrer dans la mer au delà de la zone d'influence des alluvions débitées par la rivière.

5. Le système des jetées ne constitue pas une amélioration permanente ; tôt ou tard, suivant la mesure dans laquelle les conditions physiques sont défavorables ou favorables, une barre se forme plus au loin et un prolongement des jetées devient nécessaire.

FLEUVES A MARÉE. — 1. Les diverses acceptions données par les divers auteurs au mot *estuaire* ont amené des confusions. Il n'a pas paru possible et expédient de définir exactement le sens de ce mot, mais il est recommandé vivement aux ingénieurs qui traitent de questions relatives aux embouchures d'*indiquer exactement ce qu'ils entendent par « estuaires »* dans les cas spéciaux dont ils s'occupent.

2. Les dimensions et la profondeur d'un fleuve à marée étant surtout en général la conséquence de l'action de la marée, tous travaux augmentant le volume et étendant l'influence de celle-ci, tels que la suppression d'obstacles, le dragage de hauts-fonds compacts, l'abaissement du niveau d'eau de la marée basse obtenu par l'approfondissement du chenal, assurent une amélioration dans le régime de la navigation, tandis que tous les travaux restreignant l'entrée de la marée, même si l'énergie donnée au courant produit un approfondissement local, peuvent porter atteinte aux ressources générales qu'un fleuve à marée offre à la navigation.

3. La régularisation des rives des fleuves à marée, de manière à supprimer les variations subites en largeur, égalise le courant, réduit les atterrissements et facilite le flux de la marée : elle constitue donc un important moyen d'amélioration, même quand une légère réduction de capacité d'admission de la marée en certains endroits l'accompagne, par suite de la disparition des anfractuosités de la rive, car ce dernier inconvénient est d'ordinaire plus que compensé par l'amélioration du courant et l'abaissement du niveau d'eau de la marée basse qui en est la conséquence, surtout lorsque l'on fait, en même temps, disparaître les hauts-fonds.

4. Il faut demander l'étendue du bassin de remplissage nécessaire au bon fonctionnement des fleuves et de leurs embouchures à l'aménagement méthodique et rationnel des sections et largeurs, et non à des réservoirs latéraux qui ont souvent de graves inconvénients, et ne sont à créer que dans des cas spéciaux.

5. Le dragage offre un moyen très précieux d'approfondir un fleuve à marée. On peut prolonger les opérations bien au delà des limites du pouvoir érosif naturel du fleuve, si le mouvement commercial d'un port justifie une grosse dépense, et l'on arrive ainsi à transformer un petit fleuve en une voie accessible aux gros navires à tous les états de la marée : la Tyne nous fournit, sur ce point, un remarquable exemple.

De plus, par ces dragages, on arrive à faciliter la transmission des marées et à augmenter le débit alternatif au profit de l'embouchure.

En somme, et moyennant les perfectionnements que l'art des dragages a reçus dans ces dernières années, le champ d'action de ce moyen d'amélioration s'est beaucoup étendu.

6. Il y a lieu d'appeler l'attention des ingénieurs sur l'utilité qu'il peut y avoir, pour les fleuves à marée comme pour les autres, à généraliser l'étude qui a été faite sur la Garonne en ce qui concerne la corrélation entre la courbure du lit et la profondeur du chenal.

Les résultats de ces études, lors du prochain Congrès, seraient rapprochés les uns des autres, en vue des règles à adopter pour le choix des tracés et la constitution, s'il y a lieu, d'un lit mineur, tant pour *les rivières sans marée que pour les rivières à marée.*

7. D'après les expériences faites notamment par M. Vernon-Harcourt, il paraît y avoir utilité, avant de faire un projet d'endiguement d'un estuaire large à fond mobile, et dans lequel les matières alluvionnaires s'introduisent avec le flot, d'étudier avec *un modèle à petite échelle*, avec autant de précision que possible, les résultats que différents alignements des digues produisent dans le modèle, non pour déterminer exactement la nature du chenal et les profondeurs définitives qu'on obtiendrait, mais pour comparer les différents projets entre eux au point de vue de la fixité du chenal, de son importance et de la distribution des bancs ou atterrissements. [627.4]

(*Association Internationale Permanente des Congrès de Navigation*, Paris, 1892.)

*** *Absence de méthode générale.* — 1. La navigabilité des rivières à un courant peut être améliorée, par diverses méthodes, telles que la régularisation du lit par ouvrages fixes, régularisation du lit par dragages mécaniques, augmentation des profondeurs par l'alimentation additionnelle à l'aide de réservoirs d'emmagasinement, canalisation du lit, action combinée de deux ou plusieurs des procédés ci-dessus, établissement d'un canal latéral.

L'emploi d'une de ces méthodes, de préférence à une autre, dépend dans chaque cas particulier des circonstances spéciales où l'on se trouve, parmi lesquelles ont une importance capitale : la nature de la rivière, la présence d'autres buts d'amélioration outre la navigabilité (plus spécialement les intérêts agricoles, l'utilisation de la force motrice, les intérêts de la santé publique, la fixation des rives dans l'intérêt des villes, défense contre les inondations), le degré de navigabilité que l'on cherche à atteindre, l'importance du trafic prévu, le prix des transports comprenant l'intérêt du capital engagé dans l'amélioration de la voie, l'entretien et le fret, l'argent et le temps dont on dispose pour assurer à la batellerie sur la voie en question des conditions de navigabilité visées, etc.

2. *Impossibilité d'établir dès maintenant des règles fixes, indiquant* a priori *la méthode qui doit être préférée pour un cas donné.* — Constatant que les diverses méthodes employées pour l'amélioration de la navigabilité des rivières ont donné satisfaction et atteint le but visé dans les circonstances spéciales où elles ont été employées, le Congrès trouve qu'il serait prématuré d'essayer d'établir dès maintenant des règles fixes indiquant *a priori* la méthode qui doit être préférée pour un cas donné, d'autant plus que la classification des rivières au point de vue de leur régime et de leur navigation est encore à faire.

3. *Nécessité d'études.* — S'il n'y a pas de méthode générale d'amélioration de navigabilité des rivières applicable dans tous les cas, et si le choix à faire est toujours commandé par des circonstances et reste une question d'espèce, chaque procédé est susceptible de perfectionnements et de meilleures adaptations aux rivières d'un régime déterminé, ce qui fait désirer :

a) Que des études spéciales ayant une organisation scientifique soient entreprises par divers pays sur des rivières à régime différent pour constater le degré de navigabilité qu'il est possible d'atteindre par l'application de diverses méthodes d'amélioration et pour déterminer les facteurs réglant le prix de revient des travaux correspondants ;

b) Que les laboratoires hydrotechniques destinés à étudier, sur des modèles à échelle réduite, les phénomènes de la vie des rivières, se propagent de plus en plus, et soient pourvus des moyens nécessaires pour expérimenter les divers procédés d'amélioration de la navigabilité des rivières, autant que possible en corrélation avec les études et travaux exécutés sur les rivières elles-mêmes ;

c) Que soit exécutée la résolution du sixième Congrès de navigation intérieure, prise à La Haye en 1894, et demandant la mise à l'étude, pour les rivières à un courant, d'un formulaire clair, court, mais cependant suffisamment complet qui renfermerait les renseignements nécessaires pour définir les caractéristiques de chaque rivière considérée au point de vue de son régime et de sa navigation ;

d) Que l'amélioration dé navigabilité des rivières à un courant complétée par celles des expériences de laboratoire et du formulaire soient maintenues à l'ordre du jour du prochain Congrès de navigation. [627.4]

(*Association Internationale Permanente des Congrès de Navigation*, Philadelphie, 1912.)

*** 1⁰ Les exemples cités dans les rapports déposés au Congrès établissent que, dans les cas envisagés, les travaux de régularisation exécutés dans l'intérêt de la navigation n'ont pas eu pour effet de relever le niveau des inondations, qu'ils ont produit des résultats nettement favorables au point de vue de la formation et de l'évacuation des glaces, et, si l'extrême diversité des conditions naturelles ne permet pas d'affirmer qu'il doive en être de même dans tous les cas, on a du moins le droit de conclure que l'incompatibilité que l'on a pu redouter entre deux intérêts, essentiels l'un et l'autre, ne peut que rarement exister.

2⁰ Parmi les moyens qui se présentent pour améliorer le régime et les conditions de navigabilité des rivières figurent les réservoirs d'arrêt et d'emmagasinement destinés à augmenter le débit d'étiage et, dans certains cas spéciaux, à réduire la hauteur des inondations. Des applications de ce système ont été faites avec succès ; d'autres sont projetées ; et ce moyen — qui a, de plus, l'avantage de créer des réserves de force que les progrès de la science permettent aujourd'hui d'utiliser — est à recommander à l'attention des ingénieurs et des gouvernements.

3⁰ A mesure que les dimensions et le débit des fleuves augmentent et que leur pente diminue, l'application des méthodes de régularisation, c'est-à-dire l'exécution d'ouvrages fixes, digues submersibles ou épis, entraîne une dépense de temps ou d'argent qui aboutit, dans la pratique, à une véritable impossibilité. En même temps les méthodes de dragage ont reçu, depuis quelques années, des perfectionnements qui augmentent dans des proportions inattendués la puissance et l'économie de ce moyen d'action. Sur les grands fleuves, lorsque leur trafic le justifie, l'emploi des dragages, combinés avec des défenses de rives quand il y aura lieu, — dussent ces dragages être recommencés périodiquement, — est un moyen indiqué, et en vérité le seul pratique. On peut même dire que, sur des fleuves de moindres dimensions, il est possible, concurremment avec les ouvrages fixes de régularisation, de donner utilement aux dragages plus d'extension qu'ils n'en ont reçu jusqu'à ce jour. [627.4]

(*Association Internationale Permanente des Congrès de Navigation*, Paris, 1900.)

*** 1° Sans compter les facilités offertes aux transports des matières premières et des produits industriels, une régularisation rationnelle des fleuves est très avantageuse pour l'agriculture, attendu qu'elle fixe le cours des fleuves, affermit les berges et amoindrit les dangers provenant des débâcles.

2° En canalisant les fleuves et rivières et en construisant les canaux de navigation, on doit chercher à améliorer autant que possible les terrains riverains sans compromettre le but principal qui consiste dans l'établissement d'une bonne voie de navigation. A cet effet, dans l'étude des projets, on tiendra grand compte de l'influence des travaux sur le régime des eaux tant superficielles que souterraines et l'on se préoccupera de la mesure dans laquelle on pourra satisfaire aux besoins spéciaux de l'agriculture.

3° Dans l'intérêt du développement des transports agricoles locaux sur les voies navigables, il convient de faciliter autant que possible l'accès par terre de ces voies. [627.4 : 63]

(*Association Internationale Permanente des Congrès de Navigation*, Francfort s/M., 1888.)

Défense des berges. 627.41

Dans le cas de petits bateaux à vapeur, marchant à grande vitesse, il peut être utile d'employer des risbermes situées de 0m30 à 0m50 au-dessous des eaux ordinaires et plantées de roseaux, de saules, etc. Les variations du niveau de l'eau, dans ce cas, ne peuvent pas être trop grandes.

Dans le cas d'une exploitation à grande vitesse avec de grands navires, le seul moyen paraît être une défense des berges en perrés en pierres artificielles ou naturelles. Alors les risbermes doivent être situées à une profondeur d'environ un mètre sous l'eau. Les perrés reposent sur une rangée de pieux ou de palplanches.

On pourrait supprimer le revêtement en perrés des risbermes, en les plaçant à une profondeur d'au moins 2 mètres sous l'eau et en exécutant les perrés des talus avec le plus grand soin possible.

Ce mode de construction comporte une pente assez raide, par exemple 1 sur 1.

Dans les canaux maritimes à grandes vitesses, il paraît bon de planter les talus jusqu'à une certaine profondeur sous l'eau, quand il est possible de le faire. [627.41]
(*Association Internationale Permanente des Congrès de Navigation*, Bruxelles, 1885.)

*** *a*) Les systèmes de défense de rives appliqués sur les canaux du nord de la France, limités au voisinage du plan d'eau, et consistant en petits pieux au-dessous du plan d'eau et en revêtements de très peu d'étendue au-dessus, systèmes reconnus suffisants sur les canaux où il n'y a qu'une circulation *à très faible vitesse*, sont recommandés par le Congrès.

b) Le Congrès émet en outre le vœu suivant :

1º Que des expériences soient faites dans les différents pays, pour compléter et étendre les résultats et les conséquences de celles faites sur le canal Erié, en vue de déterminer les relations qui existent entre la vitesse, l'effort de traction et la section immergée des bateaux, d'une part, et, d'autre part, la surface et la forme de *la section mouillée* des canaux, tant maritimes que de navigation intérieure :

2º Que ces mêmes expériences soient faites en vue de déterminer l'influence du degré d'inclinaison des berges sur l'action de la vague produite par la propulsion des bateaux *à des vitesses croissantes*. [627.41]
(*Association Internationale Permanente des Congrès de Navigation*, Paris, 1892.)

*** Le Congrès estime que, dans les canaux affectés à la navigation maritime à grande vitesse, en même temps qu'à un travail intérieur important, il convient d'assurer la défense des berges de façon à permettre aux navires d'atteindre la vitesse maxima que comporte le rapport entre leur section immergée au maître-couple et la section mouillée du canal.

Parmi les différents systèmes de défense employés ou proposés, il convient de donner la préférence aux perrés maçonnés descendus jusqu'à une profondeur convenable. Cependant, dans des cas spéciaux, des défenses verticales, notamment en charpente, peuvent être avantageusement employées. [627.41]
(*Association Internationale Permanente des Congrès de Navigation*, Bruxelles, 1898.)

Barrages. 627.43

1º Le relèvement du plan d'eau d'un barrage mobile dans des limites ne dépassant pas, en général, 0^{m}50 à 0^{m}60, est une opération facilement réalisable, sans dépenses excessives, et qui peut s'exécuter par des procédés ordinaires, sans gêne pour la navigation, quel que soit le système de fermeture du barrage ;

2° Les conditions essentielles que doit remplir le barrage transformé sont : radier donnant toute garantie de stabilité et des ancrages capables de subir l'augmentation des efforts résultant du relèvement de la retenue et de la transformation des engins de fermeture ;

3° En cas d'insuffisance du radier ou des ancrages, l'importance du travail augmente considérablement et nécessite, pour le maintien de la navigation, la construction de batardeaux généraux ou l'emploi de caisses étanches et même le recours à l'air comprimé ;

4° Le relèvement du plan d'eau augmente la difficulté des manœuvres, et nécessite une surveillance plus grande si on veut éviter la submersion des terrains riverains ; il a, par contre, le très grand avantage de rendre les manœuvres moins fréquentes au grand profit de la navigation et de la conservation des ouvrages ;

5° L'augmentation du mouillage réalisé par les dragages combinés avec les rectifications des rives peut, dans certaines conditions de régime d'une rivière, fournir une solution satisfaisante, comme le montrent les résultats obtenus sur la Severn, en Angleterre.   [627.43]

(*Association Internationale permanente des Congrès de Navigation*, Bruxelles, 1898.)

*** 1° La détermination précise des causes auxquelles on peut rattacher les filtrations qui se produisent à travers ou sur le pourtour d'un radier conduit en même temps à la solution des difficultés auxquelles on se propose de remédier ;

2° Le moyen consistant à utiliser la pression d'amont pour aveugler les fuites en y faisant pénétrer les matières capables de les obstruer s'est montré efficace et suffisant dans certains cas, notamment sur la Meuse belge, où on a obtenu les meilleurs résultats de l'emploi des mattes de plomb.

Il serait imprudent de généraliser ce procédé dont le succès tient souvent à des conditions d'espèce et aux grands soins apportés à l'exécution ;

3° On sera donc conduit, si on veut obtenir une protection durable et certaine, à recourir à la construction d'ouvrages de garde bien étanches descendus à une profondeur suffisante à l'amont du radier.

Les pieux et palplanches métalliques dont on a préconisé l'usage pourront, dans cet ordre d'idées, rendre des services, si l'expérience consacre les facilités d'emploi et l'étanchéité parfaite qu'indiquent leurs promoteurs ;

4⁰ La défense des radiers en aval qui, sur certaines rivières, constitue une sujétion importante de l'entretien des ouvrages, peut être facilement obtenue par la construction d'un arrière-radier en maçonnerie, dont le profil est disposé de manière à amortir l'effet du courant et des tourbillonnements, tout en conservant au radier même les conditions de résistance voulues.

[627.43]

(*Association Internationale Permanente des Congrès de Navigation*, Bruxelles, 1898.)

*** 1⁰ Dans la construction des barrages, il y a lieu :

a) De régler le niveau de la retenue avec toute la précision possible ;

b) D'assurer la rapidité de la manœuvre et d'en augmenter la sécurité en établissant les engins de manutention sur les ouvrages fixes ;

2⁰ Il importe d'obtenir l'ouverture aussi rapide que possible de toute l'étendue du barrage et surtout sur les rivières à crues subites ou charriant des glaces en grande quantité.

Il est désirable de pouvoir retirer de l'eau toutes les parties mobiles de l'ouvrage.

Les barrages à vannes et à supports amovibles ont fait leurs preuves, comme aussi les barrages à tambour.

Ces derniers ont l'avantage de permettre le passage des glaces en une certaine quantité, sans abaisser sensiblement le niveau d'amont ;

3⁰ Le système des barrages mobiles permettant, le cas échéant, de maintenir la chute nécessaire pour la marche des usines qui l'utilisent pendant le passage des crues et des glaçons, dépend du régime du cours d'eau. En maints endroits, on trouve déjà des barrages de l'espèce dont la portée atteint 30 mètres d'une seule pièce ;

4⁰ Les barrages fixes sont recommandables pour les rivières larges sujettes à de fortes embâcles quand le niveau du bief supérieur ne doit pas être maintenu avec précision ;

5⁰ Au défaut des barrages fixes, qui ne permettent pas de régler la retenue, on peut remédier dans certains cas en rendant amovible la partie supérieure ou en établissant un barrage mobile à côté du barrage fixe ;

6⁰ L'étude d'un barrage doit être accompagnée d'observations sur le mode de congélation et de passage des glaçons dans la rivière ; elle réclame aussi la connaissance des conditions de résistance de l'ouvrage au choc des glaces.   [627.43]

(*Association Internationale Permanente des Congrès de Navigation*, Petrograd, 1908.)

Inondations. 627.51

1º L'emploi de digues insubmersibles dans le but de préserver les basses régions contre l'envahissement des eaux des grands fleuves a réussi dans de nombreux cas ;

2º Les digues insubmersibles construites en terre peuvent répondre à leur but quand le service technique est bien organisé et quand les travaux d'entretien sont bien exécutés ;

3º Le maximum de rendement économique est atteint par la construction d'ouvrages protecteurs, par l'exécution simultanée de travaux d'amélioration agricole dans les régions protégées. Parfois, il est nécessaire d'avoir un écoulement artificiel des eaux ;

4º Toutes les mesures à prendre contre l'envahissement des eaux doivent tenir compte des changements éventuels qu'elles pourraient provoquer dans le régime de la rivière, tant en amont qu'en aval.

Il est donc recommandable de n'exécuter que des entreprises formant un ensemble complet, bien proportionné dans tous ses détails et s'appliquant à tout le bassin de la rivière.   [627.51]

(*Association Internationale Permanente des Congrès de Navigation*, Petrograd, 1908.)

Digues. 627.514

I. — En ce qui concerne les digues en terre :

a) Bien que les exemples de digues d'une hauteur supérieure à 15 mètres soient peu nombreux en France, il paraît possible de dépasser cette hauteur : dans ce cas, la solution de la question dépend essentiellement de la quantité et de la qualité des terres que l'on a à sa disposition, de la comparaison entre les prix de revient de la digue en terre et de la digue en maçonnerie et de la nature du sol.

b) Le corroyage mécanique des terres, à la vapeur ou tout au moins avec la traction animale, doit être recommandé comme donnant des résultats excellents et l'on doit proscrire, autant que possible, le battage à la main comme très coûteux et ne produisant qu'un travail incomplet et absolument inégal.

c) Il est prudent de ne pas exécuter les revêtements maçonnés du talus amont en même temps que le corroi.

d) La solution adoptée aux Water-Works d'Edimbourg et à Torcy-Neuf, consistant à établir les prises d'eau dans une tour isolée, placée en dehors et en amont de la digue, et encastrée le plus possible dans le terrain naturel, l'aqueduc de fuite issu du pied de cette tour et, passant sous la digue, facilite singulièrement l'exécution d'un corroi homogène et doit être recommandée.

e) La méthode rapide indiquée par M. Cadart pour l'évaluation approximative du prix d'un réservoir avec digue en terre paraît susceptible de rendre des services dans l'étude d'un avant-projet, lorsque des estimations n'auront pas besoin d'être faites avec une grande précision.

II. — En ce qui concerne les digues en maçonnerie :

f) Le profil de la digue de Chartrain ou tout autre profil s'en rapprochant, et combiné de façon à supprimer autant que possible le travail à l'extension sur l'arête extérieure, doit être recommandé.

g) Avec de bons matériaux on peut faire travailler les maçonneries à la compression sans imprudence jusqu'à une limite de 12 kilogrammes par centimètre carré.

h) La forme en plan d'une courbe tournant sa convexité vers l'amont paraît devoir être recommandée pour les digues en maçonnerie, en raison surtout des effets, sur la région supérieure des digues, de la dilatation et de la contraction dues aux variations de la température.

i) Il convient d'appeler l'attention des ingénieurs sur les mesures à prendre pour éviter les infiltrations dans les maçonneries, et pour en atténuer les effets au cours de l'exploitation.

[627.514]

(*Association Internationale Permanente des Congrès de Navigation*, Paris, 1892.)

Môles des ports. 627.67

La puissance des vagues et les efforts essentiellement dynamiques qu'elles exercent sur les môles extérieurs ont échappé jusqu'ici à toute mesure précise.

Les effets de destruction des ouvrages à la mer sont dus à une répétition d'efforts dynamiques qui, de même, n'a pu être jusqu'aujourd'hui déterminée.

Pour les projets de nouveaux ouvrages à la mer, l'ingénieur trouvera les indications les plus précieuses dans l'examen des ouvrages existants, en tenant compte comparativement du régime de la houle au large, du tracé des rivages, de l'allure des fonds aux approches du port et de toute autre circonstance capable de donner d'utiles éléments d'appréciation.

Le Congrès s'en réfère aux renseignements qui lui ont été fournis tant dans les rapports écrits que dans les observations orales ; il estime que les ingénieurs y trouveront des indications précieuses pour la construction des môles, eu égard à la puissance des lames, mais ne croit pas pouvoir, en raison de la grande diversité des cas, formuler des conclusions absolues. [627.67]

(*Association Internationale Permanente des Congrès de Navigation*, Milan, 1905.)

Dragages. 627.74

Les dragues suceuses, dans les terrains qui peuvent être facilement aspirés, ont une supériorité marquée au point de vue de la puissance et de l'économie.

Lorsque ces terrains, après avoir été aspirés, ne sont pas susceptibles de se décanter, l'emploi avantageux de ces dragues est d'ailleurs subordonné à la possibilité d'évacuer par refoulement les produits de dragage.

Ce sont aussi les engins qui se comportent le mieux à la houle.

Les procédés employés ou proposés pour désagréger les terrains compacts et les rendre susceptibles d'aspiration doivent être suivis avec le plus grand intérêt, mais ne sont pas encore assez sanctionnés par l'expérience pour que le Congrès puisse se prononcer.

Les dragues à godets peuvent travailler dans presque tous les terrains. Elles conviennent spécialement pour les terrains compacts, durs et non homogènes. Leur emploi continue donc à être indiqué dans beaucoup de cas, concurremment d'ailleurs avec les dragues à cuiller, à mâchoires, etc.

Pour ces dernières, qui n'ont encore été l'objet d'aucune communication aux Congrès, il serait intéressant que les conditions de leur emploi fussent mises à l'ordre du jour du prochain Congrès, la question des dragages en général restant posée.

Le Congrès émet enfin le vœu que, dans les rapports ultérieurs, les ingénieurs s'attachent tout particulièrement à préciser les conditions dans lesquelles les cubes produits sont évalués et les prix de revient sont établis, afin de rendre aussi comparables que possible les renseignements fournis à cet égard.   [627.74]

(Association Internationale Permanente des Congrès de Navigation, Bruxelles, 1898.)

Bateaux de rivière. 629.122.1

Le Congrès estime qu'il y a lieu d'étudier :

1° Le rendement comparé des différents types de bâtiments de rivière, de tirants d'eau inférieurs à 75 centimètres ; choix des formes de l'arrière pour les navires à roues ; formes des voûtes pour les navires à hélices ; dimensions et tracés à adopter pour les propulseurs ;

2° La diminution de vitesse et d'utilisation due à la réduction des hauteurs d'eau sous quille pour les mêmes navires, par rapport aux résultats obtenus en eau profonde ;

3° L'adoption, sur les bâtiments à faible tirant d'eau mus par des hélices, de moteurs à allure rapide, tels que les turbines à vapeur système Parson's, Rateau, etc.;

4º L'influence sur la propulsion ou le remorquage, de l'emploi d'hélices multiples montées sur le même arbre, au lieu de celui d'une hélice unique par arbre d'un diamètre plus grand et d'allure plus lente.   [629.122.1]
(*Association Internationale Permanente des Congrès de Navigation*, Paris, 1900.)

Allèges de mer.   629.123.24

1º Le Congrès est d'avis que l'usage des allèges de mer présente un intérêt considérable pour le commerce et l'exploitation des ports et que cette importance augmentera probablement encore.

Il est également d'avis qu'il convient d'éviter toute réglementation spéciale susceptible de gêner la circulation des allèges dans les canaux et dans les ports.

2º Quant aux dimensions des allèges, il convient de les proportionner aux dimensions des canaux.

Il semble désirable que les voies navigables débouchant directement dans la mer aient une profondeur de 3 mètres et une longueur correspondante.

3º L'emploi fait jusqu'à présent des allèges de mer n'est pas de nature à modifier les idées admises actuellement sur l'utilité des voies navigables intérieures.   [629.123.24]
(*Association Internationale Permanente des Congrès de Navigation*, Dusseldorf, 1902.)

Béton armé.   666.982 (26)

En matière d'emploi du béton armé à la mer, s'il est prudent de se montrer réservé, il est à considérer que les premiers résultats sont encourageants et que, moyennant l'adoption d'un certain nombre de mesures de précaution, destinées à empêcher la pénétration de l'eau de mer (telles que celles indiquées par divers rapporteurs), le béton armé permet de réaliser certains ouvrages dans des cas spéciaux où les autres matériaux offriraient de moindres avantages.   [666.982 (26)]
(*Association Internationale Permanente des Congrès de Navigation*, Saint-Pétersbourg, 1908.)

Congrès Internationaux du Froid (C. I. F.)

[621.55]

RÉFÉRENCES. — *Annuaire*, 1908-1909, p. 1169; 1910-1911, p. 2195. — *Vie Internationale*, t. I, p. 609; t. III, pp. 91, 383, 574; t. IV, p. 253; t. V, p. 165.

LISTE DES CONGRÈS. — Les trois premiers Congrès Internationaux du Froid ont eu lieu aux dates et dans les localités suivantes :

1908.10.05 /12	Paris.
1910.09.06 /11	Vienne.
1913.09.15 /24	Washington.

Bibliographie.   016 : 621.55

Que les différents pays préparent en vue du prochain Congrès la bibliographie du froid.

Que les travaux d'ordre général et les résultats des recherches des laboratoires et écoles, de même que ceux des associations d'ingénieurs et d'industriels s'occupant du froid, soient transmis au siège de l'Association internationale permanente et centralisés par elle afin qu'elle puisse en publier périodiquement un index bibliographique, les coordonner et en tirer toutes indications et conclusions utiles, qui seraient portées à l'examen des prochains Congrès internationaux du Froid.   [016 : 621.55]

(*Congrès International du Froid*, Paris, 1908.)

Basses températures.   536.43

Le Congrès, vu la grande importance qu'il y aurait à assurer l'exploration la plus rapide et la plus complète possible du domaine des basses températures, signale la nécessité, non seulement d'obtenir pour les physiciens de toutes les nations les facilités pécuniaires pour le séjour au laboratoire de Leyde, mais encore de garantir à ce laboratoire les ressources nécessaires à l'exécution des recherches dont la poursuite semblerait désirable.

En particulier, le Congrès considère comme devant être poursuivi dès maintenant l'examen de tous les phénomènes, notamment les modifications de la matière qui se produisent dans

les champs magnétiques intenses en utilisant, soit pour l'obtention de ces derniers, soit pour agir directement sur les corps, les ressources offertes aux physiciens par les basses températures.

[536.43]

(*Congrès International du Froid*, Paris, 1908.)

Unité d'entropie. 536.75

Qu'une commission scientifique internationale, composée de théoriciens et praticiens spécialistes du froid, soit chargée, pour les soumettre au prochain Congrès, de définir les grandeurs, unités et notations applicables à l'industrie frigorifique, en retenant la proposition de donner à l'unité d'entropie le nom de Carnot.

[536.75]

(*Congrès International du Froid*, Paris, 1908.)

Glace. 614.777

Que dans l'intérêt de l'hygiène et de la santé publiques, on divise la glace en : 1, glaces artificielles ; 2, glaces naturelles.

Que les glaces artificielles soient fabriquées avec les eaux servant à l'alimentation publique et que les blocs de glace artificielle soient privés de leur noyau opaque.

Que les glaces naturelles soient récoltées sur les lacs et étangs seulement après que l'analyse chimique et bactériologique de l'eau aura donné de bons résultats. Cette autorisation devrait toujours être précédée d'une enquête faite aux abords du lac ou de l'étang, enquête portant sur les causes possibles de pollution accidentelle de ces pièces d'eau. [614.777]

(*Congrès International du Froid*, Paris, 1908.)

Isolants. 621.186.4

1. Que les études et expériences soient entreprises dans les écoles ou laboratoires techniques, avec les appareils connus ou qui pourraient ultérieurement être proposés, pour déterminer, pratiquement, les constantes spécifiques des divers isolants.

Les caractéristiques et constantes à déterminer seraient les suivantes en tenant compte chaque fois du degré d'humidité : la densité d'emploi, la conductibilité, la résistance à la flexion, la résistance à l'écrasement, le pouvoir hydrofuge, le pouvoir absorbant des odeurs, l'incombustibilité. Ces constantes devraient être déterminées dans les conditions de température et d'épaisseur applicables à l'industrie du froid ;

2. Que ces études portent spécialement sur la conductibilité en fonction des températures, de l'épaisseur, du degré d'humidité, et des autres causes pouvant influer sur cette conductibilité,

par exemple le sectionnement de l'épaisseur d'une même matière nécessaire pour assurer un isolement donné ;

3. Que l'Association internationale du Froid constitue une commission spéciale chargée de procéder à l'étude des moyens d'essai des isolants et de centraliser, en vue de la fixation de méthodes uniformes et de l'obtention de résultats comparables, les recherches pour lesquelles toute latitude est d'ailleurs laissée aux investigateurs.   [621.186.4]

(*Congrès International du Froid*, Paris, 1908.)

*** 1. Que les études entreprises récemment dans les écoles ou laboratoires techniques en vue de la détermination des constantes spécifiques des divers isolants soient continuées et encouragées, notamment celles portant sur la variation de la conductibilité avec la température, la teneur en eau, la densité et le sectionnement de l'épaisseur ;

Que ces déterminations soient toujours exécutées dans les conditions d'épaisseur et de température spécialement applicables à l'industrie du froid.

2. Que dans toutes les recherches sur la transmission de la chaleur, soient constatées les températures des couches superficielles des parois isolantes de façon à obtenir une détermination plus exacte des coefficients de conductibilité que la science et l'industrie du froid sont appelées à utiliser.

3. Que soient instituées des méthodes d'essai des isolants, simples, pratiques et uniformes, et susceptibles de fournir, en même temps que les caractéristiques individuelles spécifiées dans les vœux du 1er Congrès international, des résultats permettant la comparaison exacte, au double point de vue de l'efficacité et du prix de revient, des différents types de construction des parois isolantes.

4. Que pour éviter toute contestation ultérieure, le coefficient de conductibilité exigible pour isolant à employer soit nettement spécifié dans les contrats commerciaux pour un intervalle de températures de 25° à 50° (ou degrés équivalents Réaumur ou Fahrenheit).   [621.186.4]

(*Congrès International du Froid*, Paris, 1908.)

Enseignement.   621.55 (07)

Qu'un enseignement théorique et professionnel appliqué aux diverses branches actuelles de l'industrie du froid et dirigé vers de nouvelles applications, soit institué auprès des laboratoires scientifiques et des écoles secondaires supérieures techniques et commerciales des différents pays, et complété, sous la direction des spécialistes, par l'étude pratique et détaillée d'établissements frigorifiques importants et l'expérimentation raisonnée des machines qu'ils comportent ; des cours devraient aussi être établis dans les universités, les écoles industrielles, les écoles d'agriculture et les écoles de commerce.

Qu'afin d'être pourvu de l'outillage scientifique et expérimental nécessaire et de pouvoir subvenir aux frais des expériences, cet enseignement soit subventionné par les gouvernements, les municipalités, les chambres de commerce, les sociétés industrielles, les syndicats agricoles et toutes autres collectivités ou individualités s'intéressant à l'industrie du froid.

[621.55 (07)]
(*Congrès International du Froid*, Paris, 1908, Washington, 1913.)

*** 1. Que l'enseignement théorique et professionnel, appliqué aux diverses branches actuelles de l'industrie du froid et dirigé vers de nouvelles applications, déjà institué auprès de certains laboratoires scientifiques et de certaines écoles secondaires, supérieures, techniques et commerciales, soit développé dans la même voie dans tous les pays et complété par l'étude pratique et détaillée, sous la direction de spécialistes, d'établissements frigorifiques de diverses natures et par l'expérimentation raisonnée des machines que ces établissements comportent.

2. Qu'afin d'être pourvu de l'outillage scientifique et expérimental nécessaire et de pouvoir subvenir aux frais des expériences, cet enseignement soit subventionné par les gouvernements, les municipalités, les chambres de commerce, les sociétés industrielles, les syndicats agricoles et toutes autres collectivités ou individualités s'intéressant à l'industrie du froid.

[621.55 (07)]
(*Congrès International du Froid*, Paris, 1908, Vienne, 1910.)

Unités.   **621.55.001**

Que les études entreprises par la 1re Commission internationale soient continuées avec la plus grande activité et aboutissent à la définition et à l'uniformisation des grandeurs, unités et notations applicables à l'industrie frigorifique ; qu'en attendant, il soit publié, par les soins de l'Association internationale, un recueil énumérant les grandeurs, unités et notations telles qu'elles sont actuellement employées dans les différents pays et donnant, dans des tables spéciales, leur correspondance et leurs valeurs relatives.   [621.55.001]

(*Congrès International du Froid*, Paris, 1908, Vienne, 1910.)

*** Que les études sur les unités, commencées par la Section des Unités de l'Association Internationale du Froid, soient

activement poursuivies et que, en particulier, une unité définitive des quantités de chaleur soit fixée le plus tôt possible.

2. Que la Section des Unités étudie les propositions nouvelles
présentées par M. Juppont pour fixer les équations de dimensions
de la température et de la masse.

3. Que la concordance des résultats présentés par le Bureau
des Étalons des Etats-Unis d'Amérique, et M. Le Duc, sur la
valeur de fusion de la glace, permet de fixer actuellement la
valeur de celle-ci à 79,6 calories, (c'est-à-dire à 143,5 B. T. U.)

4. Que l'étude des phénomènes physiques aux très basses
températures, entreprise par M. Kamerlingh Onnes, présente
le plus grand intérêt pour la vérification des théories actuelles
sur la constitution de la matière, et l'Association Internationale
du Froid est invitée à envisager les moyens de donner au Professeur Kamerlingh Onnes la possibilité de continuer et de couronner
son œuvre par cette vérification.

5. Que des expériences sur l'effet Kelvin-Joule soient entreprises dans le but d'expliquer le fonctionnement des machines
à compression à acide carbonique, à des températures supérieures
à la température critique. [621.55.001]

(Congrès International du Froid, Washington, 1913.)

Machines. 621.55.0025

1. Que la puissance normale d'une machine frigorifique soit
définie par le nombre d'unités thermiques qu'elle peut absorber
en une heure, pour des températures données du gaz au condenseur et au réfrigérant, le choix des dites températures et unités
thermiques étant laissé à l'examen de la Commission internationale chargée de la définition des unités ;

2. Que sous la direction de l'Association Internationale, soit
provoquée la mise à l'étude, l'élaboration de méthodes d'essai des
machines frigorifiques, simples, pratiques et uniformes, basées
sur l'emploi des unités définies par la commission précitée et
s'appliquant aux diverses catégories et aux différents cas d'installation de l'industrie frigorifique ;

3. Que les constructeurs étudient, pour la séparation des
paraffines très estimées de celles de faible valeur, des appareils
à refroidissement fractionné, permettant de retirer séparément
les divers produits qui se déposent aux différentes températures.

[621.55.0025]

(Congrès International du Froid, Paris, 1908.)

*** 1. Que les Associations nationales, après avoir isolément
envisagé et examiné la question, se mettent au plus tôt d'accord
sur les températures au condenseur et au réfrigérant et sur

les autres facteurs intéressant les machines pour lesquels il y a lieu de spécifier dans les contrats commerciaux les puissances et les rendements frigorifiques de façon à éviter des contestations ultérieures.

2. Que, sous la direction de l'Association internationale du Froid, soient provoquées :

a) Des recherches sur les propriétés des vapeurs surchauffées des principaux gaz employés dans les machines frigorifiques ; qu'à cet effet, quelques physiciens éminents soient invités à poursuivre les travaux de Cailletet, de Mathias et d'Amagat et à les étendre en particulier à l'ammoniaque et au chlorure de méthyle afin d'avoir pour ces deux agents frigorifiques des données certaines (grandeurs critiques, volumes spécifiques du liquide et de sa vapeur en fonction des températures et des pressions, chaleur spécifique du liquide, etc.).

b) Des recherches pour la détermination définitive des facteurs thermiques des principales solutions salines.

3. Que les études et expériences entreprises sur le fonctionnement des machines à absorption et des compresseurs en régime sec et en régime humide, sur celui des frigorifères secs et des frigorifères mouillés, sur leurs avantages et inconvénients respectifs, qui donnent encore lieu à des divergences d'appréciation et à des résultats plus ou moins contradictoires, soient continuées dans les différents pays.

4. Que toute installation frigorifique soit pourvue de dispositifs simples et pratiques, autant que possible peu coûteux et uniformes, réalisés dans la construction des appareils ou dans l'agencement des usines, pour permettre à un moment quelconque, sans préparatif spécial ou ménagement nouveau, la vérification des conditions de fonctionnement et la détermination de la puissance et du rendement des diverses parties de cette installation.

5. Que dans toute installation frigorifique, soient installés des dispositifs et des organes de sûreté permettant d'éviter ou d'atténuer les avaries de compresseurs et de tuyauteries, notamment en cas de surpressions accidentelles provenant de fausses manœuvres dans la conduite des appareils ou de toute autre cause.

6. Que soient uniformisées des méthodes d'essai des machines frigorifiques, rationnelles et simples, basées sur les définitions admises par le C. I. F. pour les puissances et les rendements, s'appliquant aux différents cas d'installation de l'industrie frigorifique et aux divers systèmes de machines et permettant de comparer, industriellement et exactement entre elles, des machines de même système ou de systèmes différents.

7. Que les Associations nationales du Froid fassent étudier les moyens de réfrigération artificielle des dynamos de grande puissance afin d'en assurer en toutes circonstances le rendement maximum. [621.55.0025]
(*Congrès International du Froid*, Paris, 1908, Vienne, 1910.)

Valeur économique.   621.55 : 33

Que l'industrie du froid est d'une importance économique considérable puisque le froid permet de conserver des produits périssables des périodes de surproduction jusqu'à l'époque de pénurie, de sorte que les consommateurs ont en toute saison une quantité suffisante des denrées de production saisonnière à des prix peu élevés. [621.55 : 33]
(*Congrès International du Froid*, Vienne, 1910.)

Libre circulation.   621.55 : 337

Qu'une entente intervienne entre les Etats représentés au C. I. F. pour faciliter, par l'établissement de règles simples et uniformes, la circulation internationale et l'admission des produits alimentaires réfrigérés et conservés par le froid.

Que pour répandre le plus tôt possible les installations frigorifiques dans les pays qui en sont peu pourvus, ils laissent à titre d'encouragement entrer en franchise les machines frigorifiques.

Que les taxes fiscales frappant la glace naturelle ou artificielle soient supprimées. [621.55 : 337]
(*Congrès International du Froid*, Paris, 1908.)

Législation.   621.55 : 34

Que les travaux de législation concernant les besoins et les applications du froid soient groupés en trois catégories.

a) Suivant leur objet : en réglementation générale, en réglementation spéciale d'application générale, et en réglements particuliers.

b) Suivant leur origine : en documents émanant du pouvoir législatif ; en document émanant du pouvoir exécutif (règlements d'administration générale ou communale, circulaires applicables aux fonctionnaires, actes individuels) ;

c) Suivant l'état économique des pays intéressés : en lois et règlements des pays de production ; en lois et règlements des pays de consommation ; en lois et règlements des pays à la fois de production et de consommations.

2. Que la législation générale et spéciale des pays où le froid est mis en œuvre soit mise en harmonie avec les progrès de la science du froid.

3. Qu'une nouvelle législation ou une revision de la législation existante soient faites pour protéger les consommateurs et que soit favorisée toute législation qui prescrira l'examen sanitaire des produits avant, pendant et après l'emmagasinage dans les chambres froides et de toutes dispositions permettant de tenir une comptabilité exacte et accessible au public des marchandises qui sont entreposées dans ces chambres froides.

4. Qu'est d'intérêt public l'adoption de mesures législatives qui encouragent l'emploi du froid, afin de provoquer une augmentation de la production, une réduction de la perte, et d'offrir aux consommateurs un plus grand approvisionnement d'aliments à des prix moins élevés et plus uniformes.   [621.55 : 34]

(Congrès International du Froid, Vienne, 1910.)

*** Que les législations à établir pour le contrôle de l'entreposage frigorifique doivent avoir uniquement en vue le bien général ; il est désirable que ces législations soient uniformes dans tous les pays et que les mesures restrictives relatives à l'entreposage frigorifique ne soient basées que sur des faits prouvés par des recherches scientifiques.   [621.55 : 34]

(Congrès International du Froid, Washington, 1913.)

Ventes prohibées.   621.55 : 351.727/8

Que les gibiers et les poissons conservés par le froid puissent être vendus même en temps de pêche et de chasse prohibées, sous la seule condition d'avoir été capturés dans des conditions licites, c'est-à-dire avec la réglementation qui sera jugée nécessaire par chaque pays pour l'exécution des lois régissant la répression du braconnage, en s'inspirant de la législation et de la jurisprudence existant en Allemagne, en Italie et dans la République Argentine.   [621.55 : 351.727/8]

(Congrès International du Froid, Paris, 1908.)

Surveillance des appareils.   621.55 : 351.778.3

Afin de faire profiter l'agriculture, le commerce et l'industrie de tous les pays, des bienfaits et de la richesse dont l'emploi et le développement du froid peuvent être la source, il est demandé aux pouvoirs publics de faciliter les applications du froid domestique, rural et industriel dans la plus large mesure et notamment de limiter au minimum la réglementation et les formalités relatives à l'emploi des appareils frigorifiques.

Afin de faciliter l'emploi des petites machines à froid dans le commerce de l'alimentation, dans les laboratoires et chez les simples particuliers, le C. I. F. émet le vœu que les installations de petits appareils pour usage domestique ou de puissance

équivalente à celle de ces appareils ne soient pas assimilées aux établissements insalubres lorsqu'ils présentent une garantie d'étanchéité presque absolue. [621.55 : 351.778.3]
(*Congrès International du Froid*, Paris, 1908.)

Concours des villes. 621.55 : 352

1. Qu'étant donnée l'importance de la consommation d'eau dans les installations frigorifiques, consommation qui, dans les villes, grève fortement le prix de revient et fait souvent obstacle au développement des applications du froid, les pouvoirs publics et les municipalités facilitent par tous les moyens possibles, et notamment par les réductions de prix, et sous condition d'une limite maxima à déterminer, la fourniture de l'eau aux petits commerçants de l'industrie alimentaire.

2. Qu'il serait désirable, en outre et dans le même but, que des facilités et concessions analogues fussent consenties aux dits commerçants pour la fourniture du gaz et de l'énergie électrique utilisée comme puissance motrice, sous condition d'une limite maxima de consommation à fixer également dans chaque cas particulier.

3. Que, pour renseigner les stations centrales d'électricité sur l'intérêt qu'elles ont à accorder des tarifs réduits aux industries frigorifiques, les associations nationales du froid soient invitées à rédiger une notice sommaire sur les applications du froid aux diverses industries et à transmettre cette notice aux associations scientifiques et techniques d'électricité de leur pays. [621.55 : 352]
(*Congrès International du Froid*, Paris, 1908, Vienne, 1910.)

Assurances. 621.55 : 368

1. Que l'Association Internationale du Froid réunisse tous les renseignements de statistique officielle ou privée concernant les conditions dans lesquelles la conservation des denrées périssables est le mieux assurée, à l'effet de permettre des avances d'argent sur les marchandises ou de les assurer contre les risques de perte.

2. Que l'Association Internationale envisage l'éventualité de la création d'une assurance internationale des produits conservés par le froid, qu'elle en examine la légalité dans les différents pays du monde et qu'elle soumette ses conclusions au IIIe Congrès international.

3. Qu'il soit nommé une Commission permanente de représentants de l'industrie et de l'assurance pour traiter toutes les questions concernant aussi bien l'industrie du froid que l'assurance. [621.55 : 368]
(*Congrès International du Froid*, Vienne, 1910.)

Métaux. 621.55 : 549.2

Que la 1re Commission veuille bien faire étudier, dans des laboratoires appropriés, l'influence des basses températures sur les propriétés des métaux employés dans la construction des appareils frigorifiques. [621.55 : 549.2]
(*Congrès International du Froid*, Paris, 1908, Vienne, 1910.)

Transports. 621.55 : 656

Que les navires de commerce affectés aux transports des denrées alimentaires soient munis d'installations frigorifiques rationnelles et d'appareils de levage variés, pouvant réaliser des manutentions peu coûteuses, mais surtout rapides.

Que les compagnies de navigation, d'accord avec leur gouvernement, réunissent leurs efforts pour doter l'Europe d'un outillage permettant un échange plus actif avec les colonies.

Que l'on s'efforce de parvenir à une organisation systématique de l'industrie du froid au service de la pêche et du commerce du poisson, de sorte que le poisson, arrivant dans des bateaux de pêche, munis ou non de ces installations spéciales, puisse être mis dans des chambres froides se trouvant dans les ports d'arrivage, transporté ensuite dans des wagons réfrigérants et emmagasiné de nouveau dans des chambres froides après son arrivage au lieu de consommation.

Que les principaux ports maritimes de commerce puissent disposer de magasins frigorifiques suffisamment vastes pour y entreposer toutes les marchandises rapidement périssables, destinées aux exportations ou provenant des importations ;

Que les transports internationaux ou intercoloniaux de viandes sur pied soient améliorés ou remplacés, s'il y a lieu, par des transports de viandes abattues, conservées par le froid.

[621.55 : 656]
(*Congrès International du Froid*, Paris, 1908.)

*** Que la multiplication des moyens de transports frigorifiques par mer et par eau, ainsi que la création correspondante d'entrepôts frigorifiques, présente un intérêt général pour tous les pays.

2. Que les moyens de protection des denrées périssables en cours de transport, justifient et exigent une organisation spéciale qui puisse englober tous les côtés de la question.

3. Qu'en général le service de la réfrigération en cours de transport doit être distinct du service de transport proprement dit, et doit faire l'objet d'une taxe spéciale, plutôt que d'être englobé dans la taxe du transport.

4. Que le service de réfrigération doit être taxé suivant la distance entre certaines zones, plutôt que sur le poids de glace fourni.

5. Que les consignataires de denrées périssables qui négligent ou refusent de décharger proprement les wagons réfrigérés devraient payer une taxe supplémentaire, supérieure aux taxes de retard appliquées pour les marchandises transportées dans les wagons ordinaires.

6. Qu'un contrôle officiel des transports frigorifiques par mer, établi par les gouvernements, serait susceptible de diminuer les préventions qui règnent encore contre les denrées frigorifiques.

[621.55 : 656]

(*Congrès International du Froid*, Washington, 1913.)

Industrie du Tabac. 621.55 : 679.7

1. Que l'application des basses températures est très avantageuse pour l'industrie du tabac et émet le vœu que le froid soit employé :

a) comme moyen préventif contre une fermentation postérieure à la conservation du tabac brut, des produits à demi-travaillés et des produits finis ;

b) comme moyen destructif ou préventif contre le développement des organismes nocifs pour le tabac fermenté et les produits finis.

2. Que les industries du tabac mettent à l'étude les matières suivantes :

a) De quelle manière est-il possible de maintenir, au moyen du froid, le caractère des feuilles du tabac séchées ou fermentées sans les endommager?

b) Est-il possible d'empêcher au moyen du froid le tabac de moisir?

c) Est-il possible de modifier d'une manière avantageuse le procédé de fermentation par une application du froid convenable? [621.55 : 679.7]

(*Congrès International du Froid*, Vienne, 1910.)

Matériel frigorifique. 621.561

a) Les températures caractéristiques du régime intérieur d'une machine à froid, correspondant aux conditions normales de son fonctionnement, sont, pour les besoins de la pratique, les suivantes :

+ 25° Cent. au condenseur (77° F.)
+ 15° Cent. au régleur détendeur (59° F.)
— 10° Cent. au réfrigérant (14° F.)

b) Pour ces températures sont définis et représentés :

1. La puissance frigorifique normale, par le nombre de frigories-kilogramme que la machine peut produire en une heure.

2. La production volumétrique spécifique normale, par le nombre de frigories-kilogramme réellement produites au réfrigérant par mètre cube engendré au compresseur.

3. Le rendement volumétrique normal, par le rapport du nombre de frigories-kilogramme produites réellement par mètre cube engendré au compresseur (production volumétrique spécifique normale) à celui résultant de la théorie.

4. La production économique spécifique normale, par le nombre des frigories-kilogramme produites réellement au réfrigérant par kilowatt-heure indiqué au compresseur, cette donnée étant complétée par l'indication du rendement mécanique du dit compresseur.

5. Le rendement économique normal, par le rapport du nombre de frigories produites réellement au réfrigérant par kilowatt-heure indiqué au compresseur (production économique spécifique normale) à celui résultant d'un cycle de Carnot reversible décrit entre les mêmes températures extrêmes (+ 25° Cent. et — 10° Cent.). [621.561]

(*Congrès International du Froid*, Washington, 1913.)

Entrepôts frigorifiques. 621.564

Pour améliorer l'alimentation de la population et ménager les intérêts producteurs :

1. Qu'il soit créé aussitôt que possible dans tous les centres de production, de consommation, de distribution et de circulation de la viande, des fruits et des primeurs, des entrepôts frigorifiques munis de chambres frigorifiques.

2. Que ces entrepôts soient utilisés pour la conservation des produits alimentaires et leur réfrigération avant l'expédition à grande distance avec ou sans wagons frigorifiques.

3. Que ces entrepôts frigorifiques soient, autant que possible, reliés à la voie ferrée, afin de pouvoir ravitailler rapidement l'armée en cas de mobilisation et permettre la prompte réexpédition des denrées périssables qui y seront entreposées.

4. Que les Gouvernements et en particulier les ministères de l'Agriculture et de la Guerre, les administrations des villes et des ports, celles des chemins de fer, tant appartenant à l'Etat qu'aux Sociétés privées, facilitent particulièrement en vue du développement de l'industrialisation frigorifique du commerce de la viande, l'installation de ces entrepôts, soit par des locations ou cessions de terrains à des prix modérés, soit par des subventions, soit par tous autres moyens parmi lesquels la multiplication des wagons réfrégérants.

5. Que l'Administration militaire veuille bien utiliser les usines du froid existantes pour la conservation des viandes réfrigérées, des viandes congelées destinées à l'approvisionnement des troupes, aussi bien en temps de paix qu'en temps de guerre.

6. Que les études pour l'organisation, dans les principaux ports de commerce, d'entrepôts et de magasins frigorifiques des denrées alimentaires périssables soient entreprises promptement et solidairement entre les pouvoirs publics, les Chambres de commerce, les Compagnies de navigation et les Compagnies de chemins de fer. [621.564]

(*Congrès International du Froid*, Paris, 1908.)

Denrées alimentaires. 621.565

Que des données scientifiques soient déterminées en ce qui concerne les conditions de durée et de température qui conviennent le mieux à la conservation des produits périssables.

Qu'en affirmant l'importance de l'application du froid dans l'industrie laitière et fromagère, les laboratoires agronomiques et les écoles pratiques de laiterie soient invités à instituer des études sérieuses et pratiques sur les principes, les applications du froid à l'industrie laitière et fromagère et à en publier les résultats.

Que dans les différents pays, principalement les pays grands producteurs d'œufs, les départements d'agriculture fassent procéder, dans leurs laboratoires respectifs, par des commissions compétentes, à des essais de conservation des œufs par le froid. Ces commissions pourraient également être chargées de donner leur avis sur les perfectionnements qui leur seraient présentés.

Que l'on procède à des recherches scientifiques sur la réfrigération et la congélation des poissons et sur les effets qui peuvent résulter de ce mode de conservation relativement à la valeur nutritive de leurs tissus.

Que l'on détermine les températures et le degré hygrométrique qui conviennent le mieux à l'application de ce mode de conservation.

Que dans les grands ports de pêche, il soit installé, aussitôt que possible, des chambres froides permettant de faire les recherches ci-dessus mentionnées en même temps que de conserver le stock de poisson et assurer ainsi le nivellement des prix.

Que dans les différents pays, il soit établi des laboratoires frigorifiques pour étudier toutes les applications du froid intéressant l'horticulture et la floriculture. [621.565]

(*Congrès International du Froid*, Paris, 1908.)

*** 1. Que l'Association internationale du Froid soit invitée à prendre l'initiative de la réunion à Paris, en 1910, d'une conférence internationale dans laquelle seraient représentés tous les pays importateurs et exportateurs de viande de boucherie et qui aurait pour mission d'adopter une méthode uniforme et internationale d'inspection des viandes frigorifiées.

2. Que pour faciliter l'examen des mesures nécessaires dans l'intérêt de l'alimentation des nations et le ravitaillement des grandes armées en temps de paix et de guerre, il soit organisé un comité de statistique au sein du conseil de l'Association internationale du Froid dont les travaux seraient basés sur la feuille de route du véhicule.

3. Que les viandes congelées et les viandes réfrigérées constituent des produits alimentaires dont la valeur est équivalente à celle de la viande fraîche, chaque fois que le froid artificiel a été appliqué à des viandes saines avec tous les perfectionnements modernes désirables.

4. Qu'en attendant que les études ultérieures permettent d'approfondir la question de l'emploi de la viande de cheval réfrigérée et de son application soit à l'alimentation en général, soit à l'alimentation des troupes, en particulier dans certaines circonstances de guerre, cette très importante question soit renvoyée à l'ordre du jour du troisième Congrès.

5. Il est à désirer que tous les abattoirs et les halles centrales soient munis obligatoirement d'installations frigorifiques.

6. Que les produits alimentaires traités par le froid, qui satisfont aux règlements sanitaires au point de vue de l'hygiène, de la valeur nutritive et de la fraîcheur, puissent circuler librement dans les différents pays de même façon que les produits frais.

7. Que, tout en assurant des conditions saines et parfaites, on établisse ou modifie les restrictions empêchant l'importation des viandes réfrigérées et congelées et d'autres produits alimentaires dans les pays dont les habitants pourraient tirer profit de cette importation de denrées alimentaires.

8. Que soient appuyées les conclusions arrêtées à Paris, au premier Congrès contre la fraude des denrées alimentaires, en ajoutant que la glace naturelle employée pour la réfrigération des denrées alimentaires ne doit provenir que d'eau ne donnant lieu à aucune critique au point de vue hygiénique.

9. Le IIe C. I. F. confirme les résolutions prises au premier congrès sur la question de la viande et émet le vœu que l'inspection sanitaire se fasse autant que possible dans des conditions identiques dans tous les pays. [621.565]

(*Congrès International du Froid*, Vienne, 1910.)

Commissions d'arbitrage.   621.565 : 347.918

Que dans les lieux de destination des produits conservés par le froid, des commissions internationales d'arbitrage soient instituées pour résoudre toutes les questions litigieuses résultant des conditions de livraison et de la qualité des produits livrés. Ces commissions devraient être composées des représentants des pays intéressés, importateurs et exportateurs, et agir conformément aux règles élaborées après entente entre les mêmes pays.   [621. 565 : 347.918]

(Congrès International du Froid, Paris, 1908.)

Formalités douanières.   621.565 : 351.715.1

Que la visite douanière des produits conservés par le froid se fasse dans des conditions qui ne portent pas atteinte à la conservation, et notamment que cette visite s'effectue non pas à la frontière, mais au lieu de destination ;

Qu'il soit accordé aux produits conservés par le froid le maximum des facilités accordées aux marchandises dans les différents pays à leur entrée sur le territoire et notamment la suspension temporaire des droits de douane c'est-à-dire jusqu'au moment de l'entrée en consommation ;

Que ces facilités soient accordées aux marchandises conservées par le froid partout où il y a un bureau de douane ;

Qu'afin de réduire le coût de l'alimentation des classes ouvrières et d'encourager le commerce international les règlements qui empêchent ou retardent l'introduction dans n'importe quel pays de produits congelés ou réfrigérés et l'emmagasinage, distribution de vente des dits produits dans ces pays, soient modifiés ou abrogés.   [621.55 : 351.715.1]

(Congrès International du Froid, Paris, 1908.)

Lait.   621.565 : 63.71

Considérant que la réfrigération du lait est un procédé excellent de conservation ;

Considérant, d'autre part, que le froid arrête les cultures microbiennes, mais ne les détruit pas ;

Considérant qu'un lait produit sans surveillance peut contenir des microbes pathogènes ;

Que la réfrigération, du lait soit employée de préférence aux autres moyens de conservation, à la condition expresse que ces laits proviendront exclusivement de fermes soumises à une inspection rigoureuse de la part des vétérinaires officiels.

[621.565 : 63.71]

(Congrès International du Froid, Paris, 1908.)

Œufs. 621.556 : 63.74

Etant donné, d'une part, que la ponte des œufs n'a lieu que pendant une partie de l'année, qu'on s'est trouvé de tout temps dans la nécessité de les soumettre à différents procédés de conservation ; que, d'autre part, l'œuf est un aliment de première nécessité, et qu'il y a intérêt à ne mettre à la disposition du public que des œufs sains et de bon goût.

Que la conservation par le froid soit étendue à ce produit alimentaire. [621.565 : 63.74]

(*Congrès International du Froid*, Paris, 1908.)

Viandes réfrigérées. 621.565 : 63.75

Vu, d'une part, la grande expansion du commerce de la viande réfrigérée et la grande diffusion et distribution des produits réfrigérés ; d'autre part, la nécessité d'éviter le discrédit et la prévention préjudiciables à la consommation des viandes congelées et réfrigérées, pour favoriser le développement de l'industrie du froid :

1. Que l'on établisse une méthode internationale et uniforme d'inspection de la viande adoptée par les divers pays exportant et important les produits alimentaires, de façon à assurer les conditions sanitaires de la viande ;

2. Que dans les abattoirs le service d'inspection sanitaire soit rigoureusement observé.

3. Que l'inspection s'étende à l'examen des animaux vivants et abattus, à la surveillance de ces établissements, aux procédés de fabrication employés et à la manipulation des produits par dés ouvriers en bon état de santé ;

4. Que les pays exportateurs des produits d'origine animale organisent l'inspection vétérinaire de tous les établissements qui se livrent à ce commerce ;

5. Que soit interdite l'exportation des produits qui n'auraient pas été examinés, marqués ou étiquetés par l'inspecteur sanitaire officiel attaché auprès des établissements intéressés ;

6. Que tous les pays importateurs, en réglementant l'inspection sanitaire des viandes conservées par le froid, tiennent compte des mesures adoptées dans les pays d'origine, afin d'éviter les inconvénients inhérents à des dispositions trop rigoureuses qui pourraient être un obstacle à l'importation de ces produits.

[621.565 : 63.75]

(*Congrès International du Froid*, Paris, 1908.)

*** Estimant qu'au point de vue de la valeur nutritive ainsi que de l'hygiène publique, les viandes réfrigérées et congelées ne sont pas inférieures aux viandes fraîches,

Qu'elles soient considérées comme telles.

Que soit généralisé l'emploi des viandes conservées par le froid pour le ravitaillement des armées en campagne ainsi que pour leur approvisionnement en temps de paix.

Que les abattoirs, quels qu'en soient l'origine, le régime et l'importance, soient munis d'installations frigorifiques.

Que dans les cas de disette, les gouvernements autorisent l'introduction des viandes étrangères reconnues saines, réfrigérées ou congelées.

Que dans les hôpitaux soit mise en œuvre la technique de la réfrigération pour la conservation du lait et de la viande.

[621. 565 : 63.75]
(*Congrès International du Froid*, Paris, 1908.)

Poissons. 621.565 : 63.93

Que l'on s'efforce d'adapter par une organisation systématique l'industrie du froid au service de la pêche et du commerce du poisson, de sorte que le poisson arrivant dans les bateaux de pêche, munis ou non d'installations frigorifiques, puisse être mis dans les chambres froides se trouvant dans les ports d'arrivage, transporté ensuite dans des wagons frigorifiques et emmagasiné de nouveau dans des chambres froides après son arrivage au lieu de consommation. [621.565 : 63.93]
(*Congrès International du Froid*, Paris, 1908.)

Poudres. 621.565 : 662

Le Congrès attire l'attention des gouvernements sur la possibilité de parer, sous toutes les latitudes, aux dangers résultant de la décomposition des poudres dans les poudrières et soutes à munitions par l'application judicieuse des procédés frigorifiques. [621.565 : 662]
(*Congrès International du Froid*, Paris, 1908.)

Vins. 621.565 : 663.2

Le Congrès appelle l'attention des producteurs, des négociants en vins sur l'application pratique du froid industriel à l'œnologie, et spécialement :

1. A la clarification des vins et des vermouts en substitution du collage et de la filtration ;

2. A la maturation des vins et à leur adaptation aux climats froids en assurant leur bonne tenue pendant les plus longs voyages maritimes ;

3. A la préparation des vins mousseux et au perfectionnement de la fabrication des vins de Champagne ;

4. A la conservation des moûts de raisin pendant un temps indéterminé ;

5. A la concentration des moûts de raisin et des vins.

[621.565 : 663.2]
(*Congrès International du Froid*, Paris, 1908.)

Huiles.   621.565:664.3

Que les laboratoires industriels établissent des tables donnant la proportion de paraffine contenue dans une huile de nature et de fabrication déterminées, en fonction du point de congélation ou du point de trouble obtenu par le refroidissement de l'huile examinée.   [621.565 : 664.3]

(*Congrès International du Froid*, Paris, 1908.)

Wagons réfrigérants.   625.244

Que les entreprises de chemins de fer donnent aux sociétés et aux particuliers exploitant ou utilisant les wagons réfrigérants toutes les facilités désirables pour permettre le développement de cette industrie nouvelle nécessaire au commerce et à l'agriculture.

Que la Commission permanente internationale des Congrès des Chemins de fer soit saisie des délibérations et des vœux du premier Congrès international du Froid, afin que les questions qui ont fait l'objet de ces délibérations et de ces vœux soient étudiées au point de vue international des transports terrestres.

Considérant les difficultés que les transbordements nécessités à certaines frontières par la différence d'écartement des voies opposent à la circulation des denrées périssables ;

Vu les résultats satisfaisants obtenus par le changement des essieux sous le wagon, suivant le système Breidsprecher, pratiqué de la voie russe à la voie étrangère ;

Que les chemins de fer des pays intéressés favorisent de tout leur pouvoir l'application des mesures propres à éviter des transbordements, au point de vue commercial, et étudie la possibilité de transporter des produits périssables directement d'un pays à un autre, en particulier entre la France et la Russie.

[625.244]
(*Congrès International du Froid*, Paris, 1980.)

*** 1. Que soit attirée l'attention des administrations de chemins de fer sur l'élaboration des conventions internationales tendant à régler l'approvisionnement de wagons réfrigérants en cours de route.

2. Que la Commission des transports de l'Association Internationale du Froid soit chargée d'étudier une réglementation

générale des transports frigorifiques soit par terre, soit par eau
et que le concours des gouvernements et administrations de
chemins de fer soit accordé à ces travaux.

Que cette Commission en outre s'occupe de la statistique
de ces transports et étudie les mesures pratiques à prendre
pour améliorer et faciliter les transports internationaux utilisant
le froid.

3. *a*) Qu'il est désirable que des taxes plus élevées soient
perçues pour les délais du déchargement des wagons chargés
de denrées périssables ;

b) Que les taxes pour les réfrigérationss ne devraient pas être
calculées d'après la quantité de glace fournie, mais d'après
les parcours effectués ;

c) Que les tarifs ne devraient pas comprendre de rétribution
pour la réfrigération, mais des taxes supplémentaires devraient
être perçues pour couvrir ces frais.

4. Que la Commission des Transports de l'Association Internationale du Froid entreprenne l'étude des transports maritimes
et fluviaux par le froid en vue de la coordination des efforts
entre les compagnies de chemins de fer et les compagnies de
navigation. [625.244]

(*Congrès International du Froid*, Vienne, 1910.)

Congrès International de la Route (C. I. R.)

[625.7]

RÉFÉRENCES. — *Annuaire*, 1910-1911, p. 2215. — *Vie International*, t. I, pp. 138, 612 ; t. II, p. 458.

SESSIONS. — Les trois sessions du *Congrès International de la Route* ont eu lieu dans les villes et sous les dates suivantes :

1908.10.11 /17	Paris.
1910.07.31 /08.09	Bruxelles.
1913.06.23 /27	Londres.

Autorités compétentes en matière de voirie.   351.811

1. Le système d'administration de la voirie dans tout pays doit être en harmonie avec le système général du gouvernement de ce pays et avec le génie politique de son peuple. Il n'est donc pas possible d'établir une règle générale, universellement applicable, pour déterminer le degré de centralisation ou de décentralisation qui convient pour les services de voirie de chaque pays.

2. On peut poser en principe, universellement applicable, que chaque service autonome de voirie doit exercer son autorité sur une étendue assez vaste et disposer de ressources assez importantes pour pouvoir employer et rémunérer convenablement un personnel compétent.   [351.811]

(*Congrès International de la Route*, Londres, 1913.)

Réglementation de la circulation.   351.811.1

1. Toute la réglementation de la circulation sur les routes doit avoir pour but de permettre aux différentes sortes de véhicules de marcher à la vitesse compatible avec la sécurité publique, les convenances générales et l'usure normale de la route.

2. Les règles de la circulation rapide et lente doivent être aussi peu nombreuses, aussi simples que possible et telles qu'elles puissent et doivent être universellement suivies et appliquées.

3. Dans toutes les grandes villes, il doit y avoir une autorité chargée d'étudier et de résoudre les questions relatives à la circulation dans les rues ; les attributions de cette autorité et leur coordination avec celles des autres autorités sont des points de

détail laissés à l'appréciation des pouvoirs publics qui tiendront compte des circonstances et de la situation particulière à chaque grande ville.

4. Il doit y avoir un personnel nombreux de surveillants de la circulation (comme les policiers de Londres) investis des pouvoirs convenables pour régler la circulation non seulement dans les endroits encombrés, mais sur les parcours des rues très fréquentées.

5. Etant donné le surcroît de danger inhérent à la circulation moderne, il importe que les conducteurs soient soumis à un apprentissage méthodique et minutieux et qu'on donne aux enfants un enseignement spécial sur les moyens de se préserver des dangers de la route.

6. On ne doit tolérer sur la voie publique aucune gêne résultant soit d'une allure trop ralentie, soit d'un stationnement trop long des véhicules ou du dépôt d'objets placés sur la chaussée. Il y a lieu, toutefois, de faire une exception en faveur des dépôts que nécessitent soit les travaux d'entretien et de réparation de la route, soit les ouvrages exécutés par les autorités compétentes bien et dûment autorisées ; mais dans tous les cas, les mesures nécessaires doivent être prises pour assurer la sécurité de la circulation. [351.811.1]

(*Congrès International de la Route*, Londres, 1913.)

La route en général. 625.7

1. Le C. I. R. appelle l'attention des constructeurs sur la résistance, les soins, le mode d'exécution et le rôle important de la fondation des chaussées ; cette partie de la route influe considérablement sur l'usure et la conservation du profil de la chaussée.

Dans le choix du système de fondation on tiendra compte de la nature du sous-sol, de la chaussée, des véhicules qui circulent sur la route, ainsi que de l'intensité variée du trafic suivant les saisons, et des conditions générales climatériques de la région.

2. Une fondation sur béton de 10 à 15 c/m d'épaisseur est particulièrement recommandée dans l'exécution des pavages, même avec des pavés de gros échantillon.

Dans ce cas, la pose des pavés aurait lieu sur un matelas de sable de faible épaisseur.

3. Il est désirable que les essais tentés pour incorporer intimement du goudron et des matières bitumineuses aux matériaux de revêtement des chaussées se poursuivent et s'étendent en vue d'arriver à des moyens d'exécution pratiques et économiques.

4. Comme matière d'agrégation employée pendant le pas-

sage du rouleau sur le revêtement, il est recommandé de faire usage d'une matière d'agrégation appropriée à la nature des matériaux et réduite à la quantité minimum.   [625.7]

(*Congrès International de la Route*, Paris, 1908.)

****** 1. En principe, pour la construction de grandes routes nouvelles, il est préférable d'éviter les villes et d'adopter un tracé situé complètement en dehors de celles-ci. Lorsqu'une grande voie existante emprunte, dans une ville, une rue de largeur insuffisante pour satisfaire aux besoins de la circulation générale, il vaut souvent mieux construire une nouvelle route détournée que de procéder à l'élargissement de la rue trop étroite, située dans le centre même de la ville.

Les rues nouvelles doivent être conçues et construites selon les règles de l'art spéciales aux constructions urbaines.

2. Pour les routes nouvelles les déclivités devront être aussi faibles que le permettra le caractère de la contrée qu'elles traverseront ; elles devront être convenablement adoucies pour des voies en courbe comportant des voies de tramways ou encore empruntées par un trafic plutôt lourd.

3. Autant que possible, les rayons des courbes de routes empruntées par une circulation rapide devraient être calculés pour assurer, à l'avant, une visibilité bien dégagée. En cas d'impossibilité matérielle, des mesures devraient être prises pour indiquer, en temps utile et d'une façon claire, la présence de courbes de faibles rayons.

4. Sur les routes dont la largeur ne permet pas de placer les voies de tramways sur une piste spéciale, la partie centrale est celle qui convient le mieux pour leur établissement. Dans ce cas, il est d'ailleurs désirable de réserver, de chaque côté des voies de tramways, un espace suffisant pour la circulation de deux files de voitures.

5. La largeur de la plate-forme des principales artères de communication devrait être suffisante pour permettre l'aménagement de pistes spéciales pour : les voies de tramways, la circulation lente, la circulation rapide et enfin les voitures en stationnement, chacune de ces pistes étant établie de manière à éviter le plus possible le mélange des véhicules de toutes catégories. Lors de l'établissement des plans d'alignement de routes susceptibles de devenir des voies importantes. il serait bon de tenir compte des besoins futurs du trafic. A cet effet, une largeur convenable devrait être réservée entre les lignes de construction et tous pouvoirs utiles devraient être octroyés à ce sujet à toutes les autorités chargées de fixer la largeur des voies de communication.

6. L'étude du tracé de grandes artères de communication en dehors des villes doit être entreprise sans délai. Ces artères présentant un intérêt général et même national, il serait à désirer qu'une autorité centrale d'Etat pût prendre une certaine initiative à ce sujet èt que l'action des autorités locales fût, jusqu'à un certain point, réglée et contrôlée par les autorités centrales d'Etat. [625.7]

(*Congrès International de la Route*, Londres, 1913.)

La route future. 625.7 « : 13 »

1º Le C I. R. considère que là où la circulation à traction mécanique n'a pas une grande intensité, la route actuelle, si elle est établie et entretenue conformément aux conclusions qui ont été adoptées sur les deux premières questions, répond aux conditions désirées.

2º La chaussée de la route future doit *a)* être homogène et constituée par des matériaux durs, résistants, solidement reliés et non glissants.

b) N'offrir pour les véhicules de toute espèce qu'une chaussée unique de largeur proportionnée à l'importance de la circulation (6 mètres au minimum), sauf dans le cas exceptionnel des grandes avenues de luxe, où la séparation en plusieurs chaussées peut être recommandée.

c) Ne présenter que le minimum de bombement compatible avec l'écoulement des eaux.

d) Offrir des déclivités de valeur moyenne avec un écart aussi faible que possible entre la déclivité maximum et la déclivité, si cela est nécessaire, pour éviter les courbes de faibles rayons.

e) Les rayons des courbes seront aussi grands que possible (50 mètres au minimum), les entrées et sorties de courbes seront raccordées avec les alignements au moyen d'arcs paraboliques.

f) Les virages pourront être relevés, mais sans excès, de manière à ne pas gêner les voitures ordinaires ; la vue en sera bien dégagée. Du côté du petit rayon, l'on ménagera un petit trottoir limité par une bordure et l'on interdira le dépôt des tas de cailloux.

g) Les croisements des chemins seront bien visibles et bien dégagés ;

h) Les passages à niveau devront être évités autant que possible, et, en tout cas, être bien découverts et bien signalés, même la nuit. La traversée des routes par les tramways devra être signalée.

3. Le C. I. R. recommande l'aménagement, le long des routes, de pistes cyclistes et de pistes cavalières, partout où elles sont utiles.

Enfin, il est désirable que les routes soient jalonnées, autant que possible par des arbres.   [625.7 « : 13 »]
(*Congrès International de la Route*, Paris, 1908.)

La route et les voies ferrées secondaires.   625.7 : 625.6

1. Il est désirable, tant dans l'intérêt de l'entretien de la route que pour la bonne exploitation, d'établir les voies des chemins de fer d'intérêt local en dehors de la plate-forme de la route : en tout cas, il convient, partout où cela est pratiquement possible, d'établir ces voies et celles des tramways, sur pistes spéciales laissant une chaussée libre de 5 mètres de largeur au moins.

2. Quand les voies doivent être placées dans la chaussée, il est désirable qu'elles soient établies au niveau du sol, sans saillie ni dépression et sans altération des profils normaux, tant dans le sens transversal que dans le sens longitudinal, et que la chaussée soit établie avec des dimensions telles qu'en dehors de l'espace occupé par le matériel du tramway, il reste une largeur libre de chaussée d'au moins 2m.60 ; il est recommandé que les rails soient munis d'un contre-rail, qui pourra, soit être réuni au rail, pour former une pièce unique à gorge, soit en être distinct.

3. Le C. I. R. émet le vœu que les concessionnaires de tramways, dans l'intérêt commun, continuent les recherches entreprises depuis un certain temps, non sans succès, pour améliorer la construction et l'entretien des voies, et notamment des appareils en chaussée, et qu'ils poursuivent la suppression de tout ce qui peut être une cause de gêne pour la circulation en général.
[625.7 : 625.6]
(*Congrès International de la Route*, Paris, 1908.)

*** 1. Dans l'étude de routes nouvelles à créer, tant dans le voisinage des grandes villes qu'en rase campagne, il peut être utile de rechercher s'il ne répond pas à l'intérêt général de prévoir une plate-forme suffisante pour permettre l'établissement, en dehors de la chaussée, d'un chemin de fer d'intérêt local.

Le tracé, les déclivités, les dispositions des profils en travers seront, le cas échéant, déterminés de manière à réserver à chaque nature de circulation toutes les facilités et toute la sécurité nécessaires.

Il sera équitable que le constructeur ou le concessionnaire du chemin de fer prît à sa charge les frais supplémentaires à provenir de l'augmentation de largeur de la plate-forme, réalisée dans son intérêt.

2. L'établissement de voies ferrées noyées dans les chaussées empierrées est toujours très facheux pour la viabilité de celles-ci, et il en résulte une augmentation sensible des frais pour l'entretien de la route.

Il est désirable qu'on y renonce le plus complètement possible.

L'établissement de voies ferrées dans les chaussées pavées rend l'entretien du pavage difficile le long des rails ; il importe d'atténuer autant que possible cet inconvénient par des moyens appropriés.

3. Quand un chemin de fer emprunte un accotement d'une route, il est préférable, si la largeur de la route le permet, de l'établir sur une piste spéciale, inaccessible au roulage et surélevée en vue de mieux assurer la sécurité. Il est nécessaire, dans tous les cas, d'assurer l'écoulement des eaux par des moyens appropriés.

S'il s'agit d'une route empierrée, le concessionnaire du chemin de fer devrait être obligé d'établir, en bordure extérieure de l'accotement resté libre, des lieux de dépôts suffisants pour les matériaux d'entretien.

La même obligation devrait, dans certain cas, être imposée pour les routes pavées.

4. La suppression des plantations bordant les routes ne doit pas être tolérée, à moins de cas tout à fait exceptionnels. Si la largeur entre les lignes d'arbres est insuffisante pour permettre l'établissement d'une voie ferrée en maintenant pour la circulation ordinaire l'espace reconnu nécessaire cette voie doit être rejetée à l'extérieur des arbres.

5. Il est désirable que les exploitants des chemins de fer d'intérêt local assurent l'entretien de la partie de route ou de chaussée occupée par la voie ferrée et ses dépendances, ou en supportent la dépense. [625.7 : 625.6]

(*Congrès International de la Route*, Bruxelles, 1910.)

Matériel roulant sur les routes. 625.7 : 629.11

A. *Traction animale.*

1. Les véhicules à jantes étroites, trop fortement chargés peuvent causer des détériorations anormales aux routes établies en vue de la circulation générale ;

2. Il est désirable que des expériences soient entreprises dans le but de déterminer quels sont les rapports à adopter entre les charges, les diamètres des roues et les largeurs des jantes pour éviter des détériorations anormales.

B. *Traction mécanique.*

1. Les automobiles généralement désignées sous le nom de voitures de tourisme ne peuvent être une cause de détérioration anormale pour les routes, pourvu que leur vitesse ne soit pas exagérée ;

2. Les véhicules automobiles de transport en commun ne peuvent être une cause de dommages appréciables pour la route, à la condition de se tenir dans les limites de 25 kilomètres à l'heure de vitesse maximum, 4 tonnes en charge sur l'essieu le plus chargé, et 150 kilogrammes de charge par centimètre de largeur de jante pour roues de 1 mètre de diamètre ;

3. Les véhicules automobiles industriels paraissent ne pas devoir être une cause de dommages exceptionnels pour une route bien construite, à la condition de se maintenir dans les limites ci-après :

a) Voitures pour lesquelles le poids de l'essieu le plus chargé est inférieur à 4 tonnes 5 : vitesse maximum : 22 kilom. à l'heure ; charge des bandages : 150 kilog. par cm. de largeur de roues de 1 mètre de diamètre.

Dans les rues étroites des agglomérations lorsque les vibrations du sol sont à craindre, on peut en atténuer considérablement les inconvénients en diminuant la vitesse dans une proportion convenable.

b) Voitures pour lesquelles le poids de l'essieu le plus chargé est supérieur à 4 tonnes 5 et inférieur à 7 tonnes : vitesse maximum : 12 kilom. à l'heure ; charge des bandages : 150 kilog. par cm. de largeur de roues de 1 mètre de diamètre.

Provisoirement et sous réserves des résultats d'expériences ultérieures, dans le cas où les roues auraient un diamètre supérieur à 1 mètre, la charge par cm. de largeur de jante serait calculée pour les voitures des deux catégories et pour les voitures de transport en commun, visées sous *b*), par la formule : $c = 150 \, V \, d$, où *d* est la longueur du diamètre exprimée en mètres, et *c* la charge exprimée en kilogrammes.

Il est désirable que des expériences soient entreprises pour déterminer la largeur maxima qu'il convient de donner aux bandages de tous les véhicules automobiles pour que la répartition de la charge sur le sol s'effectue sur toute la surface d'appui dans des conditions normales ;

4. Les bandages en fer striés et nervurés sont cause de détériorations anormales pour les routes, quelles que soient la largeur des bandages et leur charge :

5. Les véhicules à traction mécanique ne peuvent être une cause de détériorations spéciales de routes dans les courbes, à condition que ces courbes soient établies avec un devers suffi-

sant et qu'elles soient abordées et parcourues à une vitesse raisonnable ;

6. Il est désirable au point de vue de la conservation des routes que les constructeurs se préoccupent d'étudier les embrayages et les freins de façon à éviter le patinage des roues, qu'ils équilibrent aussi exactement que possible les moteurs et qu'ils admettent un relèvement raisonnable du centre de gravité. [625.7 : 629.11]

(*Congrès International de la Route*, Bruxelles, 1910.)

Effets des nouveaux moyens de locomotion. 625.7 : 629.113

A. *En ce qui concerne la vitesse.* — 1. La circulation des automobiles rapides, avec bandages pneumatiques, produit à la surface des chaussées une dispersion des menus matériaux d'autant plus accentuée et profonde que la vitesse de la marche est plus grande et, pour les chaussées empierrées, que l'homogénéité de la chaussée est plus faible, les matériaux moins solidement enchevêtrés, la matière d'agrégation moins incorporée au revêtement et les circonstances plus propices à la formation de la poussière.

2. Toute accélération trop vive, soit par démarrage brusque, soit par emploi brutal des freins, augmente les dégradations dans des proportions considérables. Il en est de même, bien qu'à un degré moindre, de tout changement de vitesse.

3. Dans les virages, l'action de la force centrifuge s'ajoute aux efforts tangentiels dus à la vitesse, et peut augmenter considérablement les dégradations.

B. *En ce qui concerne les bandages élastiques ou rigides avec ou sans antidérapant.* — 1. Pour les automobiles rapides, il importe de réduire autant que possible l'action exercée sur les bandages pneumatiques en n'employant que des semelles de roulement formées exclusivement de matériaux souples, ou armées, tout au plus, de rivets à formes adoucies, ne présentant eu égard à leur diamètre qu'une saillie très modérée.

2. Pour les automobiles de poids lourd, camions ou tracteurs, les bandages des roues, s'ils sont rigides, doivent être à surface lisse, sauf dans des cas spéciaux, et sur des itinéraires convenablement choisis.

C. *En ce qui concerne l'action du poids.* — La circulation des automobiles de poids lourd, sur les chaussées empierrées, tend à dégrader celles-ci, principalement par formation de frayés et d'ornières. Pour éviter ces dégradations, il importe notamment que la charge des roues par centimètre de largeur de jante ait une valeur modérée eu égard à la résistance de la chaussée au cisaillement. Un maximum de 150 kilogrammes par centimètre de largeur de jante paraît généralement convenir avec le diamètre des roues actuellement usité. D'autre part, la valeur absolue de la charge par essieu est à considérer, les jantes trop larges ne pouvant exercer sur le sol une pression uniforme, à raison notamment du bombement des chaussées. La plus grande valeur de la charge par essieu, compatible avec une suffisante conservation de la route, dépend d'ailleurs à la fois de la constitution de celle-ci et de la vitesse des véhicules.

[625.7 : 629.113]
(*Congrès International de la Route*, Paris, 1908.)

La route et les services de transports mécaniques.
625.7 : 656.124

1. Les véhicules automobiles peuvent rendre des services pour le transport en commun des personnes, sans dommage appréciable pour la route, à condition de ne pas dépasser 18 kilomètres pour la vitesse moyenne de marche et 25 kilomètres pour la vitesse maximum, et de réduire le poids de l'essieu moteur au strict minimum sans jamais dépasser 4 tonnes, en charge, pour l'essieu le plus lourd. Le poids par centimètre de largeur de jante ne doit pas dépasser 150 kilogrammes avec le diamètre des roues actuellement usité.

2. Les transports industriels, au moyen de voitures à moteur détonant, ne peuvent être une cause de dommage pour la route, à la condition de se maintenir dans les limites suivantes, pour la vitesse et le poids :

Pour des vitesses moyennes de 16 kilomètres et pour des vitesses maxima de 25 kilomètres, le poids en charge de l'essieu le plus lourd ne doit pas dépasser 4 tonnes.

Pour des vitesses moyennes de 10 kilomètres et pour des vitesses maxima de 15 kilomètres, le poids en charge de l'essieu le plus lourd ne doit pas dépasser 5 tonnes ; les bandages correspondant à l'essieu moteur peuvent être en métal, mais avec des surfaces lisses.

Dans tous les cas, la pression des bandages par centimètre de largeur de jante ne doit pas dépasser 150 kilogrammes avec les dimensions actuelles des roues.

3. Dans l'état actuel des routes et de l'industrie automobile, il est difficile de se prononcer sur les questions qui se posent à l'occasion des camions à vapeur de poids lourds. Leur usage étant nécessairement circonscrit à un rayon limité, il y aurait à voir comment on pourrait, le cas échéant, leur imposer un itinéraire déterminé qui serait pourvu de chaussées appropriées.

[625.7 : 656.124]
(*Congrès International de la Route*, Paris, 1908.)

Usure et détérioration des chaussées. 625.7.0046

1. Les agents ou conditions atmosphériques figurent parmi les facteurs de détérioration des chaussées les plus importants. On peut réduire leurs effets destructifs au minimum en rendant le revêtement pratiquement imperméable, et en assurant l'assèchement de la fondation.

2. Tout trafic intense composé, soit de lourds véhicules à traction mécanique, soit de voitures automobiles légères et rapides, produit de sérieuses détériorations sur les chaussées en macadam jointoyé à l'eau. L'importance de ces dégâts est fonction de l'équilibrage des moteurs, du rapport entre la force propulsive et le poids adhérent, du poids des organes non suspendus, de la progressivité de l'action des organes d'embrayage, de la suspension, de la nature des bandages, du diamètre des roues, de la largeur des jantes, des variations d'accélération et d'adhérence, et d'autres facteurs.

3. Les dommages occasionnés par la circulation de lourds véhicules automobiles peuvent être réduits au minimum par l'emploi de roues de grand diamètre, de jantes ayant une largeur proportionnée à la charge des essieux, de bandages en caoutchouc ou élastiques et enfin de ressorts convenables. Il convient de prendre toutes mesures utiles et raisonnables pour réduire l'usure que causent aux routes ces véhicules.

4. La circulation d'automobiles légères n'est pas une cause de détérioration ou d'usure sérieuses ou anormales pour les routes en madacam, bien établies, convenablement liées ou traitées avec du goudron, du bitume ou des matières asphaltiques, excepté dans les courbes de petit rayon. En ce qui concerne la circulation des véhicules à traction animale, il convient d'étudier la proportion à établir entre les charges, la largeur des jantes et le diamètre des roues, ainsi que les perfectionnements qui pourraient être apportés à la ferrure des chevaux. Il convient aussi que les pouvoirs soient donnés aux autorités locales pour empêcher que les roues des véhicules agricoles apportent sur la route de la terre et des ordures provenant des champs.

[625.7.0046]

(*Congrès International de la Route*, Londres, 1913.)

Travaux accessoires : voirie, éclairage, adduction d'eau, plantations. 625.745

1. Il est désirable de débarrasser le plus possible les chaussées des conduites de distribution qui les encombrent, et d'y laisser uniquement les collecteurs et grosses canalisations qui ne nécessitent que peu d'entretien.

2. Toutes les fois que cela sera possible, les canalisations et conduites de distribution qui doivent être reliées aux habitations riveraines seront dédoublées et posées de chaque côté de la chaussée. Ce dédoublement est particulièrement recommandé pour les rues à circulation importante ainsi que pour les chaussées dont le revêtement doit être établi sur une fondation rigide.

3. On examinera s'il ne serait pas avantageux de placer toutes les conduites, sauf celles de gaz, dans des galeries construites sous les trottoirs, avec des dimensions suffisantes.

Dans ce cas, des précautions spéciales devront être prises pour éviter les inondations causées par la rupture des canalisations.

4. Pour les rues où toutes les canalisations sont actuellement placées sous chaussée, le C. **I. R.** estime que le principe de dédoublement peut être appliqué avec prudence et en profitant des travaux de grosses réparations.

5. L'entente la plus complète est nécessaire entre les divers services intéressant la voie, afin de coordonner les travaux de façon qu'ils nuisent le moins possible à la circulation. Il est de la plus grande utilité que tous ces travaux soient placés sous la direction effective du service de la voirie.

Les travaux devront toujours être exécutés avec la plus grande rapidité et de façon à réduire les surfaces occupées par les chantiers sur la voie publique ainsi que les entraves apportées à la circulation.

6. Les plantations sur les trottoirs des voies urbaines doivent être composées d'essences ne gênant pas les riverains par leur feuillage et l'établissement des canalisations par leurs racines.

[625.745]

(*Congrès International de la Route*, Bruxelles, 1910.)

Revêtements sur les ponts et ouvrages d'art.
625.745.1 : 625.8

1. Le choix du revêtement à adopter sur les ponts dépend du type des ouvrages, de la nature et de l'intensité du trafic, ainsi que de certains facteurs particuliers ou conditions locales, tels que les crédits alloués pour la construction, la nature des matériaux que l'on peut se procurer aisément, le climat. Pour les ponts légers, le poids des revêtements a une grande influence sur la solution du problème. Les questions de sécurité et de commodité doivent primer la question des dépenses.

2. Sur les ponts de faible ouverture, qu'ils soient situés à l'intérieur des villes ou en rase campagne, il est désirable de

recourir aux revêtements qui forment la continuation de ceux existant sur des chaussées ou rues contiguës.

3. Dans l'exécution des revêtements des ponts, il est indispensable de pourvoir d'une façon convenable à l'évacuation des eaux et d'empêcher leur infiltration si nuisible. Lorsque la chaussée présente une pente longitudinale au moins égale à 2 centimètres par mètre, le bombement transversal peut être beaucoup réduit, ce qui permettra de réduire le poids mort.

4. D'une manière générale, le revêtement d'un pont devra être imperméable, résistant, durable, d'un poids approprié à l'infrastructure et aussi uni que possible sans être glissant.

5. Les planchers en charpente sont légers, et leur prix d'établissement peu élevé ; mais, sauf dans le cas d'un trafic très faible, le prix de revient de leur entretien est excessif. Au point de vue des dangers d'incendie, ils présentent de sérieux inconvénients On ne peut les recommander que pour les contrées éloignées où le bois se trouve en abondance et à bon marché et où il serait difficile d'établir un autre genre de revêtement plus convenable. Les planchers à une seule assise ne conviennent qu'à un trafic très léger. Pour une circulation moyenne ou pour un lourd trafic, il y a lieu d'employer le double planchéiage, le sous-plancher étant créosoté ou protégé d'une façon quelconque contre la pourriture.

6. Le macadam ou empierrement ordinaire, posé sur un plate-lage en madriers, ne donne pas toujours de bons résultats ; il est en effet trop lourd et trop perméable. Pour les ponts massifs situés dans les districts ruraux, le macadam convient cependant avec une fondation pourvue d'une couche isolante et imperméable.

7. Le macadam, lié au moyen d'un produit goudronneux, bitumineux ou asphaltique, ou de toute autre composition imperméable et élastique, est économique et peut rendre des services pour l'établissement de revêtements sur des ponts de faible portée, de structure massive et supportant un trafic modéré.

8. Dans la plupart des cas, le pavage en bois de 7 cm. 5 à 12 cm. 5 d'épaisseur est le revêtement idéal pour les ponts. Il est léger et durable. Il peut être posé sur béton, ou lorsqu'on désire diminuer le poids mort, sur un plancher en madriers créosotés. Le choix des pavés, leur imprégnation et leur pose doivent être l'objet de soins attentifs afin d'éviter les inconvénients résultant de la dilatation et de la contraction des pavés ou des pièces métalliques de l'ossature.

9. L'asphalte, sous différentes formes, constitue un excellent revêtement pour les ponts à faibles pentes et sur lesquels la

circulation n'est pas trop lourde et ne s'effectue pas selon des pistes de roulement trop exclusives.

10. Les pavages en pierres établis, soit avec des pavés taillés à la main, soit avec des petits pavés (Durax ; Kleinpflaster) posés sur béton et jointoyés au ciment ou au brai forment des revêtements excellents, en même temps qu'économiques, pour des ponts à lourd trafic. Ils ne conviennent toutefois que dans le cas où les questions de poids du revêtement ou de sonorité n'ont aucune importance. L'épaisseur du matelas de sable interposé entre le pavage et la fondation sera réglée comme s'il s'agissait d'une chaussée ordinaire en ville, ou en rase campagne, selon le cas.

11. Pour les ponts mobiles ou pour les ponts suspendus non rigides, les revêtements doivent être légers et faciles à fixer au tablier de l'ouvrage. Les essais entrepris en France et en Belgique avec de vieux câbles de mine, ou autres produits fibreux, moins coûteux encore, enduits ou non de matières goudronneuses, bitumineuses ou asphaltiques, sont à encourager.

[625.745.1 : 625.8]
(*Congrès International de la Route*, Londres, 1913.)

Influence du poids et de la vitesse des véhicules sur les ouvrages d'art. 625.745.1 : 629.113

1. Le développement de la locomotion mécanique n'a pas eu jusqu'à présent, pour conséquence d'augmenter le poids des véhicules d'une manière générale au delà des limites que prévoient les règlements et les usages en matière de calcul des ouvrages d'art.

Toutefois, il conviendrait, lors de la revision des prescriptions actuellement en vigueur, d'envisager les compositions les plus défavorables de surcharge, type formé exclusivement de véhicules à traction mécanique.

Dans l'état actuel de la construction des automobiles et de la confection des chaussées, il ne semble pas que la vitesse des véhicules puisse exercer sur les ouvrages d'art modernes et bien construits une influence plus importante que celle dont les procédés usuels de calcul tiennent implicitement compte. Cependant, il peut être utile, lors des épreuves de réception ou de revision des ponts métalliques, de soumettre ceux-ci au passage rapide de véhicules mécaniques les plus lourds admis à circuler.

2. La solidarisation des éléments dont se composent les ponts-routes peut être utile à leur résistance au passage des véhicules.

[625.745.1 : 629.113]
(*Congrès International de la Route*, Bruxelles, 1910.)

Les signaux de la route.   625.745.6

Le C. I. R. émet le vœu :

Que le bornage kilométrique soit réorganisé le plus tôt possible d'après un plan général et d'ensemble pour tout le territoire de chaque pays ;

Que le principe de cette organisation soit celui de la liaison entre les grands centres ;

Que les indications de distance soient faites au départ des grandes villes pour toutes les routes rayonnant autour de ces grandes villes ;

Qu'un modèle uniforme de borne soit employé et que les inscriptions y soient peu nombreuses et très lisibles ;

Que le principe appliqué à l'estimation des distances soit établi d'une manière uniforme pour toutes les villes et régions, de façon à permettre la totalisation des distances.

Que des démarches soient entreprises pour l'application de principes identiques et en parfaite concordance dans les différents pays ;

Que les indications administratives soient réduites le plus possible sur les plaques indicatrices de direction, afin de laisser la plus grande surface aux inscriptions de direction ;

Que, au point de vue des intérêts de la circulation internationale, pour les signaux d'obstacle ou de danger, le système des signaux symbolisant la nature de l'obstacle, complété par le nom de l'obstacle en langue nationale, soit adopté par tous les pays intéressés.

Que le nombre des signaux soit réduit à quatre, savoir :

     1º Obstacles en travers ;
     2º Virages ;
     3º Passages à niveau ;
     4º Croisements dangereux.

Que les poteaux indicateurs d'obstacle et de danger, lorsqu'ils seront fournis par des sociétés privées, après avoir été acceptés par l'administration et posés par ses soins ou sous sa surveillance, soient considérés comme des accessoires de la voie publique, et bénéficient dès lors de la protection résultant de la législation existante.   [625.745.6]

(Congrès International de la Route, Paris, 1908.)

Fondation et assainissement des chaussées.   625.751

1. La constitution et la confection de la fondation de chaussées devront être d'autant plus parfaites que le terrain sera moins ferme. La fondation présentera d'autant plus de corps et de résistance qu'elle sera plus exposée aux causes de dégradations intérieures et d'usure extérieure.

2. Pour le choix du système de fondation de chaussées, tant pavées qu'empierrées, on fera principalement état du degré de sécheresse et d'humidité des sols en ayant égard à la possibilité de leur assainissement, à leur nature géologique et à la nature des matériaux que peut fournir la localité. Pour la détermination de l'épaisseur et de l'étendue des massifs de fondation, on rendra la pression par unité de surface compatible avec la résistance portante des terrains, observée dans les conditions les plus défavorables.

3. Dans les terrains qu'il est nécessaire d'assainir avant toute construction, on appliquera à tout ou partie de l'assiette des routes et à l'encaissement de l'empierrement, s'il y a lieu, les procédés généraux d'assainissement des terrains.

4. Les profils transversaux et longitudinaux des routes, ainsi que ceux de leurs fossés latéraux, seront établis de manière à faciliter l'écoulement des eaux de ruissellement et à empêcher les infiltrations dans le revêtement que l'on tendra à rendre imperméable. On favorisera par tous les moyens l'évaporation superficielle.

5. Les travaux de fondation et d'assainissement devront en général être exécutés par les moyens les plus simples et les plus économiques et en utilisant de préférence les matériaux du pays.   [625.751]

(*Congrès International de la Route*, Bruxelles, 1910.)

Entretien des routes.   625.76

A. *Chaussées empierrées.* — 1. En attendant que les essais en cours permettent de transformer les procédés actuels d'entretien des chaussées empierrées, il est recommandé aux divers services chargés de cet entretien de généraliser l'emploi des rechargements généraux cylindrés et de limiter les emplois partiels à la disparition des flaches importantes, surtout vers la fin de la période d'aménagement et principalement au cours de l'hiver qui précède le rechargement cylindré.

2. Employer, autant que faire se pourra, des matériaux durs, homogènes, cassés régulièrement ; choisir la matière d'agrégation, eu égard à la nature des matériaux employés, en la réduisant d'ailleurs au minimum.

3. Effectuer les rechargements sur toute la largeur à la fois de la chaussée, lorsqu'il est possible de détourner la circulation sur l'accotement, ou sur des voies avoisinantes, — des poteaux indicateurs, placés aux bifurcations de côté et d'autre, faisant connaître l'exécution du cylindrage et la direction à suivre pour l'éviter.

4. Poursuivre avec tout le développement utile, les expériences portant sur les revêtements de chaussées exécutés avec matériaux imprégnés de goudron suivant divers procédés ou comportant l'emploi de tout autre matière liante. Il importerait de contrôler soigneusement les résultats obtenus, eu égard à la dépense, au profil en long et en travers, à la durée, à la formation de la poussière et de la boue, l'intensité de la circulation et du tonnage, afin d'arriver à la détermination du type de chaussée, répondant le mieux aux besoins et aux exigences du roulage moderne, sur les routes les plus fréquentées.

B. *Chaussées pavées*. — 1. N'employer que des matériaux absolument homogènes et parfaitement échantillonnés ou choisis.

2. N'utiliser que du sable graveleux.

3. Maintenir constamment la régularité du profil en faisant disparaître immédiatement les flaches et dépressions par les soufflages et repiquages nécessaires.

4. Faire un remaniement général des pavages comportant des déformations d'ensemble assez marquées et auxquelles ne saurait remédier efficacement des repiquages ayant trop souvent le défaut d'amener d'autres irrégularités de profils.

5. N'autoriser l'établissement des canalisations d'eau, de gaz, etc., sous les chaussées pavées, qu'à titre exceptionnel, et à défaut de toute autre solution pratique. [625.76]

(*Congrès International de la Route*, Paris, 1908.)

Budget de la construction et de l'entretien. 625.76 (0 : 336)

1. En ce qui concerne les dépenses d'entretien et d'amélioration :

a) des routes qui, dans tous les pays, servent d'artères principales de communication entre les villes importantes ;

b) des routes qui servent surtout à la circulation à longue distance ;

Dans le cas où ces dépenses ne sont pas entièrement supportées par le trésor public en vertu des institutions administratives nationales (système pratique et convenant à certaines routes dans certains pays), il est désirable qu'elles soient pour la plus grande part imputées aux fonds du trésor public, que ces routes soient ou non administrées et entretenues par les soins des autorités locales ; au cas où ces routes seraient sous la dépendance des autorités locales, il conviendra que le gouvernement central exerce son contrôle tout à la fois sur les dépenses et leur bonne utilisation.

2. Il est désirable que les péages soient autant que possible abolis sur toutes les voies publiques, mais il est équitable que

les véhicules dont le poids et parfois aussi la vitesse ou d'autres particularités exceptionnelles occasionnent aux chaussées des dommages spéciaux supérieurs à ceux causés par la circulation ordinaire, soient soumis à un impôt spécial dont le produit serait affecté aux dépenses de l'entretien des routes.

3. Les emprunts contractés, soit pour la construction de nouvelles routes, soit pour le renouvellement périodique du revêtement des chaussées, sont compatibles avec les principes d'une bonne administration financière, pourvu que la période d'amortissement n'excède pas la durée du revêtement, lorsqu'il s'agit d'un emprunt destiné aux renouvellements.   [625.76 (0 : 336)]

(*Congrès International de la Route*, Londres, 1913.)

Goudronnage des routes.   625.762.4

1° Le goudronnage superficiel peut être considéré comme définitivement entré dans la pratique, et que l'utilité de répandre et de cylindrer après le goudronnage du sable fin ou de fines matières pierreuses n'est pas actuellement établie et devra faire l'objet d'expériences comparatives ;

2° Dans les applications ultérieures de ces procédés, l'attention des constructeurs se portera utilement sur la comparaison des résultats obtenus en répandant les matières goudronneuses, bitumineuses ou asphaltiques à chaud ou à froid, à l'aide d'appareils mécaniques ou à l'aide d'appareils à main, et ce tant au point de vue du prix de revient que de l'efficacité de l'opération ;

3° Il convient de tenir compte, dans la comparaison des résultats, de la qualité des matériaux composant l'empierrement et de l'intensité de la circulation et du tonnage, ainsi que du climat ;

4° Tout en tenant compte des ressources de chaque région en matières goudronneuses, bitumineuses ou asphaltiques, il importe de prescrire, dans les marchés, les conditions auxquelles elles doivent satisfaire, en vue notamment, de conserver le plus de « vitalité », c'est-à-dire de faculté de refaire prise dans les enduits où se produisent des fissures ;

5° Il serait désirable de voir établir une comparaison entre l'effet utile des opérations de goudronnage — ce terme étant pris dans le sens le plus large — selon que les opérations sont plus fréquemment répétées à dose réduite ou qu'elles sont moins fréquentes avec l'emploi d'une quantité plus grande de matière, et aussi selon que, dans l'empierrement même, il a déjà été incorporé ou non une matière liante, goudronneuse, bitumineuse ou asphaltique ;

6° Il y a lieu de maintenir intégralement la conclusion adoptée par le premier Congrès et ainsi conçue : les émulsions goudronneuses ou huileuses, les sels déliquescents, etc., ont une efficacité réelle mais éphémère ; leur emploi semble donc limité à certaines circonstances spéciales, notamment pour les courses, fêtes, cortèges, etc. [625.762.4]

(*Congrès International de la Route*, Bruxelles, 1910.)

Lutte contre l'usure et la poussière. 625.768

1. Le C. I. R. recommande le pavage ou tout revêtement perfectionné pour remédier à l'usure et à la poussière sur les routes à circulation lourde très intense.

2. Le C. I. R. préconise le développement du nettoiement et un arrosage léger et fréquent, le tout au moyen de procédés mécaniques ; il conseille l'emploi de revêtements propres à faciliter le balayage et l'ébouage.

3. Les émulsions goudronneuses ou huileuses, les sels déliquescents, etc., ont une efficacité réelle, mais malheureusement très courte, et qu'en conséquence, leur emploi n'a pu jusqu'ici être envisagé que pour des circonstances spéciales (courses automobiles, fêtes, etc...). Mais il convient certainement de continuer les essais, tant avec les produits actuels, qu'avec des produits de même nature qui pourraient être ultérieurement proposés.

La plantation d'arbres le long des routes mérite également d'être encouragée au point de vue de la suppression de la poussière.

4. En ce qui concerne l'utilisation du goudron :

a) Le goudronnage bien fait est incontestablement un remède efficace contre la poussière, et qu'il protège dans une certaine mesure les chaussées contre l'action destructrice des véhicules en général, et surtout des automobiles à grande vitesse ; sous certaines conditions, il est à recommander sur les chaussées empierrées à grande circulation automobile et dans les agglomérations.

b) En ce qui concerne l'emploi du goudron dans le corps de la chaussée, les expériences faites jusqu'à ce jour ne sont pas encore suffisantes pour juger définitivement les résultats obtenus. Il est à désirer que l'on poursuive ces essais en s'inspirant de l'expérience acquise dans différents pays. [625.768]

(*Congrès International de la Route*, Paris, 1908.)

Nettoiement et arrosage 625.768

Le déversement des ordures sur la voie publique doit être sérieusement évité. Leur balayage et leur enlèvement doivent, être effectués par les municipalités plutôt que par les riverains, sauf recouvrement des dépenses sur ces derniers au moyen de taxes.

Dans les grandes villes il est nécessaire de donner des soins spéciaux au nettoiement et à l'arrosement.

Le nettoiement doit se faire le plus rapidement possible.

Les arrosages devront être fréquents et d'une intensité limitée aux besoins.

Les lavages et les balayages sont à exécuter à l'heure la plus matinale. Les procédés mécaniques sont particulièrement recommandés.

Des améliorations sont à rechercher dans l'outillage en vue d'assurer le nettoiement le plus complet avec le moins de gêne pour le public.

Les machines automobiles sont appelées à être employées avantageusement pour le nettoiement et l'arrosage des grandes villes. [625.768]

(*Congrès International de la Route*, Bruxelles, 1910.)

Modes d'éclairage.   625.768.8

I. Pour la détermination générale des modes d'éclairage des routes, il convient de distinguer trois catégories de routes, à savoir :

1) Les artères importantes des grandes cités, des villes et agglomérations urbaines où la circulation reste intense après la tombée de la nuit.

2) Les voies importantes des faubourgs des grandes villes.

3) Les voies de rase campagne.

Etant données les conditions modernes de la circulation, il est essentiel de doter les routes des 1re et 2e catégories d'un éclairage approprié au moyen de lumières fixes.

II. En principe, pour toutes les routes qui ont besoin d'être éclairées au moyen de lampes fixes, le mode d'éclairage à adopter est celui qui donne l'éclairage le plus uniforme et le moins éblouissant. L'intensité de l'éclairage et la position des lampes doivent être déterminées en tenant compte des circonstances locales.

III. Il ne serait pas possible d'éclairer les voies en rase campagne par des moyens analogues à ceux qu'on emploie pour les voies urbaines et suburbaines ; aussi est-il de la plus haute importance que les véhicules circulant ou stationnant la nuit sur les voies de cette espèce soient éclairés eux-mêmes.

IV. 1) Tout véhicule, qu'il stationne ou qu'il se meuve, doit être signalé, la nuit, au moyen d'une lanterne allumée d'une puissance d'éclairage suffisante et dont le feu sera, sauf exceptions autorisées, visible aussi bien de l'arrière que de l'avant.

2) Toute automobile doit porter, après la tombée de la nuit, deux lanternes allumées à l'avant et un fanal à l'arrière ; si elle est susceptible de marcher à allure rapide, elle doit porter à l'avant et en tête un phare d'une intensité lumineuse suffisante pour éclairer la route ou le chemin sur 50 yards (45 mètres) devant elle. Dans les agglomérations où l'éclairage ordinaire est suffisant pour permettre aux automobilistes de voir leur chemin et d'être vus facilement, la puissance du phare d'avant doit être ramenée à celle d'une lanterne ordinaire.

V. 1) Il est désirable que tous les obstacles barrant la route, tels que les barrières et notamment celles des passages à niveau, soient peints en blanc et d'une autre couleur par parties alternées et qu'ils soient nettement indiqués au moyen de lampes fixes allumées dès la chute du jour.

2) Il serait bon de peindre en blanc ou de signaler par quelque autre moyen tous les poteaux portant des signaux de danger, de direction ou autres, les bornes milliaires, les gardes-roues, les parapets de ponts, etc., ou autres ouvrages, dont l'indication est utile aux usagers de la route ou importante pour la sécurité et la commodité de la circulation.

VI. Une seule et même couleur devrait être universellement adoptée pour les signaux de danger.   [625.768.8]

(*Congrès International de la Route*, Londres, 1913).

Revêtement des routes.   625.8

Les empierrements exécutés suivant les méthodes de Tresaguet et de Mac Adam provoquent de la poussière et de la boue et sont d'un entretien onéreux. Ils ne conviennent dans les grandes villes que pour les rues où le roulage est peu intense et peu lourd.

Les expériences faites pendant les dernières années pour l'emploi avec le macadam d'un enduit ou liant goudronneux, bitumineux ou asphaltique, doivent être continuées, afin de déterminer les meilleures méthodes d'utilisation de ce genre de construction dans les diverses circonstances et la question devra être à nouveau soumise à un prochain congrès.

Le pavage en pierres a de grandes qualités de résistance et de durabilité. Il est d'un entretien facile et économique, ne produit guère de poussière et s'accommode relativement bien de la présence des voies de tramways.

Il y a lieu d'adopter dans les artères lorsque le bruit à peu d'importance ou lorsque les revêtements en bois ou en asphalte ne conviennent pas, et de l'exécuter en pavés réguliers, résistants mais non glissants, s'usant uniformément, posés sur la fondation et avec des joints étroits.

Le C. I. R. émet le vœu de voir continuer les essais de pavages en petits pavés, partout où les circonstances locales et la nature de la circulation le permettent.

Le pavage en bois est insonore, non glissant, à condition d'être propre ; il résiste à un roulage très intense.

Il y a lieu d'en étendre l'emploi, même dans les artères empruntées par des voies de tramways.

Les avantages respectifs du bois tendre et du bois dur devront faire l'objet d'une question soumise à un prochain congrès.

Le pavage en asphalte, comprimé ou coulé, se recommande par de grandes qualités au point de vue de l'hygiène, des facilités de nettoiement, du roulage et des réparations. Ce revêtement est très peu sonore et ne produit que peu de poussière, mais il résiste mal aux abords des voies de tramways.

Il y a lieu de l'utiliser dans les artères de luxe où le roulage n'est ni intense ni lourd, dans lesquelles il n'y a pas de voies de tramways et dont la déclivité est très modérée.

Enfin, il y a lieu aussi de poursuivre les essais de pavage en carreaux d'asphalte sur les qualités duquel on n'est pas fixé jusqu'ici. [625.8]

(*Congrès International de la Route*, Bruxelles, 1910.)

Pavage en bois. 625.83

1. Là où la déclivité le permet, et lorsqu'on désire un revêtement insonore, le pavage en bois est un revêtement qui convient très bien pour les rues où la circulation est intense tout en n'ayant pas la densité et le caractère que l'on constate ordinairement dans les rues avoisinant les docks ou d'autres centres similaires de trafic industriel.

Il est très important de le faire reposer sur une fondation en béton, suffisamment forte, pour supporter la circulation.

2. Le choix des essences à mettre en œuvre a la plus grande importance et on doit y apporter le plus grand soin. Avant d'être utilisés, les pavés en bois tendre devront toujours être complètement imprégnés d'un préservatif efficace.

3. Les pavages en bois ayant donné lieu, suivant les circonstances locales, à des résultats divers, il est désirable que de plus amples recherches et expériences de laboratoire soient poursuivies en vue d'étudier les différentes essences et les divers préservatifs à injecter.

4. Lors de la pose des pavés, on doit prendre les dispositions

utiles pour éviter — dans toute la mesure du possible — l'infiltration des eaux à travers les joints.

4 *bis*. Les bois durs donnent des résultats variables suivant les circonstances locales, *et il n'apparaît pas que leur emlploi soit à recommander pour les voies à circulation très intense des grandes capitales*, à moins qu'il ne soit trouvé un procédé susceptible de s'opposer efficacement à la dislocation rapide des joints et aux détériorations du béton sous-jacent, qui en sont la conséquence. Quand on les utilise, il est recommandable, non seulement d'empêcher l'eau de pénétrer jusqu'à la fondation, mais, si possible, de solidariser les pavés pour éviter qu'ils ne s'arrondissent aux arêtes.

Les bois tendres donnés par les essences appropriées et notamment par les résineux conviennent également bien aux voies de circulation relativement lourde et intense et aux voies de circulation légère ou restreinte. Toutefois, dans ces dernières voies, ils sont exposés à se détériorer par pourriture s'ils n'ont pas été soumis à un traitement antiseptique. D'autre part, il est recommandable de faire les joints aussi faibles et aussi imperméables que possible. D'un autre côté, leur usure relativement rapide dans les voies de grande circulation doit inciter à poursuivre activement les études et les recherches concernant les procédés de traitement capables d'augmenter leur résistance mécanique sans altérer leur élasticité.

5. Moyennant certaines précautions, telles que l'imprégnation des bois, l'imperméabilisation des joints et de la surface, le lavage fréquent de la chaussée, etc., on peut obtenir des pavages en bois donnant toute satisfaction aux hygiénistes.

6. L'épandage de fin gravier ou de cassures de pierres est nécessaire dans certaines conditions et par certains temps (surtout sur les chaussées en bois dur) pour empêcher la surface du pavage de devenir glissante. On ne doit d'ailleurs employer pour cette opération que du tout petit gravier ou des fines cassures de pierres, afin d'éviter autant que possible toute détérioration aux bandages caoutchoutés. [625.83]

(*Congrès International de la Route*, Londres, 1913.)

Chaussées empierrées.   625.86

I. — Sur l'emploi des *liants*, il convient de poursuivre et de développer les applications de leur emploi dans la construction des chaussées empierrées, en s'attachant spécialement :

1º A déterminer, dans chaque cas, la nature des liants les mieux appropriés aux conditions locales ;

2º A établir, aussi exactement que possible, les caractères

physiques et chimiques les plus recommandables à prescrire pour les matières goudronneuses, bitumineuses, asphaltiques ou autres ;

3º A comparer les résultats obtenus selon les divers modes de construction ;

4º A rechercher l'influence que peut exercer sur la perfection du travail, l'emmagasinage de la pierraille enrobée pendant un temps plus ou moins long avant sa mise en œuvre ;

5º A étudier les altérations que subissent les matières à l'usage ;

6º A mettre en évidence le système à préconiser là où, l'empierrement ordinaire étant reconnu insuffisant, une chaussée pavée ne peut, pour une cause quelconque, être réalisée ;

7º A établir pour chaque région, d'après les conditions locales, la relation entre le prix de revient et le résultat obtenu dans chaque cas.

II. — En ce qui concerne les *bandes de roulement*, sauf dans des cas exceptionnels de lieu et de circonstances, l'établissement de bandes de roulement dans les chaussées pavées ne doit être considérée que comme un expédient.   [625.86]
(*Congrès International de la Route*, Bruxelles, 1910.)

*** L'emploi des liants goudronneux, bitumineux ou asphaltiques permet d'obtenir toute une série de revêtements différents pouvant être appliqués avec succès suivant les diverses conditions de circulation, de situation et de climat.

Il reste à déterminer la valeur exacte et la durée de ces divers revêtements en tenant compte des conditions de circulation et de climat et des méthodes de construction adoptées.

A cet effet, il convient d'arrêter une méthode uniforme pour recueillir et relater les renseignements concernant les points suivants :

1. Conditions physiques et conditions locales (plans, profils, déclivités, bombardement, fondation, sous-sol).

2. Matériaux employés. Analyses pétrographiques. Dimensions. Composition du liant.

2 *bis*. Méthodes de construction. Dates d'exécution.

3. Recensement du trafic sur la section traitée.

4. Conditions climatériques. Influence sur la route.

5. Mesure périodique de l'état du revêtement.

7. Prix de revient réel du revêtement :
   a) pour sa construction ;
   b) pour son entretien.

Le cadre uniforme des renseignements à fournir sera établi par la Commission Internationale Permanente.

I. *Fondation et drainage.* — Confirmant les conclusions adoptées en 1910 qui mettent en lumière les avantages de fondations bien sèches et d'un sous-sol bien assaini, le C. I. R. insiste spécialement sur l'importance considérable d'une bonne fondation dans le cas de chaussées à revêtement goudronneux, bitumineux ou asphaltique, et ce, pour les raisons suivantes :

1. Le revêtement étant coûteux, il importe de lui donner une base qui lui assure une longue durée.

2. Le poids de l'intensité de la circulation tendant à augmenter continuellement sur les routes jugées dignes de recevoir de semblables revêtements, le mieux est de leur donner une fondation qui les mette dans les meilleures conditions de résistance à l'usure.

II. *Dimensions et forme de la pierre cassée à employer dans le revêtement à liant spécial.* — 1. Lorsqu'un macadam ordinaire est destiné à recevoir un goudronnage superficiel, il est recommandé de le constituer de pierraille dure, anguleuse, cassée en morceaux se rapprochant le plus possible du cube, avec des dimensions comprises entre 4 et 6 centimètres.

2. Pour les revêtements goudronneux, bitumineux ou asphaltiques, il est désirable que les dimensions de la pierraille soient choisies et graduées de manière à donner un revêtement compact, laissant le moins de vide possible. Les dimensions des plus gros éléments varieront selon la nature de la pierre et de la circulation. Lorsque le mode d'exécution adopté comporte plus d'une couche, la couche supérieure ou couche d'usure sera de préférence constituée par les éléments les plus petits.

3. Pour les revêtements goudronneux, bitumineux ou asphaltiques exécutés par la méthode de pénétration, il convient de poursuivre les études et essais en cours dans les divers pays en s'attachant à n'utiliser que de la pierraille aussi cubique que possible et à angles vifs, au moins pour la partie la plus voisine de la surface.

4. Il est d'ailleurs entendu que les études et essais seront continués également pour les autres méthodes, et en particulier pour celles visées aux alinéas 1 et 2.

III. *Emploi de matériaux en partie usée dans la formation du revêtement.* — En éliminant soigneusement toute boue et tous déchets organiques, on peut employer à nouveaux, avec succès, les matériaux partiellement usés, à condition de ne pas les utiliser pour la couche supérieure du revêtement.

IV. *Importance relative des réparations partielles et des renouvellements périodiques du revêtement.* — Il est reconnu comme absolument nécessaire d'effectuer les réparations sur les revêtements goudronneux, bitumineux ou asphaltiques aussitôt que le besoin s'en manifeste.

V. *Usure admissible avant de procéder au renouvellement du revêtement.* — La réfection d'ensemble devenue nécessaire par suite de l'usure devra être effectuée lorsque l'épaisseur du revêtement sera descendue en dessous d'une certaine limite de sécurité ou lorsque son imperméabilité sera affaiblie au point que la route souffre notablement des intempéries.

VI. *Différentes méthodes d'emploi des substances goudronneuses, bitumineuses et asphaltiques.* — Dans l'emploi de ces substances, aussi bien par la méthode de pénétration que par la méthode de mélange : *a*) Il est préférable de faire usage de pierres sèches afin d'assurer leur adhérence au liant. Dans le cas de la méthode de mélange, la pierre doit toujours être sèche — et au besoin elle devra être chauffée.

b) On n'étendra jamais un revêtement sur une fondation ramollie et humide. Il est recommandé d'opérer par beau temps.

c) On n'emploiera jamais les liants en excès, mais juste en qualité suffisante pour amalgamer la pierraille cylindrée.

d) On n'emploiera pas de rouleaux compresseurs trop lourds.

VII. *Essais et analyse chimique des composés goudronneux, bitumineux et asphaltiques.* — Les avantages des analyses et essais méthodiques de laboratoire pour les liants hydrocarburés — et leur nécessité — sont unanimement reconnus.

Il y aurait avantage à uniformiser :

1. Les spécifications des caractéristiques principales de ces liants ;

2. Les méthodes d'essai pour la détermination de ces spécifications.

La Commission Internationale Permanente sera chargée d'étudier cette uniformisation.

VIII. *Circonstances climatériques rendant la surface des chaussées glissante. Remèdes.* — Il semble reconnu que certains revêtements goudronneux, bitumineux et asphaltiques, comme généralement tous les revêtements lisses et imperméables, peuvent devenir glissants sous certaines conditions atmosphériques.

On peut obvier à cet inconvénient par un répandage de gravier anguleux ; dans la plupart des cas, un bon nettoyage de la surface empêchera d'ailleurs la chaussée de devenir glissante.

IX. *Effets sur la santé publique, la vie des poissons ou la végétation.* — On possède actuellement assez de renseignements pour choisir et exiger des liants bitumineux qui n'auront aucune influence nocive sur la santé publique, sur la vie des poissons ni sur les végétaux et qui, au contraire, contribueront à améliorer sensiblement l'état sanitaire.

X. *Nettoyage et arrosage.* — Il est établi que les chaussées convenablement traitées avec des substances goudronneuses,

3

bitumineuses ou asphaltiques nécessitent moins de balayage et d'arrosage que les routes en macadam ordinaire, à liant de boue, et qu'elles permettent de réaliser des économies considérables sous ce rapport. [625.86]

(*Congrès International de la Route*, Londres, 1913.)

Transports par autobus. 656.124

Les transports en commun par véhicules automobiles sont à encourager. Il serait difficile en ce moment de se prononcer sur les avantages et les inconvénients respectifs des tramways et des autobus ; ces deux modes de transport se complètent plus qu'ils ne rivalisent.

Les progrès de l'autobus et sa zone d'action sont susceptibles de s'accroître beaucoup : *a*) par l'emploi de roues munies de bandages en caoutchouc ; *b*) par les progrès de la construction.

La capacité des autobus doit être différente pour un service urbain et un service de campagne. [656.124]

(*Congrès International de la Route*, Bruxelles, 1910.)

Congrès Internationaux d'Agriculture
(C. I. A.)

[63]

RÉFÉRENCES. — *Annuaire*, 1908-1909, p. 1199 ; 1910-1911, p. 2237. — *Vie Internationale*, t. I, p. 289 ; t. II, p. 180 ; t. V, p. 365.

SESSIONS. — C'est à partir de 1889 que les *Congrès Internationaux d'Agriculture* ont tenu des sessions régulières dans les localités et sous les dates suivantes :

1889.07.04 /11	Paris.	1900.07.01 /08	Paris.
1891.09.07 /21	La Haye.	1903.04.19 /23	Rome.
1895.09.08 /16	Bruxelles.	1907.05.21 /25	Vienne.
1896.09.17 /20	Budapest (1).	1911.05.01 /07	Madrid.
1898.09.12 /18	Lausanne.	1913.06.08 /13	Gand.

Aux résolutions votées par ces congrès il a été possible d'ajouter celles de deux congrès antérieurs qui ont eu lieu à Vienne (1873.09.18/25) et à Paris (1878.06.11/19).

Statistique agricole et forestière. 31 : 63

L'exploitation agricole et forestière, développée comme elle l'est aujourd'hui, ne peut se passer de données statistiques exactes et pouvant faire l'objet d'une comparaison, sur l'état dans lequel elle se trouve et les progrès qu'elle fait dans les différents pays.

Les efforts faits jusqu'ici par la statistique administrative internationale ont été insuffisants pour satisfaire à ce besoin, par la raison que les données nécessaires et susceptibles d'être comparées entre elles ne peuvent être obtenues qu'au moyen de recherches faites par des hommes spéciaux dans la matière, et sur la base d'une entente entre les gouvernements, laquelle aurait pour but de fixer le point de vue sous lequel les choses doivent être envisagées, et d'adopter un plan uniforme, exposant clairement ce qui doit faire l'objet des relevées statistiques et

---

(1) Au cours de ce congrès il n'a pas été adopté de résolutions.

ce que doivent comprendre les différentes nomenclatures dont on fait usage, en même temps que les gouvernements s'assureraient, les uns vis-à-vis des autres, une exécution aussi régulière que possible et la communication mutuelle des résultats obtenus.

C'est pourquoi prière est adressée au gouvernement d'Autriche, de bien vouloir prendre l'initiative des démarches à faire pour amener à cette entente entre les gouvernements, et hâter l'organisation d'une statistique agricole et forestière.

Il est recommandé que cette entente ait spécialement pour objet une enquête, devant se renouveler tous les dix ans et être faite dans tous les pays à la fois, en même temps que s'opère le recensement de la population, laquelle comprendrait, par districts administratifs aussi restreints que possible et en séparant les régions agricoles les plus importantes : les étendues de terrain qu'occupe la culture agricole et forestière en général ; la culture des produits les plus importants et le résultat d'une récolte moyenne, basé sur celui d'un nombre d'années aussi grand que possible, avec indication des systèmes de culture en usage ; les superficies couvertes des différentes espèces de forêts et la masse du bois qu'elles contiennent ; le chiffre du bétail et le profit qu'on en tire ; le nombre approximatif des grandes exploitations agricoles ; le chiffre de la population rurale, et enfin un aperçu de la consommation.

Il est recommandé non moins chaleureusement que l'entente des gouvernements ait aussi pour objet des publications présentant un aperçu clair et précis, sur lequel on puisse établir une comparaison :

1° Des prix côtés aux marchés et aux bourses des produits agricoles et forestiers, ainsi que de l'échange auquel ils donnent lieu.

Ces exposés devraient être publiés aussi promptement que possible, et une fois par semaine aux époques où l'intérêt qui s'y rattache est le plus grand.

2° Du produit annuel des récoltes par an, en pour-cent d'une récolte moyenne, pour les premiers produits au mois de septembre, pour les produits tardifs avant la fin de novembre, et enfin l'exposé, en chiffres absolus, par unité de surface et d'étendue et en totalité, aussitôt que possible après la période de production.

3° Des prix de transport par quintal et par lieue, par chemin de fer et autres voies de terre et d'eau ; le salaire des travailleurs ; l'intérêt de l'argent, les mutations volontaires ou involontaires qui s'opèrent dans la propriété ; le prix d'achat et d'affermage des biens ; et cela, autant que possible, sur la base de renseignements officiels ou autres moyens en usage auxquels on puisse ajouter foi.

Ces dernières publications devraient être faites annuellement.

Le gouvernement d'Autriche est, en outre, prié de renforcer, de concert avec les autres gouvernements, la commission permanente du congrès international de statistique, d'un nombre de délégués spéciaux, chargés d'assurer auprès d'elle les résolutions ci-dessus mentionnées. [31 : 63]

(*Congrès International Agricole et Forestier*, Vienne, 1873.)

*** 1. Que l'on crée dans tous les pays un service officiel de statistique dans le but de donner aux populations rurales des renseignements de toute sorte dont elles ont besoin pour orienter leur production, et que l'on mette à leur disposition les ressources financières suffisantes, ainsi que les moyens d'action indispensables. On devra faire en sorte que ces statistiques soient publiées le plus souvent et le plus rapidement possible.

2. Que l'on prenne dans chaque pays des dispositions législatives ou administratives pour assurer la vérification aussi fréquente que possible, et la publication, non seulement des prix de vente des produits de l'agriculture, mais encore des quantités qui ont été offertes et vendues.

3. Que l'on invite l'Institut International d'Agriculture de Rome de mettre le plus rapidement possible à la disposition des agriculteurs du monde entier les données statistiques que les gouvernements lui transmettront, et de développer dans la plus ample mesure possible le service d'enquêtes statistiques qu'il publie actuellement.

4. Que, dans le but de faciliter l'étude comparative des statistiques des divers pays, relatives au commerce des produits agricoles et des industries qui en sont dérivées, on établisse dans chaque pays, au sujet des transactions usuelles, certains types de qualité courante qui puissent servir de base de comparaison. Le C. I. A. invite l'Institut International d'Agriculture de Rome à faire l'étude de ce sujet dans le but d'établir tous les types possibles.

5. Que, pour les cultures les plus importantes, telle que celle des céréales par exemple, les statistiques devraient commencer dès le moment où les diverses phases végétatives sont appréciables et être publiées tous les mois jusqu'à la période qui précède immédiatement les récoltes. [31 : 63]

(*Congrès International d'Agriculture*, Madrid, 1911.)

Classe rurale.   321.91 : 63

L'existence de la classe rurale est une condition absolument indispensable à la vie économique et politique des Etats ; comme moyens propres à assurer l'existence de la classe rurale, il faut envisager :

1. En premier lieu une politique agraire, bien comprise, en vue d'établir une question de rendement satisfaisante de l'exploitation agricole, attendu que la disposition actuelle d'un bon rapport de l'exploitation industrielle, et du taux d'intérêt en résultant par rapport au rendement des exploitations agricoles, et de leur rendement d'intérêts pour les capitaux investis, constitue un grave danger, notamment pour ce qui regarde l'existence de la petite et de la moyenne propriété rurale. Pour réaliser un rendement suffisant des exploitations agricoles on envisagera :

a) avant tout une politique commerciale éclairée ;

b) une politique de tarifs juste ayant, d'une part, pour idéal l'introduction d'un tarif unitaire par kilomètre et, d'autre part, la création d'un tarif de taxation, établissant une différence entre la matière brute et le produit manufacturé ;

c) la consolidation de l'influence des producteurs sur les prix du marché en abolissant, internationalement parlant, la forme de commerce actuelle qui paralyse cette influence, savoir : les marchés à terme, les usages de bourses nuisibles aux producteurs etc., ainsi qu'en concentrant le plus possible les offres des producteurs, par la création de syndicats coopératifs auxquels se rattacherait, pour satisfaire aux besoins d'argent des syndiqués, sans qu'ils soient obligés de jeter sur le marché à de mauvais prix leurs produits immédiatement après la récolte, une grande organisation de crédit à l'instar d'une banque ; enfin en établissant une statistique de production dont la publication aurait lieu après la récolte et en assurant la cotation exacte et aussi fréquente que possible des prix dans les différents marchés publics (pas seulement dans les bourses).

2. En rendant plus facile et moins onéreuse l'exploitation pour le propriétaire cultivant individuellement :

a) en consolidant le crédit personnel en vue de la création du capital roulant nécessaire, de préférence par le moyen de l'action coopérative (caisses Raiffeisen) ;

b) en écartant l'endettement hypothécaire.

c) en arrondissant la propriété rurale par le moyen des commassations ;

d) en empêchant les boisements excessifs qui sont pratiqués presque coutumièrement, notamment dans les Alpes, et qui menacent toute l'exploitation alpestre, ainsi qu'en régularisant les droits de jouissance communs, éventuellement aussi en répartissant les terrains possédés en commun ;

e) en créant des organisations agissant avec célérité, qui auraient pour mission de procurer des ouvriers agricoles et d'améliorer leur sort par la dotation des avantages dont jouissent aujourd'hui les ouvriers industriels (caisse de maladie, assurance contre les accidents et la vieillesse et pension pour l'invalidité). La réalisation de ces institutions d'assistance pour les ouvriers, qui constituent nécessairement une charge assez forte pour les patrons ruraux, ne pourra toutefois être assurée qu'autant que le bon rapport des exploitations agricoles, relevé dans le paragraphe 1, sera plus considérable. Dans les régions d'exploitation en grand, où un besoin pressant d'ouvriers se fait sentir par suite du manque de petites exploitations et, partant de là, d'un élément ouvrier local, on devra créer ce dernier en favorisant la fondation des petites exploitations.

3. Assurer le maintien des biens ruraux déjà existants :

a) en constituant sur base légale des propriétés paysannes (systèmes des biens indivisibles) ;

b) en créant un droit de succession qui favoriserait l'héritier du bien indivisible, par rapport aux frères et sœurs lesquels seraient dédommagés par des indemnités en argent ;

c) en introduisant une limite d'endettement maintenue aussi basse que possible, ce qui exigerait toutefois la monopolisation du crédit hypothécaire à accorder sur les biens ruraux par des instituts hypothécaires provinciaux.

Les mesures indiquées sous *a*) jusqu'à *c*) sont reconnues comme absolument nécessaires pour assurer l'existence de la classe rurale ; c'est à leur réalisation qu'on devra attacher la plus grande importance, même si l'on devait, dans les pays où la population rurale défendait avec opiniâtreté la liberté de possession déjà existante, user des plus grands égards et ne procéder que progressivement ;

d) en procédant éventuellement à une nouvelle régularisation convenable du droit de chasse dans les pays où, comme c'est le cas dans différentes régions des Alpes, par exemple, la jouissance du droit de chasse est rendue dépendante de la possession d'un bien d'une certaine étendue, ce qui a pour conséquence une affectation rurale à maint égard très regrettable du capital mobile des citadins qui aspirent à s'approprier des terrains de chasse.

4. La création de propriétés paysannes en vue d'assurer l'établissement et le maintien de la population rurale par l'institution de biens à annuités. [321.91 : 63]

(*Congrès International d'Agriculture*, Vienne, 1907.)

Emigration des travailleurs agricoles. 325.2 : 63

Il est désirable que, dans les pays où l'émigration de la population agricole contribue essentiellement à l'accroissement du mal résultant du manque d'éléments travailleurs, le gouvernement s'efforce de pourvoir :

1º à ce que les offices de placement à créer soient en contact intime avec les institutions ayant charge de s'occuper de l'émigration ;

2º à ce que les offices s'entremettent pour faciliter aux émigrants revenant à la mère-patrie leur établissement en tant que colons dans les régions où les conditions requises pour l'établissement d'ouvriers agricoles se trouvent réalisées.

[325.2 : 63]

(*Congrès International d'Agriculture*, Vienne, 1907.)

Retour aux champs et désertion des campagnes. 325.331

1. Orientation législative vers la représentation pondérée des forces agricoles, coordonnées avec les autres manifestations de la richesse publique, mais en les mettant d'accord avec l'action sociale et les harmonisant avec celle-ci.

2. Orientation d'ordre juridique relative au droit de posséder, de manière à borner la subdivision de la propriété à des proportions telles que toutes garanties soient assurées au possesseur ou à l'usufruitier. La concession *ab intestat* à l'Etat, dans le cas où il n'existe pas d'héritiers, devrait être remplacée, dans les codes civils qui l'admettent, par la succession de la municipalité du lieu où se trouvent les propriétés rurales du défunt. Ces biens pourraient être cédés par la municipalité aux ouvriers agricoles, soit en propriété ou d'une autre manière quelconque, et constitueraient un patrimoine communal au profit des ouvriers de la localité, suivant les usages de celle-ci.

3. Orientation législative d'ordre social :

a) Extension de toutes les lois sociales destinées à protéger les ouvriers agricoles et les petits cultivateurs.

b) Création du *bien de famille* ou *homestead* insaisissables agricoles.

c) Provoquer et encourager la propriété en commun ou *state in common* lorsque les conditions le permettront.

d) Protéger la coopération et toutes les manifestations de l'activité humaine dirigée vers le bien-être collectif, de manière à développer l'éducation morale et matérielle.

4. Il serait utile que, là où le milieu social le permettra et où il existe de grandes propriétés incultes, on en concède des parcelles à des familles ouvrières, à bail emphythéotique, et

par conséquent, moyennant payement d'une redevance à perpétuité, et sans les obligations féodales de seigneurerie et de landemium, qui disparaissent presque partout des lois et coutumes.

5. Dans l'état actuel du problème social agraire, afin de retenir le propriétaire et le colon dans leurs propriétés, il faut trouver un système d'exploitation où le fermier se trouve directement intéressé dans les produits de l'exploitation, mais de telle sorte que le propriétaire n'abandonne pas pour cela la direction immédiate et assidue de ses propriétés. Cela sera possible dans la plupart des cas, en groupant les trois systèmes d'exploitation les plus usités : *a*) exploitation directe par le propriétaire ; *b*) remise d'une partie des produits ; *c*) paiement d'une redevance fixe en échange de l'usufruit de certaines terres auxquelles on ne puisse pas appliquer le procédé ci-dessus indiqué.

La pratique de ces trois systèmes avec le même colon donnera d'excellents résultats et produira la meilleure harmonie entre les deux parties.

6. Les propriétaires doivent comprendre toute l'importance qu'il y a pour leurs intérêts et jusqu'à quel point leur devoir est de s'occuper du bien-être religieux, physique et moral de leurs colons. De cette manière on pourrait arriver à une exploitation qui se trouverait en harmonie avec les besoins sociaux de notre temps, et on éviterait que les propriétaires et les colons abandonnassent les champs.

7. L'instruction agricole donnée sous ses diverses formes, et la transformation des propriétés morcelées en domaines réunis dans une seule clôture sont les deux moyens propres à résoudre le problème agricole, en attirant dans les campagnes propriétaires et ouvriers.

Les causes qui contribuent à l'absentéisme disparaîtront, ou du moins s'atténueront considérablement, lorsque ces deux conditions seront remplies.

8. Il serait convenable : 1) que les municipalités des grandes villes, avec le concours de l'État et de la Province, constituent des comités de retour aux champs, afin d'arriver d'une manière pratique et efficace à ce que les familles de cultivateurs sans travail y retournent, en leur donnant dans ce but des moyens et des facilités ; 2) les classes supérieures en emplissant leur impérieux devoir de s'intéresser aux problèmes sociaux qui affectent tout le monde, doivent collaborer à l'œuvre du retour à la terre, moyennant la constitution de centres d'action sociale, la création de ressources pour acheter des terres, des instruments de travail, des engrais, des semences, etc..., aux familles de

cültivateurs qui désirent retourner aux travaux agricoles. Dans ce but, ces comités devraient faire une propagande active, réunir des fonds provenant de donations, souscriptions, loteries, etc..., demander à l'Etat l'usage de terrains inoccupés ; créer des concours, faire appel aux sentiments altruistes des propriétaires et des municipalités rurales, leur distribuant des médailles, des diplômes et des distinctions honorifiques. L'Etat lui-même devrait créer une distinction officielle de caractère social-agricole pour récompenser et favoriser ceux qui aideraient à l'œuvre du retour des familles aux champs. Les compagnies de chemins de fer pourraient prêter leur concours à cette œuvre moyennant un léger sacrifice, en facilitant le transport des personnes, instruments et autres effets.

On doit recommander en premier lieu que les individus et les familles qui, sans fortune, émigrèrent des champs pour aller s'établir dans les villes, soient dirigés sur une propriété de la municipalité ou de l'Etat où ils puissent trouver leur régénération matérielle ou morale, avant de retourner à leur lieu d'origine.

9. Que les Etats favorisent avec énergie, tant par leur exemple que par leur enseignement, outre leur appui matériel et moral, au moyen d'immunités fiscales et de réformes législatives, en recherchant le concours des capitaux collectifs et privés, la conservation et l'amélioration des forêts existantes, l'aménagement sylvo-pastoral des montagnes et le reboisement des terres dépeuplées. [325.331]

(*Congrès International d'Agriculture*, Madrid, 1911.)

*** 1. La régénération constante de la population industrielle des villes par l'immigration des forces surabondantes neuves de la campagne est indispensable pour assurer aux peuples leur prospérité dans les domaines les plus divers, qu'ils aient pour noms industries ou métiers, sciences ou arts.

2. Entraver cette immigration ne serait certes pas servir les intérêts d'un peuple. Il s'agit au contraire de favoriser cette régénération, mais à la condition toutefois de n'en pas compromettre la continuité.

3. L'émigration de la population campagnarde ne doit prendre en aucun cas de telles proportions que la population agricole proprement dite aille diminuant. Certes, on peut, de cette façon, obtenir un essor temporaire de l'industrie et de métiers mais on compromet gravement le sort des générations futures.

4. La mise en valeur de la terre par l'adoption d'un régime de culture où prédomineraient les petites et les moyennes

exploitations constituerait un facteur permettant d'obtenir de la culture du sol le maximum de rendement brut et de revenu économique.

Indépendamment des profits qu'en retirerait l'agriculture, ce système aurait, de plus, par l'immigration, de l'excédent de la population agricole, l'immense avantage d'assurer d'une façon durable aux villes, à l'industrie, aux métiers et aux professions libérales, le renouvellement de leurs forces.

5. En améliorant les conditions relatives aux salaires, à la durée du travail, à l'assurance, au service du placement, en faisant intervenir l'influence de l'école, des autorités tutélaires et en faisant appel à la main-d'œuvre nomade, etc., il est possible de remédier temporairement à la pénurie de la main-d'œuvre agricole, mais ce ne sont là que des palliatifs et non des remèdes souverains.

Quand bien même l'agriculture améliorerait la position de ses ouvriers, comme elle est d'ailleurs obligée de le faire, les conditions de vie et les salaires des ouvriers des villes continueront à se développer de telle façon que l'agriculture, ne disposant pas des moyens que possèdent l'industrie et les métiers, se trouvera dans l'impossibilité de suivre cette marche ascendante. Un renchérissement sensible et général des produits du sol, en provoquant l'augmentation du revenu de l'agriculture, permettrait d'aboutir ici à un résultat effectif. Mais, pour le moment, une telle solution *dépend d'un mouvement économique dont nous ne sommes pas les maîtres.*

6. En fait de moyens décisifs, deux voies s'ouvrent devant nous. Ou bien il faudrait introduire un régime de grands domaines dont l'exploitation n'exigerait qu'un personnel aussi restreint que possible, ou alors il faut *transformer la culture en un régime d'exploitations de moyenne grandeur*, susceptibles d'être mises en valeur par le seul apport des propres forces de la famille de l'exploitant ou ne nécessitant que le strict minimum de main-d'œuvre étrangère. Le second moyen seul est en mesure de permettre à la production de faire face à la consommation et, en même temps qu'il assure aux peuples une descendance saine et nombreuse, l'agriculture, elle y trouve aussi de nouveaux bras.

7 L'adoption par la population des doctrines néo-malthusiennes constitue pour un pays un danger d'autant plus gros qu'il se trouve par là directement atteint dans ses sources vives. Plus l'excédent des naissances se trouve en recul dans la population agricole, plus cette dernière s'en trouve affaiblie. Le néo-malthusianisme est de beaucoup plus dangereux à la campagne qu'au sein de la population citadine ; aussi faut-il

le combattre par tous les moyens. Mais, en contre-partie, il s'agit de prêter appui à tout facteur susceptible de favoriser la fécondité des unions conjugales (mariages précoces, soins d'accouchement, adaptation aux communes campagnardes de l'institution des crèches pour nourrissons et enfants, luttes contre l'alcoolisme, influences morales, etc.).

8. Les mesures à prendre pour *sauvegarder la vitalité de la classe paysanne et assurer son avenir*, sont les suivantes :

a) Adoption d'une politique agraire favorisant la formation de petits biens (colonisation intérieure, facilités ouvertes au crédit).

b) Développement de la technique agricole par l'Etat, les associations et les particuliers (enseignement agricole, presse agricole, stations d'essais, offices de renseignements, subventionnement des améliorations foncières, de la culture des plantes et de l'élevage du bétail, etc.).

c) Encouragement à l'exploitation de la petite et de la moyenne culture et à la mise en valeur des produits par l'organisation agricole, par le service de renseignements, par l'institution d'offices de comptabilité, par l'avance de fonds, etc.

d) Lutte contre les ennemis de la production agricole et extension de l'assurance (police sanitaire, lutte contre les maladies des plantes, assurance contre la grêle, le feu, les accidents, assurance du bétail, etc.).

e) Encouragements à donner par l'Etat en vue de favoriser la production agricole.

9. De telles mesures prises dans le but de renforcer la classe paysanne ont d'autant plus de chances de succès que l'amour de la terre et des entreprises agricoles indépendantes est encore aujourd'hui généralement répandu parmi la population agricole et que les gens acquièrent volontiers une petite propriété et la cultivent pour peu qu'ils aient espoir de faire leur chemin. L'action de l'Etat, en prenant des mesures ayant trait aux conditions sanitaires, aux relations postales, téléphoniques, télégraphiques, routières, ferroviaires, par une politique fiscale appropriée, d'une part ; les efforts de l'action privée ou celle de sociétés ayant pour but de développer le *bien-être à la campagne*, d'autre part, sont tout autant de facteurs propres à rendre plus agréables aux gens de la campagne la vie villageoise et l'activité agricole.

Signalons, enfin, parmi les plus importantes mesures à prendre pour parer à une émigration néfaste, celle consistant à donner à la jeunesse féminine une éducation telle qu'elle prépare les jeunes filles à devenir des ménagères laborieuses, capables de seconder leur mari avec joie et clairvoyance.

La paysanne doit avoir conscience du rôle qui lui est dévolu dans l'éducation d'une jeunesse campagnarde, robuste, saine de corps et d'esprit, dotée d'une solide instruction, animée de sentiments lui permettant de se faire de la vie une sérieuse conception, en un mot, une jeunesse éprise des beautés de la vie champêtre et nommant la culture du patrimoine national la plus belle profession de l'homme libre.

10. Il y a lieu de favoriser les œuvres tendant à procurer la jouissance de jardins aux ouvriers des villes, afin de leur conserver l'amour du sol, et de faciliter plus tard leur retour à la campagne.

11. Il est désirable que les grands propriétaires habitent leurs propriétés une notable partie de l'année, s'intéressent particulièrement aux choses agricoles et exercent dans cet ordre d'idées leur influence sociale pour contribuer à enrayer la désertion des campagnes.

12. *a*) Régler la succession de manière à ce que la petite propriété puisse rester aux mains d'au moins un membre de la famille.

b) Favoriser, et au besoin obliger les propriétaires à faire des échanges de manière à supprimer dans la mesure du possible l'éparpillement des lopins d'un même propriétaire ou locataire.

c) Favoriser le maintien et la création de petits métiers à la campagne.   [325.331]

(*Congrès International d'Agriculture*, Gand, 1913.)

Renseignements coloniaux.   325.4

Il importe que des mesures vraiment pratiques soient prises dans tous pays d'Europe, en vue de mettre à la disposition des intéressés des renseignements dignes de foi sur les chances de succès que les pays ouverts à la colonisation offrent aux différentes catégories d'émigrants.

En ce qui concerne les cultivateurs et les ouvriers agricoles, ces renseignements devraient porter notamment sur les points suivants : climat ; ressources du pays au point de vue de l'agriculture et de l'industrie pastorale ; prix des terres, de la main-d'œuvre et des objets nécessaires à l'existence ; facilités de transport par terre et par eau ; race et langue des habitants ; densité de la population ; groupes nationaux déjà établis dans le pays ; stabilité gouvernementale ; situation financière ; organisation des services publics ; législation agricole ; sécurité des personnes et de la propriété ; avantages accordés éventuellement aux immigrants par l'Etat, par des administrations locales ou par des entreprises privées.   [325.4]

(*Congrès International d'Agriculture*, Bruxelles, 1895.)

Travail des enfants dans les campagnes.   331.3 : 63

1. L'application de l'obligation scolaire doit subir des modifications en vue de favoriser les travaux agricoles des enfants.

2. Les dispositions de la loi autrichienne du 2 mai 1883 méritent l'attention de tous ceux qui sont appelés à régler l'application de l'obligation scolaire.

Des dispenses pourraient être accordées à des circonscriptions scolaires tout entières par les autorités compétentes dans chaque pays.

3. Il n'y a pas lieu de réglementer le travail rural des enfants dans les campagnes au point de vue hygiénique.

4. Les programmes d'enseignement dans les écoles normales d'instituteurs et dans les écoles primaires rurales, doivent faire une place obligatcire à l'enseignement des matières agricoles.   [331.3 : 63]

(Congrès International d'Agriculture, La Haye, 1891.)

Ouvriers agricoles.   331.73

La question des ouvriers agricoles est de toute autre nature que celle des ouvriers industriels, attendu que la question des ouvriers agricoles est, quant à son essence, une *question agraire* et qu'en conséquence, sa solution doit être fournie par une saine *politique agraire* absolument distincte de la politique sociale proprement dite, ou constituant une politique sociale exactement adaptée aux conditions toutes spéciales de l'agriculture.

En vue d'assurer aux travaux agricoles le personnel ouvrier nécessaire à l'exploitation, et d'améliorer la situation des patrons agricoles comme de leurs ouvriers : il convient d'agir en vue d'assurer la règlementation internationale de la police des frontières et la répression la plus énergique des manœuvres des agents d'émigration ; il importe d'autre part de travailler à l'établissement de tribunaux arbitraux ayant à se prononcer dans les cas de compétition relative aux conditions du travail, et cela afin de permettre au patron comme à l'ouvrier d'obtenir justice sans complications dues à l'excès des formalités ; d'une manière générale, il importe d'agir en vue de l'établissement du repos dominical des ouvriers agricoles, exception étant admise toutefois pour le temps des moissons, pour les travaux domestiques et pour les soins du bétail.

Pour rendre possible aux cultivateurs l'acceptation des charges et sacrifices que comporte une solution complète de la question des ouvriers agricoles, solution obtenue à l'aide d'une politique sociale agraire sérieusement appliquée, il est de nécessité préalable que la capacité de résistance correspondante de l'agriculture soit garantie par une politique économique agraire. Il ne s'agit pas ici de la protection d'intérêts agrariens non justifiés, car la lutte énergique contre le fléau funeste de la désertion des campagnes s'impose de toute urgence.

A l'égard des points spéciaux, sont recommandées la préparation immédiate et la mise en application rapide des mesures suivantes :

1. Création d'un office du travail au Ministère de l'Agriculture et institution d'un conseil agricole du travail.

2. Institution de tribunaux affectés à l'aplanissement des désaccords survenant à propos des conditions du travail.

3. Institution d'un réseau d'offices de placement organiquement reliés entre eux et établis sur la base de l'utilité commune.

4. Surveillance rigoureuse de l'émigration.

5. Institution pour l'ouvrier agricole de biens à annuités en vue de favoriser le mouvement ascendant de la classe laborieuse agricole et l'établissement de l'ouvrier agricole comme cultivateur indépendant.

6. Construction d'habitations de familles ouvrières pour les journaliers et les anciens travailleurs retirés de l'activité.

7. Développement de l'usage des contrats à forfait.

8. Incorporation des ouvriers agricoles à l'assurance sur la maladie, l'accident, l'invalidité, la vieillesse.

9. Interdiction du travail de fabrique aux adolescents n'ayant pas atteint l'âge de 17 ans révolus.

10. Education agricole pratique des enfants bénéficiant de l'assistance publique. [331.74]

(*Congrès International d'Agriculture*, Vienne, 1907.)

Bureaux de placement agricoles. 331.96 : 63

Toute institution destinée à procurer à l'entrepreneur des bras pour le travail et à l'ouvrier des travaux, n'est pas propre à agir efficacement dans le sens voulu. Pour concourir réellement au résultat cherché, il faut qu'elle satisfasse aux conditions suivantes :

Elle jouira de la confiance générale et entière des deux parties contractantes, et à ces fins, elle comprendra dans ses éléments directeurs, partout où cela sera possible, des représentants des deux parties, ayant parité d'influence, ou bien purement et simplement des tiers impartiaux : de plus sa gestion devra autant que possible être publique.

Son domaine d'action devra être d'une étendue territoriale suffisante, mais sans que ses dimensions s'étendent démesurément ; elle devra veiller en première ligne à ce que l'offre et la demande restent circonscrites à son territoire d'action, afin que la concurrence étrangère ne devienne pas un danger.

Elle s'organisera de telle manière que là où le travail agricole et le travail des villes ainsi que la demande de travail agricole et de travail des villes sont juxtaposées, il s'établisse en compromis rationnel, de façon que l'ouvrier vivant à la ville ait la possibilité, le cas échéant, de trouver du travail à la campagne : en conséquence l'office de placement devra fonctionner aussi dans les villes pour le placement d'ouvriers agricoles.

Les opérations du placement doivent présenter autant de commodité que possible ; il faut donc dans la mesure du possible décentraliser les bureaux où sont reçus les avis, et d'une manière générale éliminer le plus possible les formalités.

Le placement doit être aussi peu dispendieux que possible aux deux parties, et gratuit pour l'ouvrier, s'il le demande : par conséquent, tel est du moins le principe, il ne doit pas être effectué par des entreprises privées, mais par des associations à mutualité, et encore mieux par des corporations publiques.

L'organisme devra être autant que possible le même dans les différents offices, afin que les excédents soit en offre, soit en demande de travail puissent être transmis et repassés plus loin sans difficultés ; dans cet esprit et avec cette restriction, la création d'associations des offices de placement pourra exercer une action salutaire.

Cette dernière particularité est précisément ce qui rend désirable la règlementation des offices de placement par voie législative ou du moins par voie d'ordonnances, tout au moins en ce qui concerne les principes fondamentaux. De plus, la haute importance sociale et économique des institutions de cette sorte donne aux pouvoirs publics le droit et leur impose l'obligation de pousser à leur création aussi généralisée et aussi rapide que possible, et de s'assurer par voie de surveillance de leur organisation pratique et de leur bon fonctionnement : ce dernier point de vue sera d'autant plus légitime selon que l'organisation du placement sera appelée à suppléer dans une mesure plus large à une législation sociale et économique complète concernant le domaine de la production première, afin qu'elle prépare cette législation et lui ouvre la voie pour son action.

Les entreprises professionnelles de placement pratiqué comme industrie à bénéfices doivent être soumises à une règlementation précise et à une surveillance constante ; elles ne doivent obtenir la concession ou patente que là où n'existent pas d'entreprises similaires d'utilité publique.

La base première d'un système de placement d'utilité publique doit être la commune, qui aurait à figurer dans l'institution comme facteur indépendant ; c'est elle aussi qui doit subvenir au principal des ressources.

A toutes autres institutions de placement, il ne doit être reconnu qu'une importance temporaire ou complémentaire ; de plus, elles doivent être mises en demeure d'entrer en contact avec les institutions municipales existantes.

Les agences de placement privées déjà existantes peuvent être supprimées contre versement d'une indemnité convenable.

[331.96 : 63]
(*Congrès International d'Agriculture*, Vienne, 1907.)

.*** 1. Les offices établis pour le placement des ouvriers agricoles devront, dans les différents États, joindre aux opérations du placement un relevé statistique consistant :

a) à noter le rapport de la quantité d'éléments travailleurs requise par les besoins locaux avec les prix pour les différents mois et les différentes catégories de travaux, de manière à faire connaître ainsi les périodes de repos et d'activité intensive sur les différents territcires ;

b) à enregistrer tous les changements survenant par rapport à l'offre et à la demande sur le marché local (émigration, température, substitutions rapides d'une culture à une autre, etc.).

2. Les offices nationaux de placement devraient transmettre périodiquement à un office central, par exemple à l'Institut International d'Agriculture de Rome, l'état de la demande effective et de l'offre ainsi que les changements survenus sur les marchés locaux. [331.96 : 63]
(*Congrès International d'Agriculture*, Vienne, 1907.)

Question monétaire. 332.4

Considérant que la divergence de valeur survenue depuis 1873 entre l'or et l'argent a causé le plus grave piéjudice aux intérêts des producteurs agricoles des pays à étalon d'or, le C. I. A. appelle l'attention des gouvernements sur cette situation et sur l'intérêt considérable qu'il y a à étudier avec soin la question monétaire, en vue du rétablissement de la fixité du rapport de valeur entre l'or et l'argent. [332.4]
(*Congrès International d'Agriculture*, Lausanne, 1898.)

Entente bimétallique. 332.42

Le C. I. A. émet le vœu que tous les agriculteurs, dans tous les pays, usent de tous les moyens en leur pouvoir pour amener leur gouvernement soit à provoquer la réunion d'une conférence monétaire internationale, soit à faciliter de leur concours cette conférence, dans le but d'établir une entente

bimétallique internationale, ou tout au moins de réhabiliter le métal argent dans son ancien office monétaire ; le tout en vue de faire cesser la crise agricole et la crise monétaire de baisse des prix. [332.42]
(*Congrès International d'Agriculture*, Bruxelles, 1895.)

Cours des produits agricoles. 332.615 : 63

Il est désirable que, pour les produits agricoles, les cours des prix soient fixés à l'avenir, autant que possible, par les organes des producteurs et non par le commerce, comme cela a été pratiqué jusqu'ici. [332.615 : 63]
(*Congrès International d'Agriculture*, Vienne, 1907.)

Spéculations de bourse. 332.64

En vue d'arrêter les jeux de bourse au moyen des marchés fictifs, le C. I. A. appelle l'attention des pouvoirs publics sur l'utilité de la réorganisation des marchés et des bourses de produits agricoles et particulièrement du blé, soit par des modifications dans la législation intérieure de chaque pays, soit par un arrangement international, de façon à prévenir et à empêcher les abus qui se produisent. [332.64]
(*Congrès International d'Agriculture*, Lausanne, 1898.)

*** Le C. I. A. demande que, dans les pays où la spéculation des marchés à terme sans couverture vient d'être interdite, les agriculteurs s'efforcent d'empêcher l'abrogation de cette loi. Mais si la loi actuellement en vigueur devait être modifiée, il faudrait agir de manière à ce que cela ne se produisit qu'en vue de restreindre davantage encore, par la nouvelle loi, la spéculation de bourse.

Il invite les agriculteurs des pays dans lesquels la spéculation des marchés à terme sans couverture est encore en usage, à employer tous les moyens possibles pour que cette spéculation des marchés à terme sans couverture soit interdite et le plus tôt sera le meilleur. [332.64]
(*Congrès International d'Agriculture*, Vienne, 1907.)

Crédit agricole. 332.71

Le crédit dont jouit l'agriculture n'est pas suffisant pour les besoins de l'exploitation et l'amélioration du sol. Des facilités de crédit données aux agriculteurs ne seraient pas de nature à leur être préjudiciables. Il est utile que des dispositions législatives interviennent pour faciliter aux agriculteurs les moyens et les conditions du crédit.

Le gouvernement ne doit pas intervenir pour accorder un concours à certains établissements de crédit fondés dans l'intérêt de l'agriculture. Il doit se borner à un simple contrôle et laisser à l'industrie privée le soin de créer des institutions de crédit fonctionnant sans aucune dérogation au droit commun.

Cette réponse, toutefois, n'implique pas la solution absolue du problème qui vient d'être posé. Le C. I. A. ne veut pas dire que l'Etat se désintéressera des rapports des banques de crédit agricole avec les institutions d'Etat, comme la Banque de France ; le C. I. A. entend qu'il repousse l'organisation d'une banque d'Etat agricole répartissant le crédit agricole, au nom de l'Etat, sur toute l'étendue du territoire.

Dans le cas où des dispositions législatives nouvelles seraient reconnues nécessaires, les modifications à introduire dans la législation devraient avoir un caractère spécial à l'industrie agricole. Il y aurait lieu notamment :

1. D'établir la liberté des conventions en matière de cheptel.

2. D'autoriser le nantissement sans déplacement du gage d'une façon générale.

3. D'autoriser un privilège en faveur du prêteur, sur la récolte et les instruments aratoires, sans préjudicier aux droits du propriétaire.

4. Mais non de créer un privilège sur la récolte en faveur du fournisseur d'engrais.

5. De rendre possible la commercialisation du billet signé par l'agriculteur, en ce sens que ce billet sera banquable, c'est-à-dire qu'il pourra être accepté par le banquier, sans que, pour cela, l'agriculteur devienne commerçant.

6. D'accélérer la procédure appliquée au cas de non-payement du billet et de poursuite contre le signataire : ces affaires devront être jugées comme affaires sommaires.   [332.71]
(*Congrès International d'Agriculture*, Paris, 1889.)

*** 1. Il est désirable d'accorder aux agriculteurs des facilités de crédit mobilier.

2. Il est utile que des dispositions législatives interviennent là où la loi civile pose des entraves à la commercialisation des billets.

3. Il faut, autant que possible, laisser à l'initiative individuelle le soin de créer des institutions de crédit.

4. Il est désirable que les banques de crédit agricole reposent sur le principe de la mutualité.   [332.71]
(*Congrès International d'Agriculture*, La Haye, 1891.)

*** L'agriculture en général et principalement les classes moyennes agricoles ont un besoin pressant d'une organisation de crédit appropriée. Le crédit agricole est assuré dans les meilleures conditions par de petites caisses mutuelles à circonscription restreinte, fortement groupées et contrôlées. Il est à recommander aux agriculteurs de déposer leurs fonds disponibles dans les caisses de crédit agricole, l'épargne des agriculteurs devant servir en première ligne à féconder le travail de la terre.

[332.71]
(*Congrès International d'Agriculture*, Gand, 1913.)

Propriété publique des forêts. 333.1 : 63.49

1. L'Etat doit être propriétaire de forêts.

2. Aucune aliénation du domaine forestier de l'Etat, des communes et des établissements publics ne doit être autorisée que dans des circonstances tout à fait exceptionnelles.

3. L'Etat doit se rendre acquéreur de gré à gré, surtout lorsqu'il peut le faire dans des conditions financières avantageuses :

a) Des enclaves existant dans ses forêts, des terres incultes et bois adjacents ;

b) Des forêts et terres incultes exerçant ou pouvant exercer une influence marquée sur le climat, l'hygiène et le régime des eaux ;

c) Des terres incultes se trouvant dans des régions où l'étendue des landes est considérable et hors de proportion avec les ressources des propriétaires ;

d) Des forêts d'une certaine importance, mises en vente, lorsqu'elles sont menacées de disparaître. [333.1 : 63.49]
(*Congrès International d'Agriculture*, Bruxelles, 1895.)

Nationalisation du sol. 333.12

Le C. I. A., considérant que la propriété foncière exclusive et universelle de l'Etat serait un obstacle au progrès agricole ; considérant que la nationalisation du sol offrirait de sérieux dangers quant à : 1) la liberté individuelle ; 2) la stabilité des relations sociales, surtout des populations rurales ; 3) la moralité du gouvernement et les intérêts pécuniaires de l'Etat ; est d'avis qu'il faut repousser le principe de la nationalisation du sol. [333.12]
(*Congrès International d'Agriculture*, La Haye, 1891.)

Habitations ouvrières agricoles. 333.32 : 63

1. Prendre des dispositions législatives en vue de régler les questions relatives à l'hygiène publique, et notamment de renforcer l'action du pouvoir supérieur dans toutes les matières qui touchent à la salubrité des habitations ouvrières,

tant dans les villes que dans les campagnes, tout en sauvegardant les prérogatives de l'autorité communale.

2. De développer l'étude de tout ce qui touche à l'économie rurale et particulièrement en ce qui concerne les habitations des ouvriers agricoles et des petits cultivateurs ; d'élaborer des plans-types d'habitations pour chaque province et de les mettre à la disposition des comités de patronage et des sociétés.

3. De rendre l'ouvrier propriétaire de son habitation.

4. De prendre des dispositions législatives, à l'exemple de ce qui s'est fait dans certains pays, notamment en Belgique, en vue de favoriser la construction et la location d'habitations ouvrières salubres et leur vente aux ouvriers.

5. D'instituer des comités de patronage des habitations ouvrières dans les contrées rurales ou d'y désigner des membres correspondants.

6. De créer des sociétés d'habitations ouvrières dans chaque groupe de communes et tout au moins dans chaque canton rural ; de faire intervenir dans l'organisation de celles-ci les administrations communales, les bureaux de bienfaisance et les hospices.

7. D'engager les autorités locales des campagnes à adopter un règlement, réduit aux prescriptions les plus essentielles, sur la salubrité des habitations.

8. De comprendre dans les programmes de l'enseignement agricole quelques notions sommaires relatives à l'aménagement rationnel et hygiénique des habitations ouvrières.

9. De solliciter l'intervention de l'Etat, des provinces et des communes pour l'institution de concours d'ordre et de propreté.

[333.32 : 63]

(*Congrès International d'Agriculture*, Bruxelles, 1895.)

Endettement hypothécaire. 333.33 : 63

Il est indispensable, en vue d'assurer l'existence d'une classe rurale saine et forte, de combattre l'endettement hypothécaire croissant des terres des paysans, par des mesures législatives et administratives propres à cet effet. L'action à entreprendre dans l'intérêt public, en vue de dégrever le terrain, doit en premier lieu se donner pour but de libérer les terres des paysans de toutes les hypothèques dépassant la limite d'investissement pratiquée par les instituts de crédit de bon aloi.

A cet effet, on procédera, en faisant intervenir des instituts de crédit foncier, à une transformation aussi générale que possible de toutes les hypothèques rurales en annuités non remboursables (rentes d'amortissement).

Là où existent des organisations satisfaisantes pour assurer

le crédit réel et personnel, on disposera législativement que
de nouvelles hypothèques rurales ne pourront être créées que
dans la forme d'annuités non-remboursables (rentes d'amortissement). Non seulement les hypothèques contractuelles
devront tomber sous le coup de cette restriction légale, mais
aussi les hypothèques exécutives.

Des exceptions à cette règle ne seront admises que dans
les successions et dans les cessions de biens en faveur de proches
parents du testateur ou du cédant.

Dans les territoires où la transmission indivise héréditaire
des biens sur un héritier répond aux usages existants, il s'impose
de régler légalement la question des successions selon cet usage.
Pour les biens de cette catégorie, on n'admettra d'hypothèques
d'accommodement que dans la forme de rentes d'amortissement,
tout en veillant à ce que l'amortissement capitaliste de ces
rentes soit possible par un institut de crédit foncier.

[333.33 : 63]

(*Congrès International d'Agriculture*, Vienne, 1907.)

Entreprises d'amélioration agricole. 333.5

1. La législation appelée à régler cette matière est à compléter
de telle manière que les paiements annuels accordés à la rente
calculée d'amélioration et qui n'ont pas un arriéré de plus
de trois ans aient, en raison d'une faveur accordée à tous les
emprunts faits en vue d'améliorations, un droit de priorité
d'inscription dans le livre public et cela, avant toutes les créances
et dettes hypothécaires, sans restriction à la personne de l'entrepreneur ou à la forme d'amélioration de la terre et le droit
de priorité resterait acquis, même sans le consentement des
créanciers inscrits sur le livre public des hypothèques.

2. D'autre part il faudrait que l'on établisse et que l'on dote
des offices d'amélioration du sol rural, lesquels auraient la mission d'agir en ce qui concerne, non seulement le développement général de l'amélioration du sol, mais encore quant au
plan et à l'exécution de travaux particuliers d'amélioration.
A ces offices incomberait de plus le devoir d'examiner si les
conditions légales ont été observées, pour ce qui est des emprunts
d'amélioration, et celui également de surveiller, dans ce cas,
si les travaux d'amélioration sont entretenus dans l'état voulu ;
enfin il leur serait concédé pour ce dernier but un pouvoir
exécutif immédiat dans la mesure nécessaire.

3. En vue de fournir les fonds nécessaires aux entreprises d'amélioration, il faudrait créer ou bien des banques
spéciales d'amélioration du sol réalisant le perfectionnement
de ce genre de crédit, ou bien, dans les banques existantes,

des sections qui y seraient particulièrement affectées. Ces banques devraient être dotées de toutes les faveurs nécessaires, afin d'être en mesure de concéder des emprunts dans un but d'amélioration, et cela, à des conditions aussi avantageuses que possible, et en tenant compte des conditions générales de chaque entreprise dans la détermination des modes de versement, de garantie et de remboursement.   [333.5]

(*Congrès International d'Agriculture*, Vienne, 1907.)

Petite propriété agricole.   333.38

1. Chaque gouvernement pourra contribuer dans une grande mesure pour que les initiatives sociales et collectives en vue de satisfaire le désir, aujourd'hui unanime, d'instauration de la petite propriété ne viennent à échouer et qu'elles aillent croissant. Comme le champ est vaste, le principe de toute reconstitution doit résider dans une distribution convenable, aux effets de diviser le travail, le coordonnant au développement de ses forces et à la vigueur de ses énergies. Chaque Etat peut mener cette distribution à bonne fin, en créant un organisme public, le dotant de toutes les facultés requises pour que l'œuvre soit sagement conçue, mûrement projetée et mise à exécution continuelle et pratique, faisant de cet organisme un instrument de progrès, de bien-être, d'éducation et d'équilibre sociaux.

2. Cet organisme doit se proposer l'examen et l'investigation du monde rural actuel, de sa composition et de ses conditions dans les deux ordres qui le complètent : l'ordre économique et l'ordre social. Au moyen du résultat de cette étude scientifique et expérimentale, il pourra proposer les moyens opportuns pour que, soit par la société, soit par l'Etat, ou par ces deux facteurs intimement unis, on puisse donner de la consistance aux réformes qui surgiront spontanément et librement, qu'on les nourrisse avec les éléments d'action qu'elles ne peuvent atteindre elles-mêmes, et que l'on constitue les noyaux d'ordre technique, éducatif, mercantile et bancaire qui, par zones, contrées ou régions, et assujettis aux postulats qui dériveront de ces études, donneront à la terre le cultivateur dont elle a besoin, et doteront celui-ci des instruments de travail et d'éducation qui le convertiront en un producteur apte et en un citoyen capable de remplir sa fonction sociale qui, si elle est pleine de droits, abrite aussi dans son intérieur un nombre croissant de devoirs.

3. Il faut aspirer à ce que, pour la création et la conservation des petites exploitations agricoles, les divers Etats procurent entre autres moyens : la diminution de l'impôt territorial, le rabais des impôts sur l'acquisition d'appareils de labour

et l'exemption complète de l'impôt sur la transmission par héritage de ces petites exploitations. [333.38]
(*Congrès International d'Agriculture*, Madrid, 1911.)

*** 1. La création de petites propriétés rurales est le moyen le plus sûr de retenir l'homme à la terre.

2. L'étendue des terres mises à la disposition de l'ouvrier agricole doit être suffisante pour l'attacher fortement au sol.

3. Les prêts consentis par les sociétés de crédit agricole mutuel en faveur de la constitution de petites propriétés rurales offrent des garanties de tout premier ordre. Les États ont donc raison de les encourager par tous les moyens.

4. Le but à poursuivre est plutôt d'encourager la petite propriété insaisissable que la petite tenure à bail.

5. Il est désirable de faciliter l'amortissement rapide des avances consenties pour l'acquisition de la petite propriété rurale, notamment par la réduction du taux d'intérêt.

6. La législation des différents pays doit faciliter la circulation de la terre et égaliser autant que possible les conditions de transmissions de la propriété mobilière, notamment en ce qui concerne les ventes, les droits successoraux et la procédure de partage. [333.38]
(*Congrès International d'Agriculture*, Gand, 1913.)

Réunion de parcelles forestières. 333.38 : 63.49

Le C. I. A. considère comme nécessaire la reconstitution, en un seul tenant, des parcelles forestières des petites propriétés et insiste afin que les lois actuellement existantes pour la reconstitution, en un seul terrain, de parcelles de champs soient étendues et applicables aux forêts morcelées, et éventuellement demande la création de lois spéciales pour la reconstitution en un seul tenant des forêts morcelées. [333.38 : 63.49]
· (*Congrès International d'Agriculture*, Vienne, 1907.)

Coopération agricole. 334 : 63

1. Les principes fondamentaux de l'organisation coopérative dérivent : *de sa nature, des fins qu'elle se propose et des moyens à employer pour les atteindre.* Les principaux sont :

a) La vraie coopération agricole est l'étroite union des petits, des humbles, de ceux qui par eux-mêmes sont impuissants, qui mettent en commun d'une manière constante l'un ou l'autre, ou quelques-uns des éléments suivants : *leur effort ou leur activité* (travail, expérience, connaissances techniques), *leurs capitaux* (modestes apports en numéraire, leurs cotes, leurs produits, et les matières premières), *leurs garanties* (solidaires ou limitées, hypothèques, cautions ou actes signés), dans le but d'élever leur niveau moral et d'améliorer leur condition économique au moyen d'opérations effectuées d'un commun accord, pour le bien exclusif des associés, avec répartition entre eux des économies qui résultent de la suppression de l'intermédiaire. La coopération est l'essence et aussi la principale attribution du syndicat agricole.

b) L'organisation coopérative doit, pour être efficace, porter l'empreinte morale du sceau de l'altruisme. L'apôtre agricole, par son initiative, sa constance, son exemple, sa propagande, son ardeur et sa bonne foi, est le seul qui puisse exciter et unir les masses et vaincre l'individualisme si enraciné dans les classes rurales.

c) Dans la création et l'organisation des organismes coopératifs influent d'une manière directe : 1º L'*État* (lois justes, efficaces et qui soient respectées, enseignement pratique, secours directs et indirects, exemptions pour en activer la création et le fonctionnement). 2º *La situation critique de l'agriculture, due à diverses causes générales* (telles que la révolution technique, l'industrialisation de l'agriculture, la concurrence des produits des pays vierges, la désertion des campagnes, l'éloignement que les capitaux et l'épargne éprouvent pour ces dernières, et enfin, la nécessité de se défendre contre le capitalisme et contre les intermédiaires). 3º *Des causes particulières* (degré de culture et de psychologie morale, non seulement dans chaque pays, mais dans chaque région, où *le milieu ambiant social* est le facteur principal qui se révèle chez les sociétaires par l'amour du travail, la discipline et le concours des volontés pour atteindre le but ; l'abnégation dans l'accomplissement du devoir ainsi que la loyauté dans la satisfaction des engagements). Dans l'organisation coopérative figure comme facteur important le caractère moral de ceux qui en prennent l'initiative ; une organisation intelligente et honnête est nécessaire afin que l'œuvre ne périclite pas.

d) *La liberté* est essentielle pour la création et le développement de la coopération agricole, tant qu'elle n'est pas en contradiction avec la morale et les fins propres de l'Etat, car il n'est pas possible de fixer des moules identiques pour tous les pays, ni même pour les diverses régions d'un même pays.

L'expérience conseille comme type préférable, afin d'établir un véritable lien de solidarité, *le syndicat coopératif*, qui est la base de la fédération idéale de tous les pays pour que toutes les fonctions coopératives se déroulent avec succès.

2. La constitution d'une coopérative demande des procédés simples, rapides et avec le *minimum* de dépenses possible.

a) Les statuts doivent contenir : la dénomination de l'association, són objet, son domicile social, l'extension territoriale, les conditions d'admission, de suspension, d'exclusion des membres ; les obligations des affiliés, les cotisations ; le régime de l'administration, la comptabilité, la nomination du conseil, le mode de confectionnement des assemblées générales, la dissolution, la liquidation.

b) Un esprit large doit règner relativement aux personnes qui peuvent faire partie de la coopération agricole, ouvrant l'association à ceux qui exercent la profession de cultivateur, ou autre semblable ou connexe, et à tout propriétaire fermier ou ouvrier qui s'intéresse à la terre, y compris, dans certains cas, les femmes qui ont un intérêt dans les industries agricoles.

c) Le syndicat avec fonctions coopératives doit jouir d'une parfaite personnalité civile afin de pouvoir conclure des contrats et des obligations. Il y a intérêt à demander la modification des lois dans les pays où il est défendu aux syndicats de posséder des biens immeubles. Les coopératives agricoles, en règle générale, comptent en matière de ressources sur les cotisations de leurs membres, d'habitude minimes et annuelles ; sur les subventions, les legs, les donations de membres protecteurs, de la province ou de l'Etat ; sur les revenus ou bénéfices provenant de la légère différence de prix (en plus ou en moins) dans l'achat ou la vente de matières premières ou de produits obtenus, réalisés par les syndicats pour le compte des associés.

3. L'association coopérative comprend *l'achat, la vente, la production de matières agricoles, et le crédit agricole.*

a) La coopération de consommation en vue de satisfaire les besoins de l'agriculture ou ceux de sa famille n'est pas l'objet propre de la coopération agricole. L'expérience conseille comme plus efficace la spécialisation des fonctions coopératives agricoles.

b) Les modes d'achat collectif d'engrais, de semences, de machines, etc., sont très divers ; en voici les principaux : 1º Le syndicat prend note des demandes des associés, les transmet au vendeur en y joignant les noms des acheteurs, laissant à ces derniers toute responsabilité de payement ; 2º Le syndicat prend aussi note des demandes de ses membres, les groupe, les totalise et fait l'achat en son propre nom sans faire connaître le nom des associés ; 3º Les syndicats s'approvisionnent d'engrais, de semences, etc., après avoir calculé les besoins probables des associés à des époques déterminées, et les déposent dans un magasin où les associés viennent s'approvisionner eux-mêmes. Il convient que la livraison des marchandises aux associés s'effectue sous le *contrôle et l'inspection des syndicats.* Les engagements pour les commandes et les payements doivent être faits autant que possible en dehors de la responsabilité des associations. Le magasin agricole est un facteur indispensable, comme base des opérations d'achats et de ventes coopératives afin de faciliter celles qui sont propres au crédit agricole par le moyen des *warrants*.

4. *Les coopératives de production agricole* sont constituées par l'union de petits ou moyens agriculteurs ou industriels agricoles qui mettent en commun leur travail, la matière première, leurs petites économies et deviennent entrepreneurs, assumant tous les risques de la production pour jouir conjointement du bénéfice. Le travail de la terre pour acquérir les produits agricoles (culture de la vigne, de l'olivier, des légumes, etc., etc.), n'est pas convenable pour la coopération, et si on l'essaie ou si on la réalise, il n'en résulte rien de pratique ni aucun bénéfice. Les coopératives doivent poursuivre surtout l'élaboration de produits, et celles qui occupent un rang prééminent sont celles qui fabriquent les produits dérivés du lait. L'élaboration en commun des vins, des huiles, etc., se développe lentement, mais elle exige de grands moyens, des sacrifices, des efforts patients et constants, et demande des connaissances solides et une bonne direction.

5. *Le syndicat de vente de produits* a pour fondement :

a) Eviter la vente précipitée, isolée, sous l'impulsion de la nécessité et à des prix non rémunérateurs ; profiter de la différence ou marge qui existe entre le prix que l'intermédiaire offre directement au propriétaire angoissé et celui qu'il retire en détail, de la vente au consommateur. Les coopératives de vente avec capital propre, ou avec celui qu'elles se procurent par le moyen du crédit, peuvent avancer des sommes à compte aux associés sur leurs récoltes pendantes ou déposées dans les magasins.

b) La mission des coopératives de vente est d'ouvrir et d'assurer des débouchés grâce à la garantie de la quantité et de la qualité des produits. Il faut que ces coopératives puissent offrir des types uniformes, accréditer et conserver les marques, et s'efforcent surtout d'offrir des produits adaptés au goût du consommateur et évitent les falsifications.

Les coopératives de vente, quand elles sont aussi coopératives de production, doivent tenir compte de l'axiome : les débouchés grandissent en raison directe de la bonne qualité des produits, de leur bon marché et de la manière parfaite de les conditionner.

c) Il y a entre autres trois manières de procéder qui peuvent être employées par les coopératives : 1º l'achat ferme des produits de l'associé, sur le type de cotisation du jour, pour le compte de la coopérative, qui se convertit dès lors en propriétaire et peut les revendre comme et quand il lui plaira ; 2º la vente pour le compte de l'associé moyennant une commission ; 3º l'achat pour la coopérative elle-même, moyennant des sommes payées à l'associé à compte du prix dont la liquidation se fera à la fin de l'année. Il est impossible d'énumérer tous les différents procédés de vente de produits par les coopératives, car ils dépendent le plus souvent de *conditions circonstancielles*. Les associations coopératives peuvent obtenir des rabais spéciaux sur les tarifs et des avantages dans les transports que n'auraient pas les agriculteurs isolés.

d) Les associations coopératives de vente doivent user le plus largement que le permettent leurs ressources et leur sphère d'activité, de la propagande et de la publicité sous toutes ses formes diverses, soit par les expositions, envois d'échantillons, de voyageurs, de catalogues, prospectus, affiches, annonces, étiquettes et par la publication de brochures, d'almanachs et autres imprimés qui attirent l'attention. Les coopératives de vente, de même que le grand commerce, ont besoin, pour les ventes et l'accroissement de leurs débouchés, du concours de l'Etat par les consuls, les agents, les stations oenologiques et oenotechniques, de statistiques et de renseignements, aussi bien que du concours des chambres de commerce, agricoles et, en général, de toutes les sociétés économiques.

6. *La coopération est le moyen le plus efficace pour réaliser le crédit agricole.*

a) Le groupe formant des caisses rurales avec responsabilité solidaire, ou des caisses agricoles avec responsabilité limitée, représentent les deux facteurs les plus importants et la base du crédit agricole. La coopération de crédit agricole a sa véritable incarnation dans l'union professionnelle, jouissant des privilèges et exemptions nécessaires aujourd'hui pour venir en aide aux cultivateurs et éviter, autant que possible, la désertion des campagnes.

b) Un milieu de liberté et d'expansion est nécessaire pour la création de coopératives de crédit. Les différences d'une région à une autre sont essentielles, aussi ne convient-il pas de recommander un moule unique ; il faut adapter les caisses rurales aux localités et aux régions et non celles aux caisses. Les caisses rurales locales sont les plus propres à établir la solidarité et la base pour la fédération, en constituant des caisses régionales de puissance économique plus grande.

c) Les Caisses Raiffeisen doivent être indiquées comme propres à établir et à répandre les petites caisses rurales, par leurs principes de solidarité, leur limitation territoriale, la gratuité des fonctions administratives, l'impossibilité que les fonds de réserve soient attaqués, etc., mais on ne peut les recommander comme type unique dans les régions où l'opinion se montre hostile à la solidarité, puisqu'elles doivent être munies de toutes les garanties jugées les meilleures et les plus efficaces dans chaque localité.

d) Le caractère essentiel de la caisse rurale coopérative est d'être non seulement un instrument de gain, mais aussi une institution de progrès économique et d'élévation morale. Les faits démontrent que les caisses agricoles solidaires fondées sous l'impulsion de l'altruisme et des sentiments religieux et moraux s'étendent et prennent racine. Les caisses agricoles ne doivent pas se borner à n'être que des *organes distributeurs du crédit*, mais bien, qu'elles doivent prendre la forme et le caractère *d'organes collecteurs* des petites économies locales.

7. *Les caisses locales de crédit agricole ont pour mission* :

a) De faire quelques-unes des opérations suivantes : ouvrir des crédits avec garantie sur les récoltes, le bétail, etc., et sur toute autre garantie spéciale ; escompter les traites et valeurs agricoles ; recevoir en compte courant les dépôts de fonds avec payements à vue ou à terme, avec ou sans intérêts ; endosser les effets escomptés par elles, les négociant dans une Caisse régionale ou tout établissement autre de crédit, et, enfin, contracter des emprunts pour augmenter leur capital circulant.

b) Pour que le crédit rural soit efficace, il est nécessaire : 1º de faire en sorte, jusqu'aux limites du possible, que l'argent ne reste pas inutilisé, ou ne soit pas soustrait à l'agriculture pour alimenter d'autres entreprises ; 2º les prêts peuvent être faits à long terme ; 3º le crédit à courte échéance ne cause que des préjudices, car il met ceux qui l'ont obtenu entre les serres de l'usurier ; 4º on doit admettre le payement ou la libération des prêts au moyen de livraisons partielles à compte coïncidant avec les époques où les cultivateurs réalisent généralement leurs récoltes ; 5º les prêts doivent être effectués au moindre intérêt possible.

8. *La caisse régionale* sert à faciliter les opérations du crédit agricole, en escomptant à un taux modique les effets souscrits par ses membres et endossés par les associations locales. Les caisses régionales escomptent le papier émis par les caisses locales et en garantissent la circulation, apposant la troisième signature exigée par les grandes banques. Ces caisses comptent, comme principales ressources, sur le capital social apporté par leurs souscripteurs et ensuite sur le fonds circulant formé par les avances faites par l'Etat, par des établissements de banque déterminés, par les caisses d'épargne, par les comptes

courants et par les bons et cédules spéciales que la loi leur permet d'émettre.

9. *Les caisses centrales de crédit agricole* doivent répondre à un besoin senti et réclamé par l'opinion. Les caisses centrales surgiront là où existeront des caisses régionales nombreuses et fortes ; si une caisse centrale était créée sous la seule influence des centres bureaucratiques, ce serait un avorton de vie éphémère. Les caisses centrales doivent être des organismes robustes dans lesquelles les classes agricoles, groupées en syndicats locaux et régionaux, ont la principale et directe participation.

10. *Les caisses rurales quand elles sont formées par des groupes de petits agriculteurs*, fermiers à demi-récolte, censitaires, etc., etc., ne pourront à cause de leur garantie réduite, de leur faiblesse économique, réaliser que l'œuvre bienfaisante, moralisatrice, importante, et la lutte contre l'usure, avec l'aide du cultivateur, qui trouvera, moyennant un modique intérêt, l'argent pour les engrais, les semences et autres dépenses productives, mais elles ne pourront en général recourir à des prêts plus importants.

Etant donnée la situation de l'agriculture, il est nécessaire que l'Etat, comme il l'a fait pour d'autres branches de la richesse, intervienne par des secours efficaces et prenne des mesures législatives afin que les capitaux puissent affluer vers l'agriculture.

Pour que les caisses rurales et le crédit agricole se développent, il faut de plus que le crédit réel sous ses formes multiples entre en jeu. Le *warrant* agricole est aussi un instrument indispensable au développement du crédit et doit être revêtu de toutes les conditions, facilités et privilèges légaux, afin de pouvoir en tirer toute l'efficacité.

11. *L'agriculture moderne, à cause de son intensivité*, de la révolution technique qu'elle a subie, et aussi parce qu'elle constitue une véritable industrie, a besoin de grands capitaux que les banques hypothécaires, et celles de crédit territorial qui, en règle générale, ont manqué à ce mandat, doivent leur procurer.

Finalement : le développement de la coopération et du crédit agricole exige dans presque toutes les nations la révision, l'amélioration et le complément des lois et des dispositions qui les régissent à notre époque.

12. On demande que le caractère confessionnel des sociétés agraires, ainsi que les buts bienfaisants, moraux et religieux qu'outre le but agraire elles se proposent de réaliser, ne soient pas un obstacle pour les bénéfices accordés par l'Etat.

13. Dans le pays où le crédit agricole n'existe pas, ou s'y trouve à l'état embryonnaire, toute tentative faite par les

Etats dans le but d'aider moralement et économiquement l'installation du crédit agricole, est digne d'éloge.

14. Qu'au sein des syndicats ou des associations agricoles on permette la constitution de groupes ruraux coopératifs syndiqués, ou de sociétés à responsabilité solidaire et illimitée — le nom est indifférent — et dont le but sera tout spécialement syndical.

Il serait à désirer qu'avec les capitaux attirés des sources principales — quelles qu'elles soient — on constituât des banques pouvant avoir elles-mêmes des agences et qui devraient fournir le crédit à l'agriculture, propriétaire ou rentier, au moyen de chèques par exemple, signés par l'agriculteur lui-même, et par les directeurs du groupe rural syndiqué, ce qui impliquerait la responsabilité solidaire et illimitée du groupe ou société en question.

Les fonctions techniques de la banque ou des banques, ainsi que les fontions syndicales, doivent être complètement indépendantes. [334 : 63]

(*Congrès International d'Agriculture*, Madrid, 1911.)

Associations coopératives agricoles. 334 : 63

1. Il est désirable que l'Etat intervienne pour l'exécution de travaux agricoles à exécuter en commun et intéressant la salubrité publique ou la défense du sol et de ses produits contre les calamités naturelles.

2. La création d'associations agricoles doit être favorisée dans la mesure du possible par les moyens dont peuvent disposer les gouvernements, les sociétés agricoles et les particuliers, s'intéressant réellement aux progrès et au développement de l'agriculture.

3. Il appartient au législateur d'astreindre à l'accomplissement de certaines formalités générales et concernant notamment la publicité et la responsabilité des administrateurs, la création de sociétés coopératives agricoles. Il conviendrait également de soumettre certains de leurs actes, notamment les acquisitions à titre gratuit, à des formalités ou approbations spéciales. Des règles particulières devront être édictées au cas où ces associations se livreraient à des opérations financières, telles que caisses de retraite ou de secours mutuel, crédit, etc.

4. Les associations agricoles, se livrant à des opérations de crédit ou de banque ne doivent pas être soumises à la législation de droit commun sur ces matières, mais seront l'objet des lois spéciales répondant aux besoins particuliers du crédit agricole. [334 : 63]

(*Congrès International d'Agriculture*, La Haye, 1891.)

Imposition de la propriété boisée.   336.24 : 63.49

Une règlementation internationale de l'imposition fiscale de la forêt doit être considérée comme irréalisable, étant donné que les conditions territoriales devant servir de base à cette imposition qui dépend d'elles en première ligne, sont d'une diversité excluant toute uniformité d'évaluation. Toutefois en ce qui concerne l'impôt progressif général sur le rendement, il est désirable qu'on observe les principes ci-dessous énoncés.

1. Le revenu provenant de l'exploitation anormal, autrement dit du rendement non régulier d'un territoire forestier, doit rester exempt d'impôt quand il a été déterminé par des nécessités ou causes accidentelles dues aux phénomènes d'ordre naturel, et pareillement quand l'exploitation est intermittente.

2. Le revenu provenant de forêts soumises au traitement de l'exploitation intermittente, doit être imposé à part et non pas avec le reste du revenu du contribuable.

3. L'impôt doit atteindre seulement et exclusivement le revenu effectivement obtenu, et non pas le revenu à obtenir dans l'avenir.

4. Les frais nécessités par le boisement de superficies non encore boisées doivent être portés en compte et déduits du revenu imposable du forestier procédant au boisement.

En ce qui concerne les Etats disposés à maintenir ultérieurement l'impôt foncier, il est recommandable que des mesures soient prises, dont l'effet serait d'éliminer dans la mesure du possible le caractère de rigidité de l'impôt foncier, de rendre effectuable une détermination du rendement correspondant à la situation réelle, et enfin d'assurer un traitement de faveur aux forêts d'utilité générale en vertu de leur action de protection, ainsi que la règlementation de l'exonération totale en cas de catastrophes dues aux éléments.   [336.24 : 63.49]

(*Congrès International d'Agriculture*, Vienne, 1907.)

Impôt sur le sucre.   336.271.3

Que l'impôt sur le sucre soit supprimé ou diminué dans les proportions les plus larges que le permettront les finances de chaque Etat ;

Que les législations des divers pays soient modifiées de manière à supprimer toutes les primes qui sont absolument contraires aux principes économiques, aux bonnes relations internationales et surtout aux intérêts mêmes de l'industrie sucrière.   [336.271.3]

(*Congrès International d'Agriculture*, Paris, 1878).

**** Un abaissement de l'impôt sur le sucre, surtout dans les pays où il est très élevé, est impérieusement exigé.

Il faut, et cela avec toute énergie, s'appliquer à écarter tous les obstacles qui résultent pour la consommation du sucre de l'accroissement des difficultés relatives aussi bien au transport des matériaux bruts qu'à la circulation des produits achevés.

En conséquence, il importe de fixer constamment le regard sur toutes les difficultés concernant les tarifs, le matériel et aussi les modalités du transport, et de provoquer au plus vite la suppression de ces difficultés, de manière que l'on pourvoie en tout temps au transport le plus avantageux des matériaux bruts dans les usines ainsi que du produit achevé sortant de celles-ci.   [336.271.3]

(*Congrès International d'Agriculture*, Vienne, 1907.)

Bons d'importation.   337.8

Le C. I. A. repousse le système des bons d'importation et il émet le vœu que l'admission temporaire des blés soit améliorée en modifiant les règles de l'équivalence et en exigeant le payement effectif et préalable des droits.   [337.8]

(*Congrès International d'Agriculture*, Paris, 1900.)

Moyens de combattre les crises agricoles.   338.97 : 63

1. Il est possible, dans une certaine mesure, d'augmenter les rendements et de diminuer les prix de revient, par le choix judicieux des engrais et des variétés cultivées dont la propagation sera assurée par les champs d'expérience et de démonstration.

2. Il y a lieu de maintenir la culture des céréales, là seulement, où elle est rémunératrice.

3. Il est possible de diminuer les frais des intermédiaires par l'action des syndicats.

4. Chaque nation devrait protéger par des droits de douane sa production agricole contre les produits similaires étrangers.

5. Il y a lieu de poursuivre énergiquement la falsification des denrées alimentaires.

6. Il y a lieu de supprimer les tarifs de pénétration.

7. Il y a lieu de faciliter par tous les moyens possibles (diminution des droits de mutation, simplification des formalités de transmission) la circulation de la propriété immobilière.

8. Il y a lieu de simplifier le régime hypothécaire actuel qui, à cause de ses formalités trop compliquées et des frais trop élevés qu'il entraîne, pèse lourdement sur l'agriculture.

9. Les charges fiscales, qui pèsent si lourdement sur la propriété foncière, et qui sont la cause principale de la crise agricole, devraient être réduites par les pouvoirs publics.   [338.97 : 63]

(*Congrès International d'Agriculture*, Paris, 1889.)

Protection des oiseaux insectivores.   341.27.653.1

1. Il est formellement interdit de prendre ou de détruire les oiseaux insectivores.

2. Il est désirable qu'une liste détaillée des oiseaux dont la protection doit être assurée soit établie par les soins d'une commission internationale, composée d'hommes spéciaux désignés à cet effet.

3. Il est permis de prendre les oiseaux qui se nourrissent principalement de grains, excepté du 1er mars de chaque année jusqu'au 15 septembre, temps pendant lequel il est jugé nécessaire qu'ils soient protégés contre toute destruction.

4. L'usage des filets et des pièges de toute espèce ainsi que de la glu, pour prendre les oiseaux, est absolument défendu.

5. Il est défendu d'enlever les œufs et les petits des oiseaux, ainsi que de déranger leurs nids, excepté pour les oiseaux nuisibles, dont il sera fait une liste, également par une commission internationale composée d'hommes spéciaux.

6. Aucun oiseau insectivore, mort ou vivant, ne pourra être exposé en vente, en quel temps que ce soit. Cette défense s'étend également aux espèces d'oiseaux qui se nourrissent partiellement de grains, pendant le temps où il est défendu de les prendre ou de les détruire, ainsi qu'aux nids et aux œufs de toutes les espèces d'oiseaux non déclarés nuisibles.

7. Il pourra, pour des cas spéciaux et dans l'intérêt de la science, être fait exception au règlement ci-dessus. [341.27.653.1]

(*Congrès International Agricole et Forestier*, Vienne, 1873.)

*** 1. Protection efficace durant les 5 à 6 mois comprenant l'époque de reproduction, de tous les oiseaux qui ne sont pas universellement reconnus comme nuisibles.

a) Les différents Etats sont invités à établir des listes des oiseaux qu'ils reconnaissent comme véritablement utiles dans leurs conditions, de manière que, par la comparaison de celles-ci, on puisse enfin dresser une liste définitive des oiseaux à protéger partout l'année entière.

b) Le gibier migrateur, propriété internationale, devrait bénéficier aussi d'une réelle protection. Il ne serait permis de le tuer qu'au fusil et seulement du 15 août au 31 mars, au maximum ; alors que le gibier sédentaire, propriété exclusive de chaque Etat, demeure soumis à la législation de celui-ci.

Il doit être défendu d'enlever les nids, de prendre les œufs, de capturer ou de détuire les couvées des oiseaux protégés durant les mois de protection de ceux-ci, alors qu'il est défendu de les tuer et de les capturer.

c) Des exceptions aux dispositions ci-dessus pourraient être accordées par les autorités compétentes, en vue d'intérêts scientifiques ou de repeuplement, et temporairement dans une localité déterminée, en cas de dommages réels causés par la surabondance d'une espèce.

2. Interdiction complète de tous procédés de capture en masse, que ce soient des procédés capables de prendre les oiseaux en quantité à la fois, ou des pièges ou engins qui, déposés en grand nombre, puissent atteindre au même résultat.

a) Le transport commercial et le transit de la caille, vivante ou morte, devraient être interdits en Europe et dans l'Afrique N et N-E.

b) Il serait désirable que, dans les expositions de l'avenir, aucune récompense ne soit accordée aux engins destinés à la capture des oiseaux.

c) Considérant le commerce des plumes pour parures comme contraire à la protection des oiseaux en général, le C. I. A. recommande au comité de prendre aussi en sérieuse considération ce côté de la question.

3. L'exécution des vœux ci-dessus devrait être confiée à une commission internationale secondée, dans les divers Etats, par des comités locaux chargés d'étudier dans chacun les conditions d'application des différentes dispositions.

[341.27.653.1]
(*Congrès International d'Agriculture*, Lausanne, 1898.)

Cours d'eau internationaux. 341.27.913

Partout où un cours d'eau, grand ou petit, parcourt le territoire de plusieurs pays, ou sert de limite entre eux, il sera institué par les gouvernements respectifs un comité composé par parties égales de nationaux pris de chaque côté, et chargé de veiller aux intérêts qui se rattachent à chacun de ces cours d'eau.

Ce comité aura pour mission de signaler à chacun des gouvernements les améliorations dont ces cours d'eau sont susceptibles et de veiller tout spécialement à leur état de pureté.

Il sera établi par les divers gouvernements intéressés dans ces questions, et qui manifesteront l'intention d'entrer dans cette union, un conseil supérieur qui aura pour mission :

1. De trancher, comme arbitre, les difficultés qui pourraient s'élever au sein des comités régionaux, par le fait du partage de ses membres d'après leur nationalité.

2. De signaler aux gouvernements de l'union les mesures d'utilité générale.

3. D'exprimer son avis sur toutes les questions d'intérêt général qui lui seraient soumises. [341.27.913]
(*Congrès International d'Agriculture*, Bruxelles, 1895.)

Protection des eaux poissonneuses.   341.27.94

Les Etats sont invités à prendre dans la mesure du possible des mesures législatives contre la souillure des eaux poissonneuses par des eaux industrielles, ainsi que des mesures interdisant l'introduction, dans les eaux internationales, de nouvelles espèces de poissons sans l'assentiment de tous les Etats intéressés. [341.27.94]
(*Congrès International d'Agriculture*, Lausanne, 1898.)

Institut International d'Agriculture.   341.28.231 (061)

Le C. I. A. exprime le désir que parmi les délégués à l'*Institut International d'Agriculture* soient compris des représentants des associations agricoles, choisis de la façon la plus appropriée à chaque pays. Il charge la commission internationale d'agriculture, lorsque l'Institut International d'Agriculture commencera à fonctionner, d'aviser au meilleur moyen de lui transmettre les vœux des congrès et des associations agricoles.
[341.28.231 (061)]
(*Congrès International d'Agriculture*, Vienne, 1907.)

Commission forestière internationale.   341.28.232

Le C. I. A. émet le vœu qu'il soit créé, par tous les Etats que peuvent intéresser les questions sylvicoles, une Commission forestière internationale. [341.28.232]
(*Congrès International d'Agriculture*, Paris, 1878.)

Protection des émigrants.   341.28.88

Il convient, à cause de la gravité de la question, qui intéresse toutes les nations européennes, d'émettre un vœu tendant à obtenir l'organisation d'une police internationale qui aurait pour but :
1º De généraliser les mesures de règlementation prises par les pays à grande émigration pour protéger la sécurité, le bien-être et la moralité de l'émigrant avant son départ et pendant la traversée ;
2. De généraliser, aux pays de destination, les mesures pour recevoir convenablement l'immigrant, l'héberger pendant quelques jours, lui faciliter l'obtention du travail, en ayant égard à sa race et à ses aptitudes ;

3° Qu'il serait utile de convoquer un congrès international pour l'étude de ces questions. [341.28.88]
(*Congrès International d'Agriculture*, Bruxelles, 1895.)

Fraudes dans la vente des engrais.   343.537 : 63.16

Les lois spéciales décrétées dans plusieurs pays contre la fraude dans la vente des engrais ont eu un effet utile incontestable. Elles complètent les articles du droit commun traitant de la fraude par des dispositions qui diminuent considérablement les chances d'acquittement.

L'existence d'une facture portant dénomination exacte de la nature, de l'origine, de l'identité de la marchandise et de son titre en principes utiles, fournit une base essentielle d'appréciation de l'exécution du marché.

En dehors d'une certaine réduction du nombre des falsifications constatées par les laboratoires agricoles, les prescriptions législatives et les arrêtés d'exécution fixant particulièrement l'emploi de termes techniques, ne pouvant donner lieu à équivoque, ont produit une régularisation de l'ensemble des transactions en matière d'engrais.

Il reste à examiner, au point de vue juridique, si les lois ne pourraient pas prévoir aussi les ventes faites à des prix usuraires, sans rapport avec la valeur intrinsèque de la marchandise, faits doleux qui ont échappé jusqu'à présent à la répression.

Il est indispensable que les mesures législatives, prises pour protéger l'acheteur de matières fertilisantes, soient étendues aux marchés des substances alimentaires pour le bétail et à la vente des semences.

L'ensemble de ces lois, appuyé par une puissante organisation des laboratoires de contrôle, viendrait efficacement en aide à l'agriculture et protégerait le négociant honnête contre la concurrence déloyale qu'il subit de la part du fraudeur.

[343.537 : 63.16]
(*Congrès International d'Agriculture*, Bruxelles, 1895.)

Braconnage piscicole.   343.7.72

Eu égard au braconnage et à l'insuffisance de la surveillance de la pêche, il convient d'instituer un nombre suffisant de gardes-pêche ; de tenir la main à l'exécution des règlements relatifs à la vente de la dynamite et de la coque du Levant ; d'attirer l'attention des pouvoirs publics sur les inconvénients de l'application aux délinquants, en matière de pêche, des bénéfices des lois sur la condamnation conditionnelle, la mendicité et le vagabondage. [343.772]
(*Congrès International d'Agriculture*, Bruxelles, 1895.)

Travail des détenus. 343.823

1. Le travail *à l'aperto* est réservé à certains détenus condamnés aux peines de longue durée.

2. Ils n'y seront admis qu'après avoir subi un certain temps d'emprisonnement cellulaire (variable suivant les pays).

3. Ils n'y seront admis que pour autant qu'ils auront donné des garanties sérieuses d'amendement.

4. Le travail *à l'aperto* est réservé aux individus destinés à s'établir à la campagne après leur libération.

5. Les détenus employés aux travaux *à l'aperto* devront toujours demeurer sous la garde et la surveillance des employés du gouvernement. Ils pourront être occupés pour le compte de l'Etat ou des particuliers. —

6. Ces détenus devront toujours être isolés de la population libre.

7. Le travail imposé ne pourra pas être particulièrement malsain au point de constituer une peine de mort déguisée.

8. La séparation nocturne des détenus est obligatoire.

9. La surveillance à exercer à leur égard devra toujours être sévère.

10. Le droit d'être employé au travail *à l'aperto* est toujours révocable.   [343.823]

(*Congrès International d'Agriculture*, Bruxelles, 1895.)

Transcription immobilière. 347.235.11

Il y a lieu d'introduire dans la législation *le livre foncier germanique*, tel qu'il confectionne par le feuillet personnel dans les régions morcelées de la Prusse, sauf à conserver la transcription des actes authentiques de transfert pour tenir lieu de la formalité prussienne d'investiture par la comparition personnelle des parties contractantes.

Il y a lieu de concentrer dans une seule administration tous les services publics de la conservation de la propriété foncière, cadastre, transcription des actes constitutifs et transitifs de droits réels, privilèges, hypothèques.

L'institution de syndicats de bornage serait de nature à faciliter la réfection et la revision du cadastre, notamment dans les termes de la proposition de loi déposée par M. Boudenot et plusieurs de ses collègues de la Chambre française.

Il y a lieu, pour rendre possible l'organisation des livres fonciers, de procéder à une réfection du cadastre. Cette réfection doit être telle que les livres fonciers puissent se référer au cadastre de la même manière qu'ils s'y réfèrent dans les pays de droit germanique et autres qui les ont adoptés avec

toutes les conséquences découlant des principes de légalité et de publicité. [347.235.11]
(*Congrès International d'Agriculture*, Bruxelles, 1895.)

*** Il y a lieu de recommander toutes les mesures proposées pour faire servir le cadastre à la constatation de la propriété foncière et de demander l'étude d'un système de conservation du cadastre. [347.235.11]
(*Congrès International d'Agriculture*, Paris, 1878.)

Bail à colonage. 347.453.1

Pour assurer l'existence d'une forte et saine classe rurale, intéresser la participation du paysan et du laboureur aux bénéfices des exploitations agricoles, surtout dans les grandes propriétés, un moyen facile de réussir est offert par le contrat d'*aparceria* de Catalogne, Espagne. Ce contrat a la durée d'un an prorogée indéfiniment tant que le propriétaire ou le laboureur ne dénoncent pas le contrat. Tous les labeurs sont au compte du laboureur, et les fruits ainsi que les bestiaux, se partagent en nature, généralement pour la vigne, par exemple, en deux parties pour le laboureur et une partie pour le propriétaire, ou trois parties pour le laboureur, dans les céréales, et une partie pour le propriétaire. [347.453.1]
(*Congrès International d'Agriculture*, Vienne, 1907.)

Plus-value en fin de bail. 347.453.1.046

1. Il convient de donner au fermier le droit, à la fin du bail, d'être indemnisé par le propriétaire des améliorations qu'il a faites, si elles ont amené une plus-value des terres données à bail.

2. Ce droit doit être réservé aux améliorations ayant exclusivement le caractère d'améliorations culturales.

3. Tout contrat, accord, convention, par lequel le fermier renoncerait à son droit de demander une indemnité à raison d'améliorations culturales, sera, sur ce chef, nul et de nul effet ; mais le règlement de la plus-value pourra être établi par le contrat de bail, sur d'autres bases et à d'autres conditions que celles qui seront déterminées par la loi. [347.453.1.046]
(*Congrès International d'Agriculture*, Paris, 1889.)

Loi sur l'usure. 347.456.3

Il doit être procédé à l'application la plus rigoureuse de la loi sur l'usure et à son extension à tous les domaines du crédit.

Dans les Etats où il n'existe pas encore de lois réprimant

l'usure, il doit être pourvu dans le plus bref délai à leur confection. [347.456.3]

(*Congrès International d'Agriculture*, Vienne, 1907.)

Droit de disposition des forces hydrauliques.
351.711 : 621.2

1. Des systèmes de droit réservant à l'Etat, aux communes ou à d'autres associations publiques, le droit de disposition sur les forces hydrauliques sont préférables à ceux qui lient le droit de l'eau à un droit privé du propriétaire riverain.

2. En ce qui concerne le privilège de concessions hydrauliques, la priorité appartient à l'Etat avant toutes les autres associations communales, mais ces dernières ont, à leur tour, la priorité sur les associations privées.

3. La concession des droits des eaux aux particuliers ne peut, en général, avoir qu'une durée limitée. Mais la durée de la concession doit toujours avoir égard à un facile amortissement du capital engagé qui ne pèse pas trop lourdement sur le prix du courant électrique.

4. Dans l'intérêt du rapide développement des établissements hydroélectriques, il est recommandable, au début, de ne pas mettre d'impôts sur l'électricité.

5. Tous travaux susceptibles de développer d'une manière systématique, par le concours des spécialistes, l'utilisation et l'emploi des forces hydrauliques, doivent bénéficier d'une protection particulière.

6. Dès que le caractère d'utilité publique d'un établissement électrique est reconnu par l'administration de l'Etat, la transmission du courant électrique doit l'emporter sur la propriété privée du sol.

Toutefois, il doit être procédé avec tous les ménagements possibles de la propriété, et la prise de possession de son usufruit, pour l'installation des poteaux et pour le placement des fils de la transmission, doit avoir lieu régulièrement contre dédommagement.

7. On recommande la création de livres publics contenant le relevé de toutes les particularités juridiques de quelque importance pour l'établissement et la transmission électrique, de manière que nulle difficulté légale ne puisse être suscitée par des tiers. [351.711 : 621.2]

(*Congrès International d'Agriculture*, Vienne, 1907.)

Cadastre foncier. 351.714.2

1. La carte géographique d'une nation et son cadastre sont choses bien différentes, quoiqu'elles aient des rapports très

étroits entre elles. Les faits et les rapports consignés dans le cadastre appartiennent à l'ordre économique ou à l'ordre juridique économique.

Les cadastres dits parcellaires graphiques, qui devront avoir comme base commune la carte topographique, remplissent toutes les fins du cadastre, tandis que ceux dits statistiques n'en remplissent qu'une partie.

2. Il existe une réelle disproportion entre le sacrifice que suppose, pour les trésors nationaux, la formation du cadastre parcellaire-juridique et l'utilité de celui-ci, car il est toujours moindre que les grands travaux de culture et ceux de défense et d'amélioration du territoire et n'atteint qu'un nombre déterminé de citoyens, raison pour laquelle les frais du cadastre juridique devront être partagés entre l'Etat et les particuliers proportionnellement à leurs utilités respectives.

3. L'aspect fiscal et statistique des cadastres parcellaires constitue une véritable utilité publique, de là que leur réalisation appartient entièrement à l'Etat ; le rapport entre les frais et l'utilité est plus favorable dans l'avancement cadastral que dans le cadastre parcellaire fiscal ; celui-là suffit pour remplir les fins purement fiscales et statistiques des cadastres parcellaires non juridiques, et son exactitude dans l'estimation des côtes individuelles y est très peu inférieure. Il est donc convenable que les nations qui n'auraient pas encore commencé le cadastre, exécutent les opérations propres à l'avancement, avec la plus grande rapidité possible et aux frais de l'Etat, abandonnant complètement le cadastre parcellaire fiscal et en laissant à l'initiative particulière, convenablement dirigée et stimulée, la formation du cadastre parcellaire juridique.

4. Les opérations de l'avancement, et plus à forte raison celles du cadastre juridique, doivent être précédées de celles de planographie générale ; l'Etat ne doit point confier à l'initiative particulière ni les opérations planographiques ni celles de l'avancement cadastral, car cela équivaudrait à aliéner des fonctions de souveraineté.

5. Les opérations propres à l'avancement se diviseront en deux groupes : l'un topographique ou géométrique, qui comprend les croquis des domaines, notations spéciales de ceux-ci et leur mesure, suivant le cas ; l'autre arithmétique et littéral, qui comprend l'estimation des parcelles, les notations des rapports de propriété, la qualification et le classement des domaines, la vérification des superficies, la formation des statistiques et les évaluations unitaires et parcellaires. Les évaluations unitaires devront être basées sur le revenu du sol, sur l'intérêt du capital circulant et sur le bénéfice du cultivateur, et, pour

obtenir un rapport d'harmonie entre les évalutions des différentes zones, on confiera à un organisme central les évaluations
partielles qui se déduisent de la connaissance que possède l'Administration de beaucoup de facteurs de la production (bénéfice
du cultivateur, intérêt des capitaux de la culture) et à des organismes périphériques celles exclusivement locales (enquête
des experts sur les revenus de la terre). L'organisme central
surveillera le fonctionnement des organismes périphériques
et fera souvent des mutations entre les membres de ces derniers,
afin de maintenir l'unité de jugement.

6. Les contribuables ont le devoir de prendre part à l'œuvre
du cadastre par leurs déclarations jurées sur l'étendue de leurs
parcelles et sur le rapport de propriété, les rectifications nécessaires et les déclarations des changements de domaine ou de
qualification des cultures pendant la période de conservation.
Leur concours volontaire consistera dans l'exercice du droit
de contestation sur toutes les notations cadastrales.

7. La formation du cadastre parcellaire juridique doit consister en une transformation lente et progressive de l'avancement faite par l'initiative particulière. Celle-ci est chargée de
la délimitation des domaines, avec faculté de l'imposer aux
propriétaires limitrophes pour leurs domaines respectifs, de
l'enchaînement géométrique des poteaux entre eux et avec ceux
du réseau polygonal, de la mesure topographique et de toutes
les notations contradictoires des domaines. L'administration,
outre qu'elle stimulera cette initiative par des restitutions, des
subventions, des diminutions d'impôts, et par la concession
de *titres réels* de propriété, sera chargée de l'assemblage de
poteaux intratriangulaires et de leur enchaînement avec les
sommets de dernier ordre, de la vérification des opérations réalisées par les particuliers, de l'inclusion de ces opérations dans
le cadastre de l'avancement et de la conservation de celui-ci
avec le cadastre parcellaire juridique que l'on formera.

[351.714.2]
(*Congrès International d'Agriculture*, Madrid, 1911.)

Garantie d'origine des vins.   347.774.5

1. Une convention internationale devra assurer la protection des différents crus et en général des vins à origine garantie
par le nom, l'étampage du bouchon ou tout autre moyen de le
désigner clairement et d'empêcher de la confondre avec aucun
autre.

2. La même convention internationale devra reconnaître
dans chaque pays à des institutions similaires aux Chambres de
commerce de France, le droit et la fonction de recevoir et

d'agréer officiellement le dépôt des marques, étiquettes et étampes des divers vins, après s'être assuré de l'existence réelle des crus et vins qu'ils représentent. Les étiquettes devront différencier le cru de tout autre vin à nom semblable et devront notamment porter chacune en gros caractères : le nom de la nation, ensuite le nom de la province, département, canton ou autre division territoriale analogue dont ils seront originaires ; et enfin celui du cru lui-même tel qu'il aura été accepté par les chambres de commerce ou les institutions similaires de chaque pays.

3. Si elle ne peut être appliquée aussi rigoureusement aux vins en fûts, une réglementation devrait au moins être appliquée aux vins en bouteille.

4. A défaut de convention internationale générale, des conventions particulières entre les divers Etats relatives au régime douanier des vins doivent porter désormais une clause tendant au même but.

5. Les dispositions ci-dessus seraient appliquées également aux crus classés des eaux-de-vie de vin.　　　　[347.774.5]
(*Congrès International d'Agriculture*, Lausanne, 1898.)

*** Le C. I. A., vu l'intérêt commun des producteurs et des consommateurs de vin de voir assurer effectivement l'authenticité de chaque vin, intérêt d'autant plus grand que le vin est consommé plus loin de son lieu d'origine, et ne voulant d'ailleurs faire aucune restriction relativement aux noms des types de vins, émet le vœu que la Commission internationale permanente d'agriculture cherche à provoquer des négociations entre les puissances adhérentes, afin qu'une convention internationale assure la protection des différents crus. [347.774.5]
(*Congrès International d'Agriculture*, Rome, 1903.)

Règlementation concernant l'alcool.　　　　351.761

1. Que les emplois de l'alcool destiné à la fabrication des produits pharmaceutiques et chimiques soient dégrevés de tous droits de fisc ou d'octroi, ainsi que les autres matières premières nécessaires à la fabrication de ces produits, s'il y a lieu, même lorsque ces matières premières sont grevées de droits pour la consommation directe.

2. Que pour les alcools dénaturés destinés aux usages de l'éclairage et de la force motrice, outre le dégrèvement des droits, il soit prescrit aux administrations fiscales chargées d'assurer la dénaturation de choisir, avant tout, des dénaturants appropriés à ces usages, peu coûteux, à pouvoir calorifique élevé, et

ne renfermant aucune substance solide fixe ou possédant un point de volatilisation très supérieur à celui de l'alcool.

3. Que toute fraude pour revivification de l'alcool dénaturé soit punie sévèrement.

4. Que les constructions d'appareils de distillation et de rectification soient tenus de déclarer au fisc toute fabrication, vente ou réparation d'appareils distillatoires.

5. Qu'à l'avenir, et pour toutes les relations internationales, l'alcoométrie pondérale centésimale soit substituée aux divers systèmes d'alcoométrie volumétrique actuellement en usage.

[351.761]
(*Congrès International d'Agriculture*, Paris, 1900.)

*** Il y a lieu de prendre d'urgence des mesures législatives rigoureuses, afin de combattre le fléau de l'alcoolisme et même, d'établir le monopole de la rectification des alcools. [351.761]
(*Congrès International d'Agriculture*, Bruxelles, 1895.)

Répression du vagabondage dans les campagnes. 351.763

1º Il y a lieu de développer le plus largement possible l'assistance en faveur des mendiants et vagabonds infirmes ; de multiplier, à cet effet, les institutions de prévoyance telles que les sociétés de mutualité, les assurances, les caisses de retraites, les secours à domicile, les secours médicaux gratuits, les hospices destinés à abriter ceux qui ne peuvent être secourus à domicile ;

2º Il est désirable que l'assistance temporaire soit accordée aux valides de bonne volonté en état de chômage momentané. Cette assistance peut leur être utilement donnée dans les ateliers d'assistance par le travail et dans les colonies de travail, industrielles ou agricoles, fondées par l'initiative privée et subventionnées par les collectivités ;

3º Les mendiants et vagabonds professionnels relèvent de la répression pénale ; il y a lieu de préconiser :

a) Comme mesures administratives : l'expulsion des mendiants étrangers, valides, dénués de permis de séjour ; la délivrance à tout nomade d'une autorisation consignée sur un carnet spécial ; l'action concordante des divers agents de la force publique (gendarmes, douaniers, gardes forestiers, etc.) ; l'organisation de chambres de sûreté communales et de refuges ou gîtes d'étapes conservant la trace de tous les hospitalisés de passage ; la répression des roulottes, si dangereuses pour l'hygiène et la sécurité des campagnes ;

b) Comme mesures législatives : le vote de lois qui donnent à des magistrats locaux la mission de procéder à la sélection des mendiants et vagabonds arrêtés, assurent l'internement dans des maisons de travail forcé des mendiants et vagabonds professionnels, et organisent, avec l'aide des sociétés de patronage, un casier général et permanent du vagabondage ;

4° Pour compléter, par l'initiative privée, l'œuvre des pouvoirs publics, il serait utile :

a) De laisser à toutes les œuvres de bienfaisance ayant pour but de secourir les mendiants et les vagabonds, la faculté de se constituer librement avec la personnalité civile conférant le droit de posséder et d'acquérir sans autorisation ;

b) De partager les pays en un certain nombre de circonscriptions charitables, pourvues chacune d'un office central relié lui-même aux offices des autres régions ;

5° Les mendiants et vagabonds récidivistes seraient astreints, lorsqu'ils sont condamnés, à accomplir leur peine en prison cellulaire.   [351.763]

(*Congrès International d'Agriculture*, Paris, 1900.)

Animaux intéressant l'agriculture.   351.765 : 63

1. Il n'y a que peu d'animaux qui soient absolument nuisibles en même temps à l'agriculture et à la sylviculture. Ce sont spécialement : la souris, le hanneton, l'élatère et autres insectes.

2. Des mesures de protection, sévèrement mises en vigueur, doivent être accordées à tous les animaux, particulièrement aux oiseaux, aussi longtemps qu'on ne peut prouver contre eux, dans des cas particuliers, une action nuisible.

3. Pour beaucoup d'entre eux, l'utilité et le dommage doivent être équilibrés avec soin et, d'après l'état de choses qui existe, il faut établir une restriction (cerfs et chevreuils) ou ordonner une extermination (lapins de garenne et corbeaux) ou accorder une protection plus ou moins étendue.

La protection des animaux qui ne sont pas nuisibles, d'une part, et d'autre part le combat contre les animaux nuisibles doivent s'établir par :

a) des éclaircissements, des instructions, des exemples et des conseils ;

b) par des ordonnances de police et par une législation de l'Etat ;

c) par un accord entre les districts limitrophes dans un même Etat ou bien dans les zones frontières d'Etats voisins, afin de garantir, au moyen d'une intervention commune, le succès des mesures prises dans un même but ;

d) par des stipulations internationales.   [351.765 : 63]

(*Congrès International d'Agriculture*, Vienne, 1907.)

Protection des animaux dans les colonies.   351.765.3 (-5)

Il importe que des mesures énergiques préservent les régions d'outre-mer de l'anéantissement de beaucoup d'espèces d'animaux utiles, rares ou intéressantes, en particulier d'oiseaux : *a*) Par l'introduction d'une loi de chasse énergique dans ces régions ; *b*) Par l'établissement de *réserves* dans les régions où il est possible de le faire ou dans les îles non habitées où le territoire se prête à la *réserve*, avec défense absolue d'y chasser ;

Il y a lieu d'insister auprès de leurs autorités, tant que la susdite loi de chasse est encore en préparation : *a*) Pour l'introduction de permis de chasse dans ces colonies ; *b*) Pour qu'on y interdise l'exportation entière ou partielle des peaux d'animaux, surtout des oiseaux, sauf certaines espèces stipulées, ou dans l'intérêt de la science, et au cas où cette interdiction ne serait pas encore possible, d'imposer fortement ces produits coloniaux.   [351.765.3 (-5)]

(Congrès International d'Agriculture, Paris, 1900.)

Protection des oiseaux utiles.   351.765.31

1. Protéger d'une manière efficace, dans les cinq à six mois comprenant l'époque de reproduction, tous les oiseaux qui ne sont pas généralement reconnus comme incontestablement nuisibles, aussi longtemps que l'on n'aura pas réussi à établir des listes d'oiseaux partout et toujours utiles. Des exceptions pourront être prévues en faveur de la science et en cas de légitime défense ;

2. Interdire complètement tous les procédés de capture en masse, que ce soient des procédés capables de prendre les oiseaux en grandes quantités à la fois (filets, etc.) ou des pièges ou engins (lacets, etc.) qui, disposés en grand nombre, peuvent atteindre, au même résultat ;

3. Interdire également le commerce et le transit, le colportage, la vente et l'achat des oiseaux protégés, de leurs œufs et de leurs petits, pendant les époques de protection prévues. Le gibier migrateur, la caille, en particulier, qui diminue toujours davantage, devrait bénéficier des mêmes protections et interdictions ;

4. Prier chaque Etat de faire faire, sur son territoire, des recherches à la fois ornithologique et entomologiques, en vue de déterminer l'alimentation des espèces et, par là, leur degré d'utilité. Rapport sur ces recherches devrait être fourni au Comité ornithologique international permanent dans l'espace de cinq semaines ;

5. Favoriser, par tous les moyens possibles (haies, nichoires, etc.), la multiplication des oiseaux utiles, insectivores principalement.

6. Répandre dans la jeunesse des données en même temps intéressantes et utiles sur la biologie des oiseaux en général.

[351.765.31]
(*Congrès International d'Agriculture*, Paris, 1900.)

*** Il est absolument obligatoire que, de la part des milieux agricoles et forestiers, ainsi que de la part de chaque Etat et pays, en considération des services éminents que rend le monde des oiseaux à l'agriculture des champs et des forêts, on tende partout à la création de lois radicales pour la protection des oiseaux.

Ces lois devraient, spécialement et absolument, défendre en tout temps la capture des oiseaux utiles et leur commerce en tant que causes essentielles concourant à la diminution des oiseaux et par suite préjudiciables à la protection des plantes.

Il serait toléré seulement quelques exceptions temporaires à cette défense, par exemple, lorsqu'il s'agit spécialement d'un-but de recherches scientifiques, ou d'espèces dont la nocivité locale exige la destruction dans les régions où elles sont reconnues nuisibles.

Il est désirable que, dans tous les pays civilisés, des moyens soient fournis pour l'étude et la détermination de l'importance agricole des oiseaux, et que les résultats de ces investigations reçoivent une diffusion populaire aussi vaste que possible.

[351.765.31]
(*Congrès International d'Agriculture*, Vienne, 1907.)

Acide sulfureux dans les vins. 351.772.4

Il est à désirer que, dans l'appréciation des vins, les chimistes-analystes tiennent compte des découvertes récentes relativement à la présence dans le vin d'acides sulfureux combinés à côté de l'acide sulfureux libre, et qu'ils admettent en conséquence pour l'acide sulfureux *total* une tolérance en rapport avec les expériences acquises, tout en continuant à limiter à une très faible proportion, par exemple 20 mgr. par litre, comme en Suisse, la quantité d'acide sulfureux libre.

Il est à désirer que dans la législation spéciale des divers pays, concernant le commerce et le contrôle des boissons et denrées, ces mêmes tolérances soient admises pour l'acide sulfureux, mais qu'en revanche l'emploi de tout autre agent chimique de préservation et de conservation du vin soit interdit.

[351.772.4]
(*Congrès International d'Agriculture*, Lausanne, 1898.)

Falsification des denrées alimentaires. 351.773

1. Il est désirable qu'une convention internationale soit créée pour assurer une meilleure exécution des lois existantes et à faire contre les falsifications des denrées alimentaires.

Cette convention aura pour principal objet, sans intervenir directement dans la législation des différents Etats contractants, de dénoncer les délits de falsification commis dans ces Etats et d'assurer l'application stricte de leur législation spéciale à tous les auteurs et complices de ce délit.

2. En attendant, c'est un devoir des conseils municipaux de prendre des mesures nécessaires contre la vente des aliments falsifiés dans leurs communes.

3. Il y a lieu d'exprimer le vœu que les gouvernements nomment des commissions spéciales pour dresser un rapport annuel sur les falsifications observées dans chaque pays et qu'il se fasse un échange mutuel de ces rapports.

4. Il est désirable qu'il se constitue, sous un contrôle scientifique, des sociétés pour la vente de denrées alimentaires non-falsifiées.

5. Il est désirable que les indications sur les principales falsifications des denrées soient enseignées aux écoles sous forme de leçons de choses, et que des instructions populaires soient aussi répandues sur ce sujet. [351.773]

(*Congrès International d'Agriculture*, La Haye, 1891.)

Contrôle des produits intéressant l'agriculture.
351.773 : 63

1º Les lois édictées dans les différents Etats, le développement des stations agronomiques, des laboratoires agricoles et municipaux, des stations d'essais de semences et des associations de cultivateurs ont eu une influence favorable sur la diminution des fraudes dans le commerce des denrées intéressant l'agriculture. Il apparaît cependant que ces institutions sont insuffisantes, à elles seules, pour atteindre complètement le but désiré ; il est nécessaire, pour y parvenir, que les lois qui régissent la matière soient revisées et complétées ;

2º Ces lois devraient être générales et tendre à la répression de toutes les fraudes ou falsifications de quelque nature qu'elles soient, de tous les actes ayant pour but de tromper l'acheteur sur la qualité, la quantité ou la valeur de la chose mise en vente. Elles devraient s'appliquer aux plantes et semences, à toutes les substances que l'homme emploie, soit pour son alimentation ou celle des animaux domestiques, soit pour exercer une action favorable sur le développement des végétaux et des animaux ou leur préservation contre les ravages des insectes ou des maladies. Le vendeur devra toujours être dans l'obligation de garantir sur la facture la nature, l'origine et la pureté du produit, sa teneur en éléments utiles, et d'une manière générale, tout ce qui est de nature à établir sa valeur réelle.

Le Congrès exprime en outre le désir que comme condamnation accessoire les tribunaux ordonnent une large publicité des jugements condamnant les auteurs des fraudes citées ci-dessus. ;

3º Les lois devront prévoir la vente d'un ou plusieurs éléments utiles à un taux hors de proportion avec leur valeur réelle, d'après les mercuriales ; l'acte ci-dessus sera considéré et puni comme une fraude lorsque la différence atteindra un taux à déterminer pour chaque produit en particulier ;

4º Considérant que dans la plupart des cas le cultivateur hésite à se défendre lui-même, il serait nécessaire d'obliger les personnes chargées de constater l'état des produits à signaler les fraudes aux représentants de l'action publique et d'inviter ceux-ci à les poursuivre d'office lorsque la violation de la loi est manifeste ;

5º Il est désirable qu'une entente internationale intervienne entre les différents États, tant pour l'unification des méthodes analytiques et l'élaboration d'un code des falsifications des denrées alimentaires et des matières utiles à l'agriculteur que pour l'établissement de mesures répressives communes, et que des rapports fréquents s'établissent entre les stations et les laboratoires agricoles des différents pays.   [351.773 : 63]
(*Congrès International d'Agriculture*, Paris, 1900.)

Fraude de beurre.   351.773.2

Ensuite de ce qui s'est déjà fait dans quelques pays, il faudrait interdire de vendre sous le nom de beurre autre chose que du beurre pur. Les gouvernements qui n'ont pas encore pris de mesures à cet égard sont priés de bien vouloir tenir compte de ce vœu dans leurs législations concernant les denrées alimentaires.   [351.773.2]
(*Congrès International d'Agriculture*, Lausanne, 1898.)

Dégâts dus aux fumées industrielles.   351.777.1

1. Il doit être pourvu à ce que le propriétaire d'une forêt soit exactement renseigné lorsque l'autorisation d'un établissement engendrant de la fumée est concédée dans le voisinage de sa forêt.

2. Pour remédier au défaut de connaissances sur tout ce qui concerne les fumées d'usines, il faut, dans les écoles supérieures

faire des leçons à ce sujet, afin que les experts et les employés préposés à la surveillance des usines sachent mieux qu'auparavant reconnaître et apprécier les dégâts causés par la fumée, ainsi que les moyens d'y remédier.

3. Les employés préposés à la surveillance des établissements industriels doivent être instruits à se servir plus qu'auparavant des dispositions légales pour éviter ou diminuer les dommages causés par la fumée aux peuplements forestiers.

4. Il doit être édicté des prescriptions légales obligeant, là où plusieurs fabriques se trouvent réunies à former, des associations coopératives d'indemnisation, associations qui répareront en commun les dommages causés en commun et qui se chargeront d'établir, soit entre elles, soit par arbitrage judiciaire, la part proportionnelle de chacun de ceux qui ont causé le dommage.

5. Il faut examiner attentivement si et par quels moyens on pourrait diminuer la consommation du charbon minéral et comment on pourrait amener les usines à condenser les acides nuisibles. [351.777.1]

(*Congrès International d'Agriculture*, Vienne, 1907.)

Police sanitaire des animaux. 351.779

1º Afin de pouvoir intervenir promptement, en cas d'apparition d'une maladie contagieuse, il faut désigner le plus d'agents sanitaires possible ;

2º Dans chaque province ou tout autre circonscription territoriale, le service sanitaire doit être placé sous le contrôle d'un inspecteur vétérinaire, nommé et rétribué par l'Etat, et à qui l'exercice de la clientèle est interdit ;

3º Le contrôle de tout service d'inspection doit être confié à un inspecteur général nommé près de l'administration centrale de l'agriculture ;

4º Comme corollaire indispensable du service de la police sanitaire des animaux domestiques, il y a lieu d'instituer, dans chaque pays, un *service général d'inspection des viandes*.

[351.779]

(*Congrès International d'Agriculture*, Bruxelles, 1895.)

*** Il importe de voir établir, dans tous les pays, la police sanitaire des animaux domestiques suivant des principes identiques en ce qui concerne tant le régime intérieur que les mesures sur les frontières. [351.779]

(*Congrès International d'Agriculture*, Lausanne, 1898.)

Régime des eaux. 351.79

Eu égard à l'amélioration du régime des eaux, certaines questions d'une portée particulièrement générale et d'une importance particulièrement haute devraient être l'objet des délibérations d'une conférence internationale ; telles seraient la question de la création d'un service uniforme pour la conservation des régions montagneuses, service spécial dans chaque Etat, mais organisé selon la mesure du possible d'après les principes communs ; puis, la question de l'adaptation de la législation des eaux aux besoins des temps actuels, de l'organisation d'une police des eaux rigoureuse ; d'autre part, un projet de plan de recherches sur l'importance hydrologique de la forêt, et un certain nombre de questions d'un égal intérêt. [351.79]

(*Congrès International d'Agriculture*, Vienne, 1907.)

Aménagement des cours d'eau. 351.791.3

En ce qui concerne la navigation, la section émet les vœux suivants :

1° Ne draguer que les parties du fleuve qui sont indispensables au passage des bateaux ;

2° Proscrire d'une façon absolue le faucardage des herbes avant le mois de juin, alors que la fraye est à peu près terminée ;

3° Ménager, lors de la rectification des berges ou de la suppression des îlots des noues destinées à être mises en communication avec le fleuve pour servir de frayères. Défense absolue de pêcher dans celles-ci.

4° Conserver tous les bras de rivière abandonnés, les noues existantes, en créer là où la chose est pratiquement possible et leur appliquer les mesures de protection que nous avons indiquées ;

5° Retarder le chômage jusque fin août ou commencement de septembre, épuiser les biefs sans chasse d'eau violente, de telle manière que le poisson puisse gagner lentement les biefs voisins. [351.791.3]

(*Congrès International d'Agriculture*, Bruxelles, 1895.)

Voies d'eau flottables et transport des bois. 351.791.33 : 63.49-198.4

Toute voie nouvelle de communication exerce une action favorable au développement de l'échange des denrées. La construction projetée des voies de navigation européennes a pour objet principal la transformation des voies navigables naturelles en voies artificielles ainsi que l'établissement des voies navigables artificielles. Le commerce des bois ronds s'effectuant

principalement à l'aide des voies fluviales naturelles, l'établissement des voies navigables profitera en première ligne au commerce des bois travaillés. La transposition survenant de ce fait
dans le mouvement général du commerce du bois aura les conséquences suivantes :

a) l'industrie ayant pour objet l'élaboration du bois devra,
dans les régions forcées de demander leur approvisionnement en
bois brut à l'importation, compter avec une élévation des prix
du bois brut, et subira peu à peu un recul ;

b) en conséquence, cette industrie sera amenée à rapprocher
son siège des régions de production du bois ;

c) par suite, le commerce international du bois brut éprou-
vera une diminution et le commerce du bois travaillé une augmentation et enfin,

d) on verra se produire dans une mesure notablement accrue
des efforts tendants à remédier à la situation défavorable des
transports naturels par des mesures d'ordre politique-économique
affectant les tarifs et les droits de douane.

Afin de pourvoir à ce que l'établissement des voies navigables
projetées soit accompagné d'effets favorables à la sylviculture,
il conviendrait, lors de tout projet de création de voies navigables, d'appliquer la plus spéciale attention aux particularités
dont l'énoncé suit :

a) les torrents existants doivent être endigués ;

b) les cours d'eau naturels doivent être régularisés avec
tous soins voulus, en vue d'écarter le péril provenant des crues
et, partout où cela sera effectuable, avec application d'un régime
hydrologique, permettant et favorisant dans la mesure du
possible le flottage ;

c) là où les eaux courantes se prêtent au flottage auront
été incorporées à des canaux, on devra s'appliquer, afin
de respecter et ménager les anciens droits privés à assurer
néanmoins dans l'avenir la continuation du flottage sans lui
opposer d'empêchements ; en conséquence, là où seront établies
des écluses pour contenir les eaux, le remorquage gratuit devra
être consenti au flottage pour le parcours en question ;

d) sur ceux des canaux qui sont destinés à servir le commerce
international, la production première aussi bien que l'industrie
indigène devront être protégées et secondées, dans la mesure
où cela sera possible, eu égard aux traités de commerce, par
des règlementations de tarifs correspondant aux intérêts de
chacun des Etats ;

e) l'introduction de droits sur la navigation doit être repoussée avec la dernière énergie, attendu que son application aurait
pour effet un renchérissement des transports tel que le commerce

des produits de valeur petite en souffrirait un dommage énorme : or le bois est du nombre de ces produits ;

f) en vue de seconder dans chaque pays l'économie forestière et l'industrie du bois, il importe, dès la confection d'un projet de construction de canal, de prévoir l'établissement de quais d'embarquement et transbordement dûment situés et pourvus de tout le matériel utile, et dans le projet d'aménagement des ports, il doit être réservé des places vastes et de toutes manières bien appropriées à la manipulation, au flottage, en un mot à toutes les nécessités de cette branche de l'industrie ;

g) il importe d'assurer aux exploitations forestières un rattachement aussi favorable que possible à ces ports et quais d'embarquement par la création de voies de communication par terre ou par eau.

En vue de fournir pour l'avenir une base homogène aux études de statistique comparée concernant l'industrie du bois, la section croit devoir ajouter aux motions précédentes celles dont l'énoncé suit :

a) il sera institué une commission internationale ayant pour mission de soumettre au prochain congrès le projet d'un système uniforme de statistique de la production et du commerce du bois, et de formuler les vœux relatifs aux moyens qui seraient à prendre pour constituer une statistique des transports par terre et par eau, propre à fournir une base sûre d'appréciation dans toute question d'importance ; en même temps, la commission est invitée à se compléter par l'adjonction de représentants d'autres Etats participant dans une mesure large au commerce européen du bois ;

b) il est adressé aux gouvernements des différents Etats une invitation à créer une revue trimestrielle qui aurait à publier des comptes rendus réguliers sur le mouvement du commerce du bois, sur les besoins de bois et sur la production du bois ; cette revue serait rédigée en langues allemande, française et anglaise ; toutes les données seraient évaluées en mesure cubique et, autant que possible, d'après le système métrique.

[351.791.33 : 63.49-198.4]
(*Congrès International d'Agriculture*, Vienne, 1907.)

Mesures protectrices de l'apiculture.   351.823.1 : 63.81

1. Demander aux gouvernements une loi obligeant les marchands de miel à apposer sur les bocaux une étiquette indiquant l'origine du produit vendu ;

2. La loi réprimera sévèrement la falsification du miel et de la cire.

3. Ne pourra être vendu sous le nom de *cire* que le produit des abeilles.

Ne pourra être vendu sous le nom de *miel* que toute matière élaborée par les abeilles au moyen du nectar des fleurs ou d'autres sucs recueillis sur les plantes.

4. Exemption pour les apiculteurs des droits d'accise sur la fabrication des liqueurs, bières et vinaigres à base de miel.

5. Il est désirable que le produit des droits d'entrée sur les cires et miels étrangers soit employé par les gouvernements à favoriser l'apiculture.

6. Les gouvernements rendront plus rapide et moins coûteux le transport des ruches par chemin de fer.

7. Aucune distance ne devrait être exigée pour l'établissement d'un rucher, lorsque celui-ci est séparé de la voie publique ou des habitations par une clôture de 1,50 m. empêchant le passage des abeilles ; dans les autres cas, la distance exigée par la loi devrait être réduite à 5 mètres.

8. Les gouvernements devraient faire étudier d'une façon spéciale *la loque*, ainsi que les moyens de la combattre et de la prévenir.

Des mesures sévères devraient être prises pour éviter l'introduction de cette terrible maladie dans les pays où elle n'existe pas encore.

9. Le C. A. I. exprime le vœu de voir instituer par les gouvernements des commissions chargées de délivrer des diplômes d'enseignement supérieur d'apiculture et créer au département de l'agriculture une section spéciale d'apiculture.

10. Un service d'inspection sera organisé par les gouvernements en vue de contrôler la manière dont les conférences apicoles sont données.   [351.823.1 : 63.81]

(*Congrès International d'Agriculture*, Bruxelles, 1895.)

Comices agricoles.   351.823.1.075.1

Il y a lieu de maintenir les comices agricoles, mais en les améliorant. Pourront seules avoir voix délibérative dans les comices agricoles, les personnes dont l'intervention en matière d'agriculture peut se justifier par la détention de propriétés cultivées, le travail ou l'industrie auxquels elles se livrent, la profession qu'elles exercent ou le mandat qu'elles remplissent.

[351.823.1.075.1]

(*Congrès International d'Agriculture*, Bruxelles, 1895.)

Conservation des forêts.   351.823.2

1. Il est reconnu que pour s'opposer d'une manière efficace au déboisement de plus en plus grand des forêts, une entente

internationale est devenue nécessaire, principalement pour la conservation et l'aménagement convenable des forêts qui se trouvent à la source ou sur les rives des grands cours d'eau, attendu que leur exploitation arbitraire peut facilement amener, dans l'état des eaux, des fluctuations très nuisibles au commerce et à l'industrie, en ce que le lit des rivières se comble de sable, les rivages s'affaissent et des inondations ont lieu, qui couvrent d'eau les terres ensemencées, occasionnant des dégâts qui ne se bornent pas à un territoire seulement, mais s'étendent jusqu'au delà des frontières des pays voisins.

2. Il est aussi reconnu que la partie administrative de l'économie, laquelle a pour objet la conservation et l'aménagement convenable des forêts exerçant une influence considérable sur la culture du sol, et qui se trouvent plantées sur des sables mouvants, sur le sommet, sur le dos et sur les pentes rapides des montagnes, sur les bords de la mer et dans d'autres endroits exposés, est une chose qui intéresse toutes les nations civilisées, et que des principes généraux doivent être établis pouvant, dans tous les pays, être mis en vigueur vis-à-vis des propriétaires des forêts dont l'intérêt de l'agriculture exige la préservation.

3. Il est également reconnu que la conservation des forêts, dont il a été parlé ci-dessus, étant entièrement dépendante de bons et sûrs aménagements, particulièrement en ce qui a rapport aux forêts communes, une entente internationale devra avoir lieu, dans le but de faire des recherches et d'obtenir des communications sur les lois et aménagements existants déjà, à l'égard de semblables forêts, et de la protection dont elles doivent être l'objet, les succès obtenus jusqu'ici paraissant de nature à contribuer puissamment à la conservation des forêts devant être protégées.

4. Afin de créer une base à l'entente qui devra avoir lieu, et de trouver la meilleure matière de traiter la question internationale de la protection des forêts, le ministre de l'agriculture d'Autriche est prié de s'entendre avec tous les gouvernements, sur le soin de faire des relevés statistiques, devant amener à la connaissance des endroits où se trouvent des forêts à protéger, ainsi que de leur étendue et de leur nature. Ceci devra être regardé comme le but qu'il importe le plus d'atteindre.

[351.823.2]
(*Congrès International d'Agriculture*, Vienne, 1873.)

*** 1. Que les différents Etats allègent les impôts de toute nature qui grèvent les forêts et en modifient l'économie dans des vues d'encouragement à leur conservation et à la production des arbres de futaie.

2. Que les différents Etats favorisent l'accession de la propriété forestière aux associations et sociétés, caisses d'épargne, etc., et cherchent à étendre le domaine forestier des propriétés impérissables et principalement de l'Etat.

3. Que toutes les forêts dont la conservation touche à la sécurité publique soient, dans chaque Etat, l'objet d'un classement pour être soumises à un régime particulier, sous réserve d'indemnité.

4. Que les différents Etats recherchent les moyens qui pourraient être pris, les avantages qu'il conviendrait d'accorder pour amener les particuliers à demander la soumission volontaire de leurs bois au régime forestier. [351.823.2]

(*Congrès International d'Agriculture*, Gand, 1913.)

Droit de pêche.   351.828.3

Le droit de pêche dans les cours d'eau non navigables ni flottables appartient à l'Etat. Le gouvernement pourra disposer de l'exercice de ce droit par voie de concessions ou de licences. Ces concessions ou licences seront accordées de préférence à des associations spécialement établies en vue de la pêche et de la pisciculture, sociétés coopératives, syndicats, etc.

Les statuts de ces sociétés devront contenir les stipulations suivantes : le nombre des sociétaires sera de sept au moins ; l'accès en sera libre pour tous, moyennant de se conformer au règlement social et d'acquitter les charges régulièrement établies au sein de la société ; les condamnés pour braconnage ou vol seront seuls écartés ; la concession ou la licence ne comprendra qu'un ruisseau unique.

La société concessionnaire s'engagera à maintenir, dans le ruisseau concédé, un minimum de population en poisson, qui sera déterminé et apprécié en cas de dissentiment, de la manière stipulée dans la concession.

Le gouvernement aura le droit de retirer la concession et d'annuler la licence, dans tous les cas où les concessionnaires ou porteurs de licence ne satisferont pas à leurs obligations.

Le gouvernement abandonnera au public le droit de pêche dans un certain nombre de ces cours d'eau dont l'entretien est à sa charge.

L'institution d'un permis de pêche est de la plus haute importance au point de vue de la productivité des cours d'eau. Qu'il s'agisse des personnes exerçant la pêche uniquement au point de vue sportif ou de pêcheurs de professions tous, indistinctement, quels que soient l'âge et le sexe, devraient être munis du permis. Celui-ci ne pourrait, sous aucun prétexte, être délivré à ceux reconnus comme braconniers de pêche.

Le permis ne serait pas nécessaire pour la pêche dans les étangs absolument clos, ou dans les cours d'eau dont l'origine et la disparition se trouvent sur la même propriété. Le prix du permis devrait être minime, de façon à être à la portée des bourses les plus modestes.   [351.828.3]
(*Congrès International d'Agriculture*, Bruxelles, 1895.)

Travailleurs agricoles.   351.837.4

Dans tous les Etats où les rapports entre propriétaires et employés agricoles ne sont pas légalement fixés et règlementés, une loi comblant cette lacune doit être créée. Le modèle proposé pourrait être, avec les modifications répondant à la diversité des pays, la loi hongroise définissant la situation des employés des économies rurales.

L'enrôlement d'un employé agricole ne peut et ne doit s'effectuer que par contrat écrit, et cela sans exception. La notion de l'année d'essai, ainsi que les modalités du congé dénonçant l'accord doivent être fixés par la loi. Dans tous les emplois et pour toutes les occupations comportant des connaissances agronomiques, il ne pourra être pris que des employés d'une capacité vérifiée.   [351.837.4]
(*Congrès International d'Agriculture*, Vienne, 1907.)

Assistance dans les campagnes.   351.84.12

1. Les communes, à défaut de la famille, doivent, dans la mesure de leurs ressources, l'assistance aux malades, aux infirmes, aux vieillards qui y ont leur domicile de secours. Dans le but de remplir cette œuvre, plusieurs communes peuvent s'associer en syndicats, et seront autorisées à affecter à l'assistance leurs ressources ordinaires ou extraordinaires disponibles.

2. Il convient d'établir un bureau d'assistance dans chaque commune ou syndicat de communes, à l'effet d'assurer le service des secours à domicile et l'hospitalisation.

3. Chaque département doit organiser lui-même un système général d'assistance publique, établir le budget départemental d'assistance et déterminer le mode de fonctionnement des services.

4. Les ressources de ce budget doivent avoir une triple origine : le contingent communal fixé d'après la situation matérielle des communes et le nombre des assistés ; une subvention du département ; une subvention de l'Etat, s'il y a lieu.

5. Il entre dans le rôle de l'Etat de faciliter, par tous les moyens, les sociétés de secours mutuels et les caisses de retraite pour les ouvriers ruraux.   [351.84.12]
(*Congrès International d'Agriculture*, Paris, 1889.)

Service militaire. 35.511

1. Que les élèves des écoles pratiques d'agriculture profitent des mêmes avantages, au point de vue militaire, que les élèves des écoles professionnelles d'art et d'industrie et que les élèves des écoles nationales d'agriculture, à la condition de consacrer au moins les dix années suivantes à la culture active.

2. Qu'en présence de l'affluence des demandes d'admission qui pourront être provoquées par cette mesure, les bourses soient exclusivement réservées aux fils de cultivateurs, et que ceux-ci jouissent même d'une cote particulière les favorisant dans les examens d'admission. [35.511]

(*Congrès International d'Agriculture*, Paris, 1900.)

*** Le temps de présence sous les drapeaux doit être limité dans des conditions permettant d'éviter que, comme il arrive maintenant, les paysans s'accoutument à la vie des villes pendant leur service, d'une manière telle qu'ils ne veulent plus retourner à la terre. [35.511]

(*Congrès International d'Agriculture*, Vienne, 1907).

Assurance coopérative contre l'incendie. 368.1.032

La société coopérative d'assurance contre l'incendie est une institution éminemment utile, *dans beaucoup de régions*, et les pouvoirs publics devraient en encourager la formation.

[368.1.032]

(*Congrès International d'Agriculture*, Lausanne, 1898.)

Assurance agricole. 368.5

L'assemblée émet le vœu que les divers Etats fassent recueillir sur un plan uniforme et pour un certain nombre d'années, les données statistiques propres à faire connaître l'importance totale et la répartition territoriale des risques de perte de récolte dérivant de la foudre, de l'ouragan, de la grêle, des cyclones, des sécheresses et des inondations, de manière à permettre de jeter les bases scientifiques d'une organisation générale de l'assurance agricole contre les risques.

Qu'à l'égard de la *mortalité du bétail*, les gouvernements adoptent, autant que possible, les mêmes nomenclatures et classifications des maladies et les mêmes principes généraux d'organisation. [368.5]

(*Congrès International d'Agriculture*, Bruxelles, 1895).

Assurance mutuelle agricole. 368.5.032

1. Dans l'assurance agricole, qu'elle s'applique à la personne de l'agriculteur (accident du travail) ou à ses biens meubles

ou immobiliers (récoltes détachées du sol ou sur pied, bétail de travail ou de rente), il y a avantage à recourir à la *mutualité* avec sociétés locales autonomes à la base, solidarisées entre elles par une fédération aussi étendue que possible, *à la condition toutefois que le risque soit suffisamment défini.*

2. Quand le calcul du *risque*, d'où découle la fixation de la *cotisation*, n'est pas établi avec une précision suffisante, il est prudent de différer l'organisation de l'assurance mutuelle entre agriculteurs (grêle, gelées).

3. Sauf cas très exceptionnels, le principe de l'*obligation légale* doit être écarté de l'assurance agricole ; mais il convient d'approuver l'intervention de l'Etat pour aider à la création des sociétés mutuelles locales et à leur fédération progressive de garantie par zones d'égal risque.

4. Pour dégager la *loi du grand nombre* afférente à chaque nature de risque rural et pour préparer ainsi la sécurité nécessaire à l'assurance agricole mutuelle, il paraît indispensable de mettre en commun les observations et les études *internationales* ; il convient d'émettre le *vœu* qu'à la suite de l'Exposition de 1900, à Paris, un *Bureau international de statistique rurale* soit institué pour cet objet, par les soins du Comité permanent du Congrès.   [368.5.032]
(*Congrès International d'Agriculture*, Paris, 1900.)

*** L'application de la coopération à l'assurance contre les risques agricoles se recommande à la fois par les économies qu'elle permet de réaliser et par les effets d'ordre moral qu'elle produit, chez les assurés.

Il est à désirer que l'intervention de l'Etat dans le fonctionnement des sociétés d'assurances mutuelles soit réglée de manière à ne pas leur faire perdre le caractère véritablement coopératif, en qui réside leur force et leur valeur sociale.   [368.5.032]
(*Congrès International d'Agriculture*, Gand, 1913.)

Assurance du bétail.   368.52

Considérant que l'assurance mutuelle du bétail bovin contre tous les cas de la mortalité dont la cause est fortuite et involontaire, est fort avantageuse, recommande cette institution aux populations agricoles, et émet le vœu qu'elle se développe dans tous les pays.   [368.52]
(*Congrès International d'Agriculture*, Lausanne, 1898.)

*** 1° Que l'assurance contre la mortalité du bétail soit étendue à toutes les têtes de bétail composant le cheptel agricole et à toutes les maladies, tant contagieuses que sporadiques ;

2º Que l'assurance soit exclusivement basée sur le principe de la mutualité ;

3º Qu'en conséquence, l'organisation de l'assurance ait à sa base des mutualités locales, reliées par un lien fédéral et formant des fonds régionaux ou provinciaux unis eux-mêmes en assurance mutuelle sous le contrôle de l'Etat ;

4º Que l'Etat intervienne pécuniairement dans le règlement des indemnités.   [368.52]
(*Congrès International d'Agriculture*, Bruxelles, 1895.)

Enseignement populaire.   372 : 63

L'instruction doit être organisée de telle manière dans les écoles populaires rurales, qu'il soit possible au paysan de disposer de ses enfants dans les cas d'extrême urgence, sans que leur formation scolaire ait à en souffrir de préjudice. [372 : 63]
(*Congrès International d'Agriculture*, Vienne, 1907.)

Ecoles ménagères.   376.3 : 63

A défaut de la famille et pour y suppléer, quand besoin sera, il est recommandé de faire donner dans les campagnes des cours d'économie ménagère ; et, partout où la chose sera possible de créer des écoles ménagères rurales en vue de former la vraie femme de paysan.   [376.3 : 63]
(*Congrès International d'Agriculture*, Lausanne, 1898.)

Vente du blé.   38 : 63.311

1. Organiser la vente du blé de manière à assurer aux agriculteurs un prix rénumérateur et créer, à cet effet, des sociétés coopératives ayant une existence distincte de celle des syndicats agricoles ou unions de syndicats, mais constituées sous les auspices de ces syndicats.

2. Etablir le mode de fontionnement de ces sociétés, à leur choix, sur les bases suivantes :

a) Acheter contre payement d'acomptes avec règlement définitif au prix moyen des ventes effectuées dans l'année ;

b) Acheter ferme au cours du jour pour le compte des sociétés ;

c) Vendre en qualité d'intermédiaire pour le compte individuel de l'associé, moyennant une commission, avec facilité de faire des avances sur le prix et d'en garantir le payement par voie de warrantage ;

3. Favoriser l'établissement, par ces sociétés coopératives, de greniers ruraux et de magasins régionaux, — destinés à emmagasiner, conserver, soigner, mélanger les blés et les classer suivant les types adoptés, — et placés, notamment, dans les gares de chemins de fer des centres de production, à proximité

des canaux et, s'il est possible, à proximité des magasins militaires.

4. Apporter à la législation les modifications nécessaires pour que les caisses régionales de crédit agricole puissent avancer aux sociétés coopératives les fonds nécessaires pour établir ces greniers et ces magasins.

5. Créer dans chaque centre important une commission chargée de constater les cours des céréales ; constituer ces commissions de trois membres désignés, l'un par les associations agricoles, l'autre par la chambre ou le tribunal de commerce, le troisième par le conseil municipal ; de publier chaque semaine, au *Journal officiel*, les cours ainsi constatés.

6. Donner au Comité permanent du Congrès mandat de poursuivre la constitution d'une commission internationale, dont les membres seraient désignés par les grandes associations agricoles et qui serait chargée de centraliser les cours des céréales dans les différents pays et de les publier.

7. Solliciter du Gouvernement la publication, en temps utile, des statistiques propres à éclairer les agriculteurs sur la production du blé, l'état des récoltes, les cours, dans chaque région et dans chaque pays   [38 : 63.311]

(*Congrès International d'Agriculture*, Paris, 1900.)

Approvisionnement en légumes et fruits.   38 : 63.4/5

En vue de seconder l'apport de denrées de bonne qualité et à bon marché, en quantité suffisante, il est recommandé :

1. D'accentuer notablement la production en légumes et fruits, tout particulièrement dans les environs des grandes villes ; d'assurer la conservation des produits soit au lieu même de la production, soit aux halles, et marchés à l'aide d'une règlementation uniforme et bien adaptée au but ; de créer des halles de vente ou d'agrandir celles qui existent ; d'établir des marchés aux fruits ; enfin d'opérer la réunion des producteurs en associations coopératives.

2. De limiter l'apport à un petit nombre de qualités, mais bonnes et appropriées aux conditions du marché ; pour celà, il est indispensable avant tout qu'il existe de grandes exploitations à méthode de culture uniforme portant sur peu d'espèces, c'est-à-dire la production en masse.

3. D'assurer l'effectuation rapide et à tarifs minimes du transport des produits du lieu de production aux grandes villes ; toutefois les facilités apportées aux transports ne doivent pas porter de préjudice grave aux intérêts des producteurs établis dans le voisinage des grandes villes.   [38 : 63.4/5]

(*Congrès International d'Agriculture*, Vienne, 1907.)

Marchés et bourses de commerce. 381.1 : 63

1. Que les bourses de commerce fassent l'objet d'une règlementation légale.

2. Que les marchés sur denrées agricoles qui n'ont pas pour but d'arriver à la livraison des marchandises et qui ne sont que de simples opérations de jeu restent sans sanction civile, et que les provocations au jeu soient réprimées par des dispositions pénales.

3. Que le vendeur à terme cesse d'avoir la faculté de choisir le jour de la livraison à sa seule volonté dans le mois de l'échéance.

4. Que la fixation des cours des denrées agricoles résulte de la moyenne de l'ensemble de toutes les opérations effectuées dans la journée à la bourse de commerce ; que ces opérations fassent l'objet d'une déclaration obligatoire.

5. Que l'association en participation ayant pour objet des marchés de livraison de denrées agricoles soit interdite par la loi. [381.1 : 63]

(*Congrès International d'Agriculture*, Paris, 1900.)

Analyse des beurres. 543.2

Dans le but de fixer d'une façon aussi absolue que possible les variations dans la composition chimique du beurre pur, les analyses de ce produit devraient être faites, dans les divers pays, d'après une méthode uniforme, adoptée par suite d'entente entre les laboratoires d'analyse des denrées alimentaires.

[543.2]

(*Congrès International d'Agriculture*, Lausanne, 1898.)

Uniformité des méthodes d'analyse. 543.8 : 63

Le C. I. A. émet le vœu que chaque Etat institue une commission d'hommes compétents, pour faire l'étude des procédés d'analyse en usage pour l'examen des engrais et des semences, et que des délégués désignés par cette commission soient réunis en commission internationale pour statuer définitivement sur les méthodes à adopter.

Il est désirable que chaque Etat publie au moins une fois par an un rapport officiel en compte rendu des travaux de la commission, lequel serait envoyé aux autres Etats en voie d'échange. [543.8 : 63]

(*Congrès International d'Agriculture*, La Haye, 1891.)

*** *a*) Que les différents Etats s'efforcent de donner une organisation méthodique à leurs stations agronomiques ;

b) Qu'ils envoient des délégués à la prochaine réunion de

la Commission internationale déjà existante pour l'unification des méthodes d'analyse, afin de prendre part aux travaux de la Conférence, d'en référer à leurs Gouvernements et de faire des propositions pour adhérer à l'entente ;

c) Que la convention internationale pour l'unification des méthodes d'analyse des matières fertilisantes, des substances alimentaires du bétail, des produits de la laiterie (beurre) et des semences, fixe de même des règles pour le prélèvement des échantillons, la prise d'essai et l'emballage ;

d) Que les différents Etats qui participeront à la convention internationale agissent aussi d'un commun accord pour la répression des falsifications. [543.8 : 63]

(*Congrès International d'Agriculture*, Rome, 1903.)

Météorologie agricole. 5515.921

1. Que les agriculteurs possèdent au moins quelques notions de météorologie scientifique et notamment celles qui permettent l'interprétation raisonnée des cartes du temps.

2. Qu'on répande dans le public le goût des observations météorologiques et qu'on multiplie les stations secondaires.

3. Pour vérifier et appliquer la méthode de Guilbert, des observations devraient être faites sur toute la surface du globe et spécialement dans les centres continentaux septentrionaux et centralisés dans un bureau unique. [5515.921]

(*Congrès International d'Agriculture*, Gand, 1913.)

*** 1. Que les services de prévision du temps, au point de vue agricole, soient perfectionnés par l'envoi de dépêches régionales, et que l'utilisation des téléphones et télégraphes soit plus largement autorisée par les gouvernements pour la diffusion dans les centres agricoles des dépêches du temps « probable ».

2. Qu'il soit créé des *atlas de cartes météorologiques types* indiquant les principales situations atmosphériques et leurs conséquences pratiques pour la prévision du temps.

3. Que les prévisions du temps émanant des observatoires météorologiques soient envoyées dans les campagnes, pendant les périodes culturales, à des prix aussi réduits que possible.

[5515.921]

(*Congrès International d'Agriculture*, Lausanne, 1898.)

Aliments végétaux. 613.26

Les administrations militaires et en particulier les services d'intendance et services sanitaires des armées de terre et de mer, pareillement les établissements de l'Etat, des provinces ou départements et des communes, auxquels incombe le soin de l'alimentation de nombreux sujets au compte des deniers publics, doivent être invités à appliquer leur attention sur ses matières alimentaires végétales aussi économiques que saines, qui leur permettraient d'apporter au système traditionnel d'alimentation un élément de variété par l'adoption très aisément effectuable même pendant la saison froide, d'un auxiliaire aussi bienvenu que les légumes : il va sans dire, d'autre part, que les conserves végétales constituent, en cas de guerre, une ressource de la plus grande importance pour l'entretien des troupes. [613.26]

(*Congrès International d'Agriculture*, Vienne, 1907.)

Consommation des fruits et légumes. 613.262

Vu la haute importance qui revient aux légumes et aux fruits dans l'économie ménagère il y a lieu de préconiser :

1. L'élévation, dans la mesure du possible, de leur consommation.

2. L'élévation, au moyen de tous les appuis possibles, de la production des fruits et légumes, partout où le climat, le sol et les conditions du travail s'y prêtent.

3. L'appui au commerce consciencieux des fruits et légumes, l'amélioration de l'installation des marchés au moyen de la substitution de halles aux marchés ouverts de fruits et légumes.

4. L'amélioration progressive et constante des organisations de transport des fruits et légumes. [613.262]

(*Congrès International d'Agriculture*, Vienne, 1907.)

Séjour en forêt. 613.76 : 63.49

1. Le rassemblement de grandes masses humaines dans les villes et dans les centres industriels, ainsi que le péril par lui déterminé pour la santé tant intellectuelle que corporelle, exigent à titre de contrepoids et cela tout au moins de temps à autre, un séjour, mesuré de manière à être efficace, dans la libre nature, réfection que le perfectionnement des moyens de communications rendra possible à un nombre toujours croissant d'êtres humains.

2. En raison de ses dimensions, de sa nature propre et de l'influence qu'elle exerce sur la constitution et la configuration du paysage, la forêt est pourvue d'une aptitude particulière à coopérer à cet effet bienfaisant.

3. Il y a donc lieu de tenir compte de cette indéniable nécessité, soit par l'ordonnance de la culture forestière, soit par les

égards accordés à la beauté de la forêt, cela dans la mesure permise par les intérêts particuliers des propriétaires fonciers et pour autant qu'un intérêt d'ordre public évident n'y mette pas obstacle. [613.76 : 63.49]

(Congrès International d'Agriculture, Vienne, 1907.)

Contrôle des conserves alimentaires. 614.318

1º La surveillance de l'industrie des conserves de légumes et de fruits, ainsi que de l'industrie des conserves en général, lesquelles constituent une part extraordinairement importante de l'alimentation publique, s'effectuera provisoirement de la manière la plus pratique par voie indirecte, c'est-à-dire par contrôle soigneusement exercé des denrées et matières alimentaires. Les motifs en sont les suivants : difficulté de la surveillance durant la fabrication ; probabilités très vraisemblables d'une résistance énergique, de la part de l'industrie, éventualité qu'il est préférable d'éviter.

2º En vue d'obtenir l'application désirable de ce contrôle des denrées alimentaires, chacun des Etats ici représentés devrait activer dans la mesure du possible la création d'une organisation qui, dans ses grandes lignes, correspondrait au projet recommandé par la chambre de commerce de Berlin pour le contrôle en Allemagne.

3º En vue de favoriser le contrôle international des denrées et matières alimentaires, les services ou offices des différents Etats devraient se communiquer réciproquement leurs décisions, lesquelles permettraient aux Congrès internationaux d'Agriculture d'élaborer des conclusions établies sur les données fournies par cet échange international, conclusions qui deviendraient entre les mains des organes exécutifs du contrôle dans chacun des Etats participants à l'entente, des règles ayant le caractère obligatoire de la loi. [614.318]

(Congrès International d'Agriculture, Vienne, 1907.)

Lait de pureté reconnue. 614.322

Les dénominations telles que : lait hygiénique, lait pour l'enfance et autres semblables, ne peuvent être employées que pour le lait obtenu avec observation de précautions spéciales, telles que surveillance soutenue de l'état sanitaire, de l'entretien et de l'alimentation des vaches, conditions requises de propreté pour la traite, et passage au réfrigérant immédiatement après la traite. [614.322]

(Congrès International d'Agriculture, Vienne, 1907.)

Pollution des eaux. 614.778

Tenant compte des intérêts de l'agriculture, de la santé publique, de toutes les industries en général, y compris la pisciculture, le C. I. A. émet le vœu :

1. Que le gouvernement tienne la main à l'exécution des lois et règlements relatifs à la viciation des eaux, sans s'arrêter aux résistances que cette exécution rencontre, et qu'il recoure, s'il le faut, à des mesures législatives efficaces pour que force reste à la loi.

2. Que le gouvernement favorise, par l'établissement de prix importants, l'étude des moyens de purifier les eaux polluées par les usines et le *sewage*. [614.778]

(*Congrès International d'Agriculture*, Bruxelles, 1895.)

Incendies de forêts. 614.84 : 63.49

1. Inviter les administrations publiques et des chemins de fer à faire débroussailler, nettoyer et parfois dégazonner, tout au moins dans les régions exposées, les accotements des routes ou chemins vicinaux, ainsi que les talus de chemins de fer et, le cas échéant, la zone frappée de servitude.

2. Modifier les législations de façon à pouvoir obliger les propropriétaires à entretenir les lisières de bois contigus.

3. Faire placarder, même pour les bois de particuliers, des avis destinés à mettre le public en garde contre le danger du feu.

4. Accorder des récompenses honorifiques, et même pécuniaires, à ceux qui se dévouent pour l'extinction des feux dans les bois.

5. Dresser une statistique annuelle complète sur les incendies en indiquant les dommages causés suivant les régions, les essences et l'âge des peuplements, afin de faciliter ainsi l'organisation de l'assurance mutuelle ou la diminution des primes exigées par les compagnies.

6. Enlever dans les forêts, dans la mesure du possible, les matières inflammables : bruyères, branches sèches, arbres morts.

7. Etablir un bon réseau de voies de vidange et de tranchées et créer des cordons de feuillus.

8. Entretenir avec soin les lisières et les bordures exposées.

9. Mélanger, autant que possible, les essences et surtout les feuillus aux résineux et, dans certains cas, creuser des fossés d'assainissement.

10. Renforcer la surveillance pendant les moments critiques ; établir les maisons de garde ou des observatoires dans les endroits bien placés ; faire aimer la forêt en évitant de prendre des mesures de nature à mécontenter les populations. [641.84 : 63.49]

(*Congrès International d'Agriculture*, Bruxelles, 1895.)

Pleuropneumonie bovine. 614.91 : 616.241

1. La pleuro-pneumonie contagieuse, dans plusieurs pays le plus grand fléau du cultivateur, peut être extirpée, c'est le devoir de l'Etat d'en régler la méthode et d'en faciliter l'application.

2. Les moyens les plus certains et les plus efficaces pour atteindre ce but, sont :

a) la défense d'entrée de bétail et d'effets provenant de bétail — ou suspects de contamination — originaires des pays où il y a des cas de cette maladie, et la surveillance permanente et rigoureuse des frontières,

b) la déclaration obligatoire, par les propriétaires, de tous les cas et des cas suspects de pleuro-pneumonie,

c) le cernement des contrées, riches en bétail, mais suspectes d'infection, avec le recensement et la marque du bétail dans ces rayons, ainsi que le séquestre de l'animal et la mise en quarantaine de l'écurie suspecte,

d) la surveillance permanente, et rigoureuse, par des inspecteurs vétérinaires, fonctionnaires de l'Etat, aidés au besoin par l'occupation militaire des districts infectés,

e) l'abatage bien réglé et immédiat, après la déclaration, de tout bétail infecté ou suspect, par des fonctionnaires d'Etat, avec indemnité aux propriétaires,

f) la destruction par l'incinération ou par tout autre moyen reconnu aussi efficace, — à l'exclusion de l'enfouissement, — des organes infectés des cadavres et la désinfection complète de toutes les étables dans les rayons infectés et des effets contaminés — ou suspects de contamination — par des désinfecteurs réglementairement instruits, le tout aux frais de l'Etat.

3. L'inoculation seule est un moyen moins certain pour extirper la pleuro-pneumonie.

4. L'intérêt de la défense d'un pays contre la pleuro-pneumonie ne comporte pas le maintien de la défense d'entrée de bétail originaire des contrées devenues complètement indemnes de la maladie, quand elle a été extirpée sans la pratique de l'inoculation, qu'il n'y règne pas d'autres épizooties et que l'inspection vétérinaire est bien réglée.

[614.91 : 616.241]
(*Congrès International d'Agriculture*, La Haye, 1891.)

⁎ 1. Les animaux contaminés (suspects de contamination) *de pleuropneumonie contagieuse* ne peuvent recevoir d'autre destination que celle de la boucherie et doivent être isolés jusqu'au moment de leur abatage.

2. Il est préférable de les abattre immédiatement sur place, ou de les transférer aussitôt vers un abattoir, en observant les prescriptions réglementaires.

3. L'indemnité accordée en cas d'abatage, sur place, sera égale à la valeur totale de l'animal. La dépouille de celui-ci devient la propriété de l'Etat.

4. Il est indispensable, pour lutter avec succès contre la propagation de la maladie, d'organiser un service d'inspection des viandes, général et obligatoire.

5. L'inoculation préventive de la pleuropneumonie contagieuse ne pourra avoir lieu que dans les conditions arrêtées par l'autorité compétente. [614.91 : 616.241]

(*Congrès International d'Agriculture*, Bruxelles, 1895.)

Tuberculose bovine.   614.91 : 616.995

Etant donnée l'extension considérable que prend la tuberculose du bétail, il y a lieu dans l'intérêt de l'agriculture et en attendant une législation plus complète sur la question :

1° de recommander sans retard les voies et moyens pratiques pour diminuer l'infection du bétail sain par des animaux atteints de tuberculose et d'éclairer les agriculteurs sur les dangers réels d'infection qui caractérisent cette maladie ;

2° de pourvoir les abattoirs d'un appareil spécial destiné à stériliser et à rendre utilisable la viande saisie pour cause de tuberculose. [614.91 : 616.995]

(*Congrès International d'Agriculture*, La Haye, 1891.)

*** 1. L'extinction de la tuberculose bovine par les propriétaires (on entend par là la lutte privée ou volontaire) est exécutable et doit être le but des efforts généraux. Elle exige l'abatage opéré aussitôt que possible des sujets contaminés à un degré dangereux, aussi bien que de très soigneuses mesures assurant la préservation des veaux et des autres parties du bétail restées saines contre la contagion. La lutte, en d'autres termes, l'extirpation volontaire, de la tuberculose doit être favorisée par l'Etat, et cela au moyen de la diffusion d'idées justes sur la nature de la tuberculose, sur ses modes de propagation contagieuse, ainsi que sur l'importance de l'épreuve par la tuberculine, et d'autre part, au moyen d'appuis financiers fournis par l'Etat ou les provinces. Pour la lutte contre la tuberculose des animaux domestiques, il recommande d'employer la tuberculine comme le meilleur des procédés connus pour la diagnostique. La vente, autrement dit, la mise en circulation de la tuberculine, doit être soumise au contrôle de l'Etat. Elle ne saurait d'ailleurs être délivrée qu'aux seuls vétérinaires.

2. La lutte contre la tuberculose bovine par l'action de l'Etat est désirable et doit être recommandée sans réserve. Elle exige :

a) l'obligation imposée au vétérinaire de signaler tout cas de tuberculose par lui constaté dans l'exercice de sa profession ;

b) la suppression effectuée aussi promptement que possible des animaux contaminés dangereusement par la tuberculose (en particulier des animaux atteints de la tuberculose des pis, de la matrice, de l'intestin et non moins spécialement de la tuberculose pulmonaire), cela, moyennant indemnité accordée avec participation de l'Etat et avec interdiction de la restitution du lait maigre par les laiteries centralisant le lait, à moins qu'il n'ait été stérilisé ;

c) la vente ou livraison quelconque des bœufs déclarés tuberculeux à d'autres propriétaires pour élevage ou dans tout autre but d'utilisation ne doit être autorisée que moyennant déclaration ;

d) le C. I. A. sollicite les divers gouvernements de rendre disponibles des ressources financières permettant de pratiquer avec toute l'extension voulue les expériences tendant au but poursuivi en vue de combattre efficacement la tuberculose, c'est-à-dire l'*immunisation par la vaccination préalable*, ce qui nécessite des essais soumis aux différentes conditions de la pratique agricole. Mais, jusqu'à la détermination définitive des limites d'effectivité de la vaccination préalable, on devra considérer comme nécessaire, et sans interruption, l'application des mesures sanitaires déjà consacrées par le succès.

[614.91 : 616.995]
(*Congrès International d'Agriculture*, Vienne, 1907.)

*** 1. La tuberculose des bovidés est l'une des maladies du bétail qui causent le plus de pertes à l'agriculture de tous les pays.

2. Partout la maladie est en progrès ; partout elle constitue un danger menaçant pour la prospérité de l'agriculture comme pour la richesse et la santé publiques.

3. La contagion étant la seule cause vraiment redoutable des progrès de la tuberculose, il y a lieu de poursuivre l'adoption de mesures législatives imposant :

a) la séparation complète des animaux malades et des animaux sains ;

b) l'abatage à bref délai de ceux des animaux malades qui présentent des signes cliniques de la maladie et surtout des vaches atteintes de mammite tuberculeuse ;

c) l'interdiction de vendre les autres animaux malades pour une destination autre que la boucherie ;

d) la pasteurisation de tous les sous-produits des fabriques de beurre ou de fromage ;

4. Les étables des nourrisseurs-laitiers doivent être soumises à l'inspection sanitaire au moins deux fois par an.

[614.91 : 616.995]
(*Congrès International d'Agriculture*, Paris, 1900.)

Traverses de hêtre.   625.142.2

L'emploi du hêtre imprégné est en première ligne propre à rendre possible l'utilisation en masse du bois de hêtre ; il est recommandé aux administrations de chemins de fer de tirer parti des expériences extrêmement satisfaisantes déjà pratiquées en divers pays, notamment en France, avec les traverses de hêtre, et de faire du bois de hêtre un abondant usage pour cet emploi.   [625.142.2]
(*Congrès International d'Agriculture*, Vienne, 1907.)

Transport des fruits.   625.24.052.54

En raison des propriétés particulières du fruit, il y a lieu d'agir auprès de toutes corporations disposant de moyens d'action à cet effet, afin qu'il soit obtenu que des wagons dûment aménagés pour le transport du fruit soient mis à la disposition des producteurs par les administrations de chemins de fer, et que d'appréciables réductions des tarifs de transport soient établies.   [625.24.052.54]
(*Congrès International d'Agriculture*, Vienne, 1907.)

Transport du bétail par chemin de fer.   625.24.053.21

1. Tout chef de gare auquel des wagons pour l'embarquement de bétail auraient été commandés, devra, dans le délai d'au moins 12 heures avant le départ du train, répondre à l'envoyeur et lui communiquer en même temps la superficie des wagons.

2. Il devra être prescrit que le vétérinaire-inspecteur, auquel incombe l'examen du bétail à embarquer, soit toujours présent à cet embarquement.

3. La construction des wagons devra être appropriée au transport du bétail. Des wagons défectueux ne devront pas être employés. Le chemin de fer sera responsable du préjudice causé par l'emploi de tels wagons.

4. Il devra être prescrit que sur les planchers des wagons soit répandue une matière convenant à l'espèce du bétail transporté.

5. On conseillera aux expéditeurs d'attacher dans les wagons le bétail à cornes.

6. Il sera interdit d'embarquer dans un wagon commun du bétail des deux sexes. Les veaux de boucherie transportés dans un wagon avec du bétail à cornes, seront séparés de ce dernier par une cloison.

7. Des mesures seront prises contre le surchargement des wagons.

8. Les délais de livraison seront réduits et des services de trains express spéciaux et réguliers transportant le bétail à destination des grands marchés, seront organisés.

9. Les administrations de chemins de fer devront répondre des dommages occasionnés par un maniement négligent des wagons dans les gares.

10. En cas d'accident, échauffement des roulements ou interruption dans la marche des trains, ralentissant le voyage des bestiaux, l'expéditeur aussi bien que le destinataire en seront avisés par dépêche. Les transbordements indispensables devront être opérés avec le soin nécessaire et les wagons retardés par une des causes susdites rejoindront le convoi aussi vite que possible.

11. Des études seront faites dans le but d'organiser l'assurance facultative contre les accidents de transport.

12. Les personnes accompagnant le bétail voyageront gratuitement tant à l'aller qu'au retour et dans les wagons de voyageurs.

13. Les quais d'embarquement et de débarquement seront éclairés au besoin. Dans les gares recevant ou expédiant de grandes quantités de bétail, on installera des quais séparés pour l'embarquement et le débarquement. Les quais seront pavés. Les voies y aboutissant seront constamment tenues libres de tout encombrement.

14. Dans les gares où s'effectuent des opérations d'octroi ou de douane, des préposés à ces services seront toujours présents.

15. Les administrations de chemins de fer tiendront à la disposition du public des tableaux indiquant la superficie des wagons, partout où des tarifs calculés au mètre carré sont établis.

16. Les tarifs de grande vitesse ne seront pas appliqués aux envois de bétail.

17. Les services accessoires rendus par les administrations de chemins de fer ne seront pas taxés au-delà du prix coûtant.

18. La commission perçue par les chemins de fer sur les sommes déboursées par elles sera réduite.   [625.24.053.21]

(*Congrès International d'Agriculture*, Vienne, 1907.)

Transport des abeilles.   625.053.81

Par l'ignorance des besoins du transport, se produisent beaucoup de dommages. Les ruches d'abeilles ne doivent être ni jetées, ni poussées. Le danger d'étouffement èst assez grand, En donnant une légère quantité d'eau, on parvient à arrêter le bourdonnement qui cause toujours tant de victimes.

Il va de soi que, pour le transport des abeilles vivantes, il faille toujours choisir le trajet le plus court. Un gardien apiculteur accompagnant les transports serait évidemment un sacrifice compensé par les résultats.

Un transport à meilleur marché pour les abeilles encouragerait d'une manière toute particulière la propagation de l'apiculture, parce qu'il serait possible d'utiliser, conformément aux besoins, le temps de l'incubation qui se produit à peu près à époques déterminées dans presque toutes les contrées.

Les anciens Egyptiens avaient bien reconnu quel parti avantageux offrirait l'apiculture si l'entière incubation de différentes contrées pouvait être utilisées conformément aux besoins, lorsqu'ils établissaient sur le Nil des ruches flottantes qui, suivant les progrès de la végétation, étaient ancrées dans les différentes parties du fleuve. [625.053.81.]

(*Congrès International d'Agriculture*, Vienne, 1907.)

Arbres fruitiers sur routes. 625.772.4

Le C. I. A. recommande la plantation d'arbres fruitiers sur les routes, de préférence aux arbres forestiers. Il recommande les variétés de poiriers à cidre et l'emploi d'arbres greffés en pied. [625.772.4]

(*Congrès International d'Agriculture*, Lausanne, 1898.)

Echelles à poisson. 626.882

Il y a lieu de ne plus construire ou autoriser la construction, l'amélioration ou l'exhaussement d'un barrage quelconque, sans prévoir dans le devis ou stipuler dans le contrat l'obligation d'établir une échelle en rapport avec le régime des eaux. En attendant, permettre et au besoin ordonner aux éclusiers d'enlever les aiguilles là ou cette manœuvre n'est pas de nature à entraver la navigation. [626.882]

(*Congrès International d'Agriculture*, Bruxelles, 1895.)

Régularisation des cours d'eau. 627.1

1. Le bassin d'un cours d'eau doit être considéré comme un tout homogène dans lequel le cours d'eau est envisagé comme l'une des parties, à savoir comme canal d'écoulement des eaux provenant soit du sol, soit de l'atmosphère.

2. Toutes les mesures ayant pour objet la régularisation des cours d'eau, l'amélioration du sol, l'endiguement des torrents, le boisement, et l'utilisation des eaux pour la consom-

mation sous ses diverses formes ou comme générateur de force, doivent être concertées et exécutées par entente et coopération de tous les spécialistes en chacune de ces matières.

3. Pour la régularisation des cours d'eau, on devra veiller à ce que le lit, autrement dit le canal d'écoulement, conserve toujours une profondeur qui doit être réglée proportionnellement à la vallée, ainsi qu'à éviter les exhaussements du niveau du lit, ce que l'on obtiendra sans peines en régularisant aux périodes des eaux basses.

Le profil longitudinal du cours d'eau ne doit être déterminé qu'en corrélation avec les profils longitudinaux des affluents et des fosses pour évacuation des eaux.

4. L'utilisation des eaux de provenance atmosphérique doit être autant que possible développée par la construction de réservoirs.

5. L'engrais des terres au moyen des eaux troubles aux époques de crues des eaux, et l'élévation successive du niveau du sol de la vallée qui en résulte, doivent être développés autant que possible par l'établissement d'écluses et de lits dits de colmation.

6. Les barrages fixes doivent être évités autant que possible et en règle générale on leur préférera les barrages mobiles.

Si l'on se trouve en présence de barrages fixes préexistants, on s'appliquera à prévenir autant que possible l'enlisement des écluses au moyen de trop-pleins contre l'élévation du niveau du lit.

7. L'établissement de stations centrales électriques pour l'actionnement des machines agricoles, pour l'éclairage, pour les communications et transports devra être développé autant que possible.

8. Les régularisations de cours d'eaux chariant des cailloux, pierres, etc., doivent être effectuées en connexion avec les travaux d'endiguement et les boisements.

9. La possibilité de bonnes installations de drainage doit entrer en ligne de compte dès l'étude des projets de régularisation des cours d'eaux et, en conséquence, des spécialistes en matière d'amélioration doivent y apporter leur collaboration en temps voulu.

10. La colmation des lits ou des bras désaffectés des cours d'eau, et pareillement des bas-fonds marécageux doit être, dans l'intérêt de l'agriculture, l'objet d'une très soigneuse attention.

11. Lors de l'exécution de toute régularisation de cours d'eau, de même que pour les opérations d'évacuation des eaux ou de submersion qui sont en connexion avec elle, il devra

être veillé constamment à ce que les commassations des terres
affectées par les travaux soient effectuées dès le début des travaux. [627.1]
(*Congrès International d'Agriculture*, Vienne, 1907.)

Régime des torrents. 627.141

Reconnaissant à la forêt une influence déterminante sur le
régime des torrents, le C. I. A. estime que les dimensions et
les conditions de cette influence de la forêt sur le régime des
torrents, de même que sur les glissements de terrains, le dérave-
ment et la chute des pierres, etc., soient, dans tous les Etats
intéressés à la question, l'objet de recherches approfondies,
opérées sur une base exactement scientifique et autant que possible selon des principes et une méthode homogène. [627.141]
(*Congrès International d'Agriculture*, Vienne, 1907.)

Correction des torrents. 627.141.2

1. La question de l'extinction des torrents qui traversent
successivement différents pays de l'Europe centrale, trouve
sa solution la plus rationnelle dans une continuation énergique
des travaux de correction et surtout de reboisement dans ces
divers pays.

2. Pour ce qui concerne les torrents formant la limite entre
deux pays ou que la frontière coupe de telle façon que le pays
voisin bénéficie pour ainsi dire exclusivement des travaux de
restauration entrepris dans le bassin de réception, il est à désirer
qu'une entente intervienne dans chaque cas pour régler la
participation financière à ces travaux, ainsi que pour leur
exécution et leur entretien. [627.141.2]
(*Congrès International d'Agriculture*, Lausanne, 1898.)

*** D'une manière générale, pour l'endiguement des torrents,
les travaux de construction et les opérations forestières se complètent réciproquement et ne sauraient être séparés ; on admet
néanmoins que dans des cas particuliers et exceptionnels, le
boisement seul peut suffire à l'apaisement d'un torrent.
[627.141.2]
(*Congrès International d'Agriculture*, Vienne, 1907.)

Défense contre les avalanches. 627.143

1. L'importance économique extrême des travaux de préservation contre les avalanches étant reconnue, il n'est que légitime de demander que les gouvernements accordent aux principaux intéressés tous allégements utiles pour l'exécution de

ces travaux, et qu'ils prennent à leur charge une part des frais.

2. Le boisement aussi complet que possible du territoire d'origine des avalanches ainsi que du terrain qui constitue son parcours, ou le gazonnement de cette zone, sont les conditions préalables fondamentales des travaux de préservation.

[627.143]

(*Congrès International d'Agriculture*, Vienne, 1907.)

*** Tous les Etats dans lesquels se produisent des avalanches de poussière ou du sol sont invités :

1. A consacrer une plus grande attention : à la dynamique de la neige, particulièrement aussi en ce qui concerne les avalanches de poussière ; à d'exactes observations météorologiques concernant aussi la neige — spécialement aux vérifications quotidiennes des échelles de la neige — et à leur publication d'une manière facilement compréhensible et profitable.

2. A publier, d'une façon rigoureusement exacte, les endiguements d'avalanches qui ont été exécutés, avec le détail des dépenses, des conditions géologiques, du mouvement de circulation en hiver, des avalanches plus ou moins grandes de poussière de couches supérieures ou profondes du sol, qui se produisent dans les régions de cassure peu à peu endiguées et dans les canaux de déversement ; à en publier également la reproduction planétrique, dans le sens horizontal et vertical, y compris le territoire protégé, et la publier de telle façon qu'elle soit facilement utilisable dans l'économie nationale et cela, comparativement aux autres méthodes d'endiguement.   [627.143]

(*Congrès International d'Agriculture*, Vienne, 1907.)

Endiguement des voies d'eau.   627.421

1. Un système d'endiguement rationnel des torrents, eu égard d'une part aux frais considérables qu'il exige comme à sa haute valeur économique pour les vastes étendues territoriales qu'il protège jusqu'au delà des frontières d'une province, eu égard d'autre part aux atteintes forcées par lui portées à des droits particuliers, nécessite premièrement, comme base, des dispositions législatives assurant aux travaux d'endiguement un concours financier abondant soit de la part de l'Etat, soit de celle d'autres caisses publiques, et secondement des dispositions du droit administratif propres à écarter toutes oppositions et à garantir à son action un succès durable.

2. Eu égard à l'extension territoriale de même qu'à l'importance qu'ont les ouvrages d'endiguement pour les conditions d'existence de la culture sur de vastes superficies, vu d'ailleurs

l'indispensable nécessité de bases financières et administratives pour la réalisation des dits ouvrages, tous les services y relatifs doivent être pourvus par le personnel de l'administration de l'Etat, c'est-à-dire que, pour la direction et l'exécution de la totalité des travaux, de même que pour l'entretien et la surveillance des torrents endigués, on tirera de l'administration forestière de l'Etat un personnel ayant la formation théorique et pratique voulue. La séparation des travaux en travaux techniques et travaux de culture est opposée au but poursuivi, et cela pour des motifs économiques aussi bien que techniques.

3. L'étendue souvent très vaste du territoire baigné par une rivière ou un fleuve nécessite des mesures et arrangements d'un caractère international : dans l'intérêt éminent des ouvrages d'endiguement comme dans celui de la conservation et de l'amélioration du sol montagneux, il est désirable que les Etats coopérant à ces mesures internationales aient à leur service de bons spécialistes forestiers, personnel qui s'obtiendra par une formation bien entendue, c'est-à-dire par la création de cours techniques pour les fonctionnaires des eaux et forêts et de chaires techniques pour les étudiants forestiers.

4. Eu égard aux précieux avantages qu'offre l'expérience consommée qui ne peut s'obtenir que par la pratique des travaux d'endiguement pendant de nombreuses années, eu égard de plus aux avantages du système de la prise en régie dont l'emploi est conseillable en règle générale et qui fournit les meilleures garanties pour l'excellence de la construction, il y a lieu de se prononcer pour la stabilité du personnel du service d'endiguement.

5. En considération de la haute importance de l'entretien constant et irréprochable des ouvrages construits, une pleine ingérence de l'Etat sous forme de haute surveillance rigoureusement exercée apparaît indispensable, accompagnée du concours financier énergique de l'Etat, dont l'influence se faisant sentir selon ce mode constitue la caractéristique d'une sage administration économique et financière.

6. Tous les facteurs ayant coopéré à la formation du capital de construction des ouvrages d'endiguement, et en première ligne l'Etat et les caisses publiques, doivent également coopérer aux frais d'entretien ; de plus et afin de rendre possible à tout instant la disposition de ressources nécessaires à l'entretien, il est nécessaire de constituer des fonds d'entretien au moyen de paiements à raison de tant pour cent annuels à valoir sur la somme totale des frais — tout au moins faut-il pourvoir à la formation aussi rapide que possible de fonds semblables, par versements annuels de l'Etat, de caisses publiques et des intéressés.

7. L'association de fonds d'entretien par provinces ou par arrondissements hydrographiques sous forme de sociétés d'assurance réciproque avec administration commune, mérite d'être prise en considération sérieuse.

8. La création de gardes des eaux organisées, bien exercées et parfaitement au courant, avec statuts accommodés aux particularités locales, doit être favorisée, et il convient de rechercher l'appui énergique de l'Etat pour ces organisations si profitables non seulement aux ouvrages d'endiguement déjà construits, mais aux personnes et aux propriétés toujours menacées par les torrents non endigués. [627.421]

(*Congrès International d'Agriculture*, Vienne, 1907.)

*** 1. L'entretien de tous ouvrages d'endiguement de torrents d'importance considérable, doit, par principe établi, reposer sur la même base légale que la construction des ouvrages de même nature : il doit être pourvu à l'exécution des travaux d'entretien selon les mêmes modalités financières et administratives que pour la construction premiè_e.

2. L'organisation de l'ensemble du service d'endiguement doit être envisagée par rapport à l'extension territoriale de l'influence effective des ouvrages d'endiguement et au point de vue de ses bases financières et administratives, elle doit être remise entre les mains de l'Etat ; la participation d'unités administratives de moindre importance ne doit être admise que pour le concours financier, mais dans une mesure normalement modique et seulement sous la garantie que cette opération ne saurait devenir une cause de retard pour l'exécution de travaux nécessaires.

3. Pour la confection de plans et l'exécution des ouvrages d'endiguement, tous agents seront pris dans le personnel de l'administration des Eaux et forêts ; la construction sera, en règle générale, donnée en régie sous la direction immédiate d'organes d'entreprises de construction à succursales ambulantes. Des organes semblables seront également chargés de l'inspection régulière des constructions et de l'initiative des travaux d'entretien nécessaires ; en vue de ces travaux, des dotations convenables prévues au budget ; à leur défaut et provisoirement, la formation d'un fonds d'entretien devra pourvoir à l'exécution immédiate de tous travaux devenant nécessaires, et cela sans négociations préalables.

4. En vue d'assurer l'utilité effective des ouvrages d'endiguement exécutés, et en vue de réduire la nécessité de constructions nouvelles, il doit être veillé à l'éloignement de toute culture préjudiciable, dans la totalité du bassin du torrent ; à ces fins,

une réglementation légale de police des eaux et forêts doit être établie et appliquée avec la rigueur nécessaire par les pouvoirs publics. [627.421]
(*Congrès International d'Agriculture*, Vienne, 1907.)

Désinfection des engrais liquides. 628.32

Les engrais liquides, désinfectés au moyen de substances très actives au point de vue bactériologique, telles que le sulfate de cuivre ou du zinc, le lysol, etc., gardent leurs propriétés fertilisantes et n'exercent aucune action nuisible sur la végétation. Le sulfate de cuivre et le sulfate de zinc conviennent surtout pour cette désinfection à la dose de 20 kilogrammes pour 20 m. cubes de matières de vidange, purin, etc., chaque fois qu'il s'agit d'une utilisation agricole des excréments.

L'usage du sulfate de zinc, environ 20 p. c. moins cher que le sulfate de cuivre, mérite particulièrement d'être proposé.

Quant à l'acide sulfurique, encore moins cher et plus actif, il est d'un emploi trop difficile et trop dangereux dans les ménages, les fermes, etc., pour qu'on puisse le recommander.

Le C. I. A. émet le vœu de voir compléter ces expériences par des essais avec l'acide phosphorique ou avec des extraits aqueux de superphosphate et en étudiant l'action des agents stérilisants sur les microbes utiles du sol. [628.32]
(*Congrès International d'Agriculture*, Bruxelles, 1895.)

Syndicats agricoles. 63 (062)

Les syndicats agricoles et leurs unions contribuent largement au progrès de l'agriculture en rendant l'exploitation du sol plus parfaite et moins onéreuse.

Il faut les encourager à poursuivre leur œuvre en s'efforçant de mettre, le plus possible, à la disposition de la petite culture, les moyens d'action de la grande propriété.

Ils ont, en outre, une influence efficace à exercer sur le progrès général des conditions d'existence des populations rurales, notamment par l'organisation des diverses branches de la coopération et de la mutualité. [63 (062)]
(*Congrès International d'Agriculture*, Paris, 1900.)

Régisseurs et directeurs agricoles. 63 (069)

Il y a un grand inconvénient à admettre, comme on l'a fait souvent jusqu'ici, à des places de régisseurs et même de directeurs, dans les exploitations agricoles et forestières, des personnes sans capacités professionnelles ou n'ayant qu'une insuffisante instruction préparatoire.

Par suite de cet état de choses, la bonne exploitation des propriétés, surtout aussi la conservation des forêts, sont mises en péril, au préjudice du propriétaire aussi bien qu'à celui de toute l'économie politique, et la position sociale de l'employé des domaines agricoles s'en trouve amoindrie.

2. La demande d'un certificat d'aptitude pour les employés des domaines agricoles, qui dans un service privé doivent occuper une position de gérants d'économie agricole indépendante ou même de directeur, ne semble justifiée de la part de l'Etat que là où il s'agit de l'exploitation de très grandes forêts dont la conservation en bonne condition est exigée dans l'intérêt du bien public.

L'extension de cette demande aux employés de la propriété agricole privée ne peut être recommandée, eu égard à l'atteinte portée au droit des propriétaires en question de disposer d'eux-mêmes et de plus, par considération qu'ici les intérêts publics n'entrent pas au premier plan. Par contre, il faudrait exiger la preuve d'une complète aptitude professionnelle pour toutes les personnes qui sont employées par l'Etat, soit à la direction d'une économie rurale, soit à l'exécution de travaux techniques quelconques dans les domaines de l'agriculture et de la sylviculture ou dans celui de la technique agricole, de même que pour ceux qui sont autorisés à exécuter de semblables travaux pour des particuliers.

3. Il est tout à fait désirable que les propriétaires de biens agricoles et forestiers n'emploient à l'administration de ces domaines que des personnes pouvant faire preuve d'un certificat d'aptitude pour cette position, et ce devrait être la tâche des associations d'employés des domaines agricoles, ainsi que des corporations agricoles et forestières, d'agir dans toute la mesure de leurs moyens pour que ce principe fût considéré comme généralement valable, dans la nomination des employés des domaines agricoles.

4. Le certificat d'aptitude témoignerait : que l'on a passé par des écoles agricoles et forestières d'une catégorie adoptée à la sphère d'activité de l'employé, et que l'on a subi un examen prouvant des capacités théoriques et pratiques. L'institution et l'exécution de ces examens seraient confiées de préférence à l'Etat même, qui formerait des commissions d'examens, qualifiées pour délivrer des certificats reconnus par l'Etat.

5. Il faut envisager comme désirable que, pour la question de grandes propriétés agricoles et forestières, surtout pour la direction de la gestion de ces mêmes propriétés, on ne prenne, en général, que des spécialistes ayant reçu une instruction supérieure, c'est-à-dire ceux qui ont fait leurs études spéciales

dans une école supérieure agricole ou forestière en qualité d'étudiants réguliers. [63 (069)]
(*Congrès International d'Agriculture*, Vienne, 1907.)

Enseignement agricole. 63 (07)

1. Il convient de créer ou de développer l'enseignement des sciences naturelles physiques et chimiques dans les établissements d'instruction de tous les degrés, depuis l'école enfantile jusque et y compris la philosophie.

2. Il est indispensable pour les élèves sortant des instituts supérieurs de recevoir, comme complément de leur instruction, un enseignement essentiellement *pratique* au moyen d'un stage d'un à deux ans, soit dans une bonne exploitation agricole, soit dans une industrie agricole bien conduite, soit encore, quand ils se destinent aux recherches et à la direction des laboratoires, dans les laboratoires dirigés par les plus hautes autorités.

3. Donner plus de pratique intellectuelle et manuelle aux élèves agronomes, surtout à ceux qui se destinent à l'enseignement.

4. Outiller largement les écoles pratiques d'agriculture.

5. Organiser l'enseignement agricole pour filles en multipliant les écoles ménagères agricoles.

6. Il y a lieu de multiplier les agronomes et les professeurs d'agriculture chargés de faire des conférences dans les campagnes, en leur accordant les ressources nécessaires pour leur permettre de développer leur enseignement pratique et de se mettre en contact aussi fréquent que possible avec les cultivateurs.

7. Il y aurait grande utilité à joindre aux écoles supérieures d'agriculture un cours spécial pour apprendre aux élèves l'art de faire des conférences.

8. Il convient de multiplier les cours d'agriculture d'adultes, de façon que cet enseignement puisse se donner à peu près dans chaque commune.

9. Il y a lieu d'organiser l'enseignement agricole primaire :

a) En faisant passer l'instituteur, à sa sortie de l'école normale, dans une école pratique d'agriculture et ce, aux frais de l'Etat, par l'allocation de bourses ;

b) En organisant un cours agricole spécial auprès des écoles primaires rurales ;

c) En demandant l'application du vœu émis et adopté lors du Congrès de Paris, à savoir :

10. Il faut confier non pas à des inspecteurs de l'enseignement primaire, qui sont avant tout universitaires, mais à des inspec-

teurs de l'agriculture le soin d'inspecter les inspecteurs primaires pour ce qui, dans leur enseignement, concerne les matières agricoles.

11. Il est urgent d'encourager par tous les moyens l'enseignement de la comptabilité agricole et, comme moyen d'application, de donner un cours théorique et surtout pratique dans les écoles normales d'instituteurs et d'institutrices, dans les écoles agricoles et dans les écoles ménagères.

12. Il importe également que, par mesure transitoire et par application immédiate, il soit institué des cours spéciaux en faveur des instituteurs et des institutrices actuellement en fonction et généralement de toutes personnes appelées à donner l'enseignement agricole public. [63 (07)]

. (*Congrès International d'Agriculture*, Bruxelles, 1895.)

*** 1. Que l'institution des *conférences agricoles*, faites par des professeurs nomades, soit de plus en plus développée, ainsi que celle des *champs de démonstration*, corrollaires indispensables des conférences.

2. Que les cours temporaires techniques, institués pour les adultes auprès de certaines écoles spéciales (agricoles ou d'industries agricoles) soient généralisés partout où cela est possible.

3. Que les sociétés agricoles encouragent le plus possible par les récompenses dont elles disposent, l'enseignement agricole des adultes.

4. Que l'enseignement agricole pour adultes soit aussi fait par des publications périodiques qui traitent de sujets simples et pratiques, et encore en favorisant l'achat d'ouvrages agricoles à prix réduit.

5. Que l'enseignement des premières notions de l'agriculture trouve une place importante dans le programme des études primaires, et l'une des meilleures formes à donner à cet enseignement consiste dans des leçons de choses relatives à l'application des sciences naturelles à l'agriculture.

6. Que l'introduction de bons ouvrages agricoles pour l'enseignement primaire et secondaire étant désirable à tous égards, cette mesure soit encouragée financièrement par l'Etat et les syndicats agricoles. [63 (07)]

(*Congrès International d'Agriculture*, Lausanne, 1898.)

*** Le C. I. A., affirmant l'importance toujours croissante des applications de la géologie à l'agriculture et l'urgence de mettre l'enseignement agricole, et spécialement l'enseignement supérieur, en harmonie avec les besoins, en répandant et en complétant celui des sciences naturelles et de leurs applications, qui sont le fondement des méthodes agricoles et la préparation de la culture rationnelle du sol, émet le vœu :

1. Qu'il soit institué des facultés agricoles auprès des principales universités, avec des chaires spéciales, des cabinets et des laboratoires des sciences naturelles appliquées, en commençant par la géologie agricole ;

2. Qu'il soit opéré une réforme générale et complète de l'enseignement agricole et que celui-ci soit coordonné à celui des écoles secondaires et primaires, où une part plus large doit être faite à l'étude des sciences naturelles ; que les cabinets d'expériences s'y retrouvent sous forme d'organisations plus modestes, mais que la chaire descende dans les champs et enseigne à obtenir du sol la plus grande somme d'utilité avec la moindre dépense ;

3. Qu'il soit pourvu sans délai et d'une manière efficace à préparer les éléments de la culture rationnelle du sol par des études géo-agronomiques bien conduites (cartes agronomiques à base géognostico-géologique), soit en créant des offices géologiques, des stations agricoles, etc., soit en encourageant et en suscitant l'initiative privée, pour venir rapidement à bout d'un travail laborieux qui sera le premier élément de la véritable renaissance agricole. [63 (07)]

(*Congrès International d'Agriculture*, Rome, 1903.)

*** 1. Il n'est pas désirable d'ajouter à l'enseignement de l'Institut agricole de l'Etat les branches de l'horticulture et de la culture des arbres fruitiers.

2. L'Etat fera bien de créer des écoles pour l'enseignement de ces branches.

3. La fondation d'écoles professionnelles et d'écoles d'hiver est d'une grande importance. Il est désirable que leurs professeurs soient choisis autant que possible parmi les élèves diplômés de l'Institut agricole de l'Etat.

4. Il est désirable que le gouvernement continue à instituer des agronomes de l'Etat, ou des professeurs d'agriculture dans les provinces.

5. Vu l'importance et la diversité des devoirs des agronomes de l'Etat, il est nécessaire que ces fonctionnaires soient secondés par des adjoints, qui offrent des garanties nécessaires et choisis, en général parmi les personnes qui ont obtenu à l'Institut agricole le diplôme d'agronome.

6. Parmi les devoirs de ces agronomes-adjoints ou professeurs d'agriculture on comptera celui de tenir, dans les villages, des conférences populaires, une ou deux fois par semaine

pendant l'hiver. Ces conférences, adaptées au degré de développement des jeunes gens qui ont suivi le cours entier de l'école primaire, traiteront les sujets agricoles les plus importants pour les communes où elles se tiendront.

7. L'enseignement agricole dans les écoles primaires élémentaires doit être fait d'une façon simple, précise et appropriée aux enfants qui les fréquentent. Il doit comprendre les notions les plus élémentaires sur la vie des plantes, sur les insectes, les oiseaux, sur leur rôle dans la nature. Il doit être donné sous forme de leçon de choses et le maître doit s'attacher pour les exercices de lecture, d'écriture et de calcul à choisir ses sujets dans les choses de l'agriculture locale. Dans les promenades il doit montrer aux enfants tout ce qu'il y a d'intéressant dans la vie rurale de façon à leur faire aimer la campagne et à les intéresser à la profession agricole. Dans les écoles primaires supérieures l'enseignement agricole doit revêtir la forme d'un cours complet avec programme approprié au lieu, à la natuie et à l'âge des élèves appelés à le recevoir.

8. Il est désirable que l'enseignement bactériologique et des laboratoires de bactériologie dans leurs applicaticns à l'agriculture soient fondés dans les écoles d'agriculture.

9. Il serait utile de voir se développer l'enseignement professionnel agricole aux fermières.

10. Il y aurait lieu de voir encourager la publication de traités classiques, clairs et pratiques, pour tous les degrés de l'enseignement, spécialement pour l'enseignement primaire et moyen.

[63 (07)]

(Congrès International d'Agriculture, La Haye, 1891.)

**** 1. Pour que l'enseignement agricole des classes rurales soit efficace, il faut faire des *spécialistes* de ceux qui sont chargés de le donner, et convaincre par le fait ceux qui doivent le recevoir. Pour atteindre le premier but, on donnera à l'Ecole d'Ingénieurs-agronomes, sur libre demande de l'élève, un cours de spécialités qui durera deux ans dans les fermes-écoles ou stations spéciales auxquelles l'élève serait destiné. Pour atteindre le deuxième but, les centres d'enseignement seront les fermes-écoles, les stations et les champs d'expériences, annexés les unes aux autres.

2. La direction de l'enseignement doit s'étendre, par ses résultats, des fermes-écoles et des stations, aux champs d'expériences, et depuis ces centres jusqu'aux derniers villages, au moyen de la conférence ambulante essentiellement pratique.

On utilisera dans les fermes-écoles le concours de la presse ; dans les champs d'expériences, de même que dans les conférences ambulantes, on employiera tous les moyens utiles qu'on pourra se procurer pour les annoncer, afin que les expériences se fassent en présence du plus grand nombre d'agriculteurs possible. L'ingénieur-agronome se considérera comme le voyageur d'une grande maison.

3. Dans les conférences ambulantes, la forme de l'enseignement sera aussi simple que possible. En ce qui concerne les paysans, on cherchera, non à les instruire par des discours, mais à leur montrer les machines les plus convenables, comme aussi les résultats obtenus avec les engrais, le tout accompagné d'affiches rédigées par des directeurs des fermes-écoles ou stations, indiquant les affaires les plus importantes de la région correspondante.

En ce qui concerne les écoles, on y placera des affiches pratiques avec des collections d'engrais, des modèles de cépages américains et de greffons, des appareils agricoles, des plantes de prairies, des illustrations d'aviculture, sériciculture, apiculture, horticulture, etc., selon la spécialité de chaque zone ou région ; elles seront accompagnées d'instructions correspondantes très simples.

Les itinéraires, programme et budgets des conférences ambulantes, comme aussi leur prix, doivent être fixés d'avance et s'organiser tous les ans par entente entre les directeurs des fermes-écoles et stations de chaque région.

4. Coïncidant avec les époques de conférences ambulantes, on proposera des mentions honorables aux propriétaires, et des prix en argent aux ouvriers agricoles, aux maîtres, maîtresses et élèves des deux sexes qui auront profité davantage durant l'année précédente. Ces derniers prix en argent seront adjugés après examen pratique et public.

5. Dans les fermes-écoles et stations qui possèdent déjà cet enseignement il continuera à s'exercer sans cependant s'assujettir à une norme fixe et égale pour toutes les régions, sans dédaigner l'enseignement ambulant et les concours dont la forme à été indiquée.

6. Il est recommandé, aux institutions d'enseignement universitaire de tous les pays, d'établir des relations entre elles et l'échange nécessaire des programmes, des mémoires d'enseignement de caractère agricole et il est insisté sur la nécessité du bon rapport et de la collaboration des écoles spéciales d'agriculture avec tous les autres centres d'éducation.

7. Il y a lieu d'amplifier des études d'économie sociale et rurale, ainsi que de celles concernant l'économie politique et commerciale, autant dans les écoles spéciales d'agriculture que dans celles de commerce et dans les universités.

8. Il importe que les pouvoirs publics de toutes les puissances s'empressent d'installer, de développer ou d'encourager à bref délai :

a) L'enseignement sérieux de l'agronomie pour les futures maîtresses ou conférencières agricoles.

b) Les sections ménagères agricoles dans toutes les maisons d'instruction primaire, moyenne ou supérieure qui reçoivent des jeunes filles des campagnes (des certificats spéciaux de sortie en seraient délivrés).

c) Les écoles ménagères agricoles, fixes, temporaires ou ambulantes, en tenant toujours compte des nécessités régionales.

9. Il faut que l'on favorise la création et le développement des associations ou cercles de fermières, en tenant compte de leur utilité pour l'extension de l'enseignement professionnel agricole.

10. L'instruction agricole des enfants doit être donnée, non d'une manière didactique, mais en expliquant simplement la raison d'être des faits agricoles.

Dans les matières de l'enseignement des écoles normales on tiendra compte des besoins de la profession agricole.

La sanction de l'instruction du futur instituteur rural à l'école normale (brevet supérieur, par exemple) ne doit être accordée qu'aux élèves maîtres ayant donné des preuves suffisantes de leurs connaissances agricoles ; la note d'agriculture doit être élémentaire.

11. L'enseignement agricole donné aux adolescents et dont les résultats sont si encourageants, doit être étendu aux régions qui n'en sont pas encore pourvues, par la création d'écoles pratiques bien situées et bien adaptées, par l'établissement d'écoles spéciales (horticulture, viticulture, laiterie, etc.), d'écoles d'hiver et, à leur défaut, de sections agricoles situées près des établissements universitaires.

Il faut que l'enseignement des fermes-écoles soit complété par l'adjonction au personnel enseignant actuel d'un professeur de sciences appliquées à l'agriculture.

L'enseignement des orphelinats et colonies agricoles doit être orienté, toutes les fois qu'il sera possible, en vue de la profession agricole.

12. Que l'enseignement agricole donné aux adultes et dont les résultats sont très satisfaisants, soit complété par l'institution de cours temporaires de saisons, donnés dans les écoles pratiques d'agriculture et autres établissements professionnels, et par des cours de spécialités agricoles, faits par des professeurs et des amateurs particulièrement qualifiés.

On introduira l'enseignement agricole dans les établissements de bienfaisance similaires aux hospices espagnols et on aura soin que les édifices soient installés à la campagne, afin de disposer de quelques hectares de terrain où les pensionnaires puissent pratiquer les différentes cultures.

L'enseignement doit être non seulement technique, mais aussi économique ; il doit être organisé en divers degrés, d'élémentaire à supérieur, jusqu'aux chaires d'économie et de politique agraire, selon l'importance des centres où cet enseignement sera donné.

13. L'instituteur de village s'efforcera de développer le goût des enfants pour les métiers de la terre ; il leur donnera seulement une instruction générale, préparatoire à l'apprentissage agricole.

L'enseignement technique professionnel ne sera donné que sous forme expérimentale, s'attachant surtout à habituer les jeunes ouvriers agricoles à l'emploi intelligent des machines, à leur faire profiter des nouvelles acquisitions de la science et des procédés les plus perfectionnés à introduire dans la pratique courante, après les épreuves de l'expérience.

Le temps passé dans les établissements professionnels agricoles sera d'une année et les jeunes gens recevront une indemnité en rapport avec le travail utile qu'ils auront fourni chaque jour.

14. Dans le ressort de chaque établissement professionnel, une société de patronage, fondée sous la haute protection de l'Etat, propagera, d'une part, l'idée de l'enseignement agricole, et, d'autre part, aidera les jeunes gens sortant de ces écoles à se créer une situation avec les métiers de la terre.

Ces sociétés de patronage devront également chercher à procurer des distractions aux jeunes cultivateurs, telles que : petites fêtes agricoles champêtres, excursions aux concours agricoles, foires et marchés des centres importants de consommation.

Pour que le jeune homme se maintienne en relation constante avec la maison paternelle, pour l'empêcher de s'habituer à la ville et lui faire conserver le culte de la campagne et du foyer, il faut lui faciliter les notions indispensables de sciences agronomiques, en l'initiant aux progrès et aux méthodes modernes ; les gouvernements de tous les pays où règne la petite culture devront donc fonder et favoriser, autant que possible, les écoles d'agriculture d'hiver.   [63 (07)]

(*Congrès International d'Agriculture*, Madrid, 1911.)

*** 1. Pour les écoles primaires supérieures ou professionnelles rurales, l'enseignement des sciences physiques et naturelles sera nettement orienté vers celui de l'agriculture et lui servira de base ; l'enseignement agricole théorique et pratique sera expérimental, applicable surtout à la région ; il occupera une place prépondérante aux examens de fin d'études.

2. Dans les écoles normales et, en général, dans les établissements où se préparent les instituteurs et les professeurs, l'enseignement sera organisé de façon à former un personnel capable de donner un enseignement agricole scientifique, théorique et pratique, correspondant exactement aux exigences du milieu dans lequel l'instituteur est appelé à vivre.

3. Pour l'enseignement agricole féminin, il serait urgent de créer, dans les écoles normales et primaires supérieures, des cours théoriques et des travaux pratiques mettant la jeune fille à même de comprendre et d'exécuter intelligemment les opérateurs journalières du ménage, de la basse-cour, de la ferme et du jardin.   [63 (07)]

(Congrès International d'Agriculture, Paris, 1900.)

*** 1. Que les pouvoirs publics continuent à développer, dans la plus large mesure, l'enseignement de l'industrie laitière, et, d'une manière toute spéciale, celui qui s'applique à la femme.

2. Que l'enseignement des industries de la ferme (sucrerie, distillerie, brasserie, cidrerie) soit donné dans le plus grand nombre possible d'écoles spéciales.

3. Que l'enseignement horticole et viticole, dont les résultats sont si encourageants, soit étendu aux régions qui n'en sont pas encore pourvues, par la création de nouvelles écoles pratiques, bien situées et bien spécialisées.   [63 (07)]

(Congrès International d'Agriculture, Paris, 1900.)

Enseignement agricole des soldats.   63 (07) : 355

1. Si l'on observe les conditions particulières de l'organisation des armées dans les différents Etats, ainsi que celles de l'agriculture, et que l'on tienne suffisamment compte des uns et des autres, on obtient par la vulgarisation de l'enseignement agricole parmi les soldats des résultats tels, qu'on peut dire qu'ils rentreront dans leurs foyers mieux instruits, et que les effets acquis seront sûrs et bienfaisants aux points de vue technique et économique, comme à celui de la condition sociale des intéressés.

2. En introduisant cet enseignement dans les armées, on ne devra pas perdre de vue qu'il convient de réserver une liberté bien comprise aux initiatives locales, principalement en ce qui concerne l'établissement des programmes, procédé dont l'expérience a démontré les avantages : ces programmes doivent

s'adapter aux particularités locales de la région où il a son foyer. Enfin, il devra nécessairement être fait une part aux différences présentées par la vie particulière des différentes garnisons.

3. Cet enseignement doit produire non seulement des résultats techniques et économiques, mais aussi des résultats sociaux. On obtiendra ces derniers si l'on parvient à inculquer au soldat la conviction que dans son intérêt personnel, dans l'intérêt de sa famille et dans celui de son pays, il vaut mieux qu'il retourne au travail des champs auquel il a été accoutumé dès sa première jeunesse, et que cette occupation vaut mieux pour lui que toute autre à laquelle il n'est pas préparé. La désertion de la vie rurale a pour effet d'accroître le nombre déjà si considérable des déracinés, qui est à toute époque et dans tout pays une source de graves dangers. De cette manière, les soldats d'origine rurale sentent qu'on veut leur bien, qu'on s'applique à les instruire et à les bien conseiller, et comme ces sollicitudes se manifestent dans le temps où ils sont loin de leurs parents, loin du métier qu'ils ont appris, ils les ressentent comme une consolation.

4. Pour atteindre ce but utile à tant d'égards, il est nécessaire de procéder avec le discernement le plus rigoureux au choix des maîtres appelés soit à distribuer l'enseignement oral, soit à diriger les expériences pratiques sur les champs à essais ; il faut que ces maîtres soient solidement instruits, pourvus des qualités propres à leur mission et du sens voulu pour doser judicieusement leur enseignement ; ce n'est qu'à ce prix que l'enseignement agricole aura les sympathies des autorités militaires et qu'il enregistrera des résultats positifs.

5. On n'administrera l'enseignement agricole qu'aux soldats d'origine rurale, et encore s'ils suivent les cours volontairement ; sinon on s'exposerait à donner à cet enseignement le caractère antipathique d'une obligation supplémentaire du service. D'autre part, on visera à populariser le cours spécial de législation agricole à l'usage de la gendarmerie : cette initiative produira des résultats non seulement économiques mais moraux, parcequ'elle consolidera les liens de sympathie entre la gendarmerie et la population rurale, ce qui ne peut que contribuer à faciliter aux organes de la sécurité publique l'accomplissement de leur mission si utile et si laborieuse. Cet enseignement spécial aura une opportunité particulière dans les cas où l'enseignement agricole proprement dit se trouverait impossible, soit parcequ'il ne pourrait être donné qu'à doses trop restreintes, soit parce que les exigences du service ne laisseraient pas de temps pour lui, soit parce que l'enseignement agricole serait

tellement généralisé dans la région que les hommes l'auraient déjà reçu à l'école primaire.

6. Enfin dans les pays où diverses industries ou bien le commerce ont plus d'importance que l'agriculture, il sera bon de se mettre à la recherche de résultats économiques et sociaux également bienfaisants en usant de la même méthode, c'est-à-dire en instruisant les soldats des progrès déjà réalisés ou en voie de l'être, dans le domaine particulier auquel appartient leur profession, du moins la profession du plus grand nombre d'entre eux.

7. Toujours et dans tous les pays, il conviendrait d'ajouter aux enseignements techniques et professionnels de bons conseils d'une utilité morale, en particulier sur l'épargne et la prévoyance en vue de la vieillesse, car partout, le bien-être social est étroitement lié à l'état économique de la population. [63 (07) : 355]

(*Congrès International d'Agriculture*, Vienne, 1907.)

Enseignement agricole des femmes. 63 (07) : 396

1. Les écoles de laiterie et les écoles ménagères rurales pour les jeunes filles doivent être de plus en plus encouragées et répandues.

2. Comme direction, elle doivent être maintenues dans la simplicité et dans l'esprit de l'éducation familiale.

3. La jeune fille doit être préparée à sa vie de femme, en la sortant le moins possible de son milieu et en le lui faisant aimer.

4. Pour former la femme, il faut lui conserver la mission spéciale pour laquelle elle est faite, ne pas la sortir du domaine des professions qui conviennent à son sexe et ne pas encourager les revendications de droits différents des siens ou les empiétements sur le domaine de l'homme. [63 (07) : 396]

(*Congrès International d'Agriculture*, Paris, 1900.)

*** Il est d'une manière générale avantageux, et, pour la classe agricole, nécessaire que des offices spéciaux d'enseignement organisés selon le mode des écoles, soient créés pour l'éducation professionnelle agricole des jeunes filles de la campagne, afin de les pourvoir des connaissances pratiques nécessaires à leur fonction future de ménagère de culture.

Il est désirable qu'il soit créé aussitôt que possible des sections spéciales d'enseignement pour la formation d'institutrices ménagères destinées aux écoles ménagères rurales.

Considérant que la ménagère rurale joue un rôle très important au point de vue de l'élèvement de la condition sociale du paysan, comme à celui du retour à la vie agricole, il importe que l'enseignement professionnel des jeunes filles de la campagne, et

cela dans tous les Etats, soit généralisé, et que les paysannes
se forment en associations partout où il sera constaté que la
situation s'y prête. [63 (07) : 396]
(*Congrès International d'Agriculture*, Vienne, 1907.)

Enseignement agricole supérieur.   63 (071.1)

1. Les établissements d'enseignement supérieur de l'agriculture doivent nécessairement posséder des champs de démonstration pour les élèves et de recherches pour les professeurs, des
étables d'expériences et de démonstrations, des laboratoires
parfaitement agencés de chimie, de botanique, de zoologie,
de microbiologie, d'agriculture, etc. ; un jardin botanique et
des serres, des collections et une bibliothèque.

Il convient de doter de ces moyens d'enseignement et de
recherche les établissements qui n'en possèdent pas encore,
de les développer chez ceux qui les possèdent déjà et de donner
les crédits qui sont nécessaires à leur fonctionnement.

2. Il serait désirable que les établissements d'enseignement
supérieur agricole fussent assez largement installés pour recevoir tous les élèves capables de profiter de l'enseignement.

3. L'enseignement supérieur de l'agriculture représentant
le plus complexe de tous les genres d'enseignement et constituant
une véritable encyclopédie de toutes les branches de l'agriculture, il conviendrait de spécialiser les élèves à un moment
déterminé, en vue du but final qu'il poursuivent. A partir
de cette époque, les élèves ne suivront plus indistinctement
les mêmes cours ni les mêmes exercices ; ils pourraient mieux
approfondir les matières qui les intéressent davantage. Il conviendrait alors d'ajouter une troisième année d'études dite
« de spécialisation » aux établissements qui ne gardent jusqu'ici
leurs élèves que deux ans.

4. Il y a lieu de développer de plus en plus, dans les institutions d'enseignement supérieur de l'agriculture, la pratique des
laboratoires, la seule pratique que ces institutions puissent donner
directement à leurs élèves.

5. Les établissements d'enseignement supérieur de l'agriculture doivent être établis dans les villes ou, de préférence, tout
à côté. Cette situation les oblige à se créer et à garder des relations très étroites avec le monde agricole. Il convient de développer les moyens qui sont de nature à augmenter ces relations,
en particulier les laboratoires d'essais et de recherches qui sont
fréquentés par les agriculteurs. Dans le même ordre d'idées,
il serait intéressant d'y organiser pour les agriculteurs, des conférences sur des sujets d'actualité ; ces conférences auraient
lieu au moment des grandes réunions agricoles.

6. Il est désirable que les universités orientent de plus en plus leur enseignement vers les applications des sciences à l'agriculture. [63 (071.1)]
(*Congrès International d'Agriculture*, Paris, 1900.)

*** L'instruction agricole supérieure réclame, pour toutes les branches fondamentales et accessoires, des établissements d'instruction, laboratoires spéciaux et autres institutions destinées à l'enseignement. Si ces écoles sont convenablement installées et si dans les éatblissements mêmes ou dans leur affiliation à d'autres écoles, il y a possibilité pour l'étudiant de s'approprier une instruction générale, il est évidemment d'une importance secondaire que l'institution soit indépendante ou qu'elle fasse partie d'une autre école supérieure.

Les cours post-scolaires de perfectionnement pour agronomes et forestiers constituent un facteur complémentaire important et précieux du système d'enseignement de ces spécial·tés, et, en conséquence, elle encourage fortement l'introduction de cours de cette sorte. [63 (071.1)]
(*Congrès International d'Agriculture*, Vienne, 1907.)

Enseignement agricole secondaire. 63 (071.2)

Le régime de l'instruction, dans les écoles secondaires, doit être dirigé d'une façon plus intensive qu'on ne l'a fait jusqu'ici vers un but d'enseignement agronomique et cela :

a) par l'extension, s'il est possible, et par l'approfondissement de l'instruction, au moyen de l'enseignement par leçons de choses données dans le domaine rural appartenant à l'école ;

b) par une action expérimentale appropriée aux écoles secondaires et tenant compte, dans le domaine scolaire, des besoins de l'économie agricole pratique, mode d'action qui devrait être transformé en une institution permanente ;

c) la direction de ces expériences devrait être confiée à des maîtres d'économie végétale et de chimie agricole ; il faudrait leur concéder une complète indépendance pour tout ce qui touche à ces expériences ; toutefois, ces maîtres auraient aussi à assumer la responsabilité et à se charger de la publication périodique des expériences ;

d) il faudrait destiner, chaque année, à l'exécution de ces expériences, des sommes auxquelles serait affectée la détermination formelle de « fonds pour expériences ». [63 (071.2)]
(*Congrès International d'Agriculture*, Vienne, 1907.)

Enseignement agricole inférieur.   63 (071.3)

1. Il importe d'attirer l'attention des corporations agricoles et forestières sur ce point que l'introduction de cours d'enseignement, embrassant l'étude de l'agriculture, est admissible dans les écoles primaires supérieures et que, si la nécessité s'en fait sentir, ces cours peuvent et doivent être créés.

Dans toutes.les écoles de ce genre, on doit s'efforcer d'obtenir, s'adaptant aux besoins de la région, un enseignement agricole, soit à cause de la grande valeur pédagogique de cet enseignement, soit pour la vulgarisation des connaissances agronomiques.

Le gouvernement et les organisations provinciales sont aussi priés de vouloir bien accorder, à l'avenir, leur encouragement à l'introduction de l'enseignement agricole et à la pratique des sciences agricoles et forestières dans les écoles du rang ci-dessus nommé.

2. Dans ce but, il faut tendre à ce qu'il soit possible aux maîtres des écoles publiques primaires et des écoles primaires supérieures, d'acquérir dans des écoles normales d'instituteurs ou dans des cours particuliers d'enseignement agricole et forestier, les connaissances qui leur sont nécessaires en agriculture pour professer ces mêmes connaissances dans les écoles publiques primaires et primaires supérieures.

3. Il faut tendre à ce que dans les lycées, collèges et écoles spéciales, l'instruction, concernant l'agriculture et toutes les professions qui ont avec elle des points d'attache, s'étende autant qu'il semble nécessaire, soit pour l'instruction générale et au point de vue éducatif, soit à celui de l'utilisation des connaissances par des occupations dans l'agriculture, ou pour le choix de la profession.

4. Il importe d'offrir aux maîtres des écoles secondaires, la possibilité d'acquérir par des cours particuliers dans les écoles supérieures ou dans les académies, des connaissances assez étendues sur l'agriculture pour fournir une instruction générale d'information sur tout ce qui concerne l'économie agricole.

5. Dans les localités d'une certaine étendue, qui ont beaucoup d'écoles, il faut pourvoir à l'introduction de professeurs spéciaux d'agriculture, dans les écoles publiques primaires et primaires supérieures, dans les écoles normales d'instituteurs, dans les lycées, collèges et écoles spéciales.   [63 (071.3)]

(*Congrès International d'Agriculture*, Vienne, 1907.)

*** 1. L'organisation de l'enseignement professionnel agricole est hautement désirable pour tous les pays.

2. La méthode utilisée sera intuitive, variant d'après les régions et s'adaptant aux conditions du milieu. Elle développera

surtout d'observation de l'enfant. La moitié du temps sera réservée à l'enseignement pratique.

3. L'enseignement primaire à tendance professionnelle se donnera à partir de 12 ans. On consacrera les matinées à l'enseignement général. Trois après-midi par semaine seraient réservées pour les cours spéciaux aux enfants appelés au travail agricole (système du demi-temps).

La loi accorderait aux communes le droit de suspendre momentanément les cours de l'après-midi dans les limites fixées et moyennant approbation de l'autorité compétente supérieure.

4. Le cours spécial agricole serait momentanément confié à un professionnel de l'agriculture. Les instituteurs en fonctions suivront des cours de perfectionnement et recevront un diplôme spécial d'aptitude. Dans les écoles normales on donnerait aux élèves une formation professionnelle au début de la 4e année en réservant une large part à la pratique agricole.

5. Dès la première enfance il faudrait apprendre aux enfants à comprendre et à aimer la nature (notamment, dans les classes enfantines et dans les écoles maternelles), afin de faire disparaître le mépris que d'aucuns nourrissent encore vis-à-vis de la profession d'agriculteur.

6. Il serait désirable de provoquer la création, dans des centres agricoles judicieusement choisis, d'écoles temporaires professionnelles d'hiver, d'après un programme adapté à l'agriculture de chaque région ; ce programme serait réparti sur plusieurs périodes hivernales (école d'agriculture, de mécanique agricole, d'élevage). Cet enseignement constituerait le complément nécessaire et logique du 4e degré rural. [63 (071.3)]

(*Congrès International d'Agriculture*, Gand, 1913.)

*** Il convient d'habituer les élèves des écoles primaires à classer certains objets : les pierres, les terrains, les engrais, les plantes, les graines, les insectes. Ces leçons de choses seront complétées par des cultures démonstratives et simples.

La synthèse de cet enseignement pourra être utilement faite par des promenades dans la campagne et la visite des meilleures fermes des environs, sous la conduite de l'instituteur ; celui-ci montrera à ses élèves l'application, dans la vie courante des champs, des vérités révélées par lui lors des cultures de l'école. [63 (071.3)]

(*Congrès International d'Agriculture*, Paris, 1900.)

*** Que l'organisation de l'enseignement élémentaire soit complétée par un grand nombre d'écoles d'hiver dans les pays qui n'en possèdent pas encore ;

Que, dans les régions de petite culture, les cours d'hiver soient annexés à ceux des écoles primaires ;

Que ces cours soient confiés à des instituteurs ayant fait des études spéciales sur ces questions. [63 (071.3)]
(*Congrès International d'Agriculture*, Paris, 1900.)

Champs d'essai et de démonstration agricoles. 63 (072)

1. Le C. I. A. émet le vœu qu'on développe dans chaque pays autant que possible les champs d'essai ou d'expérience et les champs de démonstration.

Les champs d'essai sont destinés à faire des recherches ; les champs de démonstration servent à divulguer les résultats obtenus et bien établis.

2. Les champs de démonstration doivent être d'une étendue suffisante pour bien faire voir pratiquement les résultats obtenus.

3. Il est désirable que dans quelques stations agricoles, situées dans diverses parties de l'Europe, il soit organisé une section spéciale pour les études systématiques et biologiques de toutes les plantes cultivées de l'agriculture et que ces études soient poursuivies autant que possible — c'est-à-dire avec les restrictions que rendent nécessaires les divers rapports du climat et de la végétation cultivée du terrain — et dans toutes les stations selon les mêmes principes.

4. Il faudrait que les directeurs des stations s'assemblent tous les trois ans pour s'accorder sur les dits principes et sur les espèces de plantes qui devront être examinées pendant la prochaine période triennale et pour élire un comité dirigeant pendant la même période et que chaque directeur soit chargé d'adresser au comité dirigeant un rapport sur les résultats des travaux de la station. [63 (072)]
(*Congrès International d'Agriculture*, La Haye, 1891.)

*** 1. Il est hautement désirable que l'on installe des champs d'essai et de démonstration, sur un plan uniforme et avec des méthodes d'exécution communes. Ces méthodes et ce plan pourraient être arrêtés dans une réunion des directeurs de stations agronomiques.

2. L'analyse des sols, complément nécessaire de ce genre de travaux, devrait se faire dans tous les laboratoires par des méthodes uniformes.

3. Les résultats de ces recherches et de ces essais seraient réunis, pour chaque pays, dans une même publication, de façon à pouvoir en tirer des conclusions générales qui hâteraient certainement beaucoup le progrès agricole dans ce domaine. [63 (072)]
(*Congrès International d'Agriculture*, Lausanne, 1898.)

*** 1. L'établissement d'un programme de recherches à entreprendre simultanément dans les champs ou étables d'expériences et dans les laboratoires des stations agronomiques des divers pays.

2. L'organisation d'un congrès international biennal des directeurs des stations agronomiques et des laboratoires agricoles.

3. L'intervention financière la plus large de l'Etat en faveur des stations agronomiques et laboratoires de contrôle, soit en mettant leur entretien à la charge du budget ; soit en leur accordant des subsides dont l'emploi serait contrôlé. [63 (072)]

(*Congrès International d'Agriculture*, Bruxelles, 1895.)

*** 1. Les champs d'expériences et de démonstrations pratiques ont contribué de la manière la plus efficace aux progrès de l'agriculture et de la viticulture. L'extension qu'ils ont prise est considérable, mais leur nombre est insuffisant dans certaines contrées. Il est très désirable que les conseils provinciaux ou généraux votent, dans tous les pays, les crédits nécessaires au développement d'une institution capable de rendre partout les plus grands services aux cultivateurs et aux vignerons.

2. Il appartient aux professeurs d'agriculture de fixer, pour chaque région, quels essais ou quelles démonstrations il faut entreprendre. Il importe, dans tous les cas, que la distinction entre les champs d'expériences et les champs de pure démonstration soit nettement établie ; que les essais comportant quelque aléa soient réservés aux premiers, et que les seconds soient uniquement consacrés aux démonstrations dont le succès ne fait aucun doute.

3. Les champs de démonstrations doivent être aussi multipliés que possible.

4. Ils doivent avoir une étendue aussi grande que le permettent les circonstances locales.

5. Il ne faut entreprendre qu'une seule démonstration à la fois sur les champs de démonstrations, afin qu'il ne puisse naître aucun doute sur la cause qui provoque la différence des rendements.

6. Il est désirable que les professeurs d'agriculture se concertent pour organiser dans chaque région des champs d'expériences et de démonstrations d'après un plan d'ensemble dressé en vue de la confection des cartes agronomiques. [63 (072)]

(*Congrès International d'Agriculture*, Paris, 1900.)

*** 1. Les stations agronomiques d'essais ont un double but :

a) faire progresser les connaissances générales, en recueillant tous les matériaux capables de servir à la science agricole ;

b) faire avancer l'agriculture par l'instruction, dans la pratique, d'améliorations, résultats de leurs travaux d'investigation.

2. Comme l'agriculture est une sphère de travail d'une importance fondamentale, il faut s'en remettre, pour la faire progresser, aux gouvernements qui ont encore à organiser les stations agronomiques en qualité d'institutions permanentes, à les entretenir et à les surveiller. La forme de l'entretien officiel doit s'adapter, conjointement avec le contrôle, à la forme administrative des pays respectifs.

3. Les stations agronomiques atteindront leur maximum d'efficacité si elles sont spécialement créées comme établissements de recherches et si elles sont rattachées aux universités ou à d'autres institutions supérieures d'instruction.

4. Comme les questions agricoles sont pour la plupart très diverses et compliquées, les stations agricoles devraient être organisées assez complètement pour que des représentants des différentes sciences agricoles et des sciences qui leur sont apparentées se trouvent dans le personnel.

5. Au-dessus du personnel, devrait être placé un directeur ayant à se prononcer sur les travaux projetés et à les faire exécuter. Il faudrait que le directeur eût des connaissances scientifiques approfondies et générales et qu'il possédât, dans la pratique, une grande largeur de vues.

6. Le personnel de la station agronomique devrait se constituer en conseil de la station agronomique. Ce conseil n'aurait que voix consultative.

7. Quoique le nombre des stations agronomiques doive se régler d'après les divisions administratives et les intérêts agricoles des pays respectifs, chaque station agronomique devrait devenir un centre d'activité assez grand pour pouvoir, moyennant des ressources suffisantes, s'organiser sur une large base.

Les stations secondaires devraient être placées, de même que les différents autres établissements d'expériences, sous le contrôle de la station agronomique centrale.

8. La station agronomique est une institution pratique aussi bien que scientifique : par suite, ses rapports avec l'université doivent être de telle sorte qu'ils n'empêchent point son étroite union avec l'agriculture et les agriculteurs.

9. Les travaux d'une station agronomique parfaitement organisée devraient s'étendre : *a*) à des recherches nouvelles ; *b*) à des expériences de vérification, en tenant tout particulièrement compte des conditions locales ; *c*) à des démonstrations pratiques, concernant les résultats des expériences ; *d*) à la propagation des connaissances par publications ou de toute autre manière.

10. Les stations agronomiques devraient publier systématiquement : *a*) des bulletins techniques détaillés à l'usage des gens cultivés du monde scientifique ; *b*) de brefs compte-rendus de vulgarisation populaire sur les résultats obtenus et leur application dans l'agriculture. Ces publications devraient être soigneusement rédigées et abondamment illustrées.

11. Le personnel affecté à l'expérimentation scientifique de la station agronomique devrait ne pratiquer l'enseignement que d'une façon très limitée. Il faudrait, par contre, que des hommes compétents bien instruits, et des conférenciers fussent attachés au service de la station agronomique pour décharger le personnel enseignant et doctrinal de l'établissement et lui être d'utiles auxiliaires auprès des agriculteurs, pour la vulgarisation des connaissances utiles. Le directeur de la station agronomique devrait être aussi étroitement que possible en contact avec la classe agricole et se voir considéré par elle comme son conseiller et son guide dans toutes les circonstances qui activent les progrès de l'agriculture. [63 (072)]
(*Congrès International d'Agriculture*, Vienne, 1907.)

*** Pour permettre que les efforts des stations agricoles d'essais atteignent plus rapidement leur but et que, dans les questions importantes, des décisions définitives soient prises le plus promptement possible, voici ce qui est recommandable :

1. Les recherches d'une importance internationale seront exécutées simultanément par plusieurs pays et par beaucoup de stations agronomiques. Pour pouvoir comparer les résultats, il est désirable de fixer et de prescrire les méthodes de ces recherches. Une commission internationale de recherches agricoles devrait être créée pour déterminer ces questions, mettre en œuvre les résultats obtenus et les publier. Cette commission aurait son siège à Rome pour être en rapport étroit avec l'Institut International d'Agriculture qui y est établi. Tous les deux ou trois ans, cette commission devrait se réunir tour à tour dans chacun des pays de l'Europe et aussi en Amérique, si possible. Les membres de la Commission seraient délégués par chacun des pays.

2. Il conviendrait d'organiser des commissions centrales nationales ou stations agricoles centrales qui auraient pour but d'exécuter et de faire exécuter exactement les recherches décidées, pour tous les pays, d'entreprendre des recherches d'un intérêt spécial à certains pays, de diriger ces recherches ou essais. La station centrale avec les stations spéciales nécessaires pourvoiraient à l'éducation du personnel scientifique nécessaire, pour les autres stations du pays. Pour les analyses

commerciales, elle ne serait qu'une autorité de seconde instance chargée des analyses d'expertise.

3. Les stations agronomiques existantes ou à fonder seraient en rapport avec les commissions centrales, nationales et internationales. Elles exécuteraient les recherches nationales et internationales au moyen de champs d'écuries, de fabriques, etc., destinés à leurs expériences. En outre, elles seraient absolument indépendantes pour les recherches qu'elles exécuteraient de leur propre initiative. Elles feraient éventuellement des analyses de contrôle (fumier, denrées alimentaires, produits de fabrique, etc.) pour leur clientèle. Il serait permis à chaque station d'étudier, en lieu et place, toute question d'une grande importance, d'envoyer de temps à autre dans des endroits spécialement importants des missions pour pouvoir y faire des observations et soumettre les objets nouvellement produits à une expérience préliminaire. [63 (072)]

(*Congrès International d'Agriculture*, Vienne, 1907.)

*** 1. Les expériences agricoles, en raison de leur haute importance, méritent d'être encouragées de la part de l'Etat dans une très large mesure, afin d'obtenir une prompte et radicale amélioration en ce qui concerne la production technique de l'agriculture.

2. L'organisation des services d'expériences ne saurait être abandonnée aux dispositions accidentelles des éléments locaux, mais elle doit se produire d'après un plan unitaire et systématique. Les établissements d'expériences ainsi créés doivent dépendre d'une administration supérieure compétente, à laquelle incombe le devoir de pourvoir à une coopération pratique et suivant l'exigence du cas, à l'achèvement nécessaire de ces établissements d'expériences.

3. Le mode d'organisation le plus pratique pour ces établissements spéciaux d'expériences est la station centrale agronomique qui embrasse dans un cadre fixe tous les établissements d'expériences au point de vue de l'avancement de l'agriculture dans sa sphère d'activité. Aux stations centrales agronomiques, on joindra, suivant la nécessité, des stations d'expériences de second ordre (stations succursales, exploitations d'expériences, champs d'expériences, etc.) pour résoudre les problèmes locaux.

4. La valeur des résultats dépend en première ligne de la qualité et de la somme de travail du personnel spécialiste. Par suite, ce personnel doit être non seulement instruit à fond, soigneusement choisi, judicieusement employé et considéré aussi bien au point de vue social qu'au point de vue matériel ; mais encore il doit être déchargé, autant que possible, de tous

les services non spéciaux et purement mécaniques (services de contrôle, etc.). [63 (072)]

(*Congrès International d'Agriculture*, Vienne, 1907.)

*** 1. *a*) L'organisation du service des recherches incombe en principe à l'État qui doit non seulement lui garantir les moyens d'action suffisants, mais qui doit de plus en conserver la haute direction et le contrôle.

b) La direction supérieure doit être compétente et entièrement responsable.

2. *a*) La direction des établissements doit être confiée à des hommes de capacité reconnues et aptes à conduire le travail dans tous les domaines que comporte l'expérimentation agricole moderne. Ils seront au courant de la pratique agricole.

b) Le personnel subalterne doit être choisi judicieusement et répondre à des conditions déterminées et rationnellement établies.

c) Il est à désirer qu'à chaque station, outre les chimistes, soient adjoints au moins un botaniste et un agriculteur (ingénieur agricole ou ingénieur agronome).

3. La sphère d'activité des stations de recherches s'étant développée, il est nécessaire que les établissements d'enseignement supérieur créent des sections spéciales pour la préparation du personnel des stations d'après le plan-programme dressé par M. le professeur Lemmermann ou un plan analogue.

4. Le travail de recherches doit être entièrement indépendant et entièrement séparé (comme local et direction) du travail de contrôle.

5. L'organisation doit respecter l'indépendance absolue du travail de recherches.

6. L'action des établissements de recherches doit se développer en harmonie avec les aspirations de la pratique agricole. Elle doit donc, autant que possible, prendre contact avec les praticiens et les associations agricoles. Dans ce but la constitution d'une association englobant dans chaque pays le personnel des stations d'essais et les praticiens est à recommander.

7. Le service de recherches de chaque pays doit pouvoir être rapidement informé des travaux originaux importants effectués dans tous les pays du monde. A cet effet, il est à souhaiter :

a) Que les auteurs des recherches accompagnent la relation de leurs travaux d'un court résumé de ceux-ci.

b) Que le Département de l'Agriculture assure, dans chaque pays, la publication des recherches faites sur tout le territoire dans un seul recueil dont il transmettrait un exemplaire à l'Institut international d'agriculture de Rome.

c) Que l'Institut international d'agriculture de Rome publie un compte rendu, en plusieurs langues, de l'ensemble des recherches effectuées dans tous les pays du monde.

8. Afin d'assurer à toutes les exploitations agricoles le bénéfice d'une connaissance rapide et complète des résultats utilisables des recherches, le C. I. A. propose la création au sein des Départements de l'Agriculture de chaque pays de sections compétentes dont la mission serait la publication des résultats et leur vulgarisation.

9. Il y a lieu : *a*) d'abandonner les champs d'expériences ne comprenant qu'une parcelle par essai, et d'adopter d'une manière générale au moins trois parcelles par essai.

b) de voir déterminer pour les résultats expérimentaux l'erreur probable dont ils sont affectés, et la probabilité d'exactitude que présente la conclusion formulée.

10. Les pays tropicaux pouvant en de nombreux cas devenir des régions agricoles très prospères, il y a lieu d'attirer l'attention des gouvernements intéressés sur la nécessité d'intervenir par la diffusion de l'enseignement agricole et la création d'un service de recherches agricoles.

11. Le C. I. A. émet le vœu que les établissements de recherches élaborent des notices dont l'ensemble constituera le « livre d'or » des stations agronomiques.

12. Il est à souhaiter que la notation C I soit adoptée par tous les laboratoires pour éviter toute méprise dans la comparaison des documents et dans l'usage de la littérature scientifique internationale.

13. Il y a lieu de voir porter à l'étude la question d'une nouvelle classification des zones agricoles du monde basée sur l'altitude comme facteur principal et la latitude comme élément secondaire.

14. Dans les instituts supérieurs d'enseignement agricole, la station y annexée devrait se confiner uniquement dans le travail des recherches.

15. Chaque établissement agricole, qu'il soit du degré inférieur, moyen ou supérieur, doit, s'il veut prospérer et rendre des services, disposer d'un champ d'essais, dont l'étendue sera en rapport avec les nécessités. Ce champ doit servir d'élément de recherches et de démonstrations.

16. Les établissements officiels de l'Etat, avec unité de méthodes et de tarifs, en ce qui concerne le contrôle des matières alimentaires, engrais, semences et la recherche des falsifications, donnent seuls toute garantie d'indépendance.

17. Pour avoir un bon service de recherche des falsifications, il est nécessaire qu'une loi sur les falsifications existe.

18. Il est désirable que des enquêtes méthodiques soient entreprises sur la composition des produits naturels ou non, et plus spécialement sur les caractères des produits anormaux.
[63 (072)]
(*Congrès International d'Agriculture*, Gand, 1913.)

Economie alpestre. 63 (234)

1. Le C. I. A. recommande la création d'un fonds alpestre analogue au fonds d'améliorations, qui bénéficierait selon les cas et possibilités de la participation des caisses centrales des coopératives, et qui serait affecté à l'acquisition ainsi qu'à l'amélioration de territoires à vendre ou laissés en friche, acquisition qui s'effectuerait sur la proposition des organes compétents à qui incombe le soin des intérêts de l'agriculture.

2. Le C. I. A. émet la proposition qu'il soit créé une organisation dont le but serait de prendre en mains et de faire valoir les intérêts quels qu'ils soient de l'économie alpestre, auprès des autorités ainsi que des milieux professionnels, et de travailler au développement de l'économie alpestre par le conseil et l'action. A ces fins le C. I. A. demande qu'il soit créé des associations d'économie alpestre dans les différents Etats et que ces associations se réunissent par un lien international. [63 (234)]
(*Congrès International d'Agriculture*, Vienne, 1907.)

Agriculture coloniale. 63 (-5)

Le C. I. A. considérant que la prospérité des colonies dépend principalement du développement de l'agriculture, émet le vœu que ce développement soit assuré :

1. Par l'organisation de l'enseignement de l'agriculture coloniale.

2. Par la création de jardins d'essais dans les colonies. [63 (-5)]
(*Congrès International d'Agriculture*, Paris, 1900.)

Statistique agricole. 63 : 31

Le C. I. A. émet le vœu que l'Institut International de Statistique veuille bien formuler un minimum de questions concernant la statistique agricole, questions auxquelles les gouvernements seraient priés de répondre. [63 : 31]
(*Congrès International d'Agriculture*, Lausanne, 1898.)

Coopération agricole. 63 : 334

Est vivement recommandée la formation de syndicats agricoles coopératifs. L'œuvre doit être réalisée par des sociétés d'une organisation très simple, jouissant de la personnification civile qui leur permette de réaliser tout leur programme.

[63 : 334]

(*Congrès International d'Agriculture*, Bruxelles, 1895.)

*** L'emploi des méthodes coopératives constitue un moyen pratique de réduire les frais de la production agricole, de donner une plus-value aux denrées et d'en préparer la réalisation avantageuse. A signaler en particulier, les ressources que la coopération paraît offrir aux agriculteurs pour organiser eux-mêmes commercialement la vente de leurs produits, soit sur le marché intérieur, soit sur les marchés étrangers. [63 : 334]

(*Congrès International d'Agriculture*, Paris, 1900.)

*** 1. La coopération agricole est la convention par laquelle des agriculteurs mettent en commun tout ou partie de leur activité économique en vue d'opérations faites exclusivement en faveur des associés qui se répartissent les économies résultant de la suppression du bénéfice d'un intermédiaire. .

2. Les apports en capital, s'il y en a un, ne peuvent donner lieu, ni directement, ni indirectement, qu'à un produit limité à un certain taux, généralement aujourd'hui 4%. Les excédents de recettes annuels peuvent être ristournés ou employés à la constitution d'un fonds de réserve ou affectés à un objet d'utilité générale.

3. Le fonds de réserve ne peut être partagé que si les statuts le permettent ; cette réparation, comme celle des excédents annuels, ne doit avoir lieu entre les associés que proportionnellement aux opérations par eux faites avec la société. L'inaliénabilité du fonds de réserve est désirable.

4. Il est désirable que les sociétés coopératives agricoles locales, régionales ou centrales, soient constituées par les associations agricoles ayant une circonscription correspondante et fonctionnent sous leur contrôle.

5. Les associations agricoles ont à décider, suivant les circonstances, s'il convient qu'elles assument elles-mêmes le rôle coopératif ou qu'elles constituent des organismes distincts.

6. L'intervention de l'Etat est légitime en vue de l'organisation de sociétés coopératives agricoles et peut rendre de très grands services. Mais l'aide financière de l'Etat ne doit être que subsidiaire et temporaire.

7. Les sociétés de coopération agricole peuvent être divisées en cinq groupes : *a*) crédit mutuel agricole ; *b*) production culturale en commun ; *c*) acquisition en commun des choses nécessaires à l'agriculture ; *d*) vente collective des produits agricoles,

en nature ou après transformation ; *e*) assurances mutuelles agricoles. [63 : 334]

(*Congrès International d'Agriculture*, Gand, 1913.)

Commerce des produits agricoles. 63 : 38

1. Il est désirable que les pouvoirs publics publient régulièrement des statistiques détaillées et unifiées de la consommation des approvisionnements et des prix de gros et de détail.

2. Qu'ils étudient les conditions d'approvisionnement des grands centres en vue de rendre les mesures destinées à faciliter celui-ci ; par exemple la création de nouvelles voies de communication.

3. Dans le cas où la comparaison des prix de gros et de détail révélerait un écart trop considérable, les pouvoirs locaux devraient provoquer la création de groupements de producteurs, en vue de combler le déficit de l'approvisionnement.

4. En cas d'échec de ces tentatives, les pouvoirs publics ne devraient pas hésiter à intervenir directement et à prendre provisoirement les mesures nécessaires pour assurer l'approvisionnement en denrées alimentaires. [63 : 38]

(*Congrès International d'Agriculture*, Gand, 1913.)

*** 1. Le contrôle facultatif du commerce des engrais, fourrages et autres matières auxiliaires, tel qu'il est organisé par les laboratoires agricoles est insuffisant pour arrêter la fraude qui s'exerce sur ces matières.

2. Il doit être appuyé par une législation spéciale, expéditive et peu coûteuse à appliquer.

3. Le principe essentiel de ces lois spéciales doit être le contrôle obligatoire, aux frais des vendeurs, avec le droit pour l'acheteur de demander la réduction de son prix quand il subit une lésion maximum déterminée par la loi.

4. Il est à désirer que des mesures analogues soient prises dans tous les pays, cela pour combattre utilement la fraude qui s'exerce d'un pays à l'autre.

5. Enfin, il serait très utile que des méthodes conventionnelles uniformes fussent adoptées par les laboratoires agricoles des différents pays pour l'analyse des produits qui sont soumis à leur contrôle. [63 : 38]

(*Congrès International d'Agriculture*, Lausanne, 1898.)

Vente des produits agricoles. 63 : 38

Les conditions économiques actuelles imposent de plus en plus l'organisation collective de la vente des produits agricoles, comme un moyen de régulariser la production et d'obtenir

des prix de vente en rapport avec les prix de revient ; cette organisation doit être l'œuvre de sociétés coopératives. Il considère comme désirable que ces sociétés s'organisent en unions régionales et nationales, et que dans chaque pays et pour chaque catégorie de produits il se crée, à l'exemple du Comité permanent de la vente du blé en France et de la « Kornhaus Kommission » en Allemagne, des organisations chargées de centraliser et de développer le mouvement. [63 : 38]
(*Congrès International d'Agriculture*, Rome, 1903.)

Cartes agronomiques. 63 : 912

Le C. I. A. reconnaît l'utilité incontestable des cartes agronomiques qui, en donnant des indications exactes sur la composition physique et chimique du sol, aident les cultivateurs à déterminer la nature des engrais à employer. [63 : 912]
(*Congrès International d'Agriculture*, Bruxelles, 1895.)

*** Le C. I. A. émet le vœu que la confection des cartes agronomiques à grandes échelles, si utiles pour la détermination pratique des formules d'amendements et d'engrais qui conviennent aux différentes natures de terrain et aux divers genres de récoltes, soit généralisée. [63 : 912]
(*Congrès International d'Agriculture*, Lausanne, 1898.)

*** 1. La carte agronomique doit condenser les données relatives au sol, fournies par la pratique agricole et par les sciences naturelles.

2. Pour être réellement utile, elle doit être synthétique.

3. Elle doit être à très grande échelle.

4. Son exécution ne peut être confiée qu'à un spécialiste, c'est-à-dire à un véritable agrologiste.

5. Le moyen de réalisation qui paraît le plus pratique, consiste à n'entreprendre le travail que sur la demande des agriculteurs intéressés et moyennant une indemnité modérée.
[63 : 912]
(*Congrès International d'Agriculture*, Gand, 1913.)

Amélioration agricole. 63.11

Que, dans les pays qui ne sont pas encore dotés, il soit organisé des services publics d'amélioration agricole, mettant à la disposition des propriétaires ou des syndicats de propriétaires des agents également initiés à la science et à la pratique agricole pour inspirer les projets, en poursuivre l'exécution, coordonner les efforts isolés suivant des plans d'ensemble méthodiquement

préparés pour les améliorations foncières, la meilleure utilisation
des eaux d'irrigation et généralement tous les travaux d'intérêt
collectif. [63.11]
(*Congrès International d'Agriculture*, Paris, 1900.)

Échange d'analyses du sol. 63.113

En vue de hâter l'unification, si désirable, des méthodes
d'analyse du sol, le C. I. A. émet le vœu qu'il soit procédé
fréquemment entre les diverses stations agronomiques à des
échanges d'analyses de sols déjà étudiés. [63.113]
(*Congrès International d'Agriculture*, Lausanne, 1898.)

Microbiologie agricole. 63.115

Le C. I. A. reconnaît la grande importance de la microbiologie pour l'agriculture, spécialement pour la culture des plantes
et, pour cette raison, il demande aux autorités compétentes
d'apporter d'autant plus de soins au développement des installations existant à cet effet, auprès des écoles supérieures et des
stations agronomiques, que, d'une solution générale et aussi
rapide que possible des questions bactériologiques du sol, peut
résulter un avancement important de la production agricole.
[63.115]
(*Congrès International d'Agriculture*, Vienne, 1907.)

Caractères physiques du sol. 63.12

1. Il importe de voir entreprendre des études sur la détermination des caractères physiques du sol dans les divers pays,
de façon à pouvoir comparer les résultats des recherches et d'en
tirer des conséquences pratiques.
2. Il serait désirable de voir tous les professeurs et les instituts
agronomiques collaborer à l'étude physique du sol. [63.12]
(*Congrès International d'Agriculture*, Gand, 1913.)

Irrigation artificielle. 63.13

1. Tout secours aux entreprises d'irrigation doit porter
dans sa signification et dans ses tendances l'idée de fournir
l'eau à bon marché et d'obtenir la transformation des cultures dans le plus bref délai possible.
2. Dans les pays méridionaux de l'Europe la seule manière
efficace, en général, d'encourager le développement des irrigations d'intérêt public, consiste à faire garantir par l'Etat
une fraction plus ou moins importante du capital nécessaire
à la réalisation des travaux.

3. L'Etat doit s'associer l'intérêt individuel pour la construction des grands travaux d'irrigation, et ne doit suppléer à cette action que là où les efforts de celle-ci sont insuffisants.

4. La question du progrès dans l'utilisation des eaux fluviales au point de vue agricole ne peut se résoudre que par la conciliation des deux parties en présence, d'une part ceux qui fournissent l'eau, d'autre part ceux qui peuvent en tirer profit.

Dans tous les pays où les Gouvernements croient ne pas devoir prendre eux-mêmes des soins efficaces pour les travaux d'irrigation, il faut que l'initiative privée trouve non seulement un bon accueil, mais encore de l'encouragement quand elle voudra se charger de cette tâche.

Le meilleur moyen d'atteindre ce desideratum sera certainement d'étudier et de faire en chaque pays une loi tendant à ce but spécial. [63.13]

(*Congrès International d'Agriculture*, La Haye, 1891.)

*** 1. Il y a lieu de rechercher les meilleurs procédés d'emploi des cours d'eau non navigables ni flottables à l'irrigation des terres riveraines, et de vulgariser les diverses applications de l'hydraulique agricole par l'enseignement, les conférences et les encouragements pratiques.

2. Il y a lieu de voir se produire une entente entre les gouvernements de pays limitrophes, afin de faciliter dans la plus large mesure l'emploi, pour l'irrigation, des eaux des cours d'eau et canaux passant sur les territoires de ces pays.

Il y a lieu de donner à la culture des orges de choix une extension plus grande.

3. Il y a lieu de contrôler soigneusement les inconvénients qui peuvent résulter pour les cultivateurs riverains, des retenues d'eau nécessitées pour l'installation de certains moteurs hydrauliques, et de restreindre aux besoins la concession de ces installations. [63.13]

(*Congrès International d'Agriculture*, Bruxelles, 1895.)

*** 1. La fonction constante du Gouvernement étant de défendre et de coordonner la vie collective pour que les particuliers puissent développer leurs facultés ; les procédés propres à éviter les dommages occasionnés par le manque d'eau ou les ravages causés par ses excès, constituant, d'autre part, un véritable cas de défense nationale, l'Etat doit, en réglant matériellement et légalement l'utilisation des eaux, intervenir dans la transformation des propriétés particulières au moyen des irrigations, et faire le nécessaire pour que les particuliers aient à leur disposition, quand il leur conviendra, toute l'eau indispensable à leurs exploitations agricoles.

2. La transformation des terrains secs en terres arrosées exige l'eau suffisante pour les cultures que permettent le marché, le capital circulant, et aussi dans la mesure du besoin, un laps de temps prudent pour l'importation de bras, l'acquisition des aptitudes techniques, l'humidification des terres, le morcellement de la propriété et la conquête de marchés d'écoulement, c'est-à-dire, la parfaite harmonie entre tous les facteurs de la production, conformément à la loi du minimum formulée par Liebig pour les engrais chimiques.

La règle qui se déduit de la loi du minimum pour adapter la direction de la propriété au procès de transformation consiste à réduire la superficie cultivée à l'étendue proportionnée aux élémenta minima de production dont on dispose, et à consacrer le reste de la propriété à la production des arbres, aux prairies pour pâturages ; de cette manière on pourra obtenir économiquement, par la prédominance des forces spontanées, l'unification de la terre et le profit de la chaleur et de l'eau, quoique les autres éléments viennent à manquer, et en particulier la main-d'œuvre.

3. Le service hydrologique pour inventorier et améliorer le régime des eaux répond aux fonctions propres de l'Etat et à une nécessité sociale.

Dans la plupart des cas, il suffira à l'Etat de remplir dûment ses fins propres et essentielles pour que le procès de transformation se développe d'une façon normale.

Cependant, l'Etat ne doit accorder la concession de l'usage des eaux, ni contribuer en aucune façon à l'exécution des travaux, sans imposer aux particuliers des conditions qui en assurent le succès en faveur de la richesse publique, ce qui variera selon les cas, et sans s'imposer à lui-même des obligations qui garantissent aux particuliers l'emploi de son activité dans une entreprise aussi ardue.

4. Les difficultés que l'on a pu vaincre pour l'établissement des irrigations du canal du Douro, grâce à l'intelligente et louable initiative et aux vaillants efforts de la Société industrielle castillane, qui a conduit l'eau jusque dans les propriétés mêmes, mettent en pleine évidence la convenance de l'intervention de l'Etat pour la transformation des propriétés au moyen des irrigations, là où surtout il n'y a point de sociétés particulières se chargeant d'écarter les obstacles qui s'opposent à l'établissement de l'arrosage.

5. L'Etat doit favoriser et seconder la construction des travaux de canaux et de réservoirs d'irrigation, conformément à la loi en vigueur (que l'on peut améliorer en l'adaptant aux cas qui se présentent), et adopter pour chaque cas la formule de subvention la plus convenable.

6. Comme les irrigations se développent sur une grande échelle dès que les propriétaires ont l'eau en quantité suffisante à leur disposition, et qu'ils ont lieu d'attendre que celle-ci ne viendra pas à leur faire défaut par suite de manque de sûreté dans la conservation des ouvrages de construction, il est d'importance primordiale que ces ouvrages soient construits et conservés avec grand soin, car si cette confiance vient à manquer, le cultivateur se retire devant le danger de perdre sa récolte, et avec celle-ci, ses pénibles labeurs de culture.

Les irrigations sont une source de bénéfices pour tous, car elles augmentent la richesse, diminuent la mortalité, sont la base de la culture et augmentent la puissance contributive du pays.

7. L'assistance que prête l'Etat aux concessionnaires de travaux d'irrigation est absolument nécessaire pour que ceux-ci puissent se développer ; et le sacrifice qui en résulte n'est point stérile, car il y a des probalités de rentrer au bout de quelques années en possession des sommes avancées, et de retirer d'importants bénéfices dans la suite par l'augmentation de la puisance contributive de la région favorisée.

Même avec le secours que l'Etat prête, d'après les lois actuelles, aux concessionnaires des travaux d'irrigation, ceux-ci ne peuvent être entrepris le plus souvent par les propriétaires eux-mêmes sans l'aide de Sociétés constituées dans ce but, car ils manquent généralement des fonds nécessaires à cet effet, à raison, principalement, de l'improductivité de leurs propriétés, alors qu'ils peuvent ensuite satisfaire commodément au paiement des termes du montant des travaux.

8. Tant que l'on n'aura pas effectué le reboisement des forêts, l'Etat doit encourager la création de terrains d'arrosage, en établissant des bassins et des canaux d'eaux vaseuses qui convertissent les flancs des vallées en zones échelonnées de terrains horizontaux.

L'Etat, au moyen de l'établissement de réservoirs, doit régler l'intensité des crues, pour que les eaux troubles s'écoulent facilement par les saignées et les canaux et forment des terrains d'arrosage par envasements successifs.

Ces réservoirs et ces canaux doivent toujours être établis pour réaliser les arrosages par eaux claires.

L'Etat doit encourager, en même temps que la création de nouvelles irrigations et même, de préférence à celles-ci, le prolongement des irrigations existant déjà, et réaliser les travaux nécessaires pour utiliser les eaux claires.

9. Dans l'intérêt supérieur de l'hygiène publique et de l'agriculture, les législations relatives aux concessions et aux autori-

sations de prises d'eau pour l'établissement d'usines hydro-électriques et de réseaux de distribution d'énergie, devraient comporter des dispositions qui exigeassent des bénéficiaires, dans leur rayon d'action, des ventes d'énergie à des prix en gros pour toutes les élévations d'eau d'utilité générale, et en particulier pour l'irrigation, l'assainissement, l'alimentation des villes et villages en eau potable, l'évacuation des eaux résiduaires et l'épandage des eaux d'égouts.

10. Après avoir obtenu le consentement des intéressés et leur avoir donné l'indemnité nécessaire, l'Etat doit prendre part à l'étude des irrigations, en faisant des forages et autres travaux nécessaires pour la recherche des eaux souterraines et l'étude des bassins où elles se trouvent.

Quand on suppose, avec raison, qu'il peut être utile à l'étude des travaux de cette nature, qu'ils soient exécutés dans des propriétés particulières ou dans celles de corporations, l'Etat devra en subventionner la construction, sans préjudice des redevances que l'on doit payer dans chaque pays pour les arrosages réalisés au moyen de ces eaux.   [63.13]

(*Congrès International d'Agriculture*, Madrid, 1911.)

Drainage.   63.14

1. Les travaux de dessèchement par le drainage peuvent être envisagés, par rapport à la culture, comme placement de fonds d'une grande importance dans le régime économique, attendu que du drainage résulte une amélioration durable de l'état favorable du sol, ce qui a pour conséquence que les terres peuvent être travaillées en temps opportun et dans des conditions plus faciles. L'action de l'humidité, de même que celle de la sécheresse se trouve atténuée par lui, d'où il suit que le rendement des récoltes est non seulement assuré, mais élevé tant comme quantité que comme qualité. Sur la base de ce procédé d'amélioration, il est possible d'appliquer même aux sols gras un régime fixe et régulier et une exploitation intensive. La conséquence logique est que les améliorations de cet ordre doivent être appuyées par l'administration et par les fonds publics.

2. En ce qui concerne l'évaluation du rendement de travaux de drainage à entreprendre, évaluation à déterminer pour régler la réparation des subventions, il convient avant tout d'envisager le terrain et sa constitution à l'égard des besoins d'amélioration non moins que des possibilités d'amélioration, et l'entreprise dans son ensemble doit être examinée au point de vue d'économie générale d'effet utile, en tenant compte de la situation agricole et économique de la région en cause, avec appréciation spéciale concernant les régions montagneuses.

3. En ce qui concerne les travaux de recherche, étude et détermination de la constitution du sol dans les territoires embrassant les plans de drainage, il doit être procédé avec beaucoup plus de soin qu'on ne l'a fait jusqu'aujourd'hui.

En vue de l'appréciation du sol, il convient d'incorporer au projet les résultats de l'analyse mécanique, éventuellement aussi la détermination des éléments constitutifs du sol. Dans les cas d'importance spéciale, notamment pour le drainage de superficies en prairies, il convient de procéder à la détermination des propriétés physiques du sol, telles que porosité, pénétrabilité, captivité pour l'eau et l'air.

A ces fins, la création de sections pédologiques dans les instituts techniques-agricoles de l'Etat ou de la Province se manifeste comme urgente nécessité.

4. Dans les écoles supérieures ayant l'enseignement technique agricole, il y a lieu d'introduire la pédologie ou science du sol, à titre de matière d'enseignement indépendante, et à ces fins on ne saurait trop recommander l'adjonction de laboratoires pour expériences aux chaires de cette matière spéciale extrêmement importante.

5. Les offices techniques agricoles de l'Etat ou de la Province devront, au sujet des travaux d'exécution à entreprendre, consacrer une attention plus grande aux procédés d'investigation et d'expérimentation techniques agricoles. Les dits travaux d'essais et expériences devront être organisés et matériellement encouragés par l'Etat et par la Province.

6. Se réglant sur les résultats acquis, on devra employer pour la profondeur du drainage, non pas en principe et invariablement ce qu'on nomme « profondeur normale », mais on la déterminera diversement suivant les cas, selon les différentes cultures, selon les conditions du sol ou du niveau des eaux.

7. Eu égard à la culture intensive usitée aujourd'hui dans les territoires à sol gras, il apparaît admissible et rationnel d'adopter un éloignement initial de 8 mètres du drain, avec échelle mobile ayant cette distance pour point de départ.   [63.14]

(*Congrès International d'Agriculture*, Vienne, 1907.)

*** Le C. I. A. recommande aux gouvernements respectifs de favoriser la création de syndicats de drainage et demande l'appui financier des dits gouvernements en faveur de ces syndicats.   [63.14 (062)]

(*Congrès International d'Agriculture*, Lausanne, 1898.)

Culture des marais par des détenus.   63.142 : 343.823

Il est recommandé aux autorités préposées à l'administration pénitencière dans les différents Etats, de vouloir bien accorder leur plus particulière attention aux résultats favorables donnés par les essais d'utilisation des détenus pour la culture des marais, et formule le désir qu'il soit tiré de ces expériences le parti voulu pour les intérêts de l'agriculture.

[63.142 : 343.823]
(*Congrès International d'Agriculture*, Vienne, 1907.)

Engrais, définition. 63.16 (011)

1. Le mot *engrais* doit être réservé pour désigner les substances qui passent du sol dans l'intérieur des plantes et servent à leur nutrition.

2. Ces substances sont essentiellement celles qui contiennent de l'*azote combiné*, de l'*acide phosphorique*, de la *potasse* et de la *chaux*.

3. La terre n'est *fertile* que si elle contient ces divers éléments en quantités suffisantes et sous des formes *assimilables*. S'il lui manque une ou plusieurs, elle est stérile. Si l'un de ces éléments s'y trouve en minime proportion par rapport aux autres, elle ne donne que de faibles récoltes.

4. Le meilleur engrais pour une terre donnée est la matière qui lui apporte celui ou ceux des éléments indiqués dont elle se trouve insuffisamment pourvue, c'est-à-dire l'engrais qui est *complémentaire* de sa composition par rapport aux exigences des récoltes à obtenir.

5. Sur les terres pauvres par défaut d'un élément, on obtient d'excellents résultats par l'apport d'engrais *incomplets* contenant ce seul élément.

6. Les terres pauvres à la fois de tous les éléments ne peuvent être fertilisées que par des engrais *complets*, c'est-à-dire pourvus de tous les éléments indispensables à la végétation.

7. L'azote contenu dans les plantes vient en partie du sol, en partie de l'atmosphère, et les proportions fournies par le sol et par l'atmosphère varient suivant les espèces.

8. Les plantes dites *améliorantes* sont celles qui prennent beaucoup plus d'azote à l'atmosphère qu'au sol.

9. A l'égard des éléments minéraux : acide phosphorique, potasse, chaux, il n'y a pas de plantes améliorantes, car pour ces éléments il n'y a pas d'autre source que le sol, et les plantes cultivées ne peuvent jamais rendre en engrais que les quantités qu'elles ont prises au sol. Cependant, certaines plantes peuvent extraire du sol des éléments minéraux qui n'y étaient pas sous une forme assimilable pour le froment, la betterave et autres plantes de nos cultures. Elles peuvent de cette façon préparer en quelque sorte la nourriture des récoltes et augmenter la somme d'éléments assimilables disponibles aux dépens des éléments

non assimilables du sol. Les plantes à racines profondes peuvent aussi ramener à la surface des éléments puisés dans le sous-sol ou dans les eaux souterraines, et produire ainsi une certaine amélioration.

10. Les engrais verts fournissent le moyen d'améliorer promptement le sol par les diverses voies qui précèdent ; ils en modifient en outre plus ou moins heureusement l'état physique en le tenant soulevé et en y produisant de l'humus.

11. Pour que les plantes employées comme engrais verts puissent donner, sur les terres pauvres, leur maximum de développement et par conséquent d'effet utile, il faut avoir soin de pourvoir abondamment le sol d'engrais minéraux (acide phosphorique, potasse et chaux.)

12. Les sources extérieures auxquelles l'agriculture peut puiser les éléments utiles à la végétation sont :

Pour l'*azote* : le sulfate d'ammoniaque, les nitrates de potasse et de soude, les matières azotées d'origine animale ou végétale.

Pour l'*acide phosphorique* : les phosphates minéraux et les produits d'os, les superphosphates, les phosphates précipités.

Pour la *potasse* : le salpêtre ou nitrate de potasse, le sulfate de potasse, le chlorure de potassium.

13. Chacune des matières indiquées ne constitue à elle seule qu'un engrais *incomplet* dont on ne peut obtenir de bons résultats que dans les sols qui renferment sous des formes assimilables et en quantités suffisantes tous les éléments qu'elle ne contient pas.

14. Les mélanges des trois sortes de matières en proportions convenables, par rapport aux plantes cultivées, constituent, au contraire, des engrais *complets*. [63.16 (011)]

(*Congrès International d'Agriculture*, Paris, 1878.)

Nutrition des plantes. 63.161

1. L'expérience au moyen des vases ou l'expérience de végétation, qu'elle soit faite dans un sens plus ou moins large, n'est pas appelée à résoudre les questions posées par la pratique agricole, sur la quantité d'engrais qu'exige telle nature de terrain ou sur l'efficacité des rapports des différents principes nutritifs. Elle n'a pas les qualités requises pour fournir la solution définitive à de semblables questions et, par suite elle ne doit être employée qu'entre les mains des hommes de la profession, pour servir à leurs études préparatoires. Pour ces motifs, les résultats de ces essais en vases ne doivent pas être utilisés que pour la vulgarisation populaire, mais uniquement pour fournir aux agronomes déjà édifiés de par ailleurs une figuration tangible des effets de tel ou tel engrais.

2. Seule l'expérience, faite directement en pleine terre, est en état de répondre d'une manière exacte aux questions que l'agriculture pose et posera toujours aux stations agronomiques ; par suite, il est du devoir de ces établissements de cultiver et de développer cette branche des recherches.

3. Pour atteindre ce but il faut considérer, autant que possible, toutes les conditions dans lesquelles se font les expériences et en préciser les résultats dans les descriptions.

Au nombre des circonstances les plus importantes de variabilité, figurent les éléments climatériques, la chaleur et l'humidité dont on doit tenir compte plus qu'on ne l'a fait jusqu'ici dans les expériences en plein champ. Quant à la notion de « somme de chaleur dans l'unité de temps », il importe pour l'exprimer, de créer une formule d'approximation utilisable. Le réseau des observations météorologiques doit aussi se développer davantage, dans l'intérêt de l'agriculture et, en principe, il faut encourager et développer la météorologie agricole.

4. Pour les essais en pleine terre, les résultats comme les conditions des expériences devraient être communiqués à un certain centre, non par extraits, mais d'une façon complète. La publication d'un choix d'expérience ou un compte rendu incomplet en ce qui concerne les conditions d'expériences, doivent être évités, autant que possible, de la part des stations agronomiques d'expériences.

Ce qui a été dit des essais en vases par rapport aux essais en pleine terre s'applique également aux exposés de vulgarisation par rapport aux exposés scientifiques.

5. Comparativement à l'obligation d'étendre aussi loin que possible les observations qui se rapportent aux conditions d'expériences et à la nécessité d'en faire un exposé précis, les variations de l'exécution et des calculs techniques ne sont que d'une importance secondaire. Les conditions fondamentales d'une exacte expérience doivent naturellement être toujours observées.

6. On doit viser à l'exécution de nombreuses séries d'expériences, pratiquées sur la plus vaste échelle, mais par contre, il faut empêcher la publication d'expériences qui ne sont que des faits spéciaux car dans le premier cas, d'un côté, le contrôle public a pris toute garantie dans l'intérêt du but à atteindre, et d'un autre côté ce n'est qu'en accomplissant une série d'expériences, qu'il est possible d'en grouper les résultats d'après les différentes zones.

7. Quant aux zones, lorsqu'il s'agit de grouper les expériences d'une façon comparative, il faudra choisir en premier lieu celles qui possèdent des terrains de même nature ou des conditions semblables sous les rapports économique, climatérique et géologique.

8. Dans l'intérêt de l'utilisabilité scientifique des essais et en vue de la formation du sens critique des agriculteurs qui s'occupent d'essais, on devra joindre aux publications des résultats d'expériences en vases et en pleine terre effectuées selon la méthode statique, des indications sur l'imperfection conjecturable des essais, et, dans la mesure du possible, sur la délimitation des effets supposables de l'imperfection.   [63.161]
(*Congrès International d'Agriculture*, Vienne, 1907.)

Dosages d'azote. 63.162.7

1. Que les auteurs de publications agricoles donnent toujours, à côté du dosage en azote des engrais, des sols, des récoltes, etc., le dosage correspondant en acide azotique.

2. Que les chimistes agricoles, directeurs de stations agronomiques, de laboratoires de contrôle, etc., étudient aussi, à leur point de vue, la réforme en question, et qu'ils fassent le nécessaire pour l'introduire dans le commerce et le contrôle des engrais.   [63.162.7]
(*Congrès International d'Agriculture*, Lausanne, 1898.)

Falsification des engrais. 63.162.7

Parmi les mesures les plus propres à empêcher la fraude des engrais commerciaux, des tourteaux et des semences, il faut placer en première ligne :

1. L'organisation des stations agronomiques, des laboratoires agricoles, qui peuvent dévoiler les fraudes et éclairer les cultivateurs sur la composition et la valeur réelle des engrais, des tourteaux et des semences.

2. L'association des agriculteurs pour l'achat de ces matières, laquelle permet d'exiger des complètes garanties des vendeurs et de faire faire, à frais communs, des analyses des fournitures.

Nonobstant une loi spéciale serait nécessaire pour réprimer et punir les fraudes en ces matières.   [63.162.7]
(*Congrès International d'Agriculture*, La Haye, 1891.)

Déperdition du fumier d'azote. 63.163.1.03

1. Des pertes énormes d'azote se produisent à l'étable, par suite de la fermentation ammoniacale.

2. Les litières de tourbe ou de terre humifère permettent de les réduire assez notablement.

3. Les agents chimiques, pour agir efficacement, doivent être employés en quantités trop grandes pour être économiques.

4. La recherche du procédé propre à entraver la déperdition de l'azote dans les fumiers a une importance pratique que l'on ne saurait méconnaître.

Le C. I. A. émet, en outre, le vœu de voir essayer le système mixte préconisé par M. Graftiau, consistant à employer la poussière de tourbe comme absorbant des gaz qui se produisent pendant la fermentation du fumier à l'étable; en l'associant à la litière de paille. [63.163.1.03]
(*Congrès International d'Agriculture*, Bruxelles, 1895.)

Utilisation des cadavres d'animaux. 63.163.3

1. Il y a intérêt au point de vue économique, de même qu'à celui de l'hygiène, à utiliser les cadavres d'animaux péris et les déchets d'abattoirs sous forme d'engrais ou comme produits alimentaires pour le bétail.

2. Le mode le plus rationnel de préparation de ces matières est celui du traitement par la vapeur sous pression et dessication subséquente.

3. Le traitement par l'acide sulfurique est à recommander partout où il ne sera pas possible d'installer un appareil à vapeur sous pression. [63.163.3]
(*Congrès International d'Agriculture*, Lausanne, 1898.)

Immondices des villes. 63.164

Eu égard à la haute importance que présente pour les villes et les localités l'éloignement rationnel des immondices ; eu égard d'autre part à l'état de choses presque intenable qui maintes fois déjà s'est trouvé créé par l'utilisation des cours d'eau comme récipients des eaux d'égout insuffisamment épurées ; et eu égard enfin à la valeur indubitable que les immondices des villes représentent pour l'agriculture, il est à souhaiter que les entreprises constituées en vue de l'utilisation agricole de ces immondices, bénéficient de la part des gouvernements, et cela aux points de vue administratif aussi bien que financier, d'une protection et d'une aide égale à celle que la presque totalité des Etats consentent d'ores et déjà à toutes mesures servant l'agriculture par l'amélioration du régime des eaux. Ce concours aurait tout particulièrement à s'exercer par l'initiative de l'Etat en vue d'associations à créer, l'adhésion en qualité de membre pouvant être, selon les cas, imposée obligatoirement.

Une solution profitable et fructueuse du problème de l'utilisation agricole des immondices exige la formation de spécialistes pourvus par une solide instruction de la compétence voulue. L'un des premiers pas à faire dans cette voie devrait être l'admission très désirable de la théorie de l'utilisation des immondices et eaux d'égout à une place convenable dans le programme d'études des écoles supérieures agricoles techniques. Pareillement, il est très désirable que des investigations et essais rela-

tifs à la question de l'utilisation agricole des immondices soient imposés à titre d'objet d'études spécial aux établissements d'essais agricoles et techniques. [63.164]
(*Congrès International d'Agriculture*, Vienne, 1907.)

Matières fécales. 63.164.1

Le C. I. A. estime qu'il importe d'encourager les efforts tentés en vue de rendre les matières fécales de nos grands centres utilisables pour l'agriculture sous les conditions les plus économiques et tout en les désinfectant, sans pertes de substances fertilisantes. [63.164.1]
(*Congrès International d'Agriculture*, La Haye, 1891.)

Balayures de villes. 63.164.2

Le C. I. A. émet le vœu de voir utiliser davantage par l'agriculture le produit du balayage des rues dans les grandes agglomérations. Il attire l'attention des pouvoirs publics sur l'opportunité qu'il y aurait à faciliter l'utilisation de ces produits par l'octroi de tarifs de transport très bas permettant l'emploi des balayures dans les régions agricoles éloignées. [63.164.2]
(*Congrès International d'Agriculture*, Lausanne, 1898.)

Utilisation des eaux d'égouts. 63.164.3

Il est à désirer que les agriculteurs avisés recherchent les moyens de tirer le meilleur parti possible des éléments fertilisants contenus dans les eaux d'égouts des agglomérations petites ou grandes, et se familiarisent avec la pratique de l'emploi des eaux d'égouts en irrigations fertilisantes, parce que cette opération permet de trouver dans les bénéfices que peut en retirer la culture un allégement des charges qui incombent inéluctablement aux villes au seul point de vue de l'hygiène. Ce système doit être adopté à l'exclusion de tous autres procédés mécaniques ou chimiques ou d'envoi à la mer. [63.164.3]
(*Congrès International d'Agriculture*, Lausanne, 1898.)

*** 1. De tous les moyens employés par les villes pour se débarrasser de leurs eaux d'égout, le plus parfait et le plus recommandable, lorsque les circonstances locales s'y prêtent, est incontestablement l'épuration par le sol, avec utilisation partielle au profit de la culture.

2. Au double point de vue de l'hygiène et de l'agriculture, il y a intérêt à choisir, pour l'établissement des champs d'épuration, des terrains meubles, perméables en grande masse, profonds et faciles à drainer.

3. L'intérêt supérieur de l'agriculture commande d'aménager les champs d'épuration avec utilisation agricole, en vue de la production des récoltes les mieux appropriées aux conditions régionales.

4. Il est désirable que, dans l'organisation des champs d'utilisation agricole des eaux d'égout, on établisse une proportion convenable, suivant le régime des égouts, entre les cultures libres, où les irrigations sont subordonnées aux besoins des récoltes, et les cultures règlementées relevant directement des administrations municipales, où les nécessités de l'épuration priment celles de la culture.

5. C'est à la culture libre qu'il appartient de chercher à utiliser le plus complètement possible les éléments fertilisants contenus dans les eaux d'égout, en diminuant les doses et en augmentant les surfaces d'irrigation. [63.164.3]

(*Congrès International d'Agriculture*, Paris, 1900.)

*** 1. L'agriculture a un intérêt capital à ce que les installations de canalisation urbaine séparent autant que possible les eaux d'égout utilisables par l'agriculture de ces mêmes eaux qui lui sont inutiles et, suivant les cas mêmes nuisibles, et à ce que le déversement de celles-ci dans les fleuves et cours d'eaux rencontre le moins possible de difficultés.

2. Les matières fécales doivent être utilisées aussi fraîches que possible. Si cependant par suite des conditions pluviales et agricoles il est nécessaire de régulariser l'arrivée des matières fécales et leur évacuation au moyen de tonnes ou d'égouts, on établira des réservoirs près des champs agricoles. A l'intérieur des villes, il serait préférable d'établir un grand réservoir par chaque quartier, ce qui serait mieux que de nombreuses petites fosses particulières.

3. Pour utiliser les eaux des villes, il est absolument nécessaire que les agriculteurs intéressés se réunissent en syndicats. Le gouvernement doit favoriser l'utilisation de ces eaux en fournissant des sommes d'argent considérables, pour couvrir en partie les dépenses occasionnées par les travaux agricoles rendus nécessaires.

4. On doit continuer à rechercher l'utilisation agricole des eaux d'égout, toutes les fois que les circonstances locales s'y prêtent. L'épuration des eaux d'égout par le sol cultivé demeure en effet, au double point de vue de l'hygiène et de l'agriculture, le procédé de traitement le plus parfait et le plus recommandable.

5. Les nouveaux procédés biologiques artificiels, qui, tout en ne donnant pas de résultats hygiéniques aussi complets, laissent perdre pour la culture une masse importante de matières

fertilisantes, ne doivent remplacer l'épuration par le sol en culture que dans les cas où pour des motifs divers cette dernière n'est pas applicable.

6. Ils peuvent être parfois avantageusement combinés avec l'utilisation agricole, soit pour débarrasser les eaux d'égout d'un excès nuisible de matières en suspension soit pour faire face aux besoins exceptionnels de l'assainissement quand la culture n'y prête pas. [63.164.3]

(*Congrès International d'Agriculture*, Vienne, 1907.)

Fumures vertes. 63.165.1

Considérant qu'il est d'intérêt général de mettre en exploitation les milliers d'hectares encore incultes des régions sablonneuses, l'assemblée invite les gouvernements à vulgariser parmi les populations intéressées les procédés de fertilisation par les fumures vertes. [63.165.1]

(*Congrès International d'Agriculture*, Bruxelles, 1895.)

Engrais azotés. 63.167.1

Il est recommandé aux agriculteurs praticiens, en vue de limiter le plus possible l'emploi du nitrate de soude et des produits le remplaçant et d'élever le rendement de leurs exploitations, d'envisager tout particulièrement la mise en valeur des sources d'azote qui existent dans leurs exploitations mêmes, en utilisant d'une façon rationnelle le fumier et le purin, l'engrais vert, la culture des légumineuses et la jachère et en apportant toute leur attention à ce que le sol soit cultivé avec tous les soins requis.

C'est à l'investigation qu'il appartient de créer, par la continuation des essais déjà commencés dans la direction voulue, ainsi que par l'inauguration de nouveaux essais, une base bien établie pour tous les procédés pratiques qui doivent fournir de l'azote à l'exploitation agricole par ses propres moyens.

[63.167.1]

(*Congrès International d'Agriculture*, Vienne, 1907.)

*** 1. Comme les plantes utilisent l'azote sous la forme de nitrate de chaux, il est évident que ce nouvel engrais renferme toutes les conditions les plus essentielles pour être recommandé, à égalité, de conditions économiques, pour tous les terrains et être préféré pour ceux où manque l'élément calcaire.

2. La grande solubilité de cet engrais, et le fait qu'il ne réclame pas de réaction préliminaire pour être assimilé par le végétal, démontrent qu'il convient de l'employer aux époques de grande activité végétative pour éviter ainsi des pertes probables dues

à l'entraînement des eaux ; en outre, son emploi n'exige aucune précaution spéciale alors que sa conservation en exige.

3. Les travaux expérimentaux d'agronomes compétents révélant une grande analogie entre la cyanamide et le sulfate d'ammoniaque, on peut recommander ce nouvel engrais pour être employé quelques jours avant les semis ; il est utile de le couvrir par un léger labour de 5 à 8 centimètres de profondeur.

On peut l'employer aussi au printemps si le temps n'est pas très chaud et si les plantes ont un peu de vigueur ; dans ce cas, l'influence préjudiciable qu'il pourrait exercer dans des cas très exceptionnels, est imperceptible.

4. Comme la cyanamide est très lente à dégager son azote, et que d'autre part son efficacité est en raison inverse de sa proportion dans le sol, on doit l'employer toujours en doses modérées, oscillant de 100 à 300 kilogrammes par hectare, la première quantité réservée pour les semences d'automne et, en général, pour les plantes à développement lent, et la seconde pour les plantes plus exigeantes en azote ou de végétation plus rapide, comme le sont les plantes de printemps et les plantes industrielles en général.

5. Pour ce qui est de la distribution dans le sol, on aura soin de la faire de la manière la plus régulière pour éviter les accumulations partielles ; dans ce but, il convient d'employer les semoirs à engrais mélangés avec d'autres fertilisants, exception faite des superphosphates qui provoqueraient des pertes d'azote.

6. Le plus grand effet utile de cet engrais azoté s'obtient en employant la cyanamide dans la préparation du sol en automne pour les cultures d'hiver et au printemps, pour les cultures de printemps.

Pour cette raison son emploi est très recommandable dans les terres sablonneuses, à condition qu'elles ne soient pas stériles, dans lesquelles les autres produits azotés subissent des pertes considérables par l'écoulement des eaux.

7. Les pertes que peut subir la cyanamide par le contact de l'air sont peu appréciables quand on la conserve en lieux secs ; dans le cas contraire, il peut y avoir quelque perte d'azote sous forme d'ammoniaque.

8. De même que les nitrates de chaux et de soude peuvent être considérés comme engrais azotés par excellence de printemps, la cyanamide et le sulfate d'ammoniaque le sont pour l'automne à cause de leur assimilation lente.

9. L'achat de la cyanamide doit se faire suivant sa richesse en azote, et en même temps suivant la quantité de carbure de calcium qu'elle pourrait contenir et qui, à certaine dose, est très nuisible.

10. Il est convenable que les agriculteurs, dans des conditions économiques égales, donnent leur préférence à ces engrais, car, en protégeant les nouvelles industries, on prolongera l'existence des nitrates naturels et l'on évitera l'augmentation de prix de l'unité d'azote. Mais eu égard à la complexité du phénomène de la nitrification, il serait convenable d'étendre les expériences à des zones de climatologie distincte de celles dans lesquelles on aurait fait l'essai de ces nouveaux engrais, dans le but de pouvoir conseiller, en tout cas, quel est celui des engrais azotés auquel on devrait accorder la préférence.

[63.167.1]

(*Congrès International d'Agriculture*, Madrid, 1911.)

Cours sur les machines agricoles. 63.17 (07)

1. Le cours principal comprendra la représentation des machines usuelles d'après leur construction, leur manière de travailler, leur production et leur économie ; en outre, ce cours embrasse les principes présidant à leur jugement et leur manipulation, de même que les précautions de sûreté à prendre.

2. Les moyens d'enseignement se composent de machines susceptibles d'emploi, de modèles et de dessins, ou mieux encore de projections lumineuses.

Le cours est accompagné de démonstrations et d'exercices de laboratoire, à l'atelier, dans les champs.

3. Un autre cours s'occupera des principes de la connaissance des machines : connaissance des matières, bases fondamentales de la mécanique, de la stabilité et de la chaleur.

4. Des visites aux fabriques de machines et dans les exploitations agricoles forment, pour les cours et les exercices, un complément instructif et volontiers employé. [63.17 (07)]

(*Congrès International d'Agriculture*, Vienne, 1907.)

Système des assolements. 63.191.13

Avant de combiner un assolement, il faut inscrire :

1. Les plantes que le climat, la terre et les débouchés permettent de cultiver.

2. Examiner si l'on doit adopter un assolement à courte durée, ou si l'on peut combiner une succession de cultures à longue période.

3. Étudier les plantes choisies afin de déterminer celles qui pourront suivre la jachère si celle-ci est nécessaire, qui doivent commencer la rotation et venir après les fumures, les plantes fourragères, les plantes industrielles et les prairies artificielles.

4. Examiner si la configuration du domaine et la nature et la fertilité des terres permettent l'adoption d'un assolement

unique et exigent l'application de deux successions de cultures différentes.

5. Arrêter les spéculations animales qu'on peut entreprendre avec profit et le poids brut qu'on devra entretenir par hectare, si l'exploitation doit fabriquer les engrais dont elle aura besoin.

6. Déterminer les surfaces que devront occuper annuellement les plantes fourragères et celles qui fournissent des litières.

7. Déterminer la force des fumures qu'on devra appliquer pendant les cours de la rotation et les engrais complémentaires qu'il faudra acheter pour qu'il y ait équilibre entre l'application et la consommation de matières fertilisantes.

8. Procéder à la répartition mensuelle de la main-d'œuvre et des travaux des attelages, afin de connaître si la contrée peut fournir les ouvriers qui seront nécessaires et de savoir combien on devra posséder d'animaux de trait.

9. Supputer le capital qui sera engagé par le mobilier, les denrées en magasin, la culture et le bétail.

10. Prévoir à quelle époque on pourra dégager une partie ou la totalité des capitaux engagés par la culture des plantes et les spéculations animales.

En combinant un assolement, on ne doit pas oublier qu'il est indispensable de :

1. Faire suivre les fumures par des plantes nettoyantes ou étouffantes, ou par celles qui résistent bien à un excès de fécondité ;

2. Faire précéder les plantes céréales par des cultures fourragères ou des cultures industrielles, pouvant être désignées sous le nom de *plantes nettoyantes;*

3. Commencer les rotations par les plantes qui exigent des cultures d'entretien et les terminer par celles qui sont les moins exigeantes ;

4. Rapprocher le plus possible les prairies et les pâturages artificiels des soles sur lesquelles on applique les fumures ;

5. Ne pas oublier qu'on peut souvent, sans changer l'ordre de succession des récoltes, cultiver le navet, le sarrasin, le maïs, la moutarde blanche, comme *récoltes dérobées* ou comme *engrais verts.*   [63.191.13]

(*Congrès International d'Agriculture*, Paris, 1878.)

Cultures dérobées.   63.191.14

Est recommandé l'emploi des cultures dérobées d'automne et particulièrement celle des légumineuses.   [63.191.14]

(*Congrès International d'Agriculture*, Lausanne, 1898.)

Systèmes d'exploitation. 63.191.2

1. Dans toute propriété rurale existante, se trouve un système d'exploitation ou système de culture déjà introduit et en vigueur, lequel est, dans la grande généralité des cas, la résultante d'une action organisatrice exercée durant de longues années par les différents chefs de culture qui se sont succédés.

2. Continuer à développer ce système trouvé déjà existant et le perfectionner, tel est d'ordinaire, et sauf de rares exceptions, la tâche économique de l'agriculteur, tâche qui ne consiste point par contre à faire choix d'un système d'exploitation radicalement neuf, sans rattachement aucun à ce qui est.

3. En vue du dit perfectionnement d'un système d'exploitation préexistant, le cultivateur doit s'efforcer d'amener les effectifs agricoles à un point de fructification aussi élevé que possible, et cela au moyen de changements et augmentations appliqués un par un aux effectifs inférieurs.

4. Afin de pouvoir se rendre compte de la mesure dans laquelle de semblables changements et augmentations sont avantageux, le cultivateur doit évaluer leur influence sur le rendement brut de l'exploitation en établissant comparaison avec les frais et les pertes résultant de ces transformations.

5. Ainsi donc, il s'agit toujours de modifications non globales mais individuelles, apportées à un système d'exploitation existant, et au sujet de l'application desquelles on a à calculer l'élévation possible du rendement brut réalisable par leur fait, ainsi que les frais qu'elles détermineront.

6. S'il s'agit, dans les modifications à entreprendre, d'une nouvelle mise de fonds, il convient de s'appliquer tout particulièrement à fixer avec juste précision les dimensions du capital à engager, attendu que l'élévation réalisable du rendement brut se ralentit en raison de l'accroissement des sommes engagées.

7. Une nouvelle mise de fonds dans une exploitation ne peut jamais être dite productive de rendement qu'étant effectuée jusqu'au point où non seulement les frais résultant des changements ou modifications sont couverts, mais où résulte encore un revenu suffisant du capital.

8. Il doit particulièrement être considéré que la limite de rentabilité ne coïncide pas avec le maximum possible du rendement net de l'exploitation ; car le rendement net d'une exploitation peut s'accroître encore dans des cas où le capital engagé ne donne qu'une fructification très basse.

9. Les questions capitales concernant le choix d'un système d'exploitation se ramènent aux questions concernant la proportion existant au moment présent entre les diverses sortes de

culture, productions des terres cultivées, espèces de bétail utile, autrement dit et pour parler avec précision, elles se ramènent aux questions concernant l'adaptation de ces éléments et de l'extension réciproque des diverses branches de l'exploitation agricole aux changements divers qui surviennent : changement de l'état du marché, des ressources financières, de la capacité personnelle du chef de culture.

10. La théorie du système d'économie rurale a besoin d'une réforme radicale, sous peine de ne pas sortir de sa stérilité actuelle. [63.191.2]

(*Congrès International d'Agriculture*, Vienne, 1907.)

Acclimatation de plantes. 63.194

1. Il serait à souhaiter qu'il se trouvât des Etats ou des particuliers prêts à des sacrifices pour faire des essais d'acclimatation de plantes spécialement utiles provenant de zones voisines, même avec la perspective de devoir continuer ces essais pendant plus d'un siècle.

2. On ne devrait naturaliser les plantes qu'avec la connaissance la plus exacte possible de la provenance des semences.

3. On devrait forcer les grainetiers et les marchands de plantes de faire la déclaration de la provenance de leurs marchandises ou lorsqu'ils ne pourraient l'établir, de déclarer expressément l'incertitude de l'origine. Les déclarations sciemment fausses devraient être punies, comme cela est déjà accompli et réglé dans d'autres branches. Autrement la marchandise peut, dans bien des cas, être sans valeur pour l'acquéreur.

4. On devrait publier dans toutes les dendrologies forestières et agricoles, dans toutes les réglementations pour la culture et dans les prix-courants, pour chaque espèce de plantes, non seulement le rayon du développement climatérique, mais aussi l'espèce et l'humidité du sol nécessaires pour leur croissance.

5. On devrait introduire là où ce ne serait pas déjà fait, l'instruction sur toute cette matière dans le programme des établissements d'enseignement forestier et horticole, et faire des rapports sur cette branche dans les cours annuels de répétitions pour agriculteurs pratiques.

6. Les associations d'horticulture et de sylviculture sont invitées à consacrer une partie de leurs recettes à l'acquisition de graines de bois d'utilisation, lesquelles seraient réparties gratuitement entre les membres. [63.194]

(*Congrès International d'Agriculture*, Vienne, 1907.)

Principe d'individualisation. 63.194

1. Les caractères principaux de l'élevage individuel et de l'analyse méthodique de l'habitat des plantes, c'est-à-dire la distinction des races d'après des marques individuelles, forment la base de l'élevage moderne rationnel des plantes.

2. Le principe de l'isolement fait paraître sous un jour véritablement nouveau la doctrine traditionnelle de l'importance de la sélection artificielle et ce principe de l'isolement apparaît aussi comme très important pour la formation de nouvelles espèces au moyen d'adaptations ou de mutations, mais surtout au moyen du croisement.

3. C'est grâce à l'application constante de ces principes que la théorie moderne de l'hérédité et de l'élevage par le croisement ont été établis par Gregor Mendl. C'est grâce aussi à l'application de ces principes que cette théorie et cet élevage se sont développés admirablement dans le courant des dernières années, promettant de grands succès non seulement dans le domaine de la théorie, mais aussi dans celui de la pratique horticole et agricole.

4. Ce qui est dit de l'excellence du principe de l'isolement n'équivaut aucunement à préconiser la pratique d'une sélection effectuée une fois seulement. [63.194]

(*Congrès International d'Agriculture*, Vienne, 1907.)

Stations d'essais de semences. 63.195.1 (072)

1° En raison des avantages que présente la spécialisation, il est désirable que les analyses de semences soient exécutées dans des établissements spéciaux nettement distincts des stations chimiques ;

2° Des ressources suffisantes doivent être mises à la disposition des stations d'essais de semences pour permettre à leurs agents de se rendre chaque année, au début de la campagne de vente et d'analyse, dans les régions de production, en vue de déterminer la qualité moyenne des semences par le prélèvement d'échantillons-types ;

3° Aux stations d'essais de semences doivent être annexés des champs d'expériences pour l'étude des questions relatives à la production des semences et à l'amélioration des plantes cultivées. [63.195.1 (072)]

(*Congrès International d'Agriculture*, Paris, 1900.)

Phytopathologie. 63.2

1. Il est reconnu que le concours le plus puissant que la science pourra prêter à la culture générale des plantes dans un temps

rapproché, doit consister dans l'organisation d'observations systématiques des maladies épidémiques ou des ennemis des plantes pour étudier les moyens de les combattre et que, pour atteindre ce but, il est nécessaire qu'un personnel scientifique ainsi que des praticiens de tous les pays se vouent à ces observations d'une manière méthodique et en se prêtant une assistance mutuelle.

Pour qu'un tel but soit atteint, la phytopathologie doit être constituée comme science indépendante, dont l'étude seule sera à même de former un personnel scientifique, qui pourra être en état de donner une aide considérable à la pratique agricole.

2. Il est nécessaire que dans tous les pays soient fondées aussitôt que possible des stations scientifiques spéciales pour l'étude des maladies des végétaux et pour celle des animaux nuisibles. Ces stations seraient nécessairement des institutions de l'Etat, réparties autant que possible entre les différentes régions de chaque Etat.

Ces stations devraient, non seulement entre elles, mais encore entre les différents Etats, entretenir des relations incessantes et suivies. Elles auraient pour but des essais phytopathologiques, devant seconder les praticiens par des recherches et des avis gratuits et provoquer leur coopération.   [63.2]

(*Congrès International d'Agriculture*, La Haye, 1891.)

Comité international de pathologie végétale. 63.2 (062)(∞)

Le C. I. A. approuve la création d'un Comité international de pathologie végétale, institué pour diriger d'un commun accord des études qui seraient poursuivies simultanément dans les divers pays sur les maladies les plus importantes des plantes cultivées.

Ce Comité se chargera d'organiser des recherches internationales sur les maladies des plantes cultivées. Il aura le droit d'augmenter le nombre de ses membres à mesure que les nations qui n'y auraient pas de représentants exprimeraient le désir de participer à ses travaux.

Les maladies les plus importantes des végétaux doivent être réparties soit d'après leur cause (champignons, insectes, etc.) ; soit d'après la nature des plantes attaquées (céréales, plantes potagères, plantes forestières, etc.), en un certain nombre de groupes à traiter particulièrement. Dans chaque pays, celui qui dirige les recherches aura à décider quelle forme de maladies dans tel ou tel groupe doit faire pendant les trois ou cinq années suivantes l'objet d'études spéciales.

Ceux qui s'occupent de la même ou des mêmes formes de

maladies doivent se réunir de temps en temps (tous les trois ou cinq ans), tantôt dans un pays, tantôt dans un autre, pour se faire part de leurs observations, échanger leurs vues et assurer à leurs travaux les avantages d'un plan commun. [63.2 (062) (∞)]
(*Congrès International d'Agriculture*, Paris, 1900.)

*** Le C. I. A. émet le vœu qu'il soit constitué par l'initiative privée une Commission phytopathologique internationale, composée de représentants des divers États qui se réuniront où et quand cela leur semblera utile, et qui feront imprimer leurs travaux où cela leur semblera opportun. Les membres de cette commission devront faire connaître à leurs Gouvernements la nécessité de pourvoir aux moyens de poursuivre ces études.
[63.2 (062) (∞)]
(*Congrès International d'Agriculture*, Rome, 1903.)

Services phytopathologiques.　　　　　63.2 (072)

Le C. I. A. reconnaît l'importance économique de la coopération énergique de tous les efforts agissant internationalement en vue de la protection des plantes de culture, et il exprime l'avis qu'il appartient à l'Institut International d'Agriculture de Rome d'insister auprès des différents gouvernements :

1. En vue de l'établissement d'un service phytopathologique de surveillance dans tous les Etats civilisés ; les moyens financiers doivent être fournis par les gouvernements aux personnes appelées à prendre part aux congrès institués pour l'étude des questions phytopathologiques.

2. En vue de l'établissement d'instituts phytopathologiques dans tous ceux des Etats civilisés où il n'en existe pas encore.
[63.2 (072)]
(*Congrès International d'Agriculture*, Vienne, 1907.)

Destruction du gui.　　　　　63.255

Les gouvernements sont invités à prendre les mesures administratives nécessaires pour arrêter la propagation du gui sur les arbres fruitiers seulement.　　　　[63.255]
(*Congrès International d'Agriculture*, Lausanne, 1898.)

Destruction des écureuils.　　　　　63.269.32

L'écureuil étant considéré comme nuisible au plus haut point, tant pour les bois, les pépinières, les vergers et les jardins que pour la conservation des oiseaux insectivores, il y a lieu de le ranger, avec le chat sauvage, la fouine, le putois,

la belette et l'hermine, parmi les animaux dont on doit poursuivre la destruction. [63.269.32]
(*Congrès International d'Agriculture*, Bruxelles, 1895.)

Destruction des insectes. 63.27

Le C. I. A. émet le vœu que les recherches des savants s'occupant de parasitologie végétale soient encouragées par des concours spéciaux et internationaux. Dans ces concours, des prix seront décernés pour chaque parasite :

1. A la meilleure étude au point de vue de sa biologie ;
2. A la meilleure étude au point de vue de sa destruction par des moyens pratiques. [63.27]
(*Congrès International d'Agriculture*, Paris, 1900.)

Lutte contre la diaspis pentagona. 63.275

1. Tout Etat susceptible d'être intéressé à la question aurait à établir et à tenir à jour un index des territoires contaminés par la diaspis pentagona, notifier publiquement toute apparition nouvelle de l'infection et la combattre sans délais, au moyen des mesures les plus efficaces, de manière à empêcher la propagation du mal ou du moins à en atténuer les effets.

2. Tout Etat intéressé devrait s'obliger à interdire le transport de plants d'une région contaminée par la diaspis pentagona dans un territoire resté intact. Le transport direct de plants d'une région atteinte dans une région qui se trouve dans le même cas serait autorisé. Mais il ne pourrait être effectué que durant l'hiver dans le cas où des territoires intacts se trouveraient sur le parcours. Dans ce cas, il faudrait que les plants soient soumis à un nettoyage avant l'envoi, afin qu'ils soient autant que possible expurgés de la diaspis pentagona.

3. Si des plants sont expédiés d'un territoire non encore déclaré contaminé dans un territoire encore intact, et qu'ils soient trouvés infectés par la diaspis pentagona, ils peuvent être retournés à l'envoyeur sans que celui-ci soit passible de pénalité, mais à condition que l'envoi ait été effectué en hiver. S'il a été effectué à une autre saison de l'année, ou que l'envoyeur ne reprenne pas les plants à temps, ceux-ci doivent être brûlés.

4. Si la multiplication des parasites a déjà commencé sur le lieu même, il ne restera plus qu'à engager la lutte par les procédés curatifs, tels que le brossage et les traitements par les moyens propres à exterminer l'insecte et reconnus efficaces contre la diaspis pentagona.

5. La destruction de plants contaminés, qui ont déjà été mis en terre ou traités, n'est recommandée que quand il s'agit d'un cas d'infection isolée dans un terrain vaste et intact,

et qui n'affecte que des plants sur lesquels le parasite n'a pas encore pu multiplier, parce que les plants n'ont été plantés qu'en automne ou en hiver et qu'ils n'ont pas encore commencé à bourgeonner.

6. Les plants expédiés sciemment et en connaissance de cause, d'un terrain déclaré officiellement contaminé dans un terrain encore intact, doivent être détruits sans qu'il soit accordé d'indemnité au propriétaire.

7. On recommande aux gouvernements des Etats intéressés d'accorder leurs encouragements et leur appui à tous les essais qui ont pour but l'introduction de parasites indophages et d'autres ennemis exterminateurs qui combattent la diaspis pentagona dans son pays d'origine et qu'elle devrait trouver contre elle dans tous les autres pays.

En vue d'assurer aux mûriers contaminés et aux autres sujets exposés l'application du traitement curatif qui s'impose de toute nécessité dès l'appartition constatée de la diaspis pentagona, les gouvernements sont invités à pourvoir à la confection d'une loi satisfaisant à cette nécessité. [63.275]
(*Congrès International d'Agriculture*, Vienne, 1907.)

Destruction des hannetons. 63.276

Dans tous les pays soumis aux ravages des hannetons il y aurait lieu de créer un syndicat pour en opérer méthodiquement la destruction. Il est désirable que, pour assurer la destruction des hannetons ou celle des vers blancs, il soit adopté des mesures poursuivant le même but dans les régions qui, appartenant à des Etats différents, sont limitrophes les unes des autres. [63.276]
(*Congrès International d'Agriculture*, Lausanne, 1898.)

Prophylaxie agricole. 63.29

Le C. I. A. reconnaît la nécessité de s'éclairer sur les conditions particulières tenant à l'état atmosphérique, à la constitution du sol, à l'état de la culture, et cela au moyen d'études comparatives pratiquées sur tous les pays civilisés, et il estime que ces recherches sont de nature à permettre de limiter l'extension des diverses maladies affectant l'agriculture et la sylviculture, et d'agir efficacement pour les prévenir. [63.29]
(*Congrès International d'Agriculture*, Vienne, 1907.)

Maladies des plantes tropicales. 63.29 (213)

Au sujet des plantes tropicales de grande culture, surtout le café, le cacao, la canne à sucre, et pour éviter l'introduction de maladies graves dans les pays jusque là indemnes, le C. I. A. émet le vœu :

1. Que l'importation des pieds vivants de ces différentes plantes ne soit autorisée que par permission spéciale et sous la responsabilité de chaque gouvernement.

2. Que les pieds introduits soient relégués dans des endroits spéciaux, parfaitement isolés, où ils seront mis en observation pendant une période d'une année au moins, pour les plantes vivaces surtout.   [63.29 (213)]

(*Congrès International d'Agriculture,* Paris, 1900.)

Traitement préventif des maladies des plantes.   63.29.31

Les méthodes usitées jusqu'à ce jour, pour combattre les maladies parasitaires dans le lieu où elles se développent, doivent être complètées par un traitement préventif, spécial pour chacune des espèces de plantes cultivées.

Il serait utile d'encourager les recherches sur le mécanisme de la défense des plantes contre ces maladies. Dans cette voie, les influences propres au sol, aux amendements et aux engrais, méritent tout spécialement d'attirer l'attention des observateurs.

Cette *hygiène* des plantes est indispensable car des expériences de plus en plus nombreuses prouvent que la propagation des maladies parasitaires ne dépend pas seulement de l'abondance plus ou moins grande d'un parasite, mais surtout de la constitution, de l'état de santé et de la prédisposition de la plante à la maladie. En conséquence, nous devons nous efforcer avant tout de modifier cette constitution ou cet état de santé qui rend la plante moins résistante à la maladie.   [63.29.31]

(*Congrès International d'Agriculture,* Paris, 1900.)

Contrôle des substances destinées à la protection des plantes.   63.29.5

En vue d'éliminer les abus régnant dans le commerce des matières destinées à la protection des plantes, on recommande comme moyens efficaces :

1. L'édiction de prescriptions légales ou administratives en vertu desquelles l'annonce et la mise en vente de substances pour la protection des plantes sans indication de leur composition et de leur provenance seraient interdites.

2. Une extension de l'organisation et de la sphère d'action des stations de protection des plantes, effectuée de telle manière que la connaissance des procédés les plus efficaces et des moyens qu'ils comportent se généralisent de plus en plus. [63.29.5]

(*Congrès International d'Agriculture,* Vienne, 1907.)

Culture des céréales. 63.31

Au point de vue technique de la culture des céréales et pour élever ses produits et son rendement, il importe d'appliquer certaines mesures d'ordre agricole considérées comme essentielles, à savoir :

1. Mise en culture de types de céréales d'un rendement supérieur, d'un perfectionnement achevé, et cela avec exploitation intensive, dans des terrains favorisés au point de vue du climat.

2. Sélection très rigoureuse des semences et amélioration des espèces régionales dans les contrées où les types mentionnés plus haut ne conviendraient pas.

3. Perfectionnement de la technique agricole, spécialement à l'égard du traitement du sol et de la lutte contre les mauvaises herbes, les plantes et les insectes parasites.

4. Perfectionnement du régime des écuries, se proposant pour objectif principal la conservation de l'azote des engrais.

5. Extension plus généralisée des modes d'engrais par les légumineuses. [63.31]

(*Congrès International d'Agriculture*, Vienne, 1907.)

Variétés indigènes des céréales. 63.31-194

1. La race indigène existante sur place dans une région donnée mérite d'être prise en considération aussi bien que d'autres races indigènes à côté des races d'élevage. Là où des races indigènes, étant données les conditions naturelles et économiques et conformément à leurs qualités propres, doivent être maintenues et introduites, il est nécessaire qu'elles soient soumises au régime de l'élevage afin d'être développées jusqu'au plus haut point possible de productivité, sur la base de leur convenance aux conditions locales, particularité qui doit être sauvegardée pleinement. La possibilité d'acclimater aux régions continentales par voie d'élevage des types occidentaux d'un rendement supérieur existe sans doute jusqu'à un certain point ; néanmoins et par le fait des lois physiologiques, l'acclimatation ne peut s'effectuer qu'au prix d'une perte notable de leur productivité.

2. Par ce motif, l'élèvement de la culture des céréales devrait dans les territoires en question, prendre pour point de départ les céréales de la région (races indigènes), attendu que l'élevage local offre les plus grandes chances de succès durable, parce qu'il a à faire avec des types entièrement adaptés aux conditions générales de lieu.

3. La voie la plus sûre pour l'élèvement de la culture des céréales passe nécessairement par la culture des semences d'élite et d'élevage des semences avec culture améliorante. En particu-

lier pour la petite propriété, toutes les opérations préparatoires et indispensables à la culture des produits d'élevage par les élites et la sélection et la vulgarisation des types purs, opérations qui sont encore à faire, s'imposent nécessairement.

4. Le développement de l'élevage tenant particulièrement compte des races indigènes des céréales, devrait être favorisé et se généraliser en première ligne dans les régions où prédomine la petite propriété, et cela au moyen de l'établissement de stations d'élevage des semences ou de fermes pratiquant cet élevage sous la direction et avec les indications des stations d'élevage.

5. Les efforts tendant à l'amélioration des céréales indigènes doivent être appuyés par des recherches systématiquement menées concernant les délimitations de leur extension territoriale et de leurs propriétés typiques. L'exécution de ces recherches devrait être opérée selon une méthode uniforme, et les matériaux recueillis devraient être condensés dans un « catalogue des races » sous forme synoptique.   [63.31-194]

(*Congrès International d'Agriculture*, Vienne, 1907.)

Rouille des céréales.   63.31-242

1. Dans les pays où la rouille des céréales a une importance pratique considérable les gouvernements sont invités à affecter les ressources nécessaires pour faire des études et investigations spéciales sur cette maladie. Ces recherches devront être continuées au moins pendant cinq années ;

2. Ces recherches auront pour but de faire apprécier par des essais faits dans diverses localités les variétés cultivées dans le pays. On devra examiner leur valeur générale comme plantes de culture et surtout leur résistance relative aux formes de rouille les plus redoutables dans ces pays. On exclura des cultures les variétés qui se seront montrées dans ces essais très sensibles à la rouille ;

3. A mesure qu'on aura la connaissance des qualités et de la valeur des diverses variétés et formes de céréales, on devra soumettre à une étude aussi large que possible tout ce qui aura été expérimenté dans d'autres pays touchant la conservation des champignons de la rouille pendant l'hiver, son apparition par contamination extérieure, etc.

Il y aura lieu de rechercher ensuite s'il serait possible, par le croisement de certains blés, d'obtenir des races qui unissent une grande résistance à la rouille à d'autres qualités éminentes ;

4. Enfin, on fournira à ceux qui sont chargés de la direction de ces recherches l'occasion de se rencontrer, au moins après

une période de cinq ans, pour échanger leurs vues et assurer à la continuation de leurs travaux le bénéfice d'un plan commun.

[63.31-242]

(*Congrès International d'Agriculture*, Paris, 1900.)

Analyse botanique des prairies.   63.331

Le C. I. A. émet le vœu qu'une méthode uniforme simple et pratique d'analyse botanique des prairies soit adoptée afin de pouvoir comparer les résultats obtenus dans diverses régions.

[63.331]

(*Congrès International d'Agriculture*, Lausanne, 1898.)

Création des prairies.   63.331-191

L'emploi de mélanges de graines fourragères sélectionnées est à recommander à l'exclusion des fleurs de foin.   [63.331-191]

(*Congrès International d'Agriculture*, Lausanne, 1898.)

Pacages alpestres.   63.331.13

1. Dans tous les pays où il n'existe pas encore de lois convenables pour assurer la protection des pacages et cela, aussi bien en ce qui regarde les pacages privés que les pacages communs, il faudra procéder à l'établissement d'une législation propre à cete effet.

Les traits principaux de la protection légale des pacages, doivent comporter abstraction faite des mesures de police forestière et de travaux spéciaux de mise en état des terrains ravagés par les avalanches et les torrents : la fixation de l'état de présence maximum du bétail, la révision périodique des règlements les plus nécessaires pour assurer la protection des pacages alpestres contre la destruction et le dépérissement et exclure le régime de déprédation. Pour les pacages communs, on envisagera de plus la création de règlements propres à assurer l'exploitation profitable des pâturages (étables, abreuvoirs, garde, etc.). Enfin, pour tous les pacages, on procèdera à la délimitation des terrains boisés et des pâturages proprement dits en tenant particulièrement compte des intérêts économiques alpestres bien compris. On déléguera des organes de contrôle compétents pour assurer la surveillance des pacages.

2. On contraindra les pacages communs, sous réserve de la confirmation officielle, à établir des statuts prévenant dans la mesure du possible, le morcellement de l'exploitation alpestre.

3. L'Etat a le devoir d'appuyer et d'encourager par des secours financiers suffisants l'œuvre d'amélioration de l'économie alpestre (par des cours d'économie alpestre, des inspections etc.). Mais il faudra surtout, comme fondement et condition

préalable de toute l'action administrative et économique alpestre établir, là où elle n'existe pas encore, une statistique alpestre, tenant compte aussi bien des conditions économiques que des conditions politiques, et veiller à sa popularisation.

4. Partout où, dans les régions de montagnes, l'acquisition de territoires, par spéculation ou en vue du plaisir de la chasse, se pratique et prend de l'extension, attaquant ainsi dans ses bases l'élevage du bétail, tarissant la source de l'existence et du bien-être de la population pour qui elle est une menace et un péril, il importe que des mesures législatives soient prises en vue d'assurer la conservation des Alpes à la culture et aux modes d'exploitation qui leur sont propres, mesures qui constituent une nécessité indispensable et urgente, ainsi qu'une condition d'existence de l'agriculture des régions de montagnes.

5. Appréciant pleinement la haute importance de l'ensemble de l'exploitation économique alpestre au point de vue de la vie économique comme de la production non seulement des régions alpestres mais de la production générale, appréciant également l'importance de chacune des deux formes de l'économie alpestre, à savoir les pâturages et la forêt, leur dépendance réciproque l'une de l'autre comme le lien qui les réunit en un tout, reconnaissant d'ailleurs la nécessité d'une délimitation pratique et réalisable des territoires de pâtures et des territoires forestiers des Alpes, division à effectuer en tenant compte des exigences de l'une et l'autre culture et particulièrement de celles des pâturages ; reconnaissant enfin que cette culture, soit dans son ensemble, soit à l'égard de chacun de ses deux domaines, a été jusqu'ici trop insuffisamment appréciée, estime indispensable que, avec l'appui et sous la direction de l'Etat, il soit procédé à l'établissement de bases législatives, d'organisation et en général de moyens permettant d'effectuer d'une manière pratique la délimitation des territoires de pâtures et des territoires forestiers dans les Alpes et autres régions montagneuses, et, d'autre part, propres non seulement à relever d'une manière générale l'exploitation économique alpestre, mais en particulier à éveiller et développer dans la population montagnarde le sens et la compréhension de l'exploitation rationnelle des pâturages et des forêts dans les Alpes.   [63.331.13]
(*Congrès International d'Agriculture*, Vienne, 1907.)

*** La lamentable situation agricole des pâturages des Alpes et des pays montagneux doit être améliorée spécialement :

1. Par la subdivision en pâturages de forêts, pâturages plantés, pâturages proprement dits.

2. Par l'observation rigoureuse de la police des forêts, spé-

cialement en ce qui concerne celle des prairies plantées, d'après le plan d'exploitation pour la conservation de la pousse du bois.

3. Par l'endiguement des torrents et des avalanches dans la région des Alpes,

4. Par l'exécution, au nom de l'Etat, de l'amélioration des pâturages alpestres.

5. Au moyen de l'acquisition par l'Etat du droit de surveillance des pâturages alpestres.

6. Par le développement des voies de communication, par l'ouverture des vallées des montagnes, au moyen d'un plus grand développement du réseau des routes et des chemins de fer, et par une large subvention pour la construction de chemins dans les pays de montagnes.

7. Par la création d'essais d'économie alpestre, introduction de cours ambulants d'économie alpestre, création de cours d'hiver ayant le même objet. [63.331.13]

(*Congrès International d'Agriculture*, Vienne, 1907.)

Pâturages de montagnes.   63.331.13-15

Les amendements calcaires devraient également être d'emploi plus général sur les gazons de montagne. [63.331.13-15]

(*Congrès International d'Agriculture*, Lausanne, 1898.)

Végétation des hautes régions.   63.331.13-194

En vue de l'extension et de l'amélioration des hauts pâturages, il doit être établi sur le plus grand nombre de points possible, dans les divers pays européens alpestres, des champs d'essais et des pépinières de plantes alpines utiles.

Les jardins alpins devraient rendre des services plus signalés dans cet ordre d'idées. [63.331.13-194]

(*Congrès International d'Agriculture*, Lausanne, 1898.)

Culture du mûrier.   63.341.41

Il est recommandé de pratiquer et de développer la culture du mûrier sur les côteaux du littoral de la mer Méditerranée, de l'Adriatique et de la Mer Noire, et notamment de l'Algérie et de la Tunisie, où cette culture industrielle peut donner les meilleurs résultats. [63.341.41]

(*Congrès International d'Agriculture*, Paris, 1900.)

Taillis à écorcer.   63.342.4

1. Pour remédier à la dépréciation momentanée du prix de vente des taillis à écorces de certains pays, il serait à désirer

que les divers gouvernements choisissent et imposent une marque spéciale pour les cuirs tannés aux écorces indigènes, sous réserve des peines prévues pour la répression des fraudes.

2. Les moyens suivants amèneraient une diminution de la production des écorces et par suite une augmentation de valeur sans diminuer le revenu de la forêt : allongement de la révolution, production d'arbres, introduction d'essences résineuses, emploi industriel de menus bois et conversions raisonnées.

[63.342.4]

(*Congrès International d'Agriculture*, Gand, 1913.)

Plantation des essences mellifères.   63.343

1. Il serait à souhaiter voir les conférenciers consacrer une partie de leurs leçons à exposer certaines considérations pratiques sur les plantes mellifères (herbacées et ligneuses) des différentes saisons.

2. Il est désirable de voir organiser à l'administration des chemins de fer un service spécial des plantations. C'est le meilleur moyen de voir multiplier les essences mellifères le long des artères de la circulation, car il reste des milliers d'hectares de berges et talus improductifs.

3. Il serait à désirer de voir établir un service spécial de plantations mellifères au département de l'agriculture et des travaux publics. Ce service serait fait par des forestiers, des arboriculteurs et des apiculteurs.

4. Il serait utile de voir l'Etat et les communes planter les dunes ainsi que les terrains incultes, talus, bords des routes et des canaux, etc., en essences mellifères et fruitières.

5. Plusieurs communes des provinces rhénanes, comme certaines communes rurales de la France et de la Suisse, réussissent dans la culture du mérisier le long des chemins communaux ; elles en retirent de gros bénéfices. Tout porte à croire que l'Etat et les communes rurales auraient ailleurs les mêmes chances de réussite.

6. Il faudrait que les gouvernements recommandent aux conférenciers agricoles d'engager les cultivateurs à former leurs prairies artificielles avec les plantes fourragères les plus mellifères.   [63.343]

(*Congrès International d'Agriculture*, Bruxelles, 1895.)

Culture des betteraves.   63.343.3

1. Le cultivateur de betteraves doit s'efforcer d'obtenir un grand rendement en sucre par hectare au moyen de betteraves d'une richesse en sucre relative.

2. L'influence de la graine est indiscutable et entre dans

une très large proportion dans le résultat que l'on obtient au point de vue de la richesse saccharine. Mais il faut ajouter que pour obtenir des betteraves, riches en sucre, il faut également tenir compte de la qualité du sol, employer des engrais appropriés et ne négliger aucun des soins de culture recommandés par l'expérience.

3. Les stipulations, limitant la liberté d'action du cultivateur, sont aussi injustes que peu praticables. Elles sont en outre superflues, parce que le fabricant peut suffisamment s'assurer la culture de betteraves d'un riche rendement en sucre :

a) en refusant absolument les betteraves au dessous d'un minimum de richesse ;

b) en fixant pour les betteraves d'une richesse variable un autre prix, différant selon la valeur réelle des betteraves pour la fabrication. L'achat de betteraves par 100 kilos sans stipulation du pour-cent de richesse en sucre, lors de la fixation du prix, est en général au détriment du cultivateur, et ne saurait être approuvé.

4. Le C. I. A. émet le vœu de voir les producteurs de betteraves à sucre se réunir, pour soumettre aux fabricants de sucre un modèle de contrat, qui tiendrait compte à la fois des intérêts réciproques des deux parties en cause. [63.343.3]

(*Congrès International d'Agriculture*, La Haye, 1891.)

*** Attendu qu'une concurrence plus prononcée du sucre de cannes vis-à-vis du sucre de betteraves n'est nullement impossible dans un avenir plus ou moins rapproché et afin de prévenir son influence nuisible sans aucun doute à la production de la betterave, il est nécessaire d'avoir recours à tous les moyens propres à augmenter la consommation du sucre. De plus, il faut arriver à une utilisation aussi rationnelle que possible des déchets de l'élaboration des betteraves, et enfin c'est le devoir de tous les organes agricoles compétents d'encourager la culture de graines de betteraves par tous les moyens dont ils disposent. [63.343.3]

(*Congrès International d'Agriculture*, Vienne, 1907.)

Lutte contre les nématodes. 63.343.3-265.13

1. Tous les cultivateurs s'occupant de la culture de la betterave, dont les champs ont été jusqu'ici préservés des nématodes, doivent être avertis de l'action funeste exercée par ces parasites.

2. Les cultivateurs dont les champs sont déjà attaqués par les nématodes, doivent être éclairés relativement aux effets

heureux d'une sage alternance des cultures en vue de prévenir la multiplication des parasites.

3. Les ministères de l'agriculture, tout en ayant égard à la
situation financière de l'Etat dans leurs pays respectifs, devront
s'efforcer de pourvoir chaque station de protection des plantes
d'une section spéciale pour la protection contre les nématodes ;
ils sont priés, de plus, de procurer à leurs fonctionnaires les
moyens de continuer sur les terrains de culture et en collaboration avec les cultivateurs, les expériences faites en laboratoire,
et de faire connaître les résultats de ces essais au moyen de publications techniques spéciales.   [63.343.3-265.13]
(*Congrès International d'Agriculture*, Vienne, 1907.)

Culture du houblon.   63.345.11

1. Les représentants des pays, dans lesquels la statistique
officielle n'est pas encore organisée suffisamment, sont priés
d'insister auprès des gouvernements de leurs pays, pour que
ceux-ci accordent plus d'intérêt à la statistique de la culture
du houblon et, comme en Autriche, en Hongrie, en Allemagne
et en Angleterre, fassent paraître à date fixe des avis sur l'état
des cultures et les estimations de la récolte et qu'aussi ils
demandent à ce que l'on communique en temps utile tous les
autres renseignements exerçant quelque influence sur le commerce et le marché du houblon.

2 Que dans chaque pays houblonnier dans lequel n'existent
pas encore des organisations de producteurs de houblon, l'on
encourage la création d'associations et de fédérations de cultivateurs houblonniers.

3. Que ces nouveaux organismes soient affiliés à la société
centrale des producteurs de houblon du centre de l'Europe,
dont la tâche est de donner des renseignements sur la situation
de la récolte, la production et tous autres facteurs qui influen-
cent le marché, d'évaluer la production de houblon du monde
entier et de défendre les intérêts de la culture houblonnière.
                                                [63.345.11]
(*Congrès International d'Agriculture*, Gand, 1913.)

Culture fruitière.   63.41

A. *Considérations générales.*

1. La pomologie agricole, qu'elle soit ou non pratiquée en
connexion avec une culture agricole ou avec celle des herbages,
constitue une branche de l'économie rurale qui ne doit pas
être estimée au-dessous de sa valeur. Non seulement en effet
les plantations d'arbres fruitiers, pourvu qu'il soit satisfait

à certaines conditions nécessaires, produisent un rendement suffisant pour couvrir toutes les charges de l'exploitation pomologique elle-même, mais latéralement et par la vente des fruits, elles assurent un excédent nullement négligeable.

2. A cet égard, il convient pourtant de relever une exception, mais une seule : la prune. Ce fait a pour cause principale le prix minima de cette catégorie de fruits, et d'autre part, on ne saurait nier que dans notre tableau, le rendement de la récolte du sol où se trouvent les pruniers a été évalué peut-être supérieur à ce qu'il est en réalité, influencé qu'il est par la présence des pruniers, bien que la couronne de feuillage par eux développée soit moins puissante que celle, par exemple du pommier et du poirier.

Ce qui peut toutefois être admis comme certain, c'est que les plantations de pruniers ne seront susceptibles de rendement que là où le sol ne saurait guère s'approprier à d'autres utilisations, comme par exemple sur des talus raides, sur les pentes des rives d'un cours d'eau, sur la bordure des routes et des chemins où, en mettant les choses au mieux, sur des superficies gazonnées ; encore ne faudrait-il pas dans ce cas que leur rendement fût opéré par des charges quelconques affectant le sol, par exemple un prix de location. Aussi observons-nous qu'actuellement, où l'éleveur d'arbres fruitiers raisonne plus qu'autrefois et s'accoutume à compter le crayon en main, on commence à éliminer assez souvent le prunier des champs et des prairies pour lui substituer d'autres arbres fruitiers.

3. La culture pomologique pratiquée sur un sol à herbages laisse en général, les soins étant les mêmes, espérer de meilleurs résultats que la culture pomologique pratiquée dans des terres de labour et autant qu'il paraît, des plantations plus denses, en prairie, donnent de meilleurs résultats que des plantations moins denses. Si donc on n'attache au rendement des herbages qu'un intérêt secondaire, on peut parfaitement et sans inquiétude disposer des arbres fruitiers à raison de cent sujets par hectare de prairie.

4. Sur les terres de labour, on ne peut naturellement pas songer à une plantation aussi dense. Là, en effet, apparaîtrait le danger que le préjudice porté à la récolte des cultures du sol ne dépasse le rendement à espérer des arbres fruitiers, de sorte que la culture pomologique en champs de labour se transformerait en un élément réduisant le rendement du champ (voir pomme, prune, noix).

Mais même sans tirer argument du cas où la plantation trop dense d'arbres fruitiers en terres de labour ne serait pas signalée par un succès aussi brutal, la réflexion et le calcul nous enseignent que la plantation moyennement dense d'une terre de labour en arbres fruitiers — disons 50 arbres par hectare — eu égard à la très modique diminution infligée au rendement des cultures du sol par une plantation ainsi comprise, aboutit constamment à des résultats extrêmement satisfaisants, sinon aux meilleurs résultats qui se puissent espérer. C'est ce que manifeste très clairement le tableau donné plus loin.

5. Pour ceux qui font ressortir avec une prédilection toute particulière les difficultés et les obstacles suscités à l'exploitation des terres de labour par l'adjonction de la culture fruitière, et qui se déclarent en conséquence opposés à la culture pomologique en terres cultivées, notre tableau contient l'indication précieuse, que même des plantations très clairsemées, dans lesquelles les inconvénients relevés ne parviennent cependant pas à leur pleine extension, sont en mesure de fournir un bénéfice extrêmement appréciable.

6. Si nous classons les différentes catégories de fruits dans l'ordre indiqué par l'importance du rendement net à attendre de leur culture, celle-ci étant pratiquée avec densité moyenne de la plantation, soit, comme nous l'avons dit, à raison de 50 arbres par hectare, et en faisant intervenir les arbres dans le paiement partiel des charges effectant le sol, nous obtenons le tableau suivant :

Rendement évalué en couronnes par hectare de terres

	de labour	de prairie
Poiriers	94	135
Cerisiers à griotte	93	134
Cerisiers à fruit doux	90	131
Pruniers à pruneaux	69	115
Abricotiers	67	108
Pommiers	39	80
Noyers (fine qualité dite noix welche)	37	78
Pruniers	41	—

Si le pommier se rencontre très souvent comme arbre fruitier des terres de culture malgré le rang défavorable qu'il occupe dans notre tableau au point de vue de sa capacité de rendement net, il ne faut nullement en conclure que les éleveurs d'arbres fruitiers ignorent que d'autres plantations sont reconnues de meilleur rapport que lui. La plupart sont parfaitement éclairés à ce sujet. Mais ils savent aussi que le pommier est du nombre des arbres fruitiers les moins exigeants et que son produit constitue en réalité le véritable fruit de l'hiver, que par conséquent, abstraction faite de la pomme d'été, il est très commode à conserver et que pourvu qu'on en ait, on trouve toujours des acheteurs.

Toutes les autres espèces de fruits, à l'exception de la prune, ont leurs exigences plus ou moins spécifiques à l'égard du sol, de la position, du climat, ce qui est cause aussi que leur diffusion sur la surface de la terre est plus restreinte ; d'autre part, il est connu que les fruits à noyau et pareillement la poire, à l'exception de la poire d'hiver, ont vis-à-vis de la pomme le désavantage de se gâter avec une extrême facilité, et qu'en conséquence, en cas de situation défavorable du marché, ils sont sujets à mettre le producteur dans de désastreuses situations.

B. *Méthode de culture.*

1. La culture agricole des arbres fruitiers doit être adaptée à la spécialité de l'exploitation agricole.

2. La culture des arbres fruitiers n'est avantageuse, dans l'exploitation, que lorsque le sol et le climat favorisent le développement des fruits.

3. Il n'est généralement pas avantageux de cultiver les arbres fruitiers en rangées trop serrées. A vrai dire, il ne faut les envisager qu'à l'état de culture secondaire.

4. La culture la plus avantageuse, sous le rapport de la vigueur des arbres, de leur heureux développement et de la bonne formation des fruits, est de planter en longues rangées serrées, avec de larges intermédiaires qui servent à la production de plantes fourragères, de légumes cultivés à la main et, suivant l'occasion, à la culture du blé.

5. Les espèces de terrains destinés aux arbres fruitiers, exigent plus encore que les espaces intermédiaires, un engrais et un labourage réguliers du sol.

6. Les formes préférables pour la culture agricole des arbres fruitiers sont les tiges hautes et les moyennes. Les conditions s'y prêtant, on pourra aussi planter des arbustes.

7. Il faut éviter toutes les formes qui ne sont pas naturelles et ne tailler les arbres ni trop fortement ni trop régulièrement.

8. Il ne faut planter en grande quantité que les espèces recherchées au marché et particulièrement les pommiers.

C. *Rendement.*

1. Les plantations doivent être faites de la manière la plus simple, la plus pratique et la meilleur marché.

2. On ne doit attendre un rendement d'une plantation qu'au bout de dix ans.

3. Les cultures faites entre les arbres doivent couvrir les frais

d'exploitation jusqu'à ce que la plantation d'arbres fruitiers soit en plein rapport.

4. Même dans les plantations qui rapportent, le profit des différentes années est soumis à de grandes fluctuations, de sorte que le surplus des bonnes années doit couvrir le déficit des mauvaises.

5. L'agriculteur qui s'occupe de la culture des arbres fruitiers doit toujours se tenir au courant des qualités de fruits demandées au marché. Les arbres qui ne produisent pas la marchandise recherchée devront être greffés le plus vite possible.

6. On calcule qu'un verger rapporte, par an et par arbre, un bénéfice net de 1 à 2 marcs (pour les arbres à tiges hautes et à tiges moyennes), mais un cultivateur intelligent peut augmenter ce bénéfice d'une façon considérable, par une bonne culture, par un choix judicieux des espèces, une soigneuse récolte et en faisant habilement valoir les produits.   [63.41]

(*Congrès International d'Agriculture*, Vienne, 1907.)

Fumure des arbres fruitiers.   63.41-16

L'application des engrais doit être répétée pendant une période de deux à quatre ans et l'observation des arbres doit durer au moins trois ans après la dernière fumure, et il est nécessaire qu'aux résultats de ces expériences la plus grande publicité possible soit donnée, soit au moyen de la presse agricole de tous les pays, soit par les travaux des C. I. A.   [63.41-16]

(*Congrès International d'Agriculture*, Rome, 1903.)

Défense des arbres fruitiers contre les parasites. 63.41-29

1. Les insectes *xylophages* ou *ipides* attaquent aussi bien les arbres touffus et sains que ceux affaiblis ou malades.

2. Il n'y a d'autre cause de cette invasion que celle résultant, accidentellement, de dépôts de bois situés près des plantations d'oliviers, soit encore que celles-ci se trouvent sur le bord des routes où s'effectue le transport de bois et de branches.

3. Quant aux autres espèces d'insectes, comme les *cochenilles*, parmi les philophages et les cauliphages, l'hypothèse si répandue de l'invasion *exclusive* des arbres affaiblis ou mal cultivés n'a pas encore été démontrée.

4. Une utilité indéniable est apportée par les insectes, parasites de ceux qui sont nuisibles, et en particulier par ceux qui attaquent les *cochenilles*.

5. L'homme doit intervenir, par conséquent, dans la lutte naturelle entre ces êtres utiles et nuisibles, ayant recours à des procédés artificiels (moyens mécaniques, emploi des insecticides externes et internes, liquides, acide cyanhydrique, etc.),

alors même qu'avec l'emploi de ceux-ci on détruise un assez grand nombre de parasites utiles.

6. La propagation naturelle de ces espèces utiles est cependant insuffisante, tout au moins en général, pour faire disparaître les nombreux fléaux de la campagne dus aux insectes nuisibles.

7. En tenant compte des conclusions antérieures, les entomologistes et les biologues des diverses nations doivent exciter leurs gouvernements respectifs pour qu'ils facilitent les études biologiques de classification des espèces d'insectes utiles existant dans chaque nation, en fondant des stations pour cette étude et classification, favorisant les échanges et rendant possible l'expédition de colonies des dits insectes utiles aux endroits où ils n'existent pas et qui sont envahis par les maladies que ceux-ci combattent.

8. La fumigation des arbres durant la période d'hiver produit d'excellents résultats (incomparablement plus efficaces que ceux de tout autre insecticide) sur le pou rouge (*Chrysomphalus dictiospermi*). Les femelles, à cette époque de l'année, contiennent un grand nombre d'œufs parfaitement visibles, qui, de même que les femelles, meurent facilement sous l'action de l'acide cyanhydrique.

9. La pratique des fumigations dans quelques nations, et malgré ce qui est consigné dans la conclusion antérieure, n'est pas encore du domaine de l'expérience. Toutes les *cochenilles* ne sont pas également sensibles à cette action du gaz cyanhydrique. Ainsi, par exemple, durant la période d'hiver un bon nombre d'œufs du *pou noir* (*Parlatoria zizyphy*, Lucas) et de la *serpette* (*Mytilaspis flavescens*, Targ. Tozz.) demeurent gonflés et frais, un mois après que les orangers ont été soumis à la fumigation, ce qui laisse à supposer, avec raison, que ces œufs continuent à vivre et qu'ils n'ont pas été désorganisés.

Il en résulte que des expériences spéciales sont nécessaires pour la destruction de ces germes, et il est clair que celles-ci doivent être faites à diverses époques de l'année.

Les individus les plus résistants entre tous sont, sans aucun doute, ceux de l'espèce dénommée à Valence (Espagne) *cotonnet* (*Dactylopius citri*), résistance due, sans doute, à leur revêtement d'aspect cotonneux et que l'acide cyanhydrique attaque bien peu.

Bien que de moindre importance pour la pratique, plus remarquable encore est la résistance que les individus de diverses espèces d'acarides (*Oribates, Tétranychus* et autres) offrent à l'action mentionnée. Il est grand le nombre de ces acarides et de ces œufs vivants qu'on observe au microscope quand on examine un bon nombre de feuilles.

10. Le procédé de la fumigation, à raison de la grande efficacité qu'il a durant la période d'hiver, contre le plus répandu des fléaux des orangers et des citronniers, le *pou rouge*, est considéré comme étant une pratique transcendante par ceux qui sont arrivés à le répandre et qui, à divers points de vue soit intervenus pour le propager.

11. Il conviendrait de proposer aux gouvernements respectifs la continuité des expériences de fumigation qui se font actuellement dans plusieurs nations, en l'étendant à certaines cultures d'arbres infestés par une maladie produite par des insectes.

Indépendamment du personnel chargé d'enseigner la pratique des fumigations avec l'acide cyanhydrique et de faire connaître les résultats dans chaque cas, il serait utile de nommer un ingénieur spécialiste qui, en étudiant parfaitement la biologie de chaque insecte nuisible, donnerait des indications à ce personnel pour les essais de fumigation au moment propice sur l'espèce d'insectes observée.

12. Le procédé de fumigation par l'acide cyanhydrique dans les cas d'emploi utile, n'est pas plus coûteux que celui des pulvérisations pour obtenir un résultat analogue ; il exige une dépense de 6.500 à 7.000 francs pour posséder un outillage complet. Bien qu'elle s'amortisse, cette somme dépasse pratiquement les ressources des petits propriétaires ; ceux-ci devront s'associer dans les régions infectées pour obtenir que l'application soit plus pratique.

Les syndicats et les chambres agricoles peuvent être très utiles pour appliquer ce procédé parmi les modestes agriculteurs.

Les entreprises industrielles peuvent être aussi utiles aux grands agriculteurs qu'aux petits qui, pour diverses circonstances, ont des difficultés à connaître le procédé.

Dans tous les cas, la direction des équipes d'ouvriers doit être confiée à des chefs possédant un certificat d'aptitude délivré par l'ingénieur agronome de la province.

13. L'emploi de l'acide cyanhydrique, même dans les cas de meilleur résultat, ne pourra jamais exclure celui d'autres insecticides, bien qu'ils soient moins actifs, mais qui, dans certaines circonstances, sont plus facilement employés par les modestes agriculteurs qui ne pourraient s'associer ni s'adresser économiquement à une entreprise industrielle, ni trouver non plus l'appui de chambres et de syndicats agricoles.

14. Il existe actuellement des difficultés presqu'invincibles pour reproduire pratiquement l'ensemble des phénomènes qui interviennent dans l'immunité que présentent parfois dans

la nature, certaines plantes, relativement à une espèce déterminée de champignons.

¡Les nouvelles orientations pour la solution du vaste problème de l'obtention de variétés résistant à certains fléaux, ne sont pas sorties. encore du domaine d'action des investigations de caractère scientifique.   [63.41-29]

(*Congrès International d'Agriculture*, Madrid, 1911.)

Arbres de la famille des rosacées.   63.411

1. La culture des arbres fruitiers de la famille des rosacées doit recevoir l'impulsion suffisante qui puisse l'élever à l'importance qui correspond aux conditions physiques et économiques de nombreuses zones européennes.

2. Les travaux de défoncement, les labours fréquents, la distribution rationnelle des engrais et la taille appropriée assureront la longévité et la productivité, et empêcheront les alternatives d'abondance et de disette.

3. Les études nécessaires pour guider les agriculteurs dans la plantation de leurs terrains et dans l'exploitation des plantations, les essais d'espèces et de variétés et l'obtention de nouvelles variétés par voie de sélection et d'hybridation, la formation de pépiniéristes et de tailleurs d'arbres, seront confiés par le gouvernement à un ou plusieurs établissements techniques organisés *ad hoc*.

4. Dans des vues commerciales, les producteurs doivent s'associer et opérer toutes les réformes qui pourront favoriser le bon écoulement de leurs fruits, telles que l'étude des marchés, les facilités, l'accommodement et le bon marché des transports, le régime et la politique commerciale qu'il convient d'obtenir des gouvernements.   [63.411]

(*Congrès International d'Agriculture*, Madrid, 1911.)

Culture de l'olivier.   63.413.1

1. Il est urgent de provoquer un progrès rapide dans les procédés de plantation et de culture de l'olivier pour arriver à l'augmentation du produit brut et du produit net dont cette culture est susceptible dans son aire propre. Parmi les réformes les plus précises à cette fin, nous citerons :

a) Restriction à des cas spéciaux de la plantation directe par boutures sur place.

b) Les labours à donner à l'olivier devront être améliorés par l'application opportune d'instruments plus parfaits que l'antique charrue romaine, qui, malheureusement, est encore d'un usage général.

c) La distribution des engrais doit se généraliser et se renforcer, en utilisant de préférence à cet effet les résidus de la fabrication de l'huile, après avoir pratiqué la préparation nécessaire quand on ne peut leur donner une autre application plus utile, et les engrais minéraux combinés avec le fumier ou avec les plantes enfouies en vert.

d) Dans chaque zone la taille devra être l'objet d'une étude spéciale qui l'accommode aux diverses circonstances devant influer sur cette opération. En général, on considère comme recommandable de raccourcir les périodes que l'on observe d'habitude.

La généralisation de ces réformes pourra s'obtenir par les mêmes procédés que l'on a jugés opportuns pour l'oranger. L'établissement ou les établissements auxquels serait confiée la direction ou l'appui de ce mouvement seraient les stations oléicoles.

2. Il est d'une nécessité immédiate de faire l'étude des variétés d'oliviers en rapports avec leurs convenances agrologiques et climatologiques, caractères culturaux et conditions de leur produit. Le choix des variétés et des procédés de taille trouvera dans cette étude la base de réussite dont l'oléiculteur sent aujourd'hui la privation.

3. Le développement de l'exploitation et la bonification des prix des produits de l'olivier doivent être l'objet de l'étude des sociétés oléicoles et de l'Etat qui, de commun accord, chercheront à amplifier le développement de la consommation intérieure et du commerce extérieur des olives et des huiles, en employant les moyens et les organisations qu'ils jugeront les plus efficaces à ce sujet.

La multiplication et l'union des syndicats locaux, l'installation d'expositions permanentes des huiles et des olives dans les villes les plus importantes, la protection aux huiles raffinées qui s'exportent en bouteilles, les règlements qui restreignent le coupage des huiles d'olive avec les huiles de graines, etc., peuvent être, entre autres, les points qui méritent d'être l'objet d'une étude sérieuse et de décisions.   [63.413.1]

(*Congrès International d'Agriculture*, Madrid, 1911.)

Culture de l'oranger et du citronnier.   63.414.1-2

1. L'extension rapide et extraordinaire de la culture de l'oranger, qui a déterminé la plantation de cet arbre dans des sols non appropriés, rend tout indiquée l'étude des moyens qui puissent empêcher de nouvelles plantations sans une reconnaissance préalable du terrain, faite par une personne experte.

2. Le manque d'appropriation indiqué, les labours superficiels, la faible application des engrais dans quelques régions,

leur composition défectueuse dans d'autres, et les mauvaises tailles des arbres diminuent la production et favorisent la propagation de nombreuses maladies. Dans le but d'éviter ces préjudices, on répandra dans chaque région et même dans chaque localité intéressée, les procédés de culture et les formules d'engrais les plus appropriées. Le système expérimental et démonstratif qui est toujours le plus efficace, conseille que l'Etat entreprenne la création d'un ou de plusieurs établissements avec le caractère de stations citricoles spéciales dans des endroits bein choisis des régions productives, en rapport avec les champs d'expériences qu'offrent les localités productrices des dites régions.

Outre l'expérimentation et la démonstration relatives aux terrains, aux engrais, à la taille, aux porte-greffes, aux variétés, au combat contre les maladies, à l'art de tirer profit des produits secondaires, etc., etc., on donnera dans ces établissements l'enseignement pratique aux ouvriers qu'on doit chercher à rendre habiles dans l'art de la taille, dans le maniement des machines de culture et d'extinction des nouvelles maladies.

3. La production de l'oranger se trouvant menacée d'une sérieuse crise née des grandes plantations et du manque d'organisation commerciale, il est nécessaire d'étudier tout d'abord les moyens de la conjurer. Ce travail devrait se faire de commun accord entre les personnes directement intéressées, les gouvernements et les commissions correspondantes auxquels il incomberait :

a) D'étudier les marchés consommateurs, leurs goûts et capacité, et d'en déduire quelles sont les espèces et les variétés critiques qu'il convient de produire, les époques des récoltes et la manière de les effectuer, ainsi que la façon d'emballer, d'embarquer et de recevoir les fruits.

b) De solliciter l'action auxiliatrice de l'Etat et de ses agents, et de faire des instances auprès des sociétés de transport pour obtenir tous les avantages possibles.

c) De rechercher les moyens d'aboutir à la création, dans toutes les localités productrices, d'associations de coopération consacrées aux fins communes d'ordonner ou de régulariser la plantation, la production et l'exportation.

d) D'examiner la manière de stimuler dans les centres de production le développement des industries qui transforment les fruits et autres produits des oranges et des citronniers.

[63.414.1-2]

(*Congrès International d'Agriculture*, Madrid, 1911.)

Porte-greffes américains en viticulture.   63.46-194.2

1. L'établissement de vignobles septentrionaux est singulièrement facilité par l'appoint des porte-greffes américains ou leurs hybrides, à raison des avantages indéniables qui découlent du greffage : avance sensible de la maturité, abondance, développement et amélioration des fruits.

2. Ces conséquences bienfaisantes du greffage doivent être secondées et complétées par le choix des cépages-greffons ; ceux-ci doivent être rigoureusement sélectionnés et de toute première époque de maturité. Il y aurait intérêt à se limiter plus spécialement aux cépages blancs.

3. Les porte-greffes, qui paraissent le mieux convenir aux sols et aux climats visés sont : les hybrides de Berlandieri (1), de Riparia (2), de Cordifolia (3), de préférence au Rupestris du Lot et aux hybrides de Vinifera Rupestris que leurs défauts bien constatés doivent faire écarter.

4. L'établissement des forceries trouvera, de son côté, dans l'utilisation des porte-greffes américains ou hybrides, de précieuses ressources susceptibles d'apporter à cette industrie un élément de progrès réel, de développement et de prospérité continus.

5. Qu'il plaise aux pouvoirs publics de s'intéresser à la viticulture :

a) En étudiant les espèces de vignes les plus recommandables suivant les localités où elles doivent être plantées, en surveillant leur degré de résistance, de fertilité et de rusticité des plants directs, notamment issus d'anciens cépages et des plants greffés sur hybrides franco-américains.

b) En encourageant les petits cultivateurs à s'intéresser à la culture du vignoble en adjoignant quelques plants à leur exploitation.   [63.46-194.2]

(Congrès International d'Agriculture, Gand, 1913.)

Hybridation viticole.   63.46-195.3

Considérant que le problème des nouveaux hybrides producteurs directs est d'une très grande importance pour la viticulture, le C. I. A. émet le vœu que les gouvernements des pays viticoles provoquent et poursuivent, en l'étendant, l'étude expérimentale des hybrides producteurs directs, par rapport à leur résistance au phylloxéra, à leur affinité avec les autres cépages, et à leur adaptation aux différents terrains et aux différentes régions, à la quantité et à la qualité de leurs produits.   [63.46-195.3]

(Congrès International d'Agriculture, Rome, 1903.)

Sylviculture. 63.49

1. Les montagnes actuelles n'exercent pas sur le climat, le régime des eaux et l'économie du pays leur action normale et naturelle.

2. Le progrès de l'agriculture et de l'élevage exige comme travail préliminaire indispensable le reboisement et l'aménagement de toutes les montagnes de la zone forestière.

3. L'administration divisera les montagnes qui doivent former la zone forestière en deux grands groupes, le premier, dit de protection, et le second de production. Tous les terrains qui doivent être classés comme montagnes protectrices seront acquis en pleine propriété par l'Etat, qui procèdera immédiatement à la détermination de leurs sols, à leur reboisement et à leur aménagement.

Dans toutes les montagnes qui appartiennent à des villages ou à des établissements publics, et qui, sans être protectrices, doivent être conservées comme étant de production, par le fait qu'elles sont enclavées dans la zone forestière, l'Etat exercera la tutelle technique et administrative. Dans les autres montagnes comprises dans la zone forestière et qui seraient de propriété particulière, l'Etat exercera uniquement l'inspection technique nécessaire à leur bon entretien et à leur amélioration.

L'Etat doit, quant au travail législatif, procéder à la désignation de la zone forestière et au classement des montagnes qui en font partie, en montagnes de production et en montagnes de protection, les déclarant d'utilité publique.

4. L'administration forestière devra être organisée de façon que les montagnes de protection soient séparées de celles de production, en les groupant en plus, en service intensif et en service extensif.

5. Un des buts les plus importants à poursuivre serait la conclusion de conventions internationales comme moyen d'arriver à la formation d'un Code international sur le reboisement des montagnes.

6. Il y aurait lieu d'établir l'union des villages du bassin de la Méditerranée pour la solution des problèmes forestiers de cette région.

7. Les Etats doivent favoriser énergiquement par l'exemple, l'enseignement, l'appui matériel et moral, les immunités fiscales et par l'adaptation à leur législation de dispositions qui attirent les capitaux collectifs ou particuliers, le maintien et l'amélioration des forêts existantes, l'aménagement sylvopastoral des montagnes et le reboisement forestier des superficies dénudées.

8. L'un des devoirs de l'Etat étant de veiller aux intérêts du pays qu'il représente, il doit travailler à accroître par tous les moyens la surface boisée, entretenir et améliorer les prairies alpines ; dans ce but, il s'efforcera d'augmenter son domaine forestier, en tâchant que des collectivités se forment à cet effet, en attirant les capitaux vers le reboisement, empêchant les exploitations abusives, en créant une propagande efficace en faveur de la culture de l'arbre, tout cela dans le but d'augmenter la richesse publique, de mettre en faveur des milliers d'hectares de terrains incultes et d'en obtenir les bénéfices indirects provenant de l'influence des grands massifs forestiers.

9. Il serait nécessaire que ces travaux, quand il s'agit de rivières ou de fleuves internationaux, s'exécutent d'après un plan arrêté de commun accord par les nations intéressées, et que chacune s'engage à le suivre selon les ressources financières et moyens dont elle peut disposer.

10. Par tous les moyens possibles on doit propager l'idée que l'agriculture obtiendrait de grands bénéfices en remplaçant en partie la culture agricole pauvre par la culture forestière, en multipliant dans les régions sèches les prés boisés et en coupant les terres de labour par des rangées d'arbres, perpendiculaires à la direction des vents dominants.

11. Il faudrait généraliser la célébration de la Fête de l'Arbre, en lui donnant un caractère éducatif.

12. Il faut s'efforcer de fonder des Sociétés d'amis des arbres et des forêts, lesquelles puissent aider efficacement à la réalisation de ce plan. [63.49]

(*Congrès International d'Agriculture*, Madrid, 1911.)

Directeurs forestiers. 63.49 (069)

Les directeurs autonomes, c'est-à-dire dirigeant en chef, devraient produire le certificat d'aptitude lorsqu'il s'agirait de l'administration de forêts appartenant à l'Etat, aux communes, à l'Eglise, à des fondations, à des corporations, à des établissements publics, à des fidéicommis.

Pour les territoires boisés dont la complexion ne comporte pas un fonctionnaire forestier qualifié, les autorités administratives compétentes auraient à pourvoir d'office à un contrôle exercé par un agent d'une capacité technique suffisante.

Ce contrôle des autorités devrait, dans l'intérêt public et en vue de prévenir les dévastations des forêts, intervenir également auprès des propriétaires particuliers de forêts, par l'organe d'agents techniques forestiers. [63.49 (069)]

(*Congrès International d'Agriculture*, Vienne, 1907.)

Expérimentation forestière. 63.49 (072)

1. Les gouvernements des différents pays sont invités à vouloir bien, par tous les moyens à leur disposition, introduire chez eux et organiser l'expérimentation forestière.

2. Il est désirable que les personnes placées par les gouvernements à la tête des stations expérimentales soient des hommes spéciaux dans la matière, et autant que possible en état de consacrer tout leur temps et toutes leurs forces à la mission qui leur sera confiée, des résultats satisfaisants ne pouvant être obtenus que lorsque le nombreux matériel, amassé dans un bref délai, pourra être utilisé d'une façon correspondante aux besoins de l'exploitation forestière.

3. Il est dans l'intérêt de l'expérimentation forestière, qu'aussitôt qu'elle aura été organisée dans un pays, les gouvernements enjoignent aux personnes placées à la tête des stations de se mettre en rapport avec les directeurs de celles déjà existantes, afin de s'entendre avec eux pour les objets qui exigent un traitement international, ainsi que sur les méthodes à employer.

4. Les questions qui réclament l'établissement d'un système d'observation international, sont celles ayant pour objet de rechercher quelle est l'influence qu'exercent les forêts sur le climat, la quantité d'eau pluviale, la formation des sources, les inondations, etc., etc.

Il est d'autant plus urgent de se livrer sans retard aux travaux de cette catégorie, que la solution définitive de la question de préservation des forêts dépend des éclaircissements obtenus à ce sujet.

5. Une commission permanente sera instituée dans le but de délibérer sur les mesures les plus propres à contribuer au développement de l'expérimentation forestière ; cette commission se composera de toutes les personnes placées à la tête des stations expérimentales, lesquelles pourront, à volonté, s'adjoindre un certain nombre d'hommes spéciaux dans la matière.

6. Le congrès international agricole et forestier adresse au gouvernement d'Autriche la prière, de vouloir bien inviter ceux des différents pays de l'Europe, où l'expérimentation forestière n'existe pas encore, de vouloir bien y participer.

[63.49 (072)]
(Congrès International d'Agriculture, Vienne, 1873.)

Exploitation forestière. 63.49-19

1. Dans l'exploitation forestière, comme dans les autres, le résultat financier doit s'évaluer d'après la relation qui existe entre le rendement et le capital producteur effectif. Le principe

du revenu doit donc être aussi adopté dans l'exploitation forestière comme règle de l'aménagement.

2. L'aménagement des forêts à la mission d'utiliser du mieux qu'il est possible le sol forestier donné et les peuplements qu'il supporte, et d'ordonner en même temps l'exploitation forestière de telle sorte qu'on obtienne du capital forestier (sol et superficie) un intérêt correspondant à la plus grande rente possible.

3. La méthode d'aménagement conforme aux principes ci-dessus est l'exploitation par peuplement aussi libre que possible. Pourtant, en général, surtout pour les exploitations considérables ou plus astreintes à un rendement soutenu, le plan spécial d'exploitation ne doit pas se limiter seulement à la période la plus rapprochée (à la prochaine décade), mais s'étendre à une ou plusieurs autres décennies, afin de pouvoir juger de l'ordre adopté pour les coupes et des produits à attendre dans les périodes suivantes.

4. Pour la confection du plan d'exploitation il faut envisager surtout les caractères des peuplements, tels que la nature des essences, la forme du peuplement, le rapport des classes d'âge, etc. L'instauration, pour l'avenir, de ce qu'on appelle un état normal, ne doit venir qu'en seconde ligne et doit se limiter, notamment en ce qui concerne la disposition normale des peuplements, à ce qui est strictement nécessaire pour leur sécurité.

5. L'exécution des aménagements, de même que la tenue à jour, doivent être aussi simples que possible, en forêt comme dans les rapports et sur les plans, en évitant toute routine et en se limitant à ce qui est nécessaire et pratique. ⚡ [63.49-19]
(*Congrès International d'Agriculture*, Vienne, 1907.)

Aménagement des forêts. 63.49-193

Le forestier chargé de procéder à l'aménagement ou à la révision de l'aménagement d'une forêt doit se garder de toute idée préconçue. Seule, l'étude approfondie de la forêt doit l'inspirer et le guider dans le choix de la méthode à employer. Si l'ancien aménagement a donné des résultats satisfaisants, il faut le conserver ; la continuité est un point capital dans le traitement d'une forêt.

En tout cas de cause, l'aménagement d'une forêt doit être établi de telle manière qu'il permette d'appliquer aux peuplements de toutes les parties de la forêt le traitement qui leur convient le mieux et de les mener ainsi dans les conditions les plus favorables jusqu'à leur terme d'exploitabilité.

La science de l'aménagement doit être considérée comme une section de l'économie politique. A ce titre elle a, dans ses buts théoriques et pratiques, sous réserve du point de vue rendement, à tenir compte pour l'objet à administrer, de l'état actuel de l'économie politique.

Avec la transformation des formes sociales de l'humanité se transforment aussi les buts de l'aménagement des forêts qui accuseront, comme les premières, des mouvements et des phénomènes rythmiques.   [63.49-193]

(*Congrès International d'Agriculture*, Vienne, 1907.)

Essences forestières.   63.49-194

1. Il est désirable de poursuivre méthodiquement, dans les divers pays, par des essais répartis dans les différentes zones climatériques et géologiques, l'étude des essences exotiques qui répondent aux desiderata économiques.

Il serait intéressant de faire porter ces études en particulier sur des essais comparatifs entre les propriétés forestières et techniques des essences transplantées et de celles du pays d'origine.

2. En présence de l'importance que présente la distinction des variations stationnelles, il est à souhaiter que dans les divers pays des études soient faites en vue de rechercher les mesures légales et administratives, propres à garantir l'origine des semences forestières.   [63.49-194]

(*Congrès International d'Agriculture*, Gand, 1913.)

*** Vu l'importance des sortes de bois introduites ou greffées depuis 25 ans, pour les vergers de l'Europe centrale :

1. Que, dans chacun des Etats, il soit dressé une liste des essences forestières exotiques qui se sont reproduites naturellement de semences sous nos climats, dans les conditions ordinaires.

2. Que les bois fournis par les arbres étrangers élevés en Europe, soient l'objet d'expériences et d'observations précises, portant sur leurs emplois, par comparaison avec nos bois indigènes.   [63.49-194]

(*Congrès International d'Agriculture*, Vienne, 1907.)

Boisements et reboisements.   63.49-195.7

A. Les résultats des essais effectués pour le reboisement du Carso en Autriche et les succès continus qui ont été obtenus dans ces opérations, permettent de formuler certains principes directeurs applicables aux entreprises de même nature, savoir :

1. Le boisement de territoires directs ou tombés dans l'abandon est étroitement lié avec de grands avantages pour la con-

dition matérielle des hommes, et en conséquence, il doit être organisé partout par voie législative.

2. Les boisements de cette nature, étant opérations d'intérêt public, doivent être exécutés avec exonération dans une mesure aussi large que possible des propriétaires fonciers y participant, de plus, aux frais de l'Etat ainsi que des portions de l'Etat les plus directement intéressées, telles que la province, le département, etc..., enfin, sous la direction de forestiers d'une capacité technique pleinement éprouvée.

3. Toute entreprise de boisement semblable doit être conçue en connexion avec l'ensemble des conditions économiques et agricoles du sol de la région ; il y a lieu de favoriser toute action quelconque qui, partant de ce point de vue, concourt à des boisements, et pareillement d'assurer son maintien.

4. Les territoires reboisés doivent être libérés de toute charge fiscale, et cela jusqu'au moment ou se produisent des rendements réguliers.

5. Il doit être attribué des faveurs temporaires analogues aux autres entreprises quelconques de la région intéressée en tant qu'elles sont en connexion avec le boisement ou se proposent des améliorations du sol qui le favorisent.

6. La technique du boisement est tellement diversifiée par la variété des conditions locales qu'elle se soustrait à l'application de règles générales. Toutefois, dans le plus grand nombre des cas, il importe de prendre en considération la supériorité des plants sur l'ensemencement et aussi les méthodes ayant pour base la régénération des boisements qui pourrait avoir existé.

7. Il est dans l'intérêt général de la culture forestière que l'action de l'Etat en vue du boisement des territoires en friche soit soutenue par une propagande active de l'administration forestière, des écoles publiques, des conférenciers et maîtres ambulants, de sociétés alpines, et que la formation d'associations coopératives ayant non seulement pour but le boisement, mais aussi l'exploitation en commun des forêts particulières et communales, soit encouragée et généralisée.

B. L'utilité du reboisement des friches est indiscutable et, aujourd'hui, indiscutée ; les moyens propres à favoriser l'extension du reboisement des friches sont les suivants :

En ce qui concerne l'Etat :

Achat, pour les repeupler, des friches dont le reboisement offre le plus d'urgence, le plus d'utilité au point de vue de l'intérêt public et se présente dans les conditions les plus onéreuses pour celui qui l'entreprend (torrents, dunes...).

En ce qui concerne les communes et autres personnes morales administratives :

1. Soumission obligatoire au régime forestier des terres incultes susceptibles d'être mises en valeur et, au besoin, obligation de la reboiser.

2. Emprunts, forcés au besoin, à longue échéance, pour l'obtention des capitaux nécessaires aux travaux de repeuplement.

3. Locations emphythéotiques des friches, à charge, pour les preneurs, de les rendre boisées à la fin du bail.

4. Avances et subventions consenties par l'Etat et les Provinces ou Départements.

En ce qui concerne les autres personnes morales :

1. Autorisation donnée et facilités accordées pour l'acquisition de terrains incultes à reboiser.

2. Assimilation, au point de vue de la propriété boisée ou à boiser, aux personnes morales administratives, notamment soumission au régime forestier et, au besoin, reboisement obligatoire.

En ce qui concerne les particuliers :

1. Achat par l'Etat et les autres personnes morales, en vue d'y installer la forêt, des terrains nus dont le reboisement est le plus urgent, le plus utile et, en même temps, le plus onéreux à entreprendre.

2. Autorisation et facilités accordées et, au besoin, obligation faite à certaines personnes morales d'affecter une partie de leurs capitaux disponibles à l'acquisition de terrains à reboiser.

3. Création de périmètres de protection soumis à un régime spécial et dans lesquels les propriétaires de terrains incultes seraient mis en demeure de les repeupler, à charge, pour l'Etat, de les subventionner, de les indemniser.

4. Vulgarisation des questions forestières et développement de l'amour des arbres et des bois : enseignement théorique et surtout pratique de la sylviculture dans toutes les écoles et à la caserne ; visites de forêts et conférences organisées par les agents forestiers de l'Etat ; invitation faite à ces agents de se mettre à la disposition des particuliers pour les conseiller et les diriger en matière de reboisement ; organisation d'offices de renseignements au siège des sociétés et des institutions forestières ou agricoles, création de bibliothèques forestières ; développement des sociétés scolaires forestières ; multiplication des fêtes de l'arbre ; plantation d'arbres commémoratifs ; attribution de primes, de médailles et de récompenses diverses aux personnes qui, d'une façon quelconque, ont rendu des services signalés à la cause du reboisement des friches.

5. Création, en vue de la mise en valeur des terrains improductifs, d'associations dont les plus recommandables sont celles qui ne spéculent pas et présentent de la stabilité.

6. Organisation du crédit sylvicole.

7. Diminution des impôts qui affectent la propriété forestière ; exemptions et réductions de taxes, consenties aux propriétaires de friches semées ou plantées en bois.

8. Secours en argent et, surtout, délivrances gratuites de graines et de plants accordés, suivant les cas, aux particuliers qui se proposent de repeupler les terres incultes qu'ils possèdent.

9. Création d'associations entre propriétaires de bois et propriétaires de friches, celles-ci devant être reboisées au moyen de sommes prélevées chaque année sur les produits des bois, et transformation en actions mobilières du fonds immobilier de la société, soustrait désormais à toute cause de morcellement et de changement.

C. En considération des données fournies par la statistique d'ensemble du commerce du bois et qui établissent les faits extrêmement importants qui suivent, savoir : 1) que les besoins des Etats européens, en fait de bois d'utilisation, sont en progression constante ; 2) que la plupart des Etats ne sont déjà plus en mesure, dès maintenant, de suffire à leurs besoins à l'aide de leur seule production nationale ; 3) enfin, que la production totale des forêts ouvertes à l'exploitation dans le monde entier suffit déjà à peine aux besoins de l'Europe entière, de sorte que les apports lointains ne pourront plus combler longtemps la disproportion existant entre les besoins et la production de l'Europe.

Il semble dès à présent opportun que les administrations des différents Etats, agissant ou bien collectivement, ou bien en groupements territoriaux, prennent position dans la question des moyens de subvenir dans l'avenir au besoin de bois d'utilisation ; en conséquence et à ces fins sont signalés et recommandés à leur examen les trois points ci-dessous énumérés :

1. Conservation et extension de la superficie forestière actuelle, en particulier dans les parties supérieures des territoires boisés dans les hautes montagnes et incorporation au territoire forestier des superficies abandonnées par l'agriculture à cause de la modicité de leur rendement, telles que les friches susceptibles de culture.

2. Ouverture de l'exploitation et traitement voulu des territoires forestiers du Nord et de l'Est de l'Europe restés jusqu'ici moins accessibles à l'exploitation.

3. Traitement et élevage rationnel des peuplements par application des mesures ayant pour but la production des bois

d'utilisation et les soins du sol appropriés à ces fins, cela d'après les règles et méthodes accommodées aux derniers progrès des sciences naturelles dans toutes leurs branches.   [63.49-195.7]
(*Congrès International d'Agriculture*, Vienne, 1907.)

Soutrage.   63.49-197.4

La soutrage doit être considéré comme nuisible à la végétation forestière. En général, il n'est pas justifié par les besoins de l'agriculture, surtout depuis l'emploi des engrais chimiques, qui a permis d'obtenir une quantité de paille plus considérable. Dans les forêts où le soutrage ne s'exerce pas, il importe de ne pas établir cet usage.

Dans les régions où le ramassage des feuilles se pratique, il importe de ne pas heurter les habitudes des populations par des mesures radicales, mais il est indispensable d'arriver à la règlementation de cet usage pernicieux pour la forêt, en faisant prendre progressivement l'habitude aux agriculteurs de se passer de cette mauvaise litière.   [63.49-197.4]
(*Congrès International d'Agriculture*, Bruxelles, 1895.)

Transports forestiers.   63.49-198.4

L'institution de recherches et enquêtes scientifiques concernant la technique des transports et des machines est d'un intérêt primordial pour le développement de l'économie forestière, et elle invite les gouvernements à pourvoir, par les voies et moyens appropriés à la diversité des situations, à la mise en exécution d'études et recherches de cette nature.

La destination de ces recherches, qui bien entendu seront diversifiées et spécialisées selon les besoins spéciaux des régions et selon leur production, se formule dans son ensemble par l'énumération des sept points suivants :

1. L'exécution d'essais et la réunion de données fournies par la pratique se rapportant à l'exécution de travaux de construction technique et à leurs résultats, à la mise en fonction d'installations pour transports forestiers, à la mise en flottabilité des eaux, et au matériel ainsi qu'aux installations de la navigation en tant qu'elles sont de quelque importance pour le transport des bois.

2. La réunion et la publication de plans d'installations de transports forestiers, en particulier de ceux dont l'abandon ou la démolition sont résolues.

3. L'exécution de recherches et expérimentations concernant toutes machines ou moyens de transport nouvellement créés, et leur adaptation aux besoins particuliers des transports forestiers.

4. L'examen de toutes idées nouvelles concernant les transports forestiers et, s'il y a lieu, encouragement et généralisation de ces idées.

5. Les établissements d'essais auront de plus pour mission, sur désir exprimé, d'examiner, d'étudier et mettre à l'essai les machines d'utilisation forestière, et cela gratuitement.

6. Les établissements d'essais auront d'autre part pour mission de fournir, sur désir exprimé, des conseils et des consultations sur les constructions relatives au transport forestier, et cela gratuitement.

7. Il est exprimé le vœu qu'une revue internationale soit créée, dont le rôle consisterait à publier des aperçus des résultats de tous les travaux effectués. [63.49-198.4]

(*Congrès International d'Agriculture*, Vienne, 1907)

Incendies de forêts. 63.49-218.6

A. Que soit généralisées, tant dans les forêts publiques que dans celles appartenant aux particuliers, les mesures préventives contre l'incendie appliquées trop rarement encore.

Parmi ces mesures, une des plus utiles étant l'établissement d'un réseau judicieusement tracé, d'allées coupe-feu dont l'assiette et les abords doivent être soigneusement maintenus, débarrassés de toute matière propre à favoriser la propagation du feu (herbages, bruyère, bois mort, etc.) ; il est recommandable de régler la largeur des coupe-feu de manière à pouvoir les multiplier et en assurer économiquement le parfait entretien.

B. Qu'il soit organisé d'une manière permanente, surtout dans les forêts particulièrement exposées aux dangers d'incendie, un personnel et un matériel d'extinction avec des postes de vigie et un système d'avertissement.

C. Que les divers Etats établissent des expériences en vue de rechercher les plantes ignifuges les mieux appropriées pour constituer des zones de protection et que les résultats en soient publiés.

D. Que soit interdit temporairement le parcours des animaux domestiques dans les bois incendiés.

E. Que soit organisée l'assurance mutuelle, des forêts contre l'incendie, en s'inspirant de ce qui est déjà réalisé dans les Pays-Bas.

Toutefois, en vue d'abaisser la prime qui paraît encore trop forte, il est désirable de voir l'Etat et les communes s'affilier au même titre que les particuliers à une mutualité qui se constituerait à cet effet. [63.49-218.6]

(*Congrès International d'Agriculture*, Gand, 1913.)

Protection des forêts contre les insectes.   63.49-27

Les invasions d'insectes sont en général de provenance autochtone, et se produisent par le fait de circonstances les favorisant. Ces circonstances sont en partie sous la dépendance de l'homme, en partie elles échappent à son influence.

Les mesures propres soit à prévenir le fléau, soit à arrêter son extension se rapportent : *a*) à la bonne exploitation de la forêt ; *b*) à une protection spéciale de la forêt.

Il faut d'autre part s'appliquer à : *a*) établir une statistique aussi prompte et complète que possible, et à faire connaître immédiatement les résultats acquis et les constatations faites ; *b*) à communiquer tous renseignements et conseils utiles ; *c*) à consacrer, dans les réunions de professionnels forestiers ainsi que dans les congrès, un soin plus approfondi à l'étude de la question des insectes.   [63.49-27]

(*Congrès International d'Agriculture*, Vienne, 1907.)

Développement de l'horticulture.   63.5

|1º Etendre les champs d'expériences, ouverts à tout venant, où l'on pratiquerait les meilleures méthodes de culture maraîchère, où l'on démontrerait, par le choix des variétés, que telle ou telle espèce est plus recommandable qu'une autre, pour la fécondité, le volume et la qualité ;

2º Créer des champs de sélection de graines et des champs de production de plantes à repiquer ;

3º Faire une ample distribution de graines, à l'imitation de certaines sociétés d'horticulture, au petit cultivateur qui en ferait la demande ;

4º Favoriser par des subsides les publications périodiques rédigées par des praticiens, lesquels, dans un style clair et simple à la portée de l'ouvrier, donneraient des renseignements sur tout ce qui est de nature à intéresser le cultivateur ;

5º Il est à souhaiter que les petits cultivateurs consacrent une partie de leur terre à la culture maraîchère.   [63.5]

(*Congrès International d'Agriculture*, Bruxelles, 1895.)

Enseignement horticole.   63.5 (07)

Dans les écoles d'enseignement supérieur agricole l'enseignement de l'horticulture et, plus particulièrement, de la culture potagère et de l'arboriculture fruitière devrait tenir une place en rapport avec l'importance de la production horticole.

[63.5 (07)]

(*Congrès International d'Agriculture*, Paris, 1900.)

Culture potagère. 63.51

1. La culture potagère appliquée aux champs, peut, partout où des débouchés suffisants lui sont ou peuvent lui être ouverts, être recommandée comme un élément important de l'économie rurale.

2. Si la culture potagère appliquée aux champs peut, à vrai dire, se trouver rémunératrice pour les exploitations agricoles de toutes sortes et de toute extension, il n'en est pas moins certain, qu'elle ne sera spécialement telle que pour la petite propriété paysanne ou pour des économies agricoles de même genre.

2. L'industrie ayant pour objet la conservation des légumes et leur utilisation comme conserves, est un auxiliaire de l'agriculture indispensable au plein développement de la culture potagère et à son application intensive aux grandes terres.

4. Tout en reconnaissant que, au point de vue agricole, l'accroissement de la production potagère sera sans aucun doute favorisé par l'organisation corporative, laquelle peut être considérée comme le but suprême auquel on doit tendre, il faut néanmoins recommander aux cultivateurs de ne procéder provisoirement encore à la création de ces associations qu'avec la plus grande circonspection.

5. Là où cependant on estimera, après mûre réflexion, qu'il convient de former des associations coopératives, on devra prendre pour règle de n'admettre comme participants que des producteurs. [63.51]

(*Congrès International d'Agriculture*, Vienne, 1907.)

Culture de la pomme de terre. 63.512.1

La pomme de terre est une des plantes les plus importantes pour l'agriculture, et, en conséquence, les efforts doivent tendre à réaliser :

1. Sa culture rationnelle et l'élèvement des rendements bruts, résultat pour l'obtention duquel il devrait être établi un nombre aussi grand que possible de stations d'essais dans les terrains et les situations les plus divers, afin de faciliter aux agriculteurs le choix des espèces ; d'autre part, un appui matériel devrait être assuré aux efforts en vue de l'élevage et du perfectionnement de la pomme de terre de la part de ceux dont on est en droit d'attendre un tel appui ;

2. Accroissement de l'écoulement au moyen d'une méthode à découvrir et permettant de conserver facilement la pomme de terre d'alimentation, de plus au moyen de l'abaissement aussi considérable que possible des tarifs de transport pour la pomme de terre crue ou désséchée, enfin par la protection douanière contre l'importation des pays d'outre-mer de tous

les produits du sol contenant de la fécule et contre les produits qui en sont tirés.

3. Appui donné aux industries qui s'occupent de l'utilisation de la pomme de terre.

4. Rétablissement dans la mesure du possible de l'équilibre de la production des bonnes et des mauvaises récoltes, en reportant d'une année sur l'autre les produits tirés de la pomme de terre : dans ce but, il conviendrait que le dessèchement de la pomme de terre fût favorisé efficacement par les facteurs qualifiés à ces fins, au moyen de primes décernées ainsi que d'encouragements financiers.   [63.512.1]

(Congrès International d'Agriculture, Vienne, 1907.)

Syndicats d'élevage.   63.6 (062)

1. La création de syndicats d'élevage s'impose pour le développement progressif et judicieux du bétail de race pure (bétail bovin, ovin, porcin, etc.).

2. Le premier devoir de ces syndicats est la création et la surveillance rigoureuse du livre généalogique, sans lequel aucune sélection méthodique ne peut se poursuivre.

3. La création des marchés-concours doit être encouragée pour chaque race pure, les éleveurs ayant l'occasion précieuse de renouveler leurs reproducteurs, et, d'un autre côté, celle d'écouler les produits.

4. La propagande par les conférences, l'image, le livre doit être recommandée.   [63.6 (062)]

(Congrès International d'Agriculture, Paris, 1900.)

Races animales indigènes.   63.6.02

Le mouvement en faveur des races indigènes est reconnu comme fondé en raison et il est déclaré désirable que, non seulement les autorités et les corporations qui s'occupent de faire progresser l'élevage indigène, mais encore les hommes de science, vouent une attention plus grande aux races indigènes.   [63.6.02]

(Congrès International d'Agriculture, Vienne, 1907.)

Classification des races animales.   63.6.02

La systématique de nos animaux domestiques doit être soumise à une révision complète au point de vue de la science biologique moderne et les investigations y relatives doivent s'étendre aux caractères histobiologiques des organismes en question.   [63.6.02]

(Congrès International d'Agriculture, Gand, 1913.)

Appréciation des animaux reproducteurs.   63.6.03

Il y a lieu d'apprécier la valeur économique des animaux reproducteurs domestiques non exclusivement d'après la conformation et certains signes extérieurs, mais bien d'après les données de la biologie et le contrôle expérimental des aptitudes qui sont recherchées spécialement.   [63.6.03]
(*Congrès International d'Agriculture*, Gand, 1913).

Alimentation des animaux.   63.6.043

1. Que, soit par l'Institut International d'Agriculture, soit par les institutions des sociétés les plus compétentes, on procède dans les différents pays à l'unification des procédés d'analyse des matières alimentaires destinées aux animaux, en rédigeant des tables régionales d'alimentation dans lesquelles soient consignées les différences remarquables qui existent entre la valeur nutritive d'une même matière selon le lieu de production.

2. Qu'une fois ces tables rédigées, on en fasse des livrets pratiques d'alimentation rationnelle avec des rations typiques régionales pour les différentes espèces d'animaux, et que ces livrets soient distribués à profusion pour le bien général des éleveurs.

3. Que les sociétés susdites s'occupent d'unifier ce qui a été fait en matière de police sanitaire relativement aux animaux, et de faire connaître le résultat de ce travail et les procédés les plus pratiques d'hygiène sanitaire appliquée au bétail, au moyen aussi de livrets pratiques.

4. Que l'on crée, par régions, des centres spéciaux consacrés à l'étude de tout ce qui a rapport à l'exploitation des prairies, aux cultures fourragères et à l'alimentation animale, et qui servent en outre d'intermédiaire pour l'achat de semences garanties.   [63.6.043]
(*Congrès International d'Agriculture*, Madrid, 1911.)

Mélasses pour les animaux.   63.6.043.23

1. Que des mesures analogues à celles usitées pour les sels employés en agriculture soient adoptées pour les mélasses, c'est-à-dire que la dénaturation soit autorisée dans les sucreries et dans les fermes, en présence de la Régie, par l'addition de l'un des dénaturants prévus par le Comité des arts et manufactures, et sans les mettre dans l'obligation d'en fabriquer des galettes ou tourteaux secs.

2. Que les autres formalités exigées des cultivateurs pour l'usage des mélasses dénaturées soient supprimées.

3. Que la dénaturation soit autorisée dans des établissements

spéciaux, sous le contrôle de la Régie, aussi bien que dans les sucreries.

4. Que les produits obtenus dans ces établissements circulent et soient employés librement. [63.6.043.23]
(*Congrès International d'Agriculture*, Paris, 1900.)

*** Pour la fabrication des fourages de mélasse, on employera et ne garantira que les substances nommées, de qualité irrécusable. Le vendeur garantira en outre la teneur en sucre. La teneur en eau ne devra pas dépasser 18%. [63.6.043.23]
(*Congrès International d'Agriculture*, Vienne, 1907.)

Production chevaline. 63.611

Les encouragements et l'action de l'Etat sont indispensables à l'industrie du cheval et, loin d'être restreints, ils doivent être développés et complétés. [63.611]
(*Congrès International d'Agriculture*, Paris, 1878.)

*** 1. L'action directe de l'Etat doit, dans l'intérêt de l'élevage, se manifester d'une façon ininterrompue par des encouragements de toutes sortes accordés à l'industrie chevaline.

2. L'Etat doit, dans la plus large proportion possible, venir en aide à l'industrie privée et encourager la création des sociétés pour la production chevaline.

3. La production simultanée de plusieurs types très dissemblables dans une même région est à éviter, et il y a tout intérêt à maintenir intacte, en l'améliorant par des sélections, la production séculaire de certaines contrées. L'introduction sur tous les points du territoire d'un type déterminé ne saurait ménager que des mécomptes, tous les milieux ne pouvant convenir à une même race.

4. Les effets probables de la locomotion mécanique devant être, non pas de restreindre l'utilisation des chevaux de luxe (selle ou carrossiers) et de gros trait, mais seulement l'emploi des chevaux de moindre qualité et de peu de valeur, il est à souhaiter que les éleveurs s'attachent de plus en plus à sélectionner les reproducteurs et à ne produire que des chevaux d'un ordre relativement élevé et d'une utilisation définie.

[63.611]
(*Congrès International d'Agriculture*, Rome, 1900.)

Elevage du mulet. 63.613

L'élevage du mulet doit être encouragé et développé dans les pays méridionaux et les moyens recommandés sont les suivants : 1, choix et emploi de bons ânes-étalons ; 2, alimentation

rationnelle des cavales ; 3, production de bonnes cavales de reproduction, bien appropriées à ce but d'élevage.   [63.613]
(*Congrès International d'Agriculture*, Vienne, 1907.)

Elevage du bétail.   63.621

1. Le développement des établissements de laiterie a conduit à établir une distinction entre le domaine de la reproduction et celui du rendement.

2. Il doit y avoir entre ces deux tendances d'exploitation un échange de bétail et, pour des raisons économiques importantes, l'exploitation de la reproduction doit tenir compte des exigences de la traite tarissante.

3. Une des plus importantes conditions de rendement, pour l'économie de la traite tarissante, consiste dans l'introduction de vaches qui, relativement à la production du lait et au profit en fumier provenant d'une nourriture, présentent les plus grandes capacités de production.

4. La production de ces animaux de première catégorie n'est praticable que par l'observation des plus grands soins et par l'établissement de l'élevage sous le rapport de la capacité productive.

5. Les organisations de sociétés de contrôle, d'après le modèle danois, méritent surtout une grande attention par leur valeur de développement, en ce qui concerne le relèvement de l'exploitation de l'élevage et toutes les mesures d'amélioration pour l'élevage des bêtes laitières. Mais elles ne peuvent atteindre le plus haut but de l'élevage du bétail que conjointement avec toutes les autres règles fondamentales du choix de l'élevage, et leur perfectionnement, s'il ne se porte que d'un seul côté, donne lieu à des conséquences aussi regrettables que, d'autre part, une manière de voir purement formaliste.

6. L'élevage, quant à la reproduction, ne peut atteindre son plus haut degré de perfectionnement que dans des élevages particuliers, extrêmement bien dirigés et offrant de justes proportions, aussi bien sous le rapport des qualités extérieures que sous celui des capacités de production des animaux d'élevage.

7. Les principes fondamentaux des centres d'élevage danois méritent sous ce rapport la plus vaste extension ; il est tout particulièrement recommandable de ne pas perdre de vue l'institution du haut élevage et de désigner de cette manière les élevages appropriés à l'introduction d'un sang précieux capable d'augmenter rapidement les capacités de production.

Sans contredit, c'est le rendement seul qui décide dans cette question de l'organisation de l'exploitation, mais les détails qui précèdent font voir que l'établissement de l'exploitation partielle de l'élevage et l'égard aux exigences de l'élevage, en général, doivent exercer le plus grand intérêt dans l'économie de la production du lait. C'est pourquoi, il paraît justifié d'adopter les conclusions suivantes :

1. L'exploitation, uniquement en vue de la production intensive du lait, constitue le plus grand danger pour l'élevage de la race bovine et l'on devrait s'efforcer sérieusement de la combattre.

2. Là, où les prix extrêmement élevés du lait excluent absolument l'élevage, les vaches les plus capables de production devraient être employées, après l'épuisement du lait, quelque temps encore à la continuation de l'élevage en les cédant aux petits agriculteurs.

3. Pour des prix moyens du lait, l'exploitation mixte, c'est-à-dire la combinaison de la production du lait et de l'élevage partiel du bétail, est certainement la plus appropriée.   [63.621]

(*Congrès International d'Agriculture*, Vienne, 1907.)

Hérédité bovine.   63.621.02

1. Au point de vue pratique il faut attribuer aux deux animaux reproducteurs, mâle et femelle, une puissance héréditaire égale. Ce n'est qu'après une longue observation qu'on peut attribuer à l'un des reproducteurs une plus grande puissance héréditaire qu'à l'autre.

2. Il est désirable que les livres d'origine (herdbooks et studbooks) signalent non seulement la description des animaux et les distinctions qu'ils ont remportées, mais aussi les qualités par lesquelles ils brillent, et en particulier la quantité et la qualité du lait produit par les vaches laitières.

3. Non seulement le croisement, mais aussi l'accouplement des produits de croisement entre eux (métissage) est, dans certains cas déterminés, d'une haute valeur pratique.

4. La reproduction en consanguinité des grands animaux domestiques peut être fort avantageuse ; cependant par les mêmes causes, elle peut devenir pernicieuse.   [63.621.02]

(*Congrès International d'Agriculture*, La Haye, 1891.)

*** Il est désirable de voir se développer les syndicats d'élevage dont l'organisation assure l'inscription du bétail dans des livres généalogiques régulièrement tenus. Il est spécialement désirable que, dans tous les pays où existe une race pure, des marchés annuels de taureaux soient organisés.   [63.621.02]

(*Congrès International d'Agriculture*, Lausanne, 1898.)

Races bovines indigènes. 63.621.02

1. Les races bovines indigènes ont dans l'économie agricole une importance parfaitement justifiée et sont capables de fournir d'une façon satisfaisante, des services variés. En raison du manque d'exigence quant à l'entretien, et de leurs appréciables qualités d'endurance, elles sont de la plus grande importance pour les exploitations agricoles, principalement pour celles des petits et des moyens propriétaires fonciers qui opèrent dans des conditions difficiles. Par suite, on peut regarder l'entretien de ces races comme spécialement recommandable pour ces situations.

2. Les bœufs de race indigène sont en parfait accord avec leur milieu, ils se sont adaptés aux conditions vitales naturelles de leur sol ; c'est pourquoi ils possèdent une grande capacité de production. De plus, on peut inpunément les transférer dans d'autres milieux ; ils s'y accoutument avec une extrême facilité, même dans des conditions différentes, y demeurent très capables d'utilisation et peuvent être amenés à un degré supérieur comme capacité d'emplois et résultats,.

3. On peut, en raison de leur acquisition facile, les recommander comme tout particulièrement dignes d'attention, à ces économies qui ne sont point en état d'entretenir un élevage en propre ; par conséquent, il y a toujours à compter dans une large sphère sur le constant écoulement de ce bétail, de sorte que l'élevage des races bovines indigènes laisse entrevoir pour l'avenir les meilleures espérances.

4. Etant donnée cette circonstance que les races bovines du pays occupent de vastes territoires, en tant que sol d'origine et de propagation, et qu'elles en constituent presque exclusivement le seul bétail de la petite et de la moyenne propriété, on devrait attacher une grande importance à la vigoureuse qualité de cette race et à son entretien. C'est dans cette intention qu'il faudrait diriger l'exploitation de l'élevage régional en s'efforçant d'abord de frayer une voie en vue du perfectionnement.

5. Les races indigènes qui occupent des terrains de propagation relativement restreints, ont également un très grand droit à l'exploitation agricole ; il serait bon, vu leur écoulement facile et continuel, de porter l'attention sur ces petites races locales qui se trouvent en nombre suffisant et constituent d'assez grands effectifs de troupeaux et même il faudrait peu à peu les réunir aux groupes principaux. C'est là que la création de grands territoires d'élevage dans les différentes provinces serait très efficace, mais en n'omettant jamais de faire la part convenable aux races indigènes déjà existantes sur place et les plus capables de productions utiles.

6. Dans l'élevage du bétail indigène, on devra s'imposer la tâche de préparer un perfectionnement ultérieur des races bovines du pays à l'égard de l'amélioration de la structure et sous le rapport d'une plus grande production des animaux et cela en exerçant sur l'élevage l'action appropriée à ce but.

7. Pour mener à bonne fin le perfectionnement des races indigènes, il serait particulièrement recommandable d'exécuter les mesures suivantes :

a) Règlementation de l'entretien des taureaux et création de lois relatives à l'élevage de la race bovine, par la législation provinciale ou amélioration de semblables lois déjà en vigueur et leur application plus énergique.

b) Veiller avec soin à un élevage normal et au bon entretien des animaux, par l'établissement de pâturages pour le jeune bétail et d'étables dûment aménagées ; travailler au progrès de la culture fourragère, de la culture des prairies, à l'amélioration des pâturages alpestres et obtenir, sur les fonds de l'Etat ou de la province, des subventions aussi larges que possible.

c) Instruction efficace et répétée, spécialement aux paysans éleveurs de bétail, sur les meilleurs moyens à employer pour obtenir l'amélioration des races indigènes ; développement énergique de l'enseignement agricole dans les différentes branches, spécialement dans les premiers degrés de cette étude, en employant, à cet effet, de plus grandes sommes d'argent qu'on n'en accorde actuellement.

d) Organisation répétée d'expositions de bétail jointes à des examens et à des concours, en vue de déterminer la capacité productrice, avec considération et préférence spéciales pour les races bovines indigènes.

e) Allocation de prix à des établissements d'élevage, spécialement à ceux tenus par les petits et les grands propriétaires ; récompenses en argent (pour l'aménagement des écuries) par la province et l'Etat pour faciliter ce but à atteindre.

f) Création d'associations spéciales pour l'élevage des races bovines indigènes ; ces associations d'éleveurs devront coopérer à l'exécution de recherches d'améliorations d'élevage et mettront en évidence les productions des animaux ; création d'établissements pour la vente du bétail.

g) Action uniforme et autant que possible convergente de la part des autorités de l'Etat et de la province, pour favoriser les efforts tentés en vue d'améliorer les races bovines indigènes au moyen de prescriptions spéciales et en organisant une continuelle surveillance pour l'exécution des mesures prises par les autorités compétentes.

h) Intervention des principales corporations agricoles, dans

chaque pays (Associations agricoles, Conseils d'agriculture de province, Sociétés d'agriculture, etc...), en vue d'introduire dans le plus bref délai possible cette action visant à l'amélioration de l'élevage des races bovines indigènes.   [63.621.02]
(*Congrès International d'Agriculture,* Vienne, 1907.)

Hérédité des qualités laitières.   63.621.031

1. Les signes extérieurs pour l'application des qualités du lait sont de très peu de valeur.

2. Les animaux de volume moyen ont un rendement supérieur et sont aussi plus faciles à entretenir que les grands.

3. Il existe dans la race Ayrshire un certain nombre de familles qui se caractérisent par un très haut rendement.

4. Les vaches dociles ont un rendement économique meilleur.

5. Il y a transmission héréditaire de la qualité laitière.

6. Les propriétés laitières sont plus facilement transmises par le taureau que par les vaches. Les signes extérieurs ne sont pas suffisants dans l'appréciation de la production laitière, le contrôle seul donnant des résultats complets et précis.

Bien que les efforts bienfaisants de la consanguinité prouvent tous les jours le succès et les effets améliorateurs que l'on peut attendre d'une pareille méthode, il n'en est pas moins vrai que la consanguinité peut avoir une influence néfaste sur la fécondité et sur la résistance organique.

De plus, ils ne sont que la résultante de tendances cachées ou latentes qui ne se déclarent pas ouvertement chez chacun des reproducteurs, mais qui, à force de s'additionner, apparaissent, un moment, sur les produits. Il convient cependant d'être très sceptique à l'égard de ce qu'on avance sur le compte de la consanguinité ; aucune observation n'est suffisamment probante dans l'un ou l'autre sens.   [63.621.031]
(*Congrès International d'Agriculture,* Gand, 1913.)

Alimentation du bétail.   63.621.043

Il importe que dans tous les établissements d'enseignement agricole il soit institué des essais pratiques d'alimentation. Ces essais ne demandent pas l'outillage compliqué du laboratoire où il s'agit de faire des essais sur les animaux mis en expérience.   [63.621.043]
(*Congrès International d'Agriculture,* Lausanne, 1898.)

Régime alpestre.   63.621.043.12

Eu égard à la haute importance des pacages alpestres pour l'élevage du bétail, et cela même dans les régions non alpestres ;

eu égard à l'opportunité de reconstituer la vigueur du bétail
de race, à vrai dire jouissant d'un régime d'élevage souvent bon
et même supérieur, mais néanmoins amolli, affaibli, nerveux
et dégénérescent dans l'ensemble de sa constitution, il s'impose
impérieusement d'adopter le régime alpestre dans le programme
d'économie des régions non alpestres elles-mêmes, et, au moyen
de la mise temporaire en pacage alpestre de leurs sujets reproducteurs, de s'assurer les avantages merveilleux de ce procédé
incomparable aux points de vue des résultats, comme élevage
et comme rendement.   [63.621.043.12]
(*Congrès International d'Agriculture*, Vienne, 1907.)

Elevage du mouton Caracul.   63.631

1. Le mouton Caracul peut facilement, sans dégénérer,
être élevé en général, dans l'Europe centrale et méridionale.

2. L'individualité des animaux reproducteurs joue un grand
rôle sur la qualité de la fourrure des agneaux.

3. Le mouton Caracul peut être, quant à la qualité et à la
quantité de la production habituelle, comparé spécialement
au mouton de la race Zackel qui est répandue sur de grands
territoires de l'Autriche-Hongrie, mais toutefois il lui est supérieur par la fourrure précieuse de ses agneaux.

4. La transformation du mouton Zackel en mouton Caracul
serait d'un grand avantage économique pour la plupart des
pays qui se livrent à l'élevage du mouton Zackel, etc., par suite,
cette transformation serait désirable.

5. En général, pour des raisons économiques et pour d'autres
motifs encore, l'introduction de l'élevage du mouton Caracul
paraît convenable et elle promet, en même temps, un bon résultat dans les pays où se trouvent, à la disposition des troupaux
des pâturages plus ou moins secs.

6. Dans les régions du Carso surtout, et tout spécialement
en Dalmatie, l'introduction de l'élevage du mouton Caracul
à la place de la race Zackel, devenue aujourd'hui indigène,
serait de la plus grande importance.

7. Un climat très humide, des pâturages toujours à l'état
constant d'abondance, certaines autres conditions de fourrages
rendent plus grossière la fourrure produite par les agneaux et
diminuent leur qualité.

8. Le mouton Caracul est apte au croisement avec certaines
races indigènes pour obtenir de la fourrure qui, plus ou moins
semblable à celle du Caracul, peut monter à des prix relativement élevés.

9. Par le croisement avec des moutons à laine fine (par

exemple, la race du groupe mérinos) on n'obtient que des fourrures d'une valeur moins élevée.

10. Enfin il serait à souhaiter que les personnes compétentes s'occupent de l'introduction et du développement de la race Caracul dans les territoires spécialement propres à cette race.

[63.631.]

(*Congrès International d'Agriculture*, Vienne, 1907.)

Elevage de la chèvre. 63.632

L'encouragement de l'élevage de la chèvre intéresse deux groupes de propriétaires fonciers :

1. Ceux qui, en raison de leur situation économique, se trouvent dans l'impossibilité d'entretenir des vaches et,

2. Les propriétaires de pâturages de menu bétail.

Pour le relèvement de l'élevage de la chèvre dans les pays de montagne, il paraît désirable et nécessaire :

1. Que les corporations agricoles puissent se vouer, dans l'avenir plus qu'elles ne l'ont fait jusqu'ici, à la question de l'élevage de la chèvre ; avant tout, une élévation de la capacité d'utilisation et de la capacité de production de nos races indigènes doit être entreprise, et cela avant de recommander le croisement avec des animaux de pays étrangers.

2. Que l'on ait en vue, d'une façon toute particulière, la conservation des pâturages employés jusqu'ici. En cas de nouvelles créations d'ordonnances légales pour la protection des pâturages, on devrait aussi avoir égard à la chèvre.

3. Que les moyens reconnus utilisables pour le relèvement de l'élevage du gros bétail puissent trouver également, autant que possible, leur application pour l'élevage de la chèvre.

On favorisera cette branche de la petite économie en lui accordant toute l'attention qu'elle mérite, spécialement par l'établissement de sociétés d'élevage de la chèvre, par la concession de subventions pour l'achat d'animaux de reproduction doués de capacités productrices, par la protection des communes et des particuliers pour ce qui est de l'entretien des boucs, par la plantation de pâturages pour les chèvres là où ne se trouvent point de pâturages naturels, et l'encouragement de tous les autres établissements ayant rapport à la question ici traitée, autrement dit à l'élevage moderne rationnel de la chèvre. [63.632]

(*Congrès International d'Agriculture*, Vienne, 1907.)

Elevage du porc. 63.64

1. Choix d'espèces et de races de porcs saines, fécondes, précoces et susceptibles d'engraissement.

2. Organisation des éleveurs en sociétés ou corporations, ainsi qu'en associations provinciales pour l'entretien des verrats et l'élevage des porcs. Publication de statuts-types, de livres pour inscrire les faits concernant les troupeaux, et de règlements de commerce pour ces sociétés, corporations ou associations.

3. Division du travail bien délimitée entre éleveurs et engraisseurs de porcs.

4. Création d'une loi pour la sélection des verrats aussi longtemps que l'entretien de ces animaux reproducteurs ne sera pas établi par les associations ou corporations d'éleveurs.

5. Encouragement à l'établissement de corporations de charcuteries pour la mise en valeur commune des porcs d'engrais.

6. Installation de cours ou d'écoles pour la formation des porchers.

7. Organisation de primes et d'expositions pour les porcs et spécialement :

a) primes à accorder aux exploitations particulières d'élevage ;

b) institution d'expositions d'arrondissement ;

c) institution d'expositions de province ;

d) institutions d'expositions nationales à intervalles déterminés ;

e) publication des règlements d'inspection d'expositions.

8. Organisation de sociétés d'assurances pour les porcs sous forme d'associations unifiées ayant pour but d'abattre les animaux, lorsque la nécessité l'exige, et la réunion de ces associations en corporations d'arrondissement ou de province pour la réassurance.

9. Institution d'un corps de spécialistes, auprès des corporations centrales agricoles, pour l'observation et la mise en pratique de mesures concernant l'avancement de l'élevage des porcs.

10. Lutte contre les maladies des porcs, création d'établissements pour l'étude de ces maladies et productions de sérums pour la vaccination et l'immunité.

11. Protection, à l'intérieur du pays, de l'élevage des porcs par des douanes, rendue effective par la détermination voulue des tarifs.

12. Création de mesures pour faciliter l'achat d'animaux d'élevage, pour primer les porcheries, les sorties en liberté des animaux et les pâturages. [63.64]

(*Congrès International d'Agriculture*, Vienne, 1907.)

Race porcine. 63.64.02

Il importe de développer et de généraliser la tenue des « livres des troupeaux » dans l'élevage des porcs et de pourvoir à ce que,

pour le choix ou l'acquisition des verrats, la détermination indiscutable de leur origine soit exigée et toujours possible à produire. [63.64.02]
(Congrès International d'Agriculture, Vienne, 1907.)

Alimentation du porc. 63.64.043

Pour l'élevage moderne des porcs il y a lieu d'appliquer les principes suivants, énumérés dans l'ordre de leur importance :

1, emploi judicieux de la nourriture ; 2, régime ; 3, suffisante quantité de chaque substance nutritive ; 4, bonne proportion dans le dosage des matières nutritives ; 5, mode le mieux approprié d'alimentation ; 6, traitement voulu des qualités destinées à la boucherie.

Un semblable établissement d'ordre de nourriture avec un examen de chacun de ces points, fondé sur les expériences positives, servira à résoudre les deux problèmes principaux de l'élevage moderne des porcs ; c'est-à-dire, d'une part, la règlementation convenable de l'élevage des porcs dans l'exploitation générale et, d'autre part, l'amélioration de la santé et de l'endurance du troupeau, avec détermination judicieuse de l'alimentation ainsi que de la productivité.

Dans les pays où la mise en pâture est praticable pour l'élevage du porc, ce procédé doit être pris en considération par toute économie agricole rationnellement organisée.

Toutefois par le fait que nos connaissances relatives à l'utilisation des divers moyens alimentaires pour les porcs et au profit qu'il en retire sont provisoirement encore incomplètes, il est désirable que des stations d'essais de physiologie animale bien outillées appliquent leur attention toute particulière à l'alimentation des porcs, et que, pour les porcs comme pour les ruminants, des expériences soient pratiquées avec alternances et variations de substances nutritives, afin de déterminer les résultats à attendre de l'emploi des divers moyens d'alimentation. [63.64.043]
(Congrès International d'Agriculture, Vienne, 1907.)

Aviculture agricole. 63.65

Abstraction faite de la capacité personnelle de l'éleveur, capacité qui est absolument indispensable, il importe avant toute autre opération que celui-ci applique son attention au choix de la meilleure race, et le point de vue qui dirigera son choix devra être le but propre poursuivi par l'élevage ; la détermination bien nette et précise de ce but est donc la condition préalable indispensable.

1. Institution d'établissements d'élevage de la volaille, établissements qui seront ou bien des créations indépendantes, ou bien des annexes rattachées soit aux écoles d'agriculture, soit à des économies agricoles appropriées au but.

2. Institution de stations d'élevage pour la reproduction de la volaille, avec une ou deux espèces ; ces stations fonctionneront sous la direction et la surveillance des établissements ci-dessus nommés ; on n'y emploiera les nids dits à piège, retenant la poule jusqu'à constatation de la provenance de l'œuf.

3. Emission, par ces établissements et stations, d'œufs à couver provenant des meilleures pondeuses ainsi que de volaille ayant pareille provenance.

a) Régénération des races indigènes, ou selon le cas, des espèces indigènes au moyen de la sélection, éventuellement au moyen de croisements pratiques avec intelligence et circonspection entre sujets de catégories apparentées.

b) Diffusion et propagation uniforme des espèces indigènes sur des districts territoriaux entiers, en vue d'obtenir des produits analogues conditionnés, lesquels, ainsi qu'il est démontré par l'expérience, sont ceux qui trouvent le plus aisément des débouchés et aux meilleurs prix.

c) Pour chaque espèce estimée la mieux appropriée à la diffusion dans un rayon territorial donné et dans lequel elle se trouve répandue, établissement d'une dénomination empruntée au nom lui-même du district, de la région de la province, etc..., afin que ces produits soient introduits et demandés dans le commerce sous ce nom.

4. Développement de l'établissement de bonnes basses-cours au moyen de facilités offertes au producteur pour se procurer les œufs à couver, les sujets et la matière alimentaire.

5. Contrôle de l'élevage des basses-cours d'exploitation privée à l'égard de l'entretien de la meilleure race de coqs, de la rénovation du sang et de l'élimination des poules ayant plus de trois ans.

6. Education de la classe rurale par la diffusion ininterrompue des connaissances fondamentales sur l'élevage rationnel de la volaille, et cela au moyen de conférences, de cours ambulants d'une journée chacun en chaque localité, enfin de cours proprement dits ou moins longs donnés aux établissements ou aux stations d'élevage.

7. Réforme des usages régnants à l'égard des récompenses, et primes aux expositions de volaille, et prise en considération première, pour l'attribution des primes, de la productivité des sujets. Dissociation de l'élevage pour sports et de l'élevage pour buts d'utilisation.

8. Fondation d'associations coopératives pour la vente des œufs, partout où des conditions du débouché pour la volaille et les produits de la volaille sont insuffisantes et où il existe une possibilité manifeste de succès ; en cas de besoin, rattachement de l'entreprise à des coopératives de laiterie.

9. Centralisation de la vente en coopératives des œufs dans chaque région ou province.

10. Là où il existe offre et demande suffisante, spécialisation de l'engrais du poulet jeune et de l'engrais de la volaille avec utilisation de tous les procédés auxiliaires modernes.   [63.65]

(*Congrès International d'Agriculture*, Vienne, 1907.)

*** 1. L'élevage de la volaille, en tant qu'exploitation latérale ou petite exploitation, est le plus recommandable et ce genre d'exploitation, dans la plupart des cas, l'emporte sur la grande exploitation.

2. La production fournie par un vaste territoire d'élevage, comme par exemple une province, peut seulement être influencée considérablement par un grand nombre de petites exploitations.

3. Les races indigènes, naturelles au sol du pays, sont les plus recommandables pour l'élevage agricole de la volaille.

4. Les races étrangères et artificielles (produites par croisements) sont en général moins appropriées ; pour celles-ci les bons résultats ne sont obtenus que par quelques éleveurs particuliers et dans des circonstances toutes spéciales, mais non par la généralité.

5. L'élevage visant à la productivité en chair, et spécialement à celle des qualités fines obtenues par engrais des sujets, doit être considéré, dans les circonstances actuelles, comme le plus rémunérateur.

6. Dans l'élevage de la volaille, il doit être reconnu une importance capitale à la sélection pratiquée en vue de l'élèvement de la productivité, réglée selon le but particulier poursuivi par l'élevage, et jointe à un système d'entretien normalement naturel, méthodique et peu dispendieux.

7. Il faut attacher également une importance toute particulière à la quantité de volaille qu'il convient d'entretenir dans chaque exploitation pour avoir un rendement rémunérateur, et il faut tenir compte, quant à l'alimentation, de l'emploi des déchets utilisables.

8. Organisation d'expositions régionales et provinciales facilitées par l'aide de l'Etat, par la concession de tarifs de transports réduits ou gratuits, par des primes accordées par l'Etat, par la coopération financière de l'Etat en ce qui concerne les frais de ces entreprises.

A ces expositions ne doivent être admis que des sujets de races *d'utilisation* ; les prix décernés par l'Etat ne peuvent être attribués qu'à des variétés indigènes d'utilisation et reconnues telles pour le district ou la région de leur exposant.

Si pourtant des races de sport et de luxe étaient admises à ces expositions, ce devrait être à la condition rigoureusement observée qu'elles soient désignées comme telles au catalogue et qu'elles occupent dans l'exposition un emplacement à part, de façon que l'agriculteur visitant l'exposition pour son instruction et son profit ne soit pas induit en erreur.

9. Règlementation des ventes de sujets et d'objets exposés : ou bien ces ventes seront purement et simplement interdites aux expositions de volaille, ou bien elles seront autorisées à la condition qu'il ne soit permis de se rendre acquéreur que des animaux utiles seulement ; tout au plus la tolérance pourrait-elle être étendue à des articles d'outillage relatifs à l'élevage de la volaille ; encore ne pourrait-il être question que d'objets d'utilité publique.

10. Restriction dans la mesure du possible, de l'importation de volaille étrangère *vivante*, au moyen de prescriptions de quarantaine rigoureusement appliquées, et cela dans le double but de prévenir l'introduction possible d'épidémies, et d'amener le propriétaire indigène à tirer de la race indigène les éléments dont il a besoin pour son élevage.

11. Perfectionnement du système coopératif d'après le modèle dés coopératives danoises, dans le but de parvenir à un rendement meilleur des produits de la volaille.

12. Les Cochios doivent être, en principe et rigoureusement, exclus de l'élevage indigène.   [63.65]

(*Congrès International d'Agriculture*, Vienne, 1907)

Industrie laitière.   63.71

1. L'industrie laitière ne peut répondre à l'exigence d'uniformité de produit que par la production en grand.

2. Plus les établissements seront grands, plus ils répondront à cette exigence, pourvu que le rayon d'où ils tirent leur lait, ne soit pas trop étendu.

3. Les résidus devront autant que possible retourner à ceux qui livrent leur lait aux fabriques.

4. La qualité de la matière première (lait) a une influence considérable sur les produits de l'industrie laitière, mais la méthode de préparation est souvent plus importante encore.

5. Il y a lieu d'éclairer de plus en plus les producteurs et les fabricants sur les causes capables d'influencer la qualité des produits laitiers.

6. L'établissement de stations bactéorologiques, s'occupant spécialement des intérêts de la partie laitière, est désirable dans chaque pays.

Le C. I. A., considérant qu'il est désirable que les livraisons de lait faites aux usines, soient payées en tenant compte, tant de la qualité que de la quantité, émet le vœu : de voir instituer des prix destinés à récompenser les chercheurs qui auront trouvé un procédé facile, pour faire dans les établissements de laiterie, rapidement et exactement, l'analyse du lait au point de vue de sa richesse. [63.71]

(Congrès International d'Agriculture, La Haye, 1891.)

*** Que l'enseignement de la laiterie en général et de la fabrication du fromage, en particulier, soit développé et encouragé de toutes les façons.

Que l'établissement des laiteries coopératives, en tant que moyen de venir en aide à la petite culture, soit préconisé et favorisé par les pouvoirs publics et les sociétés agricoles ;

Que les sociétés constituées en vue de la sélection du bétail laitier soient développées et subsidiées ;

Que tous les gouvernements appliquent un droit d'accise sur la fabrication de la margarine. [63.71]

(Congrès International d'Agriculture, Bruxelles, 1895.)

Enseignement laitier nomade. 63.71 (071.4)

Qu'en outre des écoles fixes il soit organisé dans les pays qui n'en sont pas encore pourvus des laiteries nomades d'après le principe de celles qui fonctionnent en Irlande et en Belgique.

Il est désirable de profiter des concours régionaux agricoles pour y installer les écoles nomades de laiterie, afin de leur donner la plus grande publicité possible. [63.71 (071.4)]

(Congrès International d'Agriculture, Paris, 1900.)

Conditions de la production laitière. 63.71.0022

1. L'extermination dans le gros bétail, des maladies contagieuses, y compris celle de la tuberculose, est une des plus importantes conditions pour obtenir un lait hygiénique de parfaite immunité.

2. Il est nécessaire que, dans les écoles agricoles, on enseigne non seulement les conditions sanitaires du lait, mais encore que les laiteries pratiques observent constamment dans la traite du lait, de rigoureuses précautions sanitaires de la manière la plus efficace.

3. Il faut considérer comme obligatoire que l'agriculteur se soumette, pour la tenue de ses étables à bêtes laitières, à

un contrôle sanitaire régulier de vétérinaires et qu'il se tienne sans difficulté à sa disposition.

A cet effet, on devrait instituer, en nombre suffisant, un corps de vétérinaires qui possèderaient tout spécialement les connaissances requises, non seulement celles se rapportant aux maladies du gros bétail, mais aussi celles de la science de l'exploitation et de l'hygiène du lait.

4. Il est désirable, à cause de la grande importance du contrôle sanitaire de la traite du lait, que ce contrôle soit introduit librement par un nombre aussi considérable que possible d'agriculteurs, parce qu'une ordonnance légale générale n'est pas exécutable actuellement.

5. En ce qui concerne les mesures sanitaires pour la traite du lait, il importe de prendre en considération s'il est possible de les exécuter au point de vue agricole, car un contrôle sanitaire coûteux ayant pour conséquence une augmentation énorme du prix du lait, ne peut être qu'une mesure fâcheuse pour la population. [63.71.0022]

(*Congrès International d'Agriculture*, Vienne, 1907.)

Technique de l'apiculture. 63.81

1. Il est désirable d'améliorer les races d'abeilles indigènes en choisissant ses sujets de reproduction parmi les meilleures races, soit dans celles du pays, soit dans celles de l'étranger ; à ce point de vue, il convient de continuer les expériences afin de connaître quel est le sang étranger qui convient le mieux.

2. Le C. I. A. n'est pas d'avis qu'il faille entrer de la farine dans la nourriture d'hiver des abeilles.

3. La paille est préférable au bois pour la construction des ruches d'abeilles.

4. Il est recommandé de laisser vide l'espace compris entre les parois et les partitions.

5. De laisser entre les rayons et les partitions une distance de 7 à 8 centimètres.

6. L'aération des ruches est nécessaire en hiver, mais elle doit être appropriée au climat.

7. Il est utile pour l'hivernage de supprimer les planchettes ou la toile cirée et de les remplacer par un coussin de matières absorbantes.

8. Toutes les orientations sont bonnes, mais il faut donner la préférence à l'exposition sud-est.

9. Le nourrissement stimulant est d'une grande utilité dans les contrées qui n'ont pas de miellée printanière. Il doit se faire environ six semaines avant la grande miellée. [63.81]

(*Congrès International d'Agriculture*, Bruxelles, 1895.)

Enseignement apicole. 63.81 (07)

1. L'enseignement élémentaire de l'apiculture devra faire partie du programme de toutes les écoles normales d'instituteurs.

2. Cet enseignement sera complété par des cours d'apiculture théoriques et pratiques faits aux instituteurs déjà en fonction, afin de faire de MM. les instituteurs les pionniers de l'apiculture.

3. L'enseignement de l'apiculture devrait faire partie du programme des écoles primaires et un rucher d'expérience devrait être annexé à l'école.

4. La vulgarisation des bonnes méthodes continuera à se faire par les conférenciers des sociétés d'apiculture et par les conférenciers nommés par l'Etat.

5. Faciliter aux ouvriers la culture de l'abeille, en vulgarisant les méthodes simples et rationnelles, ainsi que l'emploi d'un matériel à bon marché.

6. Faire enseigner pratiquement la fabrication des dérivés du miel : hydromel, vinaigre, etc. ;

7. Organiser entre ouvriers et petits cultivateurs des concours de ruchers ; les prix consisteront en instruments apicoles.

8. Faciliter l'écoulement des produits du rucher en créant des marchés de miel et des dérivés. [63.81 (07)]

(*Congrès International d'Agriculture*, Bruxelles, 1895.)

*** 1. L'établissement et l'entretien d'écoles d'apiculture, est un des principaux moyens pour la propagation et le relèvement de l'élevage des abeilles.

2. De semblables écoles d'apiculture doivent exister dans chaque Etat et cela en qualité d'institutions publiques ou bien d'établissements soumis au contrôle de l'Etat et efficacement soutenus par lui.

3. L'établissement, dans un même Etat, de plusieurs écoles d'apiculture ne peut être recommandé pour le moment.

4. Dans les écoles d'apiculture doivent avoir lieu, chaque année, sous la surveillance de l'Etat, des examens concernant l'élevage des abeilles.

5. Les écoles d'apiculture ainsi fondées et encouragées par l'Etat, jouent un rôle prépondérant dans l'élevage des abeilles.

[63.81 (07)]

(*Congrès International d'Agriculture*, Vienne, 1907.)

Reines d'abeilles. 63.81.011.1

La méthode américaine d'élevage des reines présente à l'apiculteur les avantages suivants : elle permet l'élevage d'un nombre voulu des reines provenant d'un essaim quelconque ;

ces reines égalent les reines normales d'essaim quant au rendement et à la durée vitale ; la conservation des mères non-fécon-
dées dans des cages de fils de fer est facile et l'application des
caisses de fécondation dispense de la production et de la conservation d'essaims particuliers.

La méthode américaine d'élevage des reines est donc absolument supérieure à la méthode généralement employée. Elle
exige toutefois de la part de l'apiculteur une grande habileté
et une intelligence supérieure. Elle ne pourrait être profitable
pour le petit éleveur et ne donne de bons résultats que dans
l'élevage en grand.   [63.81.011.1]
(*Congrès International d'Agriculture*, Vienne, 1907.)

Station séricicole en Extrême-Orient.   63.82 (072) (5-11)

Que, sous la surveillance des représentants diplomatiques
de la France à l'étranger et la direction d'un homme capable,
mais tout à fait en *dehors* de la *spéculation* et du *commerce*,
conséquemment devant être rémunéré convenablement, soit
créée, en Extrême-Orient, aux lieux d'origine des animaux
et végétaux producteurs des diverses soies (Japon, Chine,
Cochinchine), où il sera le plus opportun, une station séricicole,
pour en faire avoir, d'une manière sûre, de bons moyens de
production des soies, tant du côté des graines que de l'alimentation, arbres ou autres végétaux.   [63.82 (072) (5-11)]
(*Congrès International d'Agriculture*, Paris, 1878.)

Le croisement chinois en sériculture.   63.82.032

1. La graine séricule du croisement chinois coûte au graineur
de 7 à 8 Cour. chaque once selon qu'on emploie dans la confection les deux ou une seule des femelles des races à croiser et
qui en comparaison des autres croisements japonais ou coréens
est de 35 à 40 % plus coûteuse.

2. Toutes les régions ne se prêtent pas à la culture du croisement chinois, c'est pourquoi elle devra se conseiller et disposer
en tenant compte des exigences particulières (spécialement
la haute température), réfléchissant que sa soie réussit d'une
manière appréciable dans les zones humides ou basses, et surtout en la confiant à de bons cultivateurs qui sachent déjà
auparavant que, à parité de poids en graine, le produit sur lequel
on peut compter est moins abondant que dans les autres croisements, mais compensé par un poids supérieur. A parité de traitement, il est à préférer au bijaune doré ainsi qu'au blanc-jaune-
chinois, car pour sa vigueur il offre les meilleures garanties
de réussite, tout en conservant les qualités propres aux croisements chinois.

3. Le cocon du croisement chinois filé à l'état froid donne une rente plus considérable que les autres races, tandis que ce prix va diminuant selon qu'il dessèche, il a un développement meilleur dépendant de la moindre quantité de gomme et de sa forme presque ronde ; il donne un produit plus clair, brillant, poli, dépourvu de poil, apte à produire par la finesse et la régularité de sa base des titres très fins ; il donne un plus grand pourcentage en frisons du 5% sur la soie, du 4% en pelites et bassiné, et sa soie subit au décreusage un manque moindre que les autres races.

Les croisements chinois donnent pourtant un produit moindre que les autres croisements ; c'est pourquoi leur diffusion ne pourra se promouvoir qu'avec un prix proportionnellement plus élevé qui compense ce manque, qui n'est pas suffisamment paralysé par la brève période d'élevage, ni par la moindre quantité de feuille qu'on emploie.

Les institutions et personnalités qualifiées à ces fins sont invitées à seconder et généraliser par tous les moyens dans toutes les autres régions productrices, des essais de même nature, c'est-à-dire les croisements chinois.   [63.82.032]

(*Congrès International d'Agriculture*, Vienne, 1907.)

Pêche.   63.92

1. Que les gouvernements intéressés fassent étudier l'influence du scaphandre sur la pêche et sur les pêcheurs d'éponges, conformément au vœu du Congrès de Palerme ;

2. Que les gouvernements intéressés prennent l'initiative d'inviter les puissances du bassin de la Méditerranée à instituer une Commission internationale pour les recherches océanographiques de cette mer sous le rapport de la pêche ;

3. Qu'une commission analogue étudie une méthode uniforme de résolution des différends relatifs à la pêche dans la zone maritime extraterritoriale ;

4. Qu'on établisse dans les divers pays des règlements, sanctionnés par des pénalités suffisantes, aptes à prévenir les inconvénients résultant du déversement des eaux de rebut des établissements industriels et des égouts des villes, pour la pêche, les animaux domestiques et l'hygiène publique.

5. Que chaque gouvernement prenne les mesures nécessitées par l'importance toujours croissante de la pêche et inscrive dans son budget les sommes nécessaires pour l'application de ces mesures.   [63.92]

(*Congrès International d'Agriculture*, Rome, 1903.)

Enseignement piscicole. 63.93 (07)

Le C. I. A. reconnaît l'importance de la coopération de la science et de la pratique en ce qui concerne, en pisciculture, le peuplement, et il émet le vœu que la pisciculture obtienne une place convenant à son importance dans les programmes des écoles spéciales d'agriculture et de sylviculture, et en particulier qu'il soit pourvu, aux écoles supérieures, à la formation de maîtres ayant toutes capacités nécessaires. [63.93 (07)]

(*Congrès International d'Agriculture*, Vienne, 1907.)

Repeuplement des cours d'eau. 63.931.3.07

Les résultats de repeuplement effectués en grand au moyen d'alevins de plusieurs mois étant fort aléatoires et ces procédés étant extrêmement coûteux, il y a lieu, en présence des résultats satisfaisants obtenus par les déversements d'alevins avant le vitellus résorbé, de continuer ce dernier système, en attendant que des expériences comparatives sérieuses aient démontré que le premier système est plus efficace et plus économique.

[63.931.3.07]

(*Congrès International d'Agriculture*, Bruxelles, 1895.)

Pisciculture maritime. 63.932.1

1. Il y a lieu de prendre toutes les mesures utiles pour empêcher le dépeuplement de la mer territoriale, l'une des sources principales de la richesse des eaux salées communes. Un concert des puissances riveraines de la Mer du Nord serait à souhaiter à l'effet d'obtenir une unité d'action et surtout une surveillance active et sérieuse, sans laquelle on ne peut espérer aboutir.

2. Il faut engager les armateurs à assurer le personnel qu'ils emploient contre les risques et périls de mer ; chercher, de commun accord avec les autres nations, une combinaison de feux et signaux renseignant le navigateur sur la marche des bateaux ; s'efforcer d'arriver à une entente internationale au sujet de l'assistance maritime. [63.932.1]

(*Congrès International d'Agriculture*, Bruxelles, 1895.)

Utilisation ménagère des fruits. 641.13.41

Il s'impose à titre de nécessité et dans l'intérêt de la culture fruitière aussi bien que dans celui de l'utilisation industrielle des fruits, que dans tous les pays producteurs de fruits, il soit pris les mesures propres à initier à fond toutes les classes de la population ménagère des fruits.

Voici ces méthodes à appliquer énumérées dans l'ordre de

leur valeur : 1, préparation de compotes et de marmelades ;
2, préparation d'herbes et de gelée ; 3, préparation de boissons
de fruits (cidre, poiré, etc.) et de myrtilles ; 4, préparation de
boissons non-alcoolisées (boissons et sirops de fruits) ; 5, conservation des fruits dans les pots en verre et dans des boîtes ;
6, dessèchement des fruits.

Il faut poser en principe, pour les préparations susdites,
de ne prendre que des produits purs, agréables au goût ; autant
que possible, on ne doit ajouter ni matières colorantes, ni
substances chimiques concourant à la conservation ; on devra
également se garder d'ajouter trop de sucre, car l'arome en souffrirait.

L'exploitation industrielle générale ne peut que gagner à
l'extension la plus grande possible de la fabrication ménagère,
car par ce moyen la population s'accoutume, plus qu'elle ne
l'a fait jusqu'à présent, à l'usage abondant des conserves de
fruits. Par conséquent, la consommation s'accroîtra même
dans les familles où la préparation à domicile est impossible.

La fabrication des conserves dans les ménages, quand elle
est réglée et exécutée d'après les préceptes modernes, a une
influence si grande sur la fabrication industrielle, que cette
dernière se verra forcée de fournir une marchandise pure,
savoureuse et d'un bon prix.   [641.13.41]

(*Congrès International d'Agriculture*, Vienne, 1907.)

Comptabilité agricole.   657.523

1. La division du travail grandit avec l'intensité croissante
des exploitations agricoles et justifie la transmission de leurs
travaux de tenue de livres et de comptes purement techniques
ou mécaniques à des établissements spéciaux, les comptoirs.

2. Dans les grands pays, il faut regarder comme représentants
de semblables comptoirs agricoles, non seulement les organisations centrales, mais aussi les représentants agricoles de toutes
les différentes provinces ou départements.

3. Cependant, pour garantir l'exploitation scientifique de
ces comptoirs, ainsi que pour simplifier le plus possible la tenue
des livres agricoles, il faut tâcher de réunir tous ces comptoirs
dans une centrale, pour chaque pays.

4. Pour les représentants de la science, les comptoirs ne
peuvent être regardés comme seuls moyens d'investigation,
quant à la représentation statistique des questions de l'exploitation : au contraire, il faudra employer d'autres procédés d'investigation, peut-être aussi pour les domaines exploités par
soi-même, là où la difficulté de l'influence personnelle n'est
pas garantie.

5. La représentation graphique est un précieux auxiliaire pour l'élaboration scientifique des données statistiques, et pour la mise en évidence des résultats.

6. Le C. I. A. semble appelé à amener une unité de méthode pour l'exploitation scientifique des résultats de la tenue des livres, afin que les données scientifiquement acquises dans un pays puissent aussi être utilisées dans d'autres pays. Comme première condition, il faut se mettre d'accord sur certaines notions fondamentales de comptabilité agricole, par exemple sur le produit net et sur les transcriptions.   [657.523]

(*Congrès International d'Agriculture*, Vienne, 1907.)

*** Tout rendement de compte agricole se divise en deux parties :

1. La partie générale, qui comprend la constatation de la fortune et de ses variations, la fixation du revenu et de la dépense. C'est pour ainsi dire, la partie officielle qui peut avoir une importance vis-à-vis des autorités ou des créanciers et qui doit être conforme aux prescriptions de la loi.

2. La partie spéciale, qui représente la relation des différentes branches de l'exploitation entre elles et avec les clients étrangers et qui est destinée à fournir à la fin de l'année les renseignements sur les variations de la fortune.

La première partie est le minimum de ce dont on a besoin, quand on fait des réclamations par les comptes, la seconde partie est désirable, mais pas indispensable ; sa construction a un caractère tout privé, en tant que les chiffres de fortune à la fin de l'année n'en résultent pas et, qu'au sujet du mérite de confiance de l'inventaire, ils ne sont pas conformes aux prétentions publiques.

Du reste, chacun peut organiser cette seconde partie à son gré, c'est-à-dire avec plus ou moins de détails ; chacun peut aussi estimer les effectuations des différentes branches de l'exploitation comme il l'entend.

Mais si la besogne est superficielle, si les procédés d'estimation sont faux et si l'agriculteur a été conduit à de fausses conclusions, c'est lui seul qui en pâtit et en est responsable. Personne ne peut le préserver.

Plus il a disséqué les branches de l'exploitation et moins il a omis d'examiner l'effet de ses dispositions, d'autant plus sera-t-il obligé de se persuader de l'inutilité des faux principes employés par l'évaluation, car les particularités individuelles de son exploitation qui lui sont connues ne pourront être ignorées impunément et lui apparaîtront comme une image défigurée.

Les bienfaits qu'un compte juste peut offrir sont susceptibles d'être annulés par des préceptes doctrinaires au rapport des principes d'évaluation, parce qu'en voulant généraliser et porter assistance à tous, on n'a pas vu que c'est toujours pour chacun en particulier qu'on doit dresser un compte.

C'est seulement en suivant cette voie que l'agriculture pourra atteindre ce que le commerce et l'industrie possèdent depuis des siècles pour leur plus grand avantage. [657.523]

(*Congrès International d'Agriculture*, Vienne, 1907.)

Etude de la tourbe. 662.641 (072)

Il est extrêmement désirable que les stations d'essais qui s'occupent de l'étude de la tourbe comme combustible, établissent entre elles un accord en vue d'une méthode commune soit pour l'analyse de la tourbe, soit pour l'exposition des résultats des analyses. Une nécessité analogue se fait sentir en ce qui concerne l'étude de la paille de tourbe. En conséquence, il est demandé que les directeurs, préposés aux stations d'essais chargées des recherches de cette nature, se réunissent en vue de délibérations en commun. [662.641 (072)]

(*Congrès International d'Agriculture*, Vienne, 1907.)

Elaboration des vins. 663.252

1. Les progrès réalisés par la science œnologique avec l'emploi rationnel du gaz sulfureux et des levures sélectionnées seront encore plus grands le jour où l'on pourra séparer la macération et la fermentation, opérations qui supposent des exigences différentes.

2. Dans les régions viticoles de grande production, en présence des difficultés de surveiller à la fois l'obtention des moûts et les fermentations conduites rationnellement, il convient d'orienter le travail en vue de retarder le commencement de celles-ci par les procédés habituels, afin qu'on puisse les soigner postérieurement le mieux possible.

3. Le maximum de perfection dans l'élaboration des vins ordinaires aura lieu, quand on pourra séparer l'obtention du moût de sa transformation en vin, cette dernière opération pouvant se faire d'une façon continue perdra alors son caractère rural pour entrer dans une organisation analogue à celle dont jouissent plusieurs autres industries agricoles, telles que la sucrerie, la brasserie et autres, par la coopération de préférence.

4. Cette industrialisation dans l'élaboration des vins exige comme condition indispensable le travail, dans les locaux spéciaux ou *vineries*, d'énormes quantités de moûts conservés pendant le temps nécessaire sans fermentation, par les procédés habituels.

5. Intimement attachées aux vineries se développeront

nos industries œnologiques, celle de la concentration des moûts par exemple, dont les procédés permettront par leur nombreuses applications, d'élargir la zone de l'utilité des produits dérivés du vignoble. [663.252]
(*Congrès International d'Agriculture*, Madrid, 1911.)

Boissons des fruits. 663.3 : 63.4

1. La culture fruitière en vue de la fabrication de boissons (cidre, poiré, etc.) mérite d'être développée dans toutes les contrées où les boissons de fruits sont utilisées comme boisson par le peuple.

Pour prévenir la surproduction et pour obtenir des conditions de prix favorable, il faut planter en plus grandes quantités, dans des endroits convenables, des espèces d'arbres donnant des fruits de choix qui conviennent à la préparation des boissons de fruits.

Les espèces d'arbres donnant des fruits transportables et susceptibles d'être vendus sur les marchés doivent être considérées en première ligne, dans la plantation des arbres fruitiers pour boissons, afin que, le cas échéant, les fruits puissent être vendus.

2. La culture des abricots, dans des conditions appropriées de sol et de climat, appartient à l'exploitation des arbres fruitiers donnant les plus grands revenus.

Pour la culture en grand, les espèces recommandables sont celles qui fournissent des fruits pâles, plus ronds et de moyenne grosseur. [663.3 : 63.4]
(*Congrès International d'Agriculture*, Vienne, 1907.)

Distilleries agricoles. 663.5 : 63

Il faut entendre par distillerie agricole, la distillerie annexée à une exploitation ou une fédération d'exploitations agricoles, dont l'importance est en rapport avec l'étendue de ces exploitations.

Considérant que la multiplication de ces distilleries serait très utile à l'agriculture et n'aurait pas la moindre influence sur la consommation de l'alcool, partant sur l'hygiène publique, il serait désirable que la législation accorde des réductions d'impôts en faveur des distilleries travaillant les céréales et que ces réductions soient proportionnelles à l'importance de la fabrication, et que la loi prescrive la vente des résidus d'après leur teneur en matières nutritives. [663.5 : 63]
(*Congrès International d'Agriculture*, Bruxelles, 1895.)

Industrie sucrière.   664.1

Il y a lieu de voir abolir les droits sur les sucres par voie
internationale et, en attendant cette solution hautement désirable, de voir les pouvoirs publics continuer à accorder leur
appui à la fabrication du sucre, et, par là même, à la culture
de la betterave ; une union étroite de la culture et de l'industrie
sucrière s'impose en tout cas.   [664.1]
(*Congrès International d'Agriculture*, Bruxelles, 1895.)

Production sucrière coloniale.   664.1 (-5)

Le développement de la production du sucre, surtout sous
l'influence des bonifications américaines est un danger pour
la sucrerie indigène de l'Europe ; il faut absolument que celle-
ci commence à s'organiser, en premier lieu dans les pays producteurs, et plus tard par voie internationale.   [664.1 (-5)]
(*Congrès International d'Agriculture*, Vienne, 1907.)

Meuneries-boulangeries coopératives.   664.6/7 : 63

1. Que les syndicats agricoles encouragent la création de
meuneries-boulangeries en coopération.

2. Que dans ce but soient annexés aux écoles d'agriculture
des meuneries-boulangeries de démonstration, pour l'étude et
l'application, des procédés de mouture et de panification
adaptés aux besoins de l'agriculture.   [664.6/7 : 63]
(*Congrès International d'Agriculture*, Paris, 1900.)

Industrie des conserves.   664.8

La haute importance de l'industrie des conserves, en tant
qu'agent de développement et de consommation de la culture
fruitière et potagère, doit être proclamée incontestable. Elle
doit être favorisée autant que possible. En vue de quoi il importerait spécialement :

1. Que les fruits et les légumes frais qui sont expédiés aux
fabriques de conserves pour y être utilisés, circulent en grande
vitesse, mais au tarif de petite vitesse.

2. Que les conserves, lesquelles ont du reste un poids considérable par rapport à l'espace occupé, soient inscrites à une
classe de tarifs inférieure à celle d'aujourd'hui et enfin,

3. Que la réduction depuis si longtemps réclamée des droits
sur le sucre, entre en vigueur.   [664.8]
(*Congrès International d'Agriculture*, Vienne, 1907.)

Protection des paysages.   719.1

1. Le puissant essor de la civilisation et de l'industrie du
siècle précédent a causé d'importants bouleversements dans

l'économie et la physionomie de la nature. Les gouvernements sont appelés à intervenir comme médiateurs dans ce conflit.

2. La protection des paysages et la conservation des monuments naturels sont, à ce point de vue, des choses d'intérêt public, et exigent l'intervention des administrations d'Etat.

3. Les modalités particulières de cette protection sont de la compétence de chacun des gouvernements. Là où on ne s'est pas encore préoccupé de cette question, la mesure la plus urgente est de constituer des bureaux centraux chargés du soin de ces monuments.

4. D'après leurs observations, on déterminerait dans la suite si et dans quelle mesure des dispositions légales sont nécessaires pour arriver sûrement au but.

5. Les rapports de l'exploitation forestière avec le sujet en question font apparaître comme désirable que l'enseignement forestier à tous ses degrés s'occupe de la protection des monuments naturels et qu'en première ligne, les écoles supérieures insèrent dans leur plan d'études des leçons sur l'esthétique forestière.

6. On doit attendre des administrations des forêts des Etats et des corporations que, ayant conscience de remplir un devoir moral, elles donnent tous leurs soins à la protection des paysages et à la conservation des monuments naturels, et prennent les devants pour la mise en réserve des peuplements forestiers typiques des forêts naturelles.

7. Une question qui doit être prise en haute considération est celle de savoir s'il ne serait pas plus conforme au dessein dont il s'agit, de renvoyer ces affaires aux bureaux centraux de l'agriculture et non à ceux de l'instruction publique.

Une autre question non moins importante est celle de savoir s'il ne devrait pas être accordé aux gardiens des monuments naturels une certaine ingérence dans les entreprises qui changent notablement le caractère du paysage et bouleversent profondément l'aspect de la nature, telle que l'utilisation de l'eau comme source d'énergie électrique, etc.   [719.1]

(*Congrès International d'Agriculture*, Vienne, 1907.)

Conservation des sites forestiers.   719.1

1. En ce qui concerne les forêts de l'Etat, des communes et des particuliers il faut se renseigner sur les portions des massifs spontanés encore existants.

2. Dans les estimations, on doit chaque fois déterminer strictement ceux de ces massifs qui, remarquables au point de vue scientifique ou esthétique, doivent être réservés sans qu'il en résulte de grands sacrifices financiers.

3. Les réserves ainsi créées doivent être portées sur les plans des forêts et traitées systématiquement à l'égard de leur végétation et de leur population animale.

4. Dans le cas de grandes coupes à blanc, il est à examiner préalablement quelle influence elle pourront avoir sur l'ensemble du paysage.

5. Aux points particulièrement remarquables et très visités, surtout près des grandes villes, ou des stations estivales ou balnéaires, il faut renoncer le plus possible aux coupes à blanc.

6. Même le sous-bois et les arbres creux, dans ces parties qui sont soit entièrement réservées, soit jardinées, doivent être autant que possible maintenus pour conserver aux animaux leurs conditions d'existence.

7. Par une disposition légale, il faudrait, en certains cas, pouvoir, par voie d'expropriation, garantir de tout dommage, à titre de monuments naturels, certaines parties des forêts communales et particulières.

8. Il conviendrait que dès l'école forestière, le futur personnel forestier fut éclairé par des conférences spéciales sur l'importance de la conservation des massifs spontanés et des monuments. [719.1]

(*Congrès International d'Agriculture*, Vienne, 1907.)

Habitations rurales. 728.6

Considérant les progrès à accomplir dans les dispositions et l'hygiène des habitations rurales, l'économie de la construction et la réduction de la main-d'œuvre, l'on devrait provoquer ces progrès par des primes aux constructions neuves ou à l'amélioration des constructions anciennes, par des concours pour l'élaboration de projets, par la création d'offices techniques, par des opuscules de vulgarisation, par des conférences et tous autres moyens efficaces. [728.6]

(*Congrès International d'Agriculture*, Rome, 1903.)

ERRATA

Page	Ligne	Lire	Au lieu de
172.4, 6	21	recours	secours
172.4, 47	32	327 (87)	(327 87)
172.4, 61	16	341.018	314.018
172.4, 68	39	(48)	(38)
172.4, 69	28	341.226	341.22
31, 127	5	351.814	626.16
325, 43	7	*les* mener	*la* mener
327.3, 33	18	37 (∞)	37
341, 73	titre	**341**	**431**
621.55, 4	30	621.55 (017)	621.55.001
621.55, 8	21 & 29	351.827/8	351.727/8
63, 45	26 & 40	351.773.4	351.772.4
63, 69	42	625.24.053.81	625.053.81
63, 182	6 & 26	663.3:63.4	663.3:63.41

Publications du Centre International

I. Publications de l'Union des Associations Internationales :

a) *Centre International.*

Les établissements scientifiques installés au Palais Mondial. L'Union des Associations Internationales, 1921, 4 francs.
Exposé développé : Un volume in-8, paru en 1921, 5 fr. Publ. n° 98.
Résumé : Brochure illustrée, parue en 1920.11, 1 franc Publ. n° 96.
Notice sommaire, 4 p. : (En distribution).
Rapport préliminaire sur le Centre International mondial au service de la Société des Nations................. Publ. n° 88.
Organisation internationale du Travail intellectuel à créer au sein de la Société des Nations (Nov. 1920), 1 franc. Publ. n° 95.

b) *La Vie Internationale* (Revue).

Revue mensuelle publiant des études d'ensemble et des informations sur la vie et l'organisation internationales. — Paraît depuis 1912. — Abonnement, 25 francs par an. (Prospectus spécial.)
Rubriques : La Vie internationale et l'effort pour son organisation (exposé général de la question). — Calendrier des Congrès et des Expositions internationales. — Compte rendu des congrès. — Faits et Documents sur les questions d'actualité en matière d'organisation internationale. — Articles exposant l'œuvre de certaines associations et les résultats obtenus. — Articles sur la participation des divers pays au mouvement international.

c) *Annuaire de la Vie Internationale.*

Monographies résumant les données de l'enquête permanente sur les Associations Internationales. — Volume I (1908-1909), 1550 pages, 25 francs. Publ. n° 3. — Volume II (1910-1911), 2652 pages, broché, 50 francs, relié, 55 francs................... Publ. n° 47.

d) *Actes du Congrès Mondial des Associations Internationales.*

Session de 1910 : Un volume in-8°, 1246 pages, 10 francs.... Publ. n° 2.
Session de 1913 : Un volume in-8°, 1300 pages, 10 francs.... Publ. n° 46.
Session de 1920 : (A l'impression).

e) *Code des Vœux des Associations Internationales.*

(En préparation.) Doit contenir une synthèse des résolutions de principe et d'application pratique votées par les Associations et Congrès internationaux. — Premiers éléments du Code publiés :
Publ. n° 25a, chap. 7 ; Publ. n° 2 ; Publ. n° 46.

II. Publications concernant le Musée International. — Série des catalogues des diverses sections. (Prix : 1 franc par catalogue) :

a) *Catalogue général sommaire* .... Publ. n° 27a
b) *Catalogue de la Section des Sciences Administratives* .... Publ. n° 8.
c) *Catalogue de la Section du Congrès International de la Route*.... Publ. n° 9.
d) *Catalogue de la Section de l'Esperanto* .... Publ. n° 19.
e) *Catalogue de la Section de Bibliographie et de Documentation*... Publ. n° 23.
f) *Le Musée International et l'Enseignement*.................... Publ. n° 61.

III. Publications de l'Institut International de Bibliographie :

a) *L'Organisation internationale de la Bibliographie et de la Documentation*, 3 francs .... Publ. de l'I.I.B. n° 128.
b) *Notice-catalogue de l'I.I.B.* (en distribution)........ Publ. de l'I.I.B. n° 102.
c) *Manuel du Répertoire Bibliographique Universel avec les tables de la Classification décimale* (épuisé) .. Publ. de l'I.I.B. n° 63.
d) *Tables abrégées de la Classification décimale*, 5 francs Publ. de l'I.I.B. n° 132.

IV. Publications de l'Université Internationale :

a) *L'Université Internationale* : Documents relatifs à sa constitution, 146 pages, 4 francs .... Publ. de l'U.I. n° 1.
b) *International University* (Résumé en anglais de la publication précédente, 10 pages), 1 franc .... Publ. de l'U.I. n° 2.
c) *Programme de la deuxième session* (en distribution).